THE SOURCES OF SOCIAL POWER

volume 1

A history of power from the beginning to A.D. 1760

MICHAEL MANN

マイケル・マン　森本 醇／君塚直隆＝訳

ソーシャルパワー：
社会的な〈力〉の世界歴史 I

先史からヨーロッパ文明の形成へ

NTT出版

THE SOURCES OF SOCIAL POWER Vol.1:
A History of Power from the Beginning to A.D. 1760
by Michael Mann

Japanese translation published by arrangement with Cambridge University Press
through The English Agency (Japan) Ltd.

叢書「世界認識の最前線」刊行によせて

二一世紀の社会科学はどのような方向へと向っているのだろうか。一九世紀—二〇世紀の社会科学が国民国家、国民経済、国民文化といったものを前提としていることを考えると、社会科学理論の歴史的拘束性をいやがおうにも、強く意識せざるをえない。このように考えると、二つの方向が明白に見えてくる。

第一。二〇世紀型社会科学は、よりスケールの大きい歴史のなかで、社会科学理論を検討する作業であった。社会科学がその理論体系を形成する時に最も影響を受けた社会発展段階についての歴史的敏感性なくしてこの作業は成立しない。古めかしい社会学の言葉でいえば、歴史理論社会学といった分野がこれから一層賑わうのではないかという予感がする。概念をヒストリサイズすることが更なる概念の発展のために不可避、不可欠になるのではないか。

第二。グローバリゼーションと呼ばれるものが、主権国家を軸とした二〇世紀型社会科学に与えるインパクトである。グローバリゼーションは社会権力の源泉、構造、盛衰をどのように変更しているのか。たとえば、グローバリゼーションは一国家単位の民主主義を破壊してしまったのか。グローバリゼーションは国家による経済運営をほとんど意味のないものにしてしまったのか。グローバリゼーションは普遍的価値観を前面に出し、民族的な特殊性をことごとに極小しているのか。

二一世紀型の社会科学の先駆けともいえる本書は原著でいえば第Ⅰ巻で一七六〇年まで、第Ⅱ巻は「長い一九世紀」、そして第Ⅲ巻は「長い二〇世紀」、最後の第Ⅳ巻は理論的考察になる予定である。

二〇世紀までの社会科学は「近代」の社会科学的理解・説明を完成した。同時に、歴史的文脈の軽視に反発するポスト・モダンなどの知の潮流が生まれた。しかし、その潮流も感性的な閃きを多発させ、実は、視点の転換の必要というメッセージだけが、電磁波のようにそこら中に舞い狂うことになった。その閃きも小休止した二一世紀初頭、概念をヒストリサイズしてみよう、ジェンダーダイズ（脱男性偏重主義）してみよう、リオリエント（脱欧米中心主義）してみようといった声はこれからますます大きくなるだろう。そして歴史理論社会学的作業のなかから、新しい概念、新しい社会科学が生まれるのであろう。もうひとつ、グローバリゼーションのインパクトである。主権国家の空疎化、国民経済の地球的統合、市民社会の脱国境化などへの社会科学的な切り込みは、二〇世紀的社会科学的総合の修正といった保守的な方向ではなくて、一九世紀─二〇世紀型一国家単位の社会科学からの離脱、脱皮を目指す。そこから二一世紀型社会科学が生まれるであろう。マイケル・マンの本書はこのようなふたつの潮流を具現しつつ、二一世紀の新しい社会科学を予示するモニュメンタルな書物である。

二〇〇二年八月　猪口孝・邦子

日本語版への序文

日本の読者のみなさん、慣例上第二千年紀と呼ばれる時代が遠ざかりゆく今、ゆうに五〇〇〇年を超える時間をあつかうこの書物へ、ようこそ！

まず私の主要な論点二つをお示ししよう。第一に、社会とその発展とは社会的な〈力〉の四つの源泉――イデオロギー的、経済的、軍事的、政治的な〈力〉の合成物だということ。したがって私のこの研究は、これまでの社会理論を主導してきた二つの伝統的な議論とは一線を画している。二つとは、概して経済に重点を置く唯物論と、観念ないし文化（私はこれらをイデオロギーと呼ぶのだが）を重視する観念論である。多くの評者が私のことを「ウェーバー主義」だと見るのは、ウェーバーは経済的な〈力〉とイデオロギー的な〈力〉のほかに、軍事・政治的な〈力〉を加えたからである。だからウェーバー主義者と呼ばれることには一理あるし、たいへん名誉なことでもある。しかしながら、軍事的な〈力〉と政治的な〈力〉とを分離する点で、私はウェーバーとはちがうのだ。ウェーバーの主張とは異なって、近代国家を含む多くの国家は、軍事的な〈力〉を独占したことがなかった。封建国家がそうだったし、他の強国に防衛を依頼した多くの近代国家や、軍事的な〈力〉を「自国」の領域に実効的には浸透させていない少数の国家も、そうである。今日的な実例をもう一つあげれば、「ソフトな地政学」の進展がある。日本の国家が世界で行使している軍事的な〈力〉というものは、経済や環境など「ソフトな」問題で行使している政治的な〈力〉より、はるかに少ない。組織された物理的な強制力（軍事的な〈力〉）は、国家の諸制度や法（政治的な〈力〉）とは異なる。歴史や社会を、すべてこれら四つの〈力〉の源泉がつくりあげたものとして分析しているのは、私ひとりだけだと確信する。

第二点として、私は四つの〈力〉の源泉を、それぞれ境界を異にする社会的相互作用のネットワーク群としてあつかう。それらは所与の「社会」の「サブシステム」や「レヴェル」ではない。人間が行なう相互作用は交差しあい、切り結びあうネットワーク群によって成り立っているのであって、それぞれが単一な「社会」群から生まれるのではない。この点は私がこの第I巻を刊行した一九八六年以後、世界中いたるところで自明なこととなっている。国民国家（それをしも多くの人びとは自分の「社会」だと信じて疑わなかったのだが）は、国境超越的な〈力〉の諸関係によってますます浸蝕されるようになってきている。日本は四つの圏域すべてにおいて、欧米の影響力を体感している——それは西欧流のウエディング・セレモニーから米軍基地の存在にまで及ぶ。しかし私がこの原稿を書いているのは東芝のパソコンだし、私の子どもたちはイギリスとスペインとアメリカ合衆国の欧米三カ国で、『ドラゴンボールZ』に夢中で見入っている。しかし私が思うには、われわれは過去において、国民国家の閉鎖性を強調しすぎていたかもしれない。

この二点目は日本の読者にとっては驚きかもしれないと思うのは、近代日本が発展したのは、まさに最高の結束力と、そしておそらくは最高の閉鎖性をもつ近代国民国家としてだったからだ。しかし前述の一点目の議論には驚かないだろうと思うのは、四つの〈力〉の源泉のすべてが、近代日本の歴史にはっきりと現われているからだ。一九世紀末から二〇世紀初頭に急速発展をとげた最初の「日本の奇跡」は、資本主義的工業化（つまり経済的な〈力〉）がその中核だった。しかしこれはまた政治エリートによる「上」からの発展であり、彼らは欧米から借り入れた諸制度と日本の伝統文化とをなんとか融合させて、一つの国民国家をつくりあげたのだった。このように経済的、政治的、イデオロギー的な〈力〉が絡みあった発展は、中国やロシアとの軍事的な〈力〉の闘争によって強化された。このおかげである種「強制的」工業化が促進され、国民に「犠牲」を求めるエリートの能力が増大した。しかしこうした軍事体制は、そもそもそれを生み出した国内の〈力〉の諸関係の安定性を損なうこととなった。比較的自由主義的な要素と比較的権威主義的な要素との闘争が行なわれた後、一九三〇年代になって、この国はファシズム的な色合いを帯びた軍国主義的体制の支配するところとなった。今日高齢を迎えている日本人のほとんどは、軍事的な〈力〉がこの時期の最終段階で見せたあの恐るべき跳梁跋扈ぶりを忘れることができない——一九四四—四五年、アメリカ合衆国の巨大な軍事・経済的な〈力〉によって、この国は焦土と化したのだ。

以来、日本では平和がつづき、資本主義の経済的な〈力〉の諸制度は、以前よりもはるかに自律性をそなえてきている。とは言うものの今日の諸制度には、さまざまな歴史の刻印がある。アメリカの占領軍当局は、幾つかの制度を有無を言わさず押し付けた。彼らが日本の諸団体を非軍事化したことで、日本の今日の姿が生まれた。通産省を通じてとりわけ顕著に発揮された国家の調整能力も、第二の「日本の奇跡」の実現に大きな役割を演じた。現今の新自由主義者たちの主張によれば、こうした調整力こそが今日の経済危機の元凶ということになるのだが。同様な議論は、過去のイデオロギー的な遺産をめぐっても時おり行なわれる。お国のためなら喜んで我が身を犠牲にするという日本人の傾向は、経済における異常な高貯蓄率として生きつづけているのかもしれない。これもまた第二の奇跡の実現に貢献したのだが、今では危機の原因になっていると主張する人もいるのだ。

しかしこの問題は、研究者としての私の、現在の能力を越えている。やがてこの巻で明確になることだが、私は自分の社会学理論を経験的な調査を基盤にして築きあげようとしている。私は今、この「ソーシャルパワー：社会的な〈力〉の世界歴史」の第III巻に取りかかっているのだが、これは二〇世紀をあつかう。ところが目下のところでは、ようやく一九三〇年代にたどり着いたばかりだ。したがって今日の日本についての私の知識は、ごく限られたものなのだ。しかしながら第III巻では、第I巻と第II巻では残念ながら触れられなかったこと、すなわち日本に関する立ち入った考察を行なうことを、ここでみなさんに約束しよう。いやしくも現代世界における〈力〉の分析という以上、日本文明を無視することなどできない。私が心から願っているのは、みなさんが第I巻と第II巻を読み通してくださった上で、ついには日本に関するその議論をも読んでくださることなのです。

二〇〇〇年二月

マイケル・マン

まえがき

一九七二年、私は「経済決定論と構造変動」と題する論文を執筆したが、そこで意図したのはカール・マルクスを論破することとマックス・ウェーバーを再編成することだけではなく、社会成層と社会変動に関するもっと優れた一般理論の枠組みを提示することだった。その論文を一冊の短い書物にまとめあげる仕事が始まった。その本には、そこで提示する一般理論の根拠づけとして、歴史的事例を含む二、三の個別研究を入れる予定だった。しばらくして私は、いっそこの本で〈力〉（権力）の世界歴史全体を総括する理論を打ち出そうと心に決めた。

しかし、そんな大それた妄想をふくらませているあいだに、私は歴史書をむさぼり読むあの快楽を再発見したのだ。そしてこの課題に十年がかりで没入した結果、私のバックグラウンドであるイギリス流の現実的な経験主義が強められて、事実の複雑さと冷厳さを尊ぶ態度を多少なりとも取りもどした。それでもあの大それた妄想から完全に醒めたわけではない。というのも、私は現にこうして農業社会の〈力〉をめぐる部厚い歴史を書きあげたのだし、ほどなく第II巻を『工業社会の〈力〉の歴史』、第III巻を『〈力〉の理論』として書きつづけてゆくつもりだから。〔訳者より――本書「日本語版への序文」にある通り、この三巻構想は現在では変更されていて、第II巻は『階級と国民国家の勃興・一七六〇―一九一四年』と題して一九九三年に刊行され、第III巻は第一次世界大戦以降の二〇世紀をあつかい、理論的総括は第IV巻となるもようである〕――とはいえ、その中核をなす主張は以前よりは和らいでいる。私はこの間に、社会学と歴史学とは相互に磨きをかけあうことが可能だという思いを抱くようになった。

社会学理論は歴史の知識なしには発展できない。社会学上の主要問題の多くは時間の経過のなかで生起するプロセスと密接にかかわっており、社会構造は特定の過去から引きつがれるのであり、われわれが複雑な社会の「サンプル」と称しているものの大半は歴史のなかからのみ採取される。しかし歴史研究のほうも社会学なしでは貧弱なものになってしまう。社会がどのように作動するかの理論を歴史家が忌避するならば、彼らは自分が現に住んでいる社会の一般通念に囚われてしまう。本書で私は、本質的に近代の観念――たとえば国民《ネイション》、階級、私有財産、中央集権国家といった観念を、歴史上それ以前の時代に適用することの問題性を繰りかえし指摘してゆく。多くの場合、すでに幾人かの学者たちが私の懐疑主義を先どりしてはいる。しかしながら、もしも彼らが現代の暗黙の常識となっていることを明示的で検証可能な理論の形に変換していたならば、彼らはもっと早くに、もっと厳密かつ全面的に、私に先んずることができたはずなのだ。社会学理論はまた、事実選択の面で歴史研究者を鍛錬することができる。われわれ研究者にとって「学問的に万全」ということはありえない。われわれが消化できる量をはるかにこえる社会的・歴史的データがあるからだ。われわれは理論への鋭い直覚によって、個々の社会の成り立ちを理解するための鍵となる事実が何であり、何が中心的で何が周辺的な事実かを決定することができる。私たちはまずデータを選び出し、それが自分の理論的な勘と合致するのかしないのかを見きわめ、理論を練りなおしてはさらにデータを集め、理論とデータのあいだでこうしたジグザグ歩行をつづけながら、ある特定の社会がその時間その場所においてどのように「機能しているか」に関して、真実らしい説明をつくりあげるのだ。

社会学こそ社会科学・人間科学の女王である、と主張したコントは正しかった。しかしながら、こうした自負をもつ社会学者ほどに刻苦勉励を強いられた女王はいなかったのだ！　また、歴史的な裏うちのある理論の創造は、コントが考えていたほど一直線のプロセスではない。理論研究と歴史研究のあいだのジグザグ歩行から生まれる結論は未解決の部分を含む。現実の世界は（歴史上であれ現代であれ）混沌としていて史料も完全には調わないのだが、理論のほうは整合性と完璧さを要求する。したがって現実と理論とがぴたりとマッチすることなどありえない。事実に対して学問的に厳密になりすぎると全体を見失うし、理論や世界歴史のもつリズムにこだわりすぎると、それに耳をふさがれて細部を聴き分けられなくなってしまう。

そんなわけだから、私がこの大冒険のあいだじゅう心身の健康を保ちつづけることができたのは、問題意識を共有する専門家やジグザグ歩行の同伴者たちからいただいた一方ならぬ刺激と励ましのおかげなのである。私が最も多くを負っているのはアーネスト・ゲルナーとジョン・ホールである。一九八〇年以来ロンドン・スクール・オヴ・エコノミクス・アンド・ポリティカル・サイエンス（LSE）で行なってきた「歴史のパターン」というセミナーで、われわれは本書があつかっている問題の多くについて議論を重ねてきた。私はとりわけジョンに感謝しているのだが、彼は実質的に私の草稿のすべてに目を通し、膨大なコメントをくださり、全編にわたって私と議論を交わし、しかも私が企図することに対しては一貫して温かくサポートしてくれたのである。私はまた、このセミナーに招かれた著名な報告者たちの研究成果を厚かましく利用させていただいている。私は彼らの優れた研究論文からさまざまなアイデアや専門知識を汲みあげ、それらを私の思いこみに沿わせて議論を展開しているのである。

本書の各章には、たくさんの学者たちが惜しみなくコメントを寄せてくださった。私が犯した初歩的なミスを正し、私をその分野の最新の研究や論争へと導き、誤りを指摘しては私がその分野にとどまってもっと研究を深めるよう望んでもくださった。ほぼ本書の章構成の順に彼らのお名前を列記させていただくとして、ジェイムズ・ウッドバーン、スティーヴン・シェナン、コリン・レンフルー、ニコラス・ポストゲイト、ゲアリ・ランシマン、キース・ホプキンズ、ジョン・ピール、ジョン・パリー、ピーター・バーク、ジェフリー・エルトン、ジャーン・ポッジの諸氏に私は感謝する。アンソニー・ギデンズとウィリアム・H・マクニールは最終稿にいたる以前の草稿全部に目を通し、多くの適確な批評をしてくださった。同僚たちからは、この間幾年にもわたって、私の草稿やセミナー報告や議論に対して有益な助言をいただいてきた。とりわけ感謝したいのは、キース・ハート、デイヴィッド・ロックウッド、ニコス・モウゼリス、アンソニー・スミス、サンディ・スチュアートである。

エセックス大学とLSEの学生諸君は、私が社会学理論コースで開陳する試論に共感をもって耳をかたむけてくれた。この両大学は、本書で取りあげた題材に関する私の研究と講義とを寛大に見守ってくださった。イェール大学、ニューヨーク大学、ワルシャワ科学アカデミー、オスロ大学で行なわれた一連のセミナーのおかげで、私は自分の議論を発展させる広い機会に恵まれた。社会科学研究協議会は一九八〇―八一年度の個人研究補助金によって、私の大いなる支えとなってくれた。本書前半の各章の執筆に必要な歴史研究をほぼ終えることができたのがこの年であり、通常の講義義務をこなさねばならなかったとしたら、それは不可能だったにちがいない。

エセックス大学図書館、ＬＳＥ図書館、大英博物館図書館、ケンブリッジ大学図書館のスタッフの方がたは、あれこれ面倒な私の要望によく対応してくださった。エセックスとＬＳＥで私の秘書だった方がた――リンダ・ピーチー、エリザベス・オレアリー、イヴォンヌ・ブラウン――には、草稿の整理でたいへんお世話になった。

ニッキー・ハートは、本書を三巻構成にするというアイデアで、執筆への突破口を開いてくれた。彼女の研究とその存在は――ルイーズやギャレスやローラとともに――私がこのプロジェクトのせいで全体を見失ったり、人に耳をかさなくなったり、過度の思いこみに陥ったりすることを防いでくれた。

言うまでもないことだが、誤りはすべて私の責任である。

ソーシャルパワー：社会的な〈力〉の世界歴史 I ＊目次

叢書「世界認識の最前線」刊行によせて

日本語版への序文

まえがき

第一章　社会とは組織された「〈力〉のネットワーク群」である
――あるいは、一元的社会観と訣別するための序論　3

究極的な主要因　6　人間の本質と社会的な〈力〉　8　組織化する〈力〉　10　社会成層理論の現在　15
「社会」の「レヴェル、次元」　16　一元的社会観を批判する　19　組織と機能の混然多角的な関係　22　さまざまな〈力〉の組織　24　四つの〈力〉の源泉、四つの〈力〉の組織　28　ＩＥＭＰの全体モデル――その範囲と範囲の外　35

第二章　先史時代の人びとは〈力〉を回避した
――あるいは、一般社会進化の行き止まり　41

はじめに――聞きなれた進化の物語　42　最初の定住社会の進化　48　集合的な経済における〈力〉の諸関係の安定化　53　集合的なイデオロギーの〈力〉、軍事の〈力〉、政治の〈力〉の出現　55　階層化と国家の起源をめぐる進化理論　58　進化から退化へ――国家と階層化を回避して　73

第三章 メソポタミアはシュメールの地に、文明が出現した
——あるいは、階層化と国家と多国家ネットワーク 83
はじめに——文明と沖積土農耕 84 メソポタミア——灌漑と、その地域的な〈力〉の相互作用 89 階層化と国家の出現——紀元前三一〇〇年頃 94 連邦体としての文明 102 灌漑農耕と専制主義——偽の相関関係 106 軍事体制、伝播、専制主義、貴族政——真の相関関係 111 結論——重なりあう〈力〉のネットワーク群が生んだメソポタミア文明 115

第四章 インダス流域、中国、エジプト、メソアメリカ、ほか
——あるいは、文明のモデルとモデルを逸脱した文明 117
インダス流域文明 118 殷（商）の中国 119 エジプト 121 ミノス人のクレタ島 129 メソアメリカ 131 アンデス・アメリカ 135 結論——文明出現の理論 138

第五章 アッカドのサルゴンが最初の軍事支配帝国を築いた
——あるいは、征服のロジスティクスと帝国の弁証法 143
背景——軍事体制の成長と辺境 144 アッカドのサルゴン 147 軍事的な〈力〉のロジスティクス 151 政治的な〈力〉の基盤構造 157 軍事経済のロジスティクス——強制的協同の戦略 160 強制的協同の五つの側面 163 イデオロギー的な〈力〉のネットワークの伝播——メソポタミアの宗教 170 帝国の弁証法——集権化と分権化 177 古代帝国の比較研究 185 結論——軍事的な〈力〉が社会発展を再編成した 190

第六章 インド・ヨーロッパ語族の活動と鉄の伝播
――あるいは、ネットワーク群の拡大と多様化 195
インド・ヨーロッパ語族の挑戦 196 鉄器時代の挑戦 202

第七章 フェニキア人とギリシア人が拡げた世界
――あるいは、分権的な多重アクター文明の形成 207
分権的経済の台頭――フェニキアの文字文化と貨幣制度 209 ギリシアの〈力〉の起源 213 ギリシアのポリス 215 ヘラス――その言語、文字文化、海軍力 223 ギリシアの帝国体制――商業化、海軍力、奴隷制 227 人間理性の崇拝 231 奴隷とペルシア人は合理的だったか? 233 古典期ギリシアにおける階級 237 ギリシアにおける〈力〉の三重ネットワークとその弁証法 245 決定的な矛盾と終焉 249

第八章 アッシリアとペルシアに見る帝国の支配戦略
――あるいは、コスモポリタニズムの拡大と深化 251
アッシリア 252 ペルシア帝国 259

第九章 ローマがつくりあげた大いなる領域帝国
――あるいは、「軍団経済」がもたらした繁栄と崩壊 271
ローマの〈力〉の起源 272 ローマ帝国――皇帝のあるなしにかかわらず 282 ローマ帝国の大衆――奴隷と自由民 283 大衆にとっての帝国の福利 288 ローマ支配階級の拡大 291 帝国国家と軍団経済 296

軍団経済の弱点――〈力〉の乖離　305　西ローマ帝国の衰亡　307　結論――ローマが達成したこと　321

第一〇章　ローマを超越し、キリスト教世界へ
――あるいは、帝国の矛盾の解決としてのキリスト教　325

はじめに　326　ローマ帝国内におけるキリスト教の普遍的訴求力　328　帝国の矛盾の解決としてのキリスト教　331　ローマ帝国におけるイデオロギー的な〈力〉の基盤構造　336　キリスト教の初期発展　343　キリスト教徒はなぜ迫害されたのか？――民衆的「オイクメネー」の結集　346　精神の「オイクメネー」と世俗の「オイクメネー」――両者に妥協はあるか？　353　ドナトゥス派の異端とアウグスティヌス――妥協の失敗　358　ローマを超越し、キリスト教世界へ――「オイクメネー」の特化　363

第一一章　儒教、イスラーム、ヒンドゥー教カーストをめぐって
――あるいは、救済宗教はいかなる社会を生み出したか　367

中国と孔子についてのコメント　369　イスラームについてのコメント　371　ヒンドゥー教とカースト　375　カーストの定義　377　イデオロギー的な〈力〉が達成したもの――第一〇章・第一一章への結論　392

第一二章　ヨーロッパ発展の原動力 1・八〇〇―一一五五年
――あるいは、「暗黒」中世が育んだ飛躍のダイナミズム　403

議論の概要　408　複合的相互作用ネットワークとしての中世――イデオロギー的、軍事・政治的、経済的な〈力〉　411　封建制の原動力　433　資本主義への萌芽的移行　444　結論――ヨーロッパの原動力につい

ての説明　447

第一三章　ヨーロッパ発展の原動力２・一一五五―一四七七年
――あるいは、封建国家の終焉と調整的国家の台頭　451

一二世紀国家の歳入源と諸機能　453　全歳入の動向、一一五五―一四五二年　460　歳入と歳出、ジョン王からヘンリー五世まで　462　内包されていたもの・1――国民国家の出現　468　内包されていたもの・2――拡大包括的な〈力〉の成長と調整的国家の成長　475　非領域的な選択肢――ブルゴーニュ公国の興隆と没落　475　領域的中央集権化のロジスティクス　478　技術革命とその社会基盤　484

第一四章　ヨーロッパ発展の原動力３・一四七七―一七六〇年
――あるいは、有機的国民国家の形成とヨーロッパの拡大　487

国家歳入のパターン、一五〇二―一六八八年　489　軍事革命と国家システム　491　調整的国家から有機的国家へ　497　プロテスタントの分離とキリスト教の拡大包括的な〈力〉の終焉　503　国間的拡大　512　絶対主義と立憲主義　516　国家支出と戦争、一六八八―一八一五年　524　国間的資本主義と国民的資本主義、一六八八―一八一五年　532

第一五章　ヨーロッパのダイナミズムはこうして生まれた
――あるいは、資本主義―キリスト教―国家の関連と発展　539

ヨーロッパの原動力　540　資本主義と国家　552

第一六章　ヨーロッパ文明における世界歴史の発展パターン——あるいは、〈力〉の創造的相互作用と歴史の偶然　559

四つの〈力〉の源泉が果たす役割　560　世界歴史のプロセス　567　階級の世界歴史的な発展　570　歴史的偶発事　574　集合的な〈力〉の、なめらかではない発展　575　発展の二つのタイプと、その弁証法　577　〈力〉の西方移動に見るパターンと偶然性　582

訳者あとがき　587

典拠文献一覧　625

索引　637

ソーシャルパワー：
社会的な〈力〉の世界歴史 I

先史からヨーロッパ文明の形成へ

＊本文中（ ）のなかは原著者による挿入、あるいは原文のパラフレーズであり、〔 〕のなかは訳者による注記的挿入である。
＊参照・言及・引用されている文献や著書は、本文中では著者名・刊行年・巻数・引用頁などを示し、書誌的情報は巻末に、章ごとに著者名を見出しとする「典拠文献一覧」としてまとめて掲示した。

第一章　社会とは組織された「〈力〉のネットワーク群」である

——あるいは、一元的社会観と訣別するための序論

本書がこれから三巻構成で提示しようとしているのは、人間社会における〈力〉（権力）の諸関係の歴史と理論である。〔訳者より――原語 power に照応する日本語は、社会学・政治学などの辞典によれば「権力」であるが、この語感には政治的支配における強制力という限定性が濃いので、以下本章に述べられている著者の定義に即した文脈では、ヨリ包括的なキーワードとして主に「〈力〉」を用いる（「ちから」あるいは「パワー」と訓《よ》んでください）。power はもともと日常語としてさまざまな意味合いで用いられるので、「権力」はもとより「能力」「権能」「威力」「威勢」「強国」など、文脈に応じて訳し分けることも自然かつ当然である。さて、本文にもどります。〕これはたいへんむずかしい。ちょっと考えてみるだけで、人をひるませる課題だと思えてくる。それというのも、〈力〉の諸関係の歴史と理論とは、実のところ、まさに人間社会そのものの歴史と理論のことではないか？　実際そうなのだ。人間社会の歴史に認められる幾つかの基本パターンについて一般的な叙述をすることは、いかに浩瀚な力作でも、二〇世紀後半の今日あまり歓迎されることではない。そうした壮大かつ総括的なヴィクトリア時代流の大冒険――それは二次的資料の専横なる帝国的簒奪を基盤として成り立っていた――は、二〇世紀になって蓄積された膨大な専門学術論文と、隊伍を組んで出現したアカデミックな専門研究者たちによって粉砕されてしまったのだから。

にもかかわらず、私があえて今この研究を提示するのは、私がここで到達した社会観は明らかに他とは異なるものであり、現今の社会学および歴史叙述において優勢な社会モデルとは一致しないと考えるからである。この章では私のアプローチについて説明する。社会科学の理論に不案内な読者には、読みづらいところがあるかもしれない。その場合、本書には別の読み方がある。この章はとばしてすぐ第二章、あるいはとにかくどこか歴史叙述の章へと読み進み、そこで使われている術語や下じきとなっている理論について疑問が生じたり批判を抱いたりしたら、この序論へともどっていただきたい。

私のアプローチは要約して二つの言明となり、そこから独自の方法論が派生する。第一の言明は、**社会とは互いに重なりあい交差しあう複合的な「〈力〉のネットワーク群」によって構成される社会空間のことである**、というもの。私のアプローチの独自性は、私が以下三つの段落で、社会とは何でないかを説明すれば、たちどころに理解していただけよう。

社会とは一元的なものではない。閉鎖系とか開放系とかいう社会システムのことではなく、まとまった全体ではない。地理的空間あるいは社会的空間のどこかに、明確な境界で区切られた一元的な社会というものが存在しているわけでは決してない。システムがなく、全体性がないのだから、そうした全体性における「サブシステム」や「次元」や「レヴェル」もありえない。全体がないのだから、もろもろの社会的関係をその社会の何らかの制度的特質——たとえば「生産様式」とか、「文化体系」あるいは「規範体系」とか、「軍事組織の形態」とかに「究極的」「最終的」に還元することなどできない。境界で区切られた全体性などないのだから、社会変動や社会紛争を「内生的」変数と「外生的」変数に二分しても意味がない。有機体的な社会システムなどないのだから、そこに「進化する」プロセスはない。人間全体を、個々に境界をもつ幾つかの全体性へと分割することなどできないのだから、それらのあいだで社会組織の「伝播」が起こることもない。全体性がないのだから、個々の人間の行動が「全体としての社会構造」によって束縛されることはなく、「社会的行為」と「社会構造」を弁別しても役に立たない。

効果をねらうあまり、私は前の段落で少々論点を誇張した。私はこれまでのいろいろな社会観をすべて廃棄してしまおうとしているのではない。しかし社会学の通説の多く——たとえばシステム理論、マルクス主義、構造主義、構造的機能主義、規範的機能主義、多次元理論、進化理論、伝播理論、行為理論など——は、「社会」を疑問の余地などない一元的な全体と考えてしまうことで、洞察力が損なわれているのだ。

実際に、これらの理論の影響をこうむっている記述の多くは、政治組織体つまりは国家をもって「社会」、すなわち分析対象として十全な一単位ととらえている。だが国家は、私がこれからあつかおうとしている「〈力〉のネットワーク群」の主要四類型の一つにすぎない。一九世紀後半から二〇世紀初期にかけての国民国家《ネイション・ステイト》が人間科学に対して暗黙のうちにふるった巨大な影響力とは、国民国家モデルが社会学と歴史学の両方で優位に立ったことを意味している。そうでない場合、栄光の座は考古学者や文化人類学者によって「文化」に与えられることもあるのだが、これさえも通常は一元的に境界づけられた文化、一種の「国民文化」ととらえられているのだ。たしかに、現代の社会学者と歴史学者のなかには、国民国家モデルを拒絶している人びとがいる。その人びとは資本主義、あるいは工業化を主軸のコンセプトに用いて、「社会」とは国家を超えた経済関係のことだと考えている。これは反対方向への行きすぎだ。国家、文化、そして経済は、すべて構造的に重要なネットワーク群であるが、それらが合致することはほとんどない。主軸となるコンセプトとか、「社会」の基本単位とかいうものは存在しないのである。こうすると社会学者としては奇妙な立場に陥るのだが、私としては、もしできることなら「社会」という概念そのものを廃棄してしまいたいのだ。

第二の言明は、第一の言明から派生してくる。社会というものを重なりあい交差しあう複合的な「〈力〉のネットワーク群」ととらえることによって、社会において究極的に「主要因となる」あるいは「決定要因となる」ものは何か、という問題への最良の突破口が開かれるのである。**社会、その構造、その歴史についての一般的記述は、私がソーシャルパワー：社会的な〈力〉の四つの源泉と呼ぶもの、すなわちイデオロギー的（Ideological）な諸関係、経済的（Economic）**

な諸関係、軍事的（Military）な諸関係、政治的（Political）な諸関係という四つの源泉（以下IEMPと略称）同士の相互関係として、最もうまく記述できる。これらは、(1)単一な社会の全体性における次元とかレヴェルとか要因とかではなく、**社会的相互行為のネットワーク群の重なりあい**である。このことは私の第一言明からの帰結である。(2)それらはまた、**人間が目標を達成するための組織、すなわち制度的手段**のことでもある。これらが主要因か否かということは、人間がイデオロギー的、経済的、軍事的、政治的な満足を求めるその欲望の強さに由来するのではなく、どんな目標であれそれを達成するために所有する特定の**組織的手段**に由来するのである。私はこの章で、これら四つの組織的手段と、組織された〈力〉についての私のIEMPモデルとを、じっくりかつ詳細に説明していこう。

ここから独自の方法論が出てくる。〈力〉の諸関係については、社会生活の経済的、イデオロギー的、政治的「要素」あるいは「レヴェル」の相互関係という観点から、ややもすれば抽象的な言葉で書かれるのが通例である。私が行なおうとしているのは、もっと具体的な、社会空間的かつ組織論的なレヴェルの分析である。中心的な問題は、**組織**、**統制**、**ロジスティクス（兵站・補給）**、**通信**――つまり人間《ヒト》と物質《モノ》と領域《テリトリー》とを組織し統制する能力、およびこの能力の歴史的発展にかかわっている。社会的な〈力〉の四つの源泉は、それぞれが別個に、社会を統制する組織的手段を供給している。さまざまな時と場所において、それぞれの源泉から強大な組織化の能力が供給され、その組織の形態が一時《いっとき》その社会全般の形態を決定してきた。したがって私が書く〈力〉の歴史は、社会空間的組織化能力の測定と、その発展の筋道の説明とに基礎を置いている。

この課題がわずかでも楽になるのは、〈力〉の発展に不連続的特質があるおかげである。われわれはこれからさまざまな突発的事例に遭遇することになるが、それらは帰するところ、新機軸の組織化技術によって人間《ヒト》と領域《テリトリー》を統制する能力が大いに増強された結果なのだ。そうした重要技術の一部をリストにして、第一六章に掲げてある〔本書567頁〕。突発的事例と出くわしたら、私は歴史叙述を止めて〈力〉がどれほど増強されたのかを測定し、その説明に努めよう。社会発展についてのこのような見方は、アーネスト・ゲルナー（一九六四年）によって「新《ネオ》エピソード主義」と呼ばれている。根底的な社会変動が起こって人間の諸能力が増強されるのは主要な構造的変容の数かずの「エピソード」を通してなのである。エピソードとは（一九世紀流のさまざまな「世界成長物語」に見られるような）単一で内在的な発展プロセスの一部ではなく、社会に対して累積的なインパクトを与えるもののことであろう。こうしてわれわれは、究極的な主要因という核心問題へと踏み出すことができる。

究極的な主要因

過去二世紀にわたって社会学理論が提起した核心問題のな

かで、最も基本的でしかも理解がむずかしいのは、究極的な主要因ないし決定要因の問題である。社会に関して、核心的、決定的、究極的な決め手となる一つないしそれ以上の基本要素あるいは根本原理が存在するのだろうか？　それとも、人間社会というものは無限につづく複合的因果関係の相互作用が織りなす縫い目のない織物であって、そこには全体の絵柄を示すパターンなどないのだろうか？　社会成層《ソシアル・ストラティフィケイション》（社会階層形成作用）の主要な次元とは何だろうか？　社会変動の最も重要な決定要因とは何だろうか？　これらは社会学的問題のうちでも最も古くからあり、かつ、悩ましいものだ。今ここで私が行なったおおまかな定式化によっても、これらは同じ一つの問題ではない。にもかかわらず、それらは同一の中心的難問を提起している――人間社会の「最重要の」要素あるいは諸要素を、どうすれば特定できるのか？

　多くの人びとは、この問いに答えることはできないと考えている。彼らは、社会学はあらゆる時間と場所の社会にひとしく適用可能な一般法則など、いや抽象概念さえも、見出すことはできないと主張する。こうした懐疑的な経験主義が示唆しているのは、われわれはもっと謙虚に、自分たちの社会的経験で得られた直観的・確信的理解力を駆使して特定の状況を分析し、複合的因果関係の説明を練りあげていかなくてはならない、ということであろう。

　しかしながら、これは認識論的に堅固な立場ではない。分析は単に「事実」の反映にとどまることはできず、われわれの事実認識はわれわれの内なる概念や理論によって秩序づけられているからだ。ごくふつうの経験主義的歴史研究には、人間の本質と社会に関する多くの暗黙の前提があり、たとえば「国民」「社会階級」「身分」「政治権力」「経済」といった、われわれ自身の社会的経験から引き出された常識的な概念を包含している。歴史家たちは、同じ前提を用いているかぎりでは、これらの諸前提を吟味せずにやっていけるのだが、特異なスタイルの歴史――たとえばホイッグ（元祖イギリス・リベラル派）やナショナリストや唯物論派や新古典派などなど――が出現するやいなや、彼らはたちまち「社会はいかに作動するのか」という一般理論の分野での競いあいに突入する。しかし、こうした諸前提の競いあいという事態がなくても困難は生じるのだ。複合的因果関係は、社会の出来事や趨勢には幾つかの原因があると説明する。こう説明することによって、もしわれわれが一つ、ないし幾つかの主要な構造的決定要因を抽出するなら、社会の複雑さをゆがめてしまうことになる。しかしわれわれにはこれを回避することなどできはしない。いかなる分析においても、後に起こった出来事に影響が及んだものとして、先行する出来事のすべてではなく幾つかが選び出される。したがって、めったに明示されることはないにせよ、誰もが何らかの重要さの基準を定めて作業しているのだ。われわれがそうした基準を時には明示して理論構築に努めることは、有益であるにちがいあるまい。

　にもかかわらず、懐疑的経験主義というものを私は重視する。それが提起している主たる異議には十分な根拠がある――社会はわれわれの理論よりずっと複雑面倒なものだ。マルクスやデュルケームといった理論体系家たちも、素直に本音に立ちかえったときには、この異議を認めていた。社会学者の最高峰ウェーバーは、この複雑面倒さに対応すべく（「理念型《イデアル・ティープス》」という）方法論を編み出した。私はウェーバーを手本にする。究極的な主要因という難問題から、私たちは近似的な方法論で抜け出すことができる――そしてその結果おそらくは近似的な解答を手に入れることができる――、しかしそのためにはぜひとも、複雑面倒なものをあつかえる概念を編み出さなくてはならないのだ。社会的な〈力〉の源泉についての社会空間的・組織論的モデルがもつ効能はこの点にある、と私は主張する。

人間の本質と社会的な〈力〉

人間の本質から始めよう。人間は不安をいっぱい抱えた存在だが、目的志向的・合理的で、生において享受できる「善きこと」を増大させようと奮闘し、そのための適切な手段を自ら選択し追求する能力をもっている。あるいは最小限言えることとして、ほとんどの人間がこのように生きることで生み出すダイナミズムこそが人間の生き方の特徴であり、他の生物には見られない歴史というものを紡ぎ出す。人間に固有のこれらの特徴こそ、本書で述べられるあらゆることがらの源泉である。これこそ、〈力〉の本源である。

　こうした理由から、社会理論家たちはこれまで、社会構造の理論を人間のもつ多様な動機の「重要度」で根拠づけようとして、人間社会の動機論的モデルへと踏み出す誘惑にかられてきた。これは現在よりも一九世紀末から二〇世紀初頭にかけて盛んだった。サムナーやウォードといった著述家たち〔いずれもアメリカの社会学者〕が人間の基本的衝動のリストをつくりあげようとした――たとえば性の充足、愛情、健康、身体運動や身体表現、知的創造や意味伝達、富、威信、「権力それ自体」などなどを求める衝動である。次に彼らはそれらの衝動の重要さの相対的な比較確定を試みたうえで、そこから演繹して家族、経済、統治などの社会的重要度をランクづけしようとしたのだった。特にこの例だけをとりあげればいかにも古くさく見えるのだが、社会の動機論的モデル一般は数多くの現代的理論の下支えとなっているのであって、さまざまな唯物論・観念論双方がそこに含まれている。たとえば多くのマルクス派の主張は、物質的生存への人間の衝動の強さという前提から、社会における経済的生産の様式の重要性を導き出すのである。

　動機論的理論に関しては、第Ⅲ巻でもっとじっくり論じよう。動機問題は重要でおもしろいのだが、究極的な主要因の問題とは厳密には関連しない、というのが私の結論である。議論を手短に要約しておこう。

　われわれを動機づける衝動、必要、目標を追求すれば、ほぼすべての場合、人間は自然および他の人間との外的関係へと巻きこまれる。人間の目標達成には、自然への干渉――広い意味での物質的生活――と社会的協同の双方を必要としている。この両者を欠いた充足追求活動など、想像だにできない。したがって、自然がもつ特徴と社会関係がもつ特徴とは人間のもろもろの動機と連関性をもち、実際にもろもろの動機の構造をつくりあげているであろう。動機自体に、新たに発現する、という特性があるのだ。

このことは自然に関しては明白だ。たとえば、最初の文明といわれるものは通例、沖積土農耕が行なわれた地域に出現した。このことから私たちは、生存手段の増大を図ることは人間を駆り立てる衝動である、と考えることができる。これは一つの定数である。しかし文明の起源を説明するのは、一部の人間集団に対して洪水がもたらした好機であって、これが彼らに施肥ずみの沖積土を供給したのである（第三章・第四章参照）。たとえばヨーロッパ大陸の、文明の開拓者とはならなかった先史時代住民と比べて、ユーフラテスやナイル流域の住人たちのほうが強い経済的衝動をもっていたなどと真顔で論じた人はいない。そうではなくて、同じ衝動を具有していた者が河川流域（およびその地域背景）から大きな自然環境上の支援を受け、それが彼らなりの社会的反応を起こさせたのである。どこに住んでいようと活力の源であるような、たいがいの人間に具わっている強力な衝動を提起するのでなければ、人間的動機論は成り立たないのである。

社会的な〈力〉の諸関係の出現は、これまでの社会理論が常に承認してきたことである。アリストテレスからマルクスにいたるまで、「人間《マン》」は——不幸なことにここに女性《ウーマン》も含意されることは稀だったのだが——社会的動物であり、自然を制御することをも含む目標達成は協同しあうことでのみ可能になる、と主張されてきた。人間にはたくさんの目標があるから、さまざまな社会的関係、つまり個人対個人の愛情関係から家族、経済、国家をも包含する相互行為の大小のネットワークにも、たくさんの形態がある。シブタニ（一九五五年）などの「象徴的相互作用《シンボリック・インタラクション》」派が指摘するところによれば、われわれは途方にくれるほど多様な「社会関係の世界」に住んでいて、たくさんの文化——職業の、階級の、近隣の、ジェンダー〔社会的・文化的な性区分〕の、世代の、趣味道楽の、その他もろもろの文化——に関与している。社会学理論は英雄的な単純化を敢行して、ある特定の社会的関係は他の社会的関係の形態と特性に影響を及ぼす、したがって社会構造一般の形態と特性にも影響を及ぼすがゆえに、それは他よりも「強力な」関係であると認定する。こう認定されるのは、それらの社会的関係によって充足される特定の必要が動機の面で他よりも「強い」からではなく、それらの社会的関係が目標達成手段として他よりも効果的だからである。主要因問題へのわれわれの突破点は、目的ではなく手段である。分業を特徴とする社会ならどこでも、相異なる人間的必要を充足するためにそれぞれ専門化した社会的関係が生起するだろう。これらの社会的関係は、その組織化能力においてちがいがあるのだ。

こうしてわれわれは、目標や必要の問題を離れる。それというのも、〈力〉の形態それ自体は、決して人間の本源的目標ではなかろう。他の目標を達成する手段としても強力なら、それ自体が求められるだろう。必要は発現するものである。

必要は必要充足の過程で発現する。最も明瞭な実例が軍隊だ。おそらく軍隊は人間の本源的な衝動でも必要でもなく（これについては第III巻で論じよう）、他の衝動を充たすのに有効な、組織化された手段なのである。〈力〉とは、タルコット・パーソンズの表現をかりれば、何であれ人が成就したいと欲する目標に到達するための「手段一般」のことだ（一九六八年・I・二六三頁）。したがって私は、本源的動機や目標は無視して、**組織化された〈力〉の源泉**の発現に集中しよう。私が時として「目標を追求する人間」に言及することがあるとしても、それは意思あるいは心理に関することを述べているのではなく、それ自体として社会的な〈力〉ではないがゆえに私としては探求をしない一つの与件ないし定数、と考えていただきたい。私はまた「権力それ自体」の概念をめぐる膨大な文献は回避して、「権力の二（ないし三）側面」、「権力と権威」（第二章は例外）、「意思決定と非意思決定」、およびこれに類する数多の論争には実質的に何の言及もせずにおこう（これらの論争についてはロング・一九七九年の初めの数章で手際よく論じられている）。これらは重要な問題なのだが、私はここではちがう方針で行く。ギデンズ（一九七九年・九一頁）と同じく、私は「権力それ自体を資源《リソース》」とは見なさず、「資源は権力が行使される媒体《メディア》である」と考える。私の概念上の課題は二つに限られる――(1)主要な代替概念である「媒体」、「手段一般」あるいは私が好む用語では「〈力〉の源泉」の意味を確定すること、および(2)組織化する〈力〉を研究する方法論を工夫すること、である。

組織化する〈力〉

集合的な〈力〉と分配的な〈力〉

最も一般的な意味で、〈力〉とは、自己の環境を制御することを通して目標を追求し達成する能力のことである。社会的な〈力〉には、さらに二つの特別な意味がある。第一は、他の人びとに対して行使される制御、という限定である。実例をあげよう。〈力〉は社会的関係のなかで、あるアクター（行為者）が抵抗を排して自分の意思を遂行できる立場になる可能性である（ウェーバー・一九六八年・I・五三頁）。しかしパーソンズが指摘したように、このような定義は〈力〉をその分配的側面、すなわちAによってBに対して行使される〈力〉に限定する。Bが〈力〉を獲得するためには、Aは何かを失わなくてはならない――AB二人の関係は一定量の〈力〉が当事者間に分配される「ゼロサム・ゲーム」なのである。パーソンズはさらに集合的という、〈力〉の第二の側面を正しく指摘したのだが、この側面では人びとは協同することによって、第三者あるいは自然に対してその合同の〈力〉を増強することができる（パーソンズ・一九六〇年・一九九―二二五頁）。たいていの社会的関係においてはこの分配的と集合的、搾取的と機能的という〈力〉の両側面が同時に作用し、絡みあっている。

実際のところ、これら二つの側面の関係は弁証法的である。目標の追求において、人間は互いに協同的、集合的な〈力〉

の関係へと入る。しかし集合的な目標の実現にあたっては、社会組織と分業が導入される。組織化と機能分割とは分配的な〈力〉へと向かう傾向を本来的にもっているが、これは指揮監督と全体調整に由来するのだ。分業は欺瞞的である――すべてのレヴェルにおいて機能を専門化することを唱えながら、トップが監督し、全体を指揮している。監督と調整の立場にある者は、その他の者に対して組織上多大な優越的地位にある。あらゆる現代的工場の組織図を眺めれば容易に分かることだが、相互行為と通信のネットワークは彼ら監督者たちの機能を中心に動いている。上位にある者はこの組織図によって全組織を管理し、底辺にある者はこの管理からは排除される。このおかげでトップにある者は、集合的目標実現のための機械装置を稼動させることができる。誰でも服従を拒否することができるはずだが、自分の目標実現のために別個の機械装置を設置できる機会など、おそらくないであろう。モスカが指摘した通り、「マイノリティーがもつ〈力〉は、マジョリティーに所属する一個人の誰にとっても抗いがたい。彼は組織されたマイノリティーの全体性と対峙しているのだ」（一九三九年・五三頁）。トップにいる少数者が底辺の大衆を従わせることができるのは、その支配が両者がともに所属する社会集団の法や規範のなかで制度化されている場合に限られる。平常の集合的目標の達成には制度化が必要である――こうして分配的な〈力〉、すなわち、社会成層も社会生活の制度的特色となる。

　このようにして、なぜ大衆は反逆しないのかという問い――社会成層に対する積年の問題――への単純明快な回答が得られるのだが、それは旧来の社会学的説明で用いられたふつうの意味での価値観上の合意とも、強制とも、交換とも無関係なのだ。大衆が従うのは従わないための集合的組織をもたないからであり、他人の支配下にある集合的・分配的な〈力〉の組織にしっかりと埋めこまれているからである。彼ら大衆は組織論的に出し抜かれている――この点については後の章で、歴史上の、そして今日のさまざまな社会との関連で議論を展開する（第五、七、九、一三、一四、一六の各章）。このことは権力と権威の概念上の区別（権威とはその影響下にある者たちによって合法的と考えられた権力のこと）など、本書ではたいして重要ではないということを意味する。権力がおおむね合法的であるとかおおむね非合法的であるとかを見分けることなど、できるものではない。権力は通常、両刃的に行使されるからである。

拡大包括的と内向集中的、権威型と伝播型

拡大包括的な〈力〉とは、広範囲な領域《テリトリー》に分散している大人数の人間を、最小限度安定的な協同関係へと組織する能力をいう。内向集中的な〈力〉とは、対象となる地域や人数の大小とかかわりなく、堅固な組織によって所属メンバーたちを高いレヴェルで動員したり献身させたりする能力をいう。社会の主要因的構造は拡大包括的な〈力〉と内向集中的な〈力〉とを結合させ、人間が拡大包括的な協同と内向集中的な協同を通してその目標――それが何であれ――を実現する

のを支援する。

だが、組織としての〈力〉について語ると、社会というものは巨大で権威ある権力組織の集合でしかないかのような、まちがった印象を与えるかもしれない。〈力〉を用いる者の多くは、かなり非「組織的」である——たとえば市場交換は集合的な〈力〉を具現しているが、それは人びとが交換を通して各人の目標を達成するからである。そして市場交換はまた分配的な〈力〉をも具現している——それによって商品やサーヴィスに対する所有権を行使できるのはほんの幾人かに限られるのだから。しかしながらそこには、その〈力〉を援護し強化するような権威的組織などない。アダム・スミスの有名な隠喩を用いるならば、市場における〈力〉の主役は「見えざる手」であって、参加者すべてを操っているけれども、誰か一人の代理人がそれを差配しているわけではない。それはまさしく人間の〈力〉の一つの形態であるが、権威的な組織はもっていないのだ。

そこで私は権威型と伝播型という、二つのタイプの〈力〉を弁別する。**権威型の〈力〉**が現実に望まれているのは諸集団、諸機関においてである。それは一定の命令と意識的な服従とで構成されている。これに対して**伝播型の〈力〉**とは、ヨリ自発的、無意識的、非中心的に全住民へと広がり、〈力〉の関係を具現してはいても明示的に命令されるのではない社会的慣行へと結実してゆく。それは典型的には命令と服従ではなく、こうしたさまざまな慣行は自然であり道徳であり自明の共通利益から割り出されたものだ、という了解で成り立っている。伝播型の〈力〉は概して大きな比率で、分配的な〈力〉よりも集合的な〈力〉を具現しているのだが、常にそうだというわけではない。こちらもまた下位の階級に、抵抗しても意味がないと思わせて彼らを「出し抜く」結果となることがある。実例をあげれば、現代の世界資本主義市場がもつ伝播型の〈力〉は、今日の個々の国民国家における権威型の組織的な労働階級運動を出し抜いている——この点は第II巻で詳述する。伝播型の〈力〉の他の例として、階級連帯や国民連帯の広がりがある——これは社会的な〈力〉の発展の重要な一部である。

これらの二組の弁別を組み合わせると、四つの理念型的な形態によって構成される組織化の区分が得られ、それに比較的極端な実例をはめこんだのが図1-1である。軍事的な〈力〉は権威型の組織の実例を提供する。所属部隊への強い指揮権は一点に集められ、強制力をもち、高度の動員力がある。それは内向集中的であって拡大包括的ではなく、軍事体制の帝国とは反対である——軍事帝国の場合は広範な領域に指揮権を行使するが、その住民の積極的な献身を引き出したり、彼らの日常生活に入りこんだりすることは困難なのである。ゼネストというものは、比較的伝播型ではあるが内向集中的な〈力〉の実例である。労働者はそこで大義のために個人の福利を、幾分か「自発的に」犠牲にするのである。最後の市場交換は、すでに述べたが、広大な地域にわたって繰り広げられる、自発的で、利便的で、厳格な制約をもつ業務処理である——したがって伝播型で拡大包括的である。最も効

図１－１　組織化の形態と〈力〉のタイプ

	権威型	伝播型
内向集中的	軍隊指揮構造	ゼネスト
拡大包括的	軍事帝国	市場交換

率の高い組織とは、これら四つの形態すべてを包含するものであろう。

　内向集中性については、社会学者や政治学者によってこれまで大いに研究されてきたので、私が新たに付け加えるものはない。対象となる人びとの生活の大半が統制されているか、彼または彼女が服従状態のまま（究極的には死へと）追いやられるなら、〈力〉は内向集中的である。本巻であつかう社会に関してこれを数量化することは容易ではないのだが、よく理解されていることではある。拡大包括性は、これまでの理論では、あまりあつかわれていない。これは遺憾なことだ、というのは、こちらは計量が容易だからである。たいていの理論家は社会構造をめぐる抽象観念を好み、社会の地理的側面や社会空間的側面を無視してしまう。「社会」とは一定の空間的形状をもったネットワーク群であることを頭に入れておけば、われわれはこれを正すことができる。

　オーエン・ラティモアが私たちの参考となる。彼は中国とモンゴル諸部族との関係を生涯にわたって研究した結果、拡大包括的な社会統合の三つの圏域を区分し、これは一五世紀ヨーロッパまでの世界歴史において比較的変わることがなかったと論じた。地理的に見て最も広がっているのは軍事行動である。これ自体が内と外の二つに分かれる。内とは征服のあとで国家に編入される可能性のある領域の範囲であり、外はそれらの辺境の外側、討伐あるいは貢納を求めての襲撃が向かう範囲である。したがって第二の圏域である国内行政（すなわち国家）の広がりはそれよりは小さく、最大でも軍事行動範囲の内側か、それよりもっと狭いことがしばしばある。ところが経済的統合のほうは、生産単位間の相互作用が未発達なために、もっと狭い。最大でその地域全体、最小の場合は各地の村のマーケットという基本組織にまで狭められる。交易がまったくなかったわけではないし、中国商人の勢力は帝国軍隊がにらみをきかす範囲の外にまで及んでいた。しかし通信輸送技術の制約によって、長距離で交換されたのは単位重量あたりの価値が高い商品だけ——つまり本当の奢侈品か「自分で動く」動物か奴隷たちだった。これの統合効果はごくわずかだった。こうして、人間の歴史のかなり長期間にわたって、拡大包括的な統合が依存してきたのは軍事的要素であり、経済的要素ではなかった（ラティモア・一九六二年・四八〇—九一頁、五四二—五一頁）。

ラティモアは統合というものを拡大包括的な勢力範囲とだけ見る傾向があり、さらに彼は社会生活に必要なさまざまな——軍事的、経済的、政治的——「要素」をあまりにも明確に区分けしすぎている。にもかかわらず彼の議論は、われわれを〈力〉の「基盤構造《インフラストラクチュア》」の分析へと導いてくれる——地理的・社会的空間は現実にどのように〈力〉の組織によって征服され、支配されるのだろうか？

　私は権威型の〈力〉がとどく範囲をロジスティクス（兵站学）の助けをかりて測定する——兵站学とは戦争遂行における兵員および補給物資の移動についての軍事科学である。戦闘命令は実際的・物理的に、いったいどのように伝えられ、実行されるのか？　有事においてであれ平時であれ、既定のロジスティクスの基盤構造のなかで、どのようなタイプのいかなる権力集団がどんな指揮をとることができるのか？　陸路、海路、河川に沿って、伝言、物資、人員をとどけるには幾日を要するか、また、その際どれほどの指揮が行なわれるのか、といった問いを設定することで、数章にわたって計量を行なう。私はそうした分野の最新研究である軍事兵站学そのものから多くを借用する。軍事兵站学は〈力〉のネットワーク群が及ぶ範囲について比較的明確な指針を供給し、工業化以前の拡大包括的な社会がもつ本質的に連邦的な特質に関して重要な結論を導き出してくれる。ウィットフォーゲル〔第三章参照〕やアイゼンシュタット〔第五章に登場〕といった著者が描く単一で高度に集権化された帝国社会などというのは、歴史的に見て決定的に重要だったのが軍事的統合であるというラティモア自身の主張とともに、神話的想像にすぎない。行軍ルート沿いに行なわれる平時の軍事指揮は、（歴史上多くの実例として）およそ九〇キロメートルを越えては兵站上不可能になってしまい、それ以上広い範囲にわたる支配は現実問題として中央集権化することなどできず、その支配が住民の日常生活にまで内向集中的に浸透することなど不可能なのである。

　伝播型の〈力〉は権威型の〈力〉が変わるにつれて変わり、そのロジスティクスに左右される傾向がある。しかしそれは住民のあいだで比較的ゆっくりと自発的かつ「普遍的に」広がってゆき、特定の権威的組織を経由することはない。このような普遍性にも技術発展があり、それは計量可能である。その普遍性が可能になるのは、市場、読み書き、貨幣流通、（家系や地域に代わる）階級や国民《ネイション》の文化といった制度上の手段に依存してのことである。市場や階級意識・国民意識は、それぞれ独自の伝播型基盤構造に依存しつつ、歴史のなかにゆっくりとその姿を現わした。

　一般歴史社会学はこうして基盤構造の発展を計量することによって、集合的・分配的な〈力〉の発展に焦点を当てることができる。権威型の〈力〉はロジスティクスの基盤構造を必要とするが、伝播型の〈力〉は普遍的な基盤構造を必要とする。この両者によって、われわれは〈力〉と社会をめぐる組織論的分析にねらいを定め、その社会空間的形状を検証することができる。

社会成層理論の現在

それならば、主たる〈力〉の組織とは何か？　現在の社会成層理論への主たる二つのアプローチは、マルクス主義と新ウェーバー主義である。それら二つが共有する最初の前提を私はよろこんで受けいれる——すなわち、**社会成層とは社会における〈力〉の全体的な創造と分配である**。それこそが社会の中心的構造であるという理由は、〈力〉が集合し、また分配されるその二重の側面によって、人間が社会において目標を達成する手段となっているからである。実は両者のあいだの意見一致はさらに全般にわたるのだが、それは両者とも〈力〉の組織の三つの類型を優位的と見なす傾向があるからだ。マルクス主義者たち（たとえば、ヴェソウォフスキ・一九六七年、アンダーソン・一九七四年aとb、アルチュセールとバリバール・一九七〇年、プーランツァス・一九七二年、ヒンデスとハースト・一九七五年）やウェーバー主義者たち（たとえば、ベンディクスとリプセット・一九六六年、バーバー・一九六八年、ヘラー・一九七〇年、ランシマン・一九六八年、一九八二年、一九八三年aとbとc）のあいだでは階級、身分、党派がその三つである。彼ら二組の用語法はほぼ同義であるから、現代社会学においては、これら三つが優位な正統的表現の地位についているわけだ。

　私は初めの二つ、経済＝階級とイデオロギー＝身分について、おおむね異存はない。私が正統派から逸脱するのは、〈力〉の基本類型を三つではなく四つだと主張するからである。「政治＝党派」という類型は実際には、政治的な〈力〉と軍事的な〈力〉という二つの相異なる〈力〉の形態を包含している。一方は国家機構と（もし存在すれば）政治的党派とを含む中央の政治組織体であり、もう一方は物理的あるいは軍事的強制力である。マルクスとウェーバー、そしてその信奉者たちはこの二つを識別していないのだが、それは彼らが概して国家というものを、社会の物理的強制力の保管場所と考えているからだ。

　国家と物理的強制力とを同一視することは、軍事力を独占している近代国家の場合にはよく道理にかなうように思える。しかしながら、以下に示す四つのケースにも適合できるようにするには、この二つは概念として峻別しておかなくてはならない。——

(1)　歴史上多くの国家は軍隊組織の独占権はもっておらず、もつことを求めたわけでもなかった。中世ヨーロッパ諸国の幾つかにおいて、封建国家は地方貴族が管理する封建徴募軍に依存していた。イスラーム諸国家には通常、独占的な武備がなかった——言うなればイスラーム諸国家は、自らを部族抗争に介入する権能をもつものとは考えていなかったのである。われわれは国家およびその他の集団についても、政治的な〈力〉と軍事的な〈力〉とを弁別することができる。**政治的な〈力〉とは、中央集権的・制度的・領域的な規制であり、軍事的な〈力〉とは、組織されている限りでの物理的強制力**

である。

(2) 征服は、出身国家から自立している武力集団によって行なわれることがある。封建的事例の多くでは、自由民あるいは貴族の戦士なら、襲撃や征服のための軍団を徴募することができた。この武装集団が征服を成しとげた暁には、国家に対してその威勢を増した。未開部族によって文明地域の攻撃が行なわれた場合、こうした軍事組織の存在はしばしば、未開部族のなかでの国家の発生へとつながったのである。

(3) 内部的に見れば、軍事組織はたとえ国家の統制の下にあるときでも、他の国家機関からは制度的に分離されているのが通例である。クーデターの際に、軍人たちはしばしば国家の政治的エリートを転覆させるのだから、われわれは両者を区別する必要がある。

(4) 国家間の国際関係が平和的ではあるが階層化されている場合に、私たちは「政治的な〈力〉の構造化」、すなわち軍事的な〈力〉で決定されるのではない、もっと広い国際社会について語ることができよう。これはたとえば今日〔一九八六年当時〕の、大国ではあるがおおむね非軍事的な日本と西ドイツ両国家に当てはまるのである。

われわれはこうして〈力〉の源泉を経済的、イデオロギー的、軍事的、政治的、の四つに分けてあつかってゆく。[1]

「社会」の「レヴェル、次元」

〈力〉の四つの源泉については、この章の後半で詳しく論じよう。とはいっても、まず、いったいこれらは何なのだ？ 正統派の社会成層理論は明快である。マルクス主義理論では、これら四つはふつう「社会形成のレヴェル」として言及され、新ウェーバー主義理論では「社会の次元」である。両者がともに前提としているのは、抽象的で幾何学的ともいえる一元的な社会のイメージである。レヴェルや次元はヨリ大きな全体における要素であって、それらによって全体が構成される。多くの著者はこうした図式を示している。社会は一つの巨大な箱、あるいはn次元空間の円となり、それがヨリ小さな箱、すなわちセクターやレヴェルやヴェクトルや次元へと再分割されるのである。

このことは次元という用語に最もよく表われている。これは数学からきているのだが、二つの特別の意味をもつ。(1)諸次元は互いに相似的かつ独立的であり、それぞれが同じ仕方で、基底にある何らかの構造的な特性《プロパティ》と関連をもっている。(2)諸次元が存在するのはある全一な空間であり、この場合それは「社会」である。マルクス主義の体系では細部がちがっている。その「レヴェル」が互いに独立的ではないのだが、それは経済が究極的な主要因の地位を占めているからである。実際にはもっと複雑かつ曖昧なのだが、そうなってしまうのは、マルクス主義においては経済が「社会形成」（社会）の自律的な「レヴェル」であると同時に、「生産様式」という称号を与えられて全体性そのものの究極的な決定因でもあるという、二重の役割を担っているからだ。生産様式が社会形成に及ぼす影響は全面的であるがゆえに、個々のレヴェルに対してもその影響が及ぶ。二つの理論のちがいはこうである――ウェーバー派は社会的全体性は諸次元の複雑な交錯によって決まるという多要因理論を展開するが、マルクス派は全体性は「究極的に」経済生産によって決定されると考える。しかしながら、単一で一元的な全体という、まるでウリ二つの社会イメージを両者は共有しているのである。

　まるでウリ二つというこの印象は、それぞれの次元ないしレヴェルを子細に検討するとさらに強まる。両者は相並んで三つの特性を結合させる。まず第一は社会機構、すなわち「教会」や「生産様式」や「市場」や「軍隊」や「国家」等々の諸組織、つまり、たいていの社会に見られる相互行為の恒常的なサブシステムである。しかしこれらは機能でもある。時には第二として、これらは人間が追求する機能的目的なのである。たとえばマルクス派は、人間はまず経済的生存を追求しなければならぬという根拠から経済を主要因とすることを正当化するし、ウェーバー派は、世界の意味を見出したいという人間的必要の観点からイデオロギー的権力の重要さを主張する。そして第三に、しばしばそれらは機能的手段と見られている。マルクス派は政治的・イデオロギー的レヴエルを、直接生産者から余剰労働を引き出すのに必要な手段だと考えるし、ウェーバー派はそれらすべてが権力の手段だと論ずる。しかしながら、組織、目的としての機能、手段としての機能という特性は、まるで相同的だ。これらは類似のものとして、同じ空間に存在している。それぞれのレヴェルないし次元の内実は同じである。組織、目的としての機能、手段としての機能、この三つを包む一つのパッケージがあるにすぎないのだ。

　経験分析の点でも、この相同性は変わらない。それぞれの次元ないしレヴェルは幾つかの「要因」へと分解される。そこでの論点は、たとえば、「イデオロギー的要因」に対して「経済的要因」の重要性を強調する。最も重要な要因をさまざまな次元ないしレヴェルから引き出してくる「多要因」アプローチか、一つの次元ないしレヴェルから一つの最重要の要因を引き出してくる「単一要因」アプローチか――主な論争はこの二つのアプローチのあいだで行なわれてきた。「多要因」側には、今では文字通り幾百もの著書や論文が陣どっていて、文化的・イデオロギー的・記号的要因、総じて思想というものは自律的であり、それ自体の生命をもち、物質的・経済的要因には還元できないと繰りかえし主張している（たとえば、サーリンズ・一九七六年、ベンディクス・一九七八年・二七一―二頁、六三〇頁、ギアーツ・一九八〇年・一三頁、一三五―六頁）。この立場に対しては、伝統的なマルクス派が「単一要因」側として論戦を挑んできた。一九〇八年、ラブリオーラが『唯物論的歴史認識をめぐって』を刊行した。そこで彼が論じたのは、「多要因」アプローチは物

（1）ギデンズ（一九八一年）も〈力〉をもつ制度の四類型を識別している――象徴的秩序／言説様式、経済的制度、法／制裁様式、および政治的制度、である。

質的生産者としての人間の実践がもたらす特性にほかならぬ社会の全体性を無視している、ということだった。以来、これはマルクス派によって繰りかえし主張された（たとえばペトロヴィッチ・一九六七年・六七―一一四頁）。

論戦は行なわれているが、双方とも同じ前提――「要因」とは機能論的・組織論的な次元ないしレヴェルの一部で、その次元ないしレヴェルはひとまとまりの全体としての社会において相似的・独立的なサブシステムをなしている、という前提に立っている。このうちウェーバー派は比較的下部の、ヨリ経験的な諸相を重視するのに対して、マルクス派は全体性のヨリ上部の相を重視する。しかしその基底にあるものはウリ二つの、一元的なヴィジョンである。

これら敵対する二つの理論は、実質的には同じ主軸概念をもっているのだが、それが「社会」（一部のマルクス派の理論によれば「社会形成」）である。「社会」という語の最も頻繁な使われ方は柔軟かつ無限定であって、恒常的な人間集団なら何でもよく、社会的集団、社会的集合、団体といった言葉以上の意味がそこにあるわけではない。私もそういう使い方で行く。しかしもっと厳密にもっと野心的に使われる場合、「社会」には一元的な社会システムという観念が付加されている。これこそコント自身が意味したことだった（彼は「社会学」という語の造語者である）。スペンサー、マルクス、デュルケーム、古典派文化人類学者、そしてこれらの信奉者や批判者の大部分も、コントと同じだった。主な理論家のなかでこのアプローチに慎重だったのはウェーバーだけ、はっきりと反対したのはパーソンズだけだった。彼の定義はこうである――「環境との関係においてシステムとしての最高度の自活性に到達したさまざまな社会的システム群の宇宙のなかの、ある種の社会的システム、それが社会である」（一九六六年・九頁）。パーソンズが言った意味の本質を保持しつつ、「システム」という言葉の過剰な使用を削り落とせば、われわれはもっとよい定義に到達できる――「**社会とは社会的相互行為のネットワークであって、その境界では環境とのあいだで、相互行為にある程度の裂け目が存在している**」。社会は境界のあるひとまとまりであり、比較的高密度で恒常的な相互行為を包含している、すなわち、その境界を越えて行なわれる相互行為と比べた場合、内部の相互行為にはパターンがある。この定義に異議を唱える歴史学者、社会学者、文化人類学者はいないだろう（たとえばギデンズ・一九八一年・四五―六頁を参照）。

パーソンズの定義はすばらしい。しかし、それが関心を向けているのは一体性とパターン化の度合いだけである。しばしばこの点が忘れられて、一体性とパターン化とが存在し、しかもそれが不変であるということが前提となっている。私はこれを名づけて、体系的あるいは一元的な社会概念と呼ぶ。コントとその継承者において、社会とシステムとは交換可能と考えられ、社会を科学するにあたってはこれらが必要条件だと彼らは信じていた――一般的な社会学的言明を行なうにあたっては、まず社会を分離し、その部分それぞれのあいだにある規則性を観察することが必要である、と。境界づけられ内部にパターンをもつというこのシステム的社会は、実質的にはあらゆる社会学、文化人類学の研究のなかに存在し、さらには大方の政治学、経済学、考古学、地理学、歴史学の理論的研究のなかに浸透している。これらの専門分野の、さほど理論的ではない研究においても、暗黙の前提となっているのである。

「社会society」という語の語源を検討してみよう。それはラテン語societasからきている。これは非ローマ人の同盟者、戦争でローマに従うことを望んだ集団を意味するsocius（共同者・仲間）から派生した。こうした語はインド・ヨーロッパ諸語では共通の語源、「従う」を意味するsekwに由来している。それが表示しているのはアシンメトリカル（非対称的）な同盟関係、階層化された同盟者たちのゆるやかな連合体としてのsociety（社会）である。一元的な概念よりこのほうが正しいことを、われわれはこれから見て行こう。「社会」という語をロマンス語の意味ではなく、もともとのラテン語の意味で用いよう。

しかし私はつづけてここで、一元的な社会概念に対して、二つのおおまかな反対論を述べておこう。

一元的社会観を批判する

人間は社会的動物ではあっても、社会動物ではない

一元的概念の根底には、一つの理論的前提がある――人びとは社会的であるがゆえに、社会、すなわち境界づけられパターン化された社会的全体性を創造する必要があるのだ、という前提である。しかしこれは誤まりだ。人間は社会的な〈力〉の関係に参入しなければならないが、社会的全体性など必要としてはいない。彼らは社会的動物ではあっても、社会動物ではない。

人間の必要というものについて、もう一度考えてみよう。人間は性的充足の欲求をもっているが、彼らが性的関係を求める相手は、ふつうは、異性のうちでもほんの少数であり、彼らには子孫増殖の欲求があるので、こうした性的関係は、ふつう、成人-子ども間の関係と結びつく。こうした目的で（目的は他にもあるが）家族が出現し、互いに他の家族単位のなかに性的パートナーを求めて、パターン化された相互行為をいとなむ。人間は物質的生存の必要から経済的関係を発展させ、協同して生産し交換しあう。こうした経済のネットワークが家族や性的関係のネットワークと同一のものである必然性はないし、たいていの場合そうなっていない。人間は宇宙の究極の意味を探求しているので、互いに信条を語りあい、同じ気持ちをもつ者たちと儀式や礼拝をともにする。人間は手に入れたものは何であれ守りぬこうとするし、また他人から奪い取ろうともするので、たいていは若者中心に武装集団を結成するとともに、この集団に食糧と武器を供給してくれる非戦闘員との関係構築の必要にせまられる。人間は常に腕力に訴えることはせずに紛争をおさめようとするので、特別の権能をもつ司法機関を設立する。これらの社会的要請に応えるのに、相互行為のためのネットワークを同一の社会

空間として発生させて一元的な社会を形成する必要など、いったいどこにあるのか？
ただ一つのネットワークを形成しようとする傾向は、社会的関係をぜひとも制度化しなければならないという必要から生ずる。経済的生産の問題、世界の意味の問題、武備の問題、そして司法による決着の問題は、相互に完全に独立しているわけではない。それぞれは全部から影響を受けるだろうし、それぞれにとって全部が必要である。生産関係のどれ一つをとってみても、そこには共通のイデオロギー的・規範的相互理解が必要であろうし、防衛や法による規制が必要であろう。こうした相互関係が制度化されればされるほど、そのさまざまな〈力〉のネットワークは一つの一元的な社会へと収斂してゆく。
しかしわれわれはここで、本来の原動力のことを思い起さなくてはならない。人間社会の駆動力は制度化などにはない。変化してやまぬ人間の衝動が拡大包括的な、あるいは内向集中的な〈力〉の関係を発生させ、そこから歴史が生まれるのだ。これらのネットワークは制度化よりも、人間の目標達成と直接の関係をもっている。目標を追求するなかで、人間はこうしたネットワークをさらに発展させ、既存の制度化のレヴェルを越えてゆく。これは既存の制度に対する真っ向からのチャレンジとして起こることもあれば、既存の制度の「すき間」や辺縁で意図せず「間隙をついて」起こり、新しい関係や制度を創造して旧来の制度に予期せぬ結果をもたらすこともあるのだ。

制度化の永続的な特徴である分業が、この動きをさらに強める。経済的生存維持、イデオロギー、軍事的な防御と攻撃、そして政治的統制にたずさわる者たちは、その権力手段の行使にある程度の自律性をもち、その〈力〉は比較的自律的に発展してゆく。マルクスは経済的生産諸力がたえず制度的階級関係に立ちまさり、新たな社会階級を生み出していることを見て取っていた。このモデルはパレート〔イタリアの社会学者・経済学者〕やモスカなどによってこう拡張された──「エリート」の〈力〉は非経済的な権力資源にも依存しうる、と。モスカは結論をこう要約した──

ある社会で富の新しい資源が発展する場合、知識の実際的な重要性が増大する場合、旧来の宗教が衰微して新しい宗教が生まれる場合、新しい思想潮流が広がる場合、こうした場合にはそれと同時的に、支配階級のなかに広範な亀裂が生じる。実際のところ、それはこんなふうにも言うことができよう──文明化された人類の全歴史は、支配的な諸要素が政治権力を独占してそれを相続によって引きつごうとする傾向と、旧来の諸勢力が分裂して新勢力の反乱へと向かう傾向との対立であり、この対立こそ上層階級と一部下層階級とのあいだの急激な、あるいは緩慢な浸透作用という絶えざる騒乱を生み出している。
（一九三九年・六五頁）

モスカのモデルは、マルクスのそれと同様、エリートの興亡は同一の社会空間で生起しているという点で、表面的には一元的な社会観を共有している。しかしマルクスが実際にブルジョアジーの興起を（生産諸力における革命のパラダイムとして）記述したときには、そんなふうではなかった。ブルジョアジーは「間隙をついて」興起した、封建社会に穿たれた「小穴」から現われ出た、と彼は言ったのである。ブルジョアジーは都市に結集し、土地所有者、自営農民、富裕な小作農民と連携して彼らの経済資源を商品としてあつかうことによって、経済的相互行為の新しいネットワーク、すなわち資本主義のネットワークを創造したのであった。第一四章、第一五章で述べることになるが、そのとき実際には相異なるが重なりあう二つのネットワークが創りあげられた——中規模国家の領域を境界とするものと、もっと広域の、ウォーラーステイン（一九七四年）によって「世界システム」と称されたものとである。ブルジョア革命は既存社会の性格を変えたのではなく、新しい社会を創造したのである。

私はこうしたプロセスを**間隙をつく出現**と名づける。それは人間の目標を組織的手段へと変換して得られる結果である。いかなる社会も、この間隙をつく出現を阻止できるほど完璧に制度化されたことなど、これまでなかった。人間が創りあげるのは一元的な社会ではなく、さまざまに交差しあう社会的相互行為のネットワークなのである。これらのネットワークのうちで最も重要なものが、所与の社会空間における四つの〈力〉の源泉の周辺で、比較的恒常的に形成される。しかしその下側で、人間は絶えず目標達成のためにトンネルを掘り進みつづけ、新しいネットワークを形成し、旧来のそれを拡張し、ついには一つあるいはそれ以上の主要な〈力〉のネットワークという対抗的な形状をとって、われわれの視界にくっきりと立ち現われるのである。

あなたが住んでいるのはどの社会か？

「あなたが住んでいるのはどの社会か？」——この単純な問いに対する答えのなかに、経験的証拠が見てとれる。

答えはおそらく二つのレヴェルで始まる。一つは国民国家に言及する——私の社会は「イギリス」です、「アメリカ合衆国」です、「フランス」です、など。もう一つはもっと広範囲に——私は「工業社会」の、「資本主義社会」の、場合によっては「西側」ないし「西欧同盟」の、一市民です、というもの。われわれには基本的なジレンマ——国民国家社会・対・広域「経済社会」というジレンマがある。幾つかの重要な目的のために、国民国家はその境界にいくばくかの裂け目をもつ相互行為ネットワークを体現している。別の重要な目的のために、資本主義は英米仏これら三つの国民国家社会を統合して「西欧同盟」という、その辺縁に裂け目をもつヨリ広い相互行為のネットワークを形成している。それらはともに「社会」である。考えれば考えるほど、複雑さはいや増す。軍事同盟、教会、共通言語等々が、強力で社会空間的には相異なる相互行為のネットワークを増大させる。これらのさまざまに交錯する相互行為ネットワークの複雑な結びつきと〈力〉とに関する高度な理解に達した後でなら、われわれは冒頭の問いに答えることもできよう。しかしその答えはきっと、一元的というより多元連合《コンフェデラル》的な社会を含意するものとなるだろう。

今日の世界も例外ではない。交錯する相互行為ネットワークは歴史の規範なのである。先史時代には、交易と文化の相互行為は「国家」の、あるいは他の権威的ネットワークの統制をはるかに越えるものだった（第二章参照）。文明の発生は、交錯するさまざまな地域的ネットワークのなかに沖積土農耕を挿入したことで説明できる（第三章と第四章）。たいがいの古代帝国において、一般大衆の大半は小規模で局地的な相互行為ネットワークに関与していたが、その他にも二つのネットワーク——一つは遠隔地の国家から時おり行使される権力のネットワークと、もう一つは半自律的な現地有力者が行使するヨリ恒常的だが同じく表面的な権力のネットワークとに巻きこまれていた（第五章、第八章、第九章）。そうした帝国の境界の内側、外側、そして境界越しに、ヨリ拡大包括的でコスモポリタンな交易‐文化ネットワークの増大が見られたが、ここからさまざまな「世界宗教」が誕生してきた（第六章、第七章、第一〇章、第一一章）。エバーハルト（一九六五年・一六頁）はこれらの帝国について、幾重にも積み重なったたくさんの層とたくさんの小さな「社会」をそのなかに共存させているということから、「多層的」と記述した。それらは社会システムではない、というのが彼の結論である。社会的関係が一元的な社会へと統合されたことなどなかった——国家が一元性を装ったことが時たまあったけれども。「あなたが住んでいるのはどの社会か？」という問いは、ローマ帝国内北アフリカの農民にとっても、一二世紀イングランドの農民にとっても、同じようにむずかしい問いだったにちがいない。（この二つのケースについては第一〇章と第一二章で検討する。）さらにはまた古代メソポタミア（第三章）、古典期ギリシア（第七章）、中世および初期近代ヨーロッパ（第一二章と第一三章）のように、群小国家がヨリ広くて緩やかな「文化的」ネットワークのなかで共存した「文化連邦」型の文明がたくさんあった。ネットワークが相重なり交錯しあう形態はさまざまだが、そのような文明が常に実在してきたのである。

組織と機能の混然多角的な関係

社会を単純な全体ではなく、交差しあい重なりあうネットワークの多元的連合と考えることは、理論を複雑にする。しかしわれわれはさらなる複雑さを導入しなくてはならない。現実に制度化された相互行為ネットワークは、私の出発点であった社会的な〈力〉の理念型的な諸源泉と単純な一対一の対応関係にあるのではない。このことはわれわれに機能と組織のあいだを結ぶ等式を破棄させ、その「混然多角的な関係」を認識させる。

一つの例として、資本主義生産様式と国家との関係について考えてみよう。ウェーバー派によれば、マルクスとその信奉者は国家のもつ構造的な〈力〉を無視して、もっぱら資本主義の〈力〉を強調すると批判する。ウェーバー派はまた、この批判はマルクス派が経済的要因と比べて、社会において政治的要因がもつ自律的な〈力〉を無視しているというのと同じ批判なのだ、と主張している。マルクス派はこれに対して、同じように両方いっしょに、あるいは別個ではあってもワンパックで両方とも否定し、資本主義と経済的な〈力〉とが究極的な主要因であるという理由から、国家と政治とをともに無視することを正当化する。しかし双方とも、議論を腑分けしなければならない。先進資本主義国家とは、経済的現象であるよりもむしろ政治的現象であるというのではなく、同時にその両方なのである。そうでなければ、その領域から上がるGNPのおよそ半分を再分配したり、通貨や関税や教育・保険システム等々を重要な経済的な〈力〉の資源とすることなど不可能ではないか？　マルクス派が政治的要因を無視している、というのではない。マルクス派が無視しているのは、国家は経済的アクター（行為者）であるとともに政治的アクターである、ということなのだ。国家は「混然多角的な機能をもつ」のである。こうして先進的な資本主義生産様式は、階級と国民国家という、少なくとも二つの組織されたアクターをもつ。この二者を腑分けすることが、第II巻の主要テーマとなるだろう。

しかしながら、すべての国家がこれほど混然多角的な機能をもっていたわけではない。たとえば中世ヨーロッパの諸国家は、当時のGNPをほとんど再分配しなかった。その役割は圧倒的かつ厳密に政治的だった。経済的な機能ないし組織と政治的な機能ないし組織との分離は明確で対称的——国家は政治的、階級は経済的だったのである。しかし中世の状況と近代の状況との非対称性は、われわれの理論問題をさらにむずかしくする。さまざまな組織とさまざまな機能とは歴史の過程のなかで互いに織りあわされ、ある時ははっきりと分離するが、ある時にはさまざまな形で融合してしまう。経済的な役割は、われわれがふつうに「経済的」と呼ぶ専門組織によってはもちろんのこと、国家によっても、軍隊によっても、教会によっても遂行可能である（実際、いつもそうされている）。イデオロギーも、教会やその類似組織によってはもちろんのこと、経済的階級によっても、国家によっても、軍事エリートによっても鼓吹される。機能と組織とのあいだに、一対一の関係などないのである。

しかし大まかな機能区分というものが、イデオロギー的組織、経済的組織、軍事的組織、政治的組織のあいだに普く存在していて、ヨリ融合の進んだ〈力〉の組織のすき間からしばしば姿を現わすことも確かである。機能ないし組織の自律的諸次元の相互関係という観点からも、あるいはそのうちの一個を究極的な主要因とする観点からも、われわれはこれを分析のための単純化用具としては手放さずにおくべきなのである。しかしながら、マルクス・新ウェーバー両派の正統理論はともにまちがっている。社会生活というものは幾つかの分野——それぞれがひとまとまりの組織と機能、目的と手段で構成されていて、相互的には外在物のような関係にある幾つかの分野——で成り立っているのではないのだから。

さまざまな〈力〉の組織

問題がそれほどむずかしいのなら、解決法は何か？　この節で私は、特定の〈力〉の源泉が相対的な優位を占めた二つの経験的な実例を取りあげる。これらの実例は、〈力〉の組織という観点からの解決法を指し示している。戦争の帰趨というものは思いがけなく疑問の余地のない結果を生み出しうるがゆえに、新しい軍事的な〈力〉の出現を容易に見てとれることがしばしばある。そうした例の一つが、ヨーロッパの槍兵密集部隊《パイク・ファランクス》だった。

実例1　ヨーロッパの槍兵密集部隊の出現

一三〇〇年直後のヨーロッパで、軍事的な出来事によって重要な社会変動が引き起こされた。一連の戦闘において、供を引きつれ鎧をまとった馬上の騎士たちの半ば独立的な集団を中核とする旧来の封建徴募兵部隊は、槍をもつ歩兵の密集隊に大幅に依存する（主としてスイスとフランドルの）部隊に打ち負かされたのである（フェルブルッゲン・一九七七年を参照）。戦争の帰趨におけるこの突然の変化は、社会的な〈力〉の重要な変化を引き起こした。それは戦争の教訓を汲みとろうとしなかった、たとえばブルゴーニュ公国など、当時の列強の没落を加速した。しかし長い目で見ると、これが中央集権国家の〈力〉を強めた。中央集権国家は、槍兵密集部隊を撃破できることが明らかになった歩兵‐騎兵‐砲兵の混成部隊を維持する資源を、ヨリたやすく供給することができたのである。このことが古典的封建制全般の没落を早めたのだが、それは中央集権国家を強めて自律的な領主を弱めたからである。

この第一の実例を「要因」の観点から検討してみよう。狭く考えると、これは単純な因果の図式にあてはまるように見える――軍事的な〈力〉の関係におけるテクノロジーの変化が政治的・経済的な〈力〉の関係に変化を引き起こした、と。このモデルでわれわれが手にするのは、明らかな軍事決定論である。しかしこれは軍事的勝利に貢献した他の多くの要因をまったく無視している。最も決定的だったのはおそらく、勝利者側に具わっていた士気《モラール》の形態――左右と背後を固めている同僚槍兵たちへの信頼だった。ところでこの形態がどこからきたかといえば、それはフランドル市民層やスイス市民層とヨーマン農民層の、比較的平等主義的な社会生活に由来していた。こうして詳しく論じてゆけば、われわれはやがて多要因的説明にたどりつくであろうし、あるいはまた、決定的なポイントは二つの集団の経済的生産様式だったと主張することもできるだろう。経済的、軍事的、イデオロギー的、さらにその他の要因をめぐって一種の論争の舞台がしつらえられており、これが歴史研究と社会学研究のほとんどあらゆる分野に立ち現われるのである。それは希望のない、終わりのない儀式だ。なぜなら軍事的な〈力〉は、すべての〈力〉の源泉と同じく、それ自体が混然多角的な関係である。狭義の軍事上の伝統や発達に頼ることはもとより、士気も経済的な余剰も――すなわち、イデオロギー的な支えも経済的な支えも――必要なのである。軍事的な〈力〉の行使にすべてが必要なのであれば、その重要度をランクづけすることなど、どうしてできよう？

しかし軍事的な革新をちがった角度から、組織論的な観点から眺めてみよう。もちろんそこにも、経済的、イデオロギー的、その他の前提条件はあった。しかしそこにはまた、本来的には軍事的だが、発現的・すき間的な再編成能力があった――この能力は、特定の戦場で発揮されたその優秀さによって、既存の優勢な制度が供給するものとは異なる社会的ネットワークを全面的に再構築する。前者をわれわれは「封建制」と呼ぼう――そこに包含されているのは生産様式（すなわち、従属的小作農民からの余剰の吸いあげ、農民小作地と領主荘園《マナー》との相互関係、余剰を商品として都市へ送ること、など）であり、政治制度（すなわち、君主‐領主‐臣下からなる宮廷ヒエラルキー）であり、軍事制度（すなわち、封建徴募軍）であり、全欧的イデオロギー、すなわちキリスト教だった。「封建制」とは、社会生活の無数の要因とその中核をなす社会的な〈力〉の四つの源泉とが、中世西ヨーロッパ全域にわたって組織化され制度化された優勢な様態の、大まかな記述法なのである。しかしながら社会生活の他の圏域は、封建制へと向かうことヨリ少なく、その支配をこうむることヨリ少なかった。社会生活というものは優勢な制度より常に複雑である。なぜなら、私がこれまで強調してきたように、社会を動かす原動力は、目標追求のために人間がつくりあげる無数の社会的ネットワークから生まれるからである。封建制の中核ではなかった社会的ネットワークには、都市や自作小農民の共同体がある。それらの発展は、封建制にとっては比較的すき間で起こったことだった。そして決定的な点で、それらのうちフランドルとスイスの二つが、自分たちの社会組織が戦場向けの「一点集中的強制」（軍事的組織についての私の定義――後述）に特段に効果的な形態であることを発見したのだ。これは誰も、彼ら自身も気づかぬことだった。最初の勝利には偶然が作用したと主張されることもある。〔一三〇二年の〕コートレー（コルトレイク）の戦いで、フランドル市民軍はフランス騎士軍によって川を背にして包囲された。突撃してくる騎士軍に対する通常の戦術は「退却！」だが、彼らにはこれができなかった。殺されるのはまっぴらというわけで、彼らは槍を地面に突き立て、歯をくいしばって踏みとどまり、先頭の騎士を馬から引きずり下ろした。これは当事者の誰にとっても突然の、すき間的な出来事の好例である。

しかしこれは「軍事的」要因・対・「経済的」要因の実例ではない。そうではなくて、これは二つの生活様式のあいだの競合、封建的で優勢な生活様式と、他方はいまださして重要ではない市民あるいは自作小農民の生活様式との競合が、戦場で決定的な転換をもたらした実例である。一方の生活様式からは封建徴募軍が生まれ、もう一方からは槍兵密集部隊が生まれた。二つの形態はともに無数の「要因」と、社会的生存に不可欠な四つの〈力〉のすべての機能とを必要とした。

それまでは封建的という形状をもつ一つの優勢な組織が支配し、そのネットワークのなかに部分的に他の組織を取りこんでいた。しかしながら、いまやフランドル流とスイス流の生活のさまざまな側面のすき間的発展によって、これまで優勢だった組織を追い落とす対抗軍事組織が見出されたのだ。戦場における「一点集中的強制」という形態の有効性を通して、軍事的な〈力〉が既存の社会生活を再編成したのである。

実際、再編成はつづいた。槍兵密集部隊は裕福な国家へと自らを（文字通り）身売りし、その結果封建制の、都市の、自立小農民のネットワークに対するこれらの国家の〈力〉が増大した（宗教に対しても同様）。一地域の社会生活が――ヨーロッパ封建制の一部にはちがいないけれどもその中核ではなく、したがってわずかしか制度化されていなかった一地域の社会生活が、突然にかつ間隙をついて、高度に一点集中的で強制力をもつ軍事組織をつくりあげ、封建制の中核をまず脅かし、次いでその再構築を引き起こしたのである。自律的な軍事組織の出現は、このケースでは短命に終わった。その発生も行く末も混然多角的な関係だった――偶然にではなく、本質的にそうだったのである。軍事的な〈力〉が再編成の引き金となり、無数の社会ネットワークとその優勢な〈力〉の配列状態の両方の編成がえを可能にしたのだった。

実例2　文明構築的な諸文化、諸宗教の出現

数多の時代と地域において、イデオロギーは国家や軍隊や経済的生産様式よりもはるかに広範な社会的空間を覆ってきた。たとえば有名な六つの初期文明――メソポタミア、エジプト、インダス河流域、中国黄河流域、メソアメリカ、アンデス・アメリカは、（おそらくはエジプトを除いて）一連の小国家群として発生したのだが、それらの小国家はヨリ広域の文化ないし文明単位に属していて、共通の記念碑的建造物や芸術スタイル、記号表現の形式、それと宗教殿堂とをもっていた。歴史が下っても、広範な文化単位に属する国家の連合は数多く見出される（例＝古典期ギリシアや中世ヨーロッパ）。世界救済宗教は他のいかなる〈力〉の組織よりもはるかに広く地球を覆ってきた。爾来、自由主義や社会主義などの世俗イデオロギーも、他の〈力〉のネットワークの境界を越えて広範に広がった。

したがって、宗教およびその他のイデオロギーは高度に重要な歴史的現象なのである。われわれの注意をこの点に向けようとする学者たちは、要因論の観点から論ずる――それは「物質的」要因に対する「観念的」要因の自律性を示すものだ、と彼らは主張するのである（例＝コウ・一九八二年、古代アメリカ文明に関連してキーティング・一九八二年、および初期近代世界における自由主義の広まりに関連してベンディクス・一九七八年）。またも、唯物論派が反論する――これらのイデオロギーは「宙に浮いた」ものではなく現実の社会状況の産物なのだ、と。その通り、イデオロギーは社会生活から「浮いた」ものではない。イデオロギーが社会生活への神の干渉から生まれるのでないとするなら、当然それは現実の生活の説明となり、それを反映するものでなければなら

ない。しかしながら――そしてこの点にこそ自律性が存在するのだが――それが説明し反映しているのは、既存の優勢な〈力〉の諸制度（経済的生産様式や国家や軍隊やその他のイデオロギーなど）が十分には説明せず組織してもいないものなのである。ある一つのイデオロギーが力強く自律的な運動として立ち現われるのは、それまで優勢な〈力〉の諸制度に対してマージナルですき間的にすぎなかった生存の諸相を、そのイデオロギーがただ一つの説明と組織のもとに結集することができる時である。どんな社会においても、こうした潜在的な発展の可能性が常に存在する。なぜなら経験にはすき間的諸相が数多く存在し、優勢な諸制度の中核的ネットワークを形成する人びと以外の人間のあいだにも、接触という源泉が数多く存在するからである。

初期の文明に見られる文化的統一性という実例を取りあげてみよう（詳論は第三章、第四章）。われわれに観察されるのは神がみに共通の神殿、祝祭、暦、文章スタイル、装飾、そして記念碑的建造物である。われわれに見て取れるのは宗教的な制度が果たしていた広範な「物質的」役割である――その主たるものは、生産物を貯蔵し再分配して交易を統制する経済的役割と、戦争と外交のルールをつくりあげる政治的ないし軍事的役割である。そしてそのイデオロギーの内容を検討してみると、家系と社会の起源についての関心、ライフサイクルの移り行きについての関心、自然の豊饒さに影響を与えて人間の生殖作用を制御することへの関心、暴力を正当化するとともに統制することへの関心、自分の血縁集団や村落や国家を超える正統的権威の源泉を確立することへの関心、などが見られる。このようにして、宗教的中心をもつ文化は、広範な地域の類似した諸条件のもとで暮らす人びとに対して集合的・規範的なアイデンティティー意識と協同する能力とを供給したのだが、この能力は動員力において内向集中的ではなかったにせよ、国家や軍隊や生産様式が供給する能力よりはるかに拡大包括的で伝播型だった。宗教的中心をもつ文化は、社会的関係を組織する特別な方法を提供した。それはその地域の小規模な家族ないし村落ないし国家という、社会で優勢な諸制度に対して、それまですき間的にすぎなかった数多の社会的必要を、首尾一貫した組織的形態へと融合させた。そして神殿や祭司や書記《スクライブ》といった〈力〉の組織が反応してそれらの諸制度を再編成し、長期の経済的・政治的統制の形態をつくりあげたのである。

これはそのイデオロギーの内容がもたらした結果だろうか？　イデオロギーが出した解答という意味でいうのなら、それはちがう。イデオロギーが「生の意味」の問題に与える解答は、煎じ詰めれば、それほど変わりばえのするものではない。検証によって真実性を立証されるわけではないという意味で、解決されるはずのさまざまな矛盾（例＝神義論の問題――外見上の秩序や意味が混沌や悪と共存しているのはなぜか？）がその後もやはり存続しているという意味で、それらの解答はとりわけ鮮烈なものというわけではないのだ。それではいったいなぜ、ある少数のイデオロギー運動だけがその地域を、あるいは世界の大部分を征服するに至るのか？

このちがいの説明の鍵は、イデオロギーが供給する解答よりも、解答の仕方にある。イデオロギー運動が主張するのは、人間の問題は超越的な、神聖な権威――経済的、軍事的、政治的な〈力〉の諸制度が及ぶ「俗世」を超え出る権威――によって克服できる、ということである。イデオロギー的な〈力〉は明確な形態をもつ社会組織へと転換し、それまで宗教的あるいは観念的と考えられていたこと（例＝意味の探求）はもとより、「世俗的」「物質的」なさまざまな目的（例＝特定の権威の正統化）を追求する。イデオロギー運動が組織として明確になれば、われわれはその形態が人間の必要に応える事情を分析することができる。超越的な社会的権威が人間の諸問題を解決しようとして、既存の有力な権威機構の守備範囲を突破し、その「上」へ、さらにそれを越えて行くには、ある一定の条件を備えた能力がなければならない。それを論証することが、私の歴史分析の結論の一つなのである。

したがって〈力〉の源泉は、すべてが同じ色合いの恒常的な「諸要因」によってその内部が構成されているのではない。一つの独立した〈力〉の源泉が出現するとき、「要因」との関係は混然多角的であり、社会生活のすべての裂け目から「要因」を寄せ集め、そこに明確な組織の輪郭を与えるのである。そこでわれわれは四つの源泉と、それらが示す明確な組織論的意味に立ちもどろう。

四つの〈力〉の源泉、四つの〈力〉の組織

イデオロギー的な〈力〉は社会学の伝統のなかで、相関連する三つの議論から出てきている。第一に、われわれは直接的な知覚だけでは世界を理解することが（したがって行動することが）できない。知覚に押印された意味としての概念や範疇というものが必要だ。したがって社会生活には、ウェーバーの言う通り、究極的な知識や意味をつかさどる社会的組織が必要なのだ。かくして、集合的な〈力〉、分配的な〈力〉をふるうことができるのは、意味を独占する者たちなのである。第二に、社会的協同を維持するには規範、すなわち人びとが互いに道徳的にどう振る舞うべきかについての共通理解が必要だ。デュルケームが明らかにしたところによれば、恒常的で効果的な社会的協同のためには規範となる共通理解が必要であり、また、宗教のようなイデオロギー運動がしばしばその担い手となる。ある集団の相互信頼と集合的士気を高めるイデオロギー運動は、その集合的な〈力〉を増幅するとともに、いや増す熱狂的支持によって報われるであろう。規範を独占することこそ、かくて、〈力〉への道なのである。イデオロギー的な〈力〉の第三の源泉は、美的・儀式的実践である。これらは合理的科学に還元することができない。宗教的神話の〈力〉を論ずる際のブロック（一九七四年）の表現をかりれば、「歌を相手に議論することなどできない」のだ。歌や舞踏や視覚芸術の形式や儀式によって、独特の

〈力〉が伝達される。熱烈な唯物論者以外のすべての人びとが承認する通り、意味や規範や美的・儀式的実践が特定の集団によって独占されるところでは、その集団は強大な内向集中的かつ拡大包括的な〈力〉を所有するであろう。その集団は持てる機能性を最大限に活用し、集合的な〈力〉に加え分配的な〈力〉をも打ち立てることができる。私は後の章で、イデオロギー運動全般の広がりはもとより、運動がそうした〈力〉を獲得しうる条件を分析する。宗教運動はイデオロギー的な〈力〉の最も見やすい実例となるのだが、この巻でのヨリ世俗的な実例は初期メソポタミアと古典期ギリシアの諸文化である。とりわけて世俗的なイデオロギーこそ、私たちの世紀の特徴である——その実例がマルクス主義だ。

幾つかの公式見解のなかで、「イデオロギー」や「イデオロギー的な〈力〉」という語には二つの追加的な要素が含まれている——すなわち、提供される知識はまやかしである、あるいは、その知識は物質的支配の仮面にすぎない、というのがそれである。私が言おうとしているのは、このどちらでもない。イデオロギー的な〈力〉の運動によって提供される知識は、必然的に（パーソンズの言う通り）「経験を超えている」。それは経験によって全面的に検証することなどできないし、その点にこそ人を説得し支配する特別の〈力〉があるのだ。しかし、だからといってそれがまやかしとは限らない。もしまやかしなら、広まるはずなどない。人びとは自在に操られる愚か者ではない。そしてイデオロギーには常に私的利益や物質的支配の正当化がつきものなのだが、ただそれだけのことであるなら、人心を掌握することなどできはしない。強力なイデオロギーは、少なくともその時代状況のなかではきわめて本当らしく思えるものであり、本心から信奉されるのである。

以上がイデオロギー的な〈力〉のもつ機能だが、それならそこから発生する組織に特有な形状とは何だろうか？

イデオロギー的な組織の出現には、二つの主要タイプがある。ヨリ自律的な第一の形態では、組織は社会空間的な超越性を帯びる。既存のイデオロギー的、経済的、軍事的、政治的な〈力〉の諸制度を超越して、ヨリ世俗的な権威構造から離れその上に立って、（デュルケームの言う）「神聖な」権威の形態を生み出す。それは社会生活に発現するさまざまな特性が世俗的な権威組織の支配範囲をはるかに超えて新たな協同ないし搾取をつくり出す際に、強力な自律的役割を遂行する。したがってイデオロギー的な組織は、技術的な観点から見れば、私が伝播型の〈力〉と呼ぶものの技術に大いに依存しており、読み書き、貨幣、市場といった「普遍的な基盤構造《インフラストラクチュア》」の広がりによって推進される。

デュルケームが論じたように、宗教は規範（および意味や、美や、儀式）の統合の有用性から生まれ、世俗的な〈力〉の関係から離脱して「神聖」となる。しかしそれはたんに既成の「社会」を統合し反映するのではなく、社会に発生するすき間的な必要性や関係性のなかから、社会らしきネットワーク、すなわち宗教的・文化的な共同体を現実に創造する。私はこのモデルを、第三章と第四章では初期の拡大包括的諸文明に、第一〇章と第一一章では世界救済宗教に、それぞれ適用する。イデオロギー的な〈力〉は、社会問題の発生に対処する独自の社会空間的方法を提供するのである。

　イデオロギー的な組織の第二の形状は、団結や信頼、したがって既存の社会集団の〈力〉を強める内在的な士気としてのイデオロギーである。内在的なイデオロギーは、おおむね既存のものを強めるがゆえに、その衝撃はさほどドラマティックではない。とはいうものの、通常拡大包括的で伝播型の固有の基盤構造《インフラストラクチュア》をもつ階級あるいは国民（これら二つがその典型だ）のイデオロギーは、古代アッシリア帝国やペルシア帝国の時代以来、〈力〉の行使に重要な貢献をしてきた。

　経済的な〈力〉は自然物を取り出し、加工し、分配し、消費することを通じて、生存の必要を充足することから生じてくる。こうした仕事の周囲に形成される集団は階級と呼ばれる——したがってこの研究では、これは純粋に経済的な概念である。経済的な生産、分配、交換、消費という関係は通常、内向集中的な〈力〉と拡大包括的な〈力〉とを高度に結合させて、社会発展の大きな部分を占めてきた。こうして階級は、全社会階層関係の大部分を形成する。生産、分配、交換、消費に対して独占的な支配権をふるうことができる者、すなわち支配的な階級が、社会全般に対する集合的な〈力〉と分配的な〈力〉とを獲得することができる。この点に関しても私は、こうした〈力〉が生じる諸条件を分析する。

　私は本書では、歴史上階級が果たした役割に関する多くの議論には立ち入らない。私の関心は歴史上の現実問題を追うことにあって、第七章で古代ギリシア（十分な史料が手に入る歴史上最初の時代）の階級闘争から始める。私はそこで、階級関係と階級闘争の発展における四段階を区別する——「潜伏的」、「拡大包括的」、「対称的《シンメトリカル》」、「政治的」な四段階の階級構造である〔本書237頁参照〕。その後の章でも、私はこの区分を用いる。私の結論は最終章で述べる。階級は重要ではあるけれども、たとえばマルクスが信じていたような「歴史の原動機」ではないことが分かるだろう。

　一つの重要な問題をめぐって、伝統的には二つの主要理論が対立している。マルクス派は経済的な〈力〉の源泉として労働に対する支配を強調し、「生産様式」に重点を置く。新ウェーバー派（およびカール・ポランニーの実体論《サブスタンティヴィスト》派など）は、経済的交換の組織を強調する。われわれはいずれか一方を、アプリオリな理論的根拠にもとづいて強調することなどできず、その決着は歴史的証拠によらなければならない。多くのマルクス派のように、「初めに生産がある」（つまり分配、交換、消費の前にくる）がゆえに生産関係こそ決定的だと主張することは、「発現」というポイントを無視することになる。交換の形態が発現してくれば、それは一つの社会的事実であって、潜在的に強力になる。交易者たちは経済的連鎖の最終点での見込みに対応して、もともとの生みの親である生産組織へと逆に働きかける。フェニキア人のような交易帝国は、もともとその必要から〈力〉を創出した生産者集団の生活を、交易者集団の働きかけが決定的に変えた例である（例＝アルファベットの考案——第七章参照）。生産と交換との関係は、複雑でしばしば細分化している——生産が自然を利用すべく高度の内向集中的な〈力〉によって現地社会の強固な協同を動員するのに対し、交換は極度に拡大包括的に行なわれる。交換はその先端部で、当初の販売活動を生み出した生産の関係からは遠くかけ離れたさまざまな影響や機会と遭遇する。経済的な〈力〉は概して伝播型であって、中央からの制御は利かない。このことは階級構造が一元的ではなく、経済的な〈力〉の唯一のヒエラルキーではないことを意味しよう。生産と交換の関係は、細分化されているとはいえ、階級構造を分解するかもしれない。

　こうして階級とは、自然物の取り出し、加工、分配、消費のための社会的組織に対して、それぞれ差異のある〈力〉を行使する集団である。繰りかえして言うが、私は階級という語を純粋に経済的な〈力〉のグループ分けを示すために用いており、また社会成層という語を、どんなタイプであれ〈力〉の分配を示すものとして用いている。支配階級という語は、他の〈力〉の源泉をも独占することに成功した結果、国家を中心とする社会全般を支配するに至った経済的な階級を意味することになるだろう。階級と他の階層分けとの相互関係に関する問題は、歴史的な分析に委ねよう。

　経済的な組織は、生産、分配、交換、消費の回路を包含している。その主たる社会空間的な特異性は、これらの回路は拡大包括的であるにもかかわらず、内向集中的で実際的な大衆の日常労働——マルクスが言うところの実践——をも巻きこんでいる点にある。経済的な組織はこうして拡大包括的な〈力〉と内向集中的な〈力〉の、伝播型の〈力〉と権威型の〈力〉の、顕著に安定的な社会空間的混合物となっている。したがって私は、経済的な組織を**実践の回路**と呼ぶことにしよう。いささか大袈裟ともいえるこの用語は、マルクスによる二つの洞察を踏まえている。第一には、合理的に発展した生産様式の一方の「末端」に、自然を征服することを通じて労働と自己表現を行なっている勤労大衆がいる。第二には、その様式のもう一方の「末端」に複雑かつ拡大包括的な交換の回路があって、そこには幾百万の人びとが非人称的な、表面的には「自然」に見える強制力によって閉じこめられている。資本主義においてこの対比は極限にまで達するのだが、実はこれはすべてのタイプの経済的な〈力〉の組織に見られることなのだ。実践の回路との関連で定義される集団には階級がない。それらの集団が生産様式[2]の実践の全回路にわたってどの程度に「拡大包括的」か、「対称的《シンメトリカル》」か、また「政治的」かによって、階級の組織的な〈力〉と闘争力とが決まるであろう。そしてこのことがさらに、内向集中的な現地の生産と拡大包括的な交換の回路との連結の緊密さにはねかえるであろう。

　軍事的な〈力〉については、すでに部分的な定義を行なった。それは物理的な防衛組織の必要と、攻撃面での有用性か

(2) 私はこれから先「生産様式」という語を「生産と分配と交換と消費の様式」をつづめたものとして用いる。したがって私は、他の圏域よりも生産が主要因になっている、と言っているわけではない。

ら生まれてくる。それは内向集中的と拡大包括的の両側面をもつ――というのも、そこには大規模な地理的および社会的空間における防衛と攻撃の組織はもとより、生と死の問題がかかわっているからである。軍事的エリートとしてこれを独占する者は、集合的な〈力〉と分配的な〈力〉の両方を手にすることができる。こうした〈力〉は最近の社会理論のなかでは無視されており、私は〔第二章で〕スペンサーやグンプロヴィッチやオッペンハイマーなど、一九世紀ないし二〇世紀初期の著者に立ちもどる（通例これらの著者は軍事的な〈力〉が発揮する能力を過大評価しているのだが）。

軍事的な組織は本質的に一点集中的・強制的である。それは暴力という、人間の〈力〉の手段として無骨ではあっても最も凝縮的なものを動員する。このことは戦時には明白である。武力の集中ということが、古典的な軍事戦略論の要石なのである。しかし歴史をあつかうさまざまな章（とくに第五章―第九章）で見る通り、それは戦場と戦役を乗りこえて生きつづける。平時に試みられる軍事的形態による社会統制は、やはり高度に一点集中的である。たとえば古代の奴隷であれ中世の夫役であれ、直接的な強制労働が都市の防壁や、記念碑的建造物や、主要な通信輸送ルートを建設したことが一再ならずあった。強制労働はまた鉱山や農場やその他の大農園、そして有力者の大所帯で見られる。しかしそれは通常の分散的な農業や、判断力と技能が求められる製造業や、商業や交易といった分散的な活動には適していない。こうした分野で直接的な強制を効果的に行なうのに要するコストは、これまでの歴史上いかなる体制が供給しうる資源をも越えていたのである。こうして軍事体制というものは、一点集中的で、内向集中的で、権威型の〈力〉が不釣合いに大きな結果を生み出すところで有効だった。

第二に、軍事的な〈力〉はかなり拡大包括的な到達範囲をもっているが、それはネガティヴな恐怖の形態である。ラティモアが指摘したように、軍事攻撃の射程はほぼ全歴史を通して、国家支配や経済的生産関係の範囲より大きかった。といってもこの支配は最小限のものである。兵站学は人をがっかりさせる。第五章での私の計算によれば、古代の歴史において軍隊が補給なしに行軍できる最大限距離はおよそ九〇キロメートル――内向集中的な軍事支配を広い領域に行なうには不十分な距離であった。たとえば三〇〇キロ先に強力な軍隊が駐屯しているとなれば、現地住民としては外面的にはその指図に従うよう気を配る――毎年貢物を納めるなり、指導者の宗主権を認めるなり、若い男女を宮廷に派遣して「教育」を受けさせるなりするであろうが、日常の行動は何の掣肘も加えられなかったであろう。

こうして、軍事的な〈力〉には、社会空間的な二重性がある――ポジティヴな強制的支配力が行使される一点集中的な中核部と、その周りの、恐怖心をもつ住民がおとなしい従順さをなげうってまで踏み越えて出て行かないかわりに、その行動が明確に統制されることもない広大な周辺部とが、二重になっているのである。

政治的な〈力〉は（これもすでに部分的な定義を行なった

が）、社会的関係の数多の側面における中央集権的な、制度的な、領域的な規制の有用性から生まれてくる。私の定義は純粋に「機能的」観点、つまり強制を背後にひかえた司法的な規制という観点からのものではない。そうした機能なら国家はもとより、イデオロギー、経済、軍事のどの〈力〉にも存在しうるのだ。私は規制と強制を、中央が管理し区切られた領域《テリトリー》を有するもの——すなわち、国家の〈力〉に限定する。国家に集中することで、われわれはこの〈力〉が社会生活に果たしている寄与を分析することができる。ここで行なった定義が示すように、政治的な〈力〉が境界を高めるのに対し、他の〈力〉の源泉は境界を越えようとする。第二点として、軍事、経済、イデオロギーの〈力〉は、どこに位置しようと、どのような社会的関係にも介在しうる。A、あるいはAで構成される集団のどれもが、B、あるいはBで構成される集団のどれに対しても、これらの〈力〉の形態を行使することができる。対照的に、政治的な関係はある一つの特定領域、つまり「中央」にかかわる。政治的な〈力〉はこの中央に位置して、外へと向けて行使される。政治的な〈力〉は必然的に中央集権的かつ領域的であり、こうした点で他の〈力〉の源泉とは異なっている（詳細な議論はマン・一九八四年を参照、国家の厳密な定義は次章でも述べる）。国家を支配する者、つまり国家エリートは集合的な〈力〉と分配的な〈力〉とを手に入れて、他の者たちを明確な「組織チャート」のなかへと組み入れる。

政治的な組織もまた、ちがった意味で、社会空間的な二重性をもつ。ここでわれわれは「国際的」組織と国内のそれとを区別しなければならない。国内的には、国家は領域内で中央集権化され、領域的境界をもつ。こうして国家は、閉ざされた領域内での中央集権化された搾取と協同の可能性が社会生活のなかから立ち現われたときに、強大な自律的な〈力〉を手に入れることができる（マン・一九八四年に詳述）。それは軍事的な組織ほどではないにせよ一点集中化されているがゆえに、権威型の〈力〉が行使する技術への依存が顕著である。国家エリートたちの実際の〈力〉を検討する際には、形式上の「専制的」な〈力〉と現実の「基盤構造的」な〈力〉とを区別するのが有益であることが分かるだろう。これについては第五章の「古代帝国の比較研究」という節で説明する。

しかしながら複数国家間の領域境界——世界はいまだかつて単独国家の支配を受けたことはない——はまた、国家間関係の規制という問題を生み出す。地政学的な外交は政治的な〈力〉の組織の二番目に重要な形態である。地政学的な二つのタイプ——覇権をもつ帝国が辺境住民と近隣属国を支配するタイプと、多国家文明のさまざまな形態——は、本書で重要な役割を果たすだろう。地政学的な組織の形態が、これまで述べてきた他の〈力〉の組織とは異なることは明らかだ。実のところそれは通常、社会学理論において無視されている。しかしそれこそ社会生活の本質的な部分であり、それを構成する諸国家の「内部関係的」な〈力〉の形状に還元することはできないのである。実例をあげれば、ドイツ帝国のハインリッヒ四世、スペインのフェリペ二世、フランスのボナパルトとつづく覇権的・独裁的な自己主張を屈服させたのは彼らに反対した国ぐにや人びとの強さだった、というのは表面上のことにすぎない――彼らを本当に屈服させたのは、ヨーロッパに深く根づいていた多国家外交という文明だったのだ。地政学的な〈力〉の組織は、こうして、全般的社会成層の本質的な部分なのである。

ここまでを要約しよう。数多の目標を追求する人間たちは、社会的相互行為の数多のネットワークを立ちあげる。これらさまざまなネットワークの境界と能力とがピタリ重なりあうことはない。あるネットワークは他と比較して、内向集中的かつ拡大包括的な、権威型かつ伝播型の社会的協同を組織するヨリ大きな能力をもっている。その最大のものはイデオロギー的な〈力〉、経済的な〈力〉、軍事的な〈力〉、政治的な〈力〉――つまり、四つの社会的な〈力〉の源泉のネットワークである。これらの一つ一つは明確な形態をもつ社会空間的な組織を意味し、この組織によって人間はその無数の目標を、すべてではないにせよきわめて広範に包括して達成することが可能になる。四つの源泉の重要性は、それらが内向集中的な〈力〉と拡大包括的な〈力〉とを結合させている点にある。しかしこれが歴史的決定性をもっと認定されるのは、さまざまな組織的手段を通してその一般的形状が社会生活のほぼ全面へと刻印されることによってである。私が同定した主な組織形状は、超越的ないし内在的（イデオロギー的）、実践の回路（経済的）、一点集中‐強制的（軍事的）、中央集権‐領域的かつ地政学・外交的（政治的）であった。こうした形状は、社会生活の数多の分野から要素を取り入れて構造化する点で、私が「混然多角的関係」と呼んだものに適合する。先に述べた実例2では、初期文明の文化の超越的な組織が経済的再分配、戦争のルール、政治的・地政学的規制という諸側面を取り入れたのだった。こうしてわれわれは、社会的な〈力〉のさまざまな源泉や次元やレヴェルのあいだの外面的な関係をあつかうのではなく、(1)理念型としての源泉が、(2)分業の範囲内での明確な組織として一時的な存在を獲得し、(3)社会生活にヨリ全般的な、混然として多角関係的な形状を与えうることをあつかう。(3)では、これらの組織的手段の一つないしそれ以上が、軍事的な実例のように短期的に、あるいはイデオロギー的な実例のように長期的に、主導的な再編成力として間隙をついて出現するであろう。これが組織された〈力〉についてのＩＥＭＰモデルである。

マックス・ウェーバーはかつて、イデオロギーの重要性を説明しようとして、当時の鉄道から引いた隠喩を用いた――彼はそのとき救済宗教の〈力〉について論じていたのである。そうした宗教的理想は、社会的発展の幾つかの路線のどれを進むべきかを決める転轍手《スイッチマン》（イギリスの鉄道ならポイントマンだが）のようなものだ、と彼は書いた。この隠喩はおそらく手直しすべきだろう。社会的な〈力〉の源泉は「線路敷設工手《トラックレイヤー》」――方向が定められる以前に線路が存在しているのではないのだから――であって、社会的・歴史的地勢の上にさまざまなゲージの軌道を敷設してゆくのである。線路敷設の「時機」、そして新しいゲージへの転換の「時機」こそ、私たちが主要因の問題に最も接近できるときである。こうした時機に、ヨリ制度化された時期には見られない、社会的集中化や組織化や方向づけの自律性が現われる。〈力〉の源泉の重要さの鍵はここにある。これらの源泉は、無限の多様性をもつ社会的存在に集合的な組織と統一とを与える。それらは集合的な行為を生み出す能力をもつがゆえに、大規模な社会構造（それは大きくても小さくてもよいが）に見られるような重要なパターンをつくり出す。それらのパターンこそ、人間が自らの歴史をつくり出す「一般化された手段」を示しているのである。

ＩＥＭＰの全体モデル――その範囲と範囲の外

全体モデルの大要を図表の形にして図1-2に示す。図中に多くの破線が引かれているが、これこそ人間社会の乱麻錯綜ぶりを表示している――われわれの理論はその最も大枠な形状をとらえることができるだけなのだ。

われわれの出発点は目標を追求する人間である。このことで私が意味しているのは、人間の目標が「前社会的」だということではない――そうではなくて目標の中身や、それがどのように創出されるかは、その後に生起することと関連していない、ということなのだ。目標を志向する人びとが形成する社会関係は、一般理論でとらえるにはあまりに複雑多様である。とはいうものの、最も強力な組織的手段をとりまく諸関係は、合体して確固とした恒常的な形状をもつ広範な制度的ネットワークを形成し、内向集中的な〈力〉と拡大包括的な〈力〉、権威型の〈力〉と伝播型の〈力〉とを結合させる。私の考えによれば、そうした社会的な〈力〉の源泉の主なものは四つあって、それぞれ相異なる組織的手段の中心をなしている。制度化へ向けての圧力が逆にそれらを部分的に融合させて、一つないしそれ以上の優勢な〈力〉のネットワークをつくりあげる。これが社会生活に見られる最高度の境界性をもたらすのだが、かといってそれは全的な境界性というものからはほど遠い。四つの〈力〉の源泉に対して、またその優勢な形状に対して、多くのネットワークはすき間的な存在であり、同様にして四つの〈力〉の源泉の重要な諸側面も、優勢な形状のなかでは不十分に制度化されているだけである。これら二通りのすき間的な相互作用から、四つの源泉のうちの一つあるいはそれ以上を中心とするヨリ強力なネットワークが出現し、やがて終には社会生活の再編成と新たな優勢な形状とが生まれてゆく。歴史のプロセスはこのようにつづいてゆく。

これは主要因問題への一つの接近法であるが、解答ではない。マルクス理論とウェーバー理論の主要な争点――社会の形状を決める究極的な決定因として経済的な〈力〉を選び出すことができるのかどうか――について、私はまだ何も述べてはいない。これは経験的な問いなので、私は初めに事実調べをした上で、第一六章で暫定的な答えを、第Ⅲ巻で完全な

図1－2　IEMPモデルにおける因果関連

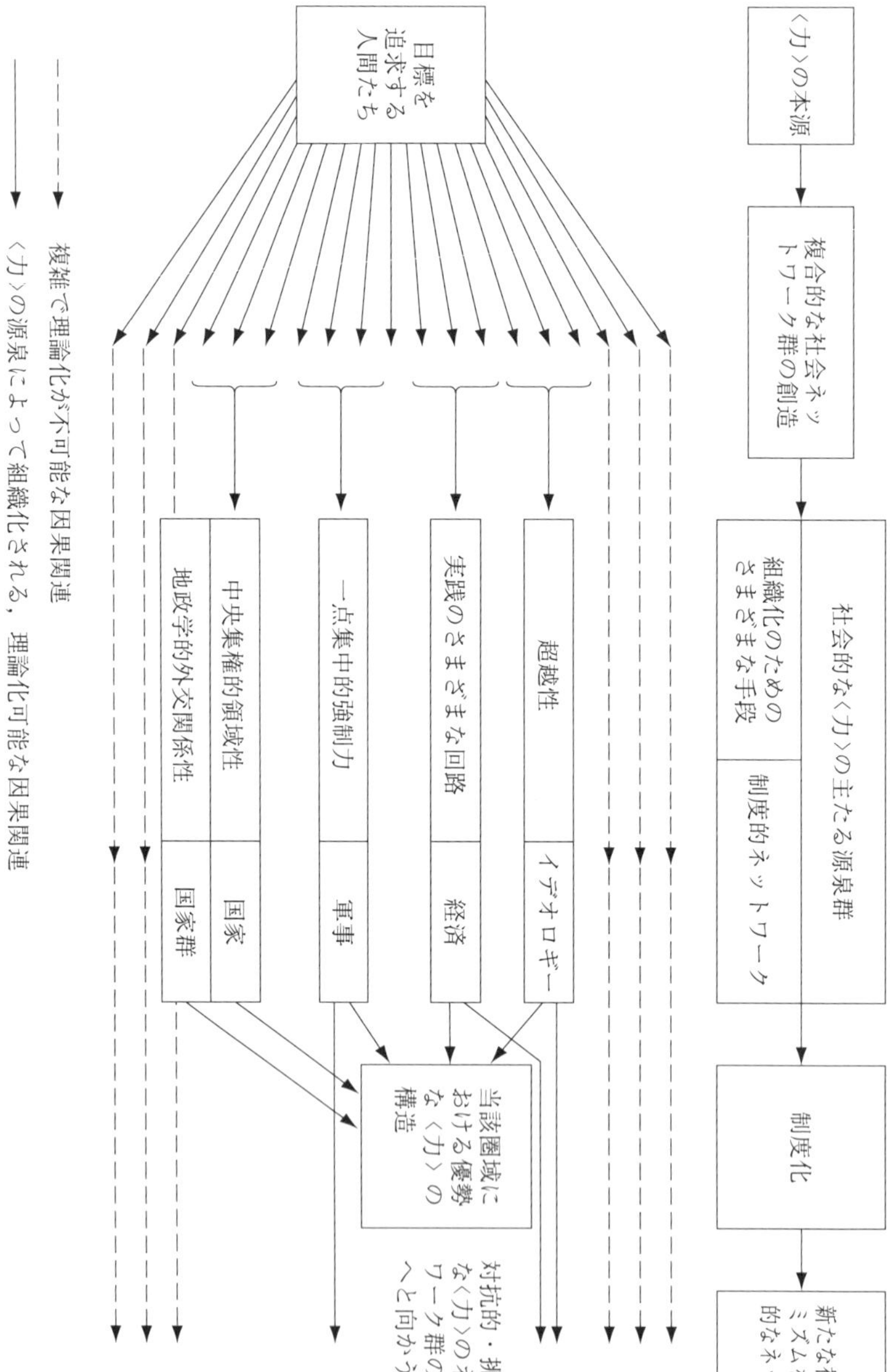
〈力〉の本源
複合的な社会ネットワーク群の創造
社会的な〈力〉の主たる源泉群
組織化のためのさまざまな手段
制度的ネットワーク
制度化
新たな社会的ダイナミズムを生むすき間的なネットワーク群
目標を追求する人間たち
超越性
イデオロギー
実践のさまざまな回路
経済
一点集中的強制力
軍事
中央集権的領域性
国家
地政学的外交関係性
国家群
当該圏域における優勢な〈力〉の構造
対抗的・挑戦的な〈力〉のネットワーク群の出現へと向かう
複雑で理論化が不可能な因果関連
〈力〉の源泉によって組織化される，理論化可能な因果関連

答えを出そう。

経験的な検証がなぜ歴史的でなければならないかについて、三つの理由がある。第一に、このモデルは本質的に社会変動のプロセスにかかわっている。第二に、私は一元的な社会という概念を廃棄しているので、「比較社会学」という代替的な探究法もいっそう困難になった。社会は時間的・空間的に単純に比較できるほど自己完結的な単位ではないのだ。社会が存在するのは局地的な相互行為の個別の環境のもとであって、その環境はその中心的特徴においてさえそれ独自のものなのである。比較社会学の出番は、比較できる事例があまりに少ないがゆえに、たいへん限られている。第三に、私の方法論は〈力〉を「計量」すること、〈力〉の基盤構造《インフラストラクチュア》を厳密に跡づけることであり、ここで疑問の余地なく明らかなのは、〈力〉の量は歴史を通じて莫大な発展をとげてきたことである。先史社会がもっていた（自然に対する、また人間に対する）〈力〉の容量は、たとえば古代メソポタミアよりはるかに少なく、こちらは後期ローマ共和政より少なく、そしてこちらは一六世紀スペインの足元にもおよばず、さらにこちらは一九世紀イギリスと比べれば、云々。地球をめぐってこうした比較をすることよりも、この歴史を把握することが重要なのだ。これはエバーハルトの表現（一九六五年・一五頁）をかりれば「世界時間」の研究であり、そのなかでは〈力〉の発展のプロセスのそれぞれが周りの世界に影響を与えているのである。

歴史として最も適切なのは最も強力な人間社会、つまり近代西欧文明（ソヴィエト連邦を含む）の歴史であって、これは紀元前三〇〇〇年頃の近東文明の発祥から今日まで切れ目なくつづいてきた。それは進化論的でも目的論的でもないが、発展する歴史である。そこには何ら「必然的」なものはなかった――まさに起こった通りに起こったまでである（そしてさまざまな機会に終焉しそうになった）。それは単独の社会的空間や地理的空間の歴史ではない。こうした企ての通例にならって、私の場合も新石器社会の一般的条件から始め、次に古代近東に集中し、それからしだいにアナトリア、小アジア、レヴァント地方を西へ、また北へと移動して東地中海へと至る。それからヨーロッパに移り、一八世紀ヨーロッパ最西端の国家・イギリスで終わる。各章ごとに〈力〉の「最先端《リーディング・エッジ》」をあつかうのだが、それは人びとや空間を優勢な形状へと統合する能力が基盤構造的な発展をとげる部分である。こうした方法はある意味で非歴史的なのだが、この飛躍性は強さでもあるのだ。〈力〉が発揮する能力は不均等に、飛躍的に発展した。したがってこれらの飛躍を研究しその説明を試みることは、主要因の問題への最上の経験論的突破口となる。

私がこの歴史から排除してしまったものは何だろう？　当然ながら膨大な量のディテールと複雑さとを排除したのだが、いかなるモデルもそうした上で一部の現象を中央ステージに乗せ、その他は舞台の袖へと追いやるのである。もし後者が中央ステージを占拠しようとしたりすれば、モデルは現象をうまくあつかえなくなるだろう。この巻には顕著な欠落が一つある——ジェンダーの関係だ。第II巻で私は、歴史のなかでの両性間の現実上の不均等という観点から、私のあつかい方の不均等を正当化するつもりである。有史以来の大部分を通じて男女間の関係は、家父長制という一般的形態のなかで大筋は変わらぬままに一八世紀・一九世紀ヨーロッパに至っており、その時初めて急速な変化が起こった、というのが私の主張である。しかしその議論は第II巻を待とう。この巻で論じられる〈力〉の関係は、通常、男性の家長同士の「公的圏域」でのそれである。

私は歴史の専門家に対して、寛大さと度量をもってくださるよう懇願する。有史以来を網羅的にカヴァーしたので、私は事実の面で誤まりを犯しているにちがいないし、まったくの大まちがいも幾らかあるかもしれない。しかしそれらを正すと議論全体が無価値になるのかどうか、私は問う。さらに私はもっと攻撃的に問うが、歴史研究、とくに英米の伝統のなかにある歴史研究が社会の本質について教えてくれることこれ以上に明晰な考察というものが、果たして他にあるのか。社会学者に対しても、私は幾らか厳しい言い方をする。今日の社会学の多くは非歴史的だが、さらに歴史社会学となると、その関心はもっぱら「近代」社会の発展と産業資本主義の出現なのである。社会学の伝統のなかでこれは有無を言わせぬ勢いなので、ニスベット（一九六七年）が示したように、近代理論の要所要所に二分法を生み出してしまった。身分関係と契約関係、ゲマインシャフトとゲゼルシャフト、機械的連帯と有機的連帯、聖と俗——これらに加えてさらに他の二分法が、一八世紀末に歴史の分岐点があることを示す。ヴィーコやモンテスキューやファーガソン〔スコットランドの哲学者・社会学者〕など一八世紀の理論家たちは、こんなふうには歴史を見ていなかった。自分が属する国民国家の最近の歴史しか知らず、せいぜい人類学を聞きかじっただけの近来の社会学者とはちがって、彼ら一八世紀の理論家たちは、複雑で差異に富み階層化された社会——世俗的で、契約的で、有機的で、ゲゼルシャフト的ではあっても産業的ではない社会が、それまで少なくとも二〇〇〇年ほどつづいてきたことをよく知っていた。一九世紀から二〇世紀初期にかけて、この知識が社会学者のあいだで衰弱してしまったのだ。逆説的なことに、この衰弱が持続したのは、歴史学者や考古学者や人類学者たちがこれらの複雑な社会の構造について瞠目すべき発見を成しとげようとして、多くは社会学からの新しい技法を用いていたあいだだった。しかし彼らの分析は、彼らが社会学の理論について比較的無知だったために、弱められているのである。

この狭隘化のなかにあって、ウェーバーは卓越した例外である。私が彼に負うところは大きい——彼の特定の理論を採用するというのではなくて、社会と歴史と社会的行為との関係をめぐる彼の全体的ヴィジョンを信奉するという点で。

歴史的な深さと広がりをもつ社会学理論への私の要請は、ただ単に人間の経験の豊かな多様性を把握したいという本質的な欲望にのみもとづいているのではない——もちろんそれも価値あることにちがいないが。私はそれよりも、今日のわれわれの世界の最も重要な特徴は歴史的比較によってヨリ鮮明にとらえられる、と考えるのである。歴史は繰りかえす、というのではない。正しくはその反対である――世界の歴史は発展する。われわれは歴史的比較を通して、われわれの時代の最重要な問題が新奇な問題であることが分かる。だからこそ、その解決は困難なのだ――伝統的な問題を能率的に解決すべく設立された諸制度に対して、新奇な問題はすき間的である。しかし、私がこれから述べることが示すように、あらゆる社会は唐突で間隙をつく危機に直面してきたのであり、その幾つかのケースで人間性は高められたのだ。歴史のなかを長く迂回した後で、第II巻では、このモデルの今日的妥当性を論証したいと思う。

第二章

先史時代の人びとは〈力〉を回避した
——あるいは、一般社会進化の行き止まり

はじめに——聞きなれた進化の物語

〈力〉の歴史はそもそもの始まりから始めなくてはならない。しかしわれわれはそれをどこに置くべきか？　種《しゅ》としての人類は数百万年前に現われた。彼らはこの数百万年の大部分を、主として野生の果実や木の実、草の実、草の葉の非定住採集者として、また狩りをする大型動物に群がってお余りを漁る者として生きていた。やがて彼らは自らの狩猟レパートリーを開拓した。しかしわれわれがこれらの採集‐お余り漁り民や採集‐狩猟民に関して推測できることから判断すると、彼らの社会構造はきわめて非固定的、その場かぎり的、可変的だった。彼らは〈力〉の関係を恒常的に制度化することをしなかった——彼らは階級を知らず、国家を知らず、エリートさえも知らず、彼ら（成人）のあいだのジェンダーや年齢集団のちがいも、永続的な〈力〉の差異を示すものではなかったかもしれない（今日この点は大いに議論の的になってはいる）。そして、言うまでもないが、彼らは読み書きを知らず、われわれの言う「歴史」をもたなかった。したがって、本当の始まりにおいては〈力〉も歴史もなかった。第一章で展開したさまざまなコンセプトは、今日までの人類の生存期間の実に九九パーセントと無関係なのである。そこで私は、始まりからは始めないことにしよう！

さてそれから、見たところ世界の全域にわたって一連の変化が起こった——農耕への、家畜飼養への、そして定住への移行だが、この定住によって人類は〈力〉の関係にぐんと近づいた。恒常的で、境界をもち、おそらくは「複雑な」社会が発展したが、それは分業と社会的不平等と政治的中央集権とを具現していた。たぶんここからわれわれは、たくさんの限定をつけるにせよ、〈力〉について語ることができる。この第二局面は今日までの人類の生存期間のおよそ〇・六パーセントに相当するのだが、読み書きはまだなのである。その「歴史」の実態は未知であり、われわれの記述はきわめて仮説的なものとなる。

ついに紀元前三〇〇〇年頃、相関連しあう一連の変容が起こって、人類の一部を今日までの生存期間の残り〇・四パーセントへと導いた——文明期の到来で、国家、階層制、家父長制が永続的な〈力〉の関係を具現し、歴史を書き、読むことが始まった。この時期は全世界に到来したのだが、始まったのは少数の限られた地域だけだった。このほんのわずかの第三局面が本書の主題である。しかしその物語を語るにあたって、私たちはその起源をどのあたりの昔に定めたらいいのだろう？

はっきりと二つの問題がもちあがる——これほど顕著な不連続があるなら、人間の社会的経験の全体をただ一つの物語だと言えるのだろうか？　さらに、その九九ないし九九・六パーセントについてまったく無知といってもいいわれわれに、それが一つの物語だったなどと、どうして知りえよう？　しかしながら、一つの全体的な物語への確固たる足がかりが一つある。洪積世（およそ百万年前）以降、各地の人類のあいだで「新種分化」、すなわち生物学的差異化が起こった証拠がまったくないのである。実際のところ、一〇〇〇万年におよぶ原人の全生存期間を通じて「新種分化」のケースは初期にただ一回だけ認められ、洪積世の初めに二種類の原人がアフリカで共存した（そのうちの一種は絶滅した）。人類と同時に出現したゾウやウシなどの哺乳類が後にかなりの新種分化をとげていることとからすると、これは奇妙なことに思える。実例としてインドゾウとアフリカゾウのちがいを考えたうえで、それを人間の皮膚の色素沈着などの表現型のちがいと対照させてみよう。したがって、人類の広がり全体にわたる何らかの経験の一体性があったのだ（この議論はシェラット・一九八〇年・四〇五頁で説得的に展開されている）。われわれに語ることのできる一体的な物語とは、どんなたぐいのものだろうか？

物語の大部分は進化の物語である。まず人間が生得の能力を開発して社会的協同を行なうようになる。そして先行者がもっていた潜在的可能性から「高度な」、あるいは少なくともヨリ複雑でヨリ強力な社会的協同の形態が次つぎと現われる――こうした理論が一九世紀には盛んだった。そして低い形態から高度な形態へという進歩の観念を剝ぎとり、〈力〉と複雑さの観念はそのままにしておけば、この物語は今もすこぶる健在なのである。

しかしながらこの物語には、その提唱者も認める特異性が一つある。人類の進化が他の種の進化と異なるのは、人類が一体性を保った、という事実によってである。新種分化は起こらなかった。ある地方の住民がある特定の活動形態を発展させたとき、これがほとんど地球上の全人類へと伝播するということが頻繁に起こった。火や衣服や住居の使用は、もっとさまざまな一連の社会的構築物とともに、ある時は一箇所から、またある時は数箇所から広がって、赤道から南北両極までを覆ったのである。斧頭や陶器のスタイル、国家、商品生産などが、有史時代およびわれわれが知りうる先史時代にかけて、広範囲に広がった。したがってこの物語は文化的進化の物語だった。それはさまざまな集団のあいだに連続的な文化接触があることを前提にするとともに、地域的なちがいはあるにせよ、人間はすべて一つの種であり、何らかの共通の問題に立ちむかってその解決法を互いに学習しあう存在だ、という意識に立脚している。ある地域の集団が、おそらくは自分を取りまく環境上の必要に迫られて新しい形態を発展させ、しかしその形態がまったく別の環境下にある集団にもあまねく役立つことが明らかになると、彼らはその形態を採用する――おそらくは変更を加えた上で。

この物語全体のなかでは、相異なるテーマを強調することができる。われわれは幾多のケースで独自の発明が行なわれたことを力説してもよい――もしも全人類が文化的に同類なら、彼らは進化の次のステップへと踏み出す能力を同じようにもっているであろうから。これは「各地における進化」を信奉する一派である。あるいはまた、われわれは伝播のプロセスを力説して、進化の発生点はきわめて数少ないことを主張してもよい。これが「伝播派」である。この二派はしばしば対比され、激論に陥ることもしばしばである。しかし彼らは本質的に同類であって、文化の連続的な進化という全一の物語を語っているのである。

したがって現今の記述のほとんどすべては、冒頭の私の質問――「全体はただ一つの物語なのだろうか?」――に対して、はっきり「その通り」と答えているのだ。これはたいていの歴史家の記述を通して言えることで、彼ら(とりわけ英米流の歴史伝統のなかにいる者)は「次に何が起こったか」という連続物語スタイルへの最近の偏好によってそれを強めている。こうして不連続性が迂回されるのだ。たとえばロバーツは彼の『ペリカン版・世界の歴史』(一九八〇年・四五―五五頁)で、前述の三段階のあいだの不連続は単に「変化の速度の早まり」であり、人間と社会のさまざまな〈力〉の本質的に「累積的な」発展における地理上の焦点移動にすぎず、「遺伝的進化のゆっくりとしたリズムが支配する永い時間に根を下ろしているもの」だと述べている。アメリカの考古学や人類学のもっと理論的・科学的な伝統のなかでは、進化の物語はサイバネティクスの言葉で語られ、狩猟‐採集民からさまざまな段階を経ての文明発祥のフローチャートには、ポジティヴ・フィードバックとネガティヴ・フィードバック、「階段状」と「スロープ状」の択一的上昇発展モデル等々が付せられている(例=レッドマン・一九七八年・八―一一頁、サーリンズとサーヴィス・一九六〇年を参照)。ある時はあからさまに、そしてある時はひそやかに、文明の、社会成層の、国家の起源の説明として、進化論が優勢なのである。

社会成層と国家の発生について相対立しているすべての理論が、社会全般の本質的に自然な発展プロセスを前提としている――社会成層も国家も、先史時代社会の中核的構造が弁証法的に発展した結果だと見られているのである。この格別の物語は規範的な政治理論から生まれている――すなわち、先史時代に起こったと推測ないし仮定される出来事のゆえに、われわれはこの国家と階層化に順応しなければならぬとする(ホッブス、ロック)か、それを転覆せねばならぬとする(ルソー、マルクス)か、である。近年の人類学者たちは考古学者たちと同盟して、人間社会で知られているすべての形態の連続性、という物語を語っている(したがって、彼ら自身のアカデミックな専攻分野も現代世界に適合している、という物語をも語っている!)。彼らの中心的正説が発展段階の物語であることに変わりはない――すなわち、比較的に平等な、国家のない社会から、政治的権威を戴くランク(位階)社会へ、そして終には階層化され文明化された国家機構のある社会へ、という物語だ(フリード・一九六七年にすばらしい要約がある。別の段階説についてはレッドマン・一九七八年・二〇一―一五頁を参照。近代の考古学ないし人類学の段階説で最も影響力があったものについてはスチュワード・

一九六三年を参照)。

こうしたアプローチの論理はフリードマンとロウランズ(一九七八年)によって拡張されたが、彼らは進化の物語の欠陥を指摘している。一連の段階のおのおのは同定されるけれども、その間の移行は人口圧力や技術革新といった幾分ランダムな諸力によって引き起こされる。フリードマンとロウランズはこのギャップを埋めるために、社会組織の「変容プロセス」の詳細かつ複雑な「後成的《エピジェネティック》」モデルをつくりあげた。彼らの結論によれば、「こうしてわれわれは、次に来るべき段階で生まれ出る優勢な社会形態を、現段階に含まれる諸特性から予言できると考える。これが可能なのは、この再生のプロセス自体に指向性と変容性があるからである」(一九七八年・二六七―八頁)。

これらのモデルの方法論は同一である。まず採集 - 狩猟民社会一般の特質が検討される。次に農耕定住と牧畜への一般的移行の理論が提示される。これらの社会の一般的特質から、次には個別社会の出現が導き出される――メソポタミア、エジプト、中国北部、時にはこれにインダス流域、メソアメリカ、ペルー、そしてクレタ島ミノスが加えられる。

ここで通常言われている諸段階について検討し、その決定的な意味内容を明確化しよう。

(1) **平等主義社会**の意味は自明である。人びとのあいだで、そして年齢別や(おそらく)性別による役割のあいだで、ヒエラルキーのちがいが制度化されていない。高い位にある者も集合的な〈力〉の資源に手をつけることはできない。

(2) **ランク社会**は平等主義ではない。高いランク(位階)にある者は集合的な〈力〉の資源全般を用いることができる。これは制度化されもするし、世襲的に受けつがれて貴族のリネージ(共通の祖先をもつ集団)となる。しかしランクはほぼ完全に集合的な〈力〉あるいは権威に依存している――すなわち、集合的な目的のためだけに用いられ、当事者たちによって自由に授与されたり自由に剝奪されたりする正当な〈力〉に依存しているのである。こうして高いランクにある者は地位をもち、決定を行ない、全集団のために物質的資源を用いるが、彼らとて反抗的なメンバーに対する強制力はもっておらず、集団の物質的資源を自分自身の私的利用に供して「私有財産」化することなどできない。

しかしランク社会には二つの部分集合があって、ともに進化的段階へと引っぱりこまれる。

(2)a **相対的ランク社会**においては、個人およびリネージ集団のランクは互いに相対的であって、絶対的な最高位というものはない。さらに、たいていの集団では、こうした相対性を究極的には相互矛盾とするような、十分な不安定性と争論とが存在する。ランクは異議申立てを受けるのである。

(2)b **絶対的ランク社会**においては、絶対的な最高位が出現する。長あるいは最高位の首長は文句のない最高ランクと認められ、他のランクのリネージはすべて、首長からの距離によってそのランクを測られる。これは通常イデオロギーとして、首長は集団の究極の祖先たち(たいていは神がみ)の末裔だ、という言い方で表現される。そこで特徴的な制度が出現する——首長のリネージによって管理される、宗教に捧げられた儀式センターである。この中央集権的制度から国家までは、ほんの一歩である。

(3) **国家**の定義はこの研究の第III巻で詳細に論じよう。私の作業仮説はウェーバーから来ている——**国家とは中心性を具現する分化した諸制度とその職員との組み合わせであるが、その趣意は、領界として区画された地域に政治的な諸関係が放射状に延び、その地域全体に対し物理的暴力を背景として束縛および永続的な規則制定の独占権を主張するもの**、である。先史時代における国家の始まりは、一時的な政治的権威と永続的な儀式センターとを永続する政治的な〈力〉へと転換し、その能力を制度化しルーティン化して、反抗的な所属メンバーに対処するために必要な強制力として用いたのである。

(4) **階層化**とは、ある人びとの永続的で制度化された〈力〉が、他の人びととの物質的生活の機会を抑えこむことである。それは物理的な能力でもいいし、他人から生活に必要なものを奪いとる才能でもいい。起源をめぐる文献では通常、それは私有財産の差異化や経済的階級と同意語なので、私は中央集権国家とは切り離して、〈力〉の非中央集権的形態としてあつかう。

(5) **文明**は多くの価値を担った言葉なので、最も問題含みである。すべての目的に適うような定義は一つとしてない。この問題はさらに次章の冒頭で論じよう。この場合も仮の定義で十分である。レンフルー（一九七二年・一三頁）に従えば、文明は儀式センターと、書くことと、都市という三つの社会制度を結合させる。これら三つが組み合わさると、自然および他の人間に対する集合的な〈力〉に一段の飛躍が生まれるので、先史時代と歴史時代の記録にどれほどの流動性と不ぞろいがあろうとも、何か新しいものの始まりが認められるのである。レンフルーはこれを「隔離」への飛躍と呼ぶが、それは人間を明確で固定的な、閉ざされた社会的・領域的境界のなかに囲いこむことである。私は**社会的なケイジ（檻）**という隠喩を用いる。

こうした用語を使って、われわれは進化の物語を構成する各部分のあいだの緊密なつながりをとらえることができる。ランクと国家と階層化と文明とは緊密に連結しているのだが、それはこれらが生起したことによって原始の自由がゆっくりと、しかし全般的に終わり、永続的で制度化され境界づけられた集合的かつ分配的な〈力〉によって実現される、さまざまな束縛と好機とが始まったからである。

私はこの物語に異論を唱えたい——もっともその大部分は他の人びととの疑念をとりまとめたものだが。異論のテーマの一つは、奇妙さを指摘することだった——新石器革命とランク社会の発生は、多くの場所で（すべての大陸の、通常は関連がなさそうに見える幾つかの場所で）それぞれ独立に起こっているのだが、文明、階層化、国家への移行は比較的まれなのである。ヨーロッパの先史学者ピゴットはこう宣言した

──「過去に関するわたしの研究のすべてによって確信するのだが、究極的にはおよそ五〇〇〇年前の西アジアの限られた地域におけるただ一つの環境条件にもとづいて旧世界が顕示したものすべてのなかで、われわれが文明と呼ぶものの出現は最も異常かつ予想だにつかぬ出来事だった」（一九六五年・二〇頁）。私がこの章と次章で論ずるのは、ピゴットは誇張しているにしてもほんのわずかだということ──おそらくユーラシアにおいて文明を発祥させた特異な環境の組み合わせは、多くとも四セットしかなかった。世界の他の地域で、少なくとももう二つは加えなくてはなるまい。総数を絶対的に確定することなどできないのだが、たぶん一〇以下だろう。

別の反対意見は段階の連なりに焦点を定め、単純な発展的連なりよりも後退あるいは循環運動の存在に注目する。一部の人類学者は、進化論の砦である生物学内部の異論から確信を得て、累積的・進化的成長よりも「分岐」と「カタストロフィー」の結果として、社会的発展はまれであり、突然に起こり、予測不可能だと言っている。フリードマン（一九八二年）はかつての自らの進化主義に疑念を表明している。私は彼らのモデルからは離れるけれども、その疑念は活用する。文明は独立的に進化する数少ないケースでは長い漸進的・累積的なプロセスであって、カタストロフィーへの突然の反応ではない。しかしながら世界全体としては、変化のパターンは──彼らが主張する通り──循環的であって、累積的・進化的ではなかったのである。

この章で私は大要二つの点でそうした異論に加勢し、次章以後でさらにそれを敷衍して行こう。第一点として、一般進化論は新石器革命には適用できるかもしれないが、それ以後その妥当性は減少してゆく。たしかにそれ以後も「ランク社会」までは、さらに幾つかのケースで国家と階層化の構造が一時的に現われる場合でも、一般進化の存在を認めることはできる。しかしその後、一般社会進化は終わった。ここまではウェッブ（一九七五年）によっても論じられている。しかし私はさらに進んで、それから先の一般的なプロセスは「退化」──ランク社会や平等主義社会への後退運動──と、これらの構造の周辺を回って永続的な階層化や国家の構造には到達できない循環的プロセス運動だった、と言いたいのである。事実、人類はもうこれ以上の進化が起こらないようにするために、その文化的・組織的能力のかなりの部分を捧げた。彼らは分配的な〈力〉がかかわってくるのをきらって、集合的な〈力〉を増強することを欲しなかったように見える。階層化と国家とは文明には欠かせぬ構成要素だったから、一般社会進化は文明が出現する前に終わったのである。われわれは次章で何が文明を成立させたかを見、後の幾つかの章では文明人とその周囲の非文明隣人との関係が、前者の影響力と遭遇したときに後者が循環的プロセスのどの地点に到達していたかによって異なることを検証する。

この議論は以下の第二点によって強化される。それはわれわれを第一章で論じた「社会」という観念それ自体へと連れもどす。この観念は境界性や緊密性や束縛性を強調する──ある社会のメンバーたちは互いに相互行為を行なうが、同じ程度に部外者と相互行為を交わすことはない。社会はその交際的・領域的範囲が限定され、排他的である。ところが文明化した社会集団と非文明のそれとのあいだには断絶がある。この章で検討される非文明の集団にはそうした排他性がなかったし、現在もない。数世代以上にわたって同じ「社会」に属する家族はなかったし、もしあったとしても、こちらの社会はゆるい境界で構成されていたので、歴史時代の社会とは少しも似ていなかった。たいていの人びとは誰に忠誠をつくそうと自由だった。社会的紐帯のゆるさと、どの特定のネットワークからも自由でいられる能力とが、先に述べた退化を誘発したメカニズムだった。非文明の社会では、社会的なケイジ（檻）からの逃走が可能だった。権威は自由に授けられたが撤回も可能であり、永続的で威圧的な〈力〉など達成不可能だった。

これは文明化されたケイジが出現したとき、格別の結果を生んだ。それらのケイジは小さかった――都市国家がその典型だった――が、ヨリゆるくヨリ広いにもかかわらず同一性の確認が可能で「文化」と呼びならわされている社会的なネットワークの、そのど真ん中に存在していた。われわれがこれらの文化――「シュメール」、「エジプト」、「中国」等々――を理解できるのは、これらがそれ以前のヨリゆるい関係と新しいケイジの社会とを結合して生まれたことを認識するときだけであろう。これもまた、後の章の課題である。

さて私はこの章で、後の〈力〉の歴史の場面設定を行なう。それは常に特定の場所の歴史であるだろう――それこそが〈力〉の発展の本質だったのだから。地上の環境と直面した人間の一般的能力が最初の社会を――農耕を、村落を、クラン（氏族）を、リネージを、首長社会を生み出したが、文明や階層化や国家は生み出さなかった。感謝すべきか呪うべきか、それはもっと個別の歴史的事情のしからしむるところなのである。こちらこそが本巻の主題だから、私は歴史に先立つ一般進化のプロセスはさっさと飛び越して行こう。実際のところそれは別の歴史なのだ。私が行なうのは進化の最終段階の概略を物語ることと、それが終末に至ったことを詳細に論証することだけである。私は独自の方法論を採用する。進化主義に対する寛容の精神から、私はまずそれが正しく、進化の物語にはつづきがありうると想定する。やがてわれわれは、その物語がつかえてしまう正確な時点を、かなりはっきりと見ることになるだろう。

最初の定住社会の進化

新石器と初期青銅器の両時代に、初めは採集‐狩猟民の基地だったもののなかから、ヨリ広域で定住の複雑な形態の社会が徐々に現われてきた。それは長い期間にわたり、世界歴史の用語で言えば紀元前一万年前後から、われわれが文明社会の存在を認めうる紀元前三〇〇〇年の直前までつづいた。ここでわれわれの知識は、考古学者のシャベルが掘り当てるチャンスか、放射性炭素年代測定その他の現代科学技術のさまざまな測定誤差の範囲に依存している。この出来事には少なくとも七〇〇〇年のスパンがあって、歴史時代の全部より長い。したがって以後三つのパラグラフは、どうしても息せき切って語ることになる。

いつのことかはまったく分からないのだが、境界をもつ半永続的な居住地が少数ではあるが世界中に出現した。それを一般進化の動向だと解釈できるほど十分な、それぞれ独自の事例が存在している。最初の居住地の多くは漁民および火打石採鉱民の社会だったかもしれず、彼らにとって居住地は並はずれた発明というものではなかったようだ。それが結構なものだということが分かれば、他の人びとも模倣した可能性がある。

次の段階は紀元前一万年頃、おそらくはまずトルキスタンあるいは東南アジアで、たぶんそれぞれ独自に出現した。種まきや挿し穂を行なって植物を栽培したり収穫したりすることに労働が投下された。中東ではこれが野生の大麦小麦の収穫から発達した。近来の著述家たちはこの栽培の「発見」にも諸段階があったと推定している（ファーブ・一九七八年・一〇八―二二頁、ムーア・一九八二年）。実際にこの通りのことが起こったのかどうかは別問題だ。しかしこの一歩は知的連想能力のゆっくりとした進歩や、報酬やチャンスを増やすことへの衝動や、試行錯誤などの産物――すなわち進化というものの正規の構成要素であるように思われる。農耕が発生したほぼすべての場所で、手で持つ木製の鍬《ホウ》によって小規模だが集中的に開墾された菜園が耕され、これらの菜園が集まって定住の村落を形成した。たいていは永続的なものではなかった。土壌が不毛になると、村落はどこか他へ移動した。おそらく時を同じくして、動物の飼養が始まった。紀元前九〇〇〇年頃にイラクとヨルダンでヒツジとヤギが家畜化され、後に他の動物も加えられた。ユーラシア一帯にもっぱら農耕と牧畜を兼業する集団が発展し、長距離の交易ルートに沿って生産物を交換した。交易ルートと、火打石や黒曜石の資源に近いことと、肥沃な土地との三つがそろったところで、永続的な居住地の誕生が可能になった。紀元前八〇〇〇年までには、イェリコで、古くからの農耕村落が土煉瓦造りの家屋のある一〇エーカーほどの居住地となり、周囲には砦を回らしていた。紀元前六〇〇〇年までに、これらの砦は石造りになっていた。人工的な灌漑を示唆する巨大な貯水池も存在した――進化の物語のさらなる一歩前進である。それは自然の実例を観察し徐々に改良してゆくことから発達した――貯水池やダムがつくられる以前でも、降雨や洪水の後の自然にできた貯水池を人工的に増強することができるのであり、洪水によってもたらされる（施肥された土壌としての）沈泥の利点は、われわれが河川流域文明という沈泥の大いなる達成に到達するはるか以前でも応用可能なのである。イェリコとアナトリアのカタルハユクの遺跡は、かなりの広がりをもつ永続的な社会組織に加えて、儀式センターと広域交易ネットワークの存在を示唆する。しかし書くことはまだだったし、人口密度がはっきりしていない（これによって考古学者が言う意味での「都市」かどうかが分かるのだが）。「国家」の存在に関してわれわれは何も分からないが、墓地の遺跡が示唆しているところでは、住民のあいだに不平等はほとんどない。

おそらく紀元前五〇〇〇年をすぎてすぐに木製の犂《プラウ》が現われ、荷車とろくろがそれにつづいた。耕地の広がりと耕作可能期間とは動物に牽かせる犂の発明とともに増大した。土壌深くの養分を掘り返すことができるようになった。畑を休閑地にして、おそらく年に二回掘り返した。紀元前五〇〇〇年紀までには、銅や金や銀が贅沢品として採鉱されるようになった。われわれがそれらの貴金属を見出すのは入念につくられた埋葬所であり、社会分化と長距離交易の存在とを推定する。グレート・ブリテン島、ブルターニュ、スペイン、マルタ島の驚嘆すべき「巨石」遺跡は、おそらくは紀元前三〇〇〇年から二〇〇〇年にかけての複雑な社会組織と、大規模な労働力管理と、天文学の知識と、宗教的儀式の存在を示しているが、これはたぶん近東での趨勢とは独立に発展したものだった。しかしこの時期、近東の発展は決定的な段階にきていた。おそらくは灌漑技術発達の結果としてメソポタミアに高密度の永続的居住地が出現し、紀元前三〇〇〇年頃、読み書きと都市国家と神殿と階層制度——要するに文明——とともに歴史時代が現われ出た。

以上が、私がこれから子細に検討を加えようとしている地勢である。進化の理論が物語の始まりにおいて真実らしく見えるのは、発展が広範囲であり、見かけ上それぞれ独立的であり、累積的なケースが十分存在するからである。農耕が出現すると、それは新しい技術と組織形態とを開拓しつづけた。採集‐狩猟へともどってしまった地域もあったのかもしれないが、多くはそうならずに不可逆的な発展という印象を与えている。全体を通じて居住と組織のいっそうの「固定化」への流れが見られるが、これこそ進化の物語の核心である。定住が人びとをとらえていっしょに住み、協同し、いっそう複雑な社会組織を編み出すように仕向ける。「ケイジ（檻）」という隠喩は実にぴったりなのだ。

そこで人間という獣のなかで、ケイジに入れられることが最も少なかった採集‐狩猟民について考えてみよう。彼らの自由には二つの主要な側面があった。第一は現代の目には衝撃的に映るのだが、人類学者たちは現代の採集‐狩猟民が安楽な生活を送っていると論じた。サーリンズ（一九七四年）は採集‐狩猟民の段階を「最初の豊かなる社会」だと記述した。採集‐狩猟民は自分の経済的欲求と必要カロリー量を、一日平均三ないし四時間働くことで満たしている。われわれが抱く「ハンター人間」のイメージとは反対に、彼らの食物は狩猟からはおよそ三五パーセントで、残り六五パーセントは採集で得たものである——寒冷な地域では前者の割合がおそらく増えるだろうが。この点はいまだに論争の的になっていて、とりわけ一九七〇年代以降はフェミニストが欣喜雀躍としてえものに食らいつき、採集者としての女性！　という新たな先史時代レーベルを考案したのである。私も「採集‐狩猟民」という考えは認める。だが採集と狩猟との結合は、専業農耕民あるいは専業牧畜民の場合よりはるかにバランスのとれた、栄養豊かな食物を供することができるのかもしれない。したがって農耕と牧畜への移行は、結果として、ヨリ大きな繁栄へと向かったわけではなかったのかもしれない。そして幾人かの人類学者たち（例＝フラナリー・一九七四年、クラーク・一九七九年）は、この人類学的豊かさのイメージを広範に支持している。

第二に、彼らの社会構造はゆるやかで柔軟性に富み、社会的献身対象の選択は自由だったし、現在でもそうである。彼らは生存のために特定の他人に依存する、ということをしない。彼らは小規模な群れや大きな隊を組んで協同するが、大まかに言って、どれに加わるかを選択できる。そして望むときに離脱できる。リネージやクラン、その他の親族集団がアイデンティティー意識をもたせるようだが、実質的な権利義務はない。領域《テリトリー》の拘束もさほどない。一部のオーストラリア・アボリジニーに関する研究にもとづいた初期の人類学的記述とはちがって、たいていの採集‐狩猟民は固定的な領域をもっていない。彼らの社会的柔軟性を考慮すれば、そのような集合的な財産権が発達するのは困難であろう（ウッドバーン・一九八〇年）。

こうした全面的な柔軟性の内側に、われわれは三つ、あるいはたぶん四つの社会的な単位を見分けることができる。第一は両親と、扶養される子どもたちから成る核家族である。通常の生涯であれば、人びとは二つの家族のメンバーとなるであろう――一度は子として、一度は親として。それは強い絆だが、永続的ではない。第二の単位はバンド、時には「ミニマム（最小限）・バンド」とも呼ばれるが、この集団は緊密な連携のもとに協同して採集や狩りを行ない、生存の必要性を満たしている。これは多少とも永続的な単位で、あらゆる年齢の人びとを包含しているが、その絆の強さには季節的な変動がある。通常の規模は二〇―七〇人[1]の範囲である。しかしバンドは、その存在を自ら支えているわけではない。とりわけ、性のパートナーとして繁殖可能な若い成人を見つけることのできるプールがあまりに小さいことで、増殖に必要な相手が確保できないのである。したがって結婚の形態を隣接する集団と調整する必要が生ずる。バンドは閉ざされた集団ではなく、核家族のゆるやかな寄り集まりであり、時として全面的な集合的生活を営むのである。その規模は変動する。余分の収容能力をもつ集団には、しばしばアウトサイダーも加わる。地域環境に多様性がある場合には、贈り物として（あるいは社会的規制の簡単な形式として）物品の交換も行なわれよう。

そうした接触が起こりうる範囲の住民が第三の単位で、「部族《トライブ》」「方言《ダイアレクティカル》部族（ヘーゲル的な弁証法的《ダイアレクティカル》部族ではない！）」「マクシマム（最大限）・バンド」など、さまざまに呼ばれている。これは一七五―四七五人程度のゆるやかな連合体で、幾つかのバンドから成っている。ウォブスト（一九七四年）はバンドの数を、中心値七―一九の範囲としている。環境条件に恵まれれば人口はこうしたレヴェル以上に上昇す

（1）数についての議論はスチュワード・一九六三年・一二二―五〇頁、フリード・一九六七年・一五四―七四頁、リーとドヴォア・一九六八年、ウォブスト・一九七四年を参照。

るが、その場合「部族」は二つの単位に分裂してそれぞれが独立する。人と人とのあいだの直接対面的コミュニケーションには実際上上限があるようだ。五〇〇人を越えると、われわれにはコミュニケーション能力がなくなるのだ！　採集‐狩猟民には読み書きがなく、対面コミュニケーションに依存している。彼らが役割を媒介としての符牒によるコミュニケーションができないのは、彼らには性別と年齢以外実質的にいかなる相互限定手段もないからである。彼らはただ年齢と性別と身体的特徴と所属バンドのみによって差異化された、全き人間として関係しあう。彼らの拡大包括的な〈力〉は、この点が廃棄されない限り微々たるものにとどまるだろう。

さらにこの上に、のちの農耕的定住の後で存在したような第四の、もっと広い「文化的」単位があっただろうか？　われわれは一つの同じ人間的プロセスをあつかっているのだから、それがあったのではないかと思う。物品や人間や思想の交換が内向集中的にではなく拡大包括的に発生し、採集‐狩猟民たちを広大な土地を越えて辛うじて結びつけたのである。初期の社会構造には開放性と柔軟性があった。ウォブスト（一九七八年）は、採集‐狩猟民の社会モデルがいまだに局地的だ、と批判している。採集‐狩猟民たちは大陸的な広がりをもつ文化的基盤と結びついていたにもかかわらず、地域的・地域間的プロセスに関してはほとんど研究されていないのである。ウォブストによれば、民族誌学者が言う「政治共同体《パリッシュ》」とはアカデミックな専門化と人類学的影響が生んだ人工物にすぎないのに、研究報告のなかでそれは現実の「社会」、それ自身の「文化」をもつ境界づけられた社会的単位となっている。先史時代に存在したある種の「社会」は、今日の人類学者が目にしたことがあるものとはまるでちがっていた。彼ら採集‐狩猟民は広大な大陸を覆いつくしてはおらず、ヨリ進んだ社会からの拘束も受けてはいなかった。そうした特異性によって、先史時代の集団がおおむね開放的なものだったことはまちがいない。ファーガソンの有名な主張にもかかわらず、「人類」は「どこへ行くにも一団となっていた」のではなかった。「民族誌学 ethnography」の語源は真実を語る。それは ethne、「エトネ＝人びと」の研究である。しかし限られた血縁集団としての「人びと」など、初めには存在しなかった――それは歴史がつくり出したのだ。

農耕と牧畜への移行がどのようにして起こったのかも、ここで論議するにはあまりに問題含みである。農業生産の増大をプル要因とする著者があるかと思えば、人口の増加をプッシュ要因とする著者もある（例＝ボスラップ・一九六五年、ビンフォード・一九六八年）。私はこれに決着をつけようとは思わない。ただ私が指摘したいのは、両論とも一つの進化物語のヴァリエーションにすぎないということだ。人間の一般的能力は、社会的協同の最小限形態を編み出すとともに、広範な環境的類似性に対応して、われわれが新石器革命と呼ぶ農業的・牧畜的変容を世界のあらゆるところにもたらした。社会的・領域的に囚われたヨリ多くの住民たちの、ヨリ大規模な居住が始まった。集団形成の規模と密度が増大した。ヨリ大規模でヨリゆるやかだった「部族」は二通りに影響をこうむった。五〇〇人までの弱小単位がもっと小さな二〇—七〇人規模のバンド単位を吸収して定住村落へと固まってゆく一方で、拡大された親族ネットワーク——すなわちクラン、リネージ集団、部族——を基盤とする拡大包括的だがヨリゆるやかな役割分化が、交換プロセスによって発展した。地域性ないし血縁性——あるいはその両方——が、ヨリ高密度で役割分化した社会的ネットワークのための組織的枠組みをもたらすことができた。

　先史時代のヨーロッパにおいて、平等主義的でおおむね役割分化的でない定住村落はおよそ五〇—五〇〇人で構成され、通常は核家族の小屋に住んで最大限およそ二〇〇ヘクタールを耕作していた（ピゴット・一九六五年・四三—七頁）。近東では人数の上限はもっと平均に近かったろう。先史時代に、大規模でヨリゆるやかな部族的単位が存在した証拠もたくさんある。フォージ（一九七二年）によれば、今日のニューギニアの新石器人のあいだでは、四〇〇—五〇〇人の限度に達すると居住地が分裂するか、役割と地位の分化が起こる。この点はスチュワードの進化理論と合致する——すなわち、成長する集団は複合リネージ村落とゆるやかなクランの発展を通じて、ヨリ高度でヨリ混合したレヴェルの「社会‐文化的統合」へと達する、という理論である（一九六三年・一五一—七二頁）。水平の裂け目と垂直の裂け目とが、社会集団の数の増大を促進するのである。

　自然を内向集中的に利用することが定住と、五〇人ではなく五〇〇人の人びとの原初的で高密度な相互行為を可能にし、役割分化と権威の発生とが、原理的には無数の人びとのあいだでの二次的な相互行為を促進した。拡大包括的な社会、分業、そして社会的な権威が、今、人間の先史時代を開始したのである。

集合的な経済における〈力〉の諸関係の安定化

　これら最初の社会はどれほど突出したものだったのだろう？　それはそれらの社会の固定性、その内部にいる人びとの被束縛性によって決まるだろう。ウッドバーン（一九八〇年、一九八一年）によれば、原始的な社会の永続性はその「労働の投入システム」が「即時リターン（収益）」型ではなく「遅れリターン」型であることで保証されている。ある集団が労働を道具、貯蔵物、耕地、ダムなどに投入してその経済的リターンに遅れが出る場合には、労働を管理し、投入物を保全し、産出物を分配するために長期的で、ある面では中央集権的な組織が必要となる。そこで遅れリターン型労働投入の、それぞれ相異なる三つのタイプについて、その意味合いを考えてみよう。

　第一は自然、すなわち土地や動植物《ライヴストック》——つまり栽培作物、灌漑溝、飼養動物などへの投入である。これらすべてが意味するのは領域《テリトリー》の固定化である。動物の放牧地は変わるし、作物もたねのあいだは移動可能だが、これらを除けば、生産領域の固定性が大きければ大きいほど、自然への投資に対する遅れリターンは大きくなる。固定植物栽培には集団が、あるいは少なくともその中核メンバーがたずさわる。「焼畑」で定期的に切り株を焼いて土壌を肥沃化したり、放牧して切り株を食べさせたりするのには、集団が数年間それにたずさわる。それから土壌はやせ始める。集団の一部は他の場所に移動して、森林伐採による同じプロセスを繰りかえすか、もっと楽な土壌の土地を探す。集団全体が一丸となって移動することがめったにないのは、その組織が旧来の自然環境に合うよう仕上がっており、移動や新しい自然環境とは適合しないからである。小規模家族や隣人グループが、おそらくは若者の過剰人員を抱えた場合に、分離してゆく傾向がある。本章の後半で見るように、結果として永続的な社会組織が生まれることなどない。

　移動する牧畜民は、とくにステップ型の地勢では、固定性が減少する。にもかかわらず牧畜民も持ち運びの楽でない物品、装備、各種の動物を手に入れ、また、農耕民との関係を発展させて家畜飼料の入手、放牧、作物交換等々を行なう。ラティモアが指摘した通り、単なる遊牧民とは貧なる遊牧民のことである。とはいうものの、領域とのかかわりは農耕民ほど大きくはない。

　農耕民と牧畜民とは、また別の理由からも領域に束縛されていよう。水、木材、他集団の家畜といった原料への近接性、あるいはまた相異なる自然環境上の適地を結ぶ交換ネットワークの戦略地点なども人びとを束縛する。束縛の程度が最も高いのは、天然の肥沃地で永続的な農耕や牧畜を維持できる土地――河川の流域、湖の周辺、そして洪水と沈泥に見まわれるデルタ地帯である。そこの住民は領域とのかかわりが常になく高い。その他の地域ではさまざまなパターンが見られるのだが、採集‐狩猟民と比べて固定性が増大する傾向がやや強いのである。

　第二に、労働投入は労働者群や分業や市場などの形態をとって、生産と交換の社会的関係のなかで行なわれる。これらは領域としてよりも社会的に固定化される傾向がある。（武力ぬきの）平常な労働関係には信頼という規範が必要なのだが、これは同一集団――家族、近隣、クラン、リネージ、村落、階級、国民、国家等々の所属メンバー間で見出されるものだ。これは交換関係よりも生産関係においていっそう真実なのだが、その理由は生産関係での協同のほうが強烈だからである。協同するためには規範としての連帯が必要であり、それは相互行為ネットワークを固定し、共通のイデオロギー的アイデンティティーを育む傾向がある。長期にわたる労働投入の結果、世代間の文化共有は、生者とこれから生まれてくる者とのあいだでさえいっそう緊密なものになる。それによって村落や、クランなどの血縁集団が、時間的連続性をもつ社会へとその紐帯を強めていくのである。

　しかしいったいどの程度までか？　採集‐狩猟民と比較すれば、農耕民と牧畜民はヨリ固定的である。しかしながらこの場合も、自然環境と時間によって変異がある。季節的変異、焼畑の周期による変異（伐採段階のほうがその後よりも協同性が大きい）、その他の農耕上の周期による変異は、どちかといえば柔軟な協同性をよしとする。この場合もケイジング（社会という「檻」への閉じこめ）の極限は、灌漑が可能な河川流域の氾濫原である。これには農耕の場合の標準をはるかに越える協同的な労働が必要で、この点については次章で立ちもどろう。

第三の投入は労働の用具、つまり自然の一部ではない、したがって原理的に移動可能な道具や機具に対して行なわれる。道具類は数千年にわたって、小さく持ち運び可能なものが大部分だった。人びとが道具によって社会的・領域的に固定されたのは大きな社会に対してではなく、家族、あるいは道具を持ち回して使っている家族グループに対してだった。第六章で検討する鉄器時代には、道具製作上の革命が既存社会の規模を縮小させる傾向があった。

このように社会的労働投入の効果には変異があったが、全般的な傾向は土地利用の増大によって社会的・領域的固定性の増大へと向かった。農耕の成功は束縛と切り離せなかったのである。

しかしながら、人口増加の圧力と自然環境的な専業化の進展という二つの傾向をこれに加えるならば、全体像はもっと複雑になる。農耕民あるいは牧畜民で、採集‐狩猟民のあいだに見られるような徹底した定常状態的産児制限手段で完全武装したものはなかった。彼ら採集‐狩猟民の生存最低余剰は、人口余剰と土壌の衰弱ないし病変による「マルサス的循環」によって定期的に脅かされてきたのである。そこからの反応は集団の分裂、全員の移住、そしてたぶん組織的な暴力だった。これらは社会的団結という点では正反対の効果をもつ——一番目はそれを弱め、二番目と三番目はそれを強めるかもしれない。

農業発展のさなかでの自然環境的な専業化がもたらす効果はさらに複雑だ。専業化が社会内部での分業を大きく促進したと考えている研究者もいる（例をあげれば後で出てくる「再分配首長」の理論）。生産物が村落、あるいは親族構造の内部で交換されるようになれば、市場、倉庫などの固定した組織へのかかわりは増大する。専門化した役割やヒエラルキー上の地位が増殖し、分業と地位ヒエラルキーが強化される。しかし規模や専業化や伝播や交換が進むにつれて、接触可能な世界は実際に一つの集団へと組織されるものよりも常に大きくなった。集団が安定化すれば、集団間の関係も安定化した。耕地と牧畜地とを統合する困難さが、相対的に専業化した農耕集団と牧畜集団の出現を促進した。こうして社会的相互行為の二つのネットワーク、「集団」あるいは「社会」と、ヨリ広範な交換・伝播のネットワークとが発展した。

集合的なイデオロギーの〈力〉、軍事の〈力〉、政治の〈力〉の出現

これと同じ二重性はイデオロギー的な〈力〉の出現においても見られる——ヨリ安定化した拡大包括的な宗教と、考古学者および一部の人類学者が文化と呼ぶものとの二重性である。宗教について考古学から知りうることは少ないが、人類

学からは多い――といってもその歴史的妥当性は不確かだが。

進化＝ケイジング（檻への閉じこめ）というアプローチはベラー（一九七〇年・二一―五二頁）がその例である。彼は宗教的進化の主な局面の輪郭を描いている。その最初の二つがここで妥当する。彼が描く最初期の局面では、生活と環境を統御して能動的に生きるという人間の原初的能力は、シンボリックな思考の発達に依拠している。これによって主体と客体とが切り離され、環境を操作する能力が発現する。原始宗教は初歩的なやり方でこれを行なった。神話的でシンボリックな世界は、自然的世界からも人間からも明確に分離してはいなかった。一部の宗教では、岩や鳥のような自然現象としての人間のクランと神話的な祖先とを一つのトーテム分類のなかで融合させ、それを類似のものから区別していた。したがって宗教的な行為とはこの世界への参入であって、世界に向けての行為ではなかった。しかしながら、境界をもつ社会集団が出現すると、第二の局面が現われた。経済的、軍事的、政治的な協同に現われ出る規則性がノモス、すなわち宇宙の究極的な秩序や意味として認識された。神がみは今や内部に、クランやリネージや村落や部族との特権的な関係のなかにその座を占めた。神的なるものが社会によって飼い馴らされたのである。デュルケームの宗教理論は後の章でも検討するが、ここに適用することができる――宗教とは「観念として星の世界にまで拡大された」社会にすぎない。社会がケイジングされるにつれて、宗教もそうなったのである。

しかしこの議論には二つの難点がある。第一に、人類学的資料は神的なるものが実際にヨリ社会的になることを示しはするが、ヨリ一元的になるのではない。A集団の神がみは隣接するB集団の神がみからくっきりと切り離されているのではない。重複部分があり、固定せず変化する万神殿《パンテオン》さえあって、そこでは神霊、神がみ、隣接する村落や血縁集団の祖先たちが競争的なヒエラルキーのなかで共存している。たとえば西アフリカでは、ある特定の村または血縁集団が隣人に対する権威を強めると、その先祖はたちまちのうちに隣人たちの万神殿の重要人物に祭りあげられる。これは小集団と大「文化」とのあいだに、大きなイデオロギー的柔軟性と弁証法があることをうかがわせる。第二に、考古学的資料が明らかにするのは、芸術的な共通スタイルというものは通常、村や血縁集団よりはるかに拡大包括的だったことである。残存した陶器、石器、金属器の装飾が広い地域にわたって相似ていたことなど、さして重要ではない。しかし神の姿や人間、生あるいは死を表わす絵姿の表現のスタイルが同一であることは、権威的な社会組織よりももっと大きな地域にわたる共通文化の存在を指し示している。ヨーロッパの大部分にわたる「ビーカー」〔新石器時代壺型土器文化〕スタイル、南東部アジアの「ドンソン」〔初期鉄器時代文化〕、北アメリカの「ホープウェル」文化などのスタイルの広がりは拡大包括的なつながりを示している――いったい何のつながりなのか？　たぶん、交易であろう。おそらく、相互移住と渡りの専門職人による住民交換であろう。またおそらくは、宗教とイデオロギーの類似性によるのであろう。しかしそれが実質的であれ形式的であれ、拘束力をもつ権威型の組織とかかわったはずはない。それは伝播型の〈力〉の最も早い現われの一つだった。次章でわれわれは、最初の文明が二つのレヴェルで構成されていたことを見よう――一つはふつう都市国家といわれる小規模な政治的権威、もう一つがたとえばシュメールやエジプトなどの大規模な「文化」単位である。社会的相互行為のためのネットワーク、一つは小さくて権威型であり、もう一つは大きくて伝播型なのだが、この二つのあいだに同じ弁証法が現われる。両者とも、われわれが当時の「社会そのもの」と呼びたいものの重要な一部分だった。

　このように、イデオロギー的な〈力〉のパターンは進化理論よりも一元的でなく、ケイジング的でない。しかしながらケイジの束縛は、同じくこの時期に現われた第三の〈力〉の源泉である軍事的な〈力〉によって増強された。生み出される余剰が大きくなればなるほど、それは強奪に来るよそ者にとって願わしいことだった。投資の固定性が増せば増すほど、襲撃から逃げるよりも防衛する傾向が強くなった。ギルマン（一九八一年）によれば、青銅器時代のヨーロッパでは、資本集約的食糧生産技術（犂《プラウ》耕作、オリーヴと穀物の地中海型多種栽培、灌漑、沖合い漁業）が先導して「世襲エリート階級」を発生させた。彼らの財産のために、永続的な防衛体制と指揮権とが必要になった。

　今は戦争についての説明を試みる時ではない。私はただ二つの点だけを指摘しておく。第一に、戦争は普遍的とは言わぬまでも、組織された社会生活のあるところ必ずある。なるほどわれわれは明らかに平和的な社会集団を見出すことができる――したがって戦争を人間不変の本質に関連づける理論は支持できない――しかし通常そういう集団は孤立して（エスキモーのように）最も厳しい自然との闘いにとりつかれているか、他の場所での戦争からの避難者であるかのどちらかだ。計量的な調査では、戦争を所定のこととして行なっていなかったのは原始民五〇のうちわずか四だけだった。第二に、比較人類学が示すところでは戦争の頻度、組織、生命殺戮の激しさは、実質的には定住とともに、したがってまたもや文明とともに増大する。計量的な調査によって明らかなことは、原始民の戦争の半分は比較的散発的で、非組織的で、儀式的で、流血をともなわぬものだということである（ブロックとガルトゥング・一九六六年、オタバイン・一九七〇年・二〇一頁、ディヴェイルとハリス・一九七六年・五三二頁、ムーア・一九八二年・一四―一九頁）。しかし歴史時代のすべての文明は、高度に組織された血なまぐさい戦争を所定のこととして行なっていた。

　集団間の武装した敵意というものは「集団内」「集団外」という意識を強化する。それはまた客観的な相違点を強める――経済的に特化した集団は戦争の特化した形態を発展させる。初期の戦士たちの武器と組織とは彼らの経済的な技術に由来するものだった――狩猟民は物を投げて矢を放ち、農耕民は鋭利な刃の改良鍬《ホウ》を振るい、牧畜民はウマやラクダに騎乗するようになった。すべてが自分たちの経済組織の形態と調和する戦術を用いた。これらの軍事的なちがいがまた、全般的な文化のちがいの意識を増大させた。

軍事活動への投資形態のちがいは、経済に対してほぼ同様の意味合いをもっていた。自然への軍事的投資、たとえば要塞の築造は、領域性を強めた。一つちがっていたのは、家畜への軍事的投資（騎兵）が一般的には固定性よりも移動性を強めたことである。社会関係への軍事的投資、すなわち物資供給の組織化や移動と戦術の連携などは、社会的連帯を大いに強化した。それはまた規範としての士気を必要とした。戦争の用具である武器への軍事的投資は、初めは個人対個人の戦闘を奨励し、軍事的権威を分散させる傾向があった。

全体的に見れば、軍事的な〈力〉の成長は社会生活のケイジングを強固にした。こうして進化の物語は、一部の経済的な〈力〉の諸関係と軍事的な〈力〉一般とに集中する傾向がある。これらの最終的な帰結こそ国家、すなわち社会的な〈力〉の第四の源泉の出現である。国家は私が定義したような中央集権的、領域保有的、永続的、強制的なものとしては、原初にはなかった。それは採集‐狩猟民のあいだには見出されない。国家を構成する諸要素は、社会的・領域的な経済と軍事の固定投資によって強められる。こうして先史時代と歴史時代とをひとつながりの発展で結びあわせれば、進化の物語が完成するであろう。採集‐狩猟に始まって永続的な文明国家に至るまでの各段階の連続的なつながりが具現しているのは、自然に対する人間の〈力〉の増大の「代価」として支払われる、社会的・領域的固定性の増大である。階層化と国家の起源をめぐって敵対しあう進化理論を検討しよう。

階層化と国家の起源をめぐる進化理論

階層化も国家も、原初的な社会形態ではなかった。採集‐狩猟民は平等主義的で、国家をもたなかった。進化論者の主張によれば定住的な農耕と牧畜への移行は、階層化と国家へと向かう、ゆっくりと長期にわたる、連綿とした成長の先触れだった。ここでは四つのタイプの進化理論を検討する――**リベラル派**、**機能主義派**、**マルクス派**、**軍事理論派**である。

当然のことだが、彼らは最も重要で困難な次の二つの疑問を、相互に関連しあう疑問と考えている――(1)一部の人びとはどのようにして、他の人びととの物質的な生活機会に対して行使される永続的な〈力〉を獲得し、財を手に入れることで他の人びとの生存を否定することもありうる能力を獲得したのか？ (2)社会的権威はどのようにして、領域的に区切られた国家の中央集権的・独占的・強制的な〈力〉のなかにその位置を永続的に占めるようになったのか？

これら二つの問題の核心は権威と権力の区別である。進化の理論は権威の成長についての、もっともらしい理論を提供する。しかし権威がどのようにして権力に転換し、初めにその権威を認めた人びとに対して強制的に行使されるのか、あるいは、人びとから物質的生存の権利を奪うために行使されるのか、それらの理論では納得のゆく説明ができない。実際のところ先史時代にこんな転換など起こらなかったことを、これから見ていこう。国家と階層化の一般的起源などなかった。それは虚偽の問題なのである。

リベラル派と機能主義派の理論は、階層化と国家とは合理的な社会的協同性を具現するものであり、したがって一種の「社会契約」としてもともと制定されていたと主張する。リベラル理論はこれらの利益集団を、生活手段と私有財産権をもった諸個人と見なす。こうして私有財産は国家形成に先行し、国家形成を決定したのである。機能主義理論にはもっと幅がある。私は「再分配首長」を強調する経済人類学者の機能主義だけを検討する。マルクス派は国家は階級搾取を強めるがゆえに、最初の財産所有階級によって制定されたと主張する。リベラリズムと同じく、マルクス派の理論は私有財産の〈力〉が国家形成に先行し、国家形成を決定したと主張するのだが、正統マルクス主義はさらにさかのぼって今度は私有財産が、もともとは共有財産から出現したのだと主張する。最後になるが軍事理論派は、言われているところの社会成層と国家とは征服によって、軍事的な攻撃と防御の必要から発生したと主張する。四つの学派の主張は強力である――ドグマ（教条）だ、とは言わないが。

彼ら四学派の確信ぶりには首をかしげさせる側面が三つばかりある。第一に、今日の国家について何らかの主張をしようとする理論家がその理論を保持するために、いったいなぜ先史時代の木立の奥深くまで電撃的な突入を敢行しなければならないのか？　マルクス主義は資本主義や社会主義に対する格別の立場を正当化するのに、いったいなぜ国家の起源にこだわらなくてはならないのか？　後の時代の国家をめぐる理論にとって、最初の国家が発生した経緯のあれこれを論証する必要などないのだ。第二に、これらの理論は還元主義であって、国家を市民社会の先行的側面へと還元している。彼らは起源と発展とのあいだに連続性を認めることで、国家それ自体にも新たに発現する諸特性があることを否定する。そして社会階級や軍隊といった「市民社会」の利益集団がいっしょくたに国家の歴史のページに書き入れられているのだ――首長《チーフ》たち、君主《モナーク》たち、少数独裁者《オリガーク》たち、扇動政治家《デマゴーグ》たち、そしてそれらの家政担当者や官僚たち。われわれは彼らの自律性を否定できるのだろうか？　第三に、最初期の国家についての経験的証拠を検討する者なら誰でも、起源にはきわめて多様性があるがゆえに、単独要因の説明は国家理論の幼稚園段階にすぎないことに気づくのである。

もちろん、理論が初めに立てられたときには、著者たちには乏しい経験的証拠しかなかった。今日われわれには、初期および原始の国家、古代および近代、世界中の国家についての考古学的・人類学的研究が豊富にある。それらがわれわれに迫るのは、確信的に主張される理論には厳しく当たれということ、とりわけリベラリズムとマルクス主義の理論には厳しく当たれ、ということである。初期社会における個人財産の重要性が前提され、彼らの理論がそれに依拠している場合には、とくにそうなのである。

私はリベラル派理論の弱い部分から始めよう――つまり社会的不平等を個人のちがいに位置づけようとするその傾向である。階層化の正確な起源が何であれ、それは社会的なプロセスである。原初の階層化は個人の遺伝的才能とは何の関係もなかった。その後で起こった階層化とて同じだ。個人の遺伝的資質のちがいの幅は広くはなく、ちがいが累積的に遺伝することもない。もしも社会が人間の知性の諸能力で支配されるのであれば、その構造はほぼ平等主義的になるだろう。

はるかに大きな不平等は自然のなかに、たとえば肥えた土地とやせた土地のあいだに見出される。こうしたちがいのある資源を所有すれば、〈力〉のちがいも大きくなるだろう。たまたま占有したさまざまな質の土地と、さまざまなレヴェルの仕事能力とを組み合わせれば、われわれは階層化に関するリベラル派の伝統理論に至りつくのだが、これはとりわけロックの著作のなかに見出される。次章で見ることになるが、メソポタミアでは、比較的肥えた土地をたまたま占有したことが関係していたのかもしれない。さらにまた、努力、勤勉、節約から生まれるちがいを強調したロックへの少々の支持が、おそらく、採集‐狩猟民の残した資料から推察できるかもしれない。結局のところ、四時間ではなく八時間働く一部の人びとは豊かな余剰を手に入れただろう（あるいは人口が二倍になっただろう！）、ということなのだ。しかし、ことはそれほど単純ではない。採集‐狩猟民の研究が示す通り、どのようにして獲得されたものであれ思いがけぬ余剰があれば、集団の誰もがそれを分かちあう権利をもっている。節約したとてブルジョア的な報酬などないのだ！　これこそ今日の採集‐狩猟民のあいだでの企業家養成プロジェクトが総じて失敗に終わる理由の一つである――個人的な奮闘努力へのインセンティヴなど存在しないのである。

たとえ個人的に生産した余剰であれ、それを確保するには社会的な組織を必要とする。それには所有の規範が必要なのだ。規範の遵守は不完全であろうから、武力による防衛も必要になる。さらに生産は通常、個人的ではなく社会的である。こうして自然資源の所有と、使用と、防衛とは、社会的組織化の最も単純な実践によっても大いなる影響を受ける――人間が三人でチームを組んで戦うなり働くなりすれば、個人として行動する三人を、彼らがどれほど強かろうと殺すなり生産で打ち負かすなりすることは通常、可能なのである。問題の〈力〉――経済的、軍事的、政治的、イデオロギー的な〈力〉――のどれにせよ、それは圧倒的に社会的組織化によって与えられるものである。自然的な不平等ではなく、社会的な不平等こそが問題なのだ――ルソーが言ったように。

しかしルソーはまた、階層化は個人が保有する私有財産の結果として起こると結論した。彼の有名な言葉はこうである――「最初に地面にフェンスを建てて『これはわたしの土地だ』と言い、他人はその言を信じるほど単純な連中なのだと思った男こそ、市民社会の真の創設者である」。これは私が仕掛けている反論を否定するものではない。しかしこれは奇妙なことに、リベラリズムに対する主要な反論とされている社会主義によって採用されてきた。マルクスとエンゲルスは私有財産と共有財産の対立を絶対視した。私有財産関係として現われる階層化は、原初のコミュニズムから成長した。今日ではたいていの人類学者がこれを否定している（例＝マリノフスキー・一九二六年・一八―二一頁、二八―三二頁、ハースコヴィッツ・一九六〇年）。ティコピア〔ポリネシアのリネージ集団〕に関するファースの研究（一九六五年）のような財産をめぐる研究が示すところでは、所有の権利には無数のちがいがある――個人のもの、家族のもの、年齢や村落やクランごとのものなど。どのような事情から私的所有までゆくのだろうか？

集団は、その遅れリターン型労働投資の形態によって、所有権に変異を示す。私的な不平等財産の発生は、投資が移動可能であればそれだけ早まる。その個人は〈力〉で他人を排除しなくても、物理的にそれを所有できるからである。もし遅れリターン型投資が移動可能な用具類（おそらくは狭小な土地の内向集中的な耕作に使われる）に対して行なわれるなら、個人あるいはおそらくは家族の所有を基盤とする、狭い財産形態が発展するであろう。これと正反対なのは拡大包括的な協同労働である。この場合、協同している集団内の個人あるいは家族が同じ集団内の他人を排除して独占的な権利を獲得することなど、もともと困難である。土地というものはその意味合いをさまざまに変える。小さな区画で耕作が行なわれれば、おそらく用具に多大の投資が行なわれ、個人あるいは家族による所有へとつながるだろう――とはいうものの、大雑把に見て平等な財産を所有する小農民ではなく、巨大な不平等が発生するのはどのようにしてなのかをとらえるのは、容易なことではない。社会的協同の下に拡大包括的に労働が行なわれるなら、排他的な所有は起こりそうもないのである。

しかし自然環境にもとづく専業化は、牧畜民を私的所有の近くにまで連れていくかもしれない。自然への彼らの投資は本来的に移動可能な動物で、通常領域として固定されてはいないが防護はされている、境界に囲まれた特定の土地に飼われている。遊牧民のあいだでは排他的な権利が規範である。これらは人口圧力の形態いかんによっても強められる。農耕民がその圧力に脅かされた場合は、単純なマルサス型の制御で十分だろう。何人かが餓死し、死亡率が上昇するが、やがて資源と人口の新しいバランスに行き当たる。これが土地や建物や用具や社会的協同への投資の主要形態に永続的な損害を与えることはない。しかしバースが明示したように、牧畜民は飼養動物と牧草地との自然環境的なアンバランスには敏感であるにちがいない。彼らの生産投資は、困窮の際にも食糧として消費してはならぬ動物に対して行なわれる。もし食べてしまえば、実際には集団全体がやがて滅亡してしまうだろう。マルサス的な循環が起こるまえに、効果的な人口制御作用が働かなくてはならないのだ。バースの主張によれば飼養動物の私有こそが最善の生き残りメカニズムである――自然環境から加わる圧力には差異があるので、一部の家族は抹消されるとしても他には影響が及ばないのである。集合的な平等主義が優勢だったり、権威が中央集権化されている場合には、こんなことは不可能だろう（一九六一年・一二四頁）。

こうして牧畜民のあいだでは他の集団とはちがって、財産私有と共有管理との対立が存在する。人口圧力の差異が不平等と労働収奪とを促すかもしれない。他人の困窮のまっただ中で裕福に生き延びている家族は、窮乏する家族から無償労働や奴隷を取りこむかもしれない。これとても通常の個人財産ではなく、多重レヴェルの構造である「系譜的クラン」で取り決められた家族財産である。家族とクランとが財産を所有する――個々人の〈力〉はこれらの集合体の内部における彼の能力に依存している。

　したがって、われわれはどこを探しても、個人財産も完全な共同財産もどちらも見出すことができない。社会集団のなかの〈力〉とは、さまざまな個人の〈力〉によって増強される個人の総和という単純な産物ではない。社会とは現実には組織の連邦体である。国家をもたない集団においては、例外なく強力な個人が広範な行為の分野で何らかの半自律的集合体――家族所帯、拡大家族、リネージ、系譜的クラン、部族――を代表する。彼らの〈力〉は彼らがその集合体の資源を結集しうる能力に由来する。ファースの行きとどいた表現によれば――

> ティコピアにはある種の財産制度があり、明確な社会的慣習によって維持されている。それはおおむね親族集団による家財の所有という形で表現されるが、一部の個人に対して小さな物品の保有を認めるとともに、首長たちが土地やカヌーなどある種の財を保有する権利や、それらをまた全共同体の他のメンバーが保有する権利をも容認している。これらの財を次の生産に向けて使用するか否かの決定は、実際には、親族集団の長たち――首長、長老、家族の長、「家」の年長者――が集団の他のメンバーと相談ずくで行なうのであり、したがって土地やカヌーなど重要な財の場合の「個人的所有」は、集団の財産に対する責任と享受の程度のちがいとしてのみ表現できるのである。
>
> （一九六五年・二七七―八頁）

すべてのヒエラルキーの源泉は、権威を代表することにあるが、その権威は一元的ではない。

　しかし進化の道の終点までには、慣例上たどらねばならぬ幾らかの道のりがまだ残っている。というのは、この種の権威はきわめて弱いのだ。首長たち――と複数でいうのは名目的な一首長の下に通例幾人かの序列があるからだが――が享受しているのは通常、とるにたりないほどの〈力〉なのである。ランク社会という語が意味する範囲は一般社会進化の全局面（実際は最終局面だが！）であり、そこにおける〈力〉とは、集合体のために「権威」を使用することにほぼ完全に限定されていた。こうして授与されるのが地位であり威信であった。長老たちや、〔才能と器量で成りあがった大物である〕「ビッグマン」たちや、首長たちといえども、他人から貴重で乏しい資源を奪うにはたいへんな困難がともない、他人の生活資源を勝手に奪うことなどできなかった。彼らは大きな富を所有していたのではなかった。彼らは集団に富の分配をしたかもしれないが、自分で保持することはできなかった。フリードが言っているのだが、「そうした人びとが豊かだというのは、彼らが分配した分についてであって、貯めこんだ分ではなかった」(一九六七年・一一八頁)。クラストルはアメリカ先住民の調査から、首長に権威ある決定権があることを否定する——首長には紛争解決のための威信と雄弁があるのみで、「首長の言葉に法の強制力はない」。首長とはこの限られた役割に囚われている「囚人」である(一九七七年・一七五頁)。分配的ではなく集合的な〈力〉が行使されている。首長はその代弁機関である。以上が機能主義の主張である。

これは明確な不平等——つまり権威の永続性という不平等——の最終的な出現に対する一つの潜在的な障害を克服する。しかし、もしそれが単に集合的な〈力〉にすぎないならば、誰が行使しようと問題ではない。権威の役割は単に深層の社会構造の特徴を反映するだけであろう。意思決定において年齢や経験が評価されるならば、年長者がその役割を担えばよい。核家族による物質的な獲得が行なわれるならば獲得能力で判定される「ビッグマン」が、家系が優勢ならば世襲的な首長が、それぞれ権威の役割を担えばよいのだ。

集合的な〈力〉は分配的な〈力〉に先行した。ランク社会は階層社会に先行した——そして膨大な時期にわたって存続した。しかしながらこれでは、稀少で貴重な資源、とりわけ物質的な資源の分配において、平等な社会がいかにして不平等になったかの説明という困難は先送りされただけである。この理論では、後のランク社会において、平等への同意が不平等への同意に転換したこと、あるいは同意が破棄されたことを、どう説明するのだろう?

クラストルが指摘している(一九七七年・一七二頁)一つの解答が単純かつ真実らしく思われる——不平等は身体的暴力によって外部から押しつけられるのだ。これが軍事理論派の主張である。A集団がB集団を征服し、その財産を没収する。それはB集団に対して労働への復帰をゆるすが、それはたいてい小作あるいは農奴、あるいは単に奴隷である。一九世紀から二〇世紀への変わり目の頃、階層化の起源についてのこうした理論が盛んだった。グンプロヴィッチやオッペンハイマーたちは、ある民族集団《エスニック・グループ》による他の民族集団の征服こそ、複雑な協同労働をともなう経済向上の唯一の方途だったと主張した。内向集中的な生産方法は労働が生む財産権の収奪をともなうのだが、これは異人に対してのみ強制できることであって、血縁基盤をもつ自分の「仲間」に対してはできないことだった(グンプロヴィッチ・一八九九年・一一六—二四頁、またオッペンハイマー・一九七五年を参照)。

今日私たちは、この一九世紀人種主義理論を改変して、人種性をそうしたプロセスの原因であるとともに結果でもあると考える——暴力的な征服と奴隷化が人種的感情をつくりだした、と。人種性は、ある「民族《ピープル》」ないし「社会」全体が他の民族ないし社会全体に対して優位に立っていることの説明を提供するだけである。これは階層化の一つのタイプであるにすぎず、その総体ではない。人種性は原始集団のあいだでは比較的まれであり、「民族」が存在しなかった先史時代にはなかったであろう。一般的に征服の後では、優位性を極限化した形態——すなわち土地、飼養動物、収穫物の全面的な収奪と労働の自律性の没収（つまり奴隷化）とが起こった。余剰獲得における顕著な改善はしばしば、歴史時代の社会においては、労働集約性の増大によってもたらされた――通常これには身体的な強制が必要だった。しかしこれが普遍的だったのではない。たとえば次章で検討する灌漑事業の躍進は、征服による強制労働の増大によってではなく、ヨリ「自発的な」手段を基盤としていたように思われる。軍事的な〈力〉がいかにして「自発的な」結果を生み出したのか、説明が必要なのである。

軍事理論は二通りにこれを説明する。二つともに国家の起源を説明するのだが、第一は被征服民を組織する〈力〉であり、第二は征服者である。軍事派の理論は一つの大胆な命題から出発する――国家の起源は例外なく戦争にあった、と。オッペンハイマーはこう表現している――

> 国家はその本質的な起源において完全に、そしてその存在の第一段階においてほぼ完全に、勝利者集団が敗北者集団に対して強制した一つの社会制度であって、その唯一の目的は被征服者に対する勝利者集団の支配を規定し、内部からの叛乱と外部からの攻撃に対して自らを防衛することであった。（一九七五年・八頁）

「征服者が犠牲者を永続的に生産労働に利用する目的で最初にその命を見逃してやったときに」、襲撃者たちのゆるやかな連繋は、身体的強制力を独占する永続的で中央集権化された「国家」へと変身したのである（一九七五年・二七頁）。オッペンハイマーの考えでは、初期の段階では征服の一つのタイプ、すなわち牧畜する遊牧民による定住性農耕民の征服が優勢だった。国家の歴史のなかでさまざまな段階を識別することが可能である――征服のための掠奪と襲撃および国家創設の段階、つぎには被征服民の余剰を収集する永続的な手段構築の段階、つぎには征服民と被征服民とが徐々に融合して一組の国家法の下に一つの「民族」となる段階である。この民族と国家は歴史を通して、戦争の勝利と敗北によって絶えず拡大あるいは縮小する。このプロセスが止むのは、一つの民族と国家が世界を支配するようになったときだけである。しかしそのときその国家は、無政府的「自由人市民社会」へと解体するであろう。戦争のないところ、国家の必要はないのである。

これらの考えの幾つかは、一九世紀後半において特徴的だった関心を示している。他の人びとにもオッペンハイマーの無政府主義の反映がある。しかし一般理論はその後も周期的によみがえってきた。たとえば社会学者のニスベットは確信をもって主張する――「戦争という状況のなかで創設されなかった政治国家、戦争という特別の修錬に根ざしていない政治国家など、これまでの歴史のなかにその例はない。国家とは実のところ、戦争遂行機構の制度化以上のものではないのだ」（一九七六年・一〇一頁）。ニスベットもオッペンハイマーと同様に、国家は後になってその活動を多様化し、家族や宗教組織など他の制度には以前からあった平和的な機能を獲得していったと見ている。しかし起源において、国家はよそ者に対する暴力なのである。同様の見方を、ドイツの歴史家リッターも述べている――

国家が歴史に姿を現わす場合はいつも、何よりもまず戦闘力の集中化という形をとる。国の政策は力への闘争を軸に展開される――最高の政治的美徳とは、融和しがたい敵意がもたらすあらゆる結果を引き受けつつ絶えず戦争の準備をしておくことであり、必要なら敵を殲滅することである。この観点に立てば、政治的美徳と軍事的美徳とは同義語である。……

とはいえ戦闘力が国家のすべてなのではない……国家の理念にとって本質的なことは平和と法と秩序の守護者たることである。実際これこそが至高最善の政策目標である――すなわち、抗争しあう利害を平和裡に調和させること、国民的・社会的相違を融和させること。

（一九六九年・七―八頁）

これらすべての著述家はさまざまな表現をしているのだが、見方は同じである――国家は戦争から生まれたが、人間の進化がそれを他の平和的な機能へと変えていった、と。

この洗練されたモデルのなかでは、軍事征服が中央集権国家の中心的位置を占める。国家によって管理される独占的な法と規範は軍事力の変形にすぎない。国家の起源は単に軍事力にあるのだが、それから後に国家はそれ自身に固有の〈力〉を発展させるのである。

第二点は征服者間の〈力〉にかかわっている。これまでの議論の大弱点は、征服を行なう側の武力の組織化に関係している――ここにはすでに〈力〉の不平等と国家とが前提されているではないか？　スペンサーはこの点を真正面から取りあげ、顕著な物質的不平等と中央集権国家とはともに軍事組織の必要性から生まれたと主張した。国家の起源について、彼は明快である――

中央集権的統制は戦闘にたずさわる人間なら誰もが獲得する基本的な特性である……。そして戦時に必要とされるこの中央集権的統制が、平時の統治をも特徴づける。未開人たちのあいだでは、軍事の首長が政治の頭目にもなるというはっきりした傾向があり（彼の競争者は祈禱師のみである）、未開人たちの征服競争の過程で政治的頭目としての彼の地位は固定化される。半文明化社会では征服軍の司令官と専制君主は同一者であり、彼ら二者は最近までの文明社会においても同一者である。……社会が……戦闘的タイプを経ることなしに大規模化していったケースなどほとんど見られないのである。

（一九六九年・一一七頁、一二五頁）

征服者、被征服者、そして果てしのない争闘に巻きこまれた者などすべての戦闘者にとって、中央集権化は戦争に必須の機能である。ここには誇張がある。すべてのタイプの軍事闘争が中央集権的指揮を必要としているわけではない――たとえばゲリラ戦はそういうタイプではない。しかしもしも目標が徹底的な征服とか、全領域の防衛といった場合には、中央集権化が有効である。そうした軍隊の指揮構造は、一般に他の組織形態で見られる以上に中央集権的であり権威主義的である。そしてこれが勝利に貢献する。勝利か敗北かが数時間で決まる場合には、迅速でとらわれることのない決断と有無を言わさぬ上意下達が決定的に重要である（アンドレスキー・一九七一年・二九頁、九二―一〇一頁）。

スペンサーは真の進化論者として経験的な傾向を推論しているのであって、普遍的法則を述べているのではない。競いあう社会間の争闘においては、「戦闘的」国家を採用したほうが高い生存価値をもつ。時として彼はこれを敷衍して、階層化そのものの起源が戦争にあると主張する。とにかく、そのような社会においては階層化と生産様式は軍事に従属している――「社会の産業的部分は本質的に、統治的‐軍事的構造に必要なものを供給するためだけに存在する永続的な兵站部でありつづけ、自分自身のためにはぎりぎりの生存に必要な分だけしか取りおかない」（一九六九年・一二一頁）。この戦闘的社会は「強制的協同」によって統治される。中央権力によって専制的に統制されるこの社会は、工業社会の出現までの複雑な社会の大勢だった。

スペンサーのエスノグラフィー（民族誌）は明らかにヴィクトリア朝流であり、その議論は過度に一般化されているとしても、彼の考え方には価値がある。全き「戦闘的」統一性をもつ社会など歴史上にはなかったのだが、私は本書の第五章と第九章で、個別の古代社会の分析に強制的協同の概念を用いる。

しかし国家の起源の説明として、スペンサーの主張をそのまま認めてしまうわけにはいかない。とりわけ、軍事的な〈力〉がいかにして永続化するのかという点で、議論は表面的である。戦闘や軍事行動での協同には中央権力が必要だという彼の主張を認めるとしても、軍事指揮権がその後まで〈力〉を保持するのはどうしてなのだ？　人類学者たちによれば、原始社会は後で何が起こるかをよく承知していて、それを避けるために周到な手順を講じているのである。ウッドバーン（一九八二年）に言わせれば、彼らは「断固とした平等主義者」なのである。戦争首長がもつ〈力〉は時間と範囲が厳密に限られていて、軍事的な権威が制度化されることはないであろう。クラストル（一九七七年・一七七―八〇頁）は二人の戦争首長の悲劇を描いている――一人は有名なアパッチのジェロニモ（一八二九―一九〇九年）、もう一人はアマゾンのフーシヴである。二人の戦士はどちらも勇気があって機略に富み大胆不敵だったが、平時になると戦時の卓越さを維持することができなかった。彼らは絶えず戦争を起こすことで永続的な権威を行使することもできたのだが、住民たちは戦争に厭き、彼らを見捨てた――フーシヴは戦闘で死に、ジェロニモは回想録を執筆した。スペンサーのモデルが有効なのは、異常な成功をおさめた軍事集団の場合だけである。

さらに言えば、それは征服には最適である。なぜなら征服した土地、その住民、彼らの余剰を軍事指揮権によって没収し、征服軍に報酬として分配できるからである。このケースでは、征服者は元の社会から離れての自律的な存続を成しとげることができる。戦利品の分配には兵士間の協同が必要だが、本拠地の社会は無視することができるのだ。軍事的な〈力〉の基盤構造《インフラストラクチュア》として、戦争の利得が余剰に取って代わる。ここで軍事的な〈力〉は二つの社会、つまり征服者の社会と被征服者の社会とのあいだの〈力〉の空間を占拠して、両者を互いに競いあわせることから生まれる。これはまたある種の軍事防衛にとって好機である。外部からの脅威が持続し、社会的固定性が全領域の防衛を必要とするところでは、専門的な軍隊が求められよう。その〈力〉は永続的であり、その自律性は攻撃軍と本拠地の社会とを競いあわせることから生まれる。

　しかしながら一般的に、征服と専門的な領域防衛とは原始民族のあいだには見出されない。この二つの前提となるのは征服者側と、通常は被征服者側とが、ともにかなりの規模の社会であることだ。征服とは安定的な定住社会を搾取することだが、そこで用いられるのはその社会にせよ、あるいは征服者側の社会にせよ、その社会自体の組織的な構造である。こうしたわけで、スペンサーのモデルが当てはまるのは、まず国家と社会成層が起こり、ジェロニモやフーシヴのような戦争指導者が手に入れたよりもはるかに豊富な組織的資源が形成された後のことのように思われる。

　経験的な証拠を検討しよう。私はクリーセンとスカルニク（一九七八年）が編集した「初期」国家についての二一の事例研究の概要から始める。これらの一部は人類学研究に、他は考古学研究にもとづいている。国家の起源をめぐる数量的調査は、どれも統計的に厳密とは言いがたい。最初の、あるいは「原初の」国家――他のすべての国家から離れて自律的に出現したもの――の母集団は不明である。したがってその母集団からサンプリングすることはできない。しかしその母集団は非常に小さく、おそらくは一〇以下であって、統計的分析が可能な数ではない。したがってクリーセンとスカルニクのような「初期国家」の多数のサンプルは、相互作用を行なっている混成母集団――少数の「原初の」国家と、それらとの〈力〉関係および相互的な〈力〉関係に入っている他の国家群の一部なのである。それらは独立した事例ではない。統計的に厳密を期するならそれらの相互作用の特質を変数として取りこまなければならないが、これらの著者も他の誰もそれをしていない。

　こうした大きな制約を念頭におきながら、データにもどろう。クリーセンとスカルニクの二一事例のうち、ただ二つ（スキタイとモンゴリア）だけがオッペンハイマーによって述べられた形態、すなわち牧畜民による農耕民征服という形態だった。他の三例では、国家形成は外部からの攻撃に対する専門化された軍事的対処が原因だった。他の八例では、国家形成の重要要因は別のタイプの征服だった。そしてこれらの「征服」事例のうち五例では、戦闘的な意図の下に行なった自発的連繫が国家形成を補強した。こうした結果が示す一般的な方向は、オタバイン（一九七〇年）が人類学的な五〇の事例について行なった数量的研究によっても確認される（この研究は方法としてはいっそう統計的だが、肝要な点で詳細さに乏しい）。

こうして、比較的組織化された征服側ないし防衛側、あるいはその両方への影響をあつかうよう軍事派の理論を修正することによって、われわれは少数事例（およそ四分の一）についてば大筋での単一要因による説明に、多数事例についても重要な寄与要因の説明へと至りつく。しかしこのルートは「ほぼ国家と見まがう」高度の集合的な〈力〉を前提としており、征服や長期防衛態勢はその最後の仕上げにすぎないのである。彼らはいかにしてそこまでたどりついたのか？

独立した事例として提示されてはいても、長期にわたる〈力〉の相互作用が関与していたことが分かったときには、それら幾つかの事例のみを証拠として深い理解に到達することは困難である。それよりも見こみがあるのは、メア（一九七七年）が行なった東アフリカの政治制度に関する地域研究だ。片や比較的に中央集権的、片や比較的に地方分権的で互いに近接している集団を検証することによって、メアはその間の移行をうまく跡づけている。単独の地域研究が、移行のタイプすべてのサンプルにならないことはもちろんである。これらはいずれも「原初の」国家ではなかった——すべてが地中海のイスラーム国家とヨーロッパ国家の影響を受けていた。東アフリカでは、比較的繁栄した牧畜民の特徴も現われていた。さらにここでの移行のすべてが、大いに戦争とかかわっていた。実際のところ、中央集権化した集団が非中央集権的集団に対して提供しえた唯一の改善点は、防衛と攻撃の見こみがついたことだったと思われる。しかし戦争の形態というものは、軍事派の理論が提供する征服者・対・被征服者という単純な二分法（ともに一元的な二つの社会間の抗争）からわれわれを離れさせる。メアが示すところでは、国家以前の人間集団に特有な村落やリネージやクランや部族間の横断的連邦関係の混乱のなかから、比較的中央集権化した権威が出現してきた。牧畜民の余剰が増大し、彼らの投資がさらに飼養動物へと集中するにつれて、攻撃者たちとのゆるい連邦体の弱点もまた増大した。こうして最も有効な保護を提供できる者が、多かれ少なかれ自発的な服従の対象になることがしばしば起こった。これは外部からの征服者に対する服従でも、自分の社会の専門戦士集団に対する服従でもなく、服従する側の集団とすでに血縁的ないし領域的なつながりのある集合体の、権威ある人物に対する服従であった。それは巨大な保護商売というべきもので、たとえば中世ヨーロッパの封建領主あるいはニューヨーク・マフィアが提供するような強制と共同性と同類の、特異な結合を体現していた。それは通常奴隷その他の極度の収奪に至ることはなかったが、軍事的な保護者すなわち来るべき王に対して、武装した家来に報い、宮廷を設営し、通信を改良し、（最も発展した場合だけだが）初期段階の公共事業プロジェクトを遂行するための十分な資源を貢物として取り立てることとなった。おそらくこれが国家へと向かう初期の正常な軍事ルートだった。組織的な征服と意図的な領域防衛とは、たぶんこうした統合局面が前提となった上での、もっと後のルートだったろう。われわれはなおも「中間局面」と、原初国家出現の実際についての説明を必要としているのである。

ここで経済的な〈力〉の関係へと目を向け、リベラル派とマルクス派の理論へと立ちもどろう。リベラリズムは国家を、基本的に経済的な特質をもつ市民社会内部の秩序維持機能に還元する。ホッブズとロックは、人びとのゆるやかな連繫が互いを保護しあうために自発的に国家を制定したという、臆測にもとづく国家の歴史を提供した。彼らの国家の主たる機能は司法的かつ抑圧的、つまり国内秩序の維持だったが、彼らはこれをどちらかといえば経済的な観点から見ていた。国家の主目標は生命および個人の私有財産の保護であった。生命と財産への脅威は社会の内側からやってきた。ホッブズの場合の危険は潜在的なアナーキー、つまり万人の万人に対する戦いであり、ロックにとっては潜在的な専制主義と無産者たちの憤激という、二元的な脅威だった。

ウォーリン（一九六一年・第九章）が述べているように、国家を既存の市民社会のために果たす機能に還元する傾向は、ルソーやマルクスのようなリベラリズムへの苛酷な批判者にさえ浸透した。こうして、国家の起源に関するリベラル派とマルクス派の理論はともに一元的かつ国内的であり、国家形成の連邦的かつ国際的な側面を無視しているのである。両者とも経済的要因と私有財産を重視する。ちがいは、前者が機能の言語で語るのに対し、後者が搾取の言語で語るという点なのである。

エンゲルスは彼の『家族、私有財産および国家の起源』のなかで、現実の生活の生産と再生産は本来二つのタイプの関係、経済的関係と家族的関係を含むと主張している。労働生産性が成長するにつれて、「私有財産と交換、富の格差、他人の労働力を利用する可能性、そしてそこからくる階級対立の基盤」も成長する。これが旧来の家族的構造を「破砕」して「国家という新たな社会が出現するのだが、その下部を構成する単位はもはや性の絆にもとづいた集団ではなく、領域的な集団である」。彼はこう結論する――「文明社会の強制力こそ国家であり、それは典型となるすべての時期においてもっぱら支配階級の国家であり、すべての場合において本質的に被抑圧者、被搾取者を抑えつける機械でありつづけるのである」（一九六八年・四四九―五〇頁、五八一頁）。

リベラル派もマルクス派も初期の社会における私有財産の重要性を過大視している。しかし両者ともこの点を考慮して修正することができる。マルクス主義の精髄は私有財産ではなく、分権化された財産である――国家が出現するのは、市民社会のなかにすでに存在する余剰労働を引き出す方法を制度化するためである。これはクランやリネージを基盤とする収奪の形態へと容易に転移することができ、それによってクランあるいはリネージは、あるいはそのなかの長老あるいは貴族は、他人の労働を収奪する。フリード（一九六七年）、テレイ（一九七二年）、フリードマンとロウランズ（一九七八年）はこの線に沿って主張してきた。このモデルは経済的な〈力〉の顕著な差異（いわゆる「階層化」あるいは「諸階級」）の始まりを国家出現のずっと以前におき、後者を前者の必要性の観点から説明するのである。

さて、権威の差異の出現と領域的、中央集権的な国家の出現とのあいだに時間差が存在することは確かである。国家はクランやリネージの連繫から生まれたが、そこではクランやリネージや村落のエリートとその他の人びととのあいだに明らかな権威の分裂があった。しかしながら、私がそれらをランク（位階）社会と呼んで階層社会と呼ばないのは、それらの社会は明確な強制権あるいは収奪能力を具現していなかったからである。とりわけ、それら高ランクの者も生産にたずさわった。首長たちも生産し、あるいは牧畜して、肉体的経済機能と管理的経済機能とを結合していた。彼らは彼らのために働くよう他人を説得したり強制したりするのが特別に困難だった。マルクス派の進化物語はこの点で、債務によるものであれ征服によるものであれ、奴隷を重要視しなければならない。フリードマンとロウランズは、血縁者の労働を収奪することはできないというグンプロヴィッチの軍事理論派の主張を受けいれているように思われ、彼らは物質的な収奪の発生を説明するのに征服要因――私はその弱点を指摘したばかりだが――に依存しているのである。

リベラリズムは、国家が共通の経済的利益をもたらすという観点から、機能的な説明を行なう。もし私有財産という観念を捨てて機能的・経済学的原理を保持するならば、われわれは現代人類学が提供する有力な説明、明確な機能的理論である**再分配首長**論にたどりつく。マリノフスキーはこう言う――

われわれは世界中いたるところで、経済と政治の関係が同じタイプであることを見出すだろう。どこであれ、首長というものは食糧を集め、貯蔵し、保全し、そしてそれを共同体全体の利益のために使うという、部族の銀行家の役目を果たしている。彼が果たしている機能は今日の公共的な金融システムや国家財政組織の原型である。首長からその特権や財務的な利益を奪いとったら、困るのは部族全体ではなかろうか？　（一九二六年・二三二―三頁）

おそらくわれわれは、これをリベラリズムと結びつけるべきではないだろう。なぜならマリノフスキーの再分配国家の観念の大本《おおもと》の開発者はポランニーであって、彼こそは資本主義以前の経済を理解するにあたって自由主義的市場理論が優勢であることに対して、長く激しく反論してきたからである。リベラリズムのイデオロギーはわれわれに、市場交換の普遍性という観念を残した。しかしポランニーは、市場は（私有財産と同じく）近年のものであると主張した。原始社会における交換は主として互酬性という形態をとり、二つの集団ないし二人の人間のあいだに「同類には同類を贈る」、「逆もまた同じ」物品の移動が行なわれる。仮にこうした単純な交換が市場の特徴を備えた一般的交換へと発展するのであれば、「価値」という尺度が発生しなければならないだろう。そうなれば物品をその「価値」によって交易することができる――その価値はどのようなタイプであれ別の物品という形態か、あるいは信用という形態で現実化することができるからである（死後に刊行された幾つかのエッセイを参照、ポランニー・一九七七年・特に第三章）。しかし――とポランニーの「実体論派《サブスタンティヴィスト》」は主張する――原始社会で特徴的なことは、この移行点への接近が行なわれるのは「自発的な」交易メカニズムの発達によってではなく、親族ランクの権威によってである。有力な親族リーダーが交換を管理する規則を制定するか、さもなければリーダーが贈与をして互酬義務をつくり出し、追随者を集め、自分の住居を大きな貯蔵所へと改造する。この貯蔵所こそ再分配首長制と国家の所在地である。サーリンズが言うように、再分配は親族ランクの互酬性を高度に組織化したものにすぎないのである（一九七四年・二〇九頁）。

この議論で明らかになったように、リベラル派の一つの前提が再分配国家論の多くに浸透している――生産に対する交換の優位がそれで、生産は比較的には無視されている。しかしながらこれを是正することは簡単だ――なぜなら再分配首長制では、首長は交換のみならず生産を調整することにもたずさわっているからだ。こうして首長は、集合的な労働への高度な投資が行なわれるところで、生産と交換の組織者として立ち現われるのだが、この要因の重要性を私はこれまで繰りかえし強調してきたのである。

自然環境的な専業化のことを付け加えておこう。それによって隣接する専業者たちは交換の利益を得るだけでなく、生産のレヴェル調整の利益を得る。少なくともそうした集団が三つあれば、生産物に対する権威ある価値の分配へと調整を集中することができる。サーヴィス（一九七五年）はこの点を初期国家の説明へと敷衍した。彼の主張によれば、彼らは領域を調整してそれぞれに相異なる「自然環境的な適地」が含まれるようにした。首長はそれぞれで生産されるさまざまな食糧品の再分配を組織した。国家は貯蔵所だったが、再分配センターは分配の連鎖に逆作用して生産関係に影響を及ぼしたのである。一般的な交換に至るルート、したがって拡大包括的な「財産」へとたどりつくルートは、生まれかけの国家を通っていた。再分配が余剰を増大させるにつれて、中央集権的な国家の〈力〉もまた高まった。これが経済学的で内部的で機能的な国家理論である。

クラン、村落、部族、リネージのエリートたちは、経済的取引に対してしだいに価値尺度を導入するようになった。権威は必然的に中央集権化された。それは自然環境とつながった人びとを包含しているにせよ、領域としては固定されていた。それが公正な価値尺度として受け入れられるには、特定の利益集団から離れて自律し、社会の「上部」とならなくてはならなかった。

サーヴィスが自分の主張を裏づけるために提出した事例研究の資料は、数こそ多いが体系性に欠けている。考古学ではレンフルー（一九七二年、一九七三年）が、先史時代ヨーロッパのなかでも初期ミュケーナイ（ミケーネ）のギリシアと巨石時代のマルタ島に関して、再分配首長の妥当性を主張している。彼の主張によれば、記念碑的な神殿の規模と配置に加えて耕地の生産能力を勘案すれば、互いに隣接するたくさんの再分配首長が存在し、それぞれ五〇〇人から二〇〇〇人の活動を統括していたという。彼はまたそのような事例を、数多のポリネシア諸島の人類学的報告のなかにも見出している。結局彼の主張によれば、文明はミュケーナイやミノス人のクレタ島の場合のように、再分配的な宮殿‐神殿複合建造物へと向かう首長権力の成長を通して出現した。

　これはみごとな資料解読のように見えるが、実際はそうではない。主な難点は、再分配の観念がわれわれ自身の現代経済の経験に色濃く染まっているということだ。われわれを現代の市場メンタリティーから解き放つことがポランニーの主たる使命だったとするなら、これは何たる皮肉であることか！　しかし現代の経済が特定の生活必需品を組織的に交換することで成立するのに対して、大方の原始経済はそうではなかった。今日のイギリスやアメリカがさまざまな食料品や原料や工業品を輸入したり輸出したりしなかったら、彼らの経済と生活水準は即座にかつ破滅的に崩壊するだろう。ポリネシアや先史時代ヨーロッパで交換が行なわれたのは、高度に専業化した集団間でではなかった。一般的に彼らは同じ物品を生産していた。交換は彼らの経済にとって必須のことではなかった。彼らは時として、儀式的な意図から同じ物品を交換していたのだった。相異なる特産品の交換が行なわれた場合でも、それらの品じなは通常生活必需品ではなく、またそれらの品じなは交換する首長に従属する人びとのあいだに個人消費用として再分配されたのでもなかった。その品じなは首長自身の装身用に使われることが多く、さもなければ祭宴あるいは儀式のために貯蔵されて集合的に消費された。それらは生活必需品というより、「威信」を示す物品だった。それらを見せびらかすことが、その分配者に威信を与えたのである。首長や長老やビッグマンたちは、資源を投資して〈力〉の資源のさらなる増大と〈力〉の集中を図るよりは、資源を「消費」することで自己顕示ぶりと公的な祭宴での競いあいをしたのである。ここからいかにして長期的な〈力〉の集中が発展するかを予測することは困難で、むしろここでは短期の循環的な集中が一気に起こり、その後はライヴァル同士が無理をしすぎて〈力〉は分散され、やがて次の循環が始まる。結局のところ、人びとには逃げ道があった。ある首長が傲慢になれば、人びとは別の首長へと忠誠を移し変えることができた。そしてこのことは、自然環境的に真の最適地や生活必需物資の交換を見出すことができる数少ない事例についても当てはまる。国家に先行する「社会」の形態が一元的でないとすれば、人びとの発展させる貯蔵所が競いあう幾つかではなく、ただ一つでなければならないのはなぜか？　人びとはいかにしてコントロールする力を失うのだろうか？

　これらの疑念は考古学的な証拠によっても強められる。考古学者たちは自然環境的な最適地を、通例ではなく例外だと見ている（レンフルーのエーゲ海の実例は主要な例外の一部である）。たとえば先史時代のヨーロッパ大陸には、貯蔵所の痕跡はほとんどない。われわれが見出すのは数多くの埋葬室で、それらが首長のランクを表示しているのは威信を示す高価な物品——たとえば琥珀、銅、そして紀元前四世紀中頃からは戦斧——などが散乱しているからである。これらと同じ社会から大規模な祭宴を示すもの、たとえば同時に屠られたと思われる膨大な数の豚の骨が発掘される。この証拠は人類学的な証拠と相並んでいる。再分配首長は最初の提案者たちが示唆したよりも弱い、階層社会ではなくランク社会特有の存在だった。

四つの進化理論のいずれによっても、私がこの節の初めに提起したギャップは埋められない。ランク社会と階層社会のあいだ、政治的権威と強制的国家のあいだには、説明のつかない空隙がある。これは混合理論でも同じである。フリード（一九六七年）やフリードマンとロウランズ（一九七八年）やハース（一九八二年）は、折衷的進化理論としてはおそらく最上である。彼らはこれまで議論してきたすべての要因をとりこんで、高度に真実らしい複雑な物語を構築した。彼らは「相対的なランク」と「絶対的なランク」という区別を導入する。絶対的なランクは絶対的で固定的な地点、すなわち中心的首長と彼を媒介とする神がみからの距離（通常は家系上の距離）という観点で測られる。儀式センターの出現とともに絶対的なランクも発生した、と彼らは言う。しかし儀式センターはいかにして永続的なものになったのか、相対的なランクはいかにして絶対的なランクへと永続的に転換したのか、そしてそこからいかにして抵抗を排除しつつ、永続的に、階層化や国家へと転換したのか——彼らはこれらについてしっかりした議論をしていない。説明のない空隙がいまだに存在している。

考古学にもどって、この空隙が先史時代に存在したことを見よう。これらすべての理論がまちがっているのは、事実上は停止してしまった一般社会進化を前提とするからである。今や地域史が取って代わった。しかしながら、われわれが歴史の世界へと移行した後になって、これらの理論のすべてが地域的な、個別的な適用性をもち始めるのが分かるだろう。これらの理論は、その最も野心的な装いにおいてではないにせよ、後続の章で役に立つようになるだろう。

進化から退化へ——国家と階層化を回避して

これまでわれわれを悩ませてきたのは、人びとはいかにして強制的な国家の〈力〉に服従せざるをえなくなったのか、という問題である。彼らは裁判による規制から戦争、祭宴の管理にまで及ぶ広範な目的のために、首長や長老やビッグマンたちに集合体としての、代表者としての権威を気前よく与えた。首長たちはそこから相当なランクの威信を引き出すことができた。しかし彼らはそれを永続的で強制的な〈力〉へと転換することはできなかった。考古学がわれわれに示してくれるのは、実際のところこれが事実だった、ということである。ランク的な権威から国家の〈力〉への急速な、あるいは遅々とした進化など何もなかった。そうした移行はまれであり、ごく少数の、異常なケースに限られていた。決定的に重要な考古学的証拠は時間である。

　実例として北西ヨーロッパの先史時代を考えてみよう。考古学者たちは紀元前四〇〇〇年直後から紀元前五〇〇年直前（つまり鉄器時代の到来による大変動）までの社会的構造の、漠然とした輪郭を描くことができる。これは極度に長い時間経過であって、その後のヨーロッパの歴史時代全体より長いのである。この期間西ヨーロッパの人びとが暮らしていたのは、一、二の例外を除いて、比較的平等主義のランク社会であって階層社会ではなかった。彼らの「国家」は永続的で強制的な〈力〉の存在の証拠を、何も残していない。ヨーロッパにおいてわれわれは、彼らの活力ある発展ぶりを識別することができる。私はその活力の二つの側面、一つは南部イングランド、もう一つはデンマークについて検討しよう。私が西ヨーロッパの事例を選んだ理由は、それらが近東の影響から比較的隔離されていたからである。仮に私がバルカン諸国を選んでいれば、もっと強力で半永続的な首長制や貴族制について述べることになるのは重々承知している。しかしこれらの事例は、近東の初期文明の影響を深くこうむっていた（クラーク・一九七九年bを参照）。

　ウェセックスは集合的な墓所建築の伝統の主な中心の一つだが、この伝統には地域的な多様性があり、紀元前四〇〇〇年以後はイギリス諸島の大部分、ヨーロッパの大西洋沿岸、地中海西部に広がっていた。われわれがこの伝統のことを知るのは、後期における瞠目すべきその達成物の幾つかが現存しているからである。われわれは今もなおストーンヘンジに驚嘆する。その建造には五〇トンの巨石を陸路と海路で少なくとも三〇キロメートル、五トンの石を陸路で二四〇キロメートル牽引する――というのは車輪がなかったから――ことが必要だった。最大の石を持ち上げるには六〇〇人の労働力を要したにちがいない。この記念碑的建造物の目的が宗教と暦とにひとしく関係していたのかどうかは永遠の謎であろう。しかしこれだけの労働の編成とその労働者を扶養する余剰の分配とには、相当な中央集権的な権威――ある程度の規模と複雑さをもった「準国家」――が関与していたにちがいない。ストーンヘンジはこの伝統の文字通り記念碑的な達成であるけれども、今日でさえそれは孤立した存在ではない。〔ウィルトシャーにある〕エイヴベリやシルベリ・ヒル（ヨーロッパ最大の土塁）、その他アイルランドからマルタ島まで広がっている一群の記念碑的建造物は、社会的組織力の存在を証言している。

　しかしそれは進化の「行き止まり」だった。記念碑的建造物はそれ以上には発展せず、そこで止まってしまった。その後三〇〇〇年を経てローマ人が到着するまで、ウェセックス、ブルターニュ、スペイン、マルタ島など主な地域のどこにおいても、これに匹敵するみごとな中央集権的社会組織が存在した証拠は見当たらないのである。この行き止まりは、他の世界中の新石器人のあいだにも起こった並行現象だったかもしれない。イースター島の記念碑的建造物はマルタ島のものと同類である。シルベリ・ヒルに匹敵する巨大な土塁が北アメリカに点在している。レンフルーの推測によれば、それらの建造物を生み出した大首長制はチェロキー・インディアンと同類であって、こちらではそれぞれ首長を戴く約六〇の村落の総勢一万一〇〇〇人を短期的な協同作業に動員することができた（一九七三年・一四七—六六頁、二一四—四七頁）。しかしこの構造の内部にある何かが、その恒常化を阻んだのである。

先史時代のストーンヘンジについて、われわれには幾分かが分かっている。ありがたいことに、私はシェナン（一九八二年、一九八三年）や、ソープとリチャーズ（一九八三年）の最近の研究に依拠している。彼らは循環的なプロセスの存在を明らかにする。ストーンヘンジは紀元前三〇〇〇年以前に使用されたが、その記念碑的建造物としての最盛期は二四〇〇年頃に始まった。これはいったん沈静化した後、二〇〇〇年頃再開した。さらにもう一度沈静化した後、紀元前一八〇〇年頃、以前ほど活発ではないが、新たな活動が始まった。これ以後建造物は徐々に遺棄されてゆき、紀元前一五〇〇年までには社会的に重要な役割は何も果たさなくなったことは明らかである。しかし記念碑的建造物を基盤とする組織だけがこの地域で唯一の社会組織だったわけではない。「ベル・ビーカー」（鐘形のビーカー土器）文化は紀元前二〇〇〇年直前にヨーロッパ大陸から広まった（詳細はクラーク・一九七九年cを参照）。その遺跡から明らかになるのは中央集権化の少ない社会構造と、上質の陶器や銅の短剣や石の手甲など「威信を示す品じな（威信財）」を含んだ「貴族的な」埋葬品だった。これらの品じなは記念碑建造的な活動のように見えるけれども、究極的にはそれを掘りくずし、それよりも長つづきした。ここに相異なる二つの民族が関係していたと言う人はいない——そうではなくて、同一のゆるやかな集団のなかに社会組織の二つの原理が共存していたのである。考古学者たちの見解によれば、記念碑建造的な組織は宗教儀式を独占する中央集権的リネージ・エリートによる絶対的ランク支配であり、一方ビーカー的な組織は相対的ランク支配であって、それは分権的で重複しあうリネージ・エリートとビッグマン・エリートによるが、威信財の分配を基盤とするその権威は強くない。もちろんリネージやビッグマンの話は、現代の新石器民族からの類推にもとづく臆測にすぎない。記念碑建造的文化はまったくリネージ中心ではなかったかもしれない。それを村の長老たちが儀式的権威を保持していた原始的デモクラシーの中央集権的形態と見なしても、同じように真実らしく思えるのである。

しかしこうした理屈のあれこれも、中心的問題をぼやかすことはできない。比較的中央集権化された権威と分権的権威との競合においては、前者の集合的組織がもつ驚異的な〈力〉にもかかわらず、後者が勝ちぬいたのであった。権威が強制力をもつ国家へと固まっていったのでは決してなかった。それどころか、権威はリネージ集団や村落集団へと分散されたのだが、それらの集団のエリートの権威自体も不安定だった。これには社会的衰退がともなっていたわけではない。人びとは穏やかに繁栄していた。シェナン（一九八二年）が示唆するところによれば、ヨーロッパ諸民族全体のなかでの分権化は、ますます増大する遠距離交易と威信財の流通に反応して起こったものだった。そうした物品の分配が不平等と権威とを増大させたが、それは永続的・強制的・中央集権的タイプではなかったのである。

　他の地域においては、巨大な記念碑的建造物などない場合にも、先史時代循環を見出すことができる。しかし奇妙なことに、最も開明的な議論が巻き起こるのは進化についての態度が分裂している著者の研究においてなのだ。一方で彼らは、単線的な進化の観念を攻撃することに熱心である。他方で彼らは、「生産様式」を中軸とするマルクス派の進化論の影響を受けている。批判をする前に、私はまず彼らのモデルを提示する。フリードマンとロウランズはさまざまな論文のなかで先史時代一般の発展の輪郭を示しているし、クリスチャンセン（一九八二年）はそれを、ヨーロッパ考古学資料の一部である北西ジーランド（今日のデンマークの一部）に適用している。

　フリードマンは現今の正統理論から出発する――定住民の社会構造は当初は平等主義的で、長老やビッグマンは同意にもとづいた弱い権威を行使していたにすぎない。農業生産が進展するにつれ、彼ら長老やビッグマンたちは増大する余剰に関する分配の権利を獲得した。彼らはこれをもてなしや、個人的見せびらかしや、超自然との接触儀式などを通して首長ランクの権威へと制度化していった。彼らは今や多くの余剰の消費を組織するようになった。婚姻による同盟は一部の首長たちの権威を広域へと拡大した。ここでフリードマンはマルサス的要素を付け加える――領域の拡大が自然的限界あるいは他の首長たちによって阻まれたとき、人口は生産力を超えて増加した。これが人口密度と居住地ヒエラルキーを増大させた。そしてこれが主要な首長たちの中央集権的権威の増大をもたらした。しかし結局はこれが掘りくずされてしまったのは、経済的な成功と経済的な失敗とによってだった。地域間交易の発展はマルサス的循環を絶ち切ることができた。しかし首長たちにはこれを制御することができなかった。二次的な居住地はヨリ自律的になり、その貴族たちは旧来の大首長の対抗者となった。たとえば土壌の浸食による経済的な失敗も、権威を分散化してしまった。失敗は循環へ、成功は発展へとつながった。競いあう居住地では都市化が進み、貨幣流通が進んだ――都市国家と文明が出現し、それとともに私有財産関係も出現した。フリードマンとロウランズは一九七八年の論文で、発展的なプロセスを強調した。後になって彼らは、それが循環よりもまれであることを認めた。しかし彼らの解答は（エンゲルスの言い草を借りるなら）「最終的には」発展が循環的なプロセスを突破する、それはおそらく突然あるいは不意に起こるのだが、決して後成《エピジェネティック》的なプロセスではない、というものである（フリードマン・一九七五年、一九七九年、一九八二年）。

　ジーランドの沼地は考古学者に肥沃な土壌を提供する。クリスチャンセンは彼らの調査結果を上述のモデルで分析する。紀元前四一〇〇―三八〇〇年頃から焼畑式の農耕民が森を切り開き、穀類を栽培し、牛を飼養した。彼らはほとんど交易を行なわず、墓からはごく限られたランクのちがいが見出されるだけである。しかし成功のおかげで人口は増え、森林開拓は大規模となった。紀元前三八〇〇年と三四〇〇年のあいだにはヨリ永続的で拡大包括的な居住地が現われたが、これは農業の進歩とヨリ複雑な社会的・領域的組織の存在とに依存してのことだった。ランク社会ではおなじみの遺物がここで現われる——儀礼的なもてなしとエリートの威信を示す品じなの埋葬である。紀元前三二〇〇年まではこれが強まった。首長の権威を中心に、巨石群と盛り土道のある野営地が建設された。森を切り開いた土地の生産性は高く、小麦の品種は比較的純粋だった。琥珀、火打石、銅、戦斧など（威信財）が広範に流通していた。北ヨーロッパで最初の恒常的な首長制が出現しつつあった。国家への道が始まっているかに見えた。

紀元前三二〇〇年と二三〇〇年のあいだに領域をもつ首長制は解体し、巨石群や共同体儀式や精製陶器や威信財は衰微し、地域間交換は終わってしまった。墓地は小規模な局地的なリネージあるいは家族の塚に、男女を個別に埋葬している。戦斧が圧倒的に多いが、その広範な分散は暴力に対する首長の統制が終わったことを示している。おそらくは分節化されたクラン構造が優勢となった。クリスチャンセンはこの衰微を物質的に説明する。かつての森の土壌がやせてしまい、人びとの多くは定住農耕から牧畜、漁労、狩猟へと移った。彼らはヨリ移動性に富み、ヨリ管理しにくい生活形態を発展させた。残存する肥沃な土地をめぐる激しい競合が、首長制の大きな領域を分解してしまった。多くの家族は中央ユトランドその他のヒース荒野上の軽くて砕きやすい土地の開墾へと移住し、拡大包括的ではあるが疎らな定住の形態へと変わった。車輪や荷車の使用が始まって、コミュニケーション基盤とある程度の交易が可能になったが、そうした地域を支配するには首長は力不足であった。紀元前およそ一九〇〇年頃には、この平等主義的構造の内部で経済回復が起こった。軽い土壌と重い土壌との混合経済、農耕と牧畜と漁労との混合経済は余剰を増やし、地域間交易を促進した。それにもかかわらずこの交易を独占できる者はなく、威信財は広範に流通したのである。

紀元前一九〇〇年頃、首長の第二の地位上昇が始まり、祭宴の遺跡や首長の墓や威信財の技巧のなかにふたたび熟練が現われる。紀元前一二〇〇年頃までにヒエラルキーは増幅した。かなり大型の中央の首長居住地が工芸品、各地での交換、儀式を管理した。クリスチャンセンはこれを金属工芸が開始されたためだとしている——比較的稀少で価値の高い青銅を首長が独占できたのである。これはポリネシアの首長による威信財の独占に似ていた、と彼は言う。しかし紀元前一〇〇〇年頃、おそらくは金属の不足によってこれにストップがかかった。農業生産の増強はつづいていたが、埋葬品による富の誇示は居住地のヒエラルキーともども減少した。

それから鉄器時代への移行とともに、ランク的首長社会は、最初の時よりもさらに完全に崩壊した。居住地はそれまで未耕だった重い土壌へと拡大していき、首長の権威はこれについていけなかった。各地の自律的な居住地で組織された、ヨリ平等主義の構造が発展した。部族ではなく、村落が優勢となった。この地域では（たとえばメソポタミアとはちがって）村落が循環的プロセスを突破し、鉄器時代の持続的社会発展へと向けて全システムを変容させたのであった。われわれは第六章で、この時点の人びとと再会するだろう。

大胆な歴史的一般化をこれほど短く要約すれば、誤まりと過度の単純化が混じることは疑いない。なんと二五〇〇年を要約してしまったのだ！　にもかかわらず、このように構築された歴史は社会成層や国家の歴史ではないのである。発展は平等主義社会からランク社会を経て階層化社会へではなかったし、平等から政治的権威を経て国家的強制力へと向かうのでもなかった。第二「段階」から第一段階への「後退」の動きが、第一から第二への動きと同様しばしば起こったのであり、実際のところ第三段階は、たとえ到達できたとしても、長い期間にわたって安定化し制度化される以前に崩壊してしまったのである。もっと慎重な第二の結論は、クリスチャンセンの余剰経済進化論にも疑問を投げかける。彼自身が行なった時代ごとの経済生産力の見積もりは、単位当たりの硬質穀物を産出する耕地面積で表わされるのだが、大ざっぱで概算的であることは明らかだ。しかしそれらは全期間を通じて一〇パーセントの増加であって、顕著なものではない。明らかに鉄器時代はそのときに、持続的発展を始めていたのだ。しかしそれは概してヨーロッパ土着のものではなかった。第六章で論ずるが、鉄は主として近東文明の影響に反応して発展した。というのも、ヨーロッパにとって鉄は、後成的発展の一部というより降ってわいた授かりものだった。ヨーロッパでは弁証法的発展よりも循環のほうが多く見られた。

そしてこれが、公平に言えば、フリードマンその他の人びとの議論が向かっている一般的方向である。フリードマン（一九八二年）は、オセアニアが伝統的な平等主義‐ランク階層化の二段階を経過したはずはない、と述べた。オセアニアの内部でも、メラネシアはヨリ古くヨリ生産的な地域だが、首長からビッグマンへと「後退」した。東ポリネシアは経済的に最も貧困で遠距離交易を切望していたのだが、強制的国家の寸前にまで達していた。フリードマンはオセアニアのさまざまな地域における本質的に循環的なモデルを定式化し、その中心に「分岐点」という概念を据えたが、これは自らの発展傾向から生まれ出た予期せぬ結果に直面した際に全システムのすばやい変容をつくりだすとばくちのことである。その実例となるのは、先史時代ヨーロッパに関してすでに述べた方向転換であろう。進化とは本質的に先の見えない「大異変《カタストロフィー》」である――それは突然の予期せざる分岐から生じる、というのが彼の結論である。おそらくは数少ない偶然的な分岐点を経ることによってのみ、国家や階層化や文明が発展したのである。

実際、これを支持する多くのことをわれわれは見出した。先史時代社会の大部分は、階層化や国家へと向かう持続的な動きなど示してはいなかった。ランクや政治的権威へと向かう動きは局地的には見られるが、可逆的である。それをこえて持続するものなど、何もなかった。

しかしわれわれは発展を阻止する原因をつきとめるべく、先へ進むことができる。大方の社会がケイジ（檻）であったとしても、その扉は主たる二つのアクター（行為主体）に開放されていた。第一に、人びとは自由を所有していた。彼らがエリートたちに対して取りかえしのつかぬほど〈力〉を明け渡してしまったことはまずなかったし、そうした場合でも、彼らにはその〈力〉の圏域から身体的に離脱する機会があったか、あるいは余儀なくそうさせられた。第二に、エリートたちも一元化されていたのではなく、長老、リネージの長、ビッグマン、首長たちは互いに重複し競いあう権威を所有し、猜疑心をもって眺めあい、同じくこれら二つの自由を行使した。

したがって二つの循環があった。平等主義の人びとは相互行為の度合いと人口密度を増して、中央集権的で永続的な権威をもつ大規模村落を形成することができる。しかし彼らは概してデモクラティックなままである。権威をもつ人物たちは、抑圧的になると退位させられる。退位させられないくらいに資源を手に入れた場合には、人びとは彼らに背を向け、他の権威者を見つけるか、中央から離れてヨリ小規模な家族居住地へと移ってしまう。後になってふたたび中央集権化が始まるかもしれないが、同じ結果になる。第二のパターンは、拡大リネージ構造におけるヨリ拡大包括的だが内向集中性の少ない協同とかかわっていて、典型的には村落よりも首長制を生み出す。しかしここでもまた忠誠は自発的なものであり、もし首長がこれを乱用すれば、人びとと対抗首長との抵抗に出会うことになる。

二つのパターンの前提となっているのは、一般に理論家たちが想定していたよりも一元性に乏しい社会生活形態である。われわれ自身が、社会についての近代の観念から自由になることが重要である。なるほど先史時代が領域的にまた社会的に、ヨリ固定的な社会単位に向かう傾向があったことは確かだが、先史時代の地勢は数多の個別的でくっきりとした境界をもつ社会から成っていたのではなかった。社会単位は重複しあい、その重複した地域においては権威ある人物も他の人びとも、代わりの社会単位のなかから自分の所属を選択することができた。ケイジはまだ閉ざされていなかったのだ。

こうして、固定的で永続的で強制力をもつ国家や階層形成システムが全般的に出現してきたのではなかった。この点についてはもっと念入りに説明しよう。というのも、それはたとえばメアが国家と呼んでいる東アフリカの体制とは矛盾するように思われるからである。たしかに、村落の長や首長は有益な中央集権的役割を果たす。もし有能なら、彼らは相当な権威を獲得する。これはアフリカ全体で起こったことで、クリーセンとスカルニク（一九七八年）の本に寄稿したコーエンが示している通りである。コーエンは彼らが最小限度の強制力を所有していたと指摘した上で、彼らは単に国家以前のリネージ的権威がヨリ中央集権化したものにすぎない、と主張する。追随はおおむね自発的であり、争論の規制や、婚姻のとり決めや、集合的労働の組織や、物品の分配・再分配や、協同の防衛などを効率よく行ないたいという欲望にもとづいていた。通常ならヨリ高いレヴェルの社会的組織を必要とする再分配経済や協同の軍事的機能よりも、争論や婚姻の規制のほうが首長の活動としてはヨリ重要であるかもしれない。首長は自分の職務を私的に活用することができる。最も成功した者は専制的な立場を主張することもできる。武装した家来を雇えるほどの余剰を手に入れることさえできる。これは東アフリカで起こったことだが、すべての大陸の先史時代社会で幾たびとなく起こったにちがいない。

しかし一般的でないのは、強制力を永続的でルーティン的で非個人的なものへと制度化する専制者の能力である。一方に王と彼の家来および同族、もう一方に彼らを除く全社会、この両方をつなぐ輪は弱いのである。この輪の強さは君主の個人的な強さに依存する。いかに固定化した制度といえども、継承者がルーティン的に定まることはない。そのような継承はめったに起こらず、二世代を越えてはほぼ絶対に起こらないのだ。

われわれは〔一九世紀前半に南アフリカに出現した〕ズールー族の王制に関して恰好な情報をもっている（とはいっても先進ヨーロッパ国家の影響をこうむっているのだが）。ングニ族ムテトゥワ支族の優れた人物ディンギスワヨは、先進ヨーロッパの軍事技術を修得していたがゆえに、一族の首長に選ばれた。彼は連隊を創設して軍事訓練を施し、北東ナタール州全域に及ぶ最高権力首長の地位を獲得した。その軍事指揮官はシャカで、ズールー・クランの出身だった。ディンギスワヨの死を受けて、シャカは自ら最高権力首長の地位に昇り、周辺民族を繰りかえし打ち負かし、持ちこたえた連中からは服従を勝ちとった。その後彼は大英帝国と遭遇し、打ち砕かれてしまった。しかし彼の帝国は長もちしなかっただろう。それは連邦的構造にとどまっていて、その中央は被護者《クライアント》に対して用いるべき自律的な〈力〉の資源をもっていなかった。

近代の植民地帝国がシャカのような大首長を見出した地域で、権威には二つのレヴェルがあった。シャカ的な大首長の下に小首長がいたのである。東アフリカではこれら「被護者」の首長について、ファラーズ（一九五六年）とメア（一九七七年・一四一―一六〇頁）によって広範な記録が取られている。被護者の首長はそれぞれがその上位首長の複製であった。イギリス人がウガンダに入ったとき、最初は七八三人の、次には一〇〇〇人の首長たちに向けて行政監督官を派遣した。さてこのことは一方で、強力な君主の卵にとって〈力〉のすき間をつくり出す――地方は地方と競りあい、被護者は被護者と、クランは村落と、首長・長老・ビッグマンなどは一般住民と、互いに競りあうことができるのである。首長が自分の中央の位置を活用できるのは、こうした多層的・分権的争闘のなかにおいてである。しかし他方では、被護者の首長たちも同じゲームを行なうことができる。君主が彼らを個人的に支配しようとすれば、彼らを宮廷に集めなければならない。しかし彼ら被護者たちも、ここで中央集権の利益に与かる。

それは国家の諸制度へと一直線につながるのではなく、策略をめぐらし野望に満ちた支配者たちの終わりなき循環へとつながっている――恐るべき専制者が出現した後、彼あるいは彼の息子の「帝国」は野心的首長たちの叛逆に直面して崩壊してしまう。文明や階層化や国家に代表される社会的ケイジの出現が、権威ネットワークの選択によって阻まれていたのである。

　この循環はランク社会の、拡大血縁型変異形態の実例である。二つ目の循環は村落型変異形態の特徴を示すといえよう――すなわち、最盛期にはストーンヘンジ的な構造物を管理する能力をもつヨリ大きな中央権威へと到達し、しかる後には過剰拡大と分節化によってヨリ分権的な家政単位《ハウスホウルド》へと向かう。おそらく最もふつうに見られるのは混合タイプであって、村落と血縁とが相互にまじりあい、その混合から生じる活力がヒエラルキーの活力を増したのである。その恰好な実例がリーチ（一九五四年）によって記述されたビルマの政治システムで、そこではヒエラルキー的と平等主義的と二つの地方政治システムが共存して揺さぶりあい、双方の存在と影響力に阻まれて、どんなタイプの階層化も完全に制度化されることはないのである。

　おそらくはシャカ的首長、ジェロニモ的首長が先史時代の有力人物だったろう。しかし彼らは国家や階層化システムをつくらなかった。彼らにはケイジをつくる十分な資源がなかった。次章でわれわれは、それらの資源が生まれたのはそれぞれの地方的事情の結果だったことを検証しよう。**初期の定住新石器社会のランク社会を越える、一般社会進化など起こらなかった。**われわれはここで、それぞれの地方ごとの歴史へと移らねばならない。

第三章　メソポタミアはシュメールの地に、文明が出現した
――あるいは、階層化と国家と多国家ネットワーク

はじめに——文明と沖積土農耕

前章の議論には幾分ネガティヴな面があった——文明は先史時代社会の一般的特性から出現してきたのではなかった、というのだから。この点は、その出現が起こったのがそれぞれ個別的にほんの数回だけだった——たぶんその機会は六度、おそらくは少なくて三度、多くて一〇度しかなかったという事実によって、即座に立証されるように見える。しかしこれまで長いあいだ、これらの少数の事例には沖積土農耕という共通パターンのようなものがあったと信じられてきた。しからば文明の出現は、それに付随する社会成層と国家ともども、歴史的偶発事以上のものだったのではないか？　事例の数は少ないにせよ、そこにはパターンがあったのではないか？　私は、あった、と主張する。そのパターンおよびパターンの限界を確認することが、本章と次章の目標である。

　ところで「文明」という言葉でわれわれは何を意味しているのか、厳密に定義することはできない。この言葉にはあまりにたくさんのひびきがあるし、先史時代と歴史時代の資料にはあまりに多くの多様性があるのだ。もし文明の特徴とされるものただ一つだけに焦点を当てようものなら、われわれは困難に陥ってしまう。たとえば書くということは、われわれが直観的に文明人と見なす人びとの特徴だ。それこそ「先史時代」ではなく「歴史時代」の、完璧な標識なのである。しかしながらそれは未発達のままの形態ではあるが、文明には必ず付随する他のものはともなわぬままで、先史時代の南東ヨーロッパでも見出される。ペルーのインカたちは、一般的には「文明化」していると考えられていたが、書くことをしなかった。都市化もまた「文明」には一般的なことなのだが、完璧な標識とはなってくれない。メソポタミア初期の諸都市に人口密度ではともかく、人口規模で匹敵するような先史時代の定住村落があったかもしれない。文明の意味の完璧な標識となるような単独要因はない。文明が通常、諸特徴の一覧表という形で定義される第一の理由がここにある。最も有名なのはチャイルド（一九五〇年）による一〇項目のリストである——都市（すなわち大規模で密度の高い居住地）、フルタイムの専業労働、余剰を「資本」へと社会的に集中する管理体制、余剰の不平等分配と「支配階級」の出現、血縁よりは居住地域に基盤をおく国家組織、奢侈品および必需品の遠距離交易の発達、記念碑的建造物、規格化された写実的芸術のスタイル、書くこと、数学および科学、の一〇項目である。これでは項目を関連なく並べただけで、段階を記述するには役に立つけれどもプロセスの説明にはなっていない、といって批判されることがよくある（例＝アダムズ・一九六六年）。そうは言うものの、これらの特徴が寄り集まれば

「文明的複合」は出来あがる。もし「文明という全体」があったとすれば、その本質的特徴は何だったのか？

私はここではレンフルーにしたがう。彼はチャイルドのリストに工芸品が掲げられていることに注目する。工芸品は人間と自然とのあいだに位置する人工物である。文明を定義しようとする試みの多くが工芸に注目する。そこでレンフルーは文明を**自然からの隔絶**と定義づけるのだ――「文明の基準として、最も強力な三つの隔離要因を選ぶのが論理的である。すなわち儀式センター（未知なるものからの隔離）、書くこと（時間からの隔離）、そして都市（空間的に区切られた大容器、外部からの隔離）」（一九七二年・一三頁）。社会＝ケイジ（檻）のメタファーとの類似性に注目しよう。文明とは隔離し、ケイジングする諸要因の複合的全体で、それらの要因はかなり唐突に一気に出現したのだった。

レンフルーの三つの特徴をわれわれの標識替わりとすれば、文明出現の事例のうち自前のものはほんのわずかだった。われわれが知る限りでは、ユーラシアで互いに独立的に発生したように見える集団のうち、読み書きをし、都市があり、儀式センターをもつものは四つだった――メソポタミアのシュメール人、ナイル流域のエジプト人、今日のパキスタンのインダス流域文明、そして中国北部の黄河に始まる河川流域の人びと、である。最も早いシュメールだけはたしかに独立していて、したがって他の事例をめぐる伝播と征服の理論では時期的な関心が払われてきた。しかしながら、専門家のあいだでの目下のコンセンサスは、四つのすべてに独立の地位を与えてよかろうということである。第五番目としてこれらにクレタ島のミノス人を加える人もいるが、これには反論もある。他の大陸に目を向ければ、われわれはおそらくあと二つの事例を加えることができよう――コロンブス以前のメソアメリカ文明とペルー文明[1]だが、たぶん両文明は互いに接触をもたなかったし、ユーラシアから独立していた。これで総計六つの独立した事例となる。しかしながら正確な数字で一致する著者は二人といない。たとえばウェッブ（一九七五年）はさらに、ここに含まれていないエラム（メソポタミアに隣接する地域、本章で後述）と東アフリカの湖水地域を加える。たぶんこれ以外の諸文明は、これら既成の文明ないしその後続文明と相互関係をもったのである。こうして、文明は統計的分析の問題ではなくなる。さまざまな社会がもつ特殊性を考えれば、これほど少ない数をもとにしては、いかなる一般論も打ち立てられないかもしれない！

しかしながらほぼすべての事例に関して、一つの特徴が認められる――それらがすべて河川の流域で起こり、**沖積土農耕**を行なったという点である。事実としては、大部分の地域はさらに発展して、洪水を利用して流域土壌を人工的に**灌漑**した。先史時代にはすべてが自然環境的・経済的状況によって起こっていたのと対照的に、歴史時代と文明は一つの特別な状況の産物のように見える――それが沖積土農耕と、それ

（1）古代ペルー人独特のキープ方式に、書くことと同等の機能があったとして（第四章を参照）。

に加えておそらく灌漑農耕なのである。

これまで述べた事例のほとんどが拡大発展したその後でも、その核は灌漑された河川流域に長く生きつづけた。インダス流域文明はパキスタンとインドの西岸一帯に広まったが、崩壊に至るまでその中心はこの一本の河であった。エジプトがナイル流域に引きこもっていたのは、もっと長期間にわたる紀元前三二〇〇年から一五〇〇年までで、拡大政策をとり始めたのはその後である。この期間中はナイル沿岸の文明地域の長さだけが変化した。それから後も、その〈力〉の基地はなおナイルの岸辺にあった。中国は領域を枝分かれ状に発展させたが、その経済的・戦略的な核は灌漑された中国北部平野の黄土にあった。シュメール、アッカド、古アッシリア、バビロニアの各帝国は、紀元前三二〇〇年から一五〇〇年にかけてティグリス河と(主として)ユーフラテス河に集中していた。ユーラシアの河川流域ないしオアシス地域の同質の自然環境においては、これら事例のすべてが模倣者を生み出した。アメリカにおけるコロンブス以前の諸民族の農耕起源はさまざまだが、都市化と文字文化への決定的な躍進をとげたなかの(全部ではなく)一部の民族は灌漑と結びついていたようであり、スペイン人の到着まではそれが帝国の核となっていた。

沖積土や灌漑との関係は一定不変というわけにはいかない。ミノスをとりあげるなら、それは逸脱形であって、沖積土農耕も灌漑農耕もおおむね欠落していた。メソアメリカでマヤが加わっても、これは逸脱形である。そして後になると、すべての事例において、沖積土と灌漑の役割は減じていった。われわれはこのやり方ではヒッタイトや、ペルシアや、マケドニアや、ローマ帝国を説明できないだろう。にもかかわらず、ユーラシアとアメリカ両大陸の歴史の初期に、とりわけその河川流域沖積土地帯において、文明にとって深い重要性をもつ何かが起こっていたのだった。なぜだろう?

私の解答は既存の説明の改変と合成である。しかし私は二点を強調する。第一に、各地の進化の物語は大部分が機能的で、社会的進歩への好機と動機の観点から語られるのだが、私は機能と搾取とが不可分のものであることを語ろう。ケイジ(檻)のメタファーはなおつづく——これらの自然環境とそれに対応した人間の反作用の決定的な特徴は、逃走ルートの閉鎖だったのである。それらの現地住民は、地球上の他の住民たちとはちがって、文明と社会成層と国家とを受けいれるよう強いられた。彼らは特定の社会的・領域的関係のわなにかかってしまい、こうした関係を避けるよりは強化するよう強制されたのである。このことから集合的な〈力〉と分配的な〈力〉の両方を発展させる好機が開かれた。その結果が文明、社会成層、そして国家だった。この議論はカルネイロ(一九七〇年、一九八一年)の「環境的包囲境界」理論と同類で、(本章の後半で検討するように)ウェッブ(一九七五年)によっても繰りかえされている理論だが、ウェッブには人口圧力と軍事の強調が見られない。そこで灌漑が果たした役割を解く鍵は、先史時代から存在していた隔離とケイジングの圧力を大いに強めた点に見出されるかもしれない。このようなケイジングの圧力こそがわれわれの説明の因果的役割を担わなければならないのであって、沖積土や灌漑それ自体はケイジングの圧力の、この歴史的画期における通常の形態ないし標識にすぎなかったのである。

第二に、私は本章と次章の叙述のさまざまな段階で、最初の諸文明における沖積土と灌漑それ自体の重要性は軽く見てゆく。われわれはまた、それらの文明とそれに隣接する自然環境や人口との関係、およびそこから受けた刺激とを考慮しなければならない。このいずれの点についても、私は創見性を言い張るものではない——メソポタミアに関するアダムズ（一九八一年）やロートン（一九七三年、一九七六年）、メソアメリカに関するフラナリーやラートヤ（次章で検討する）などの学者たちによる、最近の研究を参照してほしい。第一章で説明した重なりあう〈力〉のネットワークのモデルによって主眼点を定式化することが、私の行なうすべてである——メソポタミアその他における文明の異常発展は、沖積土灌漑農耕からの刺激を受けた「重なりあう〈力〉のネットワーク」を検証することによって理解できる。これらのネットワークは、ある程度までは、「中心」と「周縁」という従来型のモデルの助けをかりて理解することができるのだが、このモデルには限界がある。〈力〉のネットワークによってとりわけよく理解できるようになるのは、これらが**多重な〈力〉のアクター（作用因）による文明**だという点である——これらの文明は一元的な社会ではなかったのだ。これらの社会は標準的には二つの〈力〉のレヴェルで構成されていた。たいていは都市国家という形での幾つかの小さな政治的単位と、もっと広範囲の「文化的ないし宗教的」な文明複合体とである。この見方もまた、私の創見ではない（例＝レンフルー・一九七五年）。

だがこれら二つのアプローチとも、もっと先へと進めることができる。考古学者たちは自分たちが切り拓いた新しい眺望を目の前にして、いささかくたびれた社会学理論に飛びついてしまうことが時どきある。したがって社会学者はこの点を指摘した上で、議論全般を一歩先へ進めることが可能になる。国家への移行をめぐって古代アメリカ大陸の視点から見たジョーンズとカウツ（一九八一年）の論文集への徹底的な批判を通して、私はこの点を明らかにしてゆく。この諸論文のなかでは、概してコーエンとマクニーシュの議論が、記述的な意味で私の議論と似通っている。二人とも進化的説明に懐疑的であり、地域的多様性の真っ只中でケイジングのプロセスにもとづいて国家へと向かう、個別局地的メカニズムの駆動を分析することに関心を示している。しかしこの本に収録されているヨリ理論的な論文は、この点を深めていない。それらの論文は、社会学者にはおなじみの二つの論争にはまりこんでしまっているのだ。

一番目はハースの論文に見られる。彼はもっともなことに、国家に関する機能主義理論に苛立っている。彼は社会的統合のプロセスよりは階級闘争に注目して、彼が「抗争」モデルと呼ぶものをつくりあげねばならぬと感じているのだ。だが一九五〇年代から一九六〇年代を通してずっとおなじみだった「抗争」・対・「統合」論争など、社会学者にはもうたくさんである！　現代社会学はこの二つを、密接かつ弁証法的に絡みあったものと見ている——機能は搾取を生み出すし、その逆もまた真なのである。われわれはただ例外的な状況においてのみ（つまり平等なメンバーの共同体と、純粋に掠奪・殲滅目当ての戦争という条件がそろった場合にのみ）、統合優位の社会か抗争優位の社会かを識別できる。初期国家をあつかう本章や次章では、こうした実例は出てこないだろう。

二番目に、別の二人の寄稿者コウとキーティングは、アメリカ大陸での国家形成における宗教の重要性、とりわけ国家の支配領域よりも広い範囲を文化的に統合するその能力に正しく注目した。このことは宗教的、文化的、イデオロギー的要因が社会生活においてかなりの「自律性」をもつことを意味するのだ、と彼らは言う。この議論は編者の序文で詳細にとりあげられている。編者たちはイデオロギー的要因を、ヨリ物質的な要因と結びあわせるさまざまな方法を示唆している。私があえて付け加えれば、「独立のイデオロギー的諸要因」に対する愛好は、他の考古学‐人類学的共同研究（例＝シェナン・一九八三年のストーンヘンジ研究）の分野にも浸透している。ここで私は、社会学の主流が解答を提示しているなどとはとても言えない。社会学が提供しているのは「独立のイデオロギー的諸要因」の唱導者と唯物論者との、半世紀にわたる論争だけなのだ。しかし私はこの研究の第Ⅲ巻で解答を試みる。その始まりの部分は第一章でスケッチした。

誤まりのもとはイデオロギーや経済等々を、社会のなかで実現される分析的理念型だと考え、それらを単一全体「社会」における自律的構造とか「次元」とか「レヴェル」としてとらえることにある。このモデルによれば、社会の全体構造の決定において、それらが相対的にどれほど寄与しているかをランクづけできなくてはならないはずだ。しかしコウとキーティングが古代アメリカ大陸で記述しているのは、そういう状況ではない。そうではなくて二人が示してくれるのは、人びとが参入するさまざまな社会的関係——生産、交易、そして意見や配偶者や工芸品等々の交換が、相互行為の社会空間的ネットワークを二つ生み出した、ということである。その一つは比較的小規模で、国家だった。他の一つは比較的広範囲で、宗教あるいは文化だった。国家には「観念的」要因が含まれないとか、宗教には「物質的」要因がない、などと言うのは滑稽だろう。そうではなくて、それらは「現実的」であると同時に「観念的」でもある社会を構成するための、相異なる潜在的基盤なのである。これらのうちの一つ、国家が照応している社会的必要とは、領域的に中央集権化された権威的組織で、今までのところ制限地域内でしか組織できないものである。もう一つの、文化あるいは宗教が照応している社会的必要は、ヨリ広範に伝播した経験の類似性と相互依存関係とを基盤にしている。第一章で私はこれを超越的組織と呼んだ（この議論は第四章の結論で完結させる）。このようにして、社会生活のイデオロギー的、経済的、軍事的、政治的側面の相互関係は、社会空間的観点から見て最も役に立つものとなる。社会とは、重なりあい交差しあう一連の

〈力〉のネットワーク群なのである。

本章で用いられたモデルは、二つの主要な要素を結びあわせている。それが示唆しているのは、文明、階層化、国家は、その周辺地域にすでに存在していた社会的相互行為ネットワークの多様な重なりあいに対して沖積土農耕が与えた刺激の結果出現した、ということである。これが沖積土地域とその後背地のあいだの相互的ケイジング作用を促進し、文明、階層化、国家の強化へとつながった——しかし今やそれは、永続的な強制力を具現する〈力〉のネットワークの重なりあいとして強化されたのである。

しかしながらこのようなモデルは、方法論的な困難にぶつかるだろう。われわれは幾つもの「初期文明」の沖積土農耕のあいだにある程度の類似性を見出せるかもしれないが、これらが挿入される地域的な文脈は大いに異なっていた。このために、当初においてもその後の時間経過のなかでも、事例間の全き類似性は減少する。各事例のあいだには他の点でも相違点があるので、われわれはこのモデル（他のモデルでも）をすべての事例に機械的に適用するわけにはいかないのである。

こうした相違点があるがゆえに、私はまず一つの事例、メソポタミアに集中する。これは豊富な記録と広範な考古学的発掘とを結合させた最良の資料である。特に参照しなければならないのはアダムズ（一九八一年、ニッセンとの共著・一九七二年）の地勢学的調査技法で、彼はわれわれが最初の文明となった居住地の歴史をめぐる一般論を構築するための基盤を、大いに改善してくれたのである。私はこのメソポタミアをデータベースとして、モデルを詳細に検証する。そして次章では簡潔に他の事例を検討して主要な類似点と相違点を明らかにし、文明の起源の包括的モデルを結論として提示する。

メソポタミア
——灌漑と、その地域的な〈力〉の相互作用

メソポタミアで行なわれた灌漑の最も早い証拠は紀元前五五〇〇—五〇〇〇年頃からあり、これは近東の他の地域でチャタル・ヒュユクやイェリコなどの都市的居住地が出現した後だった。それ以前についてわれわれに見出せるのは、氾濫原より高所にある大きめの固定居住の痕跡だが、これが示しているのはおそらく、幾千年にもわたってすべての大陸で典型的だった（前章で見た通りの）おおむね平等主義的な村落・クランの混合システムである。さらに言えば、灌漑が発達するまでのこの地域は、「ランク社会」へと向かう発展においても比較的遅れをとっていたのであり、その理由はたぶん、原料物資とりわけ石材と木材の不足だった。この点はもっと狭い他のユーラシア河川流域についても同じだった。灌漑はたぶんこのようにして、それらすべての地域におけるおおむね平等主義的な社会基盤から始まったのである。

河川流域では、自然環境がとりわけ重要である。私は自然環境については、後でウィットフォーゲルの論文を検討する

際に詳論しよう。しかし概括的に言えば、河川の洪水が泥と沈泥を運びその堆積が肥沃土になる、というのが決定的なポイントである。これが**沖積土**と呼ばれる。もしそれを従来からある広い土地へと振りむけることができれば、もっと高い収穫が期待できよう。これが古代世界における**灌漑**の重要性——すなわち、土地に水と沈泥を撒布することなのである。天水土壌の収穫高は低かった。ヨーロッパでは概して土壌が重く、多くは森林だった。その生産性は森を伐採して土壌を掘りかえし、細かく砕くことにかかっていた。温帯地方の園芸家なら誰でも知っていることだが、森林が取り除かれた後でも、表土を再生させるのは骨の折れる仕事である。鉄斧、犂、鍬のない時代、大木を取り除いたり土壌を掘りかえしたりするのは容易なことではなかった。近東ではほとんど森がなく土壌は軽かったが、雨はきわめて少量だった。河川の洪水を給水と表土に利用できる人びとは、かなりの潜在的強みをもつことになった。

これらの平野の住民たちは、もともとは洪水レヴェルよりも高い所で暮らしていた。灌漑は彼らが自分で考えたことか、それとも他から借用した考えなのかは分からない。しかし結果からみれば、十分な数の人間が自然への積極的介入へと踏みこむことになった。紀元前五五〇〇年から五〇〇〇年のあいだには人工的な運河が存在したことが判明しており、そのうちの大きなものは建設におよそ五〇〇〇労働時間を要した。したがって、それらは明らかに大規模な居住地に隣接していたのである。

その後、紀元前およそ三九〇〇年と三四〇〇年のあいだに——これは考古学者が（主要都市ウルクに因んで）ウルク期の初・中期と言っている時期だが——、その時まで世界中どこにも見られなかった人口パターンの変化が起こった。アダムズ（一九八一年・七五頁）によれば、いまや南部メソポタミアの人間のおよそ半分は、およそ一〇〇〇人かそれ以上の人口を擁する、最小でも一〇ヘクタールの居住地に住んでいた。都市革命が起こったのであり、それとともに、われわれが文明という言葉に結びつけている特徴の幾つか（すべてではないのだが）が起こった。書くことが現われたのは紀元前およそ三一〇〇年で、それ以後、われわれは歴史と文明の王国にいるのである。何がこの躍進をもたらしたのか？　そしてなぜ、それは起こったのか？

しかし、おなじみの地域的進化の物語へと飛びこむ誘惑に駆られるその前に、ちょっと立ち止まって時間の尺度とのかかわりを見ておこう。その成長ぶりは、初めは異常にゆっくりのようではなかった。それは連続的で着実な進化パターンである。灌漑から都市化へと進むのにほぼ二〇〇〇年かかった——初期のウルク期以前には居住パターンは少しも変わっておらず、灌漑もすでに知られてはいたけれど、盛んというわけではなかった。そして社会的な複雑さとかその後の地域的進化などをともなわない古い灌漑の形跡なら、われわれは世界中さまざまな場所で見出せるのである。セイロンやマダガスカルのような場所での灌漑システムの歴史は、村落や、そこの首長ないし長老たちや、彼らの隣人が築いた高地王国のあいだで、長期にわたる循環的な闘争が行なわれたことを強調するのだが、その結果として起こった発展というのは、ヨリ強力な既成国家との相互作用がもたらしたものだけだった（リーチ・一九五四年、ブロック・一九七七年）。おそらくはメソポタミアにも、前章で述べた先史時代の比較的平等主義的な循環の、独自な形があったのだろう。

文明出現の遅さは、すべてを灌漑によって説明することはできないことを意味する――なにしろ灌漑は紀元前五〇〇〇年までには存在していたのだから。もっと考えられるのは、文明への躍進をもたらしたのは、近東一帯の農耕と牧畜の技術および組織の、ゆっくりとした発達や伝播でもあったということだ。たとえば第五千年紀と第四千年紀を通じて、その地域全域に遠距離交易が徐々に広がったという証拠がある。さまざまな集団がゆっくりと余剰を増やして交換を可能にし、そのための特別の工芸品や交易民の存在を支えたのだ。いまや正統的な学問によれば「交易は国旗に先行した」、すなわち、この地域における国家形成に先んじて交易ネットワークがよく発達していたのである（たとえばサブロフとランバーグ＝カーロフスキー・一九七六年所収の諸論文、ホーキンズ・一九七七年所収の諸論文を参照）。もしもこのゆっくりとした前進が、前章のクリスチャンセン（一九八二年）報告にあるヨーロッパの正常状態だったとするなら、二〇〇〇年で一〇パーセントの余剰の増加を想定できよう。この数字は純理論的なものだが、氷河の動きを想わせるような遅々たる発展のペースをよく表わしている。おそらく第四千年紀の初期にそれが何らかの限界点を突破して灌漑を行なっていた少数の人びとを活気づけ、彼らはそれによって文明へと向かう五〇〇〇年の原動力の基盤を獲得したのである。こうして、地域的な自然環境のもたらす有利さと制約とは、これから検討してゆくように、ヨリ広範な社会的ネットワークへと流れこみ、部分的にはそれらと方向を合わせたのだった。

さてそこでわれわれは、沖積土と灌漑がもたらした有利さへと目を向けなくてはならない。以後に起こるあらゆることは農耕余剰の増大を必須の前提条件としているが、それはまず自然の洪水と沈泥作用によって生み出され、やがてヨリ広い土地に水と沈泥を供給して土壌の生産性を高めるという、人工的な灌漑によってもたらされた。これはメソポタミアにおいては、初めは自然にできた土手の傾斜に沿った小規模灌漑という形態だった。地域ごとのそうした溝や堀のネットワークが、天水土壌の住民が知っているよりもはるかに大きな余剰を産出したのだった。

これが人口の規模と密度の増大へとつながり、それはおそらく天水土壌が支えうる限界を突破した。その限界は一平方キロ当たりおよそ一〇人から二〇人の密度だった。メソポタミアでは紀元前三五〇〇年までにおよそ一〇人、三二〇〇年までに二〇人、三〇〇〇年までに三〇人だった（ホウルとフラナリー・一九六七年、レンフルー・一九七二年・二五二頁、アダムズ・一九八一年・九〇頁）。しかし余剰のほうも人口より早く成長した。それというのも、多くの人間が農耕生産から解放されて職人的製造や、交易や、人類の経験としては最初の半有閑階級として（パートタイム的ではあるが）管理的・有閑的活動へと移行したからである。

しかし灌漑は有利さと同時に制約をも意味した。改善が始まるやいなや、住民たちは領域のケイジ（檻）に入れられてしまった。一定の土地だけが肥沃な土壌を供給した。河川流域外の他の土地ではだめだった。これは先史時代に盛んだった焼畑農耕にはなかったことで、焼畑では移動の必要性と可能性がはるかに大きかったのである。しかしメソポタミアではこのケイジが、エジプトほど顕著ではなかった。前者における大昔の灌漑地は、潜在的に使用可能な地域よりも常に小さかった。初期の段階で灌漑が行なわれたのは、主要河川をじかにとりまく狭い土地だけだった。初期の中国とインダスも、たぶんこのパターンだったろう[2]。対照的に、ナイル河が肥沃化したのは狭い低地だけで、そこはたぶん早くから全域に人が住みついていたのであろう。

領域も人びとをケイジに入れることになった理由は、それが実質的には余剰確保のための労働投下と重なったからである――社会的なケイジ。灌漑を行なうことは他人との協同的労働に投資することであり、永年にわたって固定される人工物を建造することである。それが生み出す大きな余剰は、この特別な投資と人工物に列なった参加者によって共有された。大きな労働力（数千ではなく数百だが）の使用は時おりのことではあったが、定期的かつ周期的だった。こうした灌漑計画を管理するには、中央集権的な権威も役に立っただろう。領域と共同体とヒエラルキーとが、天水農耕や牧畜よりも灌漑において、はるかにうまく結合したのである。

しかし氾濫原や灌漑にこだわりすぎないよう注意しよう。沖積土農耕は一つの地域環境の存在を前提にしている――近隣の上流の山地に有効な降雨・降雪があること、砂漠、山地、あるいは半砂漠をはさむ峡谷群に水流が集中していること、平野には湿地や沼地があることなどである。沖積土は大きな対照的自然環境のなかに位置している。これが決定的なことであって、たとえば比較的平坦なヨーロッパの地勢とははっきり異なる境界性と相互作用とを生み出したのだ。こうした対照的自然環境が文明出現のレシピであるように思われる。

さてこうした対照的自然環境のなかで灌漑が継続的にもたらす経済的波及効果について考えてみよう。第一に、河川流域には大きな湿地、草地、葦原があって、これらは利用不可能な地域であり、一方たいへん有用な木としてナツメヤシがあった。灌漑はナツメヤシを肥やし、その拡大への投資となり、「周縁」環境と産物を交換した。野禽の捕獲、豚狩り、漁労、葦の収穫などと農耕とのあいだに相互作用が生まれた結果、ゆるやかな血縁構造をもつ採集‐狩猟民と村落定住によってケイジに入っている灌漑農耕民とのあいだの分業が促進された。後者のほうが優勢だったのは、彼らは発展へと向かう勢いをもっていたからである。そしてやや離れた周縁には豊富な土地があって、時おり河川の氾濫で肥沃化されるか、ともかく降雨による給水を受けていた。これも農耕と牧畜への幾分かの支えとなって、肉、獣皮、羊毛、乳酪を供給した。シュメールの周縁は変化に富んでいた。西および南西は砂漠で遊牧民、南東は沼沢地とペルシア湾、東はおそらく従属的に灌漑されていたクジスタン渓谷、北西は利用不可能なティグリスとユーフラテス両河中流地域とそのあいだの砂漠、北東はディヤラ河を遡る肥沃な回廊地帯の先に北部メソポタミアの天水平野（後にアッシリアとなる）があって冬期穀物を産出し、また、降水量豊かなトロスおよびザグロス両山地があった。こうして社会的な接触もまた変化に富み、そこには砂漠の遊牧民とその首長たち、原始的でゆるやかな構造の低湿地村落、競いあう灌漑農耕民、開発が進み比較的平等主義的な農耕村落、山地の牧畜部族などが含まれていた。

灌漑は物品生産とりわけ毛織物生産の専業民と、これらすべての近隣住民との交易にたずさわる専業民とを生み出した。製品は遠距離交易に用いられて石、木材、貴金属と交換された。河川は下流へ向かっての航行が可能だったが、灌漑用水路が流れを調節するようになってからはことに盛んになった。こうして河川は交通路としても、灌漑用水路と同じように重要になった。そもそもの発端から、遠距離交易は国家の確立に先行していた。外来品には三つの主要なタイプがあった。(1)遠距離を河川づたいに船で運ばれる原材料――たとえばレバノンの森や小アジア山地の鉱山から。(2)近隣の遊牧民や牧畜民からの中距離交易で、主に家畜や布地。そして(3)河川、海洋、さらには陸路の隊商による遠距離交易の奢侈品――すなわち重さに比べて価値の高い製品で、主として山岳地域からの貴金属原鉱の他にも、エジプトからアジアにかけての近東一帯に散在する河口港や海港やオアシスなど、出現しつつある文明の他の中心地からの品じな（レヴァインとヤング・一九七七年）。

そうした相互作用は灌漑それ自体がもつ〈力〉のみならず、それと重なりあっているさまざまな社会的活動をも増強した。そして灌漑のケイジを強化するとともに、周縁地域の伝播型社会ネットワークに衝撃を与えた。これらネットワークの多くは輪郭がはっきりしているわけではないが、その領域的・社会的固定性は灌漑農耕民のそれよりは少ないであろう。接触と相互依存とは彼ら周縁居住民を、しばしば灌漑農耕民のゆるやかなヘゲモニーの下で、幾分か固定性の方向へと押しやったであろう。マーフォウ（一九八二年）によれば、アナトリアやシリアの原料供給地域における当初のメソポタミア植民地は、自律的な地方自治へと取って代わられたようである。さらにこれに別の地方的農耕民や牧畜民の政体が加わり、これらすべての〈力〉はメソポタミアとの交易によって増大したのである。

交易は「不等価交換」の利益をメソポタミアにもたらした。さまざまな製造品や工芸品や大規模投資農耕の産物が貴金属と交換されて、「威信財」や優れた道具や武器、そして比較的一般化された交換手段をもたらした。しかし統制のための兵站となればこれは愕然とすべき状態で、メソポタミアから

(2) 文明の成長要因としての「人口圧力」は、しばしば考えられているほどには重要でない理由がここにある。それはとりわけカルネイロ（一九七〇年、一九八一年）やウェッブ（一九七五年）が提出した、別の点で強力な「環境的限界」モデルを無効にしてしまう。

の直接統制を維持することなどとてもできなかった。われわれは〈力〉の兵站あるいは伝播（これらの用語の説明は第一章を参照）をめぐる実質的な革新について、この章では検討しない。初めて国家が出現したとき、それは小さな都市国家だった。その〈力〉の資源は拡大包括的な統制の下に置かれていたのではなく、その中心に集中していた。こうしてメソポタミアから発せられた刺激は、従属者よりも競合者を強化したのである。都市化と自律的な国家形成とが、地中海沿岸からシリアおよびアナトリアを経て東のイランまで、肥沃な三日月地帯全体に広がったのである。

多くの学者と同じように、こうした関係性を「中心」と「周縁」の関係と呼んでもいい。しかし周縁が中心からの統制を受けることはなく、その発展は中心の発展に必要で、逆もまた真であった。文明の成長はこのようにゆるやかに結ばれた、半自律的な〈力〉のネットワークのすべてを巻きこんでいた。同じようにして、ロートン（一九七三年、一九七六年）による文明の二形態的発展というメタファーも誤解を招きやすい――これが都市の灌漑農耕民および製造民と、次つぎとやって来た遊牧民および半遊牧民との中心的関係を指摘したのは有益なのだが。アダムズ（一九八一年・一三五―六頁）が指摘したように、この二つの生活形態は明確に区切られてはいなかった。二つは「構造的かつ民族的《エスニック》な連続体」のなかで重なりあい、物質的生産物や文化的生産物を交換しあい、双方の生活形態を活性化し変容させ、それぞれの要素を結集しうる潜在的な能力をもった「境界住民《マーチャー》」集団を生み出したのである。

階層化と国家の出現――紀元前三一〇〇年頃

灌漑とその地域のあいだで行なわれた相互作用によって、相関連する二つのケイジング傾向が生まれた――擬似的私有財産の発生と国家の発生である。

私有財産は領域的・社会的固定化によって促進された。おおむね平等主義的だった村落・クラン混合体から登場したとき、それは個人の権利というよりも、拡大家族ないしはクランの財産権という形態をとっていた。鍵となる重要経済資源は固定化されて、定住家族集団の永続的所有に属した。そうした土地がシュメール人の富の主な源泉だった。それは余剰生産の主要資源であるとともに、他のすべての自然環境との交換の中心地でもあった。資源はその土地に集中したが、他の権威ネットワーク全体へと広がった。対照性が重要であるというのは、そのおかげでこの土地を支配した人びとは不釣合いなほど莫大な集合的な〈力〉を結集し、それを他人に対してふるう分配的・搾取的な〈力〉に転化することができたからである。

第二章で検討した階層化の起源をめぐる二つの理論を思いかえしてみよう――リベラル派と修正マルクス派の理論である。リベラル理論は個人のあいだの能力、努力、幸運のちがいがことの発端であると考えていた。一般理論としてこれはばかげている。しかしこれが大いに妥当性をもつのは、隣接する占有地のあいだに生産性の大きなバラツキがある場合だ。大昔の灌漑では、たまたま肥沃な土壌に近接していたことによって生産性に大きなちがいが生じた（その後の階層化の核心をなすこととして、フラナリー・一九七四年で強調されている）。しかしリベラル派お気にいりの個人は、やはり捨てなければならない。これは家族、村落、小クランの財産だったのだ。われわれは修正マルクス派の理論から、村落エリートやリネージ・エリートによる、そうした財産の実効的所有という観念を引き出す。それというのも灌漑は、個々の家族よりも大きな単位による協同を強めもするからである。

土地の耕作準備や保全作業の多くが集合的に組織されるときには、個人であれ家族であれ、農耕者が土地所有を維持することは困難である。紀元前三〇〇〇年以後のシュメール人の記録は、たいていの先史時代村落の状況とはちがって、灌漑地を個々の家族に耕作可能な広さよりもずっと大きい面積に区分けしていた。それらの形態の一つが、拡大家族集団による私的所有だった。血縁および各地の部族メンバーからランク的権威による灌漑管理層が生まれてき、これが最終的に、私有財産の集中という結果をもたらしたのである。

幸運によってであれ意図してであれ、土地を所有することから発生する永続的な不平等のもう一つの基盤は、ヨリ伝播性のあるネットワークと接触する地点で戦略的な位置を所有することだった。河川の合流点や浅瀬に加えて十字路や泉などは、近隣の居住民に対して「保護料」のみならず、市場や貯蔵組織を通じて行使される統制の機会をもたらすことになった。一部の学者は、シュメール人の社会組織の多くを戦略的要因に帰している（例＝ギブスン・一九七六年）。通信にとって河川はきわめて重要だったので、戦略地点の大部分は中心的灌漑地に位置していた。

このようなわけで、そうした幸運な不平等は単に水あるいは肥沃な土壌の獲得機会の差異だけでもたらされるのではない。不平等の前提には、片や灌漑によって導入された固定的財産権と、片や相異なる自然環境のなかで成長していた余剰をめぐるヨリ流動的・分散的・非領域的権利との並立があった。人口の集中、富や〈力〉の集中が早かったのは、後者においてよりも前者においてだった。両者のあいだの差異は幾何級数的に拡大した（フラナリー・一九七二年）。前者における主要な〈力〉のアクターが両部門でヘゲモニーをふるった。階層化は結果的に、この軸にそって強化された。余剰が増えるにつれて、中心的な有産灌漑民の家族あるいは村落は、全体的にせよ部分的にせよ直接生産からは撤退して、工芸、交易、公的立場へと移行したが、圧倒的に彼らに取って代わったのが土地をあてがわれ食糧配給を受けた「従属的労働民」で、彼らはおそらく隣接する地域の住民から補充されたのであり、彼らについては、さほど重要ではないけれども、奴隷たちだった（通常は周縁地域からの捕虜たちである）。このプロセスに関するわれわれの詳しい知識は後の、紀元前三〇〇〇年以降のものだが、たぶんそれはまさに都市化の始まりの時期だろう（ヤンコフスカ・一九七〇年）。これは中心部とその一部周縁との、氾濫原を横断する横軸の階層化である。それにともなう第二の階層化は、血縁や村落のリーダーのランク的権威が血縁や村落の他のメンバーに対する擬似階級的立場へと転換した、中心部の内側で起こっていただろう。

これは前章で軍事理論派の著者たち（例＝グンプロヴィッチ）によって提出された労働の問題に対する解答を提示する。彼らの主張によれば、土地を持つ者と土地のない労働民との弁別は、血縁者が血縁者を私的に利用することは許されぬがゆえに、血縁あるいは村落集団の内部で自然に発生することはない、というのであった。したがってその弁別は、ある血縁集団が他の血縁集団を征服することで発生するにちがいない、と彼らは主張した。しかしながらメソポタミアにおける財産の起源が、多くの組織的な暴力をともなっていたようには見えない。奴隷ではなく、半ば自由な地位の労働民が大勢を占めていた（ゲルブ・一九六七年）。後期のウルク芸術は兵士や捕虜を描くこともあるのだが、そういうモチーフはずっと後の時代ほどありふれているわけではない。防備のための建造物はほとんどない——もっとも、考古学者たちは遺跡がないということから議論を始めるのに消極的なのだが。そして一般的には、ディアコノフ（一九七二年）が述べているように、初期メソポタミアは軍事的地位のちがいが（あるいは実際いかなる経済外的地位のちがいも）、実質的には存在していなかったことで特徴づけられているのである。いずれにせよ境界のある社会が存在したことは明らかだが、社会的境界はなお幾分かぼやけていた、というのが軍事理論派の主張の前提なのである。周縁部に対する中心部の優位は、中心部が肥沃な土地を独占している場合には保護者‐被護者の関係をともなって、多少とも自発的な形の労働従属へとつながるであろう。周縁部が自ら支えうる以上の人口増加を経験する一方で、中心部における土地なし労働者に労賃として与えられる食糧配給は、周縁部よりも確かな生活水準をもたらしていたであろう。従属関係は周縁部の首長や長老たちによって強められるかもしれない——歴史を通じて彼らこそが、奴隷や囚われの労働者を先進社会へと供給した張本人なのだ。こうして階層化の起源は、われわれが一元的社会にもとづく「内部的」説明を捨て去ってしまえば、いっそう分かりやすくなるのである。(3)

このような階層化が第四千年紀の後期を通じて起こった。墓の遺跡と建築とは富の差異が広がりつつあることをあらわにする。紀元前三〇〇〇年以降、不平等とは土地財産を手に入れる権利における、公認の法的格差を意味するようになった。われわれの眼前にはいま四つの集団がある——神殿や宮殿に集積された資源に関与できる有力家族、ふつうの自由民、半ば自由な従属的労働民、そして少数の奴隷である。しかしこれをいっそうよく理解するために、われわれは社会的・領域的ケイジングによって生じた、二番目に大きな社会的プロセスである国家の起源へと目を転じよう。

財産の差異化をうながしたと同じ要因は領域的に中央化した権威、すなわち国家をも強化した。灌漑の管理運営が一役を演じた。ヨリ強力な連中の領域《テリトリー》が固定されていた輸送上の戦略地点で行なわれる生産物の交換は、再分配のための貯蔵庫あるいは交易市場が中央集権化されることを意味した。そこに資源が集中すればするほどますます防備が必要となり、そこから軍事的な集権化も起こる。集団間の〈力〉の不均衡はさらに別の中央集権的政治機能をつくり出したのだが、それというのも、灌漑民が求めていたのは遊牧民や採集‐狩猟民たちの既存の社会組織が提供できる以上の、いっそう秩序立った交換のルーティン化だったからである。後の歴史において「貢《みつぎ》」と呼ばれるが、これは権威によって規定された交換で、そこでは当事者双方の果たすべき義務が公式に表明されるとともに、外交儀礼が執り行なわれる。これは遊牧民や採集‐狩猟民にも決定的な影響を及ぼした——彼らを文明化したのである。接触がいったん恒常化されれば、さまざまな慣行の伝播が起こる。定住灌漑農耕民は自分たちを「文明人」、自分たち以外を「未開人」と思い描きたいところだが、類似性と相互依存性とはしだいに増す。これはたぶん灌漑農耕民、狩猟民、漁民、そして一部の牧畜民が寄りつどう氾濫原一帯で横断的に起こったであろう。

紀元前三〇〇〇年頃の時期における彼らの相互依存性の一つの主要形態が、再分配国家の出現だったろう。物資の中央集積所が入念につくられており、これが市場経由ではない、中央官僚の権威ある価値配分による交換に至ったとしばしば言われる。しかしこの点を強調する著者たち（例＝ライトとジョンソン・一九七五年、ライト・一九七七年）は、これを「再分配首長論」（前章で検討した）の完全に機能的な観点で見ているのではない。彼らが再分配を重視するのは、市場開拓のための進んだ技術というものがないなかでの、相異なる自然環境間の交換を実現する合理的解決法としてではなく、周縁地域に対して半ば専制的な権力をふるう灌漑農耕の中心としてだった。他の著者たち（例＝アダムズ・一九八一年・七六—八一頁）も、そうした中心‐周縁モデルは厳密にすぎると考えている。われわれは保護者の被護者に対する、もっとゆるやかなヘゲモニーを思い描くべきなのだ。国家はこうして、まさに階層化と同じように、ゆるやかな保護者‐被護者関係から出現したのである。

中央集権化はさらに、河川沿いの縦の結合によっても促進された。氾濫原の内側の中心部は満杯となり始め、村落や血縁集団のあいだに軋轢が生じ始めた。彼らには相互に安定した、規律ある関係が必要になった。権威はそれまで血縁集団や村落の内部には長いあいだ存在していたのだが、村落間の関係でも必要とされるようになった。その結果として、ヨリ大規模な準‐政治的存在の第二層が形成された。シュメールでは特定タイプの儀式センター（レンフルーによる文明の三つの標識の二番目）である神殿が、しばしば村落間の調停者の役目を果たすことで、このプロセスにかかわっていたと思われる。神殿の重要性は最初期の文明ではかなり一般的なこ

（3）非嫡出子と債務不履行者も「内部的」搾取労働の供給源となるが、原始社会における階層化の起源を説明するほどの規模や安定した搾取制度にまでは至っていない、と付言しておこう。

とだった――この問題には第四章の結論部分で立ちもどろう。スチュワード（一九六三年・二〇一―二頁）の指摘によれば、灌漑農耕における拡大包括性の社会的協同は、新世界の事例でも旧世界と同様、実質的にあらゆるところで強力な神官の存在と結びついていた。協同していた比較的平等主義的な集団は規範的連帯への異常に強い必要性を感じていた、とスチュワードは主張する。現代の学者たちはメソポタミアの「神官」という語のもつ宗教的な含蓄に抵抗する。彼らは神官を外交団、灌漑管理者、再分配者として、はるかに世俗的、はるかに行政官的・政治家的と見なしている。その詳細がまだわれわれには分からないプロセスを通して、神殿は歴史上最初の国家として出現する。灌漑が発達するにつれ、ヨリ拡大包括的な協同労働が求められた。水力利用農耕において正確にはどの領域が集合的に相互依存していたのかについては、後で見るように議論がある。しかし洪水の防御と制御、ダムや堤防や灌漑水路の建造は、定期的にも折おりの自然災害の期間中にも、たとえば氾濫原一帯を横断的に、あるいは数マイルの河川沿いに、村落同士の協同労働に一定の遅れリターン型投資を必要とした。これは血縁集団や村落以上の、ヨリ大規模な政治的単位へと向かう強力な起動力となった。すぐにも灌漑の管理がシュメールの神殿の主要な機能となり、それが一〇〇〇年もつづいたのであった(4)。

これらの神殿国家がとりわけ強制力をふるったとは思えない。確言することは困難だが、ヤーコブセン（一九四三年、一九五七年）の見解が広く受けいれられている――最初の永続的な政治形態は原始的民主政であって、主な決定は町邑の成人自由民男性が大勢を占める集会で行なわれた。ヤーコブセンは長老たちの上院と自由民の下院という、二院制立法府の存在を示唆している。これがいささか理想化されているとすれば――というのも主な史料が神話だからだが――、実際のところは有力家族の長たちと、おそらくは町邑の地区の長たちからなる、ゆるやかで大規模な寡頭政治だったであろう。

われわれは一応、紀元前三〇〇〇年の直前には過渡的な政治形態があって、ランク的権威から階層化国家へと、なかなかとらえにくい移行を行なっていたと結論づけてよかろう。しかしこの移行が最初に起こったのは、支配者による被支配者への強制という分野よりも、ケイジングという意味での強制、つまり焦点の絞られた、逃れがたく強烈な、中央集権化された社会関係の成長という強制の分野においてだった。強制と搾取への移行はゆっくりと進んだ。有力家族とその他の人びととの相違、自由民と従属的労働民や奴隷との相違は「絶対的ランク」の相違だった。しかし有力家族内部のランクは「相対的」で可変的だった。ランクはおおむね経済資源への近接度に依存していたが、その資源そのものが可変的だったのだ。たとえば神がみや祖先に近いとされるような、「絶対的」な系譜上の基準との関係でランクが決まったという証拠はないように思われる。このようなぐあいで、階層化と国家の出現はゆっくりとしたものであり、かつ、一様なものではなかったのだ。

にもかかわらず、国家と私有財産の成長の二つのプロセスは互いに連結しており、最後には相互に支えあうようになった。現代資本主義においては、私有財産権と国家の不介入とが高度に制度化されているので、われわれにはこの二つを対立的なものと見なすという特徴がある。しかし歴史上大部分の時代においてこれがまちがいであることを、これから繰りかえし見てゆこう。個人所有の、家族所有の財産と国家とはいっしょに出現し、同じプロセスで促進された。われわれの最初の記録が始まるとき——すなわち、初期の都市ラガシュで発掘された銘板にあるのだが、そこには神殿が監督する土地に三つの所有形態が複雑に混じりあっているのが見出される。都市の神がみを持ち主とし神殿の高官によって管理された耕地と、神殿から個別家族に対して年ぎめで賃貸された耕地と、同じく個別家族に対して賃料なしで永代貸与された耕地とである。一番目と三番目の形態は相当に大きな土地であることがしばしばで、大規模な集合体による所有や私的所有であることを示し、両者とも従属的労働民や少数の奴隷を雇用していた。記録が示すところでは、集合体所有と私的所有とは、階層化と国家とが拡大包括的に発展をとげるにつれてしだいに融合していった。土地の取得は統合されてはいるがなお各集団の代表者でもあったエリートたちに独占されるようになり、彼らが神殿や大規模所有地を管理するとともに、神官的・文官的・武官的職務を遂行したのである。

　灌漑という諸条件の下での農耕や、それが周囲の自然環境とのあいだにもたらす交換や伝播などの統合的本質は、血縁集団や村落や目下出現中の国家のなかに、権威構造の融合を生み出した。ここで言われている私的側面と集合体的側面とのあいだには政治的抗争のいかなる痕跡も認められないところから、これらを単一のプロセスとしてあつかうのが賢明だろう。こうしてラガシュの銘板によって明らかとなる、出現中の再分配国家の神殿セクターの組織は、たぶん、史料不足でよく分からない私有地セクターのそれとも似ていたであろう。神殿は予算分配を行なって、生産と再分配とを綿密かつ高度に組織していた——生産コストにいくらいくら、神殿での費消にいくらいくら、税にいくらいくら、種子の再投資にいくら、といったぐあいである。これはポランニーが言う意味での再分配国家である（前章で言及した）。しかし同一の原理が私的セクターでも適用された可能性がある。国家は血縁を基盤とする諸もろの家政単位《ハウスホウルド》と友好的に共存する、一種の大規模家政単位だった。[5]

（4）ギブスン（一九七六年）は、シュメールでは偶然的要因がこの役割を高めたと主張した。紀元前三三〇〇年頃、突如ユーフラテスは西に向かう水路を開いたので、東の支流は突然涸れてしまった。この結果西の支流への大量移住が起こったが、これは不可避的に拡大包括的な基盤で（たぶん神殿によって）組織された。キシュとニップルの両都市はこのために建設された、とギブスンは信じている。

（5）シュメールの所有形態に関する典拠はクレーマー・一九六三年、ゲルブ・一九六九年、ランバーグ＝カーロフスキー・一九七六年、オーツ・一九七八年に見出せる。ソヴィエトの学者ディアコノフの諸研究は私有財産の集中が初期に果たした役割を強調するものだが、不幸なことに、ディアコノフ・一九六九年以外はおおむね翻訳されていない。神殿が行なった予算に関しては、ジョーンズ・一九七六年を参照。

権威的関係の融合とケイジングとは、さらにもう一つの結果をもたらした――レンフルーの文明標識の第三番目、書くことの登場である。読み書きの起源を綿密に検討すれば、われわれは当初の文明化プロセスについて妥当な判断を得られよう。ここでシュメールが決定的に重要なのはその記録史料が比較的良質であることと、ユーラシアにおける書くことの、自然的発展の唯一確かな事例だからである。ユーラシアにおける読み書きの、他の独立事例とされるものも、シュメールから刺激を受けていたかもしれないのだ。とにかく、インダス流域とミノス期クレタ島（線文字A）の二つの筆跡はいまだに解読されておらず、現存しているその二つの筆跡でも選ばれた特定の筆跡だけが保存されてきた。殷（商）の中国については、初期の支配者たちが神託に諮《はか》った記録だけが残っているが、これらが保存されたのは亀の甲羅あるいはそれに類した骨の表面に刻まれていたからである。神がみの主たる役割は政治上・軍事上の諸問題に導きを与えることだったということを、これらが示している。エジプトについては金属と石に刻まれた葬儀の碑文、つまり宗教的な碑文があるが、大部分の文字はパピルスあるいは獣皮に書かれて消滅してしまった。われわれがそのなかに見て取るのは、宗教的な関心と政治的な関心との混合である。その他すべての事例で、書くことは輸入されたのであった。そしてこのことが重要である。書くことは有用な技術なのだ。それは目標達成を促進し、神官であれ戦士であれ商人であれ支配者であれ、すべて優勢な集団がもつ意味の体系を定着させる。こうしてもっと後の事例は、書くことの発達のなかに多様な〈力〉関係が含意されることを示している。そこで読み書きの起源について厳密に語ろうとすれば、われわれはシュメール人に頼らねばならない。

シュメールにおける最初の記録は円筒の印章で、これを粘土上で転がすよう絵が彫られている。これが幸運なのは、粘土は一〇〇〇年もつのだ。そこに記録されているのは交易され、貯蔵され、再分配された物品らしく、しばしばその所有者をも表示しているように見える。これが絵文字、すなわち対象物の単純化され様式化された絵を葦の茎で粘土板に刻みこむことへと発展していった。これらはしだいに単純化されて表意文字となり、ヨリ抽象化された表象として対象物の分類や、後には音をも表わすことが可能になった。さらにそれらは表象する対象物の形態よりも、楔形に切られた葦で印をつけやすいよう技術的変形を施した形態をとるようになっていった。こうしてわれわれはそれを**楔形文字**と呼んでいる。

紀元前三五〇〇年から二〇〇〇年にかけてのこうした発展すべてのなかで、現在まで残った碑文の一〇万点以上という圧倒的な多数が物品のリストなのである。実際のところ、リストこそ文化の一般的主題となっていた――われわれはすぐにも、あらゆる種類の対象物や名前に関する概念的分類のリストを見出すようになる。シュメール流読み書きの味わいを出すために、比較的短いリストを一つ引用することにしよう。これは第三千年紀、ウル第三王朝のもので、ドレヘム文書からの引用である――

仔羊二（と）若いガゼル一
ニップルの総督（から）、
仔羊一ギルニ‐イサ監督官（から）
若いガゼル二ラブム監督官（から）
若いガゼル五ハリア（から）
若いガゼル五アサニ‐ウ（から）、
仔羊一
マラダの総督（から）、
届いた。
ガゼルを食べる月
この年シムルム（と）ルルブ両都市は
九度目の破壊に遭った
第一二番目の日に
（複製は他の多くの碑文とともに、カン・一九七二年）

われわれはおおむねこのようにして――書記や会計係の記述から――監督官や総督の存在、生産物や家畜、シュメールの暦、さらには繰りかえし起こった都市の破壊のことを知る。彼らの主たる関心はガゼルや仔羊に関する適正な集計システムの維持であって、その時代の叙事的歴史ではない。この史料によれば、彼らの神殿は単に装飾を施された貯蔵庫だったし、これを碑文に刻みつけたのは神官というより事務官だった。しかしこれらは重要な貯蔵庫で、生産‐再分配循環の中心をなしていた。このリストが記録しているのは生産と再分配の関係、そして特に財産に関する社会的な権利と義務の関係である。もっと複雑なリストにはさまざまな物品の交換価値の記録もある。貨幣がないなかでは、これらのリストが一般に認められた価値の手段として、貴金属と共存していた。貯蔵庫はシュメールの〈力〉の組織の中心を占めていたように見える。おそらくは神がみは、基本的には貯蔵庫の守護者だった。貯蔵庫のなかで私有財産権と中央の政治的権威が一つに融合し、一連の印章として、そして最終的には書くことおよび文明そのものとして表現されたのである。書くことは後に神話や宗教を記すことへと転化していった。しかしその最初の、そして常に変わらぬその主要な目的とは、出現しつつ融合する二組の権威的関係、すなわち私有財産と国家とを、安定化・制度化することだった。それは技術的な問題で、特定の専門的地位である書記《スクライブ》にかかわることだった。読み書き能力が支配層全体へと伝播したのではなかった。実際、ますます抽象化されてゆく文字は、書記以外の者にとってはますます読みづらいものとなったであろう。

書くことに関する諸技術はまた、特定の中央集権化された場所に限定されていた。多くの銘板は重く、移動には適さなかった。それらは神殿の書記によって解読してもらわねばならなかった。したがってメッセージが社会の領域全体に伝播することはなかった。それらの影響を受けた人びとは、小さな都市国家の中心で権利や義務を確認していたのである。権威者の諸権利を書きとめることはそれらを客観化し、（第一章の言葉によれば）「普遍」化〔本書14頁〕することなのだが、普遍化の度合いはまだきわめて限定的で、とりわけその領域内に限られていた。先史時代のそれを越えるような、伝播型の〈力〉の手段はまだ発見されていなかった――それはまだ一つの中心的な場所で、小さな地域に対して、権威主義的に強制されなければならないのである。にもかかわらず、書くことは財産権と政治的権威とを永続的な形に記号体系化した。それによって紀元前三一〇〇年までに新時代が姿を現わす――文明化されケイジ（檻）化された社会群、という新時代である。跳躍があったのだ。

連邦体としての文明

さてここまででは、財産と政治的権威の融合によって、ケイジと化して境界づけられた一元的な社会群という新たな世界が生まれつつあった、と思われるかもしれない。しかしこれは、私が領域的・血縁的諸集団の拡大と融合がもたらすはね返りを無視しているために、まちがった印象を与えるのだろう。そうした集団の多数が氾濫原いっぱいに拡大しつつあったことを思い起こしてほしい。交易が増大するにつれ、コミュニケーション・システムとしての河川に対する彼らの共通の依存度も高まった。すべての集団にとって交易の自由が、河川からの盗賊の排除が、したがって外交的規制が利益だった。と同時に、水利権と境界をめぐる紛争が発生した。ある自然環境の下では、上流に住む者は下流に住む者に対して有利だった。こうした結果になったのは、水路を変える能力によるのか、重要な交易ルートが北部にあったからなのか、それとも南部の土壌の塩分含有によるのか、定かではない。紛争がしばしば起こったのは南北軸に沿ってであり、しばしば北に有利だった。

しかしこうした紛争にもかかわらず、彼ら主要当事者たちにはきわめて似通った生活経験があった――芸術的な表現形式やイデオロギーは彼らのあいだを迅速に伝播したが、それはおおまかに言って、彼らが同じ問題の解決を求めていたからである。季節の循環、沈泥の重要さ、河川がもたらす恵みの予測不可能性、牧畜民や採集‐狩猟民や異域の商人たちとの関係、しだいに増してくる社会的・領域的固定性――すべては文化、科学、道徳、そして形而上学の幅広い類似性へとつながっていった。先史時代においてすでに、陶器と建築スタイルとは全地域にわたって驚くほど似通っていた。歴史記録の時代に入るまでに、さまざまな〈力〉のアクターを含むとはいえ、南部メソポタミア住民のおそらく五〇万人が単一文明に属していた。彼らは同じ言語を話していたかもしれない。数少ない彼らの専門書記たちは共通の文字で書き、同一語リストの助けを借りて交易を習得し、彼らは実際には一つの民シュメールである、と主張していたのだ。

しかしながら彼らの一体性、集合的アイデンティティー、イデオロギーといったものの正確な本質は少しも明らかになっていない。読み書きから跡づけたわれわれの根拠とて、あいまいさがないわけではない。ディアコノフが指摘しているように、「こうした大昔の筆記システムはどれとして、言語の発声を直接言葉通りに表現しようとしたものではなかった。それらは単に記憶を補うだけのシステムであり、主として行政的な目的で（そして後には、ある程度は祭儀において）用いられていたのである」（一九七五年・一〇三頁）。書記たちによってその物品や権利や義務を登録された人びとが、最初は同じ言葉を話していなかったという可能性もある。こうした疑念がたいていの学者によってあまりに過激だとされるのは、ある時点で共通の核となる言語と文化が発達したからである。そうは言っても、第一に、それは常に他の集団の言語や文化と共存していたのだし、第二に、その核は一元的なものでなく、「連邦的な」あるいは「分節からなる」文化だった。

シュメール人はこの地域で唯一の「民族《ピープル》」だったのではない。一部の著者は、移住民としてのシュメール人が混血した原住土着民の存在を想定している。少なくとも他に二つの文明化した「民族」が存在したことは、かなり確実である。一番目はエラムと呼ばれている地域で、三〇〇キロメートル東の今日のフジスタンである。その発祥の地は三つの河川沿いの沖積地にあるが、灌漑を行なった証拠は不確かである（ライトとジョンソン・一九七五年）。その先史時代後期と歴史時代初期とは起伏があるように見え、自律的な発展の時期とシュメールからの強い影響をこうむった時期とが交互に現われる。それが「初期国家」であったかどうかは、はっきりしない。しかしその言語は別のものであり、政治的にもメソポタミアの一部ではなかった。

二番目の「民族」はセム語を話す人びとだった。彼らは一般的にはアラブ起源の大規模な、広範に広がった集団とされている。それらのなかから少なくとも二つの下位集団、アッカド人とエブラ人とがシュメールの北方に読み書き文明を発展させた。彼らがシュメールから受けた刺激には商業活動のみならず、植民活動もあったように見える。しかし彼らは紀元前三千年紀半ばごろに、複雑で自律的な都市国家を発展させた。エブラ人は遠く離れていたので、もっと長いあいだ自律性を保った。隣接していたアッカド人は大挙してシュメールに侵入したが、初めは従属的な労働民として、次には軍人幹部として、そして最後は紀元前二三五〇年頃のことだが、征服民としてだった（第五章の冒頭で述べる）。この二三五〇年以前にシュメール人とアッカド人のあいだに争闘があったという証拠はない。この欠如には二つの解釈が可能である。シュメール人がアッカド人に対してヘゲモニーを行使し、組織的暴力に頼らずに彼らの忠誠と従属とを確保したのか、さもなければ、シュメール人もアッカド人も截然と区別された民族ではなく、両者の社会的アイデンティティーには重なりあう部分があったのか、いずれかであろう。シュメールの発展がアッカドをも文明化し、後者の（もともとは部族の？）有力者たちが楔形文字を使用し、シュメールの政治抗争やアイデンティティーへと巻きこまれていった、ということもありうる。後世にも数多くこれと同じようなことが起こっている。たとえば第九章で述べることになるが、「ローマ人」というアイデンティティーは、もともとは相異なる「民族」の大規模複合集団のエリートたちによって担われ引きつがれていった。こうした理由からわれわれは、「シュメール人」というアイデンティティーが果たして輪郭のはっきりしたものなのかどうか、文明化された領域の境界と一致したものだったのかどうか、疑ってもよいのである。

さて第二に、シュメール文化は一元的ではなかった。シュメールの宗教と神話が書きとめられたとき――それはおそらく紀元前第三千年紀の半ばにアッカド人征服者のためだった――までに、シュメール文化は連邦的あるいは分節的になっていて、そこには二つの異なるレヴェルがあった。都市国家ごとにそれぞれ独自の守護神がいて神殿に坐《ましま》し、その都市を「わがもの」として忠誠の焦点となっていた。しかしそれらの神はおのおのが、シュメール共通の万神殿《パンテオン》に公認の居所をもっていた。後に天の王となるアヌ神は王位を支える神として、妃のイナンナ神とともにウルクに坐した。地の王エンリル神はニップルに坐した。水の王であり人間の大いなる同情者でもあるエンキ神はエリドゥに坐した。月の神ナンナはウルに坐した。有力な都市国家はこの万神殿にそれぞれ座をもち、多くの都市がその格別の至上性を主張した。都市同士の抗争がどのようなものであれ、イデオロギー的に、また外交的活動においても、彼らは万神殿によって統制がとられていた。こうしてエンリルに率いられる神がみの評議会の座であるニップルは、紛争仲裁の初期的な役割をある程度果たしていた。近代の国民国家同士の関係のように、個々の国家間にはある程度の規範的規制が存在した。戦争が行なわれたが、戦争のルールというものがあった。境界紛争もあったが、それを解決する手続きもあった。単独の文明でその辺縁はぼやけているのだが、地政学的な、外交的に統制された〈力〉の組織の内部に、多重的な〈力〉の諸アクターを包含していたのである。

五〇万人に達する人びとが自分をシュメール人だと思ったかもしれぬことを、私は強調したい。この数字は最初の都市国家、すわなち初めて権威による統制を受けた社会が組織した一万やそこらという数字をはるかに越えるのである。こうした拡散的な「国民《ネイション》」あるいは「民族《ピープル》」はいかにして興ったのか？　古代の歴史をめぐる書物のページには、絶え間なくさまざまな「民族」が闊歩している。しかし今の時代、われわれは人びとの拡大包括的な集まりを当たり前のことと考えているために、このことの不思議さに十分驚くことがないのだ。ここで一九世紀のエスノグラフィーを採用して、シュメール人は人種性によって、つまり共通の遺伝子プールに属することで統一されていたと主張することは、断然正しくないのだ。ここにも近代ナショナリズムとの並行現象がある。異族間結婚のパターンにおいて、近代国民国家の境界は幾らかその溝を拡大したであろうが、その空間的・時間的広がりは、近代イデオロギー信奉者たちがお気にいりの遺伝子プールあるいは「人種」を生み出すほど大きなものではない。これは先史時代においてはいっそう考えにくい。とにかく仮に先史時代に異族間結婚の制約があったとすれば、（近代の国民国家とちがって）制約のための拡大包括的権威など存在しなかったはずだから、どうしてそんな制約が生まれたのかを説明することがわれわれの問題となる。

民族といい人種といい部族といっても、これらは社会的につくり出されるものだ。初めから存在していたのではない。それらは境界内のケイジに閉じこめられた人びと同士の、長期間にわたる閉鎖的な〈力〉の相互行為の産物である。初期文明の事例では、主たる境界は、隣りあう対照的な自然環境を社会的に搾取することからもたらされた。灌漑はその際に、環境の障壁を強める社会的活動なのである。古代エジプトにおいては、ナイル流域の外では事実上誰も生きることができなかったので、その障壁はほとんど絶対的なものであり、したがって「エジプト人」というアイデンティティーも絶対的だった（第四章で論ずる）。メソポタミアおよび他のユーラシア河川流域諸文明においては、ケイジングはもっと部分的だった。たぶん数百年にわたって、さまざまな中心部と周縁地域の一部によって全域的な文化のアイデンティティーが形成された。それは近代的な意味での「国民」ではなく、おそらくアンソニー・スミス（一九八三年）が「民族的共同世界《エスニック・コミュニティー》」と呼んだもの——言語や創建神話や作為された系譜という防壁に囲まれ、弱いながらも現実感のある集合的アイデンティティーだった。考古学的資料ではこの点を十分に確認（あるいは否定）することができない。シュメール人の起源はなお推測の域を出ていない（ジョーンズ・一九六九年が論争を概観している）。しかし私も私なりの推測を付け加えよう。「彼ら」は都市革命以前には集合体としては存在しておらず、二組の相互依存関係の発展とともに一つにまとまったのである——第一は氾濫原を横断する側方的（水平的）な依存関係で、灌漑民や狩猟民や漁民や一部の牧畜民の関係、第二は縦方的（垂直的）な依存関係で、これらの諸都市が河川沿いに展開した関係である。

これはこの文化の分節的で二重レヴェルの本質と、この文化には明確な外部境界がないこととも整合する。それは本章の中核的論点の一つから引き出される。文明化への駆動力は、単に灌漑の行なわれる中心部がかかえている諸傾向の産物ではなかったのだ。中心部からの起動力は側方的にそして縦方的に、河川流域全体に広がり出たのだ。それはもともとゆるやかに重なりあっていた社会的ネットワークの真っ只中で起こったので、その起動力が中心部の狭い領域に閉じこめられることはなかった。それがもたらした結果の一部は人びとを小さな都市国家というケイジに閉じこめたが、もっと広範な地域での相互行為ネットワークもまた強化されたのである。後者は領域的にも社会的にも、前者のように固定化されてはいなかった。氾濫原が砂漠や高地と接する周縁地では、文化的アイデンティティーはたぶんきわめて不分明だっただろう。

私はこれが、古代近東における自然環境と文化の優勢パターンだったと思う。人が住むにせよ辺境のステップや、山岳地帯や平原によって隔てられ、地域一帯に散在する形で、灌漑された河川流域やオアシスには万を数える人口集中が多様に分節されて現われた。これと対照的なヨーロッパでは、もっと平坦な自然環境の下で、連続的な人口分散とヨリゆるやかな社会構造が促進され、人びとを適度にケイジングする分節的な文化のアイデンティティーは欠如したままだった。文明が近東で起こり、ヨーロッパで起こらなかったのはこのためである。

　われわれは紀元前およそ三一〇〇年から二七〇〇年のあいだの時期に達した。メソポタミア南部一帯には、定住を主とする都市的生活形態が広がっていた。多くの町邑では、ケイジに閉じこめられた人びとが、内部に抱えこんだ周縁部住民に対してゆるやかなヘゲモニーを行使しながら、緊密に結ばれた家族――すなわち私有財産と中央集権政治の関係を発展させていた。彼らの指導者たちは内部の周縁住民に対して強制力をもって臨んでいたが、おそらくは中心部の弱小家族に対してもそうし始めていただろう。書くことは、その他の目に見えにくい人工物ともども、こうした諸関係の永続性を強化しつつあった。彼らの文化と彼らの宗教とがこうした傾向を定着させるとともに、さらにもっと広がりのある、文明化された民族的《エスニック》共同世界《コミュニティー》としての競争意識をもたらしつつあった。これが文明の第一段階だった――二重のレヴェルと、分節性と、ケイジング状態である。

　こうしたプロセスのすべては次の千年紀を通じて強まっていった。われわれはあと知恵によって、この地域から本格的な、社会階層のある、多国家文明が出現したことを知っている――そしてわれわれはこの文明のおかげで、われわれ自身の文明を含むその後の文明の多くが生まれたことを知っている。国家と階層化はしだいに強まっていった。もともとは民主政ないし寡頭政だったものが君主政へと変わっていった。一つの君主政が他の君主政を征服した。これが古代歴史の大部分を通じて優勢となった帝国型政治体制への道をひらいた。これと揆を一にして、財産関係も硬化した。帝国型政治体制に到達するまでは、大部分の土地が貴族によって独占的に支配されている。それは紀元前三〇〇〇年にメソポタミアがさしかかっていた単独の、局地的なプロセスのように見える。しかし果たしてそうだったのか？　われわれは後の国家、階層化、文明の諸特徴を、これまでに見てきたさまざまな趨勢から演繹できるだろうか？

　この問いに対するきわめて単純な肯定的解答を検討していこう。それこそ一九世紀後半の正統説だったし、二〇世紀ではウィットフォーゲルによって大いに説得的に表明されてきた。われわれはその失敗から教訓を得る。それは「水力利用農業と専制主義」の理論である。これまで一般的な比較論の用語を用いてきたので、私は焦点を広げて多くの事例をあつかうことにする。

灌漑農耕と専制主義――偽の相関関係

　一九世紀の著述家たちに共通していた水力利用農業理論のさまざまな脈絡は、ウィットフォーゲル『東洋的専制主義』（一九五七年）で集大成された。この本の章タイトルの幾つかを見れば内容が分かる――「社会より強力な国家」、「専制的権力――全体的かつ非温情的」、「全体的恐怖政治」。ウィットフォーゲルの議論は彼の抱いている「水力利用経済」という概念、すなわち中央集権的で帝国的な「農業経営専制主義」を必要とした（と彼は考えた）大規模運河と灌漑事業に依拠していた。これは最初に出現した諸文明の政治構造を経済の観点から説明しようという、唯一の体系的で首尾一貫した試みである。不幸なことに、ウィットフォーゲルは彼のモデルを大幅に拡大して、古代世界における大規模社会の全部に適用してしまう。彼が言及する社会の多くは――ローマのように――ほとんど灌漑農業を知らなかった。こうした事例での彼の議論には妥当性がない。それが適用できそうなのは四つの大河流域文明、あるいはそのうちで詳細な研究が可能な三つの文明、メソポタミア、中国、エジプトだけなのだ。

ウィットフォーゲルの理論は〈力〉についての機能的な観点と搾取的な観点、集合的な観点と分配的な観点を合体させている。彼は水力利用農業が効率よく機能するためには中央集権的、経営的役割が必要だと主張する。それは「再分配国家」を生産の分野にまで拡張する。これが国家に機能的な役割を賦与し、国家はそれによって私的利益のための搾取を行なうことができるようになる。農業経営型国家は全河川体系に展開し、専制君主とその官僚制とに組織上の優位性をもたらした。権力略取の社会学的メカニズムは、あざやかで真実味がある。

ウィットフォーゲルが専攻した中国から始めよう。一点だけは否定できない――中国は長いあいだ異常なまでに灌漑農地に依存してきた、という事実である。しかしたくさんの相異なる水管理システムがあった。ウィットフォーゲルは初期の研究では、幾つかの変化要因にしたがってそれらを弁別していた――すなわち降水量や臨時配水や信頼性、管理システムの正確な機能と必要度、事業そのものの物理的特質などの諸条件である。当時の彼には分かっていたように、これらが社会組織に対してもつ意味合いはさまざまだった。変化要因の数を広げた研究者もある（例＝エルヴィン・一九七五年）。実際のところ、水管理システムについて識別できる共通の特徴はただ一つ――それらが社会組織自体を強化した、という点である。水管理システムはその開発と維持において、本来協同的な事業だったのである。

しかし組織の形態はまったくさまざまだった。中国の灌漑事業の大多数は――そして実のところ、これまでに調査されたあらゆる国の灌漑事業は、比較的小規模で一つの村落ないし村落群の範囲に限られていた。それらは通常在地の人びと、ある場合は村落の住民、多くの場合は在地の首領たちによって組織された。こうしたちがいは技術的あるいは自然環境的に生じたのではなかった。費《フェイ》（一九三九年）が述べている揚子江流域の事業では、小規模システムの管理を一年交替で一五家族の小自作農が行なっていた。同じプロジェクトが他では在地の郷紳によって運営された。

しかしながら、三つの特殊なタイプのプロジェクトでは国家の利益が大きかった。第一に、少数の大規模全流域灌漑事業は、後漢の時代以後は、国家役人の監督下に置かれた。第二に、運河のネットワーク、なかでも揚子江と黄河を結ぶ大運河は、国家によって建設され管理された。第三に、洪水防止システム、とりわけ沿海地域のそれはしばしば各地の資源を越えて拡張され、国家によって建設され管理された。用語法の慣例にしたがえば、第一の場合だけが水力利用農業ということになる。それはまた効果的な管理という観点からすれば、三つのうちで最も脆弱だった。監督の役人は現地頼みで、その主たる役割は現地の紛争、とりわけ水利権紛争の仲裁をすることだった。運河システムはヨリ効果的に運営されたが、それは通行税や関税に関して官僚機構が関与し、また軍隊の移動に役立ったからである。農業主体の帝国国家の財政上の基本戦略は「移動あるところ税あり」であった。中国では財政的・軍事的な〈力〉にとって水路が決定的な意味をもった。洪水への防備はこれらの地域での国家支配を高めた。しかしこれらの地域は中華帝国の中心部ではなく、その帝国的‐専制的構造を初発から決定したはずはない。実際のところ、三つの事例のすべては帝国的‐専制的国家の出現よりも後のことなのである。幾つかの点から見て中国を「東洋的専制主義」としたウィットフォーゲルの性格規定は正確である——とはいえ、これから見ていくように、それは国家の基盤構造《インフラストラクチュア》的な〈力〉の実際を大幅に誇張している。[6] その発展の原因となったのは水力利用農業ではなかったのだ。

残る二つの事例、エジプトとシュメールが相異なっているのは、それらの灌漑が集中する河川が一つ、あるいは二つだからである。これらの河川の示す特徴が決定的なのである。

およそ紀元前三〇〇〇年頃に、エジプトは統一された。当時から今日まで、それは五ないし二〇キロの幅をもつ長く狭い溝の様相を呈しており、ファイユーム窪地に唯一の横溝があるだけで、デルタ地帯に至って幾本かの水路へと広がっている。溝の全長だけは変化した。旧王朝（紀元前二八五〇―二一九〇年）は第一急湍《きゅうたん》（急流、今日のアスワン・ダム）からデルタまでの全長一〇〇〇キロメートルの溝を所有した。長くて狭い溝とその二つの横枝だけが灌漑可能だったし、現在でもそうである。その外側では牧畜もおおむね不可能だったし、現在でもそうである。毎年七月と一〇月のあいだにナイルが氾濫し、溝の大部分の地域に泥や沈泥を残す。この洪水を水路で導いて拡散した上で、次には土壌を浸した水を排水することが協同灌漑事業の主な目的である。おそらくエジプトこそ、ウィットフォーゲルのいう「東洋的専制主義」の最も明確な実例を、確実に、最も早い時期に発展させた。これは水力利用農業によるものだったのだろうか？

答えは単純に、ノーだ。ナイル河はなかなか止めがたい。その洪水はあまりに激しいので、監視することはできても、流れをそらすことなどできない。洪水の前と後なら、溝の側方への流れは社会組織によって変えることができる。これは側方の洪水盆地とその社会組織とが、技術的には互いに独立的であることを意味する。必要なのは各地での管理なのだ。ブツァー（一九七六年）によれば、古代エジプト帝国において水に関する法規制は未発達で、地方ごとに監督されていた——中央集権的灌漑監督官僚などいなかったのである。史料証拠のある協同灌漑事業で唯一大がかりだったのは、中王国期に入った紀元前一九世紀のファイユーム窪地の開発だが、エジプトの帝国的構造を説明するにはこれではいささか遅すぎる。ナイル河は（次章で見るように）国家の〈力〉にとって決定的な意味をもっていたが、それは水力利用農業のおかげではなかったのである。

シュメールはティグリスとユーフラテス両河の上に築かれた(7)。初期の段階ではユーフラテスのほうが重要だった。ナイルと同じく、これら二つの河川は毎年氾濫を起こした。しかし氾濫の形態は異なっていた。主要水路は同じく止めにくかったが、「二つの流れのあいだの地」メソポタミアの広大で平坦な平野は数多くの支流をつくりだし、その水を耕地へと導くことができた（しかしそこではナイルの場合とちがって排水できなかったので、土壌に塩分が含まれることになる）。また洪水の季節もナイルよりは遅かった。ナイルの洪水の後には植え付けの時間が十分あった。しかしメソポタミアでは、植え付けは洪水の前に行なう必要があった。堤防や土手で種《たね》を保護し、貯水槽に氾濫水を貯めておいた。このためには、水路の流水を調節できるにしても、ヨリ緊密でヨリ規則正しい社会的協同、側方（水平的）はもとより縦方（垂直的）の組織が必要だった。しかし河川の流れの長さを調節できるかどうかということと、その調節を望ましいことと考えるべきかどうかということとは、別の問題である。灌漑の主たる利益は側方の流れにあった。縦方的な効果の主たるものは隣接する下流地域に対するもので、戦略的・軍事的要素が入ってくる――上流地域は下流地域への流水量を調節できることから、軍事力を背景とする脅迫的強要へと利用しただろう。上流地域の専制主義は、ウィットフォーゲルのモデルのように下流地域の労働を支配することだったのではなく、彼らの生命線である自然資源を支配することだったのである。

しかしながらユーフラテスとティグリスの両河川とも、究極のところは制御不可能だった。古代世界が知っていた水力運用システムで十全に管理するには、ティグリスの流れはあまりに早くかつ深かったし、ユーフラテスの水路はあまりに予測しがたく変動したのである。こうした変動性が、土壌の塩性化ともども、既存の〈力〉のバランスを不安定にした。最初の灌漑が行なわれて以後は、灌漑管理を推進するために既存の社会組織が活用されたのであって、その逆ではなかった。都市や読み書きや神殿が発展したのは、灌漑に関する専門用語の導入――初期王朝時代末（ニッセン・一九七六年・二三頁）――の五世紀も前であり、大規模なダムや運河の建

（6）中国の水力利用農業に関する典拠には、すでに引用したもの以外に、チー・一九三六年、エバーハルト・一九六五年・四二―六頁・五六―八三頁、パーキンズ・一九六八年、ニーダム・一九七一年・IV・三頁、エルヴィン・一九七五年がある。私はさらにロンドン・スクール・オヴ・エコノミクスでの「歴史のパターン」セミナー・一九八〇―一年でマーク・エルヴィンとエドマンド・リーチが行なった二つの優れた報告から多くの刺激を受けている。

（7）両河川の特徴に関する私の典拠はアダムズ（一九六五年、一九六六年、そしてとりわけ一九八一年・一―二六頁、二四三―八頁）、ヤーコブセンとアダムズ（一九七四年）、およびオッペンハイム（一九七七年・四〇―二頁）である。

設のはるか以前だった（アダムズ・一九八一年・一四四頁、一六三頁）。そして灌漑は既存の社会組織をしばしば拡大し、また破壊もするほどに、危うい事業だったのである。

出現した社会形態は都市国家で、支配していたのは河川流の側方面の限られた範囲だけだった。そこにはある程度の階層化、中央集権的権威、強制的な労働統制が含まれていたであろうし、これら――とりわけ強制的な労働統制――は灌漑事業上の必要性と関連していたであろう。しかしそれは専制的国家ではなかったし、当初は王制でさえなかった。後になって王や皇帝を戴き、もっと大きな領域をもった国家が出現したとき、灌漑の管理運営は彼らの〈力〉の一部、とりわけ上流地域がもつ〈力〉の一部であったが、これとてほんの副次的な要因にすぎなかったことは、これから見てゆく通りである。

手短に言えば、古代世界において、中国、エジプト、シュメールという三つの明らかに有利な条件の地域でさえ、水力利用農業と専制主義のあいだには何の必然的なつながりもなかったのである。水力利用農業は読み書き文明の出現と、領域的・社会的に固定された組織の強化に大きな役割を果たした。水力利用農業の拡大範囲は、たぶん、社会組織の拡大範囲に実質的な影響力を及ぼしただろうが、それはウィットフォーゲルが提示した方向ではなかった。水力利用農業は氾濫原や河川流域内の限定された範囲を支配する、高密度だが小規模な社会集団や原型国家を発展させた――それはたとえばシュメールにおけるような都市国家であり、あるいはまた中国やエジプトにおけるような地方領主ないし君主の支配地域であり、あるいはまた中国の他の地域におけるような自治的な村落共同体であり、あるいは実際のところいかなる形態であれ、要するに地方分権的統治だったのである。数についてならば、初期のシュメールの町邑が灌漑によって生まれる人口規模の典型だったかもしれない。通常その人口幅は一〇〇〇―二万であり、数は不明だが後背地からの庇護住民がそれに加わっていた。私が強調したように、このような規模と集中が起こったのは、多分に灌漑が周囲の環境に及ぼす伝播的な影響力のためであって、灌漑の管理運営のためだけではなかった。初期第一王朝の時期に一つの町邑がその隣人に対して行使したゆるやかなヘゲモニー、政治的支配の規模はせいぜい二万人だった。そうした地域の直径はおよそ五から一五キロメートルだったろう。これらは小さな社会だった。メソポタミアにおいては、最重要な都市のうちエリドゥとウル、ウルクとラルサとが互いに肉眼で見ることができる距離にあったということに、とりわけ驚かされるのだ。

灌漑は人間集団の組織容量の実質的な増大をもたらした――しかしウィットフォーゲルが描いたような、数百数千キロにわたって幾百万の人口を擁する世界帝国の規模とは程遠かったのである。

ウィットフォーゲルの命題には四つの主要な欠陥がある。(1)それは初期の都市国家の、専制的ではなく民主政的ないし寡頭政的な形態を説明できない。(2)それは後のヨリ大規模な帝国や国家の成長を説明できない。(3)それは初期の都市国家においてすでに存在していた、社会組織のヨリ大規模な構成要素である分節的・連邦的な文化を説明できない――つまり、ヨリ拡大包括的な〈力〉を生み出すさまざまな原動力の幾つかは、専制的であろうとなかろうと、灌漑国家であろうとなかろうと、とにかく個々の国家支配の内側にはなかったのだから。(4)それは都市国家という核の成長でさえ一元的ではなく、二元的であるという事実を説明できない。出現したのは中央集権国家と、私有財産を基盤とする分権的な階層関係とであった。ウィットフォーゲルは後者を無視している。古代国家すべてにわたる彼のモデルは、それが国家に与えている現実の基盤構造的な〈力〉という点で、まったく幻想的なのである。われわれはこれからも引きつづき見てゆくことになるが、当時国家の〈力〉を増大させたと同じ諸勢力が、分権化と不安定化を促進したのである（とりわけ第五章を参照）。国家とともに、土地を私有する有力家族層が成長した――君主政や専制主義とともに、貴族政が成長したのである。

この恐るべき欠陥カタログを基底から支えているものこそ、一元的社会のモデルである。ウィットフォーゲルの欠陥は主にこのモデルのせいである。(1)以外のすべては、当時の社会発展の連邦的・分節的本質からきている。これによってわれわれは、初期の社会発展形態についてのよりよい説明へとたどり着く基盤を手に入れることになるのだ。

しかしながら、文明と国家と社会成層の強まりというのは、実に長きにわたる過程だった。私がこの章で帝国的専制政治体制についてウィットフォーゲルへの対案を提示できないのは、初期のメソポタミアではそんなものは出現しなかったからである。それは基本的には第五章の課題で、そこではアッカド王朝（歴史上初めての真の「帝国」）とその後継者とをあつかおう。そうは言っても、ある程度その説明を先どりすることはできる。メソポタミア社会の成熟につれて、あのおなじみの原動力、**軍事体制**というものが大きな意味をもつようになったのである。

軍事体制、伝播、専制主義、貴族政
――真の相関関係

われわれはメソポタミアにおける国家と階層化の発展を説明するために、初期第一王朝と呼ばれるものから初期第二王朝へと移行する紀元前二七世紀頃、わずかなギア転換があったことを認めなければならない。アダムズ（一九八一年・八一―九四頁）によれば、その頃に居住パターンが変わったのだ。人口の大部分はすでに町邑に住んでいたが、町邑はどれもおよそ同じ大きさだった。ウルクを例外として、「居住地のヒエラルキー」は現われていなかった。ウルクはやがて他の幾つかの都市とともに、大いにその規模を増大した。それと同時に小規模居住地の多くが廃棄されたが、これは――アダムズの推論によれば――数万人にのぼる人びとが説得によってか強制によってか、移住させられたことを意味している。ウルクは今や二平方キロメートルの範囲に四万―五万の人口を擁していた。この人口を支えるには大きな後背地を組織的に支配管理する必要があった。アダムズによれば半径一四キロメートルの、よく管理されて定期耕作の行なわれる土地に加えて、もっと広い地域へのゆるやかな支配が必要だった。この両方の地域における生産物の交換や運搬のロジスティクス（補給業務）から考えて、畑地を耕し家畜を牧したのは現地の従属的労働民であって、中央の自由な都市住民ではなかった。これはまた、都市的中心と農業的周縁とのあいだで分業と階層化が促進されたことを示唆する。以前からはっきりと見られた相互作用のプロセスが、第三千年紀の初期を通じてますます強まったのだ。

しかしその強まりとともに変動が起きた。都市は今や周囲を巨大な防御壁で囲まれるようになった。「ルガル」という名の有力人物が現われ、「エガル」と呼ばれる大きな建築物に住むのだが、これは「王」および「宮殿」と訳される。それらが史料テキストのなかに現われるのは、軍事活動を示す新しい用語といっしょである。もしわれわれが危険を冒しても（紀元前一八〇〇年頃に書かれた）王のリストに載っている最初の支配者たちの年代を推定してみるなら、最初の偉大な王たち、ウルクのエンメルカルとその後継者ギルガメシュは前二七世紀頃ということになる。ヤーコブセンはこれを根拠にして、王の起源は戦争指導者であり、都市の民主政的寡頭政の合議体によって一時的に選出されたのだと推測した。紛争と不安状態の時期にあって彼らが長期にわたる権威を獲得したのは、戦争と防壁の築造には幾年にも及ぶ軍事の組織化が必要だったからである。一時期のことだが、ルガルは他の人物たち——「サンガ」や「エン」あるいは「エンシ」と呼ばれて儀式と行政を司る高官たち——と共存していたこともある。しかし徐々に王が権威を独占するようになり、神殿は宮殿に対して幾分の自律性を保持したとはいえ、最終的には王が宗教儀式の主たる教導者ともなったのだ。

ギルガメシュ叙事詩は紀元前一八〇〇年頃書かれたものだが、事実なのか後世のイデオロギーなのかは別として、この間の事情を詳しく伝えている。ウルクのエンとして身を起こすギルガメシュは、都市キシュからしかけられた攻撃に対する抗戦の指揮を執る。彼は大きな決定を行なうに当たって、初めは長老たちの評議会と男子住民全員集会の許可を求めなければならない。しかし彼の勝利が彼の権威を押しあげる。戦利品の分配と、その後の半永久的防御壁の建設とによって、彼は私有の資源を手に入れ、それによって代表者としての自分の権威を徐々に強制力へと転換してゆく。この一部は事実であることが判明した——この伝説のなかでギルガメシュの建造とされているワルカの町の防壁は、正確にこの時期のものと算定されたのである。

紀元前二五〇〇年までに、一二ほどの都市国家が専制者としての自負をもつ王を戴いていたらしいことが、史料証拠で明らかである。彼らは軍事闘争を行なって、幾人かは一時覇権を獲得したようである。軍事体制が頂点に達するのは最初の大帝国アッカドのサルゴン王であるが、これは第五章で述べよう。要するに、われわれはこれまでと異なる軍事的局面に入るのだ。ここでわれわれは前章で検討した、国家の起源をめぐる軍事派の理論を再導入できるのだが、それは起源の説明のためではなく、その先の国家発展の説明を手助けするためである。第二章での起源への適用の際、この理論には二つの大きな弱点があった――指揮官の権力を押しあげたとする軍事組織のタイプが、実際には国家の権能を前提としていた点と、社会は自分たちの軍事指揮官が一時的な権威を永続的で強制力のある権力へと転換できないようにする手はずを整えていた、という点である。しかし国家、階層化、そして文明がすでに発展しつつある段階では、これらの反論も無効となる。すでに灌漑事業や、再分配と交換や、中心部と周縁部のあいだの保護者《パトロン》－被護者《クライアント》の関係などで活用されていた管理技術が、軍事的発展のほうへとその横枝を伸ばすことができたのである。まず防衛への高度な投資が盛んに行なわれて、防壁の建造や、密集隊形でゆっくり進む歩兵隊と動物に牽かせる車など初期の軍隊の構成がなされた。こうした編成過程によって、中央集権的な指揮、協同、補給の体制が立ち上がったのである。

一時的な権威の永続的な、強制力をもつ権力への転換は、いささか問題含みではある。しかしながら、進展したことの一つは、人びとがこれら特定の都市国家というケイジ（檻）に閉じこめられたことだ。この点はカルネイロ（一九七〇年、ウェッブ・一九七五年を参照）が「環境的包囲」という彼の軍事派としての理論で提起している。彼は私と同じく、文明の起源における周囲を区切られた耕地の重要性に注目する。彼の主張によれば、農耕が強化されるとき人びとはますますわなに捕らえられるのだ。人口圧力が状況を悪化させる。戦争が唯一の解決策だ。敗れた側に逃げ場はないので、彼らは土地を没収され、ヨリ大きくなった社会のなかでヨリ低い階級となる。これがカルネイロによって国家起源論として使われるのだが、ここには幾つか欠陥がある。農耕によって河川流域の使用可能な土地のすべてが使いつくされたのではなかったし、初期の遺跡には軍事的な人工物が欠如しているという不安要因もあるし、人口圧力についても直接証拠が得られないのである。しかしカルネイロは、別の重要問題に関して本質的に正しい。自由に賦与されるがゆえに自由に取りもどされもする権威によって成立している、初期の政治体制が通常かかえる問題点に、彼は気づいていたのである。したがって「包囲」つまり社会的なケイジが重要なのであって、これがこうした自由の一部を削りとってしまう。すでに他からの圧力によって領域的にも社会的にもケイジと化している社会にあって、その包囲は強化された。都市の防御壁は権威型の〈力〉によるケイジの象徴であり、その現実化でもある。その境界を越えてゆく伝播型の権威への信奉は弱まった――人びとはこの国家と軍事指揮官とを受けいれた。莫大な保護料としての政治の歴史が始まった――わたしの権力を受けいれなさい、そうすればもっと邪悪な暴力からあなたを保護してあげよう――もしもわたしの言うことが信じられないなら、その暴力の見本を見せてあげよう。

しかし問題が二つ残っている。この時期に戦争の重要性が増したのはなぜなのか？　そして軍事的な権威はいかにして永続的な強制力となったのか？

第一の問いへの解答はしかるべき証拠によるというよりも、人類の経験のなかで戦争が果たす役割についての一般的臆説に依存しがちである。不幸なことに、証拠がないのだ。しかし暴力が起こる頻度よりもその組織に注目するならば、われわれは人間の本質をめぐる一般的臆説への依存を幾らか減らすことになる。戦争は地域ごとに特有な現象だが、中央集権的な軍事指揮や征服はそうではない。そこには相当な社会組織の存在が前提とされるのである。メソポタミアにおいては、紀元前三〇〇〇年を過ぎたあたりで組織上の敷居が取り払われたとするのが、真実らしく思われる。襲った側は今や敵側の神殿貯蔵庫を所有して、彼らから余剰と労働奉仕を恒常的に引き出す手段をもつようになった。可能な対応策が一つあった——防備への投資である。軍拡競争が進行したかもしれないが、それは武器をめぐるというよりも、ヨリ一般的な社会組織の形状をもとにして軍事組織を発展させることをめぐってだった。暴力行使の頻度が増加したのかどうかは不明である。しかしメソポタミアの社会生態系は、たぶんレヴェルの高まった社会組織を通して持続するようになっただろう。これまで都市国家の領域の周縁部にあったけれども、河の流れを変えることで突然肥沃になった地域をめぐって、たぶん多くの境界紛争が起こっただろう。都市国家内の戦争賛成派の多くは有利になるよう戦略的に配置された連中か、逆に、河の流れの変化によって不利益をこうむった連中だった。しかしながら戦闘者たちに関する情報が欠如しているので、これは推測である。

われわれはまた、この新しい軍事的な権威ないし権力が及ぶ広がりについて不確かなので、先の第二の問いに厳密に答えることができない。しかしながら、常備軍という決定的な資源をずっと欠いたままなのに、軍事的専制国家がいかにして社会の上に立てるのかは理解困難である。戦士エリートはいなかった（ランズバーガー・一九五五年）。軍隊は二つの要素、自由民成人男子の「市民軍」と、有力家族とその従者たちから成る「封建徴募軍」の混合だった（こうした用語はメソポタミア風ではないのだが）。後者の要素のなかで、たぶんルガル（「王」）が同輩中の首位《プリムス・インテル・パレース》の起源だっただろう。彼は家政《ハウスホウルド》を司る上位の頭目だった（実際、都市の神のように）。王位は「絶対的ランク」ということで自らを正当化した。それはランク中の固定的な最高位と、そこから発する系譜上の遠近という考えを導入した。後の幾人かの王たちは短命な王朝を創始した。こうした事例では絶対的なランクが制度化された。しかし神性とか過去の世代との特別のつながりとかを主張した者はいなかったし、大部分は単に実力者《ストロングマン》であったにすぎず、有力家族の出身でそこに従属していたのである。王は国家の資源を自由にはできなかった。軍事体制はルガルのみならず有力家族の私有財産資源をも増強した。初期王朝時代の終わりには、君主政と貴族政のあいだに緊張の兆しが見え、周縁部の新たな要素が重要な役割を担い始めた。最後の王たちがセム系の名のついた副官を雇っているのだが、これはおそらく彼らが、シュメール系有力家族から独立した自前の傭兵軍をつくろうとしていたことを示しているのだろう。あと知恵で言えば、傭兵軍が実権を握ったことをわれわれは知っている（しかし彼らは単なる傭兵以上の存在だった）。彼らによって国家と階層化はずいぶんと強化された。しかしその説明（第五章）のためには、議論の幅をさらに広げなければなるまい。

このように初期王朝時代末に至っても、国家および階層化はあまり進展しなかった。人びとはますますはっきりとケイジに閉じこめられていったが——灌漑によって始まったことを軍事体制が引きついだのだ——、階級も国家も歴史上次の四千年紀半（現在まで）にわたって正常なこととなった永続的強制力を獲得するには至らなかった。搾取は存在したけれども、部分的だった。ゲルブ（一九六七年）が指摘したように、誰も彼もがまだ働いていた。国家と階層化をさらに進めるには、帝国的諸王朝や土地所有階級へと進むには、歴史上最初の辺境地領主であるアッカド人に登場してもらわねばならない。これは第五章で、われわれの焦点を灌漑からさらに広げてくれるだろう。

結論——重なりあう〈力〉のネットワーク群が生んだメソポタミア文明

私はこれまでのメソポタミアに関する各節で、重なりあう〈力〉のネットワーク群という社会モデルの有効性を示そうと努めてきた。メソポタミアの社会発展は、二つの主要な相互作用ネットワークによってもたらされたケイジへの閉じこめを基盤にしていた——(1)沖積土農耕と天水農耕、牧畜、採鉱、植林との側方的関係で、しばしば中心と周縁の関係と呼ばれるもの、および(2)相異なる沖積土地域とそのそれぞれの後背地との、河川沿いの縦方的な関係、の二つである。これらが私有財産の集中と、各地の社会単位の領域上の中央集権化とを強めて社会成層と国家の発展とを促進した。しかしこれら主要社会ネットワーク同士の関係はゆるやか、かつ重なりあっていたので、ケイジの威力は減殺された。この総計がシュメール文明であって、多国家型の文化的・外交的・地政学的な〈力〉の組織であった。これはわれわれがあつかったなかで最大のネットワーク組織だったが、それ自体としては拡散的・分節的であって、境界も確定的ではなく、ヨリ小規模で権威主義的な都市国家単位へと断片化しがちだった。後になって、軍事体制が分節状態を克服して文明を統合し始めた（第五章でもっと詳細に述べる）。こうしたダイナミックな発展はネットワークの重なりあいによって起こったのであって、ウィットフォーゲルが概観したと同じような何らかの内生的なダイナミズムの産物ではなかったのだ。メソポタミアは一元的ではなく、多重的な〈力〉のアクターの文明だった。それは自然環境の多様性や好条件や制約条件によって生み出された、さまざまな相互作用ネットワークの結果として出来あがったものだった。次章では、そうしたパターンがメソポタミアに特有のものなのか、あるいは初期文明にとって一般的なものなのかを見ていこう。その基盤に立てば、われわれは文明、階層化、国家に関する一般的結論に到達できよう。それをわれわれは、第四章の終わりでやりとげよう。

第四章　インダス流域、中国、エジプト、メソアメリカ、ほか

——あるいは、文明のモデルとモデルを逸脱した文明

重なりあう地域的な〈力〉のネットワーク群に対して沖積土と灌漑が与えたケイジング（檻への閉じこめ）のインパクト、という私のモデルはメソポタミアと同様、他の事例にも通用するだろうか？　小規模で凝集的な都市国家を分節的な多国家文明の内側で結びつけていたそれらの事例は、同じように本質的な二元性にもとづいていたのだろうか？　私はこの点を、それら他の事例が一般モデルに大筋で合致するのか逸脱するのかを検証するだけで、できるだけ簡潔に検討しよう。私は逸脱点のほうに多くの時間を割いて、可能な場合にはその原因と考えられるものについて述べよう。私は各地の歴史それぞれが示す独自性や個別一回性を尊重していることを、ここで付け加えたい。これらの事例はみなちがうのだ。私はモデルが示唆に富むことを期待するのであって、機械的適用を意図しているのではない。

私は最も似通っていると思われる事例、インダス流域と中国から始める。次に私は起源はおおまかに同じでも、その後の発展がまったくちがってしまった事例——エジプトへと移る。それから私はユーラシアで最後の、たぶん独自の、したがって明らかに逸脱した事例——クレタ島ミノス文明を検討する。最後に私は大陸を移ってアメリカの二つの事例をあつかうが、これらは概してこのモデルの難点を示すことになる。結論として私は、文明、階層化、国家への主要な道のりの輪郭を示す。

インダス流域文明

紀元前二三〇〇年から二〇〇〇年頃のある時期に（厳密な年代確定は不可能だ）、今日のパキスタンのインダス河流域に読み書きをし、都市化され、儀式を行なう中心をもつ文明が存在した[1]。この文明についてわれわれが知っていることは多くなく、その文字が解読されるまではこのままだろう。学者たちの信ずるところによれば、その起源は大方当地に土着のものであり、その文明と国家は「原初的」である。しかしその終末は分からない。それは崩壊したのだ（文字を解読できない理由がここにある、つまり後代の二言語併用テキストが残っていないのである）。ふつう行なわれている崩壊の説明は、後にインド大陸を支配したアーリヤ人に滅ぼされたというのと、気候あるいは河川流の変化といった自然環境上の災害であるが、いずれにせよ確証はない。もし内部的緊張の下に崩壊したのなら、私のメソポタミア・モデルからはちがってくる。

したがって類似性が強調されすぎてはならない。とりわけ私のメソポタミア説明の中心点である灌漑に関してはそうだ。農業上の類似性はある。インダスの集落は、メソポタミアと同じように、ほぼ正確に沖積土氾濫原に沿っている。農業による文明への上昇は、ほぼ確実に、自然が与えてくれた人工肥料ともいうべき沈泥の働きだった。集落はこの際も、氾濫原とその周囲の（この場合は）密林と雑木林の混合地帯とのあいだで、人びとを社会的・領域的にケイジに閉じこめることとなった。一般に学者たちが推測するところでは、住民はたしかに灌漑を行なっていたが、河川によってほぼすべての証拠が消されてしまったのである。町邑の内部ではたしかに水路が用いられており、洪水からもよく防御されていた。

他の面でもまた、相違点と類似点とが複雑にまじりあっている。巨大な貯蔵庫とつながったかなり世俗的な神殿の重要性はメソポタミアを想起させるし、少なくとも二つの主要な都市がおよそ三万—四万の人口を擁し、他の幾百もの小規模集落に囲まれていたという、文明の「連邦的」構造も同じである。交易は局地的かつ地域的、「水平的」かつ「垂直的」でメソポタミアにまで到達しており、同様に拡大包括的だった。このことはメソポタミアにおけるのと同じ、水平的かつ垂直的に重なりあう社会的相互作用ネットワークの存在を示していよう。しかしこの事例では内部ヒエラルキーの発達はさほど指摘されない。埋葬物からは富や社会階層に多くのちがいがあるとは見えないのである。しかし町邑の区画の規則性、標準化された豊富な度量衡、少数の中央神殿や宮殿の優位性などは、人びとに対して強制力をもつ国家とは必ずしも言えないにせよ、相当に強力な都市の政治的権威が存在していたことを示している。事実として、戦争の遺物はほとんどない。この国家はヤーコブセンが初期のメソポタミアについて示唆したような、「原始的民主政」だったのかもしれない。

この文明をメソポタミアで発展した初期第一王朝段階と、先史時代の記念碑建造者たちのヨリ発展した段階との交差点——すなわち、沖積土上の、読み書きできるストーンヘンジとでも言うべきもの——と見なしたい誘惑にかられる。ケイジと化した社会で大きな余剰を生産したがゆえに、それは文明を発展させたのだが、しかしその文明には一つの強力な政治的権威の中心はあっても、国家と有力な経済階級とのあいだ、中心部と周縁部とのあいだの相互関係を発展させる原動力には欠けており、こうしたものこそ他の文明の存続や繁栄をもたらした社会的発展の原動機にちがいないと私は思うのである。

要するにインダスは、私の一般モデルをある程度は支えてくれる——つまり、突如進行を止めたメソポタミア型の初期文明である。資料証拠がわずかしかないのだから、これ以上を期待すべきではなかろう。

殷（商）の中国

中国の最初の文明は黄河の流域で、紀元前一八五〇年頃か

(1) この節で用いた典拠はオールシンとオールシン・一九六八年、ランバーグ＝カーロフスキーとサブロフ・一九七四年収載のさまざまな論文、サンカリア・一九七四年・三三九—九一頁、チャークラバーティ・一九八〇年、アグラワール・一九八二年・一二四—九七頁である。

ら一一〇〇年頃に栄えた。(2) 多くの主要な点でそれが自律的に発展した原初の文明だということについて、学者たちの意見は一致している。メソポタミアやエジプトから一〇〇〇年も遅く、インダス流域から数百年も遅れていたのだから、この結論の堅固さに私は驚かされる――先史時代には、ニュースはそんなにもゆっくりと届いたのだろうか？　この文明の殷（商）という名前は、後の中国人がこの時代のことだと信じた王朝から来ている。ごく初期の頃から高度の不平等や、専門化された工芸や、大規模な「宮殿」建造物や、世界のどこにも類を見ない青銅冶金技術の発達などがあったことが分かっている。紀元前一五〇〇年頃までには文明に不可欠の諸成分――書くこと、都市化、大規模な儀式センター――に加えて、自ら神と名乗る君主、たぶん一万人を越える労働力を必要とした巨大城壁のある幾つかの都市、高度な戦争技術、大がかりな人身御供などが見られた。ここには高度に階層化された、強制力をもつ文明へと向かう迅速な動きがある。

　ここでもまた、文明は沖積土の沈泥を運んだ河川近くで発生した。しかしこの場合は黄土という、別の独特の肥沃な土壌がまじっていた。これは洪積世期にゴビ砂漠から飛来したやわらかい土壌が堆積したもので、その中央にある巨大で曲がりくねった窪みを流れるのが黄河である。黄土は鉱物質《ミネラル》が豊富で大量の穀類を産出する。ふつう以上に長期間の焼畑農業が可能だったので、灌漑なしでも比較的ケイジングの進んだ集落が生まれていた。殷時代に至るまでに、年間にキビと米の二作物を同じ土地で栽培するようになっていたが、これが灌漑という、人をケイジに閉じこめる技術の存在を示唆しているのかもしれない――しかしこれには直接の証拠は何もない。この文明の中心は常に黄河だった。それにもかかわらず、メソポタミアと同じように、われわれはこの中心の内部と周縁とに自然環境的、経済的多様性を見出すのである。衣料としての植物繊維と絹、食糧としての牛・豚・鶏、猪・鹿・野牛などの野生動物がこの多様性を証言し、中心‐周縁という水平的関係の重要性を証明する。われわれはここでもまた地域的な〈力〉の相互作用が存在した証拠を見出すのであって、それは牧畜民との交換と抗争や、青銅をつくるための銅と錫の採掘だったが、これらの鉱石は（紀元前一四〇〇年頃から首都だった）安陽から三〇〇キロの辺りで発見されている。

「神殿」を中心とする再分配の諸制度が出現した。ホイートリーが強調したように、神殿は文明の最初の中心施設であった。しかしながら、メソポタミアにおけるよりも早く、軍事体制が布かれた。後には馬を飼育した証拠が見出されるが、これは中国文明がヨリ拡大的で境界に閉じこもることが少ないことを示す、多くの発展のなかの一つである。宗教的な万神殿は、外部の影響に対して比較的寛容で開放的だった。都市化はさほど進まず、集落はかなり分散的だった。河川系はそれ自体が閉鎖性の少ないものだった――農業、交易、文化は黄河の流域や周辺に広がり、やがては実質的に中国北部・中央部の河川全体へと広がったのである。こうした地域で土着住民は殷文明を受けいれたが、政治的には自律していた。

彼らの国家は殷王朝の覇権を承認していたのかもしれない。西方辺境地域に住む周という一集団がめざましい発展をとげた（散漫な史料文からの推測だが）。最終的には周が殷を征服して自前の王朝を創建したが、以後の中国の歴史記録はこを始めとして引きつがれることになる。

したがって私の推測では、この文明の起源はメソポタミアのそれと異なるものではなかっただろう。しかし基盤となる〈力〉の組織がいったん出来あがると、地域全体の開放性や、その地域住民の活動の類似性が大きいことによって、メソポタミアでは後になってから見出されるような、国家と階層化の軍事的強化に早くからその役割が与えられたのである。寡頭政よりはむしろ君主政が早めに現われている。中国の文化はさほど分節的ではなく、ヨリ一元的だった。多様性は多国家的構造ではなく、君主政解体という「封建的な」傾向によって表現された。後に漢の時代になると、中国の支配階級の文化はいっそう同質的、むしろ一元的とさえ言えるものとなった。

ここでもまた、沖積土の（おそらくは）灌漑農業がその地域の社会的ネットワークに与えたインパクトを中心とした分析の有効性が示されていよう。そしてここでもまた、分節的な宗教文化が後には軍事的になったのである。しかしその点をさらに掘りさげようとすれば、大量の局地的特殊性を掘り起こすことになるだろう。

エジプト

私はすでに明白となっていることに関して詳論して時間を費やすことはしまい――灌漑農業はエジプトにおける文明、階層化、国家の発生に決定的な役割を果たしたのである。これに疑問を呈した人はいない。古代の歴史を通じて、ナイル河溝地は世界最高の人口密度を維持した。周囲の砂漠が示す自然環境上の障壁によって、そこはまた最も閉じこめられた地域だった。いったん灌漑がその溝地を覆うと、もう逃れようはなかった――生産の上昇とともに、文明、階層化、国家も発展した。プロセスはメソポタミアと同じだったが、もっとメリハリがついていた。初期には、メソポタミアにあったと同じ分節的な地域的要素の存在を垣間見ることも可能である。先史時代の人びとの文化や、その後の原始王朝時代の人びとの文化はいかなる政治的単位よりも広がりをもつとともに、最初期の頃から、遠距離交易が遠方からの文化スタイルや工芸品をもたらしていた。しかし、重なりあう地域的ネットワーク群に対して灌漑が与えた刺激というモデルに、こうした早い時期の適用例があるのだとしても、それはすぐにも説明力を失ってしまう。それというのもエジプトはユニーク

（2）この節の主な典拠はチェン・一九五九年、一九六〇年、クリール・一九七〇年、ホイートリー・一九七一年、ホー・一九七六年、チャン・一九七七年、ローソン・一九八〇年。

な存在で、古代世界における唯一の一元的といってもいい社会になるからだ。私は私のモデルからのこの逸脱ぶりを説明したいのだ。[3]

エジプトの独自性は、エジプト的ファラオ支配の〈力〉と安定性に最も顕著に現われる。仮に新王国だけのことなら（その時期は紀元前一五七〇―七一五年とされているがエジプトの年代にはすべて幾らかの推測が含まれる）、われわれは後の章（とりわけ第五、第八、第九の各章）であつかうおなじみの世界に立っていればよい。たしかに、ファラオは神であった――しかし神のごとき皇帝や王は他にもいて、彼らと同じくファラオの支配も、分権的傾向はもとより叛乱さえ起こって覆されてしまった。ファラオは自分たちの先祖とはちがって、強固な砦を築いた。たしかに、彼らが築いたカルナック、ルクソール、マディーナト・ハブの諸神殿はとてつもないものである――とはいうもののおそらくは、中国の万里の長城や大運河、ローマの道路や水道をしのぐというほどではなかろう。この時期のファラオの支配は、他の歴史的事例と同じで、大規模な軍隊と攻撃的な外交政策で支えられていた。ファラオが戦車《チャリオット》を駆って敵の兵士の屍を乗りこえて行くという勇ましい図像は、古代の覇権的帝国ならどこででも見られるものである（第五章参照）。われわれはまた、諸王朝のあいだの二つの中間期（紀元前二一九〇―二〇五二年と一七七八―一六一〇年）に内乱と外部からの侵略（後者の時期）によって中央の〈力〉が崩壊したことも、容易に理解することができる。

しかし、これらの時期を除外するとしても、私たちは古王国および中王国という、エジプト史の長期にわたる二つの時期と対面するのであり、この期間にファラオの〈力〉は巨大かつ比較的ゆるぎないものと思われるのである。古王国の最盛期（前二八五〇―二一九〇年）はとりわけ理解するのがむずかしい。というのは、ほぼ七〇〇年間ファラオは神として支配した――神の代理人でも地上における代表者でもなく、生命力の神ホルス、あるいは太陽神ラーの息子として君臨したのであった。この地上に出現した最大の人工構築物であるピラミッド群はこの時期からのものである。これらを車輪というものなしに建造するには、例の巨石の建設者でさえ及びもつかぬような、労働の規模と密度と協同とが必要だったにちがいない。[4] 巨石群と同じくピラミッドも――そして実際にはファラオの〈力〉も――常備軍というものなしに構築された。ファラオのために君主（各地の領主）から少数の軍隊が派遣されたが、身辺警護のボディーガードは別として、誰もファラオだけに忠誠義務を負っていたのではなかった。われわれはどう探しても国内軍事体制や、民衆蜂起への弾圧や、奴隷制や、法的に強要される身分制などを発見できない（聖書にはこうしたものへの言及が多々あるが、これは新王国のことである）。

古代の通信輸送のロジスティクスを考えれば（第五章で詳述するけれども）、各地方の生活に対するファラオの基盤構造的な支配力の実際というものは、その形式上の専制権力よりはるかに限定されていたにちがいない。古王国が崩壊し始めたときは君主たちへの支配力が失われたのであって、彼らはもっと早くから自分たちの地域で権力をふるうことができたに相違ない。叛乱も起こったし王位簒奪者も現われたが、後者は出自を隠すために書記たちと共謀したのだった。安定性や正当性を志向するイデオロギーは、それ自体が社会的事実の一つである。他のいかなる社会の書記たちも、こうしたイデオロギー的徳目にこれほどの関心は示さない。成文化された法典など存在せず、ただファラオの意志あるのみ、と彼らは言う。実際、国家と社会とが分離しているという意識を示す言葉はなく、区別があったのは「土地」などの地理的用語と、「王位」や「支配」などファラオに関して使われる用語についてだけだった。政治のすべて、〈力〉のすべて、道徳さえもそのすべてが、明白にファラオの一身に在った。優れた統治能力を示す「マカット」という重要な言葉において、エジプト人は「善」という一般概念に最も近づいたのだった。

疑問の余地なく慈悲深い国家、といったイメージを伝えたいと私は思っているわけではない。昔からの記章の一つ——絡みあわされた羊飼いの杖と鞭——は、古代国家すべてにわたる機能と搾取という、二面性の象徴といえるだろう。しかしエジプトと他の帝国とのあいだには、少なくとも新王国が始まるまでは、ちがいがあった。なぜ？

水力利用農業にもとづいた説明が一つ考えられるのだが、第三章で見たように、これはうまくいかない。エジプトでは、ナイルの灌漑は地方ごとの農業経営型専制にのみ向かうはずだが、それこそまさに起こらなかったことなのだから。私はまた、その〈力〉がエジプトの宗教の内容から引き出されたとする、観念論派の説明にも納得できない。その内容の説明をしてもらわなくてはならない。

そこでわれわれはナイルへともどろう、ただし水力利用農業としてではなく、通信輸送ネットワーク《コミュニケーション》としてである。エジプトはナイル河において、産業化以前の拡大包括的な国家としては最善の通信輸送手段を有していた。国土は長くて狭い溝地であって、河づたいにどの部分へも行くことができた。洪水の時以外は、河は上下両方向に航行可能だった。流れは北向きだが、卓越風は南向きだった。経済・文化の拡大包括的な交換や統合にとって、これ以上に好都合な自然条件はなかっただろう。しかし、これがなぜ単一国家へとつながったのか？　中世ドイツにおいて、ライン河も同じように航

（3）主な典拠はウィルソン・一九五一年、ヴェルクテール・一九六七年、コットレル・一九六八年、エドワーズ・一九七一年、スミス・一九七一年、ホークス・一九七三年、ブツァー・一九七六年、マリ・一九七七年、ジャンセン・一九七八年、オコナー・一九七四年、一九八〇年。

（4）ピラミッドとても、アメリカ合衆国におけるMXミサイル発射台の建造（第II巻参照）にはかなわなかっただろう——両者とも非生産的労働の記念碑である。現代の著述家のあいだでは、ピラミッドの建造についていささか思わせぶりな美辞麗句を連ねた散文でこんなふうに書くのが常套となっている——「かかる壮大な、しかし愚劣な記念碑の造営に辛苦した労働者たちの、その心の様態とはいったいいかなるものだったであろうか？」云々。おそらくわれわれはユタ州の発射台で働く労働者や建設技術者にも、同じことを聞いてみるのがよかろう。

行可能だったが、多数の地方領主が河川交易を規制して通行料を徴収することで、結局は彼らの存在の支えとなった。ナイルの交通はたぶんわれわれの記録史料が始まる以前から、王家の印璽を帯びたファラオ直属の役人の管轄下にあった。なぜ？　中央集権的管理は単に輸送条件の産物ではなかった。

第一の答えはたぶん、地政学にある。われわれは読み書きが始まる以前に起こった政治闘争について幾分か知っている。先史時代の小規模村落は、第四千年紀の末に上エジプトと下エジプトの二つの王国へと統合された。都市国家同士が戦った時期はたぶんなかった――あるいは少なくとも、後に誰もが確認したがった都市国家の実在を示す痕跡などまったくなかった。紀元前三二〇〇年頃、上（つまり南）エジプトの王ナルメルが下流の下王国を征服し、メンフィスに統一首都を建設した。それ以降、統一はほぼ継続された。自然環境を一瞥すれば、この説明の手助けとなる。重なりあう社会的ネットワーク群はほとんどなかった。統一以前に支配者あるいは集合体がとりうる地政学的オプションは、きわめて限られたものだった。辺境地域はなく、牧畜民も天水農耕民もおらず、釣りあいの重石たるべき辺境領主もいなかった。河沿いに一〇〇〇キロの長さにわたって寄り集い隣接しあう〈力〉のあいだに、単純な垂直的関係があるのみだった。すべてのコミュニケーションが隣人を経由していた――したがって隣人ではない同盟者との連合や連盟が、砂漠をこえて取りかわされるメッセージ以上に実体のあるものを基盤として成立することなど、ありえなかったのである。

これは地政学的外交の面でユニークである。シュメール、中国、ギリシア、古代イタリア――どこであれわれわれに分かっている場所では、都市にせよ部族にせよ領主にせよ、彼らは常に同類の集団あるいは辺境から同盟者を見つけ出して、ヨリ強力な隣人に対抗して自分たちを護るというオプションをとった。勢力均衡システムにおいては、弱者が強者によって吸収併呑されるのに時間がかかり、強者が崩壊する機会も常に存在している。エジプトではそうした防御体制はなかった。中心を河が流れ、全人口が社会的にも領域的にも征服者の支配圏内に閉じこめられているので、吸収併呑は直接的かつ真正面から進行した。最終的には上流の国家が勝利したので、上流という位置が戦略的な優位性をもたらしたと考えたい誘惑にかられる。こうして地政学的な闘争や策略、それと特異な自然環境とは、その河をケイジ（檻）として所有する単一の中心国家を導き出すことができる。正真正銘の一元的な社会が出来あがったのだ。

この単一国家は、いったんつくりあげてしまえば河自体が確保される限り、それが有する通信輸送の強さのゆえに、維持することは比較的容易だった。この国家は全域にわたって再分配経済を実施し、こうして日常生活へと浸透した。ファラオは生命それ自体の供給者だった。第一二王朝のあるファラオは誇らかにこう言った――「我こそは穀物を栽培し、収穫の神を崇めた者である。ナイルは至るところの渓谷で我に挨拶を送ってきた。我が時代に飢えた者なく、我が時代に渇いた者はなかった。我が統治のあいだ、すべての民は満足して暮らした」（マリ・一九七七年・一三六頁からの引用）。ファラオという語は「大きな家」の意味で、これは再分配国家を表わしている。国家は飼養動物について、またおそらくは土地や黄金についても、二年ごとに（後には毎年）財産調査を実施し、それにもとづいて（物納あるいは賦役の）課税評価を行なった。収穫高課税は新王国においては――そしてたぶん古王国でも――全生産高の二分の一（大耕作地）と三分の一（小耕作地）のあいだだった。これによって王の官僚組織が支えられ、翌年の作物の種子が供給され、飢饉を見こしての長期備蓄も行なわれた。さらに加えて、国内生産物――大麦、エンマー小麦、野菜、家禽、鳥獣、魚――の主な交換が国家の貯蔵庫を介して行なわれていたふしもある。実際のところ、システム全体が完全に中央集権化されていたのではなかった。税は地方の名望家が請け負い、第三王朝（紀元前二六五〇年頃）からは、そうした名望家は私有財産権を獲得していたように思われる。この点は、強力な国家と私有財産権をもつ支配階級とが、古代世界においては一般的に並存していたことを再度示している。国家は後者による地方での助力を必要としていた。このことはイデオロギー面では認められなかったにせよ（ファラオだけが神性を帯びていたから）、現実の政治体としての国家は通常のやり方で占有されていたのである。しかしこの事例では〈力〉の均衡は著しく君主側に傾いていた。ファラオによる河の管理と直面しては、不満を抱く地方支配層も同盟者を募るという地政学的オプションはとれなかった。ファラオが有能で外部からの脅威を受けずにいる限り、内部での支配はおおむね安泰だった。

支配は第二の自然環境的要因によっても助けられた。エジプトの溝地は農産物を、周縁部は建築用石材をそれぞれ豊富に産出したが、木材はほとんど、金属はまったく見出せない。金と銅は遠くかけ離れた東方と南方（とりわけシナイ半島）に豊富にあったが、砂漠に阻まれてエジプト社会はその方向には拡大できなかった。エジプトの近くに鉄はまったくなく、良質の木材もなかったのでこれはレバノンから運ばれた。これらのうち、鉄器時代の始まり（紀元前八〇〇年頃）までは銅が重要だったのだが、それは農耕および軍事の用具として欠かせぬものだっただけではなく、（金や銀とともに）一般に行なわれた交換の媒介物として役に立ったからである。シナイ半島の鉱山は別の文明の支配下にあったのではなかった――というのは、シュメールの世界からも地中海の集落からもはるかに離れていたからである。そこにあった貴金属は、通過中の軍隊による偶発的な攻略の的となっていた。第一王朝以降の古王国による主な軍事遠征は、銅と金を確保するために行なわれた。ファラオが自ら指揮をとることもしばしばであり、銅（そしておそらくは金）の鉱山は第一王朝以後、ファラオの直轄となった。この時期には領域征服の遠征は行なわれず、交易と貢納（この二つはしばしば区別しがたい）の流れをエジプト内に導きいれるための商業的攻略だけになっていた。地方領域の統治者たちに対する支配の問題は、こうした活動の範囲では起こりそうもなかった。弱小国家（例＝中世のヨーロッパ）でさえも、ここで言われている二つの機能、すなわち小規模軍事遠征と貴金属や擬似貨幣の分配にはある程度の支配権を行使する。もしもこれらの中核的な「王侯の権利」が全体としての社会発展にとって決定的に重要となれば、われわれは国家の〈力〉の勃興を予言できるだろう。

　私が仮説的に言おうとしているのは、ファラオの〈力〉が依拠していたのは次の特異な組み合わせだったということ――すなわち、(1)ナイル河の通信輸送の基盤構造を地政学的に支配したこと、および、(2)外域への軍事遠征によってのみ獲得できた必需金属の分配、である。こうした主張を裏づける直接証拠はないのだが(5)、しかしこれは真実らしく思えるし、エジプトをめぐる以下の二つの中心的難問を解く手助けとなる――苛酷な抑圧なしで、ピラミッドはいかに建造されたのか？　また、町邑というものがほとんどなかったのはなぜか？　全域的な高密度人口にもかかわらず、ナイル流域には明らかにほとんど町邑がなかった。町邑の建築物といえども都市的と呼べないのは、王の宮殿や神殿の他には公共の建物や空間がなく、大邸宅も地方に建てられたものとまったく同一だったからである。エジプトの文献史料には紀元前一〇〇〇年頃まで、土着の専門商人への言及が一つもない。エジプト文明のレヴェルの高さは疑いようがない――住民人口の密度の高さと安定性、特権階級の奢侈、経済的交換の広がり、その読み書き能力、その社会組織能力、その芸術的達成度。しかしこれに対する都市の貢献は、他の古代帝国ではどこでも優勢なのに、エジプトでは取るにたりないように見える。都市的な諸機能、とりわけ経済的交換と交易とは、ここエジプトでは国家によって担われたのだろうか？

　難問の二番目、比較的に圧制のむちが振るわれることがなかった点については、さらに推測の域を出ない。説得的ではあるが部分的な二つの説明が、これまでしばしば行なわれてきた。第一は、マルサス的人口循環によって間欠的に創出される余剰人口は、労働の供給源ではあるが農業では扶養できない、というもの。第二は、季節循環による乾季とナイル氾濫の数カ月には家族の食糧備蓄が使い果たされ、余剰労働が利用できる、というもの。二つの説明とも、たちどころにさらなる問いを生む――これらの労働民を扶養する資源を、国家はどこから引き出したのか？　他の古代世界において国家は、人口余剰と食物欠乏の際に人民から資源を引き出そうとすれば、強制力の嵩《かさ》あげをしなければならなかった。ここで特徴的なことといえば、国家はそれを成しとげることができず、分裂、内乱、疫病、そして人口減少へと立ち至るのである。しかしもしも国家が何よりまず生き残りに必要な資源を所有しているとするなら、人民から引き出す必要はない。もしもエジプト国家が「その」銅、その金、その異域交易品を食糧と交換したのであれば、そしてもしもナイル沿いの食糧交換の流れを横どりしたのであれば、労働民を扶養することのできる食糧余剰を所有できただろう。

　エジプトの国家はたぶん、その民衆の生存には欠かせぬ存在だった。もし史料を信じるとすれば、国家が崩壊した二つの時期には飢饉、野蛮な死、そして人食い《カニバリズム》さえ蔓延した。そのときにはまた、陶器のスタイルに地域的な多様性が生まれたが、これは他の時期には見られなかったものである。ナイルの通信輸送の基盤構造や異域交易や貴金属を物理的に所有することによって、国家は配下の民にとって不可欠の資源を独占するようになった。配下の民が自ら交易遠征を企てたりナイルを管理しようとしたりしなければ、他の古代世界で行なわれているような直接の威力行使は必要なかった。ファラオはナイルを中心として一つにまとめられた「組織チャート」を管理して、経済的・政治的・イデオロギー的、そしてわずかながらの軍事的な〈力〉を統合していた。社会的・領域的空間のなかには、これと交差したり、これに代わりうる〈力〉のネットワークは存在せず、ナイル以外の異なる〈力〉の基盤を享受しうる不満分子によって潜在的な同盟が築かれる余地など、まったくなかったのだ。

この異常なほどの社会的・領域的ケイジングがもたらした結果は、エジプト文化が実質的に一元的な様相を呈することだった。クランやリネージ集団が存在した証拠は見あたらない——これらは農耕社会では通例の、水平的に分割された集団なのだが。多くの神がみには地方的起源があったが、大部分は共通の万神殿《パンテオン》に属するものとして王国全土で崇拝された。救済宗教の時代以前の古代世界の帝国としてはほぼ類例のないことだが、支配者と民衆とは多かれ少なかれ同じ神がみを敬っていたように思われる。当然ながら、彼らの宗教上の特権は平等ではなかったが（農民たちには来世が約束されず、たぶん埋葬もされなかった）、信仰信条と儀礼への参加は階級を超えてかなり似通っていた。キース・ホプキンズによると、後のローマによる占領期のことだが、長いあいだ王家の慣行とされていた兄妹相姦がすべての階級に広まったとのことである（一九八〇年）。単一の（そして当然ながら高度に不平等な）社会における、こうした全面的な文化の共有は特異なことだった。これこそわれわれが歴史記録を通じて見出すもののうち、一元的社会システムに最も近かったのであり、この研究で私が反撥している社会モデルなのである。このような社会システムはきわめて特殊な状況の産物だった、と私は思う。

さらにエジプトの自然環境と地政学とのこうした特殊性は、その〈力〉の発展ぶりの独特なパターン——早くからの迅速な発展とその後の安定性——を説明してくれる。最大級のピラミッド群はほぼ始まりから出現した。私が言及した主要な社会形態は、紀元前第三千年紀半ばまでには出来あがっていた。このことはまた、エジプトから他の文明へと伝播した大方の新事物・新制度についても言える——航海技術、石の銘板に代えてパピルスに筆記する技法、一年三六五日、さらには三六五と四分の一日とする暦法などである。

それはわれわれがメソポタミアその他の原初的な文明に見出したのより、はるかに迅速な〈力〉の技術の増進ぶりなの

（5）たとえば以下の三項目の因果関係と、王宮財政への相対的貢献度とが分かればたいへん結構なのだが——①交易と貴金属の独占権、②課税、③広大な王宮領地。

である。なぜそんなに速いのか？　私の一般モデルから私が推量するに、エジプト人は早くからケイジングが進んで逃げようのない、ヨリ強烈なパターンの社会的協同へと否応なく組みこまれてしまったのだ。文明とは社会的ケイジングの結果であったが、ここにわれわれが見出すのはそのプロセスの激化である。他の原初的諸文明にも見られるのと同じ経済的プロジェクト——いまだかつてない余剰の創出——が、異常なまでに高度な中央集権化および社会生活の協同化と結びついた結果、大規模でよく組織され食糧の行きわたった労働力の供給と、中央集権化された非生産的仕事へと人員を振りむける可能性とが実現したのである。外部世界とのあいだの通信輸送の困難さが、商人や職人たちの発展あるいは干渉を制限してしまった。その結果、余剰と協同労働とは記念碑的な、宗教的‐知的な表現と創造の形態へと振りむけられた。ピラミッド群と祭司階級はその文書や暦ともども、灌漑化され、中央集権化され、隔離されたケイジ社会の産物だった。原初的文明のすべてが先史時代のケイジなしパターンを混乱させた。しかしエジプト文明は、それを引っかき回したのだ。

これ以後〈力〉の諸技術の発達は減速して、ほとんど止まってしまった。たしかに新王国は、陸地を基盤とする競合的な諸帝国の支配に対抗してレヴァント地方へ軍事進出しようとした。しかしエジプトは自然の境界によってかなり防御されていたので、脅威への反応はのんびりしていた。後になって諸帝国が大規模な海陸の両面作戦をとるようになったとき、エジプトの独立は終止符を打たれた——最初はペルシア人によって、次にはマケドニア人とそのギリシア系後継者たちによって。ともかく新王国が行なった軍事上の対応は——戦車《チャリオット》にせよギリシア人傭兵にせよ——異域のものであって、エジプト社会と共鳴するものがなかった。紀元前第三千年紀の終わりに、エジプト社会は早くも高原状態《プラトー》に達してしまった。その安定性は古代世界中で認められるところとなった。たとえば、他民族の美徳に対する鋭敏な観察者だったヘロドトスによれば、エジプト人は多くの物事の元祖として令名を馳せていた——霊魂不死の教説から神殿内での性交禁止まで！　彼はエジプトがギリシアに与えた大きな影響を認めている。古代エジプト人の知識を尊敬するとともに、彼らの安定性、威厳、自らの伝統への尊崇、異域の事物に対する拒絶を賞賛した。ヘロドトスが彼らを尊敬するのは、彼が歴史家として過去を尊敬するからである。

にもかかわらずわれわれは、こうした特質のなかにも知的な発展を見て取ることができる。新王国の末期には、プタハとトトの両神が、創造の起源である純粋な「知性」と「言葉」を表わす存在として登場した。これとヘレニズムのキリスト教（「初めに言《ことば》があった」）とのあいだには、つながりがあっただろう。永遠の真理、永久の生命はエジプト人に取りついた固定観念だったものが、やがて人類一般の欲求となったのだ。しかしエジプト人は、自分たちはそれを達成する寸前まできていると考えていた。エジプトの国家はそこで直面する諸問題を把握しつくしたうえで、賢明にも満足して寛いだのである。「言葉」と「真理」に対する後代のあくなき探究はまったく別の源から発していた。エジプトのあくなき探究ぶりは、最初の偉大なる開花のあと沈静したように思われる。それがはっきりと分かるのは、ピラミッド群が示す暗黒面である。

墓はその入口を念入りに入り組ませて隠蔽したにもかかわらず、ほぼ例外なく、ほぼ即座に盗掘された。それこそ地下世界が存在する確かな証拠の一つである——神政国家自体のイデオロギー的観念としての霊魂の地下世界ではなく、犯罪的観念の地下世界である。このことが示しているのは、記録がわれわれに語るのは限られたイデオロギー的な物語だ、ということである。しかしそれはまた、権力や資源をめぐる闘争が、他所と同じくエジプトにも広がっていたことを示している。「水平的な」——クラン同士の、町邑同士の、領主同士の、などなど——闘争にせよ、あるいは「垂直的な」——階級間の——闘争にせよ、とにかくエジプトに欠如していたのは〈力〉をめぐる別の利害を正当に表現するための組織的構造だった。社会というケイジがこれほど全体を蔽ったことはかつてない。この点からすれば、これは社会組織というものを示す優勢なモデルではない。われわれは紀元前一六〇〇年頃、その一致団結的組織の恐ろしい〈力〉にもう一度めぐり会う〔新王国〕。しかしそれで終わりである。たいがいの社会組織の発展には相異なる源泉と、重なりあう〈力〉のネットワーク同士の相互作用、後になれば組織された社会階級同士の相互作用とがあったのだ。

ミノス人のクレタ島

ミノス人のクレタ島は逸脱した事例なのだが、その逸脱ぶりがおそらくさして問題にならないのは、それが独立の、「原初的な」文明ではなかったかもしれないからである。(6)紀元前二五〇〇年頃、クレタ島に町邑が建設され、われわれが宮殿と呼ぶ複合建築物は紀元前二〇〇〇年直後に出現した。明らかにギリシアの支配下にあった一世紀間を経て、紀元前一四二五年頃、突然最終的な滅亡に見まわれた。このように、この文明は長生きをした。それは読み書きを知っており、初めは象形文字、次いで紀元前一七〇〇年頃、まだ解読のできない線状文字（線文字A）、そして最終的には紀元前一五世紀のギリシア文字（線文字B）だった。ここでも線文字Bの銘板からは、物品と土地の私有と中央貯蔵庫による再分配経済との交差がうかがわれる——ここでもまた宮殿や神殿は、装飾つきの貯蔵庫兼会計事務所と大差はないのかもしれない。しかしそれらはたぶん後になってから、単一の優勢な宗教と文化によって強化された。社会組織の発展度が評価しにくいのは、さまざまな宮殿、ないし神殿、ないし都市的集中施設同士の協同の範囲がはっきりとは分からないからである。し

(6) 私の見方の典拠となっているのはニルソン・一九五〇年、ブラニガン・一九七〇年、レンフルー・一九七二年、チャドウィック・一九七三年、ダウ・一九七三年、マッツ・一九七三年、ウォレン・一九七五年、カドガン・一九七六年である。

かしそのうち最大のクノッソスは、たぶん少なくとも四六〇〇の従属民を抱え、およそ五万の直轄農業人口によって支えられていた。ミノス人のクレタ島は初期シュメール文明と同じく、経済的再分配を行なう宮殿、ないし神殿、ないし都市センターによる、ゆるやかで文化的な分節連邦体であった。その社会組織の発展度は、最初に河川流域で起こったあの躍進と同じ程度だった。

しかし他と大きくちがう点が二つある。第一に、それは異常に平和的な文明であるらしく、戦争や防御壁の形跡がほとんどない。この点は誰も十分な説明を与えていないのだが、それはこの事例が軍事理論では説明できないことを意味している。第二に、それは灌漑文明ではなかったし、沖積土文明でさえなかった。他所と同じように、河川流域（および沿岸部平野）で最も発達したのは農業だったし、河川の水流を変えることも幾らか行なわれていたことは疑いないのだが、主流は天水農業だった。この点がユーラシア最初の読み書き文明のなかで、ミノス人のクレタ島をユニークな存在にしており、その起源をめぐってこれまで長いあいだ探究と論争が行なわれてきた。読み書きと文明は近東から伝播したのだとずっと信じられていたのだが、今日では、クレタ島は独立した局地的進化だと唱える声が優勢である（例＝レンフルー・一九七二年）。最もありそうな筋道は、両方の主張の要点を縒りあわせたものになるだろう。

考古学者たちが注目し、たぶん伝播してきたにちがいない三つの人工物を取りあげてみよう――農業技術と装飾工芸品と書くこと、の三つである。先史時代の後期のエーゲ海地方では、穀類や野菜の種子と家畜動物の多品種化や純種化に着実な改良進歩が見られ、魚と海産食品の遺物の種類に増加が見られる。そうした改良進歩がかなり広まったことも、跡づけることができる。こうしたたくさんの改良進歩をうながした刺激は近東から流れこんできた、正式の交易を通してというより隣人や移住民を模倣することで入ってきた、ということがありえよう。そうした改良進歩によって支えられる社会組織は本質的に局地的であろう。紀元前三千年紀のエーゲ海地方では特に有用な二つの植物、同じ地勢に生育するぶどうとオリーヴとが、交換によってこの地方を余剰の創出へと押しあげる動きを強化し、地域的な交易へと躍進させた。ぶどうとオリーヴと穀類とが交差する（クレタ島のような）地域は戦略的に重要な地点となり、その住民に対してケイジへの閉じこめを断行したのかもしれない――灌漑と「機能的に同等」な効果が生じたのである。

人工物の第二のタイプとして装飾壺の他にも、青銅の道具や武器を含む交易用工芸品が出土して、考古学者を待ちうけている。それらのスタイルを分析すると、おおむねはエーゲ海地域のものに限られていて、近東デザインの影響は比較的少ない。交易が圧倒的に局地的だったことが推測される。おそらくエーゲ海の人びとはまだ、近東の値打ちを知らなかった。したがって都市への集中や象形文字への動きは、おおむね自前のものだった。彼らの交易は三つの要因の組み合わせによって促進された――当初からの農業の普及、ぶどうとオリーヴを主役とする、まれにみる高度な自然環境的特化、そして実際にあらゆる集落が海路で到達可能という優れた通信輸送ルート、の三つである。こうしたさまざまなネットワークがエーゲ海の同一地域で交差していたのである。

この交差によって、文化は書くことへと進んだように思われる。他のところでもそうだったが、書くことが発生する一般的原因の一方は生産と私有財産との接点の安定化に役立つことにあり、もう一方は経済的再分配と国家にあった。この点が読み書きに関する純粋な伝播理論を成り立ちにくくする。この伝播理論は概して、書くことはたいへん有用なので、それと出あえば誰もが習得したがるだろうと臆測する。しかし初期の段階においては、書くことはむしろ明確な用途をもっていた。もし古代社会が生産‐再分配という循環を発展させていなかったら、書くことに関心をよせてなどいなかっただろう。書くことは局地的な必要に応えたのだ。そこで次のように考えられる――クレタ島であれ他のどの事例であれ、書くことの伝播が起こったのは、壺や物品の収納袋などに象形文字の印章を書きつけていた一人の異域の交易者から、あるいは異域の貯蔵庫の銘板を見てきた地元の交易者によって、書くというアイデアが模倣されたという、きわめて単純な事態だった。このケースなら、伝播に必要なのは最小限の遠距離交易だけとなる。こうした最小限レヴェル以上の交易が行なわれていたという証拠はある。エジプト、レヴァント地方、さらにはメソポタミア北部との交易が栄えたのは、最初に読み書きが始まった時期だった。しかしおそらく、書くことにまつわるすべてが借用されたのではなかった。というのはミノス文字はその形において、またその使用が明らかに公的行政管理部門のみに限定されていたことにおいて、他のどれとも似ていなかったからである。実際「読み書き」とするのはまちがった表現であろう――文学であれ公的碑文であれ、この文字が一般に用いられた証拠はないのである。

上述したような三つの要因の組み合わせが初期のミノス人を、おそらく、限界までつれていった。しかしその限界というのは、地球上の他の無数の民族《ピープルズ》が突破しそこねた限界だった。クレタ島が近東の諸文明に近接していることや、両者のあいだに幾らかの交易があったという事実から考えて、われわれはこれを原初的文明ないし国家としてあつかうことはできない。この事例が示しているのは、一つの地域で諸技術がいったん入手可能となった場合に、文明へと突入する必要性がいかに減じてしまうか、ということであるように思われる。クレタ島のケイジはメソポタミアより厳重ではなかった。ぶどうとオリーヴと穀物の交差は大きな戦略的〈力〉の結節点だった。しかしそれが強制力のある宗教を背後にひかえた、永続的で「読み書き能力のある」国家の占有に帰するか否かは、ヨリ広域的な相互作用のネットワーク次第なのである。

メソアメリカ

新世界の諸文明が社会発展理論に対してもっている重要性は、それらの文明について学者たちが一般的に〈全員がとはいわないが）他の文明から自律したものと考えている、という点である。それらはもう一つの大陸の異なる自然環境の下で自生したものだったので、その発展ぶりがあらゆる面でユニークだった。たとえば、彼らは青銅を使わなかった。彼らの道具の技術は、すべてのユーラシア文明とは異なり、新石器時代のものだった。灌漑とか社会的ケイジングのプロセスとかを基盤にした厳密な発展モデルにはめこもうとしても、得られるものは何もない。せいぜい大まかできめのあらい類似性が認められるだけだ。メソアメリカとペルーを比較しても、同じことが言えるだろう。両者は異なる環境の下で一〇〇〇キロ以上も隔たっていたのであり、実際の接触はほとんどなかったのだ。

メソアメリカにおける集落の出現、次に儀式センターとおそらくは「国家」[7]の出現、そして都市化と書くことの出現は、他所よりも地理的に多様なプロセスをたどったと思われる。発展を主導したものが相次いで別のサブエリアへと移っていった。そこにはたぶん三つの主要な段階があった。

儀式センターの出現への、「長期計算法」による暦への、そして文字の始まりへの最初の突破口といっていいものが、メキシコ湾の低地地域で起こった。考古学的調査によれば、その中心部は川岸に沿った肥沃な沖積土の土地だった。熱帯焼畑農耕民や漁労村落や、黒曜石など原材料を供給する周縁住民との相互作用が経済的・政治的不平等を促進して、沖積土に基盤をもつ首長的エリートというランク（位階）を生み出した（コウとディール・一九八一年の調査報告、フラナリー・一九八二年の概観、サンダーズとプライス・一九六八年の概説を参照）。このオルメカ人の原型文明は、私の全体モデルによく合致している。初期の軍事体制化以前の殷中国とも類似している。都市集落の人口密度はともに低かった。最も複雑な集落であるサンロレンゾも、擁した人口は一〇〇〇—二〇〇〇だった。宗教、暦法、書き方のシステム（完全な文字はここでは発達しなかったが）にも細かな類似性があった。この点は伝播理論への強い支援となる——殷、あるいは殷から枝分かれしたアジアの他の文明がオルメカ文化に影響を与えていたのかもしれない（たとえばメガーズ・一九七五年を参照）。大洋を越えての文化接触の可能性は、オルメカの起源をめぐってわれわれが抱くいかなる確信をも曇らせるのである。

第二の段階には大きな困難はない。オルメカも通常の文明パターンにしたがって、交易相手の高地住民、とりわけオアハカ谷の住民の〈力〉を高めた（フラナリー・一九六八年を参照）。オルメカはまた、記念碑的建造物や象形文字や暦で見てとれるように、メソアメリカ全域と交易し、その影響を広げた。これ以後は、地域によるちがいはあっても、一つの分節的なメソアメリカ文化というものが伝播して、その範囲は単一の権威型組織の〈力〉が及ぶ限界をはるかに越えていたのである。

しかしオルメカは十全な国家へと発展しなかった（そしてこの点で殷とのアナロジーが崩れる）。たぶん彼らはケイジングが不十分だったのだ。彼らは紀元前六〇〇年頃から衰退した。しかし彼らはその〈力〉を他の集団へと伝え終えていて、二つの集団が第三段階で顕著な発展の経路をたどることとなった。一つが北部低地のマヤ人だった。西暦二五〇年頃までに、彼らは完全な読み書きのシステムと、「長期」の暦と、大規模な都市的中心施設と、コーベル・アーチをもつ優れた建築と、永続的な国家とを発達させた。それにもかかわらず、マヤ人たちは特別ケイジに閉じこめられていたわけではなかった。彼らの都市区域の人口密度は低く、たぶん殷の場合より低かっただろう。彼らの国家も弱体だった。国家にも貴族にも民衆に対する堅固な強制力が欠如していた。階層化や国家というよりも、絶対的ランクというのが最も適切な表現かもしれない。これには自然環境からくる理由があるだろう。熱帯の豊富な降雨によって年に二度の収穫があり、幾つかの沖積土地域ではこれが永続的に可能になった——しかし社会的にも領域的にも固定的な農業が行なわれた証拠はなく、たいていの地域では土壌の枯渇によって定期的な移動が必要だったであろう。事実上、ケイジに閉じこめないこうした条件というものは、一般的にいって文明の発生に有利ではない。たとえわれわれがオルメカや中央渓谷の同時代の諸民族（すぐ後で検討するが）からの強力な伝播があったことを認めるとしても（コウ・一九七一年、アダムズ・一九七四年参照）、私としては自分のモデルの強い支持根拠がここにあるとは主張できない。ラートヤ（一九七一年）の「地域的相互作用」理論は私自身のモデルと似ているが、それは必要な説明ではありえても、十分な説明ではない。マヤの起源を説明するより、その崩壊（西暦九〇〇年頃）を説明するほうがやさしいのだ。学者たちの論争（カルバート・一九七三年所収の諸論文を参照）にあるように、直接の原因が土壌の枯渇であれ、外部からの侵略であれ、内乱ないし「階級」間戦争であれ、そうした危機を通じて固定化された社会的・領域的ケイジへの強制は比較的見られないのである。

　文明を発展させていた第二の集団はメキシコの中央渓谷盆地の人びとだった。こちらのほうはわれわれを灌漑というもっと安全な地盤（水盤というべきか？）——この場合は山岳地帯という自然の境界に囲まれた広域の湖畔地帯——へと連れもどしてくれる。パーソンズ（一九七四年）やサンダーズほか（一九七九年）の研究から、われわれは紀元前一一〇〇年頃を起点として数百年に及ぶゆっくりとした成長を見てとることができる。そして紀元前五〇〇年頃になると、灌漑用運河がここ（および他のメソアメリカの高地）に出現し、それには人口の拡大と集中がともなっていた。渓谷の北方テオティワカン周辺ではこの成長ぶりが度はずれていたが、それは明らかにこの地が格別良好な灌漑条件に恵まれていたばかりでなく、黒曜石の採掘と加工にも戦略的な位置にあったからである。周縁地域の採集‐狩猟民や森林居住民とのあいだには内向集中的な交換が行なわれていた。それはメソポタミ

（7）以下に詳述する典拠の他に、メソアメリカについて簡潔にまとめているのはオシェイ・一九八〇年、ヨリ詳しい概説はサンダーズとプライス・一九六八年である。またジョーンズとカウツ・一九八一年所収のさまざまな論文を参照。

アと同じく、灌漑を行なう中心部と地域的相互作用のネットワークというパターンである——それがもたらした社会的結果も同じで、集落のヒエラルキーと複合的な建築だった。西暦一〇〇年までには、およそ五万—六万人規模の政治的中心となる地域が二つ出現していたが、その中心となる都市の領域は数千平方キロに及び、ヒエラルキー的に組織されていた。この時点までそれは「文明」であって、神殿や市場や暦法や象形文字による読み書きを有していた。西暦四世紀までにテオティワカンは、およそ八万—一〇万の人口を擁する永続的で強制力をもつ都市国家となり、他の高地国家の幾つかをも支配していた。その影響力はメソアメリカ中に広まり、マヤ文化に近い地域をも配下におさめていた。しかしきわめて不思議なことに、これもまた西暦五五〇年と七〇〇年のあいだに滅亡してしまった。短い空白期間の後、北方の武断的な辺境領主で大規模な人身御供の唱導者だったトルテカ族がこれに取って代わった。彼らはメソアメリカの広大な地域に帝国を拡大した。ここから私たちは次章であつかうのと明らかに同じ地勢にいる——帝国の拡大と分裂との循環、そして帝国と辺境領主との弁証法がそれである。辺境からの最も名高い征服者は最後に出現した。〔一四世紀に〕アステカ族は高いレヴェルの軍事体制（と人身御供）を、メソアメリカ始まって以来の高いレヴェルの集約性をもつ灌漑農業や都市化に結びつけたのだった。

　これらのプロセスの多くは、メソポタミアで確認されたのと同一の一般的順序に則っている。ちがうところもある。マヤの起源は、すべての一般モデルのなかで際立っている。しかし大方のところ、文明は広範に伝播した先史時代組織の発展の上に築かれた。そして第一段階と、第三段階の中央渓谷地域とがケイジングを行なった——沖積土の河川流域や湖畔地帯への近接性、そして局地的ないし地域的な原材料への近接性によって表わされる領域への閉じこめがそれである。灌漑を基盤として築かれた堅固で権威型の組織と、そこから外へ向かって放射する交換と文化の伝播性ネットワークとの二重の出現は、こうして起こった。そして今度はそのケイジングのプロセスが、おなじみの結果を創出した。辺境領主たちにとって有利な状況がもたらされ、中心‐周縁の優位関係の循環（次章で検討する）がそこから生まれたのである。

　しかしながら、ユーラシア大陸諸文明との類似性をあまり強引に言いつのってはならない。自然環境のちがいは明らかだった。中国のように広い地域にわたる均一性もなければ、メソポタミアのように渓谷地帯と高地とのあいだに大いなる対照性があるのでもない。ここでも多くの対照性はあるけれども、それらは激しくもなければ際立ってもいない。たぶんこのことが決定的に作用して、社会はケイジとなること少なく、中央集権化や永続化へと向かいにくかったのだ。メソアメリカにおいて文明化ないし半文明化したさまざまな民族の政治構造は、近東や中国のそれよりゆるやかなものだった。

　メソアメリカ文明一五〇〇年間の集合的な〈力〉の発展は、ユーラシアの同じ時間と比較すれば、たぶん少なかっただろう。その脆弱性はほんの五〇〇人少々の征服者《コンキスタドーレス》たちの重みで崩れてしまうほどのものだった――たとえばアッシリア人や漢の王朝の〈力〉が同程度の威嚇によってかくも完全に崩壊してしまうなどということは想像できない。アステカ帝国はゆるやかな連邦体だった。その臣下たちの忠誠は当てにならないものだった。アステカの社会は、その中心部においてさえ、さらなる国家の強化に逆らうマヤ人たちによる抑制と均衡《チェック・アンド・バランス》を抱えこんでいた。マヤから引きついだ宗教と暦法とは、最高の権威が一連の暦の周期にしたがって帝国内のさまざまな都市国家ないし部族単位のあいだで循環する下地となった。一つの周期はわれらの西暦一五一九年で終わることになっていた――実際のところ一部の地方では暦全体が終わってしまうと信じていた。その時、羽根のある蛇が生まれ、おそらく色白の先祖がもどって来るだろう。一五一九年、色白のあごひげを生やしたスペイン人がやって来た。征服者《コンキスタドーレス》たちがアステカの支配者モンテスマによってさえ姿を隠した支配の神がみだと見なされていたという話は、世界歴史上の偉大な物語の一つである。一般的にこの話は歴史上の奇態な偶発事の最高の見本として語られる。たしかにその通りである。しかしながら暦法とそれによって正当化される政治革命というのも、これら初期の人びとが永続的国家と社会成層とを――われわれとすれば彼らはすでに完全にその罠に囚われてしまったと考えられるのに――どうにかして回避しようとしたメカニズムの見本なのである。アステカ人とその臣下にとって不幸なことに、この格別の逃亡ルートがたどり着いた先はヨーロッパ植民地主義という逃亡不可能な隷属状態だった。

以上のような観点から、社会的な〈力〉とケイジングとの関連性という一般モデルは、メソアメリカとユーラシアとの類似性によって支持されることはもとより、その特殊性によっても支持されるように思われる。ケイジへの閉じこめようが少なければ、世界歴史上の偶発事によって最後に干渉を受けるようなことがない限り、文明化は少なく、永続的国家の制度化は少なく、社会の階層化は少なかったのである。

しかしながら、最後に要注意事項が一つ。メソアメリカ史の多くの側面は今なおはっきりしないか、論争中かである。考古学と人類学の分野におけるアメリカ社会科学の創造的融合が、全体像をたえず変化させている。専門家ならきっと最近の理論モデル――フラナリー、ラートヤ、サンダーズとプライスなどのそれが、私が提起しているケイジング‐地域的相互作用モデルにうまく合致することを認めてくれるだろう。もしも彼らの考えが来るべき一〇年間の研究によって挑戦を受ける事態となるなら、私のモデルもまた危うくなる。

アンデス・アメリカ

最初の半都市集落と儀式センターが出現したのはアンデス山脈西部の狭い河川流域で、その基盤は素朴な灌漑がもたらす農産物であり、それが高地牧畜民や沿岸漁民との交換と結びついた(8)〔傍注137頁〕。次の段階ではこれら三つの成分が徐々に統合されて単一の首長社会が形成されたが、後のインカによる征服の時点ではその数およそ四〇だった。これら首長社会の構造はゆるやかで永続性はなかった。それらはまた紀元前一〇〇〇年頃から〔ペルー北部・中部に〕現われる、チャヴィン芸術スタイルと呼ばれる広範な地域文化の類似性のなかにおさまっているが、これはたぶん地域的な相互作用が拡大した結果だろう。これは先史時代後期にはおなじみの状況で、先史時代の正規の循環パターンへと発展するのか、あるいは、灌漑中心‐地域相互作用ネットワークの組み合わせによって文明への躍進が実現するのか、いずれも可能だった。躍進が起こったのだが、それに関して多くのことが分かってくると、われわれはその特異性に突き当たる。モデルに合わないのだ。

三つの特異性がある。第一に、出現した政治単位は当初その影響力を領域上の統合によってではなく、植民居留地の連鎖をつくりあげることで拡大したのだが、こうした居留地は他の政治単位がつくった連鎖と並存し、また相互に浸透しあっていた。これはアンデス発展の「群島モデル」と呼ばれる。したがって第二に、自律的諸単位間の交易は、経済交換のメカニズムとしては、それぞれの群島内部における互酬と再分配活動ほど盛んではなかった。こうして西暦五〇〇―七〇〇年頃、これらの単位を国家と呼びうる時期になると、その特徴は原初的文明の他の事例に見られるよりもはるかに再分配的になっていた。発展へと向かう経路は重なりあうネットワークではなく、はるかに内部的でケイジに閉じこめられていたのだが、それを説明するのはむずかしい。第三に、一つ、あるいは少数の国家が覇権を握ったとき（おおむね戦争によってと思われる）、彼らはこうした内部のメカニズムを統合体した。彼らは〈力〉のロジスティクスの面で早熟さを示している。この点は西暦七〇〇年頃からワリ帝国で顕著に見られることで、彼らは道路や行政センターや貯蔵庫の偉大な建設者だった。しかしもっとよく知られているのは、あの驚くべきインカ帝国のことである。

西暦一四〇〇―一四三〇年頃、一つの「部族的」集団が構成する首長社会だったインカが他を征服した。一四七五年までに、インカは大量の強制労働隊を使役して都市建設、道路建設、大規模灌漑事業を成しとげていた。彼らは自分たちの首長を神として崇める、中央集権的神政国家を創造した。土地は国家の所有となり、経済・政治・軍事の行政機能はインカ貴族の掌中に委ねられた。彼らは結び目をつけた紐の束によって帝国中にメッセージを伝達する「キープ」方式を考案したか、もしくは普及させた。これは厳密に言えば「読み書き」ではなかった。したがって私の初めのほうの定義によれば、インカが完全に文明化されていたとは言えない。しかしそれは行政的な通信輸送の形態としては、初期帝国のどれにも見出されるような進んだものだった。きわめて広大な面積（ほぼ一〇〇万平方キロ）と大人口（概算で三〇〇万以上）の帝国だった。その規模と成長の速さは驚くべきものだが、まったく前例がないわけではない――ズールー族のような同類の征服帝国の例がある〔本書前出80頁〕。しかしインカ帝国が比類ないのは、権威的な永続国家と社会成層の、ロジスティクス面での基盤構造の発展レヴェルである。舗装道路が一万五〇〇〇キロあった！　その道路に沿って一日行程の距離ごとに貯蔵庫が設置されており（スペイン人が最初に見たときには食糧が詰まっていた）、走る伝令がリレーすればメッセージを一二日間で四〇〇〇キロ届けることができるとされていた（伝令全員が一流の中距離走者でもないかぎり、話に誇張がある！）。インカの軍隊は装備も情報も行きとどいていた。外部での作戦行動には補給物資を運ぶリャマの群れを引きつれていた。インカが勝利を収めたのは、しかるべき場所に圧倒的な人数を集中できる能力によってだった（ロジスティクスについてはブラム・一九四一年に詳しい）。征服をした後のインカの政治支配にも、同じく周到なロジスティクスの能力が見られる。いわゆる一〇進法行政システムについてはその実在性に関して学者の意見が大きく分かれるのだが、一見するとそれは帝国全土をおおう定型の「組織チャート」のように見える。ムーア（一九五八年・九九―一二五頁）によればこれは貢物を徴集するシステムにすぎなかったということだが、その地方レヴェルの職掌を担ったのは被征服民エリートであり、ゆるやかではあるが彼らを監督していたのは植民者民兵に支援されたインカの地方長官だった。これ以上の発展というのは、こうした原始社会では不可能だったろう。しかし、それにもかかわらず、こうした技術が示すロジスティクス上の巧妙さは、他の文明地域においては一〇〇〇年かそれ以上の国家発展を経て初めて生まれるものなのである。ここでわれわれが想起するのは中国の漢帝国であり、近東および地中海世界ではアッシリア人あるいはローマ人である――つまり彼らは中央集権とヒエラルキーへのイデオロギー的強迫観念を、実行可能な極限まで追求したのである。

　もしもわれわれがこれらのロジスティクス上の達成に焦点を絞るなら、インカ（と、おそらくその先行者の一部）はあまりに早熟であって、私のモデルには合致しないように思われる。事実、彼らを一般モデルに当てはめるには困難がある。たとえばシェイデル（一九七八年・二九一頁）のように、彼らインカとその先行者が「オッペンハイマーの『征服国家』の特色のすべて」をそなえていると言うのは、本質的な問題点を見落とすことになる――彼らは軍事的な人工物として出来あがったものが堅固に制度化されるという原初的征服国家の、唯一の実例だった。実際、インカの勃興ぶりを一般的パターンに合致していると見なすすべての説明は不十分である。彼らが達成したことを重大事と受けとめようとすると、彼らは謎に満ちた存在となる。

　インカが達成したことをそれほど重大に考えないというのが、もう一つの行き方である。結局のところ彼らは滅亡してしまった――フランシスコ・ピサロ率いる一〇六人の歩兵と六二人の騎兵（それにヨーロッパから持ちこまれた伝染病という援軍もついていた）がインカ皇帝に直接圧力をかけ、彼

（8）（本文135頁）この節の主な資料はラニング・一九六七年、マラ・一九六八年、カッツ・一九七二年、シェイデル・一九七八年、モリス・一九八〇年のほか、ジョーンズとカウツ・一九八一年所収のさまざまな論文である。

は屈服したのだった。頭目を欠いた基盤構造はもはや生きた社会組織というより一連の巨大な人工物——道路や石造都市——にすぎず、その陰に隠れていたのは弱体でゆるやかな結びつきの、おそらく本質的に先史時代的な部族連合だった。とすればこれらの人工物は、社会の崩壊にも耐えて聳え立つあの巨石文明の記念碑的建造物と同じなのだろうか？　たぶんそうではない。と言うのは、彼らインカ族がもっていた〈力〉のロジスティクス的な基盤構造に対する関心が、彼らの記念碑的建造物からも明らかに見て取れるからである。この点が彼らを巨石時代人ではなく、その大望においてずっと後の諸帝国へと近づける。彼らの〈力〉は、ヨリ強力な敵手の試練に遭ってもろくも崩れ去ってしまった——しかしそれは、〈力〉としては一心かつ冷酷な意図に貫かれていて、私が第二章で述べたような先史時代特有の〈力〉の回避などではなかったように思われる。私はインカが例外であることを認める——その文明の起源においては、ロジスティクス的に強化された軍事体制が他所よりも大きな役割を演じたのであり、その文明が達成したものは（他の諸文明の目で眺めると）ふぞろいなのだ。

以上の事例によって、アンデス・アメリカを除いて、一般モデルの豊かな成果が示されている。文明、階層化、国家の出現において、社会的環境の二つの側面が決定的な役割を果たしていた。第一に、沖積土農耕という自然環境上の最適地《ニッチ》がその中心部だった。しかし第二に、この中心部は地域的な対照性を含んでいて、さらなる発展が導き出されたのは、相対的には境界によって囲まれケイジに閉じこめられた中心部が、地域間の多様でしかも重なりあう社会的相互作用のネットワークと結合して新たな相互作用を起こしたからだった。いったん文明が確立した後でエジプトが例外的になったのは、それが擬似－一元的な、閉ざされた社会システムへと変容したからである。しかしその他では重なりあう〈力〉の諸関係のネットワークが形成され、一般的には、広域文明的な文化圏のなかに位置する小規模で分節的な都市国家ないし部族単位の連邦という、二重レヴェルの中心部が出来あがっていた。この形状はさまざまな事例に現われていたし、ここで付言しておかねばならないが、地球上の他の場所では見られなかったものなのである。

結論——文明出現の理論

文明とは一つの異常現象だった。それは国家と社会成層とを含んでおり、この両者を回避するためにこそ人間は自分の存在の大方を費やしてきたのだった。したがって、数少ない機会ではあっても、現実に文明を発展させた諸条件とは、もはやその回避を不可能とする態のものだった。すべての「原初的」文明に見られる沖積土農耕の究極的な意義は、それが巨大な経済的余剰とパッケージでもたらした領域上の束縛だった。それが灌漑農業となったとき——通常そうなったのだが——、さらに社会的束縛も増大した。人びとは特定の権威的関係というケイジに閉じこめられてしまったのである。

しかしそれだけではなかった。沖積土と灌漑の農業は、この場合も経済上の機会と不可分に、周縁の人びとをもケイジに入れてしまった。交易関係もまた地域一帯の牧畜民、天水農耕民、漁民、採鉱民、森林居住民をケイジに閉じこめた(その程度は通常やや弱かったが)。集団同士の関係も特定の交易ルートや市場や貯蔵庫へと閉じこめられた。交易量が多くなればなるほど、これらは領域的にも社会的にも固定されていった。これによって単一のケイジが出来あがったのではない。私は重なりあい交差しあう三組の相異なる社会空間的ネットワークの存在を指摘した――沖積土あるいは灌漑農業の中心部、直接つながっている周縁部、そして地域全体の三つである。最初の二つは小規模な各地の国家へと収束し、三番目は広域の文明圏を形成した。この三者すべてが固定化し永続化し、社会的・領域的な空間を境界づけたのである。ケイジに閉じこめられてしまった人びとが台頭しつつある権威や不平等に背を向けることは、今や相対的に困難となった――かつて先史時代においては無数の機会にそうしてきたのだったが。

しかし、いったいなぜこれらの空間の内部で、契約上の権威が強制力をもつ権力へと転化し、不平等が制度上の私有財産へと転化したのだろうか? 専門学者の研究文献はとりわけこの点に関して役立たずなのだが、その理由は他でもなく、こうした変容ぶりが人間の経験としては異常なのだということを、彼らがめったに理解してこなかったからである。ほとんどすべての文献のなかで、これらの変容は本質的に「自然な」プロセスとして提示されてきたのだが、絶対にそうではなかった。権力や財産へと向かうルートとして最も蓋然性が高かったのは、重なりあう幾つかの社会関係ネットワーク同士の相互作用によるものだった。手始めとしてわれわれは、ゆるやかな「中心‐周縁」モデルをこれらの関係に適用することができる。

メソポタミアの発展パターンには主な要素が五つ含まれていた。第一に、中心部の土地すなわち沖積土＝灌漑によるふつう以上の潜在力を、一つの家族＝居住集団が所有することで得られる経済的余剰は、周縁部で沖積土＝灌漑農耕を営む近隣住民より大きく、後者の余剰人口に対して雇用を提供した。第二に、すべての沖積土農耕民と灌漑農耕民はこれと同じ有利さを、さらに遠方の周縁部の牧畜民、狩猟民、採集民、天水農耕民に対してももっていた。第三に、これらの集団同士の交易関係は特定の通信輸送ルート、とりわけ沿岸に市場や貯蔵倉庫のある航行可能な河川へと集中した。通常、こうした固定的拠点を所有したことによって、同じ中心部の沖積土＝灌漑農耕集団はさらなる追加的な有利さを手に入れた。第四に、中心部の沖積土＝灌漑農耕集団が経済で果たした指導的役割は、これらの固定的拠点で手工品・工芸品の交易や再輸出交易が集中的に成長したことにも見て取れる。第五に、交易はさらに拡大して、中心部からの農産品プラス手工品の見かえりとして、周縁部外側の山岳地帯からの貴金属類との交換が行なわれるようになった。これによって中心部は、比較的一般化された交換手段に対して、身分誇示のための「威信財」に対して、道具や武器の生産に対して、不釣合いに大きな支配力をふるうようになったのである。

五つのプロセスすべてが互いに強めあって、中心部の家族＝居住集団に対して不釣合いに大きな〈力〉の資源をもたらした。さまざまな周縁集団がこの〈力〉に背を向けようとすれば、経済的福利を諦めなければならなかった。そんな選択をしない集団が十分あったために、永続的・制度的・強制的な国家と階層化とが開始されたのである。当然この発展の細部は、主として自然環境の多様性への対応によって、事例ごとに異なっていた。にもかかわらず、全体として同じ要因が、いずこにも見て取れるのである。

こうして、文明が姿を現わしたときの最も明白な表象である読み書きは、何よりもまず私有財産と国家との交差、すなわち区切られた領域と中心部との交差を調整するために用いられた。読み書きによって表示されたのは、小さな領域のなかで中央集権化されて強制力をもつようになった政治的権威の下での、所有権や集合体の権利義務であった。国家はその組織が中心化されて領域をもつようになったことで、社会生活にとって、また優勢な集団にとって永続的に役立つ存在となったのだが、これは先史時代のパターンからの離別だった。国家を所有することが利用可能な〈力〉の資源となったのだが、これは未曾有のことだった。

しかしながら、中心－周縁モデルが使えるのはここまでである。この二者は相互依存の関係にあって、中心部が発展するにつれて、さまざまな周縁地域も（程度の差こそあれ）発展をとげた。幾つかの周縁部はもともと中心部だったところと見分けがつかなくなっていった。中心部の〈力〉の基盤構造には限界があった。従属的労働民を吸収し、ある種の不等価経済交換を押しつけ、ゆるやかな保護《パトロン》－被護《クライアント》関係による支配権を行使したが、それ以上のことはできなかった。権威を有する社会組織がその能力を発揮しうる範囲が、初めは数平方キロの個々の都市国家に限られていた一方で、拡大する人口を通して権威センターから外部へと〈力〉を伝播させる資源は、まだ見出すことができない。したがって周縁地域が余剰と国家と読み書きとを発展させた場合には、それを中心部から支配することは不可能だった。その結果、中心と周縁とのあいだの差異の全体が消えてなくなってしまった。たしかにメソポタミアにおいて、われわれは軍事的な〈力〉の資源のさらなる出現を見、他の幾つかの事例ではこれらがヨリ深くヨリ速く推進されたのかもしれないのだが、旧来の中心部にとってこうしたものの有利性はしだいに減少していったのである（次章で詳しく見ていこう）。

いずれにせよ、軍事体制が後から登場したことは明らかであり、それは地域組織の既存の形態の上に築かれたのであった。すべての事例において、地域組織を統合するにあたって**イデオロギー的な〈力〉**が特権的な役割を演じた。ホイートリー（一九七一年）は、これら六つの事例にナイジェリア（私はこれを原初的文明とは考えていない）を加えた比較研究のなかで、市場や城砦ではなく儀式的な神殿複合建築物こそが最初の主要な都市施設だと結論している。宗教が都市化と文明化を推し進めたのは、ヨリ抽象的かつ倫理的な価値観を通して、多様性に富む新しい社会目的を合理的に統合する能力があったからだ、と彼は主張する。彼の見解はその観念論を割り引いて、社会目的の実現に儀式センターが果たした役割に注目するなら、たいへん有益である。「聖」と「俗」との分別は後代のものである。ホイートリーが言う通り、社会の宗教的・道徳的規範に経済の諸制度が従属したのではなかったし、後から出現した世俗的な諸制度が既存の聖なる諸制度と〈力〉を分かちあったのでもない。シュメールの神殿に関してわれわれには十分な情報があるが、その主要目的は本質的にこの世的だった——まずは村落間外交の役割を務め、後には経済生産物の再分配や公共的義務と私有財産権の記録整備に当たったのである。本章でわれわれが学んだことは、初期文明のうちで残存したものの宗教文化が概してこの世的な特質をもっていたことを確証する。他方では、私が第一章で示唆したように、宗教文化は社会を超越する特質を帯びたものであって、既存の権威ある諸制度では規制できない広範な地域を左右する問題への、組織的解決策を提示したのだった。地域的な発展によって、沖積土農耕地域と周縁地域それぞれの内部およびそれら両地域のあいだに、数多くの接触点が生み出された。持続的な問題が発生するとともに好機も生まれたのだが、それはとりわけ交易の規制、道具類や諸技術の伝播と交換、婚姻の規制、移住と定住、協同的生産（特に灌漑の場合）、財産権を通しての労働搾取、暴力をめぐる正義不正義の定義などの分野においてだった。これこそ台頭しつつあった諸宗教のイデオロギーがまず取り組んだ諸事項であり、神殿の前庭や、神殿の貯蔵庫や、内部の聖所で儀式として執り行なわれたことであった。イデオロギー的な諸制度によって、ゆるやかで伝播力に富む広範な集合的な〈力〉の形態がつくられ、それによって現実の社会的要請に対する本格的な解決がもたらされ、かくして広範な人びとを分配的な〈力〉の「組織チャート」のなかに捕捉することができたのである。

　こうしてわれわれは、文明発展の主要な二段階を区分することができる。一番目は二層の連邦的な〈力〉の構造を包含していた——(1)小規模都市国家は経済的・政治的な権威を融合させた〈力〉の組織形態、すなわち、確固とした「領域上の中心性」をともなった「『経済的』実践の回路」（第一章で定義した経済的・政治的な〈力〉の諸手段）をつくり出した。この組み合わせによって比較的少数の人びとがケイジへと捕捉された。しかし(2)これらの人びとが住んでいたのは、はるかに広範で伝播性のある、「超越的な」イデオロギー組織の内部、また地政学的組織の内部なのであって、この組織こそわれわれが一般的に文明と呼ぶものと同義なのだが、その中心はゆるやかに一つあるいはそれ以上の地域的な儀式センターに置かれていた。初期文明の二番目の段階ではこれらの〈力〉のネットワークが融合に向かうのだが、主としてそれはさらに集中化された強制力、すなわち軍事組織の作用を通してだった。この点に関してわれわれはほんの一瞥しただけだが、次章で詳しく述べることにしよう。

最後になるが、われわれはこれまで、国家と社会成層の起源をめぐる従来の諸理論が――第二章で予期した通り――進化思想に染められていることを見てきた。それらが「自然的」と主張するメカニズムは、実際は異常なのである。にもかかわらず、国家と階層化とが現実に起こった稀な事例においては、多くのメカニズムが正確に合致していた。私は起源に関する大筋の経済的見解を受けいれて三つの主要理論、すなわちリベラリズム理論、修正マルクス主義理論、再分配国家の機能理論の諸要素を折衷的に混ぜ合わせた。文明化プロセスの後の段階になると、軍事的メカニズムがヨリ大きな妥当性をもっている。しかしこれらのすべてが妥当性をもちうるのは、重なりあう〈力〉のネットワーク群というモデルと結びつけられた場合のみであり、このモデルこそ、起源の理論においては通常無視されているイデオロギー的な〈力〉の組織に格別の役割を認めているのである。国家も社会成層も内生的に、既存の「社会」の身体組織の内側から発生したのではなかった。それらが発生したのは、(1)先史時代のゆるやかに重なりあう社会的ネットワーク群のなかから一つのネットワーク、異常なまでにケイジ（檻）と化した沖積土農耕のネットワークが出現したためであり、また(2)それが幾つかの周縁的ネットワークと相互作用を行なうなかで、さらなるケイジングのメカニズムが現われて、局地的な国家と広範な文明圏という二つのレヴェルの〈力〉の諸関係へと、すべてを否応なく巻きこんでいったからである。〈力〉の歴史は今これら少数の異常な地中の震源から外部へと取り出し可能となったのであり、現実にそうなった。

第五章

アッカドのサルゴンが最初の軍事支配帝国を築いた
——あるいは、征服のロジスティクスと帝国の弁証法

前章であつかったテーマは、一部は各地方それぞれの進化論から、一部は比較社会学から導き出されたもので、おなじみのものだ。文明、社会成層、そして国家は、この地球上に散在するおよそ六つの、概して似通った社会それぞれの局地的状況のなかにその起源をもっていた。社会的相互作用の地域ネットワークが重なりあう真っ只中に位置した沖積土・灌漑農耕は、二段階レヴェルで社会的ケイジ（檻）を強化した。そしてこれが今度は、人間の集合的な〈力〉の幾何級数的成長へとつながったのである。

こうした広範なテーマの幾つかは、文明の初期の歴史をさらに叙述してゆくこの章でも引きつがれる。今や社会的なケイジの存在はますます明瞭に、ますます異常になるとともに、もう一方の地域的な相互作用のプロセスの結果として、ますます広範なものとなった。最初の刺激の発信源は、今度は経済よりもむしろ軍事の組織化だった。そしてその結果、地政学的なパターンも変化した。それまでは半周縁的な地域だったものが、ある意味で文明の新たな中心となった。「辺境領主」たちが覇権帝国の開拓者だったのである。

大部分の事例を通じてほぼ同類のパターンが認められることから、ここでも一般的な発展傾向があると考えられる。しかし今度は事例ごとのちがいはもっと明白である。それに対して私としては、史料が最もよく整っていて歴史的にも重要な事例である近東文明の発展に、さらに密着していこうと考えている。われわれはもう歴史の圏域にしっかりと踏みこんでいるのだから、史料文書ははるかに整っているし、私としても〈力〉の基盤構造《インフラストラクチュア》とその手段となる四つの個別組織について、（第一章で約束した通りに）もっと体系的に見てゆくことができよう。

メソポタミアの初期帝国の発展を検討した後で、私はそれらの帝国を説明すべく比較社会学者たちが編み出した理論にも立ちもどろう。これらの理論は帝国的支配の幾つかのおおまかな特徴を指摘することには成功しているけれども、そのアプローチはスタティックで循環論的だということが、そこで明らかになるだろう。これらの理論は「強制的協同」の弁証法を見落としており、それこそ本章の中心テーマなのだ。強制的協同という権力技術を通して、〈力〉の「最先端《リーディング・エッジ》」が多重な〈力〉のアクターの文明から、圧倒的な支配の帝国へと移行したのである。

背景——軍事体制の成長と辺境

およそ七〇〇年間というもの、シュメール文明で優勢だった形態は、少なくとも一二の主要都市国家がつくりあげた多国家構造だった。したがって、ヨリ大規模でヒエラルキー的な〈力〉の組織へと向かう迅速な動きなど、まったく見られなかった。しかしこの時期も後半になると、王権が優勢になるにつれ、都市国家はその内部の形態を変え始めた。そして紀元前二三〇〇年頃から、都市同士の地域連合の出現とともに、都市国家の自律性は弱まり始めた。最終的にこれらの連合は、歴史記録上最初の拡大包括型「帝国」であるアッカドのサルゴンの帝国に征服されてしまった。そしてこの帝国という優勢な社会形態は、近東とヨーロッパで三〇〇〇年間、東アジアではさらに長い年月にわたって存続しつづけた。その初めての出現は明らかに重要な問題なので、説明が必要である。

前章で見た通り学者たちは、このプロセスの第一部である後期のシュメール都市国家における王権勃興の契機を、概して戦争に帰している。都市国家が行なった灌漑農耕の成功のおかげで、彼らはヨリ貧しい隣接高地民の恰好のえじきになったのだ。多くの記録はさらに、都市国家同士のあいだで数多くの境界紛争が起こったことを物語る。こうした二つのタイプの抗争によって防衛が重大事項となり、第三千年紀の中頃に巨大な都市城壁の建造が行なわれた。それと同時に、戦争指導者たちは自らの支配権を王権に統合していったと推定される。権威ある専門家の一部は、それら戦争指導者はアッカド人、すなわち北方セム人だったのではないかと言っている。しかし私が示したように、局地的な王権と、比較的中央集権化された局地的な再分配型灌漑経済とは完全に両立しうるのであり、シュメール的伝統との決定的な訣別はなされなかっただろう。王権は戦争の指揮と経済の管理を結合させることで余剰を増大しつづけるとともに、人口レヴェルもしくは生活水準のいずれかを増大させた。しかしこれが成功すればするほど、ヨリ広範な地域に及ぶ〈力〉のネットワーク群に大きなインパクトを与えたのである。

したがってわれわれはシュメールの内部だけでなく、シュメールとその外部との勢力均衡《バランス・オヴ・パワー》を検討しなければならない。当然のことながら、ここに経済的と軍事的の両方の思惑が絡みあっていたこと、今日に至るまで変わりはない。

前章で指摘した通り、シュメールは経済的に特化していた。農業的な余剰の産出に有利な位置にあり、したがって分業にも物品生産にも有利だったが、他の原材料とりわけ鉱石、宝石、木材は比較的不足していて外部との交易に依存していた。さてこの交易はもともと国家よりも前から始まっていた——これは後期先史時代一般についても言えることだったが。しかしそれは発展すればするほど国家に依存するようになっていった。地域集団すべてが組織としての能力を増すにつれて、比較的発展の遅れた集団でも組織的攻撃をかけて商業民に貢納を強要することができるようになった。交易はまさにそのルート沿いに、掠奪からの保護を必要としていた。しかし国家管理された領域間の、合意にもとづく平和的交換であっても、物品の商品価値を表示する国際的「通貨」が存在しない状況の下では、高度な外交的規制が必要だった（オッペンハイム・一九七〇年参照）。交易の成長は二つの面でシュメールの弱点を増大させた。第一に、それによってシュメールから遠く離れたところに位置しているあらゆる種類の集団の、集合的組織の余剰と〈力〉とが増大した。交易を掠奪することを選ぶものもあれば、外交的手段を駆使して交易相手をシュメールから自分へと変えさせるものもあり、さらにその他にもシュメールと平和的に競いあうものもあった。物品製造の効率における「比較純利益」はシュメールにあった。しかしながら、もしもどこか他の集団が実際に物品の到着を阻止して交易ルート上で「保護料金」を請求するとなると、この利点も通用しなくなってくるだろう。そうした集団を率いる者は、ほぼ読み書き能力を備えて組織化の進んだライヴァル国家から、部族の首長、さらには山師とその一味に至るまで、ごまんといたであろう。こうして組織的な戦争ないし外交にせよ「マフィア型」暴力にせよ、どちらもシュメールの生命線となる補給源の安定性を脅かすことができたのである。

したがって、シュメールは自らを保護すべく、国際交易ネットワークに沿って自らの政治的・軍事的勢力を拡大しようと図った。農業における効率の良さのおかげで、シュメールは軍事目的に割ける人員も資源も、他の近隣の民族ほとんどと比べて有利だった。初めのうちは兵士や商業民を送りこんで、交易ルート沿いに植民地を建設することもできたように思われる。しかしながら長期的には、そうした植民地を管理することができなかった。それらは自律的な発展をとげ、各地の住民と融合してしまった。さらには二つめの弱点のために、ライヴァル的集団が有利となった。シュメールにとっての難点とは、このライヴァルが辺境に陣どっていて、外部への進出が阻まれたことである。ここでわれわれが想起しなければならないのは自然環境上の特殊性が戦争に及ぼすインパクトであるが、私はこの点について第二章で論議を始めたところだった。

海戦と包囲戦には特異性があるので、当面は脇によけておこう。そこで話を地上の野外戦闘に限定すれば、有史以来今日まで、軍隊は三つの要素で構成されてきたと言える――歩兵と、騎兵（二輪戦車を含む）と、砲兵（その主なタイプが弓矢だった）である。これらのそれぞれに数多くの変異体があり、混成軍のみならず混成タイプ（たとえば騎乗弓兵）もしばしば現われた。それぞれは相異なる経済と国家をもつ社会からそれなりに出現する傾向があり、それぞれは相異なるタイプの戦闘においてそれなりの利点と弱点をもち、それぞれが経済と国家とにそれなりの影響を及ぼす。古代世界では一般的に騎兵が有利だったとよく言われるけれども、歴史上ある一つの戦闘形態だけがずっと有利だったということはない。実際のところ戦闘力は、戦争のタイプと、軍事形態、政治形態、経済形態の発展に応じて変化したのである[1]。

最初の武器は農耕用具と狩猟用具から発達した。馬がステップ居住民によって飼い馴らされたのは、後の紀元前三〇〇〇年頃だったが、そのすぐ後にはシュメールでウマ科のエクウス（おそらくオナガーとロバの雑種）が荷車および二輪戦車の牽引に使われていた。シュメール軍はやや扱いにくそうな二輪戦車と、長い盾をかまえて前進する密集歩兵とで構成されていた。弓の数は少なかった。これらの歩兵隊は小規模で人口密度の高い居住地を攻めたり衛ったりする、ゆっくりとした秩序立った軍事行動に適していた。初期の都市国家を防衛したり、その隣接都市を征服したりする必要から生まれた軍隊であった。われわれが知る限りでは、彼らは後背地についてはほったらかしだった。後に現われた彼らの強敵は槍と弓で武装した遊牧民の騎馬兵だが、この頃はまだ鎧《よろい》冑《かぶと》も重厚な武器も、鞍《くら》も鐙《あぶみ》も付けてはいなかった。彼らは農耕民に対する正面攻撃を持続するのに難点があったし、敵を包囲することができなかったのだが、その急襲や寝返り作戦は油断できないものだった。

しかし第三千年紀において盛んに行なわれた戦争のタイプというのは、これらの強敵同士のあいだで戦われたのではなかった。馬が騎兵同士の戦争で効果的に用いられるようになったのは、(より移動性に富む戦車が出現した)紀元前一五〇〇年以後だったことを思い起こしてほしい。それ以前についてわれわれが比較考量すべきは、牧畜民について言われる戦場での大胆さと機動性、狩猟民の飛び道具駆使能力と凶暴さ、農耕民の数、団結力、そしてとりわけ防衛的士気の高さなのである。全面的に有利だった者はいない。相異なる戦術的・地政学的状況の下で、それぞれが優位に立ったのであり、それぞれをうまく組み合わせることが理想的だったろう。いずれにせよ、灌漑河谷とステップ牧草地とは概して隣接していなかった。その中間に高地ゾーンがあって農耕と牧畜とを結びつけ、河谷とステップ、森林、そして山岳とのあいだを結ぶ交易ルートをまたぐ戦略的位置を占めて比較的に繁栄していった。ここで戦争技術は等分に混ぜ合わされ、そしてここでおそらく(これは推測の域を出ないのだが)奇襲攻撃とか整然たる進軍とかいった戦術を組み合わせる最初の試みがなされたのだ。さらに都市国家としてはこれを奨励して、そうした辺境領主をさらに遠方の本物の牧畜民に対する緩衝材、あるいはライヴァルの都市国家に対する平衡の重石として利用したにちがいない。辺境領主たちはこの時にはまだ効果的な騎兵をもっていなかったのだが、それはいまだ馬の飼育に強さの面で顕著な改善がなされておらず、馬具も粗末だったからである。しかし狩猟の慣行から弓術が急速に進歩していたことは明らかだし、歩兵部隊と組み合わせれば、弓の使用は辺境領主にとって相対的に有利だったと思われる。とにかく、説明すべきことがある――辺境領主たちは二〇〇〇年のあいだ戦争で優勢だったし、彼らには帝国を建設し拡大しようとする傾向があったのだ。

アッカドのサルゴン

サルゴンは史上最初の大人物《パーソナリティー》だった。彼は紀元前二三一〇?年にシュメールを征服し、紀元前二二七三?年に死ぬまで支配した(年代はすべて推定である――これはウェステンホルツ・一九七九年・一二四頁による。他にも有益な二次典

(1) マクニールは古代初期の戦争について刺激的な概論を書いた――『西欧の勃興』(一九六三年)と、最近の『権力の追求』(一九八三年)である。考古学的典拠についてはヤディン(一九六三年)を参照。

拠としてキング・一九二三年・二一六―五一頁、ギャド・一九七一年・四一七―六三頁、ラーセン・一九七九年・七五―一〇六頁がある。判読できる文書史料の詳細はグレイソン・一九七五年・二三五―六頁）。彼が創始したアッカド王朝は拡大したメソポタミア帝国をほぼ二世紀間にわたって支配し、同じ中核地域の支配は（さまざまな空白期間はあったが）他の幾つかの大王朝へと引きつがれた――ウルの第三王朝、バビロン古王朝（ハムラビはその最も有名な支配者だった）、そしてカッシート王朝である[2]。本章であつかうサルゴンからカッシート王朝滅亡までの時期は、およそ一〇〇〇年だった。こうした長い期間にはとてつもなく多彩な社会的経験が含まれていただろうが（西暦一〇〇〇年から一九八五年までのヨーロッパにおける社会的経験の多彩さを考えてみてほしい！）、同時にそこには歴史的発展の中心的方向づけのみならずマクロ構造上の類似性も見られるのである。両者とも、その大筋はサルゴンによってつくられた。サルゴン自身に関して多くのことは分からないので、彼の帝国をめぐる議論は常に目的論的になりがちであり、史料そのものも通常は後代に書かれたものだから、そうした気味を帯びている。私自身の分析もこうした部類の典型で、ある意味でサルゴンを虚構化して世界歴史上の大人物、その時代および王朝の代表的人物へと仕立てあげてゆく。

　サルゴンの征服事業は「領域帝国」の建設だったとよく言われる。私はこの説には反対で、彼の権力は領域を直接管理したのではなく、どちらかといえば被護者《クライアント》に対する個人的な支配だったと主張したい。そうはいっても、彼の権力が及んだ範囲は長さ幅ともに少なくとも数百キロに達し、シュメールの都市国家群、彼自身の出身地だったアッカドの北部地域、東方のエラム地域、その他さまざまな高地や平地を含んでいた。これらの征服地はティグリスとユーフラテスの両河川系によって形づくられていたが、それが経済上、ロジスティクス上の理由からだったことは明白だ。彼らの経済的な中心はもはや単に水平的な灌漑だけではなく、こうした数多くの水平的な灌漑地域およびその後背地同士を結ぶ交易の統制がそれに加わっていた。われわれはさらに、もう一つのタイプのつながりを観察できる。征服は河川系だけを追ったのではなかった。その背骨をなすのは自然が組織に対してもたらすリズムに軍事的ないし政治的人工物で干渉することであり、それはまさにかつて灌漑という経済的ないし政治的人工物が河川のリズムに干渉したのと同じだった。

　サルゴンの故郷はアッカド、おそらくは都市国家でその正確な位置は分かっていないが、発展の遅れた北部メソポタミア地域だった。「アッカドの地」には灌漑農耕のみならず、天水農耕地と高地の牧草地が含まれていた。そこに住む人びとはたぶんセム人だった。アッカドの言語はシュメールとはちがっていた。アッカドの土地は北部のシュメール国家と接していて、その影響下に置かれていた。サルゴン伝説によれば彼は庶子の生まれである（中東で最初の「パピルスで編んだ籠で漂流する赤子」物語）。彼の初期の経歴が保存されていた――北方シュメール国家キシュの王の家来（「酒の給仕係」）としてプロの戦士を務めていたのだ。この地域には、私が述べたような種類の経済的・軍事的な圧力が交差していた。サルゴンが覇権を手中にしたのは（われわれの推測では）、牧畜民と農耕民の軍事技術を結合させることによってだった。彼の攻撃の迅速さは有名だった。彼あるいは彼の後継者は、たぶん木材と動物の角を組み合わせてつくった強化弓を使用した（ヤディン・一九六三年を参照）。しかし彼の主力はいまだに重装備の歩兵だった。

サルゴン一人が開拓者だったわけではない。通常セム人の名前のついたもっと早い時期の征服者が散見されるのであって、彼らは王朝開始直前のシュメール都市国家でしだいに頭角を現わしていた——たとえばルガルアンネムンドゥは東の間の征服者だったが、明らかにセム人と分かる名前の副官に依存しており、われわれの典拠（クレーマー・一九六三年・五一頁）によれば、「全世界に対して王権を行使した」のだった。

強化されたこの辺境を基地としてサルゴンは全方向へ動き、三四回の軍事行動でシュメールの都市国家すべてを征服し、南はペルシア湾、西はおそらくレヴァント沿岸地域、北はシリア北部とアナトリアにまで達した。彼とその後継者たちはライヴァルだったエブラ王国を滅ぼしたと言っていた。記録に残っている彼の活動の大部分はシュメールと北西地方のものだが、軍事行動はそれぞれで異なっていた。シュメールにおける彼の暴力は選択的で慣行による制約を受けており、城壁は破壊するものの都市は破壊せず、シュメールの前王を鎖につないでニップルにある〔最高神〕エンリルの神殿まで引いていったのだが、この役は彼自身が引き受けた。シュメール人支配者でそのまま地位に留まった者もあったが、慣例と思われるより多数の者がアッカド人によってその地位を追われた。ここでの彼の意図はシュメールの〈力〉を活用することだった。北西地方、シリアでの彼の振る舞いははるかに非情なもので、破壊の限りをつくしていた。現代これを読む者には奇妙に感じられるのだが、これらの記録には破壊と商業的意図とがないまぜになっていて、たとえば「銀を産する山やま」や「ヒマラヤスギの森」を解放する遠征や、中央アナトリアで攻撃を受けたアッカド人商人を防御する遠征が記録されている。しかしながら、破壊と商業活動の合体は合点のいくことだ——目的は国家の〈力〉を破壊して交易ルートに干渉する者たちを震えあがらせることだった。

これら二つの地域を合わせると、それ以前の標準からすると広漠ともいえる帝国になる。われわれはたぶん、アナトリアとレヴァント沿岸地域の征服記録は疑わしいものとして排除すべきだろう。それでもなお、ティグリス・ユーフラテスの両河谷に沿ってのびるこの帝国の北西—南東の長さはゆうに一〇〇〇キロを越えていただろうし、河谷を横切って四〇〇キロ、上流方向にも四〇〇キロはあったろう。しかし記録は誇らしげではあるけれども、正確さに欠けている。記録に

（2） さまざまな王朝の概略年表は本章後掲図5-1〔本書184頁〕を参照。

よればアッカドは「スペースを」三六〇時間の行軍分、道路にしてほぼ二〇〇〇キロも広げたとあるのだが、「スペースを」という言葉をどう解釈すればいいのか判然としない。それはそれとして、強調点は定かならぬ範囲の国ぐにや人びとに対する圧伏支配にある。圧伏支配を表現する言語は激烈である——諸民族、諸都市、諸軍隊は「粉砕され」、「撃滅された」——サルゴンは「彼らを山積みにした」のである。「王」を表わすアッカド語も神的な意味合いを帯び始めた。サルゴンの孫のナラム・シンは後に「四方世界の王、権勢並びなき者」の称号とともに、神的身分を直接与えられた。

　こうしたことのすべては圧伏支配というものの包括的・領域拡大的・帝国的形態と思われる。同時代の人びとにもそうした印象を与えるつもりだったのだ。しかしサルゴン帝国が領域帝国だったのはその版図《イクステント》の面ではなく——語路合わせをさせてほしいのだが——意図《インテント》の点においてである。このことを確認するには、ロジスティクス的な基盤構造《インフラストラクチュア》と〈力〉の普遍的な伝播性についての詳細な考察が必要となろう。私は合理的に秩序立った技術的なやり方で権力を行使するための、実際的な可能性がどれほどかを査定する。これが容易でないと言うのは、記録史料が乏しい上に、学者たちがロジスティクスの問題を避けて通っているからである（アダムズ・一九七九年・三九七頁にその告白がある）。推測と仮説的再解釈が必要である。基盤構造に関する根本的な問題の幾つかは古代文明期を通じてほぼ変わらないので、私はサルゴン時代の史料の限界を他の時期、他の場所の史料で補足しようと思う。

　組織され伝播される〈力〉の四つの源泉すべてを作動させるのに必要な根本的な基盤構造とは、通信輸送である。メッセージや人員や資源の効果的な受け渡しなしに、いかなる〈力〉も不可能である。サルゴンの通信輸送について、われわれにはほとんど何も分からない。しかしながら、彼が直面した問題は古代の支配者すべてと同類のものだったとは推察できる。三つの技術の発展を見た後は——つまり動物に牽かせる荷車、舗装道路、帆船のことだが——、通信輸送に対する全体的な制約は数千年にわたって同じだった。根本的なこととして、水路輸送は陸路よりはるかに実用的だった。二五〇〇年後のことだが、ローマ皇帝ディオクレティアヌスの「最高価格令」はコストの比較を数字で示した。海路のコストを一とするなら、河川輸送の割合は五、陸路を荷車で運ぶのは二八か五六かだった。[3] つまり、陸路輸送は海路より二八倍か五六倍も費用がかかり、河川輸送より五倍以上か一一倍以上も割高だったのである。これらの数字は正確な割合というよりも一般的な比較順位を示している。厳密な相対コストは距離や、地勢や、河川ないし海洋の状態、物品の重量、使用動物の種類、そして技術によって変化する。

　こうした数字のちがいは、主に二つの要因から生じてくる——スピードと運搬者のエネルギー補給である。スピードは河下りと海路輸送で大きく増し、河の条件次第では上りでも増すことがあった。しかしコストに大きくかかわるのが、陸路で荷物運搬の動物に餌を与える問題で、海路では起こらないことだった。これはコスト上昇以上の問題だった——距離に限界があったのだ。雄牛、らば、馬、ろばといった動物が最大限の飼料を運んでゆく場合、その飼料を消費しながらおよそ一五〇キロの行程というのが動物の命の限界だった。ルート上での飼料調達なしなら、陸路でそれ以上の距離は不可能だった。飼料調達も可能だったろうが、費用効果は高かった。古代世界において八〇キロ以上一五〇キロまでの陸路輸送として経済的に割が合うのは、重量に対する価値の比率が運搬動物の飼料比率と比べて高い物品だけだった。水路では費用効果がはるかに良く、食糧補給なしに長距離を行くことができた。海路行程での主な限界は真水の確保だが、これが船の積載重量のかなりの割合を占めていたのである。したがって効率の良い船は大型だったので、建造の投資コストは上昇した。水陸の輸送形態双方に影響を与えたのが季節で、水路は天候と河川の氾濫によって大きな制約を受けたし、陸路は収穫と余剰食糧の入手可能性に大きく左右された。

メソポタミアの自然環境について少々の知識があれば、シュメールの発展における通信輸送の重要性が分かる。都市国家は航行可能な河川の沿岸か、そのすぐ近くに位置していた。都市国家群は互いに近接しており、長途の旅程の中継地となった。したがってろばや牛車が都市間の通信輸送に効果的な役割を果たした。上流へと向かう航行は困難だった。大きないかだに荷を積んで下流へと帆走し、そこでいかだを解いてその木材は下流で使用する、というのが通常のパターンだった。主な障害は木材が高価だったことと、季節ごとの洪水ですべての航行が止まることだけだった。

しかしながらサルゴンも、沖積土平野の外へ一歩踏み出すと、基盤構造上の恐るべき困難に遭遇した。これらの困難は多かれ少なかれ、その後の拡大包括的な帝国にとっても同じだった。彼は最初の、そして最強の征服者だったから、われわれは彼の軍事的ロジスティクスから始めよう。

軍事的な〈力〉のロジスティクス

サルゴンは自慢話を二つ残していて、自分の偉業が実はある程度ロジスティクスにかかわっていたことを示している。ニップルの神殿の銘板には「五四〇〇人の兵士たちが毎日彼の面前（あるいは、彼の宮殿）で食事をした」と書かれている。そして初期の王たちの年代記には「彼は行軍一〇時間分の距離ごとに宮廷役人を配置し、土地の諸部族を統合して支配した」と書かれている。（これらの銘板はプリチャード・一九五五年・二六六―八頁、グレイソン・一九七五年・一五三頁で読める。）この得意ぶりは組織する技術への関心をのぞかせており、この技術こそ彼が前任者たちより優れていると考えられていたのだった。兵士の人数、その兵士たちが兵站部によって永続的な補給を受けていたという事実、そして

（3）残念なことに、この勅令自体があいまいなのである——詳細は第九章参照。陸路でもらくだを使う場合、勅令はコストを二〇パーセント減じている。

その兵站部も永続的かつ空間的に組織されていたという事実が、事柄の斬新さを表わしている――大規模なプロの軍隊と管理機構の出現である。五四〇〇という数はわれわれには大きいとは思えないが、当時としてはそう印象づけようと意図されていたのである。彼の数かずの征服と支配の中核部隊は、たぶん、この人数での武装した臣下とその補給隊だった。

　こうした部隊でどんなことができたろうか？　リーダーと宮廷を寝返りの奇襲から衛ることができた。しかし都市国家相手の大決戦を行なうには人数が足りなかっただろう。ウルとラガシュの連合軍との戦闘で、サルゴンは八〇四〇人を殺戮し、さらに五四六〇人を捕虜にしたとされている。こうした数字は少々あやしいと思う。この両都市が駆り出せた兵役適齢人員は最大限で六万だったようだ。こうした小作農民や職人の三分の一を越える人びとに武器を与え、動員をかけ、最小限の軍事訓練を受けさせただけで限られた空間に閉じこめて戦闘へと行軍させることなど、私にはとても信じられない。敵軍の総人員は一万三五〇〇だったようだ――とにかく、対峙した両軍勢はたぶんこのような規模だったろう。そうするとサルゴンの中核部隊（この比較的初期の戦闘では五〇〇〇人まで達していなかった）は、彼の被護者《クライアント》である支配者や同盟者からの徴募兵で補充支援しなければならなかったろうし、実際その後は常にそうなったのである。そこで主たる軍事行動の際の総勢一万―二万と、常時一般目的用の五〇〇〇かそこらの人数を想定してみよう。彼らに必要なロジスティクスとはいかなるものだったろうか？

　ここで私は二〇〇〇年後の時代のロジスティクスについての卓越した研究、ドナルド・W・エンゲル（一九七八年）のアレクサンドロス大王遠征の分析を援用する。これほど先へ来てしまうのは、この間隙を埋める研究に該当するものがないからだ。古代を通じての通信輸送テクノロジーの類似性のゆえに、エンゲルの重要な発見の幾つかは全古代に通用するものだし、その他の部分はアッカドに適用できる――それはアレクサンドロス自身が横ぎった地域だからである。

　まず最悪の仮定をしてみよう――軍隊の行軍ルートには食糧も水も馬の飼料もない、言い換えれば土地が不毛であるか、収穫期でなく、かつ、地方住民が備蓄食糧をもって逃亡してしまったとしよう。エンゲルの計算によれば、軍隊規模とは大筋で無関係に、兵士たちと随伴民間人《キャンプ・フォロアー》たちが運搬できる自分たちの食糧は二・五日分だった。四日分となれば、かなりの数の荷物運搬用動物が必要だった。しかしどれほどたくさんの動物を連れてこようとも、五日は不可能だった。動物と兵士が増加分をすべて使い果たしても、五日となると割り当て口糧の半分にしかならなかった。完全自給の軍隊の生存期間は三日だった――これはギリシア軍とローマ軍の食糧配給システムによっても確認できる結論である。補給食糧が穀類であれ堅パンであれ、三日が限度なのだ。これが世界を征服する大領域帝国についてわれわれが築きあげるイメージの、まったくありのままの基盤なのである！

　そんな短い時間でどれほど進めただろうか？　それこそ軍隊の規模によるのだが、軍隊が大きくなればそれだけペースは遅くなる。エンゲルの計算によるとアレクサンドロスの場合は、随伴員を含むおよそ六万五〇〇〇人の全軍で一日平均およそ二四キロである（七日で一日休息する前提だが、今われわれが考えているもっと短期にはこれは当てはまらない）。エンゲルはしかし、小規模な分遣隊ならこの倍は行けたろうと考えている。もちろんマケドニア軍は、当時の最速の軍隊だった。

ここでわれわれはもっと早い時期の概算値を少々つけ加えよう。クラウン（一九七四年・二六五頁）は一部の古代軍隊について以下の数値を載せている――トトメス三世（紀元前一五世紀）のエジプト軍は一日二四キロ、ラムセス二世（紀元前一三世紀）のエジプト軍は二一キロ、紀元前五九七年のあるバビロニア軍で二九キロ、後代のローマ軍で二三から三二キロである。もっと早い、サルゴンに近い時期となると、紀元前一八世紀のメソポタミアでの兵士と役人の小規模集団の行進が二四から三〇キロだったと、クラウン（一九七四年）は概算している（ハロウ・一九六四年参照）。唯一もっと高い数値はサグズ（一九六三年）で、紀元前七―八世紀のアッシリア軍の一日四八キロである――しかし第七章で私は、アッシリア軍に関してサグズは幾分評価が甘いことを述べる。アレクサンドロス以前の標準は三〇キロ未満なのである。

サルゴンがこの標準を上回ることができたと信ずる理由はない。彼はシュメールの大型荷車を使わずにすんだわけではなかったし、彼が使った動物はらばや馬ではなくエクウス（ろばの雑種）だった。彼の荷駄動物の動きは遅かったろうし、それを使っても機動性の面での有利さはなかったろう。ここは気前よく彼に一日三〇キロを認めてやろう。三日間の最大移動距離は九〇キロだが、行動は迅速かつ補給物資の捕獲をともなわなくてはならない。有能な指揮官なら部隊をこの距離の半分以上行軍させる危険は冒すまい。軍隊の行進ルート沿いに陸路でさらに補給物資を運んでも解決にはならないというのは、その補給物資は部隊にとどく以前に兵站部によって消費されてしまうからである。

これは征服あるいは支配をしようとする帝国にとって貧弱な基盤であるが、最悪のケースではある。征服と帝国の脊柱を河谷に沿って築いたサルゴンは水を見つけただろうし、これで荷重を軽減できたろう。エンゲルの計算では、水を運ばなければ、九日間行進して最大三〇〇キロまで増やして移動距離を三倍にすることができる。指揮官は行き先での戦闘に備えて行軍距離はこの三分の一にしておくだろう。

重い積荷は武具装備も含んでいて、これがさらにややこしい。エンゲルの計算では、行軍する兵士一人が担える実際的な最大荷重は三六キログラムだが、今日ほとんどの軍隊マニュアルでは三〇キロとしており、私自身が試してみたところ、それ以上担げば一歩も動けないのである。ランデルズ（一九八〇年）によれば、ローマ時代の荷物運搬人は長い距離ならせいぜい二五キログラムだった。マケドニアの歩兵の装備はおよそ二二キロだったが、これは主にかぶととよろいである（よろいは身にまとうことができるので、同じ重量でも運びやすい）。アッカドの装備はこれより軽かったかもしれないが、それは大した問題ではないと思うのは、マケドニア人以前の部隊で二二キロ運んだものはなかったからである。アレクサンドロスの父フィリッポスは機動性を増すために随伴員と荷車の数を減らし、その荷重を兵士に担わせた。後の共和政時代のローマでマリウス将軍が同じことをし、おかげで彼の部隊には「マリウスのらば」というニックネームが付けられた。これら二つの事例はともに、部隊に課せられる日常的な強制というレヴェルでの、当時としては瞠目すべき革新と考えられたのだが、社会が高度に軍事化されたことを示すものである。近東において兵士にこのように荷を負わせることが可能だったかどうか、疑わしい。アレクサンドロスの軍隊は戦闘員三人当たり一人の随伴員だが、敵方のペルシア軍は一人に一人だった（とギリシア側の史料にはある）。さらに言えば、シュメール、アッカド、アッシリアの兵士たちを描いた多くの絵図を見れば、武具以外のものを運んでいる者はいないのである。荷車、奴隷、随伴員はこれらの絵図においては荷駄獣扱いである。サルゴンの兵士たちは補給物資や動物の飼料などは実質的にはまったく運んでおらず、少なくとも同数の隷従的あるいは奴隷的な随伴員に運ばせていたように思われる。彼ら全体の移動距離は私が最初に行なった計算より大きくはなかったろうし、一日当たりの行進割合はもっと少なかったかもしれない。行進ルート上に水があるとしても、装備がもっと軽かったとしても、援軍なしの行軍で最大限実動距離九〇キロメートルという全体的な数字が実質的に増えることはなかっただろう。初期の近東の君主たちはこれよりもっと少なく、おそらく八〇キロだったかもしれない。最終的には八〇から九〇キロメートルと考えよう。この基準に照らしてこれ以上大規模な征服は、ロジスティクス的に不可能なのである。

　河川を使う輸送はサルゴンの状況を大幅に改善することができた（彼の軍事行動に適合する海洋はない）。シュメールに対しては、彼は下流へと進んだので、計画さえ周到ならば重量問題を回避できた。人口密度の高い氾濫原で、領域的・社会的に囚われた住民が収穫物とともに逃げこめるのは、要塞化した都市だけだった。都市はそれぞれ隣の都市を攻撃できる範囲内にあった。サルゴンは城壁の高さまで土塁を築き、河川を使って補給物資を受けとり、都市を攻略し、余剰を強奪して次の進撃のための補給物資を確保することができた。実際のところ、都市国家群が彼に対抗して共同作戦を展開するには、ロジスティクス上の問題があったのだ。サルゴンが都市に対して勝利を収めた軍事行動は実に三四回を下らないと記録されている。彼は一度に一つずつ、狙い撃ちにしたのだった。北部人サルゴンにとって南部征服の道がひらけた。

　北部での困難は大きかった。川を溯るか、平野あるいは山岳地帯を進まねばならなかった。ここまでわれわれは、行軍ルート沿いに陸路で補給を受けることはできないという想定でやってきた。もしそうなら、実際問題として征服など不可能だったろう。そこで想定を緩和しなければならない。サルゴンの眼前にあった地勢には人が住みついていて、通常彼らは定住農耕民だったが付属の牧草地をもっており、これによって「裕福に暮らす」可能性が生じていた。これは季節的な軍事行動、つまり収穫物略奪をねらっての最大一カ月間に加えて、小規模な軍隊を養える程度の余剰を住民が貯えていた、せいぜい六カ月までの軍事行動を意味していた。ここでは軍隊規模が問題である——規模が大きくなれば補給状況は悪化する。若い動物を奪い、良い牧草地を探し出し、略奪した動物の群れを随伴員《キャンプ・フォロアー》に管理させることも、季節的には可能である。もしもサルゴンが、あのバイロンの（「センナケリブの破壊」第一行の）アッシリア人さながら「原野の狼」にその身を落とせるなら、彼は短期間なら裕福に暮らせるだろう。だが余剰の大半はたいていは要塞化した貯蔵倉庫に納められるのが常だった——疾風怒濤のアッシリア人も包囲攻撃なしでは奪えなかった。

　またもわれわれは、同一の地勢に対応したアレクサンドロスの経験を援用できる。彼と対峙していた要塞貯蔵倉庫は所在地が散りぢりで多様だった——村落やオアシスや町やペルシア帝国の地方首都などである。アレクサンドロスはこれから進む地勢、道路状況、補給の可能性、その防備能力の情報がとどくまでは、決して補給基地から動かなかった。次に彼が計算したのは、現地の防衛軍を威圧できる最小限の兵力規模と、現地でのわずかの略奪ですむだけの補給物資を運搬できる最大限の兵力規模だった。彼はこの兵力を、おそらく幾つかのルートに分けて派遣した。主力軍は分遣隊が首尾よくいったことが知らされるまで止めおかれ、しかる後に出発した。現地防衛軍は通常窮地に陥った。彼らには降伏勧告が出され、自分たちの支配者からの援軍がない場合にそれは拒めなかった。戦闘する必要は通常なかった——小競りあいによって力のちがいのおよそが分かってしまい、防衛軍内で意見が分かれ、誰かが城門を開けてしまうのだ。

　これは近代戦とまったくようすがちがうので、今日の著者たちはしばしばそのプロセスの本質を理解できないでいる。古代の戦争における通信輸送上の困難は両軍にとって深刻だったので、双方が正面から衝突することなどめったになかった。正面対峙の場合、両軍ともに大急ぎで小規模分隊に分かれて別べつのルートを進み、敵軍から遠くないところに設けられた場所で（十分な水があり、収穫の最盛期で、おそらく貯蔵倉庫の準備も整えて）合流し、それから戦った。双方の将軍たちはしばしば戦闘熱心だった。彼らの戦略、彼らの名誉心、そしてとりわけ彼らの部隊指揮能力は、たとえ敗北に終わろうとも戦うことに適していたのであって、（城壁内で備蓄十分な防衛軍ならともかく）補給が切れてじわじわ士気阻喪するのは真っ平だった。防衛側の将軍も、すぐ後で述べる「なしくずしの裏切り」だけは断固避けたいと思っていた。しかしこの点を別にしても、主力軍は単に周辺地域を脅しつけるためと、新たな分遣隊を繰り出す源として使われたのである。征服のプロセスとはおおむね、「連邦的に」組織された徴募兵の分遣隊が送られた後に、強制的な交渉と「なしくずしの裏切り」で終わったのである。クラウン（一九七四年）が指摘するように、古代的通信輸送《コミュニケーションズ》の最も発達した部分とは、クーリエ（通信員）兼スパイ兼外交官のネットワークだった。クーリエは高い身分で自らのイニシアティヴでさまざまに活動し、すばらしい報酬を得るか、ひどく罰せられた。彼は帝国支配の要だった。

防衛軍に与えられる選択肢は多くなかった。抵抗すれば殺されるか、奴隷にされるかだった。降伏すれば目に見える限りの全余剰は略奪され、城壁は破壊された。しかしそれまで不満を抱いていた親戚いとこ連中、あるいは次男三男とその一派はもっと優遇されて、彼らが都市を明け渡したのである。この一派は軍隊に加えられるか、残されて都市の管理に当たった。たとえ軍事的に顕著な貢献がなくても彼らの存在が政治的に有用だったというのは、次の標的となる地方への見せしめの役割を果たしたからである。したがって、これまたわれわれ現代の読者には驚くべきことだが、古代の戦争では敗れた敵軍はすぐさま連合軍に鞍替え徴用されたことが読みとれるのだ。攻撃軍は新たな補給物資に向かって前進すべく、すばやく交渉にもちこむ必要があった。これはサルゴンのような栄光の帝国征服者たちが認めたがるより、はるかに外交的なプロセスなのである。しかしこれこそアッカド人が奮闘してつくりあげた諸王朝の始まりと終わりに関してわれわれが知っていることと符合する――つまり、サルゴンの軍事行動の人員規模と迅速さ、さらにウルの第三王朝の末期に地方長官たちが忠誠を破棄してアムル人へと寝返ったという史料などに符合するのである。

シュメールの地はちょうど食べごろという状態だったが、他の領域にはロジスティクス上の恐るべき問題があった。サルゴンはたぶん二つのわざをもつことでそれを克服した。第一に、彼の中核部隊は軍事プロフェッショナルであって、長期にわたる日常的な情報収集活動や補給協力の取りつけに熟達しており、主要戦闘に臨む単独部隊として、いずれにおいても強制力を発揮することができた。第二に、彼の、あるいは彼の主な副官たちの外交的な俊敏さは相当なものだったにちがいない。たぶん辺境領主としての立場から、彼らは多様な防衛軍に対して多様な地勢のなかで採りうるロジスティクス的かつ外交的な選択肢についての洞察力を身につけていた。これら二つのわざによって、肥沃で攻めやすく、衛りやすく支配しやすい河谷と農耕平野とを組織的に結ぶための、十分な軍事的術策が提供されたのだ。

奇妙なことだが、軍事補給上の制約は征服の限界とはならなかった。サルゴンとその後継者たちはおよそ五〇万平方キロの地域を限界としていたが、その制約は征服よりも政治支配の面にあった。いったん自然の境界が突破されれば、軍事的な〈力〉は休息などしなかった。五四〇〇人の中核部隊と連邦徴募軍にしかるべき組織が与えられ、五〇キロから一〇〇キロごとに補給物資を略奪できるなら、彼らは進軍を続行できた。通信ラインは河川でだけ機能した。陸上ルートは補給に役立たなかった。要塞は「遮蔽する」必要などなかった。時として古代の軍隊は、ただ行軍するだけの存在だった。アジアにおけるアレクサンドロスの軍事行動の幾つかがそうだったし、故郷から一五〇〇キロの地点で突然解雇されてさ迷う羽目となったクセノフォンが率いる一万のギリシア傭兵の（やむなき）軍事行動もそうだった。しかし一般的には軍隊は征服を制度化するため、すなわち支配するために進軍したのであり、政治的な選択肢は限られていたのである。

政治的な〈力〉の基盤構造

サルゴンの〈力〉は、その征服力に比べると、拡大包括型ではなかった。私は第一章での、ラティモアが述べた拡大包括型の〈力〉の同心円リングにもどろう。これから先われわれは、拡大包括型の社会を統合する経済的、イデオロギー的、政治的、軍事的諸組織それぞれの、相異なる能力を見ていこう。

国家による実際的な支配が可能な政治的半径は、軍事的征服の半径より小さかった。軍隊は兵力を集中することで成功を収めた。たえず側面と後方だけを防護しつつ、通信ラインを断続的に開いておきながら、不穏情勢のなかを突き進んだ。逃亡できなかった者たちは、公式には屈服した。征服の半径がかくも大きかったのは、一〇〇〇年にわたる農耕のケイジに囚われた彼らは逃亡することができなかったという、ただそれだけの理由からだった。しかし屈服した者を支配することは兵力を分散することを意味し、これは軍事的有利さを捨て去ることだった。いかなる征服者もこの矛盾を排除できなかった。帝国を馬上から支配することはできない――チンギス・ハーンが言ったとされる通りなのである。

この点を改善して真の帝国支配を展開するための主な戦略は四つあった。初めの二つ――属国《クライアント》を通しての支配と軍隊による直接支配とは、実行しやすく実効少なかった。この二つについてはすぐ後で述べよう。他の二つ――「強制的協同」と支配階級の共通文化の発展とは、結果的に見れば帝国支配者に多大の資源を提供したのだが、それにはきわめて複雑な基盤構造が必要であって、それは〈力〉の発展の歴史を通じて徐々に利用可能となったのである。これについては後でもっと詳しく述べよう。この時期において盛んに行なわれたのは、前の二つだけである。第九章でローマにたどりつくまでに、われわれは五〇〇〇年間の帝国維持には後の二つを併せた四つが大いに貢献しているのが分かるようになるだろう。そこでまず支配戦略の未熟なほうから始めよう。

四つの戦略の第一は被護者《クライアント》、つまり征服された土着民のエリートを通じて行なう支配だった。初期の帝国はこの戦略を貧困で組織化の遅れている隣人に対して試み、公式の服従と、おそらくは少々の貢納を課して、その支配者たちに支配をつづけさせた。彼らに悪しき振る舞いがあれば懲罰攻撃をかけ、支配者をその親戚いとこにすげ替え、貢納額を引き上げた。こうした本来の征服が行なわれることはきわめてまれで、めったにないことだった。とにかく、すでに見てきたように、ロジスティクス上のさまざまな困難によって、これでさえも現地エリートの分離派との政治取引を含んでいた。しかしながら、そうした権威型のプロセスに伝播型の〈力〉を付加することによって、ヨリ多くの〈力〉を獲得することができた。

それは土着民エリートの子どもを人質にとって、彼らと彼らの親たちをも「教育」によって征服者の文化へと取りこむことだった。これまでのところ、この技法には限界があった。しかし土着民が征服民に対して比較的遅れていたなら、文明は彼らエリートを自分の民族から幾分か誘い出してしまうことができた。征服者たちは彼らエリートを支援して現地の支配を軍隊によって維持させたが、その軍隊が本格的な叛乱が起こった際に果たす機能は砦に退却して援軍の到着を待つことだった。実際のところ、もっと後代になるまでは、いわゆる「領域帝国」にも概して明確な境界などなく、「内部」辺境地域は通常こうした間接的なやり方で支配されていた。したがって叛徒たちがこうむる個人的屈辱や、被護国の支配者が主人の前で儀式的に平伏することによって、支配を目に見える形で表現したのだ。支配は他の王や領主や長官を通して行なわれた。これによって安あがりの安全がもたらされたが、現地のエリートを自律させたままにしたので、彼らは叛乱に際して、あるいは内的外的に出現する魅力ある敵対者に追随して、資源を動員することができた。したがってわれわれは、サルゴンが現地の王にアッカド人の側近をつけ、征服地ウルの月の神の高位神官に自分の娘を任命するのを見るのである。

第二の戦略は軍隊を通して直接支配することだった――帝国を軍事体制の上に築くのである。これによって副官や部隊が戦略的な城砦や町邑に分散配置された。この場合、当初に殺戮すべき敵側エリートの数は、一番目の戦略よりも多いのが前提だった。さらに、小さな単位で分散配置されるプロフェッショナル部隊を編成し、城砦や通信輸送ルートや物資補給などの軍事的ないし政治的基盤構造を建設して維持するには、征服した農耕民から多大の余剰を取りあげることが必要だった。これは領域の中心部を征服した場合や、地政学的観点から重要な地域で盛んにとられた戦略だった。これはアッカド人が支配し強制労働で維持した地域でサルゴン自身がとった戦略のようだが、彼は他の地域では一番目の戦略を用いていた。しかしこの戦略は二つの問題に直面した――軍事政府の忠誠と統一をどう維持するか、征服民から余剰をどう取りあげるか、の二つである。

中央の司令官の権威というものは、征服戦争においては比較的保持しやすい――それは生き残りと勝利のためには有用だったのである。征服によって得た果実も彼の権威を高めた――彼は戦利品を分配することができたからだ。これを平定と制度化の進行中にも維持することは、行政官と駐屯部隊の報酬を中央の権威に依存させて初めて可能だった。非貨幣経済（この後すぐ詳論するが）の下での報酬は、土地と、貢物や税（物納と賦役と）の役得をもたらす職務とだった。軍事政権は部隊に対しては土地を与え、副官に対しては土地およびその耕作民と官職とを与えた。不幸なことに、こうした措置によって〈力〉は分権化されてしまい、兵士たちを「市民社会」にはめこみ、今や軍隊や国家とは独立に享受しうる物質的資源を彼らに提供することとなった。土地の給付の前提として兵役義務があったはずで、それは世襲されるべきものではなかったはずだが、この制度は実際には征服領域のなかに、独立・世襲の土地保有貴族と従属農民とを、つくり出した。こうして生まれたのが軍事封建制であり、「州長官制《サトラップ》」であり、多くの辺境領主であり、征服後の〈力〉を実質的に分権化したその他の社会構造だったのである。帝国の政治体制は、最終的には、普遍的な上流階級文化の発展によって強固なものとなる――この点は後にペルシアやローマの事例で見ることにしよう。基盤構造に限界があったこの時期の政治体制は、被征服住民が今にも蜂起するかもしれぬという絶え間のない恐怖といった素朴な資源に大いに依拠していた。平定事業が確固たるものになればなるほど、中央集権的規制の進展が有効性を増せば増すほど、軍事から非中央集権化が起こるという逆説が生じた。平定事業は軍事を分権化したのである。

　こうした議論はウェーバーの著作のなかに見出すことができるものだが、その意味合いはこうした初期の帝国の研究者には十分理解されてこなかった。それというのも、帝国の「領域」モデルが二度にわたって邪魔をするからで、一度目は「中心と周縁」の両領域という隠喩を通してである。中心地域は直接的かつ軍事的に支配され、周縁地域は間接的に子分《クライアント》=被征服地エリート層を通して支配された、と言われる。しかしロジスティクスがもたらすのは、安定した中心部と安定した（あるいは安定しない）周縁部ではなく、空間的のみならず時間的にも変化する支配パターンなのである。「中心」の支配エリートはやがて自律的となる。ヨフィーはこの現象を、ハムラビとその後継者たちの古バビロン国家に認めている。バビロンの中心部の直接的・軍事的支配として始まったものが、役人たちが自分の職務の世襲権を獲得し、現地エリートと通婚し、徴税を請け負うようになるにつれて解体していった。ヨフィーはこう結論する――「高度に中央集権化された官僚機構をもつ政治的・経済的システムは……その出発段階においてはおそらく効果的な軍事的・経済的勢力となるのだが、自らを制度化し合法化することはほとんどできない」（一九七七年・一四八頁）。政治的に不安定だったのは全体であって、辺境の「周縁」だけではなかった。「中心」からは常時あらゆる部分に対して威力の行使があった。

　しかしその中心はどこにあったのだろうか？　固定的な領域や中核といった観念が、ここで再び邪魔をする。なぜなら中心とは軍隊、サルゴンが率いる五四〇〇の兵士のことであって、これは動いていたのだ。継続中の軍事行動だけが軍事的な〈力〉を中央集権化した。平定と広範な脅威とにいったん不均衡が生じると、帝国の姿は中央の指揮官の下で単独の軍事行動を遂行している軍隊からしだいにかけ離れてきた。地方ごとの脅威には地方ごとの軍隊を動員して対応したが、それによって〈力〉は中央国家ではなく地方の指揮官の手に移った。分裂崩壊を防ぐべく、前工業化時代の通信輸送条件の下にあった大征服者たちのほとんどは絶えず軍事行動を継続していた。彼らが自らその身体を軍の最高司令部に置くことが、彼らの〈力〉を中央集権化したのである。彼ら、あるいは彼らの後継者たちがいったん首都の宮廷に引きこもると、割れ目が生じてくるのが通例だった。実際、征服で生まれた多くの帝国はそのとき崩壊した。度はずれた恐怖と支配者のエネルギー以外に、こうした人工的な創造物を維持できるものなど、われわれはいまだお目にかかったことがないのである。

不安定性が生まれた一つの理由は、帝国の政治的統合のためになされたロジスティクス上の大進歩などなかった、ということだ。国家機構それ自体は支配者の個人的資質と人間関係に依存していた。親族関係こそ永続的権威の最も重要な源泉だった。しかし征服の範囲が大きくなればなるほど、支配エリート間の親族関係はこじつけ的・虚構的になっていった。この時期に副官たちは自らを強固にするため現地人と通婚したが、これが征服者間の絆を弱めてしまった。この時期の読み書き技術は、初め重たい銘板と複雑な文字だけに限られていた。読み書き技術の伝統的な使用法は、諸関係を都市の中央部へと集中させることだった。遠隔の地へメッセージを運んだりそこを管理したりするヨリ拡大包括型の役割は、容易に振り当てられなかった。法令の公布という点では幾らかの前進が見られた。みごとに保存されているハムラビの「法典」は、ルールづくりという拡大包括的野心の高まりを示すものだが、たぶん実際に彼の法律で統治された帝国など一つもなかったろう。

したがって、軍事的・政治的なロジスティクスが「領域帝国」に有利に働いたことはなかったのだ。サルゴンとその後継者の足下にひれ伏した支配者たちがつくりあげた不安定な連邦体を記述するには、支配《エンパイア》・の《オヴ》・帝国《ドミネイション》というほうがいいだろう——サルゴンの国家とは五四〇〇人の兵士のことだった。

しかしながら、ロジスティクス上最も狭い半径とされた経済に目を向ければ、われわれは支配者にとって利用可能な三番目の戦略を見出す。ここで私はラティモアのモデルを離れる——彼のモデルはロジスティクス上の半径を明確に三つに分けているのだが、これはたぶん社会学における「自律的要因」アプローチの遺産と思われ、第一章で私が批判したものだからだ。初期帝国の経済は切り離されてなどいなかった——そこには軍事的構造や国家構造が浸透していたのである。強制的協同というさまざまな結合関係がロジスティクス上のおそるべき可能性を帝国の支配者にもたらし、これが四番目の戦略である支配階級の共通文化と相まって、諸帝国の主要な〈力〉の資源となったのである。

軍事経済のロジスティクス——強制的協同の戦略

ラティモアのモデルの、中心に最も近い圏域は、経済的な〈力〉だった。彼によれば、古代帝国にはたくさんの小細胞のような「経済」があった。そうした細胞は実際にサルゴンの征服帝国内部にも見られ、新たに形成された地域経済のそれぞれで作動していた。そのうち最も進んでいたのは、再分配中心部（かつての都市国家）によって部分的に組織化された灌漑河谷と氾濫原だった。しかしこれらのあいだでは、またこれらと高地地域とのあいだでは、交易が行なわれていた。そして交易による交換もまた、かつての政治的権威によって部分的に組織化されていた――河谷においては再分配中心部が、高地地方では分権的な領主がその権威だった。征服者は自分の支配地域内での生産や交換関係の強化を望んでいた。実際のところ、平定事業の拡大とともに、これはある限度内では自然に実現していった。国家もまた増大した余剰を手に入れたかったのである。

こうして征服者たちは、征服後にはある特定の経済関係へと進まざるをえなくなったのだが、われわれはこの関係のことをハーバート・スペンサーが用いた**強制的協同**という用語で呼ぶことにしよう（「戦闘的社会」の統合をめぐる彼の概念についてはスペンサー・一九六九年を参照[4]）。こうした関係の下で自然から得られる余剰は増大し、帝国には脆弱ではあるが経済的な統合がもたらされ、国家も余剰の分け前を引き出すとともにその統一を維持することができた。しかしこうした利益が生まれ出たのは、経済全般における強制が増大したときのみだった。これが特異なのは、むきだしの抑圧と多少とも共通の利益からの搾取とが不可分に結びついている点である。

このモデルは、すぐ後で詳述するけれども、搾取と強制という、この一方の面だけを強調する最近の理論からはかけ離れている。最近の諸理論は今日流行のリベラル派の国家観にしたがっている。それによれば、経済成長を含めた基本的な社会のダイナミズムは非中央集権的で競争的な市場組織から生まれる。国家は見まもり、基盤構造《インフラストラクチュア》の整備を行なうが、それだけなのだ。アダム・スミスが言ったように「平和と、安い税金と、正義の寛容な執行とが行なわれれば、その他のことは『自然の成り行き』がもたらすのだ」――これは最近の経済ダイナミズムの理論家の一人が肯定的に引用したものである（ジョーンズ・一九八一年・二三五頁）。同じ見方を、比較社会発展論の多くの著者は抱いている。国家は、とりわけ帝国国家は、強制と搾取のレヴェルをあまりに高めてしまうので、その臣民たちは市場から商品を引きあげ、投資を控え、退蔵し、概して経済的・社会的停滞に加担する、というのである（例＝ウェッソン・一九六七年・二〇六―七六頁、カウツキー・一九八二年）。

帝国をめぐるこうした否定的な見方は古代近東の専門学者のあいだに深く浸透していて、そこでしばしば「中心」と「周縁」という言葉が採用されるのだ。彼らの議論によれば、先進的で都市的で物品製造も灌漑も進んだ中核部に中心を置くタイプの帝国が、ヨリ後進的で田園的で牧畜的で天水農耕

（4）スペンサーは古代歴史全体に関する彼の理論を一般化しすぎていた。私は一九七七年の論文で、彼にならって強制的協同に関するきわめて概括的な主張をしたことを悔んでいる。この研究で私はこの概念を、この章で検討する諸帝国とローマ帝国（第九章参照）とには比較的大胆に適用し、それらのあいだに挟まるアッシリアやペルシアなどの諸帝国に対してはもっと慎重に適用する。しかしそれは古典ギリシアやフェニキアなどの文明には当てはまらず、第六章で検討する初期「インド・ヨーロッパ語族」社会の大部分にはわずかに部分的に当てはまるだけである。

の周縁部を税や貢納の形で搾取した。しかし周縁部も辺境領主による征服という形の帝国となって反撃し、中心部の住民と富を搾取し略奪した。どちらのタイプの帝国も寄生的だった。この考え方は、たとえば近年最も著名なメソポタミア学者、ソ連人ディアコノフとアメリカ人オッペンハイムとのあいだで交わされた論争のような場合でも、両者の基礎的認識となっている。ディアコノフは極端な寄生国家論者で、この地域におけるすべての主要なダイナミズムは私有財産関係と非中央集権的諸階級から生まれてきたと主張した（一九六九年・一三―三二頁）。オッペンハイムはこれを、国家が組織する経済ダイナミズムを無視するものだと批判するが、それは正しい。しかし彼のいう国家とは都市国家およびその交易ネットワークである。もっと大規模な帝国国家は、これらを経済的基盤とする「上部構造」として興隆し、衰亡した。大帝国が衰亡したとき、都市国家は大きな変化をこうむらぬまま再登場した（一九六九年・三三―四〇頁）。すぐ後で述べるが、二人の見解はともにまちがっている。

帝国をめぐる否定的な見方は、エクホームとフリードマンによってたいへん明確厳密に表明されている。詳細を引用する価値がある――

(1)　中心‐周縁システムのなかで発展する帝国とは富の生産および蓄積の、すでに確立している諸形態によって養われている政治機構である。帝国が過剰な徴税をせず、また同時に通信輸送のネットワークを維持する場合には、帝国はそのシステム内の生産と交易の可能性、すなわち既存のすべての富の蓄積形態の可能性を増大させることがある。

(2)　帝国は征服した地域および周縁地域から貢納を引き出すことによって、中心‐周縁関係を政治的に維持し、強化する。しかしながら帝国は、別の生産と循環の経済機構でそれを代替せずにただ搾取しつづけるだけならば、自らの崩壊の条件を創出することになろう。

(3)　こうしたことが起こるのは、既存の蓄積循環から吸いあげられる収入が全蓄積額よりもゆっくりと増加する場合である。そうした場合には経済的な分権化が起こり、他の地域と比べて中心部の弱体化という結果が見られる……（この後にローマ――急速な分権化――の事例とメソポタミア――もっとゆっくりした分権化――の事例とが示される）。

(4)　おおざっぱに言って、帝国の収支バランスは、

戦利品＋貢納（税）＋輸出収入

－｛帝国維持コスト＋輸入コスト｝

で決まる（ここで輸出入とは中心部から、および中心部へ、のことである）。（一九七九年・五二―三頁）

これは中央集権化の勢いと分権化の勢いとの収支勘定書の好例である。帳尻の正味の変化は、メソポタミアの事例ではゆっくりと、しかし繰りかえし起こったし、ローマの事例では一再ならず（しかしいつも突然に）起こった。しかしながら

もっと一般化して言えば、彼ら二人は経済全体の「根源的な」ダイナミズムが、社会発展の原動力として「すでに確立している」自由で分権的な蓄積形態にある、としているのである。国家が付加するのは輸出入を促進する通信輸送ネットワークだけである。それを除けば、蓄積に対する国家の戦略的な「管理」は余剰を寄生的に流用こそすれ、つくり出すことはない。「寄生的な中心部」という概念は、エクホームとフリードマンに対する批判者であるラーセン（一九七九年）とアダムズ（一九七九年）も共有しているのである。

私は二つの反論を行ないたい――(1)帝国国家は五つの固有なやり方で蓄積プロセス創出の手助けをした。(2)分権化が起こったのは、こうした国家支援を受けた蓄積プロセスのさらなる発展の結果であって、「根源的な」分権的な〈力〉の再発現などではない。国家は私的・分権的財産の〈力〉の発展を促進し、自ら分節化したのである。

強制的協同の五つの側面

五つの経済的プロセスが同時に機能を発揮して、抑圧を加えながらの集合的な〈力〉の発展を促進した。武力平定、軍事的乗数効果、経済的物品への権威的価値づけ、強制を通じての労働強化、征服を通じての技術の伝播および交換、の五つである。帝国国家の軍事体制はたしかに否定的な面をもつにちがいないが、これら五つのプロセスを通して効果的かつ安定的に実施された場合には、全般的な経済発展を導き出すことができた。順次検証していこう。

武力平定

遠距離交易を含む交易は、軍事国家の出現よりも早くから行なわれていた（エクホームとフリードマン・一九七九年が強調している）。しかし二つの理由から、保護の必要性が増大した。余剰が増大するにつれ、それは略奪と流用のますます魅力的かつ集中的な目標となり、専業化が進むにつれ、局地的な住民の自給自足性は減少して交易依存に傾いていった。サルゴンは交易ルートを保護するために北方へと進出した。これと同類の展開は、西暦二〇世紀に至るまでの歴史記録を通じて数多く見ることができる。交易の発展に関しては、歴史上「自然発生的」な部分はほとんどない。アダム・スミスの有名な主張がある通り、人類には「交換・交易《トラック・アンド・バーター》」への根源的な衝動があるかもしれない。先史時代に起こったことなら、彼の説を支持するかもしれない。しかしある限界レヴェルを越えると、交換はさらなる交換を生み出し、「所有権」や「価値」が権威をもって確立されるなら、生産に刺激を与えるのである。こうしたことが可能になるのは、交易を行なう当事者同士の規範的相互諒解を具現する数多くの個別契約が苦心惨憺して積み重ねられ、伝播していくからであろう。しかし多くの状況のなかでは、これは第二の方法よりも社会的資源を余分に浪費するように思われた――第二の方法とは、独占的な支配によって所有権を授与し交換を統括して、それらを国内的には権威ある国家によって、国外的にはそうした国家間の外交によって確立し維持してゆくことである。保護は強制によって確立される。帝国が示す証拠によれば、交易は通常帝国が安定しているときに繁栄し、弱体化したときに衰微した。これはアッカド時代に起こり、その後も繰りかえし起こった。たしかに別の方法による交易統制もやがて現われる――最も有名なのはフェニキアとギリシアが制海権を握った時代やキリスト教中世ヨーロッパなどで、これらは分権的かつ時には伝播性の保護形態を提供したのだったが、それらは決して「自然発生的な」交易の結果生まれたのではなかった。

武力によって統制される外交が、国家間で求められた。周縁部においては、外敵や辺境民族に対する平定が求められた。すべての交易ルート沿いにそれは必要だったし、中心部においてそれは必要だった。歴史上の諸文明においては、首都や軍隊の近くでさえ平定は不安定だった。その理由の一端は不作、土壌の浸食や塩分含有、人口増加などの自然的かつ不均等な要因が経済を悪化させ、飢えて絶望的な群集が他地域の群集を襲撃する事態を生み出したからである。この事態に対処するには、単純に鎮圧してしまうことや、防護された灌漑農耕を中核部全域へと拡充することや、再分配貯蔵庫を帝国全土へと拡充することなどを取りまぜる必要があった。帝国段階では灌漑とともに人口が樹木状に拡大し、旧来の都市城壁による防護システムでは不十分になっていた。すべての地域において、パトロールと鎮圧のために、軍隊が必要だった。

サルゴンの軍事機構はこの防護的役割に適していた。それは最小限の城砦を支援するプロの野戦軍を提供したのだが、この野戦軍の存在はその防護機能がうまくいくか否かにかかっていた。その物資補給は氾濫原の中核部と、高地の牧草地および森林と、山岳地帯の鉱山とのあいだの連結を保つことができるか否かにかかっていた。この意味では、サルゴンの五四〇〇人軍団と、ウルやバビロニアやアッシリアやもっと後代の諸帝国の後継者たちは、経済の消費中核であった。彼らは生産民や交易民のみならず、自らをも防護していたのである。

軍事的乗数効果

軍隊における消費の必要は需要の押しあげ、したがって生産の押しあげと見ることもできる。ここで必要とされているのは珍奇な奢侈品ではなくて主要産品――穀物、野菜、果物、家畜、衣類、金属、石材、木材などだったことを銘記してほしい。もしも生産や分配や交換の方法に何の進歩改善もなかったならば、当然のことながら、これは単なる寄生にすぎなかろう。農業生産民や採取生産民から重要資源を巻きあげることで、生産それ自体の継続を脅かすだろう。フリードマンとエクホームも認めていることだが、発展可能性を秘めた進歩が一つ、通信輸送に対してあった。帝国は道路建設――この時期には強制労働を軍が監督した――を行ない、河川輸送や海上輸送も改善した。この点では経済的要素と軍事的要素を分別できないのである。旅行者や交易者が休憩し物資補給をする立ち寄り地は物品交換の市場でもあり、彼らから通行税を取り立てる税関でもあり、交易と地域の安全確保のための小さな駐屯地でもあり、軍隊の通信輸送のための兵站基地でもあった。ここで「経済的」動機と「軍事的」動機を分離することが不可能なのは、平定事業の需要は補給の需要と同類だったからである。社会の多くの部分への経済的波及効果はかなりのものだった。もちろんわれわれは建設費用と経済的基盤構造維持費用とを差し引かなくてはならない。このような初期の時代では、こうした技術の費用‐便益比率を正確に算出することができない。しかし、時代が下ってローマ帝国の事例になると情報が豊富になり、れっきとした「軍事ケインズ主義」が作動していたと私は主張する。軍団による消費から、かなりの乗数効果がもたらされたのだ。

権威と経済的価値

交換が発展するにつれ、経済的価値――どれほどの量の品物Aがどれほどの量の品物Bに「値する」のかを計る技術も発展した。両者の「価値」が第三の「価値」との対比で計れれば、三者は**商品**となる。円筒印章《シリンダー・シール》出現の時代から、再分配国家はしばしば、というよりむしろ常時、交換価値の査定を行なっていたが、それが相互依存関係に基盤をおくプロセス、すなわち市場よりもはるかに迅速で効率的で正確だったことは明らかだ。交換可能な物品――通常は金属、穀類、ナツメヤシの実といった非腐敗性のもの――が、公式もしくは準公式の管理の下で質量ともに公認を受けることを通して、一種の「貨幣」の地位を獲得した。いったんこうなると、それらは利子つきで貸し出された。これが高利貸の起源と考えられる。紀元前第三千年紀以降に見られる料金表（ハムラビの「バビロニア法典」にあるものが最も有名だが）は、許可される最高価格の簡単なリストだったのかもしれない。しかしおそらくはハイヒェルハイム（一九五八年・一一一頁）が主張するように、公式の交換レートだったろう――どの程度強制力があったのかは定かでないが。価値を制定できた最初の権威は、第二章で見たように、たぶん再分配首長だった。第三章で見たように、メソポタミアの氾濫原のなかでそれを継承したのは小規模都市国家だった。したがって軍事体制帝国と価値創造とのあいだに不変の適合があるのではない。適合が起こったのは、征服によって日常の交換が拡大し、遠距離にわたってさまざまな商品が扱われるようになった場合だけだった。広く多様な地域にわたってある程度思うままに価値を定めることができた軍事支配者たちによって、擬似貨幣制度が推進された。しかし「貨幣制度」以上のことがこのプロセスに含まれていた――度量衡の保証、読み書き能力をもつ国家装置による契約記録の作成、法令にもとづく契約や私有財産の尊重、などである。すべての点から見て、拡大した軍事国家は経済的価値を定めることができた。

労働の強化

単純な非貨幣経済において高いレヴェルの余剰を引き出すことは、何と言っても、より多くの労働を引き出すことだった。これには通常、強制力を用いるのが最も手っとり早やかった。城砦や通信輸送基盤構造の建設が強制労働によって行なわれた――これらは短期間のうちに莫大な量の労働を必要とする仕事である。そのロジスティクス上の問題は軍隊と同じであって、拡大包括的な補給と内向集中的な強制力とを空間的・時機的に集中させることである。サルゴンの軍事技術は土木工学の分野で活用された。さらに言えば、農業、鉱業、工芸などの生産においても、奴隷その他の非自由民身分の形で強制が行なわれた。

第三章で見たように、労働の蔑視と生産手段からの完全な分離とは、通常、まず自由な労働ではなく、従属的な労働を生み出した。大規模な軍事征服は従属と隷属を拡大した。後になると債務によって、あるいは首長が自分の余剰労働をヨリ文明化された社会に売り渡すことによって、同一民族の成員間にも隷属が拡大したが、この両方のモデルは征服による奴隷化だった。言うまでもないことだが、通常こういうシステムが奴隷たち自身にとって福利となることはなかった。それはまた場合によって、競いあっている自由農民の経済を蝕むこともあった（ずっと後の共和政ローマの場合）。しかし生産の増大は、奴隷や農奴の所有者だけでなく、自由民全体の福利となったのである。

奴隷制が必ずしも盛んだったわけではない。強制が制度化されるにつれて、奴隷制の必要は減少した。非自由民で、隷属的ではあるが非奴隷民の集団が現われてきた。アッカド帝国とウル第三王朝帝国において、われわれは大規模な軍隊型労働組織の存在を認めることができるが、これは奴隷をともなうことも、ともなわないこともあった。ウル第三王朝時代のドレヘム文書のなかに、二万一七九九人を登録した労働民団の記録があるが、これは国家の監督下に置かれ、分遣隊に分けられて、それぞれには数多くの都邑からやって来た隊長がおり、彼らの出身都邑の総督名も記録されていた。これは強制労働組織と思われるが、収穫農地を移動したり掘割や堤防の補修をし、北方周縁地域から徴募されることが特に多かったが奴隷は含んでいなかった（ゲーツェ・一九六三年、アダムズ・一九八一年・一四四―七頁）。他方では王家羊毛部局の九〇〇〇人の労働軍団は奴隷制を基盤としており、一部は中央に所属、他は広大な放牧地に分散配置された（ヤーコブセン・一九七〇年）。体制が強力で安定しているとき、労働の生産性を強化するその能力は、おそらく奴隷民か自由民かの別を越えて拡大していっただろう。たとえばマケドニアが近東を征服した際には、前の体制から引きついだ農奴制が広まり、おそらくそれが標準となった（ド・サント・クロワ・一九八一年・一五〇―七頁）。

労働強制の制度化には、さらにもう一つ先の段階があったかもしれない――それを言うと近代的感覚を逆なですることになるのだが。それはわれわれが「自由な」労働と呼んでいるものである――「雇われ労働」といったほうがもっと適切なのだが。階層化と私有財産制が確立し、一部の集団が生産手段を事実上《デー・ファクトー》「所有」して他の人びとが生存するにはその集団のために働かなくてはならない場合、労働する者は「自分の意志で」その所有者のところにやって来て働こうとするだろう。雇われ労働は古代世界の主流ではなかった。農業経済の下では、生産手段である土地との直接のつながりから小農民たちを完全に排除することなど不可能である。いったん他人の所有に入れば、彼らはもっと直接的に奴隷あるいは農奴として強制的に働かされた。メソポタミアではウルの第三王朝に至るまで、雇われ労働の記録は現われない（たぶん実際にはあったのだろうが）（ゲルブ・一九六七年）。雇われ労働は、土地所有者にとってはヨリ柔軟性に富む労働供給手段だったが、いまだほんの一部で見られたことにすぎなかった。私が思うに労働の効率的で集約的な使い方はしばしば、というよりたぶんふつうには、強制というルートで行なわれてきた――奴隷から農奴へ、そして「自由な」労働へ。

強制的伝播

　これまで検討してきた強制的協同の四つの側面は権威型の〈力〉、すなわちそれぞれに独立した地方同士の橋渡しとなる、ロジスティクス上高度に組織化された基盤の存在を前提としていた。しかしながら、もしも同じような生活様式や同じような文化が全住民に伝播して地方の固有性を破壊し、地方それぞれのアイデンティティーをヨリ広範なものへと解消させてしまうのならば、こうした権威的組織の大部分は不必要になるだろう。第三章で検討した初期シュメール文化は沖積土地帯とそれに隣接する周縁地域全体に伝播して、権威的な都市国家よりもはるかに拡大包括性をもつ集合的な〈力〉を発揮した。アッカドによる征服がこれを粉砕してしまったけれども、〈力〉の伝播の仕方の新しいタイプにこれが機会を与えたのだった。

　征服というものは、生活様式や慣習に対して突然の、際立った、有無をいわさぬ混合や修正をうながす。そのプロセスが一方通行でない場合には、かなりの伝播と革新とが起こる。アッカドとシュメール、ギリシアとペルシア、ローマとギリシア、ゲルマンとローマの混合は、それが文明にもたらした結果という点で、際立って革新的なものだった。前者が後者を征服したことによってそれぞれの混合が固まったのだが、革新は征服されたほうが征服したほうの社会慣習をただ受動的に受けいれて起こったのではなかった。

　われわれによく知られているアッカド－シュメール融合の顕著な実例は、読み書きに与えたインパクトだった。アッカド語には語尾変化があり、意味の一部を抑揚《トーン》と調子《ピッチ》で伝える。アッカド人が征服したのは読み書きできる民族で、その象形文字が表現していたのはおおむね物理的事物であって音声ではなかった。しかしアッカド人が関心を抱いたのは発声を表記することだった。アッカドの言語とシュメールの読み書きとの融合は簡略化された文字を生み出し、これによって象形文字の音節文字への変容が促進された。文字の数がヨリ少なくなることは、読み書きの伝播にとっては利益だった。中東の諸言語に対するアッカド語の有利さはきわめて大きかったので、紀元前第二千年紀の半ば、粘土の銘板に代わってパピルスが登場した後でも、それは外交と交易用の主要国際語となった。エジプト人までもが、それを外交政策で用いたのである。アッカド語による読み書きはサルゴン帝国の官僚制のみならず、国際交易や外交や社会知識全般の安定化を推進した。この融合は有益なものだったが、当初は強要されたのだった——シュメールの書記《スクライブ》たちがそれに抵抗したことが分かっている。こうしてアッカドによる征服は文化の拡大すなわち、帝国を支える伝播型の〈力〉の供給源となるイデオロギー的な〈力〉の拡大を導き出したのである。私は次節でこれをあつかおう。それは、今私が行なっている軍事的な〈力〉と強制的協同の強調を和らげるものとなろう。

これら五つの項目が示す瞠目すべき特徴は、経済発展と抑圧とは両立しえた、ということである。それがもたらした福利は抽象的なものだった——生産者大衆と仲介商人との直接的な相互依存や交換に依拠したものではなく、軍事国家によるある種の画一的で抑圧的な軍務の供給に依拠していたのである。したがって、それらを維持するには抑圧が必要だった。主要な階級の物質的な生産は、経済全体を統合しようという軍事エリートの介入なしには、言わば経済全体を「完成する」ことができなかった。大衆による実践の回路（第一章で用いたメタファーだが）は、それ自体としては、経済の「線路敷設工手」（第一章で検討したマックス・ウェーバーのメタファーを私なりに改定したものだが）とはならなかった。実際のところ、「階級行動」はおそらく帝国を解体し、往時の原始的民主政へと立ちもどることで発展レヴェルへの脅威となりかねなかっただろう。

大衆の生活に関する史料が欠如しているので、こういう主張をしたとて今のところは単なる推論の域を出ない。社会的混乱の時期があり、これにはおそらく階級間抗争が含まれていたと考えられるのは、支配者たちが調停に乗り出して、階級と関連する負債と保有権システムの改革を推進したからである。しかし史料はなく、階級闘争が後に第七章であつかうような役割と等しい発展上の役割を果たしたとは考えられない。古典期ギリシアにおいては、相異なる〈力〉のネットワーク群の存在によって、階級闘争に重要な発展上の役割が与えられた。第九章で見るローマの史料によれば、支配帝国となりつつあった当時のローマに特徴的な水平的な〈力〉の幾つかに直面して、ギリシアから引きつがれた階級闘争が衰退するのを認めることができる。おそらくは階級闘争の同じような衰退は古代近東でも起こったのであり、市民権の源となる諸観念は、支配エリートと帝国国家への被護者的従属へと道を譲ったのである。

剣によって征服された社会が剣によって存続したと主張すると、私たちの時代の支配的見解に真っ向から逆らうことになる。現代の社会理論には反軍事思想が深く浸透している——二〇世紀に起こったことを考えれば、それももっともだ。しかし軍事体制は現代においてもしばしば、集合的な〈力〉を発展させるのに大きな成功を収めてきた（第II巻で検討しよう）。それは単なる寄生的な〈力〉などではなく、生産的な〈力〉なのである。私が主張しているのは、軍事帝国のすべてが生産的だったというのではないし、いかなる軍事体制も完全に生産的だ、というのでもない。あらゆる時代を通じてほとんどの軍事体制は単に破壊的なだけだった――生命を、物質資源を、そして文化を浪費するだけで、社会発展にはつながらなかった。私の主張はもっと個別具体的である――あるタイプの軍事帝国がもつ幾つかの側面と、経済的・社会的発展とのあいだには因果関係があった、というものである。

このような強制的協同の経済の、その後の発展ぶりは複雑だった。エリート層における消費の高度化とともに、歴史的にはそれと分かちがたく結びつくものとして、たぶん、経済的な安定性の増大と大衆の人口密度の増加とが起こった。しかしこの二つが相互に打ち消しあう傾向にあったことは、マルサスが指摘した通りだ。諸帝国は大衆に最低生存レヴェルを上まわる生活を保証し、内向集中的な生産が必要な小容積の必需物資（塩、金属、道具類、陶器、織物など）の遠距離輸送を可能にする分業と通信輸送システムの拡大をもたらした。しかしそれらはまた、人口の増加を生み出したことで進歩を阻害した。生活水準が上がれば出生率が上がり、人口増加は食糧資源を圧迫した。こうした圧迫は状況しだいで、食糧供給の技術進歩をうながす刺激となり、通常は中絶と間引きによる人口調節へとつながった。これ以外の方法といえば病気、内乱、対外戦争による成人の不定期殺戮だったが、これはもっと悲惨だ。ここでふたたび、重点が置かれたのは抑圧的秩序である。

経済発展はまた、相対的には少数派である征服・支配エリート層の生活水準の上昇による、社会階層間の格差拡大をもたらした。にもかかわらず、その福利はエリート直属の従属民たち――召使、家内奴隷、雇い職人、監督官や兵士などへと広範に波及し、これらの従属民は人口の五―一〇パーセントに達して、通常は町邑、城砦、大農園、荘園領地などに居住した。このエリート層の豪華な食事や人目をひく装いや永遠の記念建造物が現代人の目には寄生的としか映らないのは、人口の大半はそのわずかなおこぼれにしか与れなかったからである。遠距離交易で運ばれた商品の圧倒的部分を消費したのは彼らエリートだった。帝国の文明は富の分配および人身上・法律上の自由平等の両面において、その先行者である原始社会や都市国家よりはるかに階層化が進んだ社会だった。にもかかわらず、それはたしかに集合的な〈力〉の発展だったのである。

それはまた、国家にも依存していた。エリート層は経済の技術的な面で、国家の基盤構造から独立していなかった。交換手段はおおむね国家の管理下にあった。商人たちや職人たちの国際取引、価格、そして（狭い範囲での）報酬は国家によって規制された。言い換えるなら、支配エリートは軍事的な組織によって創出され、非中央集権的な土地所有者へと分散してゆく政治的な傾向をもち、経済を通して中央国家に依存していたのである。この関係は実際には、本章の後半で見るように、時とともに複雑化し、変質していった。

これらのすべての重点は中央集権化された秩序にあることが、諸帝国の読み書き能力のある連中には分かっていた。現存する記録のなかで賞賛されているサルゴン以降のすべてのメソポタミア王たちは、後期シュメールであれアッカドであれバビロニアであれアッシリアであれ、彼らが秩序をもたらしたがゆえに賞賛されているのである（たとえばリヴェラーニ・一九七九年によるアッシリア・イデオロギーの分析を参照）。後期シュメールの農場マニュアルは労働民の訓練の必要を力説している――「特に強調されているのは鞭、突き棒その他の訓練用具を用いて労働民と家畜の両方を猛烈に、かつ絶え間なく働かせることである」とクレーマーは書いているのだが、彼はまた後期シュメールの学校における訓練ぶりについても同様のことを述べている（一九六三年・一〇五―九頁、二三六頁）。農業関係の文献はこの点に関してもう一つの帝国社会、後期の共和政ローマのそれと同類である。もろもろの帝国においては、善行としての抑圧というものが単なるイデオロギーを越えて、現実の社会慣行に浸透していたように思われる。強制的協同というイデオロギーの重要性に関する最も広範な史料証拠は、メソポタミアの宗教のなかにある。

イデオロギー的な〈力〉のネットワークの伝播
――メソポタミアの宗教

とにかくまず、私が頼るのはヤーコブセン（一九七六年）の大研究《トゥール・ド・フォルス》である。それは私の話の一歩先をリードしてゆくだろう。

ヤーコブセンはメソポタミアの宗教における四つの主要な宗教的メタファーの発展を跡づけている。

(1) **生命の飛躍**《エラン・ヴィタル》＝経済的に重要な意味をもつ自然現象に内在する霊気。死に瀕する神は豊饒性に生じた問題を表象する、などがその典型。

(2) **支配者**＝エンリル、すなわち「主《しゅ》なる風」で、シュメールの擬人化された神の第一。

(3) **両親**＝個人と直接の関係を結ぶ神の擬人化。

(4) **国家的**《ナショナル》＝神はけちくさい政治的野望や、外部の悪魔や悪霊使いと同一視される。

かなり手際よく整理されていて、それぞれの項目がほぼ紀元前第四千年紀から第一千年紀の各一〇〇〇年に照応している。ヤーコブセンは各項が経済的、政治的、軍事的な〈力〉の比重の変化を反映していると考えている。第四千年紀の状況については、大筋で推測の域を出ない。しかしすでに見たように、第三千年紀の初めに王と宮殿が出現し、再分配型神殿を徐々に凌駕していった。芸術も変化する――儀式のモチーフに替わって戦争と勝利の表象が現われ、神話に叙事詩が加えられ、支配者たる人間は神がみの座を脅かさんばかりの英雄となる（ギルガメシュ叙事詩）。神がみは活動的になり、地上で行なわれている分業にあわせた政治的組織に編入された。エンビブブ神は神聖な「運河監督官」に任命されるし、正義の神ウトゥは境界紛争担当となる。

「支配者」期である第三千年紀の、シュメールの宗教詩の一節を、ここで味わっていただこう。悪知恵の神エンキは最高神アンとエンリルから一種の主任行政官に任命されて、こう言うのだ――

天と地の王たるわが父は
わたしをこの世に遣わし
すべての土地の王たるわが兄は
官職を集めに集めて
わたしの手中に置いた……
わたしは国を管理する偉大な神
わたしはあらゆる王座のための灌漑監督官
わたしはすべての土地の父
わたしは神がみの兄
わたしによって豊富さが全うされる
（ヤーコブセン・一九七六年・一一〇―一一六頁から引用）

しかしながらエンキは、すべてを思い通りにはできなかった。ニムタ神は雷雨と春の洪水を司る神、したがって犂の神として登場した。しかし第三千年紀には戦争神となり、戦争と灌漑とが職掌として合体してしまったので、エンキは排除されることが多くなった。

こうした変化は――ヤーコブセンの見解では――政治的・軍事的な〈力〉の発展を反映するとともにそれに知的に対応しようとするものだが、粗雑な政治的正当化では決してなく、生命の本質をとらえようとする本格的な知的努力なのである。世界秩序を保つには（彼らは別の世界など知らなかった）ある程度の才能が必要だと、祭司たちは指摘した――都市間の境界交渉、灌漑の管理、とりわけ重要だったのは政治的フィクサーと軍事指導者の役割である（サルゴンのような征服者がこの二つを兼ね備えていたことはすでに見た通りである）。確信に満ち、現世的で実際的な語調がそこにはある。それは第三章で検討した、初期メソポタミアにおけるイデオロギーの超越的な役割の衰退を示すものだ――宗教がますます国家の内部に閉じこめられてゆくのである。

軍事闘争はつづいた。サルゴンの後継者たちは、別の辺境民族グティウム人に取って代わられた。彼らの支配は比較的短命で、その後にくるのがセム系民族に対するシュメールの勝利である。その政治構造はサルゴンを模倣して、ウル第三王朝においてヨリ中央集権化した帝国国家をつくりあげ、法の制定、諸記録の整備、人口の増大、生産力の増強が進んだ。やがてこの国家も崩壊した。その一部分はバビロンとなり、ハムラビ一族の下でこの地域の単独国家が再樹立された（ハムラビ王即位は前一七九二年）。バビロニアの宗教はその創世神話において、それまでの歴史の再解釈を行なった。世界は混沌たる水として始まり、次に神がみが沈泥として出現した。神がみはしだいに人間の姿をとり、長い争いが始まった。初めはエア神が勝利者だったが、やがて悪魔神や怪物に脅かされるようになった。エアの息子マルドゥクは神がみのために戦うことを申し出たが、その条件として自分に最高権威を与えよと言った。彼の槍に刻まれたモットーは「安全と服従」だった。彼は勝利を達成し、聖なる敵の遺骸から今日の姿の地上をつくりあげた。そこで彼のモットーは大いに変わったのだ――

彼らがマルドゥクに王位を与えたとき、
彼らが宣した式文は
「福利と服従」だった。
「今日からあなたは
われらに聖地をもたらす者、
あなたの命令なら何であれ、われらは実行しよう」
（ヤーコブセン・一九七六年・一七八―八〇頁）

そこで神がみはマルドゥクのために都市を建設し、彼がそれを支配した。その都市はバビロンと呼ばれ、マルドゥクはその父なる神と崇められた。

　創世神話はシュメールとバビロン双方の活力源だった沈泥を軸としていた。エアは親文明としてのシュメールを表わしている。恐るべき怪物や燃え立つイメージに彩られた闘争の叙事詩は、第二千年紀初期の軍事情勢を反映していた。マルドゥクのモットーが「安全と服従」から「福利と服従」へと変容したのは、バビロン版の秩序樹立過程の反映だった――軍事体制を確立して中央集権的、官僚制的、帝国的体制をつくりあげたのである。ここでもまた、単なる正当化が行なわれたのではなかった――そこには多くの緊張がはらまれており、特に注目すべきはシュメールの伝統を離脱する際の不安に起因する親殺しの主題である。しかしそれは超越的ではなかった。既成の〈力〉の諸関係と知的に、道徳的に、そして審美的に格闘した挙句、それらの諸関係を強化することに成功したという意味で、それは内在的だった。

　辺境から押しよせてきた次の波はカッシート人で、この地域に（アッカド人の前例と同じく）まずは労働民として現われ、次に植民者となり、最後には征服者となった。紀元前一六世紀以降、彼らの王朝は現地宗教と現地語を採用し、少なくとも四世紀にわたってメソポタミアを支配した（書記《スクライブ》が伝えるところによれば、五七六年と九カ月だった）。しかし残念なことに、専門研究はわれわれにこれ以上を語ってくれない。おそらくこの地域ではそれまで見られなかったようなヨリ分権的・ヨリ「封建的」な体制の下で、さらなる成長と繁栄の時期があったと考えられるのだが、それについてわれわれには何も分からない（ブリンクマン・一九六八年とオーツ・一九七九年を参照）。今までのところ宗教は安定化し、保守化してさえいるように思われる。この時代のバビロニア人たちは文化的伝統主義を示して先祖の名前を用い始めたし、宗教的な文言はしばしば「正典的な」形式を発展させた。

　カッシート人の没落の後にはエラム人とバビロンと、そして新たな脅威（北方にアッシリア人、南方にカルデア人、西方にアラム人）とのあいだで闘争が行なわれた混乱の時期があった。この混乱はあのネブカドネツァル一世（前一一二四年即位）の下での、短期間のバビロニア復興で終止符が打たれた。最終的には、バビロンはアッシリアの支配に屈した（新帝国前八八三―六〇八年）。軍事技術上の変化（第六章で詳述）によって機動性のある戦車と騎兵が有利となり、都市国家のみならず帝国でさえも大きな脅威にさらされた。戦士の神が再登場するのは無差別殺戮の神である死としてで、仮に彼を宥めうるとすれば、その恐ろしさを卑屈にほめたたえるしかなかった。リヴェラーニ（一九七九年・三〇一頁）が述べているように、征服民たるアッシリア人のあいだで戦争は常に神聖なものだったが、それは「神聖な」という言葉が実際に「アッシリア人」を意味していたからである。今や宗教は国家的《ナショナル》なものとなったが、その展開については第八章で詳しく検討しよう。

メソポタミアの宗教に見られるこうした変化は、たぶん、現実の社会生活で起きた広範な変化と照応していた。そこには高度な真理内容があった。サルゴン以後、少なくともカッシート人に至るまでの後継諸文明を維持するために客観的に必要とされたのは、中央が指令する秩序だった。文明の第一段階が過ぎた後では、分業の自然な高度化や、生産物の市場交換や、超越的な宗教ないし外交による紛争の規制などは、余剰の所有を生み出し安定させるには、また自然環境的・経済的に異種の地域を結合させるには、有無を言わせぬ軍事的統合ほど有効ではないように思われる。逆に、軍事的統合は二つの現実の威力から生まれ出たものだった。第一に、陸上、河川、運河など（海上はない）特定の通信輸送の基盤構造によって、征服およびある程度の中央集権的支配が可能になった。第二に、近隣が所有するもの以上の大きな余剰が生み出されると、襲撃や征服に対抗する防備が必要となった。うまくいこうが失敗に終わろうが、防備は社会の軍事体制化と中央集権化を増大したのだが、その形態は軍事技術とそこで採用される戦略のタイプによってさまざまだった。秩序は人びとの自発的な実践から直接流れ出てきたのではなく、彼らの「上」のほうから、中央集権的な政治的権威から出てきたのだ。この権威の物象化は客観的真理と認識された。王と神を「畏怖の念を起こさせる光輝」として神格化することは、その想像力あふれる表現だった。客観的な知識と究極的な意味とがコスモロジー（宇宙論）において合体した。超自然的なものが社会構造に内在した。それは実際的なものと敵対せず、実際的なものを超越することもなかった。すでに存在している〈力〉の現実に意味を、求めうる最善の意味を与えたのだった。

しかし、それは誰にとっての意味だったろう？　私は民衆と支配階級とを切り離して考えてみる。第一に、ヤーコブセンの第二段階以降はとても民衆的宗教といえたものではない――社会的な〈力〉全般にわたって民衆の参加は少なかったのだから。祭司たちは「秘儀」に没頭して日常生活からかけ離れ、どこか宗教組織の奥まったところに閉じこもってしまった。叙事詩が演じられたのも宮廷であって、公衆の面前ではなかったろう。叙事詩はまた神がみの像に向けて、王によって（王自身の居室で）朗誦された。一般民衆がこれら神がみの像の行列行進を目撃するのはほんの時おりのことだったが、ふつうの家では宗教的彫像のレプリカを安置していたようである。こうした点については、学者のあいだで見解の相違がある。オッペンハイムは旧約聖書、ギリシアやヒッタイトの慣習、総じて世界の諸宗教のなかには、神とその崇拝者とのあいだに交わされる「霊的交渉《コミュニオン》」などまったく見られないと主張している。メソポタミアの神は隔絶した存在だった。メソポタミアの個人はそれぞれ「宗派的というよりは社会－経済的な協同の枠組みの下での、きわめて微温的な宗教風土のなかで暮らしていた」とオッペンハイムは言う。彼はそもそもメソポタミア宗教の歴史が書かれること自体に疑問を呈する――この文明全体として宗教などなかったと言うのだ。彼の主張によれば、現存する記録史料は、ヤーコブセンなどが行なっている説明からわれわれが理解することよりもはるかに特殊個別的なものなのである。しかしヤーコブセンの説明を国家の自己認識と受けとめるなら、オッペンハイムの批判への応答となる。

民衆宗教の本質について、われわれは記録史料からのヒントをもとに推測することができる。オッペンハイムの主張によれば、われわれは古代近東地域全般を通じて、神的秩序に重きを置く公式の見解とは正反対の、幸運と悪霊と死者とが支配する、神がみ以前の太古からの宿命論的な人生認識を体現する底流の存在を認めることができる（一九七七年・一七一－二二七頁、とりわけ一七六頁、一九一頁、二〇〇－六頁）。さらに家ごと村落ごとの神がみや、呪術的慣習や、先史時代以来の豊饒祈願儀礼などが、古代の全時期にわたって生きのびている。

したがって、それぞれの帝国が統一的なコスモロジー（宇宙論）をもつとか、単独のイデオロギー的な〈力〉のネットワークをもつということは、たぶんなかった。たとえばエジプトの場合などとちがって、民衆宗教の知識がこのように欠落しているというのは、国家が民衆の宗教に関心をもたなかったことを示していると思われる。宗教は民衆に対して行使される国家の権力の、主要な源泉ではなかったのだ。それより支配者たちが依存していたのは、経済的な支配技術と軍事的な支配技術を統合した強制的協同のほうだった。しかしこれらはいまだ、空間的・階層的な大きなへだたりを統合できるほどのイデオロギーではなかった。第三章で述べた初期メソポタミアの「エスニック・コミュニティー（民族的共同世界）」〔本書105頁〕は、内部の階層化が進んだためにその同質性が損なわれて弱体化したにちがいない。この時期からギリシア時代に至るまで、「エスニック・コミュニティー」は（エジプトを例外として）小規模かつ本質的に部族的であって、その典型となるのはわれわれがたくさんの情報をもっているユダヤ人たちだ、というのが私の主張である。もっと大きな社会単位は、帝国的連合であれ部族的連合であれ、階層化の進行によってコミュニティーはその階級間障壁を突破することができなかった。後で見るように、イデオロギー的な創造性は今や、「支配階級」コミュニティーのヨリ限定的な問題に対処したのだった。

儀礼が浸透しなかったということは、階層化の進展を反映していた。ヒエラルキーの各レヴェルのあいだに起こった相互作用は、比較的「薄い」ものだった。灌漑という内向集中的な協同が実施されている場合には、それにたずさわる人びとのあいだに濃厚で緊密な関係が生まれたと考えられるのだが、その〈力〉が頂点に達していた場合でも実例が見当たらないのだ。比較的平等主義的な歩兵隊を基盤としていた軍役では、同じような社会的「緊密さ」が生まれたはずである。しかしこれが軍の模範とされたのではなかった。おまけに、分業化の進展というのはほぼ完全に都市的な現象だった。支配者と大衆との相互作用は、都市と地方の統合の弱さによって弱められた。手短に言えば、支配者集団自体の外側にあった大部分の社会というのは、どちらかと言えば緊密さを欠く、統合を規範とはしない社会だった。大衆に求められたのは、物理的強制力が引き出せるものだけだった。

第二に、それならば支配者たちを結合させて支配階級へとまとめあげるために、帝国的支配戦略の最終第四段階を行なったのは、「貴族的な」宗教だったのだろうか？　これに答えるのはいっそうむずかしい。すでに指摘したように、宗教には「貴族政」から切り離されて、国家それ自体へと閉じこもってしまうような「内密な」要素があった。しかしそれほど明確な区分けが可能かどうか、疑わしい。われわれは帝国がもつ活動力をあつかう次節で、「国家」と「市民社会」、「王政」と「貴族政」とが相互浸透していたことを検証しよう。王は都市においても後背地の田園においても、有力家族に依存していた。有力家族は王の所帯《ハウスホウルド》の一部を成していたか、あるいは彼ら有力家族が地方レヴェルでそうした所帯《ハウスホウルド》をそっくり真似ていた。彼らはそこで宗教に参入した。多くの学者の考えでは、中世ヨーロッパの奇跡劇《ミラクル・プレイ》さながらに宗教的叙事詩が上演されたが、それは宮廷でのことであって、ヨーロッパのように公衆が近づきうる街頭や教会ではなかった。公式の宗教はまた、支配者集団のあいだに広がっていた他の宗教的・文化的諸慣行の分野にも存在した。とりわけ占いが広まっていた。実例をあげれば、通常占い師は軍隊に同行し、将軍だったことさえある。「対話」の原文も残っていて、これは夏と冬、農夫と牧者など対照的な特質の、いったいどちらが人間に有用かという論争なのだが、これらもまたエリート層およびその従者のために演劇の上演が行なわれたことを示している。

宗教の基盤構造《インフラストラクチュア》の一部である読み書き能力は個別の職能で、誰かの包括的管理下に置かれていたのではなかった。王、有力家族、祭司、地方総督、判事さえもが通常は読み書きをしなかったし、実際はそれぞれに流派をもつ職能ギルドの熟練に依存していた。その他の人びとは誰もが記憶と、伝統と、口承による諸制度に頼っていた。こうした状況では、記録史料が十分にある後代の事例、すなわちローマにおいて文化が果たした役割にアナロジーを求めたくなる。ローマの支配階級は読み書きをしていたが、「文化の接合剤」としては（劇場、雄弁術、法廷など）口頭伝達に頼っていた（第一〇章参照）。メソポタミアの支配階級にも何かそうした文化接合剤があっただろうか？　答えはイエスだと思うが、ローマと比べればはるかに未発達だったろう。帝国の支配集団のなかにわずかながらもイデオロギー的な〈力〉を伝播させた媒介者は、宮廷や神殿や商人の家や貴族の屋敷に仕えていた書記《スクライブ》たちだったと思われる。征服が制度化されるにつれて、さまざまな現地エリートたちは征服したりされたりの過程を通じて、アッカド‐シュメールの中心的言語、文字、文化、宗教を習得していった。そうした「教育」は直接行なわれたのではなかった——そこが後のローマ帝国やペルシア帝国とのちがいである。初期の諸帝国には、首尾の整った支配階級文化などなかった。しかしながら、そうした方向への一歩は踏み出されたのである。帝国は本来まったく異質の集団を同化した。実例をあげれば、カッシートに起源をもつ異質な要素のうち結果的に残ったものといえば、外国風なひびきをもつ名前だけだった。書記たちを通じて、エリート層は歴史や家系、科学や数学、法律、医学そして宗教と接した。彼らは法廷や宮殿や大邸宅や神殿を通じ、主として口頭伝達によって、この文化の一部を自ら実演かつ再確認したのである。帝国の組織された〈力〉は、いったん制度化されれば、そのエリート集団のあいだに比較的あまねく伝播してゆき、帝国制度を安定化させたのだ。

この点からすると、後期メソポタミアの宗教ないし文化は、現実の社会状況の単なる反映だったのではない。それは君主政とエリート集団の集合的な自信と士気、〈力〉と集合的な連帯とを増進した。彼らは一面では連邦帝国を構成する「現地」エリートたちであり、他面では勃興しつつある支配階級だった。「大いなる社会」への参画者として彼らが「世界の四界」すべてを支配したのは、彼らがむき出しの軍事力や、それを維持する経済余剰や、それを制度的に運用する政治体制をもっていたからだけではなく、彼らが自らを文明化した者、その支配地域内外の一般大衆よりも道徳的に優れた者と信じていたからであった。彼らはしばしば分裂した（すぐ後で述べる）。しかし彼らはまた、階級イデオロギーの諸要素を所持していた。この意味で、これらの諸帝国におけるイデオロギー的な〈力〉の役割とは、主として既成の世俗的権力構造に内在してそれを補強するのであり、超越して破壊するのではなかった。

他方から見れば、これは程度の問題にすぎない。超越の跡が見られるのだ。帝国のイデオロギーは、後期アッシリアの「ナショナリズム」の出現までは（そしておそらくその当時でさえ——第八章参照）、明確な境界性をもたなかった。異域の支配者集団や、ある場合には一般民衆に対してさえ、文明への全面的参入の可能性が拒まれていなかった。秩序を強制する圧力は圧倒的に強かったけれども、政治的ないし軍事的圏域の外側でも全域に浸透したというわけではなかった。洗練された理性によって宇宙にもたらされた秩序への畏敬も見られる。「知恵の文学」と呼ばれるものには、そして数学や天文学のめざましい発展ぶりには、合理性の重視があり、それは明快な楽観主義から懐疑主義、時には幻滅までも含んでいて、特定の階級やエスニック・グループにはとても限定できない。相対的な開放性によって、異域からやってきた征服民や被征服民への同化作用は緩和された。イデオロギー的な〈力〉のネットワークは、帝国の強制的協同のネットワークより広範だった。メソポタミアはそのイデオロギー的な諸慣行を近東地域全般に伝播させたのだが、それはある時は征服後であり、ある時は征服以前でもあった。通常それは帝国権力の伝播を促進した。しかし後の幾つかの章で見るように、時にはそれが帝国体制を掘り崩すことにもなったのである。

このようにして古代近東では、イデオロギー的な〈力〉は二重の役割を演じた。第一に、内在していたさまざまなイデオロギーが支配者集団の道徳的、知的、美的連帯を強化し、個別主義へと走ろうとする内部分裂を克服して、比較的同質な、普遍的な支配階級へと統合した。たぶんこれがこの時期に優勢な傾向だったが、通信輸送の基盤構造のレヴェルが未発達だったために、そのプロセスは大いに妨げられた。第二に、そしてこれは第一に対しては破壊的側面なのだが、イデオロギーはまた超越的でもありえた。それによって幾つかの擬似支配階級は、特に辺境地域において外部的な競合と同化の波にさらされることとなり、強制的協同という制度的パターンは緩められてしまった。そしてまたそれは、非公式かつ非公然な形で、民衆レヴェルのイデオロギー的意味づけを保持しつづけた。後にわれわれは、こうした超越的側面が爆発するのを見ることになろう。しかしながら当面は、内側からの階級強化のほうが他を圧倒したのだった。

帝国の弁証法――集権化と分権化

古代メソポタミアについて何らかの知識をもつ読者、あるいは社会学的な説明というものに鋭敏な嗅覚をもつ読者は、これまでの各節に苛立ちを覚えたかもしれない。なぜなら分析の結果は、これらの帝国が効率よく運営され、高度に統合され、秩序立って安定していたと言っているかに見えるからだ。これはまったく正しくない。諸王朝の存続期間は通常五〇年から二〇〇年で、その後は崩壊して小規模単位の戦乱が起こった。たいていの支配者は少なくとも一回、深刻な叛逆に直面した。サルゴン自身についてそうだったし、ナラム・シンもそうだった。私はこうした分裂への傾向について、政治的なロジスティクスを論じた際にすでに検討を加えておいた。支配者にとっての政治上の副官や子分《クライアント》連中が中央の支配を逃れて市民社会のなかに「姿をくらまし」、叛逆ののろしを上げたのだ。こうした傾向には循環性があった――征服が帝国を生み、やがて崩壊し、再び征服が行なわれ、やがて崩壊し、……。そこに発展は、真の弁証法はなかった。

しかしサルゴンの死からほぼ三〇〇〇年間、ローマの没落に至るまでの古代の歴史には、長期にわたる発展的傾向が認められた。これは本章だけではなく、以下の四章でもあつかうテーマである。その初期段階について述べようとすれば、私は年代順の章の配列から脱け出して、鉄製の道具や武器の伝播とか、貨幣や読み書きの普及といった重要な歴史的革新について書かなければならない。しかしこうした大々的な変化は、強制的協同が達成した主なものを導き出した弁証法の一環だったのである。私は軍事技術から始め――サルゴンがそうだったから――、次には他の〈力〉の資源について簡潔にあつかおう。
　サルゴンはたて・よこ数百キロメートル範囲の敵を打ち破ることが可能な組織をつくり出した。地域がそのような組織を維持する余剰を生産できる限り、軍事的可能性が途絶することはなかった。その組織を動かした〈力〉の源は辺境か、あるいは灌漑中核部にあった。次の二〇〇〇年間には、この両タイプの地域のあいだで絶え間ない軍事紛争が繰り広げられた。サルゴンはすぐにあるディレンマに直面した。彼の卓越した軍事的強さの源は辺境にあり、彼は辺境から他の勢力が輩出することを嫌った、というのが一点。彼は今やその物資補給を灌漑中核部に依存していた、というのがもう一点。彼は両地域を支配して、両者の統合を試みなければならなかったのだ。しかし辺境というものには限りがない――帝国の成功とはさらなる辺境をつくり出すことであり、これまでに帝国の影響力が及ぶ圏内に引き入れられた辺境民はいまだ帰順していないのである。

　世界歴史では辺境民の〈力〉を強調することが常識となっている。マクニール（一九六三年）やコリンズ（一九七七年）は辺境領主による征服を、古代世界全体における征服のうち最も数多く行なわれたタイプだと見なしている。もう少し時代を降ると、辺境からの衝撃が周期的に認められるのだ。紀元前二〇〇〇年直後には戦車の設計に革新が起こって柔軟性とスピードが増大し、また弓兵隊も革新された。戦車に乗って槍と弓を使う者が有利になった。ユーラシア大陸全般にわたってミュケーナイ人、インドのアーリヤ人、ヒクソス人、カッシート人など、戦車で疾駆した民族のすべては明らかに辺境高地から出たのであり、一時は農耕都市国家の歩兵隊を駆逐してしまった。しかしながら後者も、大型の城砦や甲冑の援護と、自らも戦車を採用するなどして、再編成されたのである。

　戦車の優位が最終的に終焉を迎えたのは、紀元前一二〇〇―一〇〇〇年頃に起こった冶金術上の革命によって、安価な鉄製の道具や武器やよろいが開発されたからである。鉄製の農具で天水農地を耕していた農民から徴募された歩兵大衆も、こうして飛びくる矢と槍の突撃に立ち向かうことができるようになった。辺境部族が最初にこうした技術を開発したのだった。機動性の高い戦車と鉄製の武器や甲冑という、これら二つの軍事技術を開発したのは高地の牧畜民とかつての辺境農耕民であり、彼らはこれによって氾濫原と河谷とを征服し、それらの地域を自らの中心地域へと統合し、そうすることでかつてない大きな領域をもつ国家をつくり出すことができたのである。

　とは言うものの、このプロセスは一方通行ではなかった。全時期を通して、文明農耕民の対応能力も増大した。彼らの強みは余剰が大きいこと、組織が整然としていること、訓練が行きとどいていること――それと、逃亡できないことだった。彼らの生活様式に最も適合していた戦争のタイプは歩兵戦だった。身にまとうよろいが開発されると彼らの防備力は増大し、したがって領域を着実に拡大する能力も増大した。戦争形態の変容も、すばやく学びとれる限りでは彼らに有利に作用した。新たな脅威に対して彼らは多様化することで対応したのだが、それは組織と訓練と戦術の複雑さを増幅する。武器や甲冑が技術的に進歩してコストも増大するという傾向が加わった場合、長期的な有利さはヨリ中央集権的で領域的整合性をもつ社会、換言すればヨリ強力な国家のほうに生じた。さらにそこに海戦や城砦戦や包囲戦を加味すれば、この傾向はさらに顕著になる。というのは、これらは戦争手段として長期的建造を必要とし、これまで考察してきた三つの武器よりもはるかに入念な保守が必要だったからである。

しかし文明の強みにもそれなりの矛盾があって、その一方は漠然とした「中心」で、他方は「周縁」で始まる。これらの矛盾はやがて、この両者の地理上の差異を崩壊させる傾向にあった。中心部における矛盾とは複雑な中央集権的編成をもつ軍隊の発達と、当初文明をして敵と対抗せしめた諸条件とのあいだにあった。歩兵による防備戦はもともと強固な社会的基盤の存在を前提としており、シュメールではそれが、共同体における経験とメンバーの類似性によってもたらされていた。都市国家は民主政か、比較的温和な寡頭政であり、これはその軍事戦略にも現われていた。団結と士気、真横にいる男への信頼こそ、歩兵の真髄だった。しかしながらコストの増大、専門職意識の増大、軍の多様化の進展といったものが、ふつうの共同体メンバーの献身を弱めてしまった。国家は傭兵に頼るか、外人援軍部隊に頼るか、さもなければ裕福有能な連中に頼んで重装備の兵士を送り出してもらうしかなかった。これは社会的団結を弱めた。国家は大衆の軍事的・経済的生活に根を降ろすことがますます少なくなり、権威の中心としてますます遠ざかってゆき、階級間の急激な成層化との関連をますます強めることになった。国家はますます攻撃されやすくなった。迅速な攻撃で首都を制圧し、支配者は殺して配下の一部を生かしておけば、それで征服は完了した。大衆の平定を必要としなかったのは、彼らはこうした成り行きにかかわっていなかったからである。国家はますますプロの兵士、すなわち中央の近衛兵と地方領主の双方に依存するようになった――この連中は自分の野心に動かされやすかったので、各地に内乱を招きやすかった。

周縁が抱えた矛盾によっても、これは強められた。帝国がその中央部での経済資源開発に成功すればするほど、それがますます周縁部を活気づけた。この時期（すなわち、ローマと中国漢王朝以前で、エジプトは除く）の古代諸帝国には、明確な国境というものはなかった。そのさまざまな活動や覇権は時には自由に、時には管理された浸透路線に沿って、周縁地域へと広がっていった。交易の覇権は回廊地帯沿いの遠距離にわたって浸透したが、それが牧畜を伝播した。前に言及した王室羊毛局の飼養動物は帝国の支配権を広げたが、各地のエリート層の〈力〉も増大させた――彼らはチャンス次第で帝国の子分《クライアント》にもなれば敵対者にもなった。メソポタミア・イデオロギーはこれらのエリートたちが文明化する妨げとはならなかった。実際のところ、イデオロギーは彼らを励まして帝国のエリートを見習わせ、読み書きを覚えさせ、自分たちを修養、知恵、道徳ある者と考えるように仕向けたのだった。やがて彼らは辺境ではもちろん宮廷や首都でも、「野蛮人」ではなく、権力獲得を目ざすライヴァルとなった。彼らの進出が必然的に文明の脅威となったのではなかった——事実、彼らはその活力で文明を押しあげるかもしれないし、野蛮さで破壊してしまうかもしれなかった。

王の軍事駐留を日常的に行なうわけにはいかなかった。王の活動が増せば増すほど、近隣からの侵略や征服にさらされることになった。サルゴン以降、辺境の独立は危険をかもすがゆえに、辺境を放置しておくことができなくなった。しかしながら、支配に要するロジスティクスは気が遠くなるほどのものだった。後期の帝国には辺境地域を併合したものもあった。しかし辺境併合のプロセスは、いったん始まってしまうとほとんど際限がなくなってしまう——辺境が行きつくところ、真の砂漠があるのみだったから。そしてそこには別の危険が待ちかまえていた——侵略攻撃を事とする剽悍な騎馬軍団をもつ草原遊牧民である。彼らが純粋にずっと遊牧だけをつづけることはめったになかった。交易による接触は彼らの富と文明度を上昇させたのである。

われわれにとって最良の証拠史料は、中国辺境という別の事例である。吐蕃、契丹、蒙古、満州といった「夷狄」集団による、打ちつづく侵入に先だって行なわれたのは、彼らの宮廷への中国人顧問団の移住であり、中国式の行政・軍事形態の採用だった。彼らが軍事的優位に立ったのは、中国式の戦術を発展させて騎馬隊の能力を高め、その勢力を迅速に集中し、大規模な歩兵軍との遭遇は回避して中国軍の司令部に襲いかかったからだった。最も少数だった集団は契丹で、わずか一万の兵士と一〇万の人間をもって西暦一〇世紀に中国北部を征服し支配したのである（エバーハルト・一九六五年、一九七七年）。われわれは第九章で、ローマ帝国によってその能力を高められ、やがてはローマ帝国を破壊することになった「蛮族」についてまとめて考察しよう。

こうした脅威を取り除くことなどできないのだ。重装備の歩兵ないし騎兵部隊を用いる文明化された農耕社会は、人口疎らな砂漠あるいはステップ（大草原）で補給したり敵を探したりすることができない。後の古代ユーラシア帝国のすべてが遊牧民地帯と接触するようになり、そこではすべてが同じように脆弱だった（おそらく古代エジプトだけが例外だったのは、その国境が真の砂漠で無人地帯だったからである）。防備は相当な資源の消耗をともなった——国境に配備する城砦や部隊、「蛮族」首領への賄賂、機動部隊の編成配備など。この最後の機動部隊は辺境領主に〈力〉と自律性を与えがちであり、帝国内部の矛盾ともなったのである。

軍事的な〈力〉のネットワークのリズムを示すために、私は少々先まわりをしてしまった。征服と強制的協同は経済的・社会的発展を生み出したのみならず、辺境からの頻繁な脅威をも生み出した。彼らを打ち破るための組織は当初の成功を支えた社会基盤を弱め、協同への過度の強制を生むもととなった。私はこれらの初期帝国における支配の間接性を強調してきた。地方の州は派遣された副官や現地の権力を通して支配された。彼らを強制することは容易ではなかった。

相似た矛盾が、軍事国家としての活動のすべての分野に見出される。ある帝国のなかの、中くらいの大きさの繁栄した州をご想像いただきたい。それは首都から周縁地域へと通ずる通信輸送と交易のルート上に位置している。州都にはプロの兵士二〇〇人が駐屯し、それに現地徴募軍も加わっている。その指揮官は中央に対して税か貢物を納め、自分の部隊に物資補給をし、農奴や徴用労働者などを使役して通信輸送ルートを保守しなければならない。現地指揮官が秩序の維持と、税あるいは貢物の定常な確保とに成功するなら、莫大で不必要な威勢の誇示なしには何もできず間接支配で満足している支配者は、彼に対して何の干渉もしない。指揮官は指揮官で、副官や現地エリートの助けをかりて現地を支配する。彼ら配下の者から定常的に物資供給が行なわれれば彼は最低限満足であり、それ以上の供給があれば、彼もまた間接支配によって余剰を収奪できるので大いに満足なのである。うまくいっている国家ほど、各州にはこうした幾層もの中間的な権力が広がっているのだ。

したがって「国家」と「私有財産」とのあいだには、あるいは「国家エリート」と「支配的階級」とのあいだには、いかなる矛盾もない。それらは同一の発展過程のさまざまな側面なのである。メソポタミア研究の旧来の伝統では常に、「国家優位」の段階と、「私的な富」や「私的な交易活動」の段階を突きとめようとしていた。証拠史料の蓄積が進むにつれて、そうした弁別をすることは今や困難になりつつある。分かっている限りの長期間にわたって、国家の富と私的な富のレヴェル、および交易における国家利害と私的な商人交易のレヴェルには、正《ポジ》の相関関係が現われる（たとえばホーキンズ・一九七七年の諸論文を参照）。政治的エリートないし支配階級の態度は実利的であって、広範な全体合意にもとづく規範にしたがっているように思われる。国家が自ら交易組織をもつのか商人のそれを使うのか、国家の役人は国のエージェントとして交易するのか自前なのか——この点はおおむね組織的・ロジスティクス的にどのような手段が用いられたのかをめぐる問題だった。こうした選択をめぐって大きな紛争が起こったようすはない。

〈力〉、その組織、そしてロジスティクスの基盤構造は、本来的に両刃の剣であるように思われる。〈力〉のロジスティクスに対して国家が行なう貢献のほぼすべてについて、これは言えることだ。もしも国家が刻印のある銀か鉄か銅の棒などの擬似貨幣を発行すれば、国家自体の経済的実力を高めることはもとより、それらの金属の供給者に保証つきの富、すなわち「資本」を授与することになる。州都において駐屯軍に食糧補給を行なう者は、その食糧を生産する耕地の所有者ともども、徐々にそうした資本を手に入れていく。もしも国家が読み書き能力をもつ役人を使ってきちんとした管理を行なおうとすれば、彼らの読み書き能力は地方の商人や領主にも役立つものとなる。たとえば、カッシートの時期には、学校は貴族の支配下に置かれていた。国家にとっての問題というのは、自分がもつ諸技術を自らの国家機構のなかに閉じこめておくことが決してできないことである——諸技術は社会へと伝播してゆく。国家機構自体でさえ、地方の組織体へと分離してしまう傾向がある。もしも強制的協同の技術がうまくいくとすれば、ヨリ大きな帝国領域の一部であることは誰にとっても利益である。しかしここで誰の領域かが問題とならないのは、征服者はすべて間接支配をしなければならないからである。まず辺境集団が脅しをかけ、次いで侵入を敢行して長期的な保護の提供を申し出るとなれば、当該地での思惑は変わり始める。王位の継承に争いが起これば、忠誠か、それとも勝ち組につくことが大事かが秤量される。そうした脅威に対して現在の支配者がヨリ大きな財政的・軍事的誅求をもって臨むなら、地方の連中はさらに険しい目つきで思惑を練りなおすだろう。それというのも彼らは、部分的には国家の成功が生み出した自給自足的な私的資源をもっているので、それを勝ち組に提供することで護り、活用する必要があるのだ。内乱がつづくあいだは、アナーキーと荒廃の時期である。しかしこれを突きぬけて帝国的統合の新たな段階へと至ることは、多くの集団にとって利益である——こうして私的資源が新たに生み出されるのだ。

　ここで述べたプロセスは、伝統的な理論を三つの点で脱却している。第一に、明確に分けられた「民族《ピープル》」という概念そのものが王朝的イデオロギーの産物であって、社会的現実ではないかもしれない、ということ。「アッカド人」と「シュメール人」、「アムル人」と後期の「シュメール人」、「カッシート人」と「バビロン人」は、それぞれ前者から出た王朝が後者を征服したとされるずっと以前から、互いに混じりあっていた。彼らは中心-周縁関係の集団として出発したのかもしれないが、やがて混じりあってしまった。もっと話を進めてみよう。正系とされているこれらの民族通称は、単に推測による系統上の継承や簒奪の原則にもとづいてつくられたのではなかったか？　誰もが系統上シュメールのマントを羽織りたがったし、王位継承者はおおむねサルゴンの系統を欲しがったし、〈東方の蛮族〉グティウムの系統を望む者などいなかったし、一方その業績から考えれば、カッシート人はもっと正統化されてよかったのだ。なぜこうなのかは、われわれは分からない。われわれはしばしばそのギャップを、西暦一九世紀の民族《エスニシティ》という概念で埋めてきた。二〇世紀になると、この概念が洗練されて明示的には地域性、含意としては民族性を示す「中心」と「周縁」のモデルになった。しかしこうした概念は、初期社会の社会条件としてはあまりに固定的かつ静態的なのだ。

　以上は大方が臆測の域を出ない。しかしながら、第二の理論的脱却点には史料的裏づけがある。それはこれまでの諸章の議論の繰りかえしになる——私的財産資源の増大は大筋において集合的社会組織の分裂の結果生まれる、という点である。両者のあいだに見られる弁証法は、二つの自律的な社会圏域である「市民社会」と「国家」のあいだの弁証法ではない。それは特定の〈力〉の資源の組織をますます集合的にする必要性と、それらに対して集合的な管理を維持することのロジスティクス上の不可能性とのあいだの弁証法なのである。

　これが第三の最も重要な理論的脱却点、すなわち強制的協同の発展全体が含む弁証法――その秩序から発するのではなくその矛盾から発する弁証法の存在の識別である。強制的協同の成功そのものが崩壊へとつながり、そして多くの事例では、社会発展のヨリ高度なレヴェルでそれが再編成されたのである。強制的協同は軍事体制国家の〈力〉を増大させる（テーゼ）と同時に、国家を転覆しうる分権的エリートの〈力〉をも増大させた（アンチテーゼ）。しかしながらエリートたちは、引きつづき強制的秩序を必要としていた。これが国家を全般的に再編成してヨリ強大な〈力〉の諸能力を賦与することとなり（ジンテーゼ）、こうして弁証法が一巡してふたたび始まるのである。このメカニズムは多くは帝国的形態の、ヨリ強力な集合的社会組織を指向する世俗的傾向を生み出した。ウル帝国は版図の点ではアッカド帝国の焼き直しだったが、人口密度、経済運営、壮大な建築、法典、そしておそらくその繁栄ぶりは増大した。バビロンはもはや拡大包括性はなかったが、ある意味で内向集中性においてはるかに強力だった。カッシート王朝はこの地域を新たな繁栄のレヴェルへと引き上げたのかもしれない（これらメソポタミア政治史の諸段階についての概説ならオーツ・一九七九年を参照、最終段階についてはブリンクマン・一九六八年を参照、もっと経済的な分析ならアダムズ・一九八一年・一三〇―七四頁を参照）。第八章で見るように、アッシリアはそれ以前の諸帝国と比べて、内向集中性においても拡大包括性においても、広大かつはるかに強力であった。次いでペルシアとローマはさらに強大だった（第八章・第九章で明らかにする）。この弁証法の初期段階を図表で示したのが図5－1である。

　われわれが集合的な〈力〉一般について「一次元的な」増大を記述できても、当然それはきわめて大まかな意味においてのことである。これだけの長大な時期のあいだに、帝国はその〈力〉の組織と技術の特質にかなりの変動があったのだ。以後の各章においても、私は帝国的な〈力〉の二大戦略、すなわち**強制的協同**と**支配階級の文化的結合**について述べよう。前者の基盤構造が発展したのは後者のそれ以前だったことから、私はこれら最初の支配帝国において前者が果たした役割を強調してきた。しかし後の諸帝国ではこの両者の混合が多様に変化したことが明らかになる。ローマは両方をかつてない程度に発展させた。ペルシアは支配者たちの文化的結合にヨリ多くを頼っていた。どの時点でこの変化が始まったのだろう？　この地域ではおそらくカッシートから始まったが、学者のあいだには異論がある。彼らの支配が栄えたとしても、それはヨリゆるやかな、ヨリ封建制的な、帝国的強制よりも貴族の結合に依存した、多様性に寛容な支配――ペルシア・スタイルの帝国だったのだろうか？　もしそうなら、ここで述べた弁証法は帝国的な強さと硬直性の単純な上り調子というよりは、「帝国的」もしくはたぶん「家産制的《パトリモニアル》」体制と、「封建制的」体制との相互作用であって、かえってこの相互作用を通して広い意味での集合的な〈力〉が発展したのである。これは比較社会学の最重要概念の二つ〔家産制と封建制〕を話題にのせる。通常これらの概念は静態的に用いられるために、世界歴史の発展パターン――時として弁証法的パ

図5－1　メソポタミア諸帝国が示す弁証法

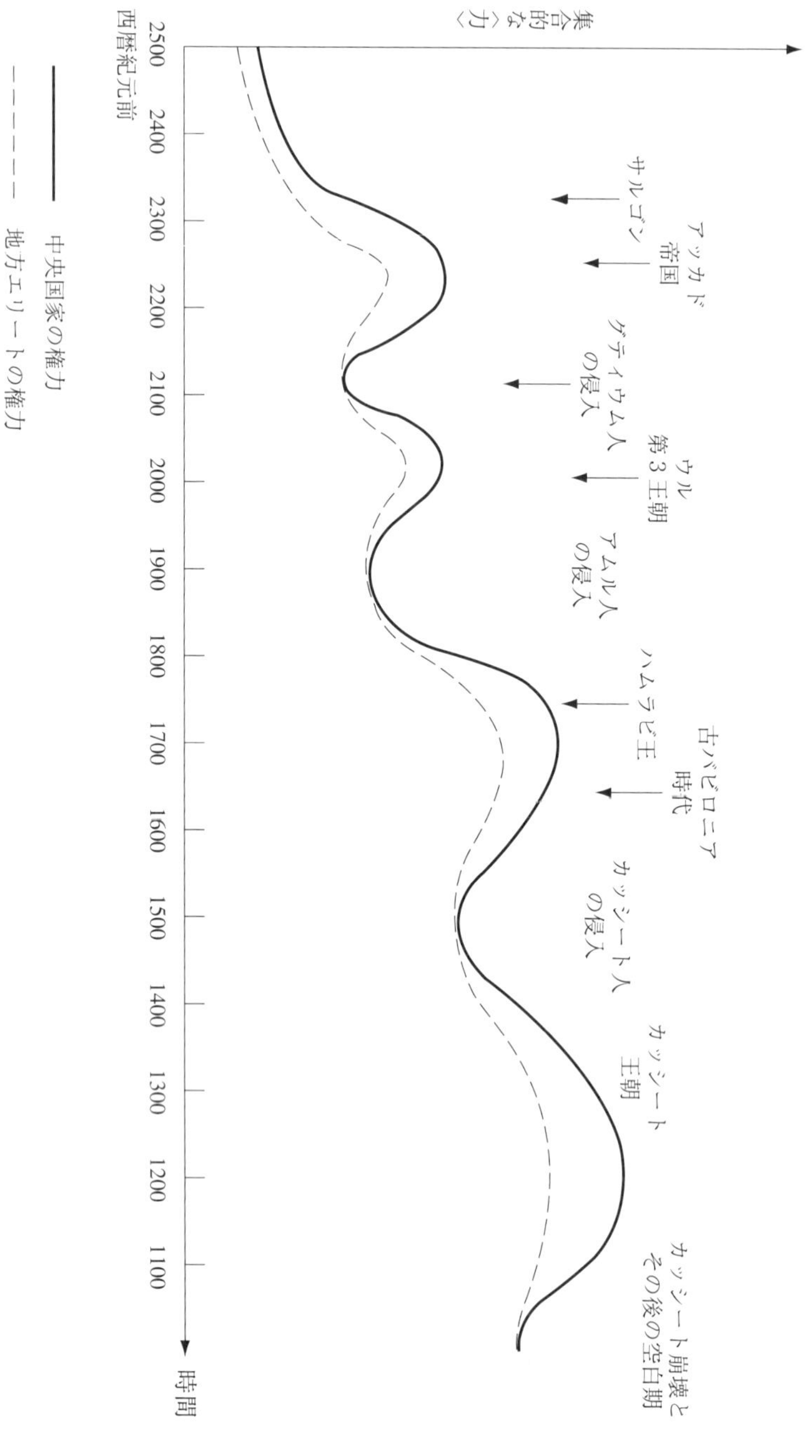

ターン——をとらえそこねている、と私は主張したいのだ。

古代帝国の比較研究

散りぢりに述べた若干の一般論は別として、これまで私は近東の歴史の一〇〇〇年に論述を限ってきた。しかし比較社会学に属する大量の文献が全地球上の、そして有史五〇〇〇年を通じての主要な帝国について、さまざまな一般論を展開している。そうするためにはこれら諸帝国が、時と場所の多様多彩な相違性を通してなお輝き出る広範な相似性を共有していることが要請される。ジョン・カウツキーは頭韻を駆使してこんな修辞的疑問を投げかける——

> アッシリア人とアルモラヴィド人とアステカ人のあいだに、マケドニア帝国とモンゴル帝国とムガール帝国のあいだに、東《オスト》ゴートの諸王とウマイヤ朝の諸カリフとオスマン朝の諸スルタンのあいだに、サーサーン朝とソンガイ朝とサウディ朝の諸帝国のあいだに、トレミー（プトレマイオス）一世二世とチュートン族の騎士たちとツチ族の戦士たちのあいだに、ヴァンダルと西《ヴィシ》ゴートとヴァイキングのあいだに、実質的な相似性があるとは驚くべきことではないか？
>
> （一九八二年・一五頁）

カウツキーは慧眼にも、ローマ人やスペイン人中南米征服者《コンキスタドーレス》のような征服者たちには基本的な相似性があり、彼らはそれによって外見上は「異邦の」敵の弱点を政治的に利用することができた、と述べている——彼らは自分たちの〈力〉の構造を認識していたのだ。

私はカウツキーの本質的な論点は反駁しない。このタイプの比較社会学のおかげで、こうしたさまざまな政治体制間の相似点が明確になったのだ。私はこのモデルの基本的欠陥——歴史の無視、社会的発展の理論を生み出せないこと、そして弁証法的プロセスを認識できないこと——について述べる前に、相似点の三つを提示しておこう。

これらの政治体制間の第一の相似点は、カウツキーが付けたレッテルを用いるなら、「貴族的帝国」だということである。土地を独占的に所有する支配階級（時として法的所有よりは実効的所有の意味）が支配していて、土地が生み出す経済的・軍事的・政治的な〈力〉の資源を管理していた。そしてイデオロギーの面から見れば、彼らの優位は道徳的・現実的な優越性の証である家系を通して表明された——貴族は優れている、なぜなら彼（あるいは彼女）が生まれによってつながっている内生血族集団をさかのぼると社会を創始した最初の先祖へと至りつき、彼らの親は英雄か神、あるいは何か高貴な偉業を成しとげた人びとだったから、というわけである。この階級は社会的な〈力〉の源泉の四つすべてを掌握して堅固な勢力となっていたので、いかなる支配者もその支援を求めなければならなかった。この点は文句なく有益な指摘である——なぜなら、これらの政治体制の多くはまるで反対のイデオロギー、すなわちすべての〈力〉はそれから、それ自体から流出したと主張し、その主張を真に受けている著者もいるからだ。サルゴンの孫であるナラム・シンは自らの神性を主張した。彼の配下のアッカド人貴族、あるいはシュメール人貴族は神聖なる者への家系上のつながりを主張しただけだった。これは近代に至るまでの歴史のなかで、この上なく僭越な帝国が示す基本パターンとなった。それは支配者個人による専制を正当化し、その専制は理論上他の者に対してと同様、貴族に対してもふるわれたのである。もっと騙されやすい著者たちは、これが実際に「絶対的な」支配につながったと信じている。ウィットフォーゲルもその数に入っているのだが、私は第三章で他の数人の比較社会学者（例＝ウェッソン・一九六七年・特に一三九―二〇二頁）とともに、彼の理論を退けた。それらの政治体制は、現実には脆弱だったのだ。

この時点で、国家権力の二つのタイプを弁別しておくと有益である。私はマン（一九八四年）のなかでこの弁別について詳論している。**専制的権力**とは、支配者とその配下の幹部たちが、市民の社会集団との日常的・制度的な折衝なしに実施を試みる権限をもつ一連の行動のことである。至上の専制者、たとえば自分は神だと主張してそれが一般に受容されている君主は（その帝国の歴史のほぼ全期間を通じてエジプトや中国はそうだったが）、「原則的」反対なしに実質的にいかなる行動でも試みることができる。**基盤構造的な権力**《インフラストラクチュラル》とは、実際に社会に浸透して政治上の諸決定をロジスティクスの面で実行に移す能力のことである。歴史上重要な諸帝国の専制君主についてすぐにも明白なことは、彼らの基盤構造的な権力が弱体であることと、その分を貴族階級が所有する基盤構造に依存していることとである。多くの目的のために、そしてとりわけ属州においては、貴族階級こそ彼らの基盤構造だった。したがって諸帝国は、現実としては、私流に表現すれば「領域上の連邦」だった――国家自体のイデオロギーが通常主張しているよりは、はるかにゆるやかで、地方分権的で、分裂しやすかったのである。

政治体制の第一の相似性から出てくるこれらの問題点のすべては、用語法はやや異なるものの、最近の比較社会学では十分に指摘されている（たとえばベンディクス・一九七八年、カウツキー・一九八二年を参照）。

しかしながら、政治体制の第二の相似性はいささか相異なる強調点を導き出す。貴族階級の〈力〉を強調するとしても、国家はそれ自体の〈力〉の資源を備えつつなお存続しているという事実を、われわれは見失ってはならないのだ。国家は、それが社会生活に果たす機能が素朴なレヴェルを越えているがゆえに、存続しているのだ。現在の問題に即していえば、国家は貴族階級にとって有用な何かを提供している。それこそ**領域上の中央集権化**である。多くの活動、たとえば法的ルールの作成や施行、軍事の組織化、経済の再分配などは、歴史的発展のこのレヴェルにおいては、中央集権化されることで通常は効率的に実行された。この中央の場所こそ国家なのだ。こうして、国家が獲得することのできる自律的な〈力〉はいずれも、国家の中央性を利用する能力から生まれてくるのである。

この点を探究したのはアイゼンシュタットだった（一九六三年）。彼はウェーバーを導きの糸としながら、帝国的国家は普遍主義を標榜しており、これには事実の面でも現実的根拠があるのだと主張した。ある国家がただ単に貴族政である、などということはありえない。家系を主張することは本来的に個別独立主義《パティキュラリズム》であって中央性と国家に対するアンチテーゼである。永続的な国家を発展させている社会は、個別独立主義などよりはるか先をいっているのだ。そうした社会は象徴圏域を合理化し、宇宙を概念化して、普遍的な影響力を有する諸力一般が作用する場ととらえ始めたのである。この合理的神性を表現するのは国家であって、貴族政ではない。アイゼンシュタットによれば、さらに物質面でも、国家の利害関心は「制約なしに自由に動く資源」、つまり個別独立主義的な〈力〉のアクターから自律した資源の育成にある。アイゼンシュタットはこの点に関してたくさんの実例をあげているが、私もこれから歴史記述のなかで繰りかえしそれに言及しよう。最も顕著な実例（とりわけ当事者にとって！）は、国家による宦官の使用である。すでに私が強調したように、国家の代理人は誰でも、支配者の管理を逃れて市民社会のなかへ「姿をくらます」ことができる。代理人が雲隠れして貴族の仲間入りをすることを止める方法の一つが、去勢を施して家系上子孫の出生を防ぐことなのである。

本章と前章で一瞥した初期国家の普遍化技術のなかから、三つを選んでみよう。第一にイデオロギーの圏域で、アッカド人征服者たちによる、万神殿《パンテオン》およびシュメール諸都市の創世神話の合理化と体系化の試みがある。「宗教」はアッカド帝国の下で文字に書き記され、教典化され、階層性と中心性とを与えられる。第二に物質的基盤構造の圏域で、サルゴンと彼の帝国継承者たちによる、帝国の通信輸送構造全体の改良と編成の試み（あるいは少なくともその提唱）がある。これらは単に〈力〉を増強するための活動ではない――彼らは〈力〉を普遍化しようとしているのであり、意識的にであれ無意識的にであれ、彼らがふるう威力は各地の独立主義的エリート層の〈力〉を殺ぐためのものである。第三に、そしてこれはイデオロギーと基盤構造とが合体しているがゆえにたぶん最良の実例なのだが、インカの征服者がアンデス民族に対して強要した「一〇進法」行政構造がある（第四章で言及した）。もちろん、実際のところインカがその征服した地方を統治できたのは、各地の土着エリート層を通すことによってのみだった。彼らは土着エリートと別に中央からインカの知事を任命し、忠実な開拓民兵士を派遣して道路、貯蔵庫、飛脚の中継地を建設した――実際にこれらの点で、彼ら以上に独創的な征服者はいなかった。しかし彼らとても私が本章で概説したような、支配のロジスティクスの非情な問題を克服することはできなかった。一〇進法的合理化の意義はここにある。それが果たしたイデオロギー的機能と、ある程度までの実際的効果というのは（スペイン人中南米征服者《コンキスタドーレス》がその弱点を暴いたのだが）、現地エリートに向かって次のように呼びかけることだった――「よろしい、おまえはおまえの民を支配しつづけるがよい。しかし、おまえの支配はもっと広大な宇宙の一部であり、この宇宙こそが諸部族・諸地域の独立をおさえて合理的なインカの秩序へと統合しているのであり、その中心におられるのがインカ王ご自身であることを、よく覚えておくがよい」。これはアイゼンシュタットの大いなる功績なのだが、もしもインカ王やサルゴンや中国皇帝やローマ皇帝が生き返ってきて彼の本を読むとすると、彼らはアイゼンシュタットが彼らの統治方法について行なった説明をすぐさま理解し、普遍主義とか、制約なしに自由に動く資源とか、象徴圏域の合理化とか、その他もろもろのアイゼンシュタット流専門用語の意味もたちどころに分かってしまうだろう。

　私は比較社会学から二つの洞察を引き出した——一方における、社会的には有益な、専制的な、普遍的な国家という存在と、他方における、社会の〈力〉の基盤構造の多くを現実に所有している非中央集権的な、個別独立主義的な貴族という存在の二つである。この両者が示す対照性が意味しているのは、比較社会学が第三の洞察をもたらしてくれたということ、すなわち、そうした政治体制の矛盾と、時によってはそのダイナミクスの一部とをはっきり提示してくれたことである。この両者のあいだでは絶えず闘争が行なわれていて、それが緩和されたのは両者が大衆の収奪を続行するという目的で相互依存する場合だけ（といってもそれはきわめて実質的に）だった。この闘争に関する最も有名な論議は、ウェーバー『経済と社会』（一九六八年・Ⅲ・一〇〇六—六九頁）のなかの家産《パトリモニアリズム》制の分析において提示された。

　ウェーバーは工業化以前における文明社会の政治体制の優勢なタイプとして、家産制と封建制を取り出した。家産制は「家《ハウスホウルド》」内における家父長的権威の素朴な初期形態を、ヨリ大規模な帝国の状況に適合させる。その下では、政府の諸機能は支配者個人の「家」から発している。これは政府機能が「家」とは無関係な場合でもモデルを提供しつづける。たとえば、騎兵隊指揮官はしばしば「馬丁《マーシャル》」といった称号を与えられるが、これは元来支配者の厩の管理を示すものだった。同じようにして、家産制的支配者は同族の者や従者など、自分の「家」のメンバーを政府役人に指名することを好む。その結果支配は独裁的となる——支配者の権威ある命令が他の個人や「家」に対して権利義務を指定するのである。時には個人や「家」が支配者から集団として指定されて、集合的に権利義務を負わせられることもある。これと対照的に、封建制はほぼ対等の関係にある者同士の契約である。独立的で貴族的な戦士たちが、権利義務の交換に自由な同意を与える。契約によって当事者の一方は全き政治支配権を得るのだが、彼は契約条件によって制約を受けていて独裁者ではない。ウェーバーはこれら支配の二形態を理念型《イデアル・ティープス》として識別した上で、彼一流のやり方でそれぞれの形態の論理的帰結と下位分類について詳論する。しかし彼はまた、現実のなかで理念型はぼやけてしまい、互いに変容して見分けにくくなるとも述べる。特に彼が認めていたのは、工業化以前の諸条件のなかで「純粋な」家産制はロジスティクス上不可能だ、という点である。家産制支配の拡大は必然的に非中央集権化をともない、支配者と今や自律的な〈力〉の基盤を得て地方名士となった支配者の代理人たちとのあいだの、絶えざる闘争を引き起こすのである。これこそまさに、私がメソポタミアにおいて述べたたぐいの闘争である。ウェーバーは古代エジプトとローマ、古代中国と近代中国、そして中世ヨーロッパとイスラームと日本からの実例について詳論している。彼の分析は歴史理解というものに甚大な影響を及ぼし、これらの事例はもとより、もっと多くの事例の専門研究のなかに広く浸透しているのである。

　理念型に近似している政治体制プラス混合型政治体制が、この地球に充満することとなった。中央集権的・家産制的帝国と、非中央集権的・ゆるやかな封建制的・貴族政的君主国との闘争が、同時代人によって記録された歴史の大半を占めている。しかしながら、もしもこれが私たちの歴史のすべてだとするなら、われわれの上流階級の歴史のすべてだとするなら、それは本質的に循環的であって、長期にわたる社会的発展に欠けている。本章で私が試みたのは、そこに何か別のものを付け加えること――そのような闘争が絶えず〈力〉の諸手段を改変して発展の弁証法を形づくっている、という理解をそこに付け加えることである。

　ことマックス・ウェーバーに関して歴史的発展への関心が欠けているなどと非難したら、彼は二〇世紀の主な社会学者の誰よりもこの点に関心をよせてきたのだから、おそらく誤解を招くだろう。しかし彼のこれらの理念型の使い方は時として静態的だった。彼は東と西を対比して、大規模な社会発展は東でよりもヨーロッパで起こったと主張するのだが、その理由は、ヨーロッパを支配したのが契約的・非中央集権的封建制であり、これが（東方の家産制とは対照的に）ものを獲得することへの比較的合理的な精神と、自然の征服へと向かう活動的な態度とを育んだからである。彼の考え方のなかでは、比較的封建制的あるいは少なくとも非中央集権的な構造は、ダイナミズムが起動するその前に調えられていなければならない。これから繰りかえし見ていくことになるが、社会発展のかなりの部分を生み出すのは中央集権化と非中央集権化とのあいだの弁証法であって、これこそが近東ないし地中海ないし西欧世界の歴史において特に強調されてきたのである。

　新ウェーバー派比較社会学のその後の展開は、もっと静態的なものになった。ベンディクス、アイゼンシュタット、カウツキーその他の人びとがもたらした洞察が何であれ、彼らは発展というものを無視している。カウツキーのように、インカ帝国とスペイン王国の政治体制の相似性（ともに「貴族政的帝国」）といったものに注目することは、一八〇人のスペイン人が幾百万人のインカ帝国と遭遇したときに何が起こったかを忘れてしまうことなのだ。スペイン人はインカには夢想だにできない〈力〉の資源を所有していた。それらの資源――よろい・馬・火薬と、これらの武器を駆使するための軍事的な訓練・戦術・団結、救済的・精神修養的宗教、六〇〇キロの距離を越えて指揮命令を発することのできる君主国家と教会、階級とリネージ（出自集団）のちがいを克服できる宗教的ないし国民的連帯、さらには彼らの病気や免疫力までも――これらの資源こそ、アメリカ大陸では生まれることのなかった、数千年にわたる世界歴史的発展の産物だったのである。われわれはこの後の六章ほどで、こうした資源が徐々に、着実に、しかしまぎれもなく累積的に現われ出るのを見ていこう。世界歴史的な時間を吟味することで、比較社会学に抑制を加えなければならない。

新ウェーバー派の分析が社会発展を説明しようとすると、彼らはこんなぐあいに自分たちの理論的モデルの外側を眺めるのだ。カウツキーは「商業化」こそ主要なダイナミックなプロセスだと見なす。彼が言うには、それはおおむね「貴族政的帝国」の構造の外側にある町や商人を通して出現するのだが、だからこそ彼にはその出現を説明することができない。ベンディクスの目的は君主政から民主政への移行を説明することなのだが、彼も本筋とは無関係な諸要因へと向いてしまう。彼の場合の諸要因とは説明のない、たくさんの独立変数といったもので、たとえば人口増加、技術の変化、そして町や通信輸送の基盤構造や教育制度や識字率の増大などである（一九七八年・特に二五一―六五頁）。アイゼンシュタットは、社会発展の理解のためのもっと適切なモデルをもっている。彼は幾らかの頁を割いて（一九六三年・三四九―五九頁）、幾つかの帝国がヨリ「近代的な」政治形態や社会形態へと変容したようすを概観している。彼が決定的な要因と見なすのは、これまで国家が独占してきた普遍主義や自由に動く資源を、合理的・救済的宗教によって支えられたさまざまな分権的エリートたちが活用する、その能力なのである。以後の各章で見てゆくことになるが、これこそ解答の重要な一部である。しかし三五〇頁にもわたって静態的・循環的な帝国のモデルを延々と描いた後では、残る一〇頁でこちらの方向へと発展することなどできない。すべてこれらの研究は（比較社会学が大方そうなのだが）、社会的な〈力〉の資源の発展過程における相異なる段階から集められた材料を、ごた混ぜにしているのだ。これが彼らの大弱点だというのは、それこそまさに彼らが説明しようとしているはずのことだからである。

古代帝国に関する比較社会学の方法論を私がこうして批判するのは、あらゆる事例を唯一特例《ユニーク》と見なす「典型的な歴史家」からの反論というものではない。それは真実だが、比較や一般化を排除するわけではない。むしろ比較分析は歴史的であるべきなのだ。それぞれの事例は時間経過のなかで発展してゆく。そしてこのダイナミズムそのものが、われわれが行なう構造の説明に組み入れられていなければならないのだ。当面の事例でいうなら、「帝国的」（あるいは「家産制的」）政治体制と「封建制的」政治体制のダイナミズムは、比較社会学が無視した発展の弁証法を形成しているのである。

結論――軍事的な〈力〉が社会発展を再編成した

私がこれまでに示してきたのは、中東における初期の諸帝国の組織としての能力と政治的な専制形態は、何よりもまず、発展しつつあった軍事的な〈力〉の諸関係がもつ組織力から生まれ出た、ということである。**中央管理型の強制**は、社会を組織する手段として、たぐい稀な効果を発揮した。これは第三章で見たウィットフォーゲルの議論のような、灌漑農耕の必要条件のしからしむるところ、だったのではない。自然環境上の決定的な背景は沖積土平野と辺境後背地域との交差であり、後者からある種の軍事的な発明創案が出現したのである。

辺境高地では、氾濫原における経済発展が辺縁部の牧畜民との交易をともなったことで、農耕と牧畜の混合形態が盛んになった。辺境を支配した者は農耕民と牧畜民の軍事技術を組み合わせて、ヨリ大規模で、ヨリ多様性に富み、ヨリ中央集権型の攻撃部隊をつくりあげることができた。アッカドのサルゴンの五四〇〇人部隊を嚆矢として、彼ら辺境民は氾濫原を征服し、見かけ上は氾濫原と高地とを統合して軍事体制的で君主政的な国家をつくりあげたのである。このような帝国の統合は脆かった。それはスペンサーの定義による「強制的協同」を具現した、国家と経済双方の軍事体制的組織化に圧倒的に依存していたのである。これがさらなる経済発展へとつながり、支配集団内部でのさらなるイデオロギー的な〈力〉の伝播および、帝国と支配階級との長期的な統合強化へとつながったのである。

しかしながら帝国は、いまだ比較的脆弱な相互作用ネットワークであって、その臣民に対する強力な支配というものに欠けていた。第三章で検討した、スミス（一九八三年）がいう意味での「エスニック・コミュニティー（民族的共同世界）」は弱まっていた。物納と賦役とをきちんと済ませるほかに、大衆は何も求められなかった。彼らに対する支配は、野蛮ではあったが、いいかげんでもあった。分散している支配集団はもっと多くのことが求められたのだが、彼らにとってそれは不愉快なことではなかった。帝国は一つの領域としてまとまっていたのではなかったし、一元的に統合されていたのでもなかった。それは王あるいは皇帝による、各州・辺境・場合によっては「異国」の支配者やエリートを通しての、**連邦的な統治**のシステムだった。これは基本的にはロジスティクス的な理由にもとづくことだった——私の計算では、どれほど恐るべき征服者でも、部隊と行政官僚を組織し、管理し、物資補給をしながら、日常ベースで八〇—九〇キロを越える行軍を行なうことはできなかったのだ。王あるいは皇帝は彼のプロの軍隊を、支配し脅すために確保していた。しかしそれを実行するのは恐ろしいほどのロジスティクス上の大仕事だということを、誰もが知っていた。地方のエリートたちは税や貢物を納めている限りでは、彼ら自身の地方支配が干渉されることはなかった。彼ら自身の利益は強制的協同という帝国的体制の維持にあった。帝国的な〈力〉は市民社会へと絶えず「スピンオフ（拡大分離）」しており、国家資源のみならず私的な〈力〉の資源をも生み出していた。私的所有が急速に成長したのは、政治権力の及ぶ半径が軍事征服の半径よりはるかに限られていたからであり、強制的協同の装置は権力を中央に集中するように見えながら、実は権力を拡散し分散してしまったからである。国家は征服や強制的協同の技術的成功などで獲得したものを、自分自身の体内に確保しておくことができなかった。したがって古代全期を通じて中央集権的な勢力と地方分権的な勢力、強力な帝国国家と私有財産階級のあいだに弁証法が発展したのだが、これらは両方とも、社会的な〈力〉の諸源泉の、同一の融合体が生み出したものだったのである。

私はこれまで主として、この弁証法が起こった一つの特定の段階と地域、すなわち紀元前第三千年紀の終わりから第二千年紀の初めにかけてメソポタミアの影響が及んだ地域について述べてきた。私はこの弁証法の細部までを、地球上どこでも一般的に見出しうるとは主張しない。前章でとりあげた他の事例研究について簡潔に考察してみよう。その一つははっきりとした、連続的な歴史があるもので、前章で私はそれに言及した。自然環境上他から隔絶されていたエジプトは、辺境領主やその後の帝国的弁証法の出現を見なかった。他の三つの事例研究もはっきりした進路、つまり崩壊という進路に行き当たってしまった！　そのうちの二つ、インダス河谷とクレタの末路はいまだにはっきりしていない。両方ともそれぞれアーリヤ人とミュケーナイ人の「辺境領主」の征服を受けたのかもしれないが、断言できるわけではない。後者については次章の初めに簡潔に検討しよう。三番目のペルーのインカは突如攻撃を受けたのだが、それは辺境領主どころか、地理的な距離はもとより世界歴史の時間においてもはるかに遠方からの征服者だった。最後の二つの事例はさまざまな意味でメソポタミアに類似している。中国とメソアメリカでは辺境領主が循環的に繰りかえし出現し、強制的協同や国家－私有財産間の弁証法も見られる。しかし本書での私の関心は比較社会学ではなく個別具体的な歴史、来るべき四〇〇〇年にわたって世界の重大事となった歴史である。その影響はすでに第二千年紀を通じて広がりつつあった——紀元前一五〇〇年までには、これらの地域のうち二つは、もはや自律的な「事例研究」対象ではなくなってしまった。クレタとエジプトは単一の、多中心的な近東文明に編入されてしまった。私としてはもうこれ以上の比較類推はしないことにしよう。

近東の歴史のこの第二段階は、当初こうして軍事的な〈力〉の諸関連が作動してちがう線路へと「転轍」され、征服を通して拡大包括型の支配帝国を樹立することができた。軍事的な〈力〉の永続的な重要性は、社会における自律的な「要因」とか「レヴェル」といったものではなかった。征服と軍事支配とはともに非軍事的な先行条件へとしっかり組みこまれたのである。あるいは、軍事的な〈力〉が二つの「社会的再編成の契機」をもたらして、それによって社会発展の新たな軌道が敷かれたというべきかもしれない。第一の契機は征服それ自体のなかにあって、戦場や遠征で起こったことの帰結として支配集団が決まる。この局面では通常、辺境領主が勝利者だった。ここから灌漑農耕と天水農耕と牧畜とを統合し、町といなかとを統合する、ヨリ拡大包括的な社会が生まれる可能性が出てきた。第二の契機として、この可能性が現実となり長期にわたって安定化・制度化したのは、軍事的な組織が強制的協同のメカニズムを通して政治的、イデオロギー的、そして特に経済的な相互作用のネットワークにところかまわず浸透したからである。この二番目の軍事的再編成によって、古代の諸帝国は単なる上部構造以上のものとなった。それは諸帝国の歴史を束の間の循環的なものから、社会的で発展的なものへと転換したのである。軍事的な〈力〉が行使する基本的手段として私が第一章で詳論した**中央管理型の強制**は、(それが決定的な意味をもつ)戦場以外でも、社会的に有用であることがはっきりした——支配階級にとってはもちろんだが、大方の大衆にとっても、たぶん有用だったのである。古代近東帝国の文明は、われわれ自身の社会がそこにつながっていて、そこから多くのものを受けついでいるのだが、全局面におけるその発展は、社会生活の軍事的再編成におけるこれら二つの「契機」がもたらした結果なのである。

にもかかわらず私はまた、そうした帝国体制がもつ限界と弁証法とを具体的に述べてきた。これらの諸帝国はいまだ領域的まとまりも一元性もなく、前章で見た彼らのご先祖同様**連邦的**だった。彼らは自分自身の体内からも辺境地域からも体制破壊的な、非中央集権的な勢力を生み出しつづけていた。これらの勢力が紀元前第二千年紀に爆発するのだが、それは次章で述べよう。

第六章　インド・ヨーロッパ語族の活動と鉄の伝播
——あるいは、ネットワーク群の拡大と多様化

紀元前第二千年紀と第一千年紀の初期を通じて、中東の支配帝国は計り知れぬほど大きな二つの挑戦によって揺さぶられたが、この挑戦は外部からのものとは言うものの、帝国が刺激したことで生じたのだった。大部分の帝国は生きのびることができなかった——消滅した帝国もあれば、他の帝国領域の一単位として組みこまれてしまったものもあった——そして辛うじて生きのびた帝国もその挑戦によって深甚な変貌をとげ、「世界帝国」を自称するものとなった。二つの挑戦とは、紀元前およそ一八〇〇年と一四〇〇年のあいだに二輪戦車軍が軍事的優位を占めたことと、およそ一二〇〇年から八〇〇年にかけて鉄製の武器道具類が広まったことである。これらの革命には三つの相似点があった——北方に端を発していること、非定住民から起こったこと、彼らは文字文化をもたなかったことである。こうした事実のために分析に困難が生ずるというのも、正確な位置の分からない地域や、当初は何の記録類も残していない民族のことをあつかわなければならないからだ。こうした事情の下では、これらの出来事は野蛮と破局の「突然の爆発」だったとする、他ならぬそれらの帝国がわれわれに遺した誤まりを避けることはむずかしいのである。

しかし事の真相は、二つの別個の社会が激突したといったものではない。この時期、一元的社会のモデルは現実とのかかわりをもっていない。現実に何が起こったのかは、(1)徐々に拡大しつつあった地理上の領域とそこに包含されていた多様な〈力〉のネットワークとに対して、近東が与えた初発の刺激という観点と、(2)その地域内で重なりあい交差しあう〈力〉の相互作用の、その後の成長拡大という観点によって、説明が可能になる。ここで検討している時期の終わり頃には、該当する地域の地理的な広がりは大いに拡大して、近東はもとよりヨーロッパ、北アフリカ、中央アジアの大部分を含んでいた。そこには一元的と言いうる諸特徴をそなえた社会や国家の存在を、部分的には分別することができたが、大部分はそうではなかった。国家を基盤とする一元的な社会とされているものの境界を乗り越えてしばしば生起する相互作用のなかに、すべては巻きこまれていたのである。

インド・ヨーロッパ語族の挑戦

〈力〉のバランスは今や北へと移ったのだが、当初の主要な影響力は南から北へと向かったであろう[1]。これは北方と西方における進化発展に対して、近東からの伝播が全般的に優勢だったことを言おうとするのではない。強調しなければならないのは両者間の相互作用である——両地域は双方とも相互的発展を起こすのに必要な要因をもっていた。北方と西方の有史以前の諸特性が重要なのだ（大筋は推測するしかないのだが）。しかし歴史時代へと突入する時期までに、両地域はすでに相互作用の期間を経ていた。両地域は灌漑農耕民の影響にもさらされていて、単なるアウトサイダーではなかったのだ。

第三千年紀の初めに、中東諸帝国の交易民たちは金属・動物・奴隷・その他の奢侈品を求めて小アジアからコーカサス山地、そしてイラン高原へと進出していた。彼らが遭遇したのが幾つかの「インド・ヨーロッパ語族」だが、これらの集団はこの時すでに共通の言語族に属していたかもしれない。東方ステップ地帯のインド・ヨーロッパ語族は騎馬の遊牧民であり、東ヨーロッパおよびロシア森林地帯にいた連中は焼畑農耕民と騎馬の牧畜民だった。どちらも国家をもたず、第三章の初めに定義した文明の三つの特徴をもっていなかった。しかしそれらは「ランク（位階）」社会であって、一部は階層化も進んでいた。遊牧民はゆるやかなクランないし部族構造をもち、おそらくは家長を中心に私有財産制の萌芽が見られただろう。この焼畑農耕兼牧畜の民はクラン・村落の混合構造をもっていた。

増大した富と交易で学んだ青銅冶金術の獲得とは、非中央集権的形態の階層化を促進し、有力なクランや村落の権威ある人物から貴族の出現をうながし、貴族家系の私有財産を強化した。冶金術によって彼ら貴族の戦場における武勇はいや増し、貴族を戦士エリート層へと変貌させ、時には軍事指導者の地位を王の地位に近づけることさえあった。西方のインド・ヨーロッパ語族が青銅の戦斧を西へと運び、現在のヨーロッパ大陸を支配した。これらのうちでよく知られている大集団はケルト族、イタリア語族、そしてギリシア人だった。（われわれは第七章と第九章で彼らとめぐり会うはずである。）しかしステップ住民の富と武勇は中東・近東へと還流したので、私はまず本章で彼らについて検討する。

紀元前一八〇〇年頃のことだが、固定車軸にスポークで二輪を取りつけた軽戦車が登場した。馬具の工夫で戦車の重量の一部は馬が担うようになっていた。これは快速で操作しやすく、バランスのよいすぐれものだった。その戦場での勇猛ぶりは後の世のすべての歴史家の語り草となった。二輪戦車には槍と短弓で武装した二名ないし三名の兵士が搭乗した。戦車軍は中隊規模で帝国側の歩兵隊と動きの悪い荷車群の周囲を迅速に走り回り、武具をつけて比較的安全に動ける位置から大量の矢を射かけた。歩兵の隊列が崩れると、正面攻撃で彼らを殲滅した。戦車軍は都市の包囲ができなかったが、定住農耕民の耕地や堤防を存分に荒らしまわることで彼らを脅しつけ、降伏させた。戦車から降りて野営している時が一番無防備になったので、搭乗しなおすあいだの攻撃に耐えられるよう、野営地を改良して単純な四辺形の土塁陣地を築いた。平野部の戦場において、戦車軍の緒戦の優勢は明らかだった。近東と中央アジアの大部分は平野だったが、ヨーロッパはそうではなかった。したがって彼らが浸透したのは前二

（1）この節への全般的かつ有用な典拠はクロスランド・一九七一年、ドラウアー・一九七三年、ガーニー・一九七三年。

者であって、ヨーロッパではなかった。

戦車軍が最初に侵入したのは南東および中央アジアの、定住人口が濃密な灌漑オアシスだったと推定されるが、これらの地域は中東文明の最初の二段階から派生したものである。この侵入が契機となって歴史記録に残る幾つかのほぼ同時的な侵入が始まったとされてきた――東では中国、南東ではインド、南西では小アジアと中東である。しかし今日では、青銅の武具や長方形の要塞をもつ中国殷（商）王朝の戦車軍は外来ではなく、土着のものだったと考えられている。他の地域では外からの侵入であることは明らかだ。アーリヤ人は波状攻撃をかけて、紀元前一八〇〇年と一二〇〇年のあいだのどこかの時点で北インドを征服した（第一一章で検討する）。小アジアではヒッタイト人が、紀元前一六四〇年までに王国を建設していたと確認される。シリアでは紀元前一四五〇年までに、ミタンニ王国が樹立された。メソポタミアの大部分は紀元前一五〇〇年頃までに、カッシート人によって制圧された。エジプトは紀元前一六五〇年頃に、ヒクソスによって征服された。そしてギリシアでは紀元前一六〇〇年までに、ミュケーナイ王国が樹立されたのである。記録に残っている時点では、彼らはすべて戦車軍であり、単一の中央国家ではなく貴族がつくる連邦体であり、私有財産の格差はそれまでの近東地域の土着民族では見られなかったほど大きなものだった。

これらの諸集団が正確に何者なのかは、いささか謎に包まれている。この侵入のもともとの中核をなしていたのはインド・ヨーロッパ語族だと、一般には信じられている。しかしヒッタイト人の主流（ハッティ人）やフリ人はインド・ヨーロッパ語族ではなかったし、ヒクソスは（エジプト語で「異国の首長たち」という意味で）たぶんフリ人とセム人の混合集団だったろう。カッシート語の起源はいまだに突きとめられていない。単純にインド・ヨーロッパ語とは言いきれないのだが、彼らの宗教にはインド・ヨーロッパ語系との親近性ないしそこからの借用が見られる。これら諸集団のすべての動きは混ざりあっており、互いに通婚したり連合を組んだり、文化や読み書きを取り入れたりしながら南下していったと思われる。フリ人とヒッタイト人について知られているところでは、盛んに行なわれた混合というのは当初は小規模のインド・ヨーロッパ語系の貴族が支配し、やがて原住民と混合する、というものだった。われわれが歴史上の知識をもっているのは融合してしまった集団についてのみである。それでもわれわれは、たまたま読み書き能力のあった征服者集団の子孫たちが通常インド・ヨーロッパ語で書いたということだけを根拠にして、「民族」や「人種」といった紀元後一九世紀のエスニック理論に振り回されることはもはやない。それらの集団が階級横断的な真正の「エスニック・コミュニティー（民族共同体）」だったという証拠はない――それらはゆるやかな軍事的連邦だったのである。

彼らの征服について、もう一つの謎めいた特徴も注目に値する。諸帝国に対する彼らの支配が、単に打ちつづく戦場での勝利だけだったのかどうか、はっきりしないのだ。南方へと動いた集団が高速戦車——彼らの軍事的優位性の基盤だった——を開発したのが、小アジアに現われてからずっと後のことだとは考えられない。彼らはそれまでに近東文明の周縁か、場合によっては内部にすでに移住していたと思われる。たとえばカッシート人の場合はそうである（オーツ・一九七九年・八三—九〇頁を参照）。彼らはそこで徐々に馬の飼育法と騎馬技術とを改良し、徐々に青銅の工具を獲得して戦車をつくりあげたのである。したがって戦車はたぶん、今日までの推測からすれば、文明の周縁地で開発されたのだろう。同様にして、軍事対決もたぶん長期間にわたっていただろう。戦車が出現した後でも、整然とした征服を遂行できるロジスティクス的な条件はなかった。戦闘において戦車が有利だったのはその機動性、とりわけ集中したり散開したりする能力だった。ロジスティクス上の利点は季節しだい、条件しだいだった——良い放牧地があれば戦車軍はそこで自活して、補給基地からは歩兵よりはるか遠くまで行動することができた。しかし戦車戦は組織上のリズムがきわめて複雑だった——小集団を組んで前進し、やがて散開して敵の放牧地内へ展開し、次にはすばやく密集して敵の隊形を攻撃するのである。それは「野蛮人」にできることではなく、長い期間にわたって着実に社会組織を培ってきた辺境領主ならではの仕事だった。

　こうして彼らが南方の諸文明にかけた圧力は長期にわたる持続的なものだったにちがいない。それは文明に対して、戦場での圧力とはまったく別の緊張をもたらした。幾つかの帝国は戦場での圧力などほとんどないままに崩壊してしまったようである。例をあげると、インドに侵入したアーリヤ人は、すでに衰退しつつあったインダス河谷文明と出会ったのかもしれない。同様に、クレタ島におけるミノス文明の二度にわたる崩壊も、理解がむずかしい。ミュケーナイ人にもせよ、異域からの侵入者による破壊という説明では説得力がないのだ。むしろ可能性としては、クレタ文明が長期的な衰退過程に入っていて、直接大きな戦争などないまま、ミュケーナイ人交易民が東地中海のミノス人に取って代わったと考えられる。

　中東でも侵入者が襲ったのは、大部分の既存国家にとって相対的衰弱期だったと思われる。バビロンがカッシート人やフリ人と闘う前に、ハムラビの子孫同士の内戦によって南部の領域が離反してゆく事態となっていた。とにかく地域全体がバビロンと、最初のアッシリア人支配者と、最後のシュメール人支配者によって争われたのである。エジプトでは通例紀元前一七七八年に始まるとされる「第二中間期」に、ヒクソスの侵入に先だつ長期の王朝内紛が始まっていた。

　戦場での勝敗以外の崩壊原因を探してみたい、という誘惑にかられる。前章で私が規定した支配帝国のメカニズムのなかに、三つの原因が見出せる。第一に、そしてこれはおそらくメソポタミア地域で顕著だったことなのだが、帝国の境界には定位置というものがなかった。境界は自然障壁ではなく軍隊がつくったものだった。メソポタミアではさまざまな河川流域が一つならぬ帝国に中核部を提供したのだが、それは征服と支配の技術が地域全体を覆いうるほど十分には発達していなかったからである。こうして帝国同士はその敵対関係によって、互いの力を消耗しあう間柄となった。しかもすべての帝国において、地方属州および辺境の忠誠心は条件しだいだったのである。

　第二の崩壊原因は、そしてこれはヨリ一般的なことなのだが、私が強制的協同のシステムとして述べたシステムのなかでの、経済的・政治的・イデオロギー的な統合メカニズムのもろさである。河川流域と高地（あるいはクレタ島の場合は沿岸地帯と高地）のあいだの統合は人為的であり、高レヴェルの再分配と強制とに依存していた。再分配メカニズムは人口増加の圧力と土壌の浸食とによって壊されやすかった。強制は国家の側に絶えざるエネルギーの消耗を強いた。そうしなければ、地方の叛乱と王朝の内紛が発生したのである。

　第三の崩壊原因だが、周縁地域の勢力向上は帝国に対する強敵となっただけではなかった。それは諸帝国にとって経済的な困難をももたらした――日の出の勢いの辺境領主が課す「保護金」のことを考えると、おそらく遠距離交易の利潤は減少しただろう。したがってわれわれは、すべての帝国は戦車軍によってとどめ《クー・ド・グラース》を刺される以前から難儀な状態に置かれていたと結論してもよいだろう。この現象は世界中の古代帝国に頻発していた――この現象は「過剰分離」（ラパポート・一九七八年）とか「超凝集」「超統合」（フラナリー・一九七二年、またレンフルー・一九七九年を参照）などさまざまに呼ばれているが、こうした言葉は崩壊前のこれらの帝国の一元性を誇張しているのである。

　征服者たちの本性を考えると、彼らが安定的で拡大包括的な帝国を自前で創出できたとは思えない。戦車の上からでは支配は困難だ。戦車は攻撃的な兵器であって、防衛的あるいは団結強化的な兵器ではない。その物資補給は粗放的（＝拡大包括的）な放牧地（と田園での手工品）で行なわれたのであって、集約的（＝内向集中的）な農業と都市での工芸品ではなかった。戦車の出現によって、ヨリゆるやかな境界をもつヨリ分権的な貴族の発展が促進された。それには裕福な戦士が所有する粗放的な放牧地が必要で、その戦士たちが戦車や馬や武器や訓練のための余暇を維持したのである。そこで必要だったのは中央集権的な指揮の下での組織的・一体的訓練ではなく、高度な個人技と、軍事行動の大部分を自律的に行動する小規模な分遣隊を統括する能力だった。それには封建制的な「身分制《カースト》忠誠心」と貴族の名誉心とが恰好の社会的基盤となるように思われる（ゲーツェ・一九六三年のヒッタイトの戦争に関する記述を参照）。戦車隊を率いる連中が中央集権国家をつくりあげる困難さは、歩兵と騎兵と弓兵を統括した初期のサルゴン的征服者の困難さを越えていた。実際のところ、彼らの支配は当初は「封建制的」だった。

　アーリヤ人たちは地方分権的な貴族的構造を保持しつづけて、インド侵入後何世紀間も中央集権国家をつくらなかった。彼らは中東のミタンニ人に似ていた。ヒッタイト人は紀元前一六四〇年頃に中央集権王国を確立し、それが一二〇〇年頃までつづいたのだが、貴族つまり自由な戦士階級はかなりの自律性を享受していた。彼らの国家を「封建制的」国家と記述するのが通例となっているが（たとえばクロスランド・一九六七年を参照）、それは軍事的な封土が盛んだったことを指している――彼らは国家の中核部の外側では、土着民の臣下や子分《クライアント》を通じての支配という、「柔軟な」戦略によって支配した。ミュケーナイはヨリ中央集権的で再分配的な宮殿経済を確立したが、宮殿が複数存在したためにその効率が減衰して、ホメロスが「暗黒時代」と描写した時期に入ってしまった。ホメロスの世界は諸国家の世界ではなく、領主たちや臣下たちの世界だったのだ（グリーンハルジュ・一九七三年）。ミタンニ王国はフリ人の連合体だった。その最高首長は子分《クライアント》を通じて支配したのだが、支配地域の境界は臣下たちが連合体に加わったり離脱したりするたびに絶えず変わりつづけたのだった。カッシート人はゆるやかな封建制的王国を確立して、広大な土地を封土として貴族に与えるとともに、征服したバビロン人にはゆるやかで柔軟な支配を行なった。

　そこで経験された一般的な問題は、彼らは当初その先行者たちと比べれば、広大な領域を統合する能力を欠いていたということだった。彼らは読み書きを知らなかった。彼らは定住農耕民の支配者たちとはちがって、強制的協同労働を行なわせた経験がなかった。さらには彼らの軍事的な実力が彼らを絶えず分権的にしていた。彼らのなかで最も成功した連中――とりわけヒッタイトとカッシートは、文明の諸技術のみならず先行者の文字文化をとり入れるという反応を示した。しかしこのことによって支配者は、かつての家来たちと疎遠になってしまったのだ。

　侵入者のうちでもあまり成功を収めなかった者は、反撃に対して弱体だった。彼ら自身の支配技術が脆弱だったのである。定住農耕民たちは彼らも戦車を使うか、歩兵隊の規模と密集度を増し都市の防壁を拡充するかして、反攻した。紀元前一八世紀と一七世紀のシリアおよびレヴァント地方では、大きな防壁のある小さな都市国家が激増した。エジプトおよびバビロンという旧来からの二強と新興勢力アッシリアとは、ヨリ拡大包括的な支配を志向した。エジプト人はヒクソスを追い出して、紀元前一五八〇年に「新王国」を樹立した。次の一世紀間、パレスティナ征服と南東地中海でのエジプト勢力拡大のために、エジプトの戦車や船や傭兵が動員された。エジプトはここで初めて、支配帝国となったのである。バビロンの支配者たちは前一二世紀にその勢力を再興した。しかしメソポタミアで大きな軍事的反応を起こしたのはアッシリア人だった。シュメールから文化を引きついだ彼らは、インド・ヨーロッパ語族の活動開始以前に交易民として登場していた。今や戦列の中央に戦車を配置するとともに防護装甲を強化した彼らは、前一三七〇年頃ミタンニ人大領主たちを打ち破り、外部へ向かっての拡大を開始した（第八章で検討する）。

　定住農耕民たちはこうして新しい軍事技術を学ぶことができた。再度ここでも一般通念とは真反対だが、遊牧民や戦車軍が一般的な優位に立ったのではなかった。さらに加えて、支配の分権化一般がヨリ広範な相互作用ネットワークの崩壊を誘引することもなかった。都市国家群と封建制連合体とは交易と戦争を結合させ、神がみや言語的要素の交換を促進したのである。文字は後の「一字一音」式線型モデルへと単純化された（次章で検討する）。**伝播型の〈力〉**の広範な共生が始まっていた。そこに到来したのが第二の衝撃波だった。

鉄器時代の挑戦

紀元前二〇〇〇年頃、たぶん黒海の北側で鉄の採掘と製錬が始まったが、これもおそらく南部からの経済的刺激に対する反応だった(2)。鉄は銅の合金類、とりわけ青銅と競合した。青銅は銅と錫をいっしょに溶かして鋳型に入れ、放置して凝固させたものである。けれども鉄は赤熱した状態で型に入れ、半溶融状態で木炭に含まれる不純な炭素と接触させて炭化しなければならない。古代の人びとが用いた技術では、硬度はほぼ青銅と同じでひどく錆びやすい鋼性鉄《セミスチール》以上のものはつくれなかった。しかし紀元前一四〇〇年頃までに、鉄は青銅よりもはるかに安価につくれるようになった。こうして道具や武器の大量生産が可能になったのである。黒海近くに住んでいたヒッタイトが、鉄製の武器を大規模に使用した最初の人びとだったと思われる。冶金術を政治的に管理することは不可能だったので、その秘伝は紀元前一二〇〇年頃までにヨーロッパとアジアの全域に売り広められた。鉄は銅や錫とちがって実際は地球上どこででも見出され、その採掘を管理することは実際上不可能だった（銅はそうではなかった——エジプト国家が銅の採掘を管理したことを思い起こしてほしい）。鉄が安価であるとは、樹木を伐採できる斧や軽い天水土壌を掘り起こせる引っ掻き鋤などが、少量の余剰生産しかできなかった焼畑農耕民にも経済的に手がとどくようになったことを意味した。天水利用で人工的な灌漑によらない定住農耕が盛んになり、小農民が経済的・軍事的な勢力へと成長した。

勢力バランスが変わった。この変化には幾つかの側面があった——牧畜民および灌漑農耕民から天水土壌農耕民へ、ステップと河川流域から草土地帯へ、貴族から小農民へ、機動性のある戦車から重装備歩兵の密集大部隊（あるいは最終的には重装備の騎兵隊）へ、中近東から西方、北方、東方へ、支配帝国および細分化された部族連合体から村落および個々の氏族《クラン》ないし部族《トライブ》へ、という変化である。これらのなかには永続的でないものもあったが、全体的に統合されて技術上の革命となっていった。鉄は経済的と軍事的と両方の〈力〉を中心的な「線路敷設工手」とする、社会革命を巻き起こしたのである。

経済に与えた効果は比較的理解しやすい。余剰生産可能な天水土壌の農耕民は、産物を斧あるいは鋤と交換することができた。比較的に裕福だった小農民はそれに牛を追加した。地政学的観点からすると、経済成長はアナトリア、アッシリア、南東ヨーロッパ、地中海北部の軽天水土壌地域へと不均衡に移動した。この地域で発展した経済においては、個々の農民所帯《ハウスホウルド》が発達した経済交換や職能的専門化と直接的にかかわるようになった。所帯ごとに労働力と用具を備え、他のどの所帯からも独立した結果、余剰を生むことになった

――これが小規模私有財産の形成と経済的な〈力〉の平準化・分権化とを促進したのである。直接的な経済実践――（第一章で述べた）経済的な〈力〉の比較的「凝集的な」末端――が歴史を編成する〈力〉を取りもどすことができたのだが、これは最初の文明の出現以来失われていたものだった。

もう一つの経済的な変化は、各地で中距離交易が発達したことだった。遠距離交易品の多くが金属類だったことを思い起こしてほしい。今や支配的な金属となった鉄は各地で採掘され、交易された。小農民の所帯から需要の増大が起こり、布地やワインなど比較的かさが大きく陸路遠距離を運ぶには不向きな準特産品が求められた。その供給は海上輸送で可能になった。海上輸送は整備され管理された通信輸送ルートで行なうのではない。地中海や黒海やアラビア湾など内海の全域がある一つの権力によって支配されるのでなければ、交易は経済的な〈力〉を分権化し平準化するだろう。小農民所帯における実践が、拡大包括的な交易ネットワークと直接つながったのである。経済的な〈力〉がもつ組織化の手段――第一章で私が実践の回路と呼んだもの――が強化されているのが見て取れる。

鉄がもたらした軍事的・政治的結果は、さらに複雑で多様だった。小農民はヨリ重要かつ自律的な〈力〉のアクター（行為者）となったが、このことを政治的・軍事的にいかに表現するかを決めるのは各地の伝統だった。西方、つまりギリシアの外の、それまで国家というものが存在したことがなかった南部ヨーロッパでは、未発達な部族的・村落的貴族以外、交易民や小農民を束縛しようとする存在はなかった。こうして、貴族によるほんのゆるやかな指揮下にあった村落と部族とが、軍事的・政治的な勢力として台頭した。

一方の極の中東では、アッシリアのような組織の整った支配帝国は小農民に対する支配を維持することができた――彼らを歩兵戦闘部隊に編入して鉄製の武器、甲冑、包囲攻撃用の兵器で装備したのである。安価な武器と天水耕地での生産の増大によって、大集団の兵士を武装させ、彼らに補給することが可能になった。そうした大集団を統括する伝統的な基盤が帝国だった。長期的に見れば、そうした帝国はこれで再強化された。

それまで耕作農民さえもたなかった伝統的な国家にとっても、実に第三の道が開かれることになった――その余剰を使って外国人傭兵を雇ったのである。いささか話の先回りになるけれども、これはエジプト人が採用した戦略だった。鉄の製錬を自ら行なおうとはしない唯一の強国だったにもかかわらず、エジプトは生きのび、繁栄した――ギリシア人に金を払って、製錬から殺人まで、鉄が関係する全プロセスを委託したのだった！　要するに政治的・軍事的な変化は、特定の国家の内部バランスよりも地域全体の権力バランスの変化という、地政学的な傾向を示したのである。

地理上の中間地帯では、こうした地政学上の諸勢力が激烈

（2）鉄がもたらした影響についての議論は、基本的に、ハイヒェルハイム・一九五八年にもとづいている。

な抗争に突入した。しかし争いあう諸勢力の多くに文字文化がなかったか、あってもわずかという状態だったから、大災厄の年代記はほんの概略しか分からない。黒海沿岸の都市国家トロイアの発掘によって紀元前一二五〇年と一二〇〇年のあいだに壊滅があったことが明らかで、たぶんこれがホメロスのトロイア戦争の歴史的基盤であり、おそらくはミュケーナイのギリシア人の仕業だったろう。しかしながら、紀元前一二〇〇年の直前になるとミュケーナイ本国で要塞が増えており、彼らが圧迫を受けていたことが分かる。一二〇〇年頃には、ミュケーナイ、ピュロス、その他の中心地における要塞化された宮殿が火災によって破壊された。一一五〇年頃に、災厄は頂点に達した――ミュケーナイの宮殿文化の残滓までが破壊され、ヒッタイト王国は崩壊して首都その他の重要施設が焼き払われ、バビロンにおけるカッシートの支配が終焉を迎えたのである。一二〇〇年頃、エジプト人は彼らが「海の民」と呼んだ集団から受けたナイル・デルタへの再三にわたる攻撃を、困難の末に撃退した。一一六五年までにエジプトは、「海の民」の攻撃やアラビアからパレスティナへと侵入したセム系諸民族――旧約聖書に登場するイスラエル人やカナン人やその他の諸族の攻撃によって、ナイル河およびデルタ地帯以外の領域のすべてを失ったのであった。

これらすべてを理解するには、正確な日付が重要である。トロイア、ミュケーナイ、ボアズキョイ（ヒッタイトの首都）、バビロンはどのような順序で滅んだのか？　それが分からないのだ。「海の民」に関するエジプトの正確な年代記と言及とが導きの糸としてあるだけで、途方に暮れてしまいそうである。

われわれはギリシアの事例から検証できる。後代のギリシアの歴史家たちは、ミュケーナイ人は「ドーリス人」に取って代わられたと示唆しているが、彼らはギリシア語を話す他の諸族とともに北方のイリュリアからやって来た。これら「イオニア人」のなかの一族が小アジアに植民した。この説明にどれほどの信頼が置けるのか、誰にもわからない。ドーリス方言とイオニア方言とはそれぞれギリシアのちがう地域に発しており、スパルタやアルゴスなどの地域では、ドーリス人が征服された非ドーリス系ギリシア人を農奴として支配していた。しかしこの征服が起こったのはミュケーナイ崩壊の後だったであろう。いったいミュケーナイを滅ぼしたのが誰なのか、われわれにははっきりしないのだ。スノッドグラースの言い草ではないが、それは「侵略者なき侵略」なのである（一九七一年・二九六―三二七頁、ホッパー・一九七六年・五二―六六頁も参照）。

魅力的な推論はこうなる――「海の民」は地政学上の新勢力が組んだゆるやかな連合体で、小農民と交易民ないし海賊民が主体であり、鉄製の武器をたずさえて地中海北部と黒海沿岸からやって来、ヒッタイト人の領域とミュケーナイ人の海上ルートに侵入したのだが、たぶん移動の過程でこの両者から優れた組織を学びとったのだろう（バーネット・一九七五年、サンダーズ・一九七八年）。後代で類推すればさしずめヴァイキングであろう――彼らの破壊と征服の基本単位は三二―五人の漕ぎ手ないし戦士の編成で、他の船とはたまさか合流する以外、ほとんど組織というものを組まなかった。しかしこれは推論的・類推的判断にすぎない。とはいうものの、北方からの征服のこの第二波においては制海権《シー・パワー》が決定的だった。第一波とは異なり、内陸の支配帝国はさほど脅威を受けなかった。これは陸上の〈力〉と海上の〈力〉との断絶を意味していた――前者はヨリ伝統的、後者はヨリ革新的だった。

北方からの二つの挑戦によって、ヨリ拡大包括的な諸地域とヨリ大量の諸民族とが相互依存関係へと引きこまれた。しかし短期的には、国家中心社会の統合能力を減少させることにもなった。群小な国家や部族までもが競いあい、交易しあい、互いに文化を伝播しあった。彼らは辺境民族だったから、文明に魅せられ、それを自分のものにしたいと考えた。彼らは経済的・軍事的発展に対して彼らなりの貢献をした。引っ搔き鋤や伐木斧は生産余剰を増大させ、鉄を身にまとった戦士は軍事的な〈力〉を活性化した。

こうして紀元前の第一千年紀のあいだに、北方からの挑戦によって始まった〈力〉の諸関係における三つの変化が、さまざまなリズム、さまざまな地域で進行していった――

(1) 独自の政治的・軍事的・イデオロギー的な〈力〉の配列をもつ、すき間的交易国家が発展した。

(2) 小農民と歩兵勢力の成長によって、経済的・軍事的な〈力〉を比較的小規模かつデモクラティックな共同体へと、集約的に動員することが復活した。

(3) 大規模な支配帝国の拡大包括的かつ内向集中的な〈力〉がゆっくりではあるが成長して、領域帝国へと近似してゆく潜在力が生まれた。

これは複雑な構図で、数多くの重なりあう〈力〉のネットワーク群で構成されている。しかしながら各タイプの主要な事例はすべて文字文化をもつ厳格な記録者だったので、十分な史料的裏づけがある――フェニキアは(1)、ギリシアは(2)、マケドニアは(3)、アッシリアは(2)と(3)、ペルシアは(3)、そしてローマは(2)と(3)である。これらの発展を年代記として記述するには、幾つもの章が必要だろう。

これらの社会はみな文明化され、かなりの〈力〉をふるうようになった。しかし、近東および地中海世界に対して地政学上の覇権を樹立したものは一つもなかった。この地域一帯ではかなりの社会的相互作用が起こったのだが、経済的、イデオロギー的、軍事的、政治的な〈力〉の様式のどれか一つが優位を占めることにはならなかった。しかしこうした「多国家」的な状況を、われわれの近代的な経験の色眼鏡で眺めないようにしよう。これらの国家の社会生活への浸透能力はまだ未発達で、国家は「国際的」な関係においてのみならず、すき間的な分野においても競合していた。すなわち、〈力〉の組織のさまざまな様式、経済的生産と交換のさまざまな形態、さまざまなイデオロギー、さまざまな軍事的戦略戦術、さまざまな政治支配の形態、これらが国家の境界を越え、「自国の」住民をも貫通して伝播していったのである。もはや覇権など、国際的にはもとより、国内的にも達成不可能なものとなった。

こうしたことすべてによって、紀元前第一千年紀の近東および地中海文明はユニークな事例となる。私は第四章においても、比較論的一般化には慎重だった。文明が独自に出現した事例は、ほんの数えるほどしかなかった。その後、文明間の差異は広がった。私は第五章でも、古代の支配帝国に関して少しばかりの概括的一般化を行なった。しかしその中核をなすのは（比較社会学ではよくあることだが）近東‐中国間の比較だった。今やこの二つの経路は分岐してしまった。中国は漢王朝の時代までに、一つの文明になっていた。北と西に横たわる半砂漠ステップ地帯にまで達していた。そこからは時おり遊牧民が征服にやって来たが、中国としては軍事技術以外、彼らから学ぶものはなかった。南方はジャングルと沼地と、文明化の遅れた危険な民族が住む地域だった。陸上では、中国が覇権を握っていた。東方には海があり、幾つかの潜在的な競争相手、とりわけ日本があった。しかし彼らのあいだに相互交流はほとんどなく、中国的体制の一部が障壁となって外部との関係が閉ざされていた。文明化したコスモポリタン的近東が、ユニークな事例となりつつあったのである。こうして今や比較社会学は身を退いていく（第一一章でちょっと再登場する）のだが、それは論理的あるいは認識論的理由によるのではなく、経験的な事例の欠如によってなのである。

近代西欧が継承している文明の主な特性の第一は、地政学的な中心が幾つもあり、コスモポリタンであり、覇権をもつ者がいないということだった。それは自然環境上三つの根をもっていた――近東の内陸諸帝国の中核をなす灌漑された河川流域と限られた耕地、ヨーロッパにおけるヨリ広大で開放的な耕地、そしてそれらをつなぐ数かずの内海である。このような自然環境の対置は世界中でもユニークなものだったから、世界歴史を生み出したこの文明は、世界歴史という観点から見てユニークだったのである。

第七章 フェニキア人とギリシア人が拡げた世界

——あるいは、分権的な多重アクター文明の形成

私はこの章で、紀元前第一千年紀の主要な二つの分権的文明であるフェニキアとギリシアについて検討する。私はギリシアに集中することになるが、それはギリシアのほうが史料的にかなり整っていて、その発展の弁証法の主要段階をはっきり識別できるからである。社会的な〈力〉の発展に対するこの両民族の巨大な貢献は、彼らの文明の分権的・多重レヴェル的特質に帰することができるのであって、この特質によって彼らは彼らが受けついだ地域、とりわけ近東の支配帝国が遺した地域の、地政学的・軍事的・経済的遺産を最大限に活用した——というのが私の主張である。

当時の〈力〉の「最先端」としてのフェニキアとギリシアの登場のなかに、二つの主要な弁証法が識別できると私は思う。第一の弁証法は、簡潔かつ仮説的に述べれば、これらの文明が巨視的歴史《マクロ・ヒストリー》のプロセスの一部だったかもしれぬ、という可能性にかかわるものである。この事例では、既成の支配帝国の辺境地帯に位置していた分権的で多重的な〈力〉のアクターをもつ文明が、それらの諸帝国の繁栄と制度的硬直性につけこんで「間隙をついて登場し」、自らの自律的な〈力〉の組織をつくり上げてしまったのである。しかしながら、長期にわたって成功した〈力〉の発展過程の後では、彼ら自身の組織も制度化し硬直化した。今度は彼らのほうが、辺境に位置する新たな支配帝国に対して脆弱になる番である。そうしたプロセスが、紀元前第一千年紀に認められるのである。実際にこれがどの程度まで巨視的歴史のプロセスの一環だったのかは、最終章に残しておこう。

第二の弁証法は、発展的成功の「中間期」にかかわるものである。そこには二つの重要な側面がある。ギリシアにおける社会発展は、第一に、三つの〈力〉のネットワークの成長と相互作用の結果ととらえられる——最も小さなネットワークは都市国家、中間はわれわれがギリシアと呼んでいる地政学上の多国家組織および言語文化、そして最も外側にあるのが、手前勝手でいささか気がひける概念ではあるが、ヒューマニティー（人間性）全体で、この場合三つは同心円的な輪を形成するほど重なりあっているわけではない。それと同時に、最初の二つの輪（都市国家とギリシア文化圏）がもつ参加型のデモクラティックな特質が、もう一つの弁証法を作動させた——民衆的な実践と階級闘争である。諸階級はここで歴史上の再編成を成しとげ、以来、歴史に鳴りひびく存在となった。ギリシア（とフェニキア）は結果的には、ふたたび勢力を取りもどした支配帝国を前にして崩壊してしまったのだが、三つの相互作用ネットワーク間と諸階級間で作動する弁証法の刻印をこれらの帝国に遺した——そしておそらくは最終的に、われわれに遺したのだった。

分権的経済の台頭
――フェニキアの文字文化と貨幣制度

ヒッタイトとミュケーナイが崩壊し、エジプトがナイル流域へと退却した結果、地中海の東部沿岸地域に〈力〉の真空が生じた。地域全体が分権化され、小国家が群生した。レヴァント地方沿岸のフェニキア人諸国家は、民族的にはカナン人諸族に属していた。彼らはバビロニアの楔形文字を書き、メソポタミアとシリアの様式で装飾をしていたが、中東、エジプト、それに繁栄するヨーロッパ経済との交易を求めて、西へと発展するに適した戦略的な位置を占めていた。〈力〉の真空のなかで沿岸の町まちは拡大し、要塞を築き、海軍力を拡張し始めた。聖書の列王記に記されていることだが、紀元前一〇世紀にツロの王ヒラムはソロモン王に莫大な援助を行なった。ヒラムはレバノンから切り出した「レバノン杉」と「糸杉」の材木を与え、お返しにソロモンは「小麦二万コル」と「純粋のオリーブ油二十コル」を与えた。ヒラムの労働民がイェルサレムの神殿建設に従事し、ヒラムは紅海を渡って黄金や宝石をイスラエルにもたらした。

支配帝国アッシリアの登場は（次章で検討するが）イスラエル国家を滅ぼしたが、フェニキアの制海権は健在だった――紀元前九世紀以降アッシリアは貢納を課していたが、海への出口をもたなかったために、地中海交易を組織することは容易ではなかった。アッシリア人の登場は、弱体ではあっても絶えることのないエジプト人の存在と相俟って、陸と海とを切り離したがゆえに重要だった。そのためにこの地域では、農業的な〈力〉と海上的な〈力〉とを結びつけることが誰一人としてできなかった。こうしてフェニキア人は海上の〈力〉へと特化したのだ。[1]

紀元前九世紀からはフェニキアの船が主たる運送者となり、やがてギリシア人との激しい競合となった。地中海全域に数多くの植民地や寄港地が建設された。最も有名なのは紀元前八一四―八一三年に建国されたと慣習的に言われるカルタゴで、西地中海に自分の帝国を築きあげた。フェニキア沿岸の町まちは最終的に海軍の優位をギリシア人に、政治の独立をまずはネブカドネツァル二世に、ついでペルシア人に明け渡してしまった――すべて紀元前六世紀のことである。フェニキアの最終的な消滅は紀元前三三二年、アレクサンドロス大王の手によってもたらされた。カルタゴその他の西方の植民都市は政治的自律性を長く保持して、カルタゴがローマに滅ぼされたのは紀元前一四六年であった。

こうしてフェニキアは、およそ五世紀にわたって大強国――それも新機軸の強国だった。紀元前四〇〇年頃からのアフリカ、サルデーニャ、スペインにおける後期カルタゴ帝国を別にすれば、フェニキアが所有していたのは個々の港とそ

（1）フェニキアに関する主な典拠文献はオルブライト・一九四六年、グレイ・一九六四年、ウォーミントン・一九六九年、ハーデン・一九七一年、ウィトカー・一九七八年、フランケンシュタイン・一九七九年、そしてもちろん旧約聖書である。

の直接の後背地だけだった。都市国家はそれぞれが政治的に独立しており、北アフリカの群小都市国家でさえカルタゴに吸収されることはなかった。それは「海の花嫁」と呼ばれる海軍および交易において他の追随をゆるさぬ強国だったが、都市国家が結合してゆるやかな連邦、地政学的な同盟を組んでいたのだった。

　そうした海軍強国になるには前提条件があった。第一に、カルタゴが押さえていた〈力〉の真空地帯は、社会活動の主要三分野にまたがる戦略的位置にあった。第二に、地中海全域にわたる犂農業の発達が、海上交易の効用を増大させた。第三に、当時の大領域強国のどれとして陸と海とを、あるいは灌漑農業と犂農業とを統合できるものがなかった。もちろん、フェニキアにもできなかった。フェニキアの〈力〉は、ミノス人やミュケーナイ人などかつての偉大な交易民よりも、はるかに海軍へと特化していたのである。

　さらに加えて、交易の質も変化していた。仮にフェニキアの船が二つの文明化された国家のあいだを、あるいは中央集権国家とその辺境地域とのあいだを、金属・木材・石材・奢侈品などを輸送するにすぎなかったのなら、かつての交易民同様、彼らも支配帝国のヘゲモニーに屈していたであろう。これまでの交易民は、都市の門を通って中央にある貯蔵倉庫ないし市場へと向かい、そこで国家官僚たちによる度量衡検査や読み書き能力検査を受けなければならなかった。しかしフェニキア人が運んだのはその大部分が日常用産品や準日常用産品――穀物やワインや皮革など――であり、その大部分は彼ら自身が製造した完成品だった。フェニキアの都市には貴金属工芸の他にも、石工、大工、染物屋、織物師などの工房や工場があった。完成製品の多くは王宮向けではなく、やや下位の所帯向けだった――小地主貴族、都市居住者、比較的裕福な自由小農民たちである。彼らの前提となっていたのはヨリ直接的な売買関係であって、再分配経済の中央機関が媒介するのではなく、フェニキアの商人組織が媒介するのである。この点でフェニキア人は、北方の挑戦者たちが始めた伝播型・分権型の経済を組織化したのだった。彼らの〈力〉は、直接生産者が自ら領域的に広範な社会組織を形成することができないような、ダイナミックではあるが分散的な経済の流動化に依存していた。われわれはこれを市場と呼ぶが、（ポランニーの指摘にもかかわらず）それが歴史的にいかに稀なものであるかを、なかなか認識しようとしないのだ。

　この新たな伝播型・分権型世界の二つの特徴である文字文化と貨幣制度とは、それぞれ別個に検討する価値がある。この両者を論ずればフェニキア人のらちを越えてしまうのだが、この両者においてフェニキア人が果たした役割は莫大だった。

　支配帝国は楔形文字にも象形文字にも、大きな変化はもたらさなかった。紀元前およそ一七〇〇年と一二〇〇年のあいだに、国際的な外交と交易にはアッカドの楔形文字を用いる慣行が生まれたが、これはアッカド人の国家がもはや存在しないために「中立的な」文字となっていたからである。しかし大部分の帝国が崩壊してしまった後では、さまざまな征服民のあいだで通用する混成通商語《リングア・フランカ》は容易に生まれず、しかもその征服民たちの多くはアッカド語をも含む伝統文明に染まっていなかったのである。発声音をただ音声通りに再生する文字、いわゆる**アルファベット**ならば、多くの言語同士の変換に役立つだろう。

幸運にもわれわれはこの世界歴史上の瞬間を、レヴァント地方の遺跡からとらえることができる。遺跡で明らかになるのは、前一四世紀から一〇世紀にかけて数多くの文字や方言が同一の銘板に同時に刻まれていたということ――たとえばアッカド語、シュメール語、ヒッタイト語、フリ語、エジプト語、キプロス語が一箇所に書かれているのである。これらのうちの一つがウガリット語で、これは楔形文字をアルファベット流に用いて書かれたカナン方言である。これは子音主体で、それぞれの文字は（母音ではない）音を再生する。すべての楔形文字の例にならって、これも扱いにくい粘土板に書きこまれていた。少し後になってレヴァント地方で別の文字、特にヘブライ語とフェニキア語（これもカナン方言）が、パピルスを含むどんな媒体にも適用できる筆記体のアルファベット文字を発達させた。そしてわれわれは前一〇世紀の二二子音（母音なし）のフェニキア文字へとたどり着く。これが前九世紀までには標準化されて地中海全域に伝わった。前八〇〇年直後にギリシア人がこれを借用し、母音をつけ加え、後世へアルファベットを遺したのである。

この物語の二つの側面を指摘したい。第一に、初期の文字文化の出現はおおむね国家が組織したのだが、今回は国家の関与をまぬがれていた。その発展はさまざまな民族《ピープルズ》、特に交易民同士の言語交換の必要を通して促進されたのである。第二に、それは技術上の進歩――それによって書記《スクライブ》たちはヨリ迅速かつ低費用でメッセージの記録や伝達ができるようになったのだが、それだけにとどまらぬ〈力〉の意味合いがそこにはあった。今やこの技術は国家ほどには資源をもたない者たち――商人、地方貴族、職人、さらには村の祭司連中にも利用可能になった。この伝播を押しとどめるには、国家の祭司＝書記たちによるしたたかな抵抗が必要だったろう（実際に彼らはバビロンでそれを試みたのだが失敗に終わった）。マクニールは言っている、「文字の簡略化が象徴する学識の平準化《デモクラタイゼイション》＝民衆化は、文明の歴史における大転換点の一つである」（一九六三年・一四七頁）。「民衆化」とはいささか言いすぎである。読み書き能力は初め支配エリートの技術顧問連中に限られていたのが、次にはエリート自体へと広がった。フェニキアの碑文やテキストはほんのわずかが現存するだけだが、それらは広範で学識ある文化の存在を示している。フェニキア人について確実に言えることは、彼らは分権化された交易構造によって、文字文化の歴史に第二の突破口を開いた幾つかの集団の一つだったということである――他の集団とはアラム人とギリシア人だった。

フェニキア人はまた、ゆっくりと貨幣制度へと向かった多くの集団の一つだった。ゆっくりとしんがりを務めたのである。しかし幾つかの点で、その物語は文字文化の物語と酷似している(2)〔傍注213頁〕。

文明社会においてある品目の交換価値を定めるシステムと

して最も初期のものは、灌漑国家の中枢が管理した計量・計測および記録のシステムだった。しかしその価値は一つの国家保証取引に「一回限り」のものであって、一般通用の交換手段ではなかった。このシステムは支配帝国によって改変されずに維持され、諸帝国の崩壊とともに崩壊した。エジプト、バビロン、アッシリアでは保持された。しかしながら、もっと一般化された使用・交換の混合価値をもつ品物を用いての、他の幾つかの「貨幣」システムも長いあいだ存続していた。最も広く用いられたのが牛の皮、戦斧、金属棒、道具類などだった。これらの品じなは、価格を再設定することなしに繰りかえし使用できた。鉄の登場はこれら品じなの一部を刺激した。硬度の高い鉄の道具は、安価にしかも正確に金属を切ったりスタンプを押したりできた。道具自体も標準化によって、その交換価値が増した。おそらく金属製の道具とスタンプ入りの金属棒とは、前一一〇〇年から六〇〇年頃までの東地中海地方において、最も広く用いられた貨幣形態だった。

　この道具貨幣は中央の権威など必要としなかった。それは鉄の犂で耕す農民に適しており、この時期のギリシアで盛んに用いられた。スタンプ金属棒はその効力を保証するのに幾らかの権威を必要としたが、受け取る側のチェックは（貨幣よりも）簡単で、いったん流通してしまえば繰りかえし国家機構を通過する必要はなかった――これこそ一般通用の交換手段だった。この貨幣形態は交易民から生まれたと言っていいだろう――アラム人とフェニキア人である。前八世紀と七世紀のアッシリアの史料によれば、スタンプ金属棒は中東で一般に通用していた。さらにフェニキア人とアラム人のあいだでは、スタンプは王や都市国家はもとより個々の私人のものであってもよく、このことは権威の分権化と、少なくとも比較的少数の特権者集団のなかでの個人間信用の発展ぶりを示している。この元祖・鋳造貨幣は、小規模生産者のあいだでは用いられなかったろう。大きくて扱いにくく、しかも高い価値をもつことから、それは国家や大規模仲介商人の取引にむいていた。

　それと認められる最初のコインの出現は、経済交換にかかわる二つの文化の正確な地理上の接点で起こった――二つの文化とは中東の支配帝国と、北西すなわち小アジアの小農交易民である。ギリシアではこれまでずっとこの発明を、前七世紀の半ばギリシア的・半ばアジア的王国であるリュディアのものとしている。考古学はこれを裏づけているのだが、共同発明者として小アジア（および当時のメソポタミア）のギリシア人都市国家の幾つかをも加えている。コインは表と裏を王国あるいは都市国家のしるしでスタンプされていて、それによって切り詰めや不正な減価ができないようにして重さと品質を保証している。初期のコインは一般にきわめて高価だったので、ふつうの生産者と消費者同士の交換には用いられなかった。おそらくは傭兵への支払いと、金持ちからの税や貢を受けとる際に使われたのだろう。さて今やわれわれは、原型的《プロト》貨幣経済が二つの分野に浸透したのを見た――まずは国家と有力な交易仲介人とのあいだの信用形態として、そして二番目には国家と兵士とのあいだの信用形態として。兵役こそは最初の、そして長期間にわたって唯一の、賃労働の形態だった。

コインの鋳造はこの地域から、傭兵ないし交易通路に沿って東はペルシアへ、西はギリシアへと広がった。ギリシアは交易民であることと傭兵の供給源であることによって、原型的貨幣経済の二つの基盤を兼ね備えていた。さらに加えて、ギリシアの民主政的都市国家における市民意識は、コインのデザインを一つの徽章、一種の「旗印」として用いたのである。ギリシアは最初の貨幣経済となった。前五七五年頃、アテナイはコインの鋳造、高価のコインのみならず低価のコインの鋳造を始め、最初の貨幣経済を開始した。物語のこの部分はギリシアの話なので、すぐ後で検討しよう。

コインの鋳造の前提となったのは二つの独立した〈力〉のアクター、すなわち中央の国家と、社会的・経済的な動員を自律的に行なうことのできる分権的な〈力〉の保有者階級とである。両者とも相手の存在に還元されてしまうことがありえないのは、両者のあいだの相互作用が発展の弁証法だったからである。支配帝国と小土地保有耕作民との相互作用は、地政学的に二つのレヴェルをもつ社会構造をつくりあげた。それが起こったのはとりわけ交易仲介人の諸組織、傭兵、そして参加型都市国家を通してだった。これを理解するには、ギリシアについて検討しなければならない。

ギリシアの〈力〉の起源

広いスケールをもつ歴史叙述は目的論に傾きやすい。その社会が後にどうなったか、あるいは今どうなっているかの認識が、その社会は歴史上どんな社会だったのかという認識に入りこむのだ。その社会が古典期ギリシアであり、われわれの叙述の主題がその〈力〉が達成したものである場合、この傾向は手に負えなくなる。当時から現在まで、道が直接つながっているからだ――言語、政治制度、哲学、建築様式、その他の文化的人工物の数かず。われわれの歴史はこれら幾つかの道に関する知識をいきいきと保存してきた。たぶんそのことでギリシアの生活の他の側面に関する知識を抑圧してしまったし、当時の他の諸民族が達成したものに関する知識をも抑圧してしまったのだ。私はこの章でギリシアを当時の世界のなかに位置づけ、われわれに親しみ深いことはもとより、比較的疎遠なことについても言及しようと努めるが、これは所詮勝ち目のない戦いだ。われわれにとっては三つの制度がきわめて大きな重要性をもっている――都市国家すなわちポリスと、人間理性の崇拝と、そして政治的階級闘争の三つである。それら三つがいっしょになって〈力〉の飛躍、すなわち組織化能力の革命が生まれるのだ。ギリシアがこの三つを

（2）〔本文211頁〕貨幣制度の起源については、ハイヒェルハイム・一九五八年およびグリアスン・一九七七年を参照。

発明しなかったとしたら、発明した者をかなりうまく抑えこんだのだと言える。ギリシアはこの三つを、われわれ自身の文明およびこの全世界につながる伝統に向けて遺してくれた。したがってそれらは、人類のさまざまな集合的な〈力〉の歴史の、重要な一部なのである。さてそれをどう説明したらいいだろう？　私はまずポリスから始めて、その発展の幾つかの段階を順次追ってみよう。

ギリシア[3]は自然環境が特別に恵まれていたわけではなかった。その河谷の土壌はヨーロッパの多くの地域よりやせていた――とはいうものの、伐採はほとんど不必要だったので、初期の鉄製の犂を使う耕作者にとっての機会費用は平均よりよかった。草木の生えない丘陵と広大な岩肌の海岸線とが政治的統一を不可能にした分だけ、さまざまな海上活動を可能にした。しかしポリスや海運力や古典期ギリシア文明の出現を自然環境から予言できないのは、たとえばブルターニュやコーンウォールの荒涼たる自然環境を思い浮かべてみれば分かるだろう。

ギリシアを際立たせていたのは、ヨーロッパと近東のあいだの境界地帯というその位置だった――ヨーロッパの耕地のなかでは近東文明に最も近接しており、その岬や島じまが両地域間の交易や文化交換を横どりすることができたのである。それだけにとどまらない。ドーリス人やイオニア人、そしてその他の連中――正確に何人《なんぴと》であれ――が起こした最初の活動から、彼らは実際にヨーロッパとアジアを股にかけていたのだった。ミュケーナイ文明後の黎明期が始まって以来、ギリシアは小アジア沿岸のたくさんの植民地という形態において、アジアのなかにあった。西洋文明がギリシア人に負うところ大であるといっても、それで忘れてならないのは、東洋と西洋という区分けは後世のものだということである。さらにわれわれはギリシア人の驚くべき発展を、単純に彼らの土着的発展と考えてはならないのだ。彼らはここぞというあらゆる点において、古代近東文明の諸実践と鉄器時代耕作民の諸実践とを融合させたのである。

たしかにギリシアの発展に関しては、われわれによく分かっていない土着的な側面が一つある――ミュケーナイからの連続性がどの程度だったのかという点で、ミュケーナイ没落以後の四〇〇年が暗黒時代なのだ。次には前八〇〇年と七〇〇年のあいだで、われわれに輪郭が見えてくる。経済的な〈力〉の諸関係と軍事的な〈力〉の諸関係とは、いくぶん相矛盾する――一方では、前八〇〇年と七五〇年のあいだのアッティカにおける人口増加が示す通り、農業の生産余剰は増大していた。われわれはこの原因を、ギリシアが戦略的位置を占めていた近東および地中海世界全域の統合の進展によるものと考えることができる。貴族たちは牧畜、とりわけ馬の飼養を行なっていたが、生産の拡大は彼らに対する大・中農層の富と権力を増大させた。しかし他方で軍事的な面では、甲冑に身を固めて馬にまたがった貴族戦士は、馬から降りて戦っても従者が周囲を固めて、向かうところ敵なしであった。初期の政治制度の二重性はこの点を反映していたのかもしれない——地方コミュニティーの男子成人メンバーの集会は、貴族家系の家長たちから成る長老会議に従属していたのである。この二重構造はこの時期、あるいはもっと後においても、鉄器時代の耕作・牧畜混合民のあいだで共通のものだった。

これらの人びとのあいだには、主要な政治的変数が二つあった。一つは王政だが、常に弱体で影が薄かった。ギリシアでは、君主政は例の暗黒時代に衰退してしまった。主な国家のうち君主政は北方辺境のほんのわずかだが、スパルタはユニークな二人君主政だった。もう一つの変数は、貴族と自由民とのあいだの身分格差だった。ギリシアではこれが低かったのである。出自は重要であり、貴族的規範によって強化されはしたが、身分意識や身分制度に転じるには至らなかった。われわれは人類の最初期の時代から、生まれと富とのあいだの緊張関係の存在を認めることができる。生まれによって授けられたちがいを、富はたやすくひっくり返してしまうのだ。この点では、第六章で述べた北方からの二つの波は相異なっていた。戦車を操る者たちは厳格な区別を生み出した——その極端はカースト制の生みの親たるアーリヤ人である（第一一章で検討する）。しかし鉄器耕作民たちは、ゆるやかで共同的でデモクラティックでさえある権力構造をもった貴族政を保持していたのである。

ギリシアのポリス

ポリスとは、領域としての都市国家と農業後背地から成る自治組織であり、そこでは貴族であれ農民であれ、その領域内で生まれたすべての男性土地所有者は自由と市民権とをもっていた。その二つの基本理念とは、土地所有者同士の市民的平等と、家族やリネージ（共通出自集団）よりも領域としての都市に対する責任と忠誠だった。

領域か親族かの対立は、実際には領域性と親族性とを合体させた単位に親族用語を用いることでカモフラージュされた。したがって「部族 phylai」は、もともとは貴族戦士たちの自発的組織としての軍事集団だったと思われるが、後にアテナイでは（ローマと同様に）、部族は地域性を基盤として再編成された。同じ伝で「同胞＝兄弟 phratra」は、たいていのインド・ヨーロッパ語では血縁関係ではなく、同盟者の社会的集団を意味した。後代アテナイの歴史において、それらは政治的党派を指すようになったが、率いたのは貴族のクラン（氏族）で、時としてその配下とされた。出自と親族関係はギリシア史における重要問題だったので、一部の古典学者は領域内の統合よりも親族関係を重視するようになっている（例＝デイヴィス・一九七八年・二六頁）。

しかし親族関係の重要さと、それを非親族的関係の象徴モ

（3）本文中にあげた諸研究の他に、この節の主な典拠となっているのはスノッドグラース・一九六七年、一九七一年、ハモンド・一九七五年、ホッパー・一九七六年、メグズ・一九七二年、オースチンとヴィダル＝ナケ・一九七七年、デイヴィス・一九七八年、マリ・一九八〇年、ヴェルナンとヴィダル＝ナケ・一九八一年、ランシマン・一九八二年。

デルとして用いることとは、実質的には普遍的現象である。紀元後の一九世紀や二〇世紀初期においてさえ、あの大規模な領域的単位である国民国家が民族《エスニック》的・人種《レイシャル》的単位として概念されていたが、現実はそうではなかったではないか。ギリシア人はこの規準からはきっちりと逸脱して、各地方ごとに領域的忠誠を発達させるまでになった。アリストテレスがはっきり述べているが、ポリスの第一の特質は、それが場所のコミュニティーだったということである。ポリスが貴族政の観念とも対立するのは、貴族政が血縁関係を拡大してヒエラルキー的忠誠や障壁を導入することによって、強烈で平等主義的な領域的忠誠や障壁を抑制するからである。したがってポリスの出現を説明することは地方ごとの民主政への流れ、近隣に住む大衆同士による、あるいは少なくとも現実の親族単位では組織できないほど多数かつ同質的な財産所有者たちの実質的「階級」による、政治参加への流れについて説明することなのである。そしてこのことはさらに、群小ポリスから成る多国家システムという意味合いをももっている。となれば、多国家システムに組みこまれたポリスというのは、いったいどのようにして出現したのだろうか？

　その必要条件の第一は、小農民土地所有層による鉄器時代経済によってもたらされた。それは同質状況を広範に伝播させたのである。さらには、生産や人口密度の増大とともに、地方ごとの経済組織が必要になった。しかしこれだけでは十分な条件とは言えない。小農民による財産所有は集団性への高度の献身を生み出すものではなく、後に（たとえば第一三章で）見るように、小農民が永続的な政治的集合組織を生み出すことは稀なのである。他にも幾つかの原因が加わったが、それらは複雑に入りくんで、ポリスの発展過程のさまざまな段階においてさまざまな重要性を発揮した。その複雑な相互関係がギリシアの〈力〉の比較的相互連結的な相貌を増大させた。鉄器時代経済に加勢した次なる二つの原因とは、**交易**と**軍事組織**だった。後にはそれに文字文化、農業の商業化、大規模海戦を追加しなければならない。

初期の交易とポリス

ポリスと交易との関係は奇妙なものだった。交易は政治にとっての中心問題ではなかった。商業活動にギリシア人は高い価値を認めていなかった（といっても見下していたわけではない）。局地的交易に従事することは、高い政治的地位とは結びつかなかった。遠距離交易はプロの（多くは外国の）商人によって組織されたが、彼らは傍流的立場の連中だった。工芸者や職人は元来独立的で、しかもフェニキア人が多かった。したがって政治組織は、経済組織の単なる延長ではなかったのである。個々のポリスは一元的でも、経済はそうでなかったから当然である。生産‐再分配循環を包含するようないかなる中央機構も、強制的協同のいかなるシステムも、ギリシア世界を支配してはいなかった（フェニキア人の世界も同じだった）。小農民による生産および局地的市場活動と、ヨリ広範な交易ネットワークとのあいだには組織上の不連続があった。もっと後になってギリシア人が交易を支配するようになっても、この二重性は残った。

その一方で、ギリシア人は初期の頃から金属類などの必需品を求めて海外へと出ていった。それらをオリーヴ、オリーヴ油、ワインなどの農産物と交換することが、彼らの余剰の基盤、彼らの文明の前提条件だった。彼らは海外に居留地を建設したが、それは本質的に農耕兼交易の基地であり、それ自体がポリスとなったのである。それは一種の「群島」構造（第四章で言及したアンデス・アメリカの初期文明に幾らか類似している）であって、東地中海沿岸はこれによって徐々にギリシアの植民地となっていった。これが顕著に交易を促進した。いわゆる交易がもつ「商人」的側面と「自由な」側面とは、ポリスの生活からは遠く離れたところに留まっていた。しかしポリスの規制——とりわけポリス間の規制——を受けた諸関係が経済的交換のプロセスに入りこんだ。こうして多国家の地政学的システムである「ギリシア」は、交易の成長に刺激されて、集合的な経済組織としても発展した。都市国家と連邦的多国家文明という二つのレヴェルは、各地の自然環境と地域的地政学の結果としての経済によって、その萌芽的形態を与えられたのである。

しかしわれわれはさらに、こうした多数のポリスがもつデモクラティックな要素についても説明しなければならない。結局のところこれこそが、際立ってギリシア的な発明だったのだ。それ以前には（そしてそれ以後にもめったには）小農民が文明社会を支配したことなど決してなかった——しかもそれは、公的な会合における自由討論を経た上での、多数票の拘束力によって行なわれたのだ（詳細についてはフィンリー・一九八三年を参照）。他所では——エトルリアやローマを含めて——経済発展は君主政的・貴族政的都市国家によって先導された。領域性と政治的平等とは必ずしも一致しなかった。実際のところ、ギリシアの都市国家の大部分は、前七世紀と六世紀に発展をとげるまでは、民主政のポリスにはならなかった（ならないまま終わったのもある）。他の促進要因が必要だった。その第一は軍事で、重装歩兵の登場だった。これが都市国家をポリスへと変えたのだ——完全発達をとげたアテナイ・タイプというより、スパルタ・タイプのほうへだが。

重装歩兵とポリス

重装歩兵(4)は主として二つの局面で発展したが、第一は主に武器にかかわることであり、第二は戦術にかかわることである。前八世紀末までに、金属類の供給と小農民経済の成功およびその形態とが、軍事的な大革新を支えていた。名誉ある貴族戦士の連合軍団は、団結の固い、重装備の歩兵軍に取って代わられた。個々の歩兵の標準装備は今や青銅製のすね当てと胴よろい、重い青銅製の兜、重い木製の円形楯、鉄製の長い刃先のついた槍、短い鉄製の剣であった。これらすべて

（4）重装歩兵密集方陣に関しては、広範でしかも論争的な文献がある。ここでの説明の多くが依拠しているのはスノッドグラース・一九六七年、アンダーソン・一九七〇年、プリチェット・一九七一年・特に第一部。

の装備からこの兵士は、文字通り重装歩兵《ホプリテース》として名をとどろかすようになった。

　これらの武器の一部は旧来のものだった。兜と、それからたぶん楯は初期アッシリアまでさかのぼることができよう（ヘロドトスによれば、小アジアのカリア人によって伝えられた）。しかしギリシア人はこれを改良した。兜は重くなり、深く頭部を覆うようになった。口と目のためにT型の細孔が開いているだけだった。外部の音を聞くことはむずかしくなり、前方の視野しか残らなかった。同じように、楯は前腕と手で二重に支え持つようにしたために大きく重くなり、機動性が減少した。前六世紀末までに、重装歩兵の装備の重さは最大になった。アッシリアの歩兵といえども、これらの新装備は使いこなせなかっただろう。アッシリア軍歩兵は、もっとゆるやかな隊形で一対一の個人戦だったから、装備と機動性のあいだで妥協を図らねばならなかった。もしもギリシアの新発明であるすね当ての重さをこれに追加したなら、個々のアッシリア歩兵は軽装備で鉄の刃先のある槍をもった、機動性に富む農民兵士の恰好の餌食となっていただろう。

　したがって、重装歩兵の成功の秘密は武具にあったのではなく、個々の兵士の力量にあったのでもない。それは長期にわたる訓練を通して習得した集団戦術にあったのだ。若者たちは生涯の三年間は、密集方陣戦法の訓練に明け暮れた。訓練において、そしておそらくは実際の戦闘において、楯は集団的施錠装置となった。左腕でかまえる大きな円形の楯は、自分の左側と、左側にいる仲間兵士の右側とを防護した。相互依存が命の綱となった。トゥキュディデスは密集方陣戦法につきまとう特別の恐怖感をいきいきと描いている――

> すべての軍隊は以下の点で同じである――彼らは戦闘開始とともに右翼側へ向かって押し出され、両軍ともに右翼側にある相手の左翼以上に戦列を延ばしてしまう。なぜなら、恐怖心にとらわれた各兵士は、楯同士を密着させればそれだけ防護が完全になると考え、自分の無防備の側をできる限り右側の兵士の楯で防護しようとするからである。このことで最も責任があるのは最右翼を務める兵士であって、彼は常に自分の無防備な身体を敵からかばおうとしているのであり、まったく同じ恐怖心から、他の兵士たちも彼に追随するのである。　（第五巻・七一頁）

この戦術が前提にしていたのは密集方陣戦闘集団に対する高度な忠誠心であり、これこそ台頭しつつあるポリスの社会関係を強化する、巨大な精神力だったのである。密集方陣は奥行きがおよそ八列、左右の幅はさまざまで、一〇〇人から一〇〇〇人ぐらいまでの兵士で組まれた。武具を調えるには中程度の富を必要とし、強力な国家エリート不在の状況では、中層から富裕層の小農民が重装歩兵になった――これは成人男子の富裕な上位五分の一から三分の一に当たる。生まれによって狭くではなく、富によって広くというこの資格選定こそ、革命的だった。これによって、領域的に組織された市場に軍事体制と富裕農民層とが参入することとなり、親族関係による組織を脱却して地方ごとの集合的な〈力〉の恐るべき結集——**一般市民**が登場したのだ。

重装歩兵が実際に革命的勢力だったのかどうかについて、古典学者のあいだで論争が起こっている。主としてそれは、前七世紀および六世紀の君主政・貴族政・僭主政・民主政をめぐる政体闘争への、重装歩兵の影響力に関してである（スノッドグラース・一九六五年、カートリッジ・一九七七年、サーモン・一九七七年を参照）。

しかしこの論争は暗黙のうちに、「一元的社会」モデルに支配されている。政体をめぐる闘争はすでに存在している社会、つまり都市国家をめぐって起こっていたというのが議論の前提となっている。しかしこの闘争にかかっていたのは、社会がいかに統治されるべきかということとともに、社会の空間とは何か、ということだった。政治の単位とは凝集的な領域をもつポリスなのか、それとももっと拡大包括的な、血縁重視の、おそらく部分的には「部族的」かつ連邦的な単位なのか？　前者が勝利を収め（ヨリ強力な諸国家が出現し）、その結果として富の「民主政」が推進されたのだが、それは富がますます市場の諸領域内へと組織されていったからである。後者、つまり伝統的な貴族政という結論は北部および中央部の諸国家で生きのびた。ギリシア人はそれを「エトノス」（人びと＝民族）と呼んだ。他の二つの政体は、このポリスかエトノスかの選択に包含されていた。一人の人物による伝統的な支配つまり君主政は、伝統的な貴族政に付随しやすかった。一人の人物による非伝統的な支配つまり僭主政は、まさに台頭しつつある凝集的に組織された領域との親和性に富んでいた。したがって主たる選択は、貴族政ないし君主政的で連邦的なエトノスか、僭主政あるいは民主政的な都市国家つまりポリスか、だったのである。僭主政の一時的な勝利と民主政の長期的な勝利こそまさに革命だったのだが、それはギリシア社会の階級構造にかかわるとともに、空間的組織にもかかわっていたのである。われわれがギリシアの偉大な達成の一つと考える民主政を、市場と重装歩兵密集方陣の両方に共通な、領域性強化への言及なしに論ずることはできない。私はこの章の後半で、この政体と領域と接合によって生み出された階級闘争について検討しよう。

密集方陣の主たる貢献は、政体‐領域的な都市国家に対する小農民の参加義務を、このように強化したことだった。局地的な経済に組みこまれている重装歩兵隊の兵士には楯と剣が必要だったと同じように、自分の仲間への政治的義務の遂行が必要だった。強さ、美しさ、富、生まれ、雄弁といった伝統的な「卓越」概念を否定しつつ、スパルタの詩人・テュルタイオスは、この点をこう説明している。彼は言う——

これこそが卓越性であり、これこそ男の最高の所有物、青年が手にしうる最も気高い戦利品である。すなわち、男が断固として戦いの最前列に踏みとどまり、精神と気力とを鋼鉄のごとく鍛錬して不名誉な逃亡をいっさい忘れさり、傍らの男を勇気ある言葉で激励するとき、これこそが都市およびすべての人びとにとっての共通の善である。これこそが戦いに優れた男なのである。

（マリ・一九八〇年・一二八―九頁から引用）

卓越性とは社会的なもの、もっと正確には政治的なもの、すなわちポリスに由来するものなのだ。

こんな卓越性はアッシリアの歩兵や、他のもっと広範な階級分裂的な大領域帝国とか貴族政的封建国家の軍人連中には微塵も見られなかった。彼らの卓越性はプロとしての有能さか貴族としての名誉心であって、一般大衆の経験とはかけ離れたものだった。これらの国家では、その成人男子の三分の一からも、こんな積極的な献身を期待することはできなかった。ギリシアの重装歩兵軍は新機軸の辺境軍隊であり、鉄器時代の自由な小農民から生まれ出たものだったが、彼らが編入されていた小さな領域をもつ諸国家は、比較的当初から文明化された、広範囲の、権威的な世界と隣接していたのだった。

紀元前およそ七五〇年と六五〇年のあいだに、協同的で平等主義的でよく繁栄したギリシアの各地方は、市場としての領域をもつとともに近東からの軍事技術の伝播を受けいれて、都市国家と重装歩兵の戦闘態勢とを同時に生み出した。この二つはしっかり組み合わさっていて、相互に生み出しあう関係だった。効果的な軍事態勢はすべてそうなのだが、この重装歩兵もそれ自身の士気の形式を創出した。「都市およびすべての人びとにとって共通の善」への献身は、単なる背景としての規範的心がまえではなく、兵士が組みこまれている戦闘態勢の肝心要《かなめ》の部分だった。彼に見えるのは前方だけであり、重装歩兵は危険にさらされた。彼の右側は敵にさらされたままであり、扱いにくい楯のおかげで彼の敏捷さ（特に逃げるための）は無に等しかった。重装歩兵は貴族であれ裕福な平民であれ、命と死の恐怖とによって、都市国家に自らを委ねていた。それは彼にとって、ケイジ（檻）であるとともに政治的な解放でもあったのだ。

重装歩兵の戦闘は、流血はおびただしいが、ルールがあった。ヴェルナンによれば戦闘こそポリスそのものであり、そのルールはポリスの生活を表現していた（ヴェルナンとヴィダル＝ナケ・一九八一年・一九―四四頁）。宣戦布告は全市民参加の集会での討論をへた後に公式に発せられた（不意打ちはなかった）。戦いが深刻かつ凄惨だったのは、負けた側の重装歩兵の逃げ足がおそかったからである。ギリシア人は補給戦や包囲攻撃では節約家だった。重装歩兵（あるいはその従卒）は三日分の食糧を携行した――第五章で見た通り、これが古代の戦争では効果的な自給の最大期限だった。行軍ルートに野営地を建設することはなかったし、一般に都市に対する包囲作戦は行なわれなかった。スパルタはやや例外的である。隣接する領域を征服したいという関心から、彼らは食糧供給を増して包囲攻撃を行なうこともあった。しかし戦争が農業の生産性を危うくすることはなかった。重装歩兵態勢では素早く敵を探し出し、短時間で血みどろの、多くの場合は決定的な遭遇戦に突入した。それによって防衛できる領域はわずかであり、隣接する領域を支配はできても占領はできなかった（都市は簡単には落ちなかったのである）。そこで平和条約が締結されて一方の国家に対する他方の国家の覇権が認められ、多くの場合、敗者側の政治主導権は勝者側の子分《クライアント》となった地方有力者へと引き渡された。こうして戦争によっても、ポリス群の多国家システムは強化された。戦争遂行に当たっての外交上のたくさんの規制が、すでに出来あがっていた。「ギリシア」はここでも、一つのポリスを超える存在だった。それはヨリ広範な文化であって、多国家システムに適用される明確な規制や法制の供給源となったのである。

　重装歩兵が戦争においても、あるいは社会構造を決定する能力においても、万能だったというわけではない。戦闘では機動性や攻撃力の限界が明らかだったし、改良も行なわれた。おそらくはヨリゆるやかな態勢のギリシア軍との対戦の結果だろうが（北部および中央部のエトノス連邦軍はヨリ多くの騎兵と軽装歩兵を用いていた）、武具は軽減された。最初のペルシア侵入（紀元前四九〇年）までに、すね当ては廃棄され、胴よろいは金属から革とリンネルに変わり、兜は軽くなるか革の帽子と取りかえられた。しかし戦闘態勢はいぜんとして堅固だった。縦列の幅はわずか一メートルだったが、これは非常に密である。これによって大きな攻撃力が生まれたのだ。重装備の歩兵が駆け足で突進してきたとき、ペルシア人は仰天した（とギリシア人は言う）。もしも逃げ場のないところで襲われたら、この集中的な突撃力によって彼らは粉砕されただろう。近代の鞍が登場する（紀元前二〇〇年頃に発明された）以前では、そして同程度ではないにせよあぶみ(5)が登場する以前には、騎兵の突撃力は低かった。歩兵の編隊と対峙した場合、彼らを追いたてて一箇所に集めるのが騎兵の役割で、そうすれば弓兵が彼らに大損害を与えることができたのである。ギリシア人は迅速な前進によってこの戦術を打ち破った。

　これに匹敵しうる軍事上の革新は、これまでに幾つもあった――サルゴンの補給隊、戦車、鞍とあぶみを着けた騎兵、スイスの密集槍兵、そして火薬。これらはいずれも戦争のバランスを一変させた発明である。これらの事例では、やられた側の一部が平衡を取りもどすやいなや、それをコピーした。しかしペルシア戦争の後になっても、中東で重装歩兵をまねる者はいなかった。三つの勢力が密集方陣を取りいれた――エトルリア人、ギリシア系マケドニア人、そして後のローマ人である（おそらく小勢力ではあるが、小アジアのギリシア系カリア人もそうだったろう）。これに対する説明として考えられるのは、他の勢力の一般大衆は互いに楯を組み合わせることができなかった――彼らには社会的連帯感が欠けていたということだろう。一時《いっとき》のあいだ、ギリシア人だけがこの連帯感を身につけていた。したがってギリシア人は、近東および地中海の全地域で傭兵として雇われたのである。金銭目当てでファラオのプサメティコス二世のために戦おうが、バ

（5）一部の軍事史家は、あぶみは突進よりも、馬上から剣を突き下ろすのに効果的だったと考えている（バーカー・一九七九年）。

ビロンのネブカドネツァル二世のためにイェルサレムを攻略しようが、ギリシア人はギリシア人だった。彼らは楯を組み合わせる士気を常に身につけていた――ここでも「ギリシア」は個別ポリスを指すのではなかった。それと言うのも、その士気は東方の砂漠地帯でも、さまざまなポリスから徴募された部隊に存在していたからである。

重装歩兵の組織がポリスの政体を決めることなどできなかった――その理由はただ、重装歩兵には組織といえるほどのものがない(!)からかもしれないが。密集方陣の内部にはさしたる指令構造などなかった(スパルタとテーバイの編成は別として)。さらに言えば、全軍は数隊の密集方陣で編成され、重装歩兵には従卒が付いていたので、同数の軽装部隊が付き随っていた。何らかの形の中央指令構造は、ポリスの他の側面から必要とされた。軍事指揮権は初めは貴族たちの責任だった。しかし中央指揮権は貴族政の分権的基盤を掘りくずした。スパルタのように、王と貴族とが存在したところでは、王と貴族と重装歩兵のあいだの連携の強化が、簡潔に「スパルタ式」として全世界に名高い、濃密で一糸乱れぬ統制の、寡頭政的ながらも平等主義的な規律形態を導き出したのである。他のところでは、中央集権化は別の形態をとった――つまり重装歩兵階級と僭主との同盟である。僭主とは、前七世紀半ば以降から多くの国家で支配権を握った、独裁的な王権簒奪者である。しかしながら僭主は、自分の支配権を農民経済のなかに制度化することができなかった。彼の権力は辛くもその戦争指導力と、巧みな派閥操縦法とに依存していた。僭主が消え去った後では、重装歩兵の民主政が広くしっかりと根を降ろしたのである。

仮に都市国家において軍事的な〈力〉が優勢だったとするなら、軍国的なスパルタこそその優勢なタイプだったろう。この点は民主政の初期段階では主張できよう――およそ前五〇〇年までである。スパルタの成人男子全員が重装歩兵であり、(世襲分への追加として)同面積の土地を所有し、さまざまな集会に参加する権利を与えられていた――とは言うものの、これはある程度の寡頭政と貴族政との折り合いの上でのことだが。ギリシアの歴史のなかで最も有効に機能した重装歩兵は、前六世紀にその能力を発揮して他の都市国家の僭主追放の手助けをし、「ユーノミア」と呼ばれたスパルタ型の重装歩兵民主政を樹立した。「善き秩序」を意味するこの言葉は、強力な集合的規律の観念と平等とを結合させていたのである。

平等と統制という組み合わせは、集合的な組織の形態としての重装歩兵戦闘集団の限界を示すものとなった。それは本質的に内向きだった。スパルタはずっと後になるまで、海外交易や植民地の建設には比較的無関心だった。士気を重視することは、内部の者と外部の者との峻別を強調することだった。それが可能なのは小規模な軍隊だけであり、それで征服できるのはほんの局地的な領域だけだった。スパルタは征服民を隷従民としてあつかい、援軍として利用はしたものの決して市民には加えなかった。

紀元前五世紀の爛熟したポリスには、スパルタにはない開放性があった。その原型はアテナイだが、アテナイは集団内忠誠心をもっと大きな開放性に結びつけた——自分のアイデンティティーを広くギリシアおよび「人間存在一般」の両方に感じとっていたのである。小さな都市国家を強くするだけだった重装歩兵には、このどちらも期待することはできない。ではこうしたアイデンティティーはどうして生まれたのか？最初に「ギリシア」という観念について検討しよう。

ヘラス——その言語、文字文化、海軍力

猛烈なポリス間闘争が行なわれたにもかかわらず、ギリシア人は共通のアイデンティティーをもっていた。「ヘラス」はもともと一地方にすぎなかったが、ギリシア人の統一を示す言葉となった。彼らは共通の民族的祖先から生まれてきたと信じていた。これが真実か否か、われわれには知る手だてがない。彼らにとっての主たる証拠は言語だった。紀元前八世紀から七世紀にかけてエリート層に文字文化が浸透するまでに、彼らのあいだでは、単一の言語から四つの方言に分かれたという、もっともらしい話が広まっていた。それ以来、彼らは単一言語の「民族《ピープル》」となった。けれどもわれわれは、これを変更不可能な「天与」の民族と理解してはならない。たとえば方言のちがいは、政治的境界とは一致していなかった。言語は変化し、分岐し、融合する——時にはたいへん迅速に。もしもギリシア人に共通の言語的起源があったとしても、文字文化以前の幾百年にもわたる彼らの分散に耐えぬいて統一が保たれたのはなぜなのか？

解答はしばしば、ギリシアのイデオロギーの観点から与えられる——ギリシア宗教の統一性、とりわけホメロスと、デルフォイの神託やオリンピア競技や演劇など共通の制度文化とによって綜合されるものとしての、ギリシア宗教である。しかし不幸なことに、これでは問題の重要性を示すだけである。ギリシアの神がみとその儀式とは、紀元前七五〇年までに確立していた——われわれはそれらが「オリジナル」でなかったことは知っているが、その登場や伝播については何も知らないのだ。われわれとしては、小アジアのイオニア（あるいはアイオリス・イオニア）のギリシア人地域、つまりホメロスやヘシオドスの出身地とされている地方が決定的な役割を演じたのではないか、と推測するまでである。その理由も推測できる。この地域はミュケーナイ人の（インド・ヨーロッパ語族の？）神がみと、土着原始宗教の豊饒神と、近東の秘儀秘教とを統合するには最適の地だった。そうした融合こそが、ギリシアの宗教と儀式の核心である。しかしこうした融合がギリシア世界を東と西とに分裂させるどころか、ギリシア中に広まったのはなぜだろうか？

その答えの大部分は海にあるにちがいない。ここで私は、第五章で行なった陸上輸送ロジスティクスの分析と同じことを、海上についても簡潔に行なってみよう。陸上輸送に対する海上輸送の優越性を考えれば、ギリシア世界は分散しているように見えるだけなのである。ちょっとした地理的なイタズラをして、地図上で海と陸とを反転させてみよう。すると

ペロポネソス半島の沿岸、エーゲ海の島じま、小アジアおよび黒海の植民地、クレタ島、キプロス島、シチリア島および南部イタリアの植民地のすべては、大きな島の沿海および湖岸地域のように見え、ギリシア人はその北部を（そしてフェニキア人は南部を）占めていたのである。鉄道と自動車とに慣れきったわれわれ現代人にも、こうすればギリシア世界の地理的統一性が理解できる。これは鉄器時代が地中海交易を盛んにし、フェニキア人がガレー船軍団を改良した結果だった。以後、ほとんどの交易が海で行なわれるようになった。もっと重要なのは、人間の移住もそうなったことである。ギリシアの事例でこれが重要なのは、人口圧力が海外移住で解消されたからである。物資補給もガレー船で遠距離に行なわれたし、ギリシア歩兵軍の剛勇ぶりは、フェニキア人の海軍力に妨げられることなく地中海および黒海のどこにでも小さな植民地を自由に築くことができた。こうして前七五〇－五五〇年の期間に彼らが建設した都市国家の数は、一〇〇〇近くにものぼるのだ。

　われわれは管理統合の度合いを過大視してはならない。ロジスティクスはいまだにひどい状態だった。反転した地図のイメージはこの点で誤解を生む。政治的に統合するには、近代の諸大陸のほうが古代のシーレーンよりよほどらくなのだ。植民地は十月から四月にかけて、生みの母たる国家から実質的な独立状態となったのだが、それはこの期間に星座を用いての航海はむずかしく、嵐によって出航できなかったからである（こうした状況がさらに二〇〇〇年もつづくのだ）。戦闘用ガレー船は一日におよそ五〇マイル進むことができ、商船のほうは風しだいで進度が変わった。通常はどちらも、まっすぐ海を横切ることはしなかった。航海の目じるしと補給のために陸地を見ながら進んだので、沿岸部や島嶼づたいに一連の港や停泊地に寄りながらの航海だった。近代航法ではこれを「トランピング（うろつき）」と表現しているが、制海権をもつ能力を秘めたこれらの船舶の、おどおどと行方定まらぬ航海ぶりを十分に伝えている[6]。港ごとに補給が行なわれ、商品が交換された。乗組員一同は、ルート上の各地の価格差を利用してそれぞれが私的にひともうけしようと、積めるだけの商品を積みこんで出航した。実際、最速のガレー船に乗船していれば、そうした私利目的にもかなっていた。「うろつき航法《トランピング》」が示しているのは、たとえばアテナイとその植民都市とのあいだの直接的な通信と管理は減衰し、それに代わったのがさまざまな港と都市国家（大部分は植民地）とのあいだの別の交流だった、ということなのである。

　最後になるが、ギリシアは外交的に安定した多国家組織で、いかなるポリスも他のポリスを併合するほどの資源はもっておらず、母なる都市国家は反逆した植民地を再征服する資源を欠いていた。幾世紀か後になって、イタリア全土に支配権を樹立したローマが海へと乗り出したときには、陸上海上両方の帝国体制を結合できると考えたわけだが、これはギリシア人には想像だにできなかった。彼らはやろうともしなかった――各植民地は自治を行なっており、母なる都市国家からの物資と移民を受けいれる見返りとして交易上の最恵国待遇を与え、時には貢納金を納めたのである。しかしそれだけだった。ギリシアの「帝国体制」は分権的であって、フェニキアの帝国体制もそうだった。

　ギリシア世界の範囲を実地に画定できる境界があるわけではなく、海軍および商業の拡大と移民とがこの状況を強めた。ギリシア人同士の交易や文化の交流を管理できる政治単位は存在せず、ギリシア的圏域には開放性がみなぎっていた。これはフェニキアの統一性と似ていなくもなかった——共通文化の認識と政治的な分権化との結合である。おそらく紀元前七〇〇年頃には、二つの勢力圏はよく似ていただろう。しかし後には、都市国家の内部においても都市国家間においても、ギリシアの文化的統合が進展した。**文字文化**がその証拠を提示する。

　ギリシアこそ、歴史上最初の読み書き文化だった。アルファベットはフェニキアから借用した。ギリシア人はそれにフェニキア語では必要のなかった母音を付け加えたのだが、それもフェニキア語の子音文字を改変しただけだった。革命はこの〈力〉の技術面にあったのではなく、その伝播面——一般市民への普及にあったのだ。

　グディとワット（一九六八年）とグディ（一九六八年）がギリシアの文字文化について行なっている主張のなかで最も説得力があるのは、読み書きが文化的アイデンティティーを定着強化したという点である。これこそ歴史上初めての階級超越的で安定的な共有文化だった——共有したのは市民とその家族たちで、全人口のおよそ三分の一の人びとだった。それはまた在留外国人のあいだにも浸透した（奴隷のあいだではそうもいかなかったろうが）。なぜそれほどまでに普及したのだろうか？　伝播にはたぶん、二つの段階があっただろう。

　まず最初、文字文化は交易ルートに沿ってフェニキア人から広まり、おそらくは小アジア南部の植民地へ、次には数十年のうちにそれぞれの都市国家の大商人や大金持ちへと伝わった。これは表層的な伝播だった。オリンピア競技の勝利者リストは前七七六年から始まり、シチリア島の植民地建設の記録は七三四年、アテナイの行政長官リストは六八三年からである。海上交易の重要性と外国からの影響に対する開放性とによって、最も内向きで陸上基盤の国家であるスパルタの後退が確定的となった。理由は次節で述べるけれども、それはまた文字文化の先導者の位置を東方中央部の諸都市へ、とりわけアテナイへと移した。

　第二段階になると、ギリシアのこの地域において、民主政ポリスは読み書きを寡頭政的エリート層だけに限ることができなくなった。前七世紀末には成文法のほうが優勢となった。政治的市民のための比較的デモクラティックな諸制度を考慮に入れると、これは読み書きの普及を示している。こうした印象は、七世紀のアルファベット教育と訓練の遺物や、数多

（6）この点は、紀元後一五〇〇年における地中海海運をめぐる議論のなかでブローデルも指摘している——古代期にも当てはまるのである（一九七五年・I巻一〇三—三七頁、二四六—五二頁、二九五—三一一頁）。

くのまちがいだらけ誤字だらけの碑文によっても強められる。最も際立った遺物といえば、おそらく、エジプトのラムセス二世像の左足に引っかいて書きつけられた落書きで、日付は紀元前五九一年と比定できる。ファラオのプサメティコスに雇われたギリシア人傭兵の一行が書いたものだった――

プサメティコス王がエレファンティーネ島に来た時テオクレスの息子プサメティコスとともに航海した者これを書いた。彼らはケルキスを越え川が許す限りやって来た。ポタシムトが外国語を話す者たち（つまりギリシア人）をアマシスがエジプト人を指揮した。彼が書いたのはわれわれ、アミオビコスの息子アルコンと誰の息子でもない（つまり庶子である）アクス。

異なった六個の署名がこれにつづくのだが、それらはさまざまなギリシアの故郷の町の文字で、それらの多くは小さなイオニア地方の商業的におくれた植民地のない町まちだった。これらの傭兵たちはたぶん貧しい小農民（かその弟たち）だったろう。これはきわめて初期における、平均的な重装歩兵の基本レヴェルの読み書き能力を示唆している（マリ・一九八〇年・二一九―二二一頁）。

この一〇〇年後にアテナイでは、市民全員が読むこと書くことの識字力をもつことがオストラシズム（陶片追放）制度の前提となり、誰それを追放するために投じられた幾千もの手書きの票の存在が、考古学的に確認されている。その日付は前四八〇年以降である。ほぼ同じ時期に、子どもたちが字を学んだ学校についての言及がある。そしてさらには、市民の家庭における標準的な読み書き能力を示す文学的な比喩やことわざも残っている――たとえば無知無能に対して、「読めないやつはカナヅチ同然」（海洋国家に住んでいるのに！）。アテナイの読み書き能力はスパルタよりも進んだ。ハーヴェイ（一九六六年）は読み書き能力の証拠を検証するなかで、それがアテナイ流の民主政によって促進されたと指摘している。この点は明らかにポリスの影響をこうむっている文学形式を見ればはっきりする――対話と修辞学の流行である。しかしながら、ストラットン（一九八〇年）が主張するように、無制限な読み書きの普及は実際には「政治危機」という形で民主政を強化した。読み書き能力をもつ人びとの同意を勝ちとって彼らを従わせるのは、客観化された成文法によってのみ可能になる。これら成文法では、伝統的規範を基盤とすることができない。もっと形式の整った、デモクラティックな政治制度が必要なのである。言い換えれば、読み書き能力は比較的開放的で外向きなアテナイ・スタイルのポリスで普及するとともに、それを強めもした。交易や行政におけるその有用性、市民の連帯と民主政を強めるその有効性は、アテナイの勢力勃興に寄与するとともに、スパルタの興隆を止めるのに役立ったのである。しかしながら、勢力の均衡とポリスの支配的形態とをめぐるこうした変化には、幾つか別の〈力〉の技術もかかわっていた。

ギリシアの帝国体制——商業化、海軍力、奴隷制

　ギリシアの民主政伝播の次なる局面は、紀元前六世紀後半頃に起こった農業の商業化だった。われわれはここで二つの主題の結合を見る——ギリシア人は耕地と海（最も収益性の高い農業と最も安価な輸送手段）を結びつけるとともに、その地理上の位置によって貨幣制度の発展を活用した。ギリシアではフェニキアとはちがって、比較的裕福な連中は農業余剰を私有化して自分で市場へ出すことができた。実践の回路が強固に形成された——そしてこれから見るように、さまざまな**階級**が強固になった。土地所有者たちは国際交易において商人の役割を担うこともできたし、あるいは、もっとふつうには、ポリス内集団として外国人商人に対する交易条件を指令することができた。彼らはさらに集団として、防衛のための海軍力を提供することができ、それによって商人を統制できたのである。

　植民地の拡大によって交易の機会が増大し、地域的な特化が促進された。本土および島じまの都市国家は特に二つの生産物、ワインとオリーヴ油の生産を強化し、それらを交換して北方およびエジプトからは穀物を、東方からは奢侈品を手に入れた。これには人間の交換も加わっていた——ギリシア人傭兵が東方へ向かい、奴隷が南方の蛮族の地からやって来た。ここにふたたび小アジアの都市国家がこの三方交易の戦略的位置を占めるようになり、彼らは小アジアの半ギリシア人たちとともに、三方交易になくてはならぬ技術的補助手段として初めて貨幣制度を発展させた。紀元前五五〇年までに外へ向けての植民地拡大は終わった。その商業化は順調に進んだ——それはフェニキア人の場合とはちがって、狭く交易だけに、あるいは交易と手工業に基盤を置いていたのではなく、ポリスが農業生産者と手工業者と交易者とを（一つにではないが）まとめあげていた。巨大な富の生成とその不均衡な分配によって、ポリスにはあらゆる種類の社会的緊張が持ちこまれていた。それにもかかわらず、小農民経営者の経済力はオリーヴとぶどうの栽培によって生きのびて、民主政を維持したのである。

　商業化によって軍事に要請されるものも変化した。交易の拡大には海軍の保護が必要だった——第一は海賊やフェニキア人やペルシア人に対してだったが、二番目はもっと手のこんだ話で、比較的有利な交易条件を結ぶためである。前五五〇年に、スパルタは依然として陸上では支配国だった。しかし東と北東に面している都市国家は商業的拡大のためには有利な位置にあり、その幾つか（たとえば本土のコリントスやアイギナやアテナイ、エーゲ海小アジア沖のキオス島など）は海軍の拡大を始めた。アテナイは穀物の輸入に依存していたので特別の動機があった。アテナイはまた、その小さな領域のなかにギリシアで最も豊かな埋蔵量の銀山を擁していたことで、特別の存在だった。これらの銀山によって海軍の出費がまかなわれ、貨幣もつくられた。最終的に「古典期ギリシア」の典型となったのがアテナイで、なぜコリントスでも

アイギナでもキオスでもなかったのか――その理由がここにある。

海軍はその〈力〉の重要性を増した。しかしギリシアのポリスと海軍ガレー船団との関係は一筋縄ではない。アテナイが真に民主政の段階に入って海軍力も絶頂にあったとき、同時代の人びとは、この二つには連関があると主張した。たとえば前四七〇年代のパンフレット作者「老いたる独裁者」氏はこう述べる――

> アテナイの貧しい人びとやふつうの人びとが、貴族や金持ちよりも権力をもつのは正しいことだ。なぜなら艦隊を動かして都市に権勢をもたらすのはふつうの人びとだからだ。彼らは舵手や甲板長や下級航海士や見張員や船大工を務める。都市の権勢を強くするのは、重装歩兵や貴族ややんごとなき市民よりも、これらの人びとなのである。
>
> (デイヴィス・一九七八年・一一六頁から引用)

アリストテレスも同じ連関に気づいているが、もっと批判的で、大型ガレー船の発達が「漕ぎ手である暴徒たち」による支配につながったと書いた――漕ぎ手たちは「市民政体の不可欠部分になってはならない」(一九四八年・『政治学』第五巻・第四章・八頁、第六章・六頁)。(マックス・ウェーバーを含めて)後代の数え切れぬほどの著者が、この点について詳論している。

しかしながら問題がある。アテナイ人の軍艦はフェニキア人と同じもので、こちらのほうはデモクラティックではなかった。ローマ人はこのガレー船形態を採用したが、始めた民主政はやめてしまった。フェニキアの漕ぎ手たちは一般的には自由民できちんと支払いも受けていたが、ポリスへの活発な参加者ではなく、そんな制度は知らなかった。ローマの漕ぎ手は初めは自由市民だったが、後には奴隷の仕事になった。ガレー船海軍と民主政とのあいだに必然的な連関はなかったのである。

むしろ、アテナイのようにすでに市民権が確立され、海とかかわる人びとによって構成されている国家においてこそ、ガレー船海軍が民主政のエトスを強めたと考えられる。アテナイでは、前五九三年のソロンの改革によって、社会を穀物の産出高にもとづいた四つの資産階級に分けて市民権を賦与する制度が確立した。最初の三つは五〇〇ブッシェル、三〇〇ブッシェル、二〇〇ブッシェル階級(最後が重装歩兵に相当)で、四番目の最下層が「テテス」すなわち自由貧民だった。他の諸階級とちがって「テテス」は公職に就くことができなかったのかもしれないが、民会での発言権はもっていた。当初「テテス」はアテナイのガレー船団の基盤だった。政治制度上彼らの公式の権力が増大したことはなかったのだが、集会における彼らの影響力は彼らの海軍があげた功績の結果、幾分は強くなったと思われる。

ポリスの強化はまた、海戦というもののもう一つの特徴によってもたらされた――陸戦と比べると、その指令構造が分権的なのである。海は広大で無際限な空間を提供するので、個々の戦艦は自律的である。蒸気船以前のすべての海軍では、海が戦闘中の船を進路から吹き流して、中央集権的指令構造を打ちこわしたのである。分権的民主政にもかかわらず海戦が有効になるためには、陸軍と海軍を統合できる国家が求められる。古代世界では、ローマとカルタゴだけがその候補である。

にもかかわらず、海戦の範囲が拡大すると、それはポリスの自律性を脅かすもう一つの要因となった。市民の人的資源に無理が生じたのである。小規模都市国家が海軍を創設すると、市民の数以上の漕ぎ手がすぐにも必要となった。アイギナは前四八〇年のサラミス海戦に、「三段櫂船《トリエレス》」（三列のオールを備えたガレー船）を三〇隻供出したが、それには戦闘可能な壮年男子六〇〇〇人が必要だった。ところが当時アイギナ島の全人口は九〇〇〇人だったのである。トゥキュディデスは、アテナイとコリントスのあいだで前四三二年に交わされた興味深い外交上のやりとりを記録している。コリントスはアテナイの漕ぎ手を買収すると宣言した――彼らももともとは傭兵だろう、とコリントスは言う。アテナイ側ではペリクレスが応答して、アテナイ人は彼らの漕ぎ手たちに単なる賃金以上のものを提供できると主張した。アテナイ人は仕事の保証と、漕ぎ手の出身都市国家に対する保護とを申し出た（ペリクレスは実際には、アテナイは彼らが故郷にもどるのを拒むことができた点を指摘して、これに消極的だったが）。ペリクレスは舵手や下級航海士はアテナイ人だが、大勢の漕ぎ手たちは他のギリシア国家から来ていることを認めたのである。こうして海軍の拡大がヒエラルキーの導入となった。大きな都市国家は小さな都市国家の市民に命令を下した――多国家システムはゆらぎ始めていた。

同じような変化が陸戦でも起きていた――傭兵の規模が増大するにつれ、貧しい国家の市民は「メトイコイ」（外来自由民の子孫）の重装歩兵として豊かな国家のために戦った。そして増大する資源によって戦場に大規模軍隊が投入されるようになると、彼らは戦術的に多様化された。テッサリアの騎兵やスキタイ人・トラキア人の弓兵――すべて北方辺境からだ――が重装歩兵と組み合わされ、ヒエラルキーと中央集権が強化されていった。

これらすべてに金がかかった。アテナイはその保護国家に貢納を強要することでその覇権を行使した。前四三一年までに、アテナイは国内で生み出される以上の収入をこの国外財源から受け取るようになっていた。前四五〇年にはアテナイの市民権規制が厳しくなり、「メトイコイ」はもはや市民にはならなくなった。それ以降、アテナイはその保護国家を政治的に搾取したのである。

こうして、商業の拡大とガレー船海軍とが内部の民主政を強化する一方で、都市間の階層化と搾取とを強めた。アテナイの内部では、自由の観念それ自体が他国家に対する支配（奴隷に対してと同様の）を意味していた。貴族政派と民主政派との一世紀にわたる闘争の末、民主政の勝利はクレイステネスによって確定された。前五〇七年、彼は全市民が参加する民会と、領域ごと（「部族」）の上位三階級からくじ引きで選ばれた、今や五〇〇人で構成される評議会という二重構造を確立した。アテナイ人が自分たちの政治システムに与えた言葉自体が、同じような民主化の過程をたどっていた——「ユーノミア（善き秩序）」はまず「イソノミア（平等な秩序、あるいは法の前の平等）」となり、さらに前四四〇年代までには「デモクラティア（民衆の権力）」となった。

　次の一〇〇年間、アテナイはたぶん世界歴史上最も本格的な、広範な市民による参加民主政を実現した（そうは言っても、全人口から見ればもちろん少数で、女性、奴隷、居留外国人は除外されていた）。民会の出席者は常時六〇〇〇人を越えた。主要執行機関である評議会の交替は迅速に行なわれ、くじで選ばれた。どの一〇年間を見ても、三〇歳以上の市民の四分の一から三分の一がその任を果たしていたはずである。「イセゴリア」は自由な言論という意味だが、近代における検閲からの自由という消極的な意味ではなく、民会において意見表明を行なう権利および義務という、積極的な意味だった。先ぶれ役は討議の開始をこう宣言した——「ポリスへの善き助言を抱き、それを表明したいと願う者は誰か？」これこそが自由だ、と（伝説のアテナイ王）テセウスは言った（フィンリー・一九八三年・七〇—五頁、一三九頁）。それには階級闘争が含まれていたのだが、本章の後半で検討しよう。さらにそれは、アテナイの帝国体制に依存していたのだった。

　帝国体制はまた、民主政を海外へと伝えた。前四二〇年代までに、エーゲ海国家の多くはアテナイの先導に従って同じような政体を発展させ、同じような商業上・海軍上の圧力に加えてアテナイの軍事力を感じていた。それぞれの都市国家それ自体について考えれば、紀元前五世紀末と四世紀初めとは真に民主政の時代だった。しかしこれは都市間関係を除外しての話である。アテナイの覇権は商業的・軍事的優位を基盤とし、その優位は富と市民動員力とを基盤としていた。アテナイはその繁栄ぶりと内部の民主政とによってギリシア全体を率いること、あたかも近東の覇権的支配帝国の支配パターンに近かったのである。

　しかしこうした発展の進路上には、二つの大きな障害物があった。比較的はっきりした形をとっていたのは、多国家システムがもつ究極的な地政学的回復力だった。アテナイの野望があらわになったとき、他の諸国家は前四三一—四〇四年のペロポネソス戦争によってそれに抵抗し、成功した。ポリスの民主政と「ギリシアとしての」集合的アイデンティティーとの矛盾は、内部的には決して解決されなかった。その矛盾によってギリシア的社会組織の明らかに連邦的な本質が温存されるとともに、その終焉は終局的には、そのような矛盾など経験したことがなかった辺境領主たちの手へと引き渡されたのである。

　アテナイの帝国体制に対する二つ目の障害物は、もっとひそやかなものだった。それはイデオロギーとかかわり、文化と理性をめぐるギリシア的観念が「社会」とは何かに関して包括する三つの観念とかかわっていた——それはポリスであり、ヘラスであり、人間性というさらに開かれた観念だった。こうしてギリシアのイデオロギーは、複雑であるとともに高度な矛盾を含んでいた。近代の目から見ると、その主要矛盾こそギリシア文明に不可欠の制度、すなわち奴隷制だったように思われる。そこで人間性と奴隷制をめぐるギリシア的概念を検討しよう。

人間理性の崇拝

ギリシアの都市国家とフェニキアの都市国家の文化的相違は、紀元前六世紀までに明白になっていた。われわれが言いうる限りでは、フェニキア人は中東宗教の正統に近かった――つまり、自然の諸過程はおおむね超人的な神がみの仕業だという考えだった。たぶん唯一全能のフェニキア国家というものがなかったからだろうが、フェニキア人はエジプト流あるいはシュメール流の神政政治的なドグマは模倣しなかった。しかし彼らの主要な神がみ、とりわけバアル、メルカルト、アスタルテ（豊饒の女神）はカナン人の神と認められ、中東共通のものである。こうした名前はフェニキア人が西へと移動して、ヘレネスの宗教崇拝が取りいれられるにつれて変わってゆくのだが、宗教の一般的性格は伝統のままだった。しかしながら、小アジアにおけるギリシア系イオニア国家から起こった展開によって、ギリシア文化の総体がこのイデオロギーと根底的に訣別することとなったのである。

ギリシアの宗教には、懐疑主義を表明している著者がいる――ヘカタイオスはギリシア神話を「滑稽」と言ったし、クセノフォンが「雄牛に絵が描けるなら、神を雄牛のように描くだろう」と言ったのも有名である。しかしミレトス出身の三人の自然科学者が、やはり傑出している。前五八五年、タレスは日食を正確に予言して名声を博した。これは彼の全面的な科学的アプローチの成果だったと考えられる――宇宙を超自然的原理ではなく自然の原理で、すなわち「自然法則」によって説明するというのがそのアプローチだった。タレスは物質を構成する究極の要素は水だと主張したが、彼がどうしてこの考えを抱くに至ったのかは分からない。それ自体として見れば、これはたとえば沈泥が根源物質だと信じたシュメールの考えとほぼちがわない。しかしタレスはここから全き「自然な」説明を展開しきって、神がみや英雄たちを登場させなかったのだ。彼の後継者アナクシマンドロスの理論構造に関してはもっと分かっていて、彼は現象的な事物の世界の説明と訣別して、物質の抽象的な性質の幾つか、たとえば温と冷、乾と湿といった性質の、相互関係に法則があると考えたのである。それらの性質の組み合わせによって土、水、空気、火が生じたのである。アナクシメネスは同じ思索を続行して、水ではなく空気こそ宇宙の根源物質だと規定した。空気は濃縮によって風、水、土、岩石へと変化し、希薄化によって火となるのだ。これら三人が重要なのは彼らが出した結論によってではなく、その方法論によってだった――究極の真理は、人間の理性を自然それ自体に適用することで発見されるであろう。他には何も必要なかったのである。これは今日われわれが科学と呼ぶものと同類である。

こうした哲学運動がなぜ最初に小アジアとミレトスで起こ

ったかについて、多くの推測がなされてきた。よく受けいれられている三つの説明を組み合わせるのが、たぶん、妥当なところだろう。

第一には、ギリシアのポリスによって、ふつうの人間とて自分の世界をコントロールできるのだという観念が鼓吹された。結局、これは客観的な真実だった。個々の人間の理性が宇宙を理解しうるという主張は、これを一般化したものにすぎない。この一般化がエジプト人がファラオに神性を認めたのと同じたぐいだというのは、秩序を保証したのが客観的にはファラオだったからである。

第二には、なぜミレトスだったのか？　ミレトスは前六世紀において、裕福ではあるが特段に安定したポリスというわけではなかった。激しい政治的な階級紛争が行なわれていた。これが自然科学者の諸理論に現われているという主張がある――世界は対立するさまざまな力の均衡のなかにある、という理論だ。これらの矛盾、あるいは二律背反こそが「充溢」であり、世界の息吹であり、神的なるものだというのは、いかなる人間の理性といえども究極的にはこれを克服することができないからである。こうして階級闘争という第二要因によって、宗教の居場所が残されているのだ。

第三には、なぜ小アジアなのか？　それはアジアとヨーロッパのあいだという、小アジアの占める戦略的な位置によって明らかになる。ギリシアの自然主義的美術は、後世の西欧の目にも斬新で快美なものだが、おそらくは人間の物語を美術に表現したいという（初期「幾何学」期の）ギリシア人の欲望と、動物や植物を自然主義的手法で表現する（たとえば狩猟場面を刻んだアッシリア彫刻の敏捷この上なさそうなライオンに見られる）東方の習慣とが融合したものだった。その結果は肉体的な力、とくに人間の肉体への信頼の、芸術的表現だった。理性への信頼の知的表現に対しても、同じような刺激があっただろう。確信をもって言うには、時と場所に関してもっと厳密でなければなるまい。この時期における東方からの影響には、後に前五二一年ペルシア王ダレイオス（ダリウス）が即位した場合のように、ペルシアの一神教つまりゾロアスター教あるいはその先行宗教が含まれていたのだろうか？　残念ながら、それは分からない。最も真実らしい推測によれば、伝統的多神教の、秘儀的で超自然的な中東宗教はヨリ先進的な地域――ペルシア、リュディア、フリュギア――では解体し始めており、もっと人間性に富んだ哲学の探究がそれに取って代わるに適した環境だったのが、小アジアのギリシア都市国家だったようである(7)。

イオニア学派の方法論は、ギリシア世界に急速に浸透していった。そしてそれは実験的観察こそ知識の鍵だと考える人びとと、ピタゴラスのように数学的・演繹的推論を重視する人びとに分裂していった。それでも人間理性と対話への信頼と、超自然的なものを説明から排除することとが、ギリシア哲学の特徴であることに変わりはなかった（後に第一〇章で見るように、「神的なるもの」の非人格的概念がギリシア的思考に再導入されるのだが）。さらに言えば、哲学は秘儀的でエリート的な実践だが、現実的思考への信頼は大方のギリシア的文字文化に見出される――詩歌や神話よりも実用散文が優勢であり、分析は注意深く厳密であり、たとえば演劇においては、神がみの世界と人間世界とのあいだの距離が取りはらわれているのである。ギリシアの文字文化は「神聖なる伝統」の保存よりも、経験を表現しようとした。

　このあたりは大いに議論のある分野である。ギリシア人が近代的な科学文明に固執した点で「まさにわれわれと同じ」だったと信じた、あのヴィクトリア朝の古典授業の先生たちと同じことを私が言っていると思われたくない。ギリシア人の科学概念はわれわれとちがっていた。神的なものに大きな役割が与えられ、動的な法則よりも静的な法則を重視した。ギリシア文化にはウェーバーの言う「不休《やすまず》不弛《たゆまず》の合理主義」というものが欠けており、ウェーバーによればこれこそはキリスト教、とりわけピューリタニズムが本家なのである。ギリシア的理性に対しては別の批判者もある。たとえばドッズ（一九五一年）は、合理主義への信頼は前五世紀には大いに広まったが、大衆的な呪術の復活によってすぐに廃れてしまったと主張した。これは極論だろう。しかし、理性という観念が矛盾をはらんでいたことは確実である。その矛盾のうち最も重要かつわれわれにとって啓発的な二つは、階級とエスニシティー（民族）だった。理性はすべての階級、すべての民族に共有されたのだろうか？　それとも市民とギリシア人だけに限られていたのだろうか？

奴隷とペルシア人は合理的だったか？

たいがいの征服者たちと同じように、暗黒時代のギリシア人は征服した原住民を奴隷あるいは農奴にした。他のところでと同じように、これが奴隷を特定の土地ないしは特定の職業にしばりつけていった。通婚と同化によって準自由身分が急増した（そしてギリシアの場合は「準市民」権者が急増した）。征服による奴隷制は、明確な民族差別を長期にわたって維持することができなかった。しかし前六世紀になると、商業化の進展が家財奴隷によって奴隷人口を増強した――彼らは商品として売買・所有され、特定の土地や職業にしばりつけられることはなく、主人の自由裁量の下に置かれていた。その大部分は北方のトラキア、イリュリア、スキティアから来たのだが、明らかにその在地の首長によって売られたのである。

　私はこの章の後のほうで奴隷制の階級的側面をあつかう。ここでは、それがギリシア人たちの他民族に対する優越感をいかに助長したかを指摘しておく。しかしわれわれは、ギリシア人が接触したさまざまな集団を弁別しておかなくてはならない。北方の諸民族は文明化が進んでおらず、読み書きを

（7）ギリシア哲学におけるペルシア起源をもっと積極的に認めているのは、ウェスト・一九七一年。しかし懐疑的な見解ならモミリアーノ・一九七五年・一二三―九頁を参照。

していなかった。諒解可能な言語と理性を欠いているという意味の「蛮族《バルバロイ》」という蔑称は、この点について用いられたのである。しかしたとえ蛮族であっても、社会的交流においては仲間と考えられていた。彼らは奴隷状態に置かれていたが、ギリシア人の奴隷正当化論は一貫性を欠いていた。二つの考えが競いあっていたのである。

第一に、奴隷制は奴隷化された民族には生まれつき合理性が欠けているがゆえに正当化される、とする。この説明はアリストテレスにも好まれたのだが、奴隷制の有用性と人間理性の尊厳に対するギリシア的強調とを融和させるには最も好都合な手段であり、他のギリシア人を奴隷化することへのギリシア人の嫌悪とも合致した（しかし時にはギリシア人を奴隷化することも起こった）。たぶんギリシア人だけが理性をもつと考えていたのだ。

第二に、奴隷制はもっと実利的な面からも正当化された——戦争での敗北ないしはそれと同じような不運がもたらす不可避の結果にすぎない、というわけだ。実際のところ、奴隷制の道徳的正当性に関心を抱いているのは、ギリシア人よりもわれわれのほうかもしれない。われわれは奴隷制を特別唾棄すべきものと思っているので、その正当性を言いつのる道徳的言説を期待しがちなのである。レイシズム（人種差別思想）がそれにぴったりなのだが、レイシズムは近代の観念であって古代のそれではない。古代における奴隷制は、正当化などさほど必要としていなかった。征服の行なわれたところならあらゆるところで少々、商業的につくられた場合は大量に、行なわれていたのである。しかしそこには便益というものがあって、明らかなトラブルなどほとんどなかった。奴隷叛乱はめったに起こらなかった。奴隷制に対するギリシア人の態度は、それはあたりまえのこと、というものだった。近代が奴隷制を誤解する中核には、自由労働をあたりまえのことだとするわれわれの態度があって、われわれは自由労働を奴隷労働とは別の、もう一つの労働形態と見なしている。しかしながら「自由な」労働など古代世界には存在しなかったし、とにかく労働が自由だなどとは見なされなかったのである。「メトイコイ」（外来人）あるいは負債を抱える者でなければ、ギリシア人がギリシア人のために働くことはなかったのであり、この二つはいずれも自由な身分ではなかった。「自由な人間の条件とは、別の人間の利益のためには生きないということである」とアリストテレスは『修辞学』のなかで言った（一九二六年・第一巻・九頁）。しかし誰かが自由であるためには、奴隷としてか強制的にか、あるいは政治的に規制された従属状態においてか、ともかく他の人間が働かなくてはならないのだ。これは人生不可避の、あたりまえの事実のように思われた。

さらに言えば、他の民族は優越と劣等の構図に収めにくかった。フェニキア人に関して（そしてイタリアのエトルリア人に関しても）ギリシア人は何も語らなかった——これはいささか奇妙なことである。しかしこれらの民族を理性なしと見なすことはできなかった。東方の文明化された民族はなおさらである。ペルシア人はしばしば「蛮族」と見なされたが、それなら彼らの文明的事績はどうなのだ？　アリストテレスは譲歩して、彼らは技量や知性を欠いているわけではないと言った。彼らに不足しているのは気概だ、と彼は『政治学』で述べている（一九四八年・第七巻第七章・二頁）。実際ギリシア人の一般的な主張としては、東方諸民族は独立精神に欠けており、ギリシア人のようには自由を愛していないのだった。しかしギリシア人とて、こうしたステレオタイプ思考に安住していたのではない。数多くの都市国家がペルシアの宗主権を認めているのに、どうしてそんなことができよう？　彼らギリシア人は東方からの価値あるものに同化してきたのであり、それには探究的、懐疑的、開放的な心がまえが必要だった。

この点を最もよく例証するのがヘロドトスである。前四三〇年頃に書いているのだが、彼はペルシアその他の地で、たくさんの現地の祭司や役人たちとの周到なインタヴューを行なったのである。ペルシアのダレイオス大王についての有名な逸話を引用したい。

彼がペルシア王だったとき、たまたまその宮廷にいたギリシア人を呼びつけ、何と引きかえなら自分の父親の死骸を食べるか、とたずねた。世界中の金を積まれようともそんなことはしない、と彼らは答えた。後のことだが、ギリシア人の面前で、しかも通訳を介してだったから彼（ダレイオス）が何を言ったか理解することができたのだが、彼はカラテアと呼ばれる部族のインド人幾人かに、何と引きかえなら両親の死骸を火で焼くか、とたずねた。このカラテア族は実は両親の死骸を食べるのである。彼らは恐怖の叫び声をあげて、そのような恐ろしいことは口にするなと言った。これによって習慣の力というものが分かるのであり、習慣を「すべての王」と呼んだピンダロスは、私の意見では、まことに正しかったのである。

（一九七二年・二一九―二〇頁）

教養ある旅行者ヘロドトスが、ここで田舎者のギリシア人よりもダレイオスに自分を事寄せているのは、彼にはペルシアの文明的な相対主義が肌に合うからである。実際、彼が描くダレイオス像には共感が溢れているだけではなく――ダレイオスは気前がよく、知的で、寛容で、誠実で、誉れ高い――彼のこうした資質はペルシア的支配全般に言えることだとも語っている。あのギリシア‐ペルシア間の勇壮な闘争でへロドトスはギリシア人の強い味方だったにもかかわらず、この共感が生きのびたということを指摘しておかなくてはならない。

ペルシア戦争期を通じて、ギリシアはペルシア人をどう見ていたのか、確たることは言えないし、そもそもそんな統一的な見方があったのかどうか、知ることもむずかしい。この闘争は帝国体制同士の衝突だった。ペルシア帝国の拡大が、アテナイが主導するギリシアの商業と海軍の拡大期とたまたまぶつかったのだ。前五四五年、ペルシアのキュロス大王は小アジアの都市国家群を屈服させた。前五一二年、ダレイオスはトラキアを征服した。前四九〇年、ダレイオスは初めてギリシア本土に侵入したが、マラトンで撃退された。前四八〇年、クセルクセスによる二回目の侵入も陸上海上ともに撃退されたのだが、名高いのは陸路のテルモピュライとサラミス水道での戦いである。同時に行なわれたシチリアへのカルタゴ軍の攻撃も敗北した。これによって主たる脅威は取りはらわれ、アテナイの覇権が確立した。

しかしここには、いったい幾つの帝国国家が絡んでいたのだろう？　闘争の絶頂期においても、多くのギリシア人はペルシア側について戦った。ペルシアの進撃の特質を見ると、教えられることが多い。西へと進軍しながら、彼らは古代戦争の通常の作法通りにギリシア諸国家の降伏を取りつけていった。ギリシア人は通常、ペルシアの強さを恐れて降伏した。ペルシア人は即座に彼らから兵と船とを徴発して、進軍をつづけた。彼らはこれを楽らくとやってのけているので、幾つかのことが分かるのだ――ペルシアの支配は軽度で特にいやがられてはいなかったこと、ギリシア人が戦ったのは誰であれ金を払ってくれる人のためだったということ、そしてアテナイとスパルタの帝国主義も反撥を受けていたことが分かるのである。トラキアとテーバイは進んでペルシア側についての戦い、アテナイの内部では反対派がペルシアへの共感を示した嫌疑――おそらくでっち上げだろう――で告発された。たくさんの陰謀策略が絡みあっていた――アテナイ人の最高司令官の下では戦わないという国家があれば、スパルタ人だからいやだという国家もあった。双方が相手側についている弱小ギリシア人国家に向けて、戦列から離脱するよう絶えず説得工作を行なっていた。アテナイ人は、ペルシア人が同盟のギリシア人に対して不信感をもつように、ギリシア人あての偽のメッセージがペルシア側の手に入るよう工作したりもした。ギリシア側では、アテナイとスパルタのゆるぎない連帯だけは変わらなかった。両者のあいだの相違はすべて、共通の脅威の陰に隠されてしまった――しかしその脅威は、他のギリシア全体に対する彼らの覇権へと向けられていたのだ。ペルシアの脅威が退くと、アテナイとスパルタは互いにペロポネソス戦争で戦い始めたのだが、その時は両者ともペルシアとの同盟を求めたのである。

ペルシア人に対するギリシア人の対応ぶりは、民族的偏見の観点から行なわれたのではなく、彼ら自身がその多国家システムで学びとった地政学的戦略の観点から行なわれた。ギリシア市民は自治を欲していた。彼らはペルシアによって支配されることを望まなかったので、その危険を避けるために手を取りあったのである。ペルシアからの脅威が遠のくと、今度は他のギリシア人からの支配を避けることに彼らは躍起となった。彼らはペルシア国家をギリシアのポリスと同じく単にもう一つの国家として、その支配者たちは忠誠と理性をそなえたものとして遇したのである。ギリシア人たちは煎じつめると、自らの民族性に関する一貫した優越感などもっていなかった。彼らはあまりに外向きであり、人類一般（ただし男性）というものに関心を抱いていたのであり、自分たちの多国家システムの外交的合理性を外部に対しても投影することに執心していたのである。
しかしながら、本家本元における人間のさまざまなカテゴリー、ギリシアの発展の本質的部分であるさまざまな階級についてはどうだろうか？　相互作用を行なう三つのネットワーク――ポリスと全ギリシアと人間性――をめぐるこれまでの物語は、どちらかといえば穏やかで機能的なものだった。私は階級闘争へと話を転ずるが、これこそ三つのネットワークすべてにかかわる本質的部分である。

古典期ギリシアにおける階級

古典期ギリシアは、われわれが社会生活の永続的な特徴としての階級闘争の存在をはっきりと認めることのできる、歴史上初めての社会である。この点をもっとよく理解するために、人間社会で見られる階級構造と階級闘争の主要な形態を弁別しておこう（これらの相違については、本研究の第III巻でもっと詳細に説明するつもりである）。

最も広い意味での**階級**とは、経済的支配の諸関係である。社会学者の階級についての主たる関心は、富の不平等にではなく、どちらかといえば経済的な〈力〉にある。すなわち経済的資源――生産・分配・交換の諸手段――の支配を通して、自分自身および他の人びとの生活機会を支配する能力への関心である。経済的な〈力〉の不平等は、知られている限りでのすべての文明社会に存在してきた。そうした不平等が十全に正当化されることは決してないので、**階級闘争**もまた至るところに存在してきた――すなわち経済的な〈力〉の保有量を異にする、ヒエラルキー的・「垂直的」に配列された諸グループ間の闘争である。しかしながら、この闘争は多くの社会では、初期の潜伏的なレヴェルにとどまっており、それがはっきりした組織的な形態をとるまでに至らないのは、「垂直的」階級と共存している「水平的」な経済組織――家族的・保護‐被護関係的・部族的・地域的・その他のさまざまな関係――によって妨げられているからである。われわれはこれらの（水平的な）諸関係が先史時代後期と、その程度は減少するにせよ諸文明の最初期の特徴だったことを見てきたのだが、こうして一般的にそれらの時期には、階級形成も初期レヴェルにとどまっていたのである。無階級の水平的組織は今日まで存続したけれども、歴史はそれらを犠牲にして、階級のほうを強化してきたのだった。

ここから階級組織形成の第二のレヴェル、拡大包括的な階級へと移行する。それらは問題となる社会空間において、垂直的な階級関係が水平的な組織を圧倒して支配的になった場合に現われる。拡大包括的な階級の成長それ自体は不ぞろいなので、この第二のレヴェルには二つの下位分類を設けてもいいだろう。拡大包括的な階級は、その生産・分配・交換の様式のうち一つが優勢であるなら単次元的であり、二つ以上が優勢なら（その相互関係が十分明確でなくても）多次元的である。さらに拡大包括的な諸階級が同じように組織をもっているなら互いにシンメトリカル（対称的）であり、一つだけ、あるいは一部だけ（通常は優勢な階級ないし諸階級）が組織をもっているなら、互いにアシンメトリカル（非対称的）である。

最後に第三レヴェルの階級、政治的階級が出現するが、ここで階級は国家が政治的変容をとげるために、あるいは現状を政治的に防護するために組織される。十分に多次元的な構造においてはあまり起こらないことだが、ここでも政治組織にはシンメトリカルとアシンメトリカルとがある。後者の場合ただ一つの階級、通常は支配階級が政治的に組織される。これが第五章で検討した支配帝国のパターンとして始まったのであり、優勢な諸集団が拡大包括的な支配階級へと統合し始める一方で、従属的な集団は支配者によって管理される水平的グループへと組織されたのである。

階級に関するこうした区分を識別することは、古典期ギリシアの事例では特に有益である。ギリシアこそ歴史上初めて、階級組織の第三レヴェルへと完全移行した社会であり、シンメトリカルで政治的な階級闘争の見本をわれわれに示しているからだ（とはいうものの、その拡大包括的な階級の構造の主要な二つの次元と考えられるものの一つだけなのだが[8]）。

階級はギリシアにおいて、経済的な〈力〉の諸関係を全体的に支配したわけではなかった。二つの主要な水平的グループが残存して、私がこれから詳説する階級闘争から大勢の人びとを効果的に遠ざけたのである。その第一は、家父長制的所帯《ハウスホウルド》だった。これが女性たちを（一部の都市国家では息子たち以上に）、そしておそらく大規模で強大な所帯では一部の男性従属者たちを、閉じこめつづけていた。そのために彼らは、公的生活への有意義で自主的な参加を阻まれていた。女性たちを代弁したのは男性の家長だった。もちろん女性は市民ではなかった――市民の所帯に属していれば（あるいは有力市民の所帯であれば）、彼女たちは他の面では比較的特権的な生活に参加していたにもかかわらず、である。従属的身分の男性はヨリ有力な市民の保護を受けて、下層市民の運動を阻むために動員されることがあった。第二の水平的グループは各地の都市国家それ自体で、居留の「外国人」を犠牲にして自分の住民には特権を与えたのである。都市国家の規模は小さく国家間の相互作用は大きかったので、多くの居留外国人がいた。彼らはおおむね他の都市のギリシア人だったが、その他の「国籍」も多く含まれていた。彼らもまた「メトイコイ」と呼ばれ、市民と農奴・奴隷との中間あたりの限定的な政治的権利を与えられていた。こうして都市国家自体の内部で、「メトイコイ」は別の拡大包括的な階級を形成したのだが、都市国家が常にわれわれに最も適った分析対象というわけではないのだ。小さな都市国家に居留しているアテナイ市民がそこで享受できる〈力〉は、もっとおとなしい本国からの「メトイコイ」より明らかに大きかったのである。したがって女性と同じく「メトイコイ」は、現実には彼らの共通身分とされるものによって分断されていたのである。彼らが自らを組織するのは、ほんの稀なことだった。

したがって階級闘争に直接かかわったのは人口のほんのわずかの部分だけだった――これから見ていくように、それが歴史の通例だったのである。しかし歴史をつくるのは通常少数者であるから、こうして階級と階級闘争とに集中しても文句はあるまい。

　ギリシアにおける拡大包括的な階級の構造は基本的に二つの次元をもっていた。第一の次元では、市民が非市民たち、とりわけ奴隷や農奴に対して〈力〉をふるっていた。第二の次元では、一部の市民が他の市民に対して、経済的な〈力〉をふるっていた。これは主要な生産様式が二つあって、ともに高度に政治化されているにもかかわらずはっきりとしたちがいがあった、という事実を反映していた。第一は自由市民による奴隷や農奴からの生産余剰の取りあげであり、第二は大地主による小市民地主からの、さほど直接的ではない取りあげであった。この二番目のほうは狭義の生産関係ではなかったけれども、軍事的・政治的な〈力〉と絡みあった経済的な〈力〉の広範な回路から発生していた。古典期のギリシアのような安定した、永続的な社会においては、こうした二つの生産様式は、単一の総体的な経済へと合体していた。さらに言えば、頂点においては、両次元の最高階級はしばしば自己統合をとげていた。しかしもっと低いレヴェルではそうではなかったから、われわれはこうして拡大包括的な階級の構造の二つの次元を弁別しなければならないのである。

　市民と奴隷あるいは農奴とのちがいは、質的な階級区分であった。奴隷たちは他人の所有物であり、土地や組織への権利を拒まれ、ふつうは非ギリシア人だった（ギリシア人にも債務奴隷となる可能性はあった）。市民たちは独占的に土地を所有し、政治組織への独占的権利を所有し、ギリシア人であり、ほぼまちがいなく代々の市民の息子たちだった。奴隷も市民もそれぞれの集団の内部に差異を抱えていたが、この両者間の溝は通常は埋められなかった。この溝が意味するところは、いつも大きかった。奴隷の数はたぶん市民をしのぐほどではなく、その生産レヴェルも自分の土地を耕作する市民のそれを凌駕することはなかった。しかしサント・クロワが指摘するように、これらの統計は決定的なものではない。奴隷たちが寄与したのは余剰、つまり生存に必要な量を越える生産の大部分は彼らが担ったのである。自由な賃金労働などまだほとんどなかった。ギリシア人市民は市民のためには働けなかった。賃貸でも「メトイコイ」でも、無契約でたっぷり搾取するというわけにはいかなかった。奴隷労働が寄与したのは、直接生産者から直接取りあげられる余剰の大部分だった。もちろん、直接的な取りあげだけがすべてではない。市民たちの余剰のもう一つの実質的な部分はもっと間接的に、交易関係におけるギリシア諸都市の指揮官的立場からきていたのだが、この立場こそ彼らの軍事力、とりわけ海軍力が強化しうるものだった。そのような交易は、通常のことではあるが、半ば「自由」で――したがってギリシアは戦略的な境界地域に位置していることと、ぶどう・オリーヴ・アテナイの銀を所有することによって利益を得た――、半ば軍事的に

（8）私はド・サント・クロワの『古代ギリシア世界における階級闘争』（一九八一年）から莫大な支援を受けていることを認める。私は彼の一貫したマルクス主義からの分析には従わないが、彼の研究にはきわめて高レヴェルの学殖と社会学的蘊蓄とが結合している。

強制されたものだった。この両側面をはっきり統制していたのがポリス、つまりは市民たちだった。とはいうものの、ギリシア文明は奴隷制とそれが生み出す余剰に大きく依存してもいたのである。

市民たちはこのことを十分承知していた。われわれが手にする史料は奴隷制を文明生活の必要部分だと、疑問の余地なく認めている。したがって市民たちは、奴隷との関係においては政治的・拡大包括的な階級であり、自分たちの共通の立場とその政治的条件を守る必要とを、十分に意識していたのである。

しかし市民たちにそんな必要などめったになかったのは、奴隷たちに階級意識がなかったからである。彼らはさまざまな地域から輸入されて、さまざまな言語をしゃべっていた。大部分は個人の家庭、作業場、中小規模の農園など（銀の鉱山を例外として）に散らばっていた。彼らには拡大包括的な組織をつくる能力がなかった。彼らは抽象的には、つまりマルクス主義用語で「客観的には」、拡大包括的な階級と考えてもよかろうが、組織論的には——社会学的にはこの点が重要なのだ——、あるいは政治的には、階級ではなかった。したがって市民-奴隷次元において、階級はシンメトリカルではなかった。市民たちには組織があり、奴隷たちにはなかった。おそらく闘争がつづいていたのだろうが、表立ってはいなかった。ギリシアの生活にとって重大なことではあったが、歴史の記録には登場しないのである。

これには例外が一つある——スパルタ人の領域帝国主義がそれで、彼らはメッセニアとラコニアの近隣住民を奴隷にした。これら「ヘイロータイ」農奴は団結し地域組織もつくったので、絶えざる叛乱の源となった。テッサリア人によって奴隷化された「ペネスタイ」農奴についても、この点は同じだったと思われる。さまざまな民族から奴隷を補充して彼らの組織化を阻む——ギリシアとローマの史料には、こうした教訓がたくさんある。

奴隷たちは組織を欠いたことによって、階級の二番目の次元、とくに下層市民の諸階級からも分断されてしまった。これらの階級はポリスのレヴェルで組織化されていた。実際のところ、ヨリ有力な市民階級に対抗する彼らの基本的な利害が、彼らの政治的な奮闘努力を導き出したのである。しかしながら彼らの自由もポリスの強さも、現実には奴隷制に依存していた。自由と奴隷制とは、フィンリー（一九六〇年・七二頁）も言うように、手をたずさえて進んできたのだった。したがって奴隷と下層自由市民という二大「下層階級」が同盟するチャンスはなかった。実のところ、この両者のあいだに何か直接の関係が生まれるチャンスはあまりなかった。大部分の下層市民は奴隷をもっていなかった。彼らと奴隷制とのかかわりはヨリ間接的であり、これはギリシア社会の底辺でも、階級には二つの相異なる次元が存在したことの証左である。

奴隷の労働力はアクティヴな勢力にとって不可欠だったが、彼ら自身は歴史においてアクティヴな勢力とはならなかった。彼らの実践は問題とならなかった。これとは対照的に、たとえ最下層でも、市民は階級実践を所有していた。

階級の第二の次元、すなわち市民内部の分裂をあつかおうとしても、単純な質的ちがいにめぐりあうわけではない。にもかかわらず、この次元を理解することは困難ではない。われわれ自身のリベラル資本主義民主政は、ポリスと似ていないわけではない。両者はともに、市民の形式的な平等性と切れ目のない階級差とを結びつけているのである。そしてわれわれの社会では資本所有の有無が質的ちがいを示す不完全な近似値となっているように、ギリシアのポリスでは奴隷所有の有無がそれを示した。ギリシアでこれ以外の不平等を生む要因となったのは、所有地の規模や収益性、交易の機会、貴族の出自、生まれた順番、結婚運、軍事的・政治的機会などであった。ギリシア本土のポリスは小アジアのポリスよりもこうした不平等の発生をうまく抑えこんだが、近東の他の諸国家に比べれば（あるいはマケドニアやローマといった後継諸国家に比べれば）、両者とも格段にうまく不平等の発生を抑えていたのである。

階級の不平等はまた、それと認めうる政治的派閥をつくり出した——一方は「デーモス」すなわち「一般」市民で、通常は奴隷をもたず（あるいはもっても一人か二人で）、債務や利子の法律に絶えず怯えている連中を含んでいた。中間には初めは重装歩兵、後にはアリストテレスによってポリスのバックボーンと認定された中層グループがいた。そしてもう一方が貴族ならびに大土地所有者で、奴隷の活用と市民に対する間接的な搾取とによって労働を避けることができ（したがって真に「自由」であることができ）、自分たちが保護している従属民を動員することができた。これらすべての派閥が利子と債務に関する法律をめぐって、土地あるいは都市の集合的な富の再分配をめぐって、課税や軍事義務をめぐって、旨味のある交易や植民事業や公職や奴隷へのアクセスをめぐって、互いに抗争を繰り広げていた。多くの労働と余剰がともに国家を経由して動き、しかも民主政だったから（あるいは他の時代においても民主政は少なくとも中・低層階級にとって達成可能な理想だったから）、高度に政治的な階級闘争が行なわれた——まるでわれわれの社会さながらだった。しかしながらわれわれよりはるかにアクティヴで軍事的な形態をもつ市民だったから、それは一貫して乱暴かつ可視的な闘争だった。「スタシス」とは猛烈な派閥間抗争を指すギリシア語で、乱暴ではあるが「オール・オア・ナッシング」的決着の規定をもつ制度をともなっていた——たとえば陶片追放《オストラシズム》とか、たびたびにおよぶ基本的な政治形態の変更とかがそれだった（フィンリー・一九八三年を参照）。

われわれはこの抗争の消長と、それが行なったギリシア文明への貢献とを跡づけることができる。重装歩兵ないし中農層の勢力伸張とともに、君主政や貴族政に対する初めは僭主政の、次には民主政の闘争が行なわれ、全面的な勝利に終わった。いや増す繁栄、商業の進展、奴隷制や海軍力の増強、そして読み書きの普及は、アテナイ・スタイルの民主政の力強さと信頼性を拡大した。しかしそれらはまた、ポリス内部およびポリス間の、経済階級の格差を広げたのである。紀元前五世紀までに、大土地所有者たちはますます繁栄を独占するようになっていた。おそらくそれ以前の事例から予測されるように、ギリシアの辺境地帯がイタリアから南ロシアまで拡大されたことによってギリシア人の独占は終わり、辺境の〈力〉が発展し、都市の経済が衰退した（ロストフツェフ・一九四一年とモッセ・一九六二年の主張）。この衰退のなかでは、ヨリ強いものがうまく生き残った。いずれにせよ、マケドニアから攻撃を受ける前に民主政は危機に瀕していた――そして上層の諸階級は本国での革命を抑圧しようと、マケドニアによる止めの一撃を支援していたかもしれない。

ギリシアの（そしてとりわけアテナイの）勃興においては、拡大包括的でシンメトリカルで政治的な階級の闘争が、ギリシア文明それ自体の本質的な部分となった。私がこれからまとめるギリシアの偉業の三つのレヴェルすべてにおいて、階級の弁証法が貫徹したことが見て取れる。ポリスが確立されたのは貴族政と僭主政が克服された後だった。ギリシア人であることは文明化されて合理的であることだという、よく広まった第二のアイデンティティーも、おそらく、こうして出来あがった民主政に依存していただろう。そして三番目の、最も大きな広がりをもつアイデンティティーである人間理性それ自体という観念は、明らかに不安定なもので、全期間を通じて諸階級から疑義がさしはさまれる。「上層階級」の代弁者プラトン、「中層」スポークスマンのアリストテレス、「デーモス」については彼らを敵視する逆説的スポークスマンたち、これら三者が提示する理性概念をここで比較対照してみよう。プラトンは肉体労働（これをまぬがれたのは上層階級だけだった）が精神を堕落させると主張した。アリストテレスは、市民たる資格の核心は道徳的な知恵をもつことであり、これこそ職人や肉体労働者には一般的に欠如していて中層階級にそなわっているものだと主張した。いささか難解ではあるけれども、算術と幾何の政治的重要性をめぐる議論がこれに関連している！　反・民主政派の主張によれば、算術はすべての数を平等に数えるがゆえに劣っている。しかしながら幾何における比例は数のあいだに質的なちがいがあることを認めている、というのだ。幾何級数では数同士の比率が同じだから（例＝2、4、8、16）、質は公正に遇されている（ハーヴェイ・一九六五年が議論の詳細を紹介している）。この実例を引用することでド・サント・クロワ（一九八一年・四一四頁）は、階級闘争は古典期ギリシアのあらゆるところに浸透している、という彼の主張を証明しているのだ！　階級は最終的にはポリスを弱体化したのかもしれないが、それ以前の何世紀にもわたってギリシア文明の本質をなしていた。そして後の章で見るように、それは遺産を残した――その遺産はたしかに二つに割れていて、一つは「ヘレニズム」によって代表される上層階級の連帯であり、もう一つはもっと大衆的な理性的問いかけの感覚で、これがやがて救済宗教に影響を及ぼしてゆくのである。

本節のここまでからは、古典期ギリシアをめぐる議論の中途で私がマルクス主義に転向したように見えるかもしれない。私はそれ以前の社会について、階級闘争を重視したりしなかった。しかし私は第五章の結論部で行なった言明に忠実である。証拠史料を欠くのだから断言を加減しなければならないのだが、拡大包括的でシンメトリカルな階級の闘争が（政治的か否かを問わず）、初期の支配帝国をめぐる弁証法の重要な部分だったとは思われない。鉄器時代革命は、ある状況の下で、小農民の〈力〉を強化し、そのことで拡大包括的な従属階級のアイデンティティーと、歴史上のこの時期の階級闘争とを創出したのであった。「実践の回路」すなわち階級関係が、「歴史の線路敷設工手」の役割を担うことになった。私がマルクス主義の用語を用いて、以前の時代ではなくこの時代を記述することができたのは、それが歴史環境にふさわしくなったからである。

しかしマルクス主義を古代歴史へと適用することには、第二の問題がある。階級について記述してその後の発展を跡づけることと、その原因を説明することとは別の作業である。これを行なうには通常のマルクス主義の概念装置の外へ出て、経済的な〈力〉の分野はもとより、とくに軍事的・政治的な〈力〉の分野へと踏みこまなくてはならないのである。

経験論のレヴェルで、マルクスとエンゲルスはこれを行なおうとしていた。彼らは古代世界における奴隷制や、公地の再分配や、市民権や、階級闘争にとって、戦争と軍事体制の重要さを強調していた。マルクスは『経済学批判要綱』のなかで「直接的強制労働は古代世界の基礎である」と言った（一九七三年・二四五頁）。彼はこの基礎づくりが、しばしば被征服民の奴隷化や農奴化によって成し遂げられているのに気づいていた。彼が「古代的生産様式」と呼ぶものに与えた択一的概念、すなわち、奴隷制による収奪と市民権を通しての収奪とは、軍事体制と政治統制の関与を正しく認識している。しかしながら、第III巻で詳しく論ずるけれども、彼の一般理論は軍事体制と戦争とを寄生的、非生産的なものと見なしていた。私が第五章で示したと思うが、これは初期の支配帝国には当てはまらない。私はここでもギリシアに関してこう示した——重装歩兵という軍事組織がなかったら、ポリスの「ユーノミア（善き秩序）」も「イソノミア（平等な秩序）」もなく、十全で拡大包括的で政治的な階級闘争もおそらくなかった、と。ポリスと海軍の圧倒的優勢とがなかったら、商業上の独占も奴隷所有を含む主要経済もなかった。こうした複合的な全体がなかったら、ギリシア文明といえどもほんの一言の言及ですんでしまう。そしてこの文明がなかったら、いったい世界歴史はどうなっていただろう？　われわれはペルシアのサトラップ（州長官）の子孫だっただろうか？

ここで、ド・サント・クロワ（一九八一年・九六―七頁）が、マルクスとはちがった観点から唯物論を擁護していることに注目しておくべきだろう。ウェーバーとフィンリーが階級の代わりに身分という言葉を用いることに効果的な攻撃を加えた後の文章で（「身分」は社会学用語のなかで最も空疎な言葉だから、私も第III巻ではもっと徹底的に攻撃しよう）、彼は攻撃の矛先を軍事‐政治理論へと向ける。彼は二つの論拠をもち出す。第一に、政治権力とは大筋では階級格差を制度化する手段である、と彼は主張する。それ自体に何か生命があるのではない。彼によればギリシアでは、政治上の民主政は（これがある程度独立した政治的生命の存在表明であることを彼も認めるのだが）、「その基盤となる経済状況が長期的に見て自己主張をとげた暁には、常の通りに」退いてしまった。彼の説明によれば、民主政の破壊は有産階級が、「初めはマケドニアの将軍たち、後にはローマのお歴々の支援を受けて」やったことだった。これが有産階級の経済的動機に重点を置きすぎた見解だというのは、ポリスの衰退は（後で見るように）経済的なプロセスであるとともに軍事的なプロセスでもあって、そもそもマケドニアやローマによる征服以前に起こっていたからである。彼の二番目の論拠は、軍事的な〈力〉と征服とを同一視し、征服が生んだ諸関係と征服によって得た土地と富の再分配とを同一視し、しかる後にこれは歴史上例外的なことだった、というのである。どうしようもなく不合理な結論で、論点がまちがっている。ギリシアの勃興、成熟、そして没落を説明するには、軍事的・政治的な〈力〉の諸組織を征服とは結びつけずに考えることが必要だったのである。

ウェーバー流に言い換えたり、唯物論一辺倒を軍事ないし政治理論一辺倒に切り換えたりすることは、私の意図ではない。軍事的ないし政治的形態に経済的な前提条件があるのは明白なことだ。しかし軍事体制や国家が生産的でありうるのならば、その結果生まれたそれらの諸形態が原因となってさらなる経済発展を決定づけてゆくであろうし、そうなれば経済的な諸形態も軍事的・政治的な前提条件をもつことになろう。われわれはそれらの相互作用を研究し、それらを等しく重要なものととらえる概念を構築し、その概念を経験的事例に適用してみて、相互作用を包括するどんなパターンが現われるか（現われないか）を見きわめなくてはならないのだ。この研究における私の方法論とは、そういうものだ。私は第I巻と第III巻の結論部分でさまざまなパターンについて概説するつもりである。当面、ギリシアという個別事例について言えば、軍事的・経済的な〈力〉の諸関係は初めから結合していたように思われる。それを完全に切り離すことなどできないのだから、ギリシア文明勃興の前提条件にはその両方の相互作用が必要だった――たぶんそれでほぼ十分だった――というのが、われわれに下しうる結論である。この両者間の相互作用は当時、政治的な〈力〉の組織の特定の形態、すなわち多国家システム内部の小規模なポリスとして制度化されていたのだが、このポリスがまたギリシアの成熟をうながす因となる、自律的で主要な組織力を発揮したのである。最終的には、文字文化という基盤構造《インフラストラクチュア》に支えられて、イデオロギー的な〈力〉もまた同じような道筋で重要になった。ギリシア文明の完全開花の因果関係を説明するには、社会的な〈力〉の源泉の四つの理念型すべてが必要なように思われる――これは私がこれらの理念型を用いることを、まずは正当化しているように思われる。

ギリシアにおける〈力〉の三重ネットワークとその弁証法

ギリシアの社会組織は相異なる三つの、一部は互いに相重なりあう〈力〉のネットワークを包含していた。最強かつ最も凝集性が高かったのは民主政ポリスだが、これは鉄製の犂や武器をもつ土地所有小農民が創出したユニークな産物であり、彼らは市場や重装歩兵の密集部隊を通じて結合し、農業生産と交易の商業的統合を発展させ、終には市民の漕ぎ手を基盤とする海軍力を生み出したのであった。このようなものはいまだかつてなかった――これが生まれるには鉄器時代の技術革新に加えて、半未開の犂耕農地と文明化された支配帝国とを結ぶ海上交易ルートにまたがったユニークな自然環境的・地政学的な位置どりとの、歴史的な結合が必要だった。

ポリスは資本主義産業革命以前において、小規模の空間を占める集合的な〈力〉の、最も内向集中性の高い民主政的な組織となった。それは小さくなくてはだめだった。多くの政治理論家たちは、真の民主政的政治参加を実現するには小さいということが不可欠だ、と信じている。しかし古代の民主政は、当時の通信と管理のロジスティクス上の問題を考えれば、小さいということを倍も必要としていたのである。

アテナイは断然、最大のポリスだった。最盛期におけるその領域は二五〇〇平方キロを少し上まわっていた――つまり半径五〇キロメートルほどの円とほぼ等しい面積である。紀元前三六〇年頃に達した最大人口は二五万人で、そのうち三万人が成人男子市民だった(そして八―一〇万人が奴隷だった)。民会への平均出席者数は常時六〇〇〇人(定足数)を越えたということだが、これは大衆民主政と凝集性の社会組織として恐るべき記録である。スパルタはラコニアとメッセニアを支配していたので、領域的には大きかった(およそ八五〇〇平方キロ)。ほぼ同時期の人口はこちらも約二五万人で、市民はもっと少なかった――完全市民権をもっているのが三〇〇〇人ほど、これに部分的な市民権保有者が二〇〇〇人ほど加わった。スパルタの中核をなすこの市民組織の凝集性は、アテナイ市民のそれをはるかに凌駕していた。大部分の国家はもっと小さかった。プラタイアの市民は二〇〇〇人以下だった。これはその行為が歴史に記録された都市国家のうちで最も小さなものの一つだが、その行為が記録に残っていない大多数の都市の典型でもあろう。それらの一部には集団を組む傾向があった(連邦国家についてはラーセン・一九六八年を参照)。最も重要な連邦はボイオティアで二二のポリスから成っていたが、総面積はわずか二五〇〇平方キロ、人口はおよそ一五万人だった(数字はエーレンバーグ・一九六九年・二七―三八頁)。

アテナイの領域は現代のルクセンブルクほどの大きさだったが、その人口は後者のわずか三分の二だった。スパルタの領域は今日のプエルトリコに相当するが、人口は後者の一〇分の一にすぎない。人口で言えば、これら二つの大国は英国ノッティンガム、あるいはオハイオ州アクロンよりやや少なかったのだが、その市民たちが行なう相互行為はもっと小さな田舎町の住民たちのように密だった。ポリスが成しとげたことは組織の内向集中性の産物であって、拡大包括性によるのではなかった。ポリスが人類の〈力〉の諸関係における分権化の恐るべき局面を表わしていたのは、彼らに先行して中東に広がっている支配帝国との関係ではきわめて小さな政治単位だったからだけではなく、彼らの内部構造の前提となっていたのがヨリ拡大包括的、分権的な社会ネットワークだったからである。

ポリスはその名の通り、政治的《ポリティカル》な〈力〉の単位であって、この小さな領域空間の諸活動を統括・調整している。これまで見てきたように、それはおおむね経済的・軍事的な〈力〉の諸関係の結合の産物だった。これら二つの欠くべからざる、そして密接に絡みあう諸力について、その相対的な比重を割り振ることなど不可能だ。われわれが今日の世界で政治を論じるに当たって用いる概念の、ほぼ全域を生み出したのがポリスだった——民主政、貴族政、寡頭政、僭主政、君主政、などなど。ポリスの発展の三段階のすべて——重装歩兵と市場、読み書きと商業、海軍の拡張——は、当時の中東および地中海に、計り知れない影響を及ぼしたのであった。

第二の〈力〉のネットワークは、ギリシアの文化的アイデンティティーと多国家システムの全体で、いかなる単独の政治単位よりも大きく、巨大な領域的空間（海洋も含めて）を占め、おそらく三〇〇万の人びとを擁していた。それは独自の〈力〉の基盤構造をもつ、地政学的・外交的・文化的・言語的な単位だった。絶えることのないその重要性は、本質的に同質的で民主政的なポリス群、すなわち平等的・連邦的な「エトネ＝人びと」同士が交易活動・植民活動で結んだ連携から生まれた。こうして読み書きと外交と交易と人口移動とが、歴史上初めて、言語の共通性を基盤として永続的・共有的・拡大包括的な共同体を創出したのだ。この共同体の一部は、当時世界最大の国家と見られていたペルシアという支配帝国からの攻撃に（幾らかの揺れはあったものの）、確固たる団結を貫いて立ち向かったのである。しかしそれは政治的統一を志向してはいなかった。都市国家間の戦争は「内乱」とは見なされなかった。広範な連邦形成も実利外交的・軍事的な急場の必要から行なわれたもので、「国民国家」への発展段階などではなかった。当時の「所属国籍《ナショナリティー》」というものは、われわれの現代世界におけるよりもはるかに局部的な愛着感情だったのである（ウォールバンク・一九五一年）。

この第二のネットワークは本質的に分権的かつ「連邦的」であって、中東の諸帝国と犂耕農業を営む小農民とのあいだの空間で海上交易にたずさわる人びとの、地政学的な機会が生み出したものだった。その連邦機構はフェニキア人の場合と同様、自律的なガレー船海軍、植民活動、貨幣制度、読み書き能力を包含していた。しかしフェニキア人の場合とはちがって、それは民主政ポリスからつくりあげられてきたので、ヨリ浸透的・団結的な組織形態をとっていた。その基盤構造はおおむね権威型ではない伝播型の〈力〉だった——そのさまざまな要素は、少なくとも市民のあいだでは権威的な組織などなしに、「普遍的に」広まったのである（アテナイあるいはスパルタが覇権を握った一時期を除いて）。

第三のネットワークはさらに拡大包括的だった。それはイデオロギー的な形をとったが、当然そこには社会的前提条件があった。私は第五章で後期メソポタミアのイデオロギーに言及したが、それは外向きで無限の要素をもち、文明化された教養的理性の持ち主たる上層階級男性に対して、基本的な人間性と尊厳とを賦与しようと意図するものだった。これは初期文明全般に言えることだったのかもしれない。その確信がもてないのは、われわれは今なお一九世紀後期の「エスニシティー（民族）」重視という言葉のお荷物を背中にくくりつけられているから――しかもわれわれは一元的で境界のある社会モデルを用いることが、あまりに頻繁だからである。

しかし、初期の諸民族の事例がどうであれ、多くのギリシア人は人間性一般という一体性の存在を宣言し、先行者たちにもましてそれを階級の障壁を越えて拡張したのだった。彼らが他民族と激しい闘争を行なっていたことや、奴隷制の存在が正常状態だったことを考えると、これは彼らにとって大問題だったのだ。しかし彼らは、その問題の存在を公然と認めていた。

ソフォクレスの『テレウス』は外国人との抗争をあつかった戯曲である（断片が残っているだけだが）。そのなかで市民たちの合唱隊《コロス》には平等主義的・統合的なイデオロギーが割り振られている――「人間という種《しゅ》は一つである。われわれすべては、われわれの父と母から一日にして誕生した。生まれつき他人に優る者などいない。それなのに、ある人の行く道は不幸な日々という定め、別の誰かには成功の日々――そして奴隷のくびきに繋がれる人びともいるのだ」（ボールドリー・一九六五年・三七頁から引用）。理想のヴィジョンと現実の必要性との矛盾は、十分に認識されているのである。

トゥキュディデスはわれわれに「人間の本質」はただ一つであり、その点で言えば「ギリシア人」も「蛮族《バルバロイ》」も一時的な変異体にすぎないと告げる。ギリシア人の自己意識は特異なもの――矛盾そのものだったのである。一方では（ボールドリーの本の表題のように）「人間の一体性」、すなわち理性による一体化によって、激烈な国家間闘争と階級間闘争を現実的に規制していた。他方ではそれと相反する行為を承認していた――理性をそなえる者は文明化された自由民成人男性だけだとして、奴隷や、東方の支配者の隷属民とされる者や、女性や、子どもや、「蛮族」には理性を認めなかったのである。やがて部分的解決策が見出された――ギリシア人つまりヘレネスであるとは、イソクラテスの表現によれば、「知恵と弁論の教育」を通して行なう理性の涵養の問題となったのである。アレクサンドロスによる征服の後は、この定義が政策として実行された。ギリシア人と上層階級のペルシア人などがヘレニズム世界の教養ある支配者となり、非ギリシア系原住民はそこから排除された。この定義は一時、支配階級が用いる規制手段となった。しかしギリシア流の「人間性全体」という観念は、他の有力な諸観念と融合しながら、最終的には近東の救済宗教へと変容をとげたのである。

ここで第二章の、先史時代考古学の主要な結論へと立ちもどってみよう——人類は種としてはずっと一種だったのであり、地域的な適応のちがいは亜種を生むのではなく、地球規模での文化の伝播となったのだった。先史時代において伝播のプロセスは常に、いかなる権威的な社会組織の能力にもまさってきわめて拡大包括的に作用した。歴史時代の記録のなかでわれわれは、ケイジ（檻）に入れられ組織化されたさまざまな種類の〈力〉が登場するのをたしかに見てきた。あの重装歩兵市民以上に、ケイジに閉じこめられた人びとがいただろうか。動きのバランスは権威的・団結的・境界強化型社会へと傾いているにせよ、これらの社会のすべてから発する諸力は自らの権威的な組織力を越えて、ヨリ広範な空間へと伝播したのである。個別社会の一体性などと比べれば、人類の一体性がもつ潜在力の大きさは、これまで述べてきた歴史への参加者にとって明々白々だった。ギリシア人は他の民族の諸観念に追随し、かつそれに追加しながら、そうした潜在的一体性に明快なイデオロギー的表現を与えたのである。それは彼ら自身の社会形態の発展に重要な役割を演じた。それはまた、この一体性という観念がもつ現実の制約をヨリ少なくした形で出現してくる新たな、普遍的な諸宗教に対して、甚大な影響を及ぼすことになるのである。

これらがギリシア社会における、三つの主要な〈力〉のネットワークである。顕在化した階級闘争によってそれぞれが引き裂かれ、また駆りたてられもしたのだが、この階級闘争は私の用語では拡大包括的で、おおむねシンメトリカル（対称的）で、政治化されていた——これは歴史上初めてのものである。ギリシアが示す弁証法は大筋で——マルクスが言った通り——階級闘争だった。しかしそれはまた三つのネットワーク自体のあいだの弁証法でもあった。各ネットワークは、それぞれが存続するために他のネットワークに依存しなければならなかったし、ギリシアの活力とダイナミズムはそれらのネットワーク間の相互作用を必要としたように思われる。二番目三番目のネットワークの外向きという方向づけがなかったとしたら、ポリスの発展はスパルタのように重装歩兵段階で止まっていただろう——民主政ではあっても精神は強固に規律的・軍隊的で、合理的な哲学や科学はなかっただろう。ギリシア統一への潜在力がなかったら、ポリスはペルシアの軍門に降っていただろう。ポリスがなかったら、ギリシアのアイデンティティーと文化とは階級を越えることができなかっただろう。外部への好奇心と理性への信仰がなかったら、ギリシア人はポリスや国民的アイデンティティーを発展させるに当たってあれほど実り豊かに外部から借用することはなかったし、彼らの文明がマケドニアとローマの征服者たちに抵抗することもなかっただろう。民主政ポリスと地方性を越えるアイデンティティーとがなかったら、理性への信頼が解き放たれることもなかっただろう。このように、社会組織の三つのレヴェルの相互関係はきわめて複雑だった。私はその歴史をスケッチしたにすぎない——そしてこれをもっと十分説明しようとすれば、私がやったような従来からのスパルタ-アテナイ代表方式ではなく、主要な都市国家すべてにわたる理解が必要なのである。

〈力〉のネットワークの複雑さと複合性とは、ギリシアの達成を進化的な世界歴史の一段階などではなく、真に「歴史的な偶発事」にしている。なるほどそれは前章で述べた地中海世界の長期的発展の頂点で築きあげられたものだが、幾つかの好機会がこの一つの場所で特異な融合をした結果なのである。にもかかわらず一つの一般論を行なうことができる――(当面は)この事例一つに限ってだが。ギリシアが自由とダイナミズムを達成できた理由は、正確に言って、これら三つの〈力〉のネットワークの境界が一致していなかったからである。〈力〉の諸関係のどれ一つとして、優位の位置を占めて安定することはできなかった。どの国家も過去に達成したものを制度化してそれに安住することはできなかった。いかなる強国も単独で、自分だけのために技術革新を利用することはできなかった。いかなる階級あるいは国家も、他の階級や国家を支配することはできなかった。ここでもまた、複合的な〈力〉のアクターをもつ文明が「最先端」の〈力〉をつかみ取る、ということが明らかになったのである。

決定的な矛盾と終焉

〈力〉の境界の不一致は矛盾をも含んでいて、それが最終的にはギリシアの崩壊をもたらした。これを簡潔にスケッチしよう。打ちつづく成功も都市国家全体にひとしくというわけにはいかなかったので、都市国家のあいだにヒエラルキー的な「階級タイプ」の関係を生み出していた。経済的・軍事的な資源が増大するにつれ、それらは主要ポリスの上層市民階級によってますます独占され、いつのまにか彼らのもとへと集中していった。これを回避することが結局のところできなかったのは、紀元前五世紀におけるギリシアの繁栄が東のペルシア西のカルタゴに対して、少なくとも地域ぐるみの防衛を中央集権的に行なう必要に迫られたからである。アテナイはこうして獲得した覇権を手放そうとはしなかったが、ペロポネソス戦争におけるスパルタ主導の叛乱にもちこたえるほど強くはなかった。今度は勝ったスパルタが、前四一三年から短命な覇権を掌握した。前三八〇年以降はテーバイとアテナイとがこれをくつがえした。それ以後というもの、覇権を行使したり地域ぐるみの防衛を担う都市国家は姿を消したのである。

今や矛盾は明らかとなった。一方では、都市国家の政治的自律と経済とが花開いていた。表面的にはイデオロギーの世界もそうだったというのは、前四三〇―四二〇年は最も有名な哲学者が活動した時期、ソクラテス、プラトン、アリストテレスの時代だからである。しかしわれわれが彼らの著作に見出すのは、ポリスの伝統的な民主政的団結の弱体化を反映し促進した上層階級文化なのである。他方では、軍事的な〈力〉の諸関係がもつ潜在力が、小規模都市国家によって抑制されてしまった。この点はもっと詳しく述べる必要がある。古代ギリシアの終焉は軍事的な形態をとったがゆえに、これは重要なことなのである。

ギリシアの重装歩兵が傭兵として優れていることをさまざまな外国勢が発見した結果、伝統的な市民兵の活力が弱まった。ギリシアの有力都市国家の大部分は、市民動員力よりも富において豊かだったのだ。前四世紀に、都市国家は重装歩兵の傭兵を徴募し始めた。前三六〇年代までには、スパルタでさえペロポネソスで傭兵を使っていたのである。傭兵とその指揮官たちは市民ではなかったので、ポリスにたいする責任感はほとんどなかった。ペルシア戦争に際して大部隊が形成された結果、さまざまな部隊や戦闘方法が発達した——すなわち重装歩兵、弓兵、騎兵、軽装歩兵、中央指令を必要とする包囲戦などだが、このことがまたポリス内部の民主政を弱めたのである。戦争のルール——これは本来ポリス体制にとって必要欠くべからざるものだったが、それが消え失せてしまった。前四世紀にも戦術上の発達があって、軽装歩兵が広範に訓練されて長い剣と槍で武装するようになった。北方辺境のこれら「ペルタステス（軽装歩兵）」は、時としてスパルタの重装歩兵をさえ忌まわしく切り刻むことができた。海軍のほうは比較的変化が少なかった。スパルタ海軍の遅ればせの登場によって、前四世紀にはアテナイとスパルタと、フェニキアの船舶を用いたペルシアとによる、三国間の海軍力の勢力均衡が出来あがった。

しかし今や、決定的な変化の潜在力は陸上にあった。戦費はうなぎのぼりだった。小さな都市国家は、いやアテナイでさえ、まかない切れなくなった。さらに彼らには、自らの政治構造・階級構造を破壊することなく大規模で多様な軍隊を中央から編成・指令することが容易ではなかった。しかしそれも、ヨリ広範に組織された権威主義的な国家なら可能だったろう。二つのタイプの指令官がますます威力をふるい始めた——傭兵を率いる将軍ないし僭主と、「部族統一」軍を動員できる北方辺境地域の王とである。シチリアのディオニュシオス将軍が第一のタイプの原型であり、テッサリアのイアソンが第二のタイプの原型だった。都市国家の上層階級のメンバーのなかには、民主政を裏切って彼らと交渉に入る者も現われた。マケドニア王フィリッポスが三つの役割を結び合わせるようになったとき——すなわち、傭兵とマケドニア人とを編成・訓練し、彼らをらばのごとくに使役するとともに彼らに戦利品を与えて報い、そして汎ヘレネス（ギリシア）上層階級同盟に加わるようになったとき、彼の前進を支えたのは成功それ自体だった（詳細はエリス・一九七六年を参照）。彼の王国はギリシアの「エトノス」というよりも支配帝国の様相を呈していた。都市国家群への圧力は、前三三八年カイロネイアでのマケドニア全面勝利によって終息した。フィリッポスは都市国家をコリントス同盟へと編入した後、アジアへと進軍した。前三三六年、彼の突然の死もマケドニア帝国主義を寸時止めただけだったのは、彼の息子がアレクサンドロスだったからである。ギリシアの諸都市は二度とふたたび完全自律国家にはなれなかった。以後一〇〇〇年以上にわたって、彼らは単に地方自治体にすぎず、支配帝国の庇護の下に置かれたのである。

郵 便 は が き

料金受取人払

目黒局承認

1802

差出有効期間
平成16年8月
19日まで

1 5 3-8 7 9 0

2 2 6

東京都目黒区下目黒1－8－1
アルコタワー11F

NTT出版株式会社行

ご購入区分	1. 自分で購入　2. 会社・団体で購入　3. 受贈　4. その他(　　　　)		
フリガナ		性別	年齢
お名前		1. 男　2. 女	
ご住所	〒 E-mail :　　　　TEL		
お勤め先または学校名			
職種または専門分野			
購読されている新聞・雑誌			

＊データは、小社用以外の目的に使用することはありません。

愛読者カード

タイトル（お手数ですが書名をお書き下さい）

ご愛読ありがとうございます。これからの出版の参考にしたいと思いますので、アンケートにご協力ください。

★この本の発売を何でお知りになりましたか。

1. 新聞・雑誌広告（紙誌名 ）

2. 書評、新刊紹介（掲載紙誌名 ）

3. 書店の店頭で 4. インターネット情報 5. 友達に聞いて

6. 案内チラシ 7. その他（ ）

★値　段	1. 高い	2. 普通	3. 安い
★デザイン	1. 良い	2. 普通	3. 悪い
★内　容	1. 満足	2. 普通	3. 不満

★本書を購入されたきっかけを教えて下さい。

★この本についての感想などを、お書き下さい。

どんな出版を希望ですか（著者・テーマ等）お聞かせ下さい。

E-mailによる弊社新刊情報案内を（希望する・しない）。

NTT出版URL> http://www.nttpub.co.jp/

第八章　アッシリアとペルシアに見る帝国の支配戦略
――あるいは、コスモポリタニズムの拡大と深化

第六章で検討した北方からの挑戦に対する反応として、ギリシアは一方の極であった。もう一方の極は支配帝国の復活だった。今まで取りあげてきたフェニキアやギリシアの歴史と同時代の主な帝国は、アッシリアとペルシアだった。ここでの私のあつかいは簡略で、しかも不確かな点もあるのだが、それは史料がギリシアの場合ほど十分でないからである。実のところ、ペルシアに関するわれわれの知識の大半は、ギリシア人が彼らの大いなる戦いについて語ったなかから収集される――そこに偏向があることは明白だ。

　第五章で私は、古代帝国にとっての支配のための主な戦略を四つ指摘した――被征服民エリート層を通じての支配、軍隊を通じての支配、そしてもっと高いレヴェルの〈力〉へと移っていくと、軍事体制経済という「強制的協同」と伝播し始めた上層階級文化との混合を通じての支配、である。一方で鉄製の犂の登場と、各地における交易・貨幣制度・文字文化の拡大とが経済発展の方向を分権化し始め、強制的協同をやや非生産的で魅力に欠ける戦略にしてしまった。他方ではこうした諸過程のいや増すコスモポリタン性によって、広範な支配階級文化のさまざまなアイデンティティーの伝播が促進され、これが支配の道具としても用いられるようになった。

　アッシリアとペルシア両帝国の支配戦略は、これらの幅広い限界と可能性の範囲内で相異なっていた。概括的に言うと、アッシリア人は軍隊とある程度の強制的協同による支配を、上層階級の中核的「ナショナリズム」の広まりに結びつけた。ペルシア人は、コスモポリタン的世界への登場が遅かったため、被征服民エリート層を通じての支配を、ヨリ広範で普遍化された上層階級文化に結びつけた。このちがいに示されているのは、支配帝国はその広範な類似性にもかかわらず、局地的、世界歴史的状況のちがいによってかなりの変異を見せるということである。〈力〉の諸資源、とりわけイデオロギー的な資源は、紀元前第一千年紀を通してかなり発展していた。まずアッシリア、次いでペルシア、そして最後にアレクサンドロス大王と彼のヘレニズム後継者たちは、帝国的かつ階級的支配の基盤構造《インフラストラクチュア》を拡大することができたのである。

アッシリア

アッシリア人[1]という名前は、メソポタミア北部でティグリス河沿岸の都市アッシュルからきている。彼らはアッカド語方言を話し、南のアッカドとシュメール、北のアナトリアとシリアとを結ぶ主要交易ルート上の戦略的な位置を占めていた。彼らが最初に登場するのは交易民としてであり、交易植民地を建設すべくアッシュルから進出し、「古アッシリア」の地域に古代交易民に特有な、脆弱で多元的で寡頭政的な支配形態を築きあげていた。

アッシリア人の名声は、彼らの社会構造が顕著な変容ぶりを示したことにある。紀元前一四世紀、彼らは帝国拡大政策に乗り出し、中期帝国（前一三七五—一〇四七年）と新帝国（前八八三—六〇八年）を通じて、軍事最優先主義の同意語となったのだ。この変容についてはほとんど何も分からないのだが、ミタンニ人やカッシート人大領主への抵抗戦が関係していた。しばらくするとアッシリア人は、広大な天水農耕穀倉地と鉄鉱石埋蔵地とを支配するようになった。アッシリアの諸王は容易かつ安価に自分の軍隊を鉄製武器で武装するとともに、北部メソポタミア平野の農民に鉄製農機具が普及するのを助けることができたのである。アッシリア帝国に対して鉄器時代が与えた政治的影響には、たいへん顕著なものがあった。というのは、帝国の中心地域は交易ルートの河川をはさんでいたけれども（この点は以前からそうだったが）、その余剰の大部分を天水農耕と牧畜の土地から引き出していたからである。小農民や小農民兵士の役割は、後のローマのそれにきわめて類似していた。アッシリア帝国の中核は——そして後の同地域のペルシア帝国の中核は——穀物栽培平野だった。

聖書的伝統に立てば、アッシリア帝国が軍事最優先だったことは言を俟たない。アッシリアの諸記録や彫刻の数かず、彼らの敵が記録した恐怖と絶望の叫び声がそれを証言する。しかしながらわれわれは、彼らの軍事優先主義の現実部分とプロパガンダ部分とを、たとえ二つが密接につながっているにせよ、しっかり弁別しなくてはならない。そのつながりこそ、概して軍隊を通して支配しようとすることの論理的帰結だったのである。私がこれまで論じたように、支配帝国における軍隊オプションとは、最大限制圧の示威、あるいは時としてその実行によって、敵が「自発的に」降伏するよう脅しつけることなのである。

しかしわれわれは、アッシリア人の大自慢のほんの何分の一しか信じてはならないのだ。これは学者たちがこれまで幾たびか信じてもいいとしてきた、ある分野に関してはっきりしている——それは新帝国アッシリア軍の規模の問題である。マニティウスやサグズ（一九六三年）のような学者は次のように論じた——軍隊は二つの要素、すなわち属州長官による徴募軍と中央常備軍とから成っていた。一つの属州の徴募軍の標準は一五〇〇人の騎兵と二万人の弓兵および歩兵で、そうした徴募軍が数多くあった（帝国全部で少なくとも二〇）。中央常備軍は野心に狂った属州長官をこらしめるに十分な規模だった——したがって長官たちが徴募する軍隊の少なくとも二倍はあっただろう。そうするとアッシリア軍の総数は数

（1）主な典拠は古アッシリアに関してラーセン・一九七六年、中期の帝国に関してゲーツェ・一九七五年、マン=ランキン・一九七五年、ワイズマン・一九七五年、主として新帝国に関してオムステッド・一九二三年、ドリール・一九七〇年、ポストゲイト・一九七四年aおよびbと一九七九年、リード・一九七二年。イギリスでは、大英博物館のアッシリア展示室にあるすばらしいレリーフや碑文の数かずによって、アッシリアの〈力〉と軍事体制とを視覚的にまざまざと感得することができる。

十万、おそらくは五〇万を越えていた。二〇万もの敵の命をうばい幾十万をも捕虜にした、といったアッシリアの度重なる主張と、これはよく符合するのである。

これが実際に符合するのはアッシリアのプロパガンダとであって、ロジスティクス上の真実が把握されているわけではない。古代において「幾十万」もの軍隊が、敵と対峙することはおろか一箇所に集まることなど、いったいどうしてできようか？　装備や補給はどうするのだ？　これほどの軍隊がいっしょに進軍できるのだろうか？　答えはこうである――彼らを集めることも、敵と対峙させることも、彼らに武器を与えることも、食糧を補給することも、彼らをいっしょに進軍させることも、できなかったのだ。この地域でアッシリア人の先輩だったヒッタイト人は、よく組織された軍隊をもっていた。彼らは絶頂期には、三万の兵を戦場に送り出したが、別べつの領主の別べつの分遣隊の集合場所に分けてだった。アッシリア人の後輩であるペルシア人は（これから見ていくが）、もっと大きな数を動かした――おそらく集結部隊の総計は四－八万ぐらいだったろう。ギリシアへの侵攻という補給上とりわけ楽な状況で、ペルシア軍はこれを少し上まわる数に、ほぼ同数の海軍が付け加わっていた。それでも一つの戦闘に投入できるのは、これらのうちのほんの一部にすぎないのだ。後のローマ人も七万ぐらいまでは配備できただろうが、通常実施したのはその半分以下だった。ペルシアとローマの数字は、小農民からの徴兵制の存在で錯綜してくる。概念的には、すべてのローマ市民には兵役義務があり、おそらく大部分のペルシアの小農民もそうだった。もしもアッシリアの数字に何か現実の根拠があるとするなら、これが唯一の説明になるかと思われる。小農民からの徴兵制は理論上の総計を巨大な数にしてしまうが、アッシリアの指導者たちは、全員もれなく徴兵というイデオロギー的たてまえを堅持したのである。

なぜこのような主張が一見真実らしく思われたのだろうか？　第一に、そうした軍隊を実際に数えた者はいなかったのだが、その理由は単純で、軍隊が集合したとしてもほんの短時間で、通常は多くの分遣隊に分散していたのである。たぶんアッシリア王でさえ、総数がどれくらいか知らなかったのではないか。第二に、敵は機動性を数の重みと見誤ったのである（後にモンゴル軍の犠牲者たちにも同じことが起こった）。アッシリア人は二つの軍事的偉業を成しとげた。彼らは以前に増して大型で速く走る馬を導入したが、それは北方や東方から略奪してきて平野部の豊かな牧草地で飼育したものである。近東の歴史のなかでは彼らの騎兵隊が、戦車隊との対比上おそらく初めての、組織的騎兵隊だった。さらに彼らは明確な連隊構造を導入して、歩兵・騎兵・弓兵による優れた連携を可能にした（後にペルシア人が模倣する）。彼らがかまえる戦線そのものは、ゆるやかで機動性に富んでいた。それはペアを組んだ歩兵――弓兵と、武具を着けて槍と楯を担いだその護衛兵とで構成――に騎手、二輪戦車隊、投石隊を組み合わせていた。ここで重要なことは、アッシリアの軍事プロパガンダにはスピードと大量人員という二つの観念が混在していたことである——やはり戦闘でものをいうのはそれらの組み合わせ、速度なのである。敵はアッシリア人の奇襲攻撃を恐れた。サルゴン二世（前七二二—七〇五年）の碑文はまた、新たな常備軍が年間を通しての出動にそなえていることを示唆している。この二点が示すのは、アッシリアには優秀な兵站部があったにちがいない、ということだ。

要するに、アッシリア人にとってロジスティクス上可能だったのは組織の細部の改良と騎兵用の馬の改良で、こちらはおそらく鉄器時代になって始まった農業生産上の進歩の蓄積に依存していただろう。しかしながら帝国が抱えていた全面的な束縛は、やはり恐るべきものだった。

もしも彼らが豪語した通りに常にふるまっていたら、あるいは時おりふるまった通りに常にふるまっていたら、とても長つづきはしなかっただろう。以下はアッシリア王年代記からの典型的な抜粋で、打ち負かした都市国家がどうなったかをこう豪語する——

> 余は敵の兵士三〇〇〇人を剣で倒した。余は奴らから囚人や持物や雄牛（や）家畜を持ち去った。余は奴らから多くの捕虜を焼き殺した。余は多くの部隊を生きたまま捕らえて、その一部の者の腕（や）手首を切り落とし、他の者の鼻、耳（それに）脚を切り落とした。余は多くの部隊の目をくり抜いた。余は生きたままの奴らを積み上げ（また）首を積み上げた。余は奴らの首を市中の木々につるした。余は奴らの初々しい少年（と）少女を焼き殺した。余はこの市を倒壊させ、破壊し、火をかけ、焼きつくした。

他方で年代記は、アッシリア人がバビロニア人に対して時として積極的に取りいろうとしていたことを語る。彼らはバビロニア人に「食べ物やワインを与え、華やかな色合いの衣装を着せ、贈り物をした」（年代記の抜粋はグレイソン・一九七二年、一九七六年）。彼らアッシリアの諸王はまた、臣下の選び方を変えた——ある時はアッシリア人の属州長官を選び、ある時は彼らの宗主権の下で統治する現地の子分《クライアント》の王たちを選んだ。貢物を納めてアッシリアの絶対的支配権を認めるなら、寛仁大度で臨むであろう！　こうした条件の下で、アッシリアの秩序と保護はメソポタミア都市住民からはしばしば歓迎された。しかしながら、もしも抵抗したり叛逆したりすると——

> この者どもについては……余に邪悪なたくらみをしたのであるから、余は奴らの舌をくり抜いて奴らを完全に打ち負かしてやった。他の奴らは生きたまま、奴らが我が祖父センナケリブを打ち砕いたその守護神像で打ち砕いてやった——我が祖父の魂への遅ればせの最後のいけにえとして。余は奴らの屍を切り刻み、犬や、豚や、ジブ鳥や、ハゲワシや、空の鳥、海の魚にくれてやった。
>
> （オーツ・一九七九年・一二三頁から引用）

アッシュルバニパル王（前六六八—六二六年）はこのように

宣言したのだった。

これがわれわれの歴史伝統のなかで、残虐の極みにまで達した「軍隊オプション」である。軍事的創意に富んだ集団は大規模征服が可能となり、恐怖におののく住民たちを威嚇と、時には無慈悲な軍事行動で制圧することができた。これはさらに拡大して、新機軸とは言えないが（ヒッタイト国家にはかつて多くの「被強制連行者」がいたから）、以前よりかなり拡大された政策となった——それは民族全体の強制連行で、聖書で知る通り、イスラエルの十支族もそこに含まれていたのである。

そうした政策はおおむね搾取的だった。しかしアッシリアの軍事体制には強制的協同も見られる。王の年代記は暴力誇示を終えると、今度は一転してその福利をとなえ始める。軍事的強圧は、彼らの主張では、四つの道筋を通って農業の繁栄へとつながる——(1)行政と軍事の中央拠点としての「宮殿」の建設（これが安全保障と「軍事的ケインズ政策」になる）、(2)小農民への犂の支給（明らかに国家財源からの投資である）、(3)牽引用の馬の確保（騎兵用・農耕用として必要だった）、そして、(4)穀物の備蓄である。ポストゲイト（一九七四年a、一九八〇年）はこれを、自慢話ではあるが事実でもあったと見ている。アッシリア人は前進するにつれて人口密度を高め、耕作地域を従来の「砂漠」にまで拡大していった——強制連行政策はおそらく、この植民戦略の一環だった。軍事体制による秩序は（増大する）住民の生き残りのためには、なお有用だったのである。

しかしアッシリア人は、他の面でも創意工夫に富んでいた。第五章で指摘したように、軍隊オプションをとることに潜む危険の主たるものは、被征服民から憎悪だけを招くという明白な危険のことではないだろう。危険性はむしろ、全軍隊を平和な政治状況の下に維持することの困難さにこそあるだろう。アッシリア人は、われわれが漠然と「封建制」と呼んでいる、時の試練に耐えた優れたメカニズム、すなわち征服した土地や人民や官職を軍事奉仕と引き換えに副官や兵士に下賜する、というメカニズムを用いた。そして後に彼らは、全土を監視するための野戦機動部隊をもつようになったのである。しかしこれでも、征服者たちが「市民社会」へと「姿をくらます」のは防げなかったにちがいない。ところがアッシリアの征服者たちにはそうしたようすが見られなかったし、これほどの規模と存続期間をもった帝国の通例とは異なって、内乱も王位継承争いも無政府状態もほとんど知らずにすんだのであった。

こうなった理由は一種の「ナショナリズム」であるように思われる。もちろん、この言葉は不適切だろう。この言葉が示唆するのは、「国民《ネイション》」の全階級を上下垂直に浸透する結束のイデオロギーである。アッシリアにそんなものがあったかといえば、何の証拠もないのだ。そうしたヒエラルキー的社会では、むしろありそうもないことなのだ。ギリシアの「ナショナリズム」は大筋での平等性と政治上の民主政とに依存していたが、アッシリア人にはこれは両方ともなかった。アッシリアの上層階級——貴族、土地所有者、商人、役人——

は自分たちが同じ国民だと認識していた、と言えばヨリ穏当だろうか。早くは紀元前一四・一三世紀頃から、国民意識へのはっきりとした転換が始まっていた。言及するとき通常「アッシュルの都」だったのが、「アッシュルの地」へと変わったのだ。すでに第四章で指摘したことだが、リヴェラーニ（一九七九年）は新帝国時代のアッシリア宗教の特色を「ナショナリスティック」だとしているが、それは「アッシリア」という言葉そのものが「神聖な」という意味になったからだ。われわれがアッシリアの宗教といっているものは、当然ながら、国家によるプロパガンダであって、それはおおむね彫刻に刻まれた文字や、幸運にも保存されたアッシュルバニパル王の図書館を通して今日まで生き残ってきたものである。そうは言っても、プロパガンダの目的は説得し懇請すること、この場合は支配のための最も大事な支柱であるアッシリアの上層階級と軍隊とに向かって、説得し懇請することである。彼らこそが共通のイデオロギー、すなわち上層階級のあいだに普遍的に広がっていた規範の共同体に参画していたように思われる。ローマのエリート層と同じく、彼らの大部分は大都市に在住する不在地主であり、これもローマ人と同じく、密接な社会的・文化的生活を共有していたと推測される。彼らの共同社会はアッシリアの国と呼ばれていたものの境界のところで突如途切れ、それより外部の属州に対しては明白に従属的・周縁的な地位が与えられるのである。帝国中核部の結束とともに、これはおそらく最も斬新な支配技術だった。内在的な支配階級の士気としてのイデオロギー的な〈力〉は、このアッシリアの物語のなかで、歴史上これまでになくはっきりとその姿を現わすように思われる。

擬似ナショナリズムは当時、アッシリアだけに特有のものだったのではない。第五章で私は、紀元前第一千年紀の（近東の）宗教をナショナリスティックだとしたヤーコブセンの見解に言及した。ユダヤ教がはっきりした見本である。ヤーコブセンの主張によれば、これは当時の危険で不安定で暴力的な状況への対応なのだった。しかし逆の議論もできる——暴力はナショナルな心情に起因しているのだ、と。舌を切り取った上で、その連中を彼らが崇拝する偶像で死ぬまで殴りつけるというのは、危険な状況に対する明快な対応といったものではない！　ナショナリズムの広まりについては、何か新しい説明が必要なのである。

しかし、それを学問的に詳細に説明することがわれわれにできないのは、手に入る史料などほとんどないからだ。ここに述べるのは私の推測である。読み書きと、局地的・地域的交易と、初期形態の貨幣制度とが発展するにつれて、また、諸国家の中心地域で農業余剰が増大するにつれて、個別的・地方的な社会的アイデンティティーの犠牲の下に、ヨリ拡散的・普遍的な社会的アイデンティティーの源泉が増大した。そうした普遍主義を体現できるのが大帝国だけではないことは、アイゼンシュタットが主張している（彼の見解について私は第五章で検討した）。他の状況の下では、もっと分権的な形態の普遍主義が広まるのかもしれない。これが起こり始めたのが、おそらく紀元前第一千年紀の初めだった。ワイズマン（一九七五年）が気づいたところでは、前一二〇〇―一〇〇〇年の時期にアッシリアとバビロニアでコスモポリタニズムが発生しており、アッシリア人、バビロニア人、フリ人の風習に融合が起こっている。ヨリ広範でヨリ拡散的なアイデンティティー意識が二つのレヴェル、つまり融合的なコスモポリタン文化とアッシリアやユダヤのような原型的「国民」という、はっきりちがう二つのレヴェルを形成するのはいったいなぜなのか、私には説明できない。しかし二つの動きは両方とも、ヨリ拡大的・拡散的なアイデンティティーへと向かっていた。いったん形成されてしまえば、アッシリア人のアイデンティティー意識の成長を説明するのは困難ではない――それは彼らのタイプの軍事体制が後に多かれ少なかれ成功したこと、初期および爛熟期共和政下のローマ人のあいだでは目に見えて成功したことで、肥え太ったのである。しかし彼らアッシリア人は、ローマ人やペルシア人がしたように、アッシリアの「市民権ないし国民アイデンティティー」を征服した民族の支配階級にまで拡大することはなかった。

アッシリア人は異常な成功を収めた征服者だが、それはおそらく彼らの排他的なナショナリズムのおかげだった。しかしこれが彼らの破滅ともなったのである。彼らの資源は軍事支配がになうさまざまな負担で目いっぱいだった。アラム人と呼ばれるアラビアのセム語族の圧力に屈して、帝国はアッシリア中核部を残して崩壊した。

結局は新帝国がふたたび興起して、以前の帝国の二倍に拡大した。新帝国の諸制度が確立される紀元前七四五年頃までに、重要な変化が起こっていた。アラム語の簡易化した文字（アラビア文字とヘブライ文字もここから派生した）が帝国全土に浸透し始めていたのだが、これはアッシリア人の軍事的・イデオロギー的なナショナリズムの陰でその間隙をついて、特定の地域でコスモポリタニズムが急速に発展しつつあったことを示しているのである。多種多様な被征服民たちも、ある程度のイデオロギー的、経済的交換を取り結んでいた。アッシリア人が発展させた軍事‐政治的な〈力〉の形態は、かなり狭隘なものだった。彼ら自身の社会構造が軍事体制の支えとなり、その必要に応じて変容をとげたので、たとえば部隊に報酬を与える代わりに機動性のある予備軍として確保する手段として、軍事的封建制が出現したのだった。しかしその他の〈力〉の源泉については、彼らは比較的おそまつだった。交易への関心が衰退したように見えるが、これは外部との交易の多くがフェニキア人に任され、内部での交易の一部はアラム人にもっていかれたからである。文字文化は大きな地域を統合できたはずだが、彼らだけの排他的統制ができるわけではなかった。アッシリア人の情け容赦のない政策は、この地域の競争相手の軍事‐政治的な自己主張を粉砕したのだが、帝国に対して特別に貢献するところがある一部の連中は残していた。コスモポリタニズムが現われたのはその成果なのだが、アッシリア人が振るう槍の陰に隠れていたのである。

これほど残忍に見える帝国でさえ、一元的ではなかった。

それは二つのちがうレヴェルの相互作用をもっていて、アッシリアの興隆期には互いに創造的に作用しあい、衰退期には対立あるいは相互破壊へと転じたのである。そのプロセスは後のローマの場合にもっとはっきり観察できるものと同じタイプであり、第九章と第一〇章で検討しよう。もしそうなら、ローマ人と同じくアッシリア人も、自分自身で育てた「市民社会」勢力を統制できなくなったのだ。そして彼らの最初の対応は、さらなる文化融合を通じて支配をゆるめるのではなく、むしろ強化することだった。

軍事的な挑戦を受けたとき、アッシリアは併合も合併もできなかった。死ぬまで戦うことができるだけだった。最後にはそうなった――迅速に、かつ、明らかに思いがけなく。北方からのスキタイの侵入と国内の騒擾をうまく処理したと思われたその後で、アッシリアは紀元前六一四年から六〇八年のあいだに、メディアとバビロニアの連合軍の軍門に降った。アッシリアの諸都市は、圧政を受けていた者たちの憎悪の激昂のなかで破壊された。アッシリアとその民族は、われわれの記録から消えている。古代の主要な帝国としてはめずらしく、アッシリアを好意的にふりかえる者などいないのだが、われわれは後代の帝国の行政にアッシリアの影響を見出すのである。

ペルシア帝国

中東では短期間ではあったが、二つの征服国家であるメディアとバビロニア、そしてエジプトとのあいだに地政学的な〈力〉の均衡が存在した。そしてメディア人はおそらくペルシア人と同類だったが、(2) 初めはメディア人のほうがペルシア人に対して統治権をふるっていた。両国家ともイラン高原に建設され、大草原《ステップ》の騎乗弓兵の戦闘技術をアッシリア式の軍隊組織に適合させた。ヘロドトスが語るところによれば、メディア王は槍兵、弓兵、騎兵と単位を分けた軍隊をアジアで最初に編成したという――明らかにアッシリアの組織をまねたのだ。

しかしそこで属国ペルシアの王キュロス二世が叛逆し、メディア人の分裂につけこんで、前五五〇―五四九年に彼らの王国を征服してしまった。前五四七年、キュロスは西進してリュディアのクロイソス王を征服し、これによって小アジアの主要地域を確保した。その後彼の将軍たちの手で小アジアのギリシア都市国家が一つ一つ制圧されていった。前五三九年、バビロニアが降伏した。ペルシア帝国が成立したのだが、新アッシリア帝国より広大で、世界最大だった。その最盛期には中東と小アジア全土はもとより、インドとエジプト両州《サトラペイア》を包含していた。その東西距離は三〇〇〇キロを、南北は一五〇〇キロを越えていた。面積は五〇〇万平方キロ以上、人口はおよそ三五〇〇万だった（そのうちの六〇〇万から七〇〇万は人口密度の高いエジプト州に含まれていた）と

（2）主な典拠はオムステッド・一九四八年、バーン・一九六二年、ギルシュマン・一九六四年、フライ・一九七六年、ニーランデル・一九七九年、クック・一九八三年。

思われる。およそ二〇〇年間をアケメネス王朝の下で概して平和裡にもちこたえ、最後はアレクサンドロスに滅ぼされた。

この帝国の巨大さと自然環境の多様性とを強調しておかなくてはならない。他の古代帝国のうちのどれとても、これほど多様な環境の州をかかえてはいなかった。南ロシアからメソポタミアにかけての高原や山岳地やジャングルや砂漠や灌漑地帯、インド洋・アラビア海・紅海・地中海・黒海のさまざまな沿岸地域——まことに稀有な、しかし明らかに今にも崩れそうな帝国構造である。それは比較的硬い統治方法をとるアッシリアやローマやアッカドでは、とてもまとめ切れるものではなかった。実際はペルシアの支配の下で、諸部分はゆるやかに統合されていただけだった。山岳地域の多くは管理されぬままだったし、ペルシアが最強になった時点でも、ごく一般的なタイプの宗主権を認めただけだった。中央アジア、南ロシア、インド、アラビアなどの各地は、帝国の州というよりは半ば自律的な保護国家だった。高度に中央集権化された形の政治体制を支えるロジスティクスの構築など、とうてい不可能だった。

しかしここでもペルシア人は、ある特別な形の服従を求めた。王はただ一人、大王あるのみだった。アッシリア人とはちがって、彼らは保護国の王を認めず、従臣もしくは州長官《サトラップ》の地位しか許さなかった。宗教的観点からすると大王に神性はなかったのだが、神によって選ばれた地上の統治者だった。ペルシアの伝統において、これはアフラ・マズダーによって選ばれた者を意味し、他の宗教も同じように彼を選ぶことが、他宗教の存在を容認する条件だったと考えられる。こうしてペルシア最高権力の言明に二言はなく、またそのようなものとして公式に受けとめられたのであった。

政治的構造の下部においても、われわれは普遍的最高支配権の主張を見ることができるが、それを支える基盤構造は必ずしも十全だったとは言えない。州長官《サトラップ》制は私にインカの一〇進法制を思い起こさせるのだが、これはこの帝国が支配者を中心に一つのものとしてつくられているという、明確な言明なのである。帝国全土はキュロスの女婿にあたるダレイオス（前五二一—四八六年）によって二〇のサトラップに分割されたが、その一つ一つが王の行政の小宇宙だった。各サトラップは文武の両権威を兼備し、貢物の徴集と軍事徴募を行ない、司法と安全保障の責任を負っていた。各サトラップには裁判所があり、ペルシアの監督の下でアラム人、エラム人、バビロニア人の書記が配置されていた。あわせて国庫や工業部局もあった。裁判所は上は王の法廷、下は各州の官憲と連結していた。さらには、コスモポリタン帝国の内部にある限りのものを活用することで、帝国の基盤構造を整えようという一貫した試みが行なわれたのである。

アッシリア人同様、ペルシア人も初発から軍事的優位を確立していた。彼ら自身の文化的・政治的伝統は弱体だったように思われる。彼らの軍事の構造も流動的で、彼らが収めた華ばなしい勝利の数かずも、圧倒的な軍事力や軍事技術というよりも、その日和見主義や、敵を分断する能力に異様に長けていたことなどにもとづいていた。伝統の欠如や日和見主義が、この場合は彼らの強さとなったのである。彼らがその後に達成したことというのは、中東で高まりつつあったコスモポリタニズムの頂点でゆるやかな支配をつづけながら、征服した諸民族の伝統を尊重し、役立つものなら何でもそこから摂取したことだった。彼ら自身の制作になる美術が示しているのは、帝国内での外国人が自由で尊厳にみち、大王の面前でも武装を許されている姿である。

　外国人たち自身が、この印象を肯定している。自分を征服した者に対して、その寛容な支配を感謝する気持ちがあることはまちがいない。私はすでに第七章でヘロドトスを引用した。バビロニア年代記はこう語る――「アラーシャムヌの月の第三日、キュロスがバビロンに入ると、彼の行く手に緑の小枝が敷かれた――この市に平和がもたらされたのである。キュロスは全バビロンに挨拶を送った」（プリチャード・一九五五年・三〇六頁から引用）。ユダヤ人はバビロンへの対抗勢力として気にいられ、イスラエルの故国へと復帰した。エズラによって書き留められたキュロスの勅令という形式は、特に重要である――

「ペルシアの王キュロスはこう言う。
　天にいます神、主は、地上のすべての国をわたしに賜った。この主がユダのエルサレムに御自分の神殿を建てることをわたしに命じられた。あなたたちの中で主の民に属する者はだれでも、エルサレムにいますイスラエルの神、主の神殿を建てるために、ユダのエルサレムに上って行くがよい。神がともにいてくださるように。……」
（「エズラ記」1・2―3〔新共同訳〕）

キュロスは政治的な理由から、すべての神がみにしたと同じく、ユダヤ人の神にすすんで譲歩した。見返りにユダヤ人は彼を「主が油を注がれた人（「イザヤ書」45・1）」として尊崇したのである。

　寛容さも日和見主義もともに、通信輸送の基盤構造《インフラストラクチュア》、つまり文字文化にはっきりと現われている。ペルシアの公式碑文は、権力が発する要求を帝国のさまざまなエリート階級へとあまねく伝達した。それらは三種の相異なる楔形文字で書かれていた――すなわちエラム語（スサを中心とする言語）、アッカド語（バビロンおよび一部のアッシリア人の言語で公用語）、そしてダレイオスの治世につくられた簡易古ペルシア語である。彼らはさらにエジプト語、アラム語、必要とならばギリシア語も用いた。しかし公式の通信にはさらなる柔軟性が求められ、これはおおむねアラム語で行なわれた。この言語は帝国と、イエスの説教までを含む近東全般の共通語《リングア・フランカ》となった。ペルシア人もこれを用いたが、管理はしなかった。それは彼らの普遍主義ではなかったのである。

　基盤構造のあらゆる部分が、明らかに借り物だった。王冠を戴いて疾駆する射手（ダレイオス自身）を描いた貨幣、このダリック金貨によって、帝国は小アジアおよびギリシアの交易ネットワークと結びつけられたのだが、この金貨も彼らのモデルから借りたのだろう。王の道路はアッシリアを手本として建設されたし、改良型の宿駅システム（これはアッカド時代にさかのぼる）が設けられて、通信輸送手段、監視手段、外国人の流入がもたらされた。槍や弓をたずさえたペルシアの歩兵と騎兵は、重装歩兵のギリシア人傭兵と協同し、フェニキア海軍も加えられた。

　ペルシア人の寛容さは無制限ではなかった。地方の権力構造では彼らと同じ形態のものを、はっきり好んでいた。したがって彼らはギリシアのポリスとは不安定な関係にあって、そこでは子分《クライアント》の僭主が支配するよう画策した。州長官《サトラップ》の選任自体が妥協だった。ある地域のサトラップにはペルシア人貴族が任命されたが、別の地域ではその地の支配者が単に新しい肩書きを獲得しただけだった。いったん地位におさまってしまえば、後は思い通りの支配ができた――ただし貢物を納め、軍隊を徴募し、秩序を維持して帝国の諸形式を尊重しなければならなかったが。ということは、行政組織の出来あがっている、たとえばエジプトやメソポタミアのような州では、サトラップはたとえペルシア人であっても、その支配は多かれ少なかれかつてその地のエリートが行なっていたような支配になった。そして後進地域においてサトラップは、彼の配下の者たち――首長、部族領主、村長――と各州ごとのやり方で談合統治を行なっていたのである。

　ペルシア帝国はこうしたすべての面で、第五章で検討した比較社会学における帝国的、あるいは家産制的政治体制の理念型に合致している。その中核部は専制的で強烈な普遍主義的要求を行なうが、基盤構造的な〈力〉は弱体だったのだ。この対照はギリシア人が残した史料からくっきりと浮かびあがる。ギリシア人は王の御前の平伏儀礼や、豪奢きわまりない王の衣装と飾りつけや、王と臣下をへだてるその距離などに恐れかつ魅了されて、その詳細を延々と語る。同時にその叙述は、宮廷で起こっていることと州の道端で起こっていることのひらきの大きさをも示す。アジアから故国への、ギリシア人傭兵一万人の帰還行進を描いたクセノフォンの記述には、ペルシア帝国の存在をぼんやりとしか知らない住民がいた地域のことが述べられている。

　とは言うものの、これが物語のすべてではない。ダレイオス大王がスキタイ人に軍事的に打ちのめされた後も、またクセルクセスがギリシア人に敗れた後も、帝国は持ちこたえた。アッシリア人と同じくペルシア人も、帝国の〈力〉の資源を増やした。アッシリア人の場合と同じく、決定的な新機軸は支配階級の士気という形で、イデオロギー的な〈力〉の分野に見られると思われる。しかしペルシア人の場合は一国の枠内に限られたそれではなく、もっと「国際的な」上層階級イデオロギーを発展させた。ペルシア人は自国の貴族階級はもとより、征服国および同盟国エリート層の子弟のために、アッシリアの教育形態を大いに拡大した。ペルシアの伝統では、男子は五歳でハーレムから引き離された（女子については分からない）。二〇歳になるまで彼らは王宮あるいはサトラップの宮廷で養育された。ペルシアの歴史や宗教や伝統が、すべて口頭で教えこまれた。ダレイオスでさえも読み書きはできなかったので、大音声で宣言布告したのである。年長の少年たちは法廷に出向いて判例を聴講した。音楽その他の技芸も学んだ。そして身体と軍事の訓練が大いに重視された。教育がこの階級を普遍的にし、真に拡大包括的にし、帝国全土にわたって政治的存在に変貌させていった。かつては異種だった貴族間の通婚を奨励したことや、故郷を離れた人びとにその土地を封土として下賜したことによって、個別独立主義とは反対の、拡大包括的階級アイデンティティーが強化されていった。ペルシアが帝国を主導したのは、その最高位の公職と文化面においてだったし、またそれは常にペルシアの中核部に依存していて、地方伝統の反発力が統合を受けつけない地域を数多く抱えていたことは明らかである。しかし王朝をめぐる陰謀事件や、帝位継承争いや、外国からの災いや、広大な地域的多様性にもかかわらず帝国を一つに統合してきたものは、支配階級貴族の本来折衷的な、イデオロギー上の連帯だったと思われる。普遍主義には大王と貴族という、二重の中心があった。彼らは争いかつ闘いあっていても、下から、あるいは外からの潜在的脅威に対しては帝国への忠誠を固く守っていたのだが、それは彼らの階級支配をもっと支援してくれる別の誰かが現われるまでのことだった。その誰かこそアレクサンドロスだったのである。ここでもまた、そのプロセスは弁証法的である。これらの（比較的成功した）諸帝国のそれぞれは先行した諸帝国よりも多くの〈力〉の資源を所有していたが、その資源はおおむね先行帝国の崩壊原因のなかから手に入れたものだった。

　ペルシアのイデオロギーには、もう一つ別の重要な側面がある。不幸なことに、これはわれわれには不確かな分野である。それはゾロアスター教のことだ。ゾロアスター教の起源と発展の時期を確定したいのだが、それができないのだ。彼ゾロアスター（ザラトゥシュトゥラ）は王の庇護の下にあり、おそらくそれはペルシアのテイスペス（前六七五―六四〇年頃）か、もっと前の支配者かもしれない。彼の背景はたぶん牧畜民だが（ザラトゥシュトゥラという名前は「老いたラクダの群の男」の意味であり、彼の父親の名前は「葦毛の馬の群の男」の意味である）、彼は自分の宗教的体験について説教し、書き始めた。その体験の中心は神的な啓示、「全知の神」アフラ・マズダーとの対話だが、この神がザラトゥシュトゥラを導いてこの世に真理を伝えさせたのである。その真理の一端は以下のごとくである――

> 幻のなかに双子として姿を現わした二つの原初の魂は、想念と言葉と行為における、より善きものと悪とである。そしてこれら二者のあいだで、賢き者はかつて正しい選択をしたのであり、愚か者はそうしなかったのである。（そして）わたしは、死すべき者たる人間が従わねばならぬ最善の言葉として、最も聖なる者がわたしに向かって宣うたことを話そう……わたしの命令に従って彼の者（つまりザラトゥシュトゥラ）に服従する者は、善なる魂のはたらきによって幸福と不死とに達するであろう。
>
> （「ガーサー（頌歌）」よりヤスナ三〇および四五、モウルトン・一九一三年に全文の引用がある）

われわれはこうした素朴な教義のなかに、以後二〇〇〇年にわたる救済宗教の核心、そしてその矛盾の核心を見出す。宇宙の支配者たる唯一の神は合理性の具現者であり、すべての人間にはその合理性を発見できる能力がある。すべての人間には光と闇とを選び分ける能力がある。光を選べば不死と苦しみからの救いに到達する。われわれはこれを普遍的で、倫理的で、根底的に平等主義的なものを含む教義ととらえてよかろう。それは水平的・垂直的隔絶のすべてを縦横に乗り越えるように思われ、政治的な国家・階級のすべてに通用するように思われる。それは熟達した儀式の執行に依存してはいない。その一方で、この教義は預言者ザラトゥシュトゥラの権威を具現していて、真理が啓示されるのはまず彼によってであり、彼が示す合理性は凡愚の人間よりはるか高みにあるのだ。

こうした二重性をもつ教義は、紀元前一千年紀において特異なものではなかった。イスラエル諸部族の宗教は一神教へと向かって、ゆっくりと変容しつつあった。ヤハウェは唯一神となり、競いあう豊饒信仰との対立を通して、相対的には抽象性をおびた普遍的な神、真理の神となった。イスラエル民族を選民としていたが、彼はすべての民族の神であって、イスラエルの農業的生活様式と特に関連性があったわけではない。そしてすべての人びとが直接接近可能であるとはいえ、彼は特に預言者を通じて人びとと通交した。ゾロアスター思想との教義上の類似は詳細にわたっていて（例＝天使の存在への信仰）、ペルシアの宗教がユダヤ教の発展に影響を及ぼしたとも考えられる。結局のところ、ペルシア人はユダヤ人をイェルサレムへと復帰させ、イスラエルはその後長くペルシアの保護国に留まったのである。ペルシア帝国の秩序ある広大な空間には、普遍性のある一神教的救済宗教がこの他にもあったはずだ。しかし修行や感化力よりも、教義のほうが理解しやすい。ゾロアスター教はとりわけ難解である。それを実際に伝達する霊媒《メディア》を務めた祭司は、あの謎めいた「東方の三博士」のマギ（マゴイ）族だったのでは？　マゴイ族は実在し、その起源はメディア人（語路が合う！）にあったらしく、儀式に熟達していたと思われる。しかし彼らが宗教を独占していたようすはなく、ましてやインドのバラモンのような祭司階級ではなかった。祭司だったにせよ部族だったにせよ、彼らの地位はペルシアの全盛期に衰え始めていたのだろう。ゾロアスター教は民衆に広まった宗教だったのか、あるいはこちらの可能性が高いのだが、貴族の宗教だったのだろうか？　一神教は興隆したのか、それとも衰退したのか？　ダレイオスとその後継者たちは支配の支えとして、それをどれほど利用したのか？　王の役に立ったことは明らかだ。ダレイオスもクセルクセスも「虚偽」を自分の主要な敵としたが、これはアフラ・マズダーの敵である。ゾロアスター教は真に普遍的な救済宗教になりうる可能性をもっていたのだが、その宗教実践を大王が独占したために彼の配下の貴族のあいだに広まり、大王と貴族による協同支配のイデオロギー的正当化と、その知的・道徳的根拠を説明するものとなった――

これが最も真実に近いと思われる。しかしそうしたタイプのイデオロギーは、ゾロアスター教だけではなかった。そしてゾロアスター教に含まれていた教義は、階級と国家の境界を越えて伝播してゆく可能性をもっていたのである。

ギリシア人との二度にわたる大きな対決は、ペルシアの〈力〉の試験紙であるとともに、膨大な文書史料の分野でもある。最初の対決、すなわち前四八〇年のクセルクセスによるギリシア侵攻に際してのペルシアの軍事力を、ギリシア側がどう評価していたかから始めよう。もちろんギリシア人は、彼らの宿敵の人数を大いに誇張したかった。これは軍勢計算する際に、ペルシア軍の基本単位の人員規模を誤解していたことにも原因があるとされてきた（例＝ヒグネット・一九六三年）。もしも一桁減らせば真実に近いと言われている。そうは言っても、史料を否定しなければならぬなら、どうして真実を確定できよう？

一つの方法は、距離と水の補給をめぐるロジスティクス上の制約を検証してみることである。たとえばサー・フレデリック・モーリス大将は、クセルクセスの侵攻ルートの大部分を踏査して、その地域の河川や泉で得られる水の補給の程度を計算した。彼の結論によれば、補給可能な最大人員は二〇万人、加えて七万五〇〇〇頭の牛馬である（モーリス・一九三〇年）。もちろんこれは、おそろしく巧妙な方法ではあるが、それでも理論的最大値にすぎない！　実際問題として、侵攻の全ルートにわたって海上からの補給が容易なので、補給上他の制約条件があったとしても、必ずしもこの数字が減ることはあるまい。ヘロドトスの記述によれば、侵攻ルート上にある各地の保護国の支配者が管理する諸港では、四年間にわたる準備と貯蔵物資の収集が行なわれた。ヘロドトスを疑う理由はなさそうなので、補給物資も、したがって軍勢も「きわめて大規模」だったにちがいない。そこで幾人かの権威者は、ヘレスポントス海峡を渡ったペルシア側の人員は一〇万と二〇万のあいだだった、としている——戦闘員はこのうちのほんの一部であろう。ペルシアの海軍も加えなければならない。その規模については異論が少なく、六〇〇隻の船と乗員一〇万人というところである。補給上最も容易な条件のもとでの陸海合同作戦だったから、ペルシア人のそれまでの動員規模、あるいは領域の中心部で動員可能だった規模の、いずれをも凌駕していたかもしれない。

しかしながら、一回の戦闘に投入できる数はもっと少ない。後のヘレニズム期の、同じ領域から徴募されたさまざまな軍隊では、実際の戦闘員は八万を越えなかった。こうして今日の分析研究の大半は最終的に、一つの戦闘部隊につき五―八万の戦闘員と、同程度の海軍人員を推定している（バーン・一九六二年・三二六―三二頁、ヒグネット・一九六三年、ロバートソン・一九七六年を参照）。ギリシアの観点からするとこれでもなお「膨大」だったのは、ギリシアが召集できたのは二万六〇〇〇人の軍隊と、ペルシアより小規模な艦隊だったからである。ペルシアの〈力〉とギリシア人に対する優位とは、なお計り知れないものだった。

しかしペルシア人は敗れた、ギリシアの都市国家と、後にはアレクサンドロスと双方に対して。最初の敗北は予期せぬもので、抗争も熾烈に戦われた。別の結果に終わっていたかもしれず、そうすれば（われわれの）歴史も変わっていただろう。しかしペルシアには根深い弱さがあった。敗北は当時の社会組織の状態について、多くのことを明らかにする。敗北の原因には主として三つの理由があると思われ、そのうちの二つは直接戦場で現われ、三番目はペルシアの社会組織の根深いところに横たわっていた。

敗北理由の第一番目で主たるものとは、ペルシア人がギリシア人ほどには、戦闘力を集中できなかった点である。当然ながら集中こそ、軍事的な〈力〉の手段の核心である。テルモピュライで彼らは、ギリシア軍を数倍も上まわっていた。プラタイアとマラトンで、ペルシアはギリシアに二対一で数はまさっていた。後にアレクサンドロスも、一度の戦闘に投入できた兵士はせいぜい四万人で、数ではやはりペルシアがほぼ二対一でまさっていた。しかしペルシア人には、一度に全軍を配置につかせることができなかったのだ。また仮にそれができたとしても、重装歩兵密集方陣突撃部隊の集中的戦闘力に太刀打ちできなかっただろう。ギリシア側は自分の優位を心得ていて、その部隊を比較的周囲を囲まれた地勢に配置しようとした――この点からすればテルモピュライ峠は完璧である。彼らがこの戦術をとったのは重い武具や武器のためでもあるが、自由市民の都市国家への義務として培った規律と服従という源泉のためでもある。テルモピュライに刻まれた有名な墓碑銘は、鞭で戦場へと駆り立てられてくる（とギリシア人は言うのだが）ペルシア人との意識のちがいを際立たせる。ラケダイモン人（つまりスパルタ人）三〇〇人が峠を確保するよう命じられた。全員が死ぬまで、彼らは峠を守りぬいた――

道行く人よ、ラケダイモンの人びとに告げてくれ、彼らの命令に忠実だった我ら、ここに眠ると。

ペルシアの第二の弱点は海軍だった。彼らが用いた艦隊はフェニキア人と小アジアのギリシア人都市国家との連合艦隊で、戦争目的への献身ぶりに大きな差があった。海軍の勢力はおおざっぱに見て互角だったと思われる――ペルシア側の数の優位は、本国の基地から遠くへだたっての作戦がもたらす不利によって相殺されたのである。帝国の中核部は実質的に海への出口がなかった。ペルシア人自身は海へ出て行かなかったので、古代経済の西方拡大に乗ろうとしなかったのである。

戦闘における陸海両面での弱点は、ペルシアの第三の決定的な弱点を明らかにする。帝国は近東内陸部には適合していた――それは保護を受けた支配者および国家の連合体の広がりであって、ペルシアおよびメディアの中核部と一部貴族との覇権的支配の下に置かれていた。貴族階級はこの拡大包括的な帝国を支配するに十分な団結を保っていた。しかし、ギリシア人のように堅固な軍事的・道徳的編成で戦うことなど思いもよらぬことで、それは彼らのいのちを越えていたのである。同盟軍のなかでもフェニキア人は、彼ら自身の強国としての生き残りがギリシア打倒にかかっていたので、ペルシアに忠実だった。しかしその他の同盟軍には、どちらでも勝ちそうな側につこうとするものがあった。またペルシアの中核部は、ギリシアほど堅固に統合されてはいなかった。サトラップたちは半ば独立的な支配者であって、指揮下の軍隊を有し、帝位への野心や叛逆の能力をもっていた。キュロス自身がそのようにして権力を握った。その後継者カンビュセスは王位に昇る途上で兄弟を殺し、死の間際には、彼の兄弟だと名乗るライヴァルの扇動によって起こった重大な叛乱に直面した。ダレイオスはこの叛乱を鎮圧し、小アジアのギリシア人都市国家が起こしたもう一つの叛乱も鎮めた。クセルクセスはバビロニアとエジプトにおける蜂起を鎮圧したが、ギリシアからの撤退の途上で数多の叛乱に遭遇したのである。それ以後ペルシアの威力が縮小するにつれて、内乱はますます頻発した（両軍の鍵となる兵士はともにギリシア人だった）。

こうした問題はギリシア人に対する作戦行動にさまざまな軍事的影響をもたらした。大王はサトラップの軍隊の兵員を抑制したがったことが分かっている。彼は一万のペルシア人歩兵隊「不死身軍」と一万のペルシア人騎兵隊をもっていた。彼は通常サトラップに対して、一〇〇〇人以上のペルシア本国人部隊をもたせなかった。こうして大規模な軍隊に比較的小規模なプロ戦士の中核があり、その他の部分は帝国各民族の徴募軍で構成されていた。ギリシア人はこのことに気づいていた――少なくとも後から気づいた。彼らは防御戦術に二段階あることを悟ったのである。ギリシア側はまず敵に激烈に抗戦して、ペルシア側連合軍のなかに、自分たちの指揮官が無敵であることへの疑いを生じさせる。彼らのこうした士気の弱まりから、王はやむなくペルシア人中核部隊を投入するのだが、こちらは主な戦闘での激戦のほとんどを戦った連中と思われる。ペルシア人は勇敢かつ執拗に戦ったのだが、閉ざされた空間のなかでの接近戦となれば、同人数の重装歩兵に所詮かなうはずはなかったのである（とはいうものの重装歩兵も、後のペルシア本土の広野では騎兵と弓兵の掩護を必要とした）。

大王の軍隊は実のところ、軍事的目的と同程度に政治的目的を抱えていたように思われる。それは驚くほど多様な軍隊であって、帝国全土からの分遣隊を含んでおり、単一の軍勢としてはかなり統制しにくいものだった。しかしそれを編成するということは、サトラップや同盟国に対する支配力を現実化してみせる恰好の方法だった。大王閲兵の際には、その規模と壮観さが当時の人びとすべての頭に焼きついたのである。ヘロドトスは軍隊の数え方として、一万の兵員を収容できるスペースをますとして、そこに分遣隊を詰めこんで数えるという話を伝えている。これを信じるか信じないかはわれわれの選択だ（数字を一桁減らすとしても）。しかしこの話の趣旨は、自分でも分からないほどの、あるいは誰も数えられないほどの兵力をもつ支配者がいることへの驚嘆なのである。アッシリアの事例で指摘したように、これはギリシア人が考える以上にふつうのことだった。この編成のロジスティクスの触手は、帝国のあらゆる町や村へと広がっていたにちがいない。大王の〈力〉を知らぬ者などありえなかった。召集動員することは平時に増して、サトラップや同盟国や諸民族に対する彼の〈力〉を増大させた。彼にとって不運だったのは、彼がその〈力〉を用いたのが本国のギリシア人に対してだったこと――彼らは信頼性の高い、凝縮された資源をもつ敵だった。〈力〉の誇示は叛乱に火を点け、油を注いだのである。

大王にとっての問題は、サトラペイア（州）の基盤構造の多くが支配を容易に分権化してしまうことだった。読み書きは今や国家の管理の外にあった。貨幣制度は国家と各地の富裕層とで共有されて、〈力〉の二重構造を反映していた。実際ペルシアにおいて、この二重性は固有の特徴を見せていた。貨幣制度は基本的に、軍隊への食糧補給を組織的に行なう手段として導入されたと考えられる。この組織化の責任の一部は王とその直属の副官たちに、一部はサトラップたちにあったから、問題が生じたのだ。誰が貨幣を発行するのか？　実際のところ、銀貨と銅貨は両者によって発行されたが、ダリック金貨は王が独占していた。時として金貨を発行するサトラップが現われると、これは叛逆宣言と見なされたのである（フライ・一九七六年・一二三頁）。さらに貨幣制度が交易一般に用いられると、ますます〈力〉を分権化するようになる。ペルシアでは国内交易も国外交易も、おおむね三つの異民族によって牛耳られていた。これらの民族のうちの二つ、アラム人とフェニキア人は形式上、帝国の支配下にあったが、ともにかなりの自律性を保持していた――これまで見てきたように、ペルシア人は単にアラム語とフェニキア海軍という、既存の構造を用いただけだった。第三の交易民であるギリシア人の本国は、政治的に自律していた。彼らはまた、後のペルシア軍の中核部となった。前に指摘したように、重装歩兵密集部隊は必ずしも、大規模軍事力という権威を強化するものではなかった――最大規模でも兵員は一万未満だったからである。ゾロアスター教も両刃の剣だった。それは大王の権威を下支えするために利用されたが、ペルシア上層階級全体を中核にしていたと思われる信仰者たち個々人の合理的な自信の下支えともなったのである。縦横に通じる道路、「王の眼（王のスパイ）」、そして貴族が誇る文化的な連帯も、ギリシア人を打ち負かせるほどの集中的な統合をつくり出すことはできなかった。ペルシア的支配の美徳とは、比較的ゆるやかだったこと、中東で動き始めていた分権的・コスモポリタン的な諸勢力を利用できた点にあった。アレクサンドロスの到着以前から、ペルシアはこれらの諸勢力に屈し始めていた。しかし中央における政治的混乱は、必ずしも社会秩序の全体を崩壊させたのではなかった。サルゴンや強制的協同は、もはや必要なかったのである。

ギリシア人もローマ人も、そしてその後継者たる西欧も、この点を十分認識しなかった。ギリシア人には、彼らが東方諸民族の卑屈、隷従、専制好き、自由恐怖と考えたものの本質が理解できなかった。中東諸民族に対するこうした戯画化が生まれる根拠は、一つの経験的な事実――彼らが専制君主に対して捧げる畏敬の念にある。しかしわれわれがこれまでペルシアについて見てきたように、専制といっても政治制度上のことで、現実ではなかった。そうした専制政治体制を支える基盤構造的な〈力〉は、ギリシアのポリスなどに比べればはるかに劣っていた。臣下臣民を動員してその献身を引き出す能力は低かった。拡大包括的な〈力〉はとてつもなく大きかったが、内向集中的な〈力〉は著しくお粗末だった。ギリシア市民に比べてペルシアの臣民は、男女を問わず、はるかに効果的に国家から身を隠すことができた。ある意味では、ペルシア人のほうが「自由」だったのだ。

自由というものも分類できないことはない。われわれの時代には、自由について主として二つの概念がある——リベラル派と社会主義‐保守主義派である。リベラル派の理念は国家からの自由、国家による監視と諸権力の行使から隠れ逃れることである。保守主義派と社会主義派の共通理念は、自由が達成できるのは国家を通して、その営みに参画することを通してである。両概念とも明らかな長所を含んでいる。仮にわれわれがこれら二つの範疇を古代の歴史にまで延長して考えてみると、ギリシアのポリスは保守主義派・社会主義派の理念を象徴しており、驚いたことにはペルシアのほうが、ある程度はリベラル派の理念と照合していることが分かるのである。後者のアナロジーがほんの部分的なものだというのは、近代のリベラル派の自由は（逆説的な話だが）国家によって憲法的に保障されたのに、ペルシアにおける自由は憲法的なものではなく、内密に享受されたからである。しかしその自由のほうが長もちした。ギリシアはマケドニア人とローマ人という、連続した征服者に屈服した。ペルシアはアレクサンドロスに、名目的に屈服しただけである。

ペルシアを征服したのは暴力的で、飲んだくれで、感情不安定なアレクサンドロスだったが、大王と呼ぶにはふさわしい男である。彼はマケドニア人とギリシア人混成の、おそらく四万八〇〇〇の精鋭を率いて、紀元前三三四年にヘレスポントス海峡を渡った。八年のうちに、彼はペルシア帝国の全土とインドの一部をも征服した。彼はまるでペルシア王のように振る舞いつつ、ギリシア人とマケドニア人の抵抗を抑えて東方の称号を身に帯び、ペルシア人、マケドニア人、ギリシア人に同等の権利を与え、サトラップ制を再確立した。こうした方法によって、彼はペルシア貴族の忠誠を確保したのである。しかし彼はこれにマケドニアの堅固な組織を追加した——小規模で規律正しく整然たる軍隊と、統一的な財政システムと、アッティカ銀貨を基盤とした貨幣経済と、そしてギリシア語である。こうしたギリシアとペルシアの連合の象徴は、アレクサンドロスと彼の部隊の一万名がペルシア人の妻を娶った結婚式だった。

アレクサンドロスが死んだのは前三二三年、バビロンでひとしきり飲酒した後だった。彼の死が明らかにしたのは、ペルシアの時代が今もつづいていることだった。彼の征服が促進したのはそれまで以上の帝国的中央集権化ではなく、コスモポリタン的分権化の方向だった。帝位の継承は行なわれず、大王の副官たちは配下のサトラップたちを、たくさんの東方型独立君主へと変えていった。数多の戦争が行なわれた後の前二八一年、三つの君主国が勝ち残った――マケドニアではアンティゴノス王朝、小アジアではセレウコス王朝、エジプトではプトレマイオス王朝である。これらはゆるやかなペルシア型国家だったが、ギリシア人支配者はペルシア人およびその他のエリートを、国家内部で独立的な権力をもつ地位から着実に排除していった（ウォールバンク・一九八一年参照）。たしかにこれらは、ギリシア語をしゃべり、ギリシアの教育と文化をもつヘレニズムの国家だった。しかしヘラス――あのギリシアは変わってしまった。ギリシアそのものの外側で――そしてある程度は内側においても――、完全な「人間」であるための本質部分である教養的理性が、今や公式に支配階級へと閉じこめられてしまった。ギリシアによる征服がもたらしたのは、ペルシアの伝統的な支配基盤だった支配階級のイデオロギー上の士気の強化だったのである。ペルシア人ぬきのペルシア、ギリシアぬきのギリシア人――しかしこれらの融合によって、それまで近東地域が経験したことのないような（同じプロセスが起こっていた中国を除く世界のどの地域も経験したことのないような）、ヨリ一体的かつ拡散力のある支配階級の支配基盤が創出されたのである。

とは言うものの、これらの諸国家の権力が限定的だったということは他の、もっと表面下の潮流が動いていたことを意味していた。これらの諸国家が存在したのはもっと大きな、部分的には平和になった経済的・文化的な空間だった。内向集中的な動員を行なう彼らの国内的権力は、理論上はともかく、事実上は限定的だった。今もなお独自な中央集権制を見せていたエジプトは例外として、その他の諸国家は連邦的体制の下にあって、国内には数多の隠れ場所と、非公式のコスモポリタン的連携を可能にする機会とがあって、そこでは比較的「デモクラティック」なギリシアの伝統が重要な役割を果たしていた。これらの諸国家から、そしてその後継者となったローマ帝国の属州《プロヴィンス》から、第一〇章と第一一章で述べる分権的な諸勢力の数かずと、救済宗教とが登場したのである。

近東の諸帝国が今やギリシア化したという事実によって、地政学的な〈力〉の中心が西へと移った。しかしまさにその西の端において、ギリシア世界は別の勢力と遭遇した。私がギリシア的伝統の「保守主義派‐社会主義派」的な自由の観念と述べたものが、鉄製の道具や武器をもつ小農民や交易民のあいだでいっそう容易に広まるようになった。ギリシア的な発展とその矛盾とが、イタリア半島において、別の形態と別の結末をともなって再演された。その結果がローマ帝国だった――スペンサーがいう強制的協同の、工業化以前に見られたものとしては最も進んだ実例であり、ヘレニズムの征服者であると同時に吸収者であり、支配帝国というよりは史上初の領域帝国だったのである。

第九章　ローマがつくりあげた大いなる領域帝国
——あるいは、「軍団経済」がもたらした繁栄と崩壊

ローマの歴史は、社会学者が利用できる最も魅力的な歴史実験室である。それは七〇〇年におよぶ文書史料と考古学遺物をそなえている。これらの史料や遺物が示しているのは、この長い期間にわたって明らかにそれと分かる同一の中核的アイデンティティーを保ちながらも、自らの行為がつくり出した、あるいは近隣の行為がつくり出したさまざまな情勢に絶えず適応している社会の姿である。この章であつかってゆく歴史過程の多くは、たぶんそれ以前の幾つかの社会においても存在していただろう。しかし今ここで初めて、われわれはその展開を明確に跡づけることができるのである。

ローマのおもしろさは、その帝国体制にある。全歴史を通じて最も成功した征服国家の一つだが、征服したものを最もうまく維持したのでもあった。ローマはその軍団《レギオ》による支配を、それ以前あるいはそれ以後のどの社会よりも安定的かつ長期的に制度化した。私が主張したいのは、支配を広げたこの帝国は最終的には領域を広げる本物の帝国になったということ、あるいは少なくとも、すべての農業社会に課せられていたロジスティクス上の制約の範囲内で達成しうるものとしては、領域支配の最も高いレヴェルと強度とに達していた、ということである。その〈力〉には基本的に二重の基盤があったが、それはそれまでのさまざまな帝国において〈力〉を発展させた二つの主要な推進力を改良・拡張したものだった。第一にローマは、強制的協同の〈力〉の組織を発展させたが、私はこれに**軍団経済**というレッテルを付けておきたい。第二にローマは、階級文化という権威型の〈力〉を極度に発展させ、被征服民のエリート層はすべてローマの支配階級に吸収されるに至った。第一はローマの〈力〉の主要なヒエラルキー的、再分配的形態であり、第二は主要な水平的、集合的形態であった。この二つを連結することを通して、ローマは自ら獲得したものを保持した。そこでこの章の主な課題は、社会的な〈力〉のこの新しい形態の興隆と衰退とを説明することである。

ローマの〈力〉の起源

ギリシア人、フェニキア人、カルタゴ人の活動によって、鉄器時代犂耕農民の辺境地域と東地中海諸文明との西漸が促進された(1)。中央および北部地中海地方で新たな異種交配が始まった。イタリア西海岸での主たる遺伝子担体《キャリア》はエトルリア人で、たぶんバルカン半島や小アジアから移住して来た海民が現地住民と混交したのである。彼らの文化的影響力が近隣に及んだ結果、紀元前六〇〇年頃までには、丘陵地帯の村落が都市国家に変貌していた。その一つがローマだった。したがってギリシアとイタリアの相違点は二つある。後者は文明化された交易民が伝播した新技術を早くから利用していた

——読み書き、貨幣制度、重装歩兵、都市国家である。そしてイタリアは、海を支配するこうした交易民たちの圧倒的な圧力を現実に感じとっていた。イタリアの諸民族はおおむね、海軍や主要な海上交易や海路移住から疎外されていた。ローマから伝わって現存する最初の歴史文書は、〔前二世紀のギリシア人歴史家〕ポリュビオスが再録した前五〇八—五〇七年に結ばれたカルタゴとの条約である。これは西地中海におけるローマの領域的覇権を認めさせるかわりに、同地域におけるカルタゴの交易独占を認めたものである。陸と海とが分かれていた。ローマに対する、あるいは他のラテン民族に対する東方からの影響は、陸の〈力〉の発展という別の動きに当てはまるだろう。

　イタリアの他の都市国家ではなく、なぜローマが覇権を勝ちとったのか——あるいは、なぜエトルリア人は彼らの地域的な支配権を維持できなかったのかについて、われわれは本当のところが分からない。わずかに識別できることといえば、地域の覇権がおおむね確立した後にローマがとったさまざまな措置が、きわめて適切だったことである。ローマ勃興の軍事的部分に役立ったのは、比較的広びろとした平野での騎兵掩護つきの、ゆるやかタイプの重装歩兵軍だった。エトルリア人は紀元前六五〇年から重装歩兵編成をとりいれ、そしてそれをローマ人がとりいれた。セルウィウス・トゥリウス王の改革（たぶん前五五〇年頃）は重装歩兵と騎兵とを統合した。彼の歩兵軍団は総勢おそらく三〇〇〇—四〇〇〇人で、楯と槍を装備した「ケントゥリア（百人隊）」へと分割編成されていたが、二〇〇ないし三〇〇人の騎兵プラス補助の分遣隊をともなっていた。

　軍団は小農民で編成されたが、彼らはギリシアのポリスの場合よりも政治的統合が少なく、平等主義でもなかった。たぶんローマは強固な部族組織を都市国家の組織と混合したのである。三つの「二重性」が後のローマ社会に生き残った。第一に、公共的な政治組織体の圏域と並行して、「私的な」家父長制の家族所帯《ハウスホウルド》が重要な役割を演じつづけた——res publica（公的な事柄＝国家）とres privata（私的な事柄）との区分けである。それぞれの圏域は独自の法、市民法と私法とを発展させた。私法とは家族間の法的関係に適用された。第二に、市民権とそれにもとづく身分や「階級」という公式の関係と並んで、強固な保護‐被護関係《クリエンテーラ》や、政治的派閥や、さまざまな徒党が生き残った。これらはクラン（氏族）や擬似部族的な同盟関係に由来すると考えられよう。第三に、公式の政治構造においても市民と、たぶんクランや部族の長老の役割に由来すると考えられる元老院という二重構造があり、これを要約したのが有名なローマのモットーSPQR——Senatus Populusque Romanus（ローマの元老院と市民）だった。これらいちじるしくローマ的な部族と都市国家の二重

（1）ここで全般的な典拠としたのはスカラード・一九六一年、ゲルツァー・一九六九年、ブラント・一九七一年a、b、グルーエン・一九七四年、ギャバ・一九七六年、オーグルヴィー・一九七六年、クローフォード・一九七八年、そして史料文書はジョーンズ・一九七〇年・第I巻である。

構造は、土地拡大の必要性からギリシアのポリス連邦を修正模倣したものと考えられる。

公式の政治構造には主に二つの要素があった。その第一は元老院・対・民会の二重構造だった。これが元老院議員や騎士といった「身分」の起源であるとともに、後の共和政下で重要になった民衆派と門閥派（つまり寡頭政派）という政治派閥の起源でもあった。この二重構造がもう一つのヒエラルキー、ラテン語の元もとの意味での「階級」と共存していた。

われわれが使っている「階級《クラス》」という言葉はローマの「クラーシス classis」から来ていて、これは富に応じた軍事奉仕義務の等級のことである。後のローマ人は、この制度をつくったのはセルウィウス・トゥリウスだとした。当時の富の尺度といえば牛と羊だったろう。リウィウスとキケロが伝えてくれた最も古いその形態は前四世紀である。それによれば富は青銅の重さで計られていた。最も富裕な階級（結局それは騎士身分だったが）は騎兵の百人隊《ケントゥリア》を一八隊（百人隊は一〇〇人で構成）提供し、次に富裕な階級は重装歩兵の百人隊を八〇隊、次なる階級は鎖かたびらあるいは楯なしの歩兵百人隊を二〇隊、次はすね当てなしを二〇隊、次は槍と投げ槍だけの装備で二〇隊、次は石投げ器を持つ三〇隊、という等級だった。これらの階級は「アッシドゥイ assidui（納税義務のある市民）」と呼ばれて、文字通り国家の財政を支援《アシスト》していた。その下が国家に対して提供できるのは子ども《プローレース》だけという「プロレタリイ proletarii（無産市民）」で、軍事奉仕義務なしで名目上の百人隊一隊を組織していた。各百人隊は最重要な民会「コミティア・ケントゥリアタ（百人隊民会）」で平等な投票権をもっていた。この制度は市民権に財産によって比重をつけているのだが、男性ならば誰からも、無産市民《プロレタリア》からも投票権を奪ってはいなかった。集合的な組織は当初から、経済的関係と軍事的関係とを混在させていたのである。

それはまた（第七章で検討した）社会学的意味からすれば、本当の「階級」制度だった。階級は国家全体にわたって拡大包括的に組織されており、この点ではシンメトリカル（対称的）だったが、保護‐被護関係によって垂直的な階級闘争を弱める「水平的な」組織が導入されていた。しかしながらギリシアにおけると同様、軍事的ないし政治的勢力が実体的に投入されているということが、近代の階級制度とのちがいとなっていた。ローマの成功は軍事的・経済的な組織を融合させて国家へと組みこみ、社会階層と市民権とを陸地戦の必要性に結びつけたことに基盤を置いていた。

ローマの軍事体制は、古代社会において（ギリシアの重装歩兵までは）相対立していた二つの要素を結び合わせた――その二つとは「エスニック・コミュニティー（民族共同体）」の連帯感と社会成層である。この融合はまた、創造的緊張に満ちたものだった。それは互いに矛盾する二つの社会的傾向を促進した。ギリシアの事例では騎兵に取って代わったのが重歩兵だったが、ローマの場合はこれとちがって、重騎兵と重歩兵との同時的発達が見られた。軽歩兵としての下層階級の役割は、同盟諸民族からの補助軍に移された。下層階級自体は重装備の歩兵となり、その装備は自弁ではなく国家が支給したのである。しかし階級闘争の存在によって、重歩兵と騎兵それぞれの社会基盤の幾分かが保存された。貴族《パトリキウス》たちは富裕な平民《プレーベース》たちの存在を受けいれさせられることで、自らも再活性化した。一方、前四九四年に自作小農民たちは、五回ほどの軍事ストライキの第一回目を敢行して軍事奉仕を拒否したあげく、自分たちで護民官を選出して貴族高官との仲裁を行なわせるようになった。歴史記録上最初の大ストライキは、大成功を収めた。階級闘争の存在は、共和政ローマの軍事的有効性の維持に多大の貢献をしたのである。

部族的形態と都市国家的形態の結合や、市民的平等と社会階層の形成はローマ人たちに、イタリアの被征服民や被護民たちに柔軟かつ建設的に対処することを可能にした。投票権以外の市民権を与えられた者もあれば（しかし投票権もローマに移住すれば行使できた）、自律的な同盟者として遇された者もあった。主たるねらいは、諸国家が敵意を秘めて連合するのを解除することだった。各国家はそれぞれが階級制をもっていたので、「国民大衆」的基盤に立ってローマへの叛逆を組織するという欲求を抱くには至らなかった。こうした連邦的同盟は、税や貢物ではなく大量の補助軍を送ることで、ポエニ戦争を通じて重要な役割を果たした。ローマはなお（小規模な）支配帝国であって領域帝国ではなく、同盟国や保護国を通して支配はしているが、領域への直接の浸透はしていなかったのである。

このような軍事的、政治的戦術によって、ローマは数世紀にわたって南イタリアを支配することができた。紀元前二七二年までに、ローマはゆるやかな連邦国家を形成していて、その中核をなす市民の数はおよそ三〇万で理論上は全員が武装可能、支配領域およそ一〇万平方キロ、読み書きのできる行政機構と定期的な国勢調査と発達した政治制度と法律とをもっていた。前二九〇年頃には最初の造幣局が登場した。しかしながらローマは、いまだに東地中海地域の一州というにすぎなかった。

最初の変容が見られたのは、南方および海上への進出を阻んでいたカルタゴ人との長期にわたる抗争を通じてだった。ポエニ戦争は断続的に前二六四年から前一四六年までつづいたのだが、ローマはこの間に海軍を発展させて最終的にカルタゴを降し、その全国土と海上帝国とを手中に収めた。第二ポエニ戦争（前二一八—二〇一年）は大事件であり決定的事件だった。少数部隊を率いてイタリア突入を敢行したハンニバルの大英断が前二一六年、カンナエで大勝利を収めたその後に、転換点がやってきた。この時機にカルタゴ側は、ローマへの最終攻撃のための補給ができなかったのだ。いかなる犠牲にも耐えうるローマの能力は、社会構造そのものの軍事体制化をあらわに示していた。およそ二〇〇年間で見ると、約一三パーセントの市民が一度は従軍しており、約半数の市民が少なくとも七年の兵役期間を一期は勤めた（ホプキンズ・一九七八年・三〇—三頁）。カルタゴに対して彼らは消耗戦で臨み、戦場には絶えずカルタゴ側よりも優る兵員を投入して、相手より迅速に死者と負傷者の代替を行なった。

徐々に彼らはカルタゴ軍をイタリアとスペインから駆逐した。その途上でケルト人に対して旧怨を晴らしたが、彼らは長年にわたってローマの敵であったがゆえにハンニバルと同盟していたのである。今や北部と西部が帝国の征服対象となった。次にはアフリカへと渡って、前二〇二年、ザマの戦いでハンニバルの軍隊を破った。ハンニバルの追放をも含む屈辱的な和平条件が押しつけられた。これで西地中海がローマに開かれた。最終的にカルタゴは挑発を受けて叛乱を起こし、紀元前一四六年に滅亡した。首都は灰燼に帰し、その図書館は見せしめとして「蛮族」ヌミディア国王へと献納されたのである。

この間のカルタゴ側からの記録はない。寡頭政カルタゴの交易民と傭兵に対して、ローマの勝利を市民たる農民兵の優れた団結と献身に帰するのが常套である——ギリシア・対・ペルシア-フェニキア図式の焼き直しである。いったいなぜカルタゴ側は部隊がこうむった損害を迅速に補給することができなかったのか、われわれはその理由を推測するのが関の山である。両軍のちがいを奇しくも表わしていると思われるのは、われわれの主要な典拠であるポリュビオスがイタリア遠征における両軍兵力の比較を行なうに際して、カルタゴ側は野戦部隊人員（およそ二万）だが、ローマと同盟軍側は武装可能人員のすべて（七七万人！）を掲げていることである。ポリュビオスは前一六七年に人質としてローマに連れてこられたギリシア人で、以後そこで育った。ローマに対して共感をもってはいたが、そのカルタゴへの仕打ちに関心をつのらせていたので（彼はその滅亡に居合わせた）、ローマの軍事体制型社会観を明確に表明したのだ（モミリアーノ・一九七五年・二二一四九頁）。ローマの野戦部隊の人員規模は、通常ハンニバルのそれを上まわっていたとはいえ、特別に大きかったわけではない——カンナエでハンニバルに敗北を喫した四万五〇〇〇というのがおそらく最大で、これは東方ヘレニズム君主国で召集される人員の三分の二にすぎなかった。しかしながら、これらの部隊がローマ社会で占める中心的位置は比類のないものだった。したがってポリュビオスが行なった数字の歪曲には意味があった——すべてのローマ市民は戦場に赴きえたが、すべてのカルタゴ人も同様というわけではなかったのである。

ローマ人がいかにやすやすと制海権を手に入れたかについても、コメントする価値がある。ポリュビオスはカルタゴ人の操船技術の優秀さに対して、ローマ水兵たちは勇敢さで埋め合わせをしたのだとしている。海上での戦争には、長いあいだ進歩が見られなかった。ポリュビオスが伝えるところによれば、ローマ人はカルタゴのガレー船を拿捕して、それをコピーしたという。勢力の均衡は陸へと移っていた。ローマのような陸上戦力でも、海へと乗り出すことができた。カルタゴはその逆の動き、海上戦力から陸の領域へ、を目ざして挫折したのである——その理由は軍事的観点から見れば、彼らの主力歩兵部隊の非力さと軽装備だった。経済的観点から見れば、彼らは鉱山と広大な農園を奴隷制で運営して帝国を統合していたとされる。これでは領域の集団的防衛に発揮されるような、実効ある士気を生み出すことはできなかっただろう。

しかし決定的なちがいは政治にあっただろう。ローマ人は市民権の適用範囲を、拡大包括的な領域上で試行錯誤を繰りかえしながら徐々に広げていった。市民権は忠実な同盟者にも与えられ、内向集中的なギリシア型のローマ市民権に加えられることで、それまで見られなかった広範な集合的献身の総動員を実現したのだった。

実際、この新機軸はギリシア自体に対しても向けられた。都市国家群とマケドニア王国との抗争につけこんで、ローマは両方を配下に入れてしまった。このプロセスをめぐっては研究者のあいだに論争があって、ローマが紀元前一六八年にマケドニアを破ってもすぐには属州化しなかったという事実に、多くの学者はとまどっているのだ。ローマには帝国体制への疑念があったのだろうか、と問う者もある（バージャーン・一九六八年、ウィトカー・一九七八年、ハリス・一九七九年）。

しかしこれでは後の、確固たる領域的な帝国概念をローマ史の初期段階に無理やり適用することになる。今まで幾つかの章で見てきたように、これまでの諸帝国の支配は、現地エリート層に対する支配やそのすげ替えによって行なわれてきた。これはローマ人もやってきたことだったのだが、今や彼らは半ば実利的に、半ば試行錯誤的に、別の構造へと向かって動き始めていた。ローマ人がスペイン、サルデーニャ、シチリア、そして最後に北アフリカにおいてカルタゴ支配をほぼ徹底的に破壊しつくした動機は、ハンニバルやその前任者から受けた屈辱への凶暴な復讐心だった。しかしこの政策が行きついたのは、これまでのように同盟者を支配することではなく、併合された領域としての属州《プロウィンキア》だった。属州は中央から任命された長官による直接支配を受け、彼らを背後で支えたのが軍団の駐屯部隊だった。これは帝国に新たな機会をもたらしたが、ローマおよび同盟諸国の内部に政治的な難題を生じさせることにもなった。属州の機構が作動して軍団をまかなう費用を徴税できるようになるまでは、大いに物入りでもあった。ローマ人がこの機構をつくりあげるまでにかなりの時間がかかったのは、まず政治的な難題を解決しなければならなかったからである。征服によって、伝統的国家の全体構造が掘りくずされてしまったのである。

第一に、戦争は市民義勇軍を崩壊させた。軍団は実質的に常勤であり有給だった（ギャバ・一九七六年・一―二〇頁参照）。イタリアでは軍事奉仕義務と実際の戦闘とによって多くの小農民が疲弊し、借財へと追いこまれた。彼らの土地は大地主の手に渡り、農民はローマへと移住した。そこで彼らはやむなく軍事奉仕義務上の次の階級である「プロレタリイ」へと編入された。小規模営農者の不足はそれまでとはちがって、「プロレタリイ」による兵員供給を意味した。軍隊自体の内部でも、兵士が政治的な自律の基盤を喪失するにつれて、ヒエラルキーが強まった。スペインと北アフリカの征服者だったスキピオ・「アフリカヌス」か、あるいはもう少し後の将軍のどちらかが、「インペラートル」つまり最高司令官に与えられる忌まいましい名誉や凱旋式を考案したのだが、これこそ後に皇帝《エンペラー》となるのである。

第二に、次の一世紀半を通じて階層化が進んだ。後世のローマの著述家は、初期ローマにおける平等性を誇張するのがならわしとなった。プリニウスが語るところでは、前五一〇年に最後の王が追放されたとき、全市民に七ユゲラの土地が与えられた(ローマの地積で約一・七五ヘクタール、牛二頭が一日で耕せる土地だった)。これでは一家族を養うには不十分だろうから、ひかえめな数字にちがいない。そうは言っても、こうした平等性のイメージにはおそらく現実の裏づけがあったのだ。しかし、帝国体制が成功した結果、個人の私有財産と軍隊の俸給格差とが不平等を拡大した。紀元前一世紀、当時最も金持ちとして名を馳せていたクラッススは、一億九二〇〇万セステルス(HS)、おおざっぱに見て四〇万家族を一年養える財産をもっていた。当時のもう一人の著名人の計算によると、快適に暮らすには年一〇万HS、裕福に暮らすには年六〇万HSが必要とのことだった。これらの収入は一家族の最低生活レヴェルの、それぞれ二〇〇倍と一二〇〇倍である。軍隊では差異が広がった。紀元前二〇〇年頃、百人隊の隊長はふつうの兵士の二倍の戦利品を手中にしたが、紀元後一世紀のポンペイウスの頃には二〇倍、上級将校ともなれば五〇〇倍を得ていた。ふだんの俸給格差も広がり、共和政時代の終わりの百人隊隊長は兵士の五倍を受けとり、アウグストゥスの治世になるとそれが一六—六〇倍にも達したのである(ホプキンズ・一九七八年・第一章)。

こうした階層の拡大化に対する説明として、帝国の利得を享受できたのは少数であって、多数ではなかったことがあげられる。スペインにおけるかつてのカルタゴの領域では、豊かな銀の鉱山と広大な農園とが奴隷を使って運営されていた。ローマ国家を支配した者は誰であれ、征服の果実、すなわち新たな公職やそれに付随する役得などを手に入れることができた。ローマの国家体制に見られる民衆的要素は、恣意的な不正から民衆を護る役割を果たしていた。しかしながら、こいとを始める権限や海外での文武両官職は上位二つの身分、元老院議員と騎士とに集中していた。たとえば税の徴集は収税吏に請け負わされたが、彼らの多くが騎士だった。帝国の利得は莫大だったが、その分配は不平等に行なわれたのである。

第三に、征服を通じて強化された奴隷制が政治的な困難を生み出した。これによって実際に紛争が勃発し、決着がつけられた。ローマは膨大な数の奴隷を方々に集結させていた。こうした奴隷は集団を組織することができたのである。

紀元前一三五年、シチリア島で最初の奴隷大叛乱が勃発した。おそらく二〇万余の奴隷がこれに加わった。四年にわたる闘いの後、叛乱は容赦なく無慈悲に粉砕された。こうした残忍さこそ本質的にローマ流だったことは疑いない。しかし奴隷制は、貧しいローマ市民に対して壊滅的な打撃を与えつつあった。彼らの代弁者をつとめたのが、ティベリウス・グラックスという著名な元老院議員だった。長期の海外勤務を終えてイタリアへもどったのが前一三三年だったが、彼はそのとき奴隷制の拡大と自由小農民の衰微ぶりに恐怖を覚えた。

彼は昔の法律を復活して、征服によって獲得した公有の土地をプロレタリイに分配するよう提案した。こうすれば彼らの苦しみを軽減して、軍事奉仕の義務をもつ財産所有者の数を増やすことになるというわけだ。五〇〇ユゲラを越える公有の土地は誰にも所有させないというのが、彼の主張だった。これは金持ち連中の利益に反することで、彼らはすでに大量に公有地を手に入れていたのであった。

ティベリウス・グラックスは冷酷な政治家であるとともに、雄弁な演説家だった。〔二世紀のローマ史家〕アッピアノス『ローマ史』の「内乱史」が伝えるところによれば、彼は当時の奴隷叛乱をとりあげて次のように演説した――

> 彼は奴隷の大半を戦時において無用、主人に対して不忠実とし、最近シチリアで奴隷が主人にこうむらせた災厄をとりあげ、シチリアでは農作物の需要増によって奴隷の数が増えており、ローマ人が彼らに向けて遂行した戦争を想起してみると、並たいていでないどころかいたずらに長期化して一進一退、多くの危険を孕んでいると指摘した。
> （一九一三年・第一巻・九頁）

奴隷が問題なのではなく、問題は市民だった。彼らの窮状について述べる彼の巧みなレトリックを、プルタルコス『英雄伝』の「ティベリウス・グラックス伝」はこう伝えている――

> 「イタリアを徘徊する野獣どもにも」と彼は言う、「一匹残らず洞窟やねぐらがある。しかるにイタリアのために戦い、命を捧げる者が享受するのは野外の空気と陽光、実際それだけなのだ。住むに家なく寛ぐに家庭なく、彼らは妻子を連れてさ迷い歩いている。戦いの最中の兵士に向かって、墓や霊廟を敵の破壊から護れと叱咤する将軍の舌の根が欺瞞でもつれるのは、兵士のうち一人として先祖の祭壇を持つ者などおらず、これら多くのローマ人のことごとくが富と贅沢を楽しむ他人のために戦い、命を捧げているからである。彼らは体裁上、世界の主人と呼ばれているが、彼らには自分所有の土地など、一かけらもないのである。」
> （一九二一年・一〇頁）

こうして緊張が高まり、ローマが落書《グラフィティー》きで埋めつくされるなかで（読み書きが普及していたのだ）、ティベリウス・グラックスはこの年、護民官に選出された。彼は伝統的な諸手続きを無視して、もう一人の保守派の護民官の拒否権を撥ねのけて土地法を通過させ、ペルガモン（本章で後述）の王領を新しい農民たちに分配しようとした。翌年彼は再度伝統を無視して、護民官への再選を図った。ここで争われていたのは明らかに公有地問題以上のこと――帝国の利得は市民に分かたれるべきではないか？　が真の争点だったのである。

これに対する答えは暴力的なものだった。選挙の当日、大神祇官に率いられた元老院議員の一団がティベリウス・グラックスと、彼の丸腰の支持者たちを殺害したのだ（大神祇官自身が広大な国有地を占有していたのである！）。この闘争は弟のガイウスが引きついで土地分配計画の続行を図ったが、彼も前一二一年、やはり国内騒乱で死んでしまった。そして前一一九年には、元老院身分のなかの保守派が政治を牛耳るようになって、この計画は廃止された。

市民の政治参加は挫折した。ローマ自体における政治抗争は二度にわたる暴力の激発で決着した——それは共和政の歴史のなかでおそらく初めての、ローマ街頭での組織的暴力事件だった。上層身分による支配が固まり、はっきりした形をとった。貧困層に対する政治的買収は、まず小麦の援助、後には無料の小麦をたっぷり分配すること、さらに、最初はイタリア次いで征服領域のいたるところに小農民の軍事植民地を建設することで実現された。これは帝国拡大へのさらなる前進だった。事実として、これは一種の「福祉国家帝国主義」に通じるものだったが、これが二〇世紀的現象と類比されるのは二つの点である——一つは帝国拡大政策と総動員戦争とが生み出したさまざまな要求への対応として、もう一つはそうした要求を〈力〉の基本構造からそらしておく手立てとして、である。ふつうの市民は中央の政治制度のなかで、もはや重要な存在ではなくなってしまった。ローマに対する「エスニック・コミュニティー」の支配が弱まっていくにつれ、搾取的な「階級」の支配はますます強まっていったのである。

帝国体制が進んでいった。専従の軍隊が不可欠と考えられるようになった。ガリアでの敗北がローマでパニックを引き起こし、紀元前一〇八年、執政官マリウスによる軍の改革となった。マリウスが承認した政策とは、プロレタリイ階級から義勇軍を募り、彼らに賃金を支払うとともに、一六年間の軍務を終えれば恩給として土地を与えるというものだった。同盟諸市は補助部隊はもとより、ほとんどすべての騎兵隊を提供するようになった。軍隊と、ローマ市民の階級階梯との結びつきは壊れてしまった。高位の司令官は上層階級や上層身分の出身者によって占められるだろうが、司令の構造自体はもはや市民の等級ヒエラルキーとは別物になった。軍隊が自律的になり始めたのである。

マリウスの改革は第二の、同じように重要な問題の存在を明らかにした。同盟諸市をどうすべきか？　軍全体に占める同盟市補助部隊の規模をわれわれが算出できる時期になるまでに、その数はすでに軍団を上まわっていた。ブラント（一九七一年a・四二四頁）は、紀元前二〇〇年の軍団兵士四万四〇〇〇、同盟軍兵士八万三五〇〇という数字をあげている。これはどの年と比べても最も不均衡な数字であるが、ブラントは同盟軍が絶えず軍団を上まわっていたことを示しているのである。その結果、同盟軍からは完全市民権獲得の要求が出始めた。紀元前九一―八九年のローマと一部イタリア同盟市とのあいだの「同盟市《ソキウス》戦争」（断じて社交的《ソシアル》戦争ではない！）の時期には、めんどうを避けるためにこれが認められて効果をあげた。各地のエリート層と協同で統治するという、ローマの伝統ともそれは合致していた。イタリアのエリート層に諸権利を与えることは、市民層全体のなかで階層化が進行している今では、もはや危険なことではなかったのである。ローマの権利と義務が他の「ムニキピウム（地方都市）」や「コロニア（移民）」兵士へと拡大されるにつれて、今やイタリアはその構造においていっそう均一的となった。カエサルの下では、それが帝国全体に及んだ。カルタゴは別として、他の諸市も同盟市以上の扱いを受けることが明らかになると、エリート層のローマへの反感は和らいだ。ギリシアの諸都市はローマの支配に順応した。小アジア北西部は、ペルガモン王アッタロス三世に世継ぎがなかったので、前一三三年、ローマへと遺贈された。ペルガモンのエリート層が革命を恐れて、ローマに保護を求めたからである。ローマ人はその共和政‐帝政の全土にわたって、上層階級のあいだに徐々に政治的な統一を形成しつつあった。

帝国の利得は莫大となり、イタリアの上層階級全体はいずれかの派閥に所属し、下層階級はもはや恐れるに足らずとなったので、上層階級における政治的派閥の抗争が激化した。こうした抗争は、軍隊の性質さえ変化していなければ、旧来の政治構造の枠内に収まるはずのものだったにちがいない。共和政‐帝政の全体を支配する主要機関は軍隊だった。軍隊は共和政の市民参加構造との結びつきを失ってしまったので、状況を左右する自律的な要素となる恐れがあった。さらにこれ以上のことがあった——軍隊内部の統一自体に問題があったのである。

マリウスは軍団編成を六二〇〇人プラス騎兵六〇〇騎へと、わずかに増員した。彼はまた輸送車両の規模を縮小して、兵士たちに補給物資、装備、道路建設用設備などを担わせた（おかげで彼らは「マリウスのらば」と呼ばれた）。個々の軍団は征服を進めると同時に通信輸送手段の改良に従事したので、政治的統合の有効な単位となった（この点についてはさらに後述する）。しかし軍団同士の統合が問題だった。軍団は個々に、あるいはせいぜい六軍団一まとまりで数百マイルへだたって部署についていた。当時の通信輸送手段からすると、軍隊が統一的な司令構造によって動くことはほぼ不可能だった。元老院と市民組織による管理が弱まりつつあったので、軍隊を国家が統制することができなくなった。軍隊はそれぞれの将軍が率いる別べつの軍隊へと分解し、その将軍たちはまた個人的野望や、上層階級の派閥抗争や、本格的な政治的対立によってばらばらの状態だった。将軍の全員が元老院議員だったが、ある者は元老院寄り、他の者は民会寄り（閥族《オプティマーテース》派と民衆《ポプラーレス》派）、さらには単一の政治的、階級的派閥には与しない者もあった。しかし政治的正当性なしに作戦行動に出る者はいなかった。すべての将軍には新たな属州の征服はもとより、征服した属州における騒乱や叛乱の問題に対応できる、それぞれの地域内での執政官並みの莫大な権限が与えられていたのだった。

これらの将軍たちをも包括しなければならなかった政治構造は、ポリュビオスによって「混合政体」と呼ばれた。彼はこう主張した——

この制度全体がはたして貴族政なのか、民主政なのか、はたまた君主政なのか、ローマ生まれの者にも確たることは言えなかった。実のところ、これは単に自然の成り行きだったのだ。それというのも、執政官の権力に着目すればこの政体は完全な君主政であり王政であったし、元老院の権力に着目すれば貴族政と考えられたし、民衆が持つ権力に着目すれば、明らかに民主政と思われたのであった。

（一九二二―七年・第六巻・一一頁）

しかし権力と必然性とは将軍執政官側にあったので、流れは君主政へと向かっていた。将軍は政治に首をつっこまねばならなかった。彼の部隊の忠誠心は、後に土地という形で下賜される年金を彼が立法化できるか否かにかかっていたからである。これまで見てきたように、農地にかかわる立法は大問題となる。執政官の任期はわずか一年だったから、彼はそのあいだに派閥をつくりあげ、暴力や賄賂や、必要な立法措置を行なうためには暴力も辞さぬという脅迫まで実行しなければならなかった。軍事と政治権力との矛盾は、将軍が解決したのである。

その後の一〇〇年間は、軍団を従えた将軍がローマの権力執行者であり、ある時は単独で独裁者となり、ある時はライヴァルの将軍同士が同等の執政官として不安定な同盟を組み、ある時はそれが公然たる内乱にも発展した。この時期の歴史こそ、同一平面でとらえれば、まさにマリウスとスッラ、ポンペイウスとクラッススとカエサル、アントニウスとオクタウィアヌスの歴史である。ここから生じそうな結果は二つのうちのどちらかだった——帝国が幾つかの王国へと分裂してゆくか（アレクサンドロスの例）、一人の将軍が最高司令官、「インペラートル（皇帝）」となるか。紀元前二七年、オクタウィアヌスが「アウグストゥス（崇高なる者）」の称号（副名）を受けたとき、彼は実質的に皇帝となったのであり、彼の後継者たちも結果的にそれを引きついだ。共和政ないし帝国だったものが、最終的に帝国となった。

ローマ帝国——皇帝のあるなしにかかわらず

大部分のローマ史は公式の政治体制によって時代区分をしている。共和政がつづいたのは、紀元前およそ三一年から二三年にかけてアウグストゥスの権力がさまざまに格上げされるまでだった。次いでは紀元後二八四年、ディオクレティアヌスの即位によって、「プリンキパートゥス（同等者のなかの第一人者《プリーンケプス》による政治＝元首政）」は「ドミナートゥス（専制君主政）」へと道を譲った。とは言うものの、ローマの本質的な構造は紀元前一〇〇年頃から衰亡が始まる紀元後二〇〇年、あるいはおそらく三五〇年頃に至るまで、政治体制上の変化にもかかわらずずっと同じだった。この期間のローマは、「皇帝」のあるなしにかかわらず帝国でありつづけた——中央集権化されたように見える軍隊と官僚機構で広大な領域を支配し、富と権力の膨大な不平等を内に抱え、ふつうの市民から実質的な〈力〉を剝奪していたのである。

それは支配の帝国だったが、他の場所では強制的協同の構造を打ち壊すような作用をした鉄器時代の諸特徴をもあわせもっていた。それは貨幣経済であり、読み書き文化の社会だった。そこには私有財産所有者が生息していた。それはコスモポリタン文化であり、多くの点から見て、たくさんの非中央集権的・地方的な権力関係の頂点にゆったりと君臨していた。しかしそれはペルシアがとった進路はとらなかった。自らの支配階級の内部に帝国全土の土着エリート層を抱えこみ、古代世界で最も拡大包括的な〈力〉と内向集中的な〈力〉とに富んだ形の強制的協同を押しつけたのだが、私はこれを**軍団経済**と名づけよう。これら二つの〈力〉の形態は、ほぼ紀元前一〇〇年以後のローマを、歴史上最初の領域帝国に仕上げたのである。

　私は帝国内で作動していた主要な〈力〉の（あるいは〈無力〉の）アクターを交互に検証することで、ローマに特有のこの〈力〉の形状にアプローチする。初めに四つのアクターがあった――奴隷、自由市民、ローマの元老院身分と騎士身分と土着エリート層の男性で大部分が構成されていた土地所有上層階級、そして国家エリートの四者である。(2) しかし時がたつにつれ、最初の二つは合体して「大衆《マス》」という一つの集団になってしまった。まずこれらから考察してみよう。

ローマ帝国の大衆――奴隷と自由民

　ローマの奴隷の起源は、ギリシアのそれにきわめて類似している。ローマもギリシアも長いあいだ小規模に奴隷制をつづけてきたが、通常それは被征服民たちだった。ローマにもギリシアにも、自由民が自由民のために常時労働するという伝統はなかった。両者とも市民の政治参加と軍事奉仕がもたらした必要によって、労働力不足に悩んでいた。両者とも突如として大量の奴隷を手に入れた――ローマのほうはギリシアとちがい、征服によって手に入れたのだが。

　カルタゴの奴隷農園が明らかにしたのは、小農民の生産よりもはるかに大きな余剰を生む集約的（＝内向集中的）農業が可能だということだった。ローマの農業専門書は、数百ユゲラの土地に小規模労働集団を編成することを推奨し始めた。市民をこうして働かせるわけにはいかないが、奴隷ならそれができた。征服がつづいているあいだ、奴隷は安価に入手できた。奴隷制度の経済的利点は、よろこんで受けいれられた。奴隷は通常個人ごとに抱えられ、（自由労働の場合のように）一家全体で雇われるのではなかったから維持費は安あがりで、農業地帯で不完全雇用を発生させることもなかった。

　奴隷がどの程度普及していたのか、われわれによく分かっているわけではない。紀元前一世紀後半、奴隷制最盛期のローマ帝国イタリアについての概算は、全人口の三〇パーセントと四〇パーセントのあいだを変動する（例＝ウェスターマン・一九五五年、ブラント・一九七一年a・一二四頁、ホプ

（2）この分類は概括的なものにすぎない。女性が占めた位置については第一〇章で検討しよう。彼女たちの存在の問題性が、キリスト教によって明らかになったのだから。

キンズ・一九七八年・一〇二頁)。属州についてのわれわれの知識はほんの概略的だが、奴隷の割合がもっと少なかったことはほぼ確かだ。エジプトでの信頼できる人口調査データによれば、アレキサンドリア以外では奴隷はわずか一〇パーセント程度である（アレキサンドリアはもっと高かったかもしれない）。有名な医者のガレノスによれば、ペルガモン領内の人口の約二二パーセントが奴隷だった。奴隷数はこのレヴェルを、紀元前五〇年頃から紀元後五〇年ないし一〇〇年頃までの一〇〇年間ないし一五〇年間保った上で、征服の終了とともに減少した。ローマ人はギリシア人ほどには奴隷の買入れに手を出さず、奴隷を大規模に飼養することもなかった（これは二〇世紀に南北アメリカで行なわれたことだ）。ローマもギリシアも大量の奴隷を維持することができただろうし、奴隷売買も商売として成立することは明らかだった。だとすれば当然に、いったいなぜ奴隷制は廃れるままとなったのか、という疑問がわいてくる。

　その答えは人道的理由でもなければ、奴隷叛乱を恐れてのことでもない。スパルタクスの大叛乱は紀元前七〇年に勃発したが、記録史料でよく分かるのは、これを弾圧したことがクラッススの政治経歴にいかなる影響を与えたかであって、スパルタクスや彼に随った連中のことではない。クラッススは叛徒六〇〇〇人を磔刑にしたという。その後重大な奴隷叛乱は起こらなくなった。

　ローマの学者ウァロ（前一世紀）の言い草では、農業用奴隷は「しゃべる道具」、雄牛は「鳴く道具」、荷車は「だんまり道具」だった。奴隷は私有財産として所有物だったから、こうした表現形式が当然だった。ローマの伝統には恒常的な自由労働などなかったから、土地と道具類の所有は容易に正当化することができた。農業用（と鉱山用）奴隷は人類には入っていなかった。他方で、すべての奴隷がそういうあつかいを受けたわけではない。ギリシアを征服したことで特別の困難が生じた。新たに奴隷になった者の多くが、征服者よりも高いレヴェルの文明をもっていたのである。奴隷身分の教授や医者や国家官僚が西方に出現した。彼らの一部は「プリンキパートゥス（元首政）」期と帝国初期の中央行政で実効ある働きをした。ウァロの理論をこうした人びとに適用するのは大いに不都合、不可能だった。こうした奴隷は契約を結び、賃金を受け取り、自由を買い取ることができたが、その条件は時として法定的《デー・ユーレ》、時として事実的《デー・ファクトー》、そしてしばしばその場限り的《アド・ホーク》だった。奴隷制は自由へ、自由な賃金労働へと漸次変化していったのである。

　同じような漸次的変化はまた、垣根の「自由な」側、農業の最重要の圏域でも進行した。奴隷制は自作小農民が圧迫されてゆくプロセスの一部だった。ある者は負債を抱え、土地を失ってローマへ、あるいは属州の農民兵植民地へと移住した。土地は保有していたが地主の借地人としてであり、彼らに労務を提供する者もあった。また別の連中は土地の所有権を保持しながらも、収穫時や繁忙時に臨時労働者として大土地所有者のために働くようになっていった。借地営農と臨時の賃労働とは奴隷制に替わる、市民のあいだでの新たな労働搾取の形態を創出しつつあった。奴隷制の発展とともに、わずかなタイムラグはあったが、これら二つの地位の農民が増大し、奴隷制の最盛期であったにもかかわらず、明確な法的位置づけが与えられていったのである（このプロセスの詳細はジョーンズ・一九六四年・II・七七三―八〇二頁、フィンリー・一九七三年・八五―七頁、ド・サント・クロワ・一九八一年・二〇五―五九頁）。

これはきわめて重要なことだった。古代の農民経済において余剰が生まれるか否かは通常、農民がどれほど労働するかにかかっていた。さらなる経済発展も、すべてはここから出発した。奴隷制と自由労働との融合は、これを全面的に促進した。自由な賃金労働という形にせよ借地営農という形にせよ、同じ〈力〉を共有する共同体のメンバーのあいだで、他人の労働を支配することが可能になったのだ。市民権が名目的なものとなったにせよ、自由労働者と従属的借地人とには法律的な権利義務があった。たとえ同一集団のメンバーでも、今ではたっぷり搾取することができるようになったのであり、もっと初期の諸帝国の場合よりも、搾取はおそらく増大したのである。奴隷制はもはや根幹ではなくなり、労働を搾取するための別の内向集中的な形態が発達したのである。

農民の二つの地位のうち、従属的借地人のほうがしだいに優勢となっていったが、それはおそらく自由農民への経済的な圧迫がつづいていたからだろう。直接の証拠はほとんどないのだが、プリンキパートゥス（元首政）の下で、「コロヌス（小作人）」すなわち地主への五年契約の借地農民が圧倒的に増え始めた、と通常は言われている。後には従属が恒常的・世襲的になった。自由農民が農奴へと転落する一方で、奴隷は農奴へと上昇したのである。紀元後二〇〇年頃から以降は、大量の蛮族俘囚が奴隷ではなく「コロヌス」として配属された。奴隷制はもはや、内向集中的な労働搾取としては不要となった。帝国のほぼ全土にわたって、当初の自由市民と奴隷という二つの別べつの地位が、最終的に融合してしまったのである。たぶんこの合体の象徴的な表現として最大のものが、カラカラ帝が出した二一二―二一三年の勅令だったろう――「朕は世界中至るところすべての異国人に対してローマ市民権を与える、……自治の諸権利の一切を何らの変更を加えることなく与えるものである。汝ら民草とて朕と労苦を分かちあうのみならず、朕と勝利をともにすべきものであるがゆえに」（ジョーンズ・一九七〇年・II・二九二頁から引用）。残存奴隷以外は今やすべて市民となった。しかしながら、その数と彼らのあいだの不平等とはあまりに膨大だったから、本当の市民参加など存在しなかった。これが意味したのは法の下、国家の下、上層階級の下での平等――しかしそこで分かちあわれたのは、カラカラ帝が約束した勝利よりも労苦のほうだった！　参加型の、活動的な市民権は消滅したのである。

こうして、重要ではあるが今や滅びゆく奴隷は除外して、ローマ帝国領域内の民衆について、大衆化《マスい》された――すなわち共通の経験と運命とを分かちあっている――民衆として語る意味が出てくる。国籍や市民権や土地保有形態による格差づけは、ある程度まで侵食されてしまったのだ。

しかしローマの権力構造のなかで、大衆は活動的な勢力ではなかった。彼らは政治的階級でなかったことはもちろん、「拡大包括的な階級」でさえもなかった。共和政の末期までには、都市ローマ自体の民衆もほとんどすべての国家的政治制度から排除されてしまった。非公式な活動について言えば、通常学者たちが指摘するのは、帝政ローマにおける農民叛乱の「驚くべき」不在ぶりである（例＝ジョーンズ・一九六四年・II・八一一頁、マクマレン・一九七四年・一二三―四頁）。本当のところ、不在なのは叛乱なのかその記録なのか、われわれにはしかとは分からないのだ。読み書きのできる階級は、自分たちより下の連中の不満を書きとめたり、その年代記をつくったりすることには熱心でなかったらしい。しかし記録が残っている場合でも、その記述は彼ら農民大衆自体を真正面からあつかうことはめったになく、必ず有力者同士の抗争と関連づけているのである。多くの叛乱の表面的な特質を考えれば、これはもっともなことなのだ。

すべての古代帝国と同じく、ローマ帝国でも激しい社会抗争が渦巻いた。かろうじて治安が保たれていた社会で、主要な通信輸送ルートからへだたったところでは、家屋敷を要塞化できる者はすべてそうしていた。盗賊を取り締まることなどできなかった。盗賊行為はある意味で、倒錯した階級戦争だったのだ。盗賊に加わったのはおおむね逃亡奴隷、小農民、兵士など、搾取の重圧に耐えかねた連中だった。彼らが賃料や税の徴収者に抵抗することはなく、逃亡するか協力するかだった。ショー（一九八四年）が指摘するように、実際のところ盗賊たちは時として地方領主や役人の「準公式的な」同盟者だったのであり、市民的な警察力のない社会において、それに代わる抑圧組織だったのである。

階級的争点や社会変革的目標をめぐっての、もっと組織的な抗争を見出すことも困難ではない。われわれは主に四つのタイプを見出す。第一の最も一般的なタイプは都市の騒乱で、通常は叛乱というよりも、地方のエリート層や役人に抗して国家の援助と正義を求めてのアピール行動だった（キャメロン・一九七六年、ド・サント・クロワ・一九八一年・三一八―二一頁）。こうした半ば制度化され手続き化されたものに加えて、もっと脅威を与える三つのタイプの暴動を識別することができる。最も際立っているのが奴隷叛乱で、通常は奴隷化されて間もない連中が起こしたので、共和政期よりも帝政期になって頻度は減少した。こうした叛乱の目的は農地所有者を殺して（あるいは奴隷にして）自由な耕作に切り換えることだったが、残念ながら彼らがつくりあげた生産形態については何も分からない。これらの抗争は経済的搾取を終わらせることを目的としていたが、局地的に発生しただけでめったに広がることはなかった（トムソン・一九五二年、マクマレン・一九六六年・一九四―九頁、二一一―一六頁、一九七四年）。

しかし残る二つの抗争は、ヨリ広範な組織形態をもっていた。一つは階級の不満という要素をもった（こうした事例は少数だが）王統がらみの内戦である。ロストフツェフ（一九五七年）の主張によれば、紀元後三世紀の内乱は、都市の階級敵に対して農民兵が仕かけた復讐戦争だった。これは今日では流行らない見方なのだが、われわれはそこに二つの真実の要素があることを認めうるのだ。すなわち、軍隊が上方への社会的流動性のメインルートになっていたということと、農民には都市からの略奪物が実質的な生活向上をもたらしたということである。しかし、この目的を達成するためには、農民はほとんどが裕福な土地所有者である指揮官の権威に従わなければならなかった。第二の抗争の形態は主に帝政後期に見られたもので、宗教上の分裂である。こうした運動の幾つか、とりわけ四世紀初期のヌミディアのドナトゥス派は社会的・再分配的目標をもっていたのだが、それが地域的・宗教的な分離主義の傾向をあわせもっていたのであって、私はこれについては次章で述べよう。

これらの騒乱事件において階級的要素が切りとられてしまうのは、国家の徴税権に反抗する地方農民が、「水平的」闘争の保護‐被護組織のなかで自ら地方有力者の支配下に身を置く傾向があったからだった。彼らはまた既存の軍隊や教会・宗派といった、経済外的な組織形態に依存していた。そして彼らは（地域的自律をめざして）国家離脱へと走るか、（王統の争いで勝ちを収めた場合のように）国家の再修復を図るか、いずれかだった。彼らは国家あるいは経済の変革などしなかった――逆方向を除いて。人びとが政治的に活動したのは、おおむね保護‐被護関係で組織された派閥の争いにおいてであって、階級組織のなかでではなかった。階級闘争は徹底的に「潜伏した」状態にあって、その不満は水平的闘争へと導かれたのである。近代社会学型の階級分析は共和政初期なら（限定的に）適用可能だが、その適合性はしだいに減じてゆくのである。

こうしたことのすべては、農民経済の限界と特質とをよく考えれば驚くにはあたらない。工業化以前のほとんどすべての経済に言えることだが、人びとのおよそ八〇―九〇パーセントは大地で働いていた。残余の都市およびエリート集団を大地の労働から免除してやるには、農業生産の九〇パーセントを要した。彼らの消費水準は生活最低限に近く、たいていは自分で生産したものを消費していた。こうして、経済の大半は局地的なものにすぎなかった。農民一家の家長の視点から見れば、経済は大部分が細胞状だった――すなわち彼の交換関係は、彼が自分の品物を無理なく運んで売るか交換するかできる数マイルの地域内に限られていた。輸送の技術とコストとが（すぐ後で述べるが）このことと根本的なかかわりをもっていた。この細胞構造は海洋あるいは航行可能な河川への近接度によって緩和された。そうした場所では、世界との多くの接触が可能であった。にもかかわらず、通常は河川の岸辺あるいは地中海沿岸に位置する都市でさえも、直に接する後背地のほうに圧倒的に依存していたのである（ジョーンズ・一九六四年・II・七一四頁）。そうした地方市場を計算に入れても、交易量は低かった――ある概算によれば（たぶんに疑わしいのだが）、紀元後四世紀にコンスタンティヌスが都市の交易に課した新税は、地租のわずか五パーセントにしかならなかったという（ジョーンズ・一九六四年・Ⅰ・四六六頁、もう少し交易を重視した計算についてはホプキンズ・一九七七年を参照）。

このように、住民大衆の経済相互作用のネットワークはその地方だけに狭く限られていて、彼らの経済的需要の大部分をそれで満たしていた。拡大包括的な帝国のなかにあって、ここからどんな階級的行動を期待できよう？「拡大包括的な階級」は相互作用が存在するなら存在できる。したがって、実質的には自給自足しているたくさんの生産単位で構成されている限りにおいて、ローマはたくさんの局地的で小規模で似かよった直接生産者の「階級」を含みつつも、それらが自分の利害を追求できる社会的な広がりのある生産階級となることはなかったのである。大衆は支配者が描いたヨリ拡大包括的な「組織チャート」にはめこまれて、組織論的に出し抜かれていたのだ。われわれがこれまで検証してきた農民経済において集団行動が可能だったのは、市民の軍事組織で補強された小規模かつ一点集中的な社会だけ（とりわけギリシアと初期のローマ）だった。帝国が拡大して市民がその政治構造から排除されてしまうと、彼らの組織拡張能力は減退してしまった。ローマの階級構造はますます「シンメトリカル」でなくなり、潜伏的なもの以外の階級闘争は、社会発展にとっての重要性を減じてしまった。私としてはこうした市民は「大衆」と呼んで、もっと活動的なひびきのある「階級」という呼び名は与えない。

しかし最低生活と自給自足を越えている範囲は、いかに狭かろうと、われわれの関心の対象である。結局のところわれわれがローマに対して抱く唯一の関心は、それが最低生活をおくる農民の原始的社会だからではなく、農民たちも細ぼそとはいえ、ヨリ広大でヨリ繁栄した「文明」世界とつながっていたという点なのである。第五章で述べた帝国の福利というものがここでも見られ、それがどの程度だったのか、計量してみよう。

大衆にとっての帝国の福利

穀物の収量倍率は、生活水準が帝国の勃興とともに上昇し衰退とともに下降したことを示す、五つの手がかりの一つである。ほぼすべての農業経済において、主食の供給源は穀物だった。収穫の一部は次の収穫のための種《たね》として植え付けなければならなかった。植え付けた種に対する総収穫量の比率が生産諸力の発達レヴェルの目安となるのは、そこに技術進歩のすべてが織りこまれているからである。さまざまな耕作技術や作付けローテーションなどについて詳論するより、私は播種量に対する収穫量の倍率を提示したほうがよかろう。手に入るデータは散発的で疑わしい点もあるけれども、ヨーロッパの歴史を通覧的に比較して眺めることができるのだ。ローマの数字は紀元前一世紀から紀元後二世紀の時期、つまりローマの〈力〉の最盛期のものであるが、大いに変動するのだ。

キケロによれば、シチリア島の貴族所有地は八対一から一〇対一の倍率を産出するのだが、これは明らかに良質の火山性土壌だった。ウァロによれば、エトルリアは一〇対一から一五対一だった。これもおそらく非常に肥沃な地域だったと思われるのは、コロメッラによれば、イタリアは全体とすれば四対一だったからである。多くの学者はこの数字を信頼している。これらローマの数字の正確さがどの程度のものだったにせよ、帝国の崩壊とともに西方では収量倍率が実質的に下落した。もちろんわれわれはこれを他の根拠で把握しなければならないのだが、収量倍率の数字はそれを裏書きするのである。紀元後の八世紀九世紀になると、フランスの二つの荘園、イタリアの一つの荘園について数字が分かっており、デュビィ（一九七四年・三七—九頁）によればそれは二・二対一より高くはない——これより低いものもある。これでは収穫の半分を種として植えなければならないわけだが、ほとんど餓死寸前の危険な比率である。しかしスリッヘル・ファン・バート（一九六三年・一七頁）はデュビィの計算には誤まりがあって、本当の九世紀の数字はおよそ二・八対一だと考えている——それでもなおローマの収穫高より実質的に低いのだ。その後の二〇〇年間にわたるたくさんの数字は、ゆっくりではあるが着実な生産増が起こったことを示している。一三世紀（大方はイングランド）の収量倍率はおおむね二・九対一から四・二対一のあいだで変動し、一四世紀では（フランスとイタリアが加わって）三・九から六・五のあいだだった（スリッヘル・ファン・バート・一九六三年、ティートウ・一九七二年、本書〔437頁〕の表12-1も参照）。一六世紀一七世紀については、われわれは大筋でローマ期のデータと比較しうるイタリアのデータを用いることができる。それはわずかに高いだけ——貧困地域の一対一から肥沃な地域の一〇対一で、その平均値はおよそ六対一である（チポラ・一九七六年・一一八—二三頁）。こうした数字が示唆するのは、ローマ帝国の経済的達成の偉大さであり、その中心部の農業は一〇〇〇年にわたって比類なき存在だったのだ。

生活水準比較の第二の手がかりは、現金支払いは現物支払いよりも高い生活水準を示す、という従来の仮説から引き出される。なぜなら前者のほうが、多品目の物品が商品として交換されていることを意味するからである。ローマ皇帝ディオクレティアヌスの三〇一年の最高価格令によれば、都市労働者への賃金支払いは、現物一に対して現金一・五—三・〇である。一六世紀イングランドの同種の政府命令は、労働者賃金の少なくとも半分が現金支給されることを想定していた。これはローマ自体と帝国の他の都市地域が、イングランドよりも高い生活水準にあったことを示しているのかもしれない（ダンカン＝ジョーンズ・一九七四年・一一—一二頁、三九—五九頁）。賃料や税の現金徴収にも交易促進という経済的メリットがあったのは、貨幣を手に入れるには物品を交易しなければならず、賃料や税を現物で支払ってしまえば単純な一方的徴集に終わって、それ以上の交換が行なわれないからである。ローマの徴税は、おそらくギリシアを別にすれば、それ以前のどの帝国にもまして現金徴集だった。

第三の手がかりは考古学である。ホプキンズの結論によれば「ローマの地層を発掘すると、ローマ以前の地層よりも多くの工芸品が出土する。たくさんの貨幣、壺、ランプ、道具類、彫刻の施された石、さまざまな装飾品——要するに生活水準が高かったのである」（一九八〇年・一〇四頁）。たとえばブリタニア（グレートブリテン島）のように、属州に編入されたのが遅かった場合でも、農業活動の増大がはっきりと認められ、開墾される地域が広範に拡大した。

第四の手がかりは農業技術の改良である。共和政後期とプリンキパートゥス（元首政）初期を通じて、野菜、果物、家畜など多品種の作物とさまざまな肥料とが徐々に普及している（ホワイト・一九七〇年）。しかしながら、その後の技術的停滞の予兆も現われており、これについてはこの章で後述しよう。

第五の手がかりは人口の規模と密度である。イタリアについての史料は、共和政後期の人口調査が中心で大いに信頼できるものだが、その他の時期の帝国人口は推測である。〔ドイツ人古代歴史家〕ベロッホによる古典的な調査は（ラッセル・一九五八年にその英文の要約があるが）、最近の研究で増補されている（とりわけブラント・一九七一年の研究）。紀元前二二五年のイタリアの人口は概算五〇〇万から五五〇万、その密度は一平方キロあたり二二人である。これが紀元後一四年までに少なくとも七〇〇万人、一平方キロあたり二八人へと上昇した。ラッセルによれば、西ローマ帝国の衰亡によって、これが五〇〇年までにおよそ四〇〇万へと下降した。それが六〇〇年頃からゆっくりと上昇したが、古代のピークにまで回復したのはようやく一三世紀だった。帝国全土の人口はこれほどには分からない。ベロッホは紀元後一四年のそれを五四〇〇万と見積もったが、これは今日では西ローマ帝国（とりわけスペイン）に関して低すぎると考えられている。およそ七〇〇〇万というのが最近の幾つかの概算の中間点といったところで、その一平方キロの密度は二一人である。帝国全土の人口の、その後の減少や再上昇を年代的に確定することができないのだが、おそらくイタリアのパターンにそっていただろう。

興味深い点が二つある。第一点として、人口は共和政ないし帝政の繁栄とともに上昇し、その崩壊とともに減少した。ローマ人はかつては不可能だった大人口の扶養をやってのけ、その政体の崩壊後は五〇〇年かけても人口は回復しなかったのである。第二点として、彼らの成功は本質的に拡大包括的であって、三〇〇万平方キロメートル以上もの巨大な領域に広がっていた。人口密度が異常に高い属州が一つ（いつもながらエジプトがそれで一平方キロ一八〇人）と、異常に低いのが二つあった——ダキア（ドナウ流域）とガリア（フランス）である（後者についてはフランスの歴史家たちが異論をはさんでいるが）。人口密度の数字に対する都市の貢献は不釣合いに大きいのだが、これは帝国全土に散在していた。広大な陸地の上に、居住地は切れ目なく広がっていたのである。

こうした瞠目すべき福利について考えてみれば、階級による階級の搾取にせよ、一部の古典研究者が言うような都市によるいなかの搾取にせよ（例＝ド・サントクロワ・一九八一年・一三頁）、帝国を単純に「搾取的」ととらえることは適切ではない。たしかに搾取は存在したが、そこからはすでにおなじみの、あの強制的協同のパターンで福利が流れ出ていたのである。農民生産者と大規模世界とをつなぐ搾取と福利の微妙な連結装置が存在していて、それが彼らを最低生活以上のレヴェルでかくも集中的に、かくも広範に住まわせたのだが、その連結装置とはいったい何だったのか？　そうした連結装置には二種あった――水平的なものとして、商品の交換・交易という「自発的な」形態と、垂直的なものとして、賃料や税の徴収という強制的な形態である。それらの相対的な比重はどうだったのか？　この問いに答えるには、二番目に重要な〈力〉のアクターである支配階級の特質を検討しなければならない。

ローマ支配階級の拡大

帝政ローマに明確な支配階級が存在したことは疑問の余地がないのだが、その〈力〉の特質となると複雑で変化に富み、矛盾を含むことさえある。支配階級をめぐる難問とは、共和政初期に制度に組み入れられて以後ますます明確な形をとった大衆《マス》との関係ではなく、国家との関係である。「上層」はわれわれの近代的な意味での階級とよく似ている――つまり、私有財産を基盤とする「市民社会」のなかにその〈力〉をもち、国家からは事実上《デー・ファクトー》自律している――のだが、その地位は大方国家のなかに起源をもち、それを維持するために絶えず国家に依存していたのである。これがどのように発展したのかを見ていこう。

「私有財産」制はローマで早くから発達していたが、帝国がその征服国から手に入れた利得の結果として「離陸《テイクオフ》」したと考えられる。征服がもたらした富と労働支配とによって、本来の主要な集合的制度である市民参加が破壊されてしまった。それは武官および文官の公職を通して行なわれた。すべての将軍は当初、行政長官職をもつ元老院身分の人びとから選ばれた。その選出は抽選だったから、軍の高官と上層階級とのあいだに全体としての緊密な結びつきがあることが分かる。そういう連中が戦利品と奴隷の配分を管理したのだった。

征服した属州の行政は、さらに流動的な富を生み出した。属州総督、財務官《クワエストル》、その他の長官職は元老院身分から選ばれ、徴税請負人や軍務請負人は通常、騎士身分から選ばれた。

彼らの活動ぶりに関しては、それを冷笑する史料がたっぷりある。たとえば紀元前二世紀の後半のこんな嘆き――「おれとしたところで、財務官のように、国家の金袋から黄金を取り出して分けてくれるような金づるが、おれはほしいね」。紀元前一世紀になると、属州総督には三つの財産が必要だという、こんな言い草が繰りかえされた――選挙費用に一《ひと》財産、失政告発裁判での陪審員の買収に一財産、余生を送るに一財産。キケロはこう要約した――「結局のところ、すべては売り物だということが分かる」（引用はすべてクローフォード・一九七八年・七八頁、一七二頁）。

国家とはこうした人びとのことだった。プリンキパートゥス期になるまでは中央官僚機構が分離されておらず、それ以後でも、上層階級の行政官に対する官僚機構の監督能力には大いに限界があった。富は国家によって被征服民から強奪され徴税されたが、それを手中に収めたのは分権的階級だった。こうした余剰に対する彼らの取得権は、「絶対的」私有財産権として制度化されており、それを保障するのは国家だったが、実行管理するのは貴族出身の法律家たちの、一見自律的な集団だった。国家と支配階級とのあいだに、隠微な互酬関係が存在したのである。

　この階級にある程度の統合をもたらしていたのは何だったのか？　ローマが複数都市国家システムや独立的属州群《サトラピー》へと解体しなかったのはなぜか？　この問いはローマの〈力〉が成就したこと、すなわち三〇〇万平方キロメートルを越える領域におよそ七〇〇〇万の人びとを擁する帝国体制をつくりあげたこととの根本を問うている。地図を一瞥すれば、それは地中海からかなり遠くへ、とりわけ北方へと広がっていたものの、その中核はやはり地中海だったことが分かる。古代世界全般を覆っていた通信輸送と管理の制約についてこれまで再々述べてきたが、ローマ帝国の場合もそれは同じだった。これまではヒエラルキーとしての、また領域としての連邦的政治体制が形成されたにすぎず、それが辺境領主からの征服攻撃によって解体されたり再構築されたりしていたのだった。しかしローマはさまざまな有為転変にもかかわらずはるかに安定的で、ずっと統一を保ちつづけた。いったいなぜか？

　その答えはわれわれを、第五章で検討した帝国的支配の二つの最も効果的な戦略へと立ちもどらせる。その第一は主として帝国のヒエラルキー的な諸関係と関連している。私が主張したいのは、スペンサーが言う強制的協同の高度な形態である「軍団経済」によって支配が領域化された、という点である。第二の戦略は水平的な諸関係で、上層階級のイデオロギー的統合の促進と関連している。この第二の〈力〉の形態については次章で詳しく述べるが、ここで概説しておこう。

　それに先立つ多くの諸帝国と同様、一般的にローマの支配も各地方の土着エリート層を通じて行なわれ、それを総督や駐屯部隊や軍団基地が支援していた。前章で行なった比較対照を用いるなら、ローマがとったオプションはペルシアであって、アッシリアではなかった。しかしその政策はすぐに新たな形態へと発展した。各地方の支配者はそのまま従来の位置にとどまることができた（カルタゴ人だけは顕著な例外だったが）。〔アウグストゥス帝時代のローマ史家〕リウィウスはスパルタのある僭主がローマの将軍に対してこんな言葉を口にしたと伝えている――「貴殿が望むのは少数の者が富み、一般市民が彼らに従うことだな」（ド・サント・クロワ・一九八一年・三〇七頁から引用）。そのかわりに地方の支配者は、少なくとも帝国の西部地方では、文化的にローマ化されたのである。この意識的な政策には言葉や読み書きの教育、劇場・円形劇場の建設、地方の宗教をローマの宗教にゆるやかに編入することなどが含まれていた。ローマの支配がおよそ一世紀つづいた後では、西方属州のエリート層のあいだに地方文化の残存を見出すことが一般的に困難になった。誰もがラテン語を話した（そして紀元後三世紀までは、多くの人びとがギリシア語も話していた）。東ローマ帝国ではギリシア文化の存在と、その言語と文化をローマ人も部分的に吸収したこととによって、状況は複雑だった。東ローマ帝国には公用語が二つあった。政治支配者を統合する主要言語はギリシア語だったが、ラテン語も主として法廷と軍隊で話された。この複雑さを別にすれば、東ローマ帝国は西ローマ帝国と同じで、両者ともエリート層のあいだには高度な文化的統合が見られたのである。このプロセスは紀元後一四―二八四年の時期に関して、ミラーほか（一九六七年）によって記述されている。元老院の所属議員は、帝位の継承と同じく、帝国中に拡散していった。皇帝がまとう紫の衣はローマ貴族からイタリアの「ブルジョア」へ、次にヒスパニアと南ガリアのイタリア人植民者へ、次にアフリカ人とシリア人へ、そしてさらにドナウやバルカン地域の出身者へと移っていった。実際の帝位継承プロセスの暴力性にもかかわらず、この拡散ぶりは瞠目すべきことで、歴史上前例がなかった――この間、帝国は統一を保ったのだ。いかなる帝位競争者も、属州の「国民的」指導者となって属州を継承ないし征服し、帝国全土にその属州の覇権を樹立しようなどとは思わなかったようである。ローマの覇権はゆるがなかった。これもまた新しい事態だった――これ以前の諸帝国では、内乱や帝位争いの結果として、覇権が属州や首都のあいだを揺れ動いたのである。

　読み書き能力が決定的だった。これ以前の諸帝国では基盤構造が出来あがっていなかったので、イデオロギー的統合が不可能だった。読み書きという手段によって広範な領域にメッセージが伝達され定着されるようになるまでは、大規模帝国のなかに同じ思想や日常慣習が生まれるのに時間がかかった。すでにギリシア人やペルシア人のあいだでは、読み書き能力を通してエリート文化が発達していた。ローマにおける読み書き文化の詳細は次章で述べるが、二つの主要な特徴があった。第一に、それは男性はもとより女性をも含む上層階級全員の読み書き能力であって、その階級に公式に教えられるとともに、他の階級にも広まっていった。第二に、それが用いられたのは上層階級のあいだのインフォーマルな、面と向かっての、圧倒的に口頭的な諸関係のなかでだった。したがって、それが伝達した文化的連帯感の大部分は、上層階級の内部に閉じこもることになった。大衆は除外されたのである。書くことは上層階級のインフォーマルな諸制度の外側では、あまり発達しなかった。記録や計算は未発達で、国家にせよ私的個人にせよ、単式簿記や複式簿記などまだなかった（ド・サント・クロワ・一九五六年）。上層階級の顔ぶれから独立した〈力〉の資源など、国家にはなかった。歴史上これまでの時期に、読み書きは二つの「内在的な」イデオロギー的役割――国家的な〈力〉の手段であるとともに階級連帯の定着剤という、二つの役割を果たしていた。ローマではこれらが以前にも増して密接に融合したのだった。

　こうして普遍的な**支配階級**が登場した――それは拡大包括的で、他人の土地や労働までも占有し、政治的組織をもつとともに、文化的な自覚をもっているのである。完全発展をとげた共和政ないし帝政を支配したのは、個別独立主義的な各地の支配者たちの一団ではなく、土着エリート層に君臨するか、あるいは彼らを通して支配する征服者ローマという中核部でもなく、まさに階級だったのである。

階級構造は、私が第七章で「アシンメトリカル（非対称的）」と呼んだものだった――拡大包括的で政治的な支配階級が存在したのだが、それに従属する階級が欠けていたのである。現代の著述家にとって、このような表現は受けいれがたいだろう。同一の社会空間内で組織された優勢な階級と従属的な階級とが、相闘ったり妥協しあったりする今日の階級構造のシンメトリー（対称性）に、われわれはなじんでしまっている。初期を除いてこのシンメトリーがローマには見られないものだから、多くの著者はローマに階級が存在しなかったと結論する（例＝フィンリー・一九七三年・第三章、ランシマン・一九八三年）。しかしローマの土地所有エリートは、過去現在を問わずいかなる社会のいかなる集団にも増して「階級らしさ」をそなえていた。むしろ階級構造とは高度に変化するものであって、そのうちの一部少数がシンメトリカルであるがゆえに、マルクスが述べたたぐいの階級闘争が起こると結論すべきなのだ。

一つ限定をほどこしておかなくてはならない。ローマの上層階級読み書き文化には大きな断層地帯が通っていて、ラテン文化とギリシア文化が分裂していた。これが最後には帝国を二つに分裂させた。地政学的な相違も手伝って、これはヨーロッパ文明とその東方隣人とのあいだの永続的な分断線となったのである。

ローマは歴史的に見れば特異な存在だが、当時としては特異ではなかった。時代的に近いのは中国の漢王朝だが、こちらも文化的同質性をもった支配階級を発展させていた――実際にはおそらくローマ以上だったろう。こちらの場合もその中心は、きわめて世俗的な文化である儒教の、読み書きを通じての普及だった。読み書きの発展は、〈力〉の諸関係を具象化し永続させることに主要な役割を果たしつつあった。それはイデオロギー的な〈力〉のロジスティクス上の基盤構造であって、拡大包括的な支配階級の結合を可能にした。やがてそれは他の諸階級にも普及してゆき、初めのうちは支えていたローマの政治体制そのものの不安定要因となった。イデオロギーがもつ**超越性**の物語は、次章まで待っていただこう。

ローマの統合に作用した主要な〈力〉の別の形態は、これまでの幾つかの章で私が強制的協同と言ってきたものの領域化である。これは「軍団経済」という形態をとり、そのロジスティクス上の基盤構造は、本格的な領域権へと近づき始めた軍事経済によってもたらされた。それは歴史的にはイデオロギー的な階級統合よりも先行していて、後者は力ずくで征服した領域に適用されたにすぎないのだった。ローマ人は同化政策を、自分たちの国境線を越えてまで促進することはなかった。

ローマの帝国経済の分析として最良のものはキース・ホプキンズのそれである。私は彼の交易分析（一九八〇年）から始める。地中海の難破船についてのパーカー（一九八〇年）

の研究を用いて、ホプキンズは紀元前二〇〇年以降に海洋交易が（三倍以上に）急上昇したと推定する。以後は紀元後二〇〇年頃まで横ばい状態がつづき、それからは下降線をたどり始める。同じように彼は、貨幣鋳造用金型についてのクローフォード（一九七四年）の研究を用いて、貨幣の貯蔵量は紀元前一五七年以前の一〇〇年間は安定していたが、以後はしだいに増加して紀元前八〇年頃ピークに達し、紀元前一五七年レヴェルの一〇倍以上になったと推定する。そのレヴェルは紀元後二〇〇年頃までつづくが、ここで貨幣価値が下落したので、交易量を推計しても甲斐ないことになってしまった。彼はまた、相異なる七つの属州で発見された紀元後四〇─二六〇年の期間の貯蔵貨幣を比較して、帝国全体にわたって通貨供給量に統一性があったと推測する。貯蔵貨幣の発見という偶然だのみの方法論で起こりうる誤まりを考慮しても、彼がすべての属州について紀元後二〇〇年の直後まで同一の傾向を見出すというのは、瞠目すべきことである。帝国はこの時期、単一の通貨経済だったのだ。これによって帝国外の経済活動との連結を否定するのではなく、帝国の境界の内側で行なわれていた経済的相互作用の体系的特質に注目すべきなのである。これまでの諸帝国において、こんなことが起こったためしはなかった。われわれは今や、これまで以上に「一元的社会」へと近づきつつあるのだ。

貨幣は交換の単なる媒体にすぎず、交易はその単なる形態にすぎない。貨幣と交易をともなうこの経済を実際に生み出したものは何か？「征服」が最初の答えだが、これがいかにして経済統合へと変換されたのか？　統合には三つの形態が考えられる──市民と国家の垂直的統合を意味する税、地主と農民の垂直的統合を意味する地代、そして交易自体は前二者の産物であるとともに前二者から独立的でもある水平的統合を意味する。

まず交易発展の自然な成り行きについて考えてみよう。ローマによる征服は地中海一帯から政治的境界を取り除いて北西部を開放し、南部および東部の古くから蓄積されていた富と自律的交易ネットワークとに結合させた。奢侈品と奴隷の交換ではこれが特に顕著だったが、当初の征服以後、国家はこれにほとんど関与していなかった。本国と属州のローマ人エリートは帝国の戦利品を活用して奢侈品と奴隷を購入し、これによって「市民社会」の交換関係が増進した。次に地代について考えてみよう。地主たちが奴隷、農奴、自由労働者を活用したことで、帝国の余剰、キャッシュ・フロー、交易が増大した。これについてはあまりよく分からない。しかし三番目として、市民社会の内側に置かれていたこれら二つの統合形態も、国家による徴税という統合に比べればその重要性は低いと確言できよう。この点は全体に及ぶ交易のフロー（流れ）から見てとることができる。ホプキンズの初期の論文から引用すると──

> 帝国全土にわたるこうした通貨統合の根本要因となったのは、税と交易との相互補完的なフローだった。帝国の最も裕福な属州（スペイン、北アフリカ、エジプト、南部フラ

ンス、小アジア）は税を貨幣で支払い、その大部分は軍隊が駐留するイタリアないし帝国の辺境属州に持ち出されて使われた。そして裕福な中核的属州は彼らが納めた税金を、これらの税金受納地域に食糧や物品を売りこむことで取りもどした。……こうしたわけで、ローマ帝国における遠距離交易をうながした根本刺激は中央政府の徴税と、大方の生産者（納税者）が暮らす地域と大方の政府依存者（兵士や役人）が配属される地域とのあいだをへだてる距離であった。（一九七七年・五頁）

ローマは国家主導の経済システムをつくりあげたのだ。したがってこの点から見れば、私有財産制や通貨制があったとは言うものの、ランシマン（一九八三年）のようにローマを「資本主義経済」と呼ぶことは不適切なのである。

しかしながらこの国家主導経済には、（現代国家のように）必要に応じて経済に貨幣を投入するといった銀行的基盤構造がなかった。唯一の支払いのメカニズムは、国家自体が行なう出費だった。ローマも多くの古代国家と同じで、通貨を臣民同士が行なう交換の媒体とは見なさず、収入の徴集、出費の支払い、準備金貯蔵の手段と考えていたのである。この役割は油断なく防衛した。ウァレンス帝は私人が金貨を鋳造していることに聞き及ぶと、すぐさま没収した。帝国の造幣所は政府の需要に応えるためにあったので、一般公共の便宜のためではなかった（ジョーンズ・一九六四年・I・四四一頁）。交易と都市生活一般とにおける貨幣の役割は、国家自体の行政上の必要性の副産物だったのだ（クローフォード・一九七〇年・四七―八四頁、一九七四年・六三三頁）。

こうして、私有財産の莫大な蓄積と事実《デー・ファクトー》上の政治的自律にもかかわらず、上層階級は自己に有利な経済システムの維持を国家に依存していた。彼らは征服国の資産を隠匿してしまったのだが、そうした資産を存在させるには国家が必要だったのである。

前節で提起された大衆《マス》の経済的福利の問題も、これで解明された。と言うのは、彼らが消費する特定の物品（たとえば布地、ナイフ、塩、ワインなど）も、この国家主導の貨幣経済に依存していたのである。われわれはまた「市民社会」の主要な集団と「国家」とを完全には判別できない。征服国家ローマの分裂が社会秩序全体の崩壊へとつながりかねなかった時期を過ぎると、ローマは中央独裁的な、帝国的な国家へと再統合されていった。これは第五章で述べた、初期の支配帝国に見られた強制的協同がいっそう進化した形態だった。そこで最後の、そして最も重要な〈力〉のアクターへと眼を転じよう――すなわち、国家そのものを考察しよう。

帝国国家と軍団経済

ローマが支配する領域の政治体制――共和政、元首政、帝政――の問題は、紀元前一〇〇年から紀元後二〇〇年にかけての時期には、その底流をなす統一性と連続性の問題ほど重要ではない。ローマの「本当の」政治体制、その政治権力の真の所在地について述べるのが、どうしても困難で骨の折れる企てだというのは、公式の取り決めはもとより非公式な取り決めをもあつかわなければならないし、後者は記録されていないことが多いからである。私としてはこの企ては迂回して、国家の〈力〉を計る単純な尺度、すなわち財政決算書を用いることにする。支出側は国家機能の測定尺度となり、収入側は市民社会内部のさまざまな集団からの国家の自律度、あるいはそれらの集団への国家の依存度の記録となっている。現存する記録に限界があることは明らかだ。この方法は先ざきの章で、もっと体系的な記録を残した国家をあつかう際に用いるので、その根拠と限界についてはその折に詳述しよう。当面私は、シュムペーターが述べているこの方法論一般についての正当化意見を引用しておく——

　公共財政は社会調査の最良の出発点の一つである。……ある民族《ピープル》の精神、文化レヴェル、社会構造、その政策から生まれるもろもろの行為——こうしたものすべてが、いやそれ以上のものが、言葉の修飾作用を殺ぎ落とした姿で、財政の歴史に書きこまれているのである。このメッセージを聴きとる耳をもつ者こそ、他では聴取できない世界歴史の雷鳴を聴き分けることができる。　（一九五四年・七頁）

あるいは〔一六世紀フランス絶対王政のイデオローグ〕ジャン・ボーダンの単刀直入の表現をかりれば、金《かね》こそ国家の筋骨なのである。

われわれがもっている帝国の財政の詳細は、一時点のもののみである。これはアウグストゥス帝の遺言書「神皇アウグストゥスの業績録」が残存しているおかげである（フランク・一九四〇年・四—一七頁に収載、ミラーほか・一九七七年・一五四—五頁、一八九—二〇一頁に解説）。そこに書かれている二つの決算書、国家財産《アエラリウム》とアウグストゥス個人の所帯財産とは、実際に別物だったと考えるべきだろう。フランクはそう信じている。

　国家財産の支出総額は、毎年およそ四億セステルス（ローマの基本貨幣）だった。およそ七〇パーセントが軍隊関係費（六〇パーセントは軍団および海軍、一〇パーセントは近衛歩兵隊およびローマ周辺の都市警護歩兵隊）、およそ一五パーセントがローマ住民への穀物分配（「パンとサーカス」としてその名が残る施し）の費用、およそ一三パーセントが公共サーヴィス費用、そしてわずかな残余が公共建築、道路建設、競技開催などに使われた。アウグストゥス個人の毎年の支出は概算一億セステルスで、六二パーセントが兵士たちへの給与、土地の給付、年金給付に当てられ、二〇パーセントが現金や穀物としてローマ住民に分配され、一二パーセントが皇帝自身のための土地購入に当てられ、残りは神殿造営費と競技開催費だった。その表題からすれば相異なるパターンになるだろうとのわれわれの期待に反して、これら二つの予算の類似性が示しているのは、アウグストゥスの「公的」機能と「私的」機能とのあいだに実際的な区別などなかった、ということである。大部分の出費が軍隊その他、ローマ住民を鎮めるためのものであることから、アウグストゥスはある程度の忠誠を、国家のみならず彼自身へも取りつけていたのだ。これは制度化が進んだ国家とは言いがたいものだった。

軍隊の規模は以後三世紀にわたって、三〇万人を越えたところでほぼ安定していた。この期間、文官官僚やその機能について強化増大が図られた証拠はない。したがって軍事費が圧倒的だったのである。その他の支出については、文字通り「パンとサーカス」を使っての（もとより近衛歩兵隊と都市警護歩兵隊が背後に控えてのことだが）ローマ市民に対する鎮定政策が最も重要で、その他の市民的機能の充実は後まわしだった。こうした支出はローマ国家が軍事体制だったことをあらわにする。後の諸章で見るように、中世国家や初期近代国家の場合とは異なり、その軍事体制はゆるがぬ安定性を示している――その後継諸国とも異なって、ローマ国家は常時戦争状態にあったがゆえに、その財政規模に大きな起伏を経験しなかった。そしてまた現代国家との比較では、市民的機能や職務を軽視する点で異なっているのである。

実際の官僚機構はちっぽけなものだった――おそらくはローマに一五〇人の役人がおり、属州には一五〇人の元老院身分および騎士身分の行政官プラス少数の公僕がいた。国家は大筋において軍隊だった。国家主導の経済とは軍隊主導の経済のことだった。

そこで私たちは、最重要のこの軍隊をつぶさに観察しなければならない。それが果たした機能は何だったのか？　ここで私は、前に行なった経済分析と、ルトワク『ローマ帝国の大戦略』（一九七六年）から取った軍事戦略的考察とを結びつけよう。以下に掲げる図は彼の本をもとにしてつくられている。

紀元前一〇〇年から紀元後二〇〇年の時期には、二つの戦略的段階があった。最初のほうをルトワクは「覇権帝国」と呼び（私が本書で「支配帝国」と呼んでいるものと同じ）、これが紀元後一〇〇年までつづく。この段階（図9-1）では帝国に明確な外縁などなく、国境線上にも要塞などなかった。軍団が発揮する攻撃力は国家のさまざまな統合力よりも大きかった（これはラティモアも言っていた）。外側の地域に圧力をかけ、そこから戦利品を巻きあげるには、保護国を活用するのがはるかに安あがりだった。これは文明化された幾つかの国家が部分的にそれぞれの領域を支配していた帝国東方地域で比較的容易に行なわれ、平和を維持するにはローマ軍団の駐留を必要としていた無国家状態のヨーロッパでは困難なことだった。

この第一段階では、大方の軍団は国境線に配置されたのではなかった。その機能は内部の鎮定だった。直轄地帯の征服は軍団が敵の領域内に侵入ルートを切り開き、主要な居住地域や政治上の首都を陥落させた。次には軍事的優位を維持しつつ侵入領域を広げていった――軍団は中央指令の行きとどいた五〇〇〇人の精鋭部隊に補助部隊が加わっていた。駐屯地を細かく分散したのでは、この利点が失われてしまっただろう。そこで案出されたのが進軍キャンプだった。軍団は前進しつづけるが、要塞を建設し通信輸送ルートを構築しなが

図9－1　ローマ帝国の第1段階 —— 支配帝国
（ルトワク・1976年による）

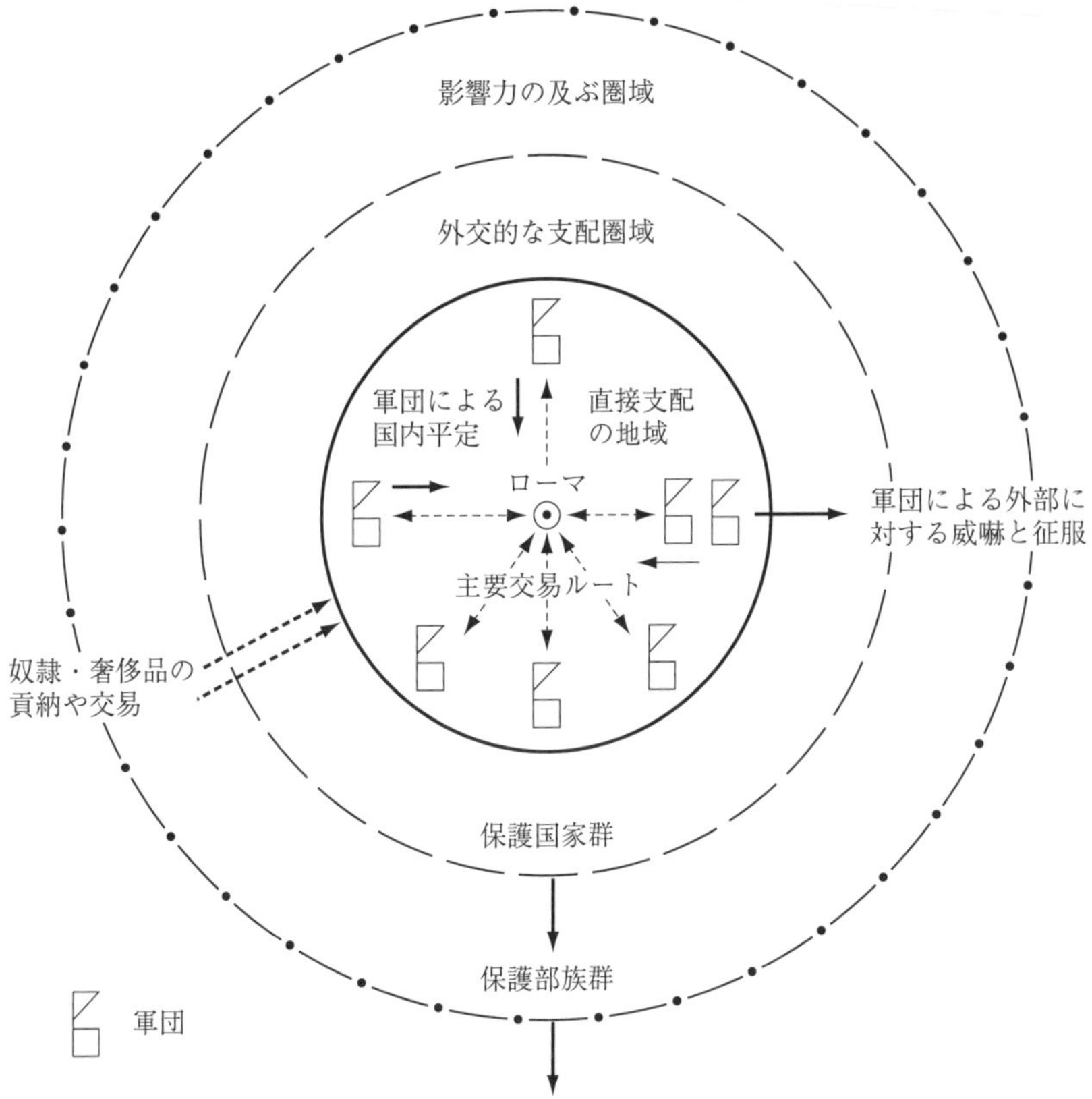

ら、その速度はゆっくりと慎重だった。マリウスの改革はこの戦略を確たるものに仕上げて、重装歩兵を戦闘と土木の二重部隊へと変換したのであった。

　このことは軍団部隊を描いた絵画や文章のなかに、はっきりと示されている。ユダヤ人の歴史家ヨセフスは、ローマ軍の組織を目のあたりに見て、その団結力、規律、日常の訓練、キャンプ建設の仕方から食事時の集団慣習までも、激賞した記録を残している。次いで彼は彼らの行軍隊形と装備について記述する。彼らが運んでいるものに注意してほしい――「歩兵たちがもっているのは槍と長い丸楯の他にのこぎり、かご、つるはし、おの、革ひも、掛け鉤《かぎ》、それと三日分の食糧だが、こうして歩兵には荷物運搬用のらばなど必要ないようにしたのである」（一八五四年・第三巻・第五章・五頁）。この一風変わった道具一式は長い竿にくくり付けられて槍のように担がれたが、これはマリウスの兵站部の工夫によるものだった。槍と丸楯だけが戦闘武具だった。それ以外の装備はすべて「ロジスティクス兵器」であって、ローマ支配の基盤構造《インフラストラクチュア》を拡大するために考案されたのである。大部分は要塞と通信輸送ルート建設に必要だった――かごは地ならし用、革ひもは芝土ならし用、二枚の刃の付いたつるはしは木を伐採して堀を穿つためのものだった。その他は基本的に補給物資を増やす道具だった――穀物刈り入れ用のかま、木製の装備と薪をつくるためののこぎりである（この装備をめぐる論議はワトソン・一九六九年・六三頁およびウェブスター・一九七九年・一三〇―一頁を参照）。この装備を、戦闘用武具だけを運んでいた他の帝国や都市国家の大方の軍隊と比較対照してみよう。ローマ人は軍隊を通した支配で一貫していた最初の人びとだが、それは恐怖のみならず土木工学を駆使しての支配だった。部隊は装備運搬の長蛇の隊列には頼らず、道路建設のために現地で労務を徴発する必要もなかった。誰であれ現地の食糧補給を統制していた者との、やっかいな交渉を行なう必要が軽減された。それは貨幣経済に依存していたので、ローマ以前にはわずかの帝国しかできないことだった。こうした前提があってこそ、軍団は独立した単位として、農業余剰をもっていたすべての地域にわたって、支配を固め後方を統合しながらゆっくりと前進することができた――この地域は、これまで見てきたように、ほぼ帝国の全領域に及んでいたのである。

　マリウスの竿にくくり付けられた道具一式は、拡大包括的な支配の可能性をめざしての、鉄器時代としては最後のご奉公だった。軍団は前進しながら道路や運河や城壁を建設していき、これらの通信運輸ルートはいったん建設されれば、軍団の前進スピードと侵攻能力の増大をもたらした。縦横に侵攻された後、属州では税の徴集と、補助軍そして後になると軍団への徴用とが日常化された。これが征服後最初の現地大叛乱を引き起こしたこともしばしばあったが、それは全力で粉砕された。しかる後に軍事圧力は緩和され、ローマの政治支配が制度的に確立されていった。新たに設けられた通信輸送ルートと国家主導経済とによって、経済成長がうながされた。これは実はわれわれの現代的な意味での国家主導経済ではなく、軍事主導経済――**軍団経済**だったのである。

平定地域の増大とともに、いっそう多くの軍団が外への拡大へと向けられた。とは言うものの、拡大政策は無際限というわけではなかった。ローマ軍団は集中定住民に対する密度の高い戦争ではその威力を発揮した。ところが分散居住の遊牧民に遭遇すると、その利点と能力と征服欲とはしぼんでしまった。サハラ砂漠を南へ侵攻して行っても意味はなかった。北方ゲルマンの森は侵攻不可能ではなかったが、軍事組織は機能しにくかった。三つの軍団を率いたヴァルスが、かつての異民族援軍司令官アルミニウス率いるゲルマン人の手にかかって壊滅した紀元後九年のトイトブルクの森の混戦以後というもの、ローマ人の野望は二度とよみがえらなかった。これ以後北方辺境地域には、危険な「半蛮族」が常に跋扈することになる。

東方には別の障害があった――ローマと境界を接していた唯一の主要文明国家パルティアである（紀元前二四〇年頃へレニズム世界のセレウコス朝ペルシアを征服した）。東方では保護国を使って支配していたがゆえにローマ軍の質は低く、またローマ軍の通弊として、東方砂漠地帯で有用な騎兵が不足していた。クラッススは紀元前五三年の遠征の際、パルティア軍に対する十分な備えを怠ったために、彼と七つの軍団はシリア北部のカラエで全滅してしまった。パルティア軍は重装騎兵と騎馬弓兵の組み合わせで、騎兵がローマ軍の隊列を密集させておき、それを弓兵が殲滅したのである。ローマ軍は騎兵と弓兵とでしかるべく防御して、この敗戦を逆転することができた。しかし、その後パルティア人は拡大政策をとらず、脅威とはならなかった。彼らを征服しようとすれば、多大の努力が必要だったろう。結局そうはならなかった。

内部の平定が進むにつれて、軍団は今や帝国の国境地帯で必要となった。ローマは図9－2に示されるような、領域帝国という第二段階へと向かっていた。この段階での主たる脅威は平定された属州を襲う外敵だった。それら外敵には定住地域がなかったので排除することもできず、唯一の戦略は封じこめだった。あいにくこれでは、部隊をすべて周辺に配備しなければならなかった。辺境要塞によって配備コストを削減することができた。それらの要塞は「蛮族」を完全に締め出すことを意図したのではなく、通信輸送を改善するとともに外敵に侵入・脱出地点を絞らせ、彼らの退路を阻止しやすくしたのである（［イングランド北辺にある］ハドリアヌスの長壁の、外側ではなく内側に大きな溝が掘られているのは一見奇妙なことだが、おそらくこのためだろう）。軍団経済を維持するには、カネとヒトとを惜しまず支出することが必要だった。たとえ戦略は変わっても、ローマの軍事体制に終わりはなかった。

第五章で述べた初期の支配帝国における強制的協同は、五つの要素で出来ていた――武力平定、軍事的乗数効果、経済価値の制定、労働過程の強化、伝播および刷新の強制である。軍団経済にはこれら五つのすべてが含まれていたが、強固な外部境界の下にいっそう強化されていた。

図９－２　ローマ帝国の第２段階 ―― 領域帝国
（ルトワク・1976年による）

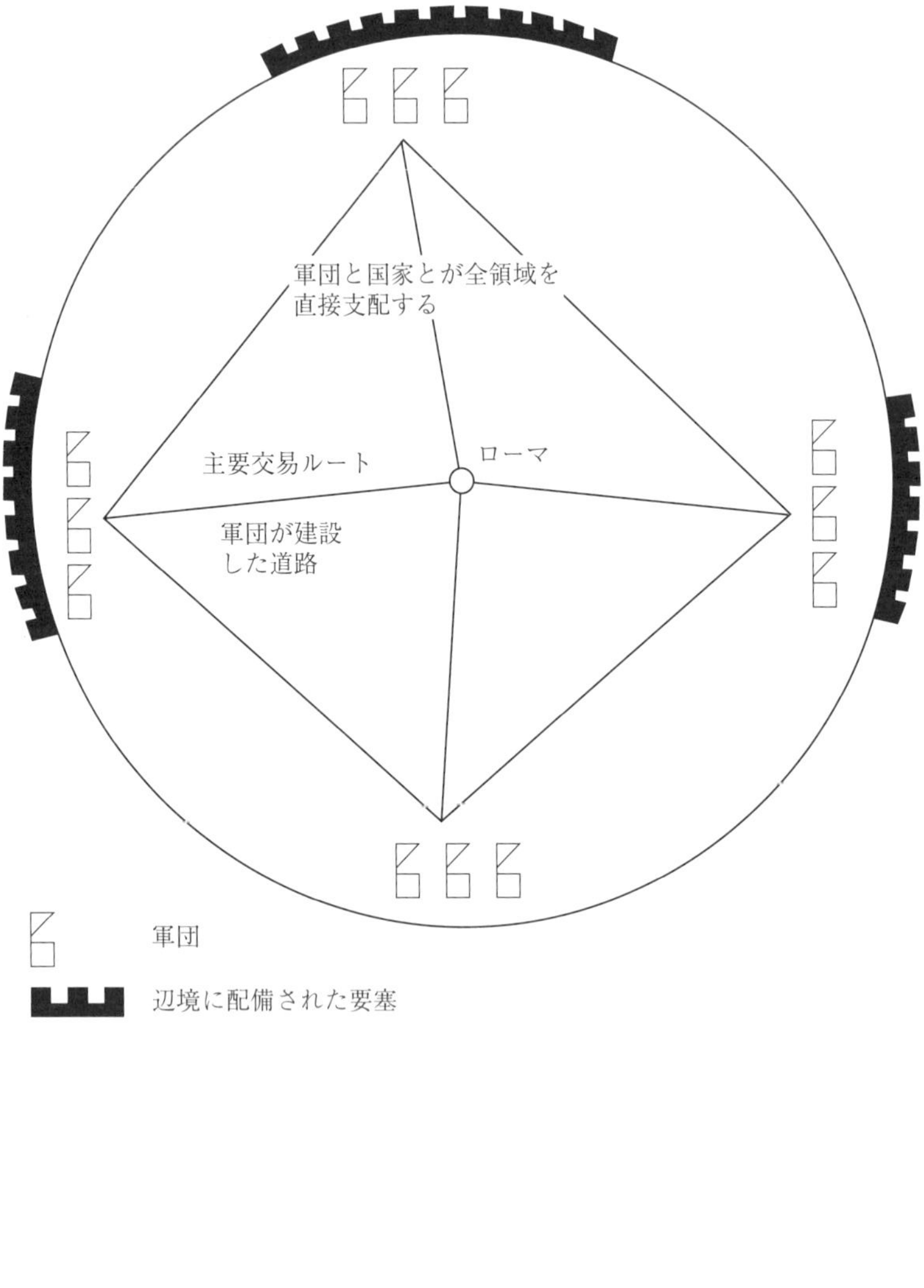

(1) **武力平定**　内部の平定は覇権ないし支配帝国段階を通じて盛んに行なわれ、外部の平定は領域帝国段階で行なわれた。双方とも合理的な経済活動のための安定的かつ安全な環境をもたらし、双方ともしだいに領域的性格を帯びていった。

(2) **軍事的乗数効果**　経済という形態での強制が行なわれて、通信輸送と交易の基盤構造を供給するとともに、軍団所在地やローマに消費市場をつくりだし、貨幣制度、交易、経済発展が促進された。これが軍団経済の心臓部、「軍事的ケインズ主義」だった。

(3) **経済価値の制定**　最初の支配帝国以後、この点が大きく変化した。この間の諸章で見てきたように、小農民と交易民の経済的な〈力〉の成長と貨幣制度の発達によって、中央統制経済というものは崩壊した。今や価値が決まるのは国家と「市民社会」のあいだの〈力〉のバランス、すなわち、国家の権威と私的に組織される需要・供給とが混ぜあわされるなかでだった。ローマ国家は貨幣を供給し、それを国家自身の消費需要を通じて分配した。経済の貨幣セクターにおける主たる消費者は国家だったから、国家の需要は消費物資の相対的な不足と価値とに大きくひびいた。しかし生産者や仲買商人や請負人が私的な〈力〉の保有者を構成し、彼らの諸権利を法や貨幣経済の価値のなかに確保していた。国家と私的セクターとが絡みあいながら巨大な共通市場を生み出して帝国の隅ずみにまで浸透した結果、その境界が交易ネットワークの切れ目となった。貨幣経済が実質的に、領域帝国の発達をうながしたのである。

(4) **労働過程の強化**　これはまず奴隷制、次に農奴制と賃労働を媒介として起こった。国家による軍事征服の産物として、上層階級全体の管理の下に分権化されていった。フィンリーが言うように、農民は自由になればなるほど、彼の経済的な位置は不安定になった。農業専門書が与える助言は「企業家ではなく警察官の視点」を示していたのである（一九七三年・一〇六―一一三頁）。

(5) **伝播および刷新の強制**　この要素は初期の覇権ないし支配帝国の段階で顕著だったが、その後の領域帝国の段階では目に見えて衰えた。伝播は東から西への一方通行の気味があったが、これはローマ人がギリシアや中東の文明から学んだからである。しかし彼らはそれを、強制的に大西洋岸へと運んでいった。ローマの平和《パークス・ロマーナ》の内側で共通文化が芽ばえつつあった。しかしながら、辺境要塞の建設が象徴していたのは外側の世界に対する防御的姿勢の兆候であり、帝国停滞の一部だったのだが、これは後で論じよう。

　これら五つが合わさって軍団経済を形成し、それが労働、経済交換、貨幣、法、読み書き、その他ローマ国家の諸機構を通して帝国全土に浸透したが、この国家はいわば軍団支配者たちの共通問題を処理する委員会のようなものだった。

　ここで通信輸送のロジスティクスと、領域支配の可能性に対するその伝統的な制約とについて、もっと体系的に見ていこう。輸送上の制約は概して変わりなかったけれども、ローマ人はその枠のなかで瞠目すべき三つの前進を実現した。

第一の前進というのは、ローマのエリート――彼らは国家であると同時に土地所有者でもあったが――が高レヴェルの余剰を生み出し、その一部を自分のために確保しようとするなかで、それ以前のいかなる国家にも増してはるかに高レヴェルの支出を管理の基盤構造の建設に当てることができた、という点である。たとえば軍団への物資補給などの陸上輸送はきわめて高コストだったが、それが必要欠くべからざるものとなれば支出されたのである。

ディオクレティアヌス帝の最高価格令がここにも関連してくる。この勅令に示された数字によって、われわれはさまざまな形態の輸送コストのちがいを計算できる（勅令の全文はフランク・一九四〇年・三一〇―四二一頁、ダンカン＝ジョーンズ・一九七四年・三六六―九頁にすぐれた解説がある）。一つだけあいまいな点がある――重量の尺度が二の因数で変わってしまうのである。海洋輸送のコストを一とすると、内陸河川輸送のコストは四・九倍、道路上の荷車輸送では二八倍か五六倍となる（そしてらくだを使っての輸送は荷車より二〇パーセントほど削減される）。どちらかを選ぶとなれば、国家は水路による補給を選ぶだろう。しかしもしそれが不可能なら（たとえば冬期）、どれほどコストがかかろうが物理的に可能な限り、陸路輸送が選ばれよう。ディオクレティアヌスの勅令によれば、穀物を積んだ荷車を一〇〇マイル動かす輸送コストは小麦コストの三七パーセントか、あるいは七四パーセントにも達して、これはたいへんな増加ではあるが、初めの算定の三七パーセントなら明らかに実行可能なのである。これ以上の距離について述べられていないが、その場合は通常陸路は使われなかったのだろう。ことローマ人に関する限り、利益と実行可能性とは分離して考えることが大切だ。輸送はまずもって平定するために組織されたのであり、利益目当てではなかった。武力平定のために補給物資の輸送が必要であり、それが実行可能なら、ほとんどコストを無視しても彼らは試みた。実行のためには組織化が行なわれた――それ以前のいかなる社会にも見られなかった、高いレヴェルのロジスティクスである。それはコスト高ではあったけれども、さまざまな緊急事態に対処するには申し分のない手段だった。しかし日常平時であれば、それは帝国の利益を食いつぶす――結果としてはそうなったのである。

第二の前進は余剰獲得の空間を拡大したことにあった。ディオクレティアヌス帝の数字は、らばや雄牛にルート上で餌を与えることを前提にしている。そうしなければ、彼らは穀物を食い荒らしてしまうのである。砂漠以外のあらゆる地域が広範に耕作されている帝国では、どこででも幾らかの余剰食糧が得られた。十全に組織された貨幣経済のお陰で、雄牛やらばは低品質飼料の安いコストで飼養できたので、輸送コストの増大を一〇〇パーセント以下のレヴェルに抑えることができた。全体的な制約条件はいまだに払拭されていなかったわけだから、このシステムでの効率的な輸送ができるのは中距離――八〇―二〇〇キロに限られていた。それ以上の距離なら、海洋あるいは河川のルートでなくてはならなかった。これらが組み合わさって、輸送ルートは帝国全土に広がったのである。切れ目なくつながったネットワーク上の立ち寄り地を支える余剰を生産できないような地域など、実際どこにもなかった。この点が以前とちがうところで、それまでの諸帝国の肥沃でない地域は、補給システムのなかで常に大きなロジスティクス上のギャップを生じさせていたのだった。

第三の前進は、この余剰の獲得を組織化したことだった。これは軍団経済のロジスティクス構造を通して行なわれた。帝国すべての「ムニキピウム（地方都市）」はその地の部隊への物資補給を要請された。属州総督と軍団司令官は、これらの補給物資を収集するために陸路水路の輸送を徴発できたので、五〇〇〇人の兵力からなる軍団は一つの単位として、冬期においても作戦行動がとれた。もっと大きな部隊の集合や移動には幾らかの準備が必要だったろうが、およそ二万の部隊の移動でも、この時期ではほぼ日常的なロジスティクス作戦だったと考えられる。軍団組織が、帝国の全領域へと浸透したのである。

軍団経済の弱点――〈力〉の乖離

しかし軍団経済も矛盾を抱えていた。一方で市民も上層階級もともにその福利を、実際には多くの場合その生存さえも、帝国国家がもたらした軍団経済に依存していた。彼ら自身の活動、彼ら自身の実践は、その援助なしには必要最低限を生産できなかった。しかも同時に、国家はその機能の多くを上層階級へと分譲してしまったのである。構造全体の有効性は、こうした矛盾的傾向をうまく制度化できるかどうかにかかっていた。しかし収入の面から見れば、うまくいったのはほんの部分的だったことが分かる。

アウグストゥス帝の遺言にもどろう。アウグストゥス治下の「アエラリウム（国庫）」の年間収入は総額およそ四億四〇〇〇万セステルスだった。彼個人の年間収入の総額は、おそらく一億から一億二〇〇〇万セステルスだった。[3]「公的」収入は主に税と属州からの貢納だった（イタリアのローマ市民はこの貢納を紀元前一六七年から紀元後三世紀末まで免除されていた）。「私的」収入は主に二つの源泉から出ていた――内乱や対外戦争の戦利品と、富裕な連中が残した遺言による現金および土地の相続（息子たちに官職と愛顧を求める賄賂の一種）、それにわずかだがアウグストゥス自身の所領という源泉もあった。したがってこの段階では、ローマ国家はその財政を主として征服によってまかなっていた。戦争から得られる利益の二つの段階――戦利品から貢納へ、そして征服民からの徴税と官職がらみの賄賂――これらが数字の主要部分である。

このパターンがその後もつづいたわけではなかった――実際のところ、拡大政策の継続がなければ、それは困難であろう。その後のどの時期についても正確な数字がないのだが、

（3）この概算は、個人の支出と収入は大枠で均衡しているという（フランクの）仮定にもとづいている。この総額はアウグストゥスがあげた全支出の、二〇年間の平均である。

二世紀にわたって三つの変化があったことは分かっている。第一に、皇帝個人の財源と公的な財源を区別することが、当時の人びとにとってますます困難になっていった。第二に、徴税は着実に制度化され、イタリアにも課税された後、これといった公の交渉もないまま（そして明らかな増額もないまま）継続されたのだが、そのレヴェルは年間の生産物価値の一〇パーセント以上に達したことはなかっただろう。これが収入の最大の源泉だった。第三に、皇帝の所領が莫大に増えたのである——紀元後三〇〇年までに全土の一五パーセントに達した、というのがジョーンズ（一九六四年・四一六頁）の概算である。これは二番目に大きな収入源だったであろう。三世紀の中頃には、こうした新たな組み合わせの財源が、皇帝自らが監督する帝国の「フィスクス（金庫）」で統轄された。

これら二つの段階とも、未解決の緊張を抱えていた。アウグストゥスの時代の皇帝の主な役割は、巨大な軍事力の最高司令官だった。彼がふるう権力を制約したのは、彼の軍事的同盟者や配下の者たちの忠誠であって、「市民社会」のなかに制度化されているさまざまな権力ではなかった。ところがもう一方で、皇帝自身の所領や遺言寄進（これとて主として大家系の所領から来るのだが）から生まれる収入は、彼の〈力〉を市民社会における財産所有関係のなかに保管した。前者は自律的な権力を生んだが、後者は市民社会への従属を意味したのである。

アウグストゥスの時代からの徴税システムにも、緊張が感じられた。課税評価権は名目上は皇帝と元老院とが分けもっていたが、元老院の実質的権力は今や衰えつつあって、アウグストゥスとその後継者たちはほぼ独裁権に近いものを手にしていた。しかし彼らの徴税能力は低かった。徴税請負人（後には各地の土地所有者や町邑の有力者たち）が当該地域の税額を総額で請負い、彼らが課税評価の細目を決め徴集を行なったのである。決められた総額を納めている限り、徴税方法は彼らに任せられていたのであって、腐敗があっても皇帝へと訴えられるのは事後《エクス・ポスト・ファクトー》になってからだった。税額が増えても、この方法は変わらぬままだった。後の段階になって、皇帝が「フィスクス（金庫）」とその支出に関して全面的な管理権を掌握するにしたがって、徴税の独裁権も増した——とはいっても、彼は収入の源泉に関して新たな支配力を獲得したわけではない。皇帝と上位階層とのあいだの〈力〉の乖離、これこそ未解決の緊張だった。このシステムは、毎年比較的一定の額を予算に対する最少コストで支出するにはうまく機能した。しかし独裁にせよ協議にせよ、中央レヴェルと地方レヴェルの関係を制度化しそこなったことで、変化にうまく対応できなかった。紀元後二〇〇年以降、外部からの圧力がかかると、それは解体し始めたのである。

したがって、ローマ帝国はその絶頂期においても、特に結合力のある構造というわけではなかった。主な三つの構成要素であった市民と、上層階級と、国家とは、それぞれがある程度自律的だった。ローマ市民は準自由民へと格下げされ、国家への参加権を奪われた結果、大部分が属州民として地方の上層階級に支配されていた。しかし彼らのなかでも若く貧しい連中は、上層階級の派閥に加わるか国家の公式の指揮下に入るかして軍隊の一員となったのだが、そのいずれによっても彼らを安定した〈力〉の制度に編入することはできなかった。この点はそれまでのローマの伝統と著しい対照をなすことで、伝統喪失はしばしば慨嘆されたけれども、完全に失われたというのでもなかった――その伝統とは市民権、法にもとづく諸権利、貨幣の使用、ある程度の読み書き能力のことである。こうした伝統のすべてが市民たちに、今やローマ皇帝にはそなわっていないある種の〈力〉と自信とを与えていたのである。われわれは次章で、この〈力〉がもう一人別の神への奉仕に向けられるのを見よう。上層階級の連中は、そこに住む市民を含めてそれぞれの地方支配は確立していたけれども、中央における集合的、制度的な〈力〉は与えられていなかった。中央における安定した影響力は真にインフォーマルな派閥、すなわち皇帝の「アミーキー（腹心連中）」になれるか否かにかかっていた。内乱という暴力によっても、もっと大きな権力を得る可能性があった。しかしこれは軍事的な勝利とはなっても、確固たる制度的な権力には至りつかなかった。皇帝とその軍隊に体現された国家エリート層の存在は、市民と上層階級の目標達成に不可欠で、明らかに中央を支配していた。「市民社会」内部でのその浸透力はペルシアのエリート層をはるかにしのいでいたが、近代の基準からすればまだ弱いものだった。軍隊自体も上層階級間の派閥抗争やら市民間の属州対立やらの圧力で解体する可能性があり、事実また解体もしたのである。

これらの諸関係のいずれもが、十分には制度化されていなかった。正常に行使されるもの以上の権利義務が不明確だった。長びいた異常事態に対応できる枠組みが存在しなかったのである。これは紀元前二〇〇年頃の共和政とは正反対の事態であり、その共和政の成功は、長期にわたる危機に直面して犠牲を分かちあう用意が十分にできていたことに基盤を置いていた。ところが、この成功それ自体によって犠牲を分かちあうための諸制度が破壊され、それに代わって国家と、上層階級と、市民との〈力〉の乖離が生じたのである。こうして軍団経済は、かつてなかったような高度な内向集中性と拡大包括性とをあわせもつ社会組織となったのだが、究極的な意思決定のための正統性の位置づけがどこにも存在しなかったために、本来的に柔軟性を欠いていたのだった。

西ローマ帝国の衰亡

ローマの崩壊は西欧文化最大の悲劇的物語であるとともに、教訓の物語でもある。(4) 今日までに名を成したその語り手とは、悲劇の味わいそのものを自分たちが生きる時代への明確で声高な教訓と結びつけた人びとである。ギボンは滅亡の原因を

（4）ここでの主な典拠はジョーンズ・一九六四年、ミラーほか・一九六七年、一九七七年、フォークト・一九六七年、ゴファート・一九七四年である。

蛮族と宗教の勝利に帰することで、一八世紀啓蒙主義を高らかに鳴り響かせた――野蛮と同類の迷信ではなく、理性への信頼を！　というわけである。その後の民主主義時代のさまざまな諸段階諸党派は、教訓の焦点を政治上・経済上の民主主義の衰弱に絞る傾向を示し、いかなる疑念も抱くことなしに帝政時代よりも初期の共和政を善しとしてきた。マルクス本人に始まってペリ・アンダーソンやサント・クロワへと至るマルクス派は、奴隷制と（市民権の基盤である）自由農民制の崩壊とを糾弾する。ロストフツェフによって代表される「ブルジョア民主主義」派によれば、属州行政における「中産階級」としての「デクリオネス（地方都市参事会員）」の台頭を阻んだとして、国家が非難される。「ブルジョア‐工業社会論」派は帝国における技術革新の不在を強調する。そしてこれを二〇世紀の著者のほとんど全員がこぞって支持したのである（崩壊の原因をローマの手工業の弱さによるものとする極端な見解は、それほどでもなかったが）。

これらの物語には二つの誤まりが含まれている。第一に、そこで述べられ教訓の糧とされている現実は紀元後の一八世紀から二〇世紀にかけてのものであって、ローマ時代のものでないことが多いのである。もちろんこの点は、早い時期ほどはっきりしている。ギボンが言わんとしたことや誤まりは今ではよく見えている。われわれのそれはまだ見えない。しかし誤まりはもう一つあって、実はギボンはこの誤まりを完全にまぬがれていた。ローマ時代と自分が生きる時代との連続性を見ようとして、物語の語り手たちはローマ時代それ自体の連続性を強調しすぎたのである。一九世紀と二〇世紀の、実質的にはすべての著述家たちは、複合的社会がとりうる最も効率的かつ進歩的な形態は何らかの意味でデモクラティックな社会である、と考えてきた。ローマの民主政時代は共和政期にあった。したがって、後の帝政期に効率と進歩が失われた理由は、共和政の諸制度の衰微によって跡づけなければならないのである。ギボンだけはちがっていた。彼は崩壊の原因を新たな勢力、つまり（とりわけ）キリスト教と後の蛮族からの圧力とに帰そうとし、したがって紀元後二〇〇年あたりを大きな切れ目と考え、そこから衰退が始まったとした。この点でギボンは正しかった――彼の論拠が常に正しかったわけではないけれども。

ローマの一体性が保たれたのは支配階級の統合と、軍団経済が果たした二つの機能によってだった――二つの機能とは戦場で敵を打ち負かすことと、その後である程度の経済発展や安全保障の制度をつくりあげることとである。紀元前一〇〇年頃から紀元後二〇〇年頃まで、この一体性を揺るがすものはほとんどなかった。この時期は一つの支配階級文化の発展期である。交易と貨幣流通とは、この時期全体を通して安定していた。ローマの領域防衛も同様で、紀元後一一七年頃にすっかり安定した。この数世紀間の政治記録をにぎわす各地の内乱は、共和政末期の内乱ほどひどくはなかった。経済発展の現状レヴェルと領域的統一性の下でローマが存続することを危うくするものなど、何も見あたらなかった。後に起こった衰退を示すいかなる指標も、マルクス・アウレリウスの治世（紀元後一六一―一八〇年）以前にさかのぼることはできないのだが、この治世中には貨幣価値の切り下げが初めて深刻さを増し、疫病の大流行があり、幾つかの地方における人口減少が皇帝の憂慮の種となり、ゲルマン諸部族が国境を越えて襲ってきた。(5) しかしこれらは今のうちは一時的で、持続的なものではなかった。衰退の指標が定着するのは三世紀中頃からだった。

しかし紀元前一〇〇―紀元後二〇〇年の時期に対してしばしば貼られる二番目の忌憚のないレッテルには、幾分かの説得力がある。グラックス兄弟とスパルタクスの叛乱を鎮圧し、同盟国にも市民権を与えてしまった後のローマ帝国には、活気を欠く部分が多く見られた。議論の焦点は技術の停滞にある。この議論は古典世界全体に対して行なわれることが多いが、ローマの事例について最も説得的である。ローマ人はわれわれのように技術的創意工夫を尊ぶということがなかったし、われわれのように科学的発見の成果を急いで実用に向けるということをしなかった。記録は幾分不ぞろいである。当然予想されることだが、軍事の分野では工夫に富んでいた。実例をあげれば、包囲攻撃用兵器は帝政期を通じて急速に発達した。しかし経済にとって決定的に重要な農業の領域で、彼らは停滞していた。有名な事例は紀元後一世紀のパレスティナにおける水車と、同じ頃にガリアに登場した刈り取り機だが、どちらも広く、あるいは急速に普及することなどなかったのである。それでも技術史家たちは他にもねじ、てこ、滑車などたくさんの実例をあげるのだが、それらが改良されたり伝播したりすることはなかった（プレカート・一九七三年・三〇三―三四頁の概説を参照）。いったい、なぜ？

一つの伝統的な答えが奴隷制だった。これは今なお一部のマルクス派に支持されている（例＝アンダーソン・一九七四年a・七六―八二頁）が、もう通用しないだろう。キークル（一九七三年・三三五―四六頁）が指摘するように、奴隷制が盛んだった紀元前五〇〇―紀元後一〇〇年という時期は、奴隷制衰退期よりも技術上の発明や応用がはるかに豊富であり、さらには奴隷制衰退期のほうが衰退後の時期よりもはるかに豊富だったのである。フィンリー（一九六五年・二九―二五頁）が唱えた比較的真実味のある議論は、奴隷制をもっと広がりのある説明のなかに組みこんでいる。古代世界では従属的労働は豊富にあった。したがって、そのほとんどが人間の筋力の代替をするような機械の発明工夫は、人間の筋力が数においても動機づけ（といっても強制だが）においても不足などしていなかったがゆえに、少しも魅力がなかった。これはなかなか説得的である。説得力の一つは、それが奴隷

（5）トラヤヌス帝が土地所有者に対して、イタリアにおける孤児の養育を許したことが、人口減少を示しているとはよく言われることである。この点については他の証拠がなく、とくに軍隊志願者の不足を示すのか、あるいは都市の成長の結果として拡大家族の増殖に衰えが見えたことを示すのか、いずれかであろうと思われる。ダンカン＝ジョーンズ（一九七四年・二八八―三一九頁）は、この政策をネルウァ帝治世（紀元後九六―九八年）の初期からのものと考え、しかしその規模は小さかったと指摘している。おそらくそれは額面通りのもの、つまり慈善行為だったのだろう。

制原因説に対するキークルの異論に対応できる点にある。これまで見てきたように、労働力の問題は奴隷制によってというより、その後に現われた労働者身分——最低限生存のために働く半自由な賃金労働者だった「コロヌス（従属農民）」など——によって解消された。奴隷制の最盛期において奴隷の分布が一様でなかったことと、それが中核的地域の独立小農民に有害な影響を与えたがために、発明工夫の必要が高まったのだ。しかしこの説明ではまだ不十分だというのは、動物の筋力の代替としても機械は使われなかったからだ、動物はコスト高で不足がちだったのに。いったい、なぜ？

通常「創意工夫」といわれてわれわれが思い描くのは、創意工夫のうちでも特定の限定された形のものにすぎない。それは内向集中性のもので、エネルギーや資源という形でヨリ少ないインプットから、特にヨリ少ない労働のインプットから、ヨリ多くのアウトプットを引き出すことを目ざす。これと対照的に、ローマ人の創意工夫は主として拡大包括性のもので、インプットをヨリ協同化・組織化することで、ヨリ多くのアウトプットを引き出したのである。彼らは拡大包括的な社会組織をつくることに卓越していた。これは近代の歴史と古代の歴史との単純な二分法の問題ではない。鉄器時代革命は（第六章で述べたが）、その先進技術の面では内向集中的だった——それらの技術が物理的に土地を深く耕す一方で、権威的な社会組織は縮小したのである。ローマ人がその基盤を利用しつつ外へと向かい、地理的空間を平定し統合していったことは、繰りかえし見てきた通りである。マリウスの竿に何がくくり付けられていたかを思い出してみよう！　軍団の装備の一つ一つは、発明品としては大したものではなかった（もっとも、ある将軍によれば彼の数かずの勝利は「ドラブルム」つまりつるはしのおかげということだが）。大したものだったのは複合的で拡大包括的な社会組織のなかでの、その組み合わせ方なのだ。マリウスの兵站部のブレーンたちは、内向集中性思考ではなく拡大包括性思考だった。その結果が人類の創意工夫のなかで「初の」領域帝国だったというのも、むべなるかなである。

拡大包括性の組織に対するローマ人の関心は、われわれが評価するたぐいの創意発明に対して彼らの目をふさいでしまった——とは、近代の著述家が論じている通りである。彼らは人間の筋力を、機械あるいは動物の筋力で代替することに無関心だった（省力効果が明白で投資支出も不要な場合は別だが）。時たま彼らが行なったのは（われわれなら決してしない）反対方向のことで、拡大包括性のある組織で結果が得られるとなれば、軍隊の補給物資をらばから人間へと積み替えたのだった。われわれが技術発展と呼んでいるものの素地が彼らにそなわらなかったのは、彼らが達成した主なものすべてがインプットを減らすことではなく、インプットを拡大し組織することに基盤を置いていたからである。

このモデルは私に答えられない論点を前提としてしまっている。ローマ人もやはり、拡大包括性の革新能力の割合が減少していったのだろうか？　答えはおそらく「イエス」である。なぜなら彼らは紀元後一〇〇年までに、これが自然の境界線だと感じられるところまでたどり着き、農業に役立つ大半の土地を開墾し、政治・財政の組織も帝国全体に浸透し終わっていたから。十全に答えようとすれば、組織のロジスティクスを中心とする一次史料について、新たに問い直さなくてはならないだろう。

しかし究極のところ、紀元後二〇〇年前後の帝国全体に減速を見てとることは、「衰亡」問題の解答には決定的な意味をもたないだろう。今やローマ固有の発展が攪乱されたのである。紀元後二世紀の末までに、その安定を脅かす新たな外的脅威が現われたが、ローマ人もそれに気づいていた。要塞建設のパターンを見ると、彼らはライン河上流とドナウ河上流のあいだの地域の、どの防衛線にも自信がもてなかったことが分かる。一六七年と一八〇年のあいだに、ローマはゲルマンの部族連合であるマルコマンニの侵入に対して、ドナウ河防衛のため二度にわたって激しく戦う羽目になった。ローマ側は、パルティア人との戦いが成功裡に終わったばかりの東方から部隊を大量に移動しなければ、辺境属州を持ちこたえられなかったのである。これは二重の意味で不吉なことだった。東と西の両面戦争がいかに危険であるかがはっきりした。さらに、マルコマンニは北方「蛮族」の組織能力が増大しつつあることの兆候だったのである。

ローマ帝国もそれ以前の諸帝国と同様に、辺境領主たちのレヴェルを向上させていた。これには幾通りかの現われ方があった（トッド・一九七五年）。第一に、大規模な社会組織に依存しないローマの農業技術革新——多品種化、単純な機具、肥料——がユーラシアとアフリカ全域に広まった。紀元後二〇〇年頃を境として、これらの地域の農産物がローマ農業の重大な競争相手となり始めた。第二に、軍事技術が伝播した。かつて補助軍の指揮官を務めた「蛮族」指導者の一部は、ローマの技術を用いた。彼らはローマの弱点が騎兵にあることを熟知しており、自分たちの卓越した機動性を意識的に活用した。しかし第三に（攻撃が成功したことの見返りとして）、彼ら自身の社会構造はいっそう中央集権化されたのである。紀元前一世紀半ばに書かれたカエサルの記述と紀元後二世紀のタキトゥスとを比較して、トムソン（一九六五年）は王政へと向かう諸傾向とともに、私有財産権の発展年代を跡づけている。両方とも戦争で生まれた権威を基盤としていた。両方とも外交上の安全のために、ローマ人が意識的に促進した。そして両方ともローマ人との交易によって促進され、その結果ローマからの輸入品決済のために、ゲルマン人によるいっそう組織的な奴隷略奪攻撃が行なわれたのである。ゲルマン人の社会組織は大いに前進した。要塞で防御された一〇—三五ヘクタールに及ぶ町が幾つか発掘されているが、その人口はローマ属州の町邑よりはるかに少ないわけではなかった。ローマの相互作用ネットワークは、要塞のある国境をはみ出していた。このローマ帝国とて、一元的な社会ではなかったのだ。

一九三年セプティミウス・セウェルスが帝位を継承した後の二〇年のあいだに、ローマの再編成が観測される。セウェルスは優秀な軍団を国境から引きあげて予備の機動部隊とし、代わりに国境には開拓民兵を配置した。これはいささか防衛的で弱気なかまえだった。これには経費もかさんだので、彼は財政改革を行ない、徴税請負制を廃止し、ローマおよびイタリアへの免税をやめてしまった。これで税収は十分に上がったのか？　おそらくそうではなかったというのは、彼は（以前にマルクス・アウレリウスがやったことだが）銀貨の価値を切り下げ、その量を増やしたのである。息子のカラカラ帝も同様の配慮を示した。彼が市民権賦与の範囲を拡大したのは、人びとを政治活動に動員しようとしただけではなく、そこには財政的な魂胆があったのだ。彼もまた貨幣切り下げを行ない、その供給を増やした。ホプキンズの計算によれば、一八〇年代と二一〇年代とでは、ローマで鋳造されたデナリ銀貨の銀含有量が四三パーセント下落した（一九八〇年・一一五頁）。

この決定的な時期に関して、そこで行なわれた政策変更の鋭敏な部分と愚鈍な部分とを、もっと知っておくのもよかろう。セウェルス親子は財政と軍事にわたる賢明な二股戦略を試みた――国境地帯に小農‐市民軍を復活させるとともに、それをヨリ衡平な税制で維持されるプロの予備軍と結合させたのである。徴税請負制の廃止は、強制取り立ての敢行という重大問題をも示唆している。しかしおそらく彼ら親子は短期的な緊急事態――ある時は帝位を競うライヴァルとの抗争、ある時はライン河やドナウ河を越えての、そして東方での突如の侵入など――によって貨幣切り下げを余儀なくされたのだが、このような経済においてこれは想像しうる限り最悪の政策だった。その支出需要を通して貨幣を発行し、供給サイドは生産者と仲介商人に任せていた国家にとって最悪のことは、その貨幣の信用を自ら破壊することだった。もし悪鋳が露見すれば、買いだめやインフレーションが起こるだろう。銀貨を増発したとしてもこうした結果は生まれなかったと思うが（私は現代のケインジアン‐マネタリスト論争に割って入るつもりはない）、その銀の含有量の切り下げとなれば、市民の目には国家の主要機能の一部の切り下げと映った。皇帝たちには自分のしたことの意味が分かっていなかった、という主張もある。彼らには切り下げとインフレとの技術的関連性が分かっていなかったかもしれない。しかしながら彼らは、貨幣の価値はその金属含有量によってのみ決まると信じていたのだから、悪鋳は臣民を欺く意識的な試みにほかならなかった。彼らは発覚とそこから生じる不満とが避けがたいと思っていたにちがいない。切り下げ戦略の合理性は、一息つくためだけのものだったのだ。

しかしこれは通用しなかった。今や大規模な侵入能力を持つにいたったゲルマン人は、ローマの防衛体制の欠陥を見てれども、さらに悪いことが発生しつつあった。二二四―六年、大胆不敵になった。中東では、ローマにとって本筋でないけパルティア国家はサーサーン朝ペルシアの侵入で転覆されたが、サーサーン朝の支配はその後四〇〇年間つづくことになる。パルティアよりも中央集権化が進み、持続的な遠征や包囲戦の能力を持つサーサーン朝も、拡大政策をとっていた。ローマ人（およびその他の隣人たち）は最終的には、彼らサーサーン朝の弱点——国家と封建貴族間の敵対緊張——につけこむようになった。しかしローマは延々一世紀にわたって、東方の諸属州とライン‐ドナウ国境との同時防備につかなくてはならなかったのである。防衛の費用は一七五年頃からの五〇年間で膨大に上昇した。社会構造を変えぬままこの費用をまかなうには、大きな集合的犠牲が必要だった。国家と上位階層と市民の乖離状態を克服しなければならなかった。セウェルス朝の諸政策はこの方向へと向かう試みだった。しかし残された時間は乏しかった。皇帝たちは貨幣切り下げやら没収やら、手当たりしだいに金《かね》を徴収した——しかし税率全体の引き上げを行なうには、それに必要な政治機構がまだ出来あがっていなかった。セウェルス朝の結末はそれに似つかわしいものだった。二三一年にペルシアとの決着のつかない戦争が始まったその翌年、マルコマンニのさらなる侵入が起こった。ライン河の軍隊は給料をもらえず、二三五年に叛乱を起こしてセウェルス・アレクサンデルを殺し、部下だった将軍のマクシミヌスを帝位につけたが、これが一連の軍人皇帝の嚆矢となった。

二三五年と二八四年のあいだにローマの財政‐軍事システムが破綻してしまい、経済全般に破滅的な結果をもたらした。貨幣の銀含有量は二五〇年の四〇パーセントから、二七〇年には四パーセント以下へと落ちこんだ。地方の連中が帝国通貨の受け取りを拒否したこともあったという。物価は上昇したが、正確にいつ、どのくらいかは分からない。都市が衰退した証拠は、新しい建物の落成や、慈善行為や、贈り物や、奴隷の解放などを記念する石碑が激減したことで分かる。難破船の数も減少した（おそらく天候の改善ではなく、交易の激減を示すのだろう）。打ち棄てられた耕地や村落を嘆く声が、世紀の半ばから始まった。辺境の土地では実質的な人口減失が起こったかもしれないし、標準的な土地ではそれほどでもなかったろう——こんな歯切れの悪い言い方をするのは「アグリ・デセルティ（荒廃農地）」がどの程度あったか、はっきりしないからである。衰退の最悪局面は、下方スパイラルの自己加速だった。部隊への補給が困難となるにつれ、叛乱が起こった。次の皇帝二〇人のうち、一八人が暴力で殺され、一人はペルシアで獄死し、一人は疫病で死んだ。侵入者たちは苦もなく略奪ができ、経済はますます混乱した。二六〇年代はどん底で、北方でゴート人、東方でペルシア人の同時攻撃をこうむった。ローマ側が言うところによれば、二〇〇〇隻の船で三二万人のゴート戦士がやって来た。この数字には誇張があるが、脅威がいかに深刻だったかは分かる。ゴート人はアテナイにまで達し、略奪を行なった後に打ち負かされた。一方ペルシア人はウァレリアヌス帝を打ち破って捕虜にし、アンティオキアを略奪した。

帝国はこの時点で崩壊してもおかしくはなかった——完全崩壊か、ラテン系・ギリシア系に分かれて幾つかの王国が出来あがっていたかもしれない（アレクサンドロス大王帝国の場合のように）。全体の人口と経済活動とは依然として衰退しつづけて、封建型の財政‐軍事関係が台頭していたかもしれない。しかし軍人皇帝たちは二七〇年代二八〇年代を一連の勝利で乗り切り、これによっておよそ五〇年ほど猶予期間が延長されたように思われる。ディオクレティアヌス（在位二八四—三〇五年）とその後継者たち、主としてコンスタンティヌス（在位三二四—三七年）が、それをフルに活用したのである。

ディオクレティアヌスの大改革がみごとだというのは、そこにはローマの社会構造と外的脅威への抵抗能力の衰えとに対する深い理解（誰の理解？　ディオクレティアヌス自身のか？）が現われているからである。改革は過去とは根底的に訣別し、前世紀の下方スパイラルを是認するとともに、犠牲を共有する構造はもはや再生できないことを是認するものだった。実際のところ、ディオクレティアヌスは伝統的な上層階級の自律的な〈力〉を破壊しようとして、元老院身分と騎士身分とを切り離し、前者から文武両官職の特権を剝奪したのである。

この戦略が成功するか否かは、「市民社会」そのものへの国家の浸透能力にかかっていたことは明らかだが、過去においてはそれは弱かった。試み自体は体系的に行なわれた。軍事の分野では永続的な徴兵制が再導入され、軍隊の規模は実質倍増した。しかし辺境部隊と予備軍がともに強化されたとはいえ、この増強は軍組織全体の能力の向上を示すものではなかった。おおむね以前と同じ規模の、個別部隊が増えただけだった。三六三年にペルシア軍との戦いに集結したユリアヌスのおよそ六万五〇〇〇人の兵力は、たぶんこの時期では最大だったが、共和政末期の最大規模軍隊を越えるものではなかった。さらに言えば、新たに召集された兵士の大半は、帝国の主要通信輸送ルートに沿って比較的小単位で配属された。彼らの役目は中核地域のすべてを巡回して治安を維持し、またとくに税金徴集の手助けをすることだった。同様にして、文官官僚も増強された（たぶん二倍に）。属州はもっと小さな行政単位に再分割され、おそらく統治はしやすくなったろうが、（叛乱も含めて）自律的な行動はとりにくくなった。税制も合理化され、地租と人頭税とが結合された。「ケンスス（戸口調査）」が復活して定期的に実施された。税率は予算の必要額見積もりにしたがって毎年査定された。この毎年の事前の査定更正は、おそらく、国家の歴史上初めての本格的予算案だったのである。

こうしたことすべては賢明な合理化のように思えるだろうが、古代世界という状況においてはたいへんな強制が必要だった。富の大部分、小農民の富のほぼすべてが目に見える形の価値というものをまだ知らなかったときに、査定されて徴集されるとはどういうことだったろうか？　査定に関しては、ディオクレティアヌスのケンススを同時代の〔西方教会の護教家・修辞学者〕ラクタンティウスが記録している——

公の災厄として最大であり世間一般の嘆きとなったのが、諸属州諸都市に実施された一斉調査である。いたるところに調査役人が立ち、連中の活動が始まると、すべては敵意ある侵略か陰惨な捕囚のようだった。耕地は隅ずみまで測量され、ぶどうや樹木はすべて数えられ、あらゆる種類の家畜が記帳され、人間のあたま数が点検され、町の貧者も田舎の貧者もすべて都市に集められ、広場という広場は家族でごったがえし、誰もが子どもや奴隷といっしょにそこに集まっていた。拷問や殴打の音が鳴り響き、両親の目の前で縛り首になる息子がいるかと思うと、最も忠実な奴隷が主人にとって不利な情報を白状するよう、妻が夫にとって不利な情報を白状するよう、拷問を受けた。すべてを白状しても、次は自分の罪を認めるよう拷問され、ついには恐怖が勝利を収めて、自分の所有物でない物までが記帳されてしまうのだった。……昔の人びとが戦勝者の権利として被征服民にしたことを、こともあろうに、彼はローマ人に対して行なったのだ。……しかし彼はその調査役人たちをも信用せず、他の者ならもっと見つけられるかと代わりを派遣し、果たしてその結果は常に二倍に増えたのだが、それは新たに何かを見つけたからではなく、任命されたことを正当化するため必要なだけ追加したからだった。家畜も人間も次つぎ死んでいくのに、貢物は死者の分まで払わされたので、生きるも死ぬも無料《タダ》では済まなかった。
（ジョーンズ・一九七〇年・II・二六六―七頁から引用）

これにはもちろん誇張があっただろうが、それでもさまざまなことが明らかになる。ディオクレティアヌスは、一九世紀以前の徴税者すべてに共通なことだが、三つの戦略しかなかった。最初の二つ――有力な土地所有者たちの現地情報と権力を通して徴集するか、あるいは現地ごとに市民と本格的な折衝を行なって徴集するか――では、増大する予算に見合う十分な額を徴集することができなかった。土地所有者たちは上前をはね、市民たちは低く申告した。土地所有者を通す戦略は完全に廃れてしまったが、市民との本格的折衝のほうも、共和政の初期以来その制度がなくなっていた。残されたすべてが第三の戦略――住民を生かしつづけ生産させつづけながら、最大限の査定と徴集を力ずくで実施することだったのである。この戦略の本質的部分とは、ラクタンティウスも指摘しているように、国家の役人を移し変えてしまうことだった――彼らが現地と妥協して個人的なリベートを受け取ったりするまえに。これこそ強制的協同の最高形態だった。強制は増し、協同はいっそう受け身になった。叛乱が起こらなかったことから、大規模軍隊や官僚組織や課税の必要性は一般的には受けいれられたと考えられるが、そうした編成への市民と上位階層の参与は、ともに減少したのである。

強制が増したのは軍事面だけではなかった。それは社会的・領域的な固定化を意味していた。もっと初期のさまざまな社会をあつかった章で見たように、国家の〈力〉の大部分は、臣民を特定の空間や役割というわなへと捕捉することに依存していた。ディオクレティアヌスの改革も同じプロセスを踏んでいたが、それは意識的な政策としてではなく、新しいシステムの副産物としてだった。徴税システムは、小農民がケンススのために特定の中心と結びつけられていれば、査定や取り締まりの必要などなく、うまく機能したはずである。小農民たちは納税しケンススを受けるために村や町に割りつけられた。この点は（キリストの誕生からも分かるように）従来から行なわれていたことだが、ケンススが定期的となり徴税が毎年のこととなった今では、小農民（とその子どもたち）はそれによって故郷の村へと縛りつけられた。同じ条件が都市や工芸セクターにも当てはまり、そこで人びとは特定の職種に縛りつけられたのである。

これは供給と需要への干渉だった（この二つの作用は当時まだ認識されていなかった）。実際のところ、強制的規制の傾向によって分権的・市場的・貨幣的経済は遠ざかり、諸価値の中央的・権威的割り振りへと向かっていた。インフレーションは経済全体から生まれたのではなく、不均等な収穫条件につけこむ連中の貪欲が生み出したものと考えられた。それを矯正できるのはもはや強制力だけだった——幾百の物品について最高価格を定めた勅令でディオクレティアヌスが用いた言葉によれば、「われらを義務の遂行へと導く教師としては恐怖こそが常に最も力を発揮するがゆえに、何者であれこの布令に逆らうのであれば、その不埒さゆえに極刑に処するというのが余の所存である」（ジョーンズ・一九七〇年・II・三一一頁から引用）。国家が帝国内でのあらゆる貨幣取引の後ろ盾となるほど資源をもっていたならば、価格の吊りあげは死刑にも値しよう！　強制力によってもインフレが収まらない場合（収まるはずはなかったが）、それに代わるのは中央統制経済だった。それは国家の購買力を価格メカニズムから完全に引き揚げてしまい、現物での供給を要求することだった。そうした動きも幾分かはあったのだが、どの程度広がったかははっきりしない。部隊を分権的に配置することや行政単位の縮小の意味はたしかにそこにあった——両方とも地方から直接に物資補給ができたからである。

さまざまな見せかけをしているところから判断すると、ディオクレティアヌスのシステムは国家がそれを強行するに必要な十分な監督権や強制力をもたなかったがゆえに、作動しなかった。経済は十分分権化されていたから、買い手たちは軍隊が駐留する最寄りの役所へ売り手についての情報を垂れこむより先に、高い値段で買ってしまった。実際のところ、税の査定は各地方の有力者に頼らざるをえなかった。これがこのシステムの最も興味深い側面である。と言うのは、一片の土地とその土地の所有者とに縛りつけられた小農民「コロヌス」たちの登場のきっかけを、そこに跡づけることができるからである。草深い地方の納税者たちを、実際どうすれば都市や村落に結びつけられるのか？　これは北アフリカの大部分など、比較的都市化されていない属州ではとりわけあつかいにくい問題だった。しかし答えは明確だ——農民を大土地所有者の支配下に入れてしまえばいいのだった。相次いで出された勅令によって、この解決法の発展ぶりが見てとれる。三三二年のコンスタンティヌスの勅令は、行政上の便宜主義の成果のみならず、自由を保持するためには強制が必要だという観念を示している——

別人の小作人たる者を所有していることが判明した場合、誰であれその所有者は該小作人を本来の場所へと復帰させねばならず、かつまた、該小作人が寄留していた期間の人頭税を負担しなければならない。逃亡をもくろむ小作人どもを鎖に繋ぎ隷従状態に置くこともあるのは、隷従という断罪の効力で否応なく自由民に相応しい義務を遂行するよう、彼らに仕向けるためである。

（ジョーンズ・一九七〇年・II・三一二頁から引用）

小農民は国家によって、最終的に土地所有者へと引き渡されたのだった[6]。

乖離状態は緩和されたものの、終わったわけではなかった。市民社会上層階級の軍事的・政治的役割は破壊されていたが、地方経済はその手に取りもどされていた。前半の破壊は政策のなせるわざだったが、後半は国家の軍事‐財政的な必要性から生まれた予期せぬ結果だった。もっと大衆的・民主政的な相談ずくの政策が真剣に考慮されることがなかったのは、強制力の行使へと向かう国家の傾向に逆行するものだったからだろう。

ディオクレティアヌスのシステムは、おそらく、それが失敗した分だけ経済発展の可能性をつぶしたのであろう。われわれ資本主義時代の月並みな知恵からすれば、たとえディオクレティアヌスがねらい通り成功を収めていたとしても、結果は同じだったということになる。これは中央集権国家が行なう革新の可能性に対して、古典学者たちのなかに否定的先入見があることを示している。ローマの行政府とて、絶望的な財政逼迫のなかに置かれたのだから、資本主義であれ何であれ私有の土地所有者と同じく、農業技術改良の動機をもっていたと私には思える。この分野での発達が抑制された理由は、まさしく、ローマの行政府が農業生産を管理していなかったからなのだ。結局、しばしば指摘されることだが（例＝ジョーンズ・一九六四年・II・一〇四八―五三頁）、行政府が管理していた分野にはかなりの技術革新が見られるのだ――水車の普及はもともと記念碑用の大理石を切るためで、穀物をひくのはほんの副次的に行なわれたにすぎず、農業用機器の改良は包囲攻撃用兵器などに比べれば物の数ではなかった。農業の発達は今や密やかに進行していて国家の目から隠されていたので、普及ぶりも遅かったのである。

最低限の生き残りという、もっとひかえめな基準を立てれば、ディオクレティアヌスのシステムは成功だった。「四世紀の復興」といったものがあったことは明らかだ（その詳細は定かでないが）。しかし基本経済は同一のままで国家が徴税レヴェルを絶え間なく上げつづけたのであってみれば、いかほどの復興でもすばらしいと見なすべきだろう。軍隊は増えつづけて六五万を突破した――アウグストゥスの軍勢のほぼ四倍である。予算編成のための査定更正布告は、三二四年と三六四年のあいだで倍増した。辺境の領主やペルシア人は、それでも引きさがらなかった。

（6）北アフリカの町のない地域で別種のパターンが見られたことを、ショー（一九七九年）が示している――地方の定期市が土地所有者の管理へと引き渡された。

ゲルマン人の集団が同盟軍として用いられることが多くなり、国境地域の内側に定住することが認められるようになった。ここでふたたび、外的脅威が状況を悪化させた。三七五年頃、ロシア南部の東ゴート王国が中央アジアのフン族によって滅ぼされたのだが、その結果帝国に対するゲルマン民族の圧力が高まった。侵入略奪ではなく定住が、ゲルマン諸族の意図するところだった。一戦を交えるよりはと、ウァレンス帝は西ゴート族の定住を認めた。三七八年、彼らは叛乱を起こした。ウァレンス帝は騎兵隊がアドリアノープルの城壁に釘づけにされたのを放置して、彼と彼の軍隊は壊滅させられた。西ゴート、東ゴート、さらに他の部族の定住は阻止できなくなり、今や北辺の防衛は直接彼ら「蛮族」に頼るようになったのである。徴税して維持する必要のない軍隊は経費の節約とはなったが、政治的観点からは、これは「封建制」への後退だった。軍団と呼ばれる単位は四〇〇年まではなお存在していたが、現実には単なる地域部隊にすぎず、主要な防衛地点に駐屯するのみで、戦いを勝利へと導いていく作戦遂行能力などもっていないのがふつうだった。中央の残存戦闘部隊だけが皇帝を護っていた。軍団経済は、もはや存在しなかった。

内部的な衰退のプロセスは三七〇年頃から加速した。都市部の人口減少が始まった。農村部では耕地が棄てられ、多くの人びとが栄養不良と病気で死んだことはまちがいなかろう。おそらくはこうした窮状への反動から、大きな社会変化が二つ起こった。第一に、これまで自由民であった人びとが帝国の徴税人から逃れて、「コロヌス（小作人）」として地方土地所有者の庇護の下に身を寄せた。四〇〇年頃から以後、全村落がこうした庇護者の手に移っていった。「コロヌス」たちの増大は今や帝国の利益に反するものとなった。第二に、経済の分権化が起こって、各地の土地所有者たちは自給自足の所領経済（「オイコス＝大家計」）を通じて帝国権力からの独立性増大を図った。属州間交易の衰退が加速されたのは、「蛮族」の侵入によって通信輸送ルートの安全が失われたためでもあった。地方の土地所有者と「コロヌス」たちはともに帝国の権威をますます搾取的と見なすようになり、両者は相俟って従属的農奴が耕作する封建制マナー（荘園）の予兆となる社会構造を創出していった。ディオクレティアヌス帝の強権的政策は、擬似・封建領主が支配する局地経済への後退の可能性を開いてしまった。したがって、ローマ国家はその最後の世紀に至って上層階級向けの政策を逆転した——上層階級と敵対する地方の強権力を糾合することができないので、帝国の当局者は市民行政をいさぎよく上層階級へと返納したのである。帝国の当局者は土地所有者や「デクリオネス（地方都市参事会員）」に対して、市民としての責任を回避せずにしっかり果たすよう促した。しかし当局にはもはや彼らにそう仕向ける手立てもなかったというのは、軍団経済が最終的に崩壊していたからである。一部の地域では大衆《マス》が、そしてそれほどではないにせよ地方エリート層が、「蛮族」の支配を歓迎したように見えるのだ。

この記述における議論の主戦場は、崩壊が小農民に対してそれほど激烈な影響を及ぼしたのかどうか、という点である。ベルナルディ（一九七〇年・七八―八〇頁）の主張によれば、小農民は死ぬどころか、領主たちと結託して厳しい税金を逃れたのである。したがって「政治組織は瓦解したが、農村生活の枠組みや、財産所有の形態や、搾取の方法はそのままだった」。フィンリー（一九七三年・一五二頁）も、ローマの小農民が今日の第三世界農民以上に苛酷な抑圧や飢えに苦しんでいたかどうか、疑わしいとしている（第三世界農民の人口は増えつづけてはいるが）。フィンリーの説明によれば、ローマ帝国の経済は「人間の筋力にほぼ完全に」依存しており、彼らは生存ぎりぎりの状態に置かれていて、「蛮族」襲来の二〇〇年間つづいた「耐乏計画」に貢献すべき何も残っていなかった。こうして、軍隊と官僚（さらにはあの寄生的なキリスト教教会――ギボンふたたび登場！）によって増大した消費需要から労働力不足が生じた、というのである。この議論は崩壊の正確な年代と関連する。政治的・軍事的崩壊の日付は正確に紀元後四七六年である――西ローマ帝国最後の皇帝が退位させられたのだが、皮肉にもその名は〔あの建国伝説の王と同じ〕ロムルス・アウグストゥルスだった。征服者のオドアケルはゲルマン族混合集団のリーダーで、皇帝とは名乗らず、ゲルマンの伝統にしたがって王と名乗った。経済の崩壊はおそらく、この事件と相前後していただろう。

この衰亡の記述において私は、「蛮族」が加えた軍事的圧力に事件の推進役を割りふってきた。この圧力は紀元後二〇〇年頃にはかなりの程度に、そしてローマ人にとっては予期に反して増大し、したがってそれが緩和されたのはほんの一時期、二八〇―三三〇年にかけてだった。地政学上のこうした転換がなかったならば、ローマの内部的な「さまざまな失敗」――民主政や自由労働や産業や中産階級を確立しそこなったことなど――は生じなかっただろう。二〇〇年以前においても帝国の構造は、外部的にはもとより内部的な困難にも十分に対応し、そうすることで、漢時代の中国を唯一の例外として世界にいまだかつてなかったような、イデオロギー面・経済面・政治面・軍事面での高レヴェルの集合的な〈力〉を生み出したのであった。

さらに言うなら、ジョーンズが主張しているように（一九六四年・II・一〇二五―六八頁）、コンスタンティノープルを首都とした東帝国の、さらなる一〇〇〇年もの存続を説明するのは、おそらくさまざまなレヴェルでの外部からの圧力である。行政上の帝国分裂の後、西帝国は攻撃を受けやすいライン‐ドナウ国境線の最終の五〇〇キロメートル〔東帝国の国境部分〕を除くすべてを防衛しなければならなかった。この短い距離にわたる東の防衛は強かったので、北方からの侵入者は西へと回っていった。東ローマ帝国はペルシア人に対して防衛しなければならなかったが、これは戦争、和平条約、外交といったきちんとした手順を踏んで行なわれた。ペルシア人はローマ人同様の、組織的な数多くの問題を抱えていた。ゲルマンの諸民族は、こうしたやり方で規制するわけにはいかなかった。ローマ人が対応しなければならぬ政治的集合体の数は、あまりにも多かった。われわれがこの論議に確信がもてないのは、東ローマとてその社会構造はちがっていたからである（ジョーンズが認めているように——アンダーソン・一九七四年a・九七—一〇三頁参照）。にもかかわらず、ピガニオルの有名な結論の言葉を用いてこう結んでもよいだろう——「ローマ文明は自然死したのではない、暗殺されたのだ」（一九四七年・四二二頁）。

もちろんわれわれは、これでお仕舞いというわけにはいかない。私が繰りかえし強調してきたように、外圧といったところで真に外在的な出来事であることは稀である。持続的な外圧のうちでも二つの事件は、ローマの歴史にとっては比較的に見て外在的であることは確かだ——二つとはサーサーン朝によるパルティアの転覆と、ゴート族に対する漢からの圧迫である。ここにもローマからの影響があったのだとしても、それは間接的なものだったろう。しかしその他の圧力、とりわけゲルマンの圧力が現実にはいかなる意味でも外在的と言えないのは、それを引き起こした原因としてローマからの強い影響力が作用しているからだ。ローマは北辺の敵に軍事組織を伝授し、それがローマを暗殺した。ローマは大量の経済技術を伝授し、それがローマの暗殺を支えた。さらにローマの発展レヴェルが、相手に動機をも与えたのだ。ゲルマン人はこうした影響を取り入れることで、征服能力のある社会構造をつくりあげた。彼らが完全な「蛮族」だったのはローマ人のプロパガンダのなかだけのことで、彼らは半文明化された辺境民族だったのである。

こうした次第で、われわれがローマの「失敗」について語るとしても、それはローマ自体が辺境地帯につくり出した事態に対する対応の失敗のことなのである。その失敗の諸原因は内部的なものだが、それらはローマの外交政策と結びついていたにちがいない。軍事とイデオロギーという二つの主要な〈力〉の戦略が展開されていた。

軍事戦略は伝統的なやり方で「蛮族」たちを圧伏すること、すなわち征服をヨーロッパ全体へと拡大し、ロシアのステップ地帯だけは入らないという戦略だった。そうすればローマの辺境問題は中国と同じになり、比較的少数の牧畜遊牧民と対峙するだけなので対応は容易になったはずである。しかしこの戦略はローマがポエニ戦争以来失ってしまったもの、つまり比較的平等主義的な市民権によって支えられる集合的な軍事的献身の能力を前提としていた。そんなことは紀元後二〇〇年のローマでは不可能であり、それを可能にするためには、社会構造における深甚かつ永続的な変化が必要だった。

イデオロギー戦略は、辺境民を受けいれた上で攻撃者たちを文明化すれば敗北という結果も全面的な破滅には至らないだろう、というものだった。これにはエリート的な形と民衆的な形とがあった——前者はゲルマンの王朝が帝国全体を（あるいは文明化された幾つかのローマ国家を）支配することであり、後者は諸民族が融合することだった。エリート型変異体は征服民をうまく取りこんでいった中国方式だったし、民衆型変異体は実現されはしなかったけれども、その可能性はキリスト教の普及によって表現されていた。しかしながらローマは自分の文化を、自分の軍団が平定した地域の外側に本気になってもち出そうとしたことなど一度もなかった。そうするためには、この場合も政治的思考の革命が必要だったろう。エリート型も民衆型も無理強いされなかったことは、驚くにあたらない。スティリコおよび彼が率いるヴァンダル族は紀元後四〇〇年頃にはローマにとって真の擁護者であり、スティリコが紫の帝衣を身にまとうとは考えにくかったが、彼にそれができないことはローマにとって災いだった。同じく災いだったのはゲルマン族のどれ一つとして、征服前にキリスト教に改宗したものがなかったことだった（ブラウン・一九六七年が論じているように）。ここでもまた、理由は基本的には内部的なものである――ローマは自らのエリートあるいは市民民衆のなかには、戦略を開発しなかったのである。私が述べた三方乖離とは、国家とエリート層とが文明化された支配階級へと統合されることに限界がある一方、市民民衆の大部分も帝国の構造に適合していない、ということだった。中国においてエリート層の同質性を象徴したのは儒教だったが、ローマにおいて民衆の同質性の可能性を表わしたのはキリスト教だった。この問題がわれわれを、イデオロギー的な〈力〉の重要な担い手としての、あの世界の救済宗教のもっと詳細な分析へと立ち入らせることは明らかである。これは次章以降で行なおう。

当面われわれが結論として言えるのは、紀元後二〇〇年以降高レヴェルの外圧に対応できなかったローマの失敗は国家エリート、上層階級、市民民衆間の〈力〉の三方乖離にあった、ということである。戦争を通してであれ平和的にであれ「半蛮族」に対応するには、この〈力〉のギャップを埋めることが必要だった。ギャップは埋まらなかったが、三つの試みが行なわれた。まずセウェルス朝がちょっかいを出してしくじり、二番目がディオクレティアヌス、三番目がコンスタンティヌスとキリスト教徒皇帝たちだった。しかし彼らが仕でかした失敗が不可避的なものだったとは思えない――彼らは打ちつづく諸事件に圧倒されてしまったのだ。したがってわれわれは、この最初の領域帝国――イデオロギー的に団結したエリート層と、軍団経済という形態の強制的協同とをもつ最初の領域帝国――が秘めていた可能性がどれほどのものだったかについて、確信が得られぬままである。そのような〈力〉の形態は、このローマ帝国が支配した地域、あるいはこのローマ帝国の影響下にあった地域では二度と表面に現われることがなかった。そのかわりに、支配帝国ペルシアの場合と同じく、社会的発展は社会構造のすき間的な側面――とりわけキリスト教を生み出した諸勢力に見出されたのである。

結論――ローマが達成したこと

ローマの制度の中核は常に軍団だった。とはいえ軍団は決して純粋な軍事組織ではなかった。政治的な、経済的な、そして一時《いっとき》はイデオロギー的な義務遂行能力をも動員することができたその能力こそ、比類なき成功の要因だった。しかしその成功が明らかになるにつれ、本章で見てきたように、その社会的動員力は変化した。この変化こそ、ローマの社会発展の全プロセスの鍵なのである。

　征服の第一段階のローマ人は、拡大する都市国家だった。彼らは鉄器時代小農民に共通の集合的な義務遂行能力をそなえており、それは彼ら以前のギリシア人に比肩しうるものであり、ギリシア人の場合その根幹は比較的内向集中性に富む経済・軍事の〈力〉の結合にあった。しかしローマ人が採用したのは（推測するに）マケドニア流のもっと拡大包括性に富む軍事技術であり、それに加えて初期の社会構造に含まれていた部族的要素をもあわせもっていた。その結果生まれたのが市民＝軍団であって、これがローマの階級構造（ラテン語「クラーシス＝軍事奉仕義務等級」の意味での）を実効ある軍事征服遂行機構へと統合したのである。市民＝軍団こそ地中海地域において（そしておそらくは当時の世界のいかなる地域においても）、陸上の最優秀軍事機関であって、これがカルタゴを打ち負かし、その帝国を収奪したのだった。

　しかし軍事的な成功はローマの社会構造への逆作用をともなっていた。二世紀にわたる絶えざる戦争はプロの軍隊を生み出し、それが市民の諸階級から切り離されてしまったのである。莫大な量の戦利品や、奴隷や、没収財産などの流入によって不平等が増し、元老院身分や騎士身分などエリート層の私有財産が増大した。実際のところ、紀元前一・二世紀にローマで起こったことはすべて、征服国家においてはふつうのことだった——すなわち、不平等が拡大したこと、行政への民衆参加が減少したこと、中央集権的・軍事的管理機構と将軍・属州総督・徴税請負人など国家の下位部分とのあいだに存在していた弁証法が属州における「市民社会」へと「姿をくらまし」てゆき、国家による征服の成果が彼らの「私有」財産としてもち去られてしまったことなどである。これは通常のことなのだが、この支配帝国もそのたてまえと比べれば実際の基盤構造は脆弱だったと思われる——そしてその脆弱さゆえに、同盟諸国や自国の民衆や自国の将軍たちとのお定まりの紛争が発生したのである。

　とはいうものの、ローマが「ふつうの」支配帝国とちがっていたのは、支配を安定させるとともに上述の紛争のうち少なくとも初めの二つを解決する能力があることを示したからだった。実際には二つの主要な達成があった。（私は本来ローマの基盤だった民衆＝市民を抑圧したことを主要な達成のうちには数えない。なぜなら征服国家というものは自国の下層階級に対して、私が本章で述べてきたような仕方で「組織論的に出し抜く」能力があるのがふつうだからである。拡大包括性に富む社会においては、支配集団は従属集団よりも広範な組織基盤をもっているのがふつうである。大衆《マス》は支配者たちの「組織チャート」というわなにはめこまれているのだ。）

　大きな達成の第一は同盟国、すなわち「ソキウス（仲間）」たちに対するローマのあつかい方だった。アッシリアではなくペルシアの路線をとったローマは、被征服民エリート層を通じて支配するかまえだった（その例外として最も目立ったのがカルタゴ人に対して行なわれた復讐だが）。しかしそれに付随して別のことが起こった——原住民エリート層がローマ化されて、一世紀にわたるローマ支配の後では、彼らの生まれを見分けることなどほぼ不可能になってしまったのだ。こうして、たとえば国制上も現実においても共和政が帝政へと移ると、帝位の継承は大部分の属州を交替で回っていくようになったのである。こうして「ソキウス」とは本来は同盟国の連合を意味していたのが、われわれが使う近代の擬似一元的な意味での「社会《ソサエティ》」の意味に近づいたのである。あるいは、もっと正確を期すなら「支配階級社会（上流社会・社交界）」という意味になったのは、真のメンバーとして認められるのがエリートだけだったからである。

この支配階級社会に特別に脆弱な部分があったことは確かである。それは国家官僚と、土地を所有し公職を保有している属州の支配階級とのあいだの、ある程度の〈力〉の乖離現象と関連があった。ローマはこれらの関係を安定的に制度化したことが一度もなく、その結果が頻繁に見られた緊張状態や内乱だった。しかしこれが深刻な脆弱さとなったのは、紀元後二〇〇年を過ぎてからだった。支配階級の統一の度合いは、他の支配帝国の標準よりも強固だった。

イデオロギー的な〈力〉の資源、とくに読み書き能力とヘレニズム的合理主義とが、今やエリート層の文化的連帯のための基盤構造を提供した。これらの資源については、キリスト教の勃興との関連で、次章で論じよう。しかし本章で私は、もう一組の基盤構造的な資源の存在を明確に論証してきた。私が言うのは私が軍団経済と呼ぶもの、つまり強制的協同のローマ版のことである。これがローマの第二の達成だった。

私は軍団経済を象徴する鍵を一つとりあげた——紀元前一〇九年頃将軍マリウスの兵站部が考案した竿である。この竿は大部分の歩兵によって担がれて運ばれたのだが、その周りにはさまざまな土木技術の道具類がくくりつけられていて、戦闘用武器よりもそちらのほうが重かった。軍団はこうした道具を用いて通信輸送ルート、要塞、補給基地を建設し、征服した領域を組織的に平定していったのである。空間の平定がすすむにつれ、農業余剰と人口が増大した。軍団とは生産的な存在であり、したがって彼らが行なう消費は一種の「軍事的ケインズ主義」を刺激した。もっと正確に言えば、国家の軍事支出が貨幣経済を推進したのである。この経済のなかに投入される切れ目のない居住空間が増えてゆくほどに、ローマの支配は領域的な連続性を増し、経済その他の諸資源はその巨大な広がりいっぱいに、一様に伝播していった。紀元前一〇〇年から紀元後二〇〇年にかけて統一的な経済体制が存在したことは、たとえそれが生存維持レヴェルをほんの少し越えた水準で作動していたのだとしても、計り知れぬほど重大な意味をもっている。それはわれわれの近代的な用語法に照らしても、史上初めての拡大包括性を帯びた市民社会だった[7]〔傍注324頁〕。ローマ崩壊の後、そのような社会がふたたび出現したのは、ヨーロッパ中世の末期だけだった（第一四章参照）。かくしてローマは、少なくともその最盛時においては、史上初めての領域帝国、史上初めての非分節性に富んだ拡大包括的な社会となったのである。

この分析の結果、私はこの章で、いわゆるローマのテクノロジー停滞なるものについての従来の観念を攻撃することができた。たしかにローマは、私が内向集中型テクノロジーと名づけるもの——それと見合うインプットの増大なしにアウトプットを増大させるテクノロジーには、あまり関心を示さなかった。しかしローマは拡大包括型テクノロジー——数多くのインプットを拡大包括的に組織することでアウトプットを増大させるテクノロジーでは偉大な貢献を行なった。マリウスの竿は、そうした創意発明のすぐれた実例だった。この点に関して私は第一二章でも、ローマと中世の建築技術を対照させて、さらに論証するつもりである。

　ローマがもつ拡大包括性のさまざまな〈力〉は前例のないものだった。帝国が長くつづいた理由はそこにある。しかしながら、「衰亡」問題をめぐるこみいった結論の詳細を繰りかえすことはしないが、その暴力的な最終結末を説明するのもそれらの〈力〉である。連邦的な支配帝国は伝統的に、その国境地域と多くの紛争を抱えてきた。しかしながら、原則的にはいかなる隣国も辺境身分（すなわち「準メンバー」資格）を獲得することができた。ところがローマの拡大包括的な領域支配は、文明と野蛮のへだたりを広げた。ローマは他の諸帝国よりも明確な境界をもっていた。それらの境界はまた、イデオロギー的な〈力〉が達成したものによっていっそう堅固になった。次章で見ることになるが、そのエリート文化は排他的で、その結果として内向きとなっていた。まず軍団が力ずくで道を切り拓かなければ、「蛮族」どもを完全に文明化することなど不可能だった。しかしすべての文明に言えることなのだが、ローマが繁栄すればするほど、その隣人たちは貪欲心をそそられることになった。ローマにとってこの貪欲心を制度に組みこむことは困難で、ただ戦うことができるだけだった。終にはその重圧から経済がおかしくなり始め、協同よりは強制が幅を利かし始めたのだった。真の市民はもはや存在しなかったから、大きな犠牲に耐えるよう大衆《マス》を組織することなど、もはやできなかった（数世紀前には、カルタゴに勝つためにそれができたのだが）。同様にして、国家と支配階級の〈力〉の乖離のために、エリート層を動員しようとする試みは挫折してしまった。軍団経済は柔軟な装置ではなかった。その定常作動がいったん崩れると、ローマは他の支配帝国のレヴェルにまで下降してゆき、そうした状態での比較となれば、ローマの臨機応変能力は大したものではなかった。ローマが他のどの帝国よりも大きな遺産を世界に残したとするなら、それはイデオロギー的な〈力〉の達成が世界宗教という新機軸を通して後世に伝達されたからである。

（7）〔本文323頁〕漢王朝の中国でさえも、これほどの経済的統一は成しえなかった。たとえば漢の徴税システムは複雑で、現金での徴税もあれば布地、絹、麻、ビーズといったさまざまな物品を現物で徴集することもあった。これらの品物相互の交換価値は黒幕による権威ある決定によって定まった——つまり社会全体に伝播するものではなかったのである。

第一〇章　ローマを超越し、キリスト教世界へ

——あるいは、帝国の矛盾の解決としてのキリスト教

はじめに

　これまでの諸章では、第一章で確認したイデオロギー的な〈力〉が示す二つの形状を断片的に見てきた。アッシリア帝国とペルシア帝国の事例で、われわれはイデオロギーを内在性や士気としてとらえた。すなわちそれは、通信手段や教育やライフスタイルといったイデオロギー的な〈力〉の基盤構造《インフラストラクチュア》を通じての、国家と支配階級の連帯強化だった。これは読み書きよりも、圧倒的に口頭伝達の基盤構造だった。もっと早い時代、最初の文明の出現において、われわれはイデオロギーを超越的な〈力〉としてとらえた。すなわちその〈力〉は既存の経済的・軍事的・政治的な〈力〉のネットワークを越え、神的権威によって自らを正当化しつつ現実の社会的ニーズにも応えるのである。しかしながら、これらの事例に関して残っている証拠資料はいささか断片的だった。後の歴史に至って、われわれは十分な史料をもとに、そうしたプロセスをかなり明確に観察できるのである。

　この章では、後期のローマ帝国においてイデオロギー的な〈力〉の二つの形状が「競合」していた証拠を提示する。一方でイデオロギーは、ローマ支配階級の内在的士気を強固にした。しかし他方でそれは、キリスト教という超越的な〈力〉として出現した――それを私はキリスト教の「オイクメネー（人間居住圏＝全世界教会）」と呼ぶことにしよう。これが斬新だったのは拡大包括的な〈力〉と内向集中的な〈力〉とを結合し、権威型というよりは伝播型の〈力〉として、拡大包括的な社会の主たる階級すべてに広がったからである。たとえ部分的にであれ、このように階級を超越することは、その影響力の点で世界歴史的な出来事だった。イデオロギー的な〈力〉の二つの形状は、両方ともが現実の社会的ニーズに応え、両方ともがそれ自体の〈力〉の基盤構造に決定的に依存していた。一時期の抗争を経て双方は部分的な妥協に達し、この妥協が（まさに暗黒の）中世を潜りぬけて生きのびた末に、第一二章で述べる後代ヨーロッパのダイナミズムの本質部分をもたらしたのである。

　しかしながら、強力な超越的宗教のドラマティックな登場というのは、なにも特異な出来事ではなかった。ブッダの誕生からムハンマドの死までのほぼ一〇〇〇年のあいだにキリスト教、ヒンドゥー教、仏教、イスラームの四大「啓典宗教」が勃興し、全地球を覆って今日に至っている。仏教とヒンドゥー教が最終的な形にまとまったのを紀元前一〇〇年頃と考えるなら、この時期をさらに圧縮して約七〇〇年間と見なすことができる。仏教とヒンドゥー教はこの時から、後の他の二宗教と同じように、個人的かつ普遍的な救済と決定的にかかわるようになった――すなわち、階級や出身地域にかかわりなく、万人に実践可能なある種の道徳的生活プランの体系を通して、この世の苦しみからの救済を目ざす宗教である。[1]

この章では救済宗教の一つ、キリスト教だけをあつかう。次の章でイスラームと儒教とについて簡潔に論じる。私はそれにつづけてヒンドゥー教と仏教を詳しく分析するが、併称されるこれら二つの信仰のうち前者に重点を置く。私の主張はヒンドゥー教こそ、人類が今日までに経験したイデオロギー的な〈力〉の頂点だ、というものである。私はすべてこれらの宗教を、人間の歴史における自律的で超越的なイデオロギーの〈力〉の大いなる具象化だととらえている。この〈力〉の本質こそ、本章と次章の主題なのである。

キリスト教はイデオロギー的な〈力〉の一形式である。それが広まったのは武力を通してではなかったし、幾世紀にもわたって国家権力によって制度化され庇護されたことはなかったし、経済的な動機や特権ともほぼ無関係だった。それが主張したのは生きることの究極の「意味」と「目的」に関する知識の独占と、その知識を支える神聖な権威の存在であり、人びとがこれを真理だと信じたときに広まったのである。キリスト教徒となることによってのみ、人は本当に意味ある人生を生きることができた。したがってその〈力〉は本来的に、キリスト教のメッセージと回心者の動機や必要との合致に宿っていた。キリスト教の〈力〉を説明しようとすれば、われわれはその等式を再構築しなければならない。

等式の一方の辺の再構築を助けてくれるのは、キリスト教自体である。ムハンマドが最初に言ったのだが、それは「啓典宗教」の一つである。ほぼ最初の時から、キリスト教の信仰者たちは、教えのメッセージおよびそのメッセージに関する注釈を文字に書きとめていた。さらに、その教義は歴史プロセスの現実（あるいは現実だと主張されたこと）にかかわっている。キリスト教が自己を正当化するのは歴史文書によってであり、その最も重要な形式が新約聖書である。学者たちは、歴史の問題や言語の問題に対する熟練などほとんどないままこの文書を用いて、キリスト教の教義の発展を跡づけてきたのだった。

しかし等式のもう一方の辺、回心者の必要や動機となると、事態は不明瞭になる。この点はキリスト教の歴史の他の側面のゆえに、学者によってなおざりにされてきた。それは、ほとんど信じがたいほどの偉大なる成功の歴史だった。あまりに急速かつ広範に広まったので、そのプロセスはほとんど「自然」なものと思われているのだ。われわれの文化に対するキリスト教の支配力はここ数世紀間で弱まったとはいえ、このことは逆説的に、キリスト教の興隆を「自然」なものと

（1）世界の諸宗教および諸哲学を簡潔に概観するには、マクニール（一九六三年・三三六―五三頁、四二〇―四一頁）を参照。私は本章と次章について、ウェーバーから大いなる影響を受けていることを認める――個別事項についての彼の説明を直接借用するのではなく、彼が強調した歴史発展における救済宗教の役割を、私も大筋で認めるのである。ウェーバーの思想をめぐる直接の論議は第III巻にまわす。

見る学者の傾向を強めただけだった。それというのも、ここ数世紀間の懐疑論者の大多数は、ギボンのマントなど羽織らずにきたのである。彼らは教会史など、聖職者に任せっきりで無視してきたのだ。聖職者たちは、キリスト教に関する二つのタイプの書物のうちのどちらか一方を書くという特徴がある。第一のタイプはキリストのメッセージ、彼に付き随った人たちの勇気と信仰、そしてこれらのことがらの今日的「妥当性」をめぐる霊感に満ちた書物である。「妥当性」とは、当時と現在とで人間的必要は基本的に同じであり、キリスト教のメッセージは「人間の本質」からの即座の反応を呼び起こす（にちがいない）という意味である。第二のタイプは教義問題をめぐる神学的書物で、そこで動機や必要がとりあげられるのは、ある種の教義の人気の高さから推測される限りにおいてである。メッセージの受け手側に対するこうした興味の不在の根底には、キリスト教が広まったのはそれが真理だったからだ、という根本的で素朴な確信がある。

その結果生まれるのが、キリスト教の〈力〉に関する並はずれた量の書物である。その典型的な産物が初期キリスト教に関するチャドウィックの有名な入門書（一九六八年）だが、この本は教義の影響力や発展については有益であっても、その成長原因の分析はお粗末である。この分野にはいまだ社会学的な磨きがほとんどかけられていないので、私の分析は私が理想としているよりもはるか手前から始めなければならない。

二つ目の困難は、初期キリスト教の訴求力の二元的性格である。メッセージは幾つかの特定の環境を通して広がっていった――アラム語を話すパレスティナの農村地帯を出発点とし、次はギリシア語を話すユダヤ人都市社会、次はギリシア人都市社会、次はローマ人の都市全般、それから帝国の宮廷および農村地帯へ。初めは東部と南部で、それから西部と北部、そして最後に「蛮族」のあいだに広まった。教義を分析するだけでも、メッセージは伝わる過程で微妙に変化した。メッセージは伝わる過程で微妙に変化したにちがいないという結論になる。しかしながらそのメッセージは、複雑な旅程を経たにもかかわらず明らかに同じで、支持者を少しも失うことがなかった（最初の二つについてある程度の例外があるのだが）。このことが第二の普遍的レヴェルの訴求力が存在することを示し、これによってキリスト教の訴求力は素朴で「自然」だという確信が強められるのである。しかしこの「普遍」的な訴求力はほぼ完全にローマ帝国の境界内か、その影響が及ぶ範囲内に限られている。したがって、個別問題と普遍問題をともに取りあつかうために、われわれはあの帝国へと立ちもどらねばならない。

ローマ帝国内におけるキリスト教の普遍的訴求力

他と比較して普遍的なキリスト教の訴求力には、教義上三つの主要な根拠がある。第一の根拠はキリスト以前からのもの――ザラトゥシュトゥラ（ゾロアスター）の時代以来数世紀におよぶ中東思想の一神教的、救済主義的、シンクレティック（諸派融合的）な潮流の進展である。それは着実な進展だったわけではない――第八章で見たように、ゾロアスター教の一神教的救済思想は、伝統的なイラン宗教の抵抗に直面して弱まってしまった。しかしそれは、キリスト出現前の一世紀に勢いを盛り返していた。初期のギリシアの哲人たちがそれまでに、単一の原動者という観念を提唱していた。後の古典時代になると、これがいっそう「宗教的」な性格を帯びるようになった――たとえばプラトンの「純粋形相」の概念には精神の超越的な力が含意されていた。ヘレニズムの時代には、思弁哲学はしばしば民衆の秘儀カルト――ギリシアならオルフェウス神、ディオニュソス神、〔デメテル女神崇拝の秘教の町〕エレウシス、ペルシアなら光の神ミトラなど――と融合してカルト宗教を生み出したが、それに参入することは死後のよみがえりと救済につながったのである。これらはギリシア哲学自体とともに、ローマ帝国全土に広まった。この融合がほんの部分的なものだったというのは、救済は秘儀への参入と時たまの没我的経験の結果でもあって、体系的・理性的な世界認識やそこから導き出された倫理的行動規範の結果ではないからである。シンクレティックな進展のなかでのもう一つの主要な要素は、ユダヤ教の厳格な一神論だった。おそらくこれは、かなりの程度まで固有の進展をとげていた（当初はペルシアから影響を受けたのだ）。ユダヤ人はようやく紀元前二世紀になって、ギリシア文化の挑戦に直面した。彼らは二つのグループへと分裂した――一つは比較的ヘレニズム化され（サドカイ派）、もう一つはユダヤの固有性を強調した（パリサイ派）。パリサイ派は協調的・貴族的なサドカイ派とは対照的な民衆‐民主派であって、サドカイ派が広い文明世界を重視するのに対して、個々の家族関係についての強烈な倫理的規範を強調していた。しかし両派に共通していたのは、書き言葉への依存、聖なるテキストとその注解への依存をますます深めていたことである。したがって、読み書きと学校通いが奨励された。

これらの動きには、それぞれの民族や地域や時代に固有な必要性との関連で、多くの特異性が包含されていた。この点はとくにユダヤ人について言えることで、彼らはローマの支配下に置かれる一方でヘレニズムともなじまぬまま、こうして宗教的・哲学的のみならず民族的な動揺を経験しつつあったのだ。とは言うもののわれわれは、一神教、倫理道徳性、そして救済へと向かう潮流が、書き言葉という手段を用いながらしだいに地中海世界全体を覆ってゆくのを見て取ることができる(2)。

キリスト教が訴求力をもった第二の根拠は、キリスト以後である。キリスト教信徒組織の成立以後で「カトリック」正教の出現以前において、キリスト教徒はこれら他の哲学、宗教、カルトの信奉者と見分けがつけにくいことがしばしばだった。実際のところ、紀元後八〇年と一五〇年のあいだに、

（2）これらキリスト教教義の前提をなしたものについては、とりわけブルトマン・一九五六年、キュモン・一九五六年、コクラン・一九五七年、ノック・一九六四年を参照。

少なくとも一二の宗派がキリスト教信徒組織から分離した。それらの多くは「グノーシス派」として知られているが、「グノーシス」というのは理性的というよりは経験的、むしろ直観的な種類の知識を表わすギリシア語である。多くが哲学的・カルト的な潮流を合流させていた（おそらく遠くバラモンやブッダからも影響を受けていたであろう）。それらは多種多様だったが、多くが初期のカルト宗教に似ている点ではキリスト教自体を凌駕していた。イニシエーション儀式と神秘体験とが重要だった。世界にはびこる悪の解毒剤として魔術を行なうものもあれば、禁欲や肉体の苦行に励むもの、オージーに没入するものもあった（これらの証拠は通常彼らの敵側からもたらされたものだが）。これらの対抗宗派は正統派キリスト教以上に、この世の悪と苦しみの解決としての救済を説いたのである。こうしてさまざまな必要が重複していた感じがあって、それは単一の正統宗派が容認できる範囲をおそらく越えていたのであり、それは教会の成立以後も持続したのだった[3]。

第三の根拠はキリスト自身である。私は学者たちの現今の正統説、つまりキリストの神性の主張はおそらく後代の付け加えだったにせよ、あのような一人の預言者が実在したという説にしたがう[4]。初期の信奉者たちによって伝えられた（したがってわれわれが彼に最も近づくことのできる）そのメッセージは簡潔にして直截なもので、多くの人びとに向かってさまざまな水路となって流れ出た。彼はすべての預言者と同じく、神の王国の到来を説いた。しかし彼はそれに加えて、心を清浄にして唯一の超越的な神を信じるだけで、その王国には誰でも入ることができると説いたのだ。いかなる社会的資格も、いかなる深遠な知識も、いかなる儀式も超常体験も、そこには必要なかった。心の浄化はそれに先立つ倫理的行為を前提としなかった――回心すること自体が（それが本気である限り）心の浄化だったのである。これほど単純で、ラディカルで、平等主義的な教えはなかった。おそらくキリストは、パレスティナの彼方にある広い世界のことなど直接考えたことはなかったのだろうが、彼のメッセージにこめられた意味は普遍的な訴求力をもちえたのである。

福音書によればキリストは、信奉者たちが自分らは含まれていないと思うようなタイプの人びとのことを、はっきり口に出すよう気を配っていた――すなわち、子どもたち（赤ん坊も）、女たち、異教徒の兵士たち、収税人・徴税人（罪人とされていた）、罪人や犯罪人（男も女も）、ハンセン病被差別者のことである。聖書にあるように、「神は、その独り子をお与えになったほどに、世を愛された。独り子を信じる者が一人も滅びないで、永遠の命を得るためである」（「ヨハネによる福音書」3・16〔新共同訳〕）。

われわれの時代は、信仰と理性を対比させることに慣れている。しかしキリストの時代は、そうではなかった。ギリシア哲学は両者を結合させる方向へと動いていた。実際のところキリスト（あるいは福音書の作者たち）は、神秘や儀式や魔術を否定することで、理性的な形の信仰に訴えていた。信仰と倫理的行為を結びつけることも、受けいれられやすく理に適っていた。信仰が道徳性を前提としているなら、人びとを信仰あつくするとは彼らを道徳的にすることを意味した。キリスト教徒が過ちを繰りかえすとなれば、もはや神を見ることなど不可能だった。したがって、信仰と道徳性を強化するために、共同体の重石《おもし》が用いられた。共同体は人びとを追放するよりは、つなぎとめておくことに関心があった――追放はめったになかった（フォークマン・一九七二年）。同じようにして、多くのキリスト教徒は社会的な圧力の下で、正しく振る舞うことが可能になった――この点はまた後で述べよう。

　これら三つの理由から、キリストの教えがこの時代の多くのグループの人びとに伝えられると、帝国内ではかなりの共感をもって迎えられたであろう。初期のキリスト教徒は彼らの訴えかけが帝国の住民に向けられており、彼らは帝国の平和、つまりローマの秩序と通信輸送手段とに依存していることを認識していた。したがって、その普遍的な訴えかけはローマ人固有の必要と照応していたにちがいない。ローマ世界はその住民に満足を与えそこなっていた部分があったのだ。いったいその失敗はどこにあったのか？　この問いから、たくさんの研究が始まるのである。

　しかしある意味で、これは誤まった問いである。前章で示されたように、キリスト出現の時代のローマ帝国は瞠目すべき成功を収めていた。ほぼ同時代の他の諸帝国（ペルシアおよび漢王朝の中国）と同様、顕著な社会的・経済的な発展があったのだ。むしろこれらの諸帝国の成功そのものが、解決を必要とする諸困難を導き出していた。すべての帝国は救済宗教の衝撃を感受していたが、その対応はそれぞれで異なっていた。それらの宗教は帝国の諸矛盾に対する解決策を提供したのだが、その矛盾が最も激烈だったのはローマの場合であり、その理由は他でもなく、ローマ帝国の達成したものが最も偉大だったからである。

帝国の矛盾の解決としてのキリスト教

ローマおよびほぼ同時代の他の諸帝国が抱えていた矛盾は、主に五つあった。

(1)　**普遍主義・対・個別主義**　帝国は中央集権化されればそれだけ、領域化されればそれだけ、成員間の普遍主義的きずなとそれへの忠誠を生み出した。ローマにおける普遍主義は市民という能動的な成員の形をとったが、ペルシアと中国においては受動的な臣民だった。両者とも親族や階級や部族

(3) グノーシス派についてはヨナス・一九六三年、ペイゲルス・一九八〇年を参照、初期の異端派一般についてはターナー・一九五四年とバウアー・一九七一年の論争を参照。

(4) 論争を概観するにはヴェルメシュ・一九七六年、スヒレベーク・一九七九年、ウィルソン・一九八四年を参照――ただし、執筆時の宗派上の立場（ユダヤ教か、カトリックか、プロテスタントか）と、教会の検閲がしばしば見られること、時にはそれが優先している点を忘れてはならない。

や村落といったものへの個別主義的きずなからは、比較的独立していた。しかしながら普遍主義は、世襲貴族の個別主義的親族連帯を通しての帝国支配を掘りくずしてしまった——こちらは普遍的成員などという観念は認めていなかったのだ。問題の解決は、この貴族連中を普遍的な支配階級へと改宗させることで、最高度のレヴェルでは可能だった。しかしこの問題は、帝国内部の中間的集団にとっては困難だった。

(2) **平等性・対・ヒエラルキー**　市民という能動的な普遍主義は、政治参加と平等性の観念を生み出した。第九章で見たように、これはローマ国家のヒエラルキーによって阻まれたのだが、にもかかわらず市民権はローマの支配の中軸だったと考えられる。ギリシアおよび初期の共和政ローマにおける本格的な市民権は、地中海地域の文化伝統の重要な要素でありつづけた（中国あるいはペルシアではそうではなかった）。

(3) **地方分権化・対・中央集権化**　すでに見たように、諸帝国の国制は形式上、高度に中央集権的で専制的に見えていたが、現実の基盤構造的な〈力〉は外見よりはるかに弱体だった。国家に流入したさまざまな資源は、分権的な「市民社会」の諸集団へとふたたび流出していった。ローマ国家による中央集権的達成——均質な支配階級文化、軍団経済、領域帝国——は、ペルシアのそれよりはるかに大きなものだったので、ペルシアのそれよりはるかに恐ろしいさまざまな〈力〉が分権化されることになった。いっそう重要なこととして、ほぼ絶対的ともいえる私有財産権、貨幣制度、読み書き能力があり、これらは私人としての市民に相当な〈力〉を与えたのである。最大の〈力〉は地方分権化されて属州貴族へと渡ったのだが、〈力〉は都市住民、商人、職人、戦略的に諸都市に配置されていたギリシア人やユダヤ人などのエスニック・グループにも流れていった。そうした人びとは個人としての自信とともに、中央集権国家の公的なネットワークを越えうる社会的相互行為のネットワークを発達させることができたのである。

(4) **コスモポリタニズム・対・一体性**　これらの帝国の領域的な規模の拡大によって多種多様な言語、文化、宗教の吸収が行なわれ、そのコスモポリタンな性格が高まった。諸帝国の隆盛は、既存のエスニックな愛着といったものを突き崩してしまう傾向があった。しかしながら、これまでにあげた三つの矛盾が示しているように、これらの言語、文化、宗教のアイデンティティーは新たな普遍的、平等主義的あるいはヒエラルキー的、そして中央集権的な「公的」一体性に簡単に取って代わられるものではなかった。諸帝国は大衆《マス》を、その公的な文化共同体から排除した。それに対抗して、もっとコスモポリタンな意味での愛着・献身の規範となる共同体が出現する可能性があった。

(5) **文明・対・軍事体制**　この矛盾のありかは特定できた——辺境の「蛮族」や異邦人をどうすべきか？　帝国は軍事的支配を通じて拡大してきた。しかし帝国は同時に文明をも提供してきたのであり、それを部外者は常に欲しがってもいたのだ。もしも帝国の軍事的な〈力〉が衰えれば、文明が軍事体制から切り離されて部外者に対して平和的に提供されるのでない限り、その市民なり臣民なりは部外者によって征服されるかもしれない。これらすべての帝国内の一部の者は自発的に軍事優先から平和的な文明の役割へと転換したが、これは軍事国家体制とは矛盾したのである。（ローマと中国において。ペルシアはそうではなかった。）

キリスト教の訴求力の普遍的側面に関する私の説明はこうなる——それは帝国が抱えていたこれらの矛盾の解決策を提供し、その解決策は不完全ではあったが、ローマ帝国が提供したものよりは優れていることが、長期にわたる闘争の末に明らかになった。他の二つの帝国の事例は結果が異なっており、それについては次章で述べよう。しかし矛盾点を一つずつ切り離して考えてはならないというのは、キリスト教が見出したのはそれらの総合的解決策だったからである——普遍的で、平等主義的で、分権的で、文明的な共同体、すなわち「**オイクメネー（全世界教会）**」がそれである。

しかしながら、この物語には後に第二の局面がある。解決策を見出したがゆえに公的な権力を手中にしたキリスト教は、諸矛盾を自らの体内に抱えこんでしまった。西欧においてキリスト教は、これらの諸矛盾に立ち向かうことはせずに、西地中海地域の古代文明を壊滅的・全面的に崩壊させることに、究極的には手を貸したのである。

「さまざまな矛盾」というモデルは、学者のあいだでは共通している——たとえばハルナックはキリスト教の広まりについての彼の古典的研究で、同じような出発点に立っている（一九〇八年・一九一―二三頁）。これらの矛盾を詳らかにすることで、われわれは回心者の必要がどこにあったのかを、かなり正確に突きとめることができる——とりわけ、これらのローマ人たちがそこを逃れて救済へと向かうことになった、その「苦しみ」の本質が何であるかを突きとめることができる。しかしながらここでわれわれは、従来の初期キリスト教研究の最下点問題に至りつく——「この世の苦しみ」という概念のことだ。キリスト教の教義にとって、救済とはこの世の苦しみからの解放だという点が最重要なことは明らかだし、回心者の多くがこの解放の約束に惹きつけられたと考えてよかろう——しかし、いったい何からの解放なのだ？　不幸なことに、われわれは今日これを「物質的な苦しみ」のことだと考えている。実際のところ、この考え方には二通りある。

一番目はキリスト教の勃興を、経済危機とそれにともなう政治抑圧に結びつける。これはマルクス派の著者たちに一貫して見られるのだが、元はといえば、すべての宗教の起源を「抑圧された人民の叫び」と説明したいという、マルクスの全般的欲望に発している。カウツキー（一九二五年）はこの観点から、キリスト教勃興の十全な説明を展開した。

これを論破するのは簡単だ。もしも経済危機とそれにともなう政治抑圧がキリスト教の勃興に主要な役割を演じたのなら、それは主として紀元後二〇〇年以降に広まったはずである。これより以前に経済危機はなく、実際のところ、おそらく二五〇年頃までは大きな危機などなかったのである。しかし史料が示すところによれば、キリスト教はキリストの磔刑直後から連続的に広まっている。経済や政治の危機的状況が果たした役割がありうるとしても、それは広まりの最終段階で、町から農村部へという、二五〇年頃以降のことであろう。これだけでも、「経済危機」モデルが示すより事情ははるかに複雑であることが見てとれよう。

今日、この点について真面目に議論する学者はいないかもしれない。しかしながら、経済危機理論は姿を変えて生きのびている。一般的にキリスト教は、貧困階級、「最も貧しく最も虐げられた人びと」のあいだで盛んに広まったと主張される。私はこの章の後のほうでこの点を詳しく取りあげ、それが正しくないことを示そう。しかしこうした観念が人口に膾炙しているということは、われわれの時代が非経済的な苦しみを論ずることの困難さを示しているのである。

とは言うものの、われわれの時代の宗教的な部分には、この点についての独特の論じ方がある――物質主義そのものこそ、人びとが逃れたがっている苦しみの形だと言うのである。これはトレルチによる有名な説明である。彼はまず上述の経済的議論について、初期のキリスト教共同体は町にあったがゆえに「都市生活で起こっていた社会的諸条件の漸進的改善を享受していた」と指摘して、これを破棄してしまう。その一方で彼は、キリスト教が最も訴えかけたのは経済的・政治的に「虐げられた」人びとだったことは「否定しがたい」と言う（私はこの章の後半でこれを否定する）。つまり彼としては、古代世界末期の「全般的な社会危機」を精神的な用語法で語りたいのだ――曰く、それは「物質主義からの脱却と……純粋に神秘的で宗教的な生命価値への希求」だったと（一九三一年・三九―四八頁）。ここでは世界そのものが拒絶されている。そしてこれが共通の論法なのだ。たとえばニール（一九六五年・二八頁、三三頁、四〇頁）はこう書いている――「衰微しつつあるローマ帝国」の「二世紀は不安と混乱の時代」で、まず「貧困な階級」から教会はその「メンバーを引き抜いていった」。不安が生まれたのは「万物のはかなさと不死への欲求」からだった。二人の著者はともに二股がけの言い方をしているのだ――物質的な意味で危機や「衰微」があるとすれば、人びとは当然それを逃れたいと願うだろう、しかし仮にそんなものがなくても、人びとは物質主義から逃れたいと願うだろう。こうした分析では、いったいなぜ特定の宗教が特定の時期と場所で勃興したのかについて、何の説明にもなっていないのである。

こうした議論の根底にある物質主義‐精神主義という二元論を破棄しなければ、真の説明は得られない。この点で彼らは、キリストが教会の基盤は精神であって物質ではないと言ったという伝えを、鵜呑みにしているのだ。しかしそうした分裂があっては、いかなる社会運動も成立すまい。いかなる人びとの集団も「精神的」な基盤構造を必要とせぬまま「物質的」に生きることなどできないのと同様、宗教的、「精神的」運動も「物質的」な基盤構造をすべて拒絶することなどできるはずがないのだ。したがって、初期のキリスト教による真の達成とは、孤絶した「精神的」王国をつくりあげたことではなく、精神と物質の両王国を新規に融合して、超越的で規範的な「オイクメネー」をつくりあげたことなのである。

キリスト教は物質的な危機に対する反応ではなく、物質的な世界に対する精神的な代替物でもなかった。危機は社会的アイデンティティーの危機だった——自分が属しているのは何の社会なのか？　この危機はローマ帝国とヘレニズム文明の隆盛そのものから生まれたのであり、この両者によって、社会組織を超越する原理が、社会構造自体の内部のすき間からつくり出されたのである。

したがって古代社会の「深刻な危機」などなかった。実際、矛盾について書くことは誤解を生むかもしれない。矛盾といっても、単に原理の対立にすぎないのだ。帝国としてはどちらか一方を抑えつけるか、双方の中間で妥協するか、ただしゃにむに前進すればよいのだ。キリストの時代のローマには、客観的にも主観的経験としても、全般的な危機などなかった。したがって、キリスト教の初期の広まりにおいて、そうした危機が重大な役割を果したことはなかった。実のところ、初期のキリスト教徒は相対的には幸福で裕福な人びとであり、新発見の富や権力や活動力を自覚して、台頭しつつある自分たちのすき間的な社会的・個人的アイデンティティーを哲学や倫理や儀式においても明確に表明しようと望んでいた。彼らの「苦しみ」は規範の圏域、すなわち、自分たちがどの共同体に属するのかの決定だけに限られていた。この点は——社会学に精通した人なら気づくだろうが——まさにデュルケームのモデルであって、私はこの章の終わりで立ちもどろう。

いかなる「苦しみ」の概念も、一つの社会的運動の勃興を説明できない。ローマ人たちが苦しんでいたか幸福だったか、裕福だったか貧しかったかは、何も説明しない。苦しみも幸福も、経済的あるいは政治的あるいは精神的な危機も、抑圧さえも、新しい社会的運動の出現との因果的な必然性なども ってはいない。経済危機や政治抑圧は、ある時には民衆のあいだに反撥としての統一運動を生み出すし、ある時にはそれが彼らを分裂させる。政治的な革命や反撥や改革を生み出すこともあれば、宗教的な革命や反撥や改革になることもある。たいていの場合は、生活の全面的な苛酷さに対する絶望のうねりが巻き起こるだけだ。結果のちがいは危機の深さによるのではなく、危機に見舞われた人びとの組織形態によるのである。危機に見舞われているのは、正確には誰なのか？　彼らと交流があるのは誰なのか？　彼らが規範的な義務や世界に関する知識を共有しているのは誰なのか？　彼らはどのような接触と社会的知識とに導かれて、危機をもたらした支配者を糾弾したり、実行可能な代替案を考えたりしているのか？　彼らはどのような〈力〉の資源を、誰に対して動員しようとしているのか？　政治的であれ精神的であれ、危機その他の社会的激動への反応をめぐる決定的な問いとは、こうした問いである。〈力〉の諸資源の組織編成こそ——これは本書の主題そのものだが——宗教運動勃興の最重要の決定要因であること、他の運動の場合と同じなのである。ローマが抱えていた諸矛盾とは本質的に組織論的なもの、すなわち、数多くの組織論的選択肢に対して解決策を見出せなかった、ということなのである。

こうして、キリスト教の〈力〉の分析とて、他のすべての〈力〉の分析と本質的に同じでなくてはならない。われわれはキリスト教に利用可能だった基盤構造《インフラストラクチュア》から始めなくてはならない。われわれは**イデオロギー的な〈力〉の基盤構造**を主題としなければならない。キリスト教は当初は軍事征服ではなく、生産や交易の拡大でもなく、回心のプロセスだった。それはまた——すぐにではなかったが、ほぼまたたくまに——啓典宗教、すなわち聖書の宗教となった。したがって、思想や文化慣行の交流と、特定の文字文化ネットワークとがたいへん重要だったのである。

ローマ帝国における イデオロギー的な〈力〉の基盤構造

思想や文化慣行の伝達は通信輸送技術の全面的な制約を受けるのだが、この制約についてはこれまで繰りかえし述べてきた。海上と河川の通信輸送ルートは迅速で遠方まで届くのだが、冬期には閉ざされてしまった。道路では遅く、比較的ローカルな通信輸送にしか使えなかった。これら以外に交流の手段はなかった。こうした制約の下で、われわれは主に四つの可能性を見て取ることができる。私はそれらをイデオロギー的な〈力〉のチャンネルと呼ぶ。

第一のチャンネルは帝国内にモザイク状に混在する、ローマ人支配下のさまざまな村落、都市、部族、民族だった。歴史経験や通婚や言語や儀式や信条を共有する小さな集団の多くは、それぞれが単一の文化に統合されていた。連帯の歴史をもつ集団なら「エスニック・コミュニティー」の規模に達するが、その顕著な例がユダヤ人だった。大部分はそれより小さかった。局地的に強烈な彼らの宗教経験は、地方的、部族的、家族的、都市国家的な多種多様な諸宗教で、深く根づいてはいたものの、他の地域の人びとを改宗させる能力は低かった。しかしながら、そうした局地性のなかに登場した新しいメッセージは、局地的経験にとって真実かつ有益と思われれば迅速に広まったのである。ローマ人は局地性の内容そのものにはほとんど無干渉だったが、狭い境界内でのメッセージ伝達者としては大いに役立った。にもかかわらず、これら相重なるさまざまな単位——たとえばユダヤ人のような民族全体、あるいは北アフリカ属州のような特定地域——を通しての伝達も、部分的には以下に検討する他の三つのロジスティクスのチャンネルに依存していたであろう。「文化伝統」が何の助けも借りずに伝わるのは小さな空間だけである。性格のまったく異なるこれらの空間や文化のあいだのつながりは、古代の通信輸送一般にとっての主要問題だった。

第二のチャンネルは、帝国当局による公式政治の通信輸送手段というチャンネルだった。これが前述の各地の支配者すべてを水平的に連結して、都市およびその領域へと組織化した。その前提になっていたのは、あまり取りあげられないが、都市領域自体がもつ垂直的な管理システムだった。この政治的チャンネルは、前章で言及した支配階級の文化的同質性によって非常に強化されていた。征服後一世紀が経つと、各地の支配エリートはその言語、信条、習慣においてほとんど区別がつかなくなった。私はこの章で、支配階級の統合に対して読み書き能力が果たした基盤構造的・普遍化促進的・伝播的役割について、さらに検討しようと思う。

これら初めの二つのチャンネルは帝国の「公的」チャンネルであって、支配目的のために二段階のイデオロギー的な強化を図るものだった。属州の支配階級が自らをローマ的ないしローマ＝ギリシア的と見なし、かつ、自らの地方を支配しつづけている限り、帝国は強化されるのだった。属州エリートは、自分たちがローマ化しても大衆《マス》がローマ化されなければ、イデオロギー的な支配力を失う可能性があった。農村地域でとくにそうだったというのは、村落（とその諸宗教）はローマの都市支配型公的構造の内部でその地位が認知されていなかったからである。こうした状況において地方エリートが最後に頼るのは直接弾圧による支配だったが、それというのも、各地の民衆はその地方の文化に「監禁状態」になっていて、地方性を越えるイデオロギーや組織のための基盤などもっていなかったのである。権威型の〈力〉の行使によって、民衆は組織論的に出し抜かれたのである。

しかし第三の、そしてとりわけ第四のチャンネルには、潜在的な攪乱性があった。両者とも民衆のあいだに別のつながりをつくり出したのである。第三のチャンネルとは軍隊だった。前章で私は、帝国の通信輸送の基盤構造で果たした軍団の役割を強調した。さらに付け加えるなら、軍隊はふつうの人びと、通常それは小農民だが、彼らが地方という文化的牢獄から連れ出されて広びろとした世界と接触を始める主な手段だった。これによって兵士のあいだに革命的なイデオロギーが発生したわけではなかった。彼らは所詮、ローマ帝国の中核だった。軍の厳格なヒエラルキーと規律、定期的な俸給、地方における新兵徴募や宿泊などの実施が一体となって、軍隊は一般的に、前述の二段階構造の小宇宙のようなものと化していた——すなわち、幹部階級が均質な文化を共有し、一連の地方分遣隊に対して強い支配権をふるっていたのである。

しかしながら、たくさんの部隊が地方横断的に混合したところでは、彼らのあいだに新しい——そして支配階級にとってはいささか心配の種となる——兵士の宗教が生まれた。古代イランの光の神であるミトラ崇拝が大いに広まったのである。このことは、軍隊を媒介にしての比較的平等主義的な通信輸送ネットワークの拡大が、文化の新機軸を導き出すことを示していた。知識や価値観や規範を交換し調合しあった兵士たちは、個々別べつの地方主義では満足していられず、かといって国家の公式宗教にも満足しなかった。帝国はその軍の中核においてさえ、文化の新機軸に対応しなければならなくなったのである。

第四の、そしてキリスト教の観点から最も重要なチャンネルは、帝国の交易ネットワークによって供給された。農業生産は小規模自作農地や村落へと分割されるか、あるいは地方の政治支配者でもあった大土地所有者に管理されるかのどちらかだった。したがって農業の生産関係の大部分は、公式の二段階通信輸送システムに属していた。しかし交易および工芸の諸関係は、公式につくられ公式に保護されている同一の通信輸送ルートを使用したにもかかわらず、こうしたメッセージの流れに対しては幾分すき間的な関係にあった。商人と職人とは、自分たちだけの社会組織であるギルドをもちたがった。そして彼らは都市に住んではいたが、都市政治において大土地所有者ほど有力ではなかった。こうして諸都市は、公式の通信輸送と管理システムの中核であるにもかかわらず、交易と工芸の関係という「もう一つの基盤構造」のようなものを包含しており、これらは帝国全土のみならずその外にまで延びていた。そのなかでの不釣合いに大きな存在が、ギリシア人とユダヤ人であった。この基盤構造を通じてのいかなる通信輸送の流れにおいても、彼らの思想は大きな存在感を示していた。

交易と職人のセクターはもともと、ローマ国家の軍団経済の権威型の〈力〉に依存していた。しかしこの経済は制度化が進めば進むほど、その資源は市民社会のなかへと伝播していった。キリストの頃となると、地中海沿岸地域の経済は完全に制度化されていた。職人も商人も私有財産権をもち、それは民法で保護されていた（外国人の場合でもその拡大適用が行なわれた——諸民族の法《ユース・ゲンティウム》）。彼らは道具類、船舶、らばなどの動産を保有していたが、これらは（先史時代を論じた第二章で述べたように）生得的な「私有財産」である。彼らは作業場や物売り屋台をもっていたが、これらは家屋と同じく、比較的共同性の強い社会においても通常は私有財産と考えられていた。彼らは貨幣という形で流動資産をもっていたが、それは原材料や完成品その他の、私的に貯蔵可能なものと交換された。これらすべてにおいて国家というものは、本質的に「私的《プライヴェート》」な諸活動に対する背景としての役割を行なっていただけだった——ここで「私的」とは「プリーウァートゥス（公の視線から隠れたところで）」というラテン語的意味である。法は財産権を保障し、国家はギルド活動を可能にする措置を行ない、唯一コインに刻印された皇帝の眼だけが相互行為のプロセスを注視していた。取引は本質的に非権威的であり、自律的で自由な個人、家族、そして小規模の「会社」同士で行なわれていた——この点で他のチャンネルの内部的・権威的・ヒエラルキー的構造とは異なっていた。このセクター自体から発するイデオロギーがあったとすれば、それは「公的」なイデオロギーが無視していた二つのものに意味と価値を与えようとしただろう——個人の経験（あるいは家族や「小さな会社」の経験）を構成していたものは何かという問題と、そうした個人のあいだで規範的・倫理的関係がどう持続できるかという問題である。そのような個人および個人関係にとって必要なこととキリスト教との「選択親和力」（ウェーバーの用語だが）は明白である（あと知恵の明白さにならなければいいが！）。

さらには、この交流チャンネルは公的レヴェルと平行して二つめの、より低いレヴェルを包含していた。商業と工芸のセクターはより低い社会層、とりわけ都市プロレタリア、さらには小農民とも相互関係をもっていた。小農民とのつながりは、とくに緊密でも頻繁でもなかった。小農民は商人や職人からよりも、農村地域のエリートからの監視にさらされていた。にもかかわらずそこにつながりがあったのは、帝国全土に浸透した貨幣交換のネットワークを通してだった。手短に言えば、これがイデオロギーを伝播させるもう一つの基盤構造を構成していたのである——これは帝国の隆盛によって生まれたものであって、失敗の結果なのではない。帝国が経済的・政治的に栄えれば栄えるほど、裏切りの「第五縦隊」の存在が顕著となるのだ。

これらの四つのチャンネルを通して、メッセージと支配は伝わった。すべてのチャンネルにおいて、ある特別の通信媒体がたいへん重要だった。それは書くことだったが、資材であるペンやパピルスは一般に入手可能だったし、人口の多くの部分に読み書き能力があったから、これは広く普及した。誰がどの程度の読み書きができたかを正確に言うことは困難だが、「啓典宗教」に利用可能な基盤構造を理解するためには、ここで正確を期すことが本質的に重要である[5]。

私は第二のチャンネル、支配階級間の通信輸送から始めよう。彼らのほとんどすべてが読み書き能力をもち、しかもかなり高い水準だった——そしてこれには男性と同程度に女性が含まれていた。都市における政治活動にはすべて読む能力が要求されたし、財産や婚姻に関する法的問題に積極的に参画するにも同様だった。文学はそれ自体たいへん重要で、紀元前一〇〇年頃から名高い著者たち、とりわけホラティウス、ウェルギリウス、カエサル、リウィウス、タキトゥスといった歴史家と叙事詩人たちは、共和政そして帝政期を通じて広まった大聴衆のために書き、かつ朗読したのだった。

その基盤構造となったのは全員教育システムで、ヘレニズムの三部教育システムをモデルにしていた——七歳から一一・一二歳まで「読み・書き・そろばん」を教える初等学校、一六歳ぐらいまで主に文法と古典文学を教える文法学校《グラマースクール》、そして（通常は兵役期間を経た後で）一七歳頃から二〇歳まで主に修辞学を教える高等学校という三段階だった。これらの学校の財政は通常、都市内の両親たちがつくる組織によってまかなわれていたが、帝政期になると国家規制が強化された。全員教育制が支配階級の頂上部分で崩れていたのは、富裕層がとくに娘たちに家庭教師をつけることが多かったからである。この階級の子どもたちのどれくらいが高等学校まで行ったのか（それから大学まで行ったのか）、とくに女子がどうだったのか、はっきりしたことは分からない。

このように書くと、今日のわれわれの教育制度との類似点がたくさんある。相違点も二つある——教育内容は驚くほど文学的で、それは知識伝達の口頭方式と結びついていた。公開討論や法廷弁論や仲間うちの朗読会で使う言葉の技能を磨くために、文学と文法と修辞学とが教えられた。ストラットン（一九七八年・六〇—一〇二頁）によれば、ローマ文学は

（5）私が依拠したのはマロウ・一九五六年・二二九—三一三頁、ジョーンズ・一九六四年・II・二四章、ボウエン・一九七二年・一六七—二一六頁である。

何あろう巨大な記憶術のようなもので、文化的な意味や解釈をたくわえ、朗読や演説という共同活動を通じてそれをよみがえらせる技術的な手段だったというが、この説には説得力がある。

前章で私はローマ文明の拡大包括性を強調した。巨大帝国の統合には、通信輸送技術に莫大な投資が必要だった。読み書き能力はその重要な一部だった。したがってローマ人は彼らの言語、その文法、その文体に熱を入れ、さらにこれらを読み書き教育と、ローマの〈力〉の発展を述べる歴史テキストに結びつけることに熱中したのである。修辞学への彼らの関心もこの点にある――それは伝達と論争の技術だから。これはまた法システムと、法律家という貴族の職業とに実用的な関連があった。しかしこうした職業上の訓練が、(今日のように)法文や判例ではなく修辞学だったのは、いったいなぜなのか。その答えは、読み書きを中軸とした記憶術的伝達が、帝国の支配階級の士気を鼓舞したことの重要性にある。それによって彼らは文化的知識のたくわえを共用することができ、朗読や論争という共同活動によって文化的連帯を強化することができたのである。

大衆《マス》はここから除外されていた。こうした共同活動に参画できるのは、概して元老院身分と騎士身分、「デクリオネス(地方都市参事会員)」たち、その他帝国社会の高位身分の連中に限られていた。読み書き文化のこうした側面は特権的で、上層階級による拡大包括的な支配の維持には有用だった。不在地主たちは互いに市民として顔を合わせ、論争を通じて地方を支配し、他の都市に手紙を書き送り、とりわけそれらの都市を旅して歩いていた。それは「私的」な支配階級であって、細心の政策のみならず文化慣行を通して、部外者に対してはかなり排他的だったのである。

しかしながら大衆《マス》が、読み書き活動のすべてから排除されていたわけではない。ギリシア人の場合と同じく、読み書き文化は聖なる教義を保存することだけでなく、現実の生活経験を熟考し論評することにもかかわっていた。知識自体は規制されず、教育も同様だった。初等教育は広く普及してゆき、一部の村落にまで届いた。教師たちの出身身分は低かった。ディオクレティアヌスの貴重な勅令によると、初等教育の教師が固定収入を石工や大工ほども稼ごうとすれば、生徒三〇人ほどのクラスとなる。これはかなり大きなクラスである。さらにまたごくふつうの出身で、これらの学校か父親の教育によって高い水準の読み書き能力を身につけた男たちがたくさんいた。こうした連中はその能力を用いて昇進しようと、しばしば軍隊に入った。たとえばアウグストゥス時代のエジプトの海軍新兵が父親に書き送った手紙には、「父上のよき教育のおかげで私はすぐにも昇進が望めそうですので、父上のご筆跡に敬礼を」捧げたいとある(全文の引用はジョーンズ・一九七〇年・II・一五一頁)。これは家庭教育を行なったのが、ふつうの人びとの大多数ではなく一部だったことを示す――彼は自分の読み書き能力で出世しようと思っているのだから。ペトロニウスの『サチュリコン』を読むと学校の平均レヴェルには疑念がわく――すらすら読める少年はクラスの驚嘆の的だったと彼は言う。彼の指摘によれば多くの生徒は「幾何学や文学など気のふれそうなものは勉強しておらず、大きな字で書かれたものを読めるようになることと、分数と重さと寸法が分かることで満足していた」（一九三〇年・五九頁、七）。

教育には教師に支払うべき富、通常は貨幣が必要だった。石工あるいは大工なら、子ども一人につき稼ぎの三〇分の一を初等教育に出費することができたろうが、ふつうの小農民だと少ない稼ぎの二〇分の一を回すこともおそらく不可能だったろうし、貨幣での支払いはできなかった。いずれの場合でも、二人あるいはそれ以上の子どものための支払い能力があったかどうか、疑わしい。初等教育はペトロニウスが言う、もっとすらすら読めるところまでは到達したかもしれないが、文化的な教養とまではいかなかった。そのためには中等教育が必要だったが、この年齢の子どもたちは有用な家族労働力だった。のらくらしている若者を養うには、真の裕福さが必要だった。

このような次第で、ローマ人の読み書き能力には大きな幅があったので、それについて単一の評価を下しても意味がない——ギリシアを除けば、これまで論じてきたどの社会よりもその能力が高かったとは言えるのだが。そこに三つのレヴェルを見て取ることができる。一番上では、読み書き計算の高度な能力をもち、文化的にも一体化した階級が、帝国全土を覆う薄皮のように広がっていた。彼らの読み書き能力は、支配階級としての士気を支える重要な要素だった。二番目のレヴェルは、実用的な読み書き計算能力をもった人たちで、文化教養族のメンバーには入れてもらえず、支配権からも排除されていた。彼らは官僚、土地所有者、軍隊、商人の下で事務方を務めることができたし、初等教育の教師となることもできた。遺言書や請願書や契約書を作成することができた。おそらく彼らも、ギリシア・ローマの古典文学作品の根底をなす概念を幾分かは理解することができただろうが、たぶん読むことはできなかったろうし、ふだんはそれらと接触することも、おそらくなかっただろう。この第二レヴェルがどこにどの程度あったかは推測の域を出ないが、均質ではなかったにちがいない。それは従属民のなかの読み書き伝統に依存していた（家庭教育はおそらく、そのように伝授されたであろう）。ギリシア人、アラム系諸民族（とくにユダヤ人）、そして一部のエジプト人が、この第二レヴェルの読み書き能力の大きな比重を占めていた。このレヴェルはまた町邑に依存していたが、町邑では読み書き機能が重んじられ、現金が動いていたからである。町邑において読み書き能力は、商人と職人に同じ理由で集中していた。三番目のレヴェルの連中は読み書きできないか、ペトロニウスが述べたレヴェルでの部分的な読み書きだけだった——農村住民と都市プロレタリアの大部分と、彼らより社会的に幾分上の連中の子女がこの部類である。彼らは共和政ないし帝政期の読み書き文化から完全に除外されていた。

三つのレヴェルはその社会的位置どりがはっきりちがっており、支配階級とそれ以外とのあいだには大きな文化的ギャップが存在した。しかし重なりあう部分も認められる。上位レヴェルでの重なりあいの大部分は、よりデモクラティックで排除性の少ない制度を所有する、読み書き能力の高い人びとのあいだに見られた。読み書き能力の達成度を異にするギリシア人とユダヤ人とは、他の属州住民の大部分よりもいっそう伝播性の高い文化メッセージを交換していた。二番目と三番目のレヴェルの重なりはもっと広範で、とりわけさまざまな民族と都市のあいだに広がっていた。さらに言えば、最上位のレヴェルが文化的にどれほど排除的であっても、その下にある読み書き文化の型は教養的・文化的な世界への強烈な参入欲望を生む結果となった。それというのも、教養的文化は〈力〉を伝達したのだ――それを手に入れれば入れるほど、生活への支配力が高まったのである。帝国における〈力〉は教養的・文化的な伝達に依拠していたがゆえに、これは信条ではなく客観的現実だった。公的な文化への参入があらかじめ排除されていたら、非公式で、おそらく過激な対抗文化が出現するだろう。近代において、読み書き能力の拡大は通常、混乱の原因となってきた。ストーン（一九六九年）の指摘によれば、近代の三大革命、つまりイングランドのピューリタン革命とフランス革命、ロシア革命は、すべて男性人口のおよそ半数が読み書きを覚えたときに勃発した。ローマの読み書きレヴェルがこれと同じように高かったとは考えられない。しかし対抗エリートの支援さえあれば、大衆《マス》も「過激な」文字情報の口頭伝達に参加できたのである。

二〇世紀の高度な読み書き能力をもつ人びとのあいだでの通信輸送ネットワークの研究で、情報伝達には「二段の流れ」があることが確認されている。紀元後一九四五年イリノイ州ディケーターといえば、今私たちの主題となっている時空からは八〇〇〇キロと二〇〇〇年へだたっている。しかしカッツとラザースフェルド（一九五五年）はそこで、サンプルとなった多くのアメリカ女性に対して現代のマスメディアがほとんど何のインパクトも与えていないことを発見した。メディアの影響力は大部分が間接的であって、メディアの情報は地域共同体の「オピニオンリーダー」連中が媒介し、彼らの解釈を加えた上で知り合いに流しているのである。批判や修正はあったけれども、この「二段の流れ」理論はその後の研究で確固たるものとなっている（カッツ・一九五七年、概説はマクウェール・一九六九年・特に五二―七頁）。しかしこの二段モデルは、読み書き能力が部分的にすぎなかったローマという社会の文脈には、きわめて適切なものである。貴重な情報が、文字に書かれた形でそのような共同体に入ってくると、少数の読み書きできる人びとが他の人びとに向かって声を出して読み上げるのである。後でこの章で見ることになるが、これこそまさにキリスト教徒の共同体が出来あがったときの標準形だったし、中世を通じてその状態はつづいたのである。

しかし帝国の支配階級がこの情報リーダーの役割を務めるはずはなく、彼らは文化的生活という孤島に閉じこもって自分より下位の知識人連中を軽蔑していた。他方これに対して、自第二レヴェルの読み書き能力者たちは自分よりも裕福ではない人びととも平等な交換関係を結んでおり、その能力の優秀さが文化によって質的に分断されることはなかった。彼らこそ隠れた口頭伝達者だった。

読み書きという媒体によって通信輸送チャンネルの実質が強化された。私はローマ帝国におけるもう一つ別の、すき間的な通信システムのあらましを述べた。それはもともと経済的相互行為に使われるものだが、二段階の流れを経てイデオロギーを伝達した――第一段階として町に住む人びとにメッセージを伝え、次の第二段階でそれは最終的に帝国の民衆の大部分に届いたのである。それは読み書きという媒体で補強されており、(公的な通信輸送システムに見られる文化的側面とはちがって)そこには制限も規制もなかった。私たちはここで、キリスト教がローマ帝国の各地各所でその運動を開始するにつれてこのシステムが作動するのを跡づけてゆくことができる。その議論のさきがけとして、私は**図10-1**を掲げておく。これは二つの情報チャンネルの存在と、第二の、非公式なチャンネルがキリスト教チャンネルになったこととを図表化したものである。

キリスト教の初期発展

キリスト教勃興の継起的輪郭は、つとに知られている。階級基盤と後の農村地帯への浸透という二点を除いては、分析すべき特段の問題などない。その普及発展ぶりはハルナック・一九〇八年の比類なき古典的研究や、他の早期の諸研究で実証ずみだ(例=グラヴァー・一九〇九年・一四一―一六六頁、ラトゥレット・一九三八年・I・一一四―七〇頁)。

キリストは一部の人びとによってユダヤ人のメシア(救世主)と考えられた。彼は自分がメシアであると主張した最初の人物なのではなかった。メシアとはアラム語を話すパレスティナの農村地域で(神ではなく)預言者の役割を認知された者のことだが、キリストの出発点もそこにあった。彼はまちがいなく卓越した人物で、彼が語ったと伝えられていることには深い含蓄があった。彼は政治的な困難を抱えて局地的な経済危機へと向かいかねない地域に対して、理性的・道徳的な秩序の実現を約束した。おそらくこれが、従来から「苦しみ」と言われていたことだった。キリストはまた、ローマに叛逆する国民的指導者に祭り上げられることを慎重に回避したと考えられ、ヘレニズムかナショナリズムかというユダヤ人のディレンマに対して妥協点を提示したのである。

にもかかわらずキリストの信奉者たちは、パレスティナ、カエサレア、ヨッパ〔ヤッファの古名〕、ダマスクス、さらには帝国第三の都市アンティオキアなどの町まちでの、ヘレニズム化したユダヤ人がキリストのメッセージに対して示した反応には驚いたであろう。このことが、キリストは神だったかもしれぬ、という彼らの意識に拍車をかけただろう。数かずの奇蹟、復活の物語、その他さまざまな神的要素が、こうして伝説に付け加えられることになったのであろう。都市におけるキリスト教への改宗は、文字で書かれた文言へのかかわり、大部分の都市ユダヤ人の言語だったギリシア語への

図10－1　ローマ帝国における通信チャンネル（2属州の場合）

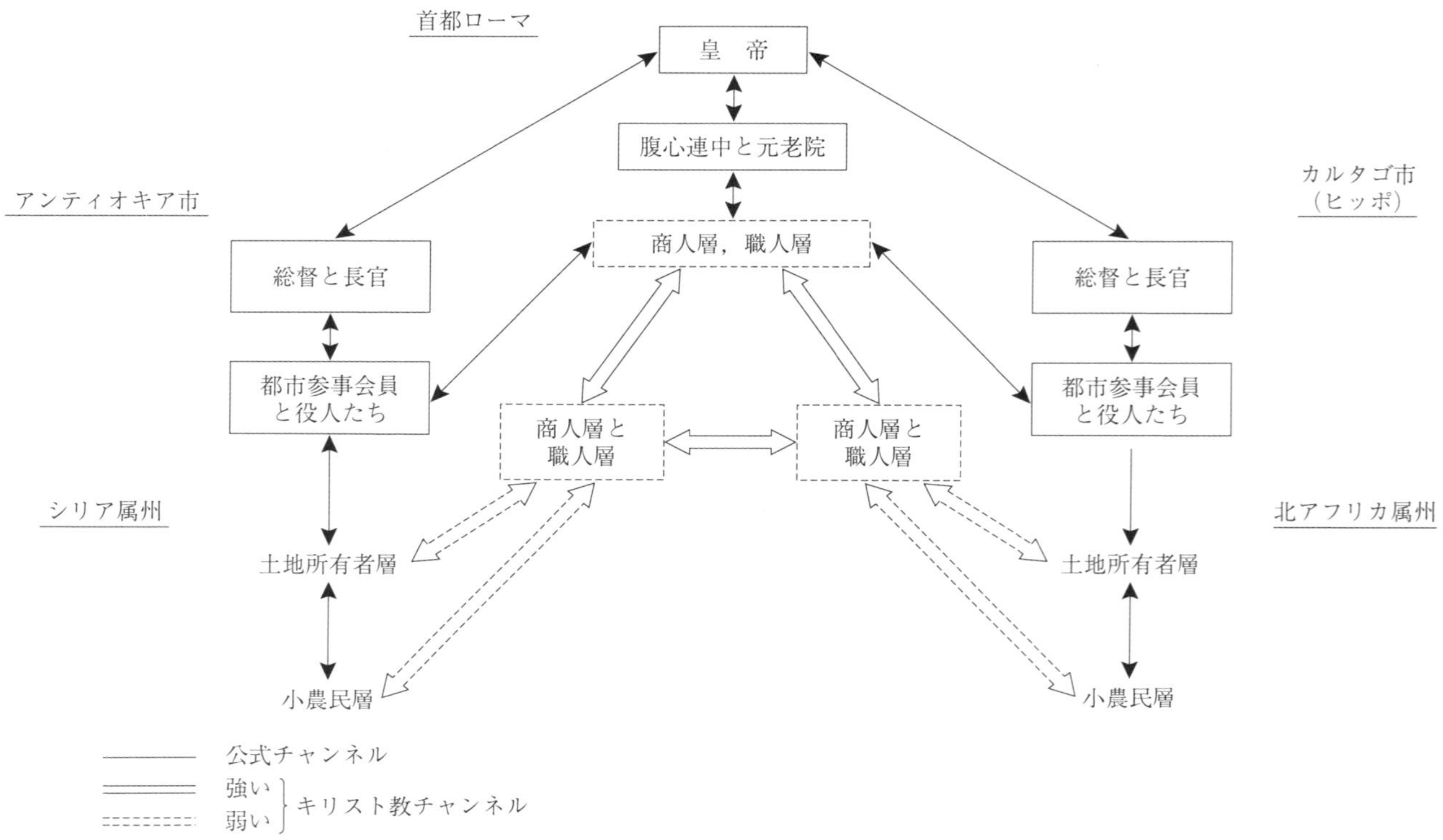

かかわりを増大させることとなった。この時点、つまり紀元後四五年頃だが、サドカイ派の指導者パウロが改宗した。彼の組織能力が中東のヘレニズム諸都市のシナゴーグへと投入された。信徒内部における最初期の論争はおおむねギリシア語版旧約聖書（七〇人訳聖書《セプチュアギント》）に言及していたから、アラム語を話すパレスティナ農村地域の元もとの基盤は置き去りにされてしまった。繁栄の時代のなかで商業や工芸に従事してギリシア語を話していたこれらのユダヤ人たちは、貧困や抑圧や苦しみとは無縁の存在だった。キリストの教えは、おそらく修正された上でギリシア哲学とユダヤ倫理とを結びつけ、伝統的なユダヤ教より優れた、より自由でより解放感のある生活観をつくりあげたのである。それはまた同じ環境に置かれていた、大部分がギリシア人だった「異邦人」にも訴えかけた。「敵を愛し、自分を迫害する者のために祈りなさい」（「マタイによる福音書」5・44〈新共同訳〉）は、劇的に外へと向かって発せられたメッセージだった。

　こうして、都市における布教活動が始まるやいなや、ユダヤ人・対・ギリシア人の論争が始まったのだが、それはとくにキリスト教徒になるには割礼を受ける必要があるかどうかをめぐってだった。「使徒言行録」（第一五章）によれば、パウロとその布教の同行者であるキプロスのバルナバとはこれを必要なしと考えて、アンティオキアその他にユダヤ人‐異邦人混合の信徒組織をつくりあげていた。「ユダヤから下って来」た人びと（おそらくイエスの親族を含んでいた）はこれに反対し、イェルサレムで協議が行なわれたが、パウロとその一派が勝利を収めたようである。手紙をたずさえた使者が新たにつくられていた信徒組織へと派遣され、その正統性を確認した。アンティオキアの混合信徒は集会をもち、手紙が読みあげられ、一同は喜んだ——とパウロ側の原典は言う。世界宗教を標榜する一派の勝利が、最終的に確定したのである。「割礼を受けた主教たち」はイェルサレムに立てこもっていたが、紀元後七〇年と一三三年のユダヤ叛乱に対する弾圧のなかで潰されてしまっただろう。こうして文字で書かれた文言が信徒組織のあいだにメッセージを伝え、その集会で読みあげられ、議論されたのである。二段の流れの通信方法が盛んに行なわれるようになった。手紙がギリシア人の信徒組織をめぐるにつれ、その内容はますますギリシア的になった。グノーシス派からの挑戦を受けて、キリスト教の哲学的説明はますますシンクレティック（諸派融合的）にならざるを得なかった。とは言うものの、その哲学自体は「素朴な男や女」のものであって、深遠難解ではなかったのだ。

　使徒たちの時代以降で最も古いキリスト教文書は、九〇年代に〈使徒教父の一人〉ローマのクレメンスからコリントスのキリスト教徒に送られた長文の手紙である。コリントスの人びとは教義上・組織上の問題で分裂していた。クレメンスは古典文学の修辞的工夫を凝らして彼らを統一させようとした。メッセージは単純なものだ——キリストの御身体たる教会の統一には規律ある協同が不可欠なること、ポリスやローマ軍団や人間の身体の場合とまったくちがいはない、と。真の倫理的共同体は形式的な神学教義ではなく、共通の「息吹き」、共通の精神にその基盤を置く、というのだ。これは権威より謙譲を説いているのだが、彼の主張ではこれこそがキリストのメッセージの主眼点なのである。

クレメンスの手紙はコリントスの人びとに大きな衝撃を与え、次の一世紀にわたって礼拝でしばしば朗読された[6]。文体と隠喩には深い含蓄があり、その内実には恐るべき主張がこめられていた――アテナイ・スパルタの市民的徳性や、ローマの軍人的卓越性の真の継承者こそキリスト教徒だ、というのである。それはギリシア人に向けての訴えかけではあったが、彼らの自己概念を最大幅に広げて民族や言語では区切らずに、人間理性全体に対して文明そのものを担う者ととらえたのだった。第七章で言及した古典期ギリシアによる達成のこの第三レヴェルが、帝国全体のなかで占めるギリシア人の戦略的位置のゆえに、ここでふたたびよみがえった。

キリスト教徒の共同体は二世紀半ばまでに、東方の諸属州ではすべての都市で、中央部では多くの都市で、西方では少数の都市で設立されていた。これらの共同体ではギリシア語が優勢だった。農村地域での組織化はまだ進んでいなかった。共同体はそれぞれがほぼ自律的な「エクレシア（集会）」だったが、概して似たような組織的構造をもち、手紙を交換しあい、共通の福音、共通の教義をめぐってコンセンサスを形成しつつあった。「エクレシア」間の共通意識は、間欠的ではあったが苛烈な迫害によって高められた。殉教の目撃談は直ちに書きとめられ、共同体を次つぎに回覧された。通信輸送システムが作動し始め、キリスト教徒の「民衆」が動き出したのである。

キリスト教徒はなぜ迫害されたのか？
――民衆的「オイクメネー」の結集

キリスト教徒は帝国官憲の注意をひき始めていた。迫害の歴史は複雑で、論争の的である[7]。こうした困難が生まれたのには、二つの連結した要因があった。第一に、諸皇帝の目に映ったキリスト教は、パレスティナ特有の長期にわたる無秩序の色合いを帯びていた。第二に、特異な事件と言わざるを得ないのだが、ネロは六四年に、ローマの大火を引き起こしたのはキリスト教徒だというもっともらしい理由をつけて彼らを迫害した（当時疑われていたのはネロ自身だったが、それを否定したのだ）。こうした要因の他に、相当に系統立った迫害も行なわれていた。トラヤヌス帝の時代には、キリスト教徒であることが犯罪的行為とみなされていたが、当局は躍起になって迫害するつもりにはなっていなかった。しかし当局は五〇年ほどの周期で、大規模かつ残酷な迫害を主導し、これが三一二年のコンスタンティヌスの改宗までつづいたのである。いったい、なぜ？

迫害には主として三つの要素が撚りあわされているように思われる。第一に、キリスト教徒はあらゆる種類の「嫌悪感の対象」として非難されていた。彼らは道徳的な意味での「マリー・ホミネース（悪い人びと）」として犯罪者のレッテルを貼られ、刑法の対象とされた。キリスト教徒は弁明してこう説明した——聖体拝受でキリストの血（ぶどう酒）と肉（パン）を口にすることは人食い《カニバリズム》ではない、異教の神がみの崇拝は拒否するが無神論者ではない、信徒同士の結婚を奨励するといってもそれは近親相姦の意味ではなく、普遍的な愛の教義は性的乱交のことではない、と。こうした非難が三世紀まで一般民衆のあいだで信じられて、ネロのスケイプゴート政策が継続された。テルトゥリアヌス（二—三世紀の教父）が言った通り、「ティベリス（テヴェレ）が溢れてもナイルが涸れても、『キリスト教徒をライオンに食わせろ』の声があがる」のだった。

他の二つの要素はともに、キリスト教の一神論に起因していた。皇帝の神性を否認したことが、ドミティアヌス帝の迫害（八一—九六年）の大きな要因だったと考えられるが、それはドミティアヌスが本気で自分を神と考えた数少ない皇帝の一人だったからである。しかし三番目の要素のほうがもっと重要だったのは、一神論によってキリスト教徒たちは異教の神がみすべての崇拝を拒絶したからである。これでローマの公式イデオロギーとの訣別が決定的となった。ローマの支配階級が自分たちの神がみを狂信していたというわけではない。彼らの宗教は信条の体系というよりは、神がみの面前で市民同士の連帯を確認しあう一連の儀式や行事のことだった。帝国による征服が進むにつれて、宗教は社会管理のための儀式を二重レヴェルで発展させていた——各地方の宗教は容認どころか活用されて、その神がみと折おりの儀式が全体として国家に結びつけられた。帝国の統合はイデオロギーとしての「パークス・デオールム（神がみの平和）」に依存していた——他の神がみの存在を認めるだけではなく畏敬せよ、というのである。帝国への忠誠の問題に直面したとき、キリストはこう言ったと伝えられている——「では、皇帝のものは皇帝に、神のものは神に返しなさい」（「マタイによる福音書」22・21）。ただ精神的な事柄においてのみ、「わたしは主、あなたの神。わたしは熱情の神」（「出エジプト記」20・5）なのだった〔ともに新共同訳〕。この世での畏敬は皇帝に捧げるべきだった。しかしローマは精神の権威と地上の権威とを分けなかった。さらに、後で見るように、それはキリスト教としても完全に分けることなどできなかった。こうして、地域社会の神がみを畏敬することを拒むことがローマへの政治的挑戦となり、それ自体が不敬神な行為となったのである。これらがキリスト教徒に対して加えられた非難の主たるものであり、官憲当局自体もこれらの非難を真実かつ真摯なものと信じていた（ムルスリリョ・一九七二年『キリスト教殉教者言行録』に記録された反対尋問を参照）。

しかし教義のレヴェルにとどまる限り、迫害についての説

(6) クレメンスの手紙に対するギリシアの影響および注解は、イェーガー・一九六二年・特に一二—二六頁を参照。手紙はレイク・一九一二年より。

(7) 膨大な文献への適切な入門となるのが三篇の論争的論文——ド・サント・クロワ（一九七四年）、シャーウィン゠ホワイト（一九七四年）、フレンド（一九七四年）で、これらは一冊にまとめて収録されている。また、ケイス・一九三三年・一四五—九九頁を参照。

明はこれだけでは十分でない。信仰の自律性を重視することはキリスト教的ではあっても、ローマ的ではなかった。信仰などローマ当局にとってそれほど重大問題ではなかったから、やっかいな一神論とも折り合いをつけることができたはずだ。結局のところ、ペルシアの王たちはゾロアスター教の一神論を逆手にとって自分たちの支配を補強したし、後のローマの諸皇帝もまさに同じだった。〔トラヤヌス帝の執政官を務めた〕小プリニウスは、トラヤヌス帝への指針のなかで困惑気味に書き送っていた。彼の見たところ、キリスト教徒に嫌悪すべき所業などなく、皇帝への畏敬を欠いてはおらず、皇帝が秘密会合を禁じたあとでは共同の食事もやめてしまっていた。彼はまた迫害が知れわたったことによって押し寄せてくるたれこみ屋やパンフレット類とかかわりたくはなかった。トラヤヌス帝とて同じで、彼は何もせぬことにした。実利的な面から考えれば、キリストがしたように、ローマは妥協を図ってもよかったのである。

妥協が（ずっと後になるまで）行なわれなかったとすれば、その説明として最も考えられるのは、一神論の思想が皇帝自身のチャンネルではなくその対抗チャンネルを通じて伝達されていた、ということだろう。すでに言及した、もう一つ別の通信輸送手段と管理ネットワークが作動して、相互に連結しあった、すき間的な対抗共同体群を生み出したのである。帝国にとっては、これが脅威だった。

この説明なら、すべてが符合する。キリスト教はすき間的な交易ネットワーク、すき間的な人びと、とくにギリシア人を通じて伝達された。こうした活動ぶりの大部分は、国家には見えなかった。キリスト教徒の共同体は突如姿を現わした――そのために「秘密結社」への警戒や嫌悪すべき所業の噂が生まれたのだ。それは小規模で緊密に組織された共同体群で、相互の団結ぶりは帝国の中心的都市部における従来のさまざまな下位集団をしのいでいた。異教徒の哲学者ケルススが一八〇年頃に書いているのだが、彼はキリスト教徒共同体の内部団結を特筆すべきものとした（彼は迫害によってそうなったのだと見ていたが）。「エクレシア」というその呼び名（もともとはギリシアのポリスの集会の名）からも明らかなように、この私的な共同体は政治性を帯びており、国家からの公式の介入や管理に対する障壁となっていた。

さらには、各「エクレシア」の内部組織も不安の種だった――そこには通常の垂直的・水平的な仕切りがなかったからである。神は社会構造を超越した――初期の諸宗教のように社会構造を具現などしなかった。個人の努力しだいで、救いは誰にでもやって来た。神と直接の関係を取り結ぶことを通して自らの救済を勝ちとることは、個々人の務めなのだった。福音書は繰りかえしこの点に触れており、そのため普遍主義的でラディカルな要素を深く包含することとなった。同時代の人びとに強い衝撃を与えたのは、教会がとりわけ活発に動いたのが女性や奴隷や自由身分の一般民衆の獲得だった点である。これは批判者たちによって非難として語られたことだった。ところがキリスト教護教論者の一部は、これを誇らかに喧伝したのである。

ここから、教会は異常に多数の「貧しき人びとと虐げられた人びと」を募ったという確信が生じた（例＝ハルナック・一九〇八年・II・三三―八四頁、その他多数）。しかしながら、どうも疑わしいのだ。第一に、キリストの死後から二五〇年頃までは、キリスト教はもっぱら都市の宗教だった。全人口のうち、食うや食わずで絶え間なく重い農業労働に追われるという生活をまぬがれていた五―一〇パーセントの人びとの大半は都市に住んでいた。彼らは経済的な意味では恵まれており、国家からの無料穀物支給を受けていた町まちでは特にそうだった。

第二に、信者獲得活動についての当時の証言はあいまいなのである。異教徒である非難者たちは統計数字を伝えるどころか、そもそもキリスト教徒が一般民衆のなかで活動することに驚いているのだ。キリスト教護教論者たちは、民衆への訴えかけこそ彼らのメッセージの真髄だとはっきり言うけれども、通常はそれに加えて、社会の上層へも働きかける、と言うのである。

第三に、職業に関する史料は別の結論を支持する。キリスト教信徒の活動分子は、最初期のパレスティナ農村段階においてさえ、小農民や労働者よりも農村の工芸職人が多かった。この職人的基盤は、都市への移動後も引きつがれた。初期キリスト教徒の墓碑銘調査の驚くべき発見によれば、実にさまざまな専門職業がある――膨大な職人リストにはレリーフ職人からいばの医者までのあらゆる技能職、香料から象牙までのあらゆる商人、勘定取り立てや筆耕などの事務・販売員、合唱指揮者やトランペット奏者や体操教師といった芸能者、等々である。これらにまじって掃除婦・馬丁といった個人付きの雑役や、墓掘り・庭師といった人夫的労働もある。官吏や医師など高級な職業もある（ケイス・一九三三年・六九―七〇頁）。これは貧しく虐げられた人びとの群というより、都市生活の断面そのものに見える。これらの職種は今日われわれの調査分類表でも中間部門を占めている（そして他ならぬ一つの中間的「社会階級」へと当てはめることが困難な職種でもある）。

グラントの結論（一九七八年・八八頁）によれば、キリスト教徒の大部分は「中産階級」に属していた。しかしながら、キリスト教徒は墓石の碑銘をつくるゆとりのない都市住民のなかにもいたかもしれない。とにかく「中産階級」という呼称はわれわれの時代のものであって、ローマ時代のものではない。キリスト教徒もその敵対者も主として「ポプルス（民衆）」と言っていたのであって、これこそが問題の鍵だ。キリスト教徒となったのは、支配階級に対立するものとしての民衆だった。したがって経済的・職業的に見れば、きわめて多様性に富んだ一群だったのである。そして都市の「民衆」のまったく同じ職業分野（官吏を除く）のなかで、奴隷あるいは解放奴隷が占める割合はおそらく二〇―三〇パーセントだったことを考えれば、こうした職業カテゴリーが貧困や抑圧を示すものではないことが理解されよう。もちろん「女性」というカテゴリーとて同様だ！　さらに言えば、こうしたキリスト教徒の共同体は、慈善活動のみならず相当な数の常勤職員を支えていたから、しかるべき経済的な余剰を獲得していたのだ（慈善活動は一部に貧困があったことを示しているが）。ケイスが社会的ドグマについての議論で指摘しているように、そもそも都市へ移住するということは、本来の仲間意識からくる現世の富への無関心を捨て去ることであり、慎ましく弱く貧しい人びととのイデオロギー的一体性を断ち切ることだったのである。

それでも「苦しみ」を物質的な概念ととらえることに固執する少数の学者たちは、次には「相対的な欠如感」という概念を持ち出してくる。ゲイジャー（一九七五年・二七頁、九五頁）の主張によると、キリスト教徒は絶対的な貧困に陥っていたのではなく、彼ら自身の期待や願望との比較において、貧しくかつ虐げられていたのだそうである。ゲイジャーは純粋経済的な欠如概念から離脱していったのだから、「ではいったい彼らは何が不足だったのか？」と問うてもいいだろう。答えは彼からは期待できない。

しかし初期のキリスト教徒とはいったい誰だったのかをもっと正確に突きとめたわれわれには、彼らが感じていた欠如感についても、もっと正確な答えが出せるだろう。それは経済的なものではなかった——彼らの職業的な基盤、彼らの共同的な富、そして彼らの教義からして、彼らは当時の標準からすれば裕福だったという結論になるのだ。もしも彼らがもっと裕福になりたいと願いつつそれを達成できなかったとしても（相対的な経済的欠如感とはこのことだ）、彼らはそんなことは決して書き残さなかった。実際のところ、贅沢はともかく幾ばくかの富をもつことは正当だとする方向への教義の転換は、別のことを示唆している。これらすべての都市の人びととは、彼らがまさに民衆であるというそのことのゆえに、一つの特徴的な欠如感を共有することができた——公式の権力から排除されているという欠如感である。彼らは帝国や自分たちが居住する都市の統治機構の一部を構成していなかった。トラヤヌス帝やハドリアヌス帝の治世の、まさに帝国繁栄の絶頂期というべき時代に、これら都市の中間的集団のなかにわれわれが読み取ることができるのは、政治的排除に対して東方の諸都市で沸き起こった抗議と暴動である。ディオ・クリュソストモス（一—二世紀のギリシアの雄弁家・哲学者）が語るところでは、職人たちは「さげすまれよそ者と見られて、一般共通の利害からの疎外感を抱いている」のである（リー・一九七二年・一三〇頁から引用）。しかしながら、そうした「欠如感」を抱く人びとが、あえてキリスト教徒になることで市民的政治参加からのいっそうの排除を招くようなことをするはずはない、というのがリーの見解である。これは重大な反論だが、政治的排除ということを狭い概念でとらえているにすぎない。

帝国はさまざまな共同組織をしっかり掌握していたことを想起しよう。小プリニウスとトラヤヌス帝のあいだで交わされた消防団をめぐる書簡が有名である（ジョーンズ・一九七〇年・II・二四四—五頁に収載）。小アジアのビチュニア属州の総督だったプリニウスが報告して曰く、最近恐ろしい火災が発生してニコメディアという重要な町が灰燼に帰してしまった。消防団がないので、プリニウスはそれをつくる許可を求める。そもそも彼が許可を求めることがわれわれには不思議と映るのだが、驚くべきことに彼は消防団を全力をあげて規制監督し、それが消防だけを目的とするものだということを確言するのである。ところがトラヤヌスの返答がびっくり仰天である。皇帝が言うには、いったん出来あがってしまうと「かかる団体は治安を乱すことといちじるしかった……それらがいかなる名称で呼ばれようとも、また、それらがいかなる目的で設立されようとも、必ずや危険な集団へと成り変わるものである」。そんなわけで彼は許可を断わり、燃えそうな家屋の持ち主が使える消火器具の供給を勧めるのである。排除ということは、あらゆる形態の共同組織に対して行なわれた。都市の大衆《マス》はすべての公的集合生活を奪われ、公的に認可されるまっとうな共同組織をすべて奪われていたのである。帝国は彼らの社会ではなかったのだ。

　しかしながら都市生活の経済というものは、農村地域と比べれば、作業場や市場での集合的活動に関係する度合いがはるかに大きかった。そしてこれらの活動には誰か読み書きのできる者が、それができない他の者のために読み、かつ書いてやることが必要だった。さまざまな考えや書き物がこうした小規模な共同体の内部で循環し、討論グループが誕生した。しかし政府当局はそれを阻もうとした。かてて加えて、キリスト教徒集団の中核を成したのは高度な可動性をもったギリシア人であり、ギリシア語はほとんどすべての東方の町まちおよび多くの西方の町まちの共通語《リングア・フランカ》であり、ギリシア人にはポリスにおける集合体組織の歴史があり、東帝国のギリシアの町まちでは前述の「政治的」暴動が発生していたのである。キリスト教徒は政治参加を求めてはいなかったが、有意義な集合的生活一般への参加を望んでいたと推論できよう。そして彼らがそれを見出したのが、非政治的、超越的であることを標榜する教会だったのだ。彼らがこれを、帝国に対する政治的挑戦と考えていたふしはなさそうだ。あの中途半端な暴動に加わった者もいたのかもしれないが、彼らとて魂の救済に関しては二元論者なのであって、彼らによって皇帝《カエサル》のものは皇帝へと委ねられたのだ。しかし魂の救済は、彼らを否応なく共同体組織にかかわらせた。その教義に反して、彼らは最も広い意味で政治に巻きこまれることになったのである。

　教義のレヴェルにおいては、魂の面と組織の面との融合ということが再々述べられてきた。キリスト教のヘレニズム的要素を分析した結論として、ノックは初期の著述家の言葉を言い換えてこう言っている――「人は真理を求めたのではなく、普遍の宇宙に安住することを求めたのだ」（一九六四年・一〇二頁）。「普遍の宇宙に安住」とは申し分のない表現である。「住」とは社会的な住まい、つまりは共同体のことだが、究極的な意味や道徳性との関連において普遍的な意義をもつ共同体なのだった。それは神聖なものと世俗的なもの、精神的なものと物質的なものを融合して、超越的な社会をつくろうとした。初期のキリスト教徒たちは自分たちのことを常に「仲間」、「同胞」、「キリストにおける兄弟姉妹」と呼んでいた。彼らは帝国にとって対抗的な社会組織となったのである。

その脅威が明白になったのは、キリスト教徒たちが「嫌悪すべき所業」を行なっているという噂を当局が信じるのをやめた時だった。代わりに当局は、まさに正反対の確信をもったのだ——キリスト教徒は高潔だ、と。テルトゥリアヌスの伝えるところによれば、ある異教徒が「なんと、これらキリスト教徒連中は互いに愛しあっているではないか！」と叫んだそうだし、おそらくこの異教徒は偏見なき論評者ではなかっただろうが、キリスト教徒の慈善活動には妬ましい思いで注目していた。キリスト教徒に対する最後の大敵・皇帝ユリアヌスは、彼らを常に「無神論者ども」と呼んでいたが、おおっぴらにこう告白した——「無神論をはびこらせたのが見知らぬ人びとへの彼らの善意、死者を葬ることへの心づかい、神聖さを標榜する彼らの生活ぶりであることを、われらは認めぬわけにはゆくまい？」（フレンド・一九七四年・二八五頁に引用）。キリストの二元論を厳格に貫くことはできなかった。たとえそれが最小限度であって社会のヒエラルキーを乱さぬ場合でも、キリスト教は倫理的な脅威だった。個人関係や家族関係になくてはならぬ社会倫理への繰り入れ高という点で、キリスト教は明らかに帝国を凌駕していた。こうした分野に限られてはいたが、キリスト教は規範的献身が向かうべき、もう一つ別の焦点を表象していたのである。

帝国はもう一つ別の〈力〉の組織と対峙することになったのだが、それは普及能力において拡大包括性に富み、結集能力において内向集中性に富み、倫理的かつ（それなりの基準で）平等的《デモクラティック》だった。それが依拠していたのは伝播型の〈力〉であって権威型の〈力〉ではなかったので、そのリーダーたちを迫害したところで、組織の勢いは止まらなかった。多くの点から見てキリスト教は、ローマがいかにその過去の共和政を理想化したがっていたか、を表わしていた。これがふつうの市民たちを惹きつけ、紀元前一〇〇年頃に定着したとされる政治的な水平化傾向を呼びもどした。民衆主導型のキリスト教は教会の内部にも、いっそうラディカルで平等主義的な反対勢力——グノーシス派やドナトゥス派——を生み出すことになる（本章の後半で詳論する）。キリスト教は精神的にも社会的にも、民衆を基盤としていた。何であれ自分の目的で民衆を結集させる限り、キリスト教は体制破壊的存在だったのである。

信奉者たちが語るところによれば、キリストが身をもって示したのは、知識（この場合は精神的な知識）というものは本当はきわめて単純素朴なものだ、ということだった。簡易文字や数字表記法が現われると、その結果文字と口頭との混合チャンネルを通じて流れる情報量が拡大し、社会生活に関する知識がふつうの個人にも利用可能となる。「精神的」な諸問題はとりわけ単純素朴である——生と死、物質の有限性と人生究極の意味、秩序と混沌、善と悪といった諸矛盾は、全歴史を通じてわれわれのすべてがありのままに認識していることであって、学殖豊かな哲学者や神学者はそれに専門的な詳論を付加しているだけなのだ。人間の遺伝子的構成は、世界に関する一般的知識の獲得に必要な精神的諸特性の大部分が、基本的には各人等しくそなわっていることを示している。大きな集団をなす人びとが存在とその意味について同じ問いかけができる社会になると、強力な平等主義的趨勢が解き放たれる。それを可能にする諸要因は古代末期社会で発展しており、その結果は革命的だった。

こうしてキリスト教は、少なくとも理念的な面では、ラディカルで深遠でありながら単純で真実なメッセージをこの世に送り出した。人間がひとたび普遍化されれば、人類一般という集合的存在の概念が生まれ、それを包摂する普遍的組織として「オイクメネー（全世界教会）」が出現する。そのギリシア語の呼称に含意されているように、前提となったのはギリシア哲学の普遍主義だった。しかしギリシア人には、ちっぽけな領域にまたがる参加型の社会しかなかった。「オイクメネー」の前提としては、拡大包括性に富むローマ帝国の文化と読み書き能力とが必要だった。しかしローマ人は拡大するにつれて、その社会参加の度合いが減じていった。幾百万という人びとを擁する社会空間のなかに原理的な、名目としては「精神的」な平等と参加のメッセージを限なく行き渡らせるには、イデオロギー的な〈力〉の運動、つまりは宗教の出現を待たねばならなかった。キリスト教が示したのは、人間社会自体は現存の国家とか現存の階級あるいは民族区分などで境界づけられる必要はどこにもなく、その統合は強制力以外の何か、まさに超越的なイデオロギーの〈力〉によってもたらされる、ということだった。この問題が存する限り、迫害は残酷を極めたのである。

精神の「オイクメネー」と世俗の「オイクメネー」
——両者に妥協はあるか？

とは言うものの、出現しつつある教会と帝国国家とのあいだの妥協は可能だった。キリスト教は国家の敵意の影響から無縁であることなど不可能だった。おそらくは信仰心によって、共同体への忠誠心によって、勇気によって迫害に耐えぬけただろう——しかしゆらぎがあったことも明らかだ。もっと迫害がつづいたら、キリスト教は消滅していただろうと考える者もいる（例＝フレンド・一九七四年）。二元論がキリスト教徒を苦境に追いこんでいた。しかし二元論にはあいまい部分があって、この部分をキリスト教側と世俗側の双方の利害にそうよう明確化することができた。福音書で語られている限り、キリストのメッセージは明快だった——すべての男と女の平等は、すべての自由民と奴隷民との平等は、精神上のことであって世俗内のことではない、というものだった。しからば精神世界の境界とは何だったのか？　キリスト教はこうした境界をより狭く区切ることで、ローマ帝国との折り合いをつけ始めた。

まず女性と奴隷という具体例について考えてみよう。初期キリスト教では明らかに女性の存在は大きかった（例＝「ルカによる福音書」８・１—３）。キャメロンが指摘するように（一九八〇年）、これが特に「革命的」だったわけではない。女性は公式のローマ文化のなかで比較的にはマージナルな存在だったが、たとえばイシス神崇拝など、他の宗教にも惹きつけられていた。キリスト教は中間層商人で大いに信者を獲得していたが、このセクターでは女性たちが家業の活動的な担い手を務めることが多かった。にもかかわらず、キリスト教諸宗派の重要性が増すにつれて、権威ある地位への女性の参入はきわめて過激なことと思われ始めたのである。エレーヌ・ペイゲルスは、教会とその対抗宗派だったグノーシス諸派における女性の初期の役割を比較した。多くの宗派で女性は預言者、司祭、そして司教としてさえ、十全な参画が認められていた。彼らの教典には神の女性的、あるいは両性具有的諸特性についての言及がたくさんあった（三位一体が婚姻の夫婦プラス一人の息子となるよう、聖霊を女性と考えた者もあった）。これらすべてがパウロによって、パウロの名をかたる後世の著者たちによって抑圧されてしまい（とりわけ「テモテへの手紙一」2・11――「婦人は、静かに、全く従順に学ぶべきです」〔新共同訳〕）、初期の司教たちの大多数もこれを踏襲したのである。女性も立派な教徒だが役職には就かせない、というわけである。神とキリストは明確に男性となった（ペイゲルス・一九八〇年・四八―六九頁）。

こうした進展のなかに、一つ不確定なことがある。ド・サント・クロワ（一九八一年・一〇三―一一頁）が複製した史料によると、ローマの公的な諸機関の家父長制が弱まり、ヨリ平等主義的な結婚概念へと向かった、というのである。しかしながら、一つの属州に関する最も信頼度の高い歴史的記述、すなわちエジプトに関するホプキンズ（一九八〇年）の記述では、正反対の結論となる――婚姻契約のなかでの女性の諸権利はしだいに弱められてきており、これはギリシア人の征服で始まってローマ人によって促進されたのだった。しかし両者とも、キリスト教が家父長制を強化したという点では一致している。家父長制的ユダヤ教とのつながりが結局は女性の自由を抑制して、世俗的な従属に神聖な権威づけを与えたのである。キリスト教の新しさとその特筆すべき女性への訴えかけとが、初めはジェンダーの関係を生き生きとした社会問題にしたのだったが、やがて現われてきた教会の権威構造がそれを抑えこんでしまったのである。

奴隷制に関しても、同じようなトーンダウンが起こった。これはパウロにとって、またキリスト教共同体全体にとって微妙な問題だった。パウロの「フィレモンへの手紙」はフィレモンの逃亡奴隷をフィレモンに送り返す件を述べていて、その内容はキリスト教共同体の内部では隷属関係のきずなよりも「福音のきずな」のほうを優先すべきだという考えを暗示するのだが、しかしそれ以上のものではない。正統教会の教義はアリストテレスが聞けば、当然と思っただろう――奴隷制は嘆かわしいことではあるが避けがたいことだ、原罪のように。奴隷たちもふつうの信徒として教会の一員となることができ、信徒であるその主人は信仰深い奴隷を解放するよう勧告され、解放奴隷は教会で高い地位に昇ることができたろう。それはおだやかな自由主義ではあっても、体制破壊的ではなかった。この点はおそらく、女性への対応と同じだったであろう。

　こうした修正は、二五〇年頃までに「カトリック（普遍的）」教会を形成していった、ヒエラルキーや権威や正統性への一般的志向の一部だった。しかしそれらは、社会組織の問題に対するイデオロギー的原理にもとづいた解決ではなかった。キリストは何の指針も示していなかったし、したがって教会はこの問題では帝国に寄生していたのだ。

　ローマ帝国は（大部分の古代社会と同じく）、都市であれ農村であれ一般民衆の日常生活には浸透できなかった。彼らの献身や実践を結集したり、彼らの生活に意味や尊厳を与えることはできなかった。それでも生活を持続するのに必要な秩序の、基本的要素は供給したのである。初期のキリスト教共同体は帝国を擁護することはできなかった——税を徴収せよ、船舶を海賊から、らばやらくだの隊商を山賊から守れ、軍隊と官僚のために兵站部を組織せよ、啓典宗教が求める読み書き能力を維持せよ、その他キリスト教徒としての生活を送るための多くの基本的前提条件を調えよ。これらのことについてキリストは何も語らず、初期の信奉者たちも社会の全体像は描かなかった。彼らは人間の普遍的条件について重要かつ社会的にも真実なことを語り、素朴で心安まる儀式を包含する小さな共同体構造でそれを強化したのではあったが、マクロ社会的な組織や社会分化については何も語らなかった。キリストの最初の信奉者たちは彼らの自前の資源から、すなわちローマの市民権、性別、階層上の位置、エスニック・コミュニティーなどに由来する信条や慣行の持ちあわせのなかから、解決策を生み出さねばならなかったのである。

　一点において、彼らの解答は明瞭にキリスト教的だった。彼らの信仰は全面的な民衆本位主義《ポピュリズム》を打ち出しつづけていた。これは農村地方では（後で見るように）きわめてラディカルな形をとったけれども、通常は家父長主義的だった。キリスト教共同体には階層構造があったが、特権をもつ者は特権をもたない者の面倒を見たのである。慈善活動はそのしるしだったが、宗教伝道の形態もそうだった。ラテン語やギリシア語を流暢に読めるのはエリート教徒だけだったが、下方志向の彼らは無学の連中にもすすんで教典のメッセージを伝えた。儀式の中核は聖餐式と、聖典および各共同体間で回覧される手紙の朗読、それらをもとに作成された説教の朗読だった。モミリアーノ（一九七一年）の指摘によれば、キリスト教内部ではエリートと大衆《マス》のあいだに文化的なギャップがほとんど見られず、これはローマの伝統と著しい対照をなしていた。実際のところ、異教徒の著述家たちは四世紀末までに、エリート‐大衆《マス》間の文化的境界などまったく存在しないかのような応答を強いられたと、モミリアーノは主張する。したがって、信徒仲間の内部で権威が生じ始めたときでさえ、ローマ当局にとってそれは不安の種となった。なぜなら、民衆に対して世俗の権力に勝る強力な結集力をもつ司教や執事や司祭たちが、中核的な都市部に出現しつつあったからである。ブラウン（一九八一年・四八頁）の指摘によれば、今やキリスト教徒の偉人たちには必ず民衆の賞賛がついてまわる世界なのである。深く民衆の心の琴線に触れるキリスト教徒著名人の能力を、ブラウンは「上からの民主化」と呼ぶ。下へと向かう結集力、〈力〉の結びつきを強める能力こそ、地球上のこの地域におけるキリスト教に特有なものだった——そして他の諸地域における他の世界宗教にも特有なものなのである。それは歴史発展上この時期の産物であって、われわれはいまだにそれを失ってはいないのだ。

しかし、ヒエラルキーは強まった。キリストがいかなる組織を遺したのかは識別できない。使徒たちがようやく集合的な〈力〉を獲得したのも、キリストの兄弟ヤコブに率いられた分派との論争の後でのことだった。キリストを「自分の目で見た」たくさんの人びとのなかから、どのようにして一二人が選び抜かれたのか？　真理は組織を必要とする——真理をどう伝えるのか、その純度をどう保つのか、その基盤構造《インフラストラクチュア》をどう維持するのか、その内容をどう決定するのか。これらすべてに権力が必要だった。そして教会組織への影響力にはさまざまあったが、帝国ローマの影響力は増大した。教会は都市の構造を発展させ、都市ごとの共同体は司教が支配し（総督に相当する）、その権威は周辺の属州に及んだ。ローマの司教がその威信を高めたのは、この都市の世俗的優越のおかげだった。教会への一〇分の一献納は税金だった。異端たちには強固な属州的基盤があった。東方教会と西方教会への最終的な分裂は、帝国の政治的分裂を追うものだった。その普遍主義の値打ちを計る二つの試金石だった女性と奴隷とは、全面的参加からは姿を消してしまった。奴隷を聖職に列した初期の慣行について、教皇レオはこう見ていた——

その生まれにおいても性格においても何の長所もない人びとが自由に聖職に叙せられ、その所有者からいまだ自由を手に入れておらぬ人びとが尊い聖職の地位に昇っているのは、あたかも卑しむべき下賤さこそがかかる栄誉を受けるにふさわしいと言わんばかりである。……こうしたことには二重の過ちがある——聖なる職務がかかる卑しい連中によって汚されるのみならず、不埒かつ不正な認定が行なわれることで所有者の権利が侵害されるのである。

（ジョーンズ・一九六四年・II・九二一頁から引用）

最も重要なのは、「オイクメネー」がローマ化されたことだった。キリスト教にかせがはめられたのだ。帝国の外での伝道活動の多くは、「文明化された」東方のライヴァル諸国家で行なわれた。ゲルマンの「蛮族」はおおむね無視された。ただ一つ北方の（小）蛮族ルーギだけが、ローマ国境の外にいながらキリスト教に改宗した。西帝国崩壊から一〇〇年後、おそらく唯一の大蛮族だったランゴバルド族が改宗したが、彼らが居住していたのは正式にはローマの領域ではなかった（E・A・トムソン・一九六三年、しかしフォークト・一九六七年・二一八—二三頁は疑問を呈している）。西方の「オイクメネー」にはローマの国境警備隊が配備されていた。

ローマ化が進むにつれ、世俗の諸権威との関係はますます両面性を帯びていった。教会と国家当局とは大いなる競争相手となったが、その類似性は両者が融合しうることを意味していた。三世紀の末、国家の官僚体制を大幅に拡大したディオクレティアヌスの改革は、読み書きのできる中間層の都市男性に上方移動の機会を提供した。この「公職貴族」には、その前任者たる元老院身分や騎士身分の連中とはちがって多くのキリスト教徒が含まれており、キリスト教への非公式の国家保護をもたらす結果となった（ジョーンズ・一九六四年）。次に起こったのがコンスタンティヌスの改宗（三一二年）と、彼によるキリスト教徒の国家保護（三二四年）だった。コンスタンティヌスの動機が何だったかは激しい論争の的である——おそらくは真実な気持ちとご都合主義とが緊密に絡みあっていて、いったいどちらが本当か、彼自身にも識別できなかったにちがいない。彼は迷信深く、根底は一神教的な人間で、戦場での勝利の感謝を捧げる相手は一人の神、ある時はキリスト教徒の神であり、ある時には太陽神だったようである。彼はローマの公法体系の頂点に立つ自分の地位からして、教会の権威構造を支える聖職制度を評価した（ウルマン・一九七六年を参照）。しかし、その支え方には二通りがあった。もしもキリスト教自体を抑圧することが不可能なら、キリスト教は信徒たちを訓練して社会秩序に従わせなければならない。三二五年、コンスタンティヌスは決定的な結果をもたらしたニカイア公会議を自ら主宰した。ニカイア信条はキリストを神と規定し、キリスト教を国家が支援する正統宗教と定めた。なぜ国家支援が必要だったかと言えば、キリスト教は今なお大量の異端と社会不安とを生み出していたからである。

キリスト教は啓典宗教だった。啓典にはドグマ（教義）が含まれていた。ドグマを受けいれることで、人はキリスト教徒となった。すべての人が入信できる——それは自由意志にもとづく行為である。しかし真理についての判断が異なっていて、たとえばある者はもっと深遠なギリシア哲学を、ある者は異教の神がみの共和主義的美徳を、またある者は神秘崇拝のエクスタシーを好むとしたら、いったいどうなるのだ？ゾロアスター教やイスラームと同じく、キリスト教は人間の本質を定義して、その宗教の真理を理性的に受容する者、とする。したがって信仰を拒絶する者は非人間とされる。啓典宗教に通有するこの特質は、それらが掲げる普遍主義を損なってしまう。さまざまな初期宗教は、大衆が高度な真理へ参入するのを排除してしまうか、帰属集団が異なれば真理も異なるという考え方をとるか、どちらかだった。他の集団が人間性を欠くと考えられても、これは非宗教的な根拠からだった。ところが今や宗教が人間を定義し、限定するようになったのである。

不寛容はさらに、他のキリスト教徒にも向けられた。明確な社会的コスモロジー（全体像）をもたない教義は、真の教義の決定、その教義を護持する者の決定にあたって、多大の困難に逢着した。福音書自体にも明らかに相違があった。二世紀にはさまざまな分派——グノーシス派、マルキオン派、モンタノス主義者、マニ教徒、アリウス派、ドナトゥス派などが生まれ、その後も陸続と発生したが、その大部分は大いなる憤怒の下に弾圧された。分派を生み出した論争は教義へと撥ねかえった。キリストは神なのか、人間なのか、その両方なのか。キリストは女から生まれたのか。聖職者は人間的なものよりも神的なものとかかわるべきか。これらの問題に判定を下すのはいかなる権威であるべきか。論争の核心は、神か皇帝《カエサル》かをめぐるキリストの二元論を調整して、魂の問題について判定を下すとともに信仰あつき者たちの共同体組織をつくり出すことのできる組織体を生み出す試みだった。国家が教義論争の決着に強い関心をよせたのは、国家自体の構造と同質の権力がそこに樹立されることを望んだからだった。

紀元二五〇年頃までに、教会‐国家関係は幾つかの圏域で新段階を迎えていた。両者の権力構造は都市にあったが、一部農村地域での改宗が始まっていた。二五〇年までにはエジプト、北アフリカの両属州、および小アジアの大部分の属州が圧倒的にキリスト教化された。パレスティナとアンティオキア周辺の本家本元とその近隣農村地域への浸透は、コンスタンティヌスまでは希薄だったと思われる。この点はギリシアとイタリアに関しても同じだったが、西方ケルト族農村地域はほぼ完全に手つかずだった。アンティオキア地域の特殊事情（リーベシュッツ・一九七九年参照）とギリシア内陸部とは別にして、浸透は交易とヘレニズム文化のルートに沿っていた。大部分のキリスト教属州は、ヘレニズムの影響圏内の、あるいはその隣接の帝国中心地域に対して、大量の農産物を供給した。それら属州は最貧困地域などではなく、まったくその逆だった。農村地域への浸透については不明の点が多々ある（フレンド・一九六七年、一九七四年、一九七九年を参照）。一つだけ、北アフリカ属州は史料がそろっている。北アフリカは四世紀の最も重要な異端であるドナトゥス派を生み、また彼らに対するカトリック側反対者の一人、ヒッポ（カルタゴ）の司教アウグスティヌスは教会の主要な論客だった。彼らの闘争によって明らかになるのは、次第しだいに帝国のマントを羽織り始めた教会が直面した、組織論的なディレンマなのである。

ドナトゥス派の異端とアウグスティヌス
――妥協の失敗

ドナトゥス派が登場したのは、二五〇年以後におけるキリスト教徒迫害の最終段階で、帝国の官憲と妥協した地方司祭たちに抗議してのことだった。キリスト教は純粋でなければならぬ、この世のことで汚されてはならぬ、と彼らは主張した。自分たちで司祭を立て（その中心がドナトゥスだった）、カトリック教会に挑戦した。皇帝たちの気まぐれ――コンスタンティヌスの改宗とカトリック派への支援、異教徒ユリアヌスの即位とカトリック教徒に対する敵意、次にはカトリックの皇帝たち――のお陰で、ドナトゥス派は皇帝からは保護されたり弾圧されたりした。しかし彼らの運動には、社会革命的傾向が混入していた。一部の連中がヌミディアの族長ギルドの叛乱に好意を示したために、カトリックと帝国官憲合同の絶え間ない迫害を招くこととなった。

ドナトゥス派の思想――「民族的《ナショナル》ないし社会的」不満と「宗教的」不満の相関的絡み――をめぐっては重要な学問上の論争がある。主要な研究はフレンド（一九六二年）で、彼によって「民族的ないし社会的」問題の多くが明らかになった。彼によればドナトゥス派が集中していたのは町ではなく圧倒的にいなかであり、ラテン語あるいはポエニ語地域ではなくベルベル語地域だった。フレンドが強調したのはドナトゥス派と社会革命集団「キルクムケリオネス」（修道士・農民の非定住集団）との結びつきで、こちらは属州大土地所有者に叛逆決起した、土地なし労働者や小規模営農者たちだった。さらにフレンドの主張によれば、ギルドとの結びつきが生まれたのは属州や農村地域や部族に広がっていた反ローマ感情からだった。こうしたフレンドの見解は、ドナトゥス派の異端を「民族的ないし社会的」要因に還元してしまうとして、ブラウン（一九六一年、一九六三年、一九六七年）とマクマレン（一九六六年）から批判されている。この二人が主張するのは、こうした背景的要因が絡んでいるにせよ、決定的だったのは宗教上の問題だということである。ドナトゥス派はどれほどいなかに集中していたにせよ町で生まれそこから支援されていた、属州南部ではきわめて優勢であらゆる社会集団を網羅していた、「キルクムケリオネス」はドナトゥス派の有産連中が上層階級での分派抗争で奇襲部隊として利用したものだ、ドナトゥス派が支配した地域に「革命プラン」や政治改革などなかった――こう彼らは主張する。基本的争点は宗教的信条だった――と言ってもブラウン（一九六一年・一〇一頁）の説明によれば、これは「宗教というものの社会的な位置づけ」を意味しているに「すぎない」のだそうだが。

広範な研究対象をもつ歴史家や比較社会学者なら誰でも、この議論の気配をすぐにも感じとって、それが唯物論と観念論に分かれて進んでゆくとの予測がつくだろう。しかしそうした論争は本質的な問題を混乱させてしまう。実を言えば両者は、本質的問題では同じことを言っているのだ。フレンドは教義自体が問題だったという考えを否定した。彼が言う通りドナトゥスも、アリウス派の考えにそった教義的には異端の文書（「三位一体について」）を執筆した。しかしこれは東方とは異なって、アフリカでは論争にはならなかった。アフリカでは両者とも、多くの点で教義上の一致があることを強調していたのだ。彼らが異なっていたのは教会組織をめぐってだった――「論争の核心は個別信条のちがいではなく、社会組織としての教会の本質および教会と地上世界との関係についてだった」（フレンド・一九六二年・三一五頁）。ブラウンもこれに同意する。彼によればドナトゥス派が主張したのは、聖なる法の唯一無二の保管者たる教会は「純粋」であらねばならぬ、ということだった――「わたしはわたしが学んだ神の法以外のものは望まない。わたしはこれを護り、このためにわたしは命を捨て、このなかでわたしは火にも焼かれよう。人生はこの法を措いては、他に何もありはしない」。これは敵意に満ちて混沌たるこの地上世界において、神の法との直接的な結びつきを求める宗派に典型的な主張である。この支持者たちの言う通り、これは実は真の初期教会精神を表明していた。しかしそれは防御的、敗北主義的な精神ではないか、とアウグスティヌスは反駁した。ドナトゥス派には、歴史がキリスト教に味方していることが分かっていないのだ。「雲間に雷鳴がとどろく——地上にあまねく主の家は築かれよう、と。そしてこれらの蛙どもは沼地で鳴き騒ぐ——おれたちだけがキリスト教徒だ、などと」。

双方の不寛容と殺しあいの背後には、物質的・社会的な不安と「教義」問題との結びつきの他に、いっそう重要かつこの二つをつなぐものとして、社会組織とアイデンティティーをめぐる観念のちがいがあった。ドナトゥス派は真に超越的な分離主義の要塞にたてこもっていた——社会的権力のいかなる基盤をも無視して神との直接的な関係をとり結ぶ、選ばれた、純粋な人びとだった。アウグスティヌスとカトリック当局は、もっと地上的で超越性の少ないキリスト教徒-帝国民のアイデンティティーをもっていた。こちらは文明世界全体を組織する能力をもっており、神の恩寵を享受する一方で、地上の世界に世俗の規律を課す義務も負っていた（ブラウン・一九六七年・二一二—四三頁）。こうして議論は、教会組織のらちを越えてしまった。キリスト教が地方の社会秩序と広範な全ローマの社会秩序との両方を手中に収めつつあった以上、いったいわたしはどちらの社会に属しているのか、実利的だが広がりのある教会社会か、それとも純粋で局在的な教会社会か——「オイクメネー」か宗派《セクト》か——これが問題だった。

ドナトゥス派の回答は明快ではあるが頑迷だった。真のキリスト教社会は純粋な人びとだけを含む。教会の一部が妥協すれば、全体が地獄に落ちてしまう。ここで重要な特質はその局在性《ローカリズム》であって、農村・対・都市でも、擬似階級性でも、民族アイデンティティーでもない。しかしながら当時の農業生産や人口密度や社会組織のレヴェルでは、分離主義が生きのびることは不可能だった。ドナトゥス派は、彼ら自身よく自覚していたが、この世からは退いていた。純粋派としての彼らの立場は、ローマを無視しがちだったキリストを反復したものだ。彼らはキリスト教がローマに寄生することを容認しなかったし、自分たちの倫理的共同体は平定と秩序の広範囲な領域的枠組みの上で現在の形態でのみ存在が可能だ、ということを容認しなかった。社会的な退行を回避するには、この枠組みとの妥協が必要だったのに。

ドナトゥス派との論争で、アウグスティヌスはこの点は評価した。しかし結局のところ、彼はこれを認めなかった。彼のこの挫折は意味深い。彼の最も重要な著作『神の都』のなかに、キリスト教はローマを無視するのではなくそのマントを羽織るべきだ、と主張している章段がある。そこではローマの歴史が、キリスト教神学の観点から述べられている。そのさまざまな美徳はキリスト教時代の先どりとして賞賛され、勇気と寛大さをそなえたその偉人たちは感嘆の的ではあっても、異教世界では少数派たるべき宿命だった。さらにその地上的繁栄、その国家、その法律、その財産制度は、原罪というものがある以上、社会の存続のためには必要不可欠として容認される。ローマの諸慣行がキリスト教の正義と道徳で満たされれば、「ローマという国家共同体はその繁栄で今日の全世界を富ますであろうし、永遠の生命の高みから至福の統治を行なうであろう」。不幸なことに、そんなことにはならなかった。アウグスティヌスの反応も、そんなことの実現を図ろうとはしなかった。家族や国家の調和のためには正義や家父長的権威が必要だ、と言ったことは時たまあったが、望ましき「神の都」の地上的側面について、彼は実質的には何も語らなかった。そのかわり彼のメッセージは内面の、精神的な平和と死後の贖いについてだった。彼が言うキリスト教徒の使命とは、「極度に腐敗した国家の邪悪に耐え、耐えぬくことで、神のご意志を法とする天上の共同体での、あの聖なる、あの荘厳なる……天使たちの集いに列なる栄光の座を勝ちとることなのである」(第二巻一九章)。それは要するに高度にはドナトゥス派のそれと同じだった。結論は実質的に特化された「オイクメネー」であり、人間存在の精神面をあつかって世俗の世界は皇帝《カエサル》に委ねたのである——しかし不幸にもこの時期のカエサルは、往時キリストと対峙した時のカエサルとはちがって、急速に衰微しつつあったのだ。

アウグスティヌスの態度は、彼の西方の同時代人とは同じだったが、東方であがった声とは異なっていた。シリアのキリスト教指導者の一人が言うには、ローマ帝国が「征服されることは決してないだろう。恐れることはない、イエスという名の世継ぎが権力ある者として現われ、その御力が帝国の軍隊を支えるであろう」(フレンド・一九七九年・四一頁に引用。フレンドは東方での他の例も提示している)。これは実際に起こったことで、東方帝国を一〇〇〇年にわたって護持したのである。しだいに聖職制を強化していった東方教会は東方の諸皇帝の支配を支えたが、西はそうしなかったのだ。

四一三年と四二七年のあいだに書かれた、このアウグスティヌスの一〇〇〇頁に及ぶ大著の最も瞠目すべき点は、キリスト教徒の皇帝が(ユリアヌス帝の四年間だけを除く)まる一世紀にわたって統治し、三九一年以降国家は異教崇拝を公式に禁止していたという事実が、この本からは読み取れないことである。『神の都』が書かれたのは、四一〇年のアラリックによるローマ略奪はローマがキリスト教を受容した結果だ、という非難に反駁するためだった。アウグスティヌスが張った主たる防衛線は、ローマは実は依然として異教のままである、だからこの点でキリスト教徒に非などない、というものだった。アウグスティヌスにとって、ローマは依然として敵だった。彼がヒッポ攻囲の最終段階で死んだのは、時宜にかなっていると思われる。その直後には防衛線を突破したヴァンダル族が、キリスト教徒と異教徒とを問わずに市民を虐殺したからである。繰りかえし語られたのは、キリストのメッセージはこの地上に関するものではない、ということだ。アウグスティヌスはドナトゥス派への回答に失敗した。コンスタンティヌスによって提示された権力の融合を、彼は拒絶していたのだ。

ドナトゥス派も西方カトリック教会も、自らのローマへの依存性を過小評価していた。彼らの活動自体がそれを前提としていたのに、それを認めたのは実利的な面だけで、教義上では認めようとしなかった。私が述べた通り、キリスト教の普及が圧倒的に依存していたのは、ローマの通信ルートや通信形態、とりわけ読み書きだった。聖書やその注解、そしてアウグスティヌスの著作などを読むには、前提として教育システムが必要だった。キリスト教徒は異教の学校に不満だった。彼らは帝国崩壊のときにも、異教の毒が教育に染みわたっていると主張していた。しかし彼らは張りあうことも、浸透することもなかった。キリスト教の主要教育施設は修道院だった。社会からは身を退いて、ともかく読み書きは保持しようとする人びとにとって、それは必要だった。しかし社会に留まった人びとにとっては、異教教育もしぶしぶと実利的に受けいれられたのである。西帝国の最終的な崩壊のなかでようやく、読み書き能力の社会的な伝達をローマからは独立的に行なうべく、修道院学校と並んで少数の司教区学校が登場した。

　したがってギボンは部分的には正しかった。ローマ崩壊の原因は「野蛮と宗教の勝利」だと結論づけたとき、彼は誇張していたのだ。帝国が崩壊したのは、私が前章で述べた通り、蛮族の圧力に対応しそこなったからだった。キリスト教は高度に文明化された「オイクメネー」を、ローマが提供した基盤の上に創出するチャンスを失ってしまった。キリスト教徒が精神の王国の至上権を主張するたびに、彼らは私がこの章の冒頭で規定したローマ社会の諸矛盾の解決策から遠ざかってしまった。「こんなものはわれわれの問題ではない」と彼らは言いつづけていたのだが、それはまちがっていた。キリスト教徒の生活の下地は、とにもかくにもその解決策に依存していたのだから。すぐ後で見るように、この下地の大部分が失われてしまった。すべてが失われなかったのは、単なる偶然にすぎなかろう。

　理念型上の解決策は二つあった——そして、その中間レヴェルに多くの妥協的な解決策があった。第一は東方帝国で見られた聖職者型の解決だった。これはカトリックと呼ばれている初期西方教会の特質のすべてを際立たせたであろう。しかしながらそれは、もっと強力な蛮族の脅威にさらされていた西方では機能しなかったと考えられるのは、民衆結集力の点で相対的に弱体だったからである。東帝国自体も、コンスタンティノープル周辺の中心部を除けば、いっそう強力な民衆結集力をもつイスラームによって後に一掃されてしまった。理念型上の第二の解決策は民衆型で、これはもっとラディカルで革新的なものとなったはずだというのは、歴史的な前例がなく、ローマ帝国とも敵対したであろうから。それは拡大包括性に富む比較的デモクラティックな教会制度を樹立して、民衆を文明擁護のために結集するはずのものだった。ローマ自体はそうした制度を発展させることに失敗し、教会もその失敗を繰りかえしたのだ。キリスト教が社会的な〈力〉それ自体とまともに向き合うことができなかったために、長期にわたる内向集中性と拡大包括性を結合させた社会的な〈力〉は、いまだ出現しなかったのである。

ローマを超越し、キリスト教世界へ
——「オイクメネー」の特化

とは言うものの、帝国は滅びる運命にあるとあきらめたとしても、できるだけそれに逆らって、蛮族の征服者たちと個別の和平を取り結ぶほうがよかった。征服者たちは文明のさまざまな果実を手に入れようと必死だったが、拡大包括性のある組織形態を提示することができなかった。彼らの総人数は少なかった。彼らに創出できたのは、政治面では小規模な王国と、戦士貴族たちのゆるやかな軍事的同盟であり、経済面では小規模農業と牧畜であり、イデオロギー面では「部族」文化の口頭伝達だった。[8] 彼らは意図的ではなかったにせよ、ローマ国家の広範な〈力〉のネットワークを破壊こそすれ、代わって維持したのではなかった。しかし彼らとて帝国が有する幾つかの美点のうち、自分流の生活に取り入れるにふさわしい分権的で小規模な形態が可能なものを評価し、利用することはできた。ローマと蛮族とのあいだでは宗教と経済生活と、主として二つの圏域において継続と改変が行なわれたと考えられる。

宗教では、帝国内に蛮族が居住し始めるや、キリスト教徒は異教徒ローマ人よりも彼らを改宗させることに熱を入れた。それはキリスト教徒にとって、ここ四世紀にわたる伝道活動の継続だった。そうした活動は中央集権化されてはおらず、したがってローマ国家の活力にも、ローマの司教の活力にも依存していなかった。実際のところ多くの蛮族はアリウス派異端へと改宗したが、それは彼らに布教した主な伝道者たちが——ウルフィラス（四世紀のゴート人司教）が有名だが——帝国東部から出てきたアリウス派だったからである。おそらく蛮族としては、文明一般の象徴としてキリスト教に改宗したのだろう。それはまた野心的な蛮族支配者にとっては、主に読み書き援助の提供となった（それは突きつめればローマの異教学校から出てきたものとはいえ、その学校は蛮族には閉ざされていたのである）。彼らの改宗動機はおそらく、近年の植民地史のなかでの、第三世界におけるキリスト教へのたくさんの改宗者たちの動機と同じだっただろう。

蛮族の改宗はかなり急速に進行した。四世紀と五世紀にローマ属州に入った主要ゲルマン諸族のうち、国境を越えた後も一世代以上にわたって異教を奉じていたものは一つもなかった（E・A・トムソン・一九六三年・七七—八八頁、フォークト・一九六七年・二〇四頁、二二三頁）。彼らはローマ帝国ぬきのローマ文明を受け入れつつあったのだ。四七六年の西ローマ帝国終焉の後、この文明の遺産、とりわけ読み書き能力の独占供給者となったのはキリスト教だった。フォークトは言う、「ローマ帝国が失ったものを、カトリック教会が取りもどした」（一九六七年・二七七頁）。

これの識別はなかなか連続の第二の圏域は経済面だった。

（8）特に参照してほしいのはウォレス＝ハドリル・一九六二年、E・A・トムソン・一九六六年、一九六九年。

むずかしいのだが、末期ローマの荘園《ウィッラ》と初期中世に出現したマナー（荘園）との類似性の問題である。両者とも小規模かつ分権的な生産単位であり、従属的小農民の労働を使用する領主に支配されていた。ウィッラからマナーへの移行の歴史は推測の域を出ないが、蛮族の指導者たちと生き残り帝国属州貴族との妥協が行なわれたにちがいない。「ガリア - ローマ系」「ローマ - ブリタニア系」等々の貴族たちは、今やローマ国家と一定の距離を置いていた。ローマの元老院身分と騎士身分の連中は、彼らの拡大包括的な組織が持ちこたえているあいだはキリスト教に抵抗していた。しかし中央から切り離されてしまうと、彼らは各地のキリスト教徒とともにその資源をプールしたのである。彼らには読み書き能力があったので、属州教会の価値あるメンバーとして迎えられた。そこからガリアのシドニウス・アポリナリス（五世紀）のような司教が、数多く輩出した。ローマ属州総督の子孫だった彼は、ローマの支配を復活させる望みを捨てていなかった。彼は蛮族の無教養、文化、服装、体臭をことごとく嫌ったが、これは彼が属する階級の伝統だった。しかし五世紀末までに、彼はそのおかげで真摯なキリスト教徒になっていた。今やキリスト教は、文明の最も突出した部分だった（シドニウスに関する短い解説はハンソン・一九七〇年、長いのならスティーヴンズ・一九三三年を参照）。

五世紀以降、キリスト教の諸制度は蛮族がもたらす社会的退行に対抗する文明の防波堤の役割を果たした。それはこれまでさんざん語られた話である（例＝ヴォルフ・一九六八年、ブラウン・一九七一年）。ふつう話の中心は読み書き能力に関してであって、その伝達は今やほぼ完全に教会学校を通じて行なわれるようになったのである。四世紀末期と五世紀初期に、西方ローマでの学校システムの崩壊に教会が対応した。聖なる章句とその注解とが読みあげられ筆写されるよう、修道士修道女はすべて修道院内で読み書きを学ぶこととなった。この衰退期の関心は新たな書物を書くことではなく、既存の書物の保存にあった。長い伝統をもち今や新たな活気を帯びるに至った修道院学校に加えて、各司教が監督する司教区学校があった。この二つの学校システムは繁盛したとは言いがたい。多くはつぶれてしまい、生き残ったのは少数だった。読み書き教師の不足は慢性的となった。図書館は生き残った――しかし八世紀にはほんのわずかになった（J・W・トムソン・一九五七年を参照）。しかしながら奇妙なことに、キリスト教徒が実践した読み書きが、実際にはその存続にとって脅威となってしまった。ストラットン（一九七八年・一七九―二一二頁）の主張によれば、キリスト教の「レークティオー・ディーウィーナ」すなわち自己と神との交信としての秘めやかな読み書きという概念は、より広範で社会的かつ機能的な読み書きの基盤を脅かしたのである。読み書き能力はそのために、ギリシア・ローマの伝統から、中東の限定的かつ神聖な知識へと後退してしまった。

したがって読み書きの伝統の連続性や、それにともなうキリスト教自体の連続性も実にきわどいものだった。そこには必然性など微塵も感じられない。それは蛮族の浸透が不規則だったという事情によって救われたのだ。六世紀にガリアが崩壊していた時期、イタリアとブリタニアはもちこたえていた。五六八年のランゴバルド族の侵入に直面してイタリアが崩壊した時期、ガリアのフランク族とイングランドのサクソン族は他からやって来た伝道者によって改宗した。シャルルマーニュ（カール大帝）やアルフレッド大王のような強くて野心的な支配者は、キリスト教会の使命は自分の使命と同じなのだということを悟った。彼らは読み書き、布教活動、世俗の法のみならず教会の諸法規の普及を奨励した。彼らはそうすることによって、読み書きを限定的で神聖な機能に閉じこめず、より公的で機能的な側面を確保して、中世における読み書き文化普及の復活を準備したのである。いつもどこかに、盛んに活動する教会やよみがえる国家が存在していて、それらが協力したり争ったりすることが、中世後期の弁証法の重要部分をなしていた。

　教会は地方を越えて拡大する社会組織の先導者だった。蛮族侵入者の組織形態は村落ないし部族、あるいはそれらのゆるやかで不安定な連合体の、濃密な局地的関係のなかに閉ざされていた。教会はこうした人びと向けの、拡大包括性に富む三つの贈り物を所有していた（第一二章で詳しく検討する）。第一にその読み書き能力は、一対一の対面的人間関係や単一民族内の口頭伝統を越える、安定的なコミュニケーション手段であった。第二にその法と道徳による規制は、遠距離でも通用した。交易を復活させようとすれば、この点がとりわけ重要だった。キリスト教徒が他のキリスト教徒に対してしかるべき尊敬と、謙譲と、寛容とをもって接するなら、交易が略奪に遭うなどということは起こらないだろう。そして第三に、教会はローマ世界からの撤退に際して、ローマ的拡大包括性をもつ修道院小宇宙をつくりあげていた――修道院ネットワークでは各修道院が経済主体だが自給自足ではなく、他の修道院や、司教の所有地や、世俗の農園や荘園と交易を行なっていたのである。この修道院‐司教区経済は、たとえ社会の他の場所でたまたま略奪が起こるようなことがあったにせよ、キリスト教的規範によって下支えされていた。「オイクメネー」は物質的・経済的形態で生きのび、世俗的支配者にとっては社会進歩と文明の見本となった。たくさんのシャルルマーニュやアルフレッドが現われて心底からの回心をとげ、これを奨励したのだった。

　しかしながら「オイクメネー」は、生きのびることで変容した。それは初めて国家なしで、もはや国家形態に寄生することなく存在していた。国家はさまざまな形態で生まれ、消滅していった。教会はシャルルマーニュの支援を受けてはいたが、九世紀末にカロリング朝の政治的統一が崩壊した後でも、フランク族の支配領域に対しては規制力をもつことができた。ウルマンはカロリング朝「ルネサンス」を宗教的なものと総括してこう言う――「キリスト教徒の個人としての再生《ルネサンス》、すなわち神の恩寵を吹きこまれることで実現する『ノウァ・クレアートゥーラ（新たな生命の創造）』が、集合的な再生、すなわち当時の社会の変容あるいは再生の手本となったのである」（一九六九年・六―七頁、なおマキタリック・一九七七年も参照)。「神の恩寵」を超越的な〈力〉と読み換えよう。教会がその規範的規制力を及ぼしたのは、領主の剣が守護する地域よりも広く、その法が命ずる範囲よりも広く、市場と生産関係がおのずと覆いつくす圏域よりも広かったのである。この拡大包括的な規制力が作用する内側で、やがてこれら世俗の権力形態も回復が可能になった。しかし回復が完了して、物質的な意味で人口と経済生産とがローマのレヴェルに追いつき追い越したときも「オイクメネー」は消滅しなかった。ヨーロッパでは領域帝国はよみがえらなかった。もしヨーロッパが「社会」だったとするなら、それはイデオロギー的な〈力〉の境界で区切られた社会、すなわちキリスト教世界のことだった。

帝国の諸矛盾に対してキリスト教が出した解決策は特化した「オイクメネー」だった。それはキリストが主張したように「精神の圏域」だけにかかわるのではなかった。教皇も王族身分の司教も修道院長も、莫大な非精神的資源と多数の従属的聖職者、小農民、商人を支配していた。さらにまた、倫理的・規範的問題を包含する「精神」圏域は「オイクメネー」が独占したのでもなかった。世俗の圏域からも道徳が生まれた——たとえば宮廷愛の文芸や、名誉や騎士道への関心である。それはイデオロギー的な〈力〉が作動する特殊圏域であり、もともとは精神的世界に関する知識への欲求に発していたものが、〈力〉の資源のヨリ世俗的な混合物へと制度化されたのであった。

この圏域においてさえ、すべての矛盾が解消したのではなかった。平等性・対・ヒエラルキーという矛盾が、新たな教義的形態のもとで内部化されていた。諸帝国は無意識のうちに人間個々人の合理性を奨励したが、意識的にはそれを抑圧していた。キリスト教会は奨励と抑圧の両方を、意識的に行なったのである。それ以来というもの、その意識の主要な二つのレヴェルである民衆的な宗教感情と神学とは、権威・対・個人ないしデモクラティックな共同体という矛盾をあらわにしてきた(イスラームもそうだったが、形態は異なる)。階層制は今や道徳的・規範的要素に包まれてしまったが、それは合意にもとづくのではなかった。次の一〇〇〇年のあいだは叛逆も弾圧も、ともに熱烈なキリスト教的正当化というマントをまとったのである。結果として教会は平衡作用を維持できなくなった——最初にプロテスタント運動が、次には世俗化がそれを弱めてしまった。この弱点は初めからあった——キリスト教には社会的コスモロジーが欠けていたのである。しかしこれこそが、キリスト教に極度にダイナミックな活力を与えたのだ。私はイデオロギー的な〈力〉が成しとげたものに関してこの点がもった意味について、次章の結論部分で十全に検討する。しかしその前に、他の世界宗教について検討しよう。

第一二章

儒教、イスラーム、ヒンドゥー教カーストをめぐって
——あるいは、救済宗教はいかなる社会を生み出したか

社会学に法則を立てることは不可能だ。イデオロギー的な〈力〉の発生をyとし、「もしもxならば、yである」という形の一般公式を探し始めるとしても、初期キリスト教規模のイデオロギー的な〈力〉が稀な現象であることはすぐに諒解される。史料がよく整ったこれまでの歴史において、これは実際には歴史上ある特定の時期、およそ紀元前六〇〇年から紀元後七〇〇年のあいだに限って起こっている（そして主にこの時期の後半三分の二である）。さらには、この時期に〈力〉を発揮した四つの世界宗教ないし世界哲学は、それぞれがさまざまな点で特異なものだった。こうした経験論的基盤の上では社会科学の法則を打ち立てることなどできないというのは、そこであつかわれる事例の数が、結果を左右する変数の数よりはるかに少ないからである。われわれが目ざすのはせいぜいのところ、諸宗教や諸哲学の発生を試論的に記述することである。

そうは言っても、世界宗教の発生が喚起した比較論的・理論的諸問題を回避すべきではない。その理由はそれらの諸宗教がもつ固有の重要性だけではない。と言うのはそれらの宗教が世界歴史上の主要な転換点と時期を同じくしていた、実際には（第一章で私が述べた歴史の「線路敷設工手」の役割を担って）その転換点をつくり出した、と思われるからである。この時期が完了するまでのユーラシアにおける主要な諸文明の歴史は、互いに相異なるとはいえ、同系統の社会および社会発展に属していた。たとえば、私は中国やインドにおける発展については論じてこなかったけれども、それは中東や地中海地域についてこれまでに記述したものとはっきり似通ったものになったにちがいない。第四章で述べた広大な沖積土基盤から始まって、中国・インドもまた支配帝国を発展させたが、その際に採用したのは同じく四つの支配戦略、すなわち交易拠点、都市国家、読み書きと貨幣、形態を変えたローマ軍団経済だった。これまでの章で提出したモデルは、地域的修正を施せば、アジアにも適用できるだろう。私は類似性を誇張するのではない。しかし世界宗教段階に至って分岐が見られ、将来に向かって少なくとも四つの相異なる発展経路が出現したと認識できそうなのだ。たとえ部分的にせよ、こうした分岐は大宗教ないし大哲学からの挑戦に対する反応として起こったのであり、したがってわれわれはこの宗教ないし哲学を歴史の線路敷設工手と見なすことができるのだ。四つとはキリスト教、イスラーム、ヒンドゥー教、儒教の圏域だった。紀元一〇〇〇年までに、はっきりと相異なる四つのタイプの社会が存在するようになり、それぞれに活力と発展を見せたのである。それらは五〇〇年以上も相異なる社会として存続していたが、やがてその一つキリスト教が抜きん出た発展をとげたので、他のすべてはその侵食に適応せざるをえず、四つはふたたび同系統社会となりつつある。

さてこれら相異なる宗教ないし哲学の圏域において現われたことは、単なる付帯現象にすぎなかったと考えられるかもしれない。そうではなかった。しかし仮にそうだとしても、宗教や哲学の問題は分岐が起こった理由の決定的な指標とはなるだろう。深く考究してみる値打ちのある問題なのである。

しかしながら発展経路がすべて異なるという事実によって、比較分析の課題は無限に広がってしまう。事例すべてについて分析するとなればたいへんな学問的企図であって、世界宗教に関するウェーバーの未完の諸研究より偉大なものとなろう。本章での私のねらいはもっと低めである。私は前章でキリスト教が達成した〈力〉を概括した。他の宗教に関して言えば、ヒンドゥー教による〈力〉の達成はもっと大きいように見える。それがこの章の本題となるのだが、その前に儒教とイスラームについて簡略に述べる。仏教はここでは、インド自体のなかでのヒンドゥー教に対する挑戦者として、ほどほどの成功を収めた宗教として登場するにすぎない。

中国と孔子についてのコメント

中国こそは救済宗教がもつ衝撃力を存分に吸収し、しかも無傷どころかかえって強化されて出現した唯一の大帝国だった。(1) 中国は帝国が抱えた諸矛盾の解決を、救済思想の潮流を幾つか別べつの哲学や宗教に分解することと、そのうちの最も重要な儒教を活用して自らの権力構造を正当化することで果たした。

孔子が生きたのは紀元前六世紀末から五世紀初め（ブッダおよびギリシア哲学最盛期と同時代で、ザラトゥシュトゥラ〔ゾロアスター〕よりやや後）だったが、ギリシアの「パイデイア」、すなわち人間的理性の涵養という観念が提起した問題に対して、きわめて世俗的な解答を与えたのである。理性や、倫理や、社会超越的な意味に関して、究極的な基準など見出すことはできなかった。知りうる最も高度な道徳は社会的義務であって、われわれが参入しうる唯一の宇宙的秩序とは社会的秩序のことだったのだ。それは今なお不可知論者には魅力ある教義である。(2) 有徳の振る舞いとは廉直ないし内面の誠実、公正、良心、他人への忠誠、利他ないし互恵、とりわけ他の人間への愛といった特性を帯びるものだった。しかしこれらの特性は真に「実体的」ではない。つまりそれらは、個人や社会にとっての目標ではなく、言うなれば手段ないし規範にすぎないのだ。それらがわれわれに告げるのは、われわれが自分の目標を追求するに際して他人とどうかかわるべきか、についてなのだ。そこでは目標をもつ社会という

(1) 儒教およびその中国帝国との関係についての一般的典拠として、ウェーバー『中国の宗教』（一九五一年）の右に出るものはない。孔子の伝記としてはクリール（一九四九年）を参照。『論語』はウェイリー編（一九三八年）。

(2) たとえばゴア・ヴィダールは、彼の『創造』（一九八一年）のなかで孔子を共感こめて描いている。この小説は紀元前六世紀末から五世紀初めにかけてのアジア、中東、東地中海地域における宗教的・哲学的潮流を再現した、想像力豊かなすばらしい作品だ。

ものが前提されている。孔子の哲学の根底的な保守性はここから来ている。それは超越的な救済に対する否定であると同時に、ラディカルな政治や一般に「宗教」と呼ばれるものに対する否定なのである。しかしまさにその故にこそ、これは真のデュルケーム的「宗教」――あるがままの社会、それが神聖、というわけである。したがって儒教の役割の大部分は士気の鼓吹である――イデオロギー的超越性の原理など微塵もないのだ。

　しかし孔子の教えには斬新な面もあった。これらの人格特性は人間にどう配分され、どうすれば奨励できるのか？　ここで孔子の答えは人本主義者《ヒューマニスト》のそれであり、ブッダの教えやギリシアの「パイデイア」と明らかに同じだった――倫理的な振る舞いは教育によって涵養される、というのだ。すでに見たように、東地中海地域ではそうした観念は政治的にはラディカルだった。なぜなら理性の涵養はすべての人間に可能だと考えられ、ギリシア的ポリスと民衆の読み書き能力という基盤構造《インフラストラクチュア》によって、それが潜在的に実行可能だったからである。孔子の観念は幾分ラディカルさに欠けていた。彼の理想を表明する「君子」というキーワードは、彼によってその意味が変わった。「支配者の子息」つまり「貴族」を表わす言葉から「才能ある者」を意味するようになって、人格特性の高貴さを表わしたのである。われわれの言語もそうだが、多くの言語に同種の二重意味語がある――「ノビリティー（高貴さ・貴族）」や「ジェントルマン（教養人士・郷紳）」は倫理的な振る舞いと生まれの両方を指すことで、支配階級の気がまえを表現している。孔子にとって人格の高貴さとは私的なものではなく社会的なものだった。教養や礼儀作法や儀礼によって表明されるもので、学ぶことも教えることも可能だった。したがって、親から引きついだ高貴さだけでは不十分だったのだ。

　孔子のメッセージは彼の死後になって、大きな社会的影響力をもつに至った。紀元前二〇〇年以後、漢王朝は世襲貴族よりももっと広範な社会集団「士大夫」と手を結んだ――英訳では一般に「ジェントリ（郷紳層）」と呼ばれているが、皇帝一族とは地方的にも皇統的にもつながりのない土地所有者たちである。「士大夫」は土地所有者として、また明らかに儒教的な長期にわたる国家統制教育システムを通過した「読書人」と呼ばれる教育ある役人として、政治に参画した。それは二〇〇〇年という信じがたい年月を存続して近代までつづいた。それは実際には、高度に限られた範囲内での能力主義社会《メリットクラシー》だった。明白な理由（に加えて漢字固有のむずかしさ）によって、裕福な連中だけが子どもたちをこの長期教育プロセスに入れてやることができた。

　儒教は帝国ないし階級による支配の恰好の道具となった。それは救済主義的潮流の合理主義的側面を活用し、もっと精神的、神秘的、惑乱的な流れのほうは道教のような静寂主義的で私的な宗教として表出されるよう放置したのだった。超越的宗教からの挑戦となるはずだったものが、分断されてしまった。前章で数えあげた帝国が抱える諸矛盾〔本書331頁〕は、（漢を含む）中国帝国の諸王朝も経験しつつあったが、儒教はその幾つかを解決したのだった。儒教は貴族や王朝がその個別独立主義《パティキュラリズム》を緩和することに、普遍的な価値と正統性を付加した。儒教は平等主義的諸価値を、拡大された支配階級内に限定して広めた。儒教は分権化しがちな支配階級に統一的文化を供給した。そして儒教は、教養人士＝郷紳《ジェントルマン》という範疇に新たな人びとが加わるのを認めることによって、教育ある蛮族が支配エリート層に加わること、文明に参入することを容認したのである。こうして中国は、ローマを滅ぼした五つの矛盾のうち四つに対して解決策を施していたのである。

いかにしてこれが可能だったのか？　その答えはあまりに複雑でここでは検討できないのだが、一つ残された矛盾（私があげたローマのリストの四番目）の欠落を含んでいる――つまり中国は比較的統一を保っていた、という点である。ユーラシアにおけるその他の主要な帝国、王国、都市国家は全世界的環境の一部をなしていて互いに接触があり、大きなものは自然環境的にも文化的にも言語的にも互いに混じりあっていた。すでに見たようにキリスト教徒が提起した問い――「わたしが所属しているのはいかなる道徳の共同体、いかなる規範をもつ社会なのか？」という問いが問題となるのは、まさにこの点だったのである。中国人にとって社会的アイデンティティーの主要問題とは、垂直軸上での「わたしは支配階級に属するのかどうか？」であって、水平軸上での「わたしは中国人なのか？」ではなかった。後者の問いには多くの人が「その通り」と答えただろう。異国の思考様式はもとより、中国という社会を超越すると思われる「究極的な」あるいは「精神的な」何かへの言及は少なかった。したがって中国はその支配的なイデオロギーとして、超越的な宗教よりも世俗的な哲学を生み出したのである。

イスラームについてのコメント

イスラームの起源が帝国の諸矛盾の解決などにあるはずもないというのは、メッカとメディナのアラブ人遊牧民や交易部族はまさにそうした社会の外側にいたからである。[3] ムハンマドは相異なる社会的矛盾に対して解決策を提示した。交易物資の集散地メッカの増大する富が交易を営む王侯クランの長老たちに独占されて、諸部族間平等主義をたきつけられた他のクランの若者たちの不満を引き起こしていた。砂漠のオアシスであるメディナは別の矛盾を抱えていた。部族間の確執からほぼ同等な二つの連合が生まれ、その血みどろの闘いが社会秩序そのものを危うくさせていた。こうしてわれわれは、メッカのさまざまなクランから出た若き息子たちの不満分子がなぜ決起したのか、彼らが擬似平等主義的かつ普遍的な教義を支持したのはなぜかについて、一通りの説明を行な

（3）私が用いたのはワットの諸研究、『メッカのムハンマド』（一九五三年）、『メディナのムハンマド』（一九五六年）、『イスラームと社会統合』（一九六一年）だが、レヴィ（一九五七年）、カーエン（一九七〇年）、ロダンソン（一九七一年）、ホウルトほか（一九七七年）、エンジニア（一九八〇年）、ゲルナー（一九八一年）によって補足した。

うことができる。そうした集団は往々にして、ムハンマドのような迫力ある人物の周囲に形成されるものだ。さらにはメディナの連中が、よそ者であるムハンマドとその一党を招いて紛争を調停させ、ゆるやかな形で支配させたその合理性を評価することも可能である。

しかしこの男、この一党、この支配集団が新しい宗教を支持したのは、いったいなぜなのだ？　アラブ人はおそらく、彼らに隣接していたビザンツとサーサーン朝ペルシア両帝国の〈力〉と文明とから強烈な印象を受けていただろう。ビザンツ帝国の文化を彼らのもとへ運びとどけたのは正教会とキリスト教単性論派であり、ペルシアの場合はユダヤ教、キリスト教ネストリウス派、そして（わずかだが）ゾロアスター教だった。これらすべてが一神論、救済主義、倫理主義、そして（ユダヤ教は例外だが）普遍主義だった。ムハンマドが現われる直前のアラブ人は、明らかにこれらの思想に惹かれていた。ムハンマド自身でさえ、自分をアブラハムとキリストの伝統に列なる者と見なしていたのだ。ムハンマドの呼びかけに応ずるに際してアラブ人は、ローマ帝国周辺のゲルマン人がそうしたように、文明というものを是認していたかもしれない。帝国の諸矛盾への解決策は、隣人にとっても前進だった。しかしそこで問題なのは、それならなぜアラブ人はこれらの宗教の一つを採用せずに自前の宗教を発展させたのか、という点である。私には分からないし、学者も分かっていないと思う。しかし該当する一つの理由は、メディアにおけるムハンマドの迅速な軍事的成功だった。この点を説明しよう。

イスラームは教義的には単純素朴である。それはどの宗教にもある最も短い信条を有する――「神のほかに神はなく、ムハンマドこそ預言者（使者）である」。これを繰りかえし唱えることでイスラーム教徒（ムスリム）となるのだが、他にもイスラームの四本柱でそれを支えなければならない――施し税を納めること、日に五回の祈り、一カ月の断食、年に一度の巡礼である。ムハンマドが生きていたあいだには、この信条と四本柱とはまだ出来あがっていなかった。「クルアーン（コーラン）」の初期の文言には五つの信条が含まれていた――善にして全知なる神という観念、人間の倫理的振舞いをもとにして下される最後の審判の日、神を崇めることの要請、倫理的な行動とりわけ慈善を行なうことの要請、ムハンマドは最後の日について警告すべく神から遣わされたという認識、という五つである。ムハンマドの生存中にさらに二つの発展があった――一神論が明確になり、神は敵に対して預言者とその信奉者の正当性を立証して下さる、と信じられるようになった。

この素朴なメッセージには、血縁ではなく信仰それ自体を基盤の一部とする共同体「ウンマ」という観念が含まれていた。したがっていかなる人間でもこの普遍的共同体に加わることができた点は、キリスト教と同じだった。幾百人もの男たちが白兵戦を戦うというきわめて重要な活動のなかで、この共同体概念は分断された部族的共同体の概念よりもはるかに優れていることが、二年もたたぬうちに立証された。ムハンマドは「相互性の規範」を課した——「自分が願うことを兄弟にも願うのでなければ、真の信仰とは言えぬ」。規範への合意は意識的に形成されていった。信仰者たちの軍事的な士気は、盗賊的活動が必然的に招いた危機的な緒戦を勝ちぬくに十分なだけは高まったのである。

　最初の一年目から、そしてその後もずっと、イスラームは戦士の宗教だった。教義の他の側面は平等主義的普遍主義であるにもかかわらず、女性に対して服従を強いるのは、おそらくこの点から説明がつくだろう。家父長主義は初期のイスラームでは、初期キリスト教の場合のように弱まることなどなかった——おそらくこの宗教によって強化されただろう。

　イスラームの主な軍事的強味は、その騎兵の士気だった——物質的には施し税で維持されたプロの戦士たちで、その略奪への熱意は聖なる熱意とされ、その規律ある生活は軍事訓練にふさわしかった。六三〇年にメッカが落ち、六三六年にシリアが、六三七年にイラクが、六四一年にメソポタミアが、六四二年にエジプトが、六五一年にイランが、六九八年にカルタゴが、七一一年にインドのインダス河地域が、そして七一一年にスペインが落ちた。イスラーム軍は多くの場合、装備でまさる敵軍を優れた団結力と機動力で打ち負かしたのであって、（これまでキリスト教徒側が思い描いてきたような）訓練なしの狂信的突撃戦法などではなかった。征服は驚くほど迅速かつ、比類のない規模で行なわれた。イスラームが主要な世界勢力となった唯一の理由は、おそらく、軍事的力関係のバランスを突き崩したからだろう。それが征服した地域では、その支配者の軍隊がイスラーム教徒ほどの士気には支えられていなかったのである。ペルシアの軍隊にはさまざまな宗教があったが、そのうち最大のゾロアスター教はこの時期には最も衰弱していた。ビザンツ帝国が明け渡したキリスト教地域では、台頭しつつあった正教会への統合がほとんどみられなかった——すなわちシリア教会、アルメニア教会、コプト教会の地域だった。そして北アフリカは、キリスト教の教会同士が領域紛争をしていた地域だった。

　最終的に出会った二回の軍事的阻止——七一八年のコンスタンティノープル攻略失敗と、七三二年のトゥールとポアチエにおけるカール・マルテルにかかっての敗北とは、まさにポイントを衝いている。これら二回の事例でイスラームの攻撃軍が遭遇したのは、防御側にいる第二の自分《アルテル・エゴ》だった——それは東方正教会の強固な士気と、重い甲冑に身を固めた馬上の騎士の、貴族としての名誉と信仰である。これら二つの軍事的・宗教的防壁は、それぞれその後七五〇年間とほぼ一〇〇〇年間もつづいた。こうした限界のなかで、神はイスラームの味方だった。イスラームはその正しさゆえに、中東と北アフリカを席捲したようだった。ムハンマドは、軍事的士気によって広範な領域を征服した倫理的共同体を通じて、社会秩序を、意味深い宇宙を創造したのかもしれない。

　ビザンツ帝国とフランク族による二つの阻止の後、イスラーム帝国は分裂してしまい、政治的には二度と統一されることはなかった。あの卓越した軍事的士気が、今度は味方同士の闘いに消費された（弱体な敵に対して進攻することが東方では可能だったが）――これは今日までつづく状況である。キリスト教との類似性は明らかである。

宗教上の分裂もキリスト教と類似している――問題は魂の世界と地上の世界とを分ける線をいかに引くか、信仰の内部におけるヒエラルキー的権威の唯一究極の源泉というものがあるのか否か、ということだった。後者の論争のほうがはっきりした形を示してきたのは、宗教的権威の官僚化が常に微弱だったからだ。イスラームはローマ教会やビザンツ教会に匹敵するような組織を、これまでもったことがないのだ。「権威主義的」なシーア派はムハンマドからの伝統を引きついで、カリスマ的な「イマーム（指導者）」による支配を唱導してきた。「自由主義的」なスンニ派は（プロテスタント流の）個人重視ではなく、信仰者共同体の合意を重視する。しかしキリスト教の教会分裂の場合と同じで、主要グループが大本から離脱する問題など決して起こらなかった。この点に関しては、世界宗教すべての類似性が顕著である。後のイスラームにおける、キリスト教における、仏教における、ジャイナ教における、ヒンドゥー教における諸分派がふるった権力や猛威がどれほどであれ、その開祖の活動ぶりや最初の試練ほどの重要性はもたないのだ。世界宗教は真の「オイクメネー」だった。

イスラームがアラブ人だけではなく、征服した民族のほとんどすべてに魅力があったのはなぜだろうか？　敵対者側が弱体だったというのが答えの半分であり、残りの半分はそれ自体がもつ強さである。キリスト教は南東部において、教義と組織をその地域の必要性に適合させることに失敗した結果、アルメニア教会、シリア教会、コプト教会というばらばらの教義と組織に分かれてしまい、こうした区分を支えていた政治的境界も、中東がもはやローマ型属州ないし小王国の連なりでなくなって以後は、その存続に限界が見えていた。それが支えたのは地方部族的アイデンティティーでも、もっと広い意味の社会秩序でもなかった。イスラームは一種「連邦的」構造をもっていたので、まずはこうした二つのレヴェルをつなぐ役割を果たした。その起源と構成単位は部族であり、その意味ではアブラハムの宗教の真の相続者であるとともに、その共同体には誰もが加入できる普遍的救済宗教だった。初期の頃この共同体に加入したキリスト教徒やユダヤ教徒は、特定のアラブ人部族に「子分《クライアント》」として所属させられた。しかし教勢の拡大につれて、こうした部族的要素は弱まった。イスラームはペルシア帝国の官僚たち商人たちに対して、サーサーン朝ペルシアが目ざしていたのと同じ広範な社会秩序をすでに実現してしまった社会への参画をうながすことができた。こうした連邦構造は柔軟でゆるやかだった。

イスラーム共同体「ウンマ」の持続力・活力は、征服が一段落した後では、基本的に世俗の組織には依存していなかった。支配者たちは税と軍隊とで統制したが、イスラームは彼らの領域を横断的に浸透した。交易に関心のある者はそうした巨大な自由交易圏を有する宗教に加わることを望んだが、商人たちがイスラームを支配したのではなかった。他の世界宗教の場合もそうだが、その統制はある程度イデオロギー的なものだった。しかしながら、そのメカニズムがキリスト教の場合よりはるかに複雑だというのは、イスラームの連邦的構造には権威ある教会組織というものが含まれていなかったからである。にもかかわらず、統制を支える基盤構造は他の面では似通っていた。八世紀末までにはアラビア語が共通語となり、唯一の読み書きメディアとなった。イスラームによるアラビア語の統制、もっと広範な教育全般の統制は、多くの国で二〇世紀まで独占的に行なわれてきた。アラビア語からの「クルアーン」の翻訳は、アラビア語本文は神が話された言葉と考えられているがゆえに、禁じられたままである。キリスト教と同じく、聖なる法と世俗の法とのあいだに境界のようなものが引かれたが、聖なる法が律する圏域「シャリーア（聖法）」のほうがはるかに広かった。一般的に言って家族生活、結婚、相続はシャリーアによって規制され、「ウラマー（学識者）」と呼ばれる学僧によって監督されるが、彼らは概して世俗の支配者の指図よりも共同体全体の合意のほうに耳を傾けてきた。おそらくは儀式も、キリスト教以上に統合をもたらした——多くの儀式があり（日に五回の祈りに加えて集合的な断食と巡礼）、ムスリムの誰もが、自分が祈っているまさにその瞬間に、他の幾百万の人びとが同じやり方で同じ方角に祈っていることを知っているのだ。

このようにして、広範な共同体意識が技術的な基盤構造として言語、読み書き、教育、法律、儀式を所有したのだが、それらの本来の伝達者は文化と家族だった。広範で拡大的な文化共同体意識、読み書きの独占を中心とした精巧な基盤構造、かなり高度なレヴェルでの日常生活への集中的な浸透、比較的弱体な社会的コスモロジー——こうした混合がキリスト教のそれと似ていなくはないのである。

ヒンドゥー教とカースト

インドは第三の世界宗教、ヒンドゥー教の故郷であり、第四の世界宗教、仏教の中心地である。私は後者についてはヒンドゥー教から派生し、インドにおけるその対抗者に勝ちそこなったものとして、周辺的に取りあげるだけにする。なぜならヒンドゥー教こそ、あの社会階層の異常形態というべき「カースト」を生んだ（あるいはその逆だ）からである。インドのカーストを研究した者の多くは、それを「イデオロギー」の〈力〉の頂点と見なしている。その〈力〉の本質とは何なのか？

唯物論者たちはカーストについて、彼らの理論では歯が立たないと感じている。少数の人びとはカーストを階級の極致（経済的概念）と考え、他の人びとは身分の一形態（政治的・経済的概念）と考える。さらに別の人びとはカーストが果たす役割に注目し、物質的不平等正当化の形態として驚くほど効果を発揮するもの、と考える（これもウェーバー・一九五八年の趣旨である）。これらの議論はカーストの本質的特徴をとらえそこなっているのだが、これからそれを見ていこう。

伝統的な唯物論の欠陥のおかげで、他の人びとは伝統的な観念論へと走り、「観念」がインドを支配してきたと主張するようになる。そこでデュルケームのフランス人使徒であるセレスタン・ブーグレはこう言った――「インド文明において各集団のランクを定めるのは経済的諸特質ではなく、何よりも宗教的信条である」。そしてさらに、バラモン（最高位カースト）の権力は「完全に精神的なもの」である、と言う（一九七一年・三九頁、五四頁）。デュモンもこの伝統に従っている。彼の主張によればカーストのヒエラルキーはインドを統合する根本原理であり、「彼らの物質的ならぬ観念的・象徴的統合である……ヒエラルキーは、その価値との関連によって社会を統合する」のであり、カーストとは「何よりもまず……観念と価値のシステムなのである」。したがってデュモンが、中核的価値がもつ統合的役割に関してパーソンズを肯定的に引用しても、驚くにはあたらないのだ（一九七二年・五四頁、七三頁、三〇一頁）。他にも数知れない人びとが、インド思想のさまざまな特徴――清浄さや等級分けや神的な調和への関心――をあげて、それらがカーストの発展を究極的に決定づけたと指摘している（簡潔な概観としてはシャルマ・一九六六年・一五―一六頁を参照）。結論がやや慎重な場合でも、「諸観念」はカーストの決定要因として、部族的要因や人種的要因といった「社会的ないし物質的要因」と並行してあげられる――たとえばハットン（一九四六年）やホカート（一九五〇年）の有力な研究がそうである。カーストの相互作用の特殊なメカニズムと基盤構造《インフラストラクチュア》の解明に腐心するカーヴ（一九六八年・一〇二―三頁）でさえ、「ヒンドゥー教の宗教的・哲学的システム」と並行してこれらの「諸要因」を列挙する。彼女の考えでは、カーストは宇宙論であると同時に、下層集団にも上層集団にもひとしく正統性の根拠を与える独自の源泉なのだった。事実彼女は哲学とメカニズムとを、章を分けて論じている。観念論・対・唯物論という二元論を打破するのはむずかしい。とは言うものの、私が打破するそのやり方は、これまでの事例から出てこなくてはなるまい。私の主張によれば、カーストとは実際のところイデオロギー的な〈力〉の一つの形態であり、経済的、軍事的、政治的な〈力〉それぞれからは示差的に自律している。しかしながらそれは、社会生活における独立「要因」としての「諸観念」に依存しているというより、社会空間的には超越的な、特定の組織技術に依存しているのである。

しかし初めに言わせてほしいのは、ヒンドゥー教カーストの歴史は概観することさえむずかしいということ、なぜならそれはイデオロギー的に非歴史的だからである。その聖典は時間というものを、世界が徐々に潰えてゆくだけの単一のプロセスと観念している。聖典のなかの「歴史上の出来事」は、この先験的観念を説明するために現われる。ヒンドゥー教をキリスト教やイスラームからへだてているのがこの点で、後の二つは両方とも、自律的な位置を占める特定の歴史上の事件との関連において中心的に自らを正当化する。われわれの典拠史料はヒンドゥー教の威力と安定性とを、宇宙的な退廃の物語を通じて誇張的に表現している。実際に何が起こったのかを、ましてやなぜそうなったのかを、解明することはむずかしい。私はこの章ではイデオロギー的な〈力〉の組織化の諸技術について述べ、その一般的出現を跡づける。しかしそれらが実際なぜ出現したかについては、たぶん立証できないだろう(4)。

カーストの定義

カーストという言葉はポルトガル語の単語「カスタ」から来ていて、混ぜあわされていないもの、純粋清浄なものを意味する。初めインドのポルトガル人、やがてインドにいた他の外国人によっても使われたが、それが意味した階層形態における各カーストとは、世襲化され、職業的に特化され、同族結婚を行なう共同体である。その階層システムによって分配されるのは一般的な意味の権力だけではなく、名誉および社会的相互行為に対する諸権利だが、その中心には「清浄」観念がある。各カーストは一段下のカーストよりも清浄であり、一段下のカーストとの不適切な接触によって穢れてしまうことがある。

しかしながら、こうした一般的範疇化は、主として二つの意味で単純化でもある。第一に、カーストという範疇は「ヴアルナ（色）」と「ジャーティ（出生）」という二つのインド的範疇を合わせたものである。「ヴァルナ」とは古来からの清浄さの四つのランク（位階）で、バラモン（祭司層）、クシャトリヤ（王侯・戦士層）、ヴァイシャ（広範な農民・商人層）、シュードラ（下僕層）である。五番目の「ヴァルナ」の不可触賤民《アンタッチャブルズ》は、後になってから最底辺に付け加えられた。これらの「ヴァルナ」は、地域的な変異はあるものの、インド全土に見られる。「ジャーティ」の中核は地方ごとのリネージ集団だが、もっと一般的には、カースト的特徴の大部分を再生産する相互作用をもつ共同体である。個々の「ジャーティ」はおおむね「ヴァルナ」のランクにはめこまれるのだが、そのつながりの媒介となるのは第三のレヴェル、地域的多様性に満ち、混沌として激増する「サブカースト」であって、それはインド全土にわたって二〇〇〇以上もの「ジャーティ」の集塊を含んでいる。

第二に、しかしながらこのような記述は、一連の社会的構造をあまりにも秩序立った、相互連結的なものと思わせるだろう。それは「実体主義者」のカースト観と言える。カーストはヒエラルキーのシステムであると同時に、文化人類学者が分節的システムと呼ぶものである――それは単に相異なっている（つまりどちらが優位というものではない）集団や活

（4）私が広範に依拠したのはマジュムダール編の浩瀚な歴史（一九五一年―）だが、その補足として、ヴェーダ時代インドについてはグアリー（一九七九年）、ヴェーダ後期の古典期・封建期についてはシャルマの二つの研究（一九六五年、一九六六年）、バラモンの教義の発展についてはバナージー（一九七三年）、チャットーパーディヤーヤ（一九七六年）、サラスワティ（一九七七年）の分析、ブッダ時代の社会研究についてはワグル（一九六六年）を参照した。ターパル（一九六六年）はインド史の簡潔な入門として役立つ。本章中で言及されるカースト研究は、現代のカーストに関しての私の主要な典拠である。

動を互いに関係づけ、その結果として現実には同じ人物が自らを、相異なる文脈の下では相異なる秩序内の単位に所属すると見なすのである。これらの相異なる文脈に関するカースト的特色とは、すべてに二項目のヒエラルキーが見られることである。いっしょに食べたり、接近したり、接触したりできる者・対・できない者、妻を与える者・対・妻を受けとる者、父方の年少者・対・父方の年長者——地主に対する小作人の従属や政治的支配者に対する臣下の従属も、同種の象徴的な言葉で表現される。カーストはこのようにして、個別特定の構造であるのみならず、ヨリ一般的で浸透性に富むイデオロギーなのである。それは社会成層のすべての側面に対してヒエラルキー、特殊化、清浄さを強調する。それは社会成層に見られる通常の矛盾、すなわち各社会階層はそれ自体が共同体であるが、他の階層との相互依存にあたって全一社会レヴェルの第二共同体を創出する、という矛盾を際立たせるのである。(5)

カーストの起源に関しては、大まかな概観しか分からない。紀元前一八〇〇年から一二〇〇年のあいだに、アーリヤ人の集団が北西からインドに侵入した。おそらく彼らは古代インダス流域文明を征服し破壊したのだが、これはすでに衰微していたかもしれない（第四章参照）。紀元前八〇〇年以後になると、彼らはインド南部に浸透し、やがて亜大陸全体とその先住民を支配するようになった。これら先住民のなかでわれわれにはっきり確認できるのは、南部のドラヴィダ人のみである。先住民たちがカースト的要素のある社会構造をもっていたかどうかは、はっきりしない。

後の時代のアーリヤ人の文献である「ヴェーダ」（文字通りの意味は「知識」）によると、初期ヴェーダ時代（紀元前一〇〇〇年頃まで）のアーリヤ人は部族連合体を成しており、それを率いていたのは、小規模でゆるやかな編成の「封建制」社会を支配して戦車を疾駆させていた戦士階級だった。彼らは牛を使った深耕農法をインドに導入した。彼らの宗教は英雄時代の他のインド・ヨーロッパ語族の宗教と似通っており、スカンジナヴィアあるいはホメロス時代ギリシアの神話やサーガ（英雄伝説）とも似通っていた。すでにバラモンと呼ばれていた祭司たちは社会的儀式で重要な役割を担っていたが、それは職業としてであって世襲的集団としてではなかった。彼らは儀式の中心であるいけにえを独占的に支配したのではなく、領主や家長たちも供犠を執り仕切ることができた。戦士の大部分も職業ではなかった。独立所帯農民の上位層も耕し、かつ戦ったのである。最も初期の文献である「リグヴェーダ」の最初期の文言には、職業の世襲や通婚・共食の禁止をほのめかすものは何一つない。

しかしながら、ドラヴィダ人その他との絶えざる戦闘が、おそらく三つの結果をもたらした。初めの二つのほうが直接的だった——ドラヴィダ人に対する支配の強化と、職業的な戦士を抱えた領主が支配する大規模な国家の出現である。ドラヴィダ人は征服された者としては通常のやり方で搾取された——奴隷ではなかったにせよ隷従民と見なされ、その身分は最終的には四番目の「ヴァルナ」であるシュードラとして固定化された。彼らの皮膚の色はアーリヤ人より黒かったが、この点がカースト・システム全体にとって、人種的表現型の一つの明瞭な指標として重要だと考える権威者もいる。シュードラは「二度生まれる」者〔再生族〕とは考えられていなかった、つまり、彼らはもともと輪廻転生サイクルに加わっていなかったのである〔一生族〕。したがって彼らの頭上の階層ギャップは、初期の「ヴァルナ」システムでは最も大きかった。

しかし明らかにこれ以前から、アーリヤ人の「ヴァルナ」自体のなかでも差異化が起こりつつあった。そうした事例のなかで、領主ないし戦士層が職業的・世襲的なクシャトリヤ・ランクとして固定化したというのは、ありうることである。紀元前一〇五〇年頃からの鉄製武器の発達のおかげで、征服が国家組織を発展させ、戦争遂行を組織化していった。戦車に取って代わったのは歩兵と騎兵の多様な協同編成軍で、これを動かすには専門的な訓練と管理が必要だった。こうした状況では、これらの領主ないし戦士たちとアーリヤ人独立所帯農民であるヴァイシャ（「大衆」の意）とのあいだの差異は増大すると考えられる。たとえばそれは、後期ゲルマン蛮族が自由戦士貴族と隷従小農民とを区別したのと同類の事柄である。

三番目の変化――すなわちバラモン「ヴァルナ」の起源は、もっと複雑だ。この起源の一部を理解するのは容易である。ヨリ大規模でヨリ階層的な王国の発展は、聖職という形態での正統性を必要とするようになった。古代宗教全般に言えることだが、この時期の宇宙論は生気論的神がみよりも人間同士の関係、とりわけ服従関係に関心を寄せていた。祭司だけが与れる秘儀として内密な聖職技能が発展するのも、こうした全般的な移行の一部である。「ブラーフマナ」（たぶん紀元前一〇世紀か九世紀あるいはおそらくもっと後の成立）として知られる第二グループの文献は、「リグヴェーダ」の関心事だった肉体の生き残りという実際的問題を離れて、社会的関係を規制し神的秩序である「ダルマ」を保持するための魔術的儀式の有効性をめぐる秘儀的な議論へと移行した。供犠がいっそう重要になり、バラモンによるその管理が重要になった。今やバラモンのみが供儀を執り行ない、クシャトリヤやヴァイシャはその執行を願い出るだけとなった。供犠の管理が重要になったのは、それが頻繁に行なわれたからである――妊娠、誕生、成熟、結婚、死、契約などの節目、朝、昼、晩、そして俄かの意思決定の折に、それは行なわれたのである。供犠は共同体全体の儀式であり（個人的な接触忌避はまだ見られなかった）、祭宴を催しての再分配行事だった。バラモンはこうして宮廷、町、村の日常生活の儀式のなかに早くから根づいたのである。後になっていかに秘儀的で神学的な教義が展開されようとも、この集中的な、神学的というよりは儀式的な管理こそが、ヒンドゥー教支配の中核にとどまりつづけた。これを説明する証拠はないのだが、いったん認

（5）このパラグラフはベテーユ（一九六九年・とくに序文、第一章、第五章）とパリー（一九七九年）に負うところが大きい。

められれば、その有効性は明らかである。

バラモンが果たす供犠上の役割によって、彼らは神がみにも優る存在だと主張されるようになったが、それは死と再生の永遠の輪廻を実際に執り仕切るのが彼らだったからである。この点は後代のバラモンによる改竄なのだろうが、そうでないとしても、古代世界全体を通じて見られる祭政一致への傾向の、特殊インド的なねじれなのだ。王の地位は神的なものではなかった。王は確固たるもので、王への服従は聖なる宇宙の法「ダルマ」への服従の一部でなければならなかった。「ブラーフマナ」に記された多数派の見解では、ダルマは賢者と祭司とによって解釈されるべきものだった。しかしこの点は反論がないわけではなく、クシャトリヤの優越性を主張する文言もあった。彼らの共通利害が何だったにせよ、これら二つの位階はシュメールやエジプトの場合とちがって、単一の神権政治的支配階級へと合体してゆくことはなかったのである。職業ギルドという形態のサブカーストの出現によって、こうした差異化傾向が強められた。通婚はまだ禁じられてはいなかったが懸念の的であり、バラモンやクシャトリヤの女性が下位の男性と結婚することは恥辱とされた。共食禁止はあったが「ヴァルナ」によるものではなかった――むしろ親族血縁関係への広範な顧慮にもとづくものだった。接触の穢れは、まだ見られなかった。

したがって二つの重要なインド的傾向は、この初期時点においては、明らかに認められはするものの支配的となってはいなかった――その傾向とは第一に、神的な秩序は世俗の権威に依拠しないという確信であり、第二に、とりわけ支配階級自体の内部で社会的な差異化を増大させ、バラモン「ヴァルナ」の権威を称揚しようとする傾向である。これらの傾向は第三章・第四章の初期文明で見たような共通の超越的地域文化の発展と、これが表わしているイデオロギー的な〈力〉を活用するバラモンの能力とによって説明できるかもしれない。しかしながら、とにかく証拠が乏しいので、今のところ仮説としか言いようがないのだ。

アーリヤ人はほぼインド全土にわたって、一様に浸透していったように見える。最南端部を除いたインド全体に、基本的には同一の生活様式――同一の経済・政治・軍事の形態、そして同一の宗教儀式や信条が見られるのだ。原住民たちも農奴として、亜大陸のほとんどにわたって広がっていき、社会慣習と社会問題の類似性を付加していった。経済、政治形態、軍事組織の相互作用用ネットワークよりは、こうした文化的類似性のほうが広範囲にわたっていた。こうして、多様性を最小限化している社会秩序は、世俗的権威による支配可能範囲よりも広かったが、これはすでにわれわれが見てきたように、古代世界で共通に起こることである。それは「超越的な〈力〉」だった。こうして「ダルマ」というような概念が、神がみの寄り集うシュメールの外交的万神殿《パンテオン》やヘラス文化と同様のイデオロギー的役割を果たし、村落、部族、都市国家といった各地の権威型の〈力〉の組織を統合して、文化、宗教、および外交通商上の規制を中心とした広範で伝播性のある〈力〉の組織をつくりあげたのである。ヒンドゥー教のカースト構造とドグマとが、結果的にインド特有のものとなったことは明白だ。しかしカーストもその起源においては、歴史上の諸文明に現われる超越的な〈力〉に共通すると認められるパターンの一部であるように思われる。

しかしながら他の場合では、通常この二重のつながりに対する二つの歴史的結果のうち、その一つが見出される。文化総体は分解して個々の部族と地方性が広範な文化を圧倒するか、(一般的にこちらのほうが後世に記録が残るのだが)政治的・軍事的統合が生み出す大規模な世俗の権威がその文化遺産を専有するか、のいずれかだ——後者は第五章で述べた、アッカド人がメソポタミア文化を活用した事例である。インドにおいては前者が起こった形跡はなく(とは言え確信はもてない)、後者は(後に見るように)突発的に進展したにすぎず、第三の結果が生じた——バラモンが文化遺産を専有したが、その際、歴史上知られている限りの〈力〉の運動の例に反して、国家にも、軍隊にも、経済の〈力〉にも頼らなかったのである。これがインドの特殊性だと、私は言いたい。

不幸なことに、説明には推測部分がたいへん多いのだが、その理由の一部は史料の不足、一部は専門学者からの助力の欠如である。インドに関して西欧の学問上の優位はかなりのものだったので、インド人学者でさえその多くが、ヒンドゥー教には社会組織がなかったと主張している。一つの教会ヒエラルキーをもつことがなかったという理由で、バラモンの組織などなかったと彼らは断言する。彼らが社会を動かす諸力として「観念」を強調する淵源は、概してこの点にある。しかし「ブラーフマナ」の時代までには、教育の圏域においてインド全土に広がる統合的形態の組織が出現し、それをバラモンが独占的に監督したのである。バラモン祭司集団が運営するヴェーダ学校が全土に広がった。教育は意味づけと科学知識を総合した内容だった——宗教的な賛歌と儀式、語学、文法、そして算数が教授された。教育が施されたのは若いバラモンの全員と、クシャトリヤおよびヴァイシャの一部だが、後者は家庭から引き離されてバラモンの教師の家庭か学校施設で学んだのである。教育の進度はさまざまな入門式で示された。正確な年代は不明なのだが、この時期あるいはもう少し後までには、バラモンの独占的監督の下に読み書きが確立したと推定できる。少し後のことだが、ヴェーダ文献に由来するサンスクリット語が、読み書きの唯一の媒体語となった(最北西部で一部アラム語が浸透した)。技術的な知識は科学、意味、儀式と密接に結びついていたのである。

こうしてバラモンたちは、単に文化伝統に跨坐していたのではなく、有用な知識や進歩へと向かう基盤構造的な支えを所有していたのだ。この二つの結びつきが、世俗の社会的相互作用の拡大を図る者、とくに政治的支配者や商人たちに対して、規範にもとづく規制、平和、正統性を提供したのである。この観点からすれば、この時期における上層「ヴァルナ」間の抗争を強調することは誤まりだろう。彼らは共に支配し、共に進歩したのだ。後期ヴェーダ時代を通じ紀元前およそ五〇〇年まで、政治的統合と経済的拡大と文化的知識とが手をたずさえて進展した。政治の面では、バラモンの顧問官によって支えられた王権の強化を見て取ることができる。社会的・経済的な面では、これらバラモン、クシャトリヤの二つの「ヴァルナ」と、下位のヴァイシャ、シュードラの二つとのあいだのギャップが広がった。彼らは一致してギルドや商人グループの職業的増殖を規制し、サブカーストを生み出していった。彼らが法を独占したので、今や法のなかに「ヴァルナ」が侵入し、利率や刑罰も「ヴァルナ」によって変わるようになった。（負債でも犯罪でも、バラモンの償いは軽かった。）このような支配階級の団結のなかでも、聖と俗の区別は維持された。真のバラモンはそのまま支配者となることもあったが、通常は学者、祭司、支配者付顧問官としてのバラモンのイデオロギー的役割が強化された。教育の圏域では、彼らの独占が公認され、拡大された。教えられた科目には倫理学、天文学、軍事科学、蛇に関する諸科学等々が含まれていた。入門式が行なわれるのは八歳、一一歳、一二歳だったが、これはカーストによって異なった。「ウパニシャッド（奥義書）」（書かれたのは紀元前一〇〇〇―三〇〇年）という表題は「秘密の知識」を意味する。そこで繰りかえし出てくる文言は「これを知る者」だが、この知識によってこの世の〈力〉が獲得できた、という結論なのである。こうした主張や要求を主導したのは非聖職の支配者たちだった――聖職と非聖職の二つに差異化された集団が、互いに同盟者として、そしてある程度は敵対者として対峙していたのである。彼らはいまだ一つのカースト・システムには統合されてはいなかった。祭司の「ヴァルナ」の〈力〉と集合意識とは、おそらくどれと比較しても強くなっていただろうが、その後の展開は必ずしもカースト主導ではなかった。

次の三世紀間にわたって、すなわち紀元前五〇〇年から二〇〇年頃にかけては、社会的発展の幾つかのコースのあいだで闘争が見られる。ようやくこの時期の終わり頃に、バラモン権力、およびカーストの確立を見たのである。

バラモンに対して二つの脅威がもち上がった。第一は彼ら自身の伝統の内部矛盾から発した。「ウパニシャッド」は救済の鍵として禁欲主義とともに、社会的儀式の正しい執り行ないに関する個人的知識の秘儀的探究を称揚していた。これらの修行の幕舎のなかでは、現世を捨て去ることが究極の目標となる。しかしバラモンの社会的権力は、俗人との「穢れある」接触を含んだ儀式から生じていた。この矛盾は今日とて未解決のままである（ヒースターマン・一九七一年、パリー・一九八〇年）。それにはこの神学的な探究を、祭司としての管理と供犠から切り離してもよかろう。この方向へと踏み出したのがともに紀元前五〇〇年頃、ジャイナ教の開祖であるマハーヴィーラと、ゴータマ・ブッダだった。両者とも個人の救いを至高のものとした。救いは悟りの探究と倫理的行ないの結果としてもたらされた。この二人がともにカーストの特定個人選別主義《パティキュラリズム》に挑戦して、救いは万人に等しく開かれており、人がバラモンとなるのは行ないによってであって生まれによるのではない、と主張した。仏教は儀式によらず倫理的行ないによって救いに到達できるとしたことで、その生活に地域共同体的枠組みよりも道徳的枠組みを求めていた都市の商業民たちに、とくに強く訴えることとなった。仏教とジャイナ教は悟りの探求中は俗世からの隔絶を主張したから、現世での優位はクシャトリヤに譲ろうとする傾向があった。こうして彼らクシャトリヤは世俗の権力にとって有用な存在となったが、そこから第二の脅威がもち上がったのである。

経済的・軍事的発展によって国家の規模や領域が大きくなっていったが、とくに紀元前三五四―三二四年のナンダ朝支配下では、戦場に投入される軍隊の規模がそれまでよりも増強された。帝国の〈力〉が全面的に勃興したのは、紀元前三二一―一八五年のマウリヤ朝だった。アショーカ王（紀元前二七二―二三一年頃）は全インドの実質的征服に成功したが、これを成しとげたのは、インド土着の支配者としては唯一人である。マウリヤ朝の支配は大規模軍隊によって拡大された（ギリシア・ローマの史料は四〇万―六〇万人という数字をあげているが、初めの諸章で述べたロジスティクス上の理由から、それは信じがたい）。中央集権による灌漑事業と処女地の国家開発が企てられるとともに、これまでの諸章で述べたような帝国通有のさまざまな経済的な〈力〉の整備が行なわれた――度量衡の統一、関税と免許税、鉱物資源と冶金の統制、塩などの必需品に対する国家の独占権などなど。イデオロギーの最前線では王権の神聖さが主張され、王権をクシャトリヤの足枷から解放しようとする試みが見られた。「アルタ・シャーストラ（実利論）」はおそらくこの時期にマウリヤ朝初代皇帝の宰相カウティリヤによって書かれたと伝えられているが、聖なる法に対して王の勅令と合理的法律の格上げを行なった。マウリヤ族はサンスクリット語を使わなかった。皇帝も諸侯も町に住む人びとも仏教とジャイナ教に惹かれていったが、それはこの両者の神学のほうが、帝国支配と都市市場の双方が要請する形式合理性にうまく適合したからである。キリスト教型路線か中国流路線か、そのいずれかに沿う発展の道筋が開かれた――前者は帝国支配と共生関係を保ちながらの個人救済宗教であり、後者は帝国と階級の支配を支える合理的信条のシステムであった。

正統ヴェーダの伝統は活発に対応した。その神学は一神論的傾向があったのだが、さまざまな仏を取りまとめて下位の神がみの巨大な万神殿《パンテオン》へと組み入れた。それはまた多様な民衆神や部族神を組み入れる初期の慣行へと立ちかえった。「ヒンドゥー教」に混交宗教《シンクレティズム》というレッテルを貼る習慣は、この同化の時期から始まっている。しかしその組織をあげての活動の実際は各地の儀式と教育にあった。ギリシア人旅行者メガステネースは、マウリヤ期のあるバラモン祭司の生活の詳しいようすを初めてわれわれに伝えている（その概略は後代の中国人旅行者たちによって確かめられている）。そのバラモンは初めの三七年間を修行僧として過ごすが、それはまず師とともに暮らし、次には公共の場所に独居して訪れる人すべてに教えを伝え、助言を与えた。それから彼は家庭に退きこもって妻（複数）を娶り、村の儀式を執り仕切りながら家父長として贅沢に暮らした。他の史料によれば、今やバラモンのあいだに読み書きが普及し、紀元前四世紀には〈西北インド出身の〕パーニニによってサンスクリット語が最終的に標準化された。五歳になると、生徒は読み書きと数学を学び始めた。教育カリキュラムはこの時期頂点に達し、隠者の住まいに設けられた「大学院課程」の専門学部ではヴェーダ研究、植物学、輸送学、軍事科学などが講じられた。こうした組織は仏教とジャイナ教もその通り真似たのである。

闘いが行なわれた。紀元前二〇〇年までにバラモンが優勢となり、紀元後二〇〇年までにその勝利が完全なものとなった。主に二つの理由があったと思われる。第一に、アショーカ王の死とともに、帝国インドは崩壊してしまった。その後のヒンドゥー教支配者で、亜大陸の一地域を越える地域を直接支配した者はいなかった。この崩壊の純粋かつ素朴な原因の一部は地理学に求めることができる。海岸線と航行可能な河川に圧しかかるようにして広がる陸地に加えて山岳地帯や密林地帯の存在が、一つの政治中心からの権威的支配に対して巨大なロジスティクス上の障害物となっていた。しかしすぐ後で述べるように、権威的国家がなくとも、マウリヤ朝の〈力〉の伝播力を保持することは可能だった。帝国はもはや有用性を失ったのだが。第二に、バラモンは儀式とのかかわりから地方レヴェルでの支配力を保持しつづけたのだが、彼らの宗教上の競争者のヨリ洗練された神学は、その世俗のパトロンたちの〈力〉が衰えてしまうと、知的で都市的な少数派に訴えるだけとなった。仏教がしぶとく生きのびたのは、地域的王国が生きのびたインド外縁部だった。

勝利の形式がその完璧さを強調していた。というのは、国家はバラモンに、多くの権力を「自発的に」引き渡したのである。このプロセスは一般的に「封建化」と言われている。実際それは世界中いたるところでの、帝国衰退の結果として起こる事態と同類である。帝国国家は周辺領域に対する支配力を失うと、その実効的支配権を属州貴族ないし帝国官僚に引き渡し、この連中はそこでいったん属州に「姿をくらました」上で、独立の属州貴族として再登場する。このプロセスについては、すでにさまざまな支配帝国に関連して述べてきた（とりわけ第五章と第九章）。それはマウリヤ朝直後のインドで現われ始め、紀元後の最初の五世紀間で速度を増し、ムスリム（イスラーム教徒）による征服まで断続的に行なわれたのである。

しかしインドではちがいがあった——支配権は領主の他にバラモンにも引き渡されたのだ。シャルマ（一九六五年）によれば、それはバラモン集団（そして時たま仏教徒）への未開地の下賜として始まり、その土地を開拓させるためにしばしば近隣村落もその贈り物につけ加えられた。これはやはり社会的・経済的発展の政策であり、地方エリートへの分権化だった。バラモンは現地の、あるいは移住させられた農民たちに犂と肥料の使い方を指導し、季節や気候について教えた——これらの技術は最終的に「クルシ・パレサ」と呼ばれる文献に記録された。しかし紀元後二世紀からは、開墾された土地がその行政管理権ともども引き渡されたことを示す碑文が残っている。碑文は一般的に以下の諸権利について詳述している——すなわち、王の軍隊および役人はこの土地に入ってはならない、また、太陽と月が存在する限り、ある種の収税権が与えられる、というのである。グプタ時代末期（紀元五世紀および六世紀初期）までには、すべての税収、すべての賦役、そして盗賊の裁判などすべての強制権がバラモンに与えられた。七世紀前半の、比較的強力な北部の支配者ハルシャの治世までに、この宗教的封建制の規模は広大なものとなっていた。ナーランダーにある仏教僧院は二〇〇の村むらの税収を得ていたが、おそらくこれはヴァラビー〔西インドのマトライカ王国の王朝〕の教育センターと同じだった。ある時など、ハルシャは軍事遠征出発の直前に、二五〇〇ヘクタールに相当する一〇〇の村むらを譲り渡した。後の支配者も一度に一四〇〇ほどの村落を譲り渡した。俗人の役人に対する下賜もある。紀元後一〇〇〇年以降になると、中央権力は急速に崩壊していったので、封土、転封その他ヨーロッパ封建制の諸特徴が広く見られるようになった。しかしそれ以前では、給付の大多数は宗教集団に与えられたのだ。

ヨーロッパ封建制とは第二のちがいがある――バラモンは兵役や地租の支払いを要請されなかった。しからば彼らは何を求められたのか？　支配者たちはこうした下賜の見かえりに何を得たのか？

答えは規範にもとづく宥和である。バラモンも仏教徒もその他の宗派もきわめて強力で、広く普及した儀式組織に裏うちされた威力を用いて、寄進された地域の法と秩序を維持したのだ。実際のところ、これには二つのサブ・タイプがあった。原始的な地域では、バラモンが部族民をヒンドゥー教の社会構造へと統合していった。彼らは農業知識と読み書きを導入するとともに、サブカーストや混合カーストを増殖させてこれらの部族民をカースト・システムへと導き入れたのである。このプロセスを通じて、彼ら自身がインド全土に広がった。比較的文明化された定住地域でも、彼らは有用な知識を広めていった。彼らの言語がグプタ朝諸皇帝の言語となった。彼らはおそらく紀元後の三世紀に簡易記数システムを開拓したのだが、これが後に「アラビア」数字と呼ばれて世界の科学と市場とを征服したのである。彼らは「ヴァルナ」の義務を強調し、カースト思想が完成されていった。

紀元前二〇〇年と紀元後二〇〇年のあいだに、「マヌ法典」がその最終の聖なる形に仕上げられた。それには宇宙の創造者が最初の人間にして王であるマヌに与えた指示が書かれていた。それはカーストを説明して、前世に蓄積されたカルマ（業）の結果だとした。本質的な務めとは、どのような境遇に生まれつこうとも、ダルマすなわち「義務、従うべき道」を果たすことだった。執念や欲望をもたずに死ぬことが、ブラフマン（梵）すなわち永遠の真理を実現する。存在するものは、すべて聖なるものである。「マヌ法典」はカースト社会を、観念によって構成された構造だと説いたが、その後に書かれた法典「ダルマ・スートラ（律法経）」もこれを補強した。実際に教義として検討してみると、それは不整合と矛盾だらけである。しかしそれが強調するのは、ダルマへと到達する鍵はバラモンが司祭する正しい儀式にある、ということだ。村落や、規範にもとづく広範な宥和地域を支配するバラモンの基盤構造的な〈力〉が、これを実行することができた。「パンチャーヤト」と呼ばれる各地の長老会議は、村や町の代表というより、カーストやサブカーストの代表となっていった。世俗の法は理論においても実際においても貶められた。マヌは王をカーストの擁護者とし、独立の法制定者とはしなかった。今やバラモンの諸律法が社会生活全般に内向集中的に浸透し、インド全土に拡大包括的に広まって、家族や職業や職業ギルドや労資関係まで包みこみ、清浄と穢れに関する諸規定と法律とを合体させるに至った。バラモンの指導の下、地域言語が相互に翻訳可能となるにつれて、サンスクリット語の世俗的な役割は衰えてしまったが、神がみが使う言葉としてのその神聖な位置づけは強化された。

カーストは今や、簡単にはほどけないパッケージとなった。その聖典は科学の、技術の、法律の、社会の知識の唯一主要な源泉となり、それがもたらす秩序なしでは社会生活は成り立たず、またそれは社会の起源を説明し、日ごと、人生の節目ごとに儀式的な意味づけを行ない、宇宙論をも提供したのだった。これらの諸要素から好きなものだけ選ぶというわけにいかなかったのは、代わりをつとめるはずのものが結果的には消滅してしまったからである。

社会秩序についてもっと述べよう。グプタ朝以降のインドを旅した中国人旅行者たちは平和と秩序に驚嘆したが、それは彼らの考えでは政治的支配や、治安や、徴税や、強制労働によって生まれたものではなかった。「人それぞれが世襲の職業に就き、家督を守りつづけている」と、七世紀の玄奘は言った。事実としてはそれは強制なしではなかったのだが、制裁は部分的なものだった。服従しなければ穢れと悪を招き、追放された。究極の処罰が社会生活からの排斥だった。こうした状況を維持した組織に中心があるわけではなかったが、それはインド中を覆ったのである。

したがってわれわれは、これまでインドのカーストに関する説明の主流をなしてきた、自給自足の村落共同体というあの観念を廃棄しなければならない。それは村落の自給自足を強調する。その主張によれば各地方を越える関係が可能になるのは、比較的強力な政治的国家によって社会関係の「小王国」が形成される場合だけだという。さらにその主張によれば、サブカーストの増殖や「ヴァルナ」に対する「ジャーティ」の優勢は政治権力の分裂の結果だという（ジャクソン・一九〇七年、シュリーニヴァス・一九五七年・五二九頁、コーン・一九五九年、デュモン・一九七二年・一九六一—二一一頁）。しかしこれではインドの文化的・儀礼的統一性や、強力な国家の不在にもかかわらず保たれている平和と秩序や、カーストによるエスニシティー（民族集団）および分業の統制などを説明できない。「インド社会学のために」の論争のなかでデュモンとポコックが宣言したように、インドは一つであり、その骨格は「伝統としての高度なサンスクリット文明」なのである（一九五七年・九頁）。

これにはさまざまなレヴェルでの証拠がある。地方研究としては、近代のケララ州海岸部に関するミラーの基本研究（一九五四年）によってそれは実証されている。下位のカーストが社会関係をもったのは、自分のカースト以外であれば村落内部だけであり、自分と同じカーストであれば地方首長の支配地域の村落群内部だけだった。首長のカーストは広い社会関係をもっていたが、それでも彼らが宗主と仰ぐ者の支配領域の内部に限られていた――そしてケララには通常これらの三つが存在していた。ケララ中を自由に旅し、活動していたのはバラモンだけだった。こうしてバラモンは組織の上で、彼らの支配に対するいかなる脅威にも先手を打つことができたのである。

「全国的」レヴェルとなれば、バラモンは他の集団よりはるかに多くの文化的類似性をもっているのが分かる。サラスワティは数多くの文化的特性を南部と北部に分ける伝統的分類を支持しているのだが、大半の文化的活動においては両地域のあいだに本質的な統一性があると主張する。彼はこう結論する――

バラモンはその身体的、言語的、さらには社会的特徴がどうであれ、文化的には多くの同質性をもっている。バラモンに共通しているのは「ヴェーダ」の伝統、「ウパニシャッド」の哲学、神話と伝説、その全生活様式を支配する巡礼やサムチャラ(儀礼)の実践である。これらこそ彼らの伝統の本質部分であり、これが彼らに文化的な統一性と特殊性とを与えるのだ。　　(一九七七年・二一四頁)

グアリー(一九六一年・一八〇頁)も同じことを指摘する――「少数の例外を除くヒンドゥー人の全カーストに対して祭司として活動するという、バラモンの世襲上・慣例上の権利こそ、あらゆる有為転変を通じて変わらぬカースト社会固有の統一性であり、一般原理なのである」。サラスワティが言うように、当然のことながらこれは組織化されなければならないのだ。聖典が大方は字の読めぬ地方祭司によって果てしなく繰りかえし朗誦され誤伝されるのは、楽師が基本的に同じ旋律やリズムをつくりだすのは、建築家が類似の寺院を建てるのは、家族間の通婚慣行がパターン化されるのは、一〇〇〇年以上の歳月にわたって「文化の自然発生的類似性」があったからではない。われわれはまた「マヌ法典」の時代以降、「ジャーティ」が「ヴァルナ」の内部にしだいに組織化されてゆき、バラモンの聖典や律法書のなかで結婚に関する選択肢がしだいに削減されてゆき、供犠や供え物の儀礼が標準化されてゆき、マントラ(真言)の詠唱がバラモンに限られてゆき、「パンチャーヤト(長老会議)」カーストが発展していったのを跡づけることができる。デュモンとポコック(一九五七年)のように、おそらくインド中のバラモンのあいだで、あるいはカースト全体にわたって信仰信条の統合が行なわれた、などと私は主張しているのではない。そうした観念論的立場は、聖典本文に見られる知的な不整合や、村びと・祭司の両方に見られる教義への理解・関心の狭さを明らかにした著者たちによって反駁されている(例=パリー・一九八四年)。ヒンドゥー教は教義で人を動かすよりも、儀礼で浸透してゆく宗教なのだ。儀礼こそバラモン組織の中核であり、したがってそれがインドの社会的統合の中核をなしているのである。

統合のこのような形態はまた、社会全体の停滞を生み出すことに貢献したと思われる。読み書きはその機能、その普及を高度に制限された。カーストはおそらく、経済的な停滞をも助長した（この点は議論の分かれるところで、容易に誇張が可能である）。カーストは分権化されていたので、帝国的基盤構造の代役を果たせなかった――したがって灌漑システムは局限され、貨幣制度は幾世紀かのうちに急速に細ってしまい、遠距離交易も衰微してしまった。バラモンは局地的村落経済への後退のようなものを司っていたのだ（この趨勢は部分的には、後の大規模寺院経済によって緩和されるのだが）。しかし彼らはそのヒエラルキー性のゆえに、個々人の合理性や進取性を解き放つことがなかった。経済的な意味で言うなら、インドはおそらく聖俗両世界の最悪を行った――帝国国家の普遍的合理性もなければ、救済宗教の個人的合理性もなかったのである。

政治的にも軍事的にも、分権化されたインドは国外からの脅威に対する備えがおろそかで、イスラーム、キリスト教と打ちつづいて押し寄せた征服者に屈してしまった。しかしながら地方レヴェルでは、相手が外国軍であれ叛乱農民であれ、カーストには奪取される中心などなかったがゆえに、柔軟に反撥できた。カーヴ（一九六八年・一二五頁）が指摘する通り、その弱点が強みとなった。受け身の忍耐と抵抗を得手としたのだ。ガンディーはこれを政治的に活用した最後の人物だった。

もっと一般的な問題として、社会的な相互依存性の処理にあたって直接的互恵性を削減したシステムにまつわる、ある種の非能率というものがある。デュモンが述べるように、カーストでは相身《あいみ》たがいの規範――わたしはあなたの死者を埋葬しよう、あなたはわたしの死者を埋葬してくれ――が遵守されないのだ。そのかわりに死者埋葬の専門職務を案出し、それを最も「清浄」でない者だけが引き受けるのである（一九七二年・八六頁）。分業のこうした極端な細分化と固定化は、自分がその人の働きに依存しているにもかかわらずその人の存在を身体的に避けることで、最悪となった。これらの欠点のすべては、カーストのさまざまな利点とワン・パッケージなのだった。カーストがもつ〈力〉は一定の秩序をもたらしはしたが、社会発展にはつながらなかった。

カーストというパッケージは、二〇世紀に至るまでインドで優勢を保っていた。それは変わり始め弱り始めたが、そのインパクトとなったのはイギリス帝国主義、産業の発展、政治的ナショナリズム、一般世俗教育だった。それまではバラモンが、社会分化をゆるやかな形で統制していた。ヨーロッパ人から離れたところで、経済的な諸機能も、征服者と被征服者のちがいも、民族間・部族間の諸関係も、すべてはカーストとサブカーストの奇怪な仕組みで覆われてきた。しかしそこでバラモンだけは、明らかに支配する立場にいた。その後の経済的、政治的、軍事的諸関係を処理するにあたって、彼らは柔軟かつご都合主義だった。従属的なよそ者をシステムに組み入れる方便として不可触民カーストが案出される一方で、征服者、あるいは実際に土地その他の経済資源をなんとかして獲得した連中は高いレヴェルに参入した。そしてサブカーストの増殖は、システム全体を中央から権威的に管理することの不可能性を意味していたのである（これはイギリスの国勢調査に始まるすべての政治活動によって明らかになったことだ）。

カーストのヒエラルキーがもつ限界性は、他の集団との関係におけるバラモン権力の限界性を意味する。バラモンは清浄さや道徳的価値の観点から、自らを王侯領主や経済的強者よりも上に置くことに成功した。イスラームとキリスト教という外部からの侵略者だけが、彼らの上に立つことができた。これこそインドの特異性だと思われるのは、倫理的な優越者とは経済的・軍事的・政治的な〈力〉というより、一貫して神聖さ・清浄さを有すると考えられている者のことなのである。ここで「というより」という表現が妥当なのは、カースト全体としてのバラモンは裕福にもなり武装する傾向もあるのだが、世俗の権力からは一歩距離を置いてきたのである。このカーストの内部で高い位を与えられるのはまず隠者、ついで学者、それから祭司（他のカーストへの勤めによって部分的に穢れている）、そして公職保有者や土地所有者である。外部的にも、大衆の支持を結集できるのは、往々にしてガンディーのような神聖で禁欲的な人びとだった。しかしこれは制限つきの優越である。カーストは、他の〈力〉の源泉を取りこんで支配を広げる、ということはしなかった。むしろそれらに対して一定の無関心を示してきた。バラモンの宗教は精神的で永遠で不動で清浄な真理、ダルマを称揚してきた。この点に敬意を払うかぎり、世俗社会は多かれ少なかれ思う通りにやってよいのである。

シニカルで唯物論的な見方をすれば、これは聖俗の両エリートによる、権力を共有するための陰謀のように見える。ある面ではその通りである。しかしそれはまた世俗的なるものの究極的な意味を減価して、物質と人間的献身両方の潜在的資源を聖なるものへと振り向けてもいる。ヴェーダ時代以来このかた、インドでは神政政治的傾向は観察されなかったということが重要である——強力な宗教指導者たちは国家や土地所有階級を征服しようとはせず、そこからある程度の距離をとってきたのである。これが逆説的な結果をもたらしているというのは、バラモンは日常社会の「世俗的な」生活に根を据えているにもかかわらず保守的であり、物質的・社会的発展の観点からすれば後退的だったからである。彼らは余剰の大きな部分を再分配し消費したが、あまり再投資に回そうとはしなかった。彼らは国家に対する政治的貢納の手助けをしたが、国家目標を左右しようと激しく闘争したことはなかった。インド社会は根底深くから二元的であり矛盾を抱えていて、聖なるものが俗なるものと対立し、その達成を掘り崩してしまうのである。

ヒンドゥー教は、救済宗教が到達しうる社会的な〈力〉の頂点を反映しているのかもしれない。結局のところ、救いのために全身全霊を打ちこんでこの世を捨てるなら、社会生活はたちまち崩壊してしまうだろう。したがって、救済宗教による経済的・軍事的・政治的な〈力〉の本格的な征服と統合は、社会を破壊してしまうのだ。キリスト教やイスラームによる明白な征服も、現実にはイデオロギー的な〈力〉の撤退だったと言うのは、それらの諸制度は根底的に世俗的な性格をもっていたからである。ヒンドゥー教は完全征服という戦略を差し控えることによって、インド社会に対してはるかに長期的な影響力を行使した。

これだけ述べれば、カーストというものが経済的要因や階級へと還元できないことは言うまでもあるまい。それは単に、あるいは本質的に、経済的、政治的、軍事的な支配集団の利害を正当化したのではなかった。なぜならカーストはバラモンの〈力〉を臆面もなく削減し、彼らの行動の自由を殺ぎ、彼らが利用できる〈力〉の資源を減少させたからである。これは歴史の陳述として真実だし、インドを他の前産業社会文明との比較対照で見る場合の展望においても真実である。たしかにカーストは、インドの経済的、政治的、軍事的発展のコースを再編成した。それはインド社会の階層構造をつくる手助けをした。実際のところそれは、インドにおけるイデオロギー的な〈力〉の諸関係の優位性を具現している。しかしながらそれは、階級システムや政治国家と同様、観念のシステムなどではなかった。あらゆる社会組織と同じように、それは観念と実践の相互浸透を必要としていた。それは超越型の基盤構造を必要としていたのである。

ヒンドゥー教が泰平状況をつくり出したことを見てきたが、それは結果的に一種の宗教的封建制となった――軍事的封建制と同じく中央国家なしで秩序を維持したのみならず、戦士階級からの支援はいっそう少なかったのである。その〈力〉は以下に列記する基盤構造的要因に依存していたのだが、これらはインドの歴史の長い経過のなかで出現したのだった

――

(1) 日常生活への儀礼の浸透、その強烈さは他の世界宗教のどれにも優る

(2) 社会的に有用な知識をほぼ独占、とりわけ読み書きと教育組織

(3) 法の供給、まず国家との競争があり、次いでほぼ独占的な供給者となる

(4) 祭司カーストであるバラモン組織のインド全土にわたる拡大とは対照的に、他の集団は、政治支配者も含めて、ヨリ地方的な関係にとどまる

(5) 以上の要因すべてを通じての民族間関係を統制する能力と、カースト組織を通じての分業

ヒンドゥー教の〈力〉は、軍事的、政治的、あるいは経済的諸関係とは独立した、超越的な社会アイデンティティーをつくり出す能力という点で、キリスト教やイスラームの〈力〉と似ていた。しかしヨリ発達した超越的組織でこれを強化する能力は、他の宗教をはるかにしのいでいた。カーストは「オイクメネー(人間普遍世界)」としての特質を高め、世俗

の権威からは後退した。こうして「オイクメネー」は、個々人と究極の社会的実在とを結ぶ、ヨリ完全で永続的なつながりを見出したのである。したがって、仮に植民地化以前のインドで質問票とテープレコーダーを持って社会調査を敢行したら、他の場合ではいかんとも御しがたいあの社会成層という実体的な圏域で、おそらく、一定の価値観の一致を発見したであろう。デュモンが主張するように、ヒエラルキーを道徳的に受けいれることが、カーストの不可欠要素である。当然のことながら、その受容は（どこでもそうだが）部分的で、矛盾をはらみ、異議を巻き起こす。しかしながら、インドにおける矛盾と異議とは、低位の集団が自らを事実上劣っていると見なす傾向だけで展開するのではない。ここでは、他のどこにとも異なって、彼らが自らをある程度の穢れと悪をもつ者と認める傾向があるのだ。これが瞠目すべきことなのは、（よく言われるように）単に「西欧人」にとってだけではない。この地球上のどこにも、これに近い現象などないのである。

したがってヒンドゥー教の「オイクメネー」は逆説的な形態をとった――それは物質レヴェルと道徳レヴェルの両方における差異化を通じて統合したのだ。しかしヒンドゥー教を「オイクメネー」と呼ぶべきではないのかもしれない。なぜならそれは、この世の生活における同胞愛というものを否定しているように思えるからである（これを否定するところにヒンドゥー文学の苦悩が生まれた）。カーストは「オイクメネー」や「ウンマ（イスラームの共同体）」の反転であり、現象として同じ次元にありながらも、ほぼ対極に位置しているのである。

カーストは集合的と分配的という、〈力〉の二つのタイプの明確なつながりを提示した。それは集合性へと結集させるのみならず、明確にそして権威をもって階層化させたのだ。カーストは階層化の一形態だが、経済的（階級）階層ではなく、政治的（身分）階層でもなく、独特の形態をもつ超越的組織にその基盤がある。これこそヒンドゥー教が、世界宗教に共通の「オイクメネー」的な達成をはるかに越えたところに達成したものなのである。

こうしてこの「もっともらしさ」のすべてに、宇宙論が意味を与えた。それは結果とつながっていたがゆえに、道理にかなった信条体系となった。その正しさは秩序の存在と、ある程度の一般的な社会進歩によって証明されたと考えられた。ヒンドゥー教カーストの前提として、インド人に生得的な等級化妄想とか、清浄妄想とか、その他の観念的な体系や価値の妄想があるわけではない。そうではなくて、その独特な〈力〉の諸組織が、異常な社会状況における真の人間的必要を階層化した――異常ではあっても、社会学の概念工具で取りあつかい可能なのである。そしてカーストはそれらの要求を満たしつづけた揚げ句、結果的にヨリ大きな〈力〉の資源と目されるにちがいない産業資本主義的生産様式と国民国家とに遭遇したのだった。

イデオロギー的な〈力〉が達成したもの
——第一〇章・第一一章への結論

私はこれまで幾つかの章にわたって、およそ紀元前六〇〇年から紀元後七〇〇年までの時期に現われた多くの優れた信条体系について論じてきた——すなわちゾロアスター教、ギリシアのヒューマニズム哲学、ヒンドゥー教、仏教、儒教、ユダヤ教、キリスト教、イスラームである。それらが卓越していたのは一つの重要な特色を共有していたからだった——それぞれの地方性を越える個人的・社会的なアイデンティティー意識が、歴史の記録に残るほどの規模での拡大包括性と内向集中性に富む結集を可能にした、というのが共通項だった。この観点からすれば、これらの信条体系のすべてが、歴史の「線路敷設工手」だった。しかもそれらはすべて新機軸だったのだ。地方性と妥協するところが多かったもの（カーストが「ジャーティ」で地方化してしまったヒンドゥー教、部族主義を離脱できなかったイスラーム）でも、階級性あるいは民族性の制約が多かったもの（ゾロアスター教、儒教、それとおそらくはユダヤ教）でも、それ以前の社会的な〈力〉の組織と比較すれば、はるかに発展的で普遍的なメンバー資格を提供したのだった。これこそがこの時期のイデオロギー的な〈力〉の運動によって達成された、最初の偉大な再編成だったのである。

　このような達成には、二つの前提条件と原因があった。第一に、それは以前からの経済的、政治的、軍事的な〈力〉の諸関係の拡大包括的な達成の上に築かれた。明確に言えば、それは古代的生産様式にもとづく交易ネットワーク、優勢な階級同士のイデオロギー交流、軍事的平定の構造、国家の諸制度等々がつくり出した、通信輸送と管理のシステムに依存していた。信条体系とはメッセージ群である——通信輸送の基盤構造《インフラストラクチュア》がなければ、広まることは不可能だ。これらの基盤構造は古代後期の支配帝国において最もよく発達した。しかし帝国がそうした基盤構造を発達させればさせるほど、特定の社会的矛盾が強まったのである。私は第一〇章で五つの主要矛盾をあげて詳論した。それらは普遍主義と個別主義、平等性とヒエラルキー、分権化と集権化、コスモポリタニズムと一体性、文明と野蛮な辺境のあいだの矛盾だった。こうして対《つい》にした社会関係上の諸特性のうち、それぞれの帝国は「無意識的には」前者の発達を促進したが、制度上公式の帝国構造としては後者を遂行していた（最後の場合は蛮族を文明化するというより、外部の蛮族に蛮族としての役割を果たさせていた）。こうして非公式集団は普遍的、平等的、分権的、コスモポリタン的、文明的な諸実践・諸価値の担い手として登場した。彼らは社会的相互作用のすき間ネットワークを発達させて、帝国内部にあるすき間や（程度はやや減るけれども）辺境の交流を促進した。これらのネットワークが集中したのが交易であって、それはこれまで見てきたように帝国の興隆によって促進されたのだが、公式の管理からはしだいに脱け出ていったのである。

第二に、これらのすき間集団は、とりわけイデオロギー的な基盤構造となる傾向のあった文字とかかわりのあるものに依存しており、またそれを育成もした。拡大性に富んだ広範なメッセージは、もともとの形態が保存されなければ、遠距離を伝わるあいだに形態や意味が変わってしまうだろう。紀元前第一千年紀の初めまでに文字と筆記材料の簡略化が起こる以前では、広範なメッセージを定着させるのは容易ではなかった。読み書きなしの宗教は（グディ・一九六八年・二一三頁に指摘されているように）、不安定で折衷的になる傾向がある。しかししだいに読み書きが発達して、単一で正統な信条体系がローマ帝国で見られたような二段式伝達（第一〇章で詳述した）に依存しうるまでになった。書き記されたメッセージは各地の枢要な個人のあいだを運ばれ、そこから先は口頭伝達によって伝えられた。これがその当時発生したイデオロギー的な〈力〉の拡大を支えた、読み書きの二段式基盤構造であった。

このような通信輸送システムは、われわれ現代人の目を見張らせるほどのものではないように思われる。とりわけ、読み書きはまだ少数の現象だった。しかし当時は、たいへん複雑な課題を引き受けさせられたわけではなかった。これらの哲学や宗教の土台として伝達されたメッセージは、素朴なものだった。それらは経験の主要三分野に触れたのである。第一は「存在をめぐる根本的疑問」――つまり、人生の意味、宇宙の創造と本質、生と死の問題である。哲学と神学はこれらの疑問の立て方を次第しだいに複雑化してゆく傾向があった。しかし疑問それ自体は素朴なままで今なおつづいており、すべての人間にとって意味深いものである。第二の経験分野は、人と人とのあいだの倫理――つまり、規範と道徳である。「自分はどうすれば良い人間になれるのか？」というのは永年の、素朴な疑問、しかし社会的関係のなかに置かれている人間にとって、おそらく答えを見出せない疑問なのである。第三の分野は家族と人生サイクルとが関係しあう圏域とかかわっている――つまり、誕生、結婚、三世代間関係、死のすべてが起こる最も親密な社会集団において、これまであげた二つの疑問が焦点を結んで生じてくる問題圏域である。実質的にはすべての人間が、多かれ少なかれ同じ仕方で、これら三つのタイプの問題すべてに直面する――これらこそ人間が置かれている条件の普遍的側面である。実際のところ、これらは社会というものが始まって以来の普遍的問題だった。しかし同じたぐいの経験が拡大包括的かつ安定的かつ広範に伝達された歴史上の時期は、この時が最初だった。通信輸送技術が確立したあらゆるところでイデオロギーの発生が活発となり、人間の集合的な〈力〉に対する自覚が異常なまでに高まった。個人の、そして社会のアイデンティティーがかつてなく拡大・普及して、潜在的な普遍性を帯びるようになった――イデオロギー的な〈力〉によって達成された二番目の大「線路敷設作業」だったのである。信条体系の多くが、性別を越え、階級を越え、国境を越え、あるいは非公式なすき間の通信輸送構造の内部で、普遍的真理の伝達を行なった。それらは超越的に、他の〈力〉の組織へと及んだのである。

しかしながら、ここでわれわれは削除作業を開始して、まずゾロアスター教と儒教とを議論から外さなければならない。この両者はペルシア貴族と中国士大夫階級の、男性の意識と集合的な〈力〉とは大いに拡大したけれども、あまり他の集団の助けにはならなかった。これは社会的個別主義《パティキュラリズム》との大幅な妥協だった。これこそ内在型イデオロギーの実例であって、もっぱら既存の支配階級あるいはエスニック・コミュニティーの士気や連帯を高めるのである。

　現存する事例すべてにおいて信条体系は、ヒエラルキー上のレヴェルのちがいや、男女の別や、民族の区別や、国家の境界を越えてのメッセージの超越的交換と、したがってその管理とに大きな起動力を発揮した。その効力が最もあまねく認められたのは、共通のアイデンティティー意識をもつに至ったさまざまな階級や「民族」に対してだった。これも深甚な変化だったというのは、これが潜在的に大衆《マス》の動員へとつながったからである。私が初めの幾章かで主張したように、これまでの社会というものは強度に連邦的であった。〈力〉は連携しあうさまざまなヒエラルキー的、地域的レヴェルのあいだで分断されていた。通常大衆《マス》はこれまで、最も高い、最も集権化された権力レヴェルが直接手を伸ばす対象ではなかった。大衆がもつ信条など、巨視的な権力行使とは無関係だったのだ。ところが今や、大衆と権力中枢とがイデオロギー的に接続可能となったのである。この接続はデモクラシーから独裁主義までさまざまな形態を取りえたのだが、これから後は大衆の信条が、権力行使と密接な関係をもつようになったのである。これがイデオロギー的な〈力〉によって達成された、三番目の大「線路敷設作業」だった。

　削除をつづけよう。さらにもう一つの事例はギリシアのヒューマニズムだが、この民衆的な信条体系の開花も既存の権力構造、つまり比較的にはデモクラティックで連邦的なポリス群多国家文明を強化し、正当化したのだった。しかしその他の事例において、民衆的信条体系は間接的ながら破壊的作用をもっていた。と言うのは、その民衆的信条は究極的な知識や意味づけや意義を、経済的、政治的、軍事的な〈力〉の伝統的な源泉とは別のところ――それが超越的と考えた圏域に置いたからである。別の言葉で言うなら、これらの事例は「宗教的」で、表面的・第一義的には「精神的」で「神聖な」圏域とかかわっていて、「物質的」で「世俗的」な権力は世俗の、非宗教的権威へとゆずり渡していたのである。これらすべてが、哲学的には二元論だった。世俗的権威を破壊しようとした諸宗教は、特殊「精神的」なやり方でそれを行なった。彼らは特殊イデオロギー的な〈力〉の諸制度を強化したのである。これがイデオロギー的な〈力〉が達成した四番目の大「線路敷設作業」だった。

　ここで一息入れよう。と言うのは、これまで述べてきた数かずの達成は結局のところ、社会的な〈力〉の組織における革命を意味することになるからだ。信条体系、もっと明確に言って宗教は、歴史の過程を通じて一般的にこれと同じ役割を果たしてきたわけではない。初めの諸章において、イデオロギー的な〈力〉の自律性の範囲と形態とには大きな幅があった。私がこれらの転換を、人類あるいは人類社会の生得的諸特性と仮定されるものの観点から正当化することなどできないことは明らかだ。これらの諸特性の多くは、観念論対唯物論――すなわち「観念」と「物質的現実」ないし「物質的行為」との一般的関係を争論するなかで現われ出てきたものなのだから。私は第Ⅲ巻で、こうした争論は社会理論には役立たずだという根拠を述べよう。しかし当面ここでは、歴史記録を注意深く吟味すれば優れた説明が得られることを指摘できるのである。

いかなる歴史上の時期にも、既存の権力構造が有効に組織化できない人間同士の接触点というものが多数ある。もしこれらの接触点が社会生活にとって重要な意味を帯びてきたら、それは一般的社会問題として噴出し、新たな組織論的解決策を求めるに至る。既存の権力構造がこのような趨勢を統御できないままでいる場合には、ある特定の解決策が大いなる真実性を帯びる。これが「超越的」な〈力〉の概念、つまり台頭するカウンター・エリートたちによって喚起される神的な権威である。第三章・第四章で検討した初期の諸文明の事例では、これが地域文明における主要な統合勢力として台頭した。しかしその勢力は、当時の基盤構造《インフラストラクチュア》をもってしては、比較的に弱体だったにちがいない。それは異邦の交易民の信頼を得、多国家間外交の支えとなるだけの、文明的アイデンティティーや規範の最低レヴェルの共有と普及とに限られていた。これら最初の大イデオロギーの内向集中的な浸透力は限定的だった。

人間の歴史の最初の二〇〇〇年間には、広範な社会空間にわたって思想を交流させる基盤構造がほとんど存在しなかった。ようやくアッシリアやペルシアの時代となるまでは、支配階級でさえも遠距離空間を越えてその所属メンバーの思想や習慣を交換し、定着させることなどできなかった。拡大包括性と内向集中性に富む〈力〉の結合のための主要な基盤構造の基点となったのは、「強制的協同」の軍事的・経済的構造と、都市国家および部族的・地域的エリート層の政治的連邦であり、これらは時としてゆるやかで口頭伝達を主とする地域文明の内部に存在していた。しかしながら徐々にではあるが、はるかに拡大包括性や内向集中性に富んだ自律的なイデオロギーの〈力〉を生み出す二つの前提条件が発達してきた――(1)公式の〈力〉のネットワークに対してはすき間的な、社会的相互作用の拡大的なネットワークが発達した。さらに、(2)これらのネットワークがとりわけ支えたのが、読み書きによる局地的交流の二段式構造だった。やがてヨリ大規模かつ拡散的な大衆《マス》が、これらのすき間的ネットワークの一部を形成するようになった。彼らが置かれたのは新規の、しかし共通の社会状況であって、既存の地方的あるいは拡大包括的な公式構造にもとづく伝統的信条や儀礼によっては、その意味をとらえることはできなかった。明敏かつ雄弁な人びとは、宇宙における彼らの状況について、新しい説明と意味とを生み出すことができた。この意味を各地の伝統、あるいは公式の伝統によって包摂することは不可能だったので、それはすき間的、すなわち社会的に超越的だったのである。自分たちと直接の関係を有する超越的な神への信仰とは、彼らが置かれたすき間的社会状況を想像力豊かに表現したものだった。帝国の公式構造と、彼らのすき間的交易ネットワークの両方が個々人の合理性を促進したので、彼らの宗教には合理的一神論へと向かう傾向が絶えずあった。このようにして、すき間的社会状況は救済宗教として具現化され、部分的な読み書きを通して聖典による宗教運動へと伝達されたのである。

以上は明らかに「唯物論的」説明である（唯物論を経済要因だけに限定しないとしてのことだが）。すなわち、ある社会状況が、その特質の大部分を想像的な形で「反映する」信条体系を生み出した、というのである。しかしこのような集団とそれらを生み出した土壌とはすき間的であったがゆえに、結果として彼らがもつことになった社会再編成能力は斬新で自律的だった。新しい歴史の線路を敷設する彼らの能力は、規範による献身、すなわち今や宗教的回心によって獲得された士気としてのイデオロギーによって高められた。キリスト教徒は迫害に耐えることができたし、イスラームの戦士は彼らが言う恐るべき敵に打ち勝つことができた。彼らはさまざまな〈力〉の関係の伝統的な混合で構成された既成社会に対抗する、新たな「社会」を創出した。幾つかの事例では、彼らはこれらの伝統的ネットワークに打ち勝つか、それらよりも長もちしたのだった。イデオロギー的な〈力〉は、この意味この時期において、超越的だった。

しかしこの地上世界においては、彼らといえども伝統的な〈力〉の組織と、主として二つの仕方で折り合わなければならなかった。第一に、いわゆる精神の王国は特定の社会的圏域、すなわち個人の生活、その個人の生涯の歩み、その個人の人間関係や家族関係などの圏域に集中した。それは〈力〉の形態としては極端に内向集中的であって、親密な集団の直接的生活経験に集中していた。それは現在までのところ、比較的大規模な社会ネットワーク上で複製された〈力〉の形態として最も内向集中性の強いものだったかもしれない。しかしながら、この精神の王国と、その結果生まれた民衆的結集は単なる局地性の寄せ集めで、似通ってはいたが有機的な結合を欠いていたかもしれない。そうした圏域が、単独で高度かつ広範なレヴェルの社会的結集を維持することは容易ではない。そのためには、大いに他の〈力〉の組織に依存せざるをえないだろう。私が第一章で行なった主張に立ちもどるなら、拡大包括的な社会において、家族構造はマクロ社会的な〈力〉の編制の重要部分ではない。家族へのこうした依存は、イデオロギー的な〈力〉の拡大範囲と自律性に対する制約となった。

第二に、生活というこの圏域は、現実には純粋に「精神的」とは言いがたかった。社会生活のすべてに言えることだが、それは精神的にして物質的、神聖にして世俗的なものの混合の王国だった。たとえば、正しい倫理的振る舞いについて、誕生や結婚の際の正しい儀礼について、死や来世の本質について、さまざまな決定が必要である。それには権力が必要となる——合意の意思決定や決定事項の実施、不服従者に対する制裁などのための機構を設立しなければならないのだ。

拡大包括的な〈力〉はこうして定着される。この意味では、宗教といえども既存の〈力〉の組織を超越するというよりはむしろそれらと並行して、神聖なるものを制度化し、カリスマ的なるもの（ウェーバーの言）を日常化した——これがイデオロギー的な〈力〉の自律性に対する第二の制約となった。

第三に、宗教が本来的にかかわった社会圏域は、現実には他の〈力〉の構造の存在、とりわけ通信輸送の基盤構造の存在を前提としていた。宗教は既存のマクロ的な〈力〉の構造と折り合い、その諸施設を利用しなければならなかった。

私が今まで明らかにしてきたさまざまな達成と制約とのあいだに見られた〈力〉のバランスは、宗教によってさまざまに異なっていた。一方の極では、すべての宗教が自らの中核的な社会圏域の規制、とりわけ家族とライフサイクルに対する規制で独占的な権力をふるおうとした。実際にそれらの宗教は今日でも、こうした権力の多くを保持している。これがイデオロギー的な〈力〉による大きな達成の五番目である。

もう一方の極では、それらの宗教はすべて既存のマクロ的な〈力〉の構造と妥協を重ね、そうした諸構造の正統性を受けいれるとともに、自分の宗教共同体を管理するためにそれらを利用した。したがって、初期に見られた普遍的な宗教的圧力にもかかわらず、女性に対する男性の支配と、全面的な事実としての階級支配とは、世界宗教の勃興による挑戦を受けてはこなかったのである。これらこそイデオロギー的な〈力〉の自律性に対する、第四・第五の制約だった。

これらの両極端のあいだに、さまざまな変異形態があった。どちらかといえば特異な、しかし重要な〈力〉は、軍事的な〈力〉への宗教的インパクトを通して作用した。その二つの事例において、強烈な個人対個人倫理と軍事的な士気とのあいだにつながりが見られた。イスラームの事例では、アラブ人騎兵隊の宗教的な連帯が広大な領域を征服し、その領域の大部分に対するイスラームの〈力〉による達成を一気に確保した。キリスト教ビザンツ帝国と西欧の事例では、宗教的‐軍事的な士気は社会的ヒエラルキーのなかに閉じこめられるとともにそれを大幅に強化して、普遍主義をそっちのけにして権威性を増した。キリスト教はこの世の権威と妥協したのみか、それらの形態を左右するものとなったのである。これら二つの宗教と戦争とのあいだには、とりわけ信仰心と軍隊内の団結・熱誠・獰猛さとのあいだには、切っても切れないつながりがあることがはっきりしたのだった。それは通常、どちらかといえば非道な形態をとった——不信仰者としての敵は往々にして人間以下の存在としてあつかわれ、そのようなものとして殺戮されたのだ。イデオロギー的な〈力〉によるこの六番目の達成物は、二番目の達成物である普遍主義を減退させてしまい、さまざまな達成に矛盾が内在していることを示している。

世界宗教の勃興を目撃した拡大包括的諸国家が見せた全般的なゆらぎが、宗教の側にはもう一つの問題、ないし機会をもたらした。この二つのプロセスは明らかに連動していた。ローマ帝国のような国家が他のさまざまな大問題でも悩まされていたとしても、対抗的なアイデンティティーや忠誠をもつ共同体による自国の境界の内外での活動は、国家が生き残るチャンスを増やす助けにはならなかった。中国とペルシアの諸国家は、機会をとらえてこの共同体の忠誠を自分へと向けさせ、そうすることで自分の支配圏域から世界宗教が出現するのを防ぐ役割を果たした。その他の事例では、諸国家は繰りかえし崩壊していった。

この文脈で見れば、すべての世界宗教は一つの共通戦略を達成していた――読み書きという基盤構造に対してほぼ独占的な支配権を確立し、時にはそれを法律を含む筆記文書すべてに拡大したのである。この点ではヒンドゥー教の達成が最も大きく、仏教とイスラームがこれにつづき、キリスト教もその領域内の比較的強力な諸国家とは、概してその支配権を共有していた。これがイデオロギー的な〈力〉による、第七の達成だった。

その他の点では、〈力〉の闘争はさまざまだった。ただヒンドゥー教だけが実際に広範な支配の構造を掌握し、広範な権力を行使しうる特異なメカニズムとしてのカーストを制度化した。主要な〈力〉の関係すべて――経済的、政治的、軍事的な〈力〉の関係すべての実体部分が、カースト自体の権威構造を通して実現されたのでそれらは弱体化され、征服や外国の政治支配や経済停滞に対してインドを脆弱にしてしまった。にもかかわらず、カーストはイデオロギー的な〈力〉による達成の頂点だった。ヒンドゥー教だけが八番目の達成にたどりついた――祭儀的宇宙論と宗教的社会を確立したのである。しかしながら、この達成によってカーストは、二番目の達成物である民衆的・普遍的共同体を完全に破壊してしまった。なぜならカーストは究極の価値序列に合わせて、人間に周到な段階づけをしたからである。

仏教にもイスラームにもキリスト教にも、これほどの達成はなかった。仏教はヨリ従属的な位置にとどまる傾向があり、インドにおいてはヒンドゥー教のすき間で活動し、他では世俗の権力に依存していた。イスラームとキリスト教は一再ならず経済的、政治的、軍事的な〈力〉を我が物としたけれども、通常は伝統的な世俗の形態で行なったのであって、自らの宗教的構造を通してではなかった。これら二つの宗教は、私が先に指摘した第三の制約力を感じていた。しかし妥協することで、これらの宗教は自らの普遍主義と権威主義的特質とのあいだの深い矛盾を活性化させ、ヒンドゥー教よりもはるかにダイナミックな存在となった。私は第一二章で、このダイナミズムが世界歴史にもたらした結果を探究する。

世界宗教が成しとげたさまざまな達成が、単純な累積によるものでなかったことは明らかだ。その達成の一部、その世俗的権威との闘争の結実は、人間の発展のさまざまに相異なる道筋だった。にもかかわらず、それらには一つの核があった――民衆的共同体の結集がそれであって、これこそ比較的拡大包括性のある社会でそれまでに見られたものとは大いに趣を異にするものだったのである。それらの宗教は拡大包括的な〈力〉の諸関係のなかに、ヒエラルキー的な内向集中性を導入した。人びとは動員されて、規範的共同体へと結集したのだった。

私はこれまで規範的レヴェルを重視して、それによってわれわれは「観念」あるいは「精神的なもの」・対・「物質的なもの」という不毛な二元論を切りぬけることができると主張してきた。これは私が第III巻で、もっと理論的な観点から検討するつもりである。しかしここでデュルケームについて一言述べなくてはならないと思うのは、かの偉大な社会学者が私の主張を支持しているからだ。デュルケームの主張によれば、安定的な社会関係が成立するためには、それに先だって当事者間に規範的な相互了解が必要なのである。強制力も互い同士の私利私欲も、安定への十分な基盤ではない。したがって社会というものは、強制力や利害関係や交換や損得勘定といった「世俗的」世界からは幾分かへだたった、規範的で祭儀的なレヴェルに依存している。社会的協同という意味での社会とは、聖なるものである。デュルケームはそこから宗教の解釈へと進み、聖なるものを社会の規範的必要性の反映にすぎないとしたのだった。

これは深遠な議論だが、あまりに窮屈だ。と言うのは、これまでの幾章かで見てきた通り、宗教は単に社会の反映であるだけではなく、実際には社会そのものであるところの規範的、祭儀的共同体を実際に創出してもいるのだ。キリスト教の「オイクメネー」、イスラームの「ウンマ」、ヒンドゥー教のカーストは、すべて社会だった。宗教は伝統的な社会調整機能である既存の経済的、イデオロギー的、政治的、軍事的な〈力〉の諸関係がゆらいでいる状況のなかで社会秩序、「ノモス」を創出した。したがってそれらの宗教の宇宙論は、社会的に言って、真理であった。世界は秩序を与えられ、それらの宗教自体がもつ聖なるものの概念によって、超越的な規範的・祭儀的共同体が生まれたのである。私はデュルケームを否定したのではなく、拡張したのである。

しかし、社会における宗教の役割についての一般理論をつくってデュルケームの真似事をしようなどという考えから、私はさっさと遠ざかっておきたい。これまでのところ、宗教が見せる最も特徴的な姿とは、その異常なまでの不ぞろいさだった。まずそれはたいてい初期地域文明の連邦的・分節的な〈力〉のネットワークにおいて、いささか陰気ではあるが大きな役割を果たした。次いで、一〇〇〇年以上にわたる大規模支配帝国の時期を通じ、その役割はおおむね支配階級の内部強化に限られていた。そして次の一〇〇〇年では、世界救済宗教という形で超越的な大爆発を起こしたのである。

私はこの大爆発について、どちらかと言えば世界歴史上の〈力〉の技術の発展という観点から説明し、意味、規範、宇宙論等々への個人あるいは社会の根本的・不変的必要性という観点では、あまり説明しなかった――そうした必要性は現在はあるのかもしれないが、その前の一〇〇〇年間には社会的重要性などほとんどなかったのだ。この時初めて、イデオロギー的メッセージが広範な社会空間にわたって定着するようになったのだ。この時初めて、古代帝国の公式的な〈力〉のネットワークとすき間的な〈力〉のネットワークとのあいだの、一連の根本的矛盾が出現したのだ。この時初めて、後者のすき間的な〈力〉のネットワークが社会的超越性をもつ組織をつくり出し、そのなかでは普遍的な神格と合理的・個人的救済という宇宙論が真実らしく思われたのである。したがって、これこそは世界歴史的にまたとない機会だった。

こういう言い草は過剰な一般化のように聞こえる。救済宗教は、こうした特定の歴史的地勢の全面にわたって爆発したのではなかった。中国帝国は宗教を自らの内部目的にかなうよう方向転換させてしまった。ペルシアも同じだった。ヘレニズム諸帝国のしんがりは外部から征服されるまで、宗教を衰微させたままだった。キリスト教とイスラームとヒンドゥー教だけが、既存の〈力〉の構造に打ち勝つ超越的な〈力〉を発展させた。これらのうちキリスト教とイスラームとは、同じような格別ダイナミックで矛盾をはらんだ〈力〉の形態をとり、ヒンドゥー教とそこから派生した仏教はまた別の、ヨリ一枚岩的な形態をとった。それから後、これらの宗教が優勢だった地域すべてにおける発展のパターンは、大いに異なるものとなっていった。この章の冒頭で私が言ったように、この時期までユーラシア大陸全体にわたって社会分類上大枠で同じ「科」に属していたものが、この時期に分岐していったのである。

当然のことだが、こうして分岐していった幾つかの社会がその後たどった道筋は、それ以前のその社会の特質や歴史と断絶していたわけではなかった――中国はコスモポリタニズムを欠いていたし、インドには帝国としての強さがなかったし、ヨーロッパはすでにいやというほどの階級闘争を経験していた、などなど。しかしこの時期に救済主義がもたらした衝撃について、一般論が一つだけ可能だ――それは社会の分岐を増幅したのである。それが増大させた〈力〉の諸技術、社会の連帯性、垂直・水平両方向への通信伝播の可能性はきわめて大きなものだったので、その組織を掌握した者は誰であれ、それ以前の歴史の事例よりもはるかに根底的に社会構造を変えることができたのだった。イデオロギー的な〈力〉の諸技術・諸組織に導かれて、一連の真の革命がユーラシアを席捲した。それ以後、中国、インド、イスラーム世界、そしてヨーロッパは、それぞれ非常に異なった道を歩んだ。地球規模での比較社会学は――私の考えとしては常に困難な企てだったのだが――、今や困難すぎて不可能となってしまった。これから先、私は一つの事例だけを年代的に追うことにする――キリスト教ヨーロッパとそこから派生した社会である。

したがって、宗教が果たす社会的役割から直接一般理論を構築できる見こみは、望み薄である。宗教が果たした重要な一般的役割などなかったのであり、ただ世界歴史上の時機というものがあったにすぎないのだ。初期の諸文明のなかにそういう時機があったはずだし、キリストと聖パウロ、ムハンマド、バラモン祭司やブッダの時代は、たしかにそういう時機だったのだ。これらの人びとやその信奉者たちを礎にして、私が言う超越的な宗教の〈力〉という概念は打ち建てられている。次に私はその〈力〉を幾分世俗化して、初期文明の諸文化に見られるもっと現世的な香気をもそれに含める――そしてさらに、（リベラリズムやマルクス主義といった）近代イデオロギーをも同じ観点で分析する可能性をそこに加える。その結果が、私が言うイデオロギー的な〈力〉という概念である――これはさまざまな社会に見られる一般的特性に基盤を置くというより、世界歴史上の〈力〉の発展期に現われた数少ない機会に立脚している。それはイデオロギーに関する一般理論というより、さまざまなイデオロギーが果たす現実的な歴史上の役割を映し出すのである。

第一二章

ヨーロッパ発展の原動力 1・八〇〇—一一五五年

——あるいは、「暗黒」中世が育んだ飛躍のダイナミズム

歴史社会学者が中世ヨーロッパについて思いをめぐらすにあたって、その後に立ち現われたあの産業資本主義という怪獣リヴァイアサンの予兆をそこに読みとることなく、中世を「それ自体の用語で」考えることなど、およそ不可能である。こうした結論先どり的偏向について、あえて弁護する必要などあるまい。なぜなら、それは以下の四つの要因によって正当化されるからである。

第一に、一八世紀と一九世紀の農業と工業に起こった資本主義革命は、人間の集合的な〈力〉を一気に増進させるうえで、歴史上唯一の最も重要なものとなった。以後の工業社会は、人間や動物の筋力の消耗に依存することからほぼ完全に脱却した。自然それ自体が貯えているエネルギーが利用できるようになった。集合的な〈力〉を測るために私がこの研究で採用している基盤構造《インフラストラクチュア》の尺度――収量倍率、人口密度、相互作用ネットワークの広がり、破壊力、などなど――のすべてにおいて、比類のない量的飛躍がこの短期間に起こったのだ。

第二に、この飛躍に向かっての動きが、中世全体と初期近代を通してしだいにその強さを増してくるのを、われわれははっきりと認めることができる。時には後退することもあったが、ふたたび前進が始まるまで、中断は長くはつづかなかった。

第三に、社会的な〈力〉の源泉――すなわち経済的、政治的、軍事的、イデオロギー的な諸関係――のすべてが、単一の全般的発展へと向かって動き出そうとしていた。この動きを「封建制から資本主義への移行」と記述するのが慣例である。私はこの記述では不十分であることをこれから論ずるつもりだが（すでにホールトン・一九八四年が、この移行をめぐる諸議論のすぐれた総括を行なった結論として、これと同じことを主張しているのだが）、それでもこの記述は動き全体の意味を伝えてはいるのだ。

第四に、この動きが生起したのは単一で広大な社会地理学的《ソシオジオグラフィカル》地域、すなわち西ローマ帝国とゲルマン諸蛮族の領域とが融合した、われわれが「ヨーロッパ」と認知している地域だった。それまでこの地域には社会的一体性というものがなかったのだが、以後は二〇世紀の今日まで、それが実在してきたのである。

こうしてヨーロッパは、さまざまな原動力が相互に連関しあってつくりあげる単一の移行期を通過したのだが、この移行期の内実を歴史的につまびらかにするならば、もっと個別具体的な時代区分や、地理的な下位分類や、歴史的な特異現象やめぐり合わせが含まれている。したがって私としては、こうしためぐり合わせ――とりわけヨーロッパを外から襲っためぐり合わせ――については、第一六章まで保留しておく。この章ではあのダイナミズムとその起源――つまり中世ヨーロッパが保有していて、産業資本主義への移行を促進したあの発展の原動力を主題とする。

さて何を説明しなければならないかを理解するために、移行の最終局面に焦点を当ててみよう。第一にわれわれは、一九世紀半ばまでに起こった経済的な〈力〉、つまり自然の果実を利用する能力の急激な上昇に注目させられる。この経済的な〈力〉は、内向集中的にも拡大包括的にも加速していた。内向集中的には、一定面積の土地、一定人数あたりの産出高が莫大に上昇していた。人間はますます深く地中へと掘り進み、その物理的・化学的特性を調合して資源を抽出した。しかし社会的にも、労働の凝結物（つまり資本）を大量に機械へと投下することで、人間の協同活動はいっそう内向集中的に組織されるようになった。ふつうの人びとの実践がその〈力〉を強化した。これらの活動はまた拡大包括性をも増し、初めはヨーロッパの全体にわたって体系的に、次いで狭い浸透ルートを伝わって地球全体へと広がった。これには幾つかの形態があったが、主たる形態は広がりゆく商品生産および商品交換の両回路だった。かつていかなる帝国も、いかなる種類の社会も、これほど内向集中的な、これほど拡大包括的な浸透を見せたことはなかった。この歴史再編成における主要なメカニズムとは、経済的な〈力〉――私の用語で言えば「実践の回路」だった。こうした経済発展が単なる偶然でなかったとしたら、それに先立つ中世の社会構造は、内向集中・拡大包括両タイプの巨大なダイナミズムをもっていたにちがいない。われわれの説明はこの両方をあつかえるものでなくてはならない。

私の主張は、この移行には一一五〇年前後を境として二段階あった、というものである。第一段階では概して経済的実践の内向集中的な〈力〉の加速が見られ、第二段階ではそれにともなって商品流通回路の拡大包括的な〈力〉の成長が起こり、それは初めゆっくりと、そして一五〇〇年頃までに速度を増していったのだった。第一段階は第二段階の前提条件であり、移行全体の発生基盤だった。それが本章の主題で、拡大包括的な〈力〉の成長は次の二章であつかう。

しかし移行期の最終局面は、量的のみならず質的な変化をとげていた。それは一般に資本主義革命あるいは産業革命と呼ばれている（無難に両方を合体させることもある）のだが、それぞれの用語が重要な社会理論の観点を表示しているのである。ここでしばらく、私はこの二つの用語の履歴に議論を絞ることにする。

資本主義は――その定義はすぐ後で行なうが――産業革命に先行していた。その組織化技術は初期近代を通じて徐々に発達した。工業に用いられる主な組織化技術の幾つかは一世紀も早く、一八世紀の農業革命においてすでに応用されていた。したがってまずわれわれは、資本主義への移行を説明しなければならないのだ。本書第II巻で、工業化も資本主義社会で起こったか否かにかかわりなく、後には強力で均一な社会的影響力を発揮したのを見ることになる。しかしそれは次の巻の問題だ。

では資本主義生産様式の定義をしよう。多くの定義は前提に二つの構成要素を置き、それが合体して第三の要素が生まれる。これらの三つとは――

(1) **商品生産**　あらゆる生産要素は手段としてあつかわれて、それ自体が目的とされることはなく、あらゆる他の要素と交換可能である。これには労働も含まれる。

(2) **生産手段の独占的私有**　労働力を含む生産の諸要素は、正式にかつ完全に資本家という私的階級に所属している（そして国家とも、労働者大衆とも、地域共同体とも、神とも、誰とも共有されてはいない）。

(3) **労働は自由であり、生産手段とは切り離されている**　労働者は自由に自分の労働を売り、やめたいと思えば引っこめる。彼らは賃金を受けとるが生産余剰に対する直接請求権はない。

　商品形態の発達の道のりは、長く険しいものだった。それまでも時代によっては所どころで資本主義は行なわれていた――つまり、金《かね》を増やすために金を投資し、賃金を支払い、他の生産要素に対する労働コストの割合を計算していた商人、銀行家、領主、製造業者といった連中がいたのである。しかし近代以前のいかなる社会においても、こうした活動が支配的だったことはない。こうした人びとが商品価値にのっとって企業を組織する自由は、国家によって、共同体によって、外国勢力によって、あるいはその時代の技術的な限界（例＝交換価値を媒介する貨幣の欠如）によって制約されていた。主たる制約は、私的所有権が絶対的なものではなかった（ローマにおいてさえ）ことと、現地の労働を完全に商品としてあつかい切ることができなかったことだった。

　これらの点で、初期ヨーロッパの社会構造は伝統的だった。私は「封建制」経済から始めよう（とは言うものの、私は究極的には「封建制度」という包括的レッテルをヨーロッパの文脈に用いることに反対なのである）。封建制生産様式の定義も多様である。最も簡単なのをあげると――**領主階級による、地代を通しての、従属的農民からの労働余剰の抽出**（例＝ドッブ・一九四六年）。この定義では二つの要素について説明が必要になる。「従属的」というのは、農民がある土地に、あるいはある特定領主に法的に束縛されていて、封建制的な関係からの自由な脱出が不可能だった、という意味である。このような従属の最もふつうの形態が農奴制だった。「地代」とは、領主階級が集合的に（つまり私的・個人的所有者としてではなく）土地を所有し、農民はともかくも生きてゆくためにその土地を耕作して、通常は労務提供という形で賃料を支払わなければならなかったのである。したがって、領主は個人としての絶対的所有権をもっていたわけではない。そして労働は土地と領主とに結びついていたから、他の生産要素に対して交換可能な商品としては、あつかいにくかったのである。

　こうしてわれわれは、移行についての説明に、さらに二つの論点を加えることができる――**所有権はいかにして個人的かつ絶対的になったのか？　労働はいかにして商品となった**

のか？　本章はこれらの論点を提示するだけにとどまるが、それはこの移行の内向集中的な第一段階において、所有関係をめぐる諸変化はまだ萌芽的にしか起こらなかったからである。議論は後の諸章へとつづいてゆく。

これまで私は、この移行があたかも単に経済的なものにすぎないかのように論じてきた。しかしこの特定の経済的な移行と、ヨーロッパの歴史全体の動向とを等式で結ぶことはできない。資本主義生産様式も、他のすべての生産様式と同じく、一つの理念型、一つの抽象概念である。資本主義が現実の社会生活を支配するとしても、定義通りに純粋にというわけにはいかなかった。他のすべての生産様式と同じく、それは強制力や、政治的な制度化や、イデオロギーを必要とし、その必要の調達のために社会組織化が妥協的な形態に終わることがままあった。資本主義の勃興を説明するには――実際それは封建制の勃興のことなのだが――、経済・軍事・政治・イデオロギーという四つの主要な〈力〉の組織のあいだの相互関係をつきとめなくてはならない。したがって封建制も資本主義も、ヨーロッパの歴史の一般的な時代区分の呼称として用いるのなら、単に経済制度を示すだけのラベルではなくなるのだ。この見地からすれば、それらを中世ないし近代ヨーロッパ一般を表示するものとして用いるのは賢明ではないと考えられる。ヨーロッパのダイナミズムの発現過程は、封建制から資本主義への移行ではない。本章と次の二章を通じて、私はこのことを論証していこう。

私が次の二章で示すのは、ヨーロッパ社会の最終局面が資本主義と産業体制《インダストリアリズム》であることはもとより、社会的相互作用を国民ごとに分節したネットワークのつらなり、すなわち、多国家を国際的に結びつける地政学的・外交的ネットワークでもあった、ということである。互いに競いあう、おおむね同等の国民国家の勃興を分析せずして、ヨーロッパの構造ないしダイナミズムについて説明するのは不可能だ。ひるがえって、それらの国民国家は部分的には、おそらくは多くの部分が、軍事的な〈力〉の諸関係の発達によって引き起こされた再編成の産物であることが明らかになるだろう。

中世社会に関しても、私はこの章で同様の主張を行なう。それがもっていた原動力は、今私が定義したような、あるいは他の誰でもが定義するような封建制生産様式に位置づけられる、純粋に経済的なものではなかったのだ。多くの歴史家たちは、「移行期」の説明には経済的と非経済的と、数多くの要因が包含されるべきだと主張する点では一致している。しかし彼らの議論は細部にわたりすぎるきらいがあり、しかも肝心な点で場当たり的なのだ。もっと体系的な議論ができるはずだと私は考える――それには例の四つの〈力〉の源泉の組織形態を検証しなければならない。「移行期」をめぐるこれまでの体系的理論は、新古典派あるいはマルクス派の唯物論的傾向をもっていた。移行は経済的、軍事的、政治的、イデオロギー的な〈力〉の組織化の組み合わせという観点からのみ、説明が可能になるのである。

議論の概要

蛮族の移住や侵入（つまり西暦一〇〇〇年まで）が終結した後のヨーロッパに定着した社会構造は、複合的な無頭動物的連邦だった。ヨーロッパには頭も中心もなかったが、それでも幾つかの小規模で縦横に連結した相互作用用ネットワークによって構成された存在だった。私はこれまでの諸章でも、初期のシュメールや古典期ギリシアなど、無頭型連邦の初期タイプについて述べた。しかしそれらの構造は、このヨーロッパよりは単純だった。これらの事例では、それぞれの政治的単位（都市国家、あるいは国家ないし部族の連合体）は、その領域内で経済的、軍事的、そしてある程度までイデオロギー的な〈力〉の協同をつくりあげていた。シュメールとギリシアの両連邦はきわめて地政学的な特質をもち、多くの独占的・領域的単位で構成されていた。これが初期の中世ヨーロッパには当てはまらず（後になるとそうでもないのだが）、そこでの経済的、軍事的、イデオロギー的な〈力〉を基盤とする相互作用用ネットワークは地理的・社会的空間ごとに相異なっていて、本質的に一元的なものは一つもなかったのである。したがって、明確に区切られた領域、あるいはその内部の人びとを統御する〈力〉の組織などなかった。その結果として、大部分の社会的関係は極度に局地化され、数多くの細胞的地域共同体の一つ、あるいはその幾つかに集中していた——それはたとえば修道院、村落、荘園、城郭、町邑、ギルド、同胞団体《ブラザフッド》などだった。

しかしながら、これらの複合的な〈力〉のネットワーク同士の関係は規制されたものだった。カオスではなく秩序が支配していた。主な規制主体はキリスト教世界で、〈力〉のネットワーク中最も拡大包括性に富んでいた。キリスト教世界は後に見るように、イデオロギー的な〈力〉の二つの主要な特色を矛盾をはらんだ仕方で、実際のところ弁証法的な仕方で、結合させてしまった。それは超越的ではあったが、既存の社会集団である領主支配階級の内在的士気を強化した。この結合によって細胞的社会内および細胞的社会間の所有と市場をめぐる諸関係が確定され、規範的平和状態の基礎レヴェルを確保するのに役立った。第二に、局地的な〈力〉のネットワークのそれぞれは比較的外向きで、自らをヨリ大きな全体の一部と感じ、したがって潜在的に拡張主義的だった。先行諸文明は多大の費用を投じて拡大包括的な〈力〉の基盤構造を供給してきたのだが、それは初めの幾つかの章で私が強制的協同と呼んだものを通して行なったことが多かった。今やこれがイデオロギー的な手段、すなわち国家なしのキリスト教によって十分に供給されたので、各地の内向集中的な細胞からは拡大や革新が噴出するようになった。初期封建制の経済中心的な原動力が本来的に内向集中的だったのは、拡大包括的な〈力〉はすでにキリスト教によって供給されていたからである。経済の基盤構造、すなわち重たい犂の使用や三圃式農法といった決定的な技術革新を導入した村落‐荘園経済と、都市中心の交易経済とは、それら自体キリスト教という「基盤構造《インフラストラクチュア》」に依存していた。ここでは故意に比喩を逆にしてあるのだが、私としては基盤構造‐上層構造、唯物論‐観念論といったモデルを再度攻撃したいからだ。

この点は私の主張が相対的には非正統派であることを鮮明にする――規範的システムとしてのキリスト教は、資本主義を出現させた要因としては、これまでずっと無視されてきた、というのがその主張である。資本主義が発展したのは、（この問題へのウェーバー的アプローチに見られるような）その教義が心理的インパクトを与えたからだけではなく、デュルケームが言う意味での規範的平和状態を供給したからだった。この点の比較対照は第Ⅲ巻で理論的に検討しよう。

このアプローチにはさらに、第二の部分的非正統論が含まれている――私はそのダイナミズムの発生を、これまで考えられてきたよりはるかに早い時期に置いている。つまり、これまで述べたさまざまな要因は、西暦八〇〇年頃までにはすでに整っていたのだ。最後の略奪者たち――ヴァイキング、ムスリム（イスラーム教徒）、フン族――が、西暦およそ一〇〇〇年頃までに撃退されてしまうと、そのダイナミズムがはっきりと姿を現わしたにちがいない。私は実際そうだったと主張する。したがって、封建期の原動力の大方の説明に登場する数多くの要因――たくさんの町邑の出現、一四世紀の危機に立ち向かった農民と領主の対応ぶり、ローマ法の復活、官僚国家および会計学の登場、航海革命、一五世紀ルネサンス、プロテスタンティズム――等々の要因は、すでに出来あがっていた原動力の後半段階だったのだ。したがって、これらがこの章で大きく登場してくることはないだろう。

原動力の発生をこのように早い時期に置くのは、私の創見ではない。デュビィ（一九七四年）、ブリッドベリ（一九七五年）、ポスタン（一九七五年）は経済復活を西暦一〇〇〇年以前とした。多くの歴史家はフランク人とノルマン人の支配エリートによる政治的、軍事的、文化的な達成を重視し、彼らの支配地域における本格的なルネサンスは一〇五〇年と一二五〇年のあいだに起こったと主張した。トレヴァー＝ローパー（一九六五年）は、この時の達成のほうが、あの鳴り物入りの一五世紀ルネサンスよりはるかに大きかったと主張する。

他の多くの歴史家は、比較社会学の不注意な使い方のおかげで、中世ヨーロッパの達成を過小評価してきた。これまではヨーロッパを同時代のアジアや中東と比較し、前者の野蛮と後者の文明、とりわけ中国の文明とを対比するのが常套だった。したがってヨーロッパがアジアに「追いついた」時点も遅かったはずだ。一般には一四五〇年あるいは一五〇〇年が追いつきの時期として選ばれるが、一般的にその理由というのは、それがヨーロッパの海軍の拡張と科学上のガリレオ革命との時期だからである。その典型的著述家はジョセフ・ニーダム（一九六三年）で、彼はヨーロッパと中国とを対比しつつガリレオを重視して、次のように言う――「科学的発見それ自体の基本技術の発見、さらにはヨーロッパにおける科学と技術の曲線は、急激な、ほとんど幾何級数的な上昇を見せ始め、アジア社会のレヴェルに追いついた」。これが追いつき年代であるならば、移行の原動力が生まれたのは、もっと後の時期の原因に求められそうだ。

しかしこれは皮相な比較社会学である。たった一つの発展尺度で集合的な〈力〉を測定し、単純に上だ下だと言えるような社会は数少ないのである。もっとしばしば見られることだが、社会はその達成において相異なる。中世ヨーロッパと中国の場合がこれだった。ヨーロッパの自己中傷は見当ちがいだ。それは「拡大包括的な〈力〉」への強迫観念にもとづいている。この基準で測れば、ヨーロッパは一五〇〇年に至るもまだ立ち遅れていた。その直前、マルコ・ポーロはフビライ・ハーンの壮麗さとその軍事力・政治力に正に仰天していた——ヨーロッパの君主でこれほどの富を我が物とし、これほど広大な空間を平定し、これほど多数の軍隊を動かせる者はいなかったのだ。地中海北部地域のキリスト教徒の支配者たちも、中世の幾世紀にもわたって、イスラーム国家に対して長期の、終結のメドの立たない、しばしば退却を余儀なくさせられる戦いを続行していた。さらには、拡大包括的な〈力〉にとって重要な意味をもった技術革新の多く（とりわけ火薬、羅針盤、印刷）は東からやって来た。ヨーロッパは拡大包括的な〈力〉の面では、一五〇〇年に至るまでは優位はおろか、しばしば劣勢に立たされていた。しかし後で見るように、もう一つの〈力〉による達成の面では、つまり内向集中的な〈力〉、とくに農業においては、ヨーロッパは西暦一〇〇〇年までには飛躍し始めていた。この観点から見れば、ガリレオ革命はこれらの達成から生まれた結果なのである。実際、科学的、工業的、資本主義的なわれわれの時代の主要な達成物の起源は、ほぼこの頃までさかのぼることができるのだ。

私はまず、西暦一一五五年までの複合的な〈力〉のネットワークについて詳述することから始める。この年代はイングランドにとっては特に意味があるのだが、それは卓越した国家建設者であるヘンリー二世の治世の始まりだからだ。この年代はヨーロッパの観点からすれば恣意的だが、それが示している全般的な時代区分は、三つの点で重要である。第一に、この時には〈力〉のネットワークのすべてが、私が記述する通りの一般的形態で作動するようになっていた。第二に、ヨーロッパの本質的なダイナミズムが、すでにはっきりと姿を見せていた。第三に、これ以後のどんな年代をとっても、〈力〉のネットワーク、とりわけ次章で検討する軍事的・財政的・政治的な諸変化がもたらしたネットワークに歪みが生じてくるだろう。社会統御のヨリ拡大包括的な方法を育み、キリスト教世界の統合的役割は弱めるべく、これらの諸変化は「国民国家」へと向かうヨリ一元的・領域集中的な相互作用ネットワークを求め始めていた。したがってこの頃から、私が概略を述べてきたモデルは適用性が減少し、移行の第二段階が始まる。しかしダイナミズムがすでに明らかとなっていたのなら、われわれはまずこれらの発展を説明から削除しなければならない。

この年代ではまた、以下の諸章を通じての私の分析が経験論的限界をもつことも明らかだ。私は議論をイングランドの事例に絞るが、時にはヨーロッパの他の地域との比較検討も加えてゆく。

複合的相互作用ネットワークとしての中世
——イデオロギー的、軍事・政治的、経済的な〈力〉

イデオロギー的な〈力〉

最も拡大包括性に富んだ相互作用ネットワークは、カトリック教会を中心としていた。[1] カトリックのキリスト教圏はおよそ一〇〇万平方キロ、これまでの歴史上最も広範な帝国だったローマ帝国やペルシア帝国とほぼ同じ広さの地域に広がっていた。それはローマの司教の権威の下、西暦五〇〇年頃以降いっせいに行なわれた改宗によって広がった。全教会に対するこのローマ司教の至上権が主張され始めるのもおおむねこの頃で、大教皇グレゴリウス一世（在位五九〇―六〇四年）の下での監督権の基盤構造《インフラストラクチュア》の確立がある。この権利主張の強さの大部分は、ローマ帝国の威光に依拠していた。この点は八世紀にコンスタンティヌスの寄進が広く出まわったことにも見て取れる。これはかの偉大なるキリスト教徒皇帝が発したとされる、ローマ市および西帝国を教皇に寄進するとの書状だが、真実は教皇による偽造だった。

　これほど広大な地域に対しては、教皇権力の基盤構造は厳しく限られたものだった。しかし一一世紀末までに、このイデオロギー的な〈力〉のネットワークは、それぞれが教皇に対する責任を負う並列的な権威のヒエラルキーである司教職と修道院共同体という形で、ヨーロッパ全土にわたって堅固に確立された。その通信輸送の基盤構造は共通語であるラテン語の読み書きによって供給され、これは一三世紀までほとんど独占状態だった。その経済をまかなったのはすべての信徒から捧げられる一〇分の一税と、所有する広大な土地財産からの収入だった。〔一〇六六年のノルマン征服後まもなく作成された〕「土地台帳《ドゥームズディ・ブック》」から明らかになるところでは、教会は一〇八六年に、イングランドの全農業地収入の二六パーセントを受けとっているが、これはおおむねヨーロッパの大部分における中世の標準だった（グディ・一九八三年・一二五―七頁）。イデオロギーの面から見れば、宗教上の権威が君主的概念と化してそれを支え、究極的な意味では世俗の権威に勝るとされたのであった。現実においては、世俗の支配者と教会とのあいだでは絶え間のない、不安定な権力闘争が行なわれた。しかし後者は常にそれ自体の権力基盤を所有していた。内部的に、それは教会法《カノン・ロー》によって統べられていた。たとえば聖職者たちは彼ら自身の法廷で裁かれたのであって、それに対して世俗の支配者の権力は及ばなかった。この制度の触手はヨーロッパのあらゆる宮廷、あらゆる荘園、あらゆる村落、あらゆる町邑の生活へと伸びていた。教会はその権力によって、たとえば結婚の規則や家族生活を変容させることができた（グディ・一九八三年を参照）。実際のところ、

（1）この部分の有益な概観的典拠はトレヴァー＝ローパー・一九六五年とサザーン・一九七〇年である。

これこそきわめて拡大包括的に広まる一方で、内向集中的に日常生活へと浸透していった唯一の、権威ある相互作用ネットワークだった。

こうした拡大包括性には、三つの達成と一つの限界・矛盾が認められた。第一に、カトリックの「オイクメネー（全世界教会）」は、他のどの〈力〉の源泉がもたらしたものよりもはるかに大規模な、広範な社会的アイデンティティーの形態として生きのび、強大化していった。これはノルマン征服後のイングランドのように比較的大きく、同質的で、国家中心的な国と比べてさえ、言えることである。つい最近さまざまな住民や言語が混合したばかりの状態で、局地的領域のアイデンティティーが生まれるのは困難だった——やがて住民が定着してそうなったのではあるが。キリスト教世界のアイデンティティーは国境を越え、誰でもが実際に体験できるような領域や地方性を基盤とはせず、もっと抽象的かつ超越的なものだった。

ここでイングランドの事例について、仮説的再構築を行なってみよう。仮にわれわれが質問票とテープレコーダー、それと必要な言語技能を身につけて一一五〇年頃のイングランドに立ちもどり、サンプル抽出した住民に礼を失することのないようよくよく気をつけながら、「あなたはどの社会集団の方ですか?」とたずねたとしたら、われわれにはかなり複雑な答えが返ってくるだろう。大多数の人びとが、一つだけのアイデンティティーでは答えられないだろう。領主たちにはノルマン＝フランス語で聞くわけだが（ラテン語でもよかろうが）、彼らは「自分たちは身分ある者」、「当然のことだがキリスト教徒」とした上で、ノルマンの血をひいてアンジュー家のイングランド王とも、またイングランド貴族階級とも密接なつながりがあると、家系図を広げて詳しく説明するだろう。彼らはよくよく考量してみて、自分たちの利害は、たとえばフランス王国の領主たちよりも、イングランド王国の領主たちと（フランスの財産を含めて、あるいは含めずに）一致していると思うであろう。彼らがその規範の地図の上で、いったいどこに「民衆」を——キリスト教徒ではあるが野蛮で無筆の田舎者たちを——位置づけるのか、私にはまったく分からない。商人たちにはさまざまな言語でインタヴューすることになるが、彼らはイングランド生まれだとか、バルト海沿岸はハンザの町の出だとか、ロンバルディアから来たとか答えるだろう。もしイングランド人ならおそらく、党派的関心からの反外国人「ナショナリズム」をむき出しにするだろう。当然ながら、彼らはキリスト教徒だった。そして彼らの利害はギルドの自律性と、イングランド王権との提携関係の組み合わせにあった。高位の聖職者たちにはラテン語でインタヴューするわけだが、彼らは一にも二にも自分はキリスト教徒だ、と答えるだろう。しかし通常はそれから、領主たちとのはっきりした、同族的・階級的連帯感と、それに重ねるようにして、読み書き能力を身につけていることを基軸とした、民衆とはきっぱり切れる形での領主や商人との一体性を示すだろう。教区の司祭にはラテン語で話しかけ（それでだめなら中世英語だ）、キリスト教徒でイングランド人、という答えを得るだろう。そのうちの一部は、たぶん自信なげに、自分は「知識階級《リテラーティ》」だと言うだろう。サンプルの大半を占める小農民たちへのインタヴューは中世英語のさまざまな方言や、サクソン語・デンマーク語・ケルト語・ノルマン＝フランス語の混合語（これについてはぼんやりした概略しか分かっていないが）で行なわれる。彼らはいわば「無識階級《イリテラーティ》」のはずだが、自らをそう呼ばないのは、この言葉が共同体からの排除を示す罵倒語だからである。彼らも自分はキリスト教徒だと言い、それからイングランド人だと言うか、あるいはエセックス、ノーサンブリア、コーンウォールなど出身地を名乗るだろう。彼らの忠誠対象はさまざまである——地元（俗界あるいは精神界）のお偉方《ロード》、村や血縁ネットワーク、そして（もしも自由農民なら）毎年忠誠を誓う王などがその対象である。この最後の例はヨーロッパではまれで、イングランド王権の例外的な強さを示している。さまざまな階層の農民が「イングランド人」という意識をもっていたのかどうかは、ぜひ知りたいところだ。ノルマン征服直後のこととて、おそらく彼らはもっていただろう——新しい支配者への対抗意識から。しかしノルマン人がアングロ・ノルマン化した後では、どうだったろう？　よく分からない。

　主たる結論はまちがえようがない。最も強力かつ広範に意識される社会的アイデンティティーはキリスト教徒だったが、これには両面あって、統一的・超越的アイデンティティーである一方、階級と読み書き能力の境界が重なって分断されてもいたのである。こうした分断を横断的につなぐのがイングランドへの献身だったが、これには多様性があり、いずれにせよ王朝とのつながりや義務の面であって、拡大包括性は少なかった。こうして、キリスト教徒としてのアイデンティティーがヨーロッパの人びとのあいだに、共通の人間性と共通の区分けのための枠組みとを提供したのである。

　そこでまず、超越的な、共通のアイデンティティーについて考えよう。その最も興味深い側面は、それが拡大包括性のなかで立ちあがったという点だった。交易活動は別として、ヨーロッパのあちこちを最も頻繁に動いていたのは、おそらく本質的に宗教タイプの活動だったろう。聖職者はたくさん旅行をしたが、俗人たちも巡礼に出たのだ。巡礼行は「距離の癒し」と呼ばれてきた。巡礼に出る余裕のある人びとの大方は、自分の人生のある時点で罪障消滅を願い、はるかな地方を過ぎ大陸を越え、聖なる遺物が授けてくれる祝福を受けようと旅をするのだ。皮肉屋たちは、「本物の十字架」の木片が諸処方々の聖堂に散らばっているのだから、それを集めて戦艦を建造すれば聖地奪回もできように、と言った。しかしヨーロッパの統合はそうした散らばり、つまり諸処方々の聖堂への旅が絶えず行なわれたことや、その修養の果てに経験される「プラエセンティア（ご光臨）」、つまり聖堂におけるキリストや聖人の肉体的出現と言われるものによって、促進されていったのである（ブラウン・一九八一年）。

　倫理のレヴェルでは、教会はすべてのキリスト教徒に対する思いやり、礼節、慈愛を説いた——これこそ規範的平和状態の基盤であり、それまでの拡大包括型社会で通常必要とされてきた、強制的平和状態に代わるものだった。教会が所有していた主たる制裁手段は、物理的強制ではなく共同体からの排斥――最終的には、破門だった。「教会の外に救いなし」が、ほぼ普遍的に受けいれられていた。最も凶悪な山賊でさえ破門を恐れ、罪の赦しを受けてから死ぬことを願い、それを受けるためには（必ずしも己の行動を改めるのではなく）すすんで教会に献金をしたのである。規範的平和状態の暗黒面は、「オイクメネー」の外側にいる分離主義者、異端派、ユダヤ人、ムスリム、異教徒などに振り向けられた野蛮な扱いだった。しかしその達成の最たるものは、国家・民族・階級・性別の境界を越える、最小限の規範的社会を創出したことだった。いかなる重要な意味においても、そこにはビザンツ教会は含まれていなかった。しかしそこには「ヨーロッパ」の地理上の、二つの主要な地域が含まれていた――一つは地中海地域の陸地で、そこには文化的遺産すなわち勝れて拡大包括的な〈力〉の諸技術（読み書き、貨幣、農園、交易ネットワーク）があり、もう一つは北西ヨーロッパで、そこにはヨリ内向集中的な〈力〉の諸技術（深掘り農法、村落と血縁の連帯、局地戦の組織術）があった。もしもこの二つが単一の共同体のなかにまとまるなら、それらの創造的相互交流から生まれる可能性とはヨーロッパの発展であった。この宗教共同体を近代の、敬虔な観点からは眺めないようにしよう。それはまた共通の宗教を風刺する旅役者や托鉢修道士が伝える猥雑・闊達なフォークロアの世界でもあって、彼らが行なう芝居や説教は近代の教会の会衆には罰当たりそのもの、すべての宗教儀式のパロディーと映るだろう。幾千の聴衆を引きつける説教師たちは、自分の商売のこつを心得ていた。その一人オリヴィエ・マイヤールは、自分の説教の欄外にこんな書きこみをしていた――「腰をおろす――立ちあがる――顔をしかめる――エヘン！　エヘン！　と咳ばらい――ここで悪魔のような金切り声」（バーク・一九七九年・一〇一頁から引用、一二二―三頁も参照）。

教会の拡大包括的なアイデンティティーによる達成の二番目は、教会が初期中世の単一の政治的、軍事的、もしくは経済的単位よりはるかに大きな広がりをもち、文明の主たる擁護者になったことである。このアイデンティティーの超越的な本質は、四つのレヴェルで明白に見てとれた。第一に、地域のレヴェルでは、司教や司祭たちが協同して近隣を山賊や強欲領主から護る活動を繰りひろげた。そうした運動の一つ、「神の平和《パークス・デイー》」は一〇四〇年にフランスで名乗りをあげたものだが、司祭、農民、旅人、女性を保護した。われわれの目には奇怪に映るけれども、それは水曜日の夕方から月曜日の朝までは休戦、とも宣言していた。こうした運動の成功には限界があったが、後になると世俗の支配者も教皇も、ともにそれらの成果を利用することができたのである（カウドリー・一九七〇年）。これらの運動は「正義」の戦争と「不正義」の戦争との中世的区別を生み出し、非戦闘員と敗北者に対する取り扱いルールをつくり出した。こうした基準やルールで、普遍的に受けいれられたものはなかった。ルールはあまりにも頻繁に破られたので、中世を通じてシニカルで教訓的な文学が生み出された。エラスムスもその長い伝統を継いでいて、「剣を抜いてはそれを兄弟の腹という鞘に収める術を心得た連中も、己の隣人を己の如くに愛さねばならぬという、第二表に掲げられた義務には背かない」と皮肉った（シェナン・一九七四年・三六頁から引用）。しかし教訓や忠告には秘めたる矯正力があると感じられており、それらは国家の内部からではなく、ヨーロッパ全体から発せられていたのである。

第二に、政治のレヴェルでは、司教や修道院長が支配者の領地統治の手助けをし、彼の政庁に聖式の権威と読み書きできる聖職者とを提供して、司法の権威の正統性と効率性を補った。われわれは後で、この権威が大いなる〈力〉の源泉となったことを見ていこう。

第三に、大陸のレヴェルでは、教皇が国家間政治の主要な仲裁者となって勢力均衡を保ち、弱小支配者を痛めつける傲慢君主を抑えた。君主の破門はその臣下たちを、君主への忠誠誓約から解放することができた。そうなれば、君主の土地を奪う権利が誰にも生じた。教会は大陸の秩序を確保していたが、カオスに陥れることもできた。この脅しによって、ヘンリー二世とイングランド王ジョンの両者は屈辱をなめたのだ。もっと劇的だったのは神聖ローマ帝国皇帝ハインリヒ四世がこうむった仕打ちで、彼は一〇七七年、教皇の赦免を受けるべく、真冬の三日間をカノッサ城の外庭で待機させられたのだった。

そして第四に、大陸間政治において、教皇の主導によってキリスト教世界の防衛と最初の反撃、すなわち聖地への十字軍派遣が行なわれ、それは束の間ではあったけれども、西のキリスト教世界はイスラームには屈しないことを表明したのである（とは言え、教会の東西分裂が露呈したことによって、おそらくバルカン諸国の陥落とコンスタンティノープルの孤立化とが進んだであろう）。ラテン・キリスト教世界と教皇制度の偉大さは、精神面だけにあったのではない。世俗的・外交的な意味で、教会は至上の存在だった――直接には一兵たりとも動かすことはないのに。

教会が成しとげた拡大包括的達成の三番目は、経済だった。その規範的平和状態によって生産の増大が可能になり、これほど多数の小規模で強欲な国家や支配者の領地がひしめきあうなかでは、通常は起こりえないほどの遠距離交易が行なわれるようになった。後に見るように、遠距離交易の存続は、中世期における市場交換用の商品生産を発展させた。

しかし経済がもたらした諸効果には質的な面があった。教会は支配者たちを政治的に出し抜いたけれども、実は経済的にも出し抜いたのだ。キリスト教世界がもたらしたほどの平和状態は、諸国家によってはもたらされなかった。当然ながら国家はこの平和状態のレヴェルを補完し、次章で見るように、およそ一二〇〇年以降はそれを肩代わりし始めた。しかし国家がその諸機能によって生産と交易に対して発揮できる統制力は、初めは限られていた。これは特に生産の圏域において顕著であり、ロジスティクスの面からすると、国家による統制は遠距離交易以上に困難だった（遠距離交易では数少ない流通ルート上の動きが見通せたのである）。所有の諸関係を含む生産の諸関係は、大部分が国家の干渉の届かぬところに隠されていた。規範的平和状態は、所有権が尊重されることを保証するものだった。

さらには、キリスト教「オイクメネー」が所有関係の形態にも影響を及ぼした。すべての階級とエスニシティー、そして両ジェンダーが、神の目の前で平等な（おそらくは辛くも！）共通の人間性を分かちあっているとき、ある特定の階級なりエスニシティーなりジェンダーなりに独占的権利を与える所有形態は、理論的には出現しそうもなかった。極限の場合として、奴隷制はヨーロッパのキリスト教徒のあいだでは衰退していた。しかし優勢な土地所有階級による独占的所有権の主張も、政治支配者の場合と同様、キリスト教による出し抜きの対象だったかもしれない。キリスト教がその本来の形で経済を左右したとすれば、その分だけ所有権を分散させこそすれ、集中はさせなかっただろう。

第一〇章で明らかにしたことだが、ここでもまた、キリスト教のもつ根本的な限界と矛盾の問題が登場する。キリスト教世界が唱えたのは、単に神聖で世俗的ではないとされるだけの、特化された「オイクメネー」だった。教皇制は独占的な地上の権力を望んでいたわけではない。世俗の権威が教皇の精神上の権力を支えてくれ、ボーダーライン上の争点で譲歩してくれるなら――つまり、司教たちが俗人の支配者に聖油を施す権利、聖職者を聖職者法廷で律する権利、教育制度を独占する権利などが認められるならば、教皇が言うには、世俗の権力者は彼らの圏域において、教皇の祝福の下で安らかに支配してよいのだった。しかし実際のところ、二つの圏域は分離不可能だった。とくに、世俗の圏域が聖なる圏域の心臓部に入りこんでいた。第一〇章で私が述べたように、西ローマ帝国が崩壊する前、教会はその共同体的な、比較的に平等主義的な、そして反・異教ローマ的な出自を完全に捨て去ることができずにうろたえながらも、静かにかつ現実的に、ローマの帝国構造に順応していったのだった。ローマの崩壊の後、教会は帝国の権威のマントを継承して身にまとった。グレゴリウス一世、レオ三世（八〇〇年）カール大帝に王冠を戴せた）、グレゴリウス四世といった教皇たちは、これを歓迎した。キリスト教布教活動のかくもヒエラルキー的な光景は、教会の下位レヴェルにおいても、司教たちや司祭たちによって再現された。それは世俗の権力構造においても、ヒエラルキー的傾向を強化した（この点はすぐ後で分析する）。

教会はその謙抑な出自と相反するものになっていた。それは経済資源の、高度に不平等な分配を正当化していた。われわれの物語にとってもっと重要なのは、教会が領主と農民の質的な差異を正当化していたことである。これら二つの集団は社会のなかで質的に異なる役割を果たしている、というのが世俗一般の理論であり、また現実でもあった――領主は防衛をし、農民は生産をしていたのである。教会は聖なる役割を受けもっていた。教会の新たな正統説を一言で表現するなら、「司祭は祈り、騎士は護り、農民は働く」という、しばしば繰りかえされる文言となる。このなかには所有と労働との質的分離がある——農民だけが働くのだ！

こうして教会は、領主たちの搾取を聖なる特質で飾り立て、彼らの階級的士気を高めた。われわれがこの点を理解するのは容易ではない。われわれの世紀の支配階級は、実利的なことに聖なる正当化を施すことを遠の昔にやめてしまった（「資本主義は働く」、ただそれだけだ）。われわれには最も長く生きのびた要素を理解するほうが易しい——実際には中世後期に高まったことで、それは君主の聖なる権利と義務である。しかしこれは初期中世イデオロギーを駆動する主要部分ではなかった。一二世紀全般を通じ、諸侯諸領主に対するイングランド王フランス王の権利要求が強まった一方で、ドイツ皇帝のそれは弱まった。いずれにせよ、すべての国ぐにで、領主とその臣下が共有する特質と紐帯に注目が集まった。高貴さと騎士精神への崇拝が、君侯と、荘園一つをもつだけの平騎士とによって共有されたのである。騎士精神は果たすべき義務として定義された——忠誠、略奪の拒否、信仰の擁護、公共善のための戦い、貧者・寡婦・孤児の保護などである。これらが騎士道の基本徳目である勇気、公正、分別、節制、それと特別の新規徳目としての貴婦人崇拝といった、広範な道徳律と一体化されていた。馬上槍試合、宮廷儀礼、聖杯探究が始まった。

これらすべてが、一二世紀と一三世紀初期の偉大なヨーロッパ文学のなかで称揚された——詩人、トルバドゥール、下位貴族の「ミンネジンガー」によって担われた宮廷ロマンスや抒情詩である。不朽の文学の幾つか、とりわけアーサー王ロマンスの根底にあるのは、精神的なものと世俗的なものとの極限である。ガラハッド——彼は聖杯を見つけてそれを護持する——の純潔は、この世のものではない。パーシヴァルとガウェイン——彼らは聖杯をかいま見ることができるだけだ——のわずかな汚点は、現実の人間に達成可能な最善を表象する。ランスロット、グゥイネヴィア、そしてアーサー自身が犯した大いなる過ちが表象するのは、現実世界における偉業とともに、その道徳的な妥協がもたらした悲劇なのである。こうしたヨーロッパ共通の文学のほとんどすべては、階級的観点から見るときわめて内向きである。アバークロンビーとヒルとターナー（一九八〇年）が鋭く指摘したように、文学のイデオロギーが民衆、あるいは彼らに対する支配の正当化に関心をはらうことは、ほとんどなかった。それは階級的搾取のイデオロギーというよりも、すでに搾取が確固として制度化されている階級内部での、道徳的振る舞いに関心が向けられたイデオロギーなのである。多くの中世ロマンスがわれわれに強烈な魅力をもつ理由がここにある。名誉、品性、純潔の探究は、その時代に特有な、そしてしばしば野蛮な社会的枠組みを当然のことと見なし、「時を超えている」かの観を呈する。しかし逆説的だが、こうした特質は階級によって規定された諸前提から生まれてくる。意味への、規範への、儀式と美的表現への探究をかくも力強く結び合わせることによって、この文学は階級内在的な士気としてのイデオロギーの、稀に見る生き生きとした典型を示している。

血縁と家系とが一種の基盤構造となって、これらの階級的メッセージが伝えられた。家系は活発につくりあげられ、また、改作もされた。タックマンはこう言う――

結婚こそ貴族間関係のみならず国際関係を織りなす布地で、領土や主権や同盟を生む第一の源泉であり、中世における外交の主たる業務だった。国や支配者の関係は共通の国境や自然の利害にもとづくのではなく、王家とのつながりや思いもよらない遠縁関係にもとづいており、この関係によってハンガリー王子がナポリの玉座の後を継ぎ、イングランド王子がカスティーリャの王位継承を主張することもできた。……フランスのヴァロワ家、イングランドのプランタジネット家、ボヘミアのルクセンブルク家、バイエルンのヴィッテルスバッハ家、オーストリアのハプスブルク家、ミラノのヴィスコンティ家、ナヴァル、カスティーリャ、アラゴンの諸家、ブルターニュ侯爵家、フランドル、エノー、サヴォイの伯爵家は、すべて縦横に張られたネットワークで絡みあっており、こうしたネットワークの形成にあたって二つのことは決して考慮されなかった――一つは結婚の当事者の気持ち、もう一つは関係住民の利害である。

(一九七九年・四七頁)

こうしたつながりは平和はもとより、戦争を誘発することも多かったのだが、両方とも高度に儀式化されていた。外交的求婚の華麗なるスペクタクル――求婚者あるいはその代理人の演出たっぷりな行列、饗宴、馬上槍試合《トーナメント》、戦場で相見える血統上のライヴァル――こういったものが貴族階級を一つの全体として強固にしたのである。

タックマンは、貴族たちの闘争のみならず連帯をも要約する、中世肖像画風の簡潔な描写を行なっている(一九七九年・一七八―八〇頁)。それはこの時期よりやや遅い時期のものだが、数世紀にわたる貴族の生活の典型と考えられよう。南フランス出身の二人の大貴族、ガスコーニュ領主カプタル・ド・ビュシュと、フォワ伯爵ガストン・フェビュス(彼らの名前や爵位が貴族の出自の民族的多様性を例示している)とは、それぞれの生涯を通じて、フランスをめぐる大闘争で常に敵対する側に与していた。カプタルはイングランド王と同盟するガスコーニュ軍の主力であり、一方伯爵はフランス王に忠誠を誓っていた。二人は一三五六年、ポワティエにおけるイングランド大勝利の際には敵味方に分かれて対峙していた。しかし二人はいとこ同士でもあって、その後平和が訪れると暇になったので、十字軍に加わってともにプロイセンへと向かった。二人はそこで異教徒のリトアニア農民を狩猟さながら追いつめて殺すという、キリスト教徒貴族最高の栄誉となる快楽を満喫した。一三五八年、供を引き具していっしょに帰国した二人は、北部フランス農民蜂起の大事件の一つとなったモー包囲戦にたまたまぶつかった。「星辰と、百合の花と、頭をもたげてうずくまる獅子(フランスとイングランドの象徴)とを金糸・青糸で織りあげた旗幟を高く掲げ、きらめく武具に身を固めた二五騎の騎士たちの先鋒」となった二人は、橋へと追いつめられた農民の「軍隊」めがけてまっすぐに突撃を敢行した。二人の威勢と、二人がふるう槍や斧の優れた威力とによって、農民たちの最前列は恐るべき殺戮をこうむった。残りの農民は逃亡したが、三三五五、数日もたたぬうちに騎士たちに殺された。これほどの短期間にかくも光栄ある二度目のエピソードを経験できたというのはまさに騎士冥利であって、その手柄は大いに喧伝された。貴族間の紛争がどうあれ、彼らは異教徒 pagan と農民 peasant とに対しては一致団結できた――もちろん、これら二つは語源 pagus〔ラテン語で「地方」「村人」〕を同じくしているから！

この二人が農民の「ジャックリー（叛乱）」に直面したように、われわれもこの問題に向きあわなくてはならない。貴族たちが行なう壮麗な儀式は、その費用を負担させられた人びと、つまり町民や農民を、こもごも畏怖させたり憤慨させたりした。現実と、真正のキリスト教と感じられるものとの対照が、これほどかけ離れたことはなかった。

イデオロギー的な〈力〉の二つの主要形態である超越性と支配階級内在性とは、これまでの近東およびヨーロッパの歴史のなかで通常は分離されていたのだが、今やこの二つともが同じ制度の内部にしっかりとはめこまれていた。明らかに、矛盾が生じていた。ウィリアム・ラングランドが『農夫ピアーズ』（一三六二年直後）で書いた通り、「コンスタンティヌスが教会に、かくも気前よく寄進して、土地や家来や財産や、収入までも差し出したとき、ローマの都の大空で、天使が叫んでこう言った――『今日この日、教会の富は毒まみれ、ペテロの権能《ちから》をもつ者たちが、毒汁たっぷり飲み干した』」（一九六六年・一九四頁）。

原始教会を完全に抑えこむことは不可能だった。ヒエラルキー的な、階級的な教会へと向かう動きは、二つの執拗な反応を喚起した。第一は修道院活動の復活と改革が相次いだことで、これはこの世の妥協を非難して通常はこの世に脊を向けるのだが、時にはこの世の改革に乗り出すこともあった。八一六―一七年のベネディクト修道院派の改革、一〇世紀と一一世紀のクリュニー修道院派の運動、一一世紀から一三世紀にかけてのさまざまな新しい修道会――カルトジオ修道会、シトー修道会、フランシスコ修道会、托鉢修道会、さらには最初の修道女会など、これらすべてがこの第一の反応の一部だった。これらの大部分は地方で始まったので、その攻撃の対象は教皇というよりも、各地の司教や司祭の世俗性と、世俗の支配者との彼らの縁故だった。改革に関心があった教皇たちは、司教権と世俗の支配権の両方に対する均衡勢力として、これらの運動を利用したのだった。

第二の反応はもっと深刻で、教皇や司教の権威を否定する異端の登場だった。これらと闘うために、一二一五年から一二三一年にかけて、異端審問所とドミニコ修道会が設立された。これは当の異端たちには悪いニュースだったろうが、歴史家にとっては良いニュースである。異端審問所の記録からは、中世の生活とそのなかで教会が果たした役割との、生き生きとした精彩ある史料が幾つか出現したのである。ここで私は、教会が抱えていた困難を生き生きと立証する最近の二つの研究を参照しよう。

ル＝ロワ＝ラデュリは、モンタイユーというピレネー山脈地帯の一山村の、カタリ派すなわちアルビジョア派異端に対する審問記録を引用している。異端審問官である地元〔パミエ〕の司教〔ジャック・フルニエ、一三三四年にはアヴィニョン教皇となってベネディクトゥス一二世〕は「ペダンティックな学者気どり」だったので、現地の危急の状況などすべてを超越する教会の真理を明らかにし、それを他人にも分からせようという欲望に駆られた。「彼は貴重な時間を二週間もかけてユダヤ人のバリュックに三位一体の玄義を信じさせようとし、一週間かけて彼にキリストの二元的本質を認めさせようとし、さらには三週間以上を費やしてメシアの来臨について解説したのだった」（一九八〇年・XV頁）。農夫や羊飼いたちも教義上の問題に関心があり、それは内容空疎な神学としてではなく、自分たち自身が住む世界の説明としてだった。教会はその世界の重要な一部だった——教会こそ外部の世界や文明との主な連結装置であり、第一の徴税者、道徳の強制者にして教育者なのだった。教会の役割が抱えこんでいる明らかな矛盾が、モンタイユーでのカタリ派異端の勢力拡大をたきつけたと考えられる。村の異端のリーダー、ベリバストは、こう言った——

教皇は貧しい者たちの血と汗を貪っている。司教や司祭たちも、裕福で高い名誉にあぐらをかいて、教皇と同じように振る舞っている……聖ペテロ様は妻を離れ、子どもと別れ、畑もぶどう園も持ち物一切を棄ててキリストに従ったというのに。（三三三頁）

彼の結論は極論へと導かれた——

この世を支配する四大悪魔がいる——教皇猊下が主悪魔で、わたしは彼をサタンと呼び、フランス王閣下が第二悪魔、パミエの司教が第三で、カルカッソンヌの審問官様が四番目だ。（一三頁）

黙示録的幻視は中世において、文化伝達の一部として確立していた。神秘的幻視者の多くは隠遁者だったが、キリスト教は（イスラームと同じく）たくさんの政治的幻視者を輩出させた——小なりといえど、このベリバストもその一人だった。政治的な黙示録はほとんどすべての社会不安状況で認められたもので、ウェーバーがキリスト教の「不休不弛《やすまずたゆまず》の合理主義」と呼んだものの一部——世界を改善することへのすさまじい献身だった。

ほとんどすべての村人たちは、ベリバストよりは用心深かった。しかし教会権力に対する彼らの憤りは、一〇分の一税や道徳干渉に対する農民の憤りからのみ生まれたのではなかった。それを鼓舞していたのは聖書の知識や、純真素朴とされている初期教会についての知識だった。そうした知識は当初は聖職者や書物から得たもので、読み書きできる平信徒から口頭で伝達され、屋内屋外での異端論議に際してしばしば活発に活用された。異端思想の下方への伝達は、中世の社会構造内部で示されるさまざまなレヴェルの敬意によって鼓舞された——聖書の権威、読み書き能力、村内における社会的身分、家長、そして年齢などに対して払われる敬意である。

以下は読み書きできるレヴェルでの例である。読み書きできる男が言う——

わたしはそのとき、当時アックスに持っていた家の傍で日光を浴びておりましたが……四、五間離れたところで、ギヨーム・アンドランが母親のガイヤルドに本を読み聞かせておりました。「何を読んでいる?」とわたしはたずねました。

「見たいかね?」とギヨーム。

「もちろん」とわたし。

ギヨームがわたしのところに本をもってきて、わたしは読みました——「初めに言《ことば》があった。……」

それはラテン語・ロマンス語混じりの「福音書」で、あの異端のピエール・オーティエが話していたことがたくさん書いてありました。わたしはそれを聞きました。ギヨーム・アンドランはその本を、ある商人から買ったと言いました。

(二三七頁)

(ピエール・オーティエは読み書きのできる代書人で、アックスにおけるカタリ派のリーダーとして火あぶりとなった。)

読み書きできないレヴェルでは、ある男がピエール・ロージという男と干草刈りの件で会うことになった——

そして鎌を研ぎながら彼が言いましたのは、「神さまとか聖母マリアさまとかが、本当にあると思うかね?」

そこでわたしは答えました、「その通り、おれは信じてるよ」と。

するとピエールが言いましたのは、「神さまとか聖処女マリアさまとかは、おれたちのまわりに見えるこの世界そのもので、ほかにおられるわけじゃない。おれたちが見たり聞いたりするもののことなのさ」

ピエール・ロージはわたしより年寄りでしたので、わたしは彼が真実を話したにちがいないと思いました!　そして七年か一〇年間これを信じて、神さまや聖処女マリアさまは、わたしたちのまわりの、この目に見える世界以外にはないのだと、心から信じてきたのでございます。

(二四二頁)

こうした例からも分かるように、異端は教会の権威に対する自然発生的、民衆的蜂起などではなかった。教会自体が陰の「代替的通信伝達チャンネル」を所有しており、その基盤となったのは読み書きの教えこみであり、修道院規定の(必ずしも活動の、ではないが)簡素さであり、巡歴する説教師や托鉢修道士であり、説教壇自体であって、これらのすべてが民衆の注意を、キリスト教の心臓部につくりつけられた教義的・実際的な矛盾へと惹きつけたのである。公式筋はヒエラルキーへの服従を奨励したが、陰の権威筋は人間理性と、黙示録によってヒエラルキーすべてに対して下される審判とを信頼するよう奨励したのだった。こうした代替的通信伝達チャンネルはローマ帝国のそれを思い起こさせるが、キリスト教はまさにそれを通して広がったのだった（第一〇章で述べた）。

こうした結論をさらに補強するのが、一五八四年と一五九九年の二度にわたって裁判にかけられたメノッキオというイタリアの粉屋の異端審問記録で、これは幾分後の時代だが、同じようにすばらしい史料である。これらはギンズブルグによって提示されたのだが、彼の言によれば異端の淵源は、教会の「教理や儀式に対して不寛容な農民宗教であり、これは自然の周期と密接に結びついた、根本的にはキリスト教以前のもの」である（一九八〇年・一一二頁）。不幸なことにこの主張は、ギンズブルグが積みあげる証拠自体によって論破されてしまう。メノッキオは読み書きができて広く本を読んでおり、粉屋という立場から彼は地方と地方を結ぶ経済上の通信輸送システムの中心部にいたのである。彼は原始教会の諸特徴とキリスト自身の教えの倫理的特質という観点から自分を弁護し、最初の異端審判の後にも、地方の教会基金の管財人に任命されたのである。これは教会の正統性・対・農民宗教という対立ではなく、もともと教会に内在していた矛盾から異端が生まれてくるという、不可避性の問題なのである。そしてこれは中世全体を通して言えることだったのであり、その行きつく先が一六世紀のプロテスタント大分裂だった。

これらは宗教的なプロテスト運動として表明されていた。しかしながら、宗教的な転覆と世俗的な転覆とを分ける境界線は、はっきりしてはいなかった。キリスト教の影響力となれば、実際上すべての農民および都市の叛乱が宗教的要素の実質を具えていた。一三八一年のイングランドの農民叛乱のもともとの目的は、政治的かつ経済的だった。しかしリーダーの一人、ジョン・ボールは司祭だった。彼の有名な扇動説教は原始キリスト教神話にもとづいていたのだが、これはすでにイングランドの『農夫ピアーズ』を通して大いに広まっていた——

アダムが耕し、イヴが紡いでいたとき、
誰がジェントルマンだったか？

そして叛徒たちの重大行為の一つはカンタベリー大司教の内臓を抉り出すことだったが、彼は悪名高き一三七七年の人頭税の主たる立案者と目されていたのだった。キリスト教世界のあらゆる村むらで、教会は矛盾的役割を演じていた——教皇や王や領主の権力を正当化しつつ、同時に彼らを転覆しつつあったのだ。

これは単に当時の階級闘争の総体がキリスト教の言語で表出されたというよりも、キリスト教が階級闘争自体を拡大させ再編成した、というべきだろう。第七章で詳述した、階級闘争のさまざまな「段階」について思い起こしてみよう（本書237頁）。第一は潜伏状態の階級闘争だった。これは（生産者と収奪者との分裂がある限り）不可避的かつ偏在的なのだが、「日常」のことであって、局地的に限定され、内密に閉ざされ、通常は歴史家の目には見えないのである。この意味での階級および階級闘争は常に存在するのだが、それらが社会を構造化する能力は限られている。通常この段階における〈力〉の組織のヨリ拡大包括的な形態は、水平的かつ保護‐被護関係的で、従属民を結集する支配階級メンバーによって主導されていた。第二段階は拡大包括的な階級闘争で、そこでは拡大包括的な、垂直方向に分裂した階級諸組織が、水平的な保護‐被護関係を圧倒した。そして第三段階は政治的階級闘争で、国家を簒奪することによって階級構造の転換を目ざした。

古典期ギリシアと初期の共和政ローマを例外として、階級闘争はいまだ第二・第三段階まで到達していない。しかしながら今やわれわれは、キリスト教が潜伏的な階級闘争を強め、拡大包括的な階級闘争を部分的に発展させているのを見て取る。いずれにせよ、局地的な経済諸制度の重要性と、村落・荘園・市場間の局地的な相互依存性とが、潜伏的な階級闘争の激しさを増大させた。しかしキリスト教の伝播的・超越的・黙示録的平等主義と、高度に不平等な社会や領主階級のイデオロギー的士気によって醸し出された不平不満とは、この闘争を大いに焚きつけた。局地的闘争は中世を通じて見られ、大方の歴史家はヨーロッパ的原動力の大部分の源泉をこの闘争に帰している。少し前に見たように、キリスト教の「陰の権威構造」も農民叛乱に拡大包括的組織性を付加することとなった。しかしこれとても、農民が局地的な「細胞」へと経済的に閉じこめられていた社会では、領主たちの拡大包括的な組織能力に対抗することは叶わなかった。拡大包括性は、私が言うシンメトリカル（対称的）なものではなかったのだ。領主たちは農民を出し抜くことができた。農民運動の拡大包括的な成功は、支配階級の分裂と、領主や聖職者のなかの不満分子のリーダーシップとに依存していた（これは第九章で検討した、ローマ帝国末期と同じである）。

キリスト教イデオロギーの超越的側面は、そうしたリーダーシップを生み出す。領主たちの個別独立主義的・地域的不満を、普遍的な道徳の言葉で表明することが可能だった。一三世紀における南フランスのアルビジョア派異端がそうだったし、もっと後の一五三六年、イングランドで「恩寵の巡礼」として知られている北方の叛乱がそうだった。言い換えるなら、この種の社会闘争は「純粋な」階級闘争ではなかったのだ。それらはさまざまな宗教制度によって再編成され、半ば階級的・半ば保護‐被護関係的な拡大型闘争の特異な混合物へと転換したのである。地勢としては局地的でも地域的でもよかったが、初期中世においては国家の領域とはほとんど関連しなかった。その組織者は政治的というより、圧倒的にイデオロギー的な〈力〉だった。イデオロギーの〈力〉はこのようにして、階級闘争を鼓舞しつつ、その方向を転換させたのである。

しかしながら、異端や叛乱に焦点を定めていると、おそらく誤まるだろう。これらは大いに話題とされるけれども、頻度という意味では、正常な現象とは言えない。矛盾というものは通常、その制度がもつさまざまな手段によって、その制度のなかで相争っている当事者の実力に応じて、覆い隠されてしまう。慣習、法律、風刺、そして市場は、すべてこうした制度化の形態だった。それらすべてのなかにキリスト教が果たす妥協的役割が見てとれるのであり、自律的な〈力〉の資源の所有を領主・農民双方に対して正当化する傾向が見られるのである。

軍事的ないし政治的な〈力〉

ヨーロッパには多くの国家があった。これは初めからの多国家地域だった。ローマ帝国は結果として、驚くほど多様な地理上の単位によって継承され、その一部は明確に区切られた政治的中心（「国家」）をもっていたが、もたない部分もあった。経済上あるいは地理上の自然の地域と一致している部分もあれば、明らかに軍事的に防衛可能な空間と関連しているものもあり、また一部は王家の消長だけで決まった地勢もあった。これらの国家の大概は小規模な統一体をなしていた。一万平方キロを越える程度の国家が、幾世紀にもわたって、短くはあっても予測しがたい歴史をたどったのである。

規模の小ささは、一般的に言って、二段階の戦争の結果だった。第一段階では、ゲルマンの戦争軍団は王によって組織された部族連合だったが、ローマの諸属州を征服した後には解体してしまう傾向があった。第二段階では、もっと大規模にまとまっていた統一体も、新たな蛮族の侵略圧力の下で解体し、この圧力に対する抵抗は個別の要塞や、戦場における重装騎兵の小規模集団へと引きとられた。分散的な侵略者に対する防衛には、こうした小規模孤立型の「一点集中的強制力」（軍事的な〈力〉についての私の定義）が有効だった。軍事上のこの論理は、中世における生命と財産の維持に重要であったがゆえに、全体としての社会生活を再編成するという、重要な結果をともなっていた。後に見てゆくことになるが、それは国家を弱体化し、社会の階層化を深め、貴族の階級的士気を高め、キリスト教のダイナミックな矛盾を増大させたのである。

要塞と騎士とから初期中世の政体の主要な形態、すなわち脆弱な封建国家が登場した。これには主として四つの要素が含まれていた。

第一に、最高権力は通常単一の支配者である領主に帰属するが、彼はさまざまな称号をもちえた――王、皇帝、公、司教公、伯、司教、これらに加えて地方ごとにさまざまな下位の称号があった。

第二に、領主の正式の権力は、軍事契約のさまざまな形態のどれか一つに依拠していた――従属する臣下は臣従を誓い、主として軍事的助力による奉仕を行ない、その見返りとして領主からの保護ないし土地の下付を受けた。一般的にこの契約が、封建制度全体を軍事的・政治的に（経済的に、との対照で）定義する際の、中核的要素と見なされている。

第三に、領主は全体としての住民に対しては明確なアクセス権をもっていなかった。彼が社会のために行なった諸機能は、別の自律的な権力行為者である臣下を通して行使された。比較的大規模な国家の一つだったノルマン征服以後のイングランドでは、一〇八六年の「土地台帳《ドゥームズディ・ブック》」によれば七〇〇人から一三〇〇人の直属封臣がいて、王の土地を保有していた。他のすべての借地者は、これらの直属臣下たちの一人と結んだ契約の結果として土地の保有ないし労務の提供を行なった（王自身の土地に従属していた者を除く）。直属封臣のこの数字でも、政治組織としては多すぎた。下級の直属封臣の大部分は、上級の直属封臣の被護者だった。ペインターが算出した大物有力者――つまり地域的であれ全国的であれ有力な政治的影響力をもつ大土地保有者――の数は、一一六〇―一二二〇年の期間でおよそ一六〇人である（一九四三年・一七〇―八頁）。封建国家とは、大方は自律的だった家族所帯《ハウスホウルド》の集合体だった。

　こうした間接支配がさらに弱まったのは、フランスやドイツでしばしば見られたのだが、臣下が忠誠を捧げる主君が――通常は区分けされた土地ごとに――何人もいる場合だった。有事となれば、臣下はどの主君に従軍するかを選択した。こうした状況では、軍事的・政治的な〈力〉の単一なピラミッド型ヒエラルキーがあるのではなく、相重なりあう一連の相互作用ネットワークがあるだけだった。複雑さと競いあいとが、すべての都市地域で高まっていった。都市の権力機構――自治体、寡頭政、司教公――は概して、隣接する領域的諸公からの自律を、ある程度は享受していた。これはイングランドの問題ではなかったというのは、ノルマン人はその征服を、町といわずいなかといわず均一に拡大していたからだった。都市の自律はヨーロッパの中央ベルト地帯の北西から南東へ、フランドルからフランス東部、ドイツ西部、スイスを通ってイタリアへと及んでいた。このゾーンの不安定性プラス繁栄は、聖俗両方の権威からの強烈な外交活動を招来したのだった。

　そんな複雑さがなく、実際に権威のピラミッドがそびえていたところでさえも、国家支配者の権力は脆弱かつ間接的だった。彼の祭儀的機能と、官僚のための読み書きの基盤構造《インフラストラクチュア》とは、国家を越えた教会が管理していた。彼の司法上の権威は、教会や現地の領主裁判所と共有だった。彼の軍事指揮権は有事の際だけ、しかも他の領主の家来たちに対して行使されるのだった。さらに彼には財政的、あるいは経済的な再分配権というものが、まったくなかったのである。

　初期封建国家のこうした脆弱さは、古代国家や近代国家といちじるしい対照をなす。実際、それらを「国家」と呼ぶのはある意味で誤解を招くほどに、その政治機能は分権化され、その領域性は希薄だったのである。

　第四に、封建国家の軍事的性格は、領主と民衆のあいだの階層上の距離をいちじるしく広げた。一四世紀までの、馬上高く甲冑に身を固めた騎士と堅固な要塞とが、農民や都市の歩兵に対してもっていた威圧感、さらには、侵略の脅威にさらされていた地域における騎士と要塞との機能的必要性は、騎士たちが徴収する「保護の見返り課金」の収益を増大させた。自分で馬と武具を調えることができたのは、比較的裕福な者だけだった。八世紀のフランク王国の法によれば、個人の武装費用は雌馬一五頭分、あるいは雄牛二三頭分で、これは巨額だった(フェルブルッゲン・一九七七年・二六頁)。騎士の軍事的有用性は、彼が農民搾取を通して富を増すことを可能にした。ヒンツェ(一九六八年)の表現を借りれば、地位の主要な基準としては騎士‐非騎士の区別が、自由‐非自由の区別に取って代わったのである。

階層化については数量化できないのだが、それが初期中世において増大したことは確かである。その一つの兆候は、農民所帯の領主への政治的依存の増大で、その典型が農奴だった。したがって、政治権力は中央から細分化していったけれども、完全に散りぢりになったのではなかった。権力は従臣領主レヴェル、特にその領主裁判所に留まっていたのである。農民の経済的・政治的な隷従は、キリストの平等主義メッセージを危うくし、教会の内部矛盾を悪化させた。

ヨリ大規模な、ヨリ中央集権化された国家が、多くは軍事組織上の要請によって登場し始めていた。たとえばカール大帝やアルフレッド大王が組織した蛮族撃退によって、理論上はともかく実際上はプロの軍隊を形成していた数多くの武装した家臣集団を中心に、ヨリ拡大包括的かつ領域的な〈力〉をともなう君主たちが創出された。ノルマン人によるイングランドおよびシチリア征服のような領域征服にも、そうした軍隊が必要だった。しかしながら、かなり原始的な経済の下では、多数の傭兵を雇えるほど流動性のある富を生み出すことは、どの領主にも不可能だった。唯一の解決策は土地の下付だったが、それによって臣下の兵士たちは、潜在的な自律性のある〈力〉の基盤を得たのである。

にもかかわらず、もし拡大包括的な国家がもちこたえるなら、単に安定性だけによってもその〈力〉は増大した。領主や町邑や村落、そして農民個々人によっても所有されていた各地の慣習や特権のネットワークは、君公の法廷を最終裁定者とする秩序ある構造へと帰着してゆく傾向にあった。ふつうの中間的な人びとの多くは、君公の没落が招来する不安定状況への恐怖だけからでも、君公の存続は既得権となっていた。君公は個人と地域共同体の諸制度とのあいだの司法的裁定者として、両者を見守っていた。彼の基盤構造的な〈力〉は、この両者に対して集合的な強制力を利かせるには不十分だったが、それでも個人なり組織なりが恣意的な権力略奪を試みでもすれば、それを屈服させる意図だけはもっていた。安定状態にあったところでは、そうした権力は支持する値打ちがあった。またそれは教会の聖別によっても支えられていた。これは家系上の世襲権に何ら問題のない君公がもっていた利点だった。

西暦一〇〇〇年頃から、われわれは持続的な経済成長と、さまざまな国家権力の成長開始とを見て取ることができるが、これはキリスト教世界の規範的平和状態に対するはっきりした司法的な侵食となった。一二〇〇年以後になると、いっそう強力な国家が、自国の民衆と直接的な関係を結ぶようになった。私はこれについては次章で検討しよう。しかし変化は遅く、緩慢で、一様にはいかなかった。王権の成長はイングランドでは早くに起こり、他の国ぐによりは完璧なものとなった。一一五〇年までに、イングランド国家はヨーロッパで、たぶん最も中央集権化された国家になっていた。聖職者と、アングロ・ノルマン領の内側だけではなく外側にも土地を保有していた臣下だけが、競合的な権威の源泉に忠誠を捧げていたが、その他のすべての人びとに対しては、イングランド王の統治権があまねく行き渡ったのである。王は法的な統治権をすべての俗人自由民に対して確立したが、従属的な「ヴィラン（農奴）」と聖職者に対してはまだだった（前者は今なお領主裁判所の管轄だったし、後者については世俗事件に関してヘンリー二世が改革を行ないはしたのだが）。その後の国家成長の二大主要圏域、すなわち経済と軍事は、他の国ぐにわずかに先んじていただけだった。一般的な課税権はなく、広範に徴収される関税もなく、プロの軍隊もなかった。戦闘となれば領主それぞれが個別に兵を徴募した――いつ戦場を離れるのも自由だったが、これこそ中世の王にとってのアキレス腱だった。古代・近代両方の基準に照らしてみると、このイングランド国家でさえ弱小だった。多くのことが国家から隠され、公的な圏域からは除かれて、私的なままだった。政治的な〈力〉のネットワークは一元的ではなく二元的であって、地方ごとの有力者階級によって半ば公的、半ば私的に支配されていたのである。

経済的な〈力〉

初期中世の経済は複雑だった。後ろ向きの、生存維持ぎりぎりの経済で、それを支配していたのは二つの浸透的・内向集中的・局地的な細胞状の制度としての村落とマナー（荘園）だった。しかしもう一つ別のレヴェルで、その経済は拡大包括的な交易ネットワークを通じての商品交換を生み出しており、このネットワークのなかで町邑と商人ギルドという二つの制度が発達して、これらは局地的農業経済とは幾分へだてられた組織となっていた。明らかに相矛盾するこれらの傾向が共存していたことは、中世経済の中心的特色を鮮明にする――経済的な〈力〉の諸関係は一元的ではなく、複合的だったのである。

私は村落とマナーの細胞状経済から始めよう。その一般的な発生と発展を跡づけることは困難ではない――マナーはローマ貴族のウィラ（荘園）とゲルマンの領主支配の融合であり、村落はもともとゲルマン人の生活の、自由で共同体的な諸側面が発展したものだった。前者は初期中世経済の鍵となる垂直的関係を、後者は水平的関係を包含していた。

初期中世におけるヒエラルキー関係には通常、個人的な従属と非・自由とが含まれていた。農民たちは法的・慣習的に特定の領主ないし特定の土地に結びつけられており、この関係の外へ自由に動くことは許されなかった。最も一般的な従属の形態は農奴制だった。農奴制を組みこんだ最も特徴的な経済がマナーだった。マナーはローマの支配が行なわれていた地域ではどこでも迅速に広がり、北方のヨーロッパでは比較的遅かった。デーン人の襲来定住によって、東部および北部のイングランドにおけるその進展には遅れが出た。しかし

他の地域全体で優勢になっており、デーン人地域にも広がっていたのである。

「土地台帳《ドゥームズデイ・ブック》」が作成される時期までに、イングランドの他の地域全体で優勢になっており、デーン人地域にも広がっていたのである。

イングランドのマナーの理念型としては、農奴が自分で保有する割り当て地(「ヤードランド」あるいは「ヴァーゲート」)はおよそ一二ヘクタールほどで、通常は細長い区分地《ストリップ》に分散して領主自身の細長い「ディメイン(直営地)」と入りまじっていた(もっとも、これらは直営農場として一括され、その周囲に農民の土地を配することがしばしばあった)。農奴の各所帯は「週仕事」の労役に就かなくてはならなかった——通常は一所帯につき一人が週三日、直営地で働くのである。加えて、さまざまな封建賦課金があって、通常は現物で領主に支払われた。村落もまた自由民と、その他のもっと特殊な保有権をもつ人びとを含んでおり、彼らはさまざまな形の地代を払っていた(ここでも通常は現物納だった)のだが、これは彼らと領主とのあいだで自由な契約が行なわれたことをうかがわせる。しかしながら彼らとて実際は農奴と同じく、たとえば自分の土地を売ってこの関係から脱出することなどできなかった。こうした局地的な経済と織りまぜられた形で行政システムと領主裁判所があり、ともに領主によって統制されていたが、そこには農奴も自由民も従属的な在地役人(「リーヴ」など)として参画することができた(2)。これは労役が中核的関係を形成している、濃密かつ緊密に統合された経済であって、極めて内向集中的で、外見上いささかも拡大包括的ではない形態をもつ、〈力〉の関係なのである。

しかし農民の区分地《ストリップ》の使用と組織を軸として、第二の内向集中的な局地経済、村落経済が形成された。われわれがこの組織について多くを知らないのは、それが一般的に文書記録に留められなかったからである。農民所帯は村落共同体を形成して所有権や保有条件をめぐる紛争を裁定し、営農に関する共通ルールを設定し(犂や肥料の共用、耕地のローテーション、森や沼地の開墾等々)、封建賦課や租税を徴収し、秩序維持を強制した。マナーと村落という、この二つの経済的・行政的単位のあいだの関係は、地域ごとに異なっていた。一つの村落のなか、あるいはそれを横切って一つ以上のマナーがある場合には、この村落共同体がきわめて重要だったように思われる。しかしたとえ「一つのマナー、一つの村落」の規定が行なわれていた場合でも、その二つが同一とは言えなかった(主たる理由は、在地の人間すべてがその領主の借地人だったのではないから)。

これが意味していたのは、局地経済にはいかなる独占的な〈力〉の組織も存在しなかった、ということである。領主の権力は恐るべきものだったけれども、農奴でさえ村落共同体と慣習法からの掩護を受けられるという事実によって、それは抑制されていた。二つの〈力〉のネットワークは相互に浸透しあってもいた——農民と領主とは、彼らの区分地の配分が如実に示すように、半ば互いに独立し、半ば互いの組織のなかに位置を占めていた。ゲルマン人の自由な村落とローマの農園が混合した往時のローマ辺境属州地域では、この相互浸透が顕著だった——すなわちイングランド、北海沿岸低地帯、北部および中央フランス、そして西部ドイツである。

この二元的な各地の組織は、暗黒時代といえども、ヨリ拡大包括的な交易とも結びついていた（ブルックス・一九四三年、ポスタン・一九七五年・二〇五—八頁）。これまでの蛮族をめぐる私の議論から想像がつく通り、これらの侵略者たちはキリスト教徒が言いたがるほどには遅れておらず、略奪と殺戮に明け暮れて交易を排除したのでもなかった。事実、ヴァイキングは九世紀から一二世紀にかけて、北部ヨーロッパの主たる交易民であり、毛皮、鉄製武器、そしてとりわけ奴隷を東部へと運んでは奢侈品を持ち帰った。このタイプの交易（およびその結果南部で行なわれたアラブ世界との交易）は、実は交易三〇〇〇年の伝統を踏まえたものであって、重量に対する価値比率が高い奢侈品か、（たとえば奴隷のような）「自分で動く」品物を扱った。このタイプの交易と、農業生産において商品生産が行なわれるまでには、発展上まだ大きなへだたりがあった。中世後期の交易に見られる大いなる上昇傾向はこのヴァイキング基盤から起こったのではなかったが、一つの例外はヴァイキングの巨体商品すなわち木材で、これは彼らが海を越え河を伝って遠距離を輸送したのだった。この一点だけで、ヴァイキングはヨーロッパの経済的統合に貢献したのだが、それはバルト海と中央および南部ヨーロッパとのあいだの交易が果たす役割を継続維持したからである。

たずさわったのがヴァイキングであれ誰であれ、奢侈品交易が中世ヨーロッパにダイナミックな影響を及ぼしたとすれば、それは国家および教会の諸機関からの追加的な刺激のおかげだった。王、あるいは修道士・修道院長・司教のいずれかの尽力によって各地に平和状態がもたらされ、彼らの門前に商業地域が生まれ市が立つのに十分な契約上の保証が行なわれたのである（ホッジズ・一九八二年、およびバーリー・一九七七年所載のさまざまな論文）。しかし彼らのうちのどちらか一方、というのではなかった。王たちのキリスト教は、その経済上の役割に適合していた。宣教師たちはしばしば交易商人をともなって活動し、彼らの布教の旅は通常、品物と魂の両面で成果をあげたのだった。大方は教会が媒介となってローマからの十分な継続性が保たれ、かつてのローマの交易ルートや技術の情報が引きつがれた。イングランドにおける最も早い交易の増大は、おそらく七世紀か八世紀の初めに起こった。この時期の日付がある地方貨幣が、大量に発見されているからだ。重要なのは、そのいずれにも王の名が刻まれていないということだ。ようやく後になって、マーシア王オファ（七五七—九六年）に至ってから、各地の王が名を刻み始めたようである。ヴァイキングの交易民はキリスト教に対して受容的で、交易と回心という二重のプロセスが北部と南部両ヨーロッパの統合を推進した。キリスト教世界の規範的平和状態が、市場復活の前提条件となったのである。

（2）マナーと村落をめぐる議論は、ポスタン・一九七五年・八一—一七三頁にある。イングランドのマナーは、ヨーロッパの他地域の実際とは細部でちがっていた。ブロック・一九六二年・二四一—七九頁を参照。

さらにいっそう精巧なメカニズムが、局地的マナー経済によって付け加えられた。階層性の高まりと、それが軍事的形態をとったこととによって、ある種の奢侈品と、それにかかわる職人・商人への需要を増大させた。領主と騎士とは甲冑、武器、馬、馬具、栄誉を示す服装や装身具、高級な食べ物や飲み物を必要とした。それらの需要は軍事上の有事に呼応して上昇した。一一世紀になると、石造りの築城によって建築材の取引が生まれた。教会も高度の建築技能や、羊皮紙および筆記用具や、美術などへの特殊需要を増加させた。階層性の深化と軍事化とは、これらすべてを支払うために、なお余剰が抽き出せたことを意味していた。一部少数の領主たちは幸運にも鉱山、港湾、交通拠点を支配していたために、この余剰を非農業活動から抽き出すことができ、動物飼育地域の比較的多くの領主たちは、それを皮革、羊毛、布地の製造から抽き出したが、多くの領主たちはそれを農耕生産で行なわなくてはならなかった。この余剰抽出過程は一三世紀まで、奢侈品に対する領主たちの需要を満たすには十分ではなかったことが分かっているが、それはヨーロッパから東方への金塊・銀塊の流出が、この時期まで見られたからである。ヨーロッパの貿易赤字は、あらん限りの貴金属貨幣を輸出することで補われていた。しかしながら、商品生産と農産物交換をうながす刺激は、かなり高まっていた。カール大帝からオファ王あての一通の手紙は、カロリング軍の制服のために取りよせた布地の質の悪さに苦情を述べている。また別の折にはオファのほうが、もしカール大帝が政略結婚に同意できないとなれば、イングランドからの輸出を中止すると脅した。九世紀から一〇世紀への変わり目における交易の拡大は、マナーにおける主要産品生産の出現とかかわりがあると思われる。地方間の紐帯はすでに強まりつつあった。農民の独立的な生産圏も市場からの影響をこうむったというのは、マナーの大部分はそれ自体が「小規模で従属的な農場の集合体」だったからである（ブロック・一九六七年・二四六頁）。

領主と農民とは市場の威力を感じていた。マナーが発展するにつれて、生活必需品とともに商品生産も発展した。その結果、一〇五〇年から一二五〇年のあいだに多くの町邑が出現した。交易が実際に上昇し始めるまでに、自律性をもつ商人や職人のさまざまな機構が生まれていたが、これは他の文明では見られなかったものである（この観察こそウェーバーの東洋西洋比較分析の「唯物論的」な部分の核心をなしている）。その自律性には幾つかの形態があった――一国の交易において外国人が占めている優勢（例＝イングランドにおけるこのプロセスは七世紀のフリジア人〔オランダ・フリースラント地方の住民〕に始まり、ヴァイキング、フランドル人、ハンザ同盟、ロンバルディアその他のイタリア人、そしてユダヤ人と一四世紀までつづく）、職人および商人のギルドと銀行家たちの自己規制能力、領域的君公国に対する都市の自治体の政治的自律性、そして商人共和国（ヴェネツィア、ジェノヴァ、ハンザ同盟）の実力、などがその形態だった。町の影響が農村へと浸透していった。市場がマナーや村落に浸透したのは商品生産を通してであり、それは領主の統制下にあったにもかかわらず都市の影響が自由の観念をもたらし、それを要約したのが有名な中世の格言、「都市の空気は自由にする」だった。最小限、農奴の身から自由の身への、身体的逃亡が可能になったのである。

結論――複合的ネットワークと私有財産

これらのすべてから一つは明白な、一つはやや微妙な結論が出てくる――いかなる集団も単独で〈力〉を独占することはできなかった、ということと、これを裏がえせば、すべての〈力〉のアクター（行為主体）が自律的な圏域をもっていた、ということである。政治の圏域では領主、臣下、町邑、教会、それに農民村落さえもが、自分たちの資源を抱えもっていて、互いに精妙な勢力均衡をつくりあげていた。イデオロギーの圏域では、キリスト教の伝統的な矛盾はそのまま残り、政治・経済一般の抗争へと流れこんでいった。経済では領主、農民（自由民も非自由民も）、そして町邑のすべてが半自律的なアクターであって、経済目的の追求に当たって慣習を楯にとった行動をとることができた。

こうした異様なまでに複合的かつ無頭動物的な連合体が生み出すものは何にせよ、停滞を組織化するものでないことは確かだった。歴史家たちは中世文化の本質的特徴を表わすのに、「休まることのない」という語を繰りかえし用いる。マクニールの言葉を借りれば、「西欧を際立たせているのは何か特定の制度、思想、技術といったものではなく、それは休止することができない、という点なのである。他のいかなる文明社会も、これほど休まることのない不安定さにたどり着いたことはない。……この点にこそ……西欧文明の真の特異性が存する」（一九六三年・五三九頁）。しかしそういう精神には、社会発展など引き起こす必要はないのだ。それが引き起こすのは停滞の別の形態――すなわち、万人が万人を敵とするホッブズ流の戦争というアナーキーか、社会的統制と指導の欠如が無目的と絶望とを招来するアノミーのいずれかではなかろうか？　ここで二人の偉大な社会学者の洞察を結合させれば、なぜアナーキーやアノミーに陥らなかったのかを説明することができるのだ。

一人目はウェーバーだが、彼はヨーロッパ特有の不安定状態を指摘する際に、必ず別の一語「合理性」をつけ加えた。「不休不弛《やすまずたゆまず》の合理主義」こそヨーロッパの心理学的な特質であり、彼がアジアの主要な宗教に認めたものとは正反対だった――儒教による社会秩序の合理的な受容や、道教によるその非合理的なアンチテーゼや、ヒンドゥー教による社会秩序の神秘的な受容や、仏教における来世への隠遁などと、それは正反対だったのである。ウェーバーは合理的不休不弛状態のありかたを、特にピューリタニズムに突きとめた。しかしピューリタニズムは、すでに伝統として存在していたキリスト教のこころを強調したのである。個人の倫理的な振る舞いと、黙示録というすさまじいばかりの平等主義的幻想に照らして、この世の権威すべてを審判にかけることとを見返りに万人の救済を図る――キリスト教はこの世の権威に逆らってさえ、道徳的・社会的改良へ向かっての前進を奨励したのである。

中世キリスト教の多くは敬虔さの仮面の下に野蛮な抑圧に奉仕していたのだが、その不満の潮流はいつも強く流れていた。膨大な社会批判の著作を、われわれは読むことができる。幻想的で、道徳的で、風刺的で、シニカルなこれらの著作は、ぎこちなくまたくどい場合も多々あるのだが、その頂上には当時の最高の作品がある——英語なら、ラングランドとチョーサーだ。そこにはウェーバーが突きとめた心理学的特質が浸透しているのである。

しかし、この合理的な不休不弛状態を社会改良へと役立てるためには、二人目の偉大な社会学者デュルケームの提示したメカニズムが必要だった。アナーキーやアノミーではなく規範的な規制が、キリスト教世界によってもたらされたのである。政治闘争や階級闘争、経済生活や戦争でさえもが、ある程度までは見えざる手によって規制されていたのだが、この手はアダム・スミスのではなくイエス・キリストの手だった。二人の社会学者の理論をこうした比喩で結びつけるなら、キリスト教徒の両手は規範的な社会全体の祈りのなかで敬虔に握り合わされるとともに、不完全なこの世の改良のために活発に振り動かされたのである。次節で私は、この見えざる手によって規制されている複合的な〈力〉のネットワークから刺激された、経済のダイナミズムを探究しよう。

先ほど微妙だと言ったほうの結論は、後に重要な役割を担うようになる私有財産制度に対して、これらの自律的アクターが与えたインパクトに関連する。今日一般に理解されている通り、私有財産は経済資源の排他的所有権を法によって授与する。これら二つの観点からすると、初期の封建制ヨーロッパには私有財産はなかった。ブロックが言うように、ローマや今日のわれわれとは異なり、封建制度では土地をめぐる「純粋に」経済的な関係という観念などなかったのである。訴訟は所有権をめぐってではなく、ましてや「法」的文書をめぐってではさらになく、慣習と土地占有権《シーズン》——時間の経過によって効力が増す占有——をめぐって争われた。上位者や共同体へのさまざまな個別的義務が付着しているような土地では、所有権など存在することができなかったのだ（一九六二年・I・一一五頁）。このような対比から出発する者は、封建制から資本主義への移行の説明に当たって、手に負えない問題を自らつくり出してしまう。そこで多くの人びとが、急場しのぎの救いの神を呼び出した——すなわちローマ法の復活が、主としてヨーロッパ国家のみならず財産所有者一般によっても行なわれ、それが一二〇〇年頃に影響力をもつようになった、というのである（例＝アンダーソン・一九七四年b・二四—九頁を参照）。

しかしながら、ローマ法の復活が重要でなかったというわけではないが、その中断はこれほど決定的なことではなかったのだ。法は私的所有の実効性にとって必須の要件ではない——そうでなければ、読み書き以前の社会ではそんな財産などもてないことになってしまう。しかし私的所有の基準としての法とのかかわりは、国家と私的所有との通常の関係が実際どのようなものなのかを隠蔽してしまうのである。従来一般の近代的理解では、初めに実効的な私的占有があり、しかる後にそれを正当化すべく国家が登場するとしている。これがある程度実際に起こったのは一二世紀以降、資本主義への移行の一部である囲い込み運動においてだった。しかしこれまでの幾つかの章で見たように、実効的な私的占有はそれまで、通常は国家を通して創出されていたのだった。通常、膨張国家の解体によって、その属州支配者や同盟者は国家の公的・共同的資源を略取し、占有することができた。これに必須の前提条件こそ文字通りの「プライヴァシー（私的秘匿）」――公共領域から資源を秘匿する能力だったのである。

ふたたびこれが起こったのが初期中世で、臣下たちが領主から保有したとされる土地の実効的占有権を手に入れた時である。中世ヨーロッパでは、農民たちも領主からこれと同じことができた。実際のところ、いかなる共同体も階級組織（国家その他）も独占的権力を持っていなかったという事実が意味していたのは、ほぼ誰でもが自分の経済資源を持っており、国家その他の統制からの「秘匿」というラテン語の意味においてそれは「私的《プライヴェート》」なものだった、ということである。この意味で、ヨーロッパ封建制は異常なまでに莫大な「私的」所有を授与したのである。所有は単一の人間あるいは所帯が排他的に支配する土地、という形態ではなかった。しかし「私的」な、すなわち秘匿された経済活動は、われわれ今日の成熟資本主義時代よりはるかに幅広く行なわれていたのである（今日では約一〇パーセントの人びとが私的財産の八〇パーセントを実効的に占有しており、現実の私的秘匿《プライヴァシー》は、基盤構造《インフラストラクチュア》の面で強力な諸国家・諸企業からさらなる制約を受けているのだ）。西暦八〇〇年頃の初期におけるヨーロッパ封建制は、秘匿された実効的占有という意味では、私的所有が優勢だったのである。

こうして、資本主義的私的所有の出現は、大方の一般的説明に見られるものとはいささか趣を異にする説明上の問題を提起する。第一に、それは人びとがいかにしてヨリ共同体的な「封建制」諸制度から自分の私的資源を手に入れたかの問題ではなく、変転する状況にもかかわらず、少数の人びとがいかにしてそれらの私的資源を保持したか――その結果彼らは「資本家」として登場する――の問題であり、さらには、大量の民衆がいかにしてその財産権を喪失し、その結果土地なしの労働者として登場したのか、という問題なのである。第二に、国家の勃興は資本主義の勃興と相いれぬはずの現象だったのではなく、複合的で特殊個別的な義務を一元的で排他的な所有権によって取り除いてしまうためには必須の要素だったのである。私は本章の後半で第一の問題、次章以降で第二の問題に立ちもどる。

封建制の原動力

経済成長

ヨーロッパ経済の年代表を作成しようとすると、恐ろしい障害にぶつかってしまう。一二〇〇年頃には、国家もマナーも詳細な会計記録をつけ始めるので史料は改善されるのだが、そのお陰で一二〇〇年以前期と以後期とを比較するのが危険

図12－1　イングランドの人口動態・西暦1―1850年

（典拠：ラッセル・1948年，マケヴィディとジョーンズ・1978年・43頁，
リグリィとスコフィールド・1981年・208－9頁，566－9頁）

になる。にもかかわらず、おそらくは八〇〇年頃から一八世紀の農業革命まで、本質的な連続性の存在を認めることができる、と私は考えている。連続性には三つの主要な側面がある――経済成長と、経済的な〈力〉がヨーロッパ内部で地中海から北西部へと移行したことと、したがって〈力〉の組織形態もそちらのものに移行したこと、の三つである。

まず人口動態から始めよう。われわれは時たまの不完全な借地人調査（一〇八六年の「土地台帳《ドゥームズデイ・ブック》」）や納税人調査（一三七七年の人頭税申告書）から得られる情報に、平均家族規模の推定値や、考古学的発掘で得られた開墾地と荒廃地の面積数などを勘案していかなければならない。イングランドに関して細心の注意を払ってまとめられた数値（一〇八六年および一三七七年に関するラッセル・一九四八年の数値）でさえ、論争の的となっている（ポスタン・一九七五年・三〇―五頁で）。数値を丸めるとともに、異なる年の数値をグラフ化して全体を調整するのがベストだろう。**図12－1**がその一例である。初めの年代に関しては推測値だが、人口は西暦八〇〇年頃までにローマ占領下での最高レヴェルを回復し、「土地台帳《ドゥームズデイ・ブック》」の年までには倍増していたという、多くの歴史家の見解と一致している。一四世紀初期までにもう一度倍増するのだが、しばし停滞した後には、ペストの大流行とその後の疫病によっておそらく三分の一、ないし四〇パーセントも減少する。しかしながら統計上で見れば、一四世紀の危機はわずかな後退でしかなかった。一四五〇年までに人口は上昇し始め、以後は降ることはなかった。八〇〇年頃から

図12－2　ヨーロッパの地域別人口動態

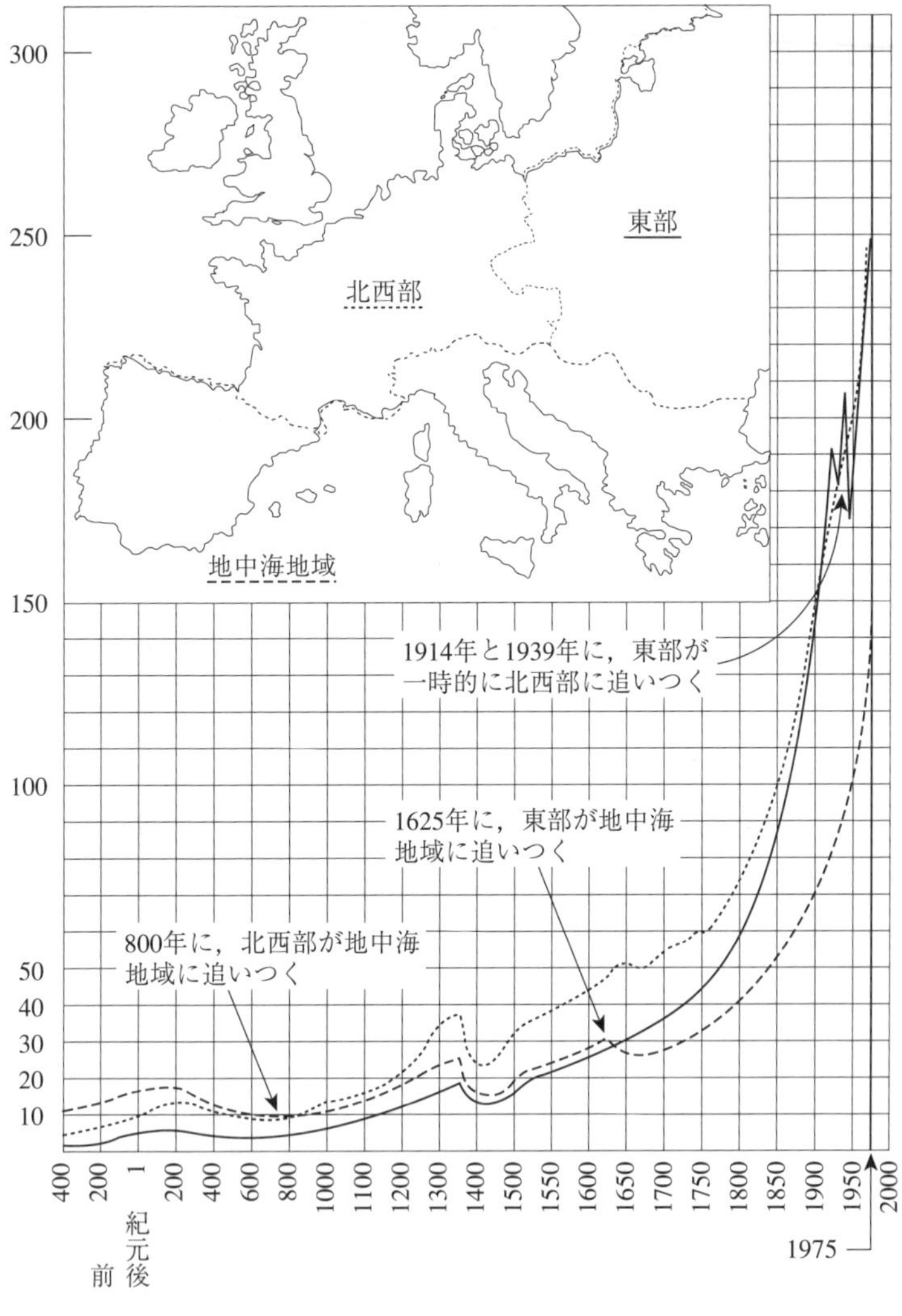

（典拠：マケヴィディとジョーンズ・1978年・図1-10）

一七五〇年まで、一四世紀は例外として、成長はたぶん連続していた。ヨーロッパの他地域でも、リズムにちがいはあるものの、同じような成長が見て取れるのである（図12-2参照）。

したがって、イングランドの急速かつ早期からの成長は、北西部ヨーロッパ全体の特徴だった。地中海地域も成長をとげていたが、かつてのローマ時代のレヴェルまで回復したのは三、四百年後の、一二〇〇年頃だった。さらに一三〇〇年までには、イタリアの人口密度がフランドルのそれと並ぶ一方、スペインとギリシアの人口密度は、実質的には北部および西部のどの地域よりも低くなった。

したがって、地域によって異なりはするが、ヨーロッパ諸国はおよそ八〇〇年から一二〇〇年にかけてのどこかの時点で、かつてない大人口を支えていたのだ。一、二度の中断はあったにせよ、これらの国ぐにには中世と初期近代とを通じて上昇運動をつづけていたのである。これこそヨーロッパ発展の原動力が、とりわけ大陸の北西部において持続していたことをわれわれに示す、第一の指標である。

大規模な農業人口を支える方法は二つしかない――拡大包括的に耕地をふやすか、内向集中的に既存の耕地の収量倍率を上げるかである。ヨーロッパではこの両方が起こった――時代と地域の組み合わせはさまざまだったけれども。人口がかつてのレヴェルに達するまでは、拡大は以前ローマ人が耕した農地へと進んだ。南部地域ではローマ時代に耕作が完了していたので、さらなる拡大は不可能だった。北部地域では、いまだ耕されたことのない大規模な沼地や森林地が開墾可能だった。このプロセスが、イングランドやドイツといった国ぐにの一二〇〇年頃までの記録の主流を占めている。しかしながらそれ以後になると、新たな辺境の土地の質は高くなかった。おそらく地味の枯渇や動物肥料の不足によってもたらされたのが一四世紀の危機であって、人びとが不健康になったために、一三四七年から一三五三年にかけて初めて、しかも大波のごとくに襲ってきた黒死病（ペスト）を堪えしのぐことができなかったのだ。もしも拡大包括的な耕作だけが唯一ヨーロッパの解決策だったとしたら、ヨーロッパ大陸は一世紀かそこらでマルサス的循環を経験していただろう――そして資本主義を生み出すこともなかっただろう。

しかし耕作の内向集中化も起こっていた。ここでは収量倍率が使える。一二〇〇年以前の時期は史料が乏しく、議論百出である。数値について、私は第九章で検討した。デュビィではなくスリッヘル・ファン・バートの概算値を受けいれるとすれば、九世紀から一二世紀初期にかけての収量倍率にゆるやかな上昇を認めることができる――イングランドにおいて、播いた小麦の種子の収量倍率は約二・七から上昇して、二・九あるいは三・一に達したのである。大部分の地域では良質の未開地が手に入ることで改良への誘因が減少したのだが、一二〇〇年以後になると、開墾という代替策は魅力的ではなくなった。スリッヘル・ファン・バート（一九六三年・一六―一七頁）がそのデータをまとめている（表12-1を参照）。彼はヨーロッパを産出高に応じて近代国家の四グルー

表12-1　ヨーロッパにおける収量倍率，1200―1820年

段階	地域グループ	対象国	年	収量倍率
A	I	イングランド	1200―49	3.7
	II	フランス	1190頃	3.0
B	I	イングランド	1250―1499	4.7
	II	フランス	1300―1499	4.3
	III	ドイツ，スカンジナヴィア	1500―1699	4.2
	IV	東ヨーロッパ	1550―1820	4.1
C	I	イングランド，ネーデルラント	1500―1699	7.0
	II	フランス，スペイン，イタリア	1500―1820	6.3
	III	ドイツ，スカンジナヴィア	1700―1820	6.4
D	I	イングランド，アイルランド，ベルギー，ネーデルラント	1750―1820	10.6

プに分類するが、それらは地域的なグループ分けにもなっている。すなわち――

グループⅠ＝イングランド、アイルランド、ベルギー、ネーデルラント

グループⅡ＝フランス、イタリア、スペイン

グループⅢ＝ドイツ、スイス、デンマーク、スウェーデン、ノルウェー

グループⅣ＝チェコスロヴァキア、ポーランド、リトアニア、エストニア、ロシア

数値は小麦、ライ麦、大麦、オート麦を同じものとして取りあげているが、それは各作物が示すトレンドが一致しているからである。

一二五〇年までに、グループⅠの国ぐには産出高を実質的に増やしていた。一四世紀（初期）、一五世紀、一七世紀に落ちこみが見られるものの、増加はつづいた。一五〇〇年までに、それらの国ぐにには古代ヨーロッパ最良の大規模地域の数値を追い越した。一八世紀の後半になると、この国ぐにには人口のかなりの部分を非農業雇用へと振り向けられる段階へと飛躍した――史上初めてのことである(3)。そして再度ここで見られるのが北西部における不均衡かつ早期の成長であって、一三世紀以降のこの地域の農業上のリードをさらに増大して

（3）一八世紀の産出高数値は当時の農業進歩をひかえ目にしか表わしていない。進歩の多くは穀物生産よりも、農地の活用と作物の多様化だったからである。第一四章参照。

いるのである。
これらの収量倍率は決定的に重要である。これらこそ、およそ一二〇〇年以後のマルサス的循環を回避する唯一の手段だった——つまり所与の領域内での大規模人口を扶養する唯一の方法であり、人口を第二、第三の雇用へと振り向ける唯一の方法だったのである。数値が示すところによれば、こうした潜在力はごく早い時期からヨーロッパ、とりわけその北西部の社会構造のなかに組みこまれていた。それは封建制がもつ原動力の単なる指標であって、その原因ではない。しかしこの原動力がいかに早くからのものだったかを示してはいる。われわれがその原因に少しでも迫ろうとすれば、高い産出高を実現した直接の推進役である技術上の諸変化を検討しなければならない。

中世における技術と発明

一部の歴史家は中世の特徴として、「技術革新が加速度的に相次いだ」時期（チポラ・一九七六年・一五九頁）、「技術のダイナミズム」、「技術の創造性」（ホワイト・一九七二年・一四四頁、一七〇頁）をもつ時代としている。ところが他の歴史家はこれと対照的に、「中世の農業技術上の不活発は見誤りようがない」（ポスタン・一九七五年・四九頁）と主張している。多くの人びとの主張では、創造性一般が加速したのはようやく一五世紀のルネサンスになってからである。それ以前では、主要な発明の大部分はどこか他からヨーロッパへと伝播してきたものだった。しかしこの点は、しばしば「停滞的」と特徴づけられるローマ時代に関して第九章で私が論じたように、「創意工夫」というものについてこうした一般論レヴェルで語っても無意味なのだ。ローマ人は彼ら自身の〈力〉の組織にふさわしい一連の発明を行なったけれども、それらが現代われわれにふさわしいわけではない。私がそれらの発明を拡大包括的と呼んだのは、それらによって征服事業と大規模な土地スペースの最小限活用とが容易になったからである。同じ伝で、ヨーロッパ中世を単純に「創造的」とか「停滞的」とか決めつけることはできない。ここでわれわれはローマとは正反対の特異なタイプの発明、内向集中的な発明が優勢となっているのを見出すのである。

ローマとの比較対照をもう少しつづけよう。ローマの大発明の一つはアーチ、すなわち中央の径間《わたりま》にかかる荷重が両側を支える柱に対する荷重を越えないようにして空間に架橋する方法だった。アーチによって支えることができる荷重は、それまで至るところで行なわれていた建築方法、すなわち柱の天辺に大梁を横置きにする方法よりも、はるかに大きかった。ローマにおいて荷重とはおおむね交通だった——円形闘技場を歩き回る人びと、橋を渡る兵士たちと荷馬車の列、そして最も重量がかかったのが都市への給水が流れる高架水道だった。アーチはこうして、水平的な地上空間に対するローマの征服の重要な一部だった。それはたいへんな進歩だったので、ローマのすべての継承者によってもっとひかえ目な建設工事にも採用された。しかし西暦一〇〇〇年頃のイスラーム世界で、次いでキリスト教世界ではもっと持続的な流行として、アーチに対して重要な変化が起こった。アーチのローマ的形状である円形が、長円形あるいは垂直の軸線に、さらにやがては尖ったゴシック・アーチに道をゆずったのである。上方への押圧力の増大が柱壁全体から重量を取り除いたのである。壁の長さは減少し、ガラスがはめられ光が射しこんだ。しかし問題は残っていて、上方への押圧力が高まればそれだけ、柱壁の外側へと圧力がかかったのだ。この問題は一二世紀にフライングバットレス（飛び控え壁）によって解決したが、これを柱壁の外側に取り付けることで圧力を吸収したのである（ブロノフスキー・一九七三年・一〇四―一一三頁）。これは建築上の発明の、まことに恐るべき持続的な噴出であって、これまでになく最大かつ最堅固の、最も美しい建築の幾つかを生み出したのだった。ヨーロッパの大聖堂――今なお目の当たりにすることができるゆえに、われわれにはよく分かるのだ。こうした技術のかくも特殊な使い方――これらの技術は幾世紀ものあいだ他のタイプの建築には応用されなかった――は、中世社会というものを如実に物語る。征服とは高さの征服だったのだ。この技術によってアーチは、ローマのアーチより重たい物を担えるようになったのだが、それは交通手段や、品物や人間を長距離運ぶ輸送手段ではなかった。重量は垂直構造の重量だった――ランス大聖堂のアーチ形屋根は三八メートルあり（ボーヴェ大聖堂のアーチは四六メートルだったが崩壊した）、ウルムの塔もそうだった。すべては天なる神へと向かってそびえ立っていたのである。

中世の聖堂建築者たちが、ローマ人による水平空間の征服を垂直空間の征服へと転換《コンヴァート》したのは、まことに適切なことだと思われる。彼らが崇拝していたのはイエス・キリストであり、彼こそが魂の回心《コンヴァージョン》という別の手段によって、水平的空間の征服を実現していたからである。

それはまた中世社会が、拡大包括的な技術革新を大幅に見すごしたことをも示している。イエスと聖パウロとは、古代世界の基盤構造的な遺産に助けられて、キリスト教世界の統一を成しとげた。拡大包括性はほうっておいてよかった。中世においてはメッセージの伝達、あるいは輸送技術の面で（一つの大きな例外があるけれども）、大きな技術革新は行なわれなかった（詳細な検討はレイトン・一九七二年を参照）。その例外とは馬の使用にかかわるのだが、これはもともと通信輸送システムではなく耕作法の改良として発達したのだった。中世ヨーロッパはローマの拡大路線に沿った技術革新は行なわなかった。

ここまでの隠喩によれば、中世ヨーロッパの関心は拡がりではなく高さだった。この隠喩をつづけていこう――というのは、最も重要な経済上の技術革新は深さにあったからである。隠喩が喚起するのは一般に技術革新の中核とされていること――すなわち犂耕作、三圃農法、牽引動物に蹄鉄を打ち引き具をつけること、である。これに水車の利用を付け加えるべきだろう（深さの隠喩を不当に引きのばすことにはなろうが）。

これらの技術革新のすべてが西暦一〇〇〇年頃までに広く普及しており、これらすべてが重い土壌、つまり北部および西部ヨーロッパからの産出高を不均衡に増大させた。西部地方における主な技術的発達について、チポラはこう要約する——

a　六世紀から＝水車の普及
b　七世紀から＝北部ヨーロッパにおける重量犂の普及
c　八世紀から＝三圃農法の普及
d　九世紀から＝蹄鉄の普及と、牽引動物に着ける新しい引き具の普及　（一九七六年・一五九—六〇頁）

これらがもたらした効果を、ホワイトが要約する——

六世紀の前半と九世紀末とのあいだに、北部ヨーロッパは一連の技術革新を創出あるいは受容し、これらが一体となることで完全な新機軸の農業システムが出来あがった。農民の労働という観点から見れば、これこそ世界にかつてなかった最も生産的なものだった。　（一九六三年・二七七頁）

ブリッドベリ（一九七五年）の強い主張によれば、これらの技術革新はしっかりと「暗黒時代」に根ざしており、一一世紀から（とくにイタリアで）起こった都市と海運の復興の結果ではなかった。

こうした技術革新の特徴を考えてみよう。重量犂には畝を切るための鉄製の刃と、深く掘りこむための鉄製のへらと、切りこんだ土を剝ぎ取って右手側にひっくり返す、斜めの撥土板が付いていた。それを使えばヨリ深くヨリ重い土壌も掘り起こし、掘り上げ、そこに排水畝をつくることができた。水はけの悪い北部ヨーロッパの平地も、これによって排水し、耕地化することができた。しかしこの犂を引くためには、ヨリ多くのエネルギーが必要だった。これを提供したのが、改良型の蹄鉄や引き具を装着した雄牛あるいは馬のチームだった。三圃農法となると、さらに複雑である。しかしまさにこの複雑さと、「二圃式」と「三圃式」との普及のバラツキは、穀物およびある種の野菜生産には重い土壌のほうが豊かな潜在力をもつが、そうした土壌を肥やすのにはまた別の特殊な問題があることに、農民が十分気づいていたことを示している。耕作農業と畜産農業の相互依存が緊密となり、これがまた〈力〉のありかを北西部へと移し変えた——イングランド南東部やフランドルといった地方では、良質の牧草地と小麦畑とが入りまじっていたのである。さらに全地球的観点から見れば、おそらくこれによって西ヨーロッパはアジアの、とくに中国の内向集中的な米作技術に対して、決定的な農業上の優位を獲得しただろう。ショーニュ（一九六九年・三六六頁）によれば、ヨーロッパ人は動物からのエネルギーと肥料とによって、「中国人男性が持っていたよりもおよそ五倍ほど強力なモーター」を手に入れたのである。このうちのどれもが、単なる技術革新ではなかった。そこには内向集中的な社会組織がかかわっていた。雄牛や馬のチームを組むには、それを協同的に活用する（初期の中世農業に特徴的な細長い区分地《ストリップ》を奨励したのがこれだった）には、そして耕地ローテーションと施肥の組織化には、村落あるいはマナー規模の経済単位が有効だったのだ。そのような組織化によって、重い土壌の穀物の産出を増やすことができた。水車小屋がその穀物を、効率よく挽いたのである。

　中世初期における農業ダイナミズムの特徴を水車小屋ほどはっきり示してくれるものはないのだが、これはローマ時代に発明されてはいたものの、この時まで広く普及してはいなかった。ここに統計がある。「土地台帳《ドゥームズデイ・ブック》」はイングランドで一〇八六年までに六〇〇〇基の水車を記録し（ホジン・一九三九年）、この数字はレナード（一九五九年・二七八頁）によれば少なくとも一〇パーセントはひかえ目だということだが、平均すれば一村落当たり二基、一〇—三〇個の犂についておよそ一基になる。これらの水車小屋の一部はその地の領主が管理していたが、それ以外は独立していた。しかしすべては経済的な〈力〉と技術革新が完全に分権化されて、各地方へ移行したことを物語っていたのである。

　収量倍率、ひいては人口の増加をもたらした技術は、内向集中的であって拡大包括的ではなく、すでに検討した局地的自律性の産物だった。その原因となったメカニズムが明らかになりつつある。それは自律的な経済資源が地方ごとに有効に所有されたことによって生まれたのだが、この所有はキリスト教世界の拡大包括的な諸権力によって制度化され、正当化されていた。経済的な拡大包括性のメカニズムについてもう少し子細に検討しよう。交易はどのように規制されたのか、そして比較的に見ての話だが、なぜそれほど盛んだったのだろうか？

　一つの要因は単純に自然環境であって、これは通常、新古典派経済学において重要な位置を与えられている。ジョーンズ（一九八一年）が主張するように、ヨーロッパをアジアと比較してみたときの「ヨーロッパの奇蹟」の一部は、ヨーロッパの自然環境が示すさまざまな対照性にあって、これによって「諸資源の分散的ポートフォリオ」が生み出され、それをもとに大量の有用物資——たとえば穀物、肉類、果物、オリーヴ、ワイン、塩、金属類、木材、動物皮、毛皮などが大陸中で交換されたのである。海岸線や航行可能河川の割合が高かったことが、輸送コストを低くした。さらにつづけて、ジョーンズによれば、経済的合理性がもたらすさまざまな結果がある——諸国家は商品として交易される大量の生活物資を略奪しようとはせずに課税しただけだったし、税の見返りとして基本的な社会秩序を提供した。ヨーロッパは「略奪マシーン」国家を回避し、そこから経済発展が始まった。市場こそ「自然なもの」と信じている新古典派経済学者として、ジョーンズは師匠のアダム・スミスを引いて曰く——平和と、安い税金と、寛容な司法行政とがあれば、その他のことは「自然の成り行き」でうまくゆくのである、と（一九八一年・九〇—六頁、二三二—七頁）。

　しかしこのアプローチは、幾つかの本質的前提条件を見誤っている。第一に、ヨーロッパを何よりもまず大陸と見なさねばならぬ理由は何か？　これは自然環境の問題ではなく、社会的事実なのである。それまでは大陸ではなかったが、今やゲルマン蛮族とローマ帝国北西部が融合したこと、南方と東方をイスラームという存在がふさいで境界をつくったことで、大陸が創出されたのだ。その大陸としてのアイデンティティーは根本的にキリスト教的だった。それはヨーロッパとしてよりも、キリスト教世界として知られていた。第二に、広範な交易を行なうのに十分なレヴェルにまで生産が到達するには、これまでに述べたような技術革新という社会的前提条件が必要だった。第三に、物品が「商品」となるには、これもすでに述べてきたことだが、私的所有権というあの特別な、ふつうには見られぬ社会形態が必要だった。第四に、ジョーンズによって主要な社会的アクターとされている資本主義商人および資本主義国家は、実際にはもっと後の資本主義から生まれるのであって、この時代ではない。この点はわれわれを、キリスト教世界の拡大包括的な〈力〉の根源へと向かわせるので、私はそれを展開しよう。

中世初期の交易ネットワークの心臓部を見てみよう。それは北西から南東へと走る一つの回廊というか、あるいは並行する二本の対角線だった。一本はスカンジナヴィアと北部の生産物をライン河口に集め、それをライン沿いにスイスとその先の北部イタリア、とりわけ北東部イタリアへと運んで、その見返りに地中海および東方の産物を受け取る。もう一本はフランドルに始まって北海の産物を集め、おおむねは陸路でフランスの北部・東部を通ってロワール河、次いで地中海と北西部イタリアへと運ぶ。この第二のルートのほうが重要で、そこから支線が一本、ラインの中流へと延びていた。これらのルートに関して瞠目すべき点は、それが中央集権的な秩序をもたらす国家群——イングランドやフランスおよびドイツ皇帝の中心的な王権領域をそれているか、あるいはその周縁部に位置していたことである。国家と交易との等号関係は完全にまちがいというのではないが、最も関係の深かった国家は「近代」国家とは異なるタイプだったのである。

まず第一に、このルート沿いに多数の聖職者「国家」の存在が目にとまる。フランドルからローヌ河にかけてと、ライン河沿岸とには教会国家の大規模な密集が見られ、それら司教および大司教の支配下にあったノアヨン、ラン、ランス、シャロン、ディジョン、ブザンソン、リヨン、ヴィエンヌ、ケルン、トリーア、マインツなどに加えて、クレールヴォーやクリュニーなど強力な修道院もあった。さらに世俗の支配者たちは諸侯として、諸領主の集合体をゆるやかに支配していたのが見て取れる。諸侯もその臣下たちも、フランスやドイツやイングランドなど強大国家から隣国に至るまでの有利な形勢と動きを、虎視眈々とうかがっていた。こうして高・低のロレーヌ公国、ブルゴーニュの公爵領・伯爵領、フランドルとシャンパーニュとプロヴァンスの伯爵領は、ある時は結婚、ある時は自由な契約によって、フランス、イングランド、ドイツとの同盟関係ないし臣従関係を、結んだり解いたりしていた。強大国家としては、これらの土地の豊かさゆえに、できるだけ永続的に支配下に置きたかったであろうが、それは不可能だったのである。

こうして、経済的な富やダイナミズムと、弱小諸国家の存在との相関関係が認められるのだ。多くの人びとはこの点から意を得て、中世初期の交易を、大土地領主や国家が構成する世界に対して幾分「すき間的」なものと見なしている。これは回廊の最も下に位置するイタリアについては正しいが、その他の地域に適用するのは誤解を招く。それは農業生産と切り離された交易回廊ではなかった。そもそもこの回廊が交易のための自然の利点をもっていたというのは、それがヨーロッパの最も肥沃な土地を経由して北海と地中海とをつないでいたからである（イスラームによってジブラルタル海峡が封鎖されていたことを思い起こしてほしい）。しかしいったん交易が確立されると、周囲の農業活動は変化した。フランドルでは現金作物、畜産、園芸が発達し、後にはイングランドの羊毛が加わった。北部フランスの肥えた土壌は小麦を生産した。ローヌ地方は岩塩採掘と、「ブルゴーニュ」という言葉が代名詞として今日に伝わる、あのワインとに集中するようになった。これらの地域の領主たちは、俗人であれ聖職者であれ、大いなる利益を得た。彼らは交易に賦課した税の見返りとして単にその地の秩序を整えたというのではなく、彼ら自身の農園が資本主義農業然としたものになって、交換用商品生産を行なったのである。しかも彼らの純粋に局地的な秩序が地域全体の無秩序へと陥ることがなかったのは、彼らがともに忠誠を捧げたのが共通の国家ではなく、共通の階級だったからである。彼らは互いの宮廷へと訪問旅行をしあい、同じロマンス、叙事詩、説教に耳を傾け、同じ道徳上のディレンマについて議論を交わし、互いに婚姻関係を結び、次男三男たちを十字軍に出し、大国の動きを注意深く観察していた。彼らの経済合理性には規範的な基盤があった――すなわち、キリスト教世界によってもたらされる階級的士気である。

次章で見ることになるが、この特別な地域は、一四世紀と一五世紀におけるブルゴーニュ公国の勃興によって、弱小国家と経済ダイナミズムとの長い関連を維持しつづけた。強大国家と原型的資本主義の発展との関連なら、この一四・一五世紀までにはヨーロッパの他の地域でも確立されていたかもしれないが、ここで議論しているような早い時期にはそれはなかった。弱小にして真に「封建制」的な国家によって表現される領主たちの、聖俗を問わぬ（そして幾分かは農民たちをも含めた）規範的な連帯の存在は、市場に秩序を与え、それによって初期ヨーロッパのダイナミズムに拡大包括性を与えるための、必須の前提条件だった。

私は「単一要因」による説明を意図してはいない。ヨーロッパの発展プロセス全体のなかには、ヨーロッパの奇蹟についての新古典派的説明にうまくはまるような、顕著に「ヨーロッパ的」な農民プラス鉄器経済の超長期にわたる持続も含まれている。すでに見てきたように、鉄器時代が過ぎた後もヨーロッパの大部分を占めていたのは、鉄製の道具と牽引動物を使用して、肥沃ではあるが重く湿った土壌を掘り起こし、生活必需物資を擬似商品として交換していた農民家族だった。圧倒的に多かった核家族は、晩婚によってその繁殖を規制していた（一六世紀について立証したのはハジナル・一九六五年）。「個人的」な所有形態は、イングランドにおいては早くも一二世紀から存在した（マクファーレン・一九七八年——彼はこれを北西部ヨーロッパ共通というよりイングランド固有のものと見ているのだが、その主張の根拠となる証拠はあげていない）。おそらくはもっと古くに確立されて、後代の資本主義出現の一翼を担ったのだ。しかし私が主張したいのは以下のことだ。〈力〉というもののマクロ構造——東地中海のそれに始まってローマ帝国へと継承され、終にはキリスト教世界へと至るマクロの構造をもっと理解することなしには、ヨーロッパの奇蹟を引き起こした内向集中的な〈力〉と拡大包括的な〈力〉両方の前提条件を整合的にとらえることなど、できはしないのである。

資本主義への萌芽的移行

説明のむずかしい部分は終わった。これから先は、移行に関する唯物論派の、すでによく定着している二つの理論の助けをかりて進んで行くことができよう。われわれが今たどり着いているのは、個々の家族と各地の村落・マナー共同体とが、財産所有と生産関係と市場交換とを統御する制度化された規範の下で、経済的な相互作用の広範なネットワークに参加している時点である。彼らは自分の企図によって得た果実を自分のものとして保持することが可能な、したがって、別の戦略をとった場合に自分に生じるコストや利益を計算することが可能な、十分の自律性と秘匿性《プライヴァシー》とを持っていた。こうして供給と、需要と、技術革新への動機とがととのったわけで、新古典派経済学としては説明が可能になる。そしてここでのアクターは家族や地域共同体だけではなく、領主や農民といった社会階級でもあるので、その階級闘争の分析ではマルクス主義理論にも加勢してもらえる。

実際のところ、経済史をめぐってこれら二つの学派のあいだで激しい論争が交わされるにもかかわらず、移行に関しては本質的には同じことを述べているのだ。合理的計算や競争や階級闘争に影響を与えるさまざまな要因について、両派はその強調の仕方にちがいがあることは確かだ。新古典派が好むのは、人口の増加や減少、気象変動、土壌の肥沃性の差異といった、社会構造外的（あるいは少なくとも階級構造外的）としてあつかわれる要因である。マルクス派が好むのは、階級組織上の変異である。移行について、ここで私が試みているよりももっと詳しい説明を行なおうとすれば、これら両派の主張のいずれをとるか、選択を迫られることは明らかだろう。しかし全般的に見れば、両派は実にうまく互いに補完しあっており、封建制原動力の後期の発展に関して、共通の優れた記述を提供しているのである。両者ともに欠けているのは——そして私が提供しえたと望んでいるのは——、これら両派のモデルが初めて適用可能になる状況にまで、世界はいかにしてたどり着いたのかという、その説明なのだ。

所有権における排他性の登場に至るまで、中世を通じて並行的に二つの傾向が進んでいた。排他性は秘匿性から発展した。一つは領主の既得権としての排他的所有であり、二番目は農民の富裕な部分のそれだった。両者はともに農業における資本主義的関係へと向かう全般的な動きの一部をなしていたが、地域により時期によってどちらか一方が発展する傾向が見られたのは、両者のあいだには幾らか逆行的な関係があって、封建制生産様式の最終的な消滅までそれがつづいたからである。両方の傾向を最もよく示す見本が一四世紀の危機だった。そこで私は本書の年代順章分けの先まわりをしてこの危機について簡略に述べ、封建制の一般的傾向との関連性を示しておこう。記述の大方は新古典派による二つの説明(ノースとトマス・一九七三年・四六—五一頁、五九—六四頁、七一—八〇頁、およびポスタン・一九七五年)、そしてマルクス派による二つの説明(アンダーソン・一九七四年a・一九七—二〇九頁、およびブレナー・一九七六年)である。これらには大きなちがいがない。

一四世紀危機の最初の段階において、生産物と生産要素の相対価格の変動が領主にとって有利になった。一三世紀を通じての長期にわたる人口増加は、ヨーロッパ全体に及んでいた。質の悪い辺境地まで開墾されたが、過剰人口の恐れがあった。こうして労働力はあり余ったが、良質の土地は不足していた。良質地を支配していた者、すなわち領主の取引力が、自らの労働力に頼っていた者、すなわち農民の取引力との比較で増大した。領主たちは搾取比率を上げるとともに、労役を使った直営地の直接耕作を行なわせた。封建制経済においては状況が領主有利になるといつも、こうしたことが起こりがちだった。領主たちの基本戦略は、農民の活動の独立部分をマナーに取りこみ、農民自身の独立保有分を農民所帯のぎりぎりの生存と、次世代労働力の再生産ぎりぎりのレヴェルにまで削減することだった。領主たちは今や、いかなる余剰も直接収奪できるようになった(ヒンデスとハースト・一九七五年・二三六頁、バナジ・一九七六年)。彼らはまた直営地における規模の経済と資本投下を活用して、農民に対する支配を強めることができた。こうして、マルクスの言葉によれば、領主は「生産過程および社会生活の全過程に対する監督者兼主人という存在」になった(一九七二年・八六〇—一頁)。たとえば、水車小屋は領主の管理下に置かれて、封建制下の独占として搾取手段となる傾向が強かった。農民たちは領主のかまどを使用し、領主の水を使い、領主の薪を燃やし、領主の絞り器を用いてワインを絞ることを強いられたのと同様に、領主の水車で穀物を挽くよう強要されたのである。こうした強要は、領主の封建制諸特権の一部として憎悪の的だった「バナリテ(使用強制)」となった。それらはすでに一一世紀・一二世紀、領主が経済攻勢をかけた際に広く行なわれるようになっていた(ブロック・一九六七年・一三六—六八頁)。これらの戦略のすべては経済的な強制を進展させることを目ざしており、それが成功すれば、生産をめぐる社会的関係を転換させるほうへと作用したのである。法的あるいは慣習的諸権利のいずれをも無視する形で、農民たちの実効的土地所有が収奪されていった。それぞれ領主が土地所有の排他性へと向かって突き進んでいた。これが資本主義へと向かう第一ルートだったのである。

ところが一四世紀前半の飢饉と疫病の後になると、生産物と生産要素の相対価格が逆転してしまった。今度は農民が有利になった。土地はふんだんにあって、労働力が足りなかった。農民は借地期限を延長し、農奴は土地使用の排他的権利を獲得して資本蓄積の可能性を大きくした。彼らは余剰を手に入れ、現物であれ現金であれその一部を使い、労役を行なわずに貢納を済ませることができた。土地の広さや質の点で他より有利だった連中は、最終的には自ら資本設備を手に入れ、貧弱な土地をもった労働者を雇い入れるようになった。これらの富裕な農民、革命前のロシアなら「クラーク（富農）」と呼ばれた連中は、しばしば「ささやかな生産様式」と呼ばれるものを発達させ、貧困農民の労働力を含む生産要素を、しだいに商品として用いるようになっていった。これが排他的所有と資本主義へと向かう第二の、富裕農民ルートである（たとえばドップ・一九七六年・五七―九七頁で強調されている）。中世における生産性の成長に農民が大きな役割を演じたという点と、この成長が農民のあいだに差異を生み出して初期の資本蓄積を加速したという二点について、大方の歴史家たちはこれを受けいれている（例＝ブリッドベリ・一九七五年）。これは封建制の原動力の分権的本質を想起させるのである。

最終的には、これら二つの傾向と社会的グループ（領主と富裕農民）とが融合して、領主と農民という二階級構造を破壊するとともに、それに代わる新しい二つの階級、つまり排他的所有の少数者と土地を持たない労働者大衆――資本家農民と農村労働者とが生まれたのである。市場は領主階級の道具という本来の機能を停止し、所有と資本一般の道具となった。以上が封建制生産様式から資本主義様式への移行の記述である。

しかしこうしたことが実際に起こる前に、封建制様式に内在していたもう一つ別の可能性が潰えていった。それと言うのも、もし封建制様式のなかで物理的暴力という手段が独占的に領主に与えられていたならば、生産物と生産要素の相対価格が不利になった時に、彼らは軍事力で対応できたはずではなかったか？　とくに、相対的な労働力不足は必然的に農民の取引力を増すのだろうか？　領主が独占していた経済外的強制がことを決しなかったのは、いったいなぜなのか？これがつまらぬ問いでないのは、他の多くの時代、他の多くの場所における労働力不足への領主の対応というのは、労働者の従属性を強化することだったからである。後期のローマ帝国でこれが起こったのは第九章で見た通りだが、その結果は経済停滞だった。前記の幾つかの問いに対しては、ヨーロッパの領主たちは実際に抑圧策を試みたけれども、名目的には成功したものの何の役にも立たなかった、というのが直接の答えである。一四世紀末の幾たびかの労働力不足という事例に話をもどせば、ここには領主による反動攻勢の大波があったのだ。領主たちは暴力と法律によって農民をマナーにしばりつけ、賃金を抑えこもうとした（末期ローマの土地所有者が行なったと同じに）。ヨーロッパ中の農民が叛乱に立ちあがり、（スイス以外の）あらゆるところで鎮圧されてしまった。しかし領主側の勝利は空しいものだった。領主が屈服した相手は農民ではなく様変わりした資本主義市場であり、その内部で利益をあげる好機、あるいは損失をこうむる恐れだった。弱体だった国家は各地の領主の協力なしで法を実施することはできず、領主こそが国家だった。そして個々の領主は屈服して直営地を貸し出し、労役を金銭払いに転換した。アンダーソンはこの「封建制の一般的危機」に関する彼の研究をこう結んでいる――「隷属的農奴労働によって耕作される直営地というのは、一四五〇年までにはフランス、イングランド、ドイツ西部、イタリア北部、さらにスペインの大半ですたれてしまっていた」（一九七四年a・一九七―二〇九頁）。封建制生産様式は、最終的には市場によって破壊されたのである。

さて説明をここで止めるとすると、この最後の一文では大いに不満感が残る。新古典派の経済学者がここで止めるのは、彼らが市場第一主義だからだ。マルクス派のうちの「市場派変種」（例＝スウィージー・一九七六年）もここで止めるのだが、それは彼らの説明が中世世界に対する経験的な感性にもとづくもので、市場を社会組織の形態として理論的に認識したものではないからである。正統派マルクス主義は、生産は交換に先行する、したがって生産関係が市場の諸力を決定する、と答える。しかしこれは正しくない。問題は生産関係という単なる事実性ではなく、その形態なのだ。市場における機会が生産関係の形態、そして社会関係一般の形態に容易に影響を及ぼしうることは、第七章のフェニキアとギリシアの事例で見た通りである。この事例では、もともと封建制キリスト教徒支配階級の創造にかかる市場の機会が、物理的強制力を独占しているはずの当の階級に逆作用を及ぼしたのだ。市場自体は社会組織の一形態であり、集合的な〈力〉と分配的な〈力〉の作動である。それは永遠の存在ではなく、説明を必要とする。この章の議論はその説明の始まり部分を提供したのだ――しかしそれがほんの始まり部分であるにすぎないのは、一四世紀の危機に到達したところで、私が話の先まわりをしたからである。次の章で私は、ヨーロッパの町邑や国家が、いかにして規範的平和状態と市場とを推進していったかを示そう。

結論――ヨーロッパの原動力についての説明

約束通り、私は中世ヨーロッパという、複合的で無頭動物的な連邦の姿を具象化してきた。中世のダイナミズムは、本来的に資本主義的発展へ向けての前進という形をとったのだが、それはこの連邦構造の主として二つの側面に起因していたのだ。第一に、〈力〉のネットワークの複合性と、それらに対する独占的支配の欠如とは、中世の社会集団にかなり大きな局地的自律性を賦与した。第二に、こうした局地的集団は、キリスト教世界によってもたらされた拡大包括的ネットワークと規範的平和状態のなかで、安全に機能することができた――とは言うものの、キリスト教世界それ自体は支配階級内部の士気というイデオロギーと、ヨリ超越的で無階級的なイデオロギーという二つの在り方のあいだで、真っ二つに引き裂かれていたのだった。こうして逆説的にも、局地主義によって外向きの、拡大主義的な志向が窒息させられることはなく、内向集中的で統制のとれた、階級分裂的な競合という形態がとられたのである。

局地主義と拡大主義、階級間の抗争・競合・秩序といったこれらの幾つかの逆説は、この時代が打ち出したさまざまな新機軸のダイナミズムの核心部である。中世ヨーロッパ人は元来、自らの局地性を内向集中的に開拓してゆくことに腐心していた。彼らはそれ以前のいかなる農耕民にも増して、重く湿った土壌を深く掘りさげていった。彼らは飼育動物のエネルギーにきわめて効果的な引き具を装着した。彼らは動物と作物とのあいだの、ヨリ生産的なバランスを打ち立てた。彼らの経済実践活動は増大し、この点では世界歴史のなかで見られた、決定的な〈力〉の再編成の一つとなった。新たな線路がヨーロッパのためにではなく、世界のために敷設されていたのである。想い浮かぶイメージのなかでは、小さなグループの農民たちと領主たちが畑や機具や牛馬を打ち眺めつつ、それらをどう改良したものかと思案を凝らしているのだが、彼らは世界に背を向けていて、もっと発展的な技術や社会組織のことに比較的無関心なのは、それらはすでに最小限度の受容可能なレヴェルで自分たちの手元にあると確信しているからなのである。彼らの実践は「レディーメイド」の拡大包括的な諸回路を見出しており、それらの組み合わせいかんによって、経済的な〈力〉を組織化することで生まれる諸能力が革命的に高まることが示されたのである。

こうした実践活動の諸回路がもつ二つの特徴について、ここで指摘しておこう。第一に、それらの活動は比較的民衆的であった。それらは自律的な経済活動や技術革新、そして拡大包括的な階級闘争へと大衆を巻きこんだのである。〈力〉の諸関係のなかにこれほど多くの民衆が、これほど広大な地域で参入したのは史上初めてのことだった——とは比較歴史学者たちがしばしば指摘するところである（例＝マクニール・一九六三年・五五八頁）。それはやがて、近代の階級分裂型民主政の岩盤となるものだった。第二に、それらの実践活動は、いわゆる自然科学というものの成長をうながす知的環境をもたらした——自然界の物理学的・化学的・生物学的な諸特性を秩序立てる、永遠かつダイナミックな法則が存在するはずだという確かな期待の下に、自然が示す現象的な相貌の底にあるものを洞察するのである。中世の農業はダイナミズムと自然洞察とを育み、キリスト教の自然法則理論は自然の秩序の確実性を保証した。民衆参加と科学というこれら二つの圏域で、われわれは内向集中的な関心と拡大包括的な確信との、同じように実り豊かな組み合わせを見出すのである。

中世の原動力は力強く、持続的で、浸透性をもっていた。それが植えつけられたのは、早くに西暦八〇〇年頃だったろう。「土地台帳《ドゥームズディ・ブック》」の至るところに水車小屋の記事があって、それがイングランドでは一〇八六年までに出現したことが記録されている。ヨーロッパが飛躍をとげた移行とは、そもそも、中世末における封建制から資本主義への移行のことではなかったのだ。中世末のプロセスはおおむねもっと早くの、史料が欠如しているというだけの理由で暗黒時代というレッテルを貼られている時期に起こった飛躍を、制度化していった過程なのだ。すでに一二〇〇年までに、西部ヨーロッパはこの飛躍、この原動力によって社会的な〈力〉の集合性の、新しい高みに到達しつつあった。西部ヨーロッパがその後、いかに異なる姿をとり始めたかを、次章で見ることにしよう。

第一三章　ヨーロッパ発展の原動力２・一一五五―一四七七年
――あるいは、封建国家の終焉と調整的国家の台頭

一二世紀の末になると、前章で述べた複合的で無頭動物的な連邦は長い崩壊期に入った。最終的には一八一五年までに、西ヨーロッパにおける〈力〉のネットワークは異なる形態へと変わっていた――分節化された一連の擬似一元的ネットワークが、地球全体へと拡大していたのである。その単位となったのは主要「国民」国家と、その植民地と、その影響下の圏域だった。本章ではこれらの国家が勃興し、前章で述べたダイナミックな原動力へと浸透してゆく、その始まりを説明する。

私は主な段階二つについて述べる。この章で検討する第一段階では、経済的、軍事的、イデオロギー的な諸力の混合によって、「調整」され中央集権化された領域国家群が一躍重要性を帯びるようになった。中央国家（通常は君主政だったが）は、諸権利・諸特権の保証人というそれまでの中核的役割から一歩乗り出して、自らの領域内の主要な活動についてその調整を図るようになっていった。局地的であるとともに国家を越える形態をもっていたキリスト教的・「封建制的」規制が、国民国家的な政治的規制を前にして衰退していった。しかし局地的自律性はかなり残っていて、「現実の」政治的骨格は依然として領域的な連邦形態であり、それをつないでいたのは君主と半自律的領主との個別独立的な、しばしば王朝的な関係だったのである。私はこの段階を一四七七年までと見るのだが、この年代が重要なのはイングランドの歴史にとってではなく、この年に最後の偉大な「封建制」国家ともいうべきブルゴーニュ公国が崩壊したがゆえである。次の章で述べる第二段階では、これらの領域を中心とする関係が「有機的な」形態をとり始め、国家はそのなかで支配階級の中央集権的な組織者となったのである。

私の一般的主張の大部分は、第一章で示したモデルで表現することができる。ヨーロッパのダイナミズムは、今や何よりもまず経済的なものだったが、数多くのすき間的な相互作用ネットワークを出現させ、それには中央集権的で領域的な組織形態がとりわけ有用だった。ヨーロッパという競合的な構造のなかで、幾つかの国家がこの解決へとたどりつき、繁栄を謳歌した。そこでは国家の〈力〉が、集権化され領域化されて増大した。

しかしながら私は、この議論には簡単な仕方で入っていこう。イングランドの事例のなかに、すばらしい史料データがあるのだ。一一五五年以降に関しては、イングランド国家の財政記録が十分そろっていて、その歳出パターンを瞥見することや、もっと重要なこととして、その全歳入の多少とも連続的な移り行きを構築することができる。私は一連の統計表の助けをかりて、八世紀間にわたる国家の本質を検討する。

国家が何に金を使い、その金をどうやって手に入れたかを知ることで、われわれは国家勃興の分析を開始することができる。歳出費目を見れば、完璧ではないにせよ、国家が果たす諸機能が分かり、歳入を見ればその国家の「市民社会」を構成しているさまざまな権力集団と国家との関係が分かるのだ。この時期に関して前者を作成するには、いささか間接的な方法を用いなくてはならない。国家機能の量的重要性を財政記録から演繹するには、二つの方法がある。ヨリ直接的な方法は、歳出費目を分解して主たる構成要素を見出すことである。私は次章で、一六八八年以降の時期に関してこれを行なおう。不幸なことに、初期の歳出費目は、この目的にはいささか不十分なのである。しかし一一五五年以降の歳入費目は、時系列表の作成には十分そろっている。したがって国家機能を査定する第二の方法は、全歳入を時系列で分析して、その体系的な変移を国家に対する要求の変化という観点から説明することである。これが一六八八年までの、私の主要な方法である。

この方法によってわれわれは、国家理論の幾つかの主要争点への洞察を得ることができる。それらは第Ⅲ巻で、本章があつかうよりももっと大きな時間的展望の下で検討しよう。当面の問題としては、国家理論はそれぞれ基本的に正反対の国家機能論を主張する二つの陣営に割れていることを想起すれば十分だ。アングロサクソン的伝統の下で優勢な国家理論は国家の基本的役割を経済的で国内的なものと見てきた——すなわち、国家は司法的かつ抑圧的に、その境界内にある諸個人・諸階級間の経済的な諸関係を規制する、というのである。ホッブズ、ロック、マルクス、イーストン〔アメリカ政治学の大御所〕、プーランツァスといった多様な著述家たちは、大まかに言ってこの見方をとっていた。しかしゲルマン世界で優勢な国家理論は大いに異なっており、国家の役割を基本的に軍事的で地政学的なものと見ている——すなわち、国家は国家間の〈力〉の諸関係を調整するのだが、こうした関係には概して規範というものがないのだから軍事力が用いられる、というのだ。この見方は、今日の核手づまり時代のリベラル派やマルクス派には不人気なのだが、かつては特にグンプロヴィッチ、オッペンハイマー、ヒンツェ、そしてやや程度は減じるがウェーバーの研究を通じて優勢だった。歴史上この時期に関しては、いったい誰が正しいのだろう？

これらの見方の一つに固執するあまり、他をまったく無視するというのは馬鹿げていよう。明らかに国家というものは二組の機能を両方とも果たしており、国内的と地政学的の両方の闘技場《アリーナ》と関係しているのである。私は二組の機能の重要性を歴史的に概括した上で、ヨリ理論的な文脈に分け入ってこれらの関連づけを試みよう。私の全体的な結論は第一五章で提示する。

一二世紀国家の歳入源と諸機能

最初の収入金を分析したのはラムゼー（一九二五年）であった。彼の研究にはかなりの批判が行なわれてきた。[(1)] しかし

（1）史料データをめぐる議論は、マン・一九八〇年を参照。

表13-1　ヘンリー2世の歳入――1171―2年度と1186―7年度

歳　入　源	1171―2年		1186―7年	
	ポンド	パーセント	ポンド	パーセント
王領地からの地代	12,730	60	15,120	62
空位司教領地からの地代	4,168	20	2,799	11
スクーティジ（兵役免除税）	2,114	10	2,203	9
タリジ（都市および王領地保有者への戦時強制賦課金）	―	0	1,804	7
罰金（公的司法権による）	1,528	7	1,434	6
みつぎ金（私的ひいきによる）	664	3	12,19	5
歳入合計	21,205	100	24,582	100

典拠：ラムゼー・1925年・I・195頁

私はここでは、後の著述家たちの研究[2]で補いつつも彼の数字を使うことにするが、それは諸批判とはあまりかかわりのない単純な目的のためである。私は一二世紀国家の主要な歳入源を、国家とその「市民社会」との関係について何事かを示せる形にまとめたのである。

ヘンリー二世（在位一一五四―八九年）の歳入は幾分詳細が残っている。**表13-1**は史料がそろっている二年間についてのものである。これらが示しているのは、一二世紀の比較的強力だった国王の諸機能、諸権力である。歳入総額は小さかった――王が果たした機能が何であれ、役人と金を要するものはほとんどなかったのだ。その「官僚制」の規模は、筆頭の領主や聖職者の所帯をわずかに越える程度のものだった。この直後にジョン王（在位一一九九―一二一六年）が見積ったところでも、彼自身の予算はカンタベリー大司教の予算より小さかった（ペインター・一九五一年・一三一頁）。

歳入の大半は王領地、すなわち王の「私的財源」からのあがりだった。これはこの後一二七〇年代にエドワード一世が広範な関税収入を設けるまでそうだったし、後代でも、王が「自分で生計を立て」ようとするたび、つまり外郭グループとの財政的・政治的協議なしでやっていこうとした時はいつも、復活する形だった。一六世紀初めのヘンリー七世が、このやり方でうまくいった最後のイングランド王だった。他のヨーロッパの諸君主は、概してもっと自分の領地に頼っており、特に一五世紀までのフランス、一六世紀に新世界からの地金が流入するまでのスペイン、一八世紀末に至るまでのプロイセンの君主たちがそうだった。こうした私的収入分野は支出と並行しており、こちらの大費目は常に王自身の所帯の経費だったのである。したがって、国家活動の内実を実際にのぞいてみて判明するのは、公的機能の不在と大規模な私的要素なのである。君主とは最大の有力者（同等者のなかの第一人者）だったのであり、他よりも大きな個人収入・個人支出を行なっていた——したがって国家は、「市民社会」に対して自律的だったが、それに対する支配権もなかった。

ヘンリー二世の歳入源で二番目に重要だったのは、空席になった司教区の地代と一〇分の一税を取る権利である。これこそ「封建制特権」の典型で、ヨーロッパの君公すべてが持っていた。こうした特権は内部的な保護機能を示すものであり、この場合なら君主自身が属する階級にかかわる危機に限定されていた。司教職が空位になったり、領地の相続人が未成年もしくは女性だったりすると、その承継には王の保証が必要だった。君公は見返りとして、当の相続人が成年に達するか結婚するまで、その領地の地代や一〇分の一税の全部もしくは一部を受け取ったのである。もう一つの特権は君公自身の承継にかかわるものだった——すなわち彼は長男の騎士叙任と長女の結婚の際、臣下たちから賦課金を徴する権利を持っていた。こうした「封建制的な」収入源はヨーロッパ中で行なわれていた（もっとも、司教区に対する君主の支配権は至るところで紛争の種だったが）。これらは君公自身が積極的に活用しない限り、収入源としては当てにならないものだった（活用例＝「マグナ・カルタ」によれば、ジョン王は相続人である娘たちの結婚を拒否したのである）。これらの特権は「同等者のなかの第一人者」としての王の役割に由来するものだった——すなわち彼自身の階級のなかで、不安の時機に際しての裁定者・平定者の役割として受けいれられたのである。

三番目の収入源は司法的権威に由来していたが、これには裁判の公的利益（表13－1の「罰金」）と、王のひいきを獲得するために払われる賄賂（「みつぎ金」）の両方があった。ひいきの仕方もさまざまだった——判決をくつがえしたり、官職を与えたり、結婚を斡旋したり、交易あるいは生産の独占権を与えたり、その他もろもろだった。ひいきとみつぎ金とは王の司法権の及ぶ区切られた領域、すなわちイングランド王国中で行なわれていた。しかし王の司法権の疑わしい領域が三つあった——聖職者が起こした世俗の事件と、軽犯罪（大部分はマナー裁判所その他の自律的法廷の管轄となる）と、別の君公にも忠誠を誓っていた臣下の領地である。

一二世紀はイングランドでも他のところでも、裁判の管轄領域の面で大きな前進が見られた。それはヨーロッパにおける国家建設の第一局面を成していた。国家にとって最初の安定的な制度は高等法院（そしてもちろん国庫）だった。最初の官職はイングランドでは国王代官《リーヴ》や州代官、フランスでは

（2）ここで用いている主な研究はプール・一九五一年、マキザック・一九五九年、ポウイック・一九六二年、ウルフ・一九七一年、ミラー・一九七二年、一九七五年、ブラウン・一九七五年、ハリス・一九七五年。

奉行《プレヴォ》、ドイツでは騎士裁判官《ミニステリアル》だった。いったい、なぜ？

ストレイヤー（一九七〇年・一〇—三二頁）はこれに関して三つの適切な要因を指摘しているが、私はそれらを脚色してゆく。その第一、教会は国家の司法的な役割を支持していた。キリストは特化した「オイクメネー」の設立を主張しただけだった。世俗の事件は世俗の権威に委ねられたのであって、教会はそれへの服従を命じたのである。西暦およそ一〇〇〇年以降になると全ヨーロッパがキリスト教化され、国家に対する教皇の支持はそれだけ公正なものに感じられた。

その第二、ほぼ同時期までに顕著な人口移動は終息していて、各地の住民のあいだに空間的にも時間的にも連続性の意識が生まれていた。領域的な近接性と時間的な定着性とは、社会規範や司法ルールの確立にとって歴史的に正常な基盤となるものだ。局地性を越える規範的平和状態をもたらすキリスト教世界の能力は、まったく異常な状況が生み出した結果だった——すなわち、同一の局地的空間のなかにさまざまな民族が混合して、彼らのすべてがキリスト教世界の所有する広範な文明の獲得を望んだのである。仮にこれらの住民たちが、たとえば一世紀ほども定住し、通婚し、相互作用を行なうとしたら、彼らにはヨリ入念で局地的な、領域的基盤のあるルールや規範が必要になるだろう。定住化の重要な部分は、新たな領域のヨーロッパの諸言語が徐々に登場したことである。私は後で、英語の発達を概観しよう。さらに、定住民化の第二段階として（ストレイヤーは述べてはいないが）、ヨーロッパ内部における辺境地の征服があった。一一五〇年直後には、見るべき未開地は残っていなかった。仮に一時的にもせよ、何れかの国家に忠誠を誓う定住民が大陸西部を覆った。教会はいまだ規範的な権力を持っていたが、それらは国境で阻止された。最も劇的な阻止事件が起こったのは一四世紀、教皇分裂だった。一人の教皇はアヴィニョンでフランス国王の支持を受け、他の一人はローマでドイツ皇帝とイングランド国王に依存した。関係する国家のすべてが、キリスト教世界再統一への願いと、教皇権を弱めたいという現実政治上の利害との矛盾を意識していた。

その第三として、ストレイヤーの主張によれば、世俗国家こそ平和と安全の最も有能な提供者だったのであり、「暴力の時代にあって、大部分の人びとは何よりもそれを求めていたのである」。ここに疑問が二つある。第一は、地域によっていったいどの国家が平和と安全をもたらすのか、はっきりしていなかったこと。王朝が争いあう広大な地勢があった——それにはイングランド国王とフランス国王が相争う、フランス西部地方の全体が含まれていた。

百年戦争の成り行きは、国家が行使する諸権力に関して教訓的である。フランスは（〔一三五六年〕ポアチエの戦いの後で）大会戦をやれば負けるにちがいないと悟ったので、それを避けるようになった。彼らは攻撃を受けると、城郭や城壁で囲まれた町へと退いた(3)。戦争は一連の「遠乗り《シュヴォシエ》」、つまり「遠駆け合戦」の様相となって、イングランド軍にせよフランス軍にせよ、小規模軍隊が敵の領地を襲っては徴税し、略奪し、殺戮を繰りかえしたのである。この「遠乗り」合戦は敵方の臣下に対して、現在彼らが仕えている主君は平和と安全をもたらす能力がないから望むらくは離脱してしまえ、というメッセージだった。戦争の終結までに、フランスの大部分はどちらの国王も戴かずにうまくやれたのだろうが、こうした選択はできなかった。終にはフランス版の「平和と安全」に軍配が上がった。ドーヴァー海峡がロジスティクス上の障害となって、イングランド側はフランス人、ブルターニュ人、ガスコーニュ人の臣下を日常的に支援することができず、また、攻囲戦をもちこたえるのに必要な大規模常置軍を動員することもできなかった。次第しだいに、フランス国王保証の下にある地方慣習、諸権利、諸特権の濃密なネットワークが、イル゠ド゠フランスを中核として西へ南へと浸透していったのである。イングランド側の襲撃は意地悪く、しかしほんの束の間、これを邪魔することができただけだった。おそらくはまた、フランスの中核的な地域がフランス王と「エスニック・コミュニティー」を共有し、イングランド王への敵意を共有したところでの、最初のフランス「ナショナリズム」の発揚もあったにちがいない(一四二九年、ジャンヌ・ダルクがオルレアンの包囲を破る)。しかしルイス(一九六八年・五九—七七頁)が結論として言うように、実はこれは長期にわたった戦争によって、二人の王による支配は王家のちがいよりも領域のちがいなのだ、ということが確定した結果だったのだ。いずれにせよ、「エスニック・コミュニティー」は司法ルールと諸慣習の定着化という共通利益の上に打ち立てられたのである。領域的国家のあるところ、それらがどれほど脆弱に見えようとも、それらをその中核から駆逐することは困難だった。ノルマン人の発展以降の時代には、簒奪者も侵略者も概してうまくいかなかったのは、彼らはすでに確立している慣習を脅かしたからである。キリスト教世界やイスラーム世界にとって互いの国家を覆えすことは、キリスト教世界自体の地政学的秩序を変えることよりはやさしかった。しかし百年戦争によって明らかになったのは、司法上の主権がしだいに強化され、戦争のロジスティクスも部分的な原因となり、やがて弱体ではあっても大規模な領域国家が出来あがる、ということだった。

しかし領域国家はどこにでもあるのではなかった。フランドルからフランス東部とドイツ西部を経てイタリアに至る地域と、キリスト教に留まっていた地中海沿岸地域では、さまざまな政治的機構が機能していた。ここでは伯爵、公爵、さらには王でさえ、都市の諸機構、とりわけ独立的な自治組織や司教区と〈力〉を共有していた。そしてこれはまた、経済的にダイナミックな地域だった。この点がストレイヤーによって看過された第二の疑問を提起する。これまでのところ、彼が指摘する通り、経済発展のすべてが国家による平定を必要としていたのではなかった。今もしそれが必要になったのなら、それは経済の新たな特徴がそうさせたのだ。経済発展

(3) 一四一五年のアジンコートの戦いは例外だったが、フランス側には勝てると考えた理由があった。ヘンリー五世は軍隊が弱体だったので、会戦を避けようとしていたのだ。百年戦争に関しては、ファウラー・一九七一年、一九八〇年、ルイス・一九六八年を参照。

によって新たな平定が必要とされたのである。

ここで必要になったことというのは、かなり複雑で主として技術的なことだった——いかにして市場を組織するか、いかにして特定の、しかし反復的な契約を履行させるか、いかにしてそれまで土地売買が稀だったところで売買を成立させるか、いかにして動産の保証を行なうか、いかにして資本調達を組織するか。教会はこうしたことを広範に行なってはこなかった——つまりローマ帝国においては、こうしたことは国家および私法の管轄であり、暗黒時代においては、こうしたことは問題にならなかったのである。教会の伝統はこの分野では役に立たず、実際問題として、その教義のなかにはあまり有益でないものもあった（例＝高利貸しに関する法）。こうした技術的な諸問題の多くは、領域的に広範な広がりをもち難局を乗り切れる唯一の有力な仲介者が国家だったというわけではないが（たとえばイタリアやフランドルでは商人や町人の組織がそれを行なっていた）、大規模な国家がすでに存在していたところでは、その相対的な広大さがそれにうってつけだった。したがって共通の合意によって、実際に誰かを抑圧することなどなく、比較的大規模な国家の多くは経済の問題、とりわけ所有権問題において大きな規制的役割を担い始め、広範な経済成長と密接にかかわるようになったのである。しかしこうすることで、国家は大いに反作用も行なっていた——すなわち、発展のもともとのダイナミズムは他から、前章で述べた分権的諸力から生まれたものだったのだ。もしも発展のための最初の基盤構造《インフラストラクチュア》を国家が提供したのだったら、この一二世紀のみならず後の幾世紀にわたっても、国家は実際よりももっと強力になっていたにちがいない。

国家の司法的拡大は、大いに進展したというわけではなかった。この一二世紀の裁判組織を見るときは、幾分疑ってかからなくてはならない。ジョン王の治世の「みつぎ金記録簿」のなかにはいささか悲劇的な実例があって、こう記されている——「ヒュー・ド・ネヴィルの妻は、夫と一夜を過ごすために、国王陛下にめんどり二〇〇羽を献上する」。めんどりの献上は復活祭に間にあうよう実際に手配されたから、当のご婦人は思いをとげていたと推定してよかろう。

ジョン王の奇矯ぶりは、裁判制度に関する近代の見方に対する中和剤である。ヘンリー二世はイングランド司法制度の中央集権化と、信頼性と、「形式合理性」を前進させた。にもかかわらず、それは致富の源泉として利用され、情実や腐敗が分かちがたく正義と合体していた。各地方の行政機関の役人だった治安判事《ジャスティス》、州長官《シェリフ》、市政官《ベイリフ》に対する王の支配力はきわめて弱かった。私はこの章の後半で、こうした権威型の〈力〉のロジスティクスについて述べる。

比較的一元的な征服国家であるノルマン・イングランドと比べると、地方の代官や領主に対する他の諸国家の支配力はもっと弱かった。他では、司法機能の大部分が国家によってではなく、在地の領主や聖職者によって行使されていた。大方は征服が刺激となって中央集権化が進展したのは、フランスでは尊厳王フィリップ（一一八〇—一二二三年）による大発展以後、スペインでは各州がイスラームから奪回された以後のことだった。一二〇〇年までに、イングランド、フランス、カスティーリャの諸王やドイツ皇帝といった君公たちは、彼らの宗主権下の領域に対する司法的支配に着手していた。しかしこれでわれわれは国家建設の第二段階へと入っていくのだが、それはヘンリー二世の時代に始まり、彼の歳入によってその内実が明らかになる。

前掲表13-1における最後の歳入源は、「タリジ（強制賦課金）」や「スクーティジ（兵役免除税）」によって代表される課税である。これで明らかになるのが国家の二番目の公的機能、すなわち国際戦争の遂行である。前に触れた封建制の継承項目の他に、イングランド王にはただ一つの目的に関してのみ課税権が与えられていた——それは「緊急の必要」、つまり戦争だった。これは一五三〇年代まで変わらなかった。君公には王国防衛の責務があり、これには臣下からの貢納貢献が必要だった。しかし貢納貢献の仕方はそのつどまちまちだった。そして多くの君公が求めたのは金ではなく、本人が軍務を果たすこと——封建徴募兵だった。これはイングランドのような征服王国では、体系的な組織化が可能だった——理論上は王から下賜されて保有しているすべての土地y、あるいは土地の価値zに対する徴募兵として、x名の騎士ないし兵士が差し出されるのである。

一二世紀を通して、徴募兵の軍事的な有効性を掘り崩す幾つかの傾向が現われ、国家権力成長の第二段階がやってきた。世襲パターンの複雑さ、とりわけ保有関係の細分化によって、軍事義務の査定はますます困難になった。一部の領主たちは平和な環境で暮らしていたので、彼らの徴募兵は軍事的にはますます役立たずになった。一二世紀末になると、ヨーロッパの空間全体が国家組織で充たされてきて、戦争の性格にも変化が起こった——遠征は長びき、長期の攻囲戦が行なわれるようになった。イングランドでは、封建徴募兵は報酬なしで二カ月務めた（平時ではたった三〇日だった）のだが、それ以後の費用は王の負担だった。したがって一二世紀末には、君公たちは戦費として多くの金を必要とするようになり、同時に、臣下のなかには本人の出陣に消極的な連中が出てきた。兵役免除税《スクーティジ》（自分が装備する楯《スクート》の代わりに支払う「楯金」）や、町邑に対して課される強制賦課金《タリジ》（都市の連中は戦意に乏しかったので）などの臨時措置は、その妥協の産物だったのである。

国家は都市部において、幾らか大きくその姿を現わしていた。絶対的な私的所有権の欠如ということは、土地取引に厄介な交渉がつきまとい、それは独立の権威、この場合には国王によって保証されることを意味していた。この頃の数世紀にわたる経済拡大のあいだ、町まちは相当な数の移住者を引きつけたので、国王は土地取引から生ずる膨大な収入を当てにすることができた。第二に、対外的な保護者としての国王の役割は、国際的な「外国」商人との特別な関係を取り結んだ。王は彼らを保護する見返りに、金を受け取った（ロイド・一九八二年）。この二つの勢力は協力して、一三世紀と一四世紀には、商人ギルドに対してかなりの国家規制を行なった。これから見てゆくことになるが、町邑-国家同盟は教会が始めた規範的平和状態を、法によって確保したのである。

都市部の外側では、国家の経済活動はまだ限定されていた。たしかにイングランドの君主は、在地の領主と協同してではあったが、基本的な食糧の価格と質とを規制しようと断続的な試みを行なってはいた。そうした規制は、黒死病大流行の後の一四世紀末という特殊事情の下でいっそう厳しくなり、賃金にも適用された。しかし一般的に言って国家は、われわれが古代帝国で見たような経済に対する基盤構造的な支援はほとんど行なわなかった。たとえば、イングランドは一一六〇年代まで、フランスは一二六二年まで統一貨幣を持たず、どの国も一九世紀に至るまで統一度量衡を持たなかった。古代帝国の強制的協同は取り払われてキリスト教世界の規範的平和状態となっており、ヨーロッパ国家がもう一度それを取りもどすことはなかったのである。

したがって国家の姿は、最高最大の聖職者、有力者とほとんど変わりがなかった。これら初期の歳入項目が示すのは、要するに「保護料」のあがりでやりくりしている小国家の内実である（レイン・一九六六年・三七三―四二八頁）。対外的な防衛および攻撃と、基本的な公共秩序の維持とが公共機能の圧倒的部分だったが、これらとてもその一部は分権化されていたのだった。こうした実像は前章で描いたものと一致しており、今や領域を持つに至ったとはいえ弱体で、独占的な〈力〉というものをまったく欠いた国家なのである。しかしながら一二〇〇年までには、二つのことがこうした支配形態を脅かし始めていた。第一は国家の領域性を助長する、新たな軍事上の理論的根拠の発展だった。第二は領域国家間の平和問題だった。この空間のなかで活動している集団――とりわけ商人たち――は、保護を求めてますます国家に頼るようになり、そうすることで国家の〈力〉を増大させた。こうした二つの動向は、一一五五年以降の全歳入を時系列で組み立てると、見えてくるのである。

全歳入の動向、一一五五―一四五二年

この節で私は、歳入総額の時系列表の最初の部分を、**表13-2**として提示する。縦の一列目の数字は、時価による実際の歳入額である。私はまた一四五一―七五年の物価レヴェルを一〇〇とする物価指数で、歳入総額にインフレ補正を施した（縦の二列目）。インフレ補正数値もその意味には限界がある。もし物価が上昇し始めれば、君主は追加の徴税を行ない、臣下のほうは実質的な課税率は変わらなくても、まちがいなく不平を言うだろう。したがってこれら二組の数字はそれぞれに、部分的ながら現実的な意味がある。

さて第一に、物価指数が示すところでは、およそ一二〇〇年頃から物価が急激に上昇し、ジョン王の治世におそらく倍近くとなり、その後はやや下降しただけだった。一三〇〇年に向けて再び上昇が始まり、今度はほぼ一世紀間上がりつづけ、その後はまたわずかに下降した。相異なる時期の歳入総額を直接比較しても、限定的な意味しかない。時価額と補正価額のデータは切り離して考えよう。

表13－2　イングランドの国家財政，1155—1452年
（1451—75年物価を100とした指数でインフレ補正）

治世	年代	平均歳入額（1000ポンド） 時価額	インフレ補正価額	物価指数
ヘンリー2世	1155—66	12.2	—	—
	1166—77	18.0	60.0	30
	1177—88	19.6	55.9	35
リチャード1世	1188—98	17.1	60.9	28
ジョン	1199—1214	37.9	71.5	53
ヘンリー3世	1218—29	31.1	39.4	79
	1229—40	34.6	54.1	64
	1240—51	30.3	43.2	70
	1251—62	32.0	40.5	79
	1262—72	24.0	26.7	90
エドワード1世	1273—84	40.0	40.0	100
	1285—95	63.2	67.9	93
	1295—1307	53.4	41.1	130
エドワード2世	1316—24	83.1	54.3	153
エドワード3世	1328—40	101.5	95.8	106
	1340—51	114.7	115.9	99
	1351—63	134.9	100.0	135
	1363—75	148.4	103.8	143
リチャード2世	1377—88	128.1	119.7	107
	1389—99	106.7	99.7	107
ヘンリー4世	1399—1410	95.0	84.8	112
ヘンリー5世	1413—22	119.9	110.0	109
ヘンリー6世	1422—32	75.7	67.0	113
	1432—42	74.6	67.2	111
	1442—52	54.4	55.5	98

典拠：歳入の1155—1375年はラムゼー・1925年を補正したもの，1377—1452年はスティール・1954年。物価指数の1166—1263年はファーマー・1956年，1957年，1264年以降はフェルプス＝ブラウンとホプキンズ・1956年。典拠と計算方法についての詳細は，マン・1980年を参照。上記の数字は表14－1〔本書490頁〕の数字と直接比較できる。

時価歳入はほぼ全期間を通して上昇した。ヘンリー二世治世の最初の一〇年間（つまりスティーヴンの治世の混乱状態が終わって、彼が実効性ある中央の権威を取りもどす以前）を除くと、最初の実質的な増大はジョン王の下で起こった。やがてそれはエドワード一世の即位まで、わずかに下降した。次には着実な上昇トレンドがおよそ一世紀間、リチャード二世までつづき、その後は下降して（ヘンリー五世による中断があるが）、それがチューダー朝までつづいたのである。大規模な歳入増を必要とした王たちはジョン、最初の三人のエドワード（とりわけ一世と三世）、そしてヘンリー五世だった。付け加えて言えば、ヘンリー三世、リチャード二世、ヘンリー四世はそれぞれに、直前の王がもたらした増加を維持しようと腐心した。

物価補正価額のほうで見ると、全体的な増加が着実に進んでいるのではない。ジョン王の取り立てで実質的な増加——貨幣での強制取り立ての増加ほどではなかったが——を見、これをしのぐ者がないままエドワード三世に至り、彼の長期にわたる治世で連続的な高率課税が実施されたのだった。リチャード二世の下での水準維持（と増加）には幾らか人工的な面があったというのは、貨幣収入の増加よりも物価下落の貢献が大きいからである。ヘンリー五世もやはり歳入増加王に名を連ねており、ばら戦争に関係した諸王の低歳入ぶりも歴然としている。しかし実質歳入で見れば、イングランド国家の財政規模は一四世紀にピークを迎えていた。以後は実質的な成長がないまま一七世紀に至り、そこで再び急上昇したのである（次章で見よう）。以上のような動向について、われわれは説明しなければならないのである。

歳入と歳出、ジョン王からヘンリー五世まで

獅子心王リチャード一世の治世（一一八九—九九年）には、ほとんど変化が見られなかった。リチャードはその治世を通じてずっと戦争をしていたのだが、概して彼は封建徴募軍と、その場その場の財政支援要請で切り抜けていた。しかし彼の治世のあいだに、一一六六年と一一八八年の十字軍派遣のため、教皇は（破門の脅しの下）ヨーロッパ中のすべての聖俗の収入に対して賦課金を増額したのである。

この前例はリチャードの異母弟で後継者、抜け目のないジョンに対しても適用された。一二〇二—三年までには、ジョン王の歳入総額は概算で六倍の約一三万四〇〇〇ポンドにまで上昇し、このうち一一万ポンドは全国すべての動産に対して価格の七分の一を課税したものだった。ジョンの治世（一一九九—一二一六年）中に、平均歳入額はヘンリー二世の受領額のゆうに二倍を越えた。インフレ補正を施すと、この増加はさほど劇的とも言えないのだが、しかしジョンが実際に徴収したのは、もっと大幅な増額だったのだ。彼は基本的には課税によってこれを実現し、収入の半分以上がこれに当たり、課税は住民の大部分に対して次第しだいに統一方式で実施されていった。彼の治世に増加したのは、いったいなぜか？

ジョンの教会との抗争は（すべての年代記編者の記録するところで）、彼がイングランド国王中最悪の評判を取ったことを確定した。しかし彼の治世の初期における二つの外部要因、壊滅的な不作と、急速に襲ってきた原因不明のインフレーションとが、彼に堪えがたい重荷の下での労苦を強いることになったのだ。ジョンはこの大嵐を、一時の負債の山と国家活動の削減でしのぎ切ることはできなかった（彼の後継者のヘンリー三世はこれを行なった）。彼のフランスの所領は勢いを盛りかえしたフランス王の攻撃を受け、実際にその大部分が失われてしまった。戦争の性格に変化が起こっており、ますます専門的に、ますますコスト高になりつつあった。軍隊に支払う財源のために、彼は増収の必要に迫られていたのだが、これは一三世紀の国王すべてについて言えることだった（これから見ていくように、その後の世紀も同じだったが）。ラムゼーの一三世紀のデータに見られる数字の変動には一貫性がある。一二二四―五年に歳入は前年の三倍となり、一二七六―七年には二倍、一二八一―二年には三倍、一二九六―七年には二倍――これらすべては戦争の始まりと揆を一にしているのである。

　こうした圧力はイングランド特有のものではなかった。一二世紀後半までにヨーロッパ全体として、自前で武装する騎士（およびその家来）の数は、報酬で出陣する雇われ騎士の数と同じになった。財政難を感じていたのは一三世紀フランドルの町まちの政府（フェルブルッゲン・一九七七年）、一二八六年以降のシエナの自治体（ボウスキー・一九七〇年・四三―六頁）、一四世紀のフィレンツェ（ド・ラ・ロンシエール・一九六八年、ウェイリー・一九六八年）、そして一三世紀から一五世紀にかけてのフランス（ストレイヤーとホウルト・一九三九年、レイ・一九六五年、ヘンネマン・一九七一年、ウルフ・一九七二年）だった。一二世紀末から一六世紀まで、ヨーロッパの軍隊は専門的要素と徴募軍的要素とを合体させ、実戦ではそれがしばらくつづいた。その後で軍隊は完全に専門化された――イングランドも含めてのことである。そして一三世紀のあいだに軍隊規模と、人口と比較しての軍隊規模とが劇的に増大した。(4) このような戦争には現金が必要だった。ユダヤ人や外国の銀行家および商人からの借り入れが、すべての君公によって行なわれたが、それは急場しのぎだった。エドワード一世の治世までに課税が通常のこととなったのは、**表13-3**に見る通りである。

　誰の目にも明らかな動向は、歳入全体の増加であって、一〇〇年間に倍増したのである。しかし収入源においても、実質的な変化が起こっている。この表の最初の項目である「王家の世襲的収入」には雑多なものが含まれているのだが、その二つの主な構成要素は王家の所領からの地代と裁判からのあがりだった。現代的観点からすれば前者は「私的」で後者は「公的」だが、当時の人びとにこの区別はなかったのであ

（4）ソローキンの概算によると、ヨーロッパ四カ国の全人口に対する軍隊規模の比率の増加は、一一五〇年から一二五〇年までで四八パーセントから六三パーセントだった（一九六二年・三四〇―一頁）。

表13－3　平均歳入額と収入源比重（パーセント），1272―1307年および1327―99年

収　入　源	エドワード1世（在位1272―1307年）	エドワード3世（在位1327―77年）	リチャード2世（在位1377―99年）
王家の世襲的収入	32	18	28
関税	25	46	38
俗人への税および臨時税	24	17	25
聖職への税および臨時税	20	18	9
パーセント計	100	100	100
平均歳入時価額（ポンド）*	63,442	105,221	126,068

典拠：ラムゼー・1925年・II，86頁，287頁，426―7頁。
＊この総額は表13－2に掲げたものと一致せず，表13－2のほうが信頼性が高い（マン：1980年を参照）。収入源の相対的比重は，歳入総額の非信頼性の影響は受けない。

る。世襲的収入は量的には安定していたが、関税収入と徴税の増加によって、全受領額に占める割合は減少していった。一二七五年、エドワード一世が初めて羊毛に対して輸出関税を設け、その後すぐにその他の関税や物品税が追加された。これが実質的な第一歩となって、十分な国家財政のみならず、一元的・領域的国家出現への道が開かれたのだ。関税を課すには一方的に決めるわけにはゆかず、かなりの論争・抗争があった。輸出に対しては――当時の経済理論にしたがえば――戦時にイングランドの資源が流出することのないよう、課税されたのである。二番目の理由は、国際的活動には軍事的保護が必要であることを商人たちが認識したからだった。実際のところ、その収入は海軍用に使われるものとされ、王自身の世襲的収入には算入されなかった。交易商たちが国民としての集合的な利害やアイデンティティーを感じていなければ、関税の設置など納得しなかっただろうし、こうしたアイデンティティーは一二世紀以前にはおそらく存在していなかったのである。

他の諸国家は、商人たちと密接な財政的関係を結んでいた。フランス国王は高度に可視的な交易物品への課税（悪名高き「ギャベル」という塩税など）の他、パリ商人からの税金と借り入れに大いに依存していた。スペイン国王は「メスタ」と呼ばれる牧羊業者ギルドと特別の関係にあった。ヨリ弱体だったドイツの諸国家は国内通行料を活用したので、以後は国内に関税障壁が張りめぐらされることになった。国家－商人同盟は財政－軍事がその中核だった。

表13－3が示すように、一四世紀における実質的な安定収入を構成したのは直接税だった。それに間接税である関税を加えれば、イングランド国王の収入の半分以上が税金からのあがりだった。実際マクファーレン（一九六二年・六頁）の概算によると、一三三六―一四五三年の全期間（つまり百年戦争のあいだ）に、イングランド国王は三二五万ポンドの直接税と五〇〇万ポンドの間接税を徴収し、そのうち羊毛関税と物品税は少なくとも四〇〇万ポンドに達していた。こうした税金は常に軍事目的のために承認されたのだが、軍事的理由が拡大して、先ほど述べたような攻撃的な経済理論が生まれていたことに留意しなければならない。

ここでもわれわれは同じ二つの動向を見て取ることができる――すなわち、歳入総額の上昇と徴税の役割の増大で、この両方ともが戦費と関連していた。前掲表13－2は百年戦争の開始時に収入の飛躍が起こったことを如実に示していた。さらに一四世紀には、軍隊の規模と人口に対するその比率とが、ともに増大しつづけた（ソローキン・一九六二年・三四〇―一頁）。戦争の性格にも変化が起こった。主要四列強、すなわちオーストリア、ブルゴーニュ、フランドル伯領およびイングランドの騎士たちは、一三〇二年から一三一五年にかけての一連の戦闘でスイス人、フランドル人およびスコットランド人の、大部分が歩兵から成る軍隊に敗北を喫したのだ。この後一三四六年にはクレシーの虐殺が起こったが、そこでは一五〇〇人以上のフランスの騎士がイングランドの（なかでもウェールズ人の）弓兵隊に殺されてしまった。こうした予期せぬ逆転敗北も、列強の対応によって、国際的な勢力均衡に巨大な変化をもたらすことはなかった（とは言うもののスイス人、フランドル人、スコットランド人はその独立を保つことになった）。軍隊は歩兵と弓兵と騎兵とを組み合わせて、ますます複雑な編成を行なうようになった。戦場における新たな独自の役割を与えられた歩兵には、単に騎士を掩護するだけの中世歩兵にはなかった訓練が必要になった。生き残りを図る国家はこの戦術競争に参加しなければならず、何よりそのことで戦費は上昇したのだった。(5)

支出に関するデータは一二二四年から散発的に現われて、解釈はそう容易ではないが、ヨリ完璧な全体像を与えてくれる。これらの会計計算を現代式の仕様で行なえば、当時作成した人びとにはほとんど理解できなかっただろう。彼らは「軍事的」な機能と「民政的」な機能、王家の「私的」出費とヨリ「公的」な経費とを区別していなかった。支出に関する主たる責任がどの「部局」にあるのか、判然としない場合もある。二つの主要な「部局」が、もともと王の寝所だった「私室《チェインバー》」と、王の衣服置場だった「納戸《ワードローブ》」だとは！　とは言うものの、一三世紀を通じて王家の出費は五〇〇〇―一万ポンドの範囲内にあり、これに対外費と軍事費が戦争か平和かの状況に応じて年額五〇〇〇から一〇万ポンドの範囲で

（5）軍事的な発達に関してはファイナー・一九七五年、ハワード・一九七六年・一―一九頁、フェルブルッゲン・一九七七年を参照。フランス貴族がこうむった屈辱を生き生きと叙述しているのは、タックマン・一九七九年である。

表13－4　平均歳出時価総額と支出項目，1335―7年，1344―7年，および1347―9年

支出項目	1335―7年		1344―7年		1347―9年	
	ポンド	パーセント	ポンド	パーセント	ポンド	パーセント
王家の費用	12,952	6	12,415	19	10,485	40
対外およびその他の費用	147,053	66	50,634	76	14,405	55
返済金	63,789	29	3,760	6	1,151	4
総額	223,796*	100	66,810	100	26,041	100

*19世紀までは予算の総額がピタリと合うことはめったにない。

上乗せされたのである。インフレーションの影響は大方が軍事費用に限られていた。

次の世紀からはさらに多くの計算書が残っている。そのうち最も完璧なものの幾つかが、**表13－4**に含まれている。この表に掲げられた三種類の支出は、現代式の分類では「民政」「軍事」「返済金」とされるものの先祖に当たり、私の支出分析全体の柱となる。この表の国家支出の総額と支出項目に見られる大きな変化をどう説明すればいいのか？　答えは簡単――戦争と平和である。一三三五―七年にエドワード三世は戦争の最中で、ほぼ全期間にわたって自ら軍を率いてネーデルラントに遠征しており、一三四四―七年の一時期もフランスで戦争、しかし一三四七―九年は平和のうちにイングランドを治めていたのである。

これらの数字全体を、軍事費と民政費とに分離することは不可能だ。平時にあっても王家の費用は嵩みつづけるのだが、遠征に出かければその経費も付いてまわり、外国ではもっとかかるようになる（表の数字が示す通り）。同様にして、「対外およびその他」諸費用の全部と言わずとも大部分は戦争がらみである――たとえば、あやふやな臣下の忠誠をつなぎとめるために支払われる賄賂や、遠征先で行なう施しの費用などは分類がむずかしい。「返済金」は通常、商人や銀行家からの借り入れの返済で、これまた民政と軍事の区別がしにくいのだが、実際にこれらの借り入れはいずれも臨時の軍事出費を返済すべく行なわれたのだった。最後にこの時期の国家の財政規模の総体を概算しようと思えば、この支出額に国家活動の収益金、とくに司法活動からのあがりを加算すべきだろう。これはおそらく、民政的機能の経費に五〇〇〇―一万ポンド上乗せすることになるだろう。

　こうしたさまざまな問題点をしかるべく勘案した上で得られる概算によれば、前の一三世紀と同様にこの世紀も、国家の民政的活動の規模はほぼ一定していて、有力貴族の所帯費を大きく上回るほどではないのだが、国家の総経費は戦争の開始とともに巨大に膨れ上がった。平時における国家の「民政的」諸活動は全財政の二分の一から三分の二を占めているが、戦時においては通常これが三〇パーセント、最低では一〇パーセントまでも収縮することがあった。(タウト・一九二〇―三三年の諸巻には豊富な統計数字が収載されている。さらに、タウトとブルーム・一九二四年・四〇四―一九頁、ハリス・一九七五年・一四五―九頁、一九七一―二二七頁、三二七―四〇頁、三四四―五頁、四七〇―五〇三頁を参照。)おそらくこうした平時の諸活動の半分が、王自身の所帯にかかわる本質的に「私的」なものだったろうから、国家の公的機能の大部分は軍事にかかわっていた。頻繁に戦争する王であれば、その機能は圧倒的に軍事的なものとなった。多かれ少なかれ絶えず戦争していたヘンリー五世は、一四一三―二二年の一〇年間の戦費として、彼のイングランドにおける収入の三分の二とフランスでの収入の全部を注ぎこんだ(ラムゼー・一九二〇年・I・三一七頁)。

　しかしわれわれはいまだ、国家財政に対する戦争の影響の全貌をつかんではいないのである。表13-4は、後に国家財政の平坦化において大きな役割を果たす動向の始まりを示している――つまり、返済金のことである。一四世紀から二〇世紀まで、戦費をまかなうために膨大な借り入れを行なった諸国家は、支出の変動の減少を経験した。負債は通常、戦争の持続期間を越える年月にわたって返済された。平時の支出は戦争前のレヴェルにはもどらなかった。国家は徐々に、しかし着実にその現実の容量を増強しつつあった。エドワード三世とリチャード二世(二人の在位は一三二七―九九年)の歳入と歳出は、変動幅が減少した(三倍増した一三六八―九年を除く)。戦費の増大は、負債の返済が君主の私的、あるいは世襲的な収入によってはほとんど不可能になったことを意味した。平時における課税が不可避となった。さらには、こうした財政手法は財政機構そのものを強大化した。徴収コストが重要かつ半永続的な課題となった。イングランド国王は課税査定を、納税者自身とのその時その時の交渉ずくで決めていたので、徴収の政治コストを最小限にすることができた。富を評定することが不可能だった時代にあって、とどの詰まり、これ以外の方法は実施不可能だった。しかし一五世紀フランスのように比較的中央集権化が進んでくると、徴収に要するコストは全収入の二五パーセントかそれ以上にも達した(ウルフ・一九七一年・二四八頁)。これもまた、概して戦争がもたらした結果だったのである。

　中世国家のこうした財政分析によって、明確な答えが現われてくる――それはまずもって対外的な軍事的機能の遂行であり、時価額およびインフレ補正価額で見た国家の財政規模の拡大は、戦費増大の結果だった。軍事論的国家論派の主張が立証されたかに思われる。しかしながら、このような軍事主導的国家発展に内包されていたものは、さらに複雑な結論を導き出すのである。

内包されていたもの・1――国民国家の出現

おそらくこれまでの段落に瀰漫していたのは過剰な機能主義であって、イングランドの民衆全体にとって戦争が果たした作用は甚大だったという仮説をほのめかしていよう。イングランドの民衆は一二世紀初期においては、いまだ社会学的に有意味な存在となっていなかった（第一二章で見た通り）。戦争で有利になったのは、特定の「戦争当事者連《ウォー・パーティー》」と君主との同盟関係だった。一四世紀の初頭からは、純粋の封建軍勢に対する、半傭兵と歩兵‐騎兵混成軍の優位性が繰りかえし立証された。これらの部隊の編成が可能な場合、戦争に利害関係を有する者は誰であれ、まず王と同盟を結ばねばならなかったというのは、王こそがそうした軍勢をまかなう資金の調達権をもっていたからである。このパターンにはさまざまな形態があった。いかなる君公もそうした財政上の権威を行使することができない地政学的な地域においては、王や現地諸侯によって編成された傭兵を主軸とする小規模部隊が現状《ステイタ》維持《ス・クオ》の役割を担った。そしてフランドルやスイスにおける自由市民たちの「階級的士気」は、自らの自律性を保持すべく、規律ある強力な歩兵部隊への自己転身を可能にしていた。しかし、こうしたあらゆる変異形態の行きつく先は、封建軍勢の終焉だった。

戦争当事者連の構成は一様でなく、国によっても変異があった。主に二つのグループの存在が見て取れる。第一には、長子相続制によって貴族、ジェントリ、ヨーマン集団内の土地を渇望する次男三男には人口統計学的な圧力が絶えずかかっていた。さらにこれに、経済の動向しだいで周期的に貧困に陥った弱小貴族連中を加えてもよかろう。両者はともに、貴族階級一般のイデオロギーと名誉意識で育まれていた。イングランドでは、軍事行動を指揮する上級貴族たちは一般的に、実戦には加わらなかったのである（マクファーレン・一九七三年・一九―四〇頁）。

第二のグループは外国との交易に利害を有していた連中――彼らを商人と呼んでもよいが、実際には商業的な投機に乗り出していた貴族や聖職者、国王自身がそこに含まれていた。中世商人はイタリア、フランドル、そしてこの両都市間の交易ルートという伝統的な中心地帯において、その自律性を保ちつづけていた。ヨーロッパが繁栄するにつれ、彼らの機会も広がった。規模と技術的効率性において、商人と銀行家は着実に発展していった。複式簿記の発明は広範な商業活動のはるかに精確な管理を可能にしたとして、多くの解説者（ウェーバーが最も著名だが）が重要視してきたものである。その発明は一四世紀だったようだが、一五世紀末に至るまで普及しなかった。ウェーバーが観察した通り、いまだ「資本主義」ではなかった。それはもっぱら大貴族の必要性のために存在した――彼らの結婚、軍事遠征、身代金など、これらすべてが莫大な額の信用と商品の移動を必要としたのである。したがって「合理的資本会計」は個別独立的必要性に奉仕し、債務不履行、時たまの政略結婚の強行、あからさまな強制などによってその論理は制約されたのだが、これらはすべて貴族が得意とした手段だった。領域的国家が成長しつつあったところでは、商人と銀行のネットワークは単独の君公への依存をしだいに強め、その分だけ彼の債務不履行による損害を受けやすくなっていった。エドワード三世の一三三九年の債務不履行は、イタリア金融市場全体を揺さぶった。しかしこれとてもいまだ単一の普遍的金融システムではなかったと言うのは、そこにはそれぞれ相異なる原理を体現する、自律的な商人・銀行部門と貴族・国家部門の両方が含まれていたからである。しかしながら、国民的統合のメカニズムが姿を現わし始めていた。

国家の領域性が増大したところでは、国家間の諸関係が政治的に規制されるようになった。国家の保護なしでは、商人は外国で略奪される危険があった。君公に外国の商人を保護する義務があるかどうか定かでなく、保護の特権を得るために、商人たちは君公に対して直接的に賄賂を贈るか、好条件の「借入金」(これは定期的に帳消しにされることがあらかじめ分かっていた) を提供した。国家統合が進むにつれ、こうしたグループは自律性を失い、この財源‐保護の関係が通常なものとなるとともに、西部および南西部ヨーロッパにおいて自由な領域的空間が消滅してしまったのである。

こうして一三世紀と一四世紀に、商人たちは何れかの地域へと徐々に「帰化 (国家帰属化)」していった。イングランドでは一三六一年までに、地元組織の「ステイプル商会」が羊毛輸出――イングランドの主要輸出品――の独占権を握った。見返りとして国家には、最も割のよい安定収入源となる羊毛輸出税がもたらされた。王と商人とのあいだの同じような財源‐保護関係は、すべての国家で台頭しつつあった。これは実に二〇世紀までつづいたのである。両者は防衛的平和状態で利害を共有したのみならず、攻撃的勝ち戦さでも利害を共有した。イングランドでは百年戦争のあいだに商業的な戦争当事者連が出現し、貴族内の攻撃的部分と同盟するとともに、戦況思わしくない時にリチャード二世 (在位一三七九―九九年) が行なった和平努力を無視したりしたのだった。彼らの主たる利害関心は軍隊の契約者になることと、いっそう重要だったのは、フランドルをイングランド羊毛交易圏に取りこむことだった。これ以降は商業的な動機、つまり国土はもとより市場の征服ということが、戦争で大きな部分を占めるようになった。

交易が国家に帰属するようになった度合いを判定するもう一つの方法は、全交易量に占める国家間交易量の割合を算出することだろう。この割合が大きければ大きいほど、経済的相互作用に対する国家境界拘束性が大きいのだ。私はこの方法を後の幾世紀かに関して用いる。しかしながら、この時期における国際交易と国内交易の重要性を、量的に判定することは不可能だ。一六世紀に至るまでは、輸出入の総額に関する概算などできない。しかし羊毛と服地に関しては統計があって、これは全輸出額中かなりの割合を占めていた（統計が収載されているのはケアルス＝ウィルソンとコールマン・一九六三年）。国内市場のほうがもっと問題なのは、局地的交換の大部分が当局の注目など完全に素通りしていたからである。大部分は物々交換で、金銭取引ではなかった。経済全体として見る限り、この全期間を通して、国内であれ国際であれ遠距離交易よりは局地的交換のほうが、量的にははるかに大きかった。しかしながら国際交易、とくに羊毛と服地の輸出には特別な重要性があった。第一に、それは経済における政府関係外現金取引の大きな部分を占めていて、インフレーションと信用のパターンに重大な結果をもたらしていた。第二に、この理由によって国際交易は、財政的顧慮に支配されていた政府にとって極度に目につく存在となっていた。第三に、それは高度な政治的規制を必要としていた。こうして服地と羊毛の輸出はおそらく、経済の国家帰属化へと向かう大きな政治的動向の「最先端」だったのであり、その規模だけが示すよりはるかに大きな重要性をもっていたのである。

　国家の拡大に最も直接的な利害をもっていたグループは、王家とその所帯＝官僚機構だった。永続的な財政機構と傭兵軍とは、君主の〈力〉を増強する。戦時あるいは平時における、貴族あるいは商人の利害が何であれ、彼らはこの〈力〉に抵抗した。課税の初めから領主、聖職者、そして商人たちがもらす不満とは、一時的な戦争目的のために同意した税が永続化されてしまうことである。「マグナ・カルタ」の第四一条は「戦時は別として、すべての悪しき通行税」からの商人の自由を要求している。第五〇条は、外国の傭兵を雇ってその一部を「永続化」しようとするジョン王の意図の無効を宣言している――「朕は代官職からアテのジェラードの一族を追放し、将来において彼らがイングランドで代官職をもつことなどないようにする」。同じ抗争は他の国ぐにでも見られた。一四八四年、フランスの全国三部会は、「当初は戦争目的で設けられた」「タイユ（人頭税）」その他の税が「永続化」される傾向を非難した。これに対してシャルル八世は、「王としてなさねばならぬ偉大な事柄を実施し、また王国を護るためにこそ」金が必要なのだと、あいまいに答えたのだった（ミラー・一九七二年・三五〇頁から引用）。

「マグナ・カルタ」から一九世紀に至るまでの、君主とその臣下とのあいだのあらゆる争いは、実質的には、臣下にとって二つの決定的な資源である税金と兵員とを国王が独自に徴募しようとすることに起因しており、兵員徴発の必要性は通常、税金徴収の必要性へと導かれたのだ（アーダント・一九七五年・一九四―七頁、ブラウン・一九七五年・三〇―七頁、ミラー・一九七五年・一一頁）。ティリーは一四〇〇―一八〇〇年の時期について書いているなかで、国家発展において繰りかえし現われる因果の循環を以下のように総括する（彼の第五段階には私が修正を施した）――

(1)　軍隊の変化、あるいは拡大、

(2)　臣民からの資源の徴収を図る国家の新たな努力、

(3) 新たな国家官僚や行政的新機軸の発展、
(4) 臣民からの抵抗、
(5) (国家による強制の更新ないし代表制議会の拡充)、
(6) 国家の徴収容量の持続的増大。

ティリーの結論によれば、「戦争への準備こそ大いなる国家建設事業だった。このプロセスは少なくとも五〇〇年間、多かれ少なかれ持続的に進行してきたのである」(一九七五年・七三―四頁)。これは期間に関する限り、ひかえ目な概算である。後に見ることになるが、一一九九年のイングランドにおけるジョン王の即位とともに始まったパターンは、二〇世紀までつづいていた。実際それは今日もつづいているのだが、産業革命によって始まった第二の新たな動向が、それに加わっているのである。

とは言うものの、二つの限定を施さなくてはならない。第一に、国家の容量の拡大は、前掲表13-2の「インフレ補正価額」欄に見る通り、とても急激とは言えないものだった。インフレを補正して眺めると、国家建設の壮大さや計画性は色あせて見える。ティリーが言及した「国家の徴収容量の持続的増大」は五世紀近くで倍増――これはさほど印象的でもない変化だ。実際に増大を主導した君主たちは――ジョン、エドワード三世、そして今のところヘンリー五世まで――軍事的圧力の結果そうしたのだった。しかし時価での増加の大部分――したがってほぼすべての君主たちの政治的闘争の大部分は、インフレ圧力から生じていた。国家の成長は意識的な権力強大化の結果というより、財政的窮状を払いのけようとする絶望的な急場しのぎの結果である。脅威の源泉は、敵対的な強国が仕かける周到な行動というより、ヨーロッパの経済的・軍事的活動総体の意図せざる結果なのである。[6] 国家エリートと「市民社会」の有力集団とのあいだでの権力大移転は起こっていなかった。国家がもつ国内権力はいまだに微弱だった。

第二の限定は、課税をめぐる闘争の重要性に関してである。王と臣下との抗争は、この時期の社会的抗争としては、唯一のものでも最大のものでもなかった。国家間抗争はさておき、階級同士や他の「市民社会」集団同士のあいだに激しい抗争があって、これは制度的に国家に向けられたのではなく、あるいは国家の地勢をめぐって闘われたのでもなかった。そうした抗争は通常、宗教的な形態をとった。諸王・諸皇帝・諸教皇間の抗争、アルビジョア派やフス派などの異端、そして一五三六年の「恩寵の巡礼」に至る農民および地域の叛乱――これらすべてはさまざまな不満と、さまざまな領域的組織とが混合して、宗教という御旗の下に糾合されたのだった。これに加わった者の動機を明らかにするのは困難だが、一点だけはっきりしている――中世末のヨーロッパは今なお階級

(6) 表13-2(さらに表14-1(本書490頁))において、インフレの時期は国家の支出需要の成長期でもあった。通貨の流通に制約がある経済では、戦時における国家の軍事財政需要がインフレの原因となったのかもしれない。この仮説は、私の表があつかっている期間よりももっと短い期間に関して検証してみる必要がある。

闘争を含む組織的な闘争形態を支持していて、これは〈力〉のアクターないし領域的単位としての国家とは制度的に無関係だったのだ。これらの闘争形態がおおむね宗教的だったのは、ヨーロッパ内部ではいまだにキリスト教教会が大きな統合力を（したがってまた分裂力をも）供給していたからである。多様な権力闘争の重要性を量的に示すことなど不可能だが、出現しつつある領域国家というレヴェルで生起する政争は、おそらく民衆の大多数にとって、局地的な政争（慣習とマナー裁判所で決着される）や、国境を越えた存在である教会（および教会・対・国家）の政争ほどには重要なことではなかった。この時期の「階級闘争」に関して言える限りでは、それは国家の規制などなしに決着した――国家は社会的強制の一つの要素だったかもしれないが、唯一の要素ではなかったのだ（プーランツァス・一九七二年の定義）。

　したがって農民や都市住民の叛乱は、いかに頻繁に起ころうとも、革命に転化することはなかった。国家が社会的強制における唯一の要素ではなかったとしたら、社会的搾取や搾取の解消においても唯一の要素ではなかった。時としてこうした役割を担っていたのが教会だと見ていた農民や都市住民たちは、革命的手段によって教会を変革しようと決意して、（少なくとも自分たちの地域では）もっと「原始的」で聖職者のいない、信仰あつき人びとの共同体に置き代えようとした。しかし他人が行なった悪を正し、正当な諸慣習・諸特権を取りもどそうとして彼らが頼ったのは、司法的な裁定者という中世的役割の国家だった。王こそが搾取の張本人だった場合でも、叛乱者たちはしばしばそれを、現地の慣習を知らない「邪悪」な、多くの場合「外国」の顧問官連中の責任だと考えた。叛乱が勝利に終わろうとするその間際に、農民や都市住民はしばしば君公に身を委ねてしまった――その報酬は死刑、手足の切断、そしてさらなる搾取だったのだ。彼らが自らの錯誤から学ばなかったのは、いったいなぜか？　そうした叛乱が起こったのは、一つの地域にとってみればおそらく五〇年か一〇〇年に一度の経験であって、その間の日常活動が（不満の是正や戦争の準備以外で）民衆の注意を国家に集中することなどなかったからである。近代の国家や近代の革命は、存在していなかった。

　にもかかわらず、この時期を通して、変化が起こっていた。一つの刺激は、経済の拡大によってもたらされた。マナーと村落の余剰が、他の地域で生産される消費物資と交換されることが、ますます多くなった。一一世紀以降になると、幾つかの地域では単一商品の生産が圧倒的になった――ワイン、穀物、羊毛、それに服地などの加工物資である。正確な交易の数字は分からないが、経済拡大によってまずは中距離の主要物品交換よりも、遠距離奢侈品の交換が増えたと推測される。これによって、これらの商品の所有者と消費者、つまり土地所有者と都市居住者との、国家を越えた連帯が強化された。しかしながらある時点で、成長は国家領域内での交換関係の発展へと移行し、需要全般の増大のみならず商人たちの国家への帰属によっても、この動向は促進されたのである。国家的市場について語るのは少々早すぎるのだが、一四世紀・一五世紀において一部の主要国家には領域的中核の存在が見て取れる——ロンドンとその周辺の諸州、パリ周辺、スペイン北部の旧カスティーリャなどがそれで、ここでは経済的相互依存関係の絆の増大と原型的ナショナリズム文化とが弁証法的に発展している（キールナン・一九六五年・三二頁）。ある程度の集合的な階級組織と階級意識を体現した運動が現われたのは大方これらの地域だった——たとえば一三八一年の農民叛乱〔ワット・タイラーの乱〕である。階級意識と国民意識とは正反対の存在どころか、互い同士が相手の必要条件なのである。

こうした変化は宗教でも見られた。一七世紀に至るまで、宗教的な言葉で表明された不満は社会闘争において至上のものだったが、それはしだいに国家境界内的な形態をとるようになった。ヨーロッパの宗教的統一が一六世紀に瓦解したのは、主として政治的に境界づけられた単位へと向かう瓦解だった。宗教戦争を戦ったのは敵対しあう国家か、自分が単独で独占的な位置を占める政治体制を目ざして闘う党派かの、どちらかだった。アルビジョア派とはちがって、ユグノーはただフランスに対してだけ寛容を求めた。イングランドの内乱は擬似的階級と、宮廷派および地方派とを、主に宗教的な言葉で自己定義していた二つの敵対勢力へとつくりあげていったのだが、彼らが闘ったのはイングランド（およびそのケルト的従属地域）を一つの社会と見なした上で、その宗教的・政治的・社会的な命運をめぐってだった。以後、社会集団は絶えずこれを行なってきたので、われわれはこれが新機軸だったことを忘れがちである。このような「政治的な」抗争が中世を風靡したことなどなかったのである。

経済的な現象も宗教的な現象も、それ自体でこうした成り行きを説明することはできない。経済の拡大は歴史創造的な階級を生み出す傾向があったが、「経済的要因」ではこれらの「階級」がなぜ組織化された〈力〉をもつに至ったかの説明がつかないのだ。顕在化された、組織化された階級闘争がまず依存したのはイデオロギー的、宗教的組織であり、その後になって政治的、国家境界内的組織に依存したのである。教会にも分裂と宗教戦争があったが、「宗教的要因」では、これらがなぜしだいに国家的な形態をとるようになったか、説明がつかないのだ。

実のところ、求められている説明というのは、どちらかと言えば立派さに乏しく、意識的な人間の行為に依拠すること、イデオロギー的説明や階級的説明よりもさらに少ないのである。国民国家の発展を意識的に望んだ唯一の利害集団は国家エリート自身、すなわち君主とその隷属者連中であって、彼らはインフレーションに圧倒された、吹けば飛ぶような存在だった。その他の人びと——商人、貴族の次男三男、聖職者、そして結果的にはほぼすべての社会集団——は、彼らの目標の副産物および目標達成の有用な手段として、組織の国家的諸形態を採用していたのだった。国民国家こそは人間の行為が意図せずして生み出した成り行き、「間隙をついた出現」の見本だった。これらの集団の社会的闘争が課税への不満から引き起こされるたびに、彼らはますます国家の鋳型へと流しこまれた。商人たちの政治闘争はとりわけそうだったが、土地所有貴族と聖職者についても、領域国家のレヴェルへとますますその焦点が絞られていったのである。

この点において、時価額での国家歳入の膨大な増加は重大な意味をもっている――つまり、君主は増収を図るたびごとに、その歳入を担ってくれるかもしれぬ連中との交渉あるいは抗争へと引きこまれたのだ。インフレーションと戦争とがいっしょになって、領域的・中央集権的国家における階級闘争と宗教闘争とを先鋭化した。社会的諸関係の競いあいを可能にする二つの地勢、すなわち局地的地勢と国家を越える地勢とはその重要性を減じた――つまり国家と宗教と経済とがますます絡みあうようになり、近代社会の社会的地形が出現したのである。

しかしこのプロセスには地形以上のものが含まれていた――共通の文化を生み出し始めていたのだ。その最も明確な指標が国ごとの言語の発達で、国家超越的なラテン語と過度の地方言語との早くからの合体によってそれは生まれた。前の章で私は、一二世紀半ばのイングランドにおける言語的な多様性に言及した〔本書412頁〕。しかし領域的な近接性と、相互作用の連続性と、政治的境界性とが同質化作用を始めたのだ。一四世紀末までには、われわれが今日英語として認識しているものへの諸言語の融合が、上層階級のあいだで進行していった。文学の主な部分は今なお多様性に富んでいた。『サー・ガーウェインと緑の騎士』は（おそらく）チェシャー北部とランカシャー南部の方言で書かれていて、一般的には中世英語だったのだが、そこにはスカンジナヴィア語とノルマン＝フランス語の語彙と文体が含まれている。ジョン・ガワー〔一三二五？―一四〇八年〕はその主要三作品をノルマン＝フランス語、ラテン語、英語で書いた（彼の最後の作品が英語だったことが重要だ）。ジェフリ・チョーサーはほぼ全部を英語で書いたのだが〔『カンタベリー物語』の執筆は一三八七―一四〇〇年〕、その英語は今日では半分は理解できない。一三四五年頃に、オックスフォードの文法教師たちはラテン語からフランス語への訳読を、英語への訳読に代え始めた。一三六二年には、法廷での英語使用が初めて正式に認められた。そして一三八〇年代と一三九〇年代には、ウィクリフを信奉するロラード派がラテン語定本版である「ウルガタ聖書」の全訳英語版を刊行した。変化はゆっくりと進み、ロラード派の場合は抵抗に遭遇したのだが、それでも彼らはもちこたえた。一四五〇年以降は、上層階級の子弟はフランス語を自国語としてではなく、上流社会の*た*し*な*みとして学び始めた。ラテン語の使用が最終的に廃絶されるのは、逆説的ではあるがずっと後の一六世紀初期、古典学芸の復興と同時だった――すなわち英国国教会の確立とともに、自国語としてではなく、人文主義教育を受けるジェントルマンのた*し*な*みとしてのラテン語にギリシア語も加えられた際のことだったのである。一四五〇年までに、英語の台頭は〈力〉が拡大し定着できる範囲とできない範囲とを、はっきり示していった。それは国民国家の領域を自由かつあまねく伝播していったが、その境界で停止した（その国家に十分な軍事力があって、周辺住民に言語使用を強要できる場合は別だが)。

内包されていたもの・2
――拡大包括的な〈力〉の成長と調整的国家の成長

前章において私は、初期封建制ヨーロッパのダイナミズム、すなわち資本主義発展の源泉的基盤が、内向集中的で局地的な〈力〉の諸関係にあったと主張した。今やわれわれはこの原動力の発展の第二段階、つまり国家の存在が深く絡んだ拡大包括的な〈力〉の増大の見取り図を描くことができる。経済成長には内向集中的な基盤構造と同じく、拡大包括的な基盤構造が必要だった。前章で私が主張した通り、当初にその大部分を提供したのは直接の経済的なアクターではなく、ヨーロッパ全土にわたってキリスト教教会がもたらした規範的平和状態だった――それはあらゆる社会的境界に対して超越的だったと同時に、「国境超越的」支配階級の士気という形態をとっていた。しかしながら経済成長によって一二世紀までには、教会とは比較的縁の薄い、見知らぬ者同士の複雑な経済的関係を含む技術的な問題が生み出されていった。片や市場・交易・所有権規制、片や国家、この両者の関係が緊密になるにつれて、国家は自己の〈力〉を、とりわけ教皇に対抗する〈力〉を増強するために活用できる新たな資源を獲得した。これらは国家発展の軍事的第二段階においてかなり補強された。これらの資源の最も明らかな形は金銭と軍隊だったが、もっと見えにくい形としては、比較的広範な領域にわたるロジスティクスの支配力増大があった。

とは言うもののまず第一に、国家とは拡大包括的な〈力〉の発展の一部であって、〈力〉の集団化の幾つかのタイプのうちの一つにすぎなかったのだ。一二世紀後半および一三世紀の数多くの商業上の技術革新――契約取引、共同出資、保証貸付、取引手形、海事法――は、イタリア諸都市で誕生した。そこから前章で私が述べた、政治的なすき間を縫う二本の並行的な交易線を通じて北方へと広まったのである。これらの技術すべてによって取引コストが削減され、いっそう効率的で拡大包括的な交易のネットワークが可能になった。仮に経済的な〈力〉が、中央の地中海地域とその北方への通信輸送ルート上に留まっていたとしたら、産業資本主義の発展を最終的に推進していたのは国家ではなく、諸都市プラス伝統的でゆるやかな封臣の契約関係だったであろう。事実、こうしたもう一つの体制の原型ともいうべきものが、ほぼ一六世紀まで生きのびていたのだ。国民国家の「不可避的」な勃興と考えられているものについて語りつづける前に、われわれはしばし立ち止まって、ブルゴーニュ公国について考察しよう。

非領域的な選択肢――ブルゴーニュ公国の興隆と没落

前章で私は、地中海と北海とを結んでいた中世交易ネットワークの並行する二本の幹線について検証した。もっと重要だったのは、ローヌの河口からフランス西部を経てフランドルへと通じる西方ルートだった。これを支配していたのは強力な領域国家ではなく、幾多の聖俗の小君公たちであって、彼らのあいだには複雑な君臣の契約関係が結ばれ、この関係は貴族階級としての高レヴェルの士気で強固に維持されていた。やがて（ヨーロッパでは一世紀に一度ぐらいはどこかで起こることだったが）、王家に起こった偶発事と影響力の強烈な行使（に加えて自律的な聖職者権力の衰退と）によって一人の君主、この度はブルゴーニュ公が大きな権力を掌握することとなった。[7] 一連の傑出した公爵たち、すなわちフィリップ勇胆公（一三六三―一四〇四年）、ジャン無畏公（一四〇四―一九年）、フィリップ善良公（一四一九―六七年）、そしてシャルル勇胆公（一四六七―七七年）の治世を通して拡大が起こった。その末期までに、現在の北海沿岸低地帯とグルノーブルまでの東部フランスのほぼ全域が公爵の宗主権を承認した。彼はイングランド王および（憂き目に遭う）フランス王と神聖ローマ皇帝とから、対等の〈力〉と認められた。

しかしブルゴーニュの〈力〉は、その敵対諸国と比べて領域的な集権化が少なく、したがって「国家らしさ」も少なかった。公爵には単一の首都や固定した宮廷、法廷というものがなかった。公爵とその家族一統は、北はガンやブリュージュ、南はディジョンやブザンソンのあいだの領地を旅して回りながら統治し紛争を裁いたのだが、その居所はある時は自分の城であり、ある時は臣下の城だった。領域は主に二つのブロックから成っていて、南方に「二つのブルゴーニュ国」（公爵領と伯爵領）、北方にフランドル、エノー、ブラバントがあった。これらのブロックは結婚、陰謀、時にはあからさまな戦争によって獲得したもので、歴代公爵たちはその行政を統合しようと奮闘努力した。彼らはその努力を私が強調してきた二つの制度、すなわち高等裁判所と財政・軍事機構とに集中した。彼らは音に聞こえたその能力に相応しい成功を収めた。しかし公国はつぎはぎ細工だった。そこではフランス語、ドイツ語、フランドル語の三つの言語が使用され、それまでは敵対していた都市と領域的有力者という二つの勢力が併合され、二つのブロックのあいだの通常は一五〇キロメートル以上に及ぶ間隙を埋める外国の領域と対峙していた（この対峙線は最終的な破局に至るちょうど二年前には、やっとのことで五〇キロまで狭められていたのだった）。この公爵家の公国を領域的に示す名称はなかった。公爵が北部にいる時には、その領域を「この辺りの我が領地」と言い、二つのブルゴーニュ国のことを「彼方にある我が領地」と言った。南部にいる時にはこの呼び方が逆になった。彼の公爵位の正統性も完全とは言えなかった。彼は王位を望んだのだが、正式には西方の領地に関しては（血縁的に近しい）フランス王に、東方の領地に関しては神聖ローマ皇帝に、それぞれ臣従を誓っていたのである。両者は彼に王位を認めることもできたのだが、そうする気配はなかった。

彼は綱渡りをしていた。彼は中央ヨーロッパ回廊の（諸都市と貴族階級という）二大グループを統合していたのだが、この両グループはフランスとドイツという二つの領域国家からの脅威にさらされていた。内部のグループも敵対する国家も、ブルゴーニュを第三の大国と見なすことを望まず、これらすべての当事者たちが敵対して、互いにけしかけあい、出し抜きあっていたのである。公爵は調整役を巧みにこなしていたのだが、どうしても都市側よりは貴族側の味方となったのは避けがたいことだった。

ブルゴーニュの宮廷は同時代の人びとと、その後継者たちの心を魅了した。その「輝き」はあまねく賞賛の的となった。その騎士道礼賛はヨーロッパ世界を異様なまでに魅惑したのだが、現実のヨーロッパにおいては騎士道の基盤構造（封建徴募軍、マナー、超越的キリスト教世界）が衰退しつつあった。その「金羊毛勲爵士団章《オーダー・オヴ・ゴールデン・フリース》」は、新約・旧約両聖書と古典文学にもとづく純潔と勇気の象徴を結合させたもので、ヨーロッパ最高の栄誉となった。その歴代公爵は、彼らのニックネームが示すように、当時の最も賞賛された支配者だった。後にブルゴーニュの宮廷儀式は、ヨーロッパ絶対王政の儀式のモデルとなっていったが、その過程でしだいに活気を失ってしまった。と言うのは、ブルゴーニュ流の儀式が表現していたのは領域的な中心性ではなく、動きだったからである――たとえば、公爵たちが都市へ入る際の儀式的行列である「歓び溢れる御入場《ジョワユーズ・アントレ》」や、期間中の一時であれ競技場を豪華に飾りつける馬上槍試合《トーナメント》の催しや、「金の羊毛《ゴールデン・フリース》」を探索するギリシア伝説の英雄イアソンという象徴、などである。そしてこれは、自発性と個人の尊厳とにもとづいて領主への忠誠を誓う、自由な貴族制に依拠していたのだ。

一五世紀になると、こうした封建国家はロジスティクス上の困難にぶつかった。戦争によって永続的な財政上、人員供給上の措置が必要になったし、そうした資源を統治者に対して日常ベースで提供する貴族、ジェントリ、商人、傭兵たちの規律ある一団が必要だった。ブルゴーニュの支配階級はあまりにも自由だったので、彼らに全幅的に依存することなどできなかった。回廊の富が埋め合わせをしたが、都市の忠誠は当てにならず、それが歴代の公爵自身の階級意識によって強化されたことはなかった。フィリップ勇胆公はフランドルの都市での叛乱の首謀者を描いた絨毯の上を歩くのが好きだった――彼に反抗を企てた平民どもを踏みつぶすというわけである。ブルゴーニュの強さと弱さとは、戦場で験された。そしてそこで封建徴募軍は、傭兵とヨーロッパ最新鋭の大砲で補強されていたにせよ、騎士が主軸ではなくなった軍隊に対して、もはや優位に立つことができなかった。すべての封建国家と同様、しかし中央集権的領域国家とは異なって、そこでは個人的資質と世襲の偶然性とに多くが依存していた。

一四七五—七年に、さまざまな困難が重なって急な終焉がやってきた。シャルル公の勇胆さは無謀さとなった。彼は東方の領地の領域的統合を急ごうとするあまり、一時に多くの敵を抱えこんだのだ。彼は無勢をかえりみずに、恐るべきス

（7）ブルゴーニュ公国に関する主な典拠はカルテリエリ・一九七〇年、ヴォーン・一九七五年、アームストロング・一九八〇年（とくに第九章）。ヴォーンはまた、個々の公爵について一連の生き生きとした伝記を執筆した。とくにすばらしいのはシャルル勇胆公伝（一九七三年）である。

イス諸都市の槍兵密集部隊に立ち向かった。彼の公国の雑然たるありさまは、最後の二つの戦闘における彼の軍勢が完璧に表現していた――すなわち重い甲冑に身を包んだ馬上のブルゴーニュ騎士を中核として、忠誠のあやふやなフランドル人歩兵（その大部分は戦いの最中にまだ南方へと向かう行軍中だった）、それに外国人傭兵隊だが、彼らは退却を具申したのだった（分別ある傭兵はよくそうしたものだったのだが）。一四七七年のナンシーでの最後の戦いは、ブルゴーニュの騎士が槍兵密集部隊の突破に失敗した後は総崩れとなってしまった。シャルル公も、たぶん傷を負って逃走した。彼は流れを駆け渡ろうとして馬から落ちた。重い武具を着けてよたよた歩く彼は、恰好の標的となった。彼の頭蓋骨を打ち砕いたのは、おそらく戦斧だったろう。二日後になって、華麗な衣服や宝飾を剝ぎ取られ、ところどころを狼に食い荒らされた彼の裸の死骸が、泥深い流れのなかから引き上げられた。長く伸ばした手指の爪や古傷で公爵と知れたのだが、彼こそは封建制終焉の無残な象徴だった。

　男子の世継ぎがいなかったので公国は速やかに解体されたが、それはその発展ぶりをすっかりさかしまにしたと同然だった。シャルルの娘は公爵の「盟友」だった神聖ローマ皇帝、ハプスブルク家のマクシミリアンが強引に結婚してしまった。公爵の領地は一つ一つ、ハプスブルク家かヴァロワ家の君主たちに引き渡されていった。

　次の一六世紀においてもブルゴーニュの領地は、もう一つの王家による領域的な中心性のない国家、すなわちカール五世とフェリペ二世のハプスブルク帝国にとって重要な鍵だった。しかしこれらの政治体制でさえ、すでにそれぞれの中核部分――オーストリア、ナポリ、スペイン、フランドル――には、中央集権的・領域中心的な「近代」国家の数多くの機構を発展させていた。ブローデルが述べているように（一九七三年・七〇一―三頁）、一六世紀半ばまでには、資源を領域的に集中させることが肝要になっていた。広大ではあるが拡散していたハプスブルク家の資源では、フランスのように中規模ではあっても肥沃で穏やかな中核部を持つ王国に太刀打ちできる財政・軍事の集権化は、達成できなかったのである。両極端を離れて、諸国家はこのフランス・モデルへと収斂していった。ハプスブルクの領域がスペイン、オーストリア、ネーデルラントへと分解する一方で、スイスの諸都市の連邦はいっそう緊密化した。ドイツとイタリアではこのプロセスにもっと時間がかかったが、モデルははっきりしていた。その理由を検討しよう。

領域的中央集権化のロジスティクス

資源の集中が地政学の鍵であることが明らかとなった。恩恵を得たのは主役を演じた者というよりも、知らぬ間に受益者となっていた国家群だった。経済拡大がその原動力だった。それが「本国」にある国家の中核部（ブルゴーニュにはそれが欠けていた）の経済全体に浸透した結果、領域的に限定された中核地域一帯に日常的な、比較的普遍性のある権利義務関係を確立する機会が生まれ、これが経済にも戦争遂行にも役立ったのである。北と西とへ向かう経済的な〈力〉の長期的移行によって、これらの地域の幾つかはイタリア - ブルゴーニュの触手の届かぬところに成立した。北方および西方の諸国家は、しだいに商業発展に巻きこまれていった。まず何よりも、新しい会計システムが国家、教会、マナー(荘園)でほぼ同時に用いられるようになった。この章で使ったヘンリー二世の記録史料自体が、国家のロジスティクス能力の増大を示している。しかしそれらと並行してマナーの会計も行なわれていた——最も初期のもので日の目を見ているのは一二〇八―九年のウィンチェスター司教領の会計記録である。読み書きが資産ある人びとのあいだで広範に普及していたことは、ヘンリー二世が諸州の代官にあてた国王の令状や、領地管理に関する専門文書が出まわったことでも分かる。この時期は領域的な通信輸送への関心と、中心的組織とが復活した時期である。この関心と組織とは圧倒的に世俗のものであって、権威ある国家と、広まりつつあった「市民社会」的要素がそれを分かちあっていた。

こうした復活の重要な部分だったのが、古典学問の再興だった[8]。この再興の実利的な側面はローマ法の再発見だった——ローマ法は国家の全領域にわたる普遍的な運営ルールを規定していたがゆえに、国家にとっては明らかに有用だったのである。しかし古典哲学や古典文学一般も、理性的人間同士の拡大包括的な交流と組織化の重要性(私は第九章でこれを論じた)を示していた。これはキリスト教のもつ拡大包括的な規範性の役割に対して、それまでももう一つの世俗世界として、ずっと潜在的に存在していたのである。この古典の知識がもたらされたのは、キリスト教世界の辺縁で保存されてきたギリシア語およびラテン語の文献や、イタリア南部およびシチリアに生き長らえていたギリシア文化や、さらに重要な部分としてはアラブ世界を通してだった。一二世紀には地中海中央部のノルマン諸王国やスペイン再征服地域において、イスラームによる注解を施された古典著作が復活した。教皇はたぶん、それらを寄せつけなかったのだ! しかしその知識は、すでに聖堂学校の伝統の外で活動していた教師たちに利用されるようになった。彼らがそれをヨーロッパ最初の三つの大学であるボローニャ、パリ、オックスフォードで制度化したのは一三世紀の初頭であり、さらに一四〇〇年までには五三の大学が生まれた。これらの大学は聖堂学校における神学および教会法に、古典学問であるローマ法、哲学、文芸、医学を加えた。大学は自律的だったが、教会・国家双方との機能的関係が緊密だったのは、その卒業生たちがしだいに教会および国家の官僚システムのなかで、中間的・非貴族的レヴェルを占めるようになったからである。彼ら卒業生は「クラーク」と呼ばれた。この言葉の意味が一三世紀後半までに、聖職位階の剃髪を受けた者から誰であれ学問のある者、つまり「学者」へと変化したことは、学問における部分

(8) この点に関する主要典拠はパレほか・一九三三年、ラシュドール・一九三六年、マリ・一九七八年である。

的世俗化の証左である。

したがって、一二世紀から一四世紀にかけてメッセージの交換はいちじるしい進歩をとげ、読み書きできる人びとの増大に対して空間を通しての統制が可能になった(チポラ・一九六九年・四三―六一頁、クランシー・一九八一年)。これは一三世紀後半から一四世紀初期にかけての技術革命――すなわち羊皮紙に代わる紙の登場によって、古代以来の通信輸送システムの能力を初めてしのぐこととなった。イニス(一九五〇年・一四〇―七二頁)は、この点を鋭く指摘している。彼が言う通り、羊皮紙は長もちするが高価である。したがってそれは教会のような、時間・権威・ヒエラルキーを重視する〈力〉の組織に相応しい。これに対して紙のほうは軽く安価な消耗品で、拡大包括的・伝播的・分権的な〈力〉に相応しいのである。いずれ議論することになる後の諸発明の多くと同じく、紙はヨーロッパ起源ではなかった。紙は幾世紀にもわたってイスラーム世界から輸入されていた。しかしヨーロッパの紙工場がつくられたとき――分かっている最初のものが稼動したのは一二七六年――、紙の安価性がもつ可能性が開かれたのである。筆写者、書物、そして書物取引が急増した。一二八〇年代にトスカーナで眼鏡が発明され、二〇年間でヨーロッパ中に広まった。一四世紀には、教皇が発する通信文の量ですら、一三世紀の三倍となった(マリ・一九七八年・二九九―三〇〇頁)。イングランド国王の代官あて指示令状の使用も激増した――一三三三年六月から一三三四年一一月までにベッドフォードシャーとバッキンガムシャーの代官が受けとった令状は、なんと二〇〇〇通だったのだ!これは同時に、国王および地方代官の官僚制を発展させた(ミルズとジェンキンソン・一九二八年)。書物の複写部数も激増した。サー・ジョン・マンデヴィルの『旅行記』は一三五六年に書かれたのだが、二〇〇部以上も現存している(その一部は、われわれが第一二章で出会った不運な異端派メノッキオの小さな書斎にあったのだ)。ヨーロッパにおいてラテン語が徐々に領域ごとの固有語に置き換わってゆく、その言語的な移行段階を示す事実として、『旅行記』の七三部はドイツ語とオランダ語、三七部はフランス語、四〇部は英語、そして五〇部がラテン語である(ブローデル・一九七三年・二九六頁)。

他方、読み書き能力と書物の所有とは、印刷術が発明されるまでは、比較的裕福な都市民と教会とに限られていた。識字率の概算統計は少し後の時期についてしか分からないのだが、中世イングランドではずっと上昇しつづけていたのは分かっている。クレシー(一九八一年)は識字率を、一五三〇年代のノリッジ教区での記録において、地方法廷での証言に自分の名前をサインできたか否かで測定した。この一〇年間に記録されたすべての聖職者や専門職能者、そしてほとんどのジェントリが署名できたのに対し、ヨーマンでは三分の一、商人・職人では四分の一、下層農民《ハズバンドマン》ではおよそ五パーセントが署名できただけだった。同じような低レヴェルがル゠ロワ゠ラデュリ(一九六六年・三四五―七頁)によって、一五七〇年代から一五九〇年代のラングドック農村地帯で見出されている――農業労働者ではわずか三パーセント、それより裕福な農民でも一〇パーセントしか署名できなかった。非専門家は、自分の名前をサインすることが果たして「識字力」の尺度と言えるのかどうか、疑いをもつだろう。しかし歴史家たちは、それが読む能力プラス最小限度の書く能力の尺度として使えると主張する。読むことは、書くことよりも広く称揚され、広く普及した教養だった。読めないのなら、自分の名前のサインの仕方を覚えても何の利益にもならなかったし、自分なりの権力上の立場が必要とするのでなければ、書くことを覚える一般的な動機などなかったのである。中世後半の時期においても、読むことと書くこととはいまだ比較的「公的」な活動だった。「マグナ・カルタ」のような重要文書は公的に展示され、各地の集会で朗読されたのである。文書、遺言書、会計簿も読みあげられた証拠には、われわれは今なお「言葉を聞く」文化のなごりをもっていて、たとえば会計報告を「聴取＝監査《オーディット》」したり、「近ごろ彼からは音信がない」などと言う（クランシー・一九八一年）。逆説的だが、読み書きはなお口頭伝達に依存していたのであり、いまだにその大部分が公的権力の舞台――とくに教会、国家、交易の場に限定されていたのである。

一四世紀末に、こうした限定を強めるテストケースが発生した。ジョン・ウィクリフは、聖職者による媒介なしでの個人的・普遍的救済を主張するラディカルな系譜に列なっていた――彼は言う、「永遠の罰を受ける者はおのれ自身の罪によって永遠に罰せられるのであり、救われる者はおのれ自身の徳によって救われるのである」。彼は「ロラード（祈りをつぶやく連中）」運動を始めたが、これは聖書を英訳し、職人やヨーマンや地方の学校教員など「もう一つの通信輸送ネットワーク」を通じて自国語文献を広めたのである。教会ヒエラルキーは政府を説得して、これを異端とした。迫害と、反抗の弾圧とがつづいた。それにもかかわらず、ウィクリフの自国語聖書の手書き本が一七五部も現存しているのだ。そしてロラード派は歴史の陰のなかで生きつづけた。

この一件が、公衆の読み書き能力の階級と性別による制約を強めた（読める女性は少なく、書ける女性はもっと少なかった）。とは言うものの、こうした制約のなかで、読み書きは中世後期を通じて広まりつづけ、有力社会集団に広範に普及した。国民的な固有言語がそれらの集団を統合し、領域的な中心性をもつ階級の士気を増大させ始めていたが、これこそブルゴーニュ公国に典型的に見られた、伝統的で非領域的な階級の士気のネットワークに取って代わって成長してゆくものだった。

記号の交換から物品の交換へと目を転ずれば、輸送システムはもっとまばらに発展していった。陸上では、全時期を通じてローマの道路と水道をしのぐものがなかったので、陸上輸送のスピードは停滞した。海上では、古代の船舶に対する一連のゆっくりとした改良が初期の地中海地域で始まり、北方および大西洋からの参入を増やしながら、この時期を通じて継続した。一二世紀末には磁気羅針盤が中国から到来し、一三世紀には北海地域で船尾の舵が（中国でのもっと早くの発明とは独立に）発明された。こうした発達によって船の排水トン数が増えたために、冬期にも幾らか航海が可能になるとともに、沿岸航行も改良された。しかし全装しての大洋航海という、真の革命的発展が起こったのはもっと後の一五世紀半ばだった。

さてここで、時計というものが文明的生活の一部となった一五世紀初期で時計を止めて、拡大包括的な〈力〉のロジスティクスがどの程度発展したかを見よう。それは一見したところ、あざやかな光景ではない。遠距離におよぶ管理と通信輸送は、全般的にはローマ時代と同じ体制だった。たとえば、軍事的機動性のロジスティクスにしても、多かれ少なかれ古代歴史の大部分と同じ状態だった。軍隊が補給なしで進軍できるのは三日間であり、水を運ばなくてすむのであればおよそ九日間だった。個別的には進歩した点もあった。書面による伝達がふえ、（書けずとも）それを読める者がふえた。ヨリ安全で迅速な沿岸航行ルートが拓かれた。さらにはキリスト教徒という共通アイデンティティーと、「同国民」地域でしだいに共有されるようになった言語とによって、階級間の垂直的情報交換が容易になったのである。しかし借方項目としては、陸上輸送にはおそらく改善が見られなかったし、本格的な遠距離通信輸送は、国境や通行税や臨時の通商協定や不安定な教会－国家関係やらで、部分的に閉鎖されもした。広範な復興と技術革新を分かちあったのは、今なお互いに競いあい、重なりあう幾つかの〈力〉の代理人たちだったのである。

しかしこのようなプラスとマイナスの組み合わせは、一つの特定の地勢に対する統御を促進しがちだった――台頭しつつあった「国民」国家である。政治的な統御のことを考えるなら、ローマとの比較は結局のところ不適当である。一四世紀のイングランド国家が統御しようとした地域は、ローマ帝国の規模の二〇分の一を、ほんの少し上まわるだけだった。もしもその基盤構造的な技術が、多かれ少なかれローマのそれと比肩しうるものだったら、それは原理的にはローマの二〇倍もの調整的諸権力を行使できたはずだ。一二世紀において、州の掌握は、はるかに堅固だった。とりわけ地方諸侯など地方の国王代理人は、ウェストミンスターの国王に対して毎年二度の会計報告を届けるよう求められていた。一三世紀および一四世紀には、王室会計局の能力向上によって訪問は一回に減らされ、各州につきおよそ二週間行なわれたが、監査はきびしさを増したのである。ローマ人にとってそうした物理的な調整作業は、個別属州のなか以外では不可能だった。一三二二年、王室会計局とその諸記録がヨークへと移転した際、このプロセスが逆になった。三〇〇キロメートル行くのに一三日かかった旅というのは、通常は通信輸送の弱体ぶりを示すものとされている（ジューエル・一九七二年・二六頁）。しかしともかくもそれが行なわれたという事実、しかも定期ベースで二世紀間もつづいたという事実は、国家統制の強さを示しているのだ。ローマ時代の標準からすれば、イングランドの代官たちは書面による指令や要請に攻めたてられ、調査命令に包囲され、定期的な報告業務の遂行に忙殺されていたのである。(9) 道路、河川および沿岸の航行、読み書き能力、軍隊への補給能力――これらのすべてが、こうした限定された領域というものの日常的浸透に適合していたのである。

当然のことながら、中世イングランドにおける国家自体の形式上の諸権力は、はるかに劣っていた。多くの皇帝たちのように自分が神のごとき存在だと、あるいは自分の言葉だけが法だと本気で信じた、あるいはそういう信条を育もうとした王などいなかった。この時期に、これを実現するために自分に必要なものは軍隊だけであるかのごとく振る舞った王はいなかった。ローマとは異なって、中世ヨーロッパの形式上の特徴は、社会に対しての専制的権力ではなかった。支配者と支配階級との関係は、階級ないし国民に広まった同一のアイデンティティーをもつ成員間の関係だった。ローマにおいてわれわれが見たのは、基盤構造的な実践は原理とちがっていたということ――いかなる皇帝も半自律的な属州貴族の支援なしでは、実際に「市民社会」に浸透することなど不可能だったのである。この点は実践としても原理としても、中世の王によって受けいれられた。イングランドでは主権の原理が、枢密院のなかの国王による支配から、議会のなかの国王による支配へと、かなり長期の重複期間を経て徐々に移り変わっていった。前者のシステムは、高位聖職者を含む大貴族の体制であり、後者は都市市民と地方ジェントリの体制だった。ヨーロッパにおける他の幾つかの国家はもっと形式の整った形態、すなわち身分制国家《シュタンデシュタート》を発展させたが、これは王国内の三つ、ないし四つの身分（貴族、聖職者、市民、場合によっては富裕農民）を代表する別べつの議会と君主とによる支配だった。これらの政治構造のすべてに共通の特徴が三つあった――第一に、統治は関係する〈力〉の諸集団間の同意と調整を通して行なわれた。第二に、永続的な調整の前提にあったのは、領主に対する従臣の個別独立主義的な封建関係よりも、安定的で「普遍的な」領域国家だった。第三に、諸身分は相互に外在的なばらばらの存在で、有機的全体ではなく、その相互浸透力には限界があった。国家支配は自律的なアクターたちの領域的調整に依存していたが、もしこれが実効性をもてば、集合的な〈力〉の恐るべき集中が可能だった。ローマの（元老院衰退以後の）権力集団とは異なって、彼らは枢密院か議会か身分制議会のいずれかに定期的に参集した――そしておおむね政策に協調したのだった。ローマ人とは異なって、少数の強大な貴族連中は王家との紐帯を通じて団結することが可能だった。ローマの状況と同じく、調整は地方レヴェルでも必要だった。代官が徴税できたのは、在地の富裕層の同意あればこそだったし、治安判事が有効な証言や陪審員を確保できたのは、地方有力者の同意が得られた場合だけだった。

このシステムの弱点は、有機的統一性の欠如だった。この時期には、国王の行政府と富裕な大家系とのあいだに常に緊

(9) こうしたイングランドの行政システムの記述は、クライムズ・一九六六年。

張が見られた。国王が「新来の連中」つまり部外者の「悪しき顧問官」を重用することで不満がくすぶりつづけ、それは国王がこれらの連中と「自費で」やってゆくことができなくなり、枢密院か議会か身分制議会のいずれかを召集してカネ集めせざるをえなくなったときに爆発した。しかしシステムが作動した場合には、歴史的観点から見てそれは強力であり、その支配権力は弱くとも、領域や臣下を協調させ、中核的な「中心諸州《ホウム・カウンティーズ》」の諸資源を集中することができた。そしてすでに見た通り、その調整的・一点集中的な〈力〉が成長しつつあった。一四五〇年までにそれは領域的な調整機能を果たしていたが、いまだ一元的、「有機的」な国家ではなかった。それは今なお王と地方大貴族という、相異なる二つの領域的レヴェルで成り立っており、両者の関係は帰するところ、領域的封建制だったのである。

技術革命とその社会基盤

フランシス・ベーコンは一六世紀末の著作で、三つの発明が「世界中のありさまと状態とを変えた」と言った――つまり火薬と、印刷術と、羅針盤である。この見解の真意について論ずることはできないが、その細部を修正することはできよう(10)。砲兵中隊、活版印刷、大洋航海技術と「全装」船の結合の三つは、たしかに世界中の拡大包括的な〈力〉の様相を変えてしまった。たぶんこれらのすべてが、もともとは東方に発したものだったが（印刷術はヨーロッパで独立に再発見されたのかもしれないが）、〈力〉の世界歴史へのヨーロッパの貢献は、それらを発明したことではなく、広く伝播させたことだったのである。

火器は早くに発達したが、効果を発揮するのには時間がかかった――一三二六年に使われたけれども、大砲にせよ銃にせよ、フランス王シャルル八世による一四九四年のイタリア侵攻までは陸上での決定的な武器ではなく、艦砲の最初の絶頂期はもう少し後だった。沿岸航行よりは大洋航海を拓いた「航海術革命」の実現には、一五世紀いっぱいかかった。活版印刷の普及は比較的速かった。一四四〇―五〇年に生まれたのだが、一五〇〇年までに二〇〇〇万冊の本をつくり出した（当時のヨーロッパの人口は七〇〇〇万人だった）。

これらの離陸期の年代がたまたま一四五〇―一五〇〇年に集中していることは、瞠目に値する。台頭しつつあったヨーロッパ社会の二つの主要な〈力〉の構造、すなわち資本主義と国民国家とにこれらがリンクしていることも、瞠目に値する。この二つが連関して生み出した刺激が、ここヨーロッパでは決定的だったが、アジアにはなかったと考えられる。資本主義のダイナミズムは航海術の発達に明瞭に現われていたとともに、貪欲にかられて未知の大海原へと乗り出した商人たちの勇猛果敢さにも現われていた。印刷は大規模な金貸し業者の庇護を受けて、分権的な大衆市場向けの利益の多い資本主義ビジネスとなった。個人が所有する大砲工場は、世界最初の重工業だった。しかしこれら二つの事例において、国民国家への資本の依存は明らかだった。航海者たちが国家資金や許可書や保護を求めたのは、まずはポルトガルとスペイン、ついでオランダ、イングランド、フランスだった。大砲はほぼ完全に国家用であり、その製造にも国家の許可と庇護が必要だった。航海者、砲術家その他の熟練技能者たちにも今や読み書きが求められ、授業を自国語で行なう学校が設立されていった（チポラ・一九六九年・四九頁）。印刷術が最初に役立ったのは、キリスト教の伝統的な神に対してだった。一六世紀半ばまで、本の大部分が宗教書であり、ラテン語だった。この頃ようやく自国語が優勢となり始め、したがって印刷術もまた国民国家の境界強化を促進し、国境超越語であるラテン語およびフランス語と、主要国家のさまざまな地域の方言との公的な存続に終止符を打ったのである。

三大発明がもたらした効果については、次章にとっておく。しかし本章の終わりに登場したことで、それらは本章のテーマを総括する——封建制ヨーロッパ本来のダイナミズムが拡大包括性を増すにつれて、資本主義と国民国家とはゆるやかな、しかし協調的で一点集中的な同盟を形成し、それがまもなく天上と地上の両方を征服することとなったのだ。

(10) 三つの発明についてはチポラ・一九六五年、ホワイト・一九七二年・一六一—八頁、ブローデル・一九七三年・二八五—三〇八頁を参照。

第一四章　ヨーロッパ発展の原動力3・一四七七—一七六〇年
——あるいは、有機的国民国家の形成とヨーロッパの拡大

ここまでの二つの章は、ヨーロッパの発展の相異なる側面に焦点を絞っていた。第一二章は局地的な、内向集中的な封建制の原動力、とりわけその経済的な原動力の検討に集中した。第一三章は（ヨーロッパ自体と同じく）外側へと転じて、もっと拡大包括的な〈力〉の諸関係、とりわけ国家の役割の検討に集中した。ヨーロッパの発展の全体は、この二つの結合によって成り立っていた。この章では、この結合から産業革命が出現するまでを見てゆく。この章があつかうのは発展の内向集中的な側面よりも拡大包括的な側面であり、とりわけ国家が果たす役割である。したがって、理想を言えばおそらく当然行なわねばならぬこと、すなわち産業革命へと向かう経済発展のさまざまな段階についての説明が、欠けたままなのだ。本格的な説明をするには経済理論と比較方法論の両方が必要で、時おりの激発を通して工業化へと突き進んでいったヨーロッパのさまざまな地域や国ぐにに、それらを適用してみなければならないのである。この間にイングランド王国は〔一六世紀にウェールズを統合編入、一七〇七年にスコットランド王国を統合して〕グレートブリテン連合王国〔すなわち日本で言うイギリス〕へと変容をとげたが、最初に工業化した国であり、ここではそのイギリスについて検討する。しかし、いったいなぜイタリアでも、フランドルでも、スペインでも、フランスでも、プロイセンでも、スウェーデンでも、オランダでもなかったのか？　という疑問への解答が説明の必要部分だろうが、それらはここでは検討しない。

これは全プロセスについて、イギリス偏重の説明となるだろう。まずイギリスがやりとげたのであり、しかしおそらくはイギリスだけが成しとげたのだ。フランスと低地諸国の一部が、すぐ後を追った。たまたまイギリスが、新たな莫大な〈力〉の資源を手に入れたことが多国家システム全体に知れわたると、それはすぐさま模倣された。産業資本主義はまたたく間に他の社会的環境にも伝播してゆき、そこでも同じように根づいたようだった。もしもそれらの国ぐにを自律的な事例ととらえるならば、原動力は一つではなく――あるいは、こちらの言い方のほうを好むなら、「封建制から資本主義への移行」は一つではなく――幾つかあることになるだろう。これはたとえばホールトン（一九八四年）が、イギリスとフランスとプロイセンの事例を綿密に検討して出した結論なのである。しかしながら、それらの国ぐにには自律的な事例ではなく、ヨリ広範で地政学的な多国家文明における、国民国家的アクターだった。こうした全体（およびその外部――第一五章参照）から作用する諸力がイギリスに影響し、その社会構造と地政学上の位置とによってイギリスを、発展プロセスのある時期における「先端《エッジ》」たらしめたのである。その先導性はほんの一歩とはいえ、偶然のものではなかったのだ。

以上の論述は残念ながら、しっかりした比較方法論や理論がないために、私がこの場で十分に立証することができない。にもかかわらず、この章には一つの暗黙の理論がある。それは前章の論点を引きついでいる。その論点はまた現代の経済学者たちにも共有されている――すなわち、農村プロレタリアートの労働搾取を可能にした大量消費市場の成長（当初は農民家族を対象とする）が、一八世紀末にイギリスで起こった経済離陸への重要な刺激となった、という論点である。この市場は主として国内向けであり、国内向けとは国民向けである。これはわれわれが〈力〉の組織の出現に固執してきたことを正当化するのであり、これによって国民的な相互作用ネットワークとしての国家が誕生したのだ。そこで、第一二章で述べた経済のダイナミズムがこの時期ずっと轟音を立てて駆動しつづけ、しだいに資本主義的形態をとり始めていたことを想起しながら、ここで考察をイギリス国家へと集中しよう。私はあのダイナミズムが発する轟音にも時おり耳を傾けようし、この章の終わりには、それについてもっと詳しく論じよう。

私は国家機能の指標としてのイギリスの国家財政に立ちもどる。とは言うもののこの章では、この指標の不十分さが明らかになるので、それを他の形の分析で補うことにする。

国家歳入のパターン、一五〇二―一六八八年

表14‐1は私の時系列歳入総額の、一五〇二―一六八八年期のものである。一四五二―一五〇一年期については信頼できる数字が得られず、ヘンリー八世、エドワード六世、メアリーの治世については数字がない。一六六〇年以前の数字は、すべてある程度は推測にもとづいている（マン・一九八〇年にその説明がある）[1]。それと対照的に、一六六〇年以後の数字は、信頼しうるとされている。この表によれば、ヘンリー七世は時価額およびインフレ補正価額の双方において国家財政を立て直し、ばら戦争による混乱以前にヘンリー五世が享受したレヴェルまで回復した。以後一六四二年に始まる大内乱に至るまでの数字は二つの傾向を示す――すなわち、現実の国家財政を急上昇させた膨大な価格インフレーションと、インフレ補正をほどこした場合の歳入横ばい状態である。後者の傾向がおどろくべきものだと言うのは、ほとんどの歴史家の見解として、チューダー朝の下で国家は大発展をとげた、と言われているからである[2]。これらの傾向について、詳細に検証しよう。

インフレーションにも長期の戦争にも悩まされることがなかったヘンリー七世は、財政の帳尻を合わせるとともに余剰

（1）これ以後私はG・R・エルトンから、エリザベスの治世のこの数字は歳入総額を低めに算定している、という指摘を受けた。明らかに歳入があっても王室会計局の記録では追跡困難なものがあり、その額はおそらく、突きとめられた収入の三分の一ほどにもなろう。

（2）エリザベス治世下にさらに三分の一を上乗せしたとしても、全体的な傾向に変化はない――その場合エリザベスは、ヘンリー七世のレヴェルを四分の一ほど越えるだけで、一六六〇年以降の上昇と比べればわずかな増加である。その際のインフレ補正価額歳入は中世後半レヴェルの倍だった。

表14－1　イングランドの国家財政，1502—1688年
（1451—75年物価を100とした指数でインフレ補正）

治　世	年　代	平均歳入額（1000ポンド）時価額	インフレ補正価額	物価指数
ヘンリー7世	1520—5	126.5	112.9	112
エリザベス	1559—70	250.8	89.9	279
	1571—82	223.6	69.0	324
	1583—92	292.8	77.9	376
	1593—1602	493.5	99.5	496
ジェイムズ1世	1604—13	593.5	121.9	487
チャールズ1世	1630—40	605.3	99.4	609
チャールズ2世	1660—72	1,582.0	251.1	630
	1672—85	1,634.0	268.7	608
ジェイムズ2世	1685—8	2,066.9	353.3	585

典拠：歳入の1502—5年はディーツ・1964年aをウルフ・1971年で補正，1559—1602年はディーツ・1923年，1604—40年はディーツ・1928年，1660—8年はシャンダマン・1975年。物価指数はフェルプス＝ブラウンとホプキンズ・1956年。
［注］上記の数字は表13－2の数字と直接比較できる。典拠と計算方法についての詳細はマン・1980年を参照。

の蓄積さえ行なった。彼の歳入は三つの主な源泉からほぼ同じ割合で入ってきた――すなわち、王家の領地からの地代、もろもろの関税、そして議会を通しての課税である。この最後の課税によって、王権に対する敵対者や外国列強からの短期的な脅威を追いはらったのである。財政上の再編成が行なわれたとはいえ、彼の国家は――全体的な規模と主な機能の点で――伝統的なものだった。王室所帯の諸費用を支払い、少数の顧問官を雇って政治的助言を受け、最高法廷を監督し、領域境界を越える交易を規制し、貨幣を発行し、忠義な諸侯の支援によって時には戦争を遂行する――こうしたことが国家機能のすべてであり、これが国富のほぼ一パーセント以下だったことは確実で、国家臣民大半の生活にとって、さしたることではなかったのである。

以後の二世紀にわたって、この国家は三つの趨勢によって大いに変化したのだが、そのうちの二つは伝統的なもの、一つは新しいものだった。戦費の増大とインフレーションの二つは、すでにしばしばお目にかかった。しかし支配階級間の調整役としての国家の役割の増大は、いまだ「有機的」段階にまでは達していなかった。

第一の変化、すなわち戦費の増大は中世の経験から推して予見可能だった――ヨリ好戦的な国王ヘンリー八世が即位した結果である。**表14－2**は、彼の治世の初期における現金歳出総額についてのディーツの概算を示す。一五一二年、ヘンリーがフランスとの戦争を始めた年の四倍増と、翌年、戦況が激化した年のほぼ三倍増とに注目！　これらの増大は完全

表14－2　現金歳出総額（ポンド），1511―20年

年	歳出総額	軍事支出	同盟軍への援助支出
1511	64,157	1,509	―
1512	269,564	181,468	(32,000フロリン金貨)
1513	699,714	632,322*	14,000
1514	155,757	92,000	―
1515	74,006	10,000	―
1516	106,429	16,538	38,500
1517	72,359	60	13,333
1518	50,614	200	―
1519	52,428	―	―
1520	86,020	―	―

典拠：ディーツ・1964年・Ⅰ，90―1頁。
*加えて10,040クラウン。

に軍事支出である。これ以前の三世紀間と同じく、戦争は国家を実体化する。戦争が始まるたびに見られるこうした飛躍現象は、まさに今日までつづいているのだ。しかし飛躍の高さは、今や下降し始める。ヘンリーのフランス戦争は、一五一一―一三年の二年間で歳出を一〇倍にした。一五四二―六年の彼のフランスおよびスコットランドとの戦争は、もしもディーツの数字（一九一八年・七四頁、一九六四年a・Ⅰ・一三七―五八頁）が信頼を置けるものだとすれば、およそ四倍の歳出増である。四倍増は次の一七世紀では標準であり、一六八八年以後にはさらに減少が見られる。それは国家の性格が変わって、もっと穏やかに戦争するようになったのではなく、むしろ平時の軍事支出が上昇したのだ。表14－2は、この現象がヘンリー八世治世初期の戦争の際すでに準備されていたことを隠していた――というのは、少なくとも一つの費目が別勘定で支出されていたからである。すなわち、フランスのトゥールネーへの駐屯軍維持費は、一五一四年から（撤退した）一五一八年にかけて年間四万ポンドだったのだ。一六世紀のほぼ全年を通じて、ベリック、カレー、トゥールネーでの、そしてアイルランドでの駐屯軍は、平時における他の支出のほぼ全額相当を費消していた。いわゆる「永続戦争の国家」が到来しつつあった。

軍事革命と国家システム

駐屯軍費用は、概略一五四〇―一六六〇年に起こった軍事組織変化の氷山の一角だった。こうした変化に対し、多くの歴史家はロバーツ（一九六七年）にならって、軍事革命というレッテルを貼っている。小火器はこの革命の一部だが、それが果たした役割は過大に評価されることが多い（ヘイル・一九六五年での議論）。一四世紀・一五世紀におけるヨーロッパでの小火器導入はゆっくりとしたものであって、当初は戦術に与えるインパクトなど、ほとんどなかった。一四世紀初期以来の主力だった槍兵隊に対して、銃はほんのつけ足しだった。とくに海戦で有効だったもっと大型の砲のほうが大きな結果をもたらしたというのは、その装備には地方貴族に手のとどかない規模での投資が必要だったからである。国王には封建貴族たちの城郭を撃破することが可能だった。

しかしながら火器は、陸戦における新しいタイプの防衛戦術である「イタリア式設計」の大成功を導き出した。これは複雑な星型をした低い要塞で、銃兵はその背後から、包囲軍が城壁にたどり着かぬうちに掃射してしまうことができたのである（ダフィー・一九七九年を参照）。そのような要塞を重砲や、巨大な対抗土塁や、兵糧攻めで制圧するには長期の作戦行動や、兵士の逗留や、多くの戦費を必要とした。これと同時に、ナッソウのモーリッツ〔一六―七世紀オランダの軍人〕やグスタフ・アドルフ〔一七世紀スウェーデン国王〕といった将軍たちによって機動戦術の革新が行なわれのだが、彼らは一四世紀にスイス兵やフランドル兵の登場で廃れてしまった戦列の再導入によって、マスケット銃を装備した歩兵の戦力を増したのだった。しかし戦列を組むには大隊編成よりも訓練が必要だったたし、攻められた場合には土塁による防護が必要だった。訓練と掘削という、ローマ流が復活したのである。戦うことはもとより労働することもいとわない、訓練の行きとどいたプロの兵士を高給で雇うことが、以前に増して必要になった。この点が軍事組織の中央集権化を増大し、訓練の必要が傭兵の重要性を確定的にした（さらにその結果、やっかいだった傭兵の自律性にも終止符が打たれたのである）。これに加えて、人口と比べての軍隊の規模が、一六世紀にふたたび少なくとも五〇パーセントは増加した（ソローキン・一九六二年・三四〇頁）。パーカー（一九七二年・五―六頁）の主張では、軍隊規模はこの世紀、幾つかの例では一〇倍にもなった（ビーン・一九七三年を参照）。海軍の規模と費用も一六世紀半ばから上昇した。当初は専用の軍艦というものは稀だったが、商船および商船員を転用するにも改装や再訓練が必要だった。結果的には大砲が、戦艦への投資を主導した。こうしたことのすべてが戦費を増大させたばかりでなく、その高どまりを確定してしまった。戦時平時を問わず、今や軍事費は膨大なものになった。ルイ一二世〔在位一四九八―一五一五年〕がミラノ出身顧問官トリヴルツィオに、イタリア侵攻をなんとしても成功させるにはどうすべきかをたずねたとき、彼に返ってきた答えとは――「気前のよい陛下に申し上げますが、三つのことが必要でございます。カネ、カネ、そしてカネでございます」（アーダント・一九七五年・一六四頁から引用）。その後戦費が上昇する度に顧問官たちの言ったことは「……やはりもっとカネでございます」だっただろう。

こうした変化のすべては、資本集約的な供給が果たす役割の増大、したがって、中央集権的で整然とした行政や資本会計が果たす役割の増大へとつながったが、それはこうしたことによって領域内の資源の集中が可能になったからである。この変化は領域的に集中化された〈力〉（国家）を強化したけれども、同時に領域内での商品形態の伝播をも強めた（すなわち資本主義）。エリザベス女王〔本書カヴァーにその肖像〕の海軍と、〔一七世紀オーストリアの〕ヴァレンシュタイン将軍の陸軍において最初に現われた資本主義的方法については、これまでしばしば言及されてきた。資本主義と国家との結びつきはますます緊密になっていった。

私はここまでに、およそ二世紀間にわたる軍事史を圧縮して述べてしまった——すなわち、一四四四年にフランスのシャルル七世によって編成された最初の有給常設砲兵隊に始まり、ナッソウのモーリッツとヴァレンシュタインの、それぞれ一六二五年と一六三四年の死に至るまでの時期である。したがって、軍事的発展が一つの革命をもたらすのは突発性のゆえではなく、長期にわたる蓄積の結果なのだということを強調することが必要だ。火器の技術、戦術、戦略、そして軍事と国家の組織形態とは、この時期全般を通して発展した。その変容は最後に至って、おそらく象徴的な意味で、これら二人の偉大な死の企業家《アントゥルプルヌール》の死によってようやく完成したのだった。ヒンツェの表現を借りれば、「二人は私的な軍事企業家であることを止め、国家の従僕となったのである」（一九七五年・二〇〇頁、なおマクニール・一九八二年・第四章参照）。

しかし、いったいどんな国家が好まれていたのか？　貧困な国家は難儀をしていた。そして「封建」国家はすでに終わっていた——つまり、自由契約にもとづいて臣下が軍事行動の兵員を提供するというシステムは廃れていた。資本集約が不十分だったから、傭兵軍団で身を固めることもできなかった。イタリアの——せいぜいがシエナほどの——小中規模都市国家システムは、攻囲戦となれば資金不足で独立維持がむつかしくなった。ヨリ大規模な、中央集権の行政府が求められた。実際のところ、火器がもたらした統合化と集権化とは世界的な現象と考えられる——ヨーロッパ、日本、そしてアフリカ各地における火器の導入は、中央国家の〈力〉を増強したのである（ブラウン・一九四八年、キールナン・一九五七年・七四頁、ストーン・一九六五年・一九九—二二三頁、モートン＝ウィリアムズ・一九六九年・九五—六頁、グディ・一九七一年・四七—五六頁、スモルデイン・一九七二年、ビーン・一九七三年、ロー・一九七六年・一一二—三二頁）。ここで勝ち残ったヨーロッパが国家システムへの移行を確実にした——言い換えるなら、そこで生き残っている統一体は比較してみればヨリ集権化され、ヨリ領域化されていた。はるかにゆるやかだった封建制の連邦、遍歴する軍事マシーン、すき間を埋める小さな町邑や諸侯たちは、戦禍の犠牲となったのである。

そしてヨーロッパもヨリ秩序立った多国家システムとなり、

その諸アクターの利害はますます同等・同質、その外交形式はますます合理的になった。今や全ヨーロッパが、かつてのイタリア群小多国家システムの経験を繰りかえしており、かつての軍事的・外交的技術の多くがイタリアから伝播していった。これらの技術はイタリアにおける長期の地政学的手づまり状態を現出し、イタリアを多国家システムとして保ちつづけてきた。諸国家間の防御的外交は、いずれの国家にも覇権を握らせないことを目標としていた。

軍事革命が最上級の、あるいは大規模な国家を破壊することによって、こうした地政学上の手づまり状態が変わる可能性などなかった。基本的なロジスティクスはほとんど変わっていなかったのだ。軍隊はヨーロッパの地勢を（水が豊富にあったので）、最大限九日間行軍することができた。そこで彼らは止まり、現地の収穫物を略奪し、パンを焼くためさらに三日間逗留してから行軍を再開した。一七世紀後半には、たくさんの将軍たち——モールバラ〔イングランドの軍人政治家〕、ル・テリエ〔フランスの陸相〕、ルーヴォア〔フランスの陸相〕など——が補給の組織化に腐心し始めたけれども、基地から供給可能だったのは必要物資のせいぜい一〇パーセント程度にすぎなかった。軍隊は依然として現地調達だったのだ。陸上輸送の革命がなかったので、行軍進路付近の穀物の収量倍率が制約条件だった。表12-1で見たように、これは一八世紀に至るまでは徐々に向上していた（一八世紀には飛躍があった）。これもまた、軍隊規模の成長にとって重要な決定要素だったのかもしれない。しかしながら、それもやはり軍事力の規模、機動性、配置パターンに上限を設けたので、どれであれ一つの国家が他の最上級国家や大規模国家を、作戦行動の回数や迅速性で圧倒することは不可能だった。[3] したがって戦争から得られる報酬とは覇権の獲得ではなく、完全敗北の回避だけだった。ヨーロッパは多国家システムのままでありつづけ、陸上では詰まるところ果てしのないゼロサム・ゲームを繰り広げたのだった。最上級国家は弱小国家をねらい撃ちすることもできたが、陸上では互い同士が手づまり状態に陥っていた——海上には別の可能性が開けていたが。

手づまり状態に寄与した重要な要素は、多国家システムがもつヨリ一般的な特質だった——すなわち、主要国が新しい〈力〉の技術を獲得すると、その敵対国のうちの最有力国はすかさず反応し、それをヨリ秩序立った、計画的なやり方で模倣したのである。おそまきの利点とは、工業化とともに始まった多国家システムの特徴ではなかった。

しかしこれらの諸国家の内部構造とは、果たしてどんなものだったのか？　開かれていた選択肢は、いまだ一つではなかった。めずらしくもうまくいった例が、三十年戦争におけるヴァレンシュタインの大規模な「資本主義的」企業活動だった。フリートラントのプロテスタントから没収した大規模な土地を下賜された彼は、その資源から引き出した資金で軍隊を集め、訓練を施した。その軍隊はドイツ北部を駆けめぐり、都市を脅しては貢納金を払わせ、そのおかげで彼の軍勢は一四万人に膨れあがった。これほど有能な将軍が暗殺されなかったら、いったいどんな「国家」を築きあげたことだろう？　この例外は別として、軍事的な〈力〉の最先端を獲得するのに有利な国家として、主要な二つのタイプがあった。これは主要な必要条件が二つだったからである――すなわち、莫大で安定的な富の源泉の獲得と、軍事的マンパワーの大規模で中央集権的な管理である。したがって大いに豊かな国家なら、他の市民的活動からも、あるいは住民の生活からもかなり隔絶された軍隊を支弁し、運営してゆくことができるだろう。あるいは、ある程度裕福であるのみならずマンパワーがさらに豊かな国家なら、財政・マンパワーの抽出システムをともなった大規模で競争力ある軍隊を生み出すことができるだろう――このシステムは国家全体の行政および社会生活全般の中心部に位置するのである。この章の後半では、これら「財政」か「マンパワー動員」かの選択が、「立憲主義」政治か、さもなくば「絶対主義」政治へと発展してゆくのを見ていこう。このようにして大きな富と人口規模とは、もしも適切に集中化され統一的な運営技術で動員されるなら、今や絶大な優位に立つこととなった。これ以後の幾世紀かにわたって、イタリアの主要共和国（ジェノヴァとヴェネツィア）、オランダ、そしてイングランドは富によって有利となり、オーストリアとロシアとは、人口と比較的統一的な国家機構とによって有利となった。スペインとフランスは両方の有利点を享受し、実際のところ、彼らはヨーロッパにおける軍事主導型政治覇権国に最も近いところまで立ち至ったのだった。彼らが最終的に打ち負かされたのは、多国家システムによってだった。

　ヨーロッパの主要君主国と共和国とは、不ぞろいながらも戦争マシーンの全面的な管理に向けて動き出し、スペインとスウェーデンがその先陣、イングランドとオーストリアが殿《しん》軍《がり》だった。財政上のインパクトは、早くからスペインが感じていた。ラデロ・ケサダ（一九七〇年）が示すところでは、一四八一年のカスティーリャ王室の支出が三倍増となったこと、そして一五〇四年に二倍増となったことは、圧倒的に戦争の結果だった。一四八〇―九二年期を通じて、グラナダ征服の戦費は少なくとも全支出の四分の三を占めていた。それが終息したとき、軍事機構は取り壊されることなく、他の国際的な冒険へと転じた。パーカー（一九七〇年）の指摘によれば、一五七二―六年期には、スペインの予算の四分の三以上が防衛と返済とにまわった（デイヴィス・一九七三年・二一一頁を参照）。ヨーロッパ全体の国家支出の、一六世紀におけるきびしい増大は、主として戦費の段階的増加と、ヨリ永続的となった負債返済システムの発展とに基因していたのである（パーカー・一九七四年・五六〇―八二頁）。

　イングランドが殿軍だったのは、その主力軍である海軍の費用が、一七世紀に至るまで上昇しなかったからである。イングランドとオランダとが私掠船を止めて帝国建設へと向かい、互いにその海軍力を競うようになって初めて、両国家は離陸したのだ。三度にわたるイングランド・オランダ間海戦が示すその離陸の年代は、一六五〇年代、一六六〇年代、一

（3）この段落に関する詳細は、クレヴェルド・一九七七年に拠る。

六七〇年代である。一六六〇年代半ば以降の二〇〇年間のうち、陸軍ないし返済金が増加したほんの数年を除いて、海軍はイングランドの国家支出中の最大費目だった。エリザベス女王および最初の二人のスチュアート朝国王の治下で、陸海合わせた軍事費は平時だと全歳出の四〇パーセント以下に収まったのだが、チャールズ二世およびジェイムズ二世の下では五〇パーセントを切ることがなく、ますます深まる負債の返済で増大していた（ディーツ・一九二三年・九一—一〇四頁、一九二八年・一五八—一七一頁、シャンダマン・一九七五年・三四八—六六頁）。イングランドにおいて、永続的な戦争国家は二段階でやってきた。チューダー朝の駐屯部隊がその先駆けだったが、〔一六六〇年代に記録された『日記』で有名な海軍大臣〕ピープスの海軍こそはその主力部隊だった。

　この点は国家にとって二番目の宿痾というべきインフレーションによって促進された。表14-1によれば、国家の財政規模が実質ベースで本格的に増大したのは、ようやく一六六〇年以後であるが（飛躍が起こったのはおそらく、一六五〇年代共和制《コモンウェルス》の史料欠落期だったろう）、その原因の大半は軍事費と負債返済だった。チューダー朝のインフレは従来と同様、国家に対して革新的影響を及ぼしたが、その程度はきわめて大きかった。物価は一五二〇年以来の一〇〇年間で六倍となったが、これはおそらくヨーロッパ全体の数字に近かった[4]。当時の数字はヨーロッパ諸国家にとって、歴史的にも先例のないものだった（もっとも、われわれ自身が生きる世紀はそれをしのぎそうだが）。この時期は実質的な富も拡大していたから、物価上昇にももちこたえることはできた。しかしインフレは王室収入源の一部、とりわけ地代には逆風となった。インフレと増大する戦費の圧力から、ヘンリー八世、エドワード六世、メアリーは繰りかえしの利かない手段に走った——すなわち教会財産の没収、通貨切り下げ、王領地の売却、見さかいのない借金である。ヘンリー八世治下では一つの重要な、永続的な事態が発生した——つまり、平時の課税だ。課税収入のほぼすべてがインフレ抑制と軍事費負担に回されたとはいうものの、一五三〇年頃以降は、課税が行なわれたのは戦争の勃発を機として（エルトン・一九七五年）とは言えなくなってしまう。

　これらの年代は、重要な変化の指標なのかもしれない。一五三四年には、議会の課税承認議決の前文が、王の政府が民政一般にもたらす福利について初めて言及している。この大半はアイルランド平定の必要性と、要塞および港湾建設のことを指すように思われる。にもかかわらず、スコフィールドがこれを「革命的」と考える理由は、王の「偉大さと恩恵」についての一般的言及が、議会の言語のなかに点在し始めるからである（一九六三年・二四—三〇頁）。しからばチューダー朝およびスチュアート朝国家の「民政的諸機能」はどうだったのか？　それは増幅しつつあったのか？　これが革新の第三要素、すなわち国民国家を一つの有機的統一体たらしめるべく国家が果たす、調整的役割の拡大の問題を提起するのである。

財政だけを見る限り、一六世紀において民政機能の増大は見出せない。王室費用はヘンリー七世とエリザベスの晩年とで、およそ五倍増となった（ディーツ・一九三二年）が、これはほぼ物価上昇に等しい。非軍事費でさらに上昇したものなどなかった。ところがジェイムズ一世で変化が起こった。彼の民政費が物価のデフレ時に、エリザベスのレヴェルを越えたのである。エリザベスの治世の最後の五年間（一五九八―一六〇三年）の年平均支出はおよそ五二万四〇〇〇ポンドだったが、そのうち軍事費は七五パーセントを占めていた。ジェイムズ一世は外国列強すべてと講和し、その軍事費（大部分はアイルランド駐屯費）を予算の三〇パーセントにまで削減した。一六〇三―一八年期の年平均支出はおよそ四二万ポンドだったから、民政支出は四分の一増加した（ディーツ・一九六四年b・一一一―一三頁、追加的な再計算についての説明はマン・一九八〇年）。ディーツ（一九二八年）によれば、これには三つの要因があった。第一に、エリザベスとちがってジェイムズは結婚していて子どももあったので、その分家計費が大きかった。第二に、敵対者たちが言うように、彼は浪費家だった――アン王妃の子ども用ベッドの収集に一万五五九三ポンドも費消したとは、なんたる浪費！　しかしこの「浪費」が三番目の要因である公職貴族への報酬と融合していたのは、これがすべての国家にとって不可欠となっていたからである。ジェイムズが有力貴族の忠誠と奉仕をカネで買ったのは、玉座にあるスコットランド出の外国人として不安を感じていたからでもあったろう。しかしながらこうした公職を餌にしての「懐柔システム」はヨーロッパ中で行なわれており、ジェイムズよりはるかに強力とされた王の下でもふつうのことだった。「懐柔システム」で費やされる費用など、軍事費と比べれば大したものではなかった。しかしその意味するところが費用より大きかったのは、国家機能の拡大を先ぶれしていたからである。

調整的国家から有機的国家へ

初めにこの「懐柔システム」について、貴族とジェントリの観点から眺めてみよう。当時の大貴族は、その先祖と比べてみれば、はるかに見劣りする状態だった。幾人かの歴史家が、チューダー朝後期とスチュアート朝初期の貴族の収入を計算している。第九代ノーサンバランド伯爵の収入合計は、一五九八―一六〇四年期の年平均で七〇〇〇ポンド弱だったが、一六一五―三三年期では一万三〇〇〇ポンドへと上昇した（バソウ・一九五七年・四三九頁）。爵位貴族ではないサー・ロバート・スペンサーは王国第一の金持ちという評判だったが、一七世紀初期に受け取っていたのはせいぜい八〇〇〇ポンドだった（フィンチ・一九五六年・三八頁、六三頁）。世紀の変わり目に最高の公職保持者だったセシル家は、これ

（4）この高騰の原因ははっきりしない。新世界からのスペイン銀の流入――原因の一つ――の大部分は密輸だったので、その動きが追えないのである（オウスウェイト・一九六九年）。

らの数字をはるかにしのいでいた――初代ソールズベリ伯爵の収入は、一六〇八―一二年期でおよそ五万ポンドだったが、第二代となると、公職よりは地代に依存するようになって、一六二一―四一年期の収入はおよそ一万五〇〇〇ポンドへと減少した（ストーン・一九七三年・五九頁、一四三頁）。それでもやはり、これらすべての数字は王室収入に比べればわずかなものである。中世期にはこんなことはなかった。大貴族は今や階級として有力なのであって、個々の有力家系・所帯の集まりではなくなっていた。

つまり中世の顧問官という統治形態、国王が二〇人ほどの有力者に諮問するという形態が、諮問の手段としてはもはや適切ではなくなった、ということなのだ。宮廷中心の統治構造か、さもなくば代議制議会か、どちらかのほうがヨリ適切だった――「絶対主義」か「立憲主義」かの進路比較は本章の後半で検討しよう。さらには、有力者たちを個人的な主従関係のなかには包摂しきれなくなった、ということでもあるのだ。今や君主たる者は、もっと大人数の気を惹くために、これ見よがしの華やかさと壮麗さで公然たる存在となった。極端な場合には、以下のルイ一四世の描写に見られるごとく、奇怪な様相を呈していた――

フランス王は完全に、あますところなく、「公然」の人物だった。彼の母親は彼を人前で産み落としたが、彼の存在はその瞬間からまったく瑣末な挙動に至るまで、威厳ある職務の保有者たる侍従たちの目の前で行動することとなった。彼は人前で食事をし、人前で就寝し、起床も着がえも身づくろいも人前、小用も大便も人前だった。彼はあまり人前で入浴しなかったが、それは人目を隠れての入浴もしなかったからである。彼が人前で性交したという証拠を私は知らないのだが、彼がその威厳ある花嫁との新床を迎えたときの諸事情を勘案すれば、それに近いことが行なわれたのだ。彼が（人前で）死んだとき、彼の遺骸は人前で迅速かつ散々に切り刻まれ、その切断片は厳かな儀式のうちに、彼のこの世での生存中彼に仕えつづけてきた御歴々のうちの最もやんごとなき連中に手渡されたのである。

（ポッジ・一九七八年・六八―九頁）

人前での誇示より重要だったのは、立法の公然化の始まりだった。今や管理運営の諸規則は、主従関係の連鎖を経由しては伝わりにくくなっていた。イングランド、フランス、スペインで、統治ルールが個別的なものから普遍的なものへと移行する最初の段階は「中心諸州《ホウム・カウンティーズ》」だった――すなわち、第一三章で言及した支配の中心地域である。イングランドではヨーク家の王エドワード四世（在位一四六一―八三年）が、身分の低い――有力ナイトやジェントリ――連中をロンドン周辺の「中心諸州」から自分の所帯へと雇い入れた。彼はこの裕福な中核地域をヨリ直接的に支配したのである（他の地域では有力大貴族を通じての支配だった）。ヘンリー八世の時代までに、これらの諸州の出身者たちが国王の枢密院《プリヴィー・チェインバー》の多数を構成するようになった。二人かそれ以上の枢密院顧問官を出している州の地図（フォーカスとギリンガム・一九八一年・八四頁）によると、イースト・アングリア（ノーフォークとサフォーク）および南東部の隣接諸州に加えて、他ではわずか三州だけである。このプロセスの最終段階は、一八世紀のイギリスに見て取れる――すなわちジェントリ、貴族、中産市民、政治的「官職保有者」によって構成される「階級《クラス》＝国民《ネイション》（国民としての階級）」が全土に広がっているのであり、彼らの富のすべては資本主義的に獲得され、資本主義的に使われていた。この間には、さまざまな内乱や宗教闘争という個別事態の影響をこうむった複雑な移行期があった。しかしながら全体としては、一国内での資本主義的階級発展という非宗教的なプロセスだった。

階級として勢力のある者たちは、国家にとっても同じく有用だった。彼らの自律的な軍事資源は今や必要性を減らしたけれども、君主にとっては彼らの富が必要だった。彼らはまた多くの地方で行政と司法を支配し、したがって隣人の富を利用できた。国家に対しての、とりわけ徴税人に対しての彼らの受け身の抵抗力は、並なみならぬものがあった。彼らなしで統治できる君主など、いなかった。彼らは中央国家の軍事・民政両方の公職へと、しだいに引きよせられていった。王家の所帯ではなく宮廷こそが、今や活動の焦点となり、公職こそが希望の焦点となった。公職の数が増大したが、そのありさまは国によってまちまちだった。

われわれは主として二つの変数を見分けることができる。第一に、陸上を基盤とする国家のほうが海軍国よりも、多くの貴族を軍隊へと引きよせた。一七・一八世紀には上級司令官と、砲兵隊以外の全陸軍の将校団では、すべての国で貴族が優位を占め、中級の海軍将校の場合と対照的だった（ファークツ・一九五九年・四一―七三頁、ドーン・一九六三年・一―九頁）。第二に、一部の君主たちは直接課税について諮問するのをいやがってかその能力がなくてか、王の職務の売却という歴史のプロセスを、とくに徴税官職を通して強めていった。フランスがその明白な実例だが、実際には諸処方々で行なわれていた（スワート・一九四九年）。いずこにおいても君主の愛顧や、ジェイムズ一世流の「浪費」や、「懐柔システム」やらの範囲と量が増大し、君主と土地所有貴族との歴史的な社会的連帯を中央集権化してゆき、したがって、彼らのあいだの連帯と抗争とを中央集権化し、かつ政治化したのである。

中央集権化への動向によって、国家財政は国家活動の導き手としては不完全なものとなった。財政的な利得も懐柔システムの費用も膨大ではなかったが、君主の調整的役割が大いに増していた。その政治的な結果として「宮廷」派と「地方」派との一連の抗争が生まれたが、これが重要なステップとなって「シンメトリカル（対称的）」で「政治的」な階級闘争が発展し、国家が画定した役割に向けて貴族を強制し、商人を強化していったのである。

イングランドでは宮廷と議会とが、国民的な抗争と協調との二大闘技場《アリーナ》となった。宮廷のほうが個別独立主義的で、保護‐被護関係のネットワークを通じて権利義務の分配を行なった。これは旧来の懐柔活動にはげむ宮廷人の大群を生み出しただけだった。議会のほうはもっと新機軸だったが、まだ強力とは言えなかった。その立法活動は大幅に増大した。エリザベス治下の最初の七つの会期において、一四四の公的法令、一〇七の私的法令が通過し、追加的な五一四法案が通過できなかった（エルトン・一九七九年・二六〇頁）。公的法令と私的法令とが、ほぼ同数であることに注目してほしい。後者はある特定の地域、団体、その他の諸関係にかかわるものだった。これは私的紛争をしばしばウェストミンスターの宮廷に持ちこんでいた大貴族や教会の所帯運営が衰退したことを示している。普遍的ルールおよび個別的ルールの策定は一つの有力な場所で行なわれるようになったのだが、中央の調整的権力はやはり宮廷が握っていた。これではいまだ一元的国家ではなかったのである。

　社会的な立法の圏域は、こうした動向の恰好の見本である。イングランド国家も他の主要国家と同様、危機的状況における賃金、物価、移住移動を最終的に管理する責任を、長いあいだ引き受けていた。チューダー朝・スチュアート朝の治世では、立法の範囲が拡大した。経済の拡大と人口の増大は、社会的騒乱を巻き起こしていた。有無を言わせぬ土地囲い込み《エンクロージャー》が議会の論議を呼んでいたし、一五五八年から一六二五年にかけての人口の三倍増がロンドンを不安定にした。公共秩序混乱への怖れと慈善的な心情が結合して、エリザベスの救貧法が生まれた。形式面で見れば、新たな法律の対象範囲は広大だった。地方ごとの課税で働きたい者にカネと資材を与え、怠け者には罰と矯正を行なった。枢密院の全面的な監督の下で、各地の治安判事がこのシステムを実施した。救貧法は立法化への主たる推進力ではなかったが、賃金や雇用条件を規制したり、労働の流動性を監督したり、飢饉の際には貧窮者に食糧を施したりするための広範な法令の制定をバックアップした。明らかにこれは国家機能の拡大を示している――国家はもはや単なる戦争マシーンでも最終法廷でもなく、階級間の関係を積極的に統御するものとなったのである。

　実際のところは、さほど革命的ではなかった。救貧法がどのように施行されたか、正確には分からないのだが、このことは施行にばらつきがあって地方任せだったことを示している。治安判事たちは当然、地方ジェントリだった。徴収された税額はわずかで、同じ目的で行なわれた私的義捐金の額よりはるかに少なかった（ただし一六五〇年から一六六〇年頃までの空位時代は別である）。一五〇〇年から一六五〇年まででは、年額にして少なくとも二万ポンドが慈善目的のために個人から私的に遺贈された――救貧院、直接救済、病院、教護施設等々である（ジョーダン・一九六九年・第五章）。この額は王室費や宮廷費を除けば、チューダー国家の民政費の総額を上まわっていた。

　チューダー国家が目ざしたものはきわめて包括的だった――つまり、市民の幸福と道徳とを積極的に実現し、産業と交易を拡大することだった。しかしこれらは実行されなかった。その理由は財政だった――インフレーション、戦争、そして王室家計と宮廷の私的な費用が支出を圧迫したのである。「当時の有識者が思い描いていたような社会目的の実現に向けて、国家は実質的には一銭も支払わなかった」というのがディーツの結論である（一九三二年・一二五頁）。同じような圧力を、ヨーロッパの君主すべてが感じていた。だからこそ、『一七四〇年以前におけるプロイセンの福祉国家』（一九七一年）というドルヴァルトの本の気をそそる表題は、イデオロギーのらちを越えて非現実的なのである。ドルヴァルトが立証しているのは、プロイセン国家もイングランド国家と同様に、実際には各地の有力者グループに依存していた、ということなのだ（たとえば、警察機能についての彼の説明を参照、三〇五―九頁）。

　とは言うものの、こうした国家イデオロギーの変化は、教会がもつ国境超越的な〈力〉の衰退を示している。この時期の立法は慈善の勧告でいっぱいだったが、国家は（現代の福祉国家が立法において行なうように）おのれ自身の義務感を表明していたというよりは、以前には教会が表明していた支配的諸階級に共通のイデオロギーと士気とに表現を与えていたのだった。行政装置は貧者に対する各地の慈善と管理を支援するもののように見え、そうした支援は多くの場合、不必要なのだった。社会立法は社会に対する専制的国家権力の増大の見本ではなく、優勢な社会諸集団の集合的組織化の増大、順応化の増大を示していたのである。もしそれらの諸集団が政治的争点で同意するようになれば、相当な国民的団結が可能になるだろう。

　エリザベス朝の文化と言語において、変化は最も鮮明に表われていた。印刷された書籍の流通と読み書き能力の高まり（クレシー・一九八一年）とに助けられて、王国全土において英語が標準となり、標準化されていった。この標準化はよく長もちして今日に至っている。今日の英語スピーカーは、エリザベス朝の精妙な詩の幾編か、あるいは日常的な言いまわしの一部――シェイクスピアの芝居がこの両方を体現していると考えればよいわけだ――を理解するには幾らかの困難を覚えるかもしれないが、エリザベス朝流の人間心情の表現スタイルには、今日のわれわれに直接かつ鮮明に伝わってくるように感じられるものもあるのだ。たとえばここにあるのはサー・ウォルター・ローリーの一節だが、彼こそは最高の学識と教養を誇った宮廷人で、当時の誰よりも民衆からは遠く離れた存在だった――

しかし愛は消えやらぬ炎
絶えず心に燃えさかる
病まず、老いず、死なず
おのれを持して燃えつづける

この詩はわれわれの日常語で書かれている。幾世紀をも通じての、日常語としての英語の相対的安定性を示す最も顕著な実例は、次の治世に生まれている――すなわち一六一一年から一九七〇年代まで、すべてのイギリスのプロテスタント教会で使われたジェイムズ一世の『欽定訳聖書』である。これら二つの実例が指し示すのはただ一つの結論——文化的・言語的な統一体としてのイングランドは、実質的には一六〇〇年頃までには出来あがっていた、という結論である。たとえその後に新たな集団や、階級や、場合によっては国が加わることさえあっても、彼らの話しぶりや書きぶりは既存の共同体のなかへと吸収されることだろう。

しかし誰もがこの共同体の活動的メンバーというわけではなかった。では誰が？　議会における君主を象徴するものとして、われわれはふたたび文化的こしらえものにお目にかかるのだ。治世も後期となった一六〇一年、女王エリザベスは彼女の専売権管理に反対して攻勢をかけた議会に譲歩した。彼女ならではのことだが、衝突などなかったというふりをした。「黄金のスピーチ」のなかで、彼女はこう述べた——

> わたしを高い玉座につけ給うたのは神ですが、わたしはこれまであなたがたの愛に支えられて統治してきたことを、わが王権の栄光と思っているのです……わたしは王という栄光ある名前や、女王という権威ある地位に心惹かれたことは決してなかったが、神がわたしを道具として用い給いて、神の真理と栄光を維持し、神の王国を危険や、不名誉や、暴虐や、抑圧からお守り下さったことを、心うれしく思ったのです。あなたがたはこの玉座に、数多くのより強くより賢明な君主を迎えたかもしれぬし、迎えるのかもしれませぬが、このわたしほどにあなた方を愛する君主はこれまでおらなかったし、これからもおらぬでしょう……そこで会計検査官殿、大臣殿、そして顧問官のお歴々にお願いと申すのは、議員諸公が各州へもどられる前にわが手に口づけできるよう、ここへお連れいただきたいのです。
>
> （エルトン・一九五五年・四六五頁から引用）

彼女のこうした言明はプロパガンダであって、真実ではなかった。しかし、なんと魅力的なプロパガンダであることか！　中世の君主たちがこのように平民と一体化したことはなかったし、このように純粋に国民統一の象徴として神の名を口にしたことはなかった（エリザベスの最大のプロパガンディストだったシェイクスピアは、その史劇において、意味深長にも、これとはちがうやり方でわれわれを説き伏せようとする）。さらに、階級と国民的忠誠との完璧な統一にも注目しよう。議会における国民とは「各州の議員諸公」（および領主、司教、商人）のことである。彼らはもはや一組の血縁家系としてではなく、階級という一つの拡大包括的・政治的な集合体として、国民の行政、軍隊、政治、司法、教会を統御する。オックスフォード英語辞典によれば、「ネイション（国民）」という語はこの時期に、共通の血のつながりで統合された集団という中世的な意味が失われ、領域国家の住民一般を指すようになった。当然のことだが、積極的な意味でこれに大衆《マス》が含まれることはなく、彼らは政治的国民から除外されていた。彼らは動員されることも組織されることもなく、構造の基部に受け身で横たわっていた。階級関係は今なおアシンメトリカル（非対称的）だったが、今や一つの階級だけは十全に、普遍的に、政治的に組織されていた。

　下院議員が列をなして一人ずつ女王の手に口づけしながら去って行くとき、象徴は完成された。このイデオロギーは普遍的かつ有機的だった。王権と有産階級との相互依存は今やきわめて緊密だったので、イデオロギーはそのまま現実ともなりえた。しかしこの時点に至るには、一六世紀のさらに二つの特徴、プロテスタンティズムとヨーロッパの拡大について検討しなければならない。この二つはわれわれを、国際的な空間へと向かわせるのだ。

プロテスタントの分離とキリスト教の拡大包括的な〈力〉の終焉

　第一〇章で私が論じたのだが、ローマ崩壊後のキリスト教は「オイクメネー（全世界教会）」、すなわちヨーロッパ全土に及ぶ普遍的共同世界を現出し、そのなかでの社会的関係は政治的統合の不在にもかかわらず安定していた。ヨーロッパ南部は徐々に以前の文明レヴェルを回復し、これがヨーロッパ北部の多くの地域へと持ちこまれた。すでに見たように、教会は経済発展に対して敵対的ではなかった。しかし経済成長は、教会が顕著に懸念している四つの趨勢に拍車をかけた。つまり近代科学、資本家階級、ヨーロッパ北西部、近代国民国家の四つが勃興したのである。初めの二つは基本的に都市生活の発展を通して出現したのであり、後の二つは地政学を通して出現した。この四つがいっしょになると、ローマにとっては分裂以外に克服しようのない大問題となるのだ。都市においては、とくにイタリアで、古典都市の風習や考え方が復活した。人間の活動やエネルギーへの信頼が、ルネサンス運動で示された——すなわち人間の肉体を誇ることや、人間の合理性はあらゆることを探究できるという確信や、政府は理性的な国政術で統治できるという希望などである。これらのどれ一つとして既成のキリスト教に無縁なものはなく、幾人かの教皇は運動の中心にいたのだ。しかしそれは読み書きできる階級にとっては、「オイクメネー」の世俗化となった。人間中心主義は古典学問、つまりギリシア研究を復活させた。それは教会の助けなどなしに、国境を越えた。それは救済宗教がもつディレンマの片方の角《つの》——教会の権威より個人の合理性のほうを強調したのだが、教会は世俗の権力との妥協のなかでもう片方の角を強調しがちだったのである。

　教会は科学的合理性の発達に懸念を抱いていた。教会はここで恐ろしい不手際を犯してしまった。権威の強調のためには宇宙論的教義の完璧な一式が練りあげられていたのだが、それは権威を示す厳かな遺産の中心部分ではあっても、キリスト教本来の教義の中心部分ではなかったのだ。不幸なことに、それらの宇宙論的教義も論破可能になってしまった。幾世紀にもわたって知らず知らずのうちに、教会の権威はガリレオやビュフォンやダーウィンなどによって掘り崩されていた——ガリレオは地球が他の天体との関係で何ら特別な「ヒエラルキー上の」位置を占めているのではないことを示し、ビュフォンは地球の年齢が四〇〇四歳よりかなり高いことを示し、ダーウィンは人類が物質的生命一般の一部にすぎないことを示したのである。初期の科学者たちはしばしば迫害されたが、通常それは彼らには思いもかけぬことだった。権威の遺産は教会にとって災難となった。教会が説く宇宙論は、その教義の誤まりが立証されることで、とりわけひどい形で破壊されてしまった。一七世紀までには、パスカルのような教会に忠実な知識人でさえ、「信仰」と「理性」とを分けるようになった。科学はもはや、宗教の一部をなさなくなってしまった。多くの宗教実践者にとって、近代科学は宗教に対する積極的な敵対者となったのである。

最近数世紀間に繰り広げられてきた聖職権反対運動の重要性を考えれば、宗教と科学の分裂について詳述する必要があろう。啓蒙思想からコントやマルクスを通じて現代の世俗ヒューマニズムに至るまでの思想潮流は、宗教とは単に人類初期の歴史の反映にすぎず、自然と対峙したときの無力感の反映だったと主張している。科学と技術とが自然を馴致できるとなれば、宗教などもう用済みである。われわれの問題は今や社会であって宇宙論ではない、というわけだ。宗教にこだわる人びとも、伝統的に宗教が説明していた圏域の多くを科学が奪ってしまったことを認めざるをえず、それらはほんの些細な圏域にすぎないと言い返すのがせいぜいなのだ（例＝グリーリィ・一九七三年・一四頁）。しかし本書の初めの諸章で見た通り、彼らの言うことは正しい。本書で取りあげてきた宗教は、文明の始まり以来、その関心の大部分を自然界に注いできたのではなかった。宗教が示してきた関心とは、圧倒的に社会的なものに対してであって、自然ではなかった――いかにして社会を、あるいは信徒たちの社会を成り立たせるか、そしてそれをどのように治めていくのか？　宗教が科学や技術に敵意を示しさえしなければ、宗教の核心部分がこれらによって影響されることはなかろう。近代の科学・技術の全装置も、社会を基盤とするイデオロギー上の抗争さえなければ、いかなる意味においても宗教の〈力〉を左右することはなかっただろうと思われる。

そうした抗争は二つ起こった。第一は権威と理性のあいだの抗争だった。ヨーロッパ中で膨大な数の人びとが、歴史上かつてない仕方で積極的に自然とかかわりをもち、多くの人びとはそうした技術がもつ科学的な意味について思索していた。そのようにして得られた知識に対して権威をふるおうとすることは、教会にとって自殺行為だった。そのように広まってゆく諸発見に介入することは不可能だった。しかし第二の抗争のほうがもっと重要だったのは、それはキリスト教の全宗派にひとしく影響を及ぼしたからである。新たに出現した二つの意識、つまり階級イデオロギーと国民イデオロギーを、キリスト教が受けいれるのは容易なことではなく、したがってこれら二つは世俗の、競いあうイデオロギーとなった。これこそは本節で語られるべき最重要の物語である。

教会にとって第二の問題は、商人や、台頭しつつある資本家にかかわっていた。これが例の「プロテスタントの倫理」理論という難問題を提起する――ウェーバーが主張したのは、「プロテスタントの倫理」と「資本主義の精神」とのあいだに相互補強的な親近性がある、ということだった。私はここでは、この理論についてほんの簡潔にしかあつかえない。ウェーバーの論点の幾つかは、一般的に受けいれられているように思われる。第一に、カトリック教会の中央集権的権威と、生産と交換の手段を所有する人びとが市場システムのなかで必要としていた非集権的意思決定とのあいだに、緊張関係があった。第二に、教会が正当化した固定的な法令の秩序と、商品生産の諸要請とのあいだにも緊張関係があって、後者においては所有権以外の何ものも固定的・権威的な位置づけをもたないのである。とりわけ労働は、資本主義の下では、いかなる本来的な価値ももたない――すなわち、それは目的のための手段であり、他の生産諸要素に対して交換可能なのである。第三に、裕福なキリスト教徒は「贅沢すべし」(つまり大所帯を維持し、雇用を拡大し、貧者に施しをすべし)という社会的義務と、高水準の再投資のためには余剰に対して私的所有権を行使しなければならないという、資本家としての必要性とのあいだに、緊張関係が存在した。

こうした緊張関係が意味していたのは、自分の活動の究極的な意味を探し求めていた企業家にとって、既成の教会は何の助けにもならないということだった。多くの人びとは個人救済という、聖職者や有力者のヒエラルキーによっては媒介されない「原始的な」教義へと惹かれていったのだが、そこでは勤勉と禁欲が道徳とされていた。企業家、職人、そして領域的に広い範囲にわたって組織された「原型的産業家」たちは、その活動が農業地域にまで伸びて富裕な農民とも連携するようになったために、カトリックの意味体系や、それを表現するラテン語を適切なものとは考えなくなった。今や彼らの大半は自国語の読み書きができたので、宗教的な原文を自分で探究することができた。エラスムス、ルター、そしてカルヴァンその他の宗教的探究者たちの著作は、彼らがヨリ適切な意味体系へと向かう手助けをし、それによって彼らは規範的連帯性を強めていったのである。その結果はウェーバーが述べた通りだった――都市商人や企業家の「階級的連帯」が増大し、彼らはその信念によって世界を変えることが可能になったのだ(ポッジ・一九八四年のあざやかな解説を参照)。

この階級は新たな生き方《モドウス・ウイウエンディ》を教会内部に求めてもよいし、もっと個人的な救済形態に向かって飛び出してもよかった。両方の選択肢とも可能だった。キリスト教は救済宗教である。その中世のヒエラルキー的構造は日和見主義的付着物だった。その濫用や醜聞は周期的に発生して定期的に矯正された。急進派の連中はキリスト教共同体の真のモデルとして、ヨリ簡素で禁欲的な原始教会を常に指向してきた。ルターその他の叛逆者たちは、これまでの多くの人びとと同じように聖職売買、同族登用、免罪符販売、聖体拝領の聖職者的解釈を非難した。人びとが教会を飛び出してプロテスタンティズムを創立したのが、ある特定の場所であって他の場所ではなかった理由を説明するには、ウェーバーが無視していた〈力〉の組織について考察しなければならない。こうして私は、教会にとっての第三、第四の問題に立ち至るのである。

第三の脅威は経済発展が生んだ地政学的な産物だった。北部およびはるか西部のヨーロッパが「オイクメネー」に組み入れられると、第一二章で検討した不均等発展によって地域の勢力均衡が影響を受けた。北部と西部が強力になったのだ。一五世紀の航海革命以後、これはますます顕著となり、大西洋とバルト海に隣接する地域がはっきりと優位に立ったのである。しかし教会組織の中心はローマにあって、その伝統的な活動場所は地中海だった。スウェーデン、ドイツ北部、オランダ、イングランドで出現しつつあった〈力〉の中心を支配する教会の能力は、ロジスティクス上も地政学上も低かった。教会外交の伝統的関心は、おおむねその中心地域――イタリアの諸国家、スペイン、フランス、ドイツ南部、オーストリア――における世俗権力の主張を均衡させることだった。したがって教会は、地政学的な脅威を感じたのである。この点がカトリック・プロテスタントの地理上の分断線にはっきりとしたカーヴを描かせており、資本主義出現をめぐるプロテスタンティズムの観点（あるいはその逆）からの、単純なウェーバー的（あるいはマルクス的）説明ではどうにもならないのである。北部および西部ヨーロッパ（そして北東部ヨーロッパの一部）は、資本主義の浸透とは無関係に、プロテスタンティズムへと惹きつけられていったのだ。これらの地域に生じた政治的・経済的な〈力〉の突然の増大は、イデオロギーを信奉する者なら努めて理解せねばならぬ、意味の危機を生み出していたのである。

この地域的な分断は第四の問題、つまり国民国家の勃興によって強められた。これは教会の外部から出現したものであって、教会のいかなる活動とも関係がなかった。それは軍事的な〈力〉と階級国家の、両方の発展に関係していた。長期的に見ると、この発展こそが比較的にみてヨリ領域的でヨリ中央集権的な、調整的な国家に有利に作用した。国家主導による国民の動員は、教会の国境超越的な「オイクメネー」を弱体化した。支配者たちは今や、お望みとあらば教皇庁およびその近隣の領域的な同盟者に抵抗するための、軍事能力と国民的支援とをもつに至ったのである。北方と西方の主要な支配者たちは、事実その通りを望んだ。彼らの望みと増大する権力とは、彼らの地域内の伝統的敵対者の一部の反作用を誘発して、断固たるローマの支持者を生み出した。これが地域的な例外現象の大部分、とくにカトリックのアイルランドとポーランドとを説明するのである(5)。

こうした四つの問題が、一六世紀と一七世紀を通じて複雑に絡みあっていた。これらを絡めあわせることでのみ、プロテスタンティズム出現の説明ができるのである。ヨーロッパ中のキリスト教徒は、教会の知的・道徳的欠陥に気づき、改革の必要性を自覚していた。交易、工業、農業の企業家集団のなかから、自国語で表現されたもっと的を射た意味体系への特別な要望が起こった。ローマから遠く離れれば離れるほど、この要望は痛切に感じられた。ローマの権威をおとしめる教義上の革新なら何であれ、政治的な支配エリートには特別の意味をもったのである。その後に起こったことは、四つの〈力〉の源泉すべての迅速な相互作用であり、統合されたキリスト教「オイクメネー」の終焉へと、それはつながったのである。

一五一七年、ルターはヴィッテンベルクの教会の扉に彼の主張を釘で打ちつけるや、ザクセン選帝侯フリードリヒ賢明侯によって直ちに「保護」され、ローマ教皇庁への出頭とおそらくは処罰とをまぬがれたのだが、このフリードリヒこそ神聖ローマ皇帝に対するドイツ北部の主たる敵対者だった。この迅速な措置によって、純粋に宗教的な妥協が防がれた。それは当初から神学的であると同時に政治的な紛争だった。ルターの抗議はすぐにドイツの北部と中央部の諸侯・諸都市へと広まった。それは市場と軍の徴兵ネットワークを通じて農民へと浸透したのだが、彼ら農民はすでにドイツおよび外国での「傭兵槍兵《ランスケネット》」の経験を通して、自らの武勇について自信を深めていたのだった――重装槍兵の出現がもたらした奇妙な最終結末というべきか！「キリスト者の自由」というルターの小論の表題を誤解することで勇気づけられた彼らは、一五二四―五年のドイツ農民戦争で蜂起した。ルターは「殺人者ならびに盗賊どもの大集団たる農民に抗して」という小論で彼らを矯正するとともに、政治的な負い目を清算した。ルターが言うには、ドイツの諸侯は「暫定的な司教」として、出現しつつある信仰を支配し組織する神聖な権利を有するのだった。三〇年におよぶ論争と武装闘争で、急進的プロテスタントは弾圧された（たとえば再洗礼派《アナバプティスト》は、政治的あるいは教会的な権威を一切拒否したのである）。一五五五年のアウクスブルクの和議によって、「領邦ごとの宗教《クーユス・レギオー、エーユス・レリギオー》」という原則が確立した――すなわち、すべての臣民はその君侯の宗教を奉ずべしというわけである（しかし帝都では宗教的寛容が認められた）。カトリックのスペインに対するネーデルラントの叛逆と、イングランドおよびスカンジナヴィアの支配者の日和見主義とは、一五五〇年までに地政学的・宗教的なカーヴをつくり出していた。オランダとイングランドで台頭した資本家権力は読み書きを促進し、実際的な寛容とまではいかぬにせよ、宗教儀式の幅を許容するようになった。恐るべき宗教‐政治戦争が終わった後、これらプロテスタント列強のすべてと、スペインの覇権に抵抗するカトリックのフランスとは、一六四八年のウェストファリア講和で、南部および中央部のカトリック列強に対して政治的・宗教的・経済的な分断を承認するよう強制した。「領邦ごとの宗教」が確認され、今日に至っている。一六四八年に描かれたヨーロッパの宗教地図は、実質的には今日もそのままである。それを書きなおすほどの活力ある勢力は、キリスト教内部からはいまだ生まれていない――これこそ明らかに、その後のキリスト教の衰退と世俗的社会の勃興とを示しているのだ。

宗教戦争は本来キリスト教世界の上に築かれていたヨーロッパの統一を脅かしたように見えた。戦争の決着はヨーロッパをカトリック部分とプロテスタント部分とに分断したが、この区分からその後に多くの細分化が生じている。短期的には、それによって北部および西部ヨーロッパの変化のスピー

（5）フランス南部のユグノーもこれで説明できよう。

ドが早まり、他の部分では遅くなった。実例を一つあげれば、プロテスタント国家では聖書を自国語に翻訳し、そのうち幾つかの国（とりわけスウェーデン）では聖書の読解によって読み書きを促進した。カトリック国家ではそんなことはなかった。したがってプロテスタント国家の国民アイデンティティーは、カトリックよりも速く発展した。

　しかしヨーロッパはイデオロギー的な、ますます世俗的なアイデンティティーを保った。この点では、フランスの役割が決定的であるように思われる。フランスこそ主要国として、地政学《ジオポリティクス》と地経済学《ジオエコノミクス》の両方向を向いていた――地中海と大西洋双方の立場、軽い土壌と重い土壌、商業的交易と貴族的農業を有していた。三十年戦争で示した日和見主義――プロテスタント国家に味方しつつ自国のプロテスタントは弾圧した――は、ヨーロッパの統一は宗教という接合剤が解体しつつあっても、秩序ある多国家文明の範囲内で外交的に維持できることを示した。国民的言語が発展したとは言うものの、それらは相互に翻訳可能であり、そして支配階級の教育ある多数の男女にとって相互に翻訳可能だった。次の二世紀あまり、潜在的には二つとなったヨーロッパのあいだで、とくに貴族たちのあいだで、フランスはイデオロギー的な媒介者として重要な役割を果たした。その言語は貴族および外交の言語となる傾向があり、それによってヨーロッパ中の支配者たちに、非宗教的な意味での規範的共同体を提供したのだった。

　このような枠組みのなかで、プロテスタント国の幾つかと、やや程度は減ずるにせよ一部のカトリック国において、宗教は国民国家の有機的統一に不可欠なものとなった。これはとりわけイングランドについて言えることで、国民的プロテスタント教会の首長に君主を戴いたのだった。しかしこのエリザベス的決着は、ハンソン（一九七〇年）も言うように、矛盾を抱えていた。それが促進しようとしていた有機的で市民的な意識には、二つの相異なる伝統的政治理論が混合されていた。第一の理論は政府というものを、高みの王のみから、あるいは特権や身分一般から天下ってくる権威ととらえていた。第二の理論は政府を、民衆から沸き上がってゆく自由を具現するものととらえていた。これらはキリスト教世界にとっての伝統的な二本柱であり矛盾であったが、こうして今や階級イデオロギーと超越イデオロギーとは完全に国民化された。この二つを融和させることができるという主張は、上からも下からも挑戦を受けることとなった。

　上からは、エリザベスの有機的な考え方にチャールズ一世とジェイムズ二世が異議を唱え、この二人は議会における君主の有機的統一をぶち壊す方向へと動いた。彼らは議会を犠牲にして宮廷を重視し、常備軍を育成しつつ「自力で立って」いこうとした。彼らは私が述べたような財政上・立法上の動向のすべてを覆えすことなどできなかったがゆえに、調整的支配の中世的実践へと立ちもどることはできなかった。反対者たちが認識していたように、こうした宮廷が赴こうとしていたのは絶対主義だった。下からは、除外された諸階級からの不平不満の声があがった――とりわけ大内乱時代の「新型軍《ニュー・モデル・アーミー》（議会軍）」がそれを体現していた。二つの挑戦はともに宗教的信条と結びついていた——専制主義はカトリシズムおよび英国国教会高教会派《ハイ・アングリカンズ》と、民衆主義は非国教徒《ディセンターズ》と結びついていた——が、それはプロテスタント英国国教会こそ、彼らの挑戦の的だった有機的アイデンティティーの本質的部分だったからである。反対派であるカトリック教徒とカルヴァン派とは、その思想傾向において国境超越的だったから、彼らの敗北は新しい共同体のナショナリズムを、いやがうえにも高めたのである。

一六六〇年〔王政復古〕と一六八八年〔名誉革命〕の「決着」は、多かれ少なかれエリザベスが唱えていたことを確認した——すなわち、君主は議会における人民の同意の下に支配し、その有機的統一を確固たるものにするのがプロテスタンティズム、というわけである。したがって私の文脈では、ピューリタン革命と呼ばれるイングランド大内乱は革命ではなく、名誉革命と呼ばれる一六八八年の出来事も革命ではない。これらは巨大な社会変動ではなくて、王党派クーデターの挫折だったのである。それらが潜在的にはもっと大きな社会運動を奮起させたことは確かだが、それは抑圧されてしまった。これらの決着においては、「人民《ザ・ピープル》」および「プロテスタンティズム」という二つの重要な言葉が、明確で限定された定義を与えられたのである。

人民の定義は大法官《ロード・チャンセラー》によって一六六一年、議会に対して下された——

国民のなかから選出さるべき最も偉大なる、学殖豊かなる、裕福にして賢明なる人びとを代表者とすることこそ、イングランド平民《コモン・ピープル》の特権……大権であり、イングランドの下院《コモンズ》議会と……イングランドの平民《コモン・ピープル》とを混同してしまったことこそ、共和制《コモンウェルス》という……あの呪うべき一服への、最初の毒素混入だったのである。

（ヒル・一九八〇年・一二頁から引用）

選挙権に制約が加えられた——すなわち、一七四〇年の下院選挙民の人口比は、一六四〇年よりも少なかった。陪審員資格の財産基準は、これよりさらに一〇倍も高かった。人民《ザ・ピープル》とは今や有産者のことだった——それはおそらく一六九〇年代にグレゴリー・キング〔一七—一八世紀の統計家・系譜紋章学者〕が年収一〇〇ポンドと算定した人口三パーセントの人びとより、わずかに多かったぐらいだろう。今や彼らは〔下院・貴族院二手に分かれて〕ロンドンはウェストミンスターという一箇所に参集した。宮廷の権力は衰えつつあった。国民とは階級だったのであり、そのエネルギーは動員可能だった。

プロテスタンティズムにも、周到な定義が下された。高教会派は通常有資産家族で構成されていたが、教義的にはヨリ自由な広教会派に編入された。非国教徒は都市において教会の外部では存在を容認された（地方州では容認されなかった）が、公職からは排除された。ジョージ一世の時代までには、イギリスで政治的に問題となる宗教はカトリックだけとなっており、しかもその問題点とは、その根城が国外にあったことだった。一八世紀の大部分を通して、君主に率いられた貴族・ジェントリ・都市商人から成る世俗的で、読み書き能力をもち、合理的で、自信に溢れ、しっかり統合されている支配階級こそが、イギリスの国民だった。[6] それは国のなかで唯一の拡大包括的な、組織された、政治化された階級だった。階級闘争は「シンメトリカル（対称的）」ではなかった――とは言うものの、この階級の資本主義的行動（すべての経済資源を商品としてあつかい、土地を囲い込み、農民の権利を侵害する）は、下位の人びとをしだいに均質化していった。一七六〇年代には、この下からの最初の重要な挑戦が始まった（第II巻であつかう）。

国民国家との関連で見たときのプロテスタンティズムとカトリシズム双方の弱点は、すぐに露呈した。国境超越的なカルヴィニズムは、三十年戦争へのイングランドの介入失敗によって打撃をこうむった。すべての国境超越主義は、カトリックのフランスが自国のプロテスタントであるユグノーを弾圧した上でプロテスタント側で参戦したときに、大敗を喫したのだった。二大プロテスタント強国たるイングランドとオランダが国際的な商業覇権をめぐって四〇年間におよぶ海戦に突入した一六五二年以後は、「国民的資本主義」が大西洋に君臨し始めたのである。

プロテスタンティズムのほうがカトリシズムよりも、国民国家に対しては従属的だった。既成のものではないその組織形態は、イングランド、スコットランド、スカンジナヴィアおよびバルト海地域と同様に、通常は国家によって決定された。ネーデルラントとフランスでは、（内乱に巻きこまれた関係で）プロテスタント組織は別の形態をとったが、他と同様、有力な領主や都市商人たちに従属していた。スイスのカルヴァン派とイングランドの清教徒《ピューリタンズ》、とりわけ清教徒は、教会組織と一般社会組織の両方に対して独自の特徴を刻みつけた。彼らはイングランドにおける立憲君主政へと向かう動向に拍車をかけ、新世界アメリカにおいては共和政の植民地を築きあげた。新世界の他の場所においては、キリスト教の拡大は植民者の本国の公式宗教によってその形態が決定された。

地政学が宗教に対して及ぼした全面的影響は、マーティンの『世俗化の一般理論』（一九七八年・特に一五―二七頁）に感じとれる。彼の指摘によれば、キリスト教における世俗化の主要な形態は、三つの変数を基盤として予言可能である（そのうち後の二つは地政学的である）――すなわち、(1)プロテスタンティズムとカトリシズムのちがい、(2)国民国家の内部において、いずれの教会にせよそれの占める位置が独占的か、二元的か、多元的か、(3)政治革命の起源が国民国家の内部にあったのか、外部にあったのか、の三つである。変数(2)と(3)は、国民国家の組織の重要性を示している。多くの社会学者と同じように、マーティンも国民国家のことを「社会」と言及しつづけることで、暗黙のうちにその優位性を受けいれてしまっている、つまり、それが分析の基本単位であると前提しているのだ。プロテスタンティズムは超越的な、社会創造的な推進力ではなかった。本来のキリスト教とはちがって、それは既存の政治的な〈力〉のネットワークの境界や士気を強化する傾向をもち、その内向集中的な浸透力によって「社会」をヨリ完全なものへと変容させるのである。この点こそがたとえばフルブルック（一九八三年）の説明にある、三つの国における教会‐国家関係のねじれ現象をつないでいる共通軸なのである——すなわち、プロテスタンティズムは革命主義になったり（イングランド）、絶対主義を強化したり（プロイセン）、静寂主義化したり（ヴュッテンベルク〔ドイツ南部にあった旧王国だが現在は消滅〕）するにせよ、いずこにおいてもそれは国家によって規定された既成「社会」の再建であった。

　プロテスタンティズムの強さは別のところ、すなわち個人の信仰の力強さ、神との直接的交わりの経験、黙示録的ヴィジョンの強烈さ、そして個人救済への確信にあった。すべての救済宗教と同じく、それはこの強さを誕生・結婚・死、そして各地の日常の生活儀礼へと結びつけた。その宗派の末端には、高度な団結を誇る小規模な宗教的共同体と教義上の厳格さが創造された。したがって、日常生活および深遠な知的生活へのその浸透力は、時としてキリスト教伝統の全体に匹敵するものがあった。しかしながらそこには、副次的な社会組織と、社会秩序に関する徹底した理論の両方ともが欠落していた。初期キリスト教と比べれば、コスモロジーも不十分だった。それが与えた最大のインパクトは、たぶん、高度な科学の発展に対してであって、これこそキリスト教の「不休《やすまず》不弛《たゆまず》の合理主義」が成しとげた最後で最大の達成である。（私はダイナミズムのこの源泉を重視してはいない。なぜなら、その後に起こって産業革命以後にまでつづく高度な科学と技術革新との関連性が、この時点ですでに始まっていたとは思わないからである。）

　カトリシズムは少しうまくやっていた。カトリシズムのほうが社会秩序、ヒエラルキー、社会的義務に対する関心が深かったので、世俗の権力の成り行きに絶えず介入していた——それは聖職者、実業家の信徒組織、カトリック労働組合、政党に対する教育活動を通して行われたのである。それらは今日も健在で、一般的にはプロテスタントの同種の活動よりも大きな〈力〉をもっている。

　しかしながら、カトリック教会とてプロテスタンティズム同様、近代ヨーロッパ文明の根本的な世俗性を回避することなどできない。近代ヨーロッパは四つの相互関連的、世俗的制度によって統合されてきた——すなわち、(1)資本主義生産様式で、それは直ちに(2)産業社会《インダストリアリズム》の形態をとり、この二つがともに規制を受けているのは、規範的にも地理的にも(3)国民国家を通じての、(4)多国家的・地政学的・外交的文明なのである。これら四つの制度すべてがそれ自体のイデオロギーを生み出しており、四つが組み合わさることでキリスト教を

（6）これらの章で私はスペースの関係から、複雑な国民的大問題であるウェールズ、アイルランド、スコットランドのイングランド‐イギリス国家への併合については触れなかった。わがイギリス帝国主義に対する弁護論は、それは現実を映し出していたにすぎぬ、というものである。

きびしく弱体化してきた。こうして、キリスト教が担った根本的な「線路敷設」の役割は、その成功自体を通して、今や用済みとなっている。その「オイクメネー」が確立されるや、他のさまざまな勢力の登場によって「オイクメネー」の内向集中的な浸透力と、地球上他の多くの拡大包括的な浸透力とが作用した。キリスト教の「オイクメネー」自体は恐ろしい宗教戦争の最中で崩壊し、その過程で各宗派はお互いの基本的人間性まで否定したのだった。諸国家および諸教会がそれぞれの生き方《モドゥス・ウィウェンディ》へと到達したとき、国家外交が平和維持の主要装置となった。「オイクメネー」は世俗化されたのである。その内部の主要な世俗アクターたち——つまり君侯、貴族、商人、銀行家、産業家の元祖たち、芸術家、科学者、知識人の面々は、二元的なアイデンティティーをもつに至った——すなわち国籍と同時に国境超越的なヨーロッパ人アイデンティティーである。彼らは商品や、思想や、結婚相手等々を交換しあい、それはまったく「自由に」というわけではなく制限されてはいたが、うまく規制された国際的な交流チャンネルを通じてのことだった。

私が世俗化のプロセスに特別の意味を与えようとしていることに注目してほしい——つまり、宗教の拡大包括的な〈力〉は、それが世俗的な〈力〉の源泉と世俗的に有力なヨーロッパ文化とに対する社会的組織化の能力を失うにつれて、衰退したのである。これはキリスト教一般をご用済みとしているのではないし、さらなる衰退を予言しているわけでもない。キリスト教は人間としての重要な経験——誕生、性的欲望、生殖、死から発せられる意味の問題を、ほぼ独占に近い形であつかってきた。さらにキリスト教は、これらの経験を有意味な家族生活のサイクルへと結びつける組織的・儀式的な枠組みを提供しようと努めている——さらにアイルランドやアメリカ合衆国のような比較的成功した地域では、家族を地域の共同体生活へと統合し、国家における幅広い規範的役割を演じているのである。こうした機能において、それはなお健在である。世俗社会によってそれは殺されたという、社会学者が発表した死亡宣告は取り下げられている。今では社会学者はその生命力の持続、そのメンバーの安定性、そして一部の国ぐに（とくにアメリカ合衆国）におけるメンバーの増大について発言している。

意味、倫理、そして儀式というこの圏域に関して、キリスト教には手ごわいライヴァルなどいない。資本主義もナショナリズムも、社会主義のような後続の勢力も、家族やその生活サイクルや死を、自らが具現しているマクロ社会的な諸力と結びつける有効な手段をもってはいない。しかしながら、〈力〉の拡大包括的な組織化については、キリスト教は一六世紀から一八世紀にかけてその威力の大方を失い、経済的、軍事的、政治的な〈力〉それぞれにおける相互増強的な発展によって破壊されてしまった。したがって、キリスト教は私の話のなかには、もうほとんど登場しないだろう。

国間的拡大

「国民としての階級」という有機的統一へと向かう動向は、一六世紀と一七世紀における最も劇的な変化によって強化された——すなわちヨーロッパの境界突破である。[7] とは言うものの、ある意味では、ヨーロッパの拡大は以前からの動向の継続だった。地政学的に見れば、それは〈力〉の西漸だった。ポルトガルの航海革命が、偶然にもイスラームによるコンスタンティノープル征服と時を同じくした。地中海が内海となって交易の通過ルートでなくなったために、拡大への巨大な好機が大西洋岸の列強に訪れた。彼らがそれを利用できた理由というのは、航海革命の時代までに、西ヨーロッパのうちでも強力な諸国家はすでに国際交易の独占権交付者となっており、商人グループ（通常は自国民）に対して税収を見返りとして交易の権利を賦与していたからである。こうしたことから、国際交易の拡大は必ずしも、国民国家の経済的な突出を減速させなかった。

私は交易統計にもどろう。この当時、おそらく外国交易は国民所得の総額よりも速い割合で増大していただろうし、このことはそれ以前の数世紀の傾向とは逆だったかもしれない。しかしこれまでのところ私は、国民所得に対する交易の割合について、後の時代について示せるほどのしっかりした数字をもっていないのだ。しかしながらグールド（一九七二年・二一一頁）は、一五〇〇年から一七〇〇年にかけての外国交易で実質五倍（つまりインフレを補正して）の増大を見積っており、これはおそらく国民所得全体としては少なくとも二倍増である。これを正確に国際経済とは言えなかったのは、交易の増大は非常に小規模な基盤から生まれており、[8] 国民国家がその組織化を支援していたからである。一六世紀には、さまざまな国家がその交易パターンに関して統計資料を集め始めた——これこそ国家の関与を示す証拠である。イングランドでは、エリザベスの治世が最初の統計を提供する。一五五九—六一年期までは、羊毛と布地は輸出に関して中世以来の優勢を維持しているものの、布地のほうが羊毛を上まわっていて、織物工業が実質的な国内産業だったことを示している。布地は輸出の七八パーセントを占め、羊毛と布地では九〇パーセントを越えた。輸入品はさまざまだったが、多くは奢侈品だった。運送量の三分の二はアントワープに集中しており、残りの大半はフランスとイベリア半島の諸港だった。一六〇一—二年期までは、アムステルダムとドイツの諸港がアントワープに取って代わったほかには、ほとんど変化が見られなかった（これはネーデルラントでの叛乱がもたらした破壊のためだ）。しかし一つの重要な発展となったのは、

(7) ヨーロッパの拡大をめぐる議論は主として以下を参照している——ヘクシェル・一九五五年・三二六—四五五頁、チポラ・一九六五年、レイン・一九六六年、デイヴィス・一九七三年、パリー・一九七三年、一九七四年、ウォーラースティン・一九七四年、ラング・一九七五年。

(8) ヘンリー七世の初期の治世を通じての年間交易総額（輸入プラス輸出、再輸出はまだわずかだった）はおよそ五〇万ポンドに達していたかもしれないのだが、これはつまり国家の財政規模の三—四倍であり、おそらく（ほぼ完全な意味での）国民総所得の五パーセント以下である。

海外交易においてイングランド船がしだいに外国船に取って代わりつつあったことである——そしてこれは最終的に一六五〇年代と一六六〇年代の航海法によって締めくくられた。船は国籍をもったのだ（ストーン・一九四九年を参照）。

このようにして、国際交易に民衆全体が統合されることはなかった——一つのセクターが輸出とかかわり、一つの階級が奢侈品の輸入にかかわっていただけである。これでは、国民経済が全体として国際経済に統合されたとは言えない。イングランドの交易が他の諸国と異なっていたとはいえ、一つの主要商品（布地、穀物、あるいはたぶん木材）プラスさまざまな奢侈品というパターンは通常のものだった。経済活動全体に対する交易の重要性はネーデルラントにおいてわずかに大きくなっていたが、フランスの交易は人口一人当たりで四分の一以下だった（ブリュレ・一九七〇年の概算）。

交易はまた国家の規制に依存していた。他大陸への拡大は、資本主義発展の国家拘束性を増大した。ヨーロッパ列強のあいだで、およびそれらと他の列強とのあいだで、国際関係を規制するものはこれまで存在していなかった。中世初期の経済の国境超越的要素は、キリスト教の規範的規制に依存していたのだった。経済の拡大につれて、それはますます国家との連携に依存するようになった。ヨーロッパの外への拡大は交易と戦争、つまり商人と国家の軍事的腕力との結合を、いっそう推進したのである。

このことは重商主義の経済政策や哲学に見られる。重商主義政策は二点を推進した——すなわち、国内的には地方の封建特権や関税を取り除き、土地囲い込み《エンクロージャー》を支援し、賃金労働の諸条件を規制するとともに、国外的には国際交易に課税と免許交付を行ない、地金の国外流出を防ぎ、そうすることで輸出余剰を維持したのである。こうした政策は一五世紀、つまりヨーロッパの拡大以前から始まっていたのだが、一八世紀半ばまでは国家政策を支配するには至らなかった。したがってその優位がつづいたのは高だか一〇〇年足らずである。

こうした諸政策を支えていた重商主義哲学の中心理論は、世界の富は有限額を構成し、したがってその分配はゼロサム・ゲームになる、というものだった。繁栄は国内的（すなわち国民的）資源の秩序ある分配と、外国勢力に対抗するための保護施策から生まれた。国内秩序が達成されれば、A国はB国の犠牲においてのみ裕福になることができたのである。この哲学が与えた影響が正確には何だったかに関しては議論がある[9]のだが、政策の起源が（当時の言い草の）「力あれば《パワー・アンド・》宝あり《プレンティー》」を具現していたことは明白である。

重商主義は一三世紀以来われわれが注目してきた二つの趨勢を強化した——すなわち経済活動の国家への帰属と、国家と経済との軍事的協調化である。当時の諸条件を考えれば、それは合理的だった。富は究極のところ有限だという考えは、一八世紀末までは真実らしく思われた。一国の富と、その国家が戦争に勝利する能力とのあいだの明確な相関関係が、この考え方を強めた。初期マニュファクチュアの必要に迫られての外部市場の征服は、大方は隣国を犠牲にして勝ちとられた。オランダ人はスペインとフランスを犠牲にして富を築き、一六世紀後半にはフランスの産業と交易に重大な損害を与えた。イングランド人はスペインとフランスを犠牲にして裕福になり、フランス人が犠牲にしたのはスペインだった。スペインが一六二〇年代に保護主義を強化したとき、これはたちまちフランスの商人と製造業者を痛めつけた。フランス側も保護主義で応じた（ルブリンスカヤ・一九六八年）[10]。保護主義は理論上は、ある一国が覇権国となって「自由貿易」の条件を専断したとき（ちょうどイギリスが一九世紀初期に実質的に行なったように）結末を迎えるのだが、それ以前に覇権は勢力均衡によって阻止された。残された選択は、各国がヨーロッパ以外で影響力をもつ植民地圏を定め、その範囲内で市場を獲得することだった。これがヨーロッパの歴史の戦闘的流れを、終わらせることはできなかったにせよ、脇へそらしたのだった。短期間の、激しい植民地戦争は合理的だった——勝利者は問題の植民地を獲得し、敗北者とていささか望ましさの少ない植民地域を認められることでなだめられたのだ。分けあうべき獲物は、まだふんだんにあったのだ。

　重商主義で利益を得、戦争に勝利することで利益を得たのが誰だったかを、正確に決定することは不可能である。農民層の大部分が、交易の拡大によってもおおむね何の影響も受けなかったことは疑いない。そして戦争も——自分の地勢で起こるのでない限り——軍人以外の住民にとって顕著な損害を与えるものではなかったし、すでに比較対照したように、それが「動員的」原理ではなく「財政的」原理で組織されている場合は殊にそうだった。その場合、戦闘を行なうのはプロであり、社会的な富全体に照らしてコスト高にならぬよう戦われたのである。成功裡に遂行された戦争は、勝利した国家においては誰の不利益にもならず（重税や動員が行なわれた場合は別だが）、おそらくは大多数の利益となったのである。イングランドの人びとが主要な受益者だったというのは、彼らの地勢で戦われた戦争は一回もなく、彼らはたいてい勝利の果実を手にしていたからである。彼らにとって戦争の共通利益を語ることは、少しも空想的なことではないのだ。スコフィールドの史料によれば、一六世紀の前半には課税への反対が徐々に減衰している。一般に裕福な階級ほど、攻撃的な対外政策のための資金提供に積極的になっていったのである（一九六三年・三一—四一頁、四七〇—二頁）。しかし共通であろうとなかろうと、戦争の利益は各国の住民を他国の住民から明確に分断した。経済は今や国家から強い拘束を受

（9）ヘクシェル・一九五五年を、コールマン・一九六九年の諸論文と比較対照せよ。

（10）ルブリンスカヤは、自分があつかった事例を過大に見ている。彼女の主張によれば、「一七世紀の危機」の不均等性もこのやり方で説明可能なのである。しかしながら他の要因が関係していたのだ——たとえば、純粋に財政上の目的で行なわれた国内での規制が行きすぎて、フランスやスペインではおそらく経済成長を抑制するに至ってしまったのだ（ノースとトマス・一九七三年・一二〇—三一頁を参照）。しかし当時の人びとの一部は、彼女に同意していたかもしれない。当時のロンドンの大商人ジェイムズ・ベックフォードが議会でフランスについて言ったように、「われわれの交易は、連中の交易を完全に消滅させることで栄えるのだ」（ドーン・一九六三年・九頁から引用）。

け、満足も不満足も、ひとしく領域国家の境界内で表明されたのである。

　このようにして、一六世紀と一七世紀初期における国家発展の重要性はその全体的な容積にあるというより、階級＝国民が依拠する場の役割を増大していった点にある。それはいまだきわめて小規模なものだった。実際のところ、全般的な経済拡大期における国富の割合として見れば、国民所得の信頼できる数字はもっと後になるまで分からないとはいえ、国家の歳入歳出は下降していたにちがいない(11)。チューダー朝イングランドにおける税徴収が容易だったように見えることは、注目に値する。徴収された額は地方共同体ごとの純資産査定にもとづいた一括払いであり、きわめて短期間で集金されていた。スコフィールドが立証したところでは、議会が承認した額はどれも滞りなく支払われていた。チューダー国家によって要請された額は、国民資産のほんのわずかな部分だったにちがいない。財源要求機能という点から見れば、チューダー国家や初期のスチュアート国家は中世後期的だった。戦争遂行という伝統的な主要活動に対して、それは単にヨリ恒常的な行政・財政機構を付加したにすぎなかったが、それでも軍事的な目的には役立ったのである。共和政《コモンウェルス》時代や後期のスチュアート朝において国家の規模が恐るべき勢いで増大し始めた時でも、その進行は数世紀にわたってよしとされてきた路線にほぼ沿っていたのだ。(エルトンの古典的研究の表題〔『チューダー朝統治下のイングランド』〕を反映させて)統治におけるチューダー革命のことを言うなら、それは既存資源の社会的・行政的再編成、すなわち、領域国家レヴェルでの社会的ネットワークの集中のことなのである。

　この結論がイングランドに関しては有効だとしても、国家がもっと大規模な姿を現わした他の国ぐにに適用可能かどうかは、疑ってみなければなるまい。これが「絶対主義」の問題を提起したのだ。これを検討するには、一六八八年以後へと進まねばならない。

絶対主義と立憲主義

特定の歴史事例から生まれた理念型すべてに言えることだが、絶対主義の概念もわれわれを二つの方向へと導く。われわれの関心は理念型としての絶対主義を発展させて他の事例にも拡張できるようにすることなのか、それとも、特殊ヨーロッパ的体制として記述し弁別したいのか？　私は後者のほうである。この理念型の構成要素によって、一五世紀から一八世紀にかけてのヨーロッパにおける政治体制の明らかな形態上の相違を弁別できるだろうか？――すなわち、一方には主としてイングランドやオランダなど「立憲的」な君主政や共和政があり、他方にはオーストリア、フランス、プロイセン、ロシア、スペイン、スウェーデン、両シチリア王国といった「絶対君主政」があるわけだ。そこでまず理念型から始めよう。絶対主義には二つの主要な構成要素があった――

(1)　**君主こそ法の、人間としては唯一の源泉であるが**、彼とて神の法の僕《しもべ》である以上、彼が「自然法」に背く場合には、叛逆権というものが残されている。絶対主義においては代議制度など存在しない。

　中世期の終わりには、すべてのヨーロッパ君主が一斉に、法的特権をもつ小規模で非公式な代表者の合議体とともに統治を行なった。多くの国ぐにでは、次の時期になると、これらは潰されてしまった。最後の会合、あるいは最後から一つ前の会合が開かれたのはアラゴンで一五九二年、フランスで一六一四年、スペイン領ネーデルラントで一六三二年、ナポリで一六四二年だった（ルース・一九六四年・四六—七頁）。代わって登場した政治体制が絶対主義と呼ばれるのだが、一八世紀の終わりには代表者の合議体が再登場してきた。この尺度からすれば、イングランドやオランダのような「立憲君主政」（「議会のなかの国王」）は、大陸の大部分の「絶対主義的」政治体制とは一線を画している。

(2)　**君主は永続的・専門的・従属的な官僚制および軍隊とともに統治する。** 高官は、文官にせよ武官にせよ、その職務が賦与する以外のいかなる重要な自律的権力も、社会的地位ももたない。

　これまで王は伝統的に、土地や資本や軍事力や教会制度の形で重要な独立の資源をもつ有力貴族たちの支援を受けて統治し、戦争を遂行してきた。一五四四年、スペイン王権のミラノ属領の国家官僚たちは、これまでの伝統にのっとり個人としての忠誠の証として、富の一部を王に献上するよう求められた。しかし彼らはそれを拒んだのだが、その理由は、彼らが職務によって獲得したものは義務遂行に対する当然の報酬であって王からの贈り物ではない、というものだった。シャボー（一九六四年・三七頁）によれば、これこそ新しい「官僚制的」で絶対主義的な国家職務概念出現の正確な見本なのである。軍事の面では、この変化の結果は「常備軍」であるが、これは王国の防衛に必要であるのみならず、国内叛乱の鎮圧と、「市民社会」に対する君主権力の増強のために利用することが可能なのである。

　私が最初に考察する絶対主義の理論は、君主権力の勃興を「市民社会」の一定の状態、とりわけ階級関係と関連づける理論である。これには競いあう三つがある——すなわち、絶対主義を封建制生産様式の残存として説明するもの、資本主義様式の勃興と関連させるもの、両者ともに優勢でない場合の過渡期的階級構造の産物とするもの、の三つである。アンダーソン（一九七四年・一七—四〇頁）の主張によれば、生産関係と交換関係の拡大が意味していたのは、封建的農奴制が分権的なマナー（荘園）の権威ではもはや政治的に支えきれなくなった、ということだった——従属的な階級関係は今

(11)　ビーン（一九七三年・二一二頁）の主張によれば、中世において戦費として使われたのは国民所得の一パーセント以下、一六世紀は二パーセント超、一七世紀は六—一二パーセントだった。これは絶対に誤まりだ。これが真実なら、国民所得は一六世紀一七世紀に減少していたはずだが、それは不可能な仮説である。

や中央集権的権威を必要としているのである。封建貴族は絶対主義政治体制を支える主柱だった。ウォーラーステイン（一九七四年）とルブリンスカヤ（一九六八年）の主張では、台頭しつつあった資本主義的諸関係がその社会革命を正当化して国外への拡大を保護すべく、ヨーロッパの中核地域に「強力な」国家を必要としたのだった。ムーニエ（一九五四年）の主張は、絶対主義は台頭するブルジョアジーと伝統貴族とを、君主が互いに競いあわせることができた過渡期に登場した、というものである。それぞれの理論に長所があり、それぞれの理論はある特定の国家を説明するのに特に優れているようである（東ヨーロッパは封建制後期に適合し、スペインは資本主義台頭期に適合し、フランスは過渡期に適合する）。しかしこれらの理論には弱点もある。第一に、これらはその論拠となっているらしい政治体制の二つの形態のちがいと、階級構造の二つのタイプのちがいとを、あまりに強調しすぎている。第二に、これらは階級と政治形態とを結びつける際に戦争が果たす介入的役割の、決定的重要性を無視している。そもそも「強力な」政治体制という概念が一般化されすぎているのだ。われわれは強力な政治体制というときの、主たる二つの意味を弁別しなければならない——市民社会に対してふるわれる〈力〉、つまり専制政治と、市民社会を協調させる〈力〉、つまり基盤構造的な強さという、二つの意味である。絶対主義国家は立憲主義国家よりも、基盤構造的に強くはなかった。国際的に見れば、立憲主義国家のイングランドが、最終的には優勢となった。国内的に見れば、ここでも問題は不明確だというのは、エリザベスのイングランドもフェリペ二世のスペインも、すべての国家が立法を独占し、調整する権力を増大していたからである。ちがいとして残るのは専制権力だけだが、これについて私はすぐ後で述べよう。

第二に、国家に影響が及んだ階級構造上の本質的な変化は、どこにおいても同じだった——すなわち、大領主とその所帯が衰退し、数多くの有資産家系が勃興して、部分的には農民を圧迫すべく、しかし主として領主層自体の再編成をうながして税の徴収、君主への影響力保持、相互の通婚、社会文化的生活の享受などを目ざして新たな形態の政治組織を求めたのである。大貴族たちが経済的・軍事的な自律性を失ってゆく動きがヨーロッパ中で見られ、それは「立憲主義」と「絶対主義」の両政治体制で起こっていたのである。彼らが「高官」へと変身していったことは、必ずしも絶対主義への道ではなかったのだ。

ちがいがそれほど体系的でないなら、そしてわれわれの探究の対象である国家がまだほんの小規模なものであることを想起するなら、われわれはここで国家発展における特異現象というものを考慮に入れるべきだろう。絶対主義の本質とは、君主が自分よりも強力かつ組織化されている臣下から、財政上・人員上ある程度の自律性を勝ちとることだった。しかしここに関係していた数字は、とりわけ大きかったわけではない。君主が戦争を控えて自分の資産でやっていくことができれば、わずかながらも余剰を出し、プロの軍隊をもち、代議制合議体を圧迫し、専横な手段でさらに多くのカネを集めることができたのだ。これから見ていくことだが、困難は次にやってきた。プロイセンとロシアの絶対主義の起源は、支配者たちの広範な私有地だった。チャールズ一世はこの経路を進んでいたのだが、不幸にも彼が手に入れた軍隊はスコットランド人や清教徒たちであって、彼に特有なタイプの絶対主義にはなじまなかったのである。ジェイムズ二世もプロの将校団を創設したのだが、これも彼のカトリック信仰を支持しなかった。他の国王たちは比較的幸運だった。スペインの絶対主義は新世界の金銀を基盤としていたし、フランスの絶対主義は公職をあちこちにだらだらと売りつづけるのが戦略だった。政治的なずるがしこさや外交政策上のたなぼたや財政上のつじつま合わせなどが、ある国家を絶対主義へと向かわせ、別の国家を立憲主義へと向かわせるのであろう。

これらに加えて一般的な原因、たとえば階級組織といったものを探すなら、その原因をも探さねばならなくなる。結局われわれが見てきた通り、すべての国ぐににおける階級関係が国家レヴェルで部分的な焦点を結んだのは、地政学的諸関係の副産物として、この文脈における国家活動の最重要の側面としてだった。

関連する地政学的変数としては、まず陸の強国か海の強国かのちがいがある。プロの軍隊と絶対主義政治体制との結びつきは本格的だが、おそらくこれまで言われてきたよりは国ごとに特有なものだろう。常備軍で陸軍を指すと思えば誤解を招く。それだと事実上イングランドとオランダが除外されるのだ。しかし常備の海軍となれば両国とも含まれ、とりわけ一六六〇年以降、両国が完全に立憲主義になった時期が含まれるのである。陸軍は国内鎮圧に使えるが、海軍ではそうはいかない。イングランド議会は常備陸軍を恐れたほどには、プロの海軍を恐れていなかった。したがって海軍と陸軍とは、それぞれ立憲主義政治体制と絶対主義政治体制とに結びつきやすいのである。唯一スペインがこうした一般論に当てはまらなかった(絶対主義でありながら陸海混合の強国だった)。国家のもともとの機能が主として戦争遂行であったとき、その多様性を説明するには階級統制といった派生的な機能の観点よりも、戦争の観点のほうがよく理解できるのである。

しかしながら同じ伝で、国内での社会生活に及ぼす国家の影響力の限界性が、絶対主義自体の強さを減少させた。イデオロギーが宣べ立てたのは、君主が従うべきは神の法であって人間の法ではない、ということだった。しかし彼はもはや古代皇帝ではなかった——彼は唯一の法源ではなく、貨幣や度量衡や経済的独占権その他、古代の経済的基盤構造一式の唯一の源ではもはやなかった。彼は強制的協同を課すことができなかった。彼はただ自分の領地を持っていただけである。「隠された」という意味での「私有」財産は、ヨーロッパの社会構造のなかに深く根を下ろしていた。それは国境超越的な勢力によって封建制へと遺贈されていたのだが、その小・中規模の後継者である国家は、たとえ思いついたとしても、それを掘り返すことなどできなかっただろう。

自分の資産プラス急場に集めたカネで小規模な常備軍をもち、絶対主義への道程に乗り出した支配者の企図するところは何だったのだろう？　壮麗な宮殿を建てることもできたし、贅沢な饗宴を催すこともできたし、国内の敵を鎮圧することもできたのだが、軍事費が高騰し陸戦が手づまりの時代に海外遠征のカネを調達することは容易ではなかった。しかし、やはりこれこそが国家の本来の機能だった。財政を、あるいは人員の動員を、どうすれば増強できるのか？　常備軍が存在しても、税収の確保はできなかった。私が強調したように、工業化以前の社会では、徴税どころか土地資産の査定さえ容易なことではないのだ。交易の利益は比較的目に入りやすい——動くからだ。ここから生まれた全農業国家のモットーは、「動くものに課税しろ！」である。しかし交易は小規模で、通常は脆いものだった。戦争のための実効ある課税には、土地資産の査定と徴税が必要だった。自国の住民を軍務に動員するというのは、農民を土地から引き離すことを意味した。この両方を行なうには大土地所有者の協力が必要だった——小作農を自由にし、富を差し出し、隣人の富への査定と徴税にも協力してもらうことが必要だった。実のところ、すべての政治体制は大土地所有者に依存していたのだ。

　この決定的な課題において、立憲主義と絶対主義には根本的なちがいがあった。当初は、軍隊がみなプロで比較的小規模だったために、農民の動員など考えられなかった。初期のちがいは「財政的」手段に因っていて、「動員」にはかかわらなかった。イングランドとオランダは、裕福な土地所有者と商人の両方に依存し、彼らの同意を得た上で課税した。絶対主義のほうは、貧しい土地所有者と裕福な商人に対する課税に依存し、それには裕福な土地所有者による同意と抑圧的な手助けとが行なわれた。イングランドやオランダなど前者の国ぐにの階級構造には資本主義がヨリ深く浸透していたからこそ、このちがいが生じたことはほぼ確実である。「貴族」、「ジェントリ」、「ヨーマン」、「商人」のすべてが、現実には「資本家」と化しつつあった。彼らはその政治的志向において同一化しており、君主がとる分断支配の戦略に対して、他の国ぐによりも従順ではなかったのだ。

　立憲主義政治体制とはちがって、大部分の絶対主義政治体制において土地貴族は一般的に課税をまぬがれており、農民、商人、都市ブルジョアジーはそうではなかった。強力な集団を免税することは、代表制合議体を回避することが可能だったことを意味した——なぜなら、代議制統治の主たる争点、つまり課税の問題が発生しないからである。そのかわり宮廷が唯一の国家機構となり、貴族だけがそこに含まれるのでなければならなかった。宮廷公職の販売は追加的な戦略であって、財源確保と、裕福な非貴族を支配階級に繰り入れる手段だった（例＝フランスにおける法服貴族《ノブレス・ド・ラ・ローブ》）。にもかかわらず、専制政治が立憲政治よりはるかに有機的ではなかったのは、それが多くの分断と排除を通して作動していたからである。そこに包含された階級と排除された階級のあいだの通常の分断の他に、宮廷派と地方派の強い分裂があった。立憲主義が有機的な資本家階級の発展をうながしたのにたいして、絶対主義はそれを別の政治的分断によって阻むか、邪魔しがちだったのである。

さほど有機的ではなかったがゆえに、この絶対主義は初めのうち基盤構造面での弱さを示した。弱点は戦争によって露呈して懲罰されるので、これもまたシステム変数の一つだった。モールバラ公の勝利は、うまく組織された財政マシーンがプロの軍隊を支えることの強みを如実に示した。スペインこそ財政不足に陥った最初の強国だった。統一的に課税することができなかったために、この国家は財政と人員補充の権能を徴税請負人と、地方の共同体や有力者に委ねてしまった。戦争がハプスブルク家スペインを非集権化し、敗北させたのだった。トムソンが述べるように（一九八〇年・二八七頁）、「戦争は……国家にとって刺激剤というより、試金石だった」。次がフランスだった。リシュリューとマザランの下で、王権は一七世紀の半ばに財政‐軍事マシーンを中央集権化したが、それは貴族と富裕農民の同意を免税で買い取ることでようやく実現した（詳細はボニー・一九七八年を参照）。一八世紀になると、戦争の苛烈化がこの弱点を露呈させた。

さはさりながら、絶対主義の強さを促進する戦略も発見された。軍隊とその火力が増すにつれて、ふつうの兵士に要求される専門技能より数の増大が先行した。これはもともと一八世紀に起こったことで、マスケット銃の改良と農業生産性の進歩に基因していた。農業は多くの人員を労働から解き放つとともに、大規模な作戦行動への食糧補給を可能にした。農民をむりやり動員して傭兵に近いレヴェルにまで訓練すれば、実戦でけっこうやってのけたのである。こうして「動員」による軍事マシーンは「財政」側と互角に渡りあい、イングランドとオランダの先導は断たれるかに見えた。早くから動員軍だったロシアの軍隊の値打ちが上がり、プロイセン軍とオーストリア軍の徴兵的要素がその規模と実効性とを増したのである。

フランスが揺れていたのは地政学的、地経済学的、そして政治体制的に両面を向いていたからである。イギリス人との戦争で次から次へと苦杯をなめて以後、フランスの政治理論家の大部分は立憲主義を支持し始めた。彼らが勝ちとった唯一の勝利は、アメリカの革命家たちとの同盟によるものだった（イギリス人よりさらに立憲派である）。こうした圧力がフランス革命へと結実するのだが、そこから生まれ出た殺傷性のもっと高い動員戦争マシーンは、さまざまな政治体制で採用可能なものだった。しかしボナパルト登場以前に、絶対主義という支配形態はそれらがもつ個別独立主義によって弱体化された。今や全階級の集合的エネルギーを解き放つ可能性が存在したのだが、絶対主義がそれを無視したのである。

これが重要だったのは軍事的組織化（少なくとも陸戦）においてよりも、経済的組織化においてだった。絶対主義諸国家が「後発」戦略を発動するようになったのは、一九世紀も後半に至ってからだった。それまでは、最も実質的な発展は資本家階級の集合的な、しかし拡散的にしか組織化されていないエネルギーを通して起こっていたのである。この時期の絶対主義諸国家のパラドックスとは、表面的には階級を意識しながら、階級がもつ新規の、普遍的な重要性を把握できず、自らをあたかも単なる個別独立的な王朝か大宮廷であるかのごとく振る舞ったという点である。

彼らが犯した失敗の原因は、おそらく、個別の地政学的・軍事的圧力にあった。彼らは中央ヨーロッパ内で闘争に明け暮れており、その多くは陸地に囲まれ、領域の獲得を目ざして大方はゼロサム・ゲームを繰り広げていた。そこで彼らに惹きつけられたのが、土地保有に最も関心の強い伝統的な集団――すなわち貴族、それも次男三男たちだったのである。対照的に、海の列強は交易の利益を目ざし、現金化しやすい資本をもつ連中を惹きつけたが、それは資産ある者なら誰でもよかった。そこでは資産階級の財政的エネルギーすべてが結集され、彼らは究極的に階級としての国民として統合されたのである。と言うのも、国家や国家が伝統的に結びついてきた王朝的諸特権ではなく、彼ら階級としての国民こそが、ヨーロッパ社会のダイナミズムを供給していたからである。台頭しつつある資本主義にとっては立憲主義政治体制のほうが有益でなじみやすいという議論にも一理あるのは、それが私有財産階級の統一を促進したからである。そして絶対主義政治体制のほうは、封建制社会構造と財産所有の相異なるタイプとを温存しやすかったのだ。しかしこれらのちがいが表面化したのは、戦争という装置を通しての国家政策においてだった。

こうして立憲主義と絶対主義の両政治体制は、一つの国家形態の下位タイプだった――その国家形態とは、市民社会の有力集団との関係では弱い国家なのだが、これらの集団の活動を次第しだいに調整して有機的な階級＝国民と言えるまでに発展させ、その中心点には宮廷か、さもなくば宮廷および議会があったのだ。

諸国家の〈力〉と自律性の試金石は植民地帝国に見て取れる。国家は対外関係をほぼ独占に近い形で握っていたので、国内よりも植民地において術策を弄する余地が大きかった。どんな成り行きだったか、見てみよう。

植民地における政治構造と財産所有の関係は、ヨーロッパのさまざまな政治構造の刻印を受けて、当初は多様性を示していた。ポルトガルの王権は一五七七年まで、交易投機のすべてを自ら引き受けて、自前の船舶を繰り出しては売り買い、儲けにたずさわった。スペイン王権はインディアス評議会と、セヴィリア商人の通商院《コンスラード》の独占権とを通じて、交易と南北アメリカの統治とを支配しようとした。フランス王権も自ら直接交易に乗り出し、投機資本の大方を醸出した。これらとは対照的に、オランダやイングランドにおける起業は通常は私的に行なわれ、その帝国も当初はおおむねインド会社のような私的組織の所有財産だった。

しかしここで注目しなければならないのは、こうしたさまざまなやり方のなかの共通要素である。これらの諸会社は、特定国民に限られていた。国家管理であろうと私企業であろうと、一般に国外交易と国外統治には独占権が与えられ、国家の拘束を受けていた。政治構造のすべての形態は、各国家およびその植民地圏域の内部における軍事上の組織と経済上の組織の協調を推進することを意図していた。

植民政策が進むにつれ、共通のパターンが現われてきた。

軍事面では、一八世紀後半までに、国外交易と国外財産を軍事的に守るために必要な資本投下額が私企業の能力を越えてしまった。すべての国家は共通の帝国型形態をとって、軍事的・経済的拡大を国家が調整するようになった。経済面では逆の動きが起こって、どの国家も最終的には植民地経済をじかに掌握することをやめてしまった。これはある程度、イングランドの軍事的成功に基因していた。フランスとスペインにおける政治体制批判者たちは、私的所有のほうが効率的で、富や国力の増大につながると主張した。しかし王の支配を内側から掘り崩したのは、自国の植民者や敵国の回し者と結託した密輸だった。たとえばおそらく「スペイン銀艦隊」が運ぶよりは多くの貴金属が、南北アメリカから不法に持ち出されたのである。

絶対主義は私有財産権を廃絶するほど強くはなかった。フランス人もスペイン人も、新世界で母国とちがった振る舞いをしたわけではなく、彼らの王権とてそれを強制的に変えさせようという意思もなければ実力もなかった。〈力〉のロジスティクスは、王権にとっていくらか有利だっただけである。戦艦あるいは武装商船は恐るべき火力のかたまりで、航行海域も広大だった。しかしそれが強制力を行使できたのは近隣に対してだった。大方の植民地にとっては、ヨーロッパの王権からの武力誇示は年に一度あるかないかだった。その間の植民地支配の広範な諸要素の維持には、文書業務が有効だった。すべての行政報告は定期ベースで行なわねばならず、それには標準化され大量に印刷された書式が用いられた。役人たちすべては読み書きに堪能だったから、まちがいや脱落は故意と勘ぐられた。しかしこうした諸要素を別とすれば、植民地住民はだいたい独立していた。王権もこれを制度的に認めていて、役人の報酬は給料ではなく役得の形で支払った。国家はその政体内部においてさえ、営利的だったのである。

とにかく、国内支配と同じロジスティクスが、大規模な交易会社によって資本主義の会計方法と結びつけられた。たとえば一七〇八年、イギリス東インド会社はその会計システムを革命的に変えて、資本勘定と当座勘定、さらには月づきの現金の出入りを体系的に記録する適正な項目をつくりあげた。ロンドンの経理事務所は今や交易の各支店の収益性を評価できるようになり、チョウドリー（一九八一年・四六頁）が言うように、それは多国籍企業のやり方を先どりしていた。今や紙こそが、国家と資本主義企業両方の権威型の〈力〉の主要なロジスティクス上の道具となり、国家と企業とはますます緊密に連携するようになった。この連携はスティーンスガードが「市場勢力と統治権力とのあいだのバランス……における、利益の時間展望と権力の時間展望の特異な組み合わせ」と呼ぶもの（一九八一年・二五四頁）に基盤構造を提供した。ヨーロッパによる植民地化とはこうしたことだった。

一八世紀までには、国内においてであれ植民地においてであれ、国家は一部の古代帝国でふつうに行なわれていたほどには、経済に介入しなくなった。植民地の運営を支援できた「市民社会」の二つの集団——貴族と商人——の起源は、中世ヨーロッパの分権的権力構造にあった。彼らの利害関心はこの構造の維持であって、国家支配ではなかった。こうして一七世紀以降、君主の権力は絶えず内側から掘り崩されていた。第一二章で見たように、経済的なネットワークは資本主義台頭の幾世紀も前から、すでに脱政治化されていた。国家は市民社会へと浸透する基盤構造的な能力を欠いていたために、根本的に弱体化された。これは絶対主義・立憲主義の両政治体制について言えることである。

二種類の政治体制の類似点は、相違点よりもはるかに大きかった。次節では、両者の財政が本質的に似通っていたことを見よう。両者ともに二つの主要な特徴をもっていた——すなわち、両者の〈力〉はおおむね軍事的な諸機能によって制約されて財産権の分け前を含まず、主に軍事目的のために財政収入を徴収して優位の諸階級を協調させたのである。両者の相違点は協調化の形態にかかわるだけだった——すなわち一方は有機的統一へと近づき、他方はそれから遠ざかったのであり、この形態を決定したのは、台頭しつつあった階級と国民国家という二つの〈力〉のネットワークが戦場で相互にどう関係しあったか、であった。

国家支出と戦争、一六八八—一八一五年

一六八八年以後の時期についての、イングランド-イギリス中央政府の信頼できる年間会計数値は、ミッチェルとディーン(一九六二年)およびミッチェルとジョーンズ(一九七一年)によって収集され、整理統一化されてきた。好都合なことに、一六九〇年代はヨーロッパにおける平時と大戦争がかなり規則的に繰りかえし継続した(一八一五年までの)「長い一世紀」の始まりである。この時期の支出データを活用することで、これ以前の時期についての諸仮説をも体系的に検証することができるのだ。

年代史は単純明快である。ウィリアム三世による最初のアイルランド遠征と海戦の後、一六九七年から一七〇二年まで平和がつづいた。この時期、一六九四年にイングランド銀行が設立され、イギリス政府の借入と弁済は定期ベースで今日に至るまでつづいている。次いでスペイン継承戦争が起こってモールバラ公の遠征が繰りかえされたのが一七〇二年から一七一三年、その後はおおむね平和な時期が一七三九年までつづいた。次にスペインとのあいだにいわゆる「ジェンキンズの耳戦争」が勃発、これがたちまちオーストリア継承戦争となって一七四八年までつづいた。その後の不安定な平和を破ったのが、一七五六—六三年の七年戦争だった。その後平和だったのはアメリカ独立戦争までで、これは長期の海戦に発展して一七七六年から一七八三年までつづいた。ふたたび訪れた平和は一七九二年までで、これ以後フランス革命とナポレオン戦争が多少断続的に一八一五年まで延びたが、その間世紀の初めには一時の平和があって一八〇一年にアミアン和約が結ばれたりもした。これは一九世紀あるいは二〇世紀と比べて、はるかに規則正しい戦争と平和のつらなりである。これはまた国家支出に対する工業化の影響が起こる以前の時期であるから、前工業化期の検証に好都合である。

図14-1に、私はグラフの形で総支出とその三つの構成要素――軍事費、民政費、負債の弁済とを分けて示す。グラフ化した支出は実質ベース、すなわちここでもフェルプス＝ブラウンとホプキンズ（一九五六年）の物価指数を用いてインフレ補正を施した。私は物価に関しては、この時期が始まる一六九〇―九年期のレヴェルで補正してある。[12] 時価額による支出額は、物価指数とともに、表14-3に掲げる。

まず注目してほしいのは、イギリス国家の財政規模の上昇傾向である――一七〇〇年から一八一五年では、実質支出は一五倍の上昇である（そして時価額では三五倍なのである！）。これはどの世紀と比べても、最速の上昇率であろう。これは推測だが、国家支出は国民総所得に占める割合としても増大した。グレゴリー・キングによる当時の国家資産統計をもとにしたディーンとコール（一九六七年）の計算を用いると、一六八八年には、国家支出は国民総所得のおよそ八パーセントを占めていたと概算され（計算方法についてはディーン・一九五五年を参照）、一八一一年までには、それが二七パーセントに上昇していたのだ。これらの数字はきわめて信頼できるとは言えないのだが、このちがいの大きさは印象的である。

しかしながら上昇傾向は漸進的ではない。総額の突然の急上昇が六回ある。これらのうち、一回を除くすべてが現に戦争の始まりであり、六回のすべてがもともと軍事費の大幅上昇に因るのだから、驚くには当たるまい。さらに負債の弁済も、これはもっぱら軍事上の必要から起債されたのだから、それぞれ戦争終了に向けて上昇し、平時の初めの何年間かにわたって維持されるのである。パターンはみごとな規則性を示す――六回の戦争すべてについてその直後に、弁済額を示す上昇線が軍事費を示す下降線と交差して上に出、その度ごとにその差額は増加している。これには戦争がもたらす衝撃を平坦化する効果がある。年ごとに眺めていくと、時価額による対前年支出総額の伸びの最高はわずか五〇パーセントを超す程度（一七一〇―一一年と一七九三―四年の二回）で、これはヘンリー八世までの戦争開始時にしばしば見られた二〇〇―一〇〇〇パーセントと比べて、はるかに低いのである。そして今や平時に相対的レヴェルを維持させているのは、おおむね軍事費（しかもとくに海軍費）と弁済費なのである。「永続的な戦争国家」の逆襲である！　民政費の安定と少額ぶりは顕著である。それは全期間にわたってどの年でも（一〇年の平和がつづいた後の一七二五年にも）、二三パーセントは超えないのである。とは言うものの、ナポレオン戦争中には新しい動向が現われる。一八〇五年ごろから、前世紀を通じて安定していた民政費が上昇し始める。私はこの点の検討を次巻に残しておく。さらに永続的な戦争国家とは、それぞれの戦争終了後の国家戦費が、実質ベースで見ても戦前に

(12) したがってここでの数字は、表13-2や表14-1に掲げた時価額および一四五一―七五年レヴェルのインフレ補正価額とは、比較できない。マン（一九八〇年）で説明した技術的な理由によって、私は物価指数を支出の当年度および前二年の平均で算出している（それ以前については、物価指数は一〇年ごとの平均である）。

図14－1　イギリスの国家支出，1695—1820年（1690—9年物価を100としたインフレ補正価額）

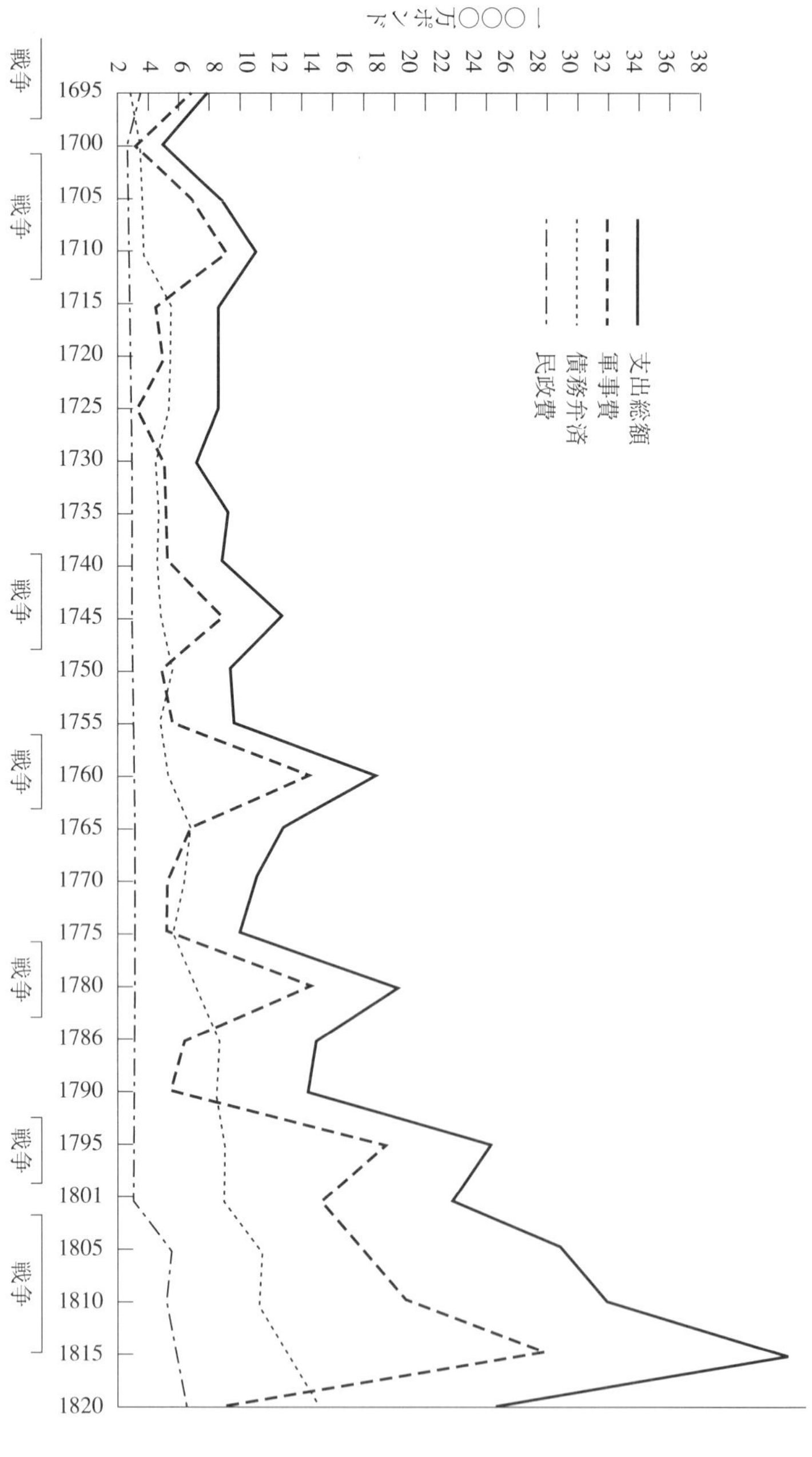

表14－3　イギリスの国家支出，1695—1820年
（単位100万ポンド，1690—9年物価を100とした指数でインフレ補正）

年	物価指数	軍事費		債務弁済		民政費		支出総額	
		時価額	補正価額	時価額	補正価額	時価額	補正価額	時価額	補正価額
1695	102	4.9	4.8	0.6	0.6	0.8	0.8	6.2	6.1
1700	114	1.3	1.1	1.3	1.1	0.7	0.6	3.2	2.8
1705	87	4.1	4.7	1.0	1.2	0.7	0.8	5.9	6.8
1710	106	7.2	6.8	1.8	1.7	0.9	0.8	9.8	9.2
1715	97	2.2	2.3	3.3	3.4	0.7	0.8	6.2	6.4
1720	94	2.3	2.4	2.8	3.0	1.0	1.0	6.0	6.4
1725	89	1.5	1.7	2.8	3.1	1.3	1.5	5.5	6.2
1730	99	2.4	2.4	2.3	2.3	0.9	0.9	5.6	5.6
1735	82	2.7	3.3	2.2	2.7	0.9	1.1	5.9	7.1
1740	90	3.2	3.6	2.1	2.3	0.8	0.9	6.2	6.8
1745	84	5.8	6.9	2.3	2.7	0.8	1.0	8.9	10.6
1750	93	3.0	3.2	3.2	3.5	1.0	1.1	7.2	7.7
1755	92	3.4	3.7	2.7	2.9	1.0	1.1	7.1	7.7
1760	105	13.5	12.8	3.4	3.2	1.2	1.1	18.0	17.1
1765	109	6.1	5.6	4.8	4.4	1.1	1.0	12.0	11.0
1770*1	114	3.9	3.4	4.8	4.2	1.2	1.1	10.5	9.2
1775	130	3.9	3.0	4.7	3.6	1.2	0.9	10.4	8.0
1780	119	14.9	12.5	6.0	5.0	1.3	1.1	22.6	19.0
1786*2	131	5.5	4.2	9.5	7.2	1.5	1.2	17.0	13.0
1790	134	5.2	3.9	9.4	7.0	1.7	1.3	16.8	12.5
1795	153	26.3	17.2	10.5	6.8	1.8	1.2	39.0	25.5
1801*3	230	31.7	13.8	16.8	7.3	2.1	0.9	51.0	22.2
1805	211	34.1	16.2	20.7	9.8	7.8	3.7	62.8	30.0
1810	245	48.3	19.7	24.2	9.9	8.8	3.6	81.5	33.3
1815	257	72.4	28.2	30.0	11.7	10.4	4.0	112.9	44.0
1820	225	16.7	7.4	31.1	13.8	9.8	4.4	57.5	25.6

典拠：ミッチェルとディーン・1962年，ミッチェルとジョーンズ・1971年。
＊1　1770年と1801年の間，各項目の合計額は総額より約50万ポンド少ない。この理由の説明はない。
＊2　1785年の数字は特例予算なので採用しない。
＊3　1800年の数字は不完全なので採用しない。

表14－4　オーストリアの国家支出割合，1795―1817年

年	軍事費（パーセント）	債務弁済（パーセント）	民政費（パーセント）	支出時価総額（100万グルダーン）
1795＊1	71	12	17	133.3
1800	67	22	11	143.9
1805	63	25	12	102.7
1810	69	20	11	76.1
1815＊2	75	4＊3	21	121.2
1817	53	8	38	98.8

典拠：ビーア・1877年。

＊1　ビーアの数字は1795―1810年期に関して幾らか不完全である。1795年について民政費，1800―10年については債務弁済に欠落があると私は推定した。この解釈がいちばん分かりやすい。ビーアは常に軍事費と支出総額とを示すから，軍事費のパーセンテージは正確である。

＊2　1815年と1817年に関して，ビーアには「通常の」支出項目が欠落しているが，支出総額はある（それぞれ132.9と122.1だった）。

＊3　1814―17年期のイギリスの実質的な臨時援助が国家債務を低く抑えた。これがなかったら，軍事関係支出の割合はもっと高く，民政費はもっと低かったであろう。

はもどらないことを意味しているのだ。これを詩人クーパーは一八世紀半ばに、素朴な二行連句でこう表現している――

よろめく国家に戦費の重荷
平和になっても減りはせぬ

これらの数字によって、これまで素描的なデータにもとづいてしか立てることができなかった、これ以前の世紀についてのあらゆる仮説が確認される。国家財政は対外戦争によって左右されていた。戦争が専門化され永続化されるにつれて、国家はその全体規模と（おそらくは）「市民社会」との相関関係における規模との両面で、成長をとげた。戦争の度ごとに、国家は二段階で規模を広げた――すなわち、当初は軍事費の増大、後には弁済の増大である。これまでのところ、この国家――「立憲主義」国家だが――が果たす機能は圧倒的に軍事的である。その他の機能も戦争に付随して発生するのである[13]。

こうした諸傾向は、イギリスに特有というわけではなかった。幾分素描風ではあるけれども、ここに他の国ぐにの数字がある。第一にオーストリアだが、数字は一七九五年のものである（**表14－4**を参照）。オーストリアは陸軍を基盤とする国家だったから、その軍事費のほぼ全額は陸軍に使われた（一方イギリスでは半分以上が海軍費だった）。これらの数字は軍事支出の同じ過大さを示してはいるが、イギリスと比べればその程度は、とくに平時（一八一七年）において低いの

表14－5　アメリカ合衆国の連邦政府支出，1790―1820年

年	軍事費*1（パーセント）	債務弁済（パーセント）	民政費（パーセント）	支出時価総額（100万ドル）	兵員数
1790*2	19	55	26	4.3	718*3
1795	39	42	19	7.5	5,296
1800	56	31	13	10.8	7,108*4
1805	23	39	38	10.5	6,498
1810	49	35	16	8.2	11,554
1815	72	18	10	32.8	40,885
1820	55	28	16	18.3	15,113

典拠：アメリカ合衆国国勢調査局・1975年。
＊1　退役軍人給与を含む（この重要な支出項目の分析は第II巻で行なう）。
＊2　支出額は典拠が示す通り1789―91年の平均額である。
＊3　1789年の数字。
＊4　1801年の数字。

である。オーストリアの軍事的な強さは、比較的に見れば財政力よりは動員力に依拠しており、大規模な徴兵から生まれていた。これらの部隊は平時には解散になっていたから、パーセンテージの変動はイギリスより大きかった。

同じ時期のアメリカ合衆国に関して得られるデータを、**表14－5**に掲げる。合衆国の数字に関しては、第II巻でヨリ体系的にあつかう。しかし一言だけ注意を喚起しておく――合衆国は連邦制である。アメリカという「(諸)国家《スティト》＝州」の全体像を描くためには、それを構成する諸国家（＝諸州）の財政についても考察しなければならない。しかし残念ながら、この時期に該当するデータは手に入らないのだ。したがってこれらの数字は、「アメリカ国家」の本当の規模より低めであり、軍事の部分は多めなのである（軍隊は主として連邦政府の責任だから）。しかし連邦政府の財政は、アメリカの外交政策の特殊性を考慮に入れれば、ヨーロッパ諸国家のそれと同じである。布告された戦争が実際に行なわれたのは一八一二―一四年だったが、イギリスとの緊張はもっと長く一八〇九年頃から高まっており、合衆国がかなり慎重な中立スタ

(13) これには例外が一つある。一八世紀末までに、救貧法は地方財政でまかなわれたが（したがってここの数字には含まれていないが）おそらくは国家の機能であり、軍事費に比べれば少ないとはいえ、巨額の費用がかかっていた。しかしこれを民政費に加算しても、その合計は新たな総額の二〇パーセントは越えない。さらに地方行政の総費用（一八〇三年から分かる）を加えても、一八二〇年までは二五パーセント以下である。詳細は第II巻参照。

ンスを確立していたのは一七九三年からだった。こうした本格的な平和、武装中立、戦争勃発、そしてふたたび訪れた平和という経過が、表14‐5の各欄に見て取れる。全体的に見て、軍事費と弁済費が占める優位の程度はイギリスの場合より低いが、全般的傾向はオーストリアと同じである。イギリスと同じように、戦争の影響で財政が硬直化しているのが感じ取れる。

素描的な史料は他の世紀に関しても残っている。プロイセンはもっと後になってから赤字財政に移行した。王領からの高い収益と、農民や商人に対する強力な課税とによって、支配者たちは一八世紀後半まで借金なしで戦争することができたのだ。一六八八年には、「二分の一から七分の五が軍務に就いていた」(ファイナー・一九七五年・一四〇頁)。一七四〇年には、プロイセンにとって平和な最後の年だったが、プロイセン予算の三大支出項目は軍隊(七三パーセント)、民政および宮廷(一四パーセント)、留保金(一三パーセント)だった(シーリー・一九六八年・I・一四三―四頁)。一七五二年には、平時の年にもかかわらず歳入の九〇パーセントを軍事目的に費やした(ドーン・一九六三年・一五頁)。一七七〇年代半ばまでに、軍隊は歳入の六〇パーセントを吸いとり、民政支出はわずか一四パーセントになっていた(ダフィー・一九七四年・一三〇―一八頁)――差額は返済にまわったのだろうか? 一七八六年までにはたしかにそうなっていて、この年の三大支出項目は軍隊(三二パーセント)、宮廷および政府関係(九パーセント)、返済金(五六パーセント)(ブラウン・一九七五年・二九四頁)――これはこの年のイギリス予算とまるで同じだったのである。

ほとんどすべてのプロイセン史が、その軍事体制型政治体制を強調して、出来のよいアフォリズムを提示している――たとえば、「プロイセンが軍隊をつくったのではなく、軍隊がプロイセンをつくったのだ」(ドーン・一九六三年・九〇頁)といった具合である。実際にプロイセン国家は、一八世紀ヨーロッパで最も軍事体制的国家だった。しかしながら、これは国家活動の特質の問題ではなく(それは他の諸国家とまったく同じだった)、むしろ軍事体制の規模の問題だった(プロイセンは比較的多くの資源を軍隊に費消していたのである)。一七六一年には、プロイセン軍隊は人口の四・四パーセントを占めていたが、フランスと比べてみるとこちらは一・二パーセントだった(ドーン・一九六三年・九四頁)。一七世紀後半にプロイセンの税金はフランスの二倍ほども重く、イングランドの一〇倍だった(ファイナー・一九七五年・一二八頁、一四〇頁)――もっともこれは国民所得についての推測から割り出した数字だが。たとえその財政規模は正確につかめなくとも、プロイセンの行政マシーンの発展年代は分かる。フリードリヒ大王〔在位一七四〇―八六年〕によって確立されたプロイセン絶対主義政治体制の基本的構成要素――すなわち、平時の常備軍、一六五三年にユンカー(土地貴族)と合意した税制、軍事兵站部の発展などは、三十年戦争におけるスウェーデンの脅威に対応したものだった。次のステップは、一六七〇年代における軍事総監察部の出現だった。これによって国家は税金、物資補給、兵員を求めて各地方へと浸透し、軍事と民政、そして警察行政を絡め取った。これもまたスウェーデンの軍事行動への対応だった（ローゼンバーグ・一九五八年、アンダーソン・一九七四年、ブラウン・一九七五年・二六八―七六頁、ヒンツェ・一九七五年・二六九―三〇一頁を参照）。

ロシアとオーストリアの国家は、プロイセンほどではないにせよ、同じような外部からの脅威への対応で発展した。ポーランドはスウェーデンの支配への対応に失敗し、消滅してしまった。アンダーソンの結論によれば――

こうして東方ヨーロッパの絶対主義は、客観的に見てその地域全体の貴族たちが統合されていた国際政治システムからくる束縛によって規定されていた。それは絶えざる領域戦争を事とする文明のなかで彼らが生きのびるための代償であり、封建制の不均等発展のおかげで彼らは、資本主義への経済的移行のいかなる段階にも達しないうちに、西方ヨーロッパの国家構造との対決を強いられたのである。
（一九七四年・一九七―二一七頁、引用は二〇二頁から）

マルクス派である彼が、この前段でマルクス派の戦争理論の言い訳をしているのは、まことに宜《むべ》なるかな！

フランスの王室文書の大半は、一八世紀の二度の大火で焼失してしまった。一七世紀に関してはボニー（一九八一年）が、財務総監付のある主任書記官が残した会計資料に取り組んでいる。数字はイギリスのものと似通っている。戦争が軍事費を急上昇させ、次には「臨時支出」（負債の弁済か？）が戦争終了まで上昇する。軍事費と臨時費とが、この時期（一六〇〇―五六年）の民政費諸項目を上まわっているが、その係数は各年度でおよそ一〇である。一八世紀に関しては、財務総監ジャック・ネッケルのような人びとの時たまの証言によって分かるのだが、一七八四年には陸軍が歳入の三分の二以上を飲み込んでいた――そしてフランスにはかなりの海軍もあったのだ（ドーン・一九六三年・一五頁に引用されている）。これは同じ年のイギリスの軍事支出割合よりも、むしろ高いのである。

一八〇〇年から一八〇五年のネーデルラントでは、軍事費と返済金の合計が支出総額の八〇パーセントを越えた（シャーマ・一九七七年・三八九頁、四七九頁、四九七頁）――これはこれら戦争の年のイギリスの数字と似ていた。一七世紀と一八世紀のドイツのさまざまな公国では、軍事支出は大半の年度の総予算の七五パーセントを占めていたが、戦争の最中にはそれも越えた（カーステン・一九五九年）。一七二四年には、ピョートル大帝の軍事費はロシアの国家財政の七五パーセントに達した（アンダーソン・一九七四年・二一五―二一六頁）。

国家それぞれに特異性はあったものの、全体的なパターンは明確である。生き残ろうと望む国家は、一定の領域への徴収力を高めて、徴兵およびプロの陸海軍を手中にしておかねばならなかった。それをしなかった諸国家は戦場で潰されるか、他の国家に併合された――すなわちこの一八世紀と次の世紀にポーランド、ザクセン、バイエルンを見舞った運命である。いかなるヨーロッパ国家も、継続的に平和だったことはなかった。平和国家などというものが仮にあったとすれば、軍事力不足の国家が実際に消滅したよりさらに迅速に消滅していただろう。

ここまで私は、国家の軍事的機能を対外的機能と同義語にあつかってきた。しかし、おそらくこんな反論を受けるだろう――国家の軍事力は国内の抑圧にも用いられ、したがって国内的な階級関係と全体的につながっているのではないか？　こうした反論には説得力がある。ヨーロッパのあらゆる国ぐにで、軍隊は国内抑圧に用いられた。常備軍はどこにおいても、むきだしの階級搾取と専制政治の道具だった。しかしながら国内抑圧は、国家成長の決定要因ではなかった。第一に、これまで私が示したように、国家規模の成長は全期間を通して国家間の戦争によって触発され、国内的発展によって起こったのはほんの一部分だった。第二に、(地方領主ではなく)国家が組織した国内抑圧の必要性とは、通常まず何よりも国家による戦争遂行のためのカネ集めの必要性から生じたものだった。第三に、国内的抑圧の程度が国ごとにさまざまに異なることは、戦時財政の必要性との関係で説明できる。私は東方ヨーロッパの事例に関して、アンダーソンからこの趣旨の引用を行なった。件《くだん》の地域の弱小国家が生きのびようとすれば、彼らはいっそう集中的に課税し、動員しなければならなかっただろうし、それはすなわち、もっと抑圧手段を講じなければならなかった、ということなのである。もう一方の極では、イングランド-イギリスのような裕福な交易国家は苛酷な徴収なしに、したがって常備軍なしに、強国の地位を維持することができた。これにさらに地政学的な考察を付加してもよかろう――すなわち、海軍強国の軍事力は国内の、陸地での抑圧作戦に使用することが困難だという点である。総括的な結論はこうだ――近代国家の成長を財政面からとらえると、主として国内的観点からではなく、暴力という地政学的関係の観点から説明することができる。

国間的資本主義と国民的資本主義、一六八八―一八一五年

一八世紀には、イギリスの交易および国民所得に関する統計が豊富になった。ディーンとコール(一九六七年)は、この一世紀を通しての交易および国民所得の数字と動向を算出している。対外交易の計算は、関税記録にもとづいたシュムペーター(一九六〇年)の先駆的学問業績の進歩によって、そのまま使うことができる。しかし国民所得に関してはそうはいかない。公式の原史料が存在しないのだ。さまざまな個々の商品の製造に関する数字があるだけなので、その場合それぞれはあるセクターの経済活動の指標としては使える――たとえばビールの生産高は消費物資の、石炭はエネルギー消費の、穀物生産は農業の指標という具合である。これらを集計して全所得の数字を得るには、経済理論の追加が必要

になる――つまり、経済全体におけるさまざまなタイプの活動の、相対的重要性を測る理論である。一八世紀の事例ではこれは経済成長の理論を意味するが、もっと具体的には経済理論上の大きな論争点の一つ、対外交易が成長に果たす役割の問題なのである（この論争に関する一般的解説は、グールド・一九七二年・二一八―九四頁を参照）。残念なことに、それこそわれわれが解明しようとしていることなのだ――つまり、対外交易と経済全体との関係である。

　したがってディーンとコールの方法論は、部分的に循環論に陥っている。出発点となる前提は対外交易の重要性と、それが⑴輸出志向型活動に大きな比重を置くものだということ、そして⑵その関連から、農業生産性は世紀を通じて低く留まっていた、という前提になる。後者の前提に対しては近年、私がすぐ後で言及する著者たちが挑戦している。彼らの結論では、一八世紀の前半には農業生産性と、農業人口の消費および栄養の水準に大進歩が起こり、世紀の後半それが維持されたのである。ディーンとコールの数字に対してこの批判が及ぼす影響を、クラフツ（一九七五年）が検討している。一般的には輸出志向ではない農業が国民所得の伸びに貢献していたのだとすれば、最初の前提とて弱まってしまうように思われる。これについては、エヴァズリー（一九六七年）が論じている――彼によれば、一七八〇年以後の工業的「離陸《テイクオフ》」へと向かう一七〇〇年からの「準備期間《ウォームアップ》」をもたらした大方の原因は、家庭消費、とくに中間的社会集団にまわる農業余剰の増大であって、これが輸出よりも国内市場を活性化したのだった。

　こうした批判を考慮に入れた上で、私はグレゴリー・キングとアーサー・ヤング〔一八―一九世紀イギリスの農業経済学者〕の二人が当時行なった概算という、ヨリ素朴でおおざっぱなレヴェルの国民所得へと立ちもどる。これらの数字を、出所のちがう交易の数字と比べながら用いることによって、ほんの大まかではあるが国民所得に対する交易の比率が得られる。**表14-6**はその数字である。この表は初めの二つの年代に関しては全般的な比較を行なうには十分だし、一八〇一年に関しては正確さも増している。

　これらの数字によると、一七〇〇年前後では、対外交易は現金取引による全交易額の四分の一を占めていた。この数字はグレゴリー・キング、およびディーンとコールが示す一五パーセントより高い。高すぎるかもしれない。一七七〇年までは、この比率は全般的にまだ同じ高さ、すなわち約二〇パーセントだった。しかし一八〇一年までに、この比率は三分の一に近づいていた。一八世紀の最後の二〇年間には、対外交易の伸びが国民所得の伸びよりもはるかに速かったことは疑いない――ディーンとコール（一九六七年・三〇九―一一頁）はその速さを三倍以上と見積っている。したがって議論がかかわるのは世紀の初期のほうだけである。一五〇〇年から一八七〇年頃までの数世紀にわたる傾向としては、対外交易は現金による国民所得より速く増加した――しかし一七〇〇―七〇年期にはそれが止まるか、鈍化した。正確にはどのような動きだったにせよ、一八〇〇年におけるイギリスの国

表14－6　イギリスの国民所得・対外交易・人口，1700—1801年

	国民所得（100万ポンド）	対外交易総額＝輸入＋国内輸出（100万ポンド）	人口（100万人）
イングランドとウェールズ，1700年＊1	50	12	5.5
イングランドとウェールズ，1770年＊2	128	26.5	7.0
イギリス，1801年＊3	232	70	10.0

＊1　所得額は1688年に関するグレゴリー・キングの概算数値である48にもとづく，対外交易額はディーンとコール・1967年（319頁）に，シュムペーター・1960年が示す輸入保険運送費を含めて補正した。人口数はエヴァズリー・1967年・227頁から。

＊2　所得額はアーサー・ヤングによる。対外交易額はディーンとコール。人口数はエヴァズリー。

＊3　国民所得額と人口数はミッチェルとディーン・1962年・6頁，366頁。対外交易額はディーンとコールだが，1800年と1801年のシュムペーターの数値と比較すると，増大幅がわずかに大きい。

際経済は国民経済より小さかったのだが、ここで追いつき始めていたのである。

　これは国民国家の経済的な突出が、国境超越的経済に直面して衰微したことを示しているのではない。ディーンとコール（一九六七年・八六－八頁）が提供する市場の地理的分布に関する数字は、そうでないことを明らかにする。一七〇〇年には、輸出の八〇パーセント以上と輸入の六〇パーセント以上がヨーロッパとの交易であったが、一七九七－八年までには、これらの数字がそれぞれ二〇パーセント強と二五パーセントまで下降していた。この点の部分的な説明としてはアイルランド、マン島、チャンネル諸島との交易増大がある。これらは海外交易統計に数えられていたのだが、明らかにイギリスの国内勢力圏だった。しかし交易増大の大部分は北アメリカおよび西インド諸島の植民地相手だった。これらの市場はおおむね、外国の競争者に対して閉じられていた。実際のところ、植民地の成長は一八世紀を通じて、イギリスの交易パターンに影響を及ぼしたのである。一六九九－一七〇一年には、羊毛と布地はいまだに主用輸出品（輸出の四七パーセント）だったものの、再輸出交易、主としてイギリス植民地からヨーロッパへの砂糖、タバコ、キャラコ布の再輸出に直面して、相対的に衰微していた。航海法と重商主義的風潮は、両者間の直接交易を妨げたのである。今やそうした品じなが、輸出・輸入の三〇パーセントを占めるようになった。見返りに、イギリス側は植民地に工業製品を輸出し、ヨーロッパの主たる対抗国からは奢侈品を輸入しつづけたのである

（デイヴィス・一九六九年ａ）。こうした傾向は一八世紀にはさらに強まり、それに新たなものも加わった――すなわち、ヨーロッパの北辺および南辺、とりわけバルト海からの原材料の輸入である（デイヴィス・一九六九年ｂ）。

したがってここに見てとれる国境超越的相互依存関係は、ごく限定されたものである。イギリスの依存関係は自国のブリテン諸島、その植民地、そして特殊な意味でヨーロッパの辺境、とりわけスカンジナヴィアだった。それは国間交易の主流である他のヨーロッパ大国へは拡大しなかった。それは諸国家によって注意深く規制され、生産するにせよ消費するにせよ、主として人口のほとんどと無関係な物品の直接的輸出入で成り立っていたのだ。アメリカ独立戦争（一七七五―八三年）がこのネットワークに動揺をもたらしたことは確かだが、イギリス側が懸念したよりもその損害は少なかった。一八〇〇年までにアメリカ側は、自由交易がかつての植民地交易と同じルートをたどっているのを見出した。彼らは依然として、イギリスの勢力圏内に留まっていたのである。

主要国家の交易パターンは、それぞれ相異なっていた。しかし全般的な趨勢として、対外交易の成長の大半は今や地球を跨いでいるにもせよ、自分の勢力圏内に限られていたのである。経済的相互作用ネットワークの部分的な結びつきが発展し始め、これまで見てきたような政治的・軍事的・イデオロギー的圧力によって強化されていった。部分と部分のあいだでは二国間交易が進んだ――すなわち、輸入と輸出は均衡へと向かい、不足分と過剰分は金銀ないし二国間信用で決済された。通常「国際」資本主義の勃興と呼ばれているものは、いまだ国境超越的ではない「国間」資本主義だったことを強調するために、このように傍点を付さなくてはならないのだ。

そこでこの国家経済を、もっとつぶさに眺めてみよう。一七〇〇年以前でも、それは主として現金経済だった。グレゴリー・キングによれば、一六八八年には雇用人口の二五パーセントが農業以外で雇用されて、ほぼ完全に現金経済のなかで暮らしていた。農業に従事していた残りの七五パーセントで流通していた貨幣はどのくらいだったのか、正確につかむことは不可能だが、いまだに地代をすべて現物で払ったり、賃金を現物で受け取ったりしていた者は実質的にはいなかったのだ。流通していた貨幣には王の（あるいは女王の）顔が刻印されていて、王国中で自由に流通していたのだが、王国外ではそうはいかなかった。

二番目に、自由な流通に対する政治的・階級的な障害物はほとんどなかった――通行税や、各種さまざまな人びとに対する経済活動の禁止はなく、地位や階級による顕著な隔壁も存在しなかった。唯一重要な障害物、政治的・経済的活動を行なうに当たっての資格とは、財産それ自体だった。誰にせよ財産さえあればいかなる経済取引にも参入することができ、普遍的な法律と国民国家の強制力によってそれは保証されていた。今や財産は資本主義経済で日常行なわれる通りに、その現金価値によって量的に計られ、商品化されるようになった。したがって誰もが財産をもっていたのである（その額は大いに異なっていたが）。投票したり陪審員を務めたりするには不十分な財産でも、それぞれが独立のアクターとして経済に参加できるようになったのである。

　これら二つの特徴が現われていたからといって、現に国民市場が存在したというわけではなかった——経済的相互作用ネットワークの成立は遅々としており、一八世紀全期を通じて、各地域・各地方の統合はきわめて脆弱だった。しかしそれは、経済成長が国中の地域や階層のなかを自由に広やかに、権威的・政治的な行為なしに浸透してゆけることを意味していた。これは当時の他の国ぐにの大部分には、当てはまらないことだった。こうして国民的単位としてのイギリスにおいては、一八世紀後半の巨大な経済成長が始まる以前から、資本主義はその社会構造を通して広く、均等に、そして有機的に浸透していたのである。

　この点が重要なのは、この成長形態こそ中世と初期近代のヨーロッパで繰りかえし現われたものだったからである。それは農業が主軸となり、地方に基盤をもち、分権的で、広く行き渡り、そして「擬似‐民主政的」だった。それはこれまで述べた国民的＝資本主義的回路に広く浸透した、真の実践を表わしていた。

　農業の急成長は一七〇〇年頃か、おそらくもう少し早くに始まっていた[14]。半世紀か、おそらくもう少しのあいだに、総投入量に対する平均可処分余剰が約二五パーセントから五〇パーセントへと倍増した。たぶんこれによって結婚年齢の低下、出生率の上昇が起こり、死亡率は微減だったが、なおゆとりが残ったのである。したがって、人口は増加したものの、農業成長は繁殖容量を上まわっていた。したがってマルサス循環は破られたのだった（世紀の中期と末期と二度にわたって困難な時期があったが）。その結果、生産性が向上した。おそらく最も重要だったのが、休閑地が徐々に除去されたことである。耕地は今や、さまざまな作物をローテーションで植えることで、どの季節にも利用できるようになった——たとえば穀物と野菜とを交互に植えると、それぞれは別の化学成分や土壌を用いるものでも、他の作物で涸れた土壌を再生させる効果をもつものがある。これは野菜栽培者が今日も使っている技術である。収量倍率が一八世紀の改良を低めにしか表わしていない理由がここにある。飼料作物もそうしたローテーションの一部に入っていたから、家畜の飼育がふえ、これがカロリー摂取を改善するとともに、土壌に良質の肥料をもたらした。作物の一部は植民地輸入の結果だった——すなわち、かぶ、じゃがいも、とうもろこし、にんじん、キャベツ、そば、ホップ、なたね、クローヴァー、その他の飼料植物である。他にもさまざまな改良をもたらしたものに、馬の力の活用（飼料のおかげで可能になった）や、犂や蹄鉄の改良とそれらに鉄を多く用いるようになったことや、種子の選別や動物の飼育に関する関心の増大などがあった。

　こうした改良が、なぜこの時イングランドで起こったのかを説明するのは困難である。しかし、ここに何がかかわっていなかったかは容易に分かる。ここには前提としての複雑な技術の発展などなかった——それは世紀の末近くまで現われなかった。ここには高度な科学などなかった——これもまだ発展途中だった。ここには前提としての大量資本などなかった。それを主導したのは商業都市や商業階級ではなかった。それを切り拓いたのは田舎の農民たちであって、彼らの一部は裕福だったが、その他の連中は財産保有の点では比較的質素というか、農業のなかの中間グループだった。(エヴァズリーは彼らと、彼らの非農業者仲間とを「中産階級」と呼ぶが、これだとあまりに階級限定的な気味がある。)そしてその前提となっていたのは土地のない農村プロレタリアート、すなわち幾世紀も前から土地を追われて、これら中産的農民のために「自由労働者」として働いていた人びとだった。

こうして生み出された余剰は、少量ずつ多数の人びとへと、広く浸透していった。農民の家族とそれに関係する人びとが、基本的食物として消費するものには限界があった(すなわち、収入との関係における食物の弾性はわずかである)。したがって余剰分は、さまざまな家庭用消費物品との交換に活用できたのである。小さな作業場や工場で手に入るものの三候補は、布地と鉄製品の他に、陶器や皮革を原材料とする家庭で役立つ品じなだった。こうした三つのタイプの低価格商品の大量生産が盛んになった。イギリスで一七五〇—六〇年期には、一六九八—一七一〇年期よりも、年間の原料綿花の輸入は二倍以上となった。工業用の鉄の需要がわずかしか伸びなかった一七二〇年から一七六〇年にかけて、鉄の消費量は五〇パーセント増加した。ベアロク(一九七三年・四九一頁)の概算によれば、一七六〇年までには、蹄鉄だけで鉄の生産の一五パーセントを占めていた。

ここにわれわれは産業革命それ自体の、おそらくは最も直接的な原因を見出す——すなわち、綿紡・製鉄・製陶の主要三産業の立ち上がり、それらの発展をうながした刺激から生まれた技術的・科学的な複雑さ、蒸気力の利用、資本集中、工場システムなどである。一八世紀が進むにつれ、イギリス経済は国民経済となった——すなわち、生産および消費の単位としての中間的農業者家庭を基盤とする経済的相互作用のネットワークが生まれ、ここからゆっくりと、しかしやがて(一七八〇年以後)は急速に、その需要を満たすべく産業セクターが立ち上がり、その余剰プロレタリアートによって生産が担われたのである。私は産業革命を第II巻に回す。

私は本章で、産業体制《インダストリアリズム》を支える資本主義的基盤と国民的基盤との相互浸透ぶりを示した。初めに定義したような資本主義的生産様式といったものは、純粋に経済的な抽象概念である。実物の資本主義、つまり一時は現にヨーロッパと地球全体で勝ち誇った経済形態には、実際には他の〈力〉の形態、とりわけ軍事的な〈力〉と政治的な〈力〉の両形態が、その前提として存在し、そしてその基盤として埋めこまれていたのである。もっと正確に言えば、資本主義は生産と並んで、市場と階級——つまり外交的に規制された多国家文明内部における「有機的」国民国家を包摂していたのである。ヨーロ

(14) ここからの三段落がとくに依拠している諸研究はディーンとコール・一九六七年、エヴァズリー・一九六七年、ジョーンズ・一九六七年、ジョン・一九六七年、一九六九年、マキューン・一九七六年、リグリィとスコフィールド・一九八一年である。

ッパは複合的な〈力〉のアクターの文明だったが、そのなかの主要な自立的アクターとは個々の財産所有者と、私が「階級＝国民（国民としての階級）」と名づけたものだった。私はこの議論を次の章で、ヨリ広い歴史的枠組みのなかでつづけよう。

第一五章　ヨーロッパのダイナミズムはこうして生まれた

——あるいは、資本主義－キリスト教－国家の関連と発展

これまでの三つの章で、私は本質的には一つの物語を述べてきた。それは単一の「社会」の歴史にかかわっていた。そこにはまた二つの主題があった──第一は、ヨーロッパのダイナミズムをどう説明したらよいのか？　第二に、このダイナミックなプロセスのなかでの、政治的な〈力〉の諸組織と経済的な〈力〉の諸組織との関係、諸国家と資本主義との関係は、どのようなものだったのか？　今やわれわれは、両方の主題をめぐる議論に結論を下すことができる。

ヨーロッパの原動力

一二世紀半ばのヨーロッパは、キリスト教世界の規範的平和状態のなかにゆるやかに束ねられた村落、マナー、小規模国家の複合的・無頭動物的連邦体だった。それはすでに鉄器時代始まって以来の、農業的には最も創意工夫に富んだ文明となっていた。しかしそのダイナミズムは、内向集中的で局地的な〈力〉のネットワークの内部に埋もれていたのだ。拡大包括的な、軍事的・地政学的な観点で見れば、それはいまだ強力ではなく、外部世界から気づかれることはなかった。しかし一八一五年までに、このダイナミズムは外部世界に向かって爆発を起こしており、他ならぬこの文明こそが、内向集中的にも拡大包括的にも、世界始まって以来の最強の文明であることが明白になった。ここまでの三章は、〈力〉へと向かうこの長いうねりを記述し、説明しようとしてきた。そこで論じられたのは、規範的平和状態という枠組みのなかでの初期の農業的原動力が、いっそう拡大包括的な〈力〉の三つのネットワークと結びついたということだった──三つとはすなわち、(1)資本主義、(2)近代的・有機的国家、(3)その国家が組みこまれている競合的な、外交的に規制された多国家文明、である。

この原動力は、その最終到達点というべき産業革命とはちがい、突然に起こったのでも、不連続なものでも、質的変化を含むものでもなかった。それはきわめて長期にわたる、累積的な、そしておそらくは幾分か不安定なプロセスで、とは言うもののそれはプロセスであって事件ではなく、六世紀、七世紀、あるいは八世紀間もつづいてきたのだった。私がこれまでの三章でとりわけ伝えようとしてきたのは、この原動力の本質的な連続性であって、その始まりの年代は（史料の暗黒時代に埋もれていて）はっきりしないのだが、明らかに一一五〇―一二〇〇年頃にはそれと認められる段階を通って、一七六〇年および産業革命前夜へと連続しているのである。

これによってただちに明らかとなるのは、この原動力についての通俗的な要因説明がきわめて不十分なものだ、ということである。それは根本的に、一二世紀の都市や、一三・一四世紀の農民と領主との闘争や、一四世紀の資本主義的会計方法や、一四・一五世紀のルネサンスや、一五世紀の航海革命や、一五世紀から一七世紀にかけての科学革命や、一六世紀のプロテスタンティズムや、一七世紀のピューリタニズムや、一七・一八世紀イングランドの資本主義的農業等々（リストはまだつづくが）に基因していたのではなかった。これらのどれをとってみても、ヨーロッパの奇蹟の説明としてはすべて薄弱なのだが、その理由はただ一つ――歴史的に見て、遅すぎるのである。

実際のところ、偉大な社会理論家の何人か――マルクスやゾンバルト〔ドイツの社会学者・経済学者〕やピレンヌ〔ベルギーの歴史学者〕やウェーバーたちは、この全体プロセスのなかの比較的小さな、あるいは最近の側面の考察にかなりの努力を傾注し、その信奉者たちもしばしばその傾向を増幅してきた。たとえばウェーバーの場合は、プロテスタンティズムとピューリタニズムが果たした役割について、それは比較的小さな、新しいものであるにもかかわらず、異常とも言える重視がずっと行なわれてきた。しかしウェーバー自身は、彼が「合理化過程」と呼んだところの、ごく一般的な長期にわたるプロセスを強調したのであり、さらに彼が言おうとしていたのは、ピューリタニズムは要するにキリスト教本来の合理的で根源的な救済のメッセージを再説していたのだ、ということだった。こうした観点からすると、広い歴史的プロセスを見極めると同時に、その本質的な一貫性を「合理的な不休《やすまず》不弛《たゆまず》状態」と特徴規定することによって、ウェーバーははるかに標的に迫っていたのである。実際このような特質こそ、前述の個別的単一要因によるさまざまな説明のすべての特徴をとらえている。しかし、もしもそれらがすべて似通っているなら、その一貫性の基底にある原因を知りたいところである。

一つだけ明らかなことがある――もし一貫性と原因とがあったなら、それらは前に並べ立てた諸事件が始まる前に存在していたはずである。それはいったい何だったのか？　たぶん初めにわれわれが問わなければならぬことは、いかなる方法論でその解決にたどりつけるのか、ということであろう。競いあう二つの方法論がある。

第一は比較の方法で、広く社会学者、政治科学者、経済学者によって実践されている。ここでの試みは、奇蹟を見たヨーロッパと、いろいろな点で当初は似通っていたにもかかわらず奇蹟を見なかった他の文明との、共通点と相違点を体系的にとらえることである。これは比較宗教研究として、ウェーバーが古典的に用いた方法だった。パーソンズの解釈（一九六八年・第二五章）によれば、ウェーバーが立証したのは、経済的・政治的な面で中国（そしておそらくインド）は資本主義発展の好条件のなかに置かれていたにもかかわらず、宗教的精神で遅れをとってしまったということだった。特定すればピューリタニズム、一般的にはキリスト教が決定的な原因だったのだ、とパーソンズは言う。しかしながら、ウェーバーが本当にそんな粗っぽい説明をするつもりだったのかどうか、あやしいものである。ウェーバーは私がこれから言おうとしていることを考えていたのだ、とするほうがはるかに本当らしいのだ。

中国ではなぜヨーロッパと比肩しうるような奇蹟が起こらなかったのか、その理由をめぐるもっと近代の説明を考察しよう。まずわれわれが留意すべきは、一部の中国学者がこの比較自体を誤認として斥けていることである。彼らによれば、中華帝国にも北宋期の西暦一〇〇〇―一一〇〇年頃に少なくとも一回、長期にわたる社会的・経済的な発展の時期があった。これは「半奇蹟」とでも言うべきもので最終的には日の目を見なかったものの、もしも中国が自分なりの創意工夫の道を歩めていたとするなら、後の歴史のどこかの時点で別の形で繰りかえされたことだろう。ところが多くの中国学者の見るところでは、中国は西暦一二〇〇年頃までに、ダイナミズムどころか停滞と帝国的「王朝サイクル」とを制度化してしまったのである。残念なことに、彼らは別の新たな、真実らしい説明を少なくとも四つ提出する――(1)コメ文明という、無限に反復される細胞型自然環境と経済によって分業、遠距離商品交換、自律的都市の発展が妨げられてしまった。(2)専制的な帝国国家は、自由な交換を禁止して目にとまる物資の流通にとりわけ重税を課すことで、社会変動を抑えこんでしまった。(3)帝国国家が地政学的な覇権を握ったことで、多国家間の競合はなくなり、中国の諸領域にダイナミックな勢力は参入できなくなってしまった。(4)中国の文化と宗教は（ウェーバーにしたがえば）ごく初期の時代から秩序、順応、伝統の徳を重んじてきた。（概観はエルヴィン・一九七三年とホール・一九八五年を参照。）

これらすべてが、真実らしい説明である。これらが認知しているさまざまな要因がすべて原因となり相互に関連しあっていて、因果関係はきわめて複雑であるのかもしれない。ここで問題は、真実らしい四つの要因が示唆され、しかもそれらすべてとの関係でヨーロッパが相異なっているという点である。ヨーロッパの自然環境はコメ中心ではなかったし、きわめて多様性に富んでいたし、その国家群は弱体だったし、多国家文明だったし、その宗教と文化は合理的不休不弛状態を表現していた。単独であれ組み合わせであれ、こうした諸要因のうちのどれが決定的なちがいをもたらしたのか、部分的変更が不可能なゆえに比較によっては知る由もないのだ。

それなら、決定変数の分布を見るために、こうした諸要因の異なる組み合わせをもつ他の文明の事例を集めることができるだろうか？　残念ながら、それはできない。もう一つの明白な事例として、イスラーム文明について考えてみよう。そこで奇蹟が起こらなかったのは、なぜなのか？　この問いに関する文献も、ひとしく複雑で異論百出である。そして当然のことながら、それは幾分相異なる要因群をあつかうことになる。イスラームの顕著な特徴の一つは部族社会《トライバリズム》だったし、もう一つは宗教上の原理主義《ファンダメンタリズム》が、通常は砂漠の部族を基盤として繰りかえし強力に出現することである。したがって、イスラームの停滞の最も真実らしい説明は、イブン・エル・ハルドゥーン〔一四―一五世紀、北アフリカ生まれのイスラームの歴史家・政治家〕とアーネスト・ゲルナーによる説明である――すなわち、都市住民・交易民・学者・国家が一方におり、他方には農村地域の部族民・預言者がいて、この両者のあいだで終わりなき周期的な闘争が繰り広げられた、という説明である。両者のどちらとも、社会発展の一貫した方向性を維持することができなかったのだ（ゲルナー・一九八一年を参照）。しかし、いったい他のいずれの文明のなかに、こうした特徴の変数を見出せるだろうか？　これはイスラーム独特のものなのである。事例の数よりも多くの、諸要因・諸特徴が存在するのである。ヨーロッパ、中国、インド、日本、イスラーム——これらの他に、総体的な問いを適切に投げかけられるような事例が存在するのだろうか？　それぞれの文明は多くの点で他のすべての文明と異なっているので、パーソンズがウェーバーに見て取ったような比較方法論では、勝ち目などないのだ。

実際にはもう一つ難点がある——つまり、これらの事例のどれとして自律的ではなかった。イスラームはすべてと接触があったし、すべてに互いの影響力が及んでいた。イスラームとヨーロッパは互いに長期間にわたって激しく戦い、互いに影響しあったばかりか、世界歴史の幾分かを戦争の命運に委ねもしたのである。ヨーロッパの奇蹟論議の総体に対する、ゲルナーの精妙な悪意のこもった論評に耳を傾けよう——

わたしはポアチエの戦いでアラブ側が勝利を収めて、そのままヨーロッパを征服してイスラーム化したらどうなっていたかを空想してみるのが好きだ。すべてわれわれはまちがいなくイブン・ウェーバー著『ハワーリジュ（過激分派）の倫理と資本主義の精神』を絶賛しているだろうが、この本が結論として立証して見せるのは、近代合理主義の精神とその表現としてのビジネスおよび官僚組織とが出現したのは、一六世紀の北ヨーロッパにおける新ハワーリジュ・ピューリタニズムの結果だ、ということであろう。とりわけこの研究が立証しているのは、仮にヨーロッパがキリスト教のままだったとしたら、この信仰がもつバロック的・ごまかし操作的・親方日の丸的・擬似アニミズム的・無秩序的な世界観のおかげで、近代的な経済と組織の合理性など出現していなかったということであろう。

（一九八一年・七頁）

これらの問題に対して比較という方法が解決にならないのは、一般的にそれがもつかもしれぬ論理的な、あるいは認識論的な欠陥からではなく、それらの問題をあつかうに際して、端的に言ってわれわれには、自律的で類似的な事例が不足しているからなのである。こうした経験的現実に直面すれば、われわれは現実問題として第二の方法、すなわち周到な歴史叙述へと転じて、「次に何が起こったのか」を確定した上で、もろもろの事件や偶発事にパターン、プロセス、つらなりといった「感触」があるか否かを調べてみなければならない。われわれはここでもやはり、社会は一般的にはどのように作動するのか、人間はどう振る舞うのかについての、明晰かつ広範な概念や理論を必要とするのだが、それをしもわれわれは関連性や推測、パターンや偶然性を探し求めて、歴史叙述のなかで収集するのである。比較社会学ではなく、歴史社会学が私の主要な方法である。それは何を確立することができ、これまで何を確立してきたのだろうか？

この巻を通じてわれわれが繰りかえし出会ったのは、社会変動を体系的なもの、すなわち、ある所与の社会のパターン化された緊張や矛盾や創造的エネルギーによって内部的に生み出されるもの、と想定することへの反論である。変動の源泉は地理的にも社会的にも「混然多角的」ということなのだ――それらすべてが所与の「社会」の社会的・領域的空間内部から発してくるのではない。多くのものは国家間の地政学的諸関係の影響を通して進入してくるし、さらに多くのものは国家の境界などおかまいなしに、すき間的、国境超越的に流入してくるのである。こうした変動の源泉は社会的発展が起こる場合には高度化される。と言うのも、われわれがここでかかわっているのは所与の領域における連続的な歴史ではなく、どこであれ最も先進的な〈力〉が見出される強力な社会や文明の「最先端《リーディング・エッジ》」の歴史だからである。ヨーロッパにおいてはこれまでの三章で見た通り、その先端は北方へまた西方へと、すなわちイタリアから中央の交易回廊に沿って北西部の領域国家へ、そして終にはイギリスへと動いたのだった。

したがって、もしヨーロッパの原動力にパターンを当てはめるとすれば、二つの複雑な関係を考慮しなければならない――すなわち、中心的原動力の地理的移動と、非ヨーロッパ世界との外部的な、おそらくは接合状況的《コンジャンクチュラル》な諸関係とである。[1]われわれの叙述の大半にとって、後者はおおむねイスラームから発せられた国際的・国境超越的な影響力を考慮することを意味している。それらの一部はヨーロッパ自体の観点からはたしかに偶然的なものであろうし、われわれの結論も混合的だろう。私はこれら二つの複雑な関係を交互に考慮に入れていこう。私はまずヨーロッパの原動力について、その北方への移動を考慮しつつ、そしてイスラームの存在を無視しつつ、「内部的」諸側面を検討する。その後、私はイスラームへと目を転ずる。

私としては第一二章であつかった明確なパターン、とりわけ一一五五年までに西ヨーロッパに出現していたパターンから始めたい。そこに含まれていたのは幾つかの異種の〈力〉のネットワークであって、その相互作用が社会的・経済的発展を促進した。領主たちのマナーを横切って小さな農民村落があり、両者はともに湿潤な土壌へと進出してそれを排水し、かくも広大なる地域に未曾有の農業生産の増大を実現したのだった。しかしこれらの集団はまた、ヨリ拡大包括的な〈力〉の存在を必要としていた――すなわち、彼らは遠距離の商品交換に依存していたが、この交換の主導者は地理上のもう一つの地域、地中海北部の沿岸地帯だった。彼らは所有権と自由な交換とに関する規範の一般的な是認に依存していた。これらは局地的に混在していた慣習や特権、弱い国家が行使する若干の司法上の規制によって保証されていたが、とりわけその役割を担ったのはキリスト教ヨーロッパがもたらした共通の社会的アイデンティティーだった。これは一つの文明だったが、その内部においてはいかなる地域、経済形態、国家、階級、宗派とても、他を完全に圧倒することができなかった。それは本質的に競合的な文明だった――競合は国家境界の内側で、諸国家間で、そして国家境界を横断して華ばなしく行なわれたが、しかしそれは規範的な規制のある競合だった。社会的・自然環境的な多様性と、規範的平和状態との組み合わせによって、ウェーバーが貼り付けた「合理的な不休不弛状態」というレッテル通りの、制御された拡大主義と創意工夫が生み出されたのである。次の章で見ることになるが、競合的な「多重の〈力〉のアクターの文明」は、社会的な〈力〉の発展の二大源泉の一つだったのである。

　ヨーロッパのダイナミズムには体系性があった。第一に、それはヨーロッパを一つの全体として特徴づけており、実際にそこに含まれるさまざまな多様性を、一つの文明へと統合していた。北西ヨーロッパに出現した諸形態について私は集中的に論じたが、当然ながらそれらは地中海地方の、あるいは中央ヨーロッパの諸形態とはかなり異なるものだった。しかし同一の精神が、大陸には浸透していたのである。したがって、ダイナミズムの地理的移動は、その一体性を前提としていたのだ。第二に、そこにパターンが見て取れたのは、それが長い年月を経て人口危機や経済危機、イスラームからこうむった軍事的敗北、宗教分裂、地政学的な内部覇権の争奪戦など、さまざまな試練を乗り越えてきたからである。これほどたくさんの挑戦に直面しながらもそれが遍在しつづけてきたというのは、それが体系性をもっていたことを明らかにする。

　しかしその起源を説明するとなれば、ことはそれほど整然とはいかない。と言うのは、この一二世紀の構造のさまざまな構成要素を確認しようとすると、その起源がさまざまな時代、多様な場所に散らばっているのが分かるからである。その一部を簡略に述べてみよう。小作人の区分地《ストリップ》耕作と村落共同体は、もともとはゲルマン蛮族から受けついだものであり、マナーと主要交易ルートは後期のローマ世界のものだった。経済的、軍事的、政治的な制度慣行の多くは、これら二つの伝統の融合をはっきりと示していた。こうしてわれわれは、この中世の、おそらくはこの「封建制」のパターンを、それ以前の二つのパターン、すなわちゲルマン的パターンとローマ的パターンの融合と見ることで、ある程度前進することができる。たとえばアンダーソン（一九七四年）は生産様式という用語を広い意味で使うので、彼が「封建制生産様式」は「ゲルマン部族的様式」と「古代的様式」の融合だと言うなら、部分的には彼と意見が一致する。しかしこれでさえも、実際に起こったことの過大なパターン化なのだ。それは最終パターンの仕上がりに役立った他のタイプの地域的貢献をあつかうには、適切ではない――たとえば、海上交易で果たしたスカンジナヴィアの顕著な貢献、航海技術、そして小規模

（1）これらの問題をあつかうに当たって、私はマクニールの独創的研究『ヨーロッパ史の形』（一九七四年）の影響を受けていることを認める。

だが強固な戦士の王国などがそれである。さらにそれはキリスト教をいとも簡単にこのパターンに当てはめて、ローマを経由しての「古典遺産」の伝達者としてしまうのである。しかしキリスト教は、ローマを通ってきたとはいうものの、本質的には東地中海や近東――つまりギリシア、ペルシア、ヘレニズム世界、ユダヤ教の影響を持ち来ったのである。それはヨーロッパ中の小農民や、交易民や、小国の王たちに特別の魅力があったがために、その影響力が後になってローマ帝国の境界を越えたのである。ローマの権力構造は、たとえばマナーの起源を理解するためには不可欠の背景であり、また、君臣関係の理解のためにはゲルマンの権力構造の理解が不可欠なのだが、キリスト教の起源はこれら両方にとっては、幾分かすき間的存在だったのだ。キリスト教のもつ再編成能力は、ローマ－ゲルマン融合をもたらしただけではなかった。

　さらに、これらのゲルマン的、あるいはローマ的な「パターン」の内側をのぞいて見れば、それら自体見かけほど首尾整ったものではなく、さまざまな時と場所からの影響を受けて出来あがっていることが分かる。たとえばもっと初期の歴史をあつかった章で、私は鉄器時代の小農民農業の段階的成長を、長い時間のスペクトルのなかで描いた。これは湿潤土壌の小農民耕作者の経済的な〈力〉と、小農民歩兵隊の軍事的な〈力〉とを着実に増大させていた。この両者は手をたずさえて進んでいった。両者はローマの元首政《プリンキパートゥス》期にローマの境界を越えて北方ゲルマン地域へと進出し、やがて次にはゲルマン侵入という形でもどってきたのだった。しかしそこで二つは分離した。経済的傾向のほうは継続され、経済的な〈力〉はゆっくりと北西へ移動しつづけて中規模農民が誕生した。しかし軍事的傾向のほうは後退してしまったというのは、非ゲルマン蛮族に対する防衛戦争の諸条件と、東方の重騎兵モデルが利用可能になったこととで、貴族の騎士階級が自由農民よりも意気軒昂になったのである。フランク王国の封建制は多くの点で後の封建制の原型となるものだが、このような次第で、「ヨーロッパ的」農民社会に深く根づいていたごくごく古い傾向と、真新しい、時流便乗主義の、「非ヨーロッパ的」傾向との混合物だったのである。

　こうした理由のすべてからして、ヨーロッパの奇蹟の起源は偶然的符合の巨大な積み重なりだった、という結論を回避することはむずかしい。因果関係のたくさんの経路は、あるものは長期的で着実な、あるものは新しく突然の、そして他のものは（たとえば読み書き能力のように）古くても歴史的断絶を含む成長の経路であり、それらが発した源はヨーロッパ、近東、さらには中央アジアの諸文明であり、これらがある時ある場所で符合合体して、尋常ではない何かを創造したのである。そして、私が以前に（第三章・第四章で）文明自体の起源をどうあつかったか、また（第七章で）ギリシアのダイナミズムをどうあつかったかも、結局のところこれなのである。

　われわれは適切なやり方で、この偶然的符合の複雑な連鎖に分け入り、まずは納得できる精確さを以って一般化を行なうことはたしかに可能である。しかしわれわれがつくり出す一般論は、「社会システム」に関するものではありえない。中世的、あるいは「封建制」的な社会とは、それに先行した社会システム、「社会形成」、「生産様式」など――ともかく何であれ一元的な用語で表わされるもののダイナミズムや諸矛盾の結果として存在したのではない。またそれは、これらの社会システムのうちの一つ以上が融合した結果でもない。いずれの社会も一元的ではない、というのが私の変わらぬテーマだった。そうではなくて、どの社会も、複合的で相重なりあう〈力〉のネットワーク群で構成されているのである。これらのネットワークのどれ一つとして、社会生活全体を完全に統御したり体系化したりすることなどできず、それぞれがある一部分を統御したり再組織したりできるだけなのだ。

とりわけヨーロッパの奇蹟は、マルクス派が伝統的に主張しているような「封建制から資本主義への移行」として解釈することなどできない。われわれが見てきた通り、封建制、資本主義、そしてそれらの生産様式といったものは、有用な理念型であるにすぎない。それらを用いれば、ヨーロッパの発展に関与したさまざまな実際経験的な影響力の一部を組織立てて説明することが可能だろうが、ヨーロッパ的発展について満足のゆく説明をそれらだけから引き出すことはできない。この課題のためには、そうした経済の理念型を、イデオロギー、軍事、政治など別の社会的な〈力〉の諸源泉から引き出された理念型と結びあわせることが必要なのである。

したがって今あつかっている例についての一般化は、いかに多様な〈力〉のネットワーク群が合体して、相異なってはいるが相重なりあってもいる社会生活の圏域やヨーロッパの各地を組織化しつつ、社会的創造性へ向けての特別に肥沃な土壌をつくりあげたのか、にかかわってくる。この事例では四つの主要な〈力〉のネットワークがどのように作動しているのか、実例をあげてみよう。

第一に、基本的にイデオロギー的な〈力〉のネットワークであるキリスト教世界は、東地中海地域の都市を基盤として登場し、改宗させ、再編成したあげく、「ヨーロッパ」という大陸を創造してしまった。その規範的平和状態は、他のさほど拡大的ではないネットワークの闘争を最小限度に抑制し、その半ば合理的・半ば黙示録的な救済のヴィジョンは、現世的な創造性へと向かう心理的動機の大部分を供給した。この全世界教会《エキュメニカル》的な再編成がなかったなら、いかなる市場も、所有権も、「合理的な不休不弛状態」も、これらヨーロッパの領域の内側でかくもみごとに花開くことはなかっただろう。

第二に、この「オイクメネー（全世界教会）」に加えてその内部では、小規模な国家が諸慣習・諸特権について最小限度の司法的な規制と承認を行なっていた。それらの国家による再編成は、範囲や程度が限られていたとはいえ、ヨーロッパ中でさまざまな形態をとった。一般的に言って、諸国家において結びあわされたのはローマ的な権利主張（帝国的ないし都市的な「威厳《ディグニタース》」）と、ゲルマン的ないしスカンジナヴィア的な部族伝統と、さらには軍事的急務によって再編成されたばかりの諸構造（武具を着けた騎馬従者や、城砦や、君臣関係や、農民搾取など）だった。

第三に、軍事的な〈力〉のネットワークが初期の中世国家と重なりあうとともに、その固有の原動力の大部分を供給した。局地での防衛的な戦争の諸条件によって、あるところでは封建徴募軍が、別のところでは都市の民兵が発展した。これらは地方ごとの事情に応じて封建君主国、ないしは都市の自治組織を発展させたが、両者の中間にはあらゆる種類の混合型君公国があった。この軍事的な原動力は、階級関係の再編成を大いに促進した。社会成層を強化し、農民の従属化を推進し、彼らの区分地《ストリップ》をしばしば領主のマナーで囲い取った。農民からの余剰徴収の増大によって、領主たちの商品交易がふえ、そのため農村 - 都市関係のみならず、北ヨーロッパと西ヨーロッパと地中海地域の関係が強化された。

第四に、経済的な〈力〉のネットワークは複合的だったが、その結びつきは緊密だった。局地的な生産関係は自然環境、伝統、それにこれまで述べてきたすべてのネットワークがもたらすインパクトによってさまざまだった。北西ヨーロッパにおいて、私は主として二つの、しばしば相互依存的な単位である村落とマナーの存在を確認した。それらが生み出す十分な余剰は商品として交易され、村落とマナーをさらに拡大包括的な交易ネットワーク、とりわけ北部―南部ネットワークに結びつけた。それらは大陸中央部を通る北部―南部回廊地帯と、いささか異なる形態の社会であるイタリアの大部分の発展をうながした。ここイタリアでは都市と農村、生産と交換の統合にあたって、小君主、司教、修道院長、自治組織、少数大商人といった連中が領域性の少ない形態を生み出した。

ごく初期から、記録が始まる以前から、これら経済的な〈力〉のネットワークの胚芽的形態は異常なまでのダイナミズムを示しており、とりわけそれは北西ヨーロッパにおける農業生産性に関して顕著だった。

これら主要な四つの〈力〉のネットワークは、初期中世の社会生活のさまざまな圏域や地理的な広がりを再編成した。このような簡潔な概観からでも、それらの相互関係が複雑だったことが見て取れよう。この時代に適用するなら、それらは半ば理念型、半ば現実社会の特殊形態である。私がキリスト教世界という一つだけを取り出したのは、これがその後につづくすべてにとって必須の成分だったからである。その他のものも最終的に生まれる原動力に重要な寄与をしたのだが、それが「必須の成分」だったかどうかは別問題である。他の形態の〈力〉のネットワークと交換したとして、この原動力を破壊してしまう可能性はなかったのだろうか?

この問いに答えるのがとりわけ困難なのは、この原動力の発展の歴史性のゆえである。〈力〉のネットワークのそれぞれは、大方相異なる時期において原動力の再編成に顕著な貢献をした。しかしそれぞれはまた、他のネットワークによって絶えず再編成されていた。第一二章で、私はこの原動力の比較的内向集中的な面の特徴を述べたが、そこでは局地的な〈力〉のアクターたち、主として領主と農民たちが、キリスト教世界の規範的平和状態のなかで農業改良を行なっていた。この局面では、国家は何ももたらさなかった。しかし後になると、戦いの論理によって、顕著な軍事 - 財政的推力が国家の諸権力へともたらされたのである。これがたまたま、交易の拡大と時を同じくしていた。これらの軍事・政治的な〈力〉のネットワークと、経済的な〈力〉のネットワークとの特殊な結合が、国家の全面的な役割増大を導き出した。これによって地政学的空間が世俗化され、外交的に規制された多国家文明が十分な成長をとげたのだった。これらの諸国家間の規制された競合は、経済的な諸アクター・諸階級・さまざまな宗教集団同士の伝統的な競合と相ならんで、ヨーロッパの原動力の新機軸となった。最後にあげた宗教集団間の競合は、ほぼ一七世紀以後になってその重要性が消滅したので、原動力は連続してはいたものの、時代が変わればその構成要素も変わったのである。

二番目の複雑さは、原動力の地理的な多様性から生ずる結果である。ヨーロッパのさまざまな部分が、さまざまな時代に、再編成に一役買った。私が前に示した「単一要因」理論のリストが、このことを明らかにする。イタリアに発したものもあれば、ドイツや、フランスや、北海沿岸の低地諸国や、イングランドのものもある。実際のところ、ヨーロッパを成り立たせてきたかに見える要因のすべてを網羅しようとすれば、原動力の地理的なパターン化はきわめて複雑になってくる。

焦点を拡大してイスラームを論じなければならなくなるのは、この時点である。ヨーロッパはイスラームから何かを借用したのだが、それが正確に何なのかは、いまだに論争の的なのだ。そこから借りてきたもの――それは主としてイスラームという媒介を通しての古典学問の復興と考えられているのだが――が、ヨーロッパの発展に決定的な寄与となったのかどうか、今なおはっきりしない。しかし軍事防衛の必要性となれば、話は別だ。仮にイスラームあるいはモンゴル人が、ヨーロッパ大陸の全部とは言わぬまでも半分でも征服していたとしたら、ヨーロッパの原動力など、そしておそらく何であれ持続的な原動力など、存在していなかっただろう。防衛の問題は体系的に検証しうる事柄なのだ。

一瞥したところ、防衛にパターンがあるようには見えない。それはまずフランク王国を初めとする諸王国が中心となり、次いでヨーロッパを縦断して戦って地中海王国を建設したノルマン人の諸軍団に集中した。やがて十字軍の時期にこれを促進したのは、当時の大君主たちの一部、フランス王、ドイツ王、イングランド王だった。次にはビザンツ帝国の衰退・崩壊とともに、ブルゴーニュとフランスの騎士たちが短期間の大奮闘を見せたのだが、今やイスラームからの大きな圧力がヴェネツィア、ジェノヴァ、スラヴ諸王国に迫ったのである。次にはスペインとオーストリアが奮闘した。最終的な転換点は一六八三年、ウィーンの城外でポーランド王の指揮の下に成就された。これらのどれもこれもが、ヨーロッパの防衛に手を貸しているように見える。別の言い方をすれば、ヨーロッパ中に構築されていたきわめて多様性に富むさまざまな社会構造が、その軍事的な〈力〉の諸組織によって、あの原動力を護り通したのだ。

こうした実例を通して、歴史的・地理的な転換における偶然性とパターン性との両方を見て取ることができる。偶然の要因が重要だったのは、イスラームからの圧力の時期というのが、もともとイスラーム自体の内部要因の結果なのか、あるいはヨーロッパの東の周辺から発したのか、この二つのどちらかであり、後者がヨーロッパの原動力に直接的・積極的に寄与したことはほとんどなかったからである。偶然のなかのある部分は、深甚な反響を巻き起こした。トルコ人がコンスタンティノープルを取って東地中海を閉鎖したとき、ヨーロッパの勢力均衡は変わった。彼らの軍事支配が増大するにつれて、地中海中央地域列強の交易は衰微した。この機会をとらえたのが大西洋沿岸の列強で、このため西ヨーロッパが優勢となった。これはある意味で、世界歴史的な事件だった。

しかし別の意味からすれば、こうした〈力〉の転換は、北方および西方への長期的移行の一部だった。これは実際には本書全体を通しての進行だったのであり、したがって次の最終章にふさわしい主題である。しかし今ここでこれを想起しなければならないのは、パターンの一部であったかもしれぬことを、局地的な偶発事と片づけてしまわないようにするためである。イスラームからの圧力とその地政学的な諸結果とは、まったくの偶発事ではなかった。歴史上の主要な時期の大部分において、文明の「最先端」、集合的な〈力〉の「最先端」は、東方向への拡大を困難と見てきた。東方の攻撃的な隣人に対して防衛戦を遂行したり、ある時はそれに敗れたりしてきたのである。アレクサンドロス大王ただ一人がこの通常の流れに逆行し、ヘレニズム文明を東へと広げた。ローマはこれを統合したけれども、さらに東へと進むことはできなかったのである。

ヨーロッパにおいては、地政学的な二つのプロセスが歴史の標準に適っていた。第一に、ヨーロッパの東側は遮断されていた。それは中心部のイスラーム——ステップ地帯のフン族やモンゴル人やタタール人などを、遠くから制圧しようとはしなかった。ヨーロッパが拡大するなら、東ではなかった——そして自然環境や風土からすれば北方でも南方でもなかったろう。第二に、この文明の東の部分が団結してうまく重圧に耐えたとしても、そこが「最先端」であると否とを問わず、そうすることで力尽きていただろう。〔七三二年の〕トゥール・ポアチエの戦いや、〔九五五年、オットー一世がマジャール人を破った〕レッヒフェルトの戦いの後、そして一三世紀以降は確実に、中央および西ヨーロッパは安全になった。しかし長期的に見れば、東ヨーロッパの諸王国、ビザンツ帝国、ノルマン人冒険者たち、ヴェネツィア、ジェノヴァ、スペインなどはこの非生産的な戦いに多くの資源を投入することになるので、これらがヨーロッパの原動力に持続的・積極的な貢献をすることは不可能だろう。ようやくずっと後になって潮目が変わり、オーストリアとロシア（こちらは華ばなしく）が、イスラームやタタール人との戦いから利益を得ることができたのである。

さてこのように言ったところで、「最先端」が西へと向かうかどうかは分からない。これが起こるためには、まったく別の諸条件が必要だった。西を目ざす者、あるいは西へと向かっていた者が活用できるよう、西ヨーロッパでも潜在的な〈力〉が求められた。他のすべての方向が遮断されていたので、彼らはそうすることを望むはずだった。しかしそれができるかどうかは、そこに活用可能な何があるかに全面的に依存していたのである。ここで私が、パターン化されたものと偶然性とを逆転したことに注意してほしい。全体の一体的な説明に、二つの半面があるのだ。それぞれの視点から見れば、他方は偶然だったのだ。西ヨーロッパの視点から見れば、東がイスラームと戦ったことは偶発事で（幸運で）あった。東ヨーロッパの視点から見れば、西が好機をつかんだことは偶発事で（概して不運で）あった。

西ヨーロッパの好機は、二つの主要形態をとっていた。第一は農業にとっての好機で、ヨリ深く、ヨリ湿潤で、ヨリ肥沃な土壌と、（前に述べた）活用可能な現地の社会構造とがそれを具現した。こうした好機は暗黒時代に始まったもので、一八世紀の「農業革命」まで断続的につづいていた。第二は航海上の好機であり、大西洋やバルト海沿岸、そしてそれにふさわしい現地の社会構造がそれを具現した。こうした好機は二つのはっきり分かれた局面で実を結んだ――すなわち、ヴァイキングからノルマンまでの初期の拡大と、一五世紀から一七世紀にかけての、スウェーデンからポルトガルまでの結束力ある（つまり「調整的」で「有機的」な）中規模沿岸諸国家である。私は後者の局面、とりわけこれらの好機を活用するのにふさわしい国家および多国家システムの形態に議論を集中したのだった（そして次節でそれを要約しよう）。

これらすべてのプロセスの終着点に、一つの有機的な、中規模の、湿潤な土壌の島の国家、離陸には完璧な位置を占めたイギリスがあった。それは偶発事だったのだろうか、それともマクロ・ヒストリカル（歴史大観的）なパターンの一部だったのだろうか？　大まかな答えは今すぐ現われる。

ヨーロッパの原動力は二つのマクロ・パターン、つまりヨーロッパの中世的経験よりもずっと以前に始まっていて、独自ではあるが内部的にはパターン化されたヨーロッパの〈力〉のネットワークに作用した二つのマクロ・パターンが、偶然的に接合したのだった。二つのマクロ・パターンとは東へ向かっての政治的遮断と、西へと向かう農業‐交易両面での好機だった。第一のパターンはイスラームによって中世および初期近代にまで持ちこまれたのであり、モンゴルとタタールの両帝国もある程度かかわりはあるのだが、その構造や〈力〉については本書の範囲を越えている。第二のパターンとそれが中世ヨーロッパに与えたインパクトとは、これまでの三章でつぶさに検討した。中世期において、農業‐航海両面の好機は、歴史的に接合してはいるが内部的にパターン化されている、相重なりあう〈力〉のネットワーク群によって利用可能となった。その〈力〉のネットワークとは、(1)キリスト教世界の規範的平和状態で、この大半は後に、外交的に規制される多国家文明が取って代わる。(2)小規模で弱体な政治的国家群で、中央権力と領域とを持つ調整役的・有機的な〈力〉として発展しているが、内部的にも地政学的にも覇権を握ってはいない。(3)半ば自律的で競合的な、局地経済の

〈力〉のネットワーク――すなわち農民の共同体、領主のマナー、都市、商人・職人のギルドなどであり、これらの競合から徐々に生まれていったのが資本主義という名の単一の、普遍的で伝播力のある、私的所有にもとづく〈力〉の諸関係だった。一四七七年までには、これらの〈力〉のネットワークが発展してもっと単純な近代的形態をとっていた――すなわち多国家的資本主義文明だが、その内部構成についてはすぐ後に検討しよう。一部パターン化されたプロセスと、一部歴史的な偶然性とをこのように接合させることで、歴史という説明形態を用いてのヨーロッパ・ダイナミズムの総体的理論へと迫ることができるのだ。比較できる事例のないところで比較の方法を用いていたのでは、これほどは迫れないのである。

資本主義と国家

二番目の中心テーマは、とくにこれまでの二章の場合、ヨーロッパの発展というこの重要なプロセスを左右した資本主義と国家との、相互関係と相対的比重の分析だった。私は特別な議論の進め方をして、かつて第九章で用いた方法論、つまり国家財政の数量的研究を拡大し、これをイングランド王国-イギリスの事例に絞って行なった。現存する財政記録のお陰で、われわれはこの時期のイングランド-イギリス国家の役割と、もっと一般的にヨーロッパ資本主義およびヨーロッパ文明における諸国家の役割とを、明瞭に把握することができる。そこでまず、財政記録だけから明らかになったイングランド-イギリス国家のさまざまな機能を要約してみよう。

財政記録の分析から端的に言えるのは、国家の諸機能は経済的とか国内的であるよりも、圧倒的に軍事的であり地政学的だということだ。七世紀以上にわたって、その財政的資源の七〇から九〇パーセントに当たる部分が、軍事力の取得と行使とにほぼ継続的にまわされていた。そしてこの軍事力は国内の抑圧にも使われるけれども、その年々の発展をほぼ完全に決定づけてきたのは、国際間の戦争の勃発と特質とだった。

数世紀のあいだ、国家はほんの断続的に、また少しずつ成長していたにすぎなかったが、その現実の成長はその都度の戦争の発展の結果としてもたらされたのだった。一七世紀以前の表面的財政成長の大部分は、実際にはインフレーションに基因していたので、補正価額で検討してみると消え失せてしまう。しかし一七世紀一八世紀になると、国家の実質的な財政規模は急速に増大した。それ以前、国家財政の規模は経済資源との関係ではちっぽけであり、その住民大部分の生活経験との関係では周辺的なものにすぎなかった。ところがそれは一八一五年――もちろんこれは大戦争の年だが――までに、市民社会に対して大きな姿で立ち現われていた。専門的かつ永続的な陸海軍の存在――しばしば軍事革命と呼ばれる発展の結実として、「近代国家」が誕生していたのだ。一八一五年時点においてさえ、国家の公的な民政機能は、財政面から見ればとるにたりないものだった。

これは軍事決定論を主張しているのではない。軍事技術の特質は社会生活の一般的形態と密接な関係があり、とりわけ経済の生産様式と関係がある。ヨーロッパ経済の拡大が軍事征服や、土地のみならず市場の掌握との関係を深めるにつれて、戦争目的は近代的な意味でいっそう経済的なものとなった。とは言うものの、諸国家と多国家文明とは、もともとは地政学的・軍事的圏域から発せられる圧力への反応として発展したのである。したがって、国家の主要な機能として内部的な「市民社会」の統御をあげる諸理論は――機能主義理論にせよ、マルクス派的階級闘争理論にせよ――単純すぎると思われる。すべての国家にはそうした諸機能があるのだが、このヨーロッパという特定の地理的・歴史的地勢において、財政負担の観点から見る諸国家は、主として地政学的役割から生まれ出たもののように思われる。

しかしこの議論も単純すぎるのだ。これは財政だけに依拠しているがゆえに、相対的に費用はかからぬものの他の意味で重要と考えられている機能を過小評価しがちである。近代国家勃興のもう一つの主要な側面は司法権力の独占だったが、これは当初は諸慣習・諸特権に関する紛争を裁いていたのが、後には活発な立法行為へと拡大したものである。これに多くの費用がかからなかったのは、国家のこの役割は、おおむね「市民社会」の有力集団のさまざまな活動を調整することだったからである。中世後期において、これらの集団はそれぞれの地方諸州でかなりの権力をもっており(拡大包括的な歴史社会においては常にそうだった)、時には国民的な広がりをもつ擬似階級的な組織をもっていた。しかしながら、経済的・軍事的理由が混ぜあわさって、協調性が緊密になった。近代国家の第二局面である有機的国家が現われるのだ。国家と君主(あるいは稀には共和国)が、こうした有機体の機軸となった。イングランドにおけるこの形態は立憲君主政となり、一六八八年以後は堅固に確立されていった。しかしこの有機体は資本家階級と化してもいて(つまり「貴族」、「ジェントリ」、「ヨーマン」、「ブルジョアジー」等々)、土地および交易の利害を統合したが、一般大衆は除外していた。他の国ぐにではやや有機性に欠ける国家形態である絶対君主政がとられたが、こちらは通常貴族は含むもののブルジョアジーは除外していたのである。絶対主義はある程度の調整機能レヴェルに留まりがちで、組織的にばらばらだった諸集団――階級化しつつあったが――の相互関係の調整に当たっていた。したがってヨリ有機的な立憲国家と比べて、基盤構造面での浸透力と社会的動員力の実効性はやや劣っていたのである(もっともこれは経済的な〈力〉の組織面についてであって、軍事面ではそうは言えなかった)。

かくも広範な領域における有機的な国家、とりわけ立憲主義国家というのは、有史以来の新機軸だった。それが示していたのは、(これまで見てきたような)これ以前のほぼすべての拡大包括的社会に特徴的だった、領域上の連邦国家の衰退であった。これまで、支配とは中央権力と地方属州権力の闘技場《アリーナ》における妥協だったのであり、それぞれがかなりの自律性を所持していた。今や妥協それ自体が中央集権化され、ほぼ一元的といえる国家が誕生した。自己の領域への基盤構造の普及と浸透は、これまでのいかなる拡大包括的な国家よりも大きかった。

こうした世俗化傾向を促進した要因は、ほとんど常に、国際的な軍事の必要から発する国家財政の圧迫だった。しかしながら国家の調整権力が拡大した根底的な原因は、広義の「封建制」経済から資本主義経済への移行を通して広範囲の地理的地勢に及んだ階級関係の拡大にあった。第一二章で検討した局地的自律性と国家からの私的秘匿性《プライヴァシー》とを含む経済的な資源は、いわゆる私的所有権というものへと徐々に結晶していった。これら局地的な単位ごとの生産と交易が勃興するにつれ、諸国家はヨリ厳密で、技術的で、しかも普遍的な所有権の規制へと、ますます引き入れられていった。諸国家は規範的平和状態を維持する主要な機構としてのキリスト教界に取って代わり始めたが、これは一六世紀および一七世紀のプロテスタント分離と宗教戦争の決着で、華ばなしくしかも後もどり不可能となってしまったプロセスである。

しかし私はここで「諸国家」と書いて「国家」とは書いていないことに注意してほしい。それと言うのも、資本主義というものの規範的な（そして抑圧的な）必要条件が何であれ、それはそれ自体の、単一の国家は創出しなかった。次の巻で繰りかえし指摘することになると思うが、もともと資本主義的生産様式には、大方は国家の領域で境界づけられている階級を、階級ネットワークの発展へとつなげるような要素は何もそなわっていないのである。なぜなら、調整され有機的になった諸国家は、その性格がますます国民的になっていったからである。われわれはこれまで一つの文明に対して、経済的な〈力〉のたくさんのネットワークとたくさんの階級闘争とが出現し、たくさんの国家が永続化するのを見てきた。ふたたびここでも、最盛時のシュメールやギリシアと同じように、一つのダイナミックな文明が、小規模で一元的な国家中心の諸単位と、もっと広範で地政学的な「連邦的文化」とを包摂したのである。

こうして資本主義は、産業革命の時期までに、競合しあう地政学的な諸国家の文明に包摂された。その本質的な統合性を規定するのはもはやキリスト教ではなく、実際のところ、この統合性の本質を「ヨーロッパ的」という言い方以外で明確に定義するのは困難なのである。その主要な組織を構成していたのは外交チャンネルであり、地政学的な関係は交易、外交、戦争によって成り立っていたが、それらは諸国家にとって相互に排除的なものとは考えられていなかった。しかしながら、もっと広まっていた共通感覚はヨーロッパ的かつキリスト教徒的（やがてすぐに白人的が加わる）というアイデンティティーで、これは何らかの国境超越的な権威ある組織によって担われたのではなかった。しかし経済的相互作用はおおむね国家の境界の内部に限られ、それを帝国の統治領が支えていた。主導的な国家のそれぞれは、ほぼ自足的な経済ネットワークへと近づいていた。国際的な経済関係は、国家の権威を媒介にして成立した。したがって階級の規制も組織化も、既存の地政学的単位国家が形成した一連の地理的領域のそれぞれごとに行なわれたのである。

したがってまた階級闘争のプロセスも結果も、諸国家の特質と相互関係によって顕著に規定されることとなった。この点は他の研究者も指摘している。ティリーはいささか天真爛漫に、一七世紀フランスの小作農が果たして通常の意味での「階級」だったのかどうか、疑問を呈している。それというのも、これらの農民は地主と闘うのではなく、通常は地主といっしょになって国家と闘ったからである。いったいなぜ？と彼は問う。それは国家が、対外戦争遂行に必要な税と人員とを農民から収奪するとともに、経済の商業化（これも農民の諸権利を脅かした）を促進したからである。フランスの農民は典型的なのであって、決して例外的だったのではない、というのがティリーの結論である。彼は言う、「われわれ自身の時代について言えば、（社会発展の）二大プロセスは……資本主義の拡大とともに、国民国家および国家システムの成長である」。階級闘争はこれら二つのプロセスの相互関連として説明できる、と彼は主張する（ティリー・一九八一年・四四―五二頁、一〇九―四四頁）。

この話はスコッチポルによって、一八世紀以降へと持ち出される。彼女が立証するのは、近代の階級革命――彼女があつかう例はフランス革命、ロシア革命、中国革命だが――は階級間闘争と国家間闘争との相互関連の結果として生まれた、ということである。農民、領主、都市商人、資本家、その他の連中の闘争は、非能率な旧体制《アンシャン・レジーム》諸国家の財政徴収プロセスへと収斂したが、これはもっと先進的なライヴァル諸国家の軍事的圧迫に抗する闘いであった。階級が政治化されたのは、これが競合的な多国家システムだったからこそなのである。彼女の理論的な結論は、国家には二つの互いに自律的な決定要因がある、ということだ。彼女はヒンツェを引用する――「二つのうちの最初は社会階級がつくる構造であり、二番目は諸国家の外部的な配列である」。外部的な配列は階級構造に対して自律的だから、国家を社会階級へと還元することなどできないのだ（スコッチポル・一九七九年・二四―三三頁）。

私はこれらの経験的な言明や結論に同意するのだが、私としてはそれらをヨリ広範な歴史的・理論的枠組みのなかに位置づけたい。国家の〈力〉としての自律性は、定数ではない。初めのほうの諸章で見たように、中世における諸国家にはほとんど〈力〉というものがなく、階級闘争の発展に対して決定的な統制などできず、戦争がもたらす結果に対してもさほどの統制は利かなかった（戦争は主として自律的な封建徴募軍連合同士で戦われたのである）。しかし徐々にではあるが、諸国家はこうした〈力〉のすべてを獲得してゆき、私はなぜそうなったのかを説明しようとしてきた。諸国家が具えているのは、領域的に中央集権化された組織と、地政学的な外交とである。そうした〈力〉の諸組織の有用性は、中世時代初期においてはほんのわずかなものだった。しかし優勢なグループに対するその機能性は、とりわけ戦場および交易組織において増大し始めたのである。カトリック教会や、ブルゴーニュ公国や、私企業であるインド会社など、領域として分権的なさまざまな諸機関からの反対攻勢があったにもかかわらず、この国家の有用性は以来ずっと成長しつづけて今日に及んでいる。しかしその理由を問うとなれば、われわれはそうした強い国家を自明のこととして受けいれている今の時代の外へと、一歩踏み出てみなければならない。これこそ歴史社会学を大きな尺度で活用する利点である。

この章の狭い時間尺度のなかで私が述べたのは、経済的、軍事的、政治的な〈力〉の諸関係が相互に影響しあって社会発展の線路を敷設してゆく、二つの別べつの意味についてだった。第一の意味は既存の地政学的諸単位によって階級関係が出現する、その空間的形成にかかわっていた。これは（第一章で説明した）「集合的な〈力〉」の側面である。この場合、資本主義社会の諸階級は、所有権の規制を求めて国家への依存を増すことで空間的に形成された。彼らが内部的にも地政学的にも国家の規制を必要とし、また国家に対して脆弱だったことと、国家側の財政への必要性とが相俟って、諸階級および諸国家を領域的に中央集権化された組織へと向かわせた。国家の境界は高められ、文化、宗教、そして諸階級は国家に帰属させられたのである。最終的にはイギリス、フランス、オランダのブルジョアジーが存在したが、こうした国家の諸単位間および諸階級間の経済的相互作用は小規模だった。規制された広範な国家間空間においては、地政学的に主要な国家それ自体が、生産・分配・交換・消費（私が「実践の回路」と呼ぶもの）の実質的なネットワークとなっていった。こうした国家的パラメーターは、資本主義的生産様式における第二の主要階級であるプロレタリアートについてわれわれが正当に語ることができるようになる何世紀も前に、すでにセットされていたのだ。これこそがプロレタリアートが入っていった世界であり、次の巻で入ろうとしている世界なのだ。

さらにこうした政治的・地政学的パラメーターは、純粋型の資本主義的生産様式では見られないような、ライヴァル同士の戦争の発生を含意していた。資本主義的生産様式（あるいは経済的に定義されるなら封建制様式）のどこをとっても、それ自体として、分裂して戦いあう数多くの生産ネットワークの出現や、国家ごとに分節された総体的階級構造の出現へと通じるものなどない。封建制後期や近代初期のちっぽけな国家は、なんとか国民総生産の一パーセントほどもつかみ取れればご満悦だったのだが、そんなとるにたらぬ国家が、今日われわれが住むこの世界の構築に決定的な役割を果たしたとは、異常なパラドックスである。これもまた次巻で、一九世紀・二〇世紀へと論じ進めていこう。しかしわれわれはすでに、多国家文明内部の諸国家の〈力〉に歴史的変容が起こっているのを見定めてきた。この最初の意味での再編成は、明らかに軍事的・政治的な〈力〉の諸関係から経済的な〈力〉の諸関係へと向かっているのである。

二番目の意味は、社会学的で歴史学的な理論においてはヨリ伝統的なものである。それは所与の社会階級に対する国家および国家エリートの「専制的」権力にかかわるもので、パーソンズの「分配的な〈力〉」の実例である（第一章で検討した）。これまでの諸章で私は、古代帝国がしばしば諸階級に対して実質的な権力を行使したのは、国家自体による「強制的協同」が経済発展にとって必要だったからだ、と論じてきた。中世の国家ではそうではなかった。海外のヨーロッパ植民地国家について見れば、当初はそうだったが、最終的にはそうではなかった。征服植民地は当初、国家の属州となるのが通常であり、その陸海軍および民政的行政は平和維持のために必要だったが、一七世紀以降の植民地国家の権力は、そのヨーロッパの故国における国家よりも常に強力だった非政治的・地方分権的な経済関係の発展によって、掘り崩されてしまったのである。私は経済的な〈力〉の回路は、資本主義的商品生産が出現するはるか以前から非政治化されていたと主張した。絶対主義は、経済的な実践の回路に対する支配権を取りもどすことなどできなかった。スペインとポルトガルが衰微した後、植民地において公式に生産手段を所有した国家はなく、本国においてもそうだった。

　中世の国家は小規模なままでいるあいだは、それ自体の財政的資源プラス外国商人やユダヤ人や組織化の遅れた国内商人からの強奪によって、大きな自律性を達成することができた。しかしながら、これは社会に対しての権力行使にはならなかった。そして軍事革命の後では、いかなる国家も戦場においては、自律性を保つことも生きのびることもできなくなった。財政の追加、そして後には人員の追加が要請され、そのためにはよく組織された市民集団、とくに土地所有貴族や通商国家の少数の大商人グループとの協力が必要だった。こうした協力は国家と有力諸階級とのあいだの有機的統一性へと、しだいに変容していった。国家はそれに対応して絶対主義と立憲主義へと二つに分岐したけれども、今やどちらもが有力諸階級と緊密に協力しあっていた。今や私的利害と国家エリートの行動圏域とは、その弁別がますますむつかしくなってきた。一七世紀・一八世紀になると、国家について——マルクスを言い換えて——資本家階級の共通問題を処理する執行委員会、と記述することが意味をもち始める。したがってこの長い期間にわたって、国家と「市民社会」の内部集団とのあいだには分配的な〈力〉の作動、つまり搾取的権力の顕著な行使など、少しもなかった。こうした第二の意味では、因果的な決定論は主として経済的な〈力〉の諸関係から国家へと流れていたのである。

　このように正反対の二つの因果的なパターンの強さに序列をつけて、経済的な（あるいは政治・軍事的な）〈力〉が「最後には」立ち優った、という形式の結論へと到達できるような有意味な方法など存在しない。それぞれが初期近代の社会を根底的に再編成したのであって、この両方ともが産業革命や、その他の近代世界の基本的パラメーターにとっては必要だったのである。それら二つは以後、緊密で弁証法的な関係を継続してゆくことになるが、それは第II巻で見よう。

　経済的な〈力〉の諸関係——すなわち、生産の諸様式および歴史上現実の存在であり勢力である諸階級——は、イデオロギー的・軍事的・政治的な諸組織の介入なしに「自らを編成する」ことなど不可能だ。逆にまったく同じことが、国家や政治エリートにも明らかに当てはまる。社会学ではいつものことだが、われわれの分析的な概念構成物はその根拠があやふやである――現実の生産諸様式、諸階級、諸国家は、その存在をヨリ広範な社会的経験に依拠しているのだ。経済決定論も、政治ないし軍事決定論も、いずれもわれわれの分析を深化させてはくれない。しかしながら、当面の文脈においては、これら三つの〈力〉のネットワークの組み合わせ――第一四章でイデオロギー的な〈力〉の特段の衰微を見定めたので――が、近代社会へと向かって敷設された線路の説明としては強力なのである。

一八世紀半ばまでに、資本主義的経済関係と軍事力を独占する一連の領域国家とが合体して、新たな社会形態を樹立した――これが市民社会であって（以下、これまでのように「 」ではくくらない）、これは国民国家（中央ヨーロッパの一部の事例では多民族国家）をその境界とし、外部的にもそれによって規制されているのである。市民社会のそれぞれが大筋で似通っていたのは、これが多国家文明だからである。それぞれが有機的統一体へとまとまっていった――それはこれまでほとんどすべての拡大包括型社会のように、領域的に連邦型の集合体にはならなかったのである。この統一体を通ってさまざまな伝播性の〈力〉が流れ出た――それは抽象的・普遍的・非個人的であって、国家的・地域的・局地的な権威をもつ個別的・階層的な決定権保有者には委ねられない、さまざまな威力なのである。こうした非個人的な威力から生まれ出たのが、人類の結集する〈力〉の最も強大かつ最も予期せざる革命――産業革命だった。そしてこれを付言しておかねばならないのだが、これらの〈力〉と、その伝播性に富む非個人性とから生まれ出たものこそ社会に関する科学、社会学だったのだ。次巻で私は、この革命の分析に社会学を用いる。

第一六章　ヨーロッパ文明における世界歴史の発展パターン

――あるいは、〈力〉の創造的相互作用と歴史の偶然

四つの〈力〉の源泉が果たす役割

農業社会における〈力〉についての、この長い歴史も終わりに近づいた。ここで一息入れて、はっきりと問いを立ててみよう――すなわち、錯綜する細部のなかに、〈力〉およびその発展に関する一般的なパターンを見分けることができるだろうか？　農業社会を工業社会と比較してみるまで、われわれはこの問いに適切な解答を出す立場にないし、それこそ第II巻の主題である。いずれにせよ、適切な解答は必然的に複雑かつ長くなるので、第III巻で出すつもりだ。しかしその解答の全般的な輪郭ぐらいは、ここで暫定的に見定めておくことはできる。

〈力〉というものの一般的な特徴は、私が第一章で正式のモデルを提示しておいたので、各章それぞれで明瞭になった。私は社会における〈力〉の歴史を――したがって端的に言えば社会の歴史を、〈力〉の四つの源泉および組織の相互作用という観点で語ってきた。イデオロギー的・経済的・軍事的・政治的な〈力〉の相関関係を体系的にあつかうことで、私からすれば、社会発展の総体的かつ説得的な説明を提示しえたと思う。したがって、ここで検討したさまざまな社会の歴史は、他の諸現象にはよらず、主としてこれらの〈力〉のネットワークによってパターン化されていたのである。もちろん、こうした所説には限定が必要である。私が第一章で指摘したように、社会をめぐるいかなる説明も、社会生活の一部分を舞台中央に登らせる一方、他の部分はそでへと押しやる。この巻でそでに回されたのがジェンダー（社会的・文化的な性区分）をめぐる諸関係だが、これはその変化が始まる第II巻では舞台の中央付近へと進み出るだろう。とは言うものの、農業社会をめぐる他の大半の説明で一般的に舞台中央に登場している諸側面は、組織化された〈力〉についての私のＩＥＭＰモデルによって、十分に説明されると思われる。

さらに、こういうことを言いうる基本的な理由も第一章で言明ずみのことなのだ。〈力〉を手段、組織、基盤構造、ロジスティクス（兵站補給）として見ることが、最も有効性を発揮するのである。無数の、変動してやまぬ目標を追求するに当たって、人間は社会的協同のネットワークを立ち上げるが、そのなかには集合的な〈力〉と分配的な〈力〉の両方が含意されている。これらのネットワークのなかでも、限定された社会的・地理的空間に対して内向集中的にも拡大包括的にも協同性をもたらすことが可能だという、ロジスティクス上の意味で最も強力なのが、イデオロギー的、経済的、軍事的、政治的な〈力〉の諸組織なのである。これらの諸組織は時に比較的融合しあった形で、時に比較的特化され切り離された形で、社会にその姿を現わす。各組織がその卓越性を示すのは、人間の目標達成のためにそれが提供する独自の組織的手段の効能によってである。それでこそ決定的な「世界歴史上の瞬間」に、それは社会生活の全面的な再編成、すなわちウェーバーの「転轍手」メタファーに似通ったメタファーを用いるなら、世界歴史的な発展へと向かう線路の敷設を行なうことが可能になるのである。その手段についても、第一章に述べてある。

イデオロギー的な〈力〉は、二つの異なる手段を提供する。第一は社会的な権威の**超越的**なヴィジョンである。究極的な意味を担い、しばしば神によって是とされるような共通の本質というものが人間にはそなわっていると主張することで、それは人間を統合する。そうした本質こそ人間性そのものの真髄であるか、あるいは少なくとも今は経済的・軍事的・政治的な〈力〉の「世俗的」諸組織によって分断されてはいるものの、やはり彼ら人間たちの真髄だとされるのだ。ここで考慮されている歴史上の時期においては、その超越性は通常、神聖な形をとった——すなわち、共通の人間性を燃え立たせるという火花は神からやってくる、と想念されるのである。しかしこの点は、第七章で述べた古典期ギリシアの世俗的な事例に見られるように、必須要件ではない。もっとはっきりしているのは、われらの時代のマルクス主義がもつ超越性で、これこそイデオロギー的な〈力〉の運動の良い見本であり、世俗的なのである（「万国の労働者よ、団結せよ！」）。したがって、イデオロギー的な〈力〉がいつの時代どの場所で重要なものになるかは、社会的アクター（行為者）が既存の優勢な〈力〉の諸組織を、自分たちが望む社会目標の実現を阻害していると見た上で、それが超越的な社会的協同によって達成可能になると見るかどうかにかかっているのである。国境をも農業階級搾取の主要組織をもともに超越している、すき間的な存在である交易民や職人集団にとっての救済宗教の魅力こそ、この巻が明確かつ一貫して示している実例であり、詳細は第一〇章・第一一章に述べられている。

イデオロギー的な〈力〉の第二の手段は、私が**内在性**と呼んだもので、既存の社会集団に対して宇宙における究極的な重要性や意味性の感覚を与え、その規範となる連帯性を強化し、それに共通の儀式や美的慣行を付与することによって、その集団内部の士気を高揚させるのである。したがって、そうした内在的な士気を身につけた経済的な諸階級、政治的な諸国家、軍事的な諸集団は、大いなる自己確信をつちかい、意識的に歴史を再編成できるようになるのだ。ピューリタニズムが初期の資本主義企業家や都市商人の士気に与えたインパクトをめぐるウェーバーの議論は、その古典的な実例である。しかしながら、この巻の範囲での明らかな実例は、帝国の支配階級の事例である。われわれが見た通り、アッシリア、ペルシア、ローマの支配者たちが成就したものは、意義ある社会生活という「文明」の究極の定義を、自らの階級の集合的生活と一致させる彼らの能力によって高められたのだった。しかしここで付言しておく価値があるのは、われわれは農業社会において、ヨリ限定的な「支配階級国家」と対置されるような意味での、真の「国民国家」をいまだに見出してはいない、という点である（それを第II巻の工業社会で見出すことになろうが）。これには十分なロジスティクス上の理由があった。農業社会において、階層ヒエラルキーを通じてのメッセージや記号の下方への伝達は、一方の極では単純な上意下達の命令、他方の極では一般的・伝播的で、いささか漠として超越的な宗教内容へと限られてしまっていたのである。

イデオロギー的な〈力〉のこれら二つの手段は、かなり相異なるものであり、反対作用になることが多かった。イデオロギー運動が両方の要素をあわせもった場合には、社会発展への無限の含蓄をもつさまざまな矛盾が引き起こされた。第一二章・第一三章で見たように、ともにキリスト教によって育まれた超越的救済と、中世領主階級の内在的な士気との矛盾こそ、「合理的な不休不弛状態《やすまずたゆまず》」の中心部分、つまりヨーロッパ文明のダイナミズムの中心部分なのである。

経済的な〈力〉の手段とは、私が**実践の回路**と名づけたものである。経済的な〈力〉は、とりわけ社会活動の二つの圏域を統合する。第一は、人間が労働を通じて行なう自然への積極的な介入で、マルクスが「実践」と呼んだものである。この特徴は内向集中的なことで、働く人びとの集団を、局地的で緊密かつ濃密な協同と搾取とに巻きこむ。第二は、自然から取り出された品物は加工と、最終的には消費のために、流通され交換される。これらの「回路」の特徴は、拡大包括的かつ複雑である。経済的な〈力〉はこのようにして、日常生活のルーティンと民衆による実践の両方に接近し、社会中に分岐している通信輸送回路へと接近している。したがってこれはすべての安定的な権力構造にとって侮りがたい、本質的な部分なのである。しかしながらそれは、マルクスが好んで論じたような「歴史の原動機」などではない。これまでたくさんの時代と場所において、経済的な〈力〉のさまざまな形態は、重要な点で他の〈力〉の源泉によって形成され、再形成されてきた。一般的に言って、経済的な〈力〉の関係の「弱点」は——あるいはお好みの言葉で社会階級というものの「弱点」は、その拡大発展を所有と協同をめぐる実効ある規範に頼ってきたことである。ある時代ある場所では、こうした規範を確立したのは主として軍事平定だった——すなわち、第五章・第八章・第九章で私が（スペンサーにならって）**強制的協同**と呼んだものである。別の時代や場所においては、それは主として**規範的平和状態**、すなわちイデオロギー的な〈力〉の運動がもたらす超越的な規範を通して確立された。この点はとくに第一一章・第一二章で見たことで、救済宗教がこの規範的平和状態をもたらしたのである。この両タイプにおいてわれわれが見出すのは、経済的な〈力〉と社会階級を再編成するのは主として軍事的あるいはイデオロギー的な〈力〉の構造だ、ということなのである。

とは言うものの、われわれはまた実践の回路それ自体が歴史を再編成し、歴史に線路を敷設してゆく主要な勢力となっている重要な事例を見てきた。これがとくに当てはまるのが鉄器時代の農民や交易民で、第六章に始まって第七章の初期の古典期ギリシアで最盛期を迎えている。これ以後になると、社会を「独力で」再編成することなど決してなかったものの、経済的な〈力〉の諸関係は通常、社会変動にとって大きな重要性をもつようになった。もちろん、この巻の物語は、階級および階級闘争の重要性がこれから異常に、すなわち産業革命の媒介を通して大幅に増大しようという瞬間で止まっている。私は階級の歴史について、この後もう少しだけ述べよう。

軍事的な〈力〉の手段は、**一点集中化された強制**である。戦闘それ自体において、明らかにその通りである（クラウゼヴィッツ的な戦略の基本原理）。軍事的な〈力〉の破壊性の論理は、戦闘を通して、どの社会形態が立ち勝るかを決定するであろう。これこそ歴史の大部分を通して軍事的な〈力〉が果たす、明らかな再編成の役割なのである。しかし社会再編成の役割はまた、その平時における使用からももたらされる。社会的な協同の形態が社会的・地理的に集中可能なところには、強制を強めることでその産出高をふやす潜在力があるのだ。第五章・第八章・第九章で検討した幾つかの古代帝国において、われわれはこれが「強制的協同」として現実化されるのを見たが、これこそ社会支配の手段であり、個々の労働区域への集中的搾取を強めることで社会の集合的な〈力〉を増大させる手段なのである。これらの労働区域は、広範な軍事主導型の通信輸送の基盤構造によって細ぼそと結びつけられているが、これが広大な地域にわたって限定的かつ懲罰的な権力を行使することができたのである。軍事主導型古代社会に特徴的な「二重性」は、ここから生じている。私の分析が比較的に新しく、かつ論争的なのは、そうした軍事体制的な帝国が存在した（これは長らく認められてきたことだ）という認識ではなく、それらの帝国がこうした手段によって社会的・経済的な発展を育んできた、と主張する点にある。軍事体制必ずしも単に破壊的ないし寄生的だったのではない――これこそ私が、第五章の終わり近くで、比較社会学・歴史社会学における支配的な諸理論を批判して大いに力説したポイントなのである。

政治的な〈力〉の第一の手段は、**領域的な中央集権化**である。目標を追い求める優勢な社会集団が、範囲を限られ境界で囲まれた領域への社会的な規制を必要とするとき、国家というものが呼び出され、強化される。これが最も効率的に達成されるのは、その限られた領域中に指令が独占的に行き渡るような、中央制度を確立することによってである。永続的な国家エリートが立ち上げられる。この国家エリートはもともとは国家を設立・強化した諸集団によって創出されたものなのだが、それが中央集権化され、諸集団のほうはそうならなかったという事実によって、それには自律的な権力を行使できるロジスティクス的な能力が与えられるのである。

しかしながら、これらの自律的な国家権力は不安定なものである。国家中央の強みはその弱みでもある――すなわち、「市民社会」の分権的広がりへの浸透力が不在なのである。このため、政治的な〈力〉の再編成能力の重要な部分は自律的にではなく、発展の弁証法の一部として行使されたのである。国家が獲得したばかりの集中的権力は、その代理人《エイジェント》が「市民社会」へと「姿をくらます」につれて失われ、次には以前に増して強力に獲得され、やがて失われ、……という繰りかえしだった。そして実は、このプロセスの重要な部分とはいわゆる「私有財産」、つまり国家から「隠された」資源の発展だったのであり、この資源は——ブルジョアのイデオロギーとは正反対だが——自然的でも原初的でもなく、通常は集合的かつ国家によって組織された資源の分散消失から発生したものなのである。私はこれらの点について、第五章・第九章・第一二章でとくに強調しておいた。

しかし政治的な〈力〉の主たる発現は、中央集権化された政治エリートが行使する自律的な「専制」権力とは関係がない。上述したように、これらは不安定かつ束の間の現象である。政治的な〈力〉がもつ主たる再編成能力は、むしろ人間社会の地理学的な基盤構造、とりわけその境界性とかかわっている。私がこの巻で主要な論点としてきたのは、人間社会が一元的なシステムではなく、複合的で重なりあい交差しあう〈力〉のネットワークの変動極まりない集合体だ、ということだった。しかし国家権力が増大すると、「社会」はいっそう一元的となり、境界性が強まり、互いに切り離され、そしてその内部はますます構造化されるのである。

さらに加えて、これらの相関関係が政治的な〈力〉の二番目の手段、**地政学的な外交術**を立ち上げる。その境界を越えて結ばれるすべての関係性を統制しおおせた国家などこれまでなかったのだが、その分だけ社会的な〈力〉は常に「国境超越的」だった——国境超越的な階級関係と超越的なイデオロギーの両方が伝播することに、明白な役割が与えられているのだ。しかし領域的な中央集権化の進展はまた、和戦両様の規制遵守の外交活動をも推進する。隣接する一つ以上の領域で中央集権化が進行すると、規律ある多国家システムが発展する。それゆえ大部分の事例では、国家の内部権力の増大が同時に、多国家システム内での地政学的外交術による再編成能力の増大となっているのである。

この点の顕著な実例が、初期近代のヨーロッパに見られる。それまでちっぽけだった諸国家の内部権力にわずかでも増大が起こると（これはそもそも軍事・財政問題がもたらしたものだが）、西ヨーロッパの大部分の社会的境界が強化された。偉大なる（しかも顕著に非領域的かつ非民族的な）ブルゴーニュ公国が崩壊してしまったのは一四七七年だが（第一三章で述べた）、この頃までには、社会生活は部分的に「国家に帰属するもの」となっていた。すでに第一四章で、われわれは第II巻全体の中心を占めるべきものを一瞥した——すなわち社会階級と並んで、民族（後に国民）国家が最も優勢な二大社会アクターの一つとなっていたのである。国民国家と階級との相関関係は第II巻の中心テーマとなるだろう。しかし、もしも今日の国民国家が核戦争による大量殺戮で人間社会を全滅させるとすれば、その因果の連鎖は（社会学をやる人がその時まで生きのびているとしてだが！）、これらのちっぽけで多元的な諸国家の、おおむね意図せざる再編成能力までたどり直されることだろう。人間社会の領域的広がりを再形成する国家の権能は、時として大きかった。これで最終なのかもしれない。

政治的な〈力〉に関しては、他にも一連の特性があることを指摘しなければならない——すなわち、他の〈力〉の源泉との関係である。第一章で指摘したように、これまでの理論家の大部分は、政治的な〈力〉と軍事的な〈力〉とは同一のものとしてあつかえると主張していた。そうではない事例をわれわれは見てきたけれども、この両者のあいだには一般的に疑いもなく緊密なつながりがあった。一点集中化と中央集権化とがしばしば相重なりあうことは、物理的な強制と、境界内の領域への独占的規制から発する強制とが重なりあうこととと同然である。国家は一般的に軍事力に対して統制を強めようとし、国家が強ければ一般的にはその分だけ軍事的な〈力〉を独占するようになった。この重なりあいに関して、私はすぐ後でさらに述べよう。これとは逆に、政治的な〈力〉と超越的なイデオロギーの〈力〉とのあいだに否定的な相関関係のようなものが存在していたことは、第一〇章・第一一章で見た通りである。古代であれ近代であれ、強力な国家がおそらくいかなる敵よりも恐れるのは、イデオロギー的な運動が公式のチャンネルや国境線を越えて樹立する「見えないつながり」なのである。

〈力〉の源泉それぞれがもつ諸特性とその複雑な相互関連については、第III巻で詳細に論じられるであろう。私がここでそれに触れたのは、〈力〉の源泉を社会に関する独立の「要因」や「次元」や「レヴェル」としてとらえる一般理論——たとえばマルクス派や新ウェーバー派の理論だが、そこにはさまざまな困難があることを示すためなのである。〈力〉の源泉の一つ一つは社会発展に役立つ特有な組織手段であるけれども、その前提となるのは、他の諸源泉の存在および、それらとのさまざまな程度に及ぶ相互連結なのである。これらの「理念型」が、社会的現実のなかで純粋に現われることはまずない。実際の社会的運動は、通常はもっと一般的な〈力〉の形状をとって、〈力〉の源泉のすべてではないにせよ、その大部分の要素を混在させている。前に列挙した実例のように、たとえ一時とくに優勢となるものがあるとしても、それは社会生活一般から出現し、その線路敷設的・再編成的な〈力〉を発動すると、やがてだんだんと元のように社会生活一般と見分けがたくなってゆく。私は後で、これらの一般的な形状について触れよう。

さらに言えば、〈力〉の諸源泉の相互関係を示す、明確で定式的で一般的なパターンなど、ないのである。たとえばすでにこれまでで明らかだと思うのだが、この巻は一般的な意味での「歴史的唯物論」を支持することはできない。経済的な〈力〉の諸関係は自らを「最終的には必然的なもの」(エンゲルスからの引用)だなどと主張していないし、歴史は「生産様式の不連続的な継起」(バリバール・一九七〇年・二〇四頁からの引用)などではないし、階級闘争は「歴史の原動機」(マルクスとエンゲルスからの引用)ではないのである。経済的な〈力〉の関係、生産様式、そして社会階級は歴史の記録のなかを往来する。それらは時たまの世界歴史的な瞬間に社会を決定的に再編成し、通常は他の〈力〉の諸源泉と結びついて重要な働きをし、時にはそれらによって決定的に再編成されることもある。歴史の記録のなかを往来しつつ、そこを縫うように進むすべての〈力〉の源泉に関して、これと同じことが言える。そこで大いに強調したいのだが、私はパーソンズ（一九六六年・一一三頁）が次のように言うとき、まったく同意できないのだ――「わたしは文化決定論者である……わたしは……社会変動にとっては……物質的利害よりも規範的要素のほうが重要だと信じている」。規範その他のイデオロギー的な構造は、歴史に現われたその威力に大きな幅があった――端的に言ってわれわれは初期のキリスト教やイスラームの、世界歴史を再編成する巨大な〈力〉のイデオロギー運動なるものを、多くの時代多くの場所に見出すわけではないのだ。しかし、だからと言って、これらの事例における〈力〉の存在を否定することにはならないのだ。さらにまた、スペンサーその他の軍事理論派が主張したことだが、軍事的な〈力〉こそが広範な前工業社会における決定的な線路敷設作業員の役割を担っていた、というのも正しくない。第六章・第七章には多くの例外があげられているが、顕著なのはギリシアとフェニキアである。政治的な〈力〉のほうは、あまり熱烈な信奉者を惹きつけなかったように見える。しかし政治的な〈力〉の往来が目に止まれば、同じように思案するだろう。

　そこでおそらくわれわれは、かつてウェーバーが経済と他の「社会的行為の諸構造」との関係について、渦巻き状に深まりゆく確信を彼独特の文体で表明した、あのある種の不可知論へと連れもどされるのだ――

> 社会的構造と経済とが「機能的に」関連しているという主張でさえも先入観のある見方であって、まったく曖昧さを含まない相互依存関係を前提とするなら、歴史的一般論としては正当化などできない。と言うのは、社会的行為の諸形態は、これから再三にわたって見てゆくように、「それら自身の法則」に従うものであり、さらにこの事実は別としても、それらは所与の事態においては、常に経済的原因以外のものによっても同時に規定されているのである。とは言うもののある点では、ほぼすべての社会集団および文化的な重要さを有する集団にとっても、経済的諸条件が原因として重要に、しばしば決定的になる傾向があり、また逆に経済も通常的には、それが帰属している社会的行為がもつ自律的構造の影響をこうむっているのである。これがいつ、どのように起こるかについて、意味のある一般化を行なうことは不可能である。（一九六八年・Ⅰ・三四〇頁。同様の主張はⅠ・五七七頁にもある。傍点は私。）

歴史のなかの往来には、何のパターンもないのだろうか？私は部分的にはパターンがあると考えており、それをこれまでに見定めてきた。私はまず最も一般的かつ世界歴史的な発展から始める。次にこれに含まれる諸もろのパターンについて考察する。その道すがら、しばしば社会理論の重要部分を形成している他の潜在的なパターン化についても決着をつけてゆく。

世界歴史のプロセス

この巻を通じて社会的な〈力〉は、おそらく幾分か不安定に、にもかかわらず累積的に、これまで発展しつづけてきた。人間の集合的な〈力〉と分配的な〈力〉（第一章で定義した）の能力は、私がこれまであつかってきた歴史上の全時期を通じて、その量を増大してきた。後で私はこの見解を三つの点から補説する――すなわち、それはしばしば偶発事が合体して発展したように見えたこと、そのプロセスは内部的に不均衡を抱えていたこと、そしてそれが地理的に移り変わったことである。しかし当面は、発展の事実それ自体を語ろう。

きわめて長期的な観点で見ると、〈力〉の保有者や社会一般が利用できる基盤構造《インフラストラクチュア》は、着実に増大してきた。相異なる数多くの社会が、これに貢献した。しかし主要な基盤構造的技術というものは、いったん創出されれば、人間の実践から消え去ることは決してなかったように思われる。強力な技術といえども、後続の社会が抱える問題には不適切のように思われて、衰退していったことは確かだろう。しかし完全に用済みというのでないならば、その衰退も一時のことで、後になると復活していたのである。

途中何も失われることのない、連続的な発明工夫のプロセスは、大筋として一方向的・一次元的な〈力〉の発展という結果を招来するにちがいない。この点は、ヒトや原料やメッセージの移動を権威的に指令するロジスティクス、ないしは、似通った社会的実践やメッセージをあまねく伝播するための下支えとなる基盤構造（つまり私の定義によれば権威型の〈力〉と伝播型の〈力〉）の、いずれかを検討してみれば明白となる。メッセージ伝達・軍隊移動・奢侈品や主要商品の運搬の速度、軍隊による殺戮率、犂の耕作深度、さまざまな教義を原型のままで普及させる能力、などを計量してみれば、これら〈力〉のさまざまな次元（他にもたくさんあるが）について、全体的な成長のプロセスが見出せるのである。

したがって、ここで考察される社会も軍隊も宗派も国家も階級も、増大する〈力〉の諸技術のレパートリーを活用することができた。こうしてわれわれは、その中核的課題を先行の諸技術よりうまくやりとげる発明工夫が次つぎと生まれる社会組織についての、あの熱のこもった進化的な歴史を書き始めることができるのだ。こうした展望に立ってみれば、「〈力〉の躍進」のリストを作成するのはむつかしいことではない。以下に列挙するのは、〈力〉が発揮する諸能力を決定的に高めた社会的発明工夫の幾つかであり、それらが果たした役割を、私は本書でとくに重視してきたのである――

(1) 動物の飼養、農耕、青銅冶金術――先史時代
(2) 灌漑、円筒印章、国家――紀元前三〇〇〇年頃
(3) 筆記体の楔形文字、軍事兵站部、強制労働――紀元前二五〇〇―二〇〇〇年
(4) 筆記された法典、アルファベット、スポーク付きの車輪の固定車軸への取り付け――紀元前二〇〇〇―一五

〇〇年

(5) 鉄の精錬、貨幣の鋳造、軍船の建造――紀元前一〇〇〇―六〇〇年頃

(6) 重装歩兵と密集方陣、ポリス、読み書き能力の伝播、階級意識と階級闘争――紀元前七〇〇―三〇〇年

(7) マリウスの竿を装備した軍団《レギオン》、救済宗教――紀元前二〇〇年―西暦二〇〇年頃

(8) 湿潤土壌の犂耕、重装騎兵と城砦――西暦六〇〇―一二〇〇年頃

(9) 調整的・領域的な国家、大洋航海、印刷術、軍事革命、商品生産――西暦一二〇〇―一六〇〇年

一見して明らかなように、このリストは多様性に富んでいる。幾つかの項目は経済関係だが、その他は軍事、イデオロギー、政治の関係である。狭く技術的なものがあるし、極端に広く明らかに社会的なものもある。しかしこれらすべてに共通しているのは、集合的な〈力〉や分配的な〈力〉の基盤構造を改善する能力であり、またこれらすべてが生き残る能力を持っているのである。完全に姿を消したものがあるとしても、その理由は、ただ単にヨリ強力な基盤構造に取って代わられた、というにすぎない――たとえば楔形文字やマリウスの竿が最終的に用済みとなったように。したがって以上が、世界歴史的な発展の、この最初のパターンを記述する詳細である。そこでわれわれは本書を通して私が行なってきたように、それぞれの飛躍の諸原因に焦点を当ててパターンの説明を開始することができるのだ。

しかしながら、ここでどうしても指摘しておかなければならないのは、基盤構造の成長というこのパターンによって、もう一つ別のタイプのパターンの可能性が排除されていることである。〈力〉が発揮する能力が、あまりに異常かつ累積的に増大したので、われわれは相異なる歴史的新紀元から生まれる社会を同じ比較論の範疇や一般化のなかに包摂することなど、容易にはできないのである。実際に私は途中（とりわけ第五章）で、これをあまりに安易にやってのける比較社会学を批判した。「伝統的貴族帝国」とか「家産制帝国」とか「封建制」とか「戦闘的社会」といった諸範疇は、歴史のスペクトルにあまり広く適用されると、その識別力を失うのだ。これは主として歴史が無限の多様性に富むからではなく（そうではあるのだが）、歴史が発展するからなのである。カウツキー（一九八二年）のように、インカ帝国とスペイン帝国とを「伝統的貴族帝国」という同じ名称で呼ぶことに、いったいどんな意味があるというのだ？ 前者は前に掲げた世界歴史的な発明工夫リストの、紀元前ほぼ二〇〇〇年頃に位置しており、後者はリストの最終段階なのである。インカ帝国を完全に破壊するには、わずか一六〇人のスペイン人と彼らの〈力〉の基盤構造で十分だった。同じ伝で中世ヨーロッパの「封建制」は、ヒッタイト人のそれとは、〈力〉の資源がまるでちがっていた。ヨーロッパ人には救済宗教と、石造りの城砦と、撥土板付きの鉄製犂があり、大洋を航海することができ、彼らの軍馬は武具と同様、三倍は重かったはずで

ある。「封建制」とか「帝国」といった（さまざまな形容詞形の）範疇の有用性は限られていよう。永劫の世界歴史から見れば、封建社会における領主‐従臣関係と帝国における皇帝‐貴族関係とのあいだに共通する、ある種のダイナミックな特質というものがあるのかもしれない。しかしこれらの用語を、こうした社会の総体的な構造や原動力の表示として使うことはできないのだ。この点でもっと決定的な意味をもつのは、その社会が世界歴史的時間に占める位置を周到に確定することである。

したがって、本書で社会総体、文明総体に対して貼られているレッテルの大部分は、世界歴史的時間の特定の時代についてのみ適用できたのである。これは私の本来の理論的スタンス（構え）ではなかった。そうではなくて、そうした事態であることが経験的に判明しただけなのだ。ここで幾つかの実例について考察してみれば、結果的に四つの〈力〉の源泉のすべてが現われるだろう――まずは軍事主導型社会から。「強制的協同」の諸帝国は紀元前二三〇〇年頃から、最も新しくて西暦二〇〇年頃までのあいだ、ある程度の実勢と発展的役割とを担っていた。これより前にそれらの帝国が見出せないのは、それらが依拠する基盤構造（前述の発明工夫リスト上の軍事兵站部や強制労働）がいまだ考案されていなかったからである。そして救済宗教を中心として、伝播する〈力〉のヨリ進んだ諸技術が現われると、それらの帝国は時代遅れとなってしまった。実際のところ、こうした広い時期でさえ、その開始期のアッカドのサルゴンと、その終焉期近くのアウグストゥス帝とが活用できる〈力〉には、大きなちがいがあった。後者の〈力〉は幾つかの源泉から引き出されていたが、主力はおそらく、台頭する上層階級の文化的連帯だったのであり、それがサルゴンには夢想だにできなかった〈力〉をローマ帝国に賦与したのである。「強制的協同」は、それが優勢だった時期に、ヨリ広くヨリ大きな〈力〉へと輪郭が変容していたのである。しかしこの時期に完全に優勢だったというのでもない――フェニキアやギリシアに具現される、他のもっと伝播的で分権的な〈力〉の諸構造と競合していた。「強制的協同」が当てはまるのは、限られた時期の一部の地域だけなのだ。

第二に、拡大包括的なイデオロギー運動が果たす役割も、歴史的に限定があった。救済宗教が巨大な再編成力を発揮したのは、紀元前二〇〇年頃からおそらく西暦一二〇〇年までだった。この時期以前には不可能だったというのは、それが依拠していたのが読み書き能力の普及とか、当時の諸帝国の構造の間隙をついて現われた交易ネットワークとかだったからである。後になると、それが担った規範的平和状態が世俗化されて、多国家的ヨーロッパ・システムが出来あがった。したがってその再編成的役割は衰微した。

第三に、国家について考えてみよう。ここでは、あまりにも一般的な諸概念が歴史記録に対してふるった暴力は時として異常である。たとえばウィットフォーゲルの「オリエント的専制」という概念は、ここで考察する歴史上のいかなる国家にもとても入手不可能だった社会支配の〈力〉を、古代国家に認めている。時に指摘されることではあるが、彼が現実に述べていたのは（そして攻撃していたのは）、古代国家ではなく当時のスターリン体制だったのだ。古代国家は自律的な〈力〉をもつ集団の媒介なしでは、九〇キロメートルという自軍の攻撃範囲を越えたところに対して社会生活に影響を及ぼすようなことは、実質的に何もできなかったのである。ふたたび述べておく価値があるのは、本書で考察している国家のどれとして、自分の臣民の富を把握してもいなかったし（実際に主要な通信輸送ルートを通らなかったとしてだが）、自律的で分権的な諸集団と協定でも結ばぬ限り、彼らから徴収することなどできなかった。この点は第II巻では根本的に変わるはずで、そこでは強力かつ一元的な国家という近代的な観点が妥当になるだろう。本巻であつかった国家もある点で共通の特質を備えているのだが、それは社会生活にとっては「非近代的」な特殊性や周辺性なのである。すでに私が強調したことだが、国家が社会生活を再編成した場合でも、これが他の内部的な〈力〉の諸集団に対する権力の行使として行なわれることはほとんどなかった。通常、国家が比較的多くかかわったのは、「社会」をその本質と考えられるものにしたがって領域的に構造化することだった。しかしこの能力も、一般的に社会学や歴史学の理論では無視されているのだが、歴史的には変動があった。なぜなら領域性や境界性にも、基盤構造上の前提条件があるからである。初期近代のヨーロッパ国家によって成しとげられたものが依拠していたのは、文字で書かれた通信伝達の量的増大、会計の方法、財政・軍事の構造等々、一般にそれ以前の国家にはなかったものなのである。

階級の世界歴史的な発展

以上の諸点は、経済的な〈力〉の諸関係のなかで例証される。この巻は階級および階級闘争に関して、第七章で提示した段階モデルを用いて述べてきた。この歴史は今こそ要約が可能である。

第二章でわれわれは、先史時代の諸社会には通常、いかなる形態にせよ階級というものがなかったことを見てきた。いかなる集団も、他の集団の生存手段を奪うべく、土地ないし経済的な余剰の実効的所有を、安定的に制度化することなどできなかったのだ。そういう社会において、労働は真に自由だった——つまり、誰か他人のために働くことは自由意思にもとづくことで、生存のためには不必要だった。次いで第三章・第四章でわれわれは諸階級の出現、すなわち、生存手段へのアクセス権の制度化と差異化をともなう社会的集合性の出現を見た。もっと具体的には、一部の連中が徐々に最良の、あるいは唯一の土地の実効的所有のみならず、他人の労働を使用する権利を手に入れたのである。これ以後というもの、土地所有者とさまざまな地位の農民（自由農民、隷属農民、奴隷等々）とのあいだの、土地、労働、余剰の権利をめぐる階級闘争は、すべての農業社会に見られる遍在的な特徴となった。

第三章・第四章で検討した初期の都市文明においては、現われつつあった階級的な差異をめぐる闘争が、社会生活・政治生活の明白かつ重要な特徴となっていた。史料不足が確言を手びかえさせる。しかしその後の、もっと拡大包括的な社会、とりわけ歴史時代に入っての初期帝国においては、そうではなかったのだ。階級的差異ははっきりしていたが、階級闘争はおおむね潜伏的であり（つまり第一段階）、現実に局地的レヴェルでは疑いもなく継続していたが、拡大包括的な組織化は見られなかった。抗争は「垂直的」であるよりは主に「水平的」に組織された——つまり各地の農民は、階級組織のなかの他の農民によって動員されるよりも、各地のクラン、部族、保護‐被護関係、村落、その他の諸組織の上位者によって動員されるほうが多かったのである。この点は領主についてもほぼ言えることで、彼らの相互連携というのは個別独立的であり、家系重視的だった。彼らは一般的に、普遍的な階級感情や組織を欠いていた。これらの初期の帝国では、階級闘争は絶対に歴史の原動機ではなかった。私はこの点を、第五章で大いに強調した。

変化の兆しは領主たちに現われた。アッシリア帝国やペルシア帝国（第八章）のような後の諸帝国において、彼らのなかに、拡大包括的な（第二段階）階級と政治的な（第三段階）階級の出現を見て取ることができるが、拡大包括的というのは帝国全土にわたって統一された意識と組織をもったからであり、政治的というのは階級として国家統治を助けたからである。これら領主たちの「内在的な階級士気」は確立した。しかしこの階級構造はシンメトリカル（対称的）ではなかった。農民（およびその他の従属民）は、いまだに拡大包括的な組織をもつことができなかった。一つの階級だけが、自ら行動することができたのである。アシンメトリカル（非対称的）な構造は農耕時代を通じて、大部分の近東社会を特徴づけるものだった。したがってここでも、唯一の支配階級が近東文明全体にわたってその特徴を押しつけたとはいうものの、階級闘争はこの歴史の原動機ではなかった。

鉄器時代は新たな階級の可能性を、他の地域にもたらした。これらについては第六章で検討した。小農民や歩兵、そして交易や軍船へとヨリ大きな経済的・軍事的な〈力〉がもたらされた結果、比較的小さな社会空間を占める貴族的領主に対して、小規模営農者や交易民の集合的組織が強化された。古典期ギリシアにおいては（第七章）、これが拡大包括的で政治的でシンメトリカルな階級構造へと花開いた。階級闘争は今こそ、小規模都市国家の境界の内部で、歴史にとって唯一ではないが、一つの原動機となったのだ。こうした階級構造はおそらくエトルリア人に手渡され、その拡大包括的組織能力を強めた上で、初期の共和政ローマにふたたび出現した。しかしながら、ギリシアとローマにおける階級闘争はその両方が特殊な結果を生み出したというのは、拡大包括的で政治的な支配階級が優位を占めたことでアシンメトリカルな階級構造が強められ、ふたたび勝利したからである。マケドニアおよびヘレニズムの諸帝国、そして成熟期ローマの共和政・帝政において、下位階級の市民たちの運動は、土地所有貴族たちの拡大包括的・イデオロギー的・組織的な連帯によって出し抜かれてしまった。この段階で、拡大包括的で政治的な階級闘争は完全に潜伏してしまったのではないが、しだいに歴史の原動機ではなくなっていった。ローマでは保護‐被護（恩顧）関係や政治的・軍事的派閥抗争が、階級から主要な〈力〉のアクターの座を奪いとってしまったのだ（第九章）。

とは言うものの、こうした諸帝国の繁栄そのものから、対抗勢力も生まれ出た。交易、読み書き、貨幣、その他比較的伝播性の強い普遍的な〈力〉の資源が諸帝国の内部で間隙をついて発展するにつれ、「中間的」な交易民や技能民の集団は以前よりはるかに拡大包括的な共同体的連帯ができるようになった。ローマにおけるその主たる発現が、初期のキリスト教だった（第一〇章）。しかしキリスト教教会は権力を握ると、帝国の支配階級と妥協し始めた。混乱と激動の時期を経た後、キリスト教は古代からの階級的伝統や上位階級の連帯と、民衆的階級闘争の両方の中核的媒体として、中世ヨーロッパに出現したのだった（第一二章）。キリスト教世界は、国家の範囲よりもはるかに拡大包括的だったし、その組織は国家の境界を超越していたので、階級闘争は宗教的な形態をとり、しばしば拡大包括的となり、時にはシンメトリカルにもなったが、政治的になることはめったになく、国家の変革を目ざすこともなかった。しかしヨーロッパの社会生活の国家への帰属が増すにつれ（第一三章・第一四章）、階級構造の政治性がはるかに高まった。これが個々の国家内部の、上位階級の組織強化をもたらした。実際のところ、本書であつかった時代の末期における先進諸国家は、私が「階級＝国民（国民としての階級）」と呼んだものによって統治されていた。それでも、いまだにそれは下位階級の連帯に貢献することはあまりなく、平等主義的な救済宗教一般を弱体化することで、むしろ連帯を弱めていたのかもしれない。したがって階級構造は、少なくともここで考察した主な事例であるイングランド‐イギリスにおいては、いっそうアシンメトリカル（非対称的）な形態へと立ちもどってしまった。しかし他の国ぐにでは支配階級はそれほど均質的ではなく、階級闘争や階級問題は矛盾が嵩じつづけて、ほどなく爆発した。農業の商業化と国民的アイデンティティーの成長という普遍化の二大プロセスが、いたるところで第四段階の階級、つまり拡大包括的で政治的でシンメトリカルな階級へと向かう道を（少なくとも個々の国家の境界内では）準備しつつあった。工業社会の出現が直ぐにそれらを、歴史を動かす原動機へと再変換したのである。

こうした階級の歴史には三つのポイントがある。第一に、階級は歴史のなかで、一定不変の役割を果たしてきたのではなかった。時には階級闘争が歴史の原動機となったこともあったが、これは単に（正統派マルクス主義者が主張するように）先行する階級構造の諸形態から生じたのではなかった。ギリシアとローマでも、軍事的・政治的な組織はシンメトリカルな階級出現の必要条件であったが、それは国民国家組織が近代のシンメトリカルな階級の発展の前提条件だったのと同じである（これについては第II巻でさらに述べる）。しかし階級構造の二番目の形態も主要な歴史的役割を演じた――すなわち、単一で拡大包括的で政治的な支配階級という特徴をもつ社会である。領主たちに共通の共同体意識が生まれ集合的組織をもつことが可能になると、かなりの社会変動と社会発展が招来されたのだが、これは私がアッシリアとペルシアの事例で示唆し、ローマの事例で立証しておいたことだった。上位階級の出現は、世界歴史的な発展の一つの決定的段階だった。これらは歴史の原動機に大きく貢献すると言える階級構造の、相異なる二つのタイプなのである。それらは、階級関係が〈力〉のネットワークとしてさほど重要性をもたなかった時期と対比しなければならない。したがって明らかなことだが、階級に関するどのような一般理論も、このような膨大な多様性を考慮に入れなければならないのだ。

第二のポイントは、階級の歴史は本質的に国民の歴史に似通っているということである。この点が重要なのは、近代の考え方では階級と国民とが通常、正反対のものととらえられているからである。階級が異常に発展した社会――すなわちアッシリア、ペルシア、ギリシア、共和政ローマ、初期近代のヨーロッパなど（プラス、当然ながら一九・二〇世紀のヨーロッパも）――は、国民意識が確立していた社会でもあった。階級と国民とが同一の基盤構造的な前提条件を共有しているとなれば、これはそうあらねばならないのだ。両者は広範な社会空間にわたって同一の社会的慣行、アイデンティティー、心情の広がりに依拠している普遍的な共同体なのだ。もっと個別独立的で連邦的で権威型の〈力〉のネットワークで統合されている社会というものは、どちらの伝播的メッセージも伝達することができない。これができる社会は、階級と国民の両方を発展させるだろう――あるいはもう少し一般的に言えば、私がこの歴史叙述のなかで描いてきたような、さまざまな限定を受けた両者の諸形態（たとえば「支配する階級＝国民」）を発展させるだろう。階級と国民とのこうした類似性が第II巻の主要テーマになるというのは、一九世紀二〇世紀における階級闘争と国民闘争の紆余曲折は、常に密接に絡まりあっていたことが認められるからである。そこから生まれる特定の結果――革命であれ福祉国家であれ――は、両者の歴史に依存していたのである。歴史を通じて徐々に、相互に関連しあいながら出現してきた諸階級・諸国民を描くに当たって、私はその舞台をわれわれの時代の主要な〈力〉の闘争に設定したのである。

第三のポイントは世界歴史的時間に立ちもどって、階級をめぐる一般理論とはどのようなものかを示してくれる。と言うのも、階級とは他のあらゆるタイプの〈力〉のアクターと同様に、歴史的な時期を通して徐々に出現してきた特定の基盤構造的前提に立っているからである。階級が社会的アクターとして存在しうるのは、経済的な〈力〉の資源との関係で同じ状況に置かれた人びとが相互にメッセージや、原料や、人員を交換できる場合だけである。優勢な階級は従属的な階級よりも、常に早くこれを実現してきたのだったが、彼らとて拡大包括的な社会にあってそれができるのは、さまざまな基盤構造がしだいに発達して共通の教育、消費パターン、軍事規律、法的・司法的慣行等々の普及があってこそなのである。ギリシアおよびローマの都市国家における従属的な階級の組織については、われわれはきわめて小規模な社会空間をあつかっている。しかし近代のルクセンブルクのようなちっぽけな地域の、近代の地方都市程度の人口のなかでの集合的な市民組織にも、一〇〇〇年かかって発達した前提条件があったのだ。鉄器時代の小農民農場、重装歩兵の密集部隊、交易ガレー船、アルファベット文字――これらはすべて紀元前六〇〇年頃にそろって登場して階級闘争の基盤構造的前提条件となったものだが、紀元前二〇〇年までにはヨリ拡大包括的で権威型の〈力〉の基盤構造の登場によって衰微してしまったのである。こうした実例が示しているのは、階級のもつ再編成力は基盤構造の世界歴史的な発展に依拠してきた、ということである。階級をめぐる理論は、こうした理論の範囲内に位置づけられねばならぬはずだ。

したがって、こうしたすべての観点から見て、現実の〈力〉のアクターとその達成物は、世界歴史上の時間に占めるその位置に依拠していたのだ。第一章で明らかにしたようなレヴェルの理念型は歴史の全スペクトルにわたって適用可能なのだが、現実の社会構造というものは、大半の正統的見解が是認するよりもさらに多様な広がりをもっていたのである。そうした変異形も幅広い限定のなかでパターン化され、説明可能となるのだが、しかしそれは比較論的ないし抽象的な構造や理論によってではなく、歴史的な構造と理論によってなのである。われわれの理論や概念は、世界歴史的な時間のなかに位置づけられなくてはならない。

歴史的偶発事

しかしまず、この世界歴史のパターンなるものの規定から始めよう。第一に、それは世界歴史的ではあるけれども、しばしば偶発事のように感じられる。それは一つのプロセスだったと言っても、他にはなかったのだ。それまでの全プロセスが自己破滅へ突入していくかのように思われる段階というものが、とくに「インド・ヨーロッパ語族」の移動の時期やヨーロッパの暗黒時代にはあった。世俗の趨勢は累積するものであるがゆえに、これらやこの他の「転換点」が社会変動のまったく別のプロセスへとつながることもありえたのだ。それ自体が蓄積してきた原動力によって増幅されれば、これらがまったく異なる最終結果を迎えることもありえた。「だったかもしれぬこと」や「ほとんどそうだったこと」は、根本的にちがう歴史の線路へと通じた可能性があったのだ。もしもテルモピュライの狭路が死守されなかったら、もしもアレクサンドロス大王があの晩バビロンであれほど深酒しなかったら、もしもハンニバルがカンナエの直後に補給を受けていたら、もしもパウロが「ユダヤから来た人びと」を組織から追放していなかったら、もしもカール・マルテルがトゥール・ポアチエ間で敗れていたら、もしもハンガリー軍がニコポリスで勝っていたら――これらはすべて偶然的な「ほとんどそうだったこと」の顕著なタイプである。この巻の主要な世界歴史パターンの一つとして私がこれから取りあげようとしている東から西へという〈力〉の流れを、それらが逆転していたかもしれないのだ。

「ほとんどそれに近かったこと」を例示する際の慣習通りに、私は「偉大なる人物」および大会戦の偶然的帰趨を取りあげた。その理由というのは、端的にそれらが世界歴史的な瞬間として焦点を当てやすいからである。しかしどんなに広範な社会的運動も分水嶺というものに遭遇し、その時には名もない社会的相互行為のあれこれが結束して当の運動を支えて嶺を超えさせ、社会発展の新たなコースへと迅速に振り向ける。迫害に直面した時、初期のキリスト教徒はとてつもない勇気を発揮したが、それは彼らが神に選ばれた存在だったことを、ある時点で「示した」。スペイン人は厳しい艱難辛苦をものともせず、黄金国《エル・ドラド》を求めて断固西へと進みつづけたので、彼らは神と見まがわれたのにちがいない。ところがナンシーの戦いから数週間のうちに、ブルゴーニュ軍は崩壊してしまった。そしてヘンリー八世は、教会所有地をジェントリに売却した予期せざる結果として、イングランドを永久にプロテスタンティズムに釘づけしてしまったように見える。しかしながら、これらに関係した数多くの男や女たちの動機を直接知る術はほとんどないがゆえに、われわれはこれらの分水嶺の存在を推定するのである。

したがって世界歴史的な発展はたしかに起こるのだが、それは「必然」ではなく、「世界精神」の目的論的な結実でも、「人類の運命」でも、「西欧の勝利」でも、「社会進化」でも、「社会分化」でも、「生産力と生産関係の不可避的な矛盾」でも、その他われわれが啓蒙主義から受けついで今なお時たまの復活を見せる、あの本格的大型社会理論のいずれでもなかったのだ。もしもわれわれが、これらすべてのポスト啓蒙主義ヴィジョンのように、歴史を「外側から」見ることに固執しつづけるなら、その結果は理論的な失望に終わる——すなわち、歴史は単に忌まいましいことにパターンがあるとしても、それは単に忌まいましいことの連続に見えるだけだ。それは単に現実の男や女がそれにパターンを押しつけるがゆえなのだ。彼らは多様ではあるにせよパターン化されたタイプと強さをもつ〈力〉の組織を立ち上げることで世界を統制し、世界における彼らの取り分を増やそうとしているのだ。こうした〈力〉の闘争が歴史のパターン化の根本なのだが、その結果はしばしばきわどいものだった。

集合的な〈力〉の、なめらかではない発展

世界歴史のパターンについての第二の規定は、長期的な観点に立つと、〈力〉の発展は累積的、一方向的、一次元的に見えるけれども、その実際のメカニズムとなると多様かつむらがある、ということである。軍事的な実例をあげよう。

紀元前二〇〇〇年までに、軍隊は九〇キロメートルは行軍できるようになっていた——そして勝利を収めれば敵の降伏を受けて再補給し、また行軍して同じプロセスを繰りかえした。その後さまざまな集団によって、こうした攻撃的征服戦

争の拡大包括的技術をめぐる改良が行なわれた。この〈力〉の発展の、ほぼ連続的かつ概して累積的な歩みは、ローマの軍団兵で止まった——つまり軍団兵とは、戦士のみならず「らば」であり技師でもあり、行軍、掘削、戦闘、攻囲、そして当時のいかなる敵をも平定する能力をもっていたのだ。しかしそうした攻撃的で拡大包括的な諸技術も、後期の帝国が必要とした内向集中的で局地的な防衛には、あまり適さなくなっていった。軍団は分解して局地的な民兵となったのである。次には馬上の騎士とその従者が、石の城砦と弓兵の分遣隊をともなってこの防衛システムを統合し、初期中世の最も強力にして拡大包括的な諸軍隊（イスラーム、フン族、タタール人、モンゴル人）を撃退した。国家と商品生産と交換の発達によって、ヨリ拡大包括的で攻撃的な部隊が復活したのである。一七世紀になると、最も鋭敏な将軍たちは意識的にローマの軍団兵に立ちもどって、（今やマスケット銃を装備している）歩兵をもう一度技師およびらばへと変えるのである。

これは高度にむらのあるプロセスだった。ごく長期的に見れば、軍隊はしだいに大きな〈力〉を蓄積してきた。ごく短期的に見れば、それぞれの軍隊形態がその前身よりも優れていたのは、そうするよう求められていた点においてだけだった。しかしこれら二つのレヴェルの中間にあったのは発展ではなく、軍事的闘争の相異なるタイプのあいだの揺れ動きだった——それを私は簡略化して、拡大包括的で攻撃的な戦争と、内向集中的で防衛的な戦争と言ったのである。したがって全プロセスにおいては、軍事的な〈力〉の社会的前提条件と社会的結果とは、それぞれの異なる役割によって大きく変わった。軍事的な〈力〉の発展は、少なくとも二次元的だった。

この議論は一般化することができる。私は〈力〉のタイプを幾組かに分別した——すなわち、内向集中的と拡大包括的、権威型と伝播型、集合的と分配的であるが、それぞれは対極的なタイプとして多かれ少なかれ、集団あるいは社会の状況に適用可能だろう。したがって、私は前に「世界歴史的な発明工夫」のリストを掲げたけれども、社会はその総体的な〈力〉においては、単純にその上下をランクづけなどできないのである。たとえば第九章で私は、ローマ帝国はとりわけ拡大包括的な〈力〉に優れていた、と論じた。学者たちがローマのことを「発明工夫の才」がないといって批判するとき、彼らは発明というものに対するわれわれの見方、つまり概して内向集中的な発明の点でローマを見ているのである。次に私はヨーロッパの発展を、およそ一二〇〇年頃までつづいた比較的内向集中的な段階と、その後の拡大包括的な諸技術も発展した段階との二つに分けた。仮にヨーロッパと中国の両文明を比較するならば、ヨーロッパ文明のほうが強力になったのは比較的遅く、たぶん一六〇〇年頃からという結論になるだろう。それ以前のヨーロッパは〈力〉の様態が異なっていたのだ——内向集中的には熟していたが、拡大包括的にはそれほどではなかったのである。

ごく長期的な観点で見れば、イギリス帝国はローマ帝国よりも強力、ローマはアッシリアよりも強力、アッシリアはアッカドよりも強力だった。しかし私がこうした一般論を行なえるのは、すべての中間的な事例と帝国以外のすべての社会とを除外し去ったがゆえなのだ。ローマはその絶頂期において古典期ギリシアよりも強力だったろうか？　もし両者が戦場で相まみえていたとしたら、おそらくはローマが勝っていただろう（もっとも海戦となれば互角だったかもしれない）。ローマの経済のほうが進んでいた。皆目見当がつかないのは、主としてイデオロギー的・政治的な〈力〉の諸要因である。ギリシアのポリスのほうが内向集中的で権威型の動員を行なっており、ローマは拡大包括的で権威型の諸技術を完成していた。ローマのイデオロギーは広く伝播したが、単にその支配階級内部に限られており、ギリシアのイデオロギーは階級の境界を越えて伝播していった。こうした比較の結果得られるものは、単なる仮説というのではない。現実の歴史的結果が存在したのであり、しかしそれは一次元的ではなかったのだ。ローマはギリシアの後継諸国家を征服したが、ギリシアの後継イデオロギー、すなわちキリスト教によって回心をとげたのだ。初めの問い――どちらが強力か？――には答えられない。〈力〉とその発展ぶりは一次元的ではないのである。

発展の二つのタイプと、その弁証法

しかしこうした否定的な答えから、もう一つの、もっと肯定的な答えの可能性が導かれる。つまりこんな問いが提起されるのだ――〈力〉の内向集中性と拡大包括性、権威性と伝播性、集合性と分配性の変異の仕方には、パターンがあるだろうか？　もっと特定して言えば、われわれが垣間見たのは、これらの〈力〉に潜む循環的、あるいは弁証法的な相互作用なのだろうか？　そうとも考えられる幾つかの徴候があるのだ。

本書であつかった歴史のなかでは、二つの主要なタイプの〈力〉が、世界歴史上の集合的社会の発展への飛躍を切り拓いてきた。

タイプ1　支配帝国は軍事集中的な強制と、国家の領域的中央集権化および地政学的な覇権とを結びつけた。したがって彼らはまた、軍隊になしうる浸透の狭いルートを伝っての内向集中的・権威的な〈力〉と、帝国全体およびその保護国に対して中央国家がふるう、ヨリ弱くはあっても権威的かつはるかに拡大包括的な〈力〉とを結びつけた。ここで主要な再編成の役割を演じるのは、軍事的な〈力〉と政治的な〈力〉の混合であるが、前者が優勢である。

タイプ2　多重な〈力〉のアクターの文明において、分権化された〈力〉の諸アクターは、規範的な規制の全体的な枠組みのなかで互いに競いあった。ここで拡大包括的な〈力〉が伝播的だったのは、それらが属していたのが権威的な〈力〉の組織ではなく、文化の総体だったからだ。内向集中的な〈力〉を所有していたのはさまざまな、小規模で局地的な〈力〉の諸アクター、すなわち、時には多国家文明のなかの諸国家、時には軍事エリートたち、時には諸階級および諸階級の一部、そして通常はこれらの混合体であった。ここにおける主要な再編成諸力は経済的かつイデオロギー的だったが、その組み合わせは多様であり、しばしば政治的・地政学的な助力をともなっていた。

　この巻における支配帝国の主な実例はアッカド、アッシリア、ローマであり、多重な〈力〉のアクターの実例はフェニキアと古典期ギリシア、ついで中世と初期近代のヨーロッパだった。これらの事例のそれぞれが、社会的な〈力〉の源泉の使い方と発展ぶりにおいて顕著に創造的だった。それぞれが、先に私が作成した世界歴史的なリストに登場する〈力〉の諸技術を発明した。したがってそれぞれは、世界歴史的な発展の単一のプロセスに対して、顕著な貢献を行なったのである。

　両方のタイプに幾つもの実例があるという事実からそのまま言えることは、社会発展の「単一構造」理論、すなわち単一要因理論はまちがいだ、ということである。そのうちの最たるものは新古典派経済学であって、私はそれをさまざまな章で批判してきた。この理論は歴史を、資本主義の詳論としてしか見ていない。したがって社会発展が起こるのは、社会が本質上「自然的」な競争の諸力を解き放つときだとされるのである。一見これは私の上述のタイプ2と似通っているかに見えるのだが、類型論的には二つの大きな特徴が符合しないのだ。第一にそれは、タイプ1の支配帝国がもつ創造性を説明するどころか、否定してしまうのだ。第二にそれは、タイプ2を理解するためには規範的規制という説明を必要とすることが、分からないのである。規制された競争は「自然的」ではない。競争が疑心暗鬼と攻撃に堕さず、アナーキーに陥らないためには、分権化されたさまざまな〈力〉のアクターの本質的な人間性や、諸能力や、財産権を尊重する、周到で緻密な社会的取り決めを必要とするのだ。世界歴史という観点に照らすと、新古典派理論はブルジョア・イデオロギー、すなわち、われわれ自身の社会の現在の〈力〉の構造はそれが「自然的」であるがゆえに正当性をもつ、というイデオロギーだと見なさなくてはならない。

　しかしまちがっていながら影響力をふるっている理論は、これだけではない。階級闘争を発展の主要な原動機だと見なす史的唯物論のヨリ野心的な変種についても、私は批判を加えてきた。階級闘争はタイプ2のなかに明確な位置づけを与えられているというのは、階級というものがそのなかの分権化された〈力〉の主要なアクターだからである。しかしそれは階級だけではないし、必ずしも階級が最重要というのでもない。そして階級闘争がタイプ1の大半の実例において創造的な意味をほとんどもたないことは、私がとりわけ第五章・第九章で論じた通りなのである。実際のところ、二つのタイプに大きなちがいがあることを見れば、世界歴史で唯一無二のダイナミックな役割を演じている〈力〉の存在を認めることなど困難だ。それは時としてウェーバーが結論として述べたような「転轍手としての思想」でも、総体的な「合理化過程」でもない。コントからパーソンズに至る著述家の全軍が打ちそろって言っている、分業や社会分化でもない。たとえばスペンサーが言う軍事社会から産業社会へといった、一つの創造性から別の創造性への単一な歴史的移行など存在しないのだ。二つのタイプのダイナミズムは、世界歴史を通じて互いに混ざりあい、相前後しあってきたように思われる。

この点からさらにもう一つの、ヨリ複雑な潜在的パターンの問題が提起される。アッカド帝国（および同じような初期帝国）は、メソポタミアという最初の多重〈力〉アクター型文明から生まれた。フェニキアとギリシアは近東の諸帝国の辺縁に生まれ、それらに依存していた。ローマ帝国も同様にギリシアに依存していた。ヨーロッパのキリスト教世界はローマとギリシアの廃墟の上に建てられた。とすれば二つのタイプのあいだには、ある種の弁証法が存在したのだろうか？ それぞれのタイプは、それ自体の〈力〉の諸能力が限界に達する前に、何らかの革新を生み出すことが可能だったのだろうか？ そしてさらなる社会発展が可能になったのは、それ自体では正に不可能なことを、その対極をなすタイプがやりとげるべく登場した時だけだったのだろうか？ これらの問いに対する肯定的な答えがあるとすれば、それは正しく世界歴史的な発展の一般理論の存在を意味することになるだろう。

答えは注意深く始めなくてはならない。プロセスそのものの接合状況的《コンジャンクチュラル》な特質を思い起こしてほしい。五千年紀にわたる期間のなかでさえ、私がはっきりと見出したのはタイプ1と2の合体の、ほんのわずかの実例だけなのだ。一つのタイプが優勢だった例なら少し追加することはできよう——メソポタミアの後期の諸帝国とペルシア帝国はおおむねタイプ1だったし、紀元前第一千年紀の初めの小アジアとパレスティナの都市国家、それとおそらくエトルリアではタイプ2が優勢だった。しかし数え上げる事例は多くないし、統計的分析を加えることなどできない。比較社会学者を満足させるには、マクロ歴史は正に不足しているのである。タイプ間の継承性は定かではないし、いずれの事例もタイプの「純度」は均一ではないし、継承のプロセスが似通った社会的・地理的な空間にわたっているのでもない。仮に相互作用があるとしても、おそらく歴史の本質とか体系とかの意味合いをこめて、それを「弁証法的」などと呼ぶべきではなかろう。そうではなくて、われわれがなすべきは、〈力〉のダイナミズムの二つの理念型に近似する実例のあいだで繰りかえされる、創造的な相互作用の可能性の探究だろう。

こうしたひかえ目なレヴェルの理論には、その分多くの援軍が現われよう。さらには、先に述べたような反論そのものから、こうしたモデルへの支援が実際に提供されよう。いかなる帝国も現実には純粋に軍事体制的だったのではないし、いかなる競争的文明も完全に分権的だったのではない。純度が最も少ないペルシア（第八章で検討）のような事例の幾つかは、二つのタイプの特質をほぼ同等に近い形で混合していたのだった。比較的純粋な事例では、その内部のダイナミクスは外部の創造的相互作用のプロセスと類似していることが多かった。

第五章で私は、最初の支配帝国が発展の原動力をもっていたと論じた（それが持続的なものだったから、私はそれを弁証法と呼んだ）。それらの帝国国家は強制的協同を通じて、社会的な〈力〉の集合性を増大させた。しかしそうした〈力〉を国家の統御の下に置いておくことはできなかった。その〈力〉を行使する国家の代理人たちは、国家の諸資源を携えて「市民社会」のなかへと「姿をくらました」。こうして国家としての成功そのものが、貴族や商人といった分権的な〈力〉のライヴァルたちの権力や「私有財産」を増やすこととなり、権威的なものとして始まった諸資源が伝播的な〈力〉となりおおせた――読み書き能力がその顕著な実例なのである。

この点で、私有財産の弁証法的発展がとりわけ興味深いのは、支配帝国で起こったことがもっと広範な歴史的発展の極端な実例としか見えないからである。われわれ自身のこの社会は、私有財産と国家とを別べつの、対立する勢力と見なしている。リベラリズムは所有権の起源を、個々人が自然を活用し、その余剰を獲得し、それを家族や子孫へと伝達しようとして行なう闘争にあるととらえる。この見方では、公的な権力は本質的に私的所有権にとって外的存在なのである。国家が登場するのは所有権を制度化するためであろうし、あるいは、国家は所有権にとって危険な敵とも思われようが、国家は私有財産創造の一部などではない。ところでわれわれが繰りかえし見てきた通り、これは歴史的事実ではない。私有財産が登場したのは、まず何よりも公的権力諸組織の闘争と細分化傾向を通してだったし、その後にそれが増大したのも、通常はこうした闘争と細分化傾向を通してだった。

これが最もはっきりと起こったのは、中央集権化された集合的な〈力〉の単位が、小さな局地的な単位へと細分化された時である。これらの局地的な集合的単位を指揮していた連中は分配的な〈力〉を多く獲得し、この〈力〉をヨリ大きな単位の目から隠してしまった――つまり彼らはそれを私的に保有することができたのだ。それはやがて私有財産として制度化され、慣習ないし法として認められるようになった。われわれがこれが三つの激発のなかで起こったのを見た――すなわち、先史時代および文明と社会成層との始まり（第二章・第三章）の時と、分権化と細分化が進行した支配帝国（第五章・第九章）の時と、中世キリスト教世界において領主と富裕な農民とが、ともに弱体だった国家から局地的な〈力〉の資源を自分の統制下に秘匿し、その慣習上の諸権利を法文化した時（第一二章）の三回である。私有財産とは、その起源ないしその歴史的発展において、公的領域と対立する何かだったのではない。それは公的領域において競争しあっている集合的な〈力〉のアクター同士の、抗争と妥協から出現したのだ。これらのアクターには通常主として二つのタイプがあって、局地的なものと、互いに連合関係をとり結んだ擬似中央集権的なものとだった。私有財産は一元的ではないにせよ公的で共同的な領域から、そしてその内部の集合的な〈力〉の行使から、出現したのである。

さて話を他の理念型、すなわち多重〈力〉アクター文明のダイナミクスへと転じよう。ここでもその原動力はそれとは反対の、ヨリ強大な覇権的中央集権化へと向かったように見えるが、これはそれほど首尾一貫したプロセスではなかった（そして私はそれに「弁証法」というもったいぶったレッテルを貼りはしなかった）。したがって初期メソポタミアの多国家文明は、一つの都市国家による覇権的支配の下に入り、やがて支配帝国の手に落ちた。ギリシアの多国家文明はアテナイかスパルタいずれかの覇権の下に入り、やがてマケドニアの帝国体制へと降った。ヨーロッパ文明は高度に分権化された相互規制的構造をもち、教会制度、国家、軍事エリートの同盟、交易ネットワークなどが支配を共有していたのだが、それが多国家間外交による支配的規制の下に入り、やがてはそのうちの一強国であるイギリスの、ほぼ覇権らしきものへと降ったのである。（この最後のプロセスについては第II巻で詳述しよう）。

　こうして両タイプの内側で、その主たる特徴が大枠で二つの理念型に似ている勢力のあいだの相互作用が、かなりしばしば繰りかえされてきた。ここでふたたび、それは単一の世界歴史的プロセスの様相を見せ始める。それはこんな具合である――その目標を追い求めるなかで、人間は集合的な〈力〉と分配的な〈力〉の両方を含むさまざまな協同組織をつくり上げた。これらの組織の幾つかは他の組織よりも、ロジスティクス的な有効性に優れていた。われわれは一般論の第一レヴェルにおいて、この点で高度の有効性をもつものとして四つの〈力〉の源泉を弁別することができよう。しかしそれ以上に注目すべきは、ヨリ広範な輪郭をもつ二つの源泉、すなわち支配帝国と多重な〈力〉のアクターの文明とが、すべてに優れて有効性を示してきたことだろう。実際のところ、この両者の有効性はきわめて高かったので、人間のさまざまな〈力〉の歴史的発展を支えた激発の大半を、この両者によって説明できるのである。しかし両タイプは最後には、それぞれの〈力〉の能力限界に到達する。それは新たな機会の到来や、〈力〉のネットワーク同士の、制御のきかないすき間的な新しい組み合わせがつくり出す脅威に直面して、適応性を喪失する。そもそもそれがうまくいっていたというのは、それを生み出したのが、今や時代遅れになってはいるがかつては優勢だった〈力〉の構造の、安定的な制度化だったからだ。その発展がうまくいったことによって、他の〈力〉のネットワーク――その制度自体にとって対立的な――が起動される。支配帝国は自らのすき間に、意図せずして大要二種類のヨリ伝播型の〈力〉の関係を発生させた――(1)分権的で財産を所有する土地所有者・商人・職人、つまり上層および中間の諸階級と、(2)もともとはこれらの諸階級から発生し、ヨリ伝播的で普遍的な共同体観念を具現するようになったイデオロギーの諸運動、とである。これらの伝播的な〈力〉の諸関係が間隙をついて成長しつづければ、帝国の崩壊か、あるいはその漸次的な変貌のいずれかによって、分権化された多重な〈力〉のアクターの文明が生まれるかもしれない。しかしこうして出現した文明は、今度は自らを制度化して、変化する諸状況への適応性を減じてゆくかもしれない。それはまたそれ自体に対して対立的・すき間的な諸勢力を発生させ、今度はそれが国家による中央集権化と軍事的強制への趨勢となり、おそらくこれが地政学的な覇権国家の出現となり、これが最終的には支配帝国の再出現をもたらすかもしれぬ。第一章で私は、こうした創造的相互作用の一般モデルを、**制度化とその間隙をつく不意打ち**の一般モデルと呼んだ。今や私は、それにさらなる内実を与えたのである。

しかし私としては、このモデルを「歴史の本質」に仕立てあげることは望まない――だからこそ前の段落には幾つもの「かもしれぬ」陳述を含ませてあるのだ。私がこれまで述べた個別の歴史のなかには、こうしたパターンが幾度も登場した。創造的相互作用の一つの段階に要する時間の長さは、まったくさまざまである。細部はきわめて多様性に富んでいる。支配的な諸制度の適応性も、きわめて多様である。私はこの点を、たとえばローマ帝国と中国の漢帝国とを対照させることで指摘した。第九章で「衰退と滅亡」について論じた際、私は後期のローマ帝国には二つの選択肢が開かれていたことを強調した――すなわち、蛮族のエリートをキリスト教化するか、征服を続行するか、である。しかしながら、たしかに帝国は崩壊してしまった。一方で漢の帝国は、さほどちがわぬ状況なのに適応した。それはなんとか蛮族を文明化し、伝播型の〈力〉をもつ階級とイデオロギーの諸勢力をその帝国構造のなかに組みこんでしまったのである。こうして弾力性に富む士太夫あるいは読書人、官僚あるいは儒者という形状をもつ〈力〉が発展し、これが中国をまったく相異なる発展の歴史経路へと導いた――すなわち、比較的初期の三つの社会発展の激発（漢、唐、宋）につづく王朝の周期的交替、停滞、そして最終的な衰微である。同様にして私は、西欧の宿命はヨリ中央集権的で強制的な形態の社会へと降ることだなどと言っているとは思われたくないし、ましてやソヴィエト連邦の「軍事体制社会主義」などまっぴらである。〔訳者より――一九八六年の原著刊行時、ソ連邦はまだ崩壊していなかった。〕第II巻が示すように、〈力〉の二つのタイプ間の創造的な相互作用はこの現代においても継続中なのだが、その様相は本書があつかった時代よりもはるかに複雑なのである。総体的なプロセスに関して私が強調するのは、そのパターンの中心はマクロな輪郭をもつ二つの〈力〉のあいだに交わされる創造的な相互作用だということ、その創造性の一部は発展経路の多様性、その結果の多様性にある、ということなのである。

〈力〉の西方移動に見るパターンと偶然性

世界歴史の発展のモデルに関してなされるべき、三番目にして最後の規定は、その地理的な移り行きにかかわる。私は歴史の記述をした、と私は繰りかえし主張したが、それは見せかけである。私が行なったのは、〈力〉という抽象概念の発展の記述である。私が書いたのはある「社会」の、国家の、あるいはどこかの場所の年代記ではない。私はさまざまな社会を、国家を、場所を、それらが〈力〉の「最先端」を獲得するにしたがってごたまぜに取りあげ、それらが「最先端」を失うとともに打ち棄ててきた。私はもう何章も前にメソポタミアへの興味を失い、そして近東全体、そしてギリシアとイタリア、そして最も近時のヨーロッパ大陸への興味を、次つぎに失ってきた。これで明らかになるのは、歴史の大半を通じて〈力〉の最先端が移動してきた、ということである。

したがって、世界歴史的な発展が前提とすることのできないもう一つの潜在的パターンがある。厳密な意味で、それは進化ではなかったのだ。発展は、社会に内在する諸傾向という観点からは、説明できないのだ。後代の、高い段階の〈力〉の発展は、前代の、低い段階の諸特徴からは説明できない。地理的にまた社会的に相異なる地域の二つの段階をあつかうのだから、説明できるはずがないのだ。社会進化の理論は、社会発展に対する体系的観点に依拠している――すなわち、その「構造分化」、その「矛盾」あるいは「弁証法」、「最適の」人びとや集団や国家同士が行なう競争、その「合理化過程」等々がそれである。これに対して三つの反駁がある。第一に、ここで述べられた全歴史に社会的な体系性などなかった。「社会」とは常に、相重なりあい互いに交差しあう〈力〉のネットワーク群のことだったのであり、内部的な影響力はもとより、外部的で境界超越的ですき間的な影響力に対して、開かれているのである。第二に、緊密なパターンと境界をもつという意味で体系性に富んでいたものが社会発展に果たした全体的な役割は、それほど体系的でなかったものと比較して、格別大きかったわけでもないのだ。第三に、社会発展というものは、ある時は比較的「内部的」な変動プロセスのおかげで、またある時は比較的外部的なそれのおかげで、そして通常はこの両者間の複雑な相互作用のおかげで、見かけ上きわめてでたらめに移動してきたのである。

しかしながら、ここで疑問が残る――この相互作用的な〈力〉の移動のプロセスは、何か別の、非進化的な仕方でパターン化できるだろうか？　答えは「イエス」である。われわれは移動のなかに、二つのタイプのパターンを見出すことができるのだ。

第一のパターンは前に提示された、制度化とその間隙をつく不意打ちのパターンをいっそう精密にする。それは第五章で言及した「辺境領主」理論の拡張版である。ある地域で優位に立って制度建設を行なう発展的な〈力〉はまた、その隣人の〈力〉の諸能力をも高め、隣人はその〈力〉の諸技術を学び取って自分たちの別の社会的・地理的状況へと適用する。優位に立つ〈力〉が支配帝国か、多重な〈力〉のアクターの文明かのいずれかに特化して安定した制度を獲得したところでは、そのすき間から生まれ出るさまざまな勢力の一部が辺境へと流出していくかもしれず、そこでは制度化された対立的な〈力〉の構造から彼らが受ける制約が減少する。こうして間隙をつく不意打ちの担い手は、しばしば辺境領主たちだったのだ。世界歴史のプロセスに移動の足が生えるのだ。

しかしここでふたたび、私は「かもしれぬ」陳述へと立ちもどっている。こうした傾向はあったのだが、確実だったわけではない。間隙をつく勢力の激発も、時として、たとえば後期のローマ帝国でのように、既存社会の（「公式」ではなくとも）地理的な中核部で起こった。とにかく、辺境領主が担う世界歴史のこの特定部分における傾向は、もともと移動の第二のパターンによって引き起こされたものかもしれない。

第二のパターンとは、この巻における〈力〉の最先端の、**西方へ**、と**北西方へ**、の流れである。私はこの点を前章の前半部で検討したので、その詳細はここでは繰りかえすまい。そのプロセスの最初の部分は、おおむね私の方法にもとづく人為的設定であることは否めない。この物語の最先端はシュメールからアッカドへと北西へ、次には小アジア南部、アッシリア中心部へとさらに北西へと移動した。しかし私はアジアに焦点を絞ってはいなかったので、この時期の反対動向は無視していた。ペルシア帝国までの古代において、東方向・インドへの拡大と、東北方向・中央アジアへの拡大も起こっていた。後のイスラームだけが東方・西方両方向への拡大を行なった――しかしその時までは、イスラームの西の辺境が拡大への真の障害となっていたのである。しかし西方への流れの非人為的部分では、フェニキア、ギリシア、ローマ、そしてヨーロッパの諸地域が、幾つかの発展段階において〈力〉の最先端を着実に西方へと移してゆき、ついには大西洋岸へと到達したのである。次の巻ではこの移動は多様化し、アメリカへと西方移動はつづくものの、ヨーロッパを出て東方へも向かうのである。

今やこうしてみると、東方や南方よりも西方の〈力〉のアクターに一般的な有利点などないことは明らかだ。前章で私が説明したように、西方および北西方への流れは、三つの特殊な自然環境的・社会的状況の偶然的な接合状況《コンジャンクション》の産物だった――すなわち、(1)南方にあった砂漠という地理上の障壁、(2)東方および北東方にあった、近東と類似の構造をもつ強力な諸帝国と諸連合の障壁、そして(3)西方にある二つの相関的な自然環境上の特殊性である。ヨリ重く、ヨリ湿潤で、ヨリ深く、ヨリ肥沃な天水土壌の地層の連なりという地質上の組み合わせと、地中海、バルト海、北海、大西洋の航行可能で変化に富んだ海岸線とが「たまたま重なって」、幾度もの決定的な歴史的転換期に北西方への発展の可能性を創出したのである。これら北西方の辺境領主たちは、実際のところ、当時の支配的な諸制度の束縛から比較的自由であり、拡大し革新する勇気をもっていた（辺境領主理論そのままである）。しかしながら、彼らの成功が継続したのは、たしかに完全に社会的な理由からではなく、自然の偶然性の巨大なつらなりと、歴史的偶発事のこれも巨大な連鎖とが結びついたからだった。東地中海交易が「離陸」可能になったちょうどその時に鉄が発見されたし、ヨーロッパ全土にわたる、鉄の犂で耕すのに適した重い土壌ともつながった。ローマが崩壊してキリスト教世界が生きのびたちょうどその時に、スカンジナヴィア人はバルト海と北海を拓き、ゲルマン人は土壌を深く耕した。西ヨーロッパ諸国家が南部と中央部の諸国家と対峙し始めたちょうどその時に、イスラームがジブラルタル海峡を閉鎖し、大西洋沿岸航路の航海技術の発達とともにアメリカが発見された。私はこれらの諸事件に、私の物語記述の諸章ではミクロのパターンを見出そうと努め、前章とこの章ではマクロのパターンを見つけようと骨折っている。しかしこれらすべてのパターンが示す必然的な特徴とは、世界歴史的な発展はたまたま西方へと流れている、ということなのだ。

これは章の初めのほうで引用したウェーバーの課題への反応として、われわれが行ないがちな「意味のある一般化」を断念させるにちがいない。この章で私は、四つの〈力〉の源泉が提供する組織手段に関して一般化を行なった――〈力〉の源泉の最も強力な二つの形態、支配帝国と多重な〈力〉のアクターの文明に関してと、世界歴史的な発展の中核としてのそれらのあいだに起こる弁証法に関してと、この弁証法を起動した、制度化とその間隙をつく不意打ちのメカニズムに関してである。しかし結局のところ、これらはただ一つの文明、すなわち、多くの偶然的な特徴をそなえた近東およびヨーロッパ文明の発展に関する一般化でしかないのだ。そして私が時計を止めたのが一七六〇年、この文明の絶頂期の直前である。第Ⅲ巻で私は高いレヴェルの理論的一般化へと向かうが、しかし私はまず、産業社会の諸パターンと諸もろの偶発事とを描き出さねばならない。

訳者あとがき

本書は、Michael Mann, *The Sources of Social Power, Vol.1 : A History of Power from the Beginning to A.D. 1760* (Cambridge, Cambridge University Press, 1986) を訳出したものである。

著者のマイケル・マンは、一九四二年にイギリスのマンチェスタで生まれた。オックスフォード大学で歴史学を学んだ後、社会学に転じ、同大学で社会学の博士号を授与された。エセックス大学の上級講師を経て、一九七七年からはロンドン大学政治経済学部（ＬＳＥ）で社会学の講師となる。本書は彼がＬＳＥに在籍した後半期に書かれたものである。本書が刊行された翌年にはアメリカに渡り、カルフォルニア大学ロサンゼルス校（ＵＣＬＡ）の社会学部教授として迎えられ、現在に至っている。

本書はマンにとって満を持して世に問うた大いなる挑戦でもあり、アメリカに移った翌年、一九八八年度にはアメリカ社会学会最優秀学術出版賞（American Sociological Association's Distinguished Scholarly Publication Award）を受賞。さらに本書はドイツ語・スペイン語・中国語にも翻訳されている。また、冒頭でも述べられている続編の第II巻 *The Sources of Social Power, Vol.2 : The Rise of Classes and Nation-States, 1760-1914* (Cambridge, Cambridge University Press, 1993) も本書の七年後に刊行された。これらの功績により、一九九三年にフィンランドのヘルシンキ大学よりゴールド・メダル、九六年にはオランダのライデン大学より名誉研究員の称号、そして九八年にはカナダのマクギル大学より名誉博士号を授与され、いまや世界的な歴史社会学の大御所となりつつある。本書の第一章でマンは、「人類がいかにしてどのような〈力〉を獲得していったのか」というこの長大なシリーズを三巻本で解き明かしていくと述べてはいるが、その後、彼自身の関心と〈力〉とが広がってしまったのであろう。第II巻は第一次世界大戦勃発まで、第III巻はそれ以後の二〇世紀全般、そして第IV巻で全体の理論をまとめていく予定に変更されてしまったようである。その点は、「日本語版への序文」からも明らかであろう。

本書は刊行と同時に欧米の歴史社会学の世界で大きな反響を呼んだ。

「この本を無視できるような歴史家も社会学者も存在しないだろう。……これだけ多様な〈力〉の諸関係がどのように結びついていったのかを建設的に定義・仮定・説明している。これは歴史家・社会学者のすべてから真剣に受けとめられる理論となるだろう」。

(Chris Wickham, *New Left Review*, No.171, 1988, pp.63-80.)

「まず第一にこの本はきわめて重要でわくわくさせられるような野心に富んだ痛快な本である。……タイムトラベルをお望みの読者を主要な場所のほとんどすべてに案内してくれる社会学の最新の旅行案内書である。……人類学者のなかには、マンがあまりにも社会を単純化しているとして心配するむきもあるかもしれないが、……社会学者や歴史家たちと同様に、結局はこの本が持っている発想や刺激に触発されること請け合いである」。

(Ernest Gellner, *Man : Journal of the Royal Anthropological Institute*, Vol.23-1, 1988, pp.206-207.)

「社会科学者や歴史学者が新発見をすると別の学者たちがこれを批判するという悪循環が生じるものであるが、本書は不断の努力によってこの水掛け論を打破してくれた好著である。……随所に鋭い感覚と分析能力が散見され、偉大なる才能と熱意に満ちあふれた作品となっている」。

(Barrington Moore, *History and Theory*, Vol.27-2, 1988, pp.169-177.)

このように歴史学や社会学さらには人類学の有力な学術誌で次々と採り上げられ、絶賛されるに至った。もちろん批判がないわけでもない。本書の第九章以降をごらんになっていただければおわかりのとおり、〈力〉の最先端が一一世紀以降はヨーロッパの北西部に向かって突き進んでいったと主張しているため、ヨーロッパ文明の発達に議論が偏りすぎているのではないかとの意見も多い。マンが指摘するような中世北西部ヨーロッパの土壌も技術革新も革命的なものでは決してなく、それ以前あるいは同時代のアジアにも見られたし、むしろ農業の面ではアジアの方が抜きんでていたとする研究者が数多く見られる。そのあたりが歴史地理学者のブラウトからマンのヨーロッパ中心史観は、オリエント急行ならぬ「オクシデント急行」のようだと揶揄されてしまうゆえんであろう(J.M.Blaut, *Eight Eurocentric Historians*, New York, Guilford Press, 2000, Chapter 6)。

しかし、マンは決してアジアを無視しているわけではない。彼が考える〈力〉の最先端を生み出したのがヨーロッパであり、その行進は北西部に向かったのだと強調したいだけなのである。その点については、ムーアが当を得た弁護をしてくれている。「ヴァイオリンの歴史について書こうとしたら、ヴァイオリンの存在しない地域についてほとんど言及していなくても問題はなかろう」（Moore, op.cit., p.171)。

それよりも注目に値するのは、昨今の欧米の歴史学界で注目を集めている「財政＝軍事国家（fiscal-military state）論」をある程度先取りしながら強調している点にあろう。本書が刊行された三年後に、イギリスの歴史家ブルーワによってまとめられたこの理論によれば、プファルツ伯継承戦争（一六八八年開始）に始まりナポレオン戦争（一八一五年終了）によって終結する「長い一八世紀」においてつねに敵対し続けていたイギリスとフランスの勝敗を分けたのは、前者が効率的な財政システムを備えた戦争遂行国家へと見事に変貌を遂げていったのに対し、後者がそれに失敗したためであるということになる。すなわち、イングランド銀行の創設、国債制度の導入、土地税や各種消費税の導入などでイギリスはいざ戦争というときに素早く多額の資金を集めることができた。その原動力となったのが政治・経済・社会関係のすべての利害を代表する機関であり、戦争財源を保証する責任主体としての「議会」であった（John Brewer, *The Sinews of Power : War, Money and the English State 1688-1783*, London, Unwin Hyman, 1989)。

本書第一四章からもおわかりのとおり、マンはこの点を異なった視点から指摘しており、議会を構成している上流階級が織りなす「ひとつの階級からなる国民」国家としてのイギリスが、この長い大戦争の時代を経て、最終的には〈力〉の最先端を形成するに至ったというわけである。マンのこの慧眼ぶりには脱帽すべきであろう。

しかし、なんと言っても本書の最大の特色はそのスケールの大きさにあるだろう。人類が誕生し、古代文明が登場したときから、現代にまで至る五千年以上におよぶ長大な歴史を社会的な〈力〉を形成する四つの源泉（イデオロギー、経済、軍事、政治）を主人公に解き明かしていく姿はまさに痛快である。同じく巨視的な視点から世界システム論を構築したインマニュエル・ウォーラーステインの場合には、あくまでも資本主義だけが主役ということになるが、マンにとってそれは四つの源泉を構成する経済的な〈力〉という主役のうちのひとつにすぎない。彼にとってはキリスト教の教会も、ローマの軍団も、近代の国民国家もすべて重要なアクターであり、それぞれが四つの源泉を内包しながら歴史を形作っていったわけである。また、古代からの人類の歴史が、「支配帝国」と「多重な〈力〉のアクターの文明」というふたつが交互に登場するかたちで進んでいったことを指摘した点も興味深い。この点などは、国際政治学者のホブデンも述べているが、国際政治学におけるリアリズムとリベラリズムの議論にもかなりの示唆を与えてくれるはずであ

る (Stephen Hobden, *International Relations and Historical Sociology*, London, Routledge, 1998, Chapter 6)。

現在、第Ⅲ巻を執筆中のマイケル・マンの挑戦はいまも続いている。

本書の訳出は、猪口孝先生に一九九八年の春、日本国際政治学会の懇親会の折に君塚が依頼されたことに端を発している。何分にも大著であり、出版社の意向もあって森本醇氏との共訳となった。この間にNTT出版の島崎勁一氏には大変なご迷惑をかけてしまった。また、二年前に「日本語版への序文」の原稿をいただいておりながら、今日まで訳書を刊行することができなかった、原著者マイケル・マン先生にはお詫びのしようがない。是非とも日本の読者に宛ててメッセージを書いて欲しいという我が儘な要求を二つ返事で受けてくださり、ユニークで興味深い「序文」を送ってくださったことには感謝するのみである。

数多くの方々からの協力によって刊行あいなった本書が、広く日本の読者諸氏に読まれ、この偉大なるひとりの歴史社会学者の理論が多くの方々の共感を得ることを祈念してやまない次第である。

二〇〇二年七月　　　君塚直隆

歴史を正視することが、「ナショナリズム」への回心ではなくそこからの回心であるような、「国民国家」の絶対化であるよりはその相対化であるような、そんなヴェクトルを本書はもっていて、本書がもたらしてくれる知的利得と情緒的爽快感の源泉は、まずこの点にあると言えるだろう。これはとりわけ日本の今日的状況のなかで感受される利得であり爽快感なのだが、もっとグローバルな圏域、あるいはもっとアカデミックな圏域に与えたインパクトについては、前記わが共訳者の付記にその一端が紹介されている。

著者の語り口は平明かつ率直だが、論旨はきわめてディアレクティックであって決して一筋縄ではない。啓蒙期以後の社会理論を総括的に再検討しながら、その適用可能範囲を厳密に再編成する。誤謬・臆説・教条を排するその論理は、機略と迫力に満ちている。個別的歴史事象へのマニヤックな思い入れからも、理論体系構築願望からもともに慎重に身を引き離しつつ、著者は歴史が示すパターンと非パターンとを見極めようとしているかに見える。頭韻、脚韻、洒落、地口といった、言葉が偶然に示すパターンに対する微笑ましい感応ぶりも、著者のイギリス人気質というよりは、パターン‐非パターンに鋭敏に反応する機知に富んだ能動的精神のタイプを示しているのかもしれない。

著者が秤量しているのは、各時代における社会的な〈力〉の作動《パフォーマンス》ぶりのみならず、たとえばアウグスティヌスやエリザベス女王など、それらの〈力〉を一身に担った個人の奮闘《パフォーマンス》ぶりでもあって、そこににじみ出る共感が本書に歴史記述としての含蓄を与えている。

翻訳はまず君塚直隆氏が作成した訳稿からスタートし、君塚・森本の両名で交互に両三度ずつ推敲しあって仕上げた。したがって、全般に関して両名が共同責任を負っている。

本書で引用されている著書には、巻末の「典拠文献一覧」に掲げた通り、すでに邦訳されているものも数多くあり、訳出にあたってはそれらを参看させていただいたけれども、(聖書を除いて)引用文の措辞・行文は基本的に原著英文からわたしたちが訳したものである。

本書はヴェテラン校正者・小林順氏の校閲を経ている。氏の豊かな経験と細やかな言語センスによる精査はクリアーできたのだが、訳者が犯した錯誤や不行き届きがあれば、大方のご指摘・ご叱正を仰がねばならない。

編集・翻訳の実務でともかくも年季は重ねてきたという資格要件しか持たない私を、この意義ある仕事に起用して下さったのは、NTT出版の島崎勁一氏である。氏はこのような、いわゆるカタイ本の刊行に当たって、ペシミズムのマントを羽織ったり、シニシズムの仮面をかぶったりすることがない。本書の仕上がりが、そんな島崎氏の期待を裏切らなければいいのだが。

そして何よりも敬意と感謝を捧げなければならないのは、このシリーズ企画全体の発案者・推進者・監修者である猪口孝氏と猪口邦子氏である。両氏の広い視野とご尽力がなければ、この本は生まれなかった。

二〇〇二年八月

森本　醇

第15章

アンダーソン　Anderson, P. **1974**. *Passages from Antiquity to Feudalism*. London: New Left Books. 邦訳前出（第１章）.

エルヴィン　Elvin, M. **1973**. *The Pattern of the Chinese Past*. Stanford, Calif.: Stanford University Press.

ゲルナー　Gellner, E. **1981**. *Muslim Society*. Cambridge: Cambridge University Press. 邦訳前出（第11章）。

スコッチポル　Skocpol, T. **1979**. *States and Social Revolutions: A Comparative Analysis of France, Russia and China*. Cambridge: Cambridge University Press. 牟田和恵監訳『現代社会革命論―比較歴史社会学の理論と方法』（東京・岩波書店・2001）.

ティリー　Tilly, C. **1981**. *As Sociology Meets History*. New York: Academic Press.

パーソンズ　Parsons, T. **1968**. *The Structure of Social Action*. 2nd ed. Glencoe, Ill.: Free Press. 邦訳前出（第１章）.

ホール　Hall, J **1985**. *Powers and Liberties*. Oxford: Basil Blackwell.

マクニール　McNeill, W. **1974**. *The Shape of European History*. New York: Oxford University Press.

第16章

ウェーバー　Weber, M. **1968**. *Economy and Society*. 3 vols. Berkeley: University California Press.

カウツキー　Kautsky, J. **1982**. *The Politics of Aristocratic Empires*. Chapel Hill: University of North Carolina Press.

パーソンズ　Parsons, T. **1966**. *Societies: Evolutionary and Comparative Perspectives*. Englewood Cliffs, N.J.: Prentice-Hall.

バリバール　Balibar, E. **1970**. The basic concepts of historical materialism. In *Reading Capital*, ed. L. Althusser and E. Balibar. London: New Left Books. 邦訳前出（第１章アルチュセールとバリバール）。

ホール　Hall, J. **1985**. *Powers and Liberties*. Oxford: Basil Blackwell.

Fontana Economic History of Europe, Vol. 3: The Industrial Revolution, ed. C. Cipolla. London: Fontana.

ヘイル Hale, J.R. **1965**. Gunpowder and the Renaissance. In *From the Renaissance to the Counter-Reformation,* ed. C.H. Carter. New York: Random House.

ヘクシェル Hecksher, E.F. **1955**. *Mercantilism.* 2 Vols. London: Allen & Unwin.

ホールトン Holton, R. **1984**. *The Transition from Feudalism to Capitalism.* London: Macmillan.

ポッジ Poggi, G. **1978**. *The Development of the Modern State.* London: Hutchinson.

1984. *Calvinism and the Capitalist Spirit.* London: Macmillan.

ボニー Bonny, R. **1978**. *Political Change in France under Richelieu and Mazarin.* London: Oxford University Press.

1981. *The King's Debts: Finance and Politics in France, 1589-1661.* Oxford: Clarendon Press.

マーティン Martin, D. **1978**. *A General Theory of Secularisation.* Oxford: Blackwell.

マキューン McKeown, T. **1976**. *The Modern Rise of Population.* London: Arnold.

マクニール McNeil, W.H. **1982**. *The Pursuit of Power.* Oxford: Blackwell.

マン Mann, M. **1980**. State and society, 1130-1815: an analysis of English state finances. In *Political Power and Social Theory,* ed. M. Zeitlin, vol.1. Greenwich, Conn: JAI Press.

ミッチェルとジョーンズ Mitchell, B.R., and H.G. Jones. **1971**. *Second Abstract of British Historical Statistics.* Cambridge: Cambridge University Press.

ミッチェルとディーン Mitchell, B.R., and P. Deane. **1962**. *Abstract of British Historical Statistics.* Cambridge: Cambridge University Press.

ムーニエ Mousnier, R. **1954**. *Les XVIe et XVIIe siècles.* Paris: Presses University de France.

ラデロ・ケサダ Ladero Quesada, M.A. **1970**. Les finances royales de Castille à la veill des temps modernes. *Annales,* 25.

ラング Lang, J. **1975**. *Conquest and Commerce: Spain and England in the Americas.* New York: Academic Press.

リグリィとスコフィールド Wrigley, E.A., and R.S. Schofield. **1981**. *The Population History of England, 1541-1871.* London: Edward Arnold.

ルース Lousse, E. **1964**. Absolutism. In *The Development of the Modern State,* ed. H. Lubasz. London: Collier-Macmillan.

ルブリンスカヤ Lublinskaya, A.D. **1968**. *French Absolutism: the Crucial Phase, 1620-1629.* Cambridge: Cambridge Unversity Press.

レイン Lane, F.C. **1966**. *Venice and History.* Baltimore: Johns Hopkins University Press.

ロー Law, R. **1976**. Horses, firearms and political power in pre-colonial West Africa. *Past and Present,* 72.

ローゼンバーグ Rosenberg, H. **1958**. *Bureaucracy, Aristocracy and Autocracy: The Prussian Experience 1660-1815.* Cambridge, Mass.: Harvard University Press.

ロバーツ Roberts, M. **1967**. The Military Revolution 1560-1660. In Roberts, *Essays in Swedish History.* London: Weidenfeld & Nicolson.

1972. *The Army of Flanders and the Spanis Road 1567–1659*. Cambridge: Cambridge Unversity Press.

1974. The emergence of modern finance in Europe, 1500–1730. In *The Fontana Economic History of Europe: The Middle Ages*, ed. C.M. Cipolla. London: Fontana.

ハートウェル　Hartwell, R.M. **1967**. *The Causes of the Industrial Revolution in England*. London: Methuen.

バソウ　Batho, G.R. **1957**. The finances of an Elizabethan nobleman: Henry Percy, 9th earl of Northumberland (1564–1632). *English Historical Review*, 9.

パリー　Parry, J. H. **1973**. *The Age of Reconnaissance: Discovery, Exploration and Settlement 1450–1650*. London: Sphere Books.

1974. *Trade and Dominion: European Overseas Empires in the Eighteenth Century*. London: Sphere Books.

ハワード　Howard, M. **1967**. *War in European History*. London: Oxford University Press.

ハンソン　Hanson, D.W. **1970**. *From Kingdom to Commonwealth: the Development of Civic Consciousness in English Political Thought*. Cambridge, Mass.: Harvard University Press.

ビーア　Beer, A. de. **1877**. *Die Finanzen Ostereiches*. Prague.

ビーン　Bean, R. **1973**. War and the birth of the nation-state. *Journal of Economic History*, 33.

ヒル　Hill, C. **1980**. *Some Intellectual Consequences of the English Revolution*. London: Weidenfeld & Nicolson.

ヒンツェ　Hintze, O. **1975**. *The Historical Essays of Otto Hintze*, ed. F. Gilbert. New York: Oxford University Press.

ファークツ　Vagts, A. **1959**. *A History of Militarism*. Glencoe, Ill.: Free Press. 望田幸男訳『ミリタリズムの歴史―文民と軍人』(東京・福村出版・1994)。

ファイナー　Finer, S. **1975**. State and nation-building in Europe: the role of the military. In *The Formation of National States in Western Europe*, ed. C. Tilly. Princeton, N.J.: Princeton University Press.

フィンチ　Finch, M. **1956**. *The Wealth of Five Northamptonshire Families, 1540–1640*. London: Oxford University Press.

フェルプス＝ブラウンとホプキンズ　Phelps-Brown, E.H., and S. V. Hopkins. **1956**. Seven centuries of the price of consumables. *Economica*, 23.

フォーカスとギリンガム　Falkus, M., and J. Gillingham. **1981**. *Historical Atlas of Britain*. London: Grisewood and Dempsey. 中村英勝ほか訳『イギリス歴史地図』(東京・東京書籍・1983, 1990)。

ブラウン　Braun, R. **1975**. Taxation, sociopolitical structure and state-building: Great Britain and Brandenburg Prussia. In *The Formation of National States in Western Europe*, ed. C. Tilly. Princeton, N.J.: University Press.

ブラウン　Brown, D.M. **1948**. The impact of firearms on Japanese warfare, 1543–98. *Far Eastern Quarterly*, 7.

フルブルック　Fulbrook, M. **1983**. *Piety and Politics: Religion and the Rise of Absolutism in England, Württemberg and Prussia*. Cambridge: Cambridge University Press.

ブルュレ　Brulez, W. **1970**. The balance of trade in the Netherlands in the middle of the sixteenth century. *Acta Historiae Neerlandica*, 4.

ベアロク　Bairoch, P. **1973**. Agriculture and the industrial revolution, 1700–1914. In *The*

African History, 13.

スワート　Swart, K. **1949**. *The Sale of Offices in the Seventeenth Century.* The Hague: Nijhoff.

ソローキン　Sorokin, P.A. **1962**. *Social and Cultural Dynamics,* vol. III. New York: Bedminister Press.

ダフィー　Duffy, C. **1974**. *The Army of Frederick the Great.* Newton Abbot, England: David & Charles.

1979. *Siege Warfare.* London: Routledge & Kegan Paul.

チポラ　Cipolla, C.M. **1965.** *Guns and Sails in the Early Phase of European Expansion 1400-1700.* London: Collins. 邦訳前出（第13章）

チョウドリー　Chaudhuri, K.N. **1981**. The English East India Company in the 17th and 18th centuries: a pre-modern multinational organization. In *Companies and Trade,* ed. L. Blussé and F. Gaastra. London: University of London Press.

ディーツ　Dietz, F.C. **1918**. Finances of Edward VI and Mary. *Smith College Studies in History,* 3.

1923. The Exchequer in Elizabeth's reign. *Smith College Studies in History,* 8.

1928. The receipts and issues of the Exchequer during the reign of James I and Charles I. *Smith College Studies in History,* 13.

1932. English public finance and the national state in the sixteenth century. In *Facts and Figures in Economic History,* essays in honor of E.F. Gray. Cambridge, Mass.: Harvard University Press.

1964a. *English Government Finance 1485-1558.* London: Cass.

1964b. *English Public Finance 1558-1641.* London: Cass.

ディーン　Deane, P. **1955**. The implications of early national income estimates. *Economic Development and Cultural Change,* 4.

ディーンとコール　Deane, P., and W.A. Cole. **1967**. *British Economic Growth 1688-1959: Trends and Structure.* Cambridge: Cambridge University Press.

デイヴィス　Davis, R. **1969a**. English foreign trade, 1660-1770. In *The Growth of English Overseas Trade in the Seventeenth and Eighteenth Centuries,* ed. W.E. Minchinton. London: Methuen.

1969b. English foreign trade, 1700-1779. In *The Growth of English Overseas Trade in the Seventeenth and Eighteenth Centuries,* ed. W.E. Minchinton. London: Methuen.

1973. *The Rise of the Atlantic Economies.* Ithaca, N.Y.: Cornell University Press.

デント　Dent, J. **1973**. *Crisis in France: Crown, Finances and Society in Seventeenth Century France,* Newton Abbot, England: David & Charles.

ドーン　Dorn, W. **1963**. *Competition for Empire 1740-1763.* New York: Harper & Row.

トムソン　Thompson, I. **1980**. *War and Government in Habsburg Spain, 1560-1620.* London: Athlone Press.

ドルヴァルト　Dorwart, R. A. **1971**. *The Prussian Welfare State Before 1740.* Cambridge, Mass.: Harvard University Press.

ノースとトマス　North, D.C. and R.P. Thomas. **1973**. *The Rise of the Western World: A New Economic History.* Cambridge: Cambrdige University Press. 邦訳前出（第12章）.

パーカー　Parker, G. **1970**. Spain, her enemies and the revolt of the Netherlands 1559-1648. *Past and Present,* 49.

1965. State and nation in western Europoe. *Past and Present,* 31.
グールド　Gould, J.D. **1972**. *Economic Growth in History*. London: Methuen.
グディ　Goody, J. **1971**. *Technology, Tradition and the State in Africa*. London: Oxford University Press.
クラフツ　Crafts, N.F.R. **1975**. English economic growth in the eighteenth century: a re-examination of Deane and Cole's estimates. *Warwick University Economic Research Papers,* 63.
グリーリィ　Greeley, A.M. **1973**. *The Persistence of Religion*. London: SCM Press.
クレヴェルド　Creveld, M. van. **1977**. *Supplying War: Logistics from Wallenstein to Patton*. Cambridge: Cambridge University Press. 佐藤佐三郎訳『補給戦―ナポレオンからパットン将軍まで』(東京・原書房・1981)。
クレシー　Cressy, D. **1981**. Levels of illiteracy in England, 1530-1730. In *Literacy and Social Development in the West: A Reader,* ed. H.J. Graff. Cambridge: Cambridge University Press.
コールマン　Coleman, D.C. (ed.). **1969**. *Revisions in Mercantilism*. London: Methuen.
シーリー　Seeley, J.R. **1968**. *Life and Times of Stein*. 2 vols. New York: Greenwood Press.
シャーマ　Scharma, S. **1977**. *Patriots and Liberators: Revolution in the Netherlands, 1780-1813*. London: Collins.
シャボー　Chabod, F. **1964**. Was there a Renaissance state, In *The Development of the Modern State,* ed. H. Lubasz. London: Collier-Macmillan.
シャンダマン　Chandaman, C.D. **1975**. *The English Public Revenue 1660-88*. Oxford: Clarendon Press.
シュムペーター　Schumpeter, E.B. **1960**. *English Overseas Trade Statistics, 1697-1808*. Oxford: Clarendon Press.
ジョーダン　Jordan, W.K. **1969**. *Philanthropy in England, 1480-1660,* London: Allen & Unwin.
ジョーンズ　Jones, E.L. **1967**. Agriculture and economic growth in England, 1660-1750: agricultural change. In *Agriculture and Economic Growth in Engand, 1650-1815,* ed. E.L. Jones. London: Methuen.
ジョン　John, A.H. **1967**. Agricultural productivity and economic growth in England, 1700-1760. In *Agriculture and Economic Growth in England: 1650-1815,* ed. E.L. Jones. London: Methuen.
1969. Aspects of English economic growth in the first half of the eighteenth century. In *The Growth of English Overseas Trade,* ed. W. E. Minchinton. London: Methuen.
スコフィールド　Schofield, R.S. **1963**. Parliamentary lay taxation 1485-1547. Ph. D. thesis, University of Cambridge.
スティーンスガード　Steensgaard, N. **1981**. The companies as a specific institution in the history of European expansion. In *Companies and Trade,* ed. L. Blussé and F. Gaastra. London: London University Press.
ストーン　Stone, L. **1949**. Elizabethan overseas trade. *Economic History Review,* ser. 2, vol. 2.
1965. *The Crisis of the Aristocracy 1558-1641*. London: Oxford University Press.
1973. *Family and Fortune: Studies in Aristocratic Finance in the Sixteenth and Seventeenth Centuries*. Oxford Clarendon Press.
スモルデイン　Smaldane, J.P. **1972**. Firearms in the central Sudan: a reevaluation. *Journal of*

centuries. In *War and Economic Development,* ed. J.M. Winter. Cambridge: Cambridge University Press.

ミルズとジェンキンソン　Mills, M.H., and C.H. Jenkinson. **1928**. Rolls from a sheriff's office of the fourteenth century. *English Historical Review,* 43.

ラシュドール　Rashdall, H. **1936**. *The Universities of Europe in the Middle Ages,* 3 vols. Oxford: Clarendon Press. 横尾壮英訳『大学の起源—ヨーロッパ中世大学史』3冊（東京・東洋館出版社・1968-70）.

ラムゼー　Ramsay, J.H. **1920**. *Lancaster and York.* Oxford: Clarendon Press.

1925. *A History of the Revenues of the Kings of England 1066-1399.* 2 vols. Oxford: Clarendon Press.

ル＝ロワ＝ラデュリ　Le Roy Ladurie, E. **1966**. *Les Paysans de Languedoc,* Paris: SEUPEN.

ルイス　Lewis, P.S. **1968**. *Later Medieval France—the Polity.* London: Macmillan.

レイ　Rey, M. **1965**. *Les finances royales sous Charles VI.* Paris: SEUPEN.

レイン　Lane, F.C. **1966**. The economic meaning of war and protection. In *Venice and History,* ed. Lane. Baltimore: Johns Hopkins University Press.

ロイド　Lloyd, T.H. **1982**. *Alien Merchants in England in the High Middle Ages.* Brighton: Harvester.

第14章

アーダント　Ardant, G. **1975**. Financial policy and economic infrastructure of modern states and nations. In *The Formation of National States in Western Europe,* ed. C. Tilly. Princeton, N. J.: Princeton University Press.

アメリカ合衆国国勢調査局　U.S. Bureau of the Census. **1975**. *Historical Statistics of the United States.* Bicentennial ed. pt. 2. Washington, D.C.: Government Printing Office.

アンダーソン　Anderson, P. **1974**. *Lineages of the Absolutist State.* London: New Left Books.

ウォーラーステイン　Wallerstein, I. **1974**. *The Modern World System.* New York: Academic Press. 邦訳前出（第1章）.

ウルフ　Wolffe, B.P. **1971**. *The Royal Demesne in English History.* London: Allen & Unwin.

エヴァズリー　Eversley, D.E.C. **1967**. The home market and economic growth in England, 1750-80. In *Land, Labour and Population in the Industrial Revolution,* ed. E.L. Jones and G.E. Mingay. London: Arnold.

エルトン　Elton, G. R. **1955**. *England Under the Tudors.* London: Methuen.

1975. Taxation for war and peace in early Tudor England. In *War and Economic Development,* ed. J.M. Winter. Cambridge: Cambridge University Press.

1979. Parliament in the sixteenth century: function and fortunes. *Historical Journal,* 22.

オウスウェイト　Outhwaite, R.B. **1969**. *Inflation in Tudor and Early Stuart England.* London: Macmillan. 中野忠訳『イギリスのインフレーション—テュダー初期スチュアート期』（東京・早稲田大学出版部・1996）.

カーステン　Carsten, F. L. **1959**. *Princes and Parliaments in Germany.* Oxford: Clarendon Press.

キールナン　Kiernan, V.G. **1957**. Foregin mercenaries and absolute monarchy. *Past and Present,* 11.

ヒンツェ　Hintze, O. **1975**. *The Historical Essays of Otto Hintze,* ed. F. Gilbert. New York: Oxford University Press.

ファーマー　Farmmer, D.L. **1956**. Some price fluctuations in Angevin England. *Economic History Review,* 9.

1957. Some grain prices movements in 13th century England. *Economic History Review,* 10.

ファイナー　Finer, S.E. **1975**. State and nationbuilding in Europe; the role of the military. In *The Formation of National States in Western Europe,* ed. C. Tilly. Princeton. N.J.: Princeton University Press.

ファウラー　Fowler, K. (ed). **1971**. *The Hundred Years' War.* London: Macmillan.

1980. *The Age of Plantagenet and Valois.* London: Ferndale Editions.

プーランツァス　Poulantzas, N. **1972**. *Pouvoir politiue et classes sociales.* Paris: Maspéro. 邦訳前出（第1章）.

プール　Poole, A.L. **1951**. *From Domesday Book to Magna Carta.* Oxford: Clarendon Press.

フェルプス＝ブラウンとホプキンズ　Phelps-Brown, E. H., and S.V. Hopkins. **1956**. Seven centuries of the price of consumables. *Economica,* 23.

フェルブルッゲン　Verbruggen, J. F. **1977**. *The Art of Warfare in Western Europe during the Middle Ages.* Amsterdam: North-Holland.

ブラウン　Braun, R. **1975**. Taxation, sociopolitical structure and state-building: Great Britain and Brandenburg-Prussia. In *The Formation of National States in Western Europe,* ed. C. Tilly. Prenceton, N.J.: Princeton University Press.

ブローデル　Braudel, F. **1973**. *Capitalism and Material Life.* London: Weidenfeld & Nicolson. 村上光彦ほか訳『物質文明・経済・資本主義15-18世紀』6分冊（東京・みすず書房・1985-99）.

ペインター　Painter, S. **1951**. *The Rise of the Feudal Monarchies.* Ithaca, N.Y.: Cornell University Press.

ヘンネマン　Henneman, J.B. **1971**. *Royal Taxation in Fourteenth-century France:* Princeton, N. J.: Princeton University Press.

ポウイック　Powicke, M. **1962**. *The Thirteenth Century.* Oxford: Clarendon Press.

ボウスキー　Bowsky, W.M. **1970**. *The Finances of the Commune of Siena, 1287-1355.* Oxford: Clarendon Press.

ホワイト　White, L., Jr. **1972**. The Expansion of Technology 500-1500. In *The Fontana Economic History of Europe: The Middle Ages,* ed. C.M. Cipolla. London: Fontana.

マキザック　Mackisack, M. **1959**. *The Fourteenth Century.* Oxford: Clarendon Press.

マクファーレン　McFarlane, K.B. **1962**. England and Hundred Years' War. *Past and Present,* 22.

1973. *The Nobility of Later Medieval England.* Oxford: Clarendon Press.

マリ　Murray, A. **1978**. *Reason and Society in the Middle Ages.* Oxford: Clarendon Press.

マン　Mann, M. **1980**. State and soceity, 1130-1815: an analysis of English state finances. In *Political Power and Social Theory,* vol. I, ed. M. Zeitlin. Greenwich, Conn.: JAI Press.

ミラー　Miller, E. **1972**. Government Economic Policies and Public Finance, 1000-1500. In *The Fontana Economic History of Europe: The Middle Ages,* ed. C.M. Cipolla. London: Fontana.

1975. War, taxation and the English economy in the late thirteenth and early fourteenth

クライムズ　Chrimes, S.B. **1966**. *An Introduction to the Administrative History of Medieval England*. Oxford: Blackwell. 小山貞夫訳『中世イングランド行政史概説』（東京・創文社・1985）.

クランシー　Clanchy, M.T. **1981**. Literate and illiterate; hearing and seeing: England 1066-1307. In *Literacy and Soical Development in the West: A Reader,* ed. H.J. Graff. Cambridge: Cambridge University Press.

クレシー　Cressy, D. **1981**. Levels of illiteracy in England 1530-1730. In *Literacy and Social Development in the West: A Reader,* ed. H.J. Graff, Cambridge: Cambridge University Press.

ケアルス＝ウィルソンとコールマン　Carus-Wilson, E.M., and O. Coleman. **1963**. *England's Export Trade 1275-1547*. Oxford: Clarendon Press.

ジューエル　Jewell, H.M. **1972**. *English Local Administration in the Middele Ages:* Newton Abbot, England: David & Charles.

スティール　Steel, A. **1954**. *The Receipt of the Exchequer 1377-1485*. Cambridge: Cambridge University Press.

ストレイヤー　Strayer, J.R. **1970**. *On the Medieval Origins of the Modern State*. Princeton, N.J.: Princeton University Press. 鷲見誠一訳『近代国家の起源』（東京・岩波書店〔岩波新書〕・1975）.

ストレイヤーとホウルト　Strayer, J.R., and C.H. Holt **1939**. *Studies in Early French Taxation*. Cambridge, Mass.: Harvard University Press.

ソローキン　Sorokin, P.A. **1962**. *Social and Cultural Dynamics,* vol.III. New York: Bedminster Press.

タウト　Tout, T.F. **1920-33.** *Chapters in the Administrative History of Medieval England*. 6. vols. Manchester: Manchester University Press.

タウトとブルーム　Tout, T.F., and D. Broome. **1924**. A National Balance-Sheet for 1362-3. *English Historical Review,* 39.

タックマン　Tuchman, B.W. **1979**. *A Distant Mirror: The Calamitous Fourteenth Century*. Harmondworth, England: Penguin Books.

チポラ　Cipolla, C. **1965**. *Guns ans Sails in the Early Phase of European Expansion 1400-1700*. London: Collins. 大谷隆昶訳『大砲と帆船―ヨーロッパの世界制覇と技術革新』（東京・平凡社・1996）.

1969. *Literacy and Development in the West*. Harmondsworth, England: Penguin Books. 佐田玄治『読み書きの社会史―文盲から文明へ』（東京・御茶の水書房・1983）.

ティリー　Tilly, C. (ed.). **1975**. *The Formation of National States in Western Europe*. Princeton, N.J.: Princeton University Press.

ド・ラ・ロンシエール　Roncière, C.M. de la **1968**. Indirect taxes of "Gabells" at Florence in the fourteenth century. In *Florentine Studies,* ed. N. Rubinstein. Evanston, Ill.: Northwestern University Press.

ハリス　Harris, G.L. **1975**. *King, Parliament and Pubulic Finance in Medieval England to 1369*. Oxford: Clarendon Press.

パレほか　Paré, G., et. al. **1933**. *La renaissance du xiie siècle: les écoles et l'enseignement*. Paris and Ottawa: Urin and Institut des Etudes Mediévales.

ハワード　Howard, M. **1976**. *War in European History*. London: Oxford University Press.

マクニール　McNeill, W. **1963**. *The Rise of the West.* Chicago: University of Chicago Press.

マクファーレン　McFarlane, A. **1978**. *The Origins of Englisn Individualism:* Oxford: Blackwell. 酒田利夫訳『イギリス個人主義の起源―家族・財産・社会変化』（東京・リブロポート・1990）.

マケヴィディとジョーンズ　McEvedy, C., and R. Jones, **1978**. *Atlas of world Population History.* Harmondsworth, England: Penguin Books.

マルクス　Marx, K. **1972**. *Capital,* vol. III London: Lawrence & Wishart. 『資本論』最近時の邦訳刊行はマルクス＝エンゲルス全集刊行委員会訳（東京・大月書店・1968），向坂逸郎訳（東京・岩波書店・1967），長谷部文雄訳（東京・角川書店〔角川文庫〕・1962）など.

ラッセル　Russell, J.C. **1948**. *British Medieval Population.* Albuquerque: University of New Mexico Press.

ラングランド　Langland, W. **1966**. *Piers the Ploughman.* Harmondsworth, England: Penguin Books. 池上忠弘訳『農夫ピアズの幻想』（東京・中央公論社〔中公文庫〕・1993）.

リグリィとスコフィールド　Wrigley, E.A., and R.S. Schofiled. **1981**. *The Population History of England, 1541-1871.* London: Arnold.

ル＝ロワ＝ラデュリ　Le Roy Ladurie, E. **1980**. *Montaillou.* Hormondsworth, England: Penguin Books. 井上幸治ほか訳『モンタイユー―ピレネーの村1294〜1324』上・下（東京・刀水書房・1990-91）.

レイトン　Leighton, A.C. **1972**. *Transport and Communication in Early Medieval Europe.* Newton Abbot, England: David & Charles.

レナード　Lennard, R. **1959**. *Rural England 1086-135.* London: Oxford University Press.

ロイド　Lloyd, T.H. **1982**. *Alien Merchants in England in tne High Middle Ages.* Brighton: Harvester Press.

第13章

アーダント　Ardant, G. **1975**. Financial policy and economic infrastructure of modern states and nations: In *The Formation of National States in Western Europe,* ed. C. Tilly. Princeton, N.J.: Princeton University Press.

アームストロング　Armstrong, C.A.J. **1980**. *England, France and Burgundy in the Fifteenth Century,* London: Hambledon Press.

イニス　Innis, H. **1950**. *Empire and Communications.* Oxford: Clarendon Press.

ウェイリー　Waley, D.P. **1968**. The Army of the Florentine Republic from the twelfth to the fourteenth centuries. In *Florentine Studies,* ed. N. Rubinstein. Evanston, Ill.: Northwestern University Press.

ヴォーン　Vaughan, R. **1973**. *Charles the Bold.* London: Longman.

1975. *Valois Burgundy.* London: Allen Lane.

ウルフ　Wolfe, M. **1972**. *The Fiscal System of Renaissance France.* New Haven, Conn.: Yale University Press.

ウルフ　Wolffe, B.P. **1971**. *The Royal Demesne in English History.* London: Allen & Unwin.

カルテリエリ　Cartellieri, O. **1970**. *The Court of Burgundy.* New York: Haskell House Pubulishers.

キールナン　Kiernan, V.G. **1965**. State and nation in western Europe. *Past and Present,* 31.

Economic History. Cambridge: Cambridge University Press. 速水融ほか訳『西欧世界の勃興―新しい経済史の試み』（京都・ミネルヴァ書房・1980，1994）.
バーク　Burke, P. **1979**. *Popular Culture in Early Modern Europe.* London: Temple Smith. 中村賢二郎ほか訳『ヨーロッパの民衆文化』（京都・人文書院・1988）.
バーリー　Barley, M.W. (ed.). **1977**. *European Towns: Their Archaeology and Early History.* London: Academic Press.
ハジナル　Hajnal, J. **1965**. European marriage patterns in perspective. In *Population in History,* ed. D.V. Class and D.E.C. Eversley. London :Arnold.
バナジ　Banaji, J. **1976**. The peasantry in the feudal mode of production: towards an economic model. *Journal of Peasant Studies,* vol. 3.
ヒルトン　Hilton, R. **1976**. *The Transition from Feudalism to Capitalism.* London: New left Books. 大阪経済法科大学経済研究所訳『封建制から資本主義への移行』（東京・柘植書房・1982）.
ヒンツェ　Hintze, O. **1968**. The nature of feudalism. In *Lordship and Community in Medieval Europe.* ed. F.L. Cheyett. New York: Holt, Rinehart & Winston.
ヒンデスとハースト　Hindess, B., and P.Q. Hirst, **1975**. *Pre-capitalist Modes of Production.* London: Routledge & Kegan Paul.
フェルブルッゲン　Verbruggen, J.F. **1977**. *The Art of Warfare in Western Europe during the Middle Ages.* Amsterdam: North-Holland.
ブラウン　Brown, P. **1981**. *The Cult of the Saints,* London: SCM Press.
ブリッドベリ　Bridbury, A. R. **1975**. *Economic Growth: England in the Later Middle Ages.* London: Harvester Press.
ブルックス　Brutzkus, J. **1943**. Trade with Eastern Europe, 800–1200. *Economic History Review,* 13.
ブレナー　Brenner, R. **1976**. Agrarian class structures and economic development in preindustrial Europe. *Past and Present,* 76.
ブロック　Bloch, M. **1962**. *Feudual Society.* London: Routledge & Kegan Paul. 堀米庸三監訳『封建社会』（東京・岩波書店・1995）.
1967. *Land and work in Medieval Europe.* London: Routledge & Kegan Paul.
ブロノフスキー　Bronowski, J. **1973**. *The Ascent of Man.* Boston: Little, Brown. 平野敬一ほか訳『人類の上昇』（東京・朝日出版社・1976）.
ペインター　Painter, S. **1943**. *Studies in the History of the English Feudal Barony.* Baltimore: Johns Hopkins University Press.
ホールトン　Holton, R. **1984**. *The Transition from Feudalism to Capitalism.* London: Macmillan.
ホジン　Hodgen, M.T. **1939**. Domesday water mills. *Antiquity,* vol. 13.
ポスタン　Postan, M. **1975**. *The Medieval Economy and Society.* Harmondsworth, England: Penguin Books. 保坂栄一ほか訳『中世の経済と社会』（東京・未来社・1983）.
ホッジズ　Hodges, R. **1982**. *Dark Age Economics.* London: Duckworth.
ホワイト　White, L., Jr. **1963**. What accelerated technological progress in the Western Middle Ages. In *Scientific Change,* ed. A.C. Crombie, New York: Basic Books.
1972. The Expansion of Technology 500–1500. In *The Fontana Economic History of Europe: The Middle Ages,* ed. C.M. Cipolla. London: Fontana.

第12章

アバークロンビーとヒルとターナー　Abercrombie, N., S. Hill, and B. Turner. **1980**. *The Dominant Ideology Thesis*. London: Allen & Unwin.

アンダーソン　Anderson, P. **1974a**. *Passages from Antiquity to Feudalism*. London: New Left Books. 邦訳前出（第1章）.

1974b. *Lineages of the Abosolutist State*. London: New Left Books.

カウドリー　Cowdrey, H. **1970**. The Peace and the Truce of God in the eleventh century. *Past and present,* no. 46.

ギンズブルグ　Ginzgurg, C. **1980**. *The Cheese and the Worms: The Cosmos of a Sixteenth-century Miller*. London: Routledge & Kegan Paul. 杉山光信訳『チーズとうじ虫―16世紀の一粉挽屋の世界像』（東京・みすず書房・1995）.

グディ　Goody, J. **1983**. *The Development of the Family and Marriage in Europe*. Cambridge: Cambridge University Press.

サザーン　Southern, R.W. **1970**. *Western Society and the Church in the Middle Ages*. London: Hodder & Stoughton.

シェナン　Shennan, J.H. **1974**. *The Origins of the Modern European State 1450-1725*. London: Hutchinson.

ショーニュ　Chaunu, P. **1969**. *L'expansion européenne du XIII e au XV e siècle*. Paris: Presses Universitaires de France.

ジョーンズ　Jones, E.L. **1981**. *The European Miracle*. Cambridge: Cambridge University Press.

スウィージー　Sweezy, P. **1976**. A critique. In *The Transition from Feudalism to Capitalism,* ed. R. Hilton. London: New Left Books. 邦訳後出ヒルトンを見よ.

スリッヘル・ファン・バート　Slicher van Bath, B.H. **1963**. Yield ratios, 810-1820. *A.A.G. Bijdragen,* 10.

タカハシ（高橋幸八郎）　Takahashi, K. **1976**. A contribution to the discussion. In *The Transition from Feudalism to Capitalism,* ed. R. Hilton. London: New Left Books. 邦訳後出ヒルトンを見よ.

タックマン　Tuchman, B.W. **1979**. *A Distant Mirror: The Calamitous Fourteenth Century*. Harmondsworth, England: Penguin Books.

チポラ　Cipolla, C.M. **1976**. *Before the Industrial Revolution*. London: Methuen.

デュビィ　Duby, G. **1974**. *The Early Growth of the European Economy: Warriors and Peasants from the Seventh to the Twelfth Centuries*. London: Weidenfeld & Nicolson.

ドッブ　Dobb, M. **1946**. *Studies in the Development of Capitalism*. London: Routledge. 京大近代史研究会訳『資本主義発展の研究』第1・第2（東京・岩波書店・1954-55）.

1976. A reply. From feudalism to capitalism. In *The Transition from Feudalism to Capitalism,* ed. R. Hilton. London: New Left Biooks. 邦訳後出ヒルトンを見よ.

トレヴァー＝ローパー　Trevor-Roper, H. **1965**. *The Rise of Christian Europe*. London: Thames & Hudson.

ニーダム　Needham, J. **1963**. Poverties and truimphs of Chinese scientific tradition. In *Scientfic Change,* ed. A.C. Crombie. New York: Basic Books.

ノースとトマス　North, D.C., and R.P. Thomas. **1973**. *The Rise of the Western World: A New*

サラスワティ　Saraswati, B. **1977**. *Brahmanic Ritual Traditions in the Crucible of Times.* Simla: Indian Institute of Adavanced Study.

ジャクソン　Jackson, A. **1907**. Note on the history of the caste system. *Journal of the Asiatic Society of Bengal,* new series, 3.

シャルマ　Sharma, R.S. **1965**. *Indian Feudalism: c. 300-1200.* Calcutta: Calcutta University Press.

1966. *Light on Early Indian Society and Economy.* Bombay: Manaktalas.

シュリーニヴァス　Srinivas. M. N. **1957**. Caste in modern India. *Journal of Asian Studies,* 16.

ターパル　Thapar, R. **1966**. *A History of India,* vol. I, Harmondsworth, England. Penguin Books. 辛島昇ほか訳『インド史』1・2（東京・みすず書房・1970-72）.

チャットーパーディヤーヤ　Chattopadhyaya, D. **1976**. Sources of Indian idealism. In *History and Society: Essays in Honour of Professor Nohananjan Ray.* Calcutta: Bagchi.

デュモン　Dumont, L. **1972**. *Homo Hierarchicus.* London: Paladin. 田中雅一ほか訳『ホモ・ヒエラルキクス―カースト体系とその意味』（東京・みすず書房・2001）.

デュモンとポコック　Dumont, L., and D.F. Pocock. **1957**. For a sociology of India. *Contributions to Indian Sociology,* I.

ハットン　Hutton, J.H. **1946**. *Caste in India: Its Nature, Function and Origins.* Cambridge: Cambridge University Press.

バナージー　Bannerjee, P. **1973**. *Early Indian Religions.* Delhi: Vikas.

パリー　Parry, J.H. **1979**. *Caste and Kinship in Kangra.* London: Routledge & Kegan Paul.

1980. Ghosts, greed and sin. *Man,* new series, 15.

1984. The text in context. Unpublished paper.

ヒースターマン　Heesterman, J.C. **1971**. Priesthood and the Brahmin. *Contributions to Indian Soiciology,* new series, 5.

ブーグレ　Bouglé, C. **1971**. *Essays on the Caste System.* Cambridge: Cambridge University Press.

ベテーユ　Béteille, A. **1969**. *Castes: Old and New,* London: Asia Publishing House.

ホウルトほか　Holt, P.M. et al. (eds.). **1977**. *The Cambridge History of Islam,* esp. Vol. 1A, *The Central Islamic Land, from Pre-Islamic Times to the First World War,* parts I and II. Cambridge: Cambridge University Press.

ホカート　Hocart, A.H. **1950**. *Caste: A Comparative Study.* London: Methuen.

マジュムダール　Majumdar, E.C. (e.d.). **1951**-. *The History and Culture of the Indian People,* vol.I, *The Vedic Age.* London: Allen & Unwin 1951. Vol. II, *The Age of Imperial Unity.* Bombay: Bhavan, 1954. Vol. V, *The Struggle for Empire.* Bombay: Bhavan. 1957.

ミラー　Miller, E.J. **1954**. Caste and territory in Malabar. *American Anthropologist,* 56.

レヴィ　Levy, R. **1957**. *Social Strucure of Islam: The Sociology of Islam.* Cambridge: Cambridge University Press.

ロダンソン　Rodinson, M. **1971**. *Mohammed.* London: Allen Lane.

ワグル　Wagle, N. **1966**. *Society at the Time of the Buddha.* Bombay: Popular Prakashan.

ワット　Watt, M.W. **1953**. *Muhammad at Mecca.* Oxford: Clarendon Press.

1956. *Muhammad at Medina.* Oxford: Clarendon Press.

1961. *Islam and the Integration of Society.* London: Routledge.

マクニール　McNeill, W. **1963**. *The Rise of the West.* Chicago: University of Chicago Press.
マクマレン　MacMullen, R. **1966**. *Enemies of the Roman Order.* Cambridge, Mass.: Harvard University Press.
マロウ　Marrou, H. **1956**. *A History of Education in Antiquity.* London: Sheed & Ward.
ムルスリリョ　Mursurillo, H. **1972**. (ed.). *The Acts of the Christian Martyrs: Texts and Translations.* London: Oxford University Press.
モミリアーノ　Momigliano, A. **1971**. Popular religious beliefs and the late Roman historians. *Studies in Church History,* vol.8.
ヨナス　Jonas, H. **1963**. The social background of the struggle between paganism and Christianity. In *The Conflict between Paganism and Christianity in the Fourth Century,* ed. A. Momigliano. Oxford: Clarendon Press.
ラトゥレット　Latourette, K.S. **1938**. *A History of the Expansion of Christianity,* Vol.I, *The First Five Centuries.* London: Eyre & Spottiswoode. 小黒薫訳『キリスト教の歩み』第１・第２（東京・新教出版社・1968).
リー　Lee, C.L. **1972**. Social unrest and primitive Christianity. In *Early Church History: The Roman Empire as the Setting of Primitive Christianity,* ed. S. Benko and J.J. O'Rourke. London: Oliphants. ベンコ編・新田一郎訳『原始キリスト教の背景としてのローマ帝国』(東京・教文館・1989).
リーベシュッツ　Liebeschutz, W. **1979**. Problems arising from the conversion of Syria. *Studies in Church History,* 16.
レイク　Lake, K. **1912**. *The Apostolic Fathers,* vol.I. Trans. K. Lake. London: Heinemann.

第11章

ヴィダール　Vidal, G. **1981**. *Creation.* London: Heinemann.
ウェイリー　Waley, A. **1938**. *The Analects of Confucius.* London: Allen & Unwin.
ウェーバー　Weber, M. **1951**. *The Religion of China.* Glencoe, Ill.: Free Press. 木全徳雄訳『儒教と道教』(東京・創文社・1971).
1958. *The Religion of India.* New York: Free Press. 深沢宏訳『ヒンドゥー教と仏教』(東京・日貿出版社・1983).
エンジニア　Engineer, A.A. **1980**. *The Islamic State,* Delhi: Vikas.
カーヴ　Karve, I. **1968**. *Hindu Society: An Interpretation.* Poona, India: Deshmukh.
カーエン　Cahen, C. **1970**. *L'Islam: des origines au debut de I'Empire Ottoman,* Paris: Bordas.
グアリー　Ghurye, G.S. **1961**. *Class, Caste and Occupation.* Bombay: Popular Book Depot.
1979. *Vedic India.* Bombay: Popular Prakeshan.
グディ　Goody, J. (ed.) **1968**. *Literacy in Traditional Societies.* Cambridge: Cambridge University Press.
クリール　Greel, H.G. **1949**. *Confucius: The Man and the Myth.* New York: John Day. 田島道治訳『孔子―その人とその伝説』(東京・岩波書店・1961).
ゲルナー　Gellner. E. **1981**. *Muslim Society.* Cambridge: Cambridge University Press. 宮治美江子ほか訳『イスラム社会』(東京・紀伊國屋書店・1991).
コーン　Cohn, B.S. **1959**. Law and change (some notes on) in North India: *Economic Development and Cultural Change,* 8.

1969. *The Goths in Spain*. Oxford: Clarendon Press.
トムソン　Thompson, J.W. **1957**. *The Medieval Library*. New York: Harper.
トレルチ　Troeltsch. E. **1931**. *The Social Teaching of the Christian Churches*. London: Allen & Unwin. 高野晃兆訳『古代キリスト教の社会教説』(東京・教文館・1999).
ニール　Neill, S. **1965**. *Chistian Missions,* Harmondsworth, England: Penguin Books.
ノック　Nock, A.D. **1964**. *Early Gentile Christianity and its Hellenistic Background*. New York: Harper & Row.
バウアー　Bauer, W. **1971**. *Orthodoxy and Heresy in Earliest Christianity*. Philadelphia: Fortress Press.
ハルナック　Harnack, A. von **1908**. *The Mission and Expansion of Christianity*. London: Williams & Norgate.
ハンソン　Hanson, R.P.C. **1970**. The Church in 5th century Gaul: evidence from Sidonius Apollinaris, *Journal of Ecclesiastical History,* 21.
フォークト　Vogt, J. **1967**. *The Decline of Rome*. London: Weidenfeld & Nicolson.
フォークマン　Forkman, G. **1972**. *The Limits of the Religious Community*. Lund, Sweden: Gleerup.
ブラウン　Brown, P. **1961**. Religious dissent in the later Roman Empire: the case of North Africa. *History,* 46.
1963. Religious coercion in the later Roman Empire: the case of North Africa. *History,* 48.
1967. *Augustine of Hippo*. London: Faber.
1971. *The World of Late Antiquity*. London: Thames & Hudson.
1981. *The Cult of the Saints*. London: SCM Press.
ブルトマン　Bultmann, R. **1956**. *Primitive Christianity in its Contemporary Setting*. London: Thames & Hudson. 米倉充訳『古代諸宗教の圏内における原始キリスト教』(東京・新教出版社・1961).
フレンド　Frend, W.H.C. **1962**. *The Donatist Church*. Oxford: Clarendon Press.
1965. *Martyrdom and Persecution in the Early Church*. Oxford: Blackwell.
1967. The winning of the countryside. *Journal of Ecclesiastical History,* 18.
1974. The failure of persecutions in the Roman Empire. In *Studies in Ancient Society*. ed. M. I. Finley. London: Routledge & Kegan Paul.
1979. Town and countryside in early Christianity. *Studies in Church History,* 16.
ペイゲルス　Pagels, E. **1980**. *The Gnostic Gospels*. London: Weidenfeld & Nicolson. 荒井献ほか訳『ナグ・ハマディ写本―初期キリスト教の正統と異端』(東京・白水社・1982, 1996).
ペトロニウス　Petronius. **1930**. *Satyricon*. Loeb edition. London: Heinemann. 国原吉之助訳『サテュリコン―古代ローマの諷刺小説』(東京・岩波書店〔岩波文庫〕・1991).
ボウエン　Bowen, J. **1972**. *A History of Western Education, Vol. I: 2000 B.C.-A.D. 1054:* London: Methuen.
ホプキンズ　Hopkins, K. **1980**. Brother-sisiter marriage in Roman Egypt. *Comparative Studies in Society and History,* 22.
マキタリック　McKitterick, R. **1977**. *The Frankish Church and the Carolingian Reforms*. London: Royal Historical Society.
マクウェール　McQuail, D. **1969**. *Towards a Sociology of Mass Communications*. London: Collier Macmillan. 時野谷浩訳『マス・メディアの受け手分析』(東京・誠信書房・1979).

Fontana.

1976. The constitutional significance of Constantine the Great's settlement. *Journal of Ecclesiatical History,* 27.

カウツキー　Kautsky, K. **1925**. *Foundations of Christianity.* London: Orbach and Chambers. 栗原佑訳『キリスト教の起源—歴史的研究』(東京・法政大学出版局・1975).

カッツ　Katz, E. **1957**. The two-Step flow of communications. *Public Opinion Quarterly,* 21.

カッツとラザースフェルド　Katz. E., P. Lazarsfeld. **1955**. *Personal Influence.* Glencoe, Ill.: Free Press. 竹内郁郎訳『パーソナル・インフルエンス—オピニオン・リーダーと人びとの意思決定』(東京・培風館・1965).

キャメロン　Cameron, A. **1980**. Neither male nor female. *Greece and Rome,* 27.

キュモン　Cumont, F. **1956**. *Oriental Religions in Roman Paganism.* New York: Dover Books.

グラヴァー　Glover, T.R. **1909**. *The Conflict of Religions in the Early Roman Empire.* London: Methuen.

グラント　Grant, R.M. **1978**. *Early Christianity and Society.* London: Collins.

ゲイジャー　Gager, J.G. **1975**. *Kingdom and Community: The Social World of Early Christianity.* Englewood Cliffs, N.J.: Prentice-Hall.

ケイス　Case, S.J. **1933**. *The Social Triumphs of the Ancient Church.* Freeport, N.Y.: Books for Libraries.

コクラン　Cochrane, C.N. **1957**. *Christianity and Classical Culture.* Newl York: Oxford University Press (Galaxy Books).

シャーウィン＝ホワイト　Sherwin-White, A.N. **1974**. Why were the early Christians persecuted, An amendment. In *Studies in Ancient Society,* ed. M. I. Finley. Londn: Routledge & Kegan Paul.

ジョーンズ　Jones, A.H.M. **1964**. *The Later Roman Empire 284-602.* Oxford: Blackwell.

1970. *A History of Rome through the fifth Century, Selected Documents.* London: Macmillan.

スティーヴンズ　Stevens, C.E. **1933**. *Sidonius Appollinaris and his Age.* Oxford: Clarendon Press.

ストーン　Stone, L. **1969**. Literacy and education in England, 1640-1900. *Past and Present,* 42.

ストラットン　Stratton. J.G. **1978**. The problem of the interaction of literacy, culture and the social structure, with special reference to the late Roman and early medieval periods. Ph. D. thesis, Uiversity of Essex.

スヒレベーク　Schillebeeckx, E. **1979**. *Jesus: An Experiment in Christology.* New York: Crossroads. 宮本久雄ほか訳『イエス—一人の生ける者の物語』第１・２巻（名古屋・新世社・1994-95).

ターナー　Turner. H.E.W. **1954**. *The Pattern of Chistian Truth.* London: Mowbray.

チャドウィック　Chadwick, H. **1968**. *The Early Church.* London: Hodder & Stoughton.

ド・サント・クロワ　Ste. Croix, G, de. **1974**. Why were the early Christians persecuted, In *Studies in Ancient Society,* ed. M.I. Finley. London: Routledge & Kegan Paul.

1981. *The Class Sturggle in the Ancient Greek World.* London: Duckworth.

トムソン　Thompson, E.A. **1963**. Christianity and the Northern Barbarians, In *The Conflict between Paganism and Christianity in the Fourth Century,* ed. A. Momigliano. Oxford: Clarendon Press.

1966. *The Visigoths in the Time of Ulfila.* Oxford: Clarendon Press.

Societies: Essays in Economic History and Historical Sociology, P. Abrams and E.A. Wrigley eds. Cambridge: Cambridge University Press.

1978. *Conquerors and Slaves: Sociological Studies in Roman History*. Cambridge: Cambridge University Press.

1980. Taxes and trade in the Roman Empire (200 B.C.–A.D. 400), *Journal of Roman Studies,* 70.

ポリュビオス Polybius, **1922–7**. *The Histories*. Loeb edition. London: Heinemann.

ホワイト White, K.D. **1970**. *Roman Farming*. London: Thames & Hudson.

マクマレン MacMullen, R. **1966**. *Enemies of the Roman Order*. Cambridge, Mass:. Harvard University Press.

1974. *Roman Social Relations*. New Haven, Conn.: Yale University Press.

ミラーほか Millar, F., et al. **1967**. *The Roman Empire and its Neighbours*. London: Weidenfeld & Nicolson.

1977. *The Emperor in the Roman World*. London: Duckworth.

モミリアーノ Momigliano, A. **1975**. *Alien Wisdom: The Limits of Hellenization*. Cambridge: Cambridge University Press.

ヨセフス Josephus, Flavius. **1854**. *Works*. Trans. W. Whiston. London; Bohn. 秦剛平訳『ユダヤ戦記』1－3（東京・筑摩書房〔ちくま学芸文庫〕・2002）.

ラッセル Russell, J.C. **1958**. Late ancient and medieval population. *Transactions of the American Philosophical Society,* Vol. 48, part 3.

ランシマン Runciman, W.G. **1983**. Capitalism without classes: the case of classical Rome. *British Journal of Sociology,* 24.

ルトワク Luttwak. E.N. **1976**. *The Grand Strategy of the Roman Empire*. Baltimore: Johns Hopkins University Press.

ロストフツェフ Rostovtzeff, M. **1957**. *The Social and Economic History of the Roman Empire*. Oxford: Clarendon Press. 坂口明訳『ローマ帝国社会経済史』上・下（東京・東洋経済新報社・2001）.

ワトソン Watson, G.R. **1969**. *The Roman Soldier*. London: Thames & Hudson.

第10章

アウグスティヌス Augustine, **1972**. *The City of God,* ed. D. Knowles. Hamondsrworth, England: Penguin Books. 服部英次郎訳『神の国』1－5（東京・岩波書店〔岩波文庫〕・1982–91〕.

イェーガー Jaeger. W. **1962**. *Early Christianity and Greek Paideia*. London: Oxford University Press. 野町啓訳『初期キリスト教とパイデイア』（東京・筑摩書房〔筑摩叢書〕・1964）.

ウィルソン Wilson, I. **1984**. *Jesus, the Evidence*. London: Weidenfeld & Nicolson.

ヴェルメシュ Vermes, G. **1976**. *Jesus the Jew*. London: Fontana. 木下順治訳『ユダヤ人イエス―歴史家の見た福音書』（東京・日本基督教団出版局・1979）.

ヴォルフ Wolff, P. **1968**. *The Awakening of Europe*. Harmondsworth: England: Penguin Books. 渡邊昌美訳『ヨーロッパの知的覚醒―中世知識人群像』（東京・白水社・2000）.

ウォレス＝ハドリル Wallace-Hadrill, J.M. **1962**. *The Long-Haired Kings*. London: Methuen.

ウルマン Ullman, W. **1969**. *The Carolingian Renaissance and the Idea of Kingship*. London:

Methuen.
スリッヘル・ファン・バート Slicher van Bath, B.H. **1963**. Yield ratios, 810-1820. *A.A.G. Bijdragen,* 10.
ダンカン＝ジョーンズ Duncan-Jones, R. **1974**. *The Economy of the Roman Empire: Quantitative Studies*. Cambridge: Cambridge University Press.
チポラ Cipolla, C.M. **1976**. *Before the Idustrial Revolution*. London: Methuen.
ティートウ Titow, J.Z. **1972**. *Winchester Yields: A Study in Medieval Agricultural Productivity*. Cambridge: Cambridge University Press.
デュビィ Duby, G. **1974**. *The Early Growth of the European Economy: Warriors and Peasants from the Seventh to the Twelfh Centuries*. London: Weidenfeld & Nicolson.
ド・サント・クロワ Ste. Croix, G.E.M. de. **1956**. Greek and Roman accounting. In *Studies in the History of Accounting*. ed. A.C. Littleton and B.S. Yamey. London: Sweet and Maxwell.
1981. *The Class Struggle in the Ancient Greek World*. London: Duckworth.
トッド Todd, M. **1975**. *The Northern Barbarians 100* B.C.-A.D. *300*. London: Hutchinson.
トムソン Thompson, E.A. **1952**. Peasant revolts in Late Roman Gaul and Spain. *Past and Present,* 7.
1965. *The Early Germans*. Oxford: Clarendon Press.
パーカー Parker, A.J. **1980**. Ancient shipwrecks in the Mediterranean and the Roman Provinces. *British Archaeological Reports, Supplementary Series*.
バージャーン Badian, E. **1968**. *Roman Imperialism,* Oxford: Blackwell.
ハリス Harris, W. V. **1979**. *War and Imperialism in Republican Rome*. Oxford: Clarendon Press.
ピガニオル Piganiol, A. **1947**. *L'Empire Chretien 325-395*. Paris: Presses Universitaires de France.
フィンリー Finley, M.I. **1965**. Technical innovation and economic progress in the ancient world. *Economic History Review,* 18.
1973. *The Ancient Economy*. London: Chatto & Windus.
フォークト Vogt, J. **1967**. *The Decline of Rome*. London: Weidenfeld & Nicolson.
ブラウン Brown, P. **1967**. Review of A.H.M. Jones, *The Later Roman Empire*. *Economic History Review,* 20.
フランク Frank, T. **1940**. *An Economic Survey of Ancient Rome*. Vol. V, *Rome and Italy of the Empire*. Baltimore: Johns Hopkins University Press.
ブラント Brunt, P.A. **1971a**. *Italian Manpower, 225* B.C.-A.D. *14*. Oxford: Clarendon Press.
1971b. *Social Conflicts in the Roman Republic*. London: Chatto & Windus.
プルタルコス Plutarch. **1921**. *Life of Tiberius Gracchus*. Vol. 10 of his *Lives*. Loeb edition. London: Heinemann. 河野与一訳『プルターク英雄伝』第10（東京・岩波書店〔岩波文庫〕・1956）.
プレカート Plekert, H.W. **1973**. Technology in the Greco-Roman World. In *Fourth International Conference of Economic History,* Bloomington, Ind., 1968. Paris: Mouton.
ベルナルディ Bernardi, A. **1970**. The economic problems of the Roman Empire at the time of its decline. In *The Economic Decline of Empires*. C.M. Cipolla. ed. London: Methuen.
ホプキンズ Hopkins, K. **1977**. Economic growth and towns in classical antiquity. In *Towns in*

Cambridge University Press.

第9章

アッピアノス　Appian. **1913**. *The Civil Wars*. Vol. 3 of his Roman History. Loeb edition. London: Heinemann.

アンダーソン　Anderson, P. **1974a**. *Passages from Antiquity to Feudalism*. London: New Left Books. 邦訳前出（第1章）.

ウィトカー　Whittaker, C. **1978.** Carthaginian imperialism in the fifth and fourth centuries. In *Imperialism in the Ancient World,* ed. P. Garnsey and C. Whittaker. Cambridge: Cambrige University Press.

ウェスターマン　Westerman, W.L. **1955**. *The Slave Systems of Greek and and Roman Antiquity*. Philadelphia: American Philosophical Soceity.

ウェブスター　Webster, G. **1979**. *The Roman Imperial Army of the First and Second Centuries* A.D. London: Black.

オーグルヴィー　Ogilvie, R.M. **1976**. *Early Rome and the Etruscans*. London: Fontana.

ガーンジィとウィトカー　Garnsey, P.D.A., and C.R. Whittaker. **1978**. *Imperialism in the Ancient World*. Cambridge: Cambridge University Press.

キークル　Keickle, F.K. **1973**. Technical progress in the main period of ancient slavery. In *Fourth International Conference of Economic History*. Bloomington, Ind., 1968. Paris: Mouton.

ギャバ　Gabba, E. **1976**. *Republican Rome, the Army and the Allies*. Oxford: Blackwell.

キャメロン　Cameron, A. **1976**. *Bread and Circuses: The Roman Emperor and his People*. Inaugural Lecture, Kings College. London: Kings College.

グルーエン　Gruen. E.S. **1974**. *The Last Generation of the Roman Republic*. Berkeley: University of California Press.

クローフォード　Crawford, M. **1970**. Money and exchange in the Roman world. *Journal of Roman Studies,* 60.

1974. *Roman Republican Coinage*. Cambridge: Cambridge University Press.

1978. *The Roman Republic*. London: Fontana.

ゲルツァー　Gelzer, M. **1969**. *The Roman Nobility*. Oxford: Blackwell.

ゴファート　Goffart, W. **1974**. *Caput and Colonate: Towards a History of Late Roman Taxation*. Toronto: University of Toronto Press.

シュムペーター　Schumpeter, J. **1954**. The crisis of the tax state. In *International Economic Papers: Translations Prepared for the International Economic Association,* ed. A. Peacock et al. New York: Macmillan. 木村元一ほか訳『租税国家の危機』（東京・岩波書店〔岩波文庫〕・1983）.

ショー　Shaw, B.D. **1979**. Rural periodic markets in Roman North Africa as mechanisms of social integration and control. *Research in Economic Anthropology,* 2.

1984. Bandits in the Roman Empire. *Past and Present,* 105.

ジョーンズ　Jones, A.H.M. **1964**. *The Later Roman Empire 284-602*. Oxford: Blackwell.

1970. *A History of Rome through the Fifth Century, Selected Documents.*London. Macmillan.

スカラード　Scullard, H.H. **1961**. *A History of the Roman World, 753 to 146.* B.C. London:

Thames & Hudson.
クック　Cook, J.M. **1983**. *The Persian Empire.* London: Dent.
グレイソン　Grayson, A.K. **1972, 1976**. *Assyrian Royal Inscriptions.* 2 vols. Wiesbaden: Harrassowitz.
ケーツェ　Goetze, A. **1975**. Anatolia from Shuppiluliumash to the Egyptian War of Murvatallish; and The Hittites and Syria (1300–1200 B.C.). Chap. 21 and 24 in *The Cambridge Ancient History,* ed. I.ES. Edwards et al. 3d ed. Vol.II, pt. 2. Cambridge: Cambridge University Press.
サグズ　Saggs, H.W. **1963**. Assyrian warfare in the Sargonic Period, *Iraq,* 25.
ゼーナー　Zaehner, R.C. **1961**. *The Dawn and Twilight of Zoroastrianism.* London: Weidenfeld & Nicolson.
ドリール　Driel, G.van, **1970**. Land and people in Assyria. *Bibliotecha Orientalis,* 27.
ニーランデル　Nylander, C. **1979**. Achaemenid Imperial Art. In Larsen, *Power and Propaganda: A symposium on Ancient Empires,* ed. M.T. Larsen. Copenhagen: Akademisk Forlag.
バーン　Burn, A.R. **1962**. *Persia and the Greeks.* London: Arnold.
ヒグネット　Hignett, C. **1963**. *Xerxes' Invasion of Greece.* Oxford: Clarendon Press.
フライ　Frye, R.N. **1976**. *The Heritage of Persia.* London: Weidenfeld & Nicolson.
プリチャード　Pritchard, J.B. **1955**. *Ancient Near Eastern Texs Relating to the Old Testament.* Princeton, N.J.: Princeton University Press.
ポストゲイト　Postgate, J.K. **1974a**. Some remarks on conditons in the Assyrian countryside. *Journal of the Economic and Social History of the Orient,* 17.
1974b. *Taxation and Conscription in the Assyrian Empire.* Rome: Biblical Institute Press.
1979. The economic structure of the Assyrian Empire. In *Power and Propaganda: A Symposium on Ancient Empires,* ed. M.T. Larsen. Copenhagen: Akademisk Forlag.
1980. The Assyrian Empire. In *The Cambridge Encyclopedeia of Archaeology,* ed. A. Sherratt. Cambridge: Cambridge University Press.
マン＝ランキン　Munn-Rankin, J.M. **1975**. Assyrian Military Power 1300–120 B.C. Chap. 25 in *The Cambridge Ancient History,* ed. I.E.S. Edwards et al. 3d ed. Vol. II, pt.2. Cambridge: Cambridge University Press.
モウルトン　Moulton, J.H. **1913**. *Early Zoroastrianism.* London: William and Norgate.
モーリス　Maurice, F. **1930**. The size of the army of Xerxes. *Journal of Hellenic Studies,* 50.
ラーセン　Larsen, M.T. **1976**. *The old Assyrian City-State and Its Colonies.* Copenhagen: Akademisk Forlag.
リード　Reade, J.E. **1972**. The Neo-Assyrian court and army: evidence from the sculptures. *Iraq,* 34.
リヴェラーニ　Liverani, M. **1979**. The ideology of the Assyrian Empire. In *Power and Propaganda: A Symposium on Ancient Empires.* ed. M.T. Larsen. Copenhagen: Akademisk Forlag.
ロバートソン　Robertson, N. **1976**. The Thessalian expedition of 480 B.C. *Journal of Hellenic Studies,* 96.
ワイズマン　Wiseman, D.J. **1975**. Assyria and Babylonia—1200–1000 B.C. Chap. 31 in *The Cambridge Ancient History,* ed. I.E.S Edwards et al. 3d ed. Vol. II, pt. 2. Cambridge:

フィンリー　Finley, M. 1960. *Slavery in Classical Antiquity: Views and Controversies.* Cambridge: Heffer. 古代奴隷制研究会訳『西洋古代の奴隷制―学説と論争』（東京・東京大学出版会・1970）.

1978. The fifth-century Athenian empire: a balance sheet. In *Imperialism in the Ancient World,* ed. P.D.A. Garnsey and C.R. Whittaker. Cambridge: Cambridge Uiversity Press.

1983. *Politics in the Ancient World.* Cambridge: Cambridge University Press.

フランケンシュタイン　Frankenstein, S. 1979. The Phoenicians in the Far West: a function of Neo-Assyrian imperialism. In *Power and Propaganda: A Symposium on Ancient Empires.* ed. M.T. Larsen. Copenhagen: Akademisk Forlag.

プリチェット　Prichett, W.K. 1971. *Ancient Greek Military Practices.* pt.1. Berkeley: University of California Classical Studies, 7.

ブローデル　Braudel, F. 1975. *The Mediterranean and the Mediterranean World in the Age of Philip II.* 2 Vols. London: Fontana. 浜名優美訳『地中海』1－10（東京・藤原書店・1991-99）.

ヘロドトス　Herodotus. 1972. *The Histories,* ed. A.R.Burn. Harmondsworth, England: Penguin Books. 松平千秋訳『歴史』上・中・下（東京・岩波書店〔岩波文庫〕・1971-72）.

ボールドリー　Baldry, H.C. 1965. *The Unity of Mankind in Greek Thought.* Cambridge: Cambridge University Press.

ホッパー　Hopper, R.J. 1976. *The Early Greeks.* London: Weidenfeld & Nicolson.

マクニール　McNeill, W. 1963. *The Rise of the West.* Chicago: University of Chicago Press.

マリ　Murray, O. 1980. *Early Greece.* London: Fontana.

マルクス　Marx, K. 1973. *The Grundrisse,* ed. M. Nicolaus. Harmondsworth, England: Penguin Books. 高木幸二郎監訳『経済学批判要綱』第1－5分冊（東京・大月書店・1958-65）.

メグズ　Meiggs, R. 1972. *The Athenian Empire.* Oxford: Oxford University Press.

モッセ　Mossé, C. 1962. *La fin de la dêmocratie athenienne.* Paris: Publications de la Faculté des letters et Sciences Humaines de Clermont-Ferrand.

モミリアーノ　Momigliano, A. 1975. *Alien Wisdom: The Limits of Hellenization.* Cambridge: Cambridge University Press.

ラーセン　Larsen, J.A.O. 1968. *Greek Federal States:* Oxford: Clarendon Press.

ランシマン　Runciman, W.G. 1982. Origins of states: the case of Archaic Greece. *Comparative Studies in Society and History,* 24.

ロストフツェフ　Rostovtzeff, M. 1941. *Social and Economic History of the Hellenisitc World.* 3 vols. Oxford: Clarendon Press.

第8章

ウォールバンク　Walbank, F.W. 1981. *The Hellenistic World.* London: Fontana. 邦訳前出（第7章）.

オーツ　Oates, J. 1979. *Babylon.* London: Thames & Hudson.

オムステッド　Olmstead, A.T. 1923. A History of Assyria. New York: Scribner.

1948. *A History of the Persian Empire.* Chicago: University of Chicago Press.

ギルシュマン　Ghirshman, R. 1964. *Persia from the Origins to Alexander the Great.* London:

ウェスト　West, M.L. 1971. *Early Greek Philosophy and the Orient.* Oxford: Oxford University Press.

ヴェルナンとヴィダル＝ナケ　Vernant, J.-P., and P. Vidal- Naquet. 1981. *Tragedy and Myth in Ancient Greece.* Brighton: Harvester Press.

ウォーミントン　Warmington, B.H. 1969. *Carthage.* Harmondsworth, England: Penguin Books.

ウォールバンク　Walbank, F.W. 1951. The problem of Greek nationality. *Phoenix,* 5.

1981. *The Hellenistic World.* London: Fontana. 小河陽訳『ヘレニズム世界』(東京・教文館・1988).

エーレンバーグ　Ehrenburg, V. 1969. *The Grreek State,* London: Methuen.

エリス　Ellis, J.R. 1976. *Philip II and Macedonian Imperialism.* London: Thames & Hudson.

オースチンとヴィダル＝ナケ　Austin, M.M., and P.Vidal-Naquet. 1977. *Economic and Social History of Ancient Greece: An Introduction.* London: Batsford.

オルブライト　Albright, W. 1946. *From Stone Age to Christianity.* Baltimore: Johns Hopkins University Press.

カートリッジ　Cartledge, P.A. 1977. Hoplites and heroes: Sparta's contribution to the techniques of anceint warfare. *Journal of Hellenic Studies,* 97.

グディ　Goody, J. 1968. Introduction. In his *Literacy in Traditional Societies.* Cambridge: Cambridge University Press.

グディとワット　Goody, J., and I. Watt 1968. The Consequences of literacy. In ibid.

グリアスン　Grierson, P. 1977. *The Origins of Money.* London: Athlone Press.

グレイ　Gray, J. 1964. *The Canaanites.* London: Thames & Hudson.

サーモン　Salmon, J. 1977. Political hoplites. *Journal of Hellenic Studies,* 97.

ストラットン　Stratton, J. 1980. Writing and the concept of law in ancient Greece. *Visible Language,* 14.

スノッドグラース　Snodgrass, A.M. 1965. The hoplite reform and history. *Journal of Hellenic Studies,* 85.

1967. *Arms and Armour of the Greeks.* London: Thames & Hudson.

1971. *The Dark Age of Greece.* Edinburgh: Edinburgh University Press.

デイヴィス　Davies, J.K. 1978. *Democracy and Classical Greece.* London: Fontana.

ド・サント・クロワ　Ste. Croix, G.E. M. de. 1981. *The Class Struggle in the Ancient Greek World.* London: Duckworth.

トゥキュディデス　Thucydides. 1910. *The History of the Peloponnesian War.* London: Dent. 久保正彰訳『戦史』上・中・下（東京・岩波書店〔岩波文庫〕・1966-67).

ドッズ　Dodds, E.R. 1951. *The Greeks and the Irrational.* Berkeley: University of Califorina Press. 岩田靖夫ほか訳『ギリシァ人と非理性』(東京・みすず書房・1972).

ハーヴェイ　Harvey, F.D. 1965. Two kinds of equality. In *Classica et Mediaevalia,* 26 and 27.

1966. Literacy in the Athenian democracy. *Revue des Etudes Grecques,* 79.

バーカー　Barker, P. 1979. *Alexander the Great's Campaigns.* Cambridge: Partric Stephens.

ハーデン　Harden, D. 1971. *The Phoenicians.* Harmondsworth, England: Penguin Books.

ハイヒェルハイム　Heichelheim, F.M. 1958. *An Ancient Economic History.* Leiden: Sijthoff.

ハモンド　Hammond, N.G.L. 1975. *The Classical Age of Greece.* London: Weidenfeld & Nicolson.

第6章

オーツ　Oates, J. **1979**. *Babylon,* London: Thames & Hudson.
ガーニー　Gurney, O.R. **1973**. Anatolia, c. 1750-1600 B.C.; and Anatolia, c. 1600-1380 B.C. Chaps. 6 and 15 in *The Cambridge Ancient History,* ed. I.E.S. Edwards et al. 3d ed. Vol II, pt.1. Cambridge: Cambridge University Press.
グリーンハルジュ　Greenhalgh, P.E.L. **1973**. *Early Greek Warfare.* Cambridge: Cambridge University Press.
クロスランド　Crossland, R.A. **1967**. Hittite society and its economic basis. In *Bulletin of the Institute of Classical Studies,* 14.
1971. Immigrants from the North. Chap. 27. in *The Cambridge Ancient History,* ed. I.E.S. Edwards et al. 3d ed. Vol. I, pt.2. Cambridge: Cambridge University Press.
ゲーツェ　Goetze, A. **1963**. Warfare in Aisa Minor. *Iraq,*25.
サンダーズ　Sandars, N.F. **1978**. *The Sea People.* London: Thames & Hudson.
スノッドグラース　Snodgrass, A.M. **1971**. *The Dark Age of Greece.* Edinburgh: Edinburgh University Press.
ドラウアー　Drower, M.S. **1973**. Syria, c.1550-1400 B.C., Chap. 10 in *The Cambridge Ancient History,* ed. I.E.S. Edwards et al. 3d ed. Vol. II. pt. 1. Cambridge: Cambridge University Press.
バーネット　Barnet, R.D. **1975**. The Sea Peoples. Chap. 28 in *The Cambridge Ancient History,* ed. 3d ed. Vol. II, pt. 2. Cambridge: Cambridge University Press.
ハイヒェルハイム　Heichelheim, F.M. **1958**. *An Ancient Economic History.* Leiden: Sijthoff.
フラナリー　Flannery, K. **1972**. The cultural evolution of civilizations. *Annual Review of Ecology and Systematics,* 3.
ホッパー　Hopper, R.J. **1976**. *The Early Greeks.* London: Weidenfeld & Nicolson.
ラパポート　Rappaport, R.A. **1978**. Maladaptation in social systems. In *The Evolution of Social Sytems,* ed. J. Friedman and M. J. Rowlands. London: Duckworth.
レンフルー　Renfrew, C. **1979**. Systems collapse as social transformation: catastrophe and anastrophe in early state formation. In *Transformations: Mathematical Approaches to Culture Change,* ed. C. Renfrew and K. Cooke. New York: Academic Press.

第7章

アリストテレス　Aristotle, **1926**. *The "Art" of Rhetoric,* ed. J.H. Freese. London: Heineman. 戸塚七郎訳『弁論術』(東京・岩波書店〔岩波文庫〕・1992).
1948. *Politics,* ed. E. Barker. Oxford: Clarendon Press. 牛田徳子訳『政治学』(京都・京都大学学術出版会〔西洋古典叢書〕・2001).
アンダーソン　Anderson, J.K. **1970**. *Military Theroy and Practice in the Age of Xenophon.* Berkeley: University of California Press.
ウィトカー　Whittaker, C.R. **1978**. Carthaginian imperialism in the 5th and 4th centuries. In *Imperialism in the Ancient World,* ed. P.D.A. Garnsey and C.R. Whittaker. Cambridge: Cambridge University Press.

Press.
スペンサー　Spencer, H. 1969. *Principles of Sociology,* 1-vol. abridged ed. London: Macmillan.
スミス　Smith, A. 1983. Are nations modern, Paper given to the London School of Economics Patterns of History seminar, Nov, 28. 1983.
ディアコノフ　Diakonoff, I.M. 1969. Main features of the economy in the monarchies of Ancient Western Asia. *Third International Conference of Economic History,* Munich, 1956. Paris: Mouton.
ド・サント・クロワ　Ste.Croix, G.E.M. de. 1981. *The Class Struggle in the Ancient Greek World.* London: Duckworth.
ハイヒェルハイム　Heichelheim, F.M. 1958. *Anceint Economic History:* Leiden: Sijthoff.
ハロウ　Hallo, W. 1964. The road to Emar. *Journal of Cuneiform Studies,* 18.
プリチャード　Prichards, J.B. 1955. *Ancient Near Eastern Texts Relating to the Old Testament.* Princeton, N.J.: Princeton University Press.
ブリンクマン　Brinkman, J.A. 1968. *A Political History of post-Kassite Babylonia 1158–722* B.C. Rome: Pontificium Institum Biblicum (Analecta Orientalia No.43).
ベンディクス　Bendix, R. 1978. *Kings or People.* Berkeley: University of California Press.
ホーキンズ　Hawkins, J. 1977. *Trade in the Ancient Near East,* London: British School of Archaeology in Iraq.
マクニール　McNeil, W. 1963. *The Rise of the West.* Chicago: University of Chicago Press.
1983. *The Pursuit of Power.* Oxford: Blackwell.
マン　Mann, M. 1977. States, ancient and modern. *Archives Européennes de Sociologie,* 18.
1984. The autonomous power of the state: its nature, causes and consequences. *Archives Européennse de Sociologie,* 25.
ヤーコブセン　Jacobsen, T. 1970. *Towards the Image of Tammuz and other Essays in Mesopotamian History and Culture.* Cambridge, Mass.: Harvard University Press.
1976. *The Treasures of Darkness.* New Haven, Conn.: Yale University Press.
ヤディン　Yadin, Y. 1963. *The Art of Warfare in Biblical Lands in the Light of Archaeological Study.* London: Weidenfeld & Nicolson.
ヨフィー　Yoffee, N. 1977. *The Economic Role of the Crown in the Old Babylonian Period.* Maibu, Calif.: Undena.
ラーセン　Larsen, M.T. 1979. The traditions of empire in Mesopotamia. In *Power and Propaganda,* ed. M.T. Larsen. Copenhagen: Akademisk Forlag.
ランデルズ　Landels, J.G. 1980. *Engineering in the Anceint World.* London: Chatto & Windus. 宮城孝仁訳『古代のエンジニアリング―ギリシャ・ローマ時代の技術と文化』（東京・地人書館・1995）.
リヴェラーニ　Liverani, M. 1979. The ideology of the Assyrian Empire. In *Power and Propaganda,* ed. M.T. Larsen. Copenhagen: Akademisk Forlag.
レヴァインとヤング　Levine, L.P., and T.C. Young. 1977. *Mountains and Lowlands: Essays in the Archaeology of Greater Mesopotamia.* Mailibu, Calif.: Undena.

アダムズ　Adams, R. McC. **1979**. “Common concerns but different standpoints: a commentary. In *Power and Propaganda: A Symposium on Ancient Empires,* ed. M.T. Larsen. Copenhagen: Akademisk Forlag.
1981. *Heartland of Cities.* Chicago: University of Chicago Press.
ウェーバー　Weber, M. **1968**. *Economy and Society.* English ed. 3 vols. Berkeley: University of California Press. 邦訳前出（第１章）.
ウェステンホルツ　Westenholz, A. **1979**. The old Akkadian Empire in contemporary opinion. In *Power and Propaganda,* ed. M.T. Larsen. Copenhagen: Akademisk Forlag.
ウェッソン　Wesson, R.G. **1967**. *The Imperial Order.* Berkeley: University of California Press.
エクホームとフリードマン　Ekholm, E., and J. Friedman. **1979**. Capital, imperialism and exploitation in ancient world systems. In *Power and Propaganda: A Symposium on Ancient Empires*, ed. M.T. Larsen. Copenhagen: Akademisk Forlag.
エバーハルト　Eberhard, W. **1965**. *Conquerors and Rulers: Social Forces in Modern China.* Leiden: Brill.
1977. *A History of China,* Berkeley: University of California Press. 大室幹雄ほか訳『中国文明史』（東京・筑摩書房・1991）.
エンゲル　Engel, D.W. **1978**. *Alexander the Geat and the Logistic of the Macedonian Army.* Berkeley: University of California Press.
オーツ　Oates, J. **1979**. *Babylon.* London: Thames & Hudson.
オッペンハイム　Oppenheim, A.L. **1969**. Comment on Diakonoff's Main Features... *Third International Conference of Economic History,* Munich, 1965. Paris: Mouton.
1970. Trade in the Ancient Near East. *Fifth International Conference of Economic History,* Leningrad, 1970. Paris: Mouton.
1977. *Ancient Mesopotamia.* Chicago: University of Chicago Press.
カウツキー　Kautsky, J.H. **1982**. *The Politics of Aristocratic Empires,* Chapel Hill: University of North Carolina Press.
ギャド　Gadd, C.J. **1971**. The cities of Babylonia, and The dynasty of Agade and the Gutian invasion. In Chaps. 13 and 19. *The Cambridge Ancient History,* ed. I.E.S. Edwards et al. 3d ed Vol.1, Pt.2. Cambridge: Cambridge University Press.
キング　King, L. W. **1923**. *A History of Sumer and Akkad.* London: Chatto & Windus.
クラウン　Crown, A.D. **1974**. Tidings and instructions: how news travelled in the ancient Near East. *Journal of the Economic and Social History of the Orient,* 17.
グレイソン　Grayson, A.K. **1975**. *Assyrian and Babylonian Chronicles.* Locust Valley, N.Y.: Augustin.
クレーマー　Kramer, S.N. **1963**. *The Sumerians.* Chicago: University of Chicago Press.
ゲーツェ　Goetze, A. **1963**. Sakkanakkus of the Ur III Empire. *Journal of Cuneiform Studies,* 17.
ゲルブ　Gelb, I. **1967**. Approaches to the study of ancient society. *Journal of the American Oriental Society,* 87.
コリンズ　Collins, R. **1977**. Some principles of long-term social change: the territorial power of states. In *Research in Social Movements, Conflict and Change,* 1.
サグズ　Saggs, H.W. **1963**. Assyrian warfare in the Sargonic period. *Iraq,* 25.
ジョーンズ　Jones, E.L. **1981**. *The European Miracle.* Cambridge: Cambridge University

regional perspective from the Valley of Mexico. *Journal of Field Archaeology,* 1.
ブツァー Butzer, K. **1976**. *Early Hydraulic Civilization in Egypt.* Chiago: University of Chicago Press.
フラナリー Flannery, K. **1968**. The Olmec and the valley of Oaxaca: a model for interregional interaction in formative times. In *Dumbarton Oaks Conference on the Olmec,* ed. E.P. Benson. Washington: Dumbarton Oaks.
1982. Review of Coe and Diehl: *In the Land of the Olmec. American Anthropologist,* 84.
ブラニガン Branigan, K. **1970**. *The Foundations Palatial Crete.* London: Routledge & Kegan Paul.
ブラム Bram, J. **1941**. An analysis of Inca militarism. Ph. D. dissertation, Columbia University.
ホイートリー Wheatly, P. **1971**. *The Pivot of the Four Quarters.* Edinburgh: Edinburgh University Press.
ホー Ho, P.-T. **1976**. *The Cradle of the East.* Chicago: University of Chicago Press.
ホークス Hawkes, J. **1973**. *The First Great Civilizations.* London: Hutchinson. 小西正捷ほか訳『古代文明』1・2（東京・みすず書房・1978，1980）.
ホプキンズ Hopkins, K. **1980**. Brother-sister marriage in Roman Egypt. *Comparative Studies in Society and History,* 22.
マッツ Matz, F, **1973**. The maturity of Minoan civilization and the zenith of Minoan civilization. Chaps. 4 (b) and 12 in *The Cambridge Ancient History,* ed. I.E.S. Edwards et al. 3d ed. Vol. I, pt. 2. Cambridge: Cambridge University Press.
マラ Murra, J.V. **1968**. An Aymara Kingdom in 1567, *Ethnohistory,* 15.
マリ Murray, M. **1977**. *The Splendour That Was Egypt.* London: Sidgwick & Jackson.
ムーア Moore, S.F. **1958**. *Power and Property in Inca Peru.* Westport, Conn.: Greenwood Press.
メガーズ Meggers, B. **1975**. The transpacific origin of Meso-American civilization. *American Anthropologist,* 77.
モリス Morris, C. **1980**. Andean South America: from village to empire. In *The Cambridge Encyclopedia of Archaeology,* ed. A. Sherratt. Cambridge: Cambridge University Press.
ラートヤ Rathje, W. **1971**. The origin and development of Lowland Classic Maya Civilization. *American Antiquity,* 36.
ラニング Lanning, E.P. **1967**. *Peru Before the Incas.* Englewood Cliffs, N.J.: Prentice-Hall.
ランバーグ＝カーロフスキーとサブロフ Lamberg-Karlovsky, C.C., and J. Sabloff. **1974**. *The Rise and Fall of Civilizations.* Menlo Park, Calif.: Cummings.
レンフルー Renfrew, C. **1972**. *The Emergence of Civilization: the Cyclades and the Aegean in the Third Millennium B.C.* London: Methuen.
ローソン Rawson, J. **1980**. *Ancient China: Art and Archaeology.* London: British Museum Publications.

第5章

アイゼンシュタット Eisenstadt, S. **1963**. *The Political System of Empires.* Glencoe, Ill.: Free Press.

オシェイ　O'Shea, J. **1980**. Mesoamerica: from village to empire. In *The Cambridge Encyclopedia of Archaeology*. ed. A. Sherratt. Cambridge: Cambridge University Press.

カッツ　Katz, F. **1972**. *The Ancient American Civilizations.* New York: Praeger.

カドガン　Cadogan, G. **1976**. *Palaces of Minoan Crete.* London: Barrie and Jenkins.

カルバート　Culbert, T.P. **1973**. *The Classic Maya Collapse.* Albuquerque: University of New Mexico Press.

クリール　Creel, H. **1970**. *The Origins of Statecraft in China,* vol. 1. Chicago: Aldine.

コウ　Coe, M.D. **1971**. *The Maya.* Harmondsworth, England: Pelican Books. 寺田和夫ほか訳『マヤ』(東京・学生社・1975).

コウとディール　Coe, M.D., and R.A. Diehl. **1981**. *In the Land of the Olmec.* 2 vols. Austin: University of Texas Press.

コットレル　Cottrell, L. **1968**. *The Warrior Pharaohs.* London: Evans Brothers.

サンカリア　Sankalia, H.D. **1974**. *Pre-History and Proto-History of India and Pakistan.* Poona, India: Deccan Colledge.

サンダーズとプライス　Sanders, W.T., and B. Price. **1968**. *Mesoamerica: The Evolution of a Civilization.* New York: Random House.

サンダーズほか　Sanders, W.T., et al. **1979**. *The Basin of Mexico: Ecological Processes in the Evolution of a Civilization.* New York: Academic Press.

シェイデル　Schaedel, R.P. **1978**. Early state of the Incas. *The Early State,* ed. H. Claessen and P. Skalnik. The Hague: Mouton.

ジャンセン　Janssen, J.J. **1978**. The early state in ancient Egypt. In *The Early State,* ed. H. Claessen and P. Skalnik. The Hague: Mouton.

ジョーンズとカウツ　Jones, G.D., and P.R. Kautz. **1981**. *The Transition to Statehood in the New World.* Cambridge: Cambrdige University Press.

スミス　Smith, W.S. **1971**. The Old Kingdom in Egypt. In *The Cambridge Ancient History,* ed. I.E.S. Edwards et al. 3d ed. Vol. I., pt. 2. Cambridge: Cambridge University Press.

ダウ　Dow, S. **1973**. Literacy in Minoan and Mycenaen lands. Chap. 13 (b) in *The Cambridge Ancient History,* ed. I.E.S. Edwards et al. 3d ed. Cambridge: Cambridge University Press.

チェン　Cheng, T.-K. **1959**. *Archaeology in China, Vol. I: Prehistoric China.* Cambridge: Cambridge University Press.

1960. *Archaeology in China. Vol. II: Shang China.* Cambridge: Cambridge University Press.

チャークラバーティ　Chakrabarti, D. **1980**. Early agriculture and the development of towns in India. In *The Cambridge Encyclopedia of Archaeology,* ed. A. Sherratt. Cambridge: Cambridge University Press.

チャドウィック　Chadwick, J. **1973**. The linear B tablets as historical documents. Chap. 13 (a) in *The Cambridge Ancient History,* ed. I.E.S. Edwards et al. 3d ed. Vol. 2, pt. I. Cambridge: Cambridge University Press.

チャン　Chang, K.-C. **1977**. *The Archaeology of Ancient China.* New Haven, Conn.: Yale University Press.

ニルソン　Nilsson, M. P. **1950**. *The Minoan-Mycenean Religion and Its Survival in Greek Religion.* Lund, Sweden: Lund University Press.

パーソンズ　Parsons, J.R. **1974**. The development of a prehistoric complex society: a *tion and Trade.* Albuquerque: University of New Mexico Press.

ヤンコフスカ　Jankowska, N.B. **1970**. Private credit in the commerce of ancient western Asia. In *Fifth International Conference of Economic History,* Leningrad, 1970. Paris: Mouton.

ライト　Wright, H. **1977**. Recent research on the origin of the state. *Annual Review of Anthropology,* 3.

ライトとジョンソン　Wright, H., and G. Johnson **1975**. Population, exchange and early state formation in southwestern Iran. *American Anthropologist,* 73.

ランズバーガー　Landsberger, G. **1955**. Remarks on the archive of the soldier Ubarum. *Journal of Cuneiform Studies,* 9.

ランバーグ＝カーロフスキー　Laberg-Karlovsky, C.C. **1976**. The economic world of Sumer. In *The Legacy of Sumer,* ed. D. Schmandt-Baesserat. Malibu, Calif.: Undena.

リーチ　Leach, E. **1954**. *Political Systems of Highland Burma.* London: Athlone Press. 邦訳前出（第2章）.

レヴァインとヤング　Levine, L.P., and T.C. Young. **1977**. *Mountains and Lowlands: Essays in the Archeology of Greater Mesopotamia.* Malibua, Calif.: Undena.

レンフルー　Renfrew, C. **1972**. *The Emergence of Civilization: The Cyclades and the Aegean in the Third Millennium B.C.* London: Methuen.

1975. Trade as action at a distance. In *Ancient Civilization and Trade,* ed. J. Sabloff and C.C. Lamberg-Karlovsky. Albuquerque: University of New Mexico Press.

ロートン　Rowton, M.B. **1973**. Autonomy and Nomadism in western Asia. *Orientalia,* 4.

1976. Dimorphic structure and the problem of the 'Apiro-Ibrim'. *Journal of Near Eastern Studies,* 35.

第4章

アグラワール　Agrawal, D.P. **1982**. *The Archaeology of India.* London: Curzon Press.

アダムズ　Adams, R.E.W. **1974**. *The Origins of Maya Civilization.* Albuquerque: University of New Mexico Press.

ウィルソン　Wilson, J.A. **1951**. *The Burden of Egypt.* Chicago: University of Chicago Press.

ヴェルクテール　Vercoutter, J. **1967**. Egypt. Chaps. 6–11 in *The Near East: The Early Civilizations,* ed. J. Bottero. London: Weidenfeld & Nicolson.

ウォレン　Warren, P. **1975**. *The Aegean Civilizations:* London: Elsevier-Phaidon.

エドワーズ　Edwards, I.E.S. **1971**. The early dynastic period in Egypt. Chap. 21 in *The Cambridge Ancient History,* Edwards et al. 3rd ed. Vol. I, pt. 2. Cambridge: Cambridge University Press.

エメリー　Emery, W.G. **1961**. *Archaic Egypt.* Harmondsworth, England: Penguin Books.

オールシンとオールシン　Allchin, B., and R. Allchin. **1968**. *The Birth of Indian Civilization.* Harmondsworth, England: Penguin Books.

オコナー　O'Connor, D. **1974**. Political systems and archaelogical data in Egypt: 2600–1780 B.C. *World Archaeology,* 6.

1980. Egypt and the Levant in the Bronze Age. In *The Cambridge Encyclopedia of Archaeology,* ed. A. Sherratt. Cambridge: Cambridge University Press.

チャイルド　Childe, G. **1950**. The Urban Revolution. *Town Planning Review,* 21.

ディアコノフ　Diakonoff, I.M. **1969**. Main features of the economy in the monarchies of ancient western Asia. *Third International Conference of Economic History,* Munich 1965, Paris: Mouton.

1972. Socio-economic classes in Babylonia and the Babylonian concept of social stratification. In *XVIII Rencontre assyriologique international,* ed. O. Edzard. Munich: Bayer, Ak-abh, phil, hist kl. Abh.

1975. Ancient writing and ancient written language: pitfalls and peculiarities in the study of Sumerian. *Assyriological Studies,* 20.

ニーダム　Needham, J. **1971**. *Science and Civilization in China,* vol. IV, pt. 3 (pub. separately). Cambridge: Cambridge Uinversity Press. 砺波護ほか訳『中国の科学と文明』第１-11巻（東京・思索社〔新版〕1991).

ニッセン　Nissen, H.J. **1976**. Geographie. In *Sumerological Studies in Honor of Thorkild Jacobsen,* ed. S.J. Lieberman. Chicago: University of Chicago Press.

パーキンズ　Perkins, D. **1968**. *Agricultural Development in China 1368-1968.* Chicago: University of Chicago Press.

フェイ（費孝通）Fei, H.T. **1939**. *Peasant Life in China.* London: Routledge.

ブツァー　Butzer, K. **1976**. *Early Hydraulic Civilization in Egypt.* Chicago: University of Chicago Press.

フラナリー　Flannery, K. **1968**. The Olmec and the valley of Oaxaca. *Dumbarton Oaks Conference on the Olmec.* Washington: Dumbarton Oaks.

1972. The cultural evolution of civilization. *Annual Review of Ecology and Systematics,* 3.

1974. Origins and ecological effects of early domestication in Iran and the Near East. In *The Rise and Fall of Civilizations,* ed. C.C. Lamberg-Karlovsky and J.A. Sabloff. Menlo Park, Calif.: Cummings.

ブロック　Bloch, M. **1977**. The disconnections between power and rank as a process: an outline of the development of kingdoms in central Madagascar. *Archives Européennes de Sociologie,* 18.

ホウルとフラナリー　Hole, F., and K. Flannery. **1967**. The prehistory of southwestern Iran. *Proceedings of the Prehistoric Society,* 33.

ホーキンズ　Hawkins, J. **1977**. *Trade in the Ancient Near East.* London: British School of Archaeology in Iraq.

マーフォウ　Marfoe, L. **1982**. Cedar Forest to silver mountain: on metaphors of growth in early Syrian society. Paper given to a Conference on Relations between the Near East, the Mediterranean World and Europe: 4th-1st Millennia B.C., Aarhus, Aug. 1982.

ヤーコブセン　Jacobsen, T. **1943**. Primitive democracy in ancient Mesopotamia. *Journal of Near Eastern Studies,* 2. (Also chap. 9 in Jacobsen, 1970.)

1957. Early political developments in Mesopotamina. *Zeitschrift Fur Assyriologies,* N.F., 18. (Also chap. 8 in Jacobsen, 1970.)

1970. *Towards the Image of Tammuz and other Essays in Mesopotamia History and Culture.* Cambridge, Mass.: Harvard University Press.

ヤーコブセンとアダムズ　Jacobsen, T., and R. McC. Adams. **1974**. Salt and Silt in Ancient Mesopotamian Agriculture. In C.C. Lamberg-Karlovsky and J. Sabloff, *Ancient Civiliza-*

sity Press. アジア経済研究所訳『東洋的専制主義—全体主義権力の比較研究』(東京・論争社・1961), 湯浅赴男訳『オリンタル・デスポティズム—専制官僚国家の生成と崩壊』(東京・新評論・1991, 1995).
ウェッブ Webb, M.C. **1975**. The flag follows trade. In *Ancient Civilization and Trade,* ed. J. Sabloff and C.C. Lamberg-Karlovsky. Albuquerque: University of New Mexico Press.
エバーハルト Eberhard, W. **1965**. *Conquerors and Rulers: Social Forces in Modern China,* Leiden: Brill.
エルヴィン Elvin, M. **1975**. On water control and management during the Ming and Ch'ing periods. In *Ching-Shih wen Li,* 3.
オーツ Oates, J. **1978**. Mesopotamian social organisation: archaeological and philological evidence. In *The Evolution of Social Systems,* ed. J. Friedman and M.J. Rowlands. London: Duckworth.
オッペンハイム Oppenheim, A.L. **1977**. *Ancient Mesopotamia.* Chicago: Univeristy of Chicago Press.
カルネイロ Carneiro, R.L. **1970**. A theory of the origins of the state, *Science,* 169.
1981. The chiefdom: precursor of the state. In *The transition to Statehood in the New World.* ed. G.D. Jones and R.R. Kautz. Cambridge: Cambridge University Press.
カン Kang, S.T. **1972**. *Sumerian Economic Texts from the Drehem Archive.* Vol.1. Urbana: Uiniversity of Illinois Press.
ギブスン Gibson, M. **1976**. By state and cycle to Sumer. In *The Legacy of Sumer,* ed. D. Schmandt-Besserat. Malibu, Calif.: Undena.
クリスチャンセン Kristiansen, K. **1982**. The formations of tribal system in later European pre-history: northern Europe 4000 B.C.–500 B.C. In *Theory and Explanation in Archaeol-ogy,* ed. C. Renfrew et al. New York: Amcademic Press.
クレーマー Kramer, S.N. **1963**. *The Sumerians.* Chicago: University of Chicago Press.
ゲルブ Gelb, I. **1967**. Approaches to the study of ancient society. *Joural of the American Oriental Society,* 87.
1969. On the alleged temple and state economics in ancient Mesopotamia. *Studi in Onore di Eduardo Volterra,* 6.
サブロフとランバーグ＝カーロフスキー Sabloff, J., and C. C. Lamberg-Karlovsky. **1976**. *Ancient Civilization and Trade.* Albuquerque: University of New Mexico Press.
シェナン Shennan, S. **1983**. Wessex in the third millennium B.C.: a case study as a basis for discussion. Paper given to a symposium "Time and History in Archaelogy and Anthropology," Royal Anthropological Institute, London.
ジョーンズ Jones, T.B. **1969**. *The Sumerian Problem.* New Yourk: Wiley.
1976. Sumerian administrative documents: an essay. *Assyriological Studies,* 20.
ジョーンズとカウツ Jones, G.D., and R.C. Kautz. **1981**. *The transition to Statehood in the New World.* Cambridge: Cambridge University Press.
スチュワード Steward, J. **1963**. *Theory of Culture Change.* Urbana: University of Illinois Press. 邦訳前出（第2章).
スミス Smith, A. **1983**. Are nations modern, Paper given to the London School of Economics "Pattern of History" seminar, Nov. 28, 1983.
チー Chi, T.-T. **1936**. *Key Economic Areas in Chinese History.* London: Allen & Unwin.

1982. *Catastrophe and continuity in social evolution.* In C. Renfrew et al., eds., *Theory and Explanation in Archaeology.* New York: Academic Press.

フリードマンとロウランズ　Friedman, J., and M. Rowlands. **1978**. *The Evolution of Social Systems.* London: Duckworth.

ブロック　Bloch, M. **1977**. The disconnections between power and rank as a process: an outline of the development of kingdoms in central Madagascar. *Archives Européennes de Sociologie.* 18.

ブロックとガルトゥング　Brock, T.,and J. Galtung. **1966**. Belligerence among the primitives: a reanalysis of Quincy Wrights's data. *Journal of Peace Reserch,* 3.

ベラー　Bellah, R. **1970**. Religious evolution. In his book *Beyond Belief:* New York: Harper & Row.

ボスラップ　Boserup, E. **1965**. *The Conditions of Agriculture Growth.* Chicago: Aldine. 安沢秀一ほか訳『農業成長の諸条件―人口圧による農業変化の経済学』（京都・ミネルヴァ書房・1975）.

ポランニー　Polanyi, K. **1977**. *The Livelihood of Man,* essays ed. H.W. Pearson. New York: Academic Press. 玉野井芳郎ほか訳『人間の経済』1・2（東京・岩波書店・1980，1998）.

マリノフスキー　Malinowski, B. **1926**. *Crime and Custom in Savage Society.* London: Kegan Paul. 青山道夫訳『未開社会における犯罪と慣習』（東京・新泉社〔新装版〕1984）.

ムーア　Moore, A.M.T. **1982**. Agricultural origins in the Near East: model for the 1980s. *World Archaeology.*

メア　Mair, L. **1977**. *Primitive Government.* Rev. ed. London: Scolar Press.

リーチ　Leach, E. **1954**. *Political Systems of Highland Burma.* London: Athlone Press. 関本照夫訳『高地ビルマの政治体系』（東京・弘文堂・1987，1995）.

リーとドヴォア　Lee, R., and J. DeVore. **1968**. *Man the Hunter.* Chicago: Aldine.

リッター　Ritter, G. **1969**. *The Sword and the Sceptre. Volume I: The Prussian Tradition 1740–1890.* Coral Gables, Fla.: University of Miami Press.

レッドマン　Redman, C.L. **1978**. *The Rise of Civilization.* San Francisco: Freeman.

レンフルー　Renfrew, C. **1972**. *The Emergence of Civilization: The Cyclades and the Aegean in the Third Millennium B.C.* London: Methuen.

1973. *Before Civilization. The Radiocarbon Revolution and Prehistoric Europe.* London: Cape. 大貫良夫『文明の誕生』（東京・岩波書店・1979）.

ロバーツ　Roberts, J. **1980**. *The Pelican History of the World.* Harmondsworth, England : Penguin Books.

第3章

アダムズ　Adams, R. McC. **1965**. *Land Behind Baghdad.* Chicago: University of Chicago Press.

1966. *The Evolution of Urban Society.* London: Weidenfeld & Nicolson.

1981. *Heartland of Cities.* Chicago: University of Chicago Press.

アダムズとニッセン　Adams. R. McC., and H.J. Niseen. **1972**. *The Uruk Contryside.* Chicago: University of Chicago Press.

ウィットフォーゲル　Wittfogel, K. **1957**. *Oriental Despotism.* New Haven, Conn.: Yale Univer-

サーヴィス　Service, E. **1975**. *Origins of the State and Civilization.* New York: Norton.
サーリンズ　Sahlins, M. **1974**. *Stone Age Economics.* London: Tavistock. 山内昶訳『石器時代の経済学』（東京・法政大学出版局〔叢書・ウニベルシタス〕・1984）.
サーリンズとサーヴィス　Sahlins, M., and E. Service. **1960**. *Evolution and Cluture.* Ann Arbor: University of Michigan Press. 山田隆治訳『進化と文化』（東京・新泉社・1976）.
シェナン　Shennan, S. **1982**. Ideology and social change in Bronze Age Europe. Paper given to Patterns of History Seminar, London School of Economics, 1982.
1983. Wessex in the Third Millennium B.C. Paper given to Royal Anthropological Institute Symposium, Feb. 19, 1983.
シェラット　Sherratt, A. **1980**. Interpretation and synthesis—a personal view. In *The Cambridge Encyclopedia of Archaeology,* ed. A. Sherratt. Cambridge University Press.
スチュワード　Steward, J. **1963**. *Theory of Culture Change.* Urbana: University of Illinois Press. 米山俊直ほか訳『文化変化の理論—多系進化の方法論』（東京・弘文堂・1979）.
スペンサー　Spencer, H. **1969**. *Principles of Sociology.* One-volume abridgement. London: Macmillan.
ソープとリチャーズ　Thorpe, I.J., and C. Richards. **1983**. The decline of ritual authority and the introduction of Beakers into Britain. Unpubulished paper.
ディヴェイルとハリス　Divale, W.T., and M. Harris. **1976**. Population, warfare and the male supremacist complex. *American Anthropologist,* 78.
テレイ　Terray, E. **1972**. *Marxism and "Primitive Societies": Two Studies.* New York: Monthly Review Press.
ニスベット　Nisbet, R. **1976**. *The Social Philosophers.* St. Albans: Granada.
ハース　Haas, J. **1982**. *The Evolution of the Prehistoric State.* New York: Columbia University Press.
バース　Barth, F. **1961**. *Nomads of South Persia.* Oslo: University Press.
ハースコヴィッツ　Herskovits, M.J. **1960**. *Economic Anthropology.* New York: Knopf.
ピゴット　Piggott, S. **1965**. *Ancient Europe: From the Beginning of Agriculture to Classical Antiquity.* Edinburgh: Edinburgh Universtity Press.
ビンフォード　Binford, L. **1968**. Post-Pleistocene adaptations. In S. Binford and L. Binford, *New Perspectives in Archeology,* Chicago: Aldine.
ファース　Firth, R. **1965**. *Primitive Polynesian Economy,* 2d ed. London: Routledge.
ファーブ　Farb, F. **1978**. *Humankind.* London: Triad/Panther.
ファラーズ　Fallers, L.A. **1956**. *Bantu Bureaucracy.* Cambridge: Heffer.
フォージ　Forge, A. **1972**. Normative factors in the settlement size Neolithic cultivators (New Guinea). In *Man, Settlement and Urbanism,* P. Ucko et al. London: Duckworth.
フラナリー　Flannery, K.V. **1974**. Origins and ecological effects of early domestication in Iran and the Near East. In *The Rise and Fall of Civilizations,* ed. C.C. Lamberg-Karlovsky and J.A. Sabloff. Menlo Park, Calif.: Cummings.
フリード　Fried. M. **1967**. *The Evolution of Political Society.* New York: Random House.
フリードマン　Frideman, J. **1975**. Tribes, states and transformations. In *Marxist Analyses and Social Anthropology,* ed. M. Bloch. London: Malaby Press.
1979. *System, Structure and Contradiction in the Evolution of "Asiatic" Social Formations.* Copenhagen: National Museum of Denmark.

第2章

アンドレスキー　Andreski, S. **1971**. *Military Organization and Society.* Berkeley: University of California Press.

ウェッブ　Webb, M.C. **1975**. The flag follows trade: an essay on the necessary interaction of military and commercial factors in state formation. In *Ancient Civilization and Trade,* ed. J. Sabloff and C.C. Lamberg-Karlovsky. Albuquerque: University of New Mexico Press.

ウォーリン　Wolin, S. **1961**. *Politics and Vision.* London: Allen & Unwin. 尾形典男ほか訳『西欧政治思想史』(東京・福村出版・1994).

ウォブスト　Wobst, H.M. **1974**. Boundary conditions for paleolithic social systems: a simulation approach. *American Antiquity,* 39.

1978. The archaeo-ethnology of hunter-gatheres: the tryanny of the ethnographic record in archaeology. *American Antiquity,* 43.

ウッドバーン　Woodburn, J. **1980**. Hunters and gatherers today and reconstruction of the past. In *Soviet and Western Anthropology,* ed. E. Gellner. London: Duckworth.

1981. The transition to settled agriculture. Paper given to the Patterns of History Seminar, London School of Economics, Nov. 17, 1981.

1982. Egalitarian Societies. *Man,* new series 17.

エンゲルス　Engels, F. **1968**. The origins of the family, private property and the state. In K. Marx and F.Engels, *Selected Works.* London: Lawrence and Wishart. マルクル＝レーニン主義原典刊行会訳『家族，私有財産および国家の起源』(東京・青木書店・1968).

オタバイン　Otterbein, K. **1970**. *The Evolution of War. A Cross-Cultural Study.* N.p.: Human Relations Area Files Press.

オッペンハイマー　Oppenheimer, F. **1975**. *The State.* New York: Free Life Editions. 広島定吉訳『国家論』(東京・改造図書出版販売・1977).

ギルマン　Gilman, A. **1981**. The development of social stratification in Bronze Age Europe. *Current Anthropology,* 22.

クラーク　Clarke, D.L. **1979a**. Mesolithic Europe: the economic basis. In *Analytical Archaeologist: Collected Papers of David L. Clarke.* London: Academic Press.

1979b. The economic context of trade and industry in Barbarian Europe till Roman times. In ibid.

1979c. The Beaker network—social and economic models. In ibid.

クラストル　Clastres, P. **1977**.*Society against the State.* Oxford: Blackwell. 渡辺公三訳『国家に抗する社会―政治人類学研究』(東京・風の薔薇・1987).

クリーセンとスカルニク　Claessen, H., and P. Skalnik. **1978**. *The Early State.* The Hague: Mouton.

クリスチャンセン　Kristiansen, K. **1982**. The formation of tribal systems in later European pre-history: northern Europe 4000 B.C.-500 B.C. In Renfrew et al., eds., *Theory and Explanation in Archaeology.* New York: Academic Press.

グンプロヴィッチ　Gumplowicz, L. **1899**. *The Outlines of Sociology.* Philadelphia: American Academy of Political and Social Sciences.

40.

ニスベット　Nisbet, R. **1967**. *The Sociological Tradition*. London: Heinemann. 中久郎監訳『社会学的発想の系譜』(京都・アカデミア出版会・1975).

パーソンズ　Parsons, T. **1960**. The distribution of power in American society. In *Structure and Process in Modern Societies*. New York: Free Press.

1966. *Societies: Evolutionary and Comparative Perspectives*. Englewood Cliffs, N.J.: Prentice-Hall.

1968. *The Structure of Social Action*. New York: Free Press. 稲上毅ほか共訳『社会的行為の構造』第1－5分冊 (東京・木鐸社・1976-89).

バーバー　Barber, L.B. **1968**. Introduction in "stratification, social." In *International Encyclopedia of the Social Scieneces,* ed. D. Sills. New York: Macmillan and Free Press.

ヒンデスとハースト　Hindess, B., and P.Hirst. **1975**. *Pre-Capitalist Modes of Production*. London: Routledge.

プーランツァス　Poulantzas, N. **1972**. *Pouvoir politique et classes sociales*. Paris: Maspero. 田口富久治ほか訳『資本主義国家の構造―政治権力と社会階級』(1・2 (東京・未来社・1978-81).

フェルブルッゲン　Verbruggen, J.E. **1977**. *The Art of Warfare in Western Europe During the Middle Ages*. Amsterdam: North-Holland.

ブロック　Bloch, M. **1974**. Symbols, song, dance and features of articulation. *Archives Européenes de Sociologie,* 15.

ペトロヴィッチ　Petrovic, G. **1967**. *Marx in the Mid-Twentieth Century*. New York: Doubleday (Anchor Press). 岩淵慶一ほか訳『マルクスと現代』(東京・紀伊國屋書店・1970).

ヘラー　Heller, C.S. **1970**. *Structured Social Inequality*. London: Collier-Macmillan.

ベンディクス　Bendix, R. **1978**. *Kings or People*. Berkeley: University of California Press.

ベンディクスとリプセット　Bendix, R., and S.M. Lipset. **1966**. *Class, Status and Power*. 2d rev. ed. (orig. pub. 1953), New York: Free Press.

マン　Mann, M. **1984**. The Autonomous Power of the State. In *Archives Européennes de Sociologie,* 25.

モスカ　Mosca, G. **1939**. *The Ruling Class*. New York: McGraw-Hill. 志水速雄訳『支配する階級』(東京・ダイヤモンド社・1973).

ラブリオーラ　Labriola, E. **1908**. *Essays on the Materialist Conception of History*. New York: Monthly Review Press.

ラティモア　Lattimore, O. **1962**. *Studies in Frontier History*. London: Oxford University Press.

ランシマン　Runciman, W.G. **1968**. Class, status, and Power, In *Social Stratification,* ed.J.A. Jackson. Cambridge: Cambridge University Press.

1982. Origins of states: the case of archaic Greece. *Comparative Studies in Society and History,* 24.

1983a. Capitalism without classes: the case of classical Rome. *British Journal of Sociology*. 24.

1983b. Unnecessary revolution: the case of France. *Archives Européennes de Sociologie,* 24.

1983c. *A Treatise on Social Theory, Volume I: The Methodology of Social Theory*. Cambridge: Cambridge University Press. 川上源太郎訳『社会理論の方法』(東京・木鐸社・1991).

ロング　Wrong, D. **1979**. *Power: Its Forms, Bases and Uses*. New York: Harper & Row.

典拠文献一覧

＊邦訳書は最近時に刊行をされたものだけを掲出している場合がある。

第1章

アルチュセールとバリバール　Althusser, L., and, E. Balibar. **1970**. *Reading Capital*. London: New Left Books. 今村仁司訳『資本論を読む』上・中・下（東京・筑摩書房〔ちくま学芸文庫〕・1996-7）.

アンダーソン　Anderson, P. **1974a**. *Passages from Antiquity to Feudalism*. London: New Left Books. 青山吉信ほか訳『古代から封建へ』（東京・刀水書房・1984）.

1974b. *Lineages of the Absolutist State*. London: New Left Books.

ウェーバー　Weber. M. **1968**. *Economy and Society*. New York: Bedminster Press. 世良晃志郎訳『支配の社会学（経済と社会・第2部第9章・1-7節）』Ⅰ, Ⅱ（東京・創文社・1960年, 1962年）.

ヴェソウォフスキ　Wesolowski, **1967**. Marx's theory of class domination. In *Polish Round Tabel Yearbook, 1967,* ed. Polish Association of Political Science, Warsaw: Ossolineum.

ウォーラーステイン　Wallerstein, I. **1974**. *The Modern World System*. New York: Academic Press. 川北稔訳『近代世界システムⅠ・Ⅱ―農業資本主義と「ヨーロッパ世界経済」の成立』（東京・岩波書店・1981），同『近代世界システム1600～1750―重商主義と「ヨーロッパ世界経済」の凝集』（名古屋・名古屋大学出版会・1993），同『近代世界システム1730～1840s―大西洋革命の時代』（同・1997）.

エバーハルト　Eberhard, W. **1965**. *Conquerors and Rulers: Social Forces in Modern China*. Leiden: Brill.

ギアーツ　Geertz, C. **1980**. *Negara: The Theatre State in Nineteenth Century Bali*. Princeton, N. J.: Princeton University Press. 小泉潤二訳『ヌガラ―19世紀バリの劇場国家』（東京・みすず書房・1990）.

キーティング　Keating, R. **1982**. The nature and role of religious diffusion in the early stage of state formation. In *The Transition to Statehood in the New World,* ed. G.D. Jones and R. R. Kautz. Cambridge: Cambridge University Press.

ギデンズ　Giddens, A. **1979**. *Central Problems in Social Theory*. London: Macmillan. 友枝敏雄ほか訳『社会理論の最前線』（田無・ハーベスト社・1989）.

1981. *A Contemporary Critique of Historical Materialism*. London: Macmillan. 第2巻の邦訳が松尾精文ほか訳『国民国家と暴力』（東京・而立書房・1999）.

ゲルナー　Gellner, E. **1964**. *Thought and Change*. London: Weidenfeld & Nicolson.

コウ　Coe, M.D. **1982**. Religion and the rise of Mesoamerican states. In *The Transition to Statehood in the New World,* ed. G.D. Jones and R.R. Kautz. Cambridge: Cambridge University Press.

サーリンズ　Sahlins. M. **1976**. *Culture and Practical Reason*. Chicago: Universtity of Chicago Press. 山内昶訳『人類学と文化記号論―文化と実践理性』（東京・法政大学出版局・1987）.

シブタニ　Sibutani, T. **1955**. Reference groups as perspectives. *American Journal of Sociology*,

ラ

羅針盤　410,481,484
ラティモア　13-4,32,54,157,160,298
ラテン語／ラテン文化　293-4,313,322,338,355,359,411-2,421,433,474,479-80,485,505
ランク（位階），～社会　44-7,62-3,70,73-4,77-8,81,89,95-6,98,132-3,197,377,380
立憲主義／立憲君主政　495,498,510,516-22,524,528,553,557
リネージ　45-6,48,51,53-4,56,62,68-71,75,77,79,95,127,190,215,377
理念型（イデアル・ティープス）　8,12,22,34,88,188,244,262,362,407,428,516,547-8,565,574,579-81
リベラリズム／自由主義　26,59-60,69,241,269,354,400,453,580
リベラル派の国家起源論　58-60,69-71,94-5,142,161
領域（的）国家　452,457,464,469,472,474,476-7,483,502,516,544,558,568
領域帝国 territorial empires　148,150,152,158,160,205,220,240,270,275,283,301-3,310,321,323,332,366
領主　24-5,68,111,124,129,158,161,179,181,201,253-4,262,286,318-9,364,366,378-9,384,389,406,408-9,412,414,416-7,422-8,430-1,433,441-8,452,458-60,470,477,483,502,510,518,532,540,544,548,552,555,562,569,571,573,580
ルソー　44,60,69
ルネサンス　409,438,503,541
歴史社会学，～者　14,38,404,544,556,563
レッヒフェルトの戦い　550
連邦，～社会，～体／（多元）連合，～社会，～体　19,22,62,68-9,80,103-4,111,119,130,135,138,141,145,155-6,160,174,176,186,191,193,198,201-2,204,210,217,219,230,245-6,266,270,275,292,324,365,371,374,394-5,399,408,431,447,452,478,493,529,540,553-4,558,573
労働，～者，～力，～民　31,50,53-5,61,63-4,69,71,74,80,84,92,96,109,114,120,126,128,141,163,165-6,170,172,202,209,213,241,283,285,287,293,301-3,310,319,341,359,405-6,416,433,440,445-7,446,481,489,492,500,505,521,562,570
ローマ，～人，～時代，～帝国　19,22,74,86,103,107,127,137,150,152-3,157,159,162,165,167-8,175-7,179,183,185,188-9,209,215,217,221,228-9,240-1,244,253-4,257-60,268-70,272-86,288-90,292-314,317-24,326,328-9,331-49,352-7,359,360-6,368,371-2,374-5,383,393,397,404,406,409,411,416,419,422-4,427,429,432,434-6,438-9,441-2,444,446,458,479,481-3,492,503,506-7,545-7,550,561,569,571-4,576-9,582,584
ロジスティクス／兵站学／補給　6,14,32,66,93-4,112-3,136-8,148,150-4,156-7,159-60,164-7,177,180-2,186,188,191,199-200,203,221,223-4,245,248,254-5,260,265,267,272,275-6,281,294,300,303-5,310-11,323,331,336,355,383-4,415,457-8,475,477,479,482-3,494,506,523,530,560,562-3,567,569,581
ロック　44,60,69,453

保護 - 被護関係／君臣関係　96-7,113,140,237,273-4,287,423,476,483,498-9,546,569,571-2
保守主義　269-70
ホッブズ　44,69,431,453
歩兵（隊）　24,113,146-7,153,175,178-80,197,199-203,205,217-8,220-1,224,253-4,262,267,273-6,297-300,323,379,425,465,468,492,546,571,576
ホメロス　201,204,223,378
ポランニー　30,70-2,99,210
ポリス（定義）　215
ポリス　213-230,232,240-2,244-6,248-9,262,269,273-4,345,348,351,370,394,568,577

マ

マグナ・カルタ　455,470,481
マケドニア，～人　86,128,153-4,166,185,205,221,241-2,244,248,250,269-70,277,322,571,581
マス（大衆）　11,22,31,168-9,175-6,178-9,188,191,193,216,220-1,233,242,283,285-6,288,291,293,296,317-8,324,332,337,340,342,351,357,379,389,394-5,406,446,484,502,553
マヌ法典　385,387
マヤ，～人，～文明　86,133-5
マリウス，～の竿　154,280-1,300,310,323-4,568
マルクス　7,9,15,18,20-2,31,44,60,69,243,248,294,308,333,445,453,504,506,541,557,562,565
マルクス主義（理論）／マルクス派　5,8,15-8,23,29-30,35,59,69,76,240,242-3,308,333,400,407,444-5,447,453,547,553,561,565,572
マルクス派の国家起源論　58-9,69-70,94-5,142
マルコマンニ　311,313
マルサス（的）循環　55,61,76,126,169,436,438,536
ミタンニ，～王国，～人　200-1,253
密集方陣（戦法）　218-9,221-2,266,568
ミノス人のクレタ島／クレタ文明　45,72,85-6,100,118,129-31,192,199-200
身分　7,15,38,200,215,234,238,243,273-4,278,280,291,298,310,375,378,391,412,421,483-4,508
ミュケーナイ，～人，～文明　71,178,192,198-9,201,204,209-10,214,223
ミレトス　231-2
民衆　126-7,133,173-4,177,208,211,230,264,278,282,320-2,329,335,346,348-50,352,355,362,366,370,383,396,398,412,417,421,425-6,433,448,468,472,501,508-9,514,562,572
民主政　98,106,110,112,119,168,179,190,213,216-7,219,222,225-30,241-2,244-6,248,250,256,281-2,308,317,319,343,448,536
ムハンマド　326-7,371-4,400
メソアメリカ，～文明　26,45,85-6,132-5,192
メソポタミア，～文明　22,26,29,37,45,50,60,78,84-5,87,89-94,96,98,102-3,105-7,109-11,114-5,118-21,127,131,133-4,139-40,144,151,153,162,165,167,170-7,179,181,183,189,192,198,201,209,212,247,252-3,255,260,262,373,381,579,581,583
目的論，～者　37,148,213,575

ヤ

唯物論，～者　8,26,29,88,243-4,359,375-6,389,395-6,399,407,409,430,444,565,578
遊牧民　93-4,97,147,180,197,201,206,301,320,371
ユダヤ教／ユダヤ人　174,257-8,261,264,300,328-9,332,336,338,341-5,354,372,374,392,414,420,430,463,546,557
ユダヤ叛乱　345
傭兵，～隊　115,128,157,179,201,203,212-3,221,226-7,229,250,262,426,468,470,477-8,492,521
余剰　25,55,57,60,64,67-8,71,74,76-8,80,84,91-2,94-5,114,119,128,130,138-40,145-6,154-6,158,161,163,165,173,176,178,181,202-3,205,214,217,227,239-41,253,257,283,285,292,295,300,304-5,323,329,350,389,406,430,445-6,472,489,505,514,518,533,536-7,548,570,580
余剰労働　17,69,126,166
読み書き，～能力／書くこと／識字率／文字文化　14,29,42,46,49-50,52,84-6,90,100-3,106,109-10,124,126,129-34,136,140,146,160,165,167-9,175,177,179,181,187,190,196,198,201,204-5,210-1,216,223,225-6,233,241,244,246,252,257-8,261-2,268,273,275,279,283,286,292-4,303,323,326,332,336-7,339-43,351,353,355,357,362-5,368,370,375,381,383-5,388,390,393,395-6,398,411-3,414-5,420-2,425,432,479-81,483,485,501,503,505,507-8,510,523,546,567-9,572,580

373,416,423,426,431,572
ピラミッド　126-9
ヒンドゥー教／ヒンドゥー人　326-7,368-9,374-6,379-81,383-5,387,389-92,398-400,431
ファラオ　122-7,221,226,232
フェニキア，〜人　30,164,205,208-12,216,224-5,227-8,231,234,246,250,252,258,266-8,272,276,447,566,569,578-9,584
福祉国家　501,573
部族，〜国家，〜連合　15-6,51-3,62,68,70-1,78,95,103,105,124,135-6,138,146,151,174,188,197,202-3,205,215,219,229,237,250,264,273,275,311,322,331,336,359,363,365,371-2,374,376,378,381,383,388,392,395,408,424,542-3,545,547,571
ブッダ／仏教　326-7,330,369-70,375,382-5,392,398,400,431
普遍，〜主義，〜的（な〈力〉／組織）　14,29,101,150,159,177,187-8,190,216,247-8,252,257,260-4,293,326,328,330-3,337,348,351,353,355-7,371-4,392-3,397-8,400,414,423,469,478-9,481,483,498,500,503,521,535,552,554,558,571-3,581
フランス革命　342,521,524,555
フリ人　198-9,201,211,258
ブルゴーニュ，〜公国　24,442-3,452,465,475-9,481,549,555,564,575
プロテスタント，〜運動／プロテスタンティズム　366,374,409,422,494,501,503-11,541,554,575
プロレタリイ／プロレタリア　274,277,279-80,338,341
分業　9,11,20,34,42,53-5,92,112,145,169-70,173,175,386,388,390,542,579
分権，〜化／非中央集権，〜化　46,68-9,75-6,80-1,110-1,158-9,161-4,169,172,183,186,188-90,192-3,197,200-1,203,208-13,222,228-9,246,252,257,268-70,292,303,316,318,332-3,363,371,384,388,392,425,441,446,458,460,480,484,517,521,523,536,555,557,563,569-70,577-81
分配的な〈力〉distributive power（定義）　10-1
分配的な〈力〉　10-2,28-30,32-3,46-7,63,86,94,141,391,447,556-7,560,567-8,576-7,580-1
文明（定義）　6,84-5
文明（出現の理論）　138-42
文明／文明化　9,22,26-7,29,37,42,44,47-8,50,57,62,69,72,74,76,78,81,84-7,89-94,97,101-6,111,113,115-6,118-21,127-42,144,158,167,169,172-4,176,179-80,188,193,197,199,201,203,205-6,208,210-1,214,217,220,233-5,237,240,242-3,245,247-8,272,284,288,298,301-3,320-1,324,326,329,332-3,346,356,360,362-5,368,371-2,376,381,392,395,400,408-10,414,420,430,456,503-4,511,531,540-6,550,552,554,561-2,569,571,576,579-80,582,585
ヘラス　223,230,270
ペルー，〜文明　84-5,132,192
ペルシア，〜人，〜帝国，〜文化　30,86,128,154-5,159,167,176,183,205,209,213,221,232,234-6，246-9,252-4,258-60,262-70,276,283,292-3,307,313-4,317,319,321-2,326,329,331-3,348,372-4,394-5,398,400,411,546,561,571,573,579,584
ペルシア戦争　221,235,250
ヘレニズム　128,242,247,252,265,270,276,301,323,329,335,339,343-5,351,358,400,546-7,550,571
ヘレネス　247,250
ヘロドトス　128,218,235,259,261,265,267
ペロポネソス戦争　230,236,249-50
辺境（地）領主　115,124,134,144,147,156,159,178,180,192,199-200,230,292,311,317,583-4
弁証法　10,44,56-7,78,88,134,144,177,183,185,189-90,192-3,208,213,242-3,248,263,322,365,408,473,563,577,579,580-1,583,585
ポアチエの戦い　456
法，〜制，〜典，〜律，〜令　11,20,63,65,160,165,171,176,183,186,221,226,230,241,273,275,279,285,303,307,338,340,357,360,365-6,375,382-3,386,390,398,409,424,426-7,432,445,447,460,479,483,500,505,517-9,535,567,574,580
封建国家　220,424-5,477,493
封建制　24-5,121,159,172,183,188-90,200-1,256,258,318,378,384,406-8,424,432-3,438,443-7,452,455,459,475,478,484-5,488,493,518-9,522,531,545-7,568-9
封建制から資本主義への移行　404,406-7,410,432-3,444,446,449,488,531,547,554
封建制生産様式　406,445,447,517,545,556
封建徴募軍　15,24-5,114,459,462,477,548,555
砲兵（隊）　24,146,493,499
ポエニ戦争　275,320
牧畜民　50,54-5,57,61,67-8,93,102,105,120,124,135,139,149,178,191,202,263

145,147,149-52,154-6,158,160,162,166,169,171-2,175,190,192,197,200,209-10,215,220-1,225,228-30,241,257,286-7,289-90,296,306,311,313,316,332,334,336,338-46,348-51,355-60,379,383,386,408-9,411,422,425-7,430-1,438,440,447,457,459-60,472,475-7,478,480,483,493-4,503,505,507,509,537,540,542,547-8,552,555,571
都市国家　48,50,57,76,87,94,101,103-5,110-15,118-20,124,134-5,138,140-1,144-5,147-9,151-2,154,160,165,167,169,172,178-9,201,204,208,210,212-3,215,217,219-20,222-5,227,229-32,235,238,245,248-50,255,259,265-7,272-3,275,277,292,300,322,336,368,371,395,408,493,571,574,579
土地所有者（層）　21,115,167,169,215-6,227,241-2,245,256,283-4,286-7,294,304,306,315-8,337,341,359,370,389, 416,425,446,472,499,520,557,570-1,581
ドナトゥス派　287,352,357-61
トルテカ族　134
奴隷，～制　13,32,62-4,68,70,95-6,98-9,154,156,166-7,169,225,227,230-1,233-4,238-41,243,245,247,276,279,283-6,291,295,303,308-11,313,322,348-9,353-4,356,378,416,570
トロイア戦争　204

ナ

内向集中的な〈力〉intensive power（定義）　11
内向集中的な（〈力〉／組織）　11-4,20,27,29-35,52-3,61,79,133,166,169,174,183,200-1,205,245-6,269-70,277,283,285,307,310,322,324,326,352,362,386,392,395-6,398,405,407-8,410,412,414,427-8,436,438,440-1,444,448,475,488,511-2,540,548,560,562,576-7
内在（イデオロギーの）　30,34,172,176-7,257,327,394,408,417,419,448,561-2,571
ナイル（河）　9,85-6,92,105,108-9,121,124,126-7,204,209
ナショナリズム　104,176,252,256-8,343,388,412,457,473,509,512
ナポレオン戦争　524-5
ナンシーの戦い　478,575
人間性／人間理性／ヒューマニズム　208,213,231-4,237,242,247-8,270,346,369-70,392,394,416,422,479,504
人間の目標／人間の本質　6-11,15,20-1,25,34-5,560-1,563,581
ヌミディア　276,287,358
ネブカドネツァル1世　172
ネブカドネツァル2世　209,222
農業技術　130,290,311,317,438
農耕民　50,54-5,57,61,67,76,92-4,124,132,139,147,149,154,158,178,197,201-3,448
農奴，～制　166-7,181,204,233,238-40,243,285,295,303,318,406,426-8,446-7,517
ノルマン人／ノルマン征服　409,412-3,425-6,457,479,549

ハ

パーソンズ　10,18,29,376,541,543,556,566,579
パウロ　345,354,400,439,574
バビロニア／バビロン　86,148,153,159,164,170-2,182-3,199,201,204,209,211-2,221,255,258-61,267,269,574
バビロニア法典　165
ハプスブルク家／ハプスブルク帝国　478,521
ハムラビ　148,159-60,165,171,199
ばら戦争　462,489
バラモン　330,377,379-90,400
パルティア，～人　301,311-2,320
叛逆／叛乱　64,81,158,177,200,234,240,249,259,267-8,275-6,278-9,281,284,286,300,309,313-5,318,343,345,358-9,366,388,419,422-3,446,471-3,477,507,513,517
蛮族／半蛮族　180,227,234,247,276,285,301,308,311,318-21,324,328,332,356,362-5,371,379,392,404,408,424,426,429,442,545-6,582
パンテオン（万神殿）　56,104,120,127,383
バンド　51-3
ハンニバル　275-7,574
比較社会学，～者　37,144,183,185-6,188-90,192,206,400,409-10,544,563,568,579
ヒクソス　198-9
ビザンツ，～教会，～帝国，～文化　372-4,397,414,549-50
ヒッタイト，～語，～人，～地方　86,174,198,200-2,204,209,211,254,256,568
百年戦争　456-7,465,469
ピューリタニズム／ピューリタン（清教徒），～革命　342,431,509-10,519,541,543,561
平等主義　24,44-5,47,53,58,60-1,66,74,76-9,81,89,91,93-4,98,175,216,220,222,246-7,256,264,273,278,320,330,332-3,337,352-4,366,371,

392-4,512,556,558,561-2,565-6
槍兵密集部隊（パイク・ファランクス）　24-6,221,478
ゾロアスター教／ザラトゥシュトゥラ　232,263-5,268,328-9,348,357,369,372,392,394
村落　13,27,48-9,53-6,61,68,71,75,78-81,84,89-90,92-9,109-110,124,132,141,155,174,197,202-3,272,313,316,318,332,336-7,340,365,379-80,383-8,408,411,413-4,423,426-8,430-1,441,444,472,540,544-5,548,571

タ

退化　47-8
大内乱（イングランドの）　489,508-9
多国家，～システム，～文明　33-4,106,115,118,121,144,205,208,216-7,224,229-30,236,244,246,394,407,424,488,493-5,508,511,537,540,542,549,551-3,556,564,569,577,581
出し抜き（組織論上の）　11-2,288,322,337
多重（複合的）な〈力〉のアクターの文明　87,104,115,144,208,249,538,545,577-81,583,585
ダレイオス（大王）　232,235-6,260-2,264,267
〈力〉のIEMPモデル　6,34-6,560
地政学（的な〈力〉）　33-4,104,115,124-7,141,144,147,158,202-6,208,210,213,217,230,236,245-6,259,270,294,319,407-8,453,468,478,488,494,503,506-8,510-1,513,519,521-2,532,540,542,544,549-52,554-6,564,577,582
中央集権，～化，～国家　14-5,24,33-4,42,46,53,58,61,65-6,68,70-1,74-6,79-80,88,92,96-8,101,106-8,110-1,113-5,124-5,128,134,136-7,140,145,159,169,171-3,179,186,189,191,200-1,210,222,249,260,269-70,282,311-2,317,322,331-2,363,383,392,394,426-7,442,452,458,467,474,476-8,492-3,495,499,505-6,518,521,551,553,555-6,563-5,577,580-2
中国／中華帝国　13,45,48,85-6,92,100,107-8,110,118-21,124,134,180,186,188-9,192,198,206,270,294,319-21,331-3,368-71,383,394,398,400,409-10,440,481,541-3,576,582
中心－周縁（関係）　87,94-7,105,112-3,115,119-20,134,139-40,159,161-2,179,182
沖積土，～農耕　9,22,84-7,89-92,103,115,118,120-1,130,132-4,138-9,141-2,144,151,167,191-2,368
チューダー朝　462,489,496-7,500,516
超越（イデオロギーによる）　29,34,88,141,171-3,176-7,294,326,329,335,348,351,353,360,366,369-71,376,381,390-1,393-7,399-400,408,412-4,419,423,448,475,477,508,510,561-2,564-5
通信（輸送），～の基盤構造　6,11,13,32,68,95,124,127-8,131,136,139,150-2,155-9,162-6,169,173,177,181,187,190,203,227,245,261-2,281,286,292,298-303,314,318,323,326,331,336-40,342-3,346,348,362,392-3,397,400,411,421-2,439,475,479,480,481-2,562-3,570
ディオクレティアヌス　150,282,289,304,314-8,321,340,357
ティグリス（河）とユーフラテス（河）（流域）　9,86,93,109,148-9,252
帝国，～体制　12,14,22,33,80-1,106-11,115,127,134-8,144-5,147-51,153,156-60,162-5,168-70,172-193,196-200,203,208-10,224-5,230,235-6,252-3,255-63,266-70,272,276-83,285-6,288-300,303-5,308,311,313-4,318-22,331-7,339,341-3,347-8,350-3,355-6,358,360,362-3,366,369-72,383,388,392,396,400,405,416,460,495,522-3,542,547,554,556,561,563,568-9,571-2,576-7,579,581-2,584
帝政ローマ　281,286-7,290-1,294,296,308-9,323,339,341,571
鉄，～製／鉄器時代　55,74,77-8,125,177-8,196,202-5,212,214-7,220,224,243,245,252-3,255,270,272,283,300,310,322,379,429,440,443,536-7,540,546,562,568,571,574,584
デュルケーム　8,18,28-9,56,335,370,376,399,409,432
テルモピュライ　236,266,574
伝播，～理論　5,43-4,55,85,88,91,94-5,97,99,101-2,110,127,130-4,140-1,150,163,167,175-7,179,181,191,196,205,211,216,220,223,225,227,248,252,265,272,301-3,309,311,323,337-9,342,400,423,438,474,481,484,493-4,562,564,567-9,573,577,580-1
伝播型の〈力〉diffused power（定義）　12
伝播型の（〈力〉／組織）　12,14,27,29,31,34-5,57,93,102,113,150,157,164,168,202,210,246,326,352,384,552,558,567,572,576,581-2
ドイツ農民戦争　507
トゥール・ポアチエの戦い　550,574
トゥキュディデス　218,229,247
都市，～化，～革命，～民／町邑／町　21,25-6,32,46,49,76,84-6,89-90,94-5,98-9,101,104-6,109-12,114,118,124,126,129-30,132-4,136,141,

202,203-5,210,213,216-20,226-7,243,245-6,253-4,256,270,273,275,277-8,280,283-4,287,303,310,312,314-9,322,337-9,341,349,359,364,366,379,413,520,546,555,571,574
常備軍　114,253,255,508,517,519-20,530,532
職人／技能民／製造民　56,91,94,128,152,169,216,242,332,338-9,341,349,430,480-1,505,552,561,572,581
植民地帝国　80,522,557
女性　9,50,348-9,353-4,356,373,380,397,414
進化，～(理) 論　5,37,43-50,52-3,56-8,62,65-6,70,73,76,78,81,86-7,90,130,142,144,249,583
神官　98-101,158
人口，～圧力，～規模，～増加，～密度　45,49,51-2,55,61,76-7,79,84,86,90-1,95-6,105,110-3,121,124,126,132-3,136,139-40,145-6,154,164,169,171,180,183,190,198,200,214,216,224,245,256,259,290,309,313,318-9,323,339,342,360,366,404,434-6,438,441,444-5,456,463,465,468,484,492,495,500,514,530,533,535-6,545,574
新古典派の経済理論　407,441,443-5,447,578
新石器，～革命，～時代，～人　37,46-8,52-3,74-5,81,132
親族　53,55,62,71,160,215-6,218,331-2
神殿　27,50,72,96-9,101,104,109,112,114,119-20,128-30,134,140-1,149,151,170,209,297
水車，～小屋　439-41,445,448
犂耕作／犂農業　210,272,384,408,439,568
すき間（からの出現）／間隙（をつく出現）　20-1,23,25-7,29,34-5,39,205,208,321,335,338,343,348,392-3,395-6,398-9,443,452,473,475,493,544,546,561,569,572,581-3,585
スクライブ（書記）　27,101-3,168,172,176,211
ストーンヘンジ　74-5,81,88,119
スパルタ　204,215,217,219-20,222,225-7,236,240,245,247-50,266,292,346,581
スパルタクス　284,309
スペイン継承戦争　524
スペンサー　18,32,65-7,161,191,270,292,562,566,579
スミス　12,161,163,432,441
税／課税／徴税　108,125,158,161-2,164,181,191,212,275,278,286-7,289,291,295-6,300,305-6,312-9,355-6,372-4,385-6,411,420,422,427-8,441,443,454-6,459-62,464-5,467,469-71,473,482-3,490,496,499-500,513-6,518,520-1,530-2,535,542,555
制海権　205,209,224,276
生産様式　5,8,16-7,24-7,30-1,66,76,239,243,392,407,446,545,547,553,557-8,565
政治的な〈力〉political power（定義）　15-6,32-3
政治的な（〈力〉／組織）　15-6,23-4,28-9,32-4,46,60,127,141,157,170-1,185,205,239,243-4,246,293,326,376,389-90,392,394,398-9,404,407,425,427,502,506,511-2,537,540,549,556-7,560-1,563-5,566,572,577
制度化　11,20-1,23,25-6,35,42,45-6,64,66,69,76,78,80-1,99,101,114,135,137,158-9,166,176,192,208,222,243-4,249,272,286,292,298,305-7,323,327,338,366,397-8,407,417,424,441,444,449,479,542,570,580-3,585
征服，～者，～民　13,16,59,63-70,85,96,103-4,106,114,121,124-5,134,136-7,145,147-9,151-63,165-9,171-3,176-80,182,185,187,192,198-201,204-6,210-1,220,222,233-4,236,244,247-8,256,258-9,261,269-70,272,277-81,283-4,291-2,294-6,298-303,305,319-23,333,336-7,347,363,373-4,378,384,388-9,397-8,400,424-6,438,456,458-9,513,543,549,553,557,575,577,582
世界歴史的な発展　6,37,39,183,582-3,585
絶対主義／絶対王政／絶対君主政　477,495,498,508,511,516-24,530,553,557
セム人／セム語　145,148-9,171,198,204,258
先史時代，～の社会　9,22,37,43-4,46,50,52-3,58-9,63,71-2,74-6,78-81,84-6,91-2,95,102-4,119-21,124,128,130,134,136,138-40,142,145,163,174,237,248,338,567,570,580
戦車（チャリオット），～軍　128,146-7,172,178,196-202,215,221,254,378-9
僭主政　219,222,241-2,246,250,262,292
専制，～主義，～(的な) 権力，～政治　33,66,97,106-11,114,186,188,262,268-9,332,483,501,509,556,518,532,542,564,569
戦争／戦場　14,19,24-7,32,34,57-8,64-8,73,88,104,112-4,119-20,133,136,145-7,155,158,169-71,173,179,192-3,197-200,202,220-1,229,236,243,250,266,277,279,301,305,308,311,319,321,357,379,383-4,397,414,418,424,427,431-2,456,459,462,465-72,474,476,479,489-91,494,500,507,514-22,524-32,543,548,552,554-7,576-7
「線路敷設工手」（歴史の）　34,168,202,243,368,

4,138,140,146,151,173,191-2,206,214,217,245,260,371,441,542,545,548,550,584
士大夫（読書人） 370,394,582
実践の回路 31,34,141,168,203,227,243,405,448,536,556-7,562
私的所有／私有財産／所有権 12,45-6,59,61,69-70,76,94-5,98-9,101,106,111,114-5,125,129,131,139-41,162-3,165-6,181-2,191-2,197-8,203,227,278,283-4,291-2,296,311,322,338,406,416,432-3,442,444,458-9,475,505,519,522-3,544,547,552,554,564,578,580
支配階級（上層階級），〜の士気，〜の文化 20,30-1,69,84,121,125,157,159-60,173-7,181,183,185,191,193,238,247,249,252,257-8,262-3,270,272,283,285,291-4,296,303,305-8,313-5,317-8,321,323-4,326,332,336-7,339-42,347,349,359,370-1,380,382,394-5,399,408,417,419,423,447,452,475,477,483,490,501,508,510,520,561,569,571-3,577
支配（の）帝国 empires of domination 144,160,168,183,192,196,199,201-3,205-6,208-10,212-3,230,238,243,245-6,250,252-3,270,275,296,298,301-3,321-2,323-4,368,384,392,399,577-8,580-3,585
資本家 406,433,503-5,507,520-1,553,555
資本主義，〜生産様式 5,21-3,31,59-60,70,99,241,245,296,317,391,404-7,409-10,433,436,442-7,468,475,484-5,489,493-4,499,504-6,510-2,514,517-8,520,522-4,535-7,540-1,547,552,554-8,561,578
資本主義生産様式（定義） 405-6
市民，〜権 168,215,219,222,225-6,228-30,233,236,238-43,245-50,254,258,266,269,273-8,279-80,282-5,292,295,298,305-9,312-3,315,317,320-2,324,331-3,340,347,352,355,468,483,500,508,571
市民社会 59-60,64,69,158,175,177,182,187,191,256,259,291,295-7,303,306-7,314,317,322-3,332,338,453-5,471,479,483,517-8,522-4,528,552-3,557-8,563,580
社会（定義） 18
社会学，〜者，〜理論 5-7,9,15,18,28,38,87-8,368,399,431-2,468,510,512,541,556-8,564,570
社会主義 26,59-60,269-70,512,582
社会的な〈力〉 social power（定義） 9-10
社会的な〈力〉 5,8-10,12,14,19,22,24-5,34-5,58,135,173,185,190,192,208,244,272,362,389,392,394,404,449,545,547,564,567,578,580
社会理論，〜家 9,168,395,405,541,566,575
宗教戦争 473-4,507,512,554
集合的な〈力〉 collective power（定義） 10-1
集合的な（〈力〉／組織） 10-2,28-30,32-3,45-7,63,68,86,94-5, 134,141,144,146,163,167-9,183,214,219,222,241,245,274,277,307,319,356,391,393-4,404,410,447,483,550,556,560,563,567-8,576-7,580-1
十字軍 415,418,443,462,549
重商主義 514-5,534
重装歩兵 217-23,228-9,241,243,245-6,248,250,262,266-8,273-5,300,568,574
従属的労働，〜民／従属民／隷従民 95-6,98-9,103,112,130,140,159,166,169,222,241,309,341,364,423,570-1
自由（な）労働，〜者 166-7,234,239,283-5,319,537
自由民 16,98,112,114,166,215,228-9,247,283,318,353,413,427-8,430,570
収量倍率 288-9,404,436,438,441,494,536
儒教 294,321,368-71,392,394,431
首長，〜社会，〜制 45-6,48,59,62-3,65-6,70-81,90,93,96,132,135-6,146,166,198,201,233,262
シュメール，〜語，〜人，〜文化 48,57,85-6,92,94-5,97-8,100-1,103-5,108-10,115,124-5,130,141,144-9,151,153,156,167-8,170-2,176,179,182,186-7,199,201,211,231,252,380,408,554,584
主要因（究極の） 5-9,11,16-7,23,35,37,565
荘園／マナー 25,169,289,318,364-5,408,411,417,423,427-8,430,433,441,444-6,472,477,479,517,540,544-5,546,548,552
象形文字 129-30,134,167,210
城砦／砦／防（御）壁／要塞 32,49,58,112-3,130,140,145,149,154-6,158,164,166,169,178-80,198,201,204,209,286,298-303,311,323,408,424-5,456,492,496,547,568,576
商人／商業民 100,102,126,128,145-6,149,168-9,181,190,210-2,216-7,225,227,256,312,332,338-9,341,349,366,374,377,381-3,406,412,421,427,429-30,442,458-60,463-4,466,468-70,472-4,477,480,484,499,502,504-5,510,512-5,520,523,530,552,555,557,561,580-1
小農民／小作農（民） 21,25-6,61,107,152,167,

405,408,413-5,427,429-30,441-3,455,464,468-70,472,475,481,490,500,506,508,513-5,520,522-3,532-4,542,544-6,548-51,553-5,561-2,569,571-2,574,581
黄河，～流域　26,85,107,119-20
航海革命　409,484,506,513,541,568
工業社会／産業社会　21,66,404,560,562,572,585
公職／官職　228,241,263,278,291,314,323,357,389,455,497-9,509,519-20
皇帝（インペラートル）　277-8,282,293,306-7,309,312-3,318-9,338,346-8,351,358,361,411
口頭伝達　175-6,293,326,339,342-3,363,393,395,420,481
貢納／貢（物）　13,32,68,97,125,137,145,157-8,162,181,191,209,212,225,229,255,260,262,275,305,459,494
合理化過程　541,578,583
合理性／合理主義　176,189-90,233,264,323,366,396,400,420,431,458,503,510
コートレーの戦い　25
国民　7,14,22,30,54,104-5,190,256-8,407,464,468,482-3,489,501-2,504,506,508-10,514,522,536-7,553-4,572-3
国民国家　5,12,21,23,38,104,216,246,391,407,410,452,473-5,482,484-5,488,496,503,506,508,510-1,513,524,535,537,555,558,561,564,572
コスモポリタニズム／コスモポリタン文化　206,252,258,260-1,268-70,283,332,392,400
国家（定義）　46
国家　5,9,13,15-7,21-3,26-7,31-3,42-4,46-9,54,58-9,62,64-75,77-81,84,86-9,91,93-4,96-9,101,103,106-8,110-1,113-6,118-9,121,124-8,131-3,135-40,142,144-6,149,157-8,160-3,165-6,168-9,171,174-5,178-9,181-2,186,188,190,192,196-7,199-200,203,205,209-13,215,219-22,224,229-30,236,238,241,244-7,249-50,257,264-5,268-70,273-5,277-8,281,285-7,291-3,295-8,303-8,312-7,321-4,326-7,332,337-8,347-9,353,356-8,360-1,365,378-9,381,383-4,386,389-90,392,394,397-8,406,408-10,412,414-6,423-7,429,432-3,441-3,447,452-60,463-7,469-76,479,481-3,485,488-91,493-7,499-501,510-6,518-20,522-4,528,530-2,535,540,542,544-5,547-9,551-8,561,563-5,567,569-70,572,576,578,580-2
国家（調整的）　452,490,496,506,568
国家（有機的）　452,484,490,496,537,540
国家エリート（層）　33,218,283,307,321,471,473,556-7,563
国家の起源　58-9,64-7,69,96,113
古典期ギリシア　22,26,29,168,213-4,227,237-9,242,329,346,408,423,561-2,571,577-8
個別独立主義　187-8,263,294,332,371,392,394,423,483,499,521,571,573
コロヌス　285,310,316,318
コンキスタドーレス　134-5,185,187
コンスタンティヌス　287,314,316,321,346,357-8,361,411,419
コント　18,504,579

サ

サーサーン朝（ペルシア）　185,312,320,372,374
祭司　128,173,175,211,235,264,377-83,387,389-90,400
採集‐狩猟民　42,44-5,48,50-2,54-5,58,60,92,97,102,133,139
財政　70,274,297-8,305,312-3,317,410,425,452-4,462,464,466-7,470-1,476-8,470-1,476-8,489-90,495-6,499,508,515-6,518-21,522,524-9,530,532,548,552,554-7,570
最先端（〈力〉の）　37,144,208,249,470,488,495,544,550,582-4
再分配国家　23,70-1,97,99,107,125,142,165
再分配首長　55,59,70-3,97,165
サトラップ（州長官）　159,243,260,262,267-9
サラミス海戦　229,236
サルゴン王（アッカドの）　112,145,147-60,163-4,166,168-9,171,173,177-8,180,182,186-8,191,200,221,268,569
産業革命　245,405,471,488,511,537,540,554,557-8,563
産業資本主義　38,404-5,475,488
三十年戦争　494,508,510,530
ジェンダー　9,38,42,354,393,416,560
次元やレヴェル（社会の）　4,6,16-8,34,88,192,565
市場，～活動，～交換　12-4,17,29,54-5,70,72,95,97,134,139-40,161,164-5,173,210,216,218-20,227,245-6,287,303,316,351,366,383,385,408,415,423,429-30,441,443-4,446-7,458,469-70,472,475,484,489,505,507,514-5,533-4,536-7,547,553
自然環境　9,54,61,71-2,85-7,89,91-2,94-5,97,99,102,105,107,115,118,120-1,124-5,127,131-

128-9,152,154,157,164,167-8,174,197-8,203-5,208,211-228,231-45,247-50,252,254,256,259,261-2,265-70,272-4,276-7,281,283-4,288-9,293-4,303,313,322,328-30,332,337-8,340-6,348,351,353-5,357-8,364,369-70,378,383,392,394,408,447,474,479,503,546,554,566,569,571,572-4,579,583-4
キリスト教，〜世界／キリスト教徒　25,128,164,233,308,319-21,323,326-31,333-8,342-58,360-6,368-9,371-6,383,388-90,392,396-400,408-10,412-3,415-6,418-24,426,429,431-2,438-9,441-4,447,452,456,460,472,475,477,479,483,485,503-8,510-2,514,540-1,543-4,546-7,548,551,554,562,566,572,575,577,579-80,582,584
ギルガメシュ　112,170
近代国家　15,425,436,442,472,478,532,540,552-3
偶発事（歴史上の）　84,135,249,476,543,550-1,567,574,584-5
楔形文字　100,103,209-11,261,567
グノーシス派　330,345,352,354,357
グラックス　278-9,309
クラン（氏族）　48,51,53-4,56,61-2,68-71,77,80,89,94,127,129,197,202,215,273,371
軍事革命　492,494,552,557,568
軍事体制　12,32,111-2,114-5,120,132,134,138,140,158,163,168-9,172,182,218,243-4,252,256,258,274-6,298,301,332-3,530,563,582
軍事的ケインズ主義／軍事的乗数効果　163,165,256,301-3,323
軍事的な〈力〉military power（定義）　15-6,32
軍事的な（〈力〉／組織）　12,15-6,23-6,28-9,31-4,57-8,60,64,66-7,108,127,140,156-7,159,168,170-1,180,185,191-3,202,205,214,222,239,243-4,246,249,266,274,320,322,326,332,376,389-90,392,394,397-9,404,407-8,424-5,495,506,512,537,546,548-9,556-7,560-3,565-6,571-2,576
君主，〜国，〜政／君公　25,59,80,106,110-1,114,120-3,125,154,176,186,189-91,215,217,219,241,246,268,270,276,282,410-1,415,417,426,452,455,459-60,463,467-74,476,478,483,495,498-9,501-2,508-10,512,517-20,524,553
軍事理論派の国家起源論　58-9,63-4,68,70,96,113,468
軍隊／軍事組織／軍事活動／軍事行動　5,9,10,13,15-7,23,26-7,32-3,59,66,108,112-4,125,141,146-7,149-50,152-9,164,166,175,179,191,199-200,216,218,220,222,229,243,250,252-4,256-7,259,262,265,267-9,277-8,280-2,287-8,293,297-8,300-1,306,310,314-22,337,340-1,355,373-4,381,383-4,397,410,418,426-7,456,463,465,469-70,475,477,482-3,492,494-5,499,502,517,519-21,529-30,532,567,575-7
軍団（レギオ），〜経済　272-3,277,280,283,292,294,297-305,307-8,310-1,318,320-4,332,337-8,345,368,568,576
グンプロヴィッチ　32,63,70,96,453
経済的な〈力〉economic power（定義）　30-1
経済的な（〈力〉／組織）　23-4,28-31,33-5,58,60,69,127,141,157,160,170,185,202-3,205,214,237-9,243-4,246,274,303,322,326,376,383,389-90,392,394,398-9,404-5,407-8,427,434,441,448,475,479,506,512,540,546,548-9,553-4,556-7,560-3,565,570-1,573
ケイジ／ケイジング　46,48,50,55-8,79,81,85-7,89,92-4,96,98,100,102,105-6,113,115,118-20,124,127-36,138-9,141-2,144,157,220,248
啓典宗教　326-7,336,339,355,357
血縁，〜関係，〜構造，〜集団　27,52-4,56,81,92,95-9,102,215-6,219,372,380,413-4,417,502
ゲルマン，〜人　167,309,311-2,318-21,356,363,372,399,404,424,427-8,442,453,545-7,584
権威　10-2,27-8,44,53,56-8,61-2,66,68,70-1,73-81,88,92,94-102,104,112-4,119,135,138-41,157,160-1,163,165,171,173,179,188,197-205,212,260,264,268,287,303,311,318,326-7,346-7,354-8,361,366,374-5,381,384,389,391,394-5,397,411,415-6,419,421,423,425,427,431,455,459,462,468,479,502-8,517-8,536,554,558,561,567,580
権威型の〈力〉authoritative power（定義）　12
権威型の（〈力〉／組織）　12,14,31-5,44-6,57,113,134,157-8,167,246,248,272,310,326,337-8,352,458,523,567,573-4,576
元首政ローマ　282,284-5,290-1,296,546
ケンスス（戸口調査）　314-6
交易，〜民，〜国家／商品交換　13,22,27,30,32,49-50,56,71,76-8,84,88,91,93,95,100,102,119-21,124-7,130-2,136,139,141,145-9,161-5,167,179-81,191,197,199,203,209-14,216-7,222,225-7,239,241,245-6,252-3,257-8,261,268,270,272,287,289,291,295-6,303,308,311,313,318,336-8,348,358,365,368,371,374,388,392,395-6,

-2,505-11,519,555
カナン人／カナン方言　204,209,211,231
家父長主義／家父長制　38,42,188,238,273,354-5,361,373,383
貨幣，～経済，～制度　14,29,76,101,126,165,177,181,210-3,227,246,252,257,268-9,273,283,289-90,295-6,300,303-4,307-9,312-3,316,323,332,338-9,341,368,388,406,414,429-30,460-2,490,519,535,568,572
火薬　221,410,484
火力／火器／銃／大砲　477,484-5,492-3,521,523,576
カルタゴ，～人　209-10,229,236,249,272-3,275-8,281,283,292,322,324,358,373
ガレー船　224,228-9,246,276,574
漢，～帝国　135,137,179,206,294,319-20,331,370,582
灌漑，～国家，～事業，～農耕，～農耕民　49-50,53,57,64,85-7,89-99,103,105,109-11,113,115,118-21,123,128,130,132-6,138-9,141,144-5,147-8,160-1,164,171,174,178,191-2,197-8,202,206,210,212,260,383,388,567
ガンディー　388-9
観念論　8,140,359,376,381,387,395,399,409
官僚，～制，～組織　59,107-8,125,159,168,172,191,210,282,284,292,298,314-5,319,323,341,355,357,374,384,409,425,454,470-1,479-80,517,543,582
騎士　416-8,424-6,430,455,459,463,465,477-8,546,549,576
儀式センター　49,73,85,97,118,120,132,135,141
技術革新／技術発展／テクノロジー発展　14,24,45,245,249,288,308-10,408,410,438-42,444,448,475,480,482,511
貴族，～政，～制　15-6,45,69,74,76,106,111,114,133,136,159,175-6,181,183-90,197-8,200-3,210-1,214-7,219-20,222,228-9,241-2,246,256,262-4,266,268-9,275,281-2,292-3,313,329,332,340,357,363-4,370-1,373,384,394,412,418-9,424,427,467-70,473-4,476-7,483-4,492,497-500,508,510,512,517,520-3,530-1,546,553,557,568,571,580
記念碑的建造物　26-7,32,74-6,84,119,128,132,138,169
機能主義　59,553
機能主義派の国家起源論　58-9,63,87,142
規範，～的規制，～的連帯　5,11,20,27-9,54,58,60-1,98,104,141,163,175-6,181,215,220,226,257,329,332,335,337-8,352,365-6,369,371,373,381,385,388,392,395,398-9,409,412,417,432,443,453,456,479,505,508,511-2,514,544-5,554,561-2,566,577-8
規範的平和状態（ヨーロッパの）　408-9,413-6,426,429,447,456,460,475,540,545,547-8,551,554,562,569
騎兵（隊）　24,58,146-7,172,188,200,202,250,253-6,259,262,267,273-5,280-1,301,311,318,373,379,397,424,465,468,546
救済，～宗教　26,30,34,127,247,264,270,321,326-7,329-31,333,348,351,367-9,374,382-3,388-90,396,399-400,431,481,503,505,511,541,547,561-2,568-9,572
宮廷　25,32,68,80,152,159,173,175,180,262,328,366,379,411,417,443,473,476-7,498-501,508,520,522,530
宮殿　96,112,119-20,129-30,151,170,176,201,204,256,520
弓兵（隊）　146,178,200,221,229,250,253-4,259,267,301,465,576
教育　32,158,176,190,247,262-3,270,292,326,339-41,362,370-1,375,381-5,388,390,416,420,573
教会　17,21,23,175,190,287,319,330,334,345,348-9,351-6,358-60,362,364,366,375,381,411,413-7,419-22,425,429-31,442,456,458-9,463,472,475,479-82,496,500,502-7,509,511-2,517,572,581
教皇，～権力，～制度　356,366,411,414-6,419-20,422,456,462,471,475,479-80,503,507
強制的協同 compulsory cooperation　66,144,157,160-1,167-70,174,176-7,180,182-3,191-3,200-1,216,252,256,268,270,272,282-3,291-2,294,296,301,315,321,323,395,408,460,519,557,562,569,580
強制連行　256,258
強制労働　32,64,110,136,158,164,166,181,243,386,567,569
共和政　510,516
共和政ローマ　37,154,166,170,258,274-5,278,280-2,286-7,290-1,294,296,307-8,314-5,323,332,339,341,352,423,571,573
巨石（建造物），～時代　50,72,77,138
ギリシア，～時代，～人，～文化　30,71,124,

エトノス　219,221,250
エトルリア，〜人　217,221,234,272-3,289,571,579
エブラ，〜王国，〜人　103,149
エラム，〜語，〜人　85,103,148,172,260-1
エリザベス（女王）　493,496-7,500-3,508-9,513,518
エンクロージャー（土地囲い込み）　514
エンゲルス　60,69,76,243,565
円筒印章　100,165,567
オイクメネー　326,333,353,356,360-2,365-6,374,390-1,399,412,414,416,456,503,506-7,512,547
王，〜家，〜権，〜国，〜政，〜朝　68,80,110,112,114-5,120-7,135,145,148-51,156,158,170-3,175,177,180,182,188,191,197-8,200,212,215,222,255-6,260-4,267-8,278,282,286-7,311,319-20,363,366,371,377,379-80,382-4,386,389,412-3,418,420,422,424-7,429,442,454-9,462-8,470-2,476,478,483-4,490,492,496-9,502,508,517,519,521-3,535,542,546,549,582
オーストリア継承戦争　524
オストラシズム（陶片追放）　226,241
オッペンハイマー　32,63-4,67,137,453
オルメカ，〜人，〜文明　132-3
恩寵の巡礼　423,471

カ

カースト（定義）　377-8
カースト　215,375,377-9,381-2,385-92,398
カール・マルテル　373,574
カール大帝（シャルルマーニュ）　365,426,430
階級，〜闘争（定義）　30,237-8
階級，〜構造，〜闘争　14-5,20,23,30-1,42,46,54,57,59,69-70,87,96,113,115,119,127,129,133,168,174,176-7,179,185,190,192,208,216,219,225,227-8,230,232-3,237-43,247-50,263-5,273-5,280,286-8,290,292-4,322,326,331,334,339,341,343,353,355,360,364,370,375,383,390,392-4,397,400,406,412-4,416-7,422-4,432-3,443-4,446-8,448,453,455,471-4,477,481-3,498-9,502-5,508-9,514-5,517-21,524,532,535,537,545,548-9,553-8,561-5,567-8,570-4,578,582
階級＝国民（国民としての階級）　499,513,516,522,537,572-3
階級闘争（拡大包括的な）　30-1,237-40,242-3,248,263,274,286,288,294,423,510,571-2
階級闘争（シンメトリカルな／アシンメトリカルな）　30-1,237-8,240,242-3,248,274,288,294,423,499,502,510,571-2
階級闘争（政治的な）　30-1,213,238,240-3,248,286,294,422,499,503,510,571-2
階級闘争（潜伏的な）　30,237,287-8,422-3,571
海軍，〜力　209-10,227-30,235,239,241,243,245,250,254,265-6,268,273,275,297,409,464,493,495-6,519,528,531-2,577
外交，〜的活動，〜的規制　27,33-4,102,104,115,124,141,145-6,156,164,167,173,210,224,236,246,311,319-20,395,407,415,418,425,494,506,508,511-2,519,537,540,549,551,554-5,564,581
階層，〜化，〜構造，〜制／社会成層　7,11,15-6,19,30,34,38,42,44,46-8,50,58-60,63,66-7,70,73-4,78-9,81,84,86,89,94-9,106,110-3,115-6,118-20,133,135-6,138,140,142,144,166,169,174,179,187,197,229,274-5,278,280,375,377-8,390-1,424-6,430,548,580
科学，〜者　84,102,176,231,233,248,381-2,384-6,409-10,448,503-4,511,536-7,541
拡大包括的な〈力〉extensive power（定義）　11-2
拡大包括的な（〈力〉／組織）　11-4,20,27,29-32,34-5,52-3,55-6,61,71,77,79,94-5,98-9,104,111,119,145,151,157,160,166-7,183,192,200-1,203,205,219,246-8,263,266,269,277,283,288,290,293,300,307,310,322-4,326,340,352-3,362-6,386,392-3,395-8,405,408,410-5,423,426-9,436,438-9,441-4,447-8,475,479-80,482,484-5,488,502,512,540,544,548,553-4,558,560,562,569,571-4,576-7
家産制　183,188-90,262,568
家族／核家族／拡大家族　9,19,27,48,53-5,61-4,77,79,94-6,139-40,215,225,237,273,278,329,336,338,352,361,375,386-7,393,396-7,434,443-4,489,512,537,580
カタリ派（異端）（アルビジョア派）　420-1,423,471,473
価値／交換価値／商品価値　70-1,93,97,101,151,163,165,211-2,301-3,309,312,314,406
カッシート，〜王朝，〜人　148,172-3,176,178,181-3,198-9,201,204,253
寡頭政　98,106,110,112,121,179,222,225,246,252,274,276,425
カトリック（教会）　329,355,358,360-1,363,411

索　引

ア

アーリヤ人　118,178,192,198-200,215,378-80
アウグスティヌス　358,360-2
アウグストゥス　278,282,297-8,305-6,317,340,569
アケメネス王朝　260
アショーカ王　383-4
アステカ，～人，～族，～帝国　134-5,185
アッカド，～語，～人，～地方，～帝国　86,103-4,111-2,115,148-50,152-4,156,158,164,166-8,170,172,176,182-3,186-7,210-1,252,260-2,381,577-9,584
アッシュルバニパル王　255,257
アッシリア，～人，～帝国　30,86,93,135,137,153-5,164,170,172-3,176,183,185,199,201-3,205,209,212,218,220,232,252-62,267,292,322,326,395,561,571,573,577-8
アテナイ　213,215,217,223-30,235-6,238,241-2,245,247,249-50,313,346,581
アメリカ独立戦争　524,535
アラビア数字　385
アラブ，～人　103,371-2,374,397,429,479,543
アラム人／アラム語　172,211-2,258,260-1,268,328,341,343-5,381
アリストテレス　9,216,228,234-5,241-2,249,354
アルファベット　30,211,225,567,574
アルフレッド大王　365,426
アレクサンドロス（大王）　152-6,209,247,250,252,259,263,266,268-9,282,313,550,574
暗黒時代（中世初期）　449,540,551,574
アンデス・アメリカ　26,135-6,138,187,217
イエス・キリスト　261,316,328-31,334-5,338,343-9,352-3,355-8,360-1,366,372,400,413,420,422,426,432,439,456
移住，～民　55-6,103,111,130,141,199,224,272-3,275,277,284,350,384,408,459
威信財　75-7,93,140
イスラーム，～教徒　15,68,189,326-7,357,362,366,368-9,371-6,384,388-90,392,396-400,409-10,414-5,420,438,442-3,457-8,479-80,513,542-5,549-51,566,576,584
イスラエル　204,209,256,261,264
一元的な（社会／社会観）　4,16,19-22,37,56-7,62,68-9,72,79,87,96,102-4,111,115,121-2,124,127,138,191,193,196,200,216,219,247,258,408,410,427,433,452,458,464,484,500,547,554,564,570,580
一点集中化／一点集中的強制　25-6,32-4,288,424,484-5,563,565
イデオロギー的な〈力〉ideological power（定義）　28-30
イデオロギー的な（〈力〉／組織）　23,28-30,33-4,55,57,60,127,140,142,157,168,174-7,191,205,244,257,262,294,320-1,323-4,326-7,336,353,366,368,375-7,390,392-4,396-401,404,407-8,411,423,547,557-8,560-2,565,577
殷（商）　100,120-1,132-3,198
インカ，～族，～帝国　84,135-8,187-9,192,260
印刷術　410,480,484-5,568
インダス（河），～流域　26,45,85-6,92,100,118-20,192,199,373,375
インド・ヨーロッパ語族　197-8,201,215,223,378,574
インド　86,118,178,198-200,259-60,264,269,368-9,373,375-8,380,383-4,386-91,398,400,541,543,584
インフラストラクチュア（基盤構造）的な（〈力〉／権力）　14,30,33,108,111,186,262,269,332,386,426,518,524
ヴァイキング　185,204,409,429-30
ウィットフォーゲル　14,89,106-11,186,191,569
ウェーバー　8,10,15,18,28,34,38,46,159,168,187-9,228,233,243-4,338,369,397,409,420,430-2,453,468,504-6,541-3,545,561,566,578,585
ウェーバー主義／ウェーバー理論／新ウェーバー派　15-8,22-3,30,35,189-90,565
海の民　204
ウンマ　372,374,399
英国国教会　474,509
エジプト，～語，～人，～文明　26,45,48,57,85-6,92-3,100,105,107-10,118,121-9,131,138,153,167,174,179-80,186,189,192,198-9,201-4,209,211-2,226-7,231-2,259,261-2,267,270,284,290,295,340-1,354,358,373,380

叢書「世界認識の最前線」

著者・訳者紹介

マイケル・マン (Michael Mann)

1942年英国マンチェスタ生まれ。オクスフォード大学で博士号を取得。エセックス大学上級講師，ロンドン大学政治経済学部（LSE）講師を経て，1987年よりカリフォルニア大学ロサンゼルス校（UCLA）社会学部教授を勤める。専攻は歴史社会学。著書に *States, War and Capitalism* (Blackwell, 1988), *The Sources of Social Power, Vol.II : The Rise of Classes and Nation-States 1760-1914* (Cambridge UP, 1993) 等がある。研究関心は幅広く，人類学・民族学・政治学・経済学などに精通。近年は，ファシズム論，ホロコースト，民族浄化の歴史に関する書物を執筆。なお，本書によりアメリカ社会学会最優秀学術出版賞（1988年度）を受賞した。

森本　醇（もりもと・じゅん）

1937年，北九州市生まれ。東京大学文学部イギリス文学科卒業。出版社に勤務の後，現在はフリーの編集者・翻訳者。訳書に池上英子著『名誉と順応――サムライ精神の歴史社会学』（2000年・NTT出版刊・叢書「世界認識の最前線」）がある。山口県在住。

君塚直隆（きみづか・なおたか）

1967年東京生まれ。上智大学大学院史学専攻博士後期課程修了。神奈川県立外語短期大学助教授。博士（史学）。近現代イギリス政治外交史を専攻。著書に『イギリス二大政党制への道――後継首相の決定と「長老政治家」』（有斐閣，1998年），訳書にデイヴィッド・チャンドラー『ナポレオン戦争』（共訳，全５巻，信山社，2002年）等がある。

ソーシャルパワー：社会的な〈力〉の世界歴史Ｉ
先史からヨーロッパ文明の形成へ

2002年10月10日　初版第１刷発行

定価はカバーに
表示してあります

著者　マイケル・マン
訳者　森本 醇・君塚直隆
発行者　杉本　孝
発行所　ＮＴＴ出版株式会社

〒153-8928　東京都目黒区下目黒１-８-１　アルコタワー
営業本部　TEL 03(5434)1010　FAX 03(5434)1008
出版本部　TEL 03(5434)1001　http://www.nttpub.co.jp

装幀　間村俊一
印刷　株式会社厚徳社　　製本　矢嶋製本株式会社

ISBN 4-7571-4044-4　C0036